HENRI DE LUBAC

ŒUVRES COMPLÈTES

ÉDITÉES PAR
GEORGES CHANTRAINE, SJ (†)
MICHEL FÉDOU, SJ
ÉRIC DE MOULINS-BEAUFORT
JACQUES PRÉVOTAT
ET JEAN-PIERRE WAGNER

SOUS L'ÉGIDE DE
L'ASSOCIATION INTERNATIONALE
CARDINAL HENRI DE LUBAC

SOMMAIRE

La Fondation Singer-Polignac,
la Province de France de la Compagnie de Jésus, la Grande Chartreuse
et l'Abbaye de Scourmont-Chimay
ont bien voulu accorder un subside
à l'Association Internationale Cardinal Henri de Lubac
pour la publication du présent ouvrage.
Qu'elles en soient vivement remerciées.

L'Association Internationale Cardinal Henri de Lubac
(128, rue Blomet, 75015 Paris) concourt à l'édition des *Œuvres complètes*
du Cardinal. Elle souhaite être soutenue par des dons qu'elle recevra
avec gratitude sur son numéro de CCP :
La Source 40 790 66 H.

Cet ouvrage reproduit :

La Postérité spirituelle de Joachim de Flore, t. I : *De Joachim à Schelling*, 1979. T. II : *De Saint-Simon à nos* jours, 1981.
Paris-Namur, Lethielleux-Culture et Vérité.

www.editionsducerf.fr
(24, rue des Tanneries
75013 Paris)
ISBN 978-2-204-10129-5

CARDINAL HENRI DE LUBAC

La postérité spirituelle de Joachim de Flore

De Joachim à nos jours

sous la direction de Michael Sutton

Œuvres complètes
XXVII-XXVIII

Huitième section
Monographies

LES ÉDITIONS DU CERF

PRÉSENTATION

Quand le second des deux volumes qui composent *La Postérité spirituelle de Joachim de Flore* paraît en septembre 1981, Henri de Lubac (1896-1991) a quatre-vingt-cinq ans. Le premier volume date d'octobre 1979. C'est son dernier grand ouvrage. Hans Urs von Balthasar (1905-1988) avait longuement encouragé son ami à faire aboutir ce travail, et il s'en déclarera plus que satisfait quant au contenu :

> À un feu d'artifice, chacun attend avec impatience le bouquet final qui, couronnant l'ensemble, surpasse tout ce qu'on a vu jusque-là et offre, même pour l'habitué, quelque chose d'inespéré. Mais qui aurait attendu du maître plus qu'octogénaire un nouvel ouvrage de presque un millier de pages, qui surpasse en envergure intellectuelle tous ses ouvrages antérieurs et en est au moins l'égal en analyse minutieuse comme en vigueur souveraine dans le jugement ? Le public n'a pas encore réalisé quel cadeau final – et que de portes il ouvre ! – il a reçu avec les deux gros volumes de *La Postérité spirituelle de Joachim de Flore*[1].

Ce cadeau que nous avons reçu, pour reprendre la belle expression de Balthasar, de quoi s'agit-il ? Dans sa forme, l'ouvrage constitue une vaste histoire des idées en Europe à travers huit siècles, histoire qui traite de l'héritage fort varié et métamorphosé de la pensée du moine calabrais Joachim de Flore (vers 1135-1202) ; quant au fond, à partir de la notion de joachimisme, cette histoire livre la longue méditation théologique et philosophique de Henri de Lubac sur la dérive d'une pensée qui, d'abord chrétienne, se transforme progressivement, surtout aux époques moderne et contemporaine, en oubli du Christ et, ainsi, en oubli de l'Église du Christ.

---

1. H. U. von Balthasar et G. Chantraine, *Le Cardinal Henri de Lubac, l'homme et son œuvre*, Paris, Lethielleux, 1983, p. 136.

Cette Présentation vise, modestement, à guider le lecteur dans sa découverte des richesses signalées par Balthasar. Voici les étapes qui s'imposent : présenter d'abord la personne et la pensée de Joachim de Flore, pour aborder ensuite la question de la métamorphose de ses idées ; décrire amplement les grandes lignes de cette histoire monumentale du joachimisme ; repérer la place de *La Postérité spirituelle de Joachim de Flore* dans les œuvres complètes du P. de Lubac ; se référer à la période mouvementée faisant suite au concile Vatican II, notamment pour éclaircir le contenu de la Conclusion de l'ouvrage ; rapporter des précisions d'ordre biographique concernant la genèse ardue et difficile des deux volumes, surtout du second, paru presque au crépuscule de la vie de l'auteur ; montrer comment cet ouvrage est aussi le fruit de travaux et d'échanges menés tout au long de sa vie, soit avec des confrères jésuites, soit avec d'autres personnes qui lui étaient proches ; situer *La Postérité spirituelle de Joachim de Flore* dans un contexte encore plus large, celui des réflexions de quelques autres grands esprits, hors du monde catholique, sur la dimension joachimite de la crise intellectuelle et spirituelle du XXe siècle ; et, finalement, revenir sur le thème central de l'analyse lubacienne, l'oubli de la personne et de la présence du Christ.

Qui est l'abbé Joachim de Flore ? Originaire de Celico (diocèse de Cosenza, en Calabre), il est fils de notaire. Notaire lui-même à la curie de Cosenza avant d'entrer, toujours en qualité de notaire, au service de la cour de Palerme, il abandonne cette charge pour entamer un long pèlerinage en Terre sainte qui le marquera pour toujours. De retour, il opte d'abord pour une vie d'ermite, et ce n'est qu'ensuite qu'il réside en tant qu'hôte au monastère cistercien de la Sambucina, avant d'entrer vers 1171 au monastère de Santa Maria de Corrazo (fondé en 1157), tous deux situés en Calabre. Il est élu abbé de Corrazo en 1177. Dans l'exercice de cette fonction, il est responsable de la pleine assimilation de Corrazo dans l'Ordre cistercien ; il aurait préféré mettre son monastère sous la tutelle de l'abbaye de Casamari, mais, empêché dans ce dessein, il s'adresse finalement au pape Clément III, qui décide, en 1188, que Corrazo sera plutôt attaché à l'abbaye de Fossanova (également dans le Latium ; où saint Thomas d'Aquin mourra un siècle plus tard). Au même moment, Clément III, accédant aux sollicitations de Joachim, lui permet de démissionner de son poste d'abbé. La raison est double. Depuis un certain temps, Joachim veut s'adonner pleinement à l'exégèse. Lors d'un séjour d'un an et demi à Casamari en 1183-1184, il aurait eu deux révélations : l'une concernant l'entière harmonie entre l'Ancien et le Nouveau Testament ; et l'autre concernant le mystère de la Trinité. Son désir d'approfondir le sens de ces révélations est approuvé par le pape Lucius III, qui lui accorde un entretien pendant son passage dans la ville voisine de Veroli en 1184, et cette approbation est renouvelée par le pape Urbain III en 1186 – les années 1180 étant, remarquons-le, une décennie de cinq pontificats. La seconde raison, liée à sa vision apocalyptique des Écritures et de leur contenu prophétique, est le désir de Joachim d'entamer un nouveau plan de réforme monastique, afin de réaliser un monachisme plus parfait en suivant l'inspiration de saint Bernard de Clairvaux. Entièrement libéré de sa charge à Corrazo par Clément III, Joachim commence vers 1189 la construction du monastère Saint-Jean-de-Flore, sur le haut plateau de la Sila, en Calabre. Il ne vit pas reclus pour autant, car, en 1191, il rencontre Richard Cœur de Lion à Messine et Henri VI à Naples, les deux s'intéressant à ses dons prophétiques pour des raisons essentiellement politiques – Joachim rencontrera de nouveau l'empereur germanique quelques années plus tard. À la même époque, la brouille entre Joachim et le chapitre général de l'Ordre cistercien s'envenime pour aboutir à une rupture définitive en 1192. En 1194, une lettre impériale d'Henri VI lui accorde le nom d'abbé de Flore, et c'est une bulle du pape Célestin III qui confirme en 1196 la fondation et la règle monastique du nouvel ordre de Flore. Quand l'abbé Joachim meurt six ans plus tard, une demi-douzaine de monastères s'attachent déjà à l'abbaye mère. L'ordre disparaîtra cependant au XVIe siècle.

Joachim de Flore fut un moine bâtisseur et un réformateur. Pourtant, sa grande renommée est liée à son millénarisme apocalyptique. Ses écrits furent nombreux. Signalons les trois manuscrits les plus importants, dont les origines remontent à son long séjour passé à Casamari : *Liber concordiae novi ac veteris Testamenti* ; *Expositio in Apocalypsim* ; *Psalterium decem chordarum*. Ces manuscrits ont été recopiés tout au long des XIIIe, XIVe, XVe et XVIe siècles. Après la mort de l'abbé calabrais, des apocryphes ont fleuri également, notamment le texte prophétique connu sous le nom de *Super Hieremiam prophetam*[1].

Pour résumer ici la pensée fort complexe de Joachim de Flore – entreprise peut-être téméraire –, disons d'emblée qu'elle consiste surtout

1. Pour une introduction à la pensée et à la personne de Joachim de Flore, voir Gian Luca POTESTÀ, « Millénarisme : Joachim de Flore et le joachimisme », dans Jean-Yves LACOSTE (dir.), *Dictionnaire critique de théologie*, Paris, PUF, 2002, p. 731-733 ; Cyprien BARAUT, « Joachim de Flore », dans *Dictionnaire de spiritualité. Ascétique et mystique, doctrine et histoire*, 21 vol., Paris, Beauchesne, 1932-1995, t. VIII, p. 1179-1202. Divers extraits des trois ouvrages de Joachim cités ci-dessus sont traduits en français : Emmanuel AEGERTER, *L'Évangile éternel*, vol. 2, Paris, Rieder, 1928. Pour la traduction d'un extrait important du *Liber introductorius* qui ouvre l'*Expositio in Apocalypsim* – introduction écrite en 1198-1199, faisant partie de l'édition de l'*Expositio* imprimée à Venise en 1527 – voir Claude CARROZZI et Huguette TAVIANI-CARROZZI, *La Fin des temps : terreurs et prophéties au Moyen Âge*, Paris, Flammarion, 1999, p. 177-226. La publication des éditions critiques de toute l'œuvre authentique de Joachim de Flore est entamée depuis 1995 sous les auspices de la *Commissione internazionale per l'edizione degli Opera omnia di Gioacchino da Fiore*.

en une théologie trinitaire qu'étaient à la fois une méthode d'exégèse innovatrice et une vision historico-eschatologique. En abordant le mystère de la Trinité, Joachim a recours à la notion d'*inesse*, c'est-à-dire la notion selon laquelle chacune des trois Personnes de la Trinité existe dans les deux autres. D'après lui, ces relations réciproques peuvent être représentées par des voies figuratives. Ainsi la Trinité elle-même peut-elle être symbolisée soit par la lettre majuscule *alpha*, soit par la lettre minuscule *oméga*. Dans le premier cas *(prima diffinitio)*, le Père figure au sommet de la lettre triangulaire A, tandis que le Fils et l'Esprit saint – les deux envoyés du Père – figurent, en bas de la lettre, aux deux autres points ; dans le second cas *(secunda diffinitio)*, pour indiquer surtout la procession de l'Esprit saint, celui-ci est représenté par la *virgula* au centre de la lettre ω, le Père et le Fils (desquels procède l'Esprit saint), étant représentés par les deux lignes courbes qui composent symétriquement la majeure partie de la même lettre. Ces deux voies figuratives renvoient à deux représentations différentes de l'histoire, dont l'une n'exclut pas l'autre, mais qui plutôt, aux yeux de Joachim, s'entrelacent et se renforcent mutuellement.

La notion clé des trois « états » (*status*, en latin), ou, en d'autres termes, des trois « âges » ou des trois « règnes », est tributaire de la représentation ternaire. De l'autre côté, la notion de stricte équivalence ou concordance entre différents personnages ou entre différentes étapes du Nouveau et de l'Ancien Testament, y compris sur le plan chronologique, dérive de la représentation binaire. L'étude de ces concordances entre les deux Testaments se trouve au cœur de l'exégèse joachimite. Quant à la notion des trois « états », la nouveauté radicale de l'exégèse joachimite ne se trouve pas dans la représentation ternaire en tant que telle. En effet, d'après saint Paul, on distinguait communément dans l'histoire du salut le règne du Père, qui s'étendait sur les sept « jours » de la création ; puis le règne du Fils, inauguré par la promesse du Rédempteur faite à Adam au lendemain de son péché ; et enfin, le règne de l'Esprit saint, couvrant tout le temps de l'Église et devant durer comme elle jusqu'à la fin de ce monde. Mais, chez Joachim, la division tripartite se présente très différemment. Ainsi se succèdent, en une superposition partielle, l'âge du Père, qui s'étendait jusqu'à l'Incarnation rédemptrice (temps antérieur à la Loi et sous la Loi ; *ordo conjugalis*) ; puis l'âge du Fils, qui était encore celui de l'Église présente (temps de la grâce ; *ordo clericalis*) ; et enfin, l'âge de l'Esprit saint, qui serait celui de la pleine manifestation de l'Esprit sur terre, permettant aux « hommes spirituels » de déchiffrer entièrement le mystère divin scellé dans la lettre de l'Ancien et du Nouveau Testament (temps d'une grâce encore plus grande ; *ordo spiritualis*). Enfin, pour revenir à la représentation binaire découlant de la concordance entre les deux Testaments, la transition de l'âge du Fils à l'âge de l'Esprit saint serait marquée par l'apparition d'un pontife hors pair ; il serait le nouveau chef venu de

Babylone *(« novus dux de Babylone »)* pour devenir le pape universel de la nouvelle Jérusalem après sa victoire sur le premier Antéchrist (le second destiné à être vaincu par le Christ à la fin des temps).

Pour l'exégèse de ce troisième âge, relevons deux passages du Nouveau Testament qui sont revêtus d'une importance exceptionnelle aux yeux de Joachim : l'un provient de l'évangile selon saint Jean (16, 13 : « Quand il viendra, lui, l'Esprit de vérité, il vous conduira vers la vérité tout entière ; car il ne parlera pas de lui-même ; mais tout ce qu'il entendra, il le dira, et il vous annoncera les choses à venir ») ; et l'autre, des épîtres de saint Paul (1 Co 13, 12 : « Aujourd'hui, certes, nous voyons dans un miroir, d'une manière confuse, mais alors ce sera face à face. Aujourd'hui, je connais d'une manière imparfaite ; mais alors je connaîtrai comme je suis connu »). D'après l'exégèse joachimite, de tels passages, auxquels on peut joindre notamment la prophétie de Daniel dans l'Ancien Testament (Dn 7, 27), contiennent l'annonce de l'âge de l'Esprit saint. Ce même âge de l'Esprit saint dès qu'il entre dans sa plénitude – après la venue de l'Antéchrist (prévue pour l'an 1260, d'après des concordances établies par Joachim entre les deux Testaments) suivie de la défaite de celui-ci – constituerait le millénium annoncé dans le livre de l'Apocalypse (Ap 20, 1-6). Une telle vision prophétique représente certainement une rupture avec la lecture allégorique de l'Apocalypse faite par saint Augustin, qui, en s'inspirant d'Origène, interprète le millénium comme la période de la première venue du Christ jusqu'à la fin du monde[1].

Nonobstant ses démêlés avec l'Ordre cistercien, l'abbé de Flore est mort en odeur de sainteté. Fort vénéré, en premier lieu en Calabre, il est rangé très tôt parmi les bienheureux. Dans la première moitié du XIIIe siècle, sa vision historico-eschatologique, même relayée par d'autres personnes, reste indemne de toute sanction canonique. Si sa pensée est mise en question une douzaine d'années après sa disparition, c'est dans le contexte de la querelle autour de la théologie trinitaire scolastique de Pierre Lombard : Joachim avait taxé celui-ci de *quaternitas* (une disjonction trop nette entre substance et personne) ; mais, en 1215, le IVe concile de Latran donne raison au Lombard. Pour que le joachimisme devienne un objet de vive controverse, il faut attendre le milieu du siècle. C'est vers 1240 que des manuscrits joachimites se répandent et attirent de plus en plus de lecteurs. Dans le nouvel ordre des Frères mineurs, on s'y intéresse tout particulièrement. Saint François d'Assise est mort depuis 1226 et, à partir des années 1230, l'ordre fondé par lui commence à être la proie de fortes dissensions internes relatives à la question de l'observance intégrale de la Règle et de la pauvreté absolue. Parmi les nouveaux « hommes

1. Voir saint AUGUSTIN, *Cité de Dieu*, XX, 7-9.

spirituels » de l'Ordre franciscain – ceux qui optent pour l'observance intégrale –, plusieurs vont trouver dans les écrits de l'abbé calabrais, surtout dans son exégèse du livre de l'Apocalypse, matière à étayer leurs convictions. On va même identifier saint François à l'ange de l'Apocalypse qui monte « de l'Orient, portant le sceau du Dieu vivant » pour préserver « les serviteurs de notre Dieu » (Ap 7, 2). De plus, un franciscain, Gérard de Borgo San Donnino, étudiant à l'université de Paris, acquiert la notoriété en s'enthousiasmant pour la notion joachimite des trois âges, la simplifiant à l'excès. En 1254, cette notion circule ainsi à Paris, au grand dam des maîtres séculiers de l'université, sous la forme d'une compilation, faite par Gérard, des trois principaux écrits de l'abbé de Flore, auxquels s'ajoute sa propre Introduction – maladroite – aux mêmes écrits, l'ensemble du manuscrit étant intitulé *Introductorius in Evangelium aeternum*. Ces mots « Évangile éternel » ont une résonance apocalyptique, car ils se réfèrent à cet autre ange de l'Apocalypse qui a « une bonne nouvelle éternelle à annoncer », celle de l'heure du Jugement (Ap 14, 6). Dans son introduction, Gérard radicalise encore davantage l'idée du troisième âge joachimite en le présentant comme un temps dans lequel l'Ancien et le Nouveau Testament viennent d'être complètement dépassés. En 1255, après un examen réalisé par une commission de trois cardinaux (dite la « commission d'Anagni »), le *Liber introductorius* de Gérard est condamné par le pape Alexandre IV. Dans une lettre à l'évêque de Paris, il ordonne de brûler l'ouvrage (le protocole d'Anagni ayant établi les motifs de la condamnation). Une autre condamnation s'ensuit en 1263 (trois ans après la venue manquée du premier Antéchrist, telle que prédite par Joachim) : un synode provincial convoqué à Arles stigmatise les « pseudo-prophètes », appelés *Joachitici*. Mais les écrits de l'abbé calabrais lui-même ne seront jamais condamnés par le Saint Siège, ni par un concile universel.

Si l'infortuné Gérard de Borgo San Donnino se trouve le premier dans la longue postérité spirituelle de Joachim de Flore, la figure de ce dernier attira bientôt d'autres admirateurs plus illustres. À titre d'exemple, au XIVe siècle, Dante le place dans son *Paradis*, à côté de saint Bonaventure, en le nommant « l'abbé Joachim de Calabre, qui fut jadis doué d'un esprit prophétique » *(« il calavrese abate Giovacchino di spirito profetico dotato*[1] *»)*. Bien avant la fin du Moyen Âge, le vaste fleuve des idées d'inspiration joachimite commence à couler, fleuve qui nous mènera, à travers la longue suite des métamorphoses de ces idées, jusqu'à l'époque contemporaine.

C'est bien l'histoire de ces métamorphoses qui forme le sujet de *La Postérité spirituelle de Joachim de Flore*. Le premier paragraphe de la Préface dirige l'attention du lecteur sur des traces importantes de cet

1. DANTE, *La Divine Comédie : Le Paradis*, chant XII, 139-141.

héritage joachimite au XXe siècle. Ainsi Henri de Lubac se réfère-t-il à un échange de correspondance entre le grand théologien calviniste Karl Barth et le théologien luthérien Jürgen Moltmann (protagoniste de la « théologie politique »), en partie au sujet du néomarxiste Ernst Bloch :

> Le 17 novembre 1964, de son lit d'hôpital à Bâle, Karl Barth écrivait à Jürgen Moltmann : « … En posant ma question de manière aiguë : est-ce que votre "théologie de l'espérance" est quelque chose d'autre que le baptême du "principe Espérance" de Monsieur Bloch ? … » Le 4 avril 1965, de Bonn, Moltmann répondait à Barth : « … Y compris dans les temps modernes, la doctrine de l'Esprit est de bout en bout colorée de manière enthousiaste et millénariste. *Joachim est plus vivant qu'Augustin.* C'est pourquoi les uns font de l'immédiateté du savoir un dépassement de la foi, et les autres de la foi un dépassement du Christ[1]. »

Aux yeux de Lubac, quel est ce lien qui justifie un tel rapprochement entre Jürgen Moltmann ou Ernst Bloch et, d'autre part, le pieux abbé de Flore à huit siècles de distance ? En d'autres termes, en quoi consiste cette idée d'une longue postérité joachimite ? Et tous ceux qui se réunissent, consciemment ou inconsciemment, sous la bannière de Joachim au fil du temps, qui sont-ils ? Tentons une réponse succincte : la progéniture joachimite rassemble tous ceux qui sont animés par la double conviction que l'avènement d'un temps nouveau, celui de l'Esprit, marquera l'histoire – s'il n'a pas déjà commencé à la marquer – et que ce même temps nouveau représenterait le dernier des trois âges, dont le deuxième aurait été surtout attaché, d'une manière ou d'une autre, à la figure du Christ. Écoutons Lubac lui-même :

> [C'est] la postérité constituée par les théologiens, « spirituels », prophètes, philosophes, réformateurs, révolutionnaires, aventuriers de toute espèce, qui d'une manière ou d'une autre recueillirent l'idée fondamentale que Joachim avait dégagée de son exégèse : celle d'un « troisième état » à venir, dans le temps et sur cette terre, qui serait l'âge de l'Esprit.
>
> [Cette postérité] est une forêt touffue. Depuis le treizième siècle, elle s'est constamment métamorphosée, et non seulement à l'intérieur ou en marge des Églises, mais jusque dans la pensée laïcisée des temps modernes. Plus exactement, l'idée joachimite n'a cessé d'agir comme un ferment. Dans la variété des formes qu'elle a revêtues, savantes ou populaires, elle a constitué l'un des principaux relais conduisant à la sécularisation, c'est-à-dire à la

---

1. H. DE LUBAC, *La Postérité spirituelle de Joachim de Flore* [désormais *PSJF*], p. 7.

> dénaturation de la foi, de la pensée et de l'action chrétienne. Elle a servi aussi de supplément ou de substitut « mystique » à des processus de rationalisation qui ne pouvaient par eux-mêmes soulever l'enthousiasme nécessaire à leur accomplissement. Elle connaît aujourd'hui un étonnant regain de vie[1].

C'est dans ce contexte que se révèle l'importance de Bloch et de son « principe Espérance », pour ne pas parler de tant d'autres qui ont apporté leur pierre à l'édifice du joachimisme en plein regain de vie.

Avant de résumer les grandes lignes de *La Postérité spirituelle de Joachim de Flore*, apportons quelques éclaircissements concernant la structure de l'ouvrage. Les deux volumes initiaux, *De Joachim à Schelling* (t. I, chap. I à IX) et *De Saint-Simon à nos jours* (t. II), constituent une seule histoire du début jusqu'à la fin. La répartition originelle en deux volumes ne correspondait à aucune division entre une première histoire et une seconde histoire, de telle sorte que celle-ci serait présumée intrinsèquement différente de celle-là en raison de considérations touchant, par exemple, à la modernité. En fait, le lecteur se trouvait devant une seule toile de Pénélope. Et le premier volume, aux dires de l'auteur lui-même, n'avait aucun intérêt sans le second[2]. Par ailleurs, si chaque volume a été paginé séparément, la numérotation des chapitres et le classement des Appendices étaient communs aux deux ; et il n'y avait qu'un seul Index des noms propres. Sur un plan pratique, la publication de l'ouvrage en deux volumes était amplement justifiée par le nombre de pages, mais la raison essentielle tenait à d'autres considérations. Ce dernier grand ouvrage de Lubac fut un travail de longue haleine et l'achever fut une course contre la montre car, pour Lubac, le temps de travail était compté, compte tenu de la diminution progressive de ses forces liée au vieillissement. En 1979, le travail était loin d'être terminé. Il avait cependant eu la possibilité d'en faire paraître déjà une grosse partie. Si le second volume – pas tout à fait achevé, mais presque – sortit en 1981, ce fut surtout grâce au courage de l'auteur. La difficile préparation de ce second volume ne fut rien de moins qu'une épreuve douloureuse (voir *infra*). Tout cela explique un certain contraste entre le degré de finition des deux volumes : le premier est bien charpenté ; tandis que le second apparaît, de temps en temps, un peu diffus, sans toutefois que la lucidité de l'argumentation en pâtisse.

*

Les horizons intellectuels de *La Postérité spirituelle de Joachim de Flore* sont d'une telle immensité qu'il nous serait impossible de résumer

---

1. *PSJF*, p. 14-15.

2. Lettre de H. de Lubac à G. Chantraine du 1er juillet 1978, CAÉCHL (Centre d'archives et d'études Cardinal Henri de Lubac, Namur) 77650.

tout son contenu, ne fût-ce que sommairement. Attachons-nous plutôt aux grandes lignes de cette histoire des idées qui se dessinent à travers l'ouvrage. Au risque d'une simplification excessive, trois grands thèmes pourraient y être distingués. Deux de ces thèmes figurent dans les premiers chapitres et, d'ailleurs, en constituent la majeure partie. Ainsi, en premier lieu, c'est le joachimisme du XIIIe au XVe siècle qui occupe le devant de la scène. Avec l'examen des grands théologiens de l'époque se pose la question de savoir jusqu'à quel point ils ont pris leurs distances à l'encontre des idées de l'abbé de Flore. Le deuxième thème est celui des métamorphoses successives des idées joachimites, issues en grande partie de la théosophie et du piétisme en milieu luthérien aux XVIIe et XVIIIe siècles, pour influencer le romantisme du *Sturm und Drang* et, juste après, l'idéalisme philosophique allemand, lors de sa grande période créative, vers la fin du XVIIIe siècle et pendant les premières décennies du XIXe. Quelles sont les continuités et les discontinuités dans le cheminement des idées, et jusqu'à quel point le joachimisme s'est-il radicalement transformé ? Telles sont les questions qui s'imposent. Le troisième thème est celui de la place du joachimisme dans le prophétisme et le romantisme en France au XIXe siècle : dans le second volume initial, plus de trois quarts des pages y étaient consacrés. Qui sont les néojoachimites en France à cette époque ? Et où se trouvent ces frontières souvent imprécises entre des penchants joachimites d'une part, et, d'autre part, un joachimisme pur ? Telles sont les questions clés qui étayent l'approche de l'auteur à ce sujet.

Enfin, si, dans cet ouvrage, l'essentiel de l'effort de Henri de Lubac consiste en l'exploration des trois thèmes évoqués, on ne peut passer sous silence deux autres sujets plus brièvement traités, presque sous forme d'appendice, à la fin du volume. Le chapitre XVII nous donne un condensé des métamorphoses de l'idée du troisième âge qui se produisent aux XIXe et XXe siècles, surtout à partir de l'hégélianisme pour arriver aux néo-joachimismes dans leurs variantes marxistes ou néo-marxistes – ce chapitre, à de nombreux égards, est un prolongement des deux derniers chapitres du premier volume. Le dernier chapitre s'intéresse à la pensée religieuse du côté de la Russie, dans le courant de la seconde moitié du XIXe siècle et la première moitié du XXe, pour considérer jusqu'à quel degré cette pensée, elle aussi, fut touchée par le joachimisme.

*

Revenons à la période qui s'étend du XIIIe au XVe siècle. Les idées de l'abbé calabrais, léguées en manuscrits à sa mort en 1202, sont forcément le point de départ de *La Postérité spirituelle.* Le sujet était loin d'être nouveau pour Lubac. Le chapitre VI de la IIe partie d'*Exégèse médiévale. Les quatre sens de l'Écriture* (1959-1964) lui a été déjà consacré – un très long chapitre, à vrai dire. Maintenant, dans le premier chapitre de *La Postérité spirituelle*, l'auteur reprend l'affaire pour insister sur les défaillances de la théologie joachimite. Nonobstant le fait que Joachim souscrive vigoureusement au *Filioque*, Lubac se demande si « l'Esprit n'est pas dangereusement détaché du Christ », et si « l'erreur première et foncière de l'abbé de Flore ne serait pas christologique plutôt que trinitaire[1] ». En lisant le chapitre II, nous trouvons des pages tranchantes sur Olivi (Pierre de Jean Olieu), le plus grand des Franciscains « spirituels ». La pensée de ce Provençal, dont les écrits furent controversés avant et après sa mort, est examinée avec une sympathie évidente. Olivi émerge de cet examen radicalement opposé à la théorie trinitaire de Joachim, à toute idée d'un troisième âge de l'Esprit, contrairement à l'interprétation proposée jadis par Ernest Renan dans sa célèbre étude « Joachim de Flore et l'Évangile éternel[2] ». Parmi les autres Franciscains « spirituels » notoires, Angelo Clareno est disculpé de tout joachimisme, tandis que Ubertin de Casale, pas tout à fait blanchi, est déclaré fidèle à un esprit plus authentiquement franciscain que joachimite. Cette lecture du passé rejoint celle de l'historien italien Raoul Manselli, qui avait remarqué qu'« au début du quatorzième siècle […] le joachimisme en tant que processus organique d'un système d'idées et de doctrine fut appelé à disparaître ». Lubac approuve, mais pour ajouter qu'« il continuera de se survivre en de nombreux avatars », car « l'avènement attendu de l'Esprit suscite encore à chaque génération toutes sortes de désirs, imaginations, prophéties, pamphlets, mouvements populaires, qui s'accentueront au cours des quatorzième et quinzième siècles en réaction contre une société chrétienne de plus en plus à la fois disloquée et sclérosée[3] ». Ainsi des distinctions s'imposent pour tout regard informé sur la pensée théologique des grands Franciscains « spirituels » et, d'autre part, sur le joachimisme des courants contestataires, *fraticelli* ou autres.

Faisant marche arrière d'un point de vue chronologique, le chapitre III porte sur des positions prises par les deux docteurs de l'Église, saint Bonaventure et saint Thomas d'Aquin. En tant que ministre général de l'Ordre franciscain, le premier joua un rôle essentiel en mettant fin aux dissensions internes qui déchirèrent l'Ordre peu de temps après la mort de son fondateur ; en outre, il rédigea des *Collationes in Hexaëmeron*, conférences prononcées à Paris en 1273, où se dessine en filigrane son opposition au joachimisme de l'école de Gérard de Borgo San Donnino. En raison de « ce qu'on peut appeler son christocentrisme accentué », conclut Henri de Lubac, Bonaventure se sépare absolument de Joachim lui-même, en dépit de « leur penchant commun à une théologie de

1. *PSJF*, p. 66.
2. *Revue des Deux-Mondes*, 1866 ; reprise dans *Nouvelles études d'histoire religieuse*, 1884..
3. *PSJF*, p. 112.

l'histoire impliquant un progrès dans le processus objectif du salut[1] ». Son contemporain, saint Thomas, fut le pourfendeur de tout joachimisme. Ainsi il l'attaqua frontalement dans la question 106 de la *Prima Secundae* de la *Summa theologiae* : « la loi évangélique, qui est appelée loi nouvelle », et qui est dans son principe « la grâce même du Saint Esprit, qui est donnée aux fidèles du Christ », doit-elle « durer jusqu'à la fin du monde » ? La réponse affirmative de saint Thomas ne peut être plus catégorique : « En Jésus-Christ, et en lui seul, déclare Lubac en la résumant, est posée la totalité du Nouveau Testament, qui est le Testament dernier. En lui, en lui seul est accomplie dans sa totalité la signification de l'Ancien Testament. À lui, à lui seul l'Esprit rend et rendra témoignage[2]. » D'après Lubac, la critique thomiste est encore plus décisive que celle de saint Bonaventure, parce qu'elle est « plus simple et plus radicale », et si, dans le cas du joachimisme, « tous deux se montrent également augustiniens », il n'empêche que « l'augustinisme de saint Thomas est plus conséquent[3] ».

Le lecteur en arrive au XVe siècle (chap. IV). Saint Bernardin de Sienne est, lui aussi, rangé dans « la lignée des grands franciscains spirituels anxieux de rendre à l'Église sa sève primitive[4] ». Néanmoins, si le joachimisme en tant que corpus théologique a relativement peu marqué les grandes figures religieuses du Moyen Âge, tenaces sont les inclinations joachimites (ténacité déjà signalée au chapitre II) et nombreux sont les manuscrits, authentiques ou apocryphes, attestant que l'abbé calabrais continuait à hanter les esprits. À l'aube de l'ère du livre imprimé, Venise est le centre où paraissent plusieurs éditions (entre 1517 et 1527) : les trois écrits principaux, *Liber concordiae novi ac veteris Testamenti*, *Expositio in Apocalypsim*, *Psalterium decem chordarum* ; ainsi que l'apocryphe *Super Hieremiam prophetam* (1516 ; réédité en 1525 ; avant de paraître de nouveau à Cologne en 1577), de même qu'un deuxième apocryphe.

C'est également au chapitre IV qu'est abordée la Réforme protestante, laquelle ne doit strictement rien, dans son principe, au joachimisme. Il semble, cependant, qu'une digue, si fragile soit-elle, vienne d'être brisée. En témoignent, d'abord, la guerre des paysans en terres allemandes et, ensuite, le soulèvement anabaptiste à Münster. À Mühlhausen, en s'inspirant de l'apocryphe *Super Hieremiam prophetam*, Thomas Münzer, chef de la révolte paysanne en 1524-1525, prône un joachimisme grossièrement déformé ; tandis que le schème joachimite des trois âges est adopté par l'anabaptiste Melchior Hoffmann, ses disciples – d'une toute autre trempe que lui – Jan Matthijs et Jan

1. *Ibid.*, p. 134-135.
2. *Ibid.*, p. 150.
3. *Ibid.*, p. 150, 159.
4. *Ibid.*, p. 166.

Bockelson (Jean de Leyde) se distingueront par leur rage sanguinaire dans l'affaire de Münster en 1534-1536, se réclamant, à vrai dire, de l'âge du triomphe et de la vengeance des « saints », plutôt que de l'âge de l'Esprit saint[1].

*

Pourtant, Lubac porte surtout son attention sur la voie royale de l'histoire des idées et, dans les cinq chapitres suivants, qui constituent la seconde partie du premier volume, on arrive au deuxième des trois grands thèmes que nous avons identifiés, celui des métamorphoses du joachimisme à partir du XVIIe siècle aboutissant à l'idéalisme philosophique en Allemagne – avec un détour important en cours de route accordé à l'examen du joachimisme de Joseph de Maistre et de Pierre-Simon Ballanche.

Pour aborder ce thème, l'arrière-plan représenté par le XVIe siècle n'est pas à négliger. Tout particulièrement, il faut signaler le courant des idées léguées par les kabbalistes chrétiens, dont la figure la plus marquante fut celle de l'illuminé Guillaume Postel (qui se trouva chez les Jésuites à un moment de sa vie, avant d'être chassé du noviciat romain par saint Ignace de Loyola). Quelle que soit l'influence de ce courant, c'est dès le XVIIe siècle que deux théosophies frapperont les esprits et entraîneront des métamorphoses décisives de l'héritage joachimite. C'est, premièrement, la théosophie de Jakob Böhme dont l'ouvrage *Aurora* (1612) annonce un « temps du lys » *(Lillienzeit)* – métaphore florale jadis chère à Joachim – qui serait l'avènement d'un troisième temps, celui de la naissance d'une humanité nouvelle. Parmi ses lecteurs fascinés, on trouve Leibniz et, plus tard, Schlegel et le poète Novalis. La théosophie rosicrucienne prend son essor à ce même moment ; l'histoire d'un certain Christian Rosencreuz et de la formation d'une confrérie du Saint-Esprit est racontée dans le manifeste habituellement désigné sous le titre résumé *Fama Fraternitas* (1614), dont l'auteur imaginatif fut sans doute le futur théologien luthérien Johann Valentin Andreae, alors étudiant à Tübingen. Avec ses résonances joachimites, ce manifeste, en présentant Rosencreuz comme le héraut de « la philosophie éternelle », issue de la « Lumière de la Nature » et détachée du Christ, franchit une étape dans la naturalisation de la pensée chrétienne. La Rose-Croix laissera son empreinte sur la franc-maçonnerie, surtout en terres allemandes. Un siècle plus tard environ, un autre théologien luthérien, Friedrich Christoph Oetinger, se consacre, lui aussi, à la théosophie et se révèle être un illustre représentant du piétisme souabe ; lecteur passionné

---

1. Pour Münzer, de même que pour l'affaire de Münster, voir toujours Norman COHN, *Les Fanatiques de l'Apocalypse : millénaristes révolutionnaires et anarchistes mystiques au Moyen Âge* (traduit de la 3e éd. anglaise par Simone CLÉMENDOT, Michel FUCHS, Paul ROSENBERG et Maurice ANGENO, Paris, Payot, 1983).

de Böhme (et également de Postel) et traducteur d'Emmanuel Swedenborg, il est tendu vers cet âge « où le Seigneur épanchera son Esprit sur toute chair », et grande sera l'influence de ses écrits – par exemple, sur Hegel, Hölderlin et Schelling, lors de leurs années de jeunesse au fameux *Stift* de Tübingen. Et c'est sur cette toile de fond que Lessing entre en scène :

> Nourri des germes piétistes [...] un nouveau genre de pensée s'impose à nombre d'esprits dans la seconde partie du siècle, plus décidément sécularisé. On parlera toujours de la « lumière » et d'« Esprit », mais ce sera – même en réaction contre lui – dans l'esprit du [XVIIIe] siècle des Lumières. L'œuvre dans laquelle s'accomplit ce tournant décisif est celle de Gotthold Ephraim Lessing (1729-1781). Confluent des courants qui grossissaient depuis plus de deux siècles, cette œuvre est aussi bien une source, ou du moins un relais majeur. Sous une forme qui la rend accessible à toute intelligence cultivée, elle va perpétuer dans des conditions nouvelles et dans un autre esprit pour de nombreuses générations, le schème prophétique du vieil abbé de Flore[1].

En fait, à l'exception des noms de saint Jean et de Joachim lui-même, c'est celui de Lessing qui est le plus cité dans *La Postérité spirituelle*. Quant à l'œuvre léguée par Lessing, dont la très forte résonance joachimite est patente, il s'agit surtout de *L'Éducation du genre humain*[2] et, tout particulièrement, ses paragraphes 86, 87 et 88. Les voici, tels que cités par Henri de Lubac :

> Il viendra certainement, le temps du nouvel Évangile, de l'*Évangile éternel*, qui, même dans les livres de la Nouvelle Alliance, est promis aux hommes !
>
> Peut-être même que certains rêveurs enthousiastes au treizième et au quatorzième siècles avaient été illuminés par quelques rayons de ce nouvel *Évangile éternel* ; leur seule erreur fut de croire que son temps était tout proche.
>
> Leur division de l'histoire du monde en trois âges n'était pas une vaine chimère ; ils ne cachaient certainement pas de mauvaises intentions quand ils disaient que la Nouvelle Alliance devait être considérée comme désuète, ainsi qu'on le faisait déjà pour l'Ancienne. Disons, pour remplacer leurs expressions par les miennes, qu'ils ne connaissaient qu'un seul plan d'éducation universelle du genre humain[3].

---

1. *PSJF*, p. 266.
2. *Die Erziehung des Menschengeschlechts*, 1780.
3. *PSJF*, p. 269.

Pourtant, si ces paragraphes de *L'Éducation du genre humain* rappellent les trois âges de l'abbé de Flore et font référence à l'« Évangile éternel » cher à Gérard de Borgo de San Donnino, d'autres paragraphes (ceux numérotés 93-100 par Lessing), qui constituent la Conclusion et le point d'orgue de cet ouvrage didactique, sont tout à fait étrangers au joachimisme. Épousant l'idée de la métempsycose, une métempsycose ascendante, Lessing tourne résolument le dos à la résurrection des morts d'après la doctrine chrétienne – rupture dont l'importance est soulignée plus d'une fois par l'auteur de *La Postérité spirituelle*.

En examinant les métamorphoses subséquentes du « schème prophétique du vieil abbé de Flore », dans le sillage de *L'Éducation du genre humain*, Lubac présente une série de portraits intellectuels des philosophes nés avant la fin du XVIIIe siècle, tous vus sous l'angle du joachimisme, soupçonné ou réel. Parmi ceux qui sont repérés pour la galerie de la « postérité spirituelle » se trouvent notamment : Herder, Maistre et Ballanche – deux noms fréquemment associés –, Fichte et, enfin, Schlegel – l'admirateur de Böhme –, ainsi que les deux jeunes amateurs d'Oetinger, Hegel et Schelling.

Croyant à la métempsycose à la suite de Lessing, franc-maçon comme lui et encore plus spinoziste que lui, Herder fut *Generalsuperintendent* et prédicateur à la cour de Weimar. En analysant ses *Idées sur la philosophie de l'histoire de l'humanité* et ses *Écrits chrétiens*[1], Lubac souligne l'importance de son idée d'un dépassement du « culte de Jésus » – dépassant à la fois le Nouveau et l'Ancien Testament – pour aboutir à la religion naturelle entrevue par Jésus comme d'autres sages, laquelle doit devenir, au-delà de tout christianisme historique et de toute foi en un Dieu personnel, le bien commun du genre humain.

Quant à Joseph de Maistre, le fait qu'il se trouve à cet endroit au sein de *La Postérité spirituelle* est lié à son initiation à la franc-maçonnerie (reçu dans une loge du rite écossais à Chambéry sous le nom « Josephus a Floribus » !) et à son admiration pour le théosophe Louis-Claude de Saint-Martin, admiration reflétant l'attrait qu'il éprouvait plus largement pour les idées rosicruciennes. Le troisième âge dont Maistre est le prophète est celui de la « religion universelle » ou du « grand rêve œcuménique », âge qui sera réalisé grâce à une évolution extraordinaire au sein du catholicisme. À cet égard, quelques dires du Sénateur dans le onzième et dernier entretien des *Soirées de Saint-Pétersbourg* (1821) refléteraient bien la pensée de Maistre lui-même : « une troisième explosion de la toute-puissante bonté en faveur du genre humain [...] une nouvelle effusion de l'Esprit Saint étant désormais au rang des

1. *Ideen zur Philosophie der Geschichte der Menschheit*, 1784-1791, et *Christliche Schriften*, 1794-1798.

choses les plus raisonnablement attendues[1] ». D'ailleurs, selon Lubac, les *Novissima verba* de tout ce dernier entretien entre le Chevalier, le Comte et le Sénateur sont au cœur de la vision maistrienne ; c'est là que « Joseph de Maistre découvre, tout en y mettant quelques précautions, le fond de sa pensée, ou si l'on veut de son utopie, et c'est alors que se manifeste en plein l'étroite parenté de Josephus a Floribus avec Joachim de Flore[2] ».

Pour sa part, Ballanche, auteur des *Essais de palingénésie sociale* (1827-1829), ne manifeste qu'un joachimisme hésitant. Celui-ci prend la forme d'une philosophie de l'histoire dans laquelle la religion est sujette à la loi du progrès ; par conséquent, le présent « moment palingénésique », issu de la Révolution française, est celui de la préparation d'une nouvelle ère pénétrée et améliorée par l'esprit chrétien. À noter que Eduard Gans, futur éditeur des œuvres posthumes de Hegel, notamment les *Leçons sur la philosophie de l'histoire*[3], est impressionné par cette philosophie de l'histoire, telle que conçue par Ballanche.

Les philosophies de l'histoire de Fichte et de Schlegel sont marquées également par le joachimisme, mais très différemment l'une de l'autre, malgré leur estime mutuelle pour Lessing. Dans l'élucidation du dogme de la Trinité, Fichte repousse le *Filioque* de la tradition latine. Ainsi, selon lui, l'Esprit vient du Père seul. Pour saisir la portée de la transformation de l'idée de la connaissance du « royaume des cieux » effectuée par Fichte dans le cadre d'un schéma ternaire, on peut se référer à sa *Staatslehre* (1813), leçons prononcées à la nouvelle université de Berlin vers la fin de sa vie. « Il s'efforce de montrer, dit Lubac, que ce Royaume des cieux, jadis annoncé par Jésus, n'est rien d'autre en réalité que le règne de la Raison, telle qu'elle vient enfin de se manifester. Il doit être définitivement établi par l'Esprit, que Jésus a promis mais qui est envoyé par le Père[4]. » Ainsi le Christ est dépassé par l'avènement du règne de la Raison.

Cette vision n'est pas celle de Schlegel. Autrefois épris d'idéalisme fichtéen, il se convertit au catholicisme en 1808 et se sent proche de Maistre et de Ballanche. Dans son approche de la philosophie de l'histoire, il fait profession d'admirer Joachim de Flore, sans peut-être bien le connaître. Il adopte pourtant un schéma ternaire dans sa *Philosophie de l'histoire*[5], recueil de conférences prononcées à Vienne

1. Signalons l'entrée « Joachim de Flore », rédigée par Jean-Yves PRANCHÈRE, *Dictionnaire*, dans Joseph DE MAISTRE, *Œuvres*, édition établie par Pierre Glaudes, Paris, Robert Laffont, 2007, p. 1203-1 205. Pranchère s'y réfère à *La Postérité spirituelle de Joachim de Flore*, qui est citée également par GLAUDES, *ibid.*, p. 445, dans son Introduction aux *Soirées de Saint-Pétersbourg*.

2. *PSJF*, p. 303.

3. *Vorlesungen über die Philosophie der Weltgeschichte*, 1837.

4. *PSJF*, p. 335.

5. *Philosophie der Geschichte*, 1829.

en 1828. L'existence d'une première révélation dans les temps primitifs et la propagation du christianisme donnant une nouvelle vie au monde moral constituent, selon Ballanche, les données incontestables des deux premières « phases » d'une triple impulsion divine. Quant à la troisième « phase », déjà entamée, elle serait celle d'une « régénération universelle », d'une « réhabilitation complète dans la lumière de la *vérité* éternelle ». Mais il est évident pour Schlegel que le Christ n'y serait pas dépassé, tout simplement parce que « si l'on retire ce centre divin du milieu de l'histoire, on la dissout, on lui enlève son ciment, sa liaison intérieure ».

Des pages marquées par une réelle tendresse traitent de la poésie de Hölderlin et de Novalis, « ces deux êtres merveilleux, ces êtres exquis, tourmentés, au destin tragique[1] ». Chez Hölderlin, d'après Henri de Lubac, la symbolique des trois hymnes *Fêtes de paix (Friedensfeier)*, *L'Unique (Der Einzige)* et *Patmos*, qui datent toutes de la période 1799-1805, est surtout chrétienne, et à les lire ingénument, on y trouve plutôt le contraire d'un appel à un dépassement par l'Esprit. Pour être affirmatif – quelles que soient les difficultés herméneutiques –, « une certitude demeure : le Christ est toujours le pôle qui l'attire ; c'est toujours le Christ que Hölderlin veut chanter[2] ». Chez Novalis, Lubac observe une évolution analogue à celle de Hölderlin, vers le Christ, mais plus nette encore.

Dans ce débat concernant le sens de l'avènement du Christ – débat qui s'étendra tout le long du XIXe siècle –, de quel côté Hegel pencha-t-il ? Et fut-il joachimite ? Les pages que consacre Henri de Lubac à la réponse à ces questions revêtent une grande importance pour les deux volumes de *La Postérité spirituelle*, ne fût-ce qu'en raison de la grande importance de la postérité spirituelle de Hegel lui-même. Sur le fait qu'il ait été joachimite, Lubac ne nourrit aucun doute :

> Hegel immanentise le vieil illuminisme des Spirituels, comme l'avait fait Lessing, et, comme lui encore, sans le dépouiller de son caractère historique. Il le rationalise, tout en donnant congé comme Lessing, mais avec un tout autre appareil, aux platitudes rationnelles de l'Aufklärung [...] Comme leur commun ancêtre Joachim il envisage avec assurance pour un prochain avenir la transformation spirituelle que déjà il éprouve en lui-même [...] La dialectique propre à la *Phénoménologie* [...] sans vouloir être elle-même un déploiement historique, n'en correspond pas moins à un ordre de succession temporelle [...] Les Leçons *(Vorlesungen)* sur l'histoire de la philosophie, sur la philosophie de l'histoire et sur la philosophie de la religion, au cours de la période qui va de 1816

1. *PSJF*, p. 336.
2. *Ibid.*, p. 342.

à 1831, accentueront davantage la parenté avec l'abbé de Flore, en adoptant plus directement la perspective historique et en faisant un plus large emploi du vocabulaire trinitaire[1].

Sous cet angle, la grande importance des *Leçons sur la philosophie de l'histoire* est bien soulignée. En disant dans ces leçons que « c'est la religion du Saint-Esprit que le Christ a annoncé », Hegel fait largement fi de la figure du Christ. Si son recours au vieux schéma non seulement ternaire mais trinitaire se distingue nettement de celui de Fichte, il n'empêche que le philosophe s'intéresse plus au christianisme en tant que phénomène historique qu'au Rédempteur et à son Église[2].

La relation de Schelling à Joachim de Flore est plus explicite et plus proche que celle de Hegel, et aussi celle de Fichte. Dans ses leçons sur la *Philosophie de la Révélation*[3], prononcées pour la première fois en 1831-1832 et plusieurs fois par la suite, sans changement, il prend la défense du « pénétrant aristotélicien Jean Philoponos », du « célèbre évêque Gilbert de Poitiers » et du « notoire abbé Joachim de Flore », qui furent tous les trois accusés de trithéisme. À travers ces trois théologiens du passé – Joachim qualifié comme « adepte d'un Évangile éternel » –, Schelling fait sans doute sa propre apologie. Il construit une sorte de philosophie de l'histoire chrétienne, ou de l'histoire du salut, pour aboutir à une Église de l'avenir, Église universelle, qui serait l'équivalent de ce que la tradition joachimite appelait l'« Évangile éternel ». Selon lui, les idées de l'abbé de Flore n'ont fait que le confirmer dans l'élaboration de cette philosophie de l'histoire. Pourtant, « Schelling n'attend pas un âge temporel à venir qui serait caractérisé par un réel dépassement du Christ », et « là réside, nous semble-t-il [dit Lubac], le principe d'une différence profonde, à travers leur évidente parenté, entre Schelling et Joachim de Flore[4] ».

*

C'est dans les chapitres X à XVII de *La Postérité spirituelle* que se dégage le troisième et dernier grand thème, celui de la place, assez considérable, des métamorphoses du joachimisme dans le prophétisme et dans le romantisme en France au XIXe siècle. Des courants de pensée en provenance d'Outre-Rhin exercent certainement leur influence sur ce terrain et, à cet égard, Lessing se révèle encore plus important que Hegel. Non pas que la réception de la pensée hégélienne en France, même du vivant de Hegel, soit insignifiante, loin de là ; mais, d'après

1. *Ibid.*, p. 360-361.
2. Au sujet de Hegel et du joachimisme, voir Jakob TAUBES, *Abendländische Eschatologie*, Berne, A. Francke, 1947, p. 90-98 (pages intitulées « Joachimitische Prophetie und Hegelsche Philosophie »).
3. *Philosophie der Offenbarung*, 1842-1843.
4. *PSJF*, p. 391.

Lubac, une telle influence se distingue surtout à cette époque par sa contribution à la consolidation d'un rationalisme bourgeois – celui de Victor Cousin et, grâce à lui, celui également de l'Université ; alors que la sève de la vision joachimite revit bien davantage ailleurs. Pour explorer celle-ci, nombre de figures – écrivains, historiens, philosophes – sont passées au crible. Sous l'œil critique de l'auteur, une cohorte bien diverse est ainsi rangée dans laquelle se trouvent au premier plan les personnes suivantes : Saint-Simon, Comte, Fourier, Chateaubriand, Lamennais, Buchez, Leroux, Sand, Michelet, Quinet et Mickiewicz. En fin de compte, si tous ne sont pas censés être pleinement joachimites, temporairement ou pour toujours – il y a des différences de degré, de même que quelques exceptions –, tous, du moins, sont tentés par la vision d'un futur âge renouvelé et radicalement amélioré.

Dans le chapitre intitulé « Nouveaux christianismes », Lubac distingue « le joachimisme latent des écoles saint-simonienne et fouriériste » de « celui, plus hésitant, de Chateaubriand[1] ». Sous forme de nouvelle philanthropie, le « nouveau christianisme » que Saint-Simon et ses disciples veulent établir, pour faire suite à l'âge catholique féodal et à l'âge protestant bourgeois, nous éloigne des sommets de l'idéalisme allemand. Après la mort de Saint-Simon – *Le Nouveau Christianisme* (1825) sera publié à titre posthume –, le P. Enfantin et d'autres se consacrent à la propagation de leur nouvelle religion positive, souvent d'une façon délirante. Ils se recommandent de Ballanche en le considérant, indûment, très proche d'eux en esprit. Mais une autre influence deviendra prédominante : celle de Lessing. Son apôtre est le disciple saint-simonien Eugène Rodrigues. Celui-ci traduit *Die Erziehung des Menschengeschlechts* pour la première fois en français (*L'Éducation du genre humain*, 1830). En revanche, une autre théorie des trois âges – l'état théologique, l'état métaphysique et l'état positif – est conçue par l'ancien secrétaire particulier de Saint-Simon, Auguste Comte ; ce qui le mènera, nous le savons, à bâtir sa propre religion positive, mais pas selon l'esprit joachimite[2]. Du côté fouriériste, l'esprit joachimite paraît relativement réduit. Dans sa quête d'un « régime sociétaire », Fourier lie sa propre mission à l'œuvre du Saint-Esprit qui, les temps étant accomplis, fait comprendre l'œuvre du Fils. Mais il ne nous offre pas réellement une théorie de l'histoire.

Un peu par hasard, c'est le disciple de Fourier, Victor Considérant, qui précède Chateaubriand dans la galerie de portraits rassemblés par Lubac pour représenter « l'agitation prophétique » des années 1830. Voisinage inhabituel, sans doute. Pourtant, une trentaine d'années après la parution du *Génie du christianisme* (1802), Chateaubriand participe à cette

1. *PSJF*, p. 438.
2. Voir *infra*, p. XXXIII.

agitation en ce sens qu'il spécule, comme tant de ses contemporains, sur les âges du monde ou du christianisme. Des effusions néojoachimites ne sont pas rares, à cette époque, sous sa plume. En témoignent des passages, parfois discordants, dans quelques ouvrages : ses *Études historiques*[1] ; son article « Réflexions sur l'avenir du monde[2] » ; et, enfin, son *Essai sur la littérature anglaise*[3]. Nonobstant ces divagations, Chateaubriand n'introduit nulle part l'idée d'une ère de l'Esprit saint, ère dénommée la troisième ou autre – point souligné par Lubac. Sur les pas de Joseph de Maistre, de Ballanche et de Schelling, Chateaubriand entretient au moins l'espoir de la recomposition de l'unité chrétienne sous l'égide de la religion catholique

Pendant un certain temps, c'est également le vif espoir de Lamennais. Notons en passant que Lamennais est frappé, lors de sa visite à Munich en 1832, par les vues œcuméniques de Schelling. Dans le courant de ces années 1830, il traversera deux phases joachimites. Pourquoi deux phases ? Parce que, d'après Henri de Lubac, il faut distinguer, à la lumière de sa correspondance volumineuse, un « joachimisme encore orthodoxe » (quand Lamennais « croit toujours à Dieu, à sa Providence, même à sa Trinité ») d'un « joachimisme sécularisé[4] ». En effet, la première phase est assez brève. On ne trouve encore aucune trace de joachimisme en 1830, à l'heure où Lamennais s'apprête à fonder *L'Avenir*. En revanche, à partir de 1831 commence à prendre forme cette prophétie d'une ère nouvelle selon le vieux schéma de l'abbé de Flore, comme en témoignera le passage placé en tête des *Paroles d'un croyant* (1834) : « Le Fils a promis d'envoyer l'Esprit consolateur, l'Esprit qui procède du Père et de lui, et qui est leur amour mutuel ; il viendra et renouvellera la face de la terre, et ce sera comme une seconde création. » Mais au jour de leur publication, les *Paroles d'un croyant* marquent une étape déjà dépassée par leur auteur, car, depuis quelques mois, selon Lubac, il s'est engagé sur une voie rappelant celle de Lessing, celle d'un joachimisme sécularisé. Cette phase de sa pensée durera encore un certain temps avant de s'éteindre. Ainsi, dans son livre *De la religion* (1841), par le jugement qu'il porte sur le rôle du christianisme dans l'histoire de l'humanité, Lamennais s'éloigne de tout joachimisme, même transformé et retransformé. « L'Église dont Lamennais rêvait n'était au fond pas plus celle de l'Esprit que celle du Christ, conclut

1. De 1831. Citons, par exemple : « Le christianisme a eu plusieurs ères : son ère morale ou évangélique, son ère des martyrs, son ère métaphysique ou théologique, son ère politique : il est arrivé à son ère ou à son âge philosophique. »

2. *Revue des Deux-Mondes*, 1834 : « Il n'y a encore qu'une très petite partie accomplie de la mission évangélique … Loin d'être à son terme, la religion du Libérateur entre à peine dans sa troisième période, la période politique. »

3. De 1836 : « Un avenir sera, un avenir puissant, libre, dans toute la plénitude de l'égalité évangélique, mais il est loin encore, loin au-delà de l'horizon visible. »

4. *PSJF*, p. 446.

Lubac, parce qu'elle n'était pas une Église réellement donnée de Dieu, distincte de la société naturelle, insérée surnaturellement dans le monde pour le mener à sa fin, mais la voix même de l'Humanité[1]. »

Après ce portrait de Lamennais en tant que prophète et aux pages suivantes intitulées « Autour de Lamennais », Henri de Lubac ramène le lecteur aux diverses floraisons de l'école saint-simonienne. La trajectoire de Buchez, grand champion du socialisme chrétien, présente un contraste très net avec celle de Lamennais – presque une trajectoire en sens inverse. Il est influencé d'abord par Lessing et, plus encore, par *Le Nouveau Christianisme* de Saint-Simon. Mais Buchez rompt les liens avec le saint-simonisme au début des années 1930 et, retournant à la foi chrétienne, il fonde un *Journal des sciences sociales et politiques*, qui devient bientôt *L'Européen, journal de morale et de philosophie*, pour combattre à la fois l'individualisme de l'école libérale et le communisme hiérarchique d'Enfantin. Son grand ouvrage sera *Essai d'un traité complet de philosophie du point de vue du catholicisme et du progrès* (1838-1840). « Ce qu'on peut appeler chez Buchez un "catholicisme social" avant la lettre, remarque Lubac, n'est pas le projet d'un corps organisé de législation sociale, ce n'est pas non plus un simple appendice moralisant de "l'esprit" de l'Évangile ; c'est d'abord et essentiellement une doctrine congénitale à la structure dogmatique et sacramentelle de l'Église[2]. » En bref, au néojoachimisme qui l'avait tenté au début de son évolution religieuse, ce rescapé du saint-simonisme refusa de plus en plus toute concession.

Une autre trajectoire fut celle de Leroux, apôtre de la « solidarité humaine », qui resta fidèle à la mémoire de son maître Saint-Simon. En outre, sur lui, l'influence de Lessing se révèle cruciale. D'après Lubac, « plus encore que dans le *Nouveau christianisme*, Leroux a trouvé dans *L'Éducation [du genre humain]* la clé qui lui permettra de tirer de l'Évangile à peu près le contraire de ce que toute la tradition chrétienne y avait lu[3] ». Ainsi, Leroux retient la notion des trois âges de Lessing, de même que la croyance en la métempsycose. Si cela ne l'empêche pas de saluer Schelling comme un des grands esprits de l'époque, c'est parce qu'il tempère son éloge en constatant que le philosophe allemand est bien trop timide : en effet, il est convaincu que « le christianisme depuis Jésus jusqu'à nous n'a encore accompli que deux périodes des trois qu'il doit embrasser ». Sa pensée à lui se trouve condensée dans le gros ouvrage, inachevé, portant un titre long et explicite : *De l'Humanité, de son principe et de son avenir, où se trouve exposée la vraie définition de la religion et où l'on explique le sens, la suite et l'enchaînement du*

1. *Ibid.*, p. 456.
2. *Ibid.*, p. 499.
3. *Ibid.*, p. 526.

mosaïsme et du christianisme (1840). Leroux y exprime sa confiance qu'il vient d'accomplir « ce qu'on appela au moyen âge l'évangile éternel ». Dans cette lignée saint-simonienne de la postérité joachimite, une autre figure d'envergure s'inscrit directement dans les pas de Leroux, car, entre 1837 et 1844, il gagne un disciple passionné en la personne de son amie George Sand, qui met sous l'égide de saint Jean le projet d'une « nouvelle Église ». Elle s'inspire de Leroux pour matérialiser ce rêve. Elle s'inspire également de Lamennais, qu'elle admire aussi. Dans *Spiridion* (paru d'abord en épisodes dans la *Revue des Deux-Mondes*, 1838-1839), des lecteurs avertis flaireront une certaine présence de Lamennais derrière le masque de l'un ou de l'autre des deux personnages qui figurent dans le roman, dont Spiridion. Dans la réédition de *Spiridion* de 1842, profitant des renseignements fournis par Leroux, Sand introduit dans son récit la vision de l'abbé de Flore par le biais de la découverte de deux manuscrits : l'évangile de saint Jean, transcrit de la main de Joachim lui-même, et l'*Introductorius in Evangelium aeternum*, attribué incorrectement par Sand à Jean de Parme, sans doute dans le sillage de Michelet (voir *infra*). Le jeune Renan est frappé par *Spiridion*, qu'il aurait lu au séminaire, et tout particulièrement par cette entrée en scène de l'*Introductorius in Evangelium aeternum*. Une bonne vingtaine d'années plus tard, à la fin de son étude « Joachim de Flore et l'Évangile éternel », il va louer ce « beau roman » de Sand. Dans *Consuelo* (1844) – roman d'une grande renommée, où l'influence de Leroux est patente à certains endroits –, le héros Albert de Rudolstadt (« sublime johannite, maître du nouvel Apocalypse, docteur de l'Évangile éternel, élu de l'Esprit Saint ») initie la petite Consuelo au secret qui sera plus tard celui d'Adam Weishaupt, fondateur de la secte maçonnique des « Illuminés de Bavière ». Faisant écho à la pensée de Leroux, Sand dévoile le secret en question, celui de l'avènement du règne de l'Esprit, aux dépens de la religion chrétienne, surtout celle de l'Église catholique.

L'esprit prophétique bat son plein également chez Michelet, Quinet et Mickiewicz. « L'Église du Paraclet, remarque Henri de Lubac avec plus qu'un brin d'ironie, c'est le Collège de France anticipé[1]. » Des pages incisives sont consacrées à l'évolution de la pensée de Michelet à l'égard du christianisme. Longtemps dans le moule de la postérité joachimite, son itinéraire fait de lui un exemple exceptionnel :

> De tous les joachimites que nous passons en revue à travers huit siècles, Michelet est peut-être le plus ardent, le plus explicite, le plus abondant, le plus original aussi. Il est même le plus constant, car s'il a beaucoup varié dans les applications, il est demeuré fidèle,

1. *Ibid.*, p. 597.

au long d'une cinquantaine d'années, au schème des trois âges et à l'idée d'un règne de l'Esprit[1].

Donc, l'âge païen précéda l'âge chrétien, dont émerge progressivement l'âge culminant de l'Esprit. Quant à ce dernier, c'est peut-être Lessing, lu en 1824, qui avait mis le jeune Michelet sur la piste de l'Évangile éternel. Cependant, la rencontre essentielle ne devait pas avoir lieu d'abord avec Joachim, mais avec son disciple Jean de Parme (prédécesseur de Bonaventure à la tête de l'Ordre franciscain), comme en témoigne le deuxième tome, paru en 1833, de l'*Histoire de France.* Plus tard, Michelet découvre le prophète calabrais lui-même ; ainsi, dans le neuvième tome de l'*Histoire de France*, qui paraît en 1855, il accorde à l'abbé de Flore sa juste place, en citant longuement le *Liber concordiae* et en rapprochant Joachim d'Abélard. Ce même tome – *Histoire de France au XVI*^e^ *siècle : la Renaissance* – crée le concept moderne et tendancieux de la « Renaissance ». D'après Michelet, l'esprit d'Abélard et de Joachim ne fut rien moins que « l'alpha de la Renaissance, il circula dès lors comme un Évangile éternel ». Ensuite, le souffle joachimite animera la Révolution. L'ancienne chapelle des Cordeliers, lieu hautement symbolique, sera associée pour toujours à partir de 1790 au nom de Danton. Ainsi Michelet fait mention de la chapelle dans le tome neuvième de l'*Histoire de France* (« Jean de Parme, aux Cordeliers, professa hardiment : *Quod doctrina Joachimi excellit doctrinam Christi* »), mais ce n'est que dans l'*Histoire de la Révolution française* (1847-1853) que la chapelle reçoit sa pleine consécration. « Qui a bâti cette chapelle ? » se demande-t-il : « La Révolution elle-même, en l'an 1240. Elle porte ici le premier coup au monde féodal, qu'elle doit achever la nuit du 4 août. » Michelet s'y réfère en évoquant la dispute de l'Évangile éternel. Précocité de l'esprit prophétique qui annonce déjà le monde moderne !

Quinet fut le traducteur des *Idées sur la philosophie de l'histoire de l'humanité* de Herder. Dans son ouvrage *Le Christianisme et la Révolution française* (1845), il adopte le schéma hégélien, qui était déjà celui de Lessing et de Herder, d'après lequel le grand précurseur de la Révolution fut Luther. Cependant, pour l'esprit d'intériorité qui faisait partie de ce même schéma, Quinet se découvre une ascendance meilleure – et moins médiévale – que celle de Joachim de Flore : celle de l'*Imitation de Jésus-Christ* de Thomas a Kempis. Il s'agit alors d'un néo-joachimisme moins prononcé que celui de Michelet, son collègue au Collège de France.

C'est d'un autre œil que Henri de Lubac considère Mickiewicz, le dernier du triumvirat. D'un intérêt tout particulier sont les leçons prononcées par celui-ci durant ses deux dernières années de cours au

1. *Ibid.*, p. 577.

Collège de France en 1842-1844. Réunies en un volume sous le titre *L'Église officielle et le Messianisme* (1845), la première série de cours s'intitule « Littérature et philosophie, l'Église et le Messie », et la seconde « Religion et politique ». On décèle dans ces cours, et ailleurs, une tendance au messianisme ; la fascination passagère exercée sur Mickiewicz par son compatriote André Towianski y était pour quelque chose. Sans nul doute, ce grand Polonais, qui créa l'épopée *Messire Tadeusz* (*Pan Tadeusz*, 1834) en restant fidèle aux espoirs engendrés par la mémoire de l'ancienne *res publica* polono-lituanienne, est inspiré d'un réel esprit prophétique. Il puise cet esprit dans des lectures de toute sorte, en passant, par exemple, de Böhme et de Swedenborg à Saint-Martin et à Joseph de Maistre. Par ailleurs, il s'intéressa vivement à Denys l'Aréopagite et, à l'époque contemporaine, aux paroles d'Anna Katharina Emmerick telles que racontées par Clemens Brentano. Il n'est guère étonnant à cet égard que la vision de Mickiewicz s'éloigne considérablement de celle de Michelet et de Quinet :

> L'esprit du poète est, au fond, tout autre que celui de ses deux collègues. Comme eux, sans doute, interprétant ce qu'il pense être un « pressentiment universel » et l'imminence d'une « crise », il croit à quelque « révélation nouvelle », il espère une « nouvelle manifestation de l'Esprit ». Mais il ne conçoit pas du tout celle-ci comme une victoire de la raison, ou de la science, ou de la nature et des sens, ou d'un quelconque esprit moderne sur l'Église du Christ ; il s'agit pour lui, sans aucune équivoque, de « l'esprit chrétien ». Ce qu'il attend, c'est une « nouvelle explosion du Verbe de Jésus-Christ[1] ».

Mickiewicz n'accepte pas la disjonction symbolique de Pierre et de Jean, déjà présente chez Joachim de Flore, qui avait traversé les siècles et devenait de plus en plus courante. Dans son œcuménisme catholique, il rejoint celui de Joseph de Maistre, reprenant à sa manière « le grand rêve naïf, mais fécond du premier Moyen Âge méditant sur la Bible reçue des Pères : l'unité de la vie intellectuelle et celle de la vie sociale autour du mystère de la foi, dans un œcuménisme sans bornes, dans une ouverture totale à l'avenir, toujours à l'intérieur de l'Église du Christ provoquée à s'élargir sans cesse : le rêve immortel de la *Catholica*[2] ».

Ainsi se termine, quant à l'essentiel, le traitement par Henri de Lubac de ce troisième et dernier grand thème, celui des métamorphoses du joachimisme à travers le prophétisme et le romantisme en France au XIXe siècle. Tout le siècle est traversé par un fleuve « joachimite » aux cent bras divers, dit-il au commencement du chapitre XVI. Mais, dans ce

---

1. *Ibid.*, p. 625.
2. *Ibid.*, p. 663.

chapitre, qui se limite très largement à la France, ceux repérés comme néojoachimites sous l'expression *turba magna* sont pour la plupart des écrivains mineurs (à l'exception, du côté français, de Victor Hugo), tandis que les « quatre excentriques » auxquels Lubac prête attention, dont Alphonse Louis Constant (dit « Éliphas Lévi »), sont forcément des personnages à la marge. Pour ces chapitres dans leur ensemble – à partir du chapitre X –, une Conclusion s'impose tout simplement : la foi dans le Christ et dans son Église fut le véritable frein à toute tentation joachimite qui aurait pu se transformer en joachimisme complet. Des exemples, à cet égard, furent Buchez et Mickiewicz, figures pour lesquelles l'auteur éprouve manifestement de la sympathie.

*

Le champ du chapitre XVII, intitulé « Les métamorphoses du troisième âge », est très large. De plus en plus accablé par les contraintes de la vieillesse, Henri de Lubac se hâte de clore le gros ouvrage. Cet avant-dernier chapitre en atteste par son style condensé. L'auteur passe en revue, relativement rapidement, de nombreux partisans de l'idée d'un tout nouvel âge, en privilégiant surtout la lignée hégélienne et gauchisante de la postérité joachimite. Suite à un bref examen de quelques millénaristes – notamment Robert Owen (sa vision vers la fin de sa vie) et Wilhelm Weitling (admirateur de Münzer et de Bockelson ; traducteur du *Livre du Peuple* de Lamennais) –, la dimension joachimite de la pensée des Jeunes Hégéliens, dont Moses Hess, August Cieszkowski, Bruno Bauer et Heinrich Heine, est prise en considération. Karl Marx et Friedrich Engels suivent. Cette lignée se prolonge jusqu'au XXe siècle, ce qui permet l'entrée en scène d'Ernst Bloch et de son « principe Espérance », de même que celle d'une volée d'intellectuels français : Merleau-Ponty, Jeanson, Lefebvre et Garaudy. Enfin, selon Lubac, des traces joachimites peuvent être décelées dans les idéologies fasciste et national-socialiste. Du côté du fascisme italien, il s'agirait, dans le sillage du nationalisme italien du XIXe siècle, de la glorification de la mémoire de Cola di Rienzo – fameux tribun romain au XIVe siècle, qui s'autoproclama *novus dux* et chevalier du Saint-Esprit – pour justifier l'idée de « la nouvelle Italie » ou de « la troisième Rome », aux ordres maintenant du Duce. Du côté allemand, *Le Troisième Reich*[1] d'Arthur Moeller van den Bruck, qui n'était pas nazi, a pu évoquer abusivement l'idée joachimite du « troisième règne », tandis qu'Alfred Rosenberg, le futur théoricien du régime, ne manquera pas d'exalter les béghards, les frères du Libre Esprit, les mystiques rhénans, particulièrement Eckhart, et encore Münzer, dans son *Mythe du XXe siècle*[2].

1. *Das Dritte Reich*, 1923.
2. *Der Mythus des zwanzigsten Jahrhunderts*, 1930.

Pour revenir à Marx au cœur de ce même chapitre, « combien [chez lui] restent vivaces, remarque Lubac, des éléments fort anciens, religieux et messianiques », et cela « malgré les fondements purement économiques et matérialistes de sa théorie sociale[1] ». Ainsi, à titre d'exemple, dans *La Question juive*[2], le judaïsme et le christianisme sont les deux étapes qui précèdent successivement et progressivement le règne de l'Homme. Dans le même ordre d'idées se trouve le rôle rédempteur accordé au prolétariat. Le cas d'Engels, associé à celui de Weitling, est un peu différent : « S'il se rattache lui aussi à la lignée "joachimite", dit Lubac, c'est moins par l'effet de la dialectique hégélienne remise sur ses pieds par Marx que par son admiration pour Thomas Münzer[3]. » Consciemment rattaché à cette lignée, en effet, Engels avait pris soin de noter dans son étude *La Guerre des paysans en Allemagne*[4] qu'il avait « étudié particulièrement les écrits chiliastiques de Joachim de Calabre ».

Bloch, lui aussi, s'intéressera à Münzer – ainsi son *Thomas Münzer : théologien de la révolution*[5]. Mais l'attention de Lubac porte sur toute l'œuvre de Bloch, y compris *Le Principe Espérance*[6]. Au départ de son analyse de plusieurs ouvrages de Bloch – analyse approfondie dans un chapitre par ailleurs mené au galop –, Lubac relève les aspects inventifs de l'intelligence que l'auteur avait du christianisme. Il s'agit surtout de l'idée qu'il existe un « évangile pur, celui du Christ », qui par malheur fut remplacé dans la pratique « par un second évangile, sur le Christ ». À qui, la faute ? Aux yeux de Bloch, saint Paul en premier lieu ; et de façon décisive, quelques siècles plus tard, saint Augustin, même si, entre-temps, Marcion, Tertullien et Origène restèrent réceptifs à ce que le philosophe néomarxiste appelle « l'annonce du nouvel éon d'une divinité restée jusqu'alors inconnue ». Après ce détournement, la gloire de Joachim est d'avoir retrouvé, grâce à son « troisième évangile », le véritable sens eschatologique du message primitif. En aval dans le temps, Bloch établit sa propre histoire de la postérité spirituelle de l'abbé de Flore. Toute une entreprise, dans la lecture et l'interprétation des textes, qui demeure loin d'être convaincante :

> Hégélianiser Joachim de Flore et Thomas Münzer, marxiser Hegel à l'outrance, associer étroitement Marcion à ses deux plus grands adversaires [Tertullien et Origène], embarquer pêle-mêle dans son vaisseau Cathares, Vaudois, Joachimites de toute espèce, Pic de la

---

1. *PSJF*, p. 747.
2. *Zur Judenfrage*, 1843.
3. *PSJF*, p. 752.
4. *Der deutsche Bauernkrieg*, 1850 ; édité en livre, 1870.
5. *Thomas Müntzer als Theologe der Revolution*, 1921.
6. *Das Prinzip Hoffnung*, 1938-1947, dont le second volume contient des pages importantes sur Joachim de Flore.

> Mirandole, Kant, Tolstoï et bien d'autres, dresser une généalogie qui les fait tous descendre des premiers martyrs brûlés par Néron ..., ce ne sont encore là que peccadilles, tant qu'on les considère en dehors de son grand dessein[1].

Ce dessein, qui passe à l'instar de Marcion par le rejet de l'Ancien Testament tout entier, n'est rien d'autre que la découverte de l'athéisme dans le christianisme même ; dans la figure du Christ transformé en « Fils de l'Homme », nouveau Prométhée, « germe du Paraclet » à venir, annonciateur du « Plérôme du Saint-Esprit ».

*

Le dernier chapitre, intitulé « Du côté de la Russie », prend presque la forme d'un excursus, bien que riche en contenu. D'abord, l'ouvrage *Notre Père*[2] de Cieszkowski, qui naquit en Pologne russe, est passé au crible. Dans son grand commentaire du *Pater*, celui qui fut par son prophétisme proche de Mickiewicz et qui exerça par ailleurs une influence de Jeune Hégélien sur Moses Hess, fait appel à « la Terre promise » d'un « troisième monde » ou d'une « troisième époque ». De fait, la philosophie de l'histoire de Cieszkowski est imprégnée du joachimisme, comme en témoigne la désignation des initiateurs des trois étapes, que sont Adam, le Christ et le Paraclet, sous les signes successifs du Père, du Fils et du Saint-Esprit. Dans le reste du chapitre – la partie principale –, l'attention de Henri de Lubac se porte sur la Russie proprement dite. Ainsi, nous avons un portrait intellectuel de Pierre Tchaadaev, fer de lance du mouvement occidentaliste et auteur des *Lettres philosophiques adressées à une dame*[3]. Sa vision est celle d'une Église universelle, car, pour lui, « ni le catholicisme ni l'orthodoxie n'expriment le christianisme intégral ; ils ne sont que les deux pôles de la vérité ». Il entrevoit comme Joachim de Flore une ère bienheureuse, consommation de l'ère chrétienne, qui sera celle de l'universelle réconciliation dans l'unique et définitive religion de l'Esprit. Une autre espèce de joachimisme sera celui représenté plus tard par l'écrivain Dimitri Merejkovski, qui, lors de son premier exil à Paris à l'aube du XXe siècle, se liera d'amitié avec le jeune Moeller van den Bruck. Merejkovski, célèbre en son temps, prône une religion de la « Sainte Trinité » dont le christianisme n'est qu'une phase ; l'avènement annoncé de l'Esprit serait une « théanthropie » dans laquelle le paganisme (le Père incarné dans le « Cosmos ») et le christianisme (le Fils incarné dans le « Logos ») sont destinés à être réconciliés, voire à fusionner.

---

1. *PSJF*, p. 758.
2. *Ojcze Nasz*, 1848-1923.
3. Rédigées en français, 1829-1830 (la première lettre est éditée en 1836 en Russie), elles furent éditées intégralement pour la première fois en 1966.

Tout autre fut la pensée de Fiodor Dostoïevski. L'hypothèse selon laquelle la doctrine religieuse prêchée par George Sand fût fidèlement reprise par le romancier russe est catégoriquement rejetée par Henri de Lubac, qui ne trouve aucune trace d'un troisième âge chez Dostoïevski. D'autre part, les grands théologiens russes issus de l'Église orthodoxe à cette époque furent plus ou moins exempts de joachimisme. Quelles que soient les assertions en sens contraire avancées par certains historiens, Vladimir Soloviev – dont l'influence sur Dostoïevski fut grande – n'a jamais été joachimite. De plus, durant ses dernières années, il devient explicitement antijoachimite, en s'opposant aux prétentions de cet « au-delà du christianisme », tel qu'il le voit se répandre. Le mysticisme de Serge Boulgakov, qui avait quelque temps fréquenté le cercle de Merejkovski avant de revenir à la foi traditionnelle de son Église, n'admet pas que celle-ci erre sans cesse dans le monde à la recherche d'un au-delà d'elle-même, comme si l'Église n'avait pas déjà reçu du Christ et de l'Esprit conjoints le principe de sa plénitude. Nicolas Berdiaev, qui avait, lui aussi, fréquenté Merejkovski avant de le juger sévèrement, n'apparaît pas éloigné du joachimisme. Il nomme Joachim, de pair avec saint François, Dante et Giotto, pour célébrer « la renaissance précoce de l'Italie mystique » ; et, de même que l'abbé de Flore, il envisage trois « époques » de la révélation divine sous les signes du Père, du Fils et de l'Esprit. Cependant, à la différence de l'abbé calabrais, Berdiaev considère les deux dernières époques – celle de « l'Église de Pierre » et celle de « l'Église de Jean » – moins comme deux âges consécutifs à l'intérieur de l'histoire, que comme deux catégories simultanées d'intelligence, autrement dit, comme deux sortes de chrétiens, distingués par leur capacité ou leur incapacité « créatrice ».

En lisant ce dernier chapitre, nous rencontrons également Paul Florenski, condamné au goulag en 1933 et, lors des purges, fusillé par le NKVD en 1937. Prêtre orthodoxe, théologien, philosophe, mathématicien, inventeur, il fut une figure hors pair. Dans son grand ouvrage intitulé *La Colonne et le Fondement de la vérité*[1], il critique à plusieurs reprises les tenants de la « nouvelle conscience religieuse », en leur reprochant de chercher « pour ainsi dire à obtenir l'Esprit saint par la force ». En vue du drame de la vie de ce prêtre et de la longue histoire des multiples détournements de l'intelligence de la Trinité qui font le sujet de *La Postérité spirituelle de Joachim de Flore*, ces mots de Henri de Lubac, presque à la fin de l'ouvrage, ne peuvent guère être plus parlants : « ce que [Florenski] redoute par-dessus tout, dit-il, c'est, au cours de notre histoire actuelle, la rupture de l'unité ecclésiale et christique, et c'est aussi, dans l'avenir, la rupture entre deux temps, entre deux règnes successifs, comme si celui du Saint-Esprit devait abroger

1. *Stolp i utverzhdenie istiny*, 1914.

celui du Christ dans son Église[1] ». Telle est la préoccupation qui marque également ces deux grands volumes consacrés à l'héritage de l'abbé de Flore.

*

Intéressons-nous à présent sur la place de *La Postérité spirituelle* dans les œuvres complètes du cardinal de Lubac, en apportant quelques précisions et des informations d'ordre biographique concernant la genèse de l'ouvrage. Il en a parlé lui-même dans *Mémoire sur l'occasion de mes écrits* (1989), et c'est à ce récit éclairant qu'il faut nous référer en premier lieu :

> Dans le tome III d'*Exégèse médiévale* (1961), j'avais consacré un long chapitre de 122 pages à Joachim de Flore. Cet étrange abbé calabrais m'avait non pas séduit, mais vivement frappé par l'originalité puissante de son exégèse et de ses méthodes, comme par l'ampleur de son rêve. Il m'était apparu, dans le cours de la pensée chrétienne, tel un énorme bloc erratique. Peu à peu, cependant, je découvrais l'étendue de son influence, et je m'étonnais d'autant plus que nos historiens de la théologie lui accordassent une attention si chétive. Dans le même temps, je me laissais tenter par l'idée de donner suite à mon ouvrage. Le tome quatrième n'était pas encore achevé que déjà les notes s'accumulaient en vue d'un cinquième, qui aurait suivi les avatars de l'ancienne exégèse, se prolongeant et se caricaturant elle-même tout au long de l'époque moderne. Un de ces chapitres devait y décrire la double postérité de Joachim de Flore : d'une part une lignée proprement exégétique, c'est-à-dire l'immense forêt des commentaires interprétant « littéralement » l'Apocalypse comme une prophétie de l'histoire de l'Église, et d'autre part une lignée spirituelle aux nombreuses ramifications, celle des penseurs ou hommes d'action qui, se réclamant ou non de lui, mais tous plus ou moins trahissant son rêve, tendaient à concevoir comme lui un troisième âge, âge de l'Esprit, succédant à celui du Christ dont l'Église était la gardienne.
> Programme trop ambitieux ! Bientôt je m'aperçus qu'il y eût fallu non pas un nouveau volume, mais quatre, et que la compétence aussi bien que le temps me feraient défaut. Et puis, au jour le jour, d'autres soucis m'attendaient. Mais le dossier de Joachim ayant grossi, j'entrepris de l'utiliser pour un petit volume. C'était encore vouloir embrasser trop. Je réduisis mon projet à la seconde moitié du chapitre d'abord envisagé. Cependant, à mesure que j'en explorais le champ, au hasard des livres rencontrés et des heures

1. *PSJF*, p. 810.

disponibles, l'objectif ainsi rétréci se révélait encore immense. Il en sortit les deux volumes parus en 1979 et 1981. Tel quel, c'est encore un ouvrage très incomplet[1].

Nous reviendrons plus loin sur la question de l'inachèvement de l'ouvrage. À présent, il suffit, à la lumière de ce récit, de souligner que Lubac s'attela à ces travaux « joachimites » pendant une vingtaine d'années, c'est-à-dire entre la préparation du long chapitre sur Joachim d'*Exégèse médiévale* et la sortie du second volume de *La Postérité spirituelle*, en fait, une grande partie de sa vie ; et il convient d'ajouter que ces mêmes travaux n'assument pleinement leur sens que dans une optique encore plus large, celle de l'ensemble de l'œuvre du cardinal jésuite et du vécu de sa vocation religieuse.

Concernant l'attention prêtée pour la première fois à l'abbé de Flore, il faut remonter, en effet, plusieurs années en amont d'*Exégèse médiévale*. Dans quelques pages d'*Histoire et Esprit. L'intelligence de l'Écriture d'après Origène* (1950) intitulées « L'Évangile éternel », Lubac souligne l'inanité de tout effort en vue d'établir une parenté de vision historico-eschatologique entre Joachim et la figure dominante, avec saint Augustin, de la théologie chrétienne de la période patristique : « Entre Origène et Joachim de Flore il n'y a guère de commun que ce nom d'Évangile éternel – mais c'est une appellation biblique tirée de l'Apocalypse – et l'idée que cet Évangile éternel consiste dans l'interprétation spirituelle achevée de l'Évangile, – mais sur la nature et sur le temps de cette interprétation, ils s'opposent complètement[2]. » Dans certaines pages de *Méditation sur l'Église* (1953), il revient à la charge pour critiquer Joachim, en tant qu'annonciateur d'un troisième âge, non seulement dans le sillage d'« un Tertullien dévoyé » mais, au regard de l'avenir, en compagnie de Lessing également ; qui plus est, dans les mêmes pages, une note de bas de page fait mention de Joseph de Maistre et du onzième entretien des *Soirées de Saint-Pétersbourg*, et dans le texte un point d'interrogation est apposé à « l'annonce prophétique » de Berdiaev[3]. Le phénomène du joachimisme est ainsi déjà effleuré.

C'est le chapitre VI de la seconde partie d'*Exégèse médiévale* qui traite de « Joachim de Flore » et ce, d'une manière approfondie[4]. Il a fait la

1. H. DE LUBAC, *Mémoire sur l'occasion de mes écrits* (désormais *MOÉ*, 1989), *Œuvres complètes* (désormais *OC*), t. XXXIII, Paris, Éd. du Cerf, 2006, p. 159-160. Voir aussi la préface de *La Postérité spirituelle de Joachim de Flore* : *PSJF*, p. 7-8.

2. H. DE LUBAC, *Histoire et Esprit : l'intelligence de l'Écriture d'après Origène* (1950), *OC*, t. XVI, Paris, Éd. du Cerf, 2002, p. 220-221.

3. H. DE LUBAC, *Méditation sur l'Église* (1953), *OC*, Paris, t. VIII, Éd. du Cerf, 2008, p. 176-179.

4. H. DE LUBAC, *Exégèse médiévale : les quatre sens de l'Écriture* (4 vol., 1959-1964), t. III, p. 437-559 (à paraître dans *OC*, t. XIX, Paris).

réputation de Henri de Lubac comme l'un des meilleurs spécialistes de la pensée de l'abbé calabrais[1]. Et ce même chapitre sera destiné à être lu plus tard, pour des raisons évidentes, comme les prolégomènes à *La Postérité spirituelle de Joachim de Flore* – cela a son importance de notre point de vue. Le sujet au cœur du chapitre est énoncé à la première page : une déviation de l'intelligence spirituelle qui conduit celle-ci à « concevoir une eschatologie sur terre et transformer ainsi l'espérance – au moins une première phase de l'espérance – en utopie[2] ». Cette déviation porte Joachim dans le cadre de son exégèse à déprécier, à son insu, la personne du Christ :

> Que de fois Joachim ne le déclare-t-il pas, obsédé qu'il est par son schéma [ternaire] et trinitaire : « la lettre du deuxième testament est engendrée d'une manière merveilleuse de la lettre du premier, et de l'une et l'autre procède une seule et multiple intelligence, spirituelle ou mystique ». C'est cette intelligence, réservée dans sa plénitude au troisième âge, qui constitue pour lui l'Évangile éternel. Or, par une conséquence fatale, en dissociant de la sorte l'Évangile du Christ, tel qu'il était prêché depuis douze siècles dans l'Église, de cet Évangile éternel, qui sera celui de l'avenir, il dissocie le Christ lui-même de son Esprit. Il affaiblit étrangement l'œuvre du Christ[3].

Cette tare distingue le joachimisme dès le début et les mots ci-dessus annoncent le thème, celui de l'oubli du Christ, qui constitue à de nombreux égards le fil conducteur de l'immense enquête que Lubac mène dans *La Postérité spirituelle*.

Dans ce même chapitre d'*Exégèse médiévale*, Michelet et Renan apparaissent déjà à propos du joachimisme, brièvement, pour être

---

1. Quatorze ans après la parution du volume III de l'*Exégèse médiévale*, Bernard McGINN a dressé un bilan historiographique des études sur l'apocalyptique au Moyen Âge (« Apocalypticism in the Middle Ages : An historiographical sketch », *Mediaeval Studies*, 1975). Le chapitre « Joachim de Flore » y est traité. Et le passage en question est relevé dans une annexe de *MOÉ*, p. 379, 405 (traduction) : « L'analyse qu'il [Lubac] fait de Joachim est l'une des plus larges et des plus intelligentes dans la bibliographie récente, affirme McGinn, bien qu'elle soit restreinte à l'histoire intellectuelle. Il se fraye un chemin à travers les oppositions inutiles des premières études joachimites avec une admirable pénétration, montrant l'originalité de l'Abbé en ce qui concerne sa théorie exégétique, aussi bien que les implications radicales de cette originalité, en dépit de ses intentions orthodoxes. » Aux yeux de Lubac, ce sont bien « les implications radicales de cette originalité » qui justifient toute la matière des deux volumes de *La Postérité spirituelle*. Dix ans après le bilan historiographique de 1975, une appréciation sera portée sur ces deux volumes par le spécialiste américain. D'après lui, Lubac est devenu (encore) plus sévère à l'égard de Joachim ; de plus, quant à la postérité, il ratisse trop large avec la grille de lecture des trois âges (voir Bernard McGINN, *The Calabrian Abbot : Joachim of Fiore in the History of Western Thought*, New York, Macmillan, 1985, p. 138 n, 242).

2. *Exégèse médiévale*, t. III, *OC*, t. XIX, p. 437.

3. *Ibid.*, p. 461-462.

critiqués, tous les deux, par Lubac. Dans le cas de Michelet, il s'agit de son ouvrage *La Renaissance* et de la louange que l'historien y fait de l'abbé de Flore en tant que précurseur, sur le plan des idées, du phénomène que lui, Michelet, baptise « la Renaissance[1] ». Critique qui sera développée dans *La Postérité spirituelle*, nous l'avons déjà signalée. Renan, lui aussi, attelle Joachim à la tâche de l'avancement de la marche du progrès. Lubac indique, cependant, l'invraisemblance de l'idée selon laquelle Joachim aurait été le héraut de la Réforme protestante en raison d'une prétendue ambition de faire revivre l'Église primitive, interprétation avancée par Renan en 1866 dans son étude « Joachim de Flore et l'Évangile éternel[2] ». Si ce chapitre d'*Exégèse médiévale* anticipe très légèrement sur le contenu du second volume de *La Postérité spirituelle*, il faut noter aussi que, plus loin (*Exégèse médiévale*, IIe partie), Lubac entre déjà dans le territoire qui sera celui des chapitres II et III du premier volume de *La Postérité spirituelle*. C'est ainsi que, dans le chapitre IX de cette seconde partie d'*Exégèse médiévale*, qui traite de « L'âge scolastique », se trouve le sous-chapitre intitulé « La succession joachimite ». Deux de ces pages sont consacrées à saint Bonaventure et plus de cinq à Olivi[3]. Dans cette optique de l'émergence du joachimisme, saint Thomas d'Aquin figure à peine, même si, dans un sous-chapitre précédent, intitulé « La "nouveauté" de saint Thomas », la fidélité du Docteur angélique à la tradition exégétique du quadruple sens est soulignée. Pour des pages incisives sur la position prise par saint Thomas à l'encontre de la pensée joachimite, il faut attendre *La Postérité spirituelle de Joachim de Flore*[4]. En fait, il n'est guère étonnant que la seconde partie d'*Exégèse médiévale* et le premier volume de *La Postérité spirituelle* se chevauchent de cette façon. Sur la question des réactions de saint Bonaventure et de saint Thomas concernant l'exégèse joachimite, ce chevauchement sera jugé indispensable aux yeux de Lubac : « nous avons abordé ce sujet, trop sommairement, dans l'*Exégèse médiévale* », écrit-il au début du chapitre III du premier volume de *La Postérité spirituelle* intitulé « Bonaventure et Thomas d'Aquin », et dont l'argumentation est fondamentale pour l'appréciation de l'ouvrage dans son ensemble[5].

Toute montagne a plusieurs faces. On pourrait l'approcher par des chemins variés, en fonction de perspectives différentes. Dans le cas de Lubac, il a appréhendé la pensée joachimite – dans son état pur et dans ses métamorphoses – en tant que spécialiste de l'exégèse biblique ; mais il l'a également appréhendée en tant qu'historien des idées à la recherche

---

1. *Ibid.*, p. 462, 463.
2. *Ibid.*, p. 462, 482-483.
3. *Exégèse médiévale*, t. IV, *OC*, t. XX, p. 328-330, 336-341.
4. Voir la section précédente de notre Présentation, p. X-XI.
5. *PSJF*, p. 123.

des racines de l'athéisme moderne et contemporain, surtout des racines de l'athéisme florissant du XIXe siècle, dont les suites ont tant marqué le XXe siècle, deux approches qui ne s'excluent pas l'une l'autre. La seconde approche nous conduit, pourtant, à une autre face de l'œuvre lubacienne, celle représentée par deux ouvrages antérieurs aux années 1950, fruits de la période de guerre et d'occupation : *Le Drame de l'humanisme athée* (1944-1945) et *Proudhon et le christianisme* (1945). Car l'histoire des idées au XIXe siècle que Lubac décrit dans le second volume de *La Postérité spirituelle* a été partiellement devancée par des portraits intellectuels qu'il a présentés dans ces deux ouvrages parus un tiers de siècle plus tôt.

Le Drame de l'humanisme athée se divise en trois études : celle qui donne son titre au volume ; « Auguste Comte et le christianisme » ; « Dostoïevski prophète ». Les principaux protagonistes de « l'humanisme athée » sont au nombre de trois. « Unissant à un immanentisme de nature mystique une conscience lucide du devenir humain, [l'athéisme contemporain qui se veut positif, organique, constructif] revêt trois visages principaux, que trois noms pourront au moins symboliser : les noms d'Auguste Comte, de Louis [Ludwig] Feuerbach (auquel il faut joindre le nom de son disciple, Karl Marx) et de Friedrich Nietzsche[1]. » Il y a ainsi un « humanisme marxiste », un « humanisme nietzschéen » et un « humanisme positiviste ». Dans la première étude, « Le drame de l'humanisme athée », Henri de Lubac résume d'abord les idées de Feuerbach (« l'anneau qui rattache Marx à Hegel ») concernant l'illusion religieuse ; ensuite la pensée de Nietzsche (dont « nul aujourd'hui ne conteste plus la grandeur ») autour de « la mort de Dieu », la tragédie grecque et la morale chrétienne ; et, enfin, à contre-courant, l'apologie du christianisme fait par Søren Kierkegaard (« héraut de la transcendance » dans « un siècle entraîné par l'immanentisme[2] »). Avec tout un sous-chapitre consacré aux Jeunes Hégéliens dans le chapitre XVII de *La Postérité spirituelle* – chapitre assez rapide – Ludwig Feuerbach y réapparaît forcément, mais brièvement, à côté de Bauer et de deux « excentriques » de moindre importance, Georg Kuhlmann et Georg Friedrich Daumer[3]. Ni Nietzsche ni Kierkegaard – celui-ci certainement loin de tout joachimisme – ne trouvent leur place dans *La Postérité spirituelle*, même si le premier y est mentionné quelques fois en passant (notamment au sujet de la fable nietzschéenne des trois métamorphoses de l'esprit : le chameau, le lion et l'enfant). Pourtant, les luttes de Nietzsche et de Kierkegaard contre l'hégélianisme, telles que mises en évidence d'un bon œil par Lubac

1. H. DE LUBAC, *Le Drame de l'humanisme athée* (1944-1945), *OC*, t. II, Paris, Éd. du Cerf, 1998, p. 7-8.
2. *Ibid.*, p. 23-24, 113.
3. *PSJF*, p. 733-739.

dans *Le Drame de l'humanisme athée*, préfigurent la critique qu'il fait lui-même de Hegel, beaucoup plus tard, dans *La Postérité spirituelle.* Quant à la deuxième étude du *Drame de l'humanisme athée*, « Auguste Comte et le christianisme », elle examine de près, en commençant avec la fameuse « loi des trois états », les présupposés philosophiques et religieux de la « religion de l'Humanité » rêvée par le fondateur du positivisme. Dans le texte et les notes de *La Postérité spirituelle*, Comte réapparaît assez fréquemment, mais il n'est pas pour autant rangé parmi les joachimites (malgré sa mention élogieuse, dans *Système de politique positive*, du pieux utopiste que Dante installa dans son paradis comme doué de l'esprit prophétique). D'après Lubac, « le conservatisme auquel Comte aboutira par sa théorie du progrès, autant que les formes dans lesquelles il enfermera sa « religion de l'humanité », l'éloigneront de plus en plus de tout prophétisme analogue à celui du vieil abbé de Flore[1].

Enfin, pour revenir à cet ouvrage composite qu'est *Le Drame de l'humanisme athée*, c'est la dernière étude, « Dostoïevski prophète », qui nous livre une réponse éclatante, celle de l'écrivain russe, au drame en question. Cette étude révèle clairement la foi de Henri de Lubac lui-même, plus encore que dans les pages de la première étude portant sur Kierkegaard : « Le Christ est notre Soleil : Dostoïevski le répète, avec toute la tradition chrétienne », et si l'écrivain russe est prophète, dit-il, c'est parce qu'« il est le prophète de l'unité qui suppose la rupture ; le prophète de la résurrection qui suppose le passage par la mort[2] ». Par ailleurs, Lubac cite ces mots tirés des carnets de Dostoïevski : « L'Occident a perdu le Christ, et c'est pour cela que l'Occident se meurt, uniquement pour cela[3]. » Ces mots n'avaient pas tout à fait le même sens pour Dostoïevski que celui qu'ils auront plus tard pour l'auteur du *Drame de l'humanisme athée.* Néanmoins, les mêmes mots se concentrent sur les craintes qui seront encore plus tard celles de Lubac quand il aborde toute la problématique de *La Postérité spirituelle.* Dans ce dernier ouvrage, plusieurs pages sont consacrées à Dostoïevski, un peu plus de quatre en tout. La raison d'être de ces pages est simple, nous l'avons déjà signalée : à l'encontre de la conclusion d'un article qui fut publié par les *Études* en 1939, Lubac veut dissiper tout soupçon concernant le moindre rapprochement entre Dostoïevski et Sand, entre l'auteur des *Frères Karamazov* et celle de *Spiridion*[4]. Ainsi, *La Postérité spirituelle* sert à renforcer la dernière des trois études qui composent *Le Drame de l'humanisme athée.*

Le deuxième fruit de la période de guerre et d'Occupation, *Proudhon et le christianisme*, témoigne également du grand intérêt de Lubac pour

1. *Ibid.*, p. 420.
2. *Le Drame de l'humanisme athée*, p. 397, 411.
3. *Ibid.*, p. 318.
4. *PSJF*, p. 789-793.

l'histoire de la pensée religieuse au XIXe siècle. De cet ouvrage très fouillé, l'anticlérical Proudhon émerge avec tout son tempérament fougueux, et aussi comme le grand assoiffé de justice que nous connaissons ; et c'est une soif, souligne Lubac, pour une justice dont l'essence et l'origine restent, en fin de compte, le mystère des mystères, mystère reconnu comme tel par Proudhon ; et ce même sens du mystère, chez lui, est aussi sentiment du tragique, lié à son opposition coriace à tout messianisme terrestre.

Le lecteur qui compare *Proudhon et le christianisme* aux chapitres concernant la vie intellectuelle en France au XIXe siècle dans *La Postérité spirituelle* (surtout, chap. X à chap. XVI) ne peut pas ne pas être frappé par le fait que tant de personnes, avec leurs systèmes de pensée et leurs partis pris, figurent dans les deux ouvrages. À titre d'exemple, Leroux, qui partagera tout un chapitre avec Sand dans *La Postérité spirituelle*, apparaît souvent dans le récit *Proudhon et le christianisme.* Dans ce dernier livre, nous nous trouvons face à un Proudhon qui a très durement accusé son adversaire Leroux d'un mélange fantasmagorique de religiosité sentimentale et de théosophie prophétique – et, fait révélateur dans le contexte du livre, devant un Proudhon qui quêtera plus tard pour Leroux, alors réduit à la misère sur ses vieux jours[1]. En passant à *La Postérité spirituelle*, nous nous trouvons face à un Proudhon dont l'antijoachimisme ne fait aucun doute. Michelet, Quinet et Mickiewicz – le trio prophétique du Collège de France – ne sont que « trois mystificateurs empaumeurs et niais » (tous trois mis sur le même plan par Proudhon, sans distinction, au grand regret de Lubac, vu sa propre interprétation de la pensée de Mickiewicz[2]). Proudhon exerce « sa verve contre les effusions post-chrétiennes des Sand et des Lamennais » ; il est également « en défiance contre les philosophies de l'histoire venues d'Allemagne qui imprégnaient la pensée religieuse de ses contemporains » et « transformaient l'enseignement du Christ en une mythologie du progrès[3] ». Et enfin, c'est avec dérision que Proudhon se moque du bien curieux abbé Constant[4].

Pour revenir à *Proudhon et le christianisme*, il est évident que son auteur aborde son sujet avec sympathie. Le même ton de sympathie se retrouve dans *La Postérité spirituelle* quand Lubac traite de Buchez et de « l'école buchézienne ». Quelles que soient les différences entre Buchez et Proudhon, y compris leurs différences à l'égard de l'Église catholique, Lubac décèle chez eux une certaine affinité d'esprit. Ainsi, dans les deux ouvrages, il indique que chacun des deux annonçait à sa manière, et par

1. H. DE LUBAC, *Proudhon et le christianisme* (1945), *OC*, t. III, Paris, Éd. du Cerf, p. 75, 91-92.
2. *PSJF*, p. 624.
3. *Ibid.*, p. 687.
4. *Ibid.*, p. 709.

certains aspects, la pensée généreuse d'une figure tenue dans la plus haute estime par Lubac lui-même, nommément Charles Péguy[1]. Celui-ci nous éloigne du joachimisme : ce Péguy, tel que décrit dans *La Postérité spirituelle*, qui prendra ses distances avec Jean Jaurès en 1901, refusant « dans son aboutissement marxiste tout le mouvement de pensée qui s'était voulu dépassement définitif et retournement de l'ancien "règne du Christ", au profit d'un illusoire ou mensonger "règne de l'Homme"[2] ».

En bref, Henri de Lubac fut un éminent « dix-neuvièmiste ». N'oublions pas que trois cinquièmes de *La Postérité spirituelle* sont consacrés, en termes de nombre de pages, au XIXe siècle. Il nous paraît que c'est surtout avec les travaux de Henri Gouhier et de Paul Bénichou qu'il faut comparer les travaux lubaciens sur la France du XIXe siècle. Tout particulièrement, *Le Temps des prophètes. Doctrines de l'âge romantique*, grand livre de Bénichou, paru en 1977, et maintes pages de *La Postérité spirituelle* fournissent deux séries de portraits, largement des mêmes personnes, constituant ainsi deux visions éminemment complémentaires.

*

Nous avons passé sous silence jusqu'à présent une toute autre dimension de *La Postérité spirituelle*, celle du climat intellectuel au sein de tant de cercles catholiques, durant les années qui ont coïncidé avec la longue période de préparation de cet ouvrage, qui est devenu un sujet de grave préoccupation pour Henri de Lubac. Son inquiétude a été suscitée, à partir du milieu des années 1960, par certaines suites du concile Vatican II, souvent à contresens des textes conciliaires eux-mêmes. Derrière la question des interprétations abusives de ces textes se trouvait la question – encore plus large – du conflit larvé entre le catholicisme et la culture ambiante du monde contemporain en Europe et ailleurs. Avec un sens aigu de l'arrière-fond théologique, Lubac a décelé des tendances appartenant à la postérité joachimite dans le climat perturbé de l'après-Concile. Pour lui, ces tendances témoignaient, dans de nombreux cas, d'une foi chrétienne à la dérive, dont la raison fondamentale était une insuffisance d'intelligence spirituelle concernant la nature de l'Église.

Cette même préoccupation était loin d'être étrangère à l'attention que Lubac a portée, en tant qu'historien, aux multiples métamorphoses de la pensée de l'abbé de Flore. Cependant, dans la longue histoire des idées racontée tout au long des dix-huit chapitres de *La Postérité spirituelle*, elle ne fait surface que rarement. En revanche, elle domine la Conclusion de l'ouvrage.

1. *Proudhon et le christianisme*, p. 57, 59, 69, 304 ; *PSJF*, p. 506, 517.
2. *PSJF*, p. 751.

Réexaminons le texte entier dans cette optique. Cette préoccupation de Henri de Lubac est à peine effleurée dans l'Introduction de l'ouvrage – seulement un mot en passant pour signaler que « l'idée joachimite [...] connaît aujourd'hui un étonnant regain de vie[1] ». Et il se peut que ce mot se réfère surtout à la remarque faite par Moltmann dans sa lettre à Barth en 1965, remarque citée dans la Préface de *La Postérité spirituelle* et déjà relevée par nous. Ce n'est que dans un aparté du chapitre « Hegel et Schelling » (chap. IX) que Lubac lie explicitement des dévoiements postconciliaires à un joachimisme métamorphosé, celui de Hegel : « [La] critique [de Hegel], aujourd'hui partout diffuse même quand la source en est ignorée, est l'une des causes principales qui obscurcissent actuellement dans les consciences catholiques elles-mêmes l'intelligence de l'Église. [Albert Chapelle] a fait observer à juste titre qu'elle tend à fausser (lorsque ce n'est pas à rejeter) l'enseignement du dernier concile sur sa constitution hiérarchique, son sacerdoce, la vie religieuse qu'elle promeut, son rapport au monde et à Dieu[2]. » Lubac admet plus loin dans le même chapitre, en s'adressant effectivement à Claude Bruaire, que sa critique de Hegel pourrait être considérée comme excessive ; pourtant, à la question qu'il vient de poser lui-même, « Hegel ne tendait-il pas formellement à séculariser l'espérance chrétienne ? », sa réponse reste affirmative[3]. La Conclusion mise à part, les égarements qui ont marqué le climat intellectuel catholique dans la période de l'après-Concile n'entrent guère dans l'histoire, absence qui n'étonne nullement au vu des paramètres chronologiques de presque tous les chapitres. N'en signalons qu'un mot d'ironie mordante aux dépens d'un livre de Garaudy, *L'Alternative*, 1972[4].

Avant d'aborder la Conclusion de *La Postérité spirituelle* dans l'optique du joachimisme et des égarements de l'après-Concile, il faut mentionner que, dans les pages sur « L'école buchézienne », Henri de Lubac a fait curieusement usage du terme « semi-joachimisme ». Le recours à ce terme représente ici pour nous plus qu'un détail : Lubac l'a explicitement associé à un thème mis en avant par la constitution pastorale *Gaudium et spes* (1965) du concile Vatican II. Le sens de ce terme « semi-joachimisme » est ainsi élucidé par lui de la façon suivante :

> Il nous semble qu'il entre dans la pensée de Buchez, à sa racine même, un certain élément dynamique, plus senti qu'analysé, qui

1. *Ibid.*, p. 14-15.
2. *Ibid.*, p. 364.
3. *Ibid.*, p. 372.
4. *Ibid.*, p. 769 : « Sur cette foulée, ne nous étonnons pas trop de voir paraître Bloch et Moltmann, Lénine et Mao Tsé-Toung, – et cette part de la jeunesse chrétienne qui met un "lien de plus en plus intime entre résurrection et insurrection" et pour qui "le seul divin concevable et vivable, c'est la force créatrice du cœur de toute chose". »

sans doute n'ébranle aucun dogme, mais qui fait de lui un précurseur de ce qu'on pourrait appeler, sans connotation péjorative, un semi-joachimisme. Il se serait reconnu dans ces réflexions de Vladimir Soloviev : « C'est le catholicisme qui, le premier, a introduit de manière décisive le principe du progrès dans la vie ecclésiastique, ayant reconnu que le problème de cette vie n'est pas épuisé par la conservation des fondements donnés de l'Église, mais comporte aussi une influence active extérieure sur le monde pour y créer la culture chrétienne ; et c'est à cette fin que le catholicisme a reconnu le pouvoir spirituel universel comme principe déterminant. » Ce principe de progrès, cette influence active, bref, cet élément dynamique, était dès le premier jour au cœur de la foi nouvelle. Il a pénétré les peuples qu'elle a formés. Plus profondément que bien d'autres facteurs, il est à l'origine de ce grand fait, devenu banal, que devait constater le second concile de Vatican : « Le genre humain passe d'une notion plutôt statique de l'ordre des choses à une conception plus dynamique et évolutive » ; de là, dit encore le concile en restant dans les généralités, « naît, immense, une problématique nouvelle, qui provoque de nouvelles analyses et de nouvelles synthèses[1] ».

Dans *La Postérité spirituelle*, ni Buchez ni Soloviev ne sont censés être joachimites, nous l'avons déjà constaté, même si le premier en avait eu la tentation au début de son évolution religieuse. Le « semi-joachimisme », dont Buchez aurait été le précurseur, serait ainsi tout autre chose qu'un joachimisme en demi-teinte. Il découlerait plutôt d'une philosophie de l'histoire animée à la fois par l'espérance chrétienne et par la croyance dans le progrès, sans que cette philosophie de l'histoire soit inféodée à une vision eschatologique erronée. Cependant, d'après Lubac, ce principe de progrès, qui se trouve au cœur du « semi-joachimisme », pourrait facilement être mal interprété :

> Aujourd'hui encore, bien qu'on le devine partout à l'œuvre, cet élément dynamique de la foi se laisse mal cerner. C'est autre chose qu'une notion nouvelle du développement dogmatique, autre chose aussi qu'une logique plus intrépide – ou plus simpliste – dans l'application de l'Évangile à la vie sociale. C'est tout le contraire d'une adaptation trop complaisante aux mentalités d'un monde qui change[2].

À la fin de 1981, à propos de *La Postérité spirituelle*, Henri de Lubac reviendra dans *Mémoire sur l'occasion de mes écrits* sur cette notion de

1. *Ibid.*, p. 520-521.
2. *Ibid.*, p. 521.

« semi-joachimisme » et sur le rapport de celui-ci au joachimisme lui-même :

> Sous les diverses formes qu'il a revêtues, je tiens le joachimisme pour un danger encore actuel et même pressant. Je le reconnais dans le processus de sécularisation qui, trahissant l'Évangile, transforme en utopies sociales la recherche du royaume de Dieu. Je le vois à l'œuvre dans ce qui fut si justement appelé « l'auto-destruction de l'Église ». Je crois qu'il ne peut qu'aggraver la misère et causer l'abaissement de notre humanité. Pourtant je ne serais pas loin d'admettre qu'une sorte de semi-joachimisme (peut-être moins infidèle à la visée de Joachim lui-même), dont j'ai parlé à propos de Buchez, fut au contraire la recherche tâtonnante de ce que doit être le développement normal de la Tradition catholique. Développement qui n'a rien à voir avec cette prolifération cancéreuse de déductions abstraites à l'intérieur d'un climat toujours plus raréfié, comme ont pu le faire craindre les excès inconscients d'une certaine scolastique moderne ; – qui n'est pas non plus cette « ouverture », ou plutôt cette adaptation servile au monde et à ses idoles changeantes, présentée parfois comme la route nécessaire du progrès[1].

Ces différentes remarques concernant la diversité des notions de progrès – celles qui seraient compatibles avec la Tradition catholique et celles qui ne le seraient pas – nous conduisent aux griefs formulés dans la Conclusion de *La Postérité spirituelle* à l'égard des « néo-joachimismes contemporains », pour citer le sous-titre de la Conclusion. Disons d'emblée que Lubac n'a jamais été fier de cette Conclusion. Tout simplement à bout de forces au second semestre de 1980, à l'âge de quatre-vingt-quatre ans, il dut s'arrêter (voir *infra*). Donc, écrit-il, « par un artifice de rédaction, j'ai […] intitulé "conclusion" un dernier chapitre, lui-même trop bref, sur les "néojoachimismes contemporains"[2] ». En se limitant à seize pages en tout, il est passé de l'ébauche d'une véritable Conclusion, vite abandonnée, à un examen rapide des idées d'un bon nombre de personnes entachées de joachimisme (traitées pêle-mêle en moins de douze pages), avant de conclure par de belles lignes sur l'Église tirées d'un article de Claude Bruaire[3]. Le reproche général que Lubac a fait à ces « néojoachimismes contemporains » est de représenter la résurgence d'un joachimisme grossier et hardi à l'intérieur de l'Église catholique ou des Églises chrétiennes :

1. *MOÉ*, p. 161.
2. *Ibid.*, p. 160.
3. « Le Dieu de l'histoire », *Communio*, 1979.

> Depuis longtemps les séquelles du joachimisme étaient, comme on l'a vu, partout sécularisées, sous des formes parfois méconnaissables, ou ne se rencontraient plus que dans quelques sectes marginales, qui n'affectaient guère la vie de la grande Église. On pouvait le prendre, en lui-même, pour une « hérésie » morte, classée, simple objet de curiosité historique. Or, voici qu'en cette seconde partie du vingtième siècle nous assistons, à l'intérieur même de l'Église, à sa résurgence. Il semble même vouloir y opérer un retour en force. Plutôt d'ailleurs qu'à Joachim lui-même, ses hérauts feraient penser à son interprète, Gérard de San Donnino, car ils n'annoncent pas l'explosion de l'Esprit pour demain ou après-demain : ils la voient et la disent déjà présente en eux ; ils en sont les organes. Plus peut-être que Gérard ou que Joachim, ils accentuent la césure entre l'Église venue du passé, déclarée désormais vieillie, et celle de l'avenir, qui surgit aujourd'hui même en quelques lieux privilégiés, rayonnante de jeunesse[1].

En fait, seules les idées de Jürgen Moltmann et de Michel de Certeau reçoivent une attention plus que momentanée. En simplifiant une grande partie du contenu de ces pages, nous pourrions dire que Henri de Lubac y esquisse, au moins implicitement, deux lignées joachimites distinctes : l'une prônerait le progrès radical préconisé par la théologie de la libération ; l'autre, le progrès radical à atteindre par la voie de la psychanalyse freudienne ou lacanienne. Et ces deux lignées pourraient être particulièrement associées à Moltmann et à Certeau respectivement. Dans le cas de Moltmann, Lubac s'intéresse surtout au livre phare *Théologie de l'espérance. Étude sur les fondements et les conséquences d'une eschatologie chrétienne*[2]. Il souligne la grande attention que Moltmann prête aux prolongements modernes de la tradition joachimite, indiquant que le théologien protestant est spécialement attiré par le courant mystico-social du joachimisme, représenté par Münzer, Oetinger et Bloch. Du côté de Moltmann, deux autres théologiens de la libération (catholiques) sont mentionnés : d'abord Joseph Comblin, auteur de *La Théologie de la Révolution : théorie* (1970), qui, lui aussi, se rattache expressément à Joachim de Flore ; et, ensuite, Giulio Girardi, auteur de *Christianisme, libération humaine, lutte des classes*[3]. Quant à Certeau et à la lignée freudienne, en ligne de mire se trouve l'article « La rupture instauratrice, ou Le christianisme dans la culture contemporaine[4] », qui sera repris dans le livre posthume de Certeau[5]. Henri de Lubac y exprime

1. *PSJF*, p. 826.
2. *Theologie der Hoffnung : Untersuchungen zur Begründung und zu den Konsequenzen einer christlichen Eschatologie*, 1964.
3. *Cristianesimo, liberazione umana, lotta di classe*, 1971.
4. Revue *Esprit*, 1971.
5. *La Faiblesse de croire*, Paris, Éd. du Seuil, 1987 .

son profond désaccord avec Michel de Certeau sur l'idée d'une « rupture instauratrice[1] ».

*

Ainsi se termine *La Postérité spirituelle de Joachim de Flore*. Sans aucun doute, la rédaction du second volume était une course contre la montre, essentiellement celle du vieillissement. Affaibli par une santé chancelante et de plus en plus atteint par ses problèmes oculaires, Henri de Lubac a failli abandonner, à un certain moment, tout espoir de l'achever. Dressons alors une brève histoire de la préparation des deux volumes sous un angle strictement biographique, afin de comprendre encore mieux l'ampleur de la tâche et les raisons pour lesquelles le travail n'a été mené à terme que si difficilement et de justesse.

Henri de Lubac fut toujours discret sur la composition de ses livres. Dans *Mémoire sur l'occasion de mes écrits*, il n'entre pas dans les détails de l'actuelle préparation de *La Postérité spirituelle* – tout lecteur averti du *Mémoire* n'y attendait pas de tels détails. En général, sa méthode de travail consistait à établir des fiches et à constituer des dossiers ; les fiches s'accumulaient avec le temps et les dossiers étaient remplis à mesure, ce qui rend difficile, sinon impossible, tout constat d'une chronologie rédactionnelle précise. Cependant, pour *La Postérité spirituelle*, un repère chronologique est indiscutable. En Belgique, au début du mois d'août 1976, les portes de la nouvelle collection théologique « Le Sycomore », qui succédait à la collection renommée « Museum Lessianum », s'ouvraient au jésuite français pour accueillir son ouvrage. À cette date, il avait entamé depuis longtemps son travail sur l'héritage joachimite. La collection « Le Sycomore » dépendait de l'association « Culture et vérité » de la Province de Belgique méridionale de la Compagnie de Jésus, et à Paris la maison d'édition religieuse Lethielleux en assurait l'édition. En exprimant sa gratitude à son ami et confrère jésuite Georges Chantraine (1932-2010), fondateur et directeur de « Culture et vérité », Henri de Lubac a parlé à la fois d'un travail difficile mais qui ne devait pas être considéré comme prioritaire[2].

---

1. *PSJF*, p. 835-837. Citons les lignes suivantes pour indiquer sommairement la pierre d'achoppement : « Ce qu'envisage Michel de Certeau, c'est [...] un "dépassement" qui est plutôt un "départ", un éloignement progressif, amorcé dès la première origine, par rapport à "l'événement Jésus-Christ". Cet événement [la rupture instauratrice] est comparé à "l'événement Freud", il fuit comme lui toute définition objective [...] Bref, toujours, "le rapport à l'origine est un progrès d'absence" » (*ibid.*, p. 836).

2. « Si depuis des années je n'avance pas dans ma Postérité de Joachim de Flore, ce n'est pas seulement parce que les forces me manquent pour chercher de droite et de gauche une documentation suffisante et pour rédiger. C'est aussi et surtout parce que je crois d'autres travaux plus actuels, plus urgents, – qui m'empêchent de m'adonner de bon cœur à des occupations plutôt académiques » (lettre de H. de Lubac à G. Chantraine du 6 août 1976, CAÉCHL 77520).

En fait, cette seconde moitié des années 1970 est également la période de préparation de quatre autres ouvrages : *Teilhard posthume. Réflexions et souvenirs* (1977) ; *Recherches dans la foi. Trois études sur Origène, saint Anselme et la philosophie chrétienne* (1979) ; *Petite catéchèse sur nature et grâce* (1980) ; *Trois jésuites nous parlent : Yves de Montcheuil, Charles Nicolet, Jean Zupan* (1980). Tenant à honorer la mémoire de ses amis jésuites défunts, Henri de Lubac sera hanté vers la fin de 1978 et dans le courant des premiers mois de 1979 par la possibilité de sa mort avant l'achèvement du petit livre *Trois jésuites nous parlent*. Trois anciens compagnons d'étude différents les uns des autres : Montcheuil (1900-1944), spécialiste de la pensée de Maurice Blondel ; prêtre venu apporter les secours des sacrements aux jeunes combattants résistants du Vercors ; exécuté à Grenoble par la Gestapo ; Nicolet (1897-1961), le « conseiller exigeant » de toujours ; Père supérieur à la résidence de Lyon, au moment de la publication de l'encyclique *Humani generis* ; et Zupan (1899-1968), prêtre slovène dévoué à l'amélioration du sort des chômeurs à Lyon ; plus tard, fondateur d'un petit séminaire de rite oriental à Sofia, avant d'être emprisonné dans un camp de travail. Lubac éprouve le sentiment que la publication des textes restituant leurs propres paroles est plus importante que son histoire du joachimisme.

Déjà, en juin 1978, la mort inopinée de son ami très proche le jésuite Gaston Fessard (1897-1978) fut forcément un signe de la fragilité de la vie. Et cette disparition lui causa un surcroît de travail. En collaboration avec son jeune confrère jésuite Michel Sales (né en 1939), fidèle disciple et ami des deux hommes, Henri de Lubac œuvre d'urgence, durant le second semestre de 1978, pour mettre au point un long manuscrit laissé par le défunt et pour trouver un éditeur. Ce sera le livre posthume de Gaston Fessard, *Église de France, prends garde de perdre la foi !*, qui paraîtra chez Julliard le jeudi saint 1979. *Chrétiens marxistes et théologie de la libération*, achevé avant la mort de l'auteur, sortira dans la collection « Le Sycomore » vers la fin de 1978.

Quant aux manuscrits des neuf premiers chapitres de *La Postérité spirituelle* et du livre de témoignage *Trois jésuites nous parlent*, ils sont terminés plus ou moins simultanément : le manuscrit du premier *Joachim* est prêt à être porté à l'éditeur au début du mois de novembre 1978, tandis que le manuscrit de *Trois jésuites* est effectivement achevé avant la fin de la même année. Henri de Lubac signera les premiers exemplaires de *Joachim*, chez Lethielleux, au début du mois de novembre 1979, tandis que la publication de *Trois jésuites* sera retardée, ne paraissant que vers la fin de 1980, grâce à une subvention de la Compagnie, après la sortie de *Petite catéchèse sur nature et grâce*.

Il est évident que le second semestre de 1978, qui suivit la mort de Gaston Fessard, fut une période très chargée pour Henri de Lubac. Au mois de janvier 1979, il est obligé d'aller à Lyon pour une opération de la cataracte. En rentrant à Paris, il retrouve difficilement ses forces. Des travaux l'attendent : *Petite catéchèse sur nature et grâce*, des corrections de détail dans le premier volume de *La Postérité spirituelle* et surtout ce qui reste de la préparation du second volume, en fait la plus grosse partie du volume – sans parler de la correction des épreuves du livre posthume de Fessard. Encore à la mi-mars, il signale à Georges Chantraine, directeur de la collection « Le Sycomore », qu'il ne se remet pas encore « au boulet de Joachim II[1] ». Un effort redoutable l'attend. En raison de son âge et de son état de santé, bien pénible sera le travail requis en 1979 et 1980 pour achever ce second volume. Ce qui en permettra largement la réalisation, ce seront les séjours qu'il passera à la maison jésuite du Domaine des fontaines à Gouvieux-Chantilly, où il profitera du calme et surtout de la très grande bibliothèque (dont une partie importante des fonds sera transférée à la Bibliothèque municipale de Lyon en 1998) : il s'y trouvera aux mois de juillet et août 1979 et pendant plusieurs mois en 1980, y compris, encore une fois, durant les mois d'été. Au moment de son départ pour Chantilly, vers la fin du mois de juin 1979, il envisage de « mettre au point trois ou quatre chapitres du Joachim II, rédigés depuis longtemps[2] ». Au début du mois d'août 1979, il est toujours en train de revoir ces chapitres antérieurement rédigés. C'est à ce moment qu'il entame des recherches pour faire connaissance d'un peu plus près avec la pensée de Mickiewicz. La rédaction des nouveaux chapitres n'avance que lentement. Un certain progrès est encore réalisé au premier semestre de 1980, facilité par un séjour à Chantilly dès la fin de février. Pourtant, une grande fatigue s'installe chez lui – faiblesse des yeux, faiblesse des mains. Quand il se retrouve de nouveau à Chantilly pour y passer les mois de juillet et août, l'évidence s'impose brutalement : il est épuisé. Cette fois-ci, il ne parvient pas à surmonter la fatigue. Après son retour au Centre Sèvres, à Paris (septembre 1980), il annonce avec regret à Georges Chantraine qu'il est décidé à supprimer des pages sur Léon Bloy – qui auraient pu constituer tout un chapitre – et, plus important, à renoncer à la préparation d'une Conclusion approfondie[3]. Ainsi, ce grand ouvrage sur le joachimisme sera bouclé par la force des choses, à la hâte, vers la fin de l'année. L'état de santé de Lubac empirera au début de 1981. À partir du mois de mars, cependant, il peut reprendre le travail pour s'atteler à la longue tâche de la correction des épreuves. Le pire est heureusement passé. S'il faut attendre le mois d'août pour les toutes dernières épreuves du second volume de *La Postérité spirituelle*, cela n'empêche pas son vieil auteur de passer ce mois d'été à Chantilly et de

1. Lettre de H. de Lubac à G. Chantraine du 11 mars 1979 (CAÉCHL 77690).
2. Lettre de H. de Lubac à G. Chantraine du 21 juin 1979 (CAÉCHL 77701).
3. Voir les lettres de H. de Lubac à G. Chantraine du 25 et du 27 septembre 1980 (CAÉCHL 77746).

prendre de vraies vacances, pour la première fois et pour son bonheur[1]. Dans *Mémoire sur l'occasion de mes écrits*, il trouve le mot approprié : « Comme dirait l'Ecclésiaste, il y a un temps pour marcher et un temps pour s'arrêter[2]. »

*

Pour conclure sur le plan biographique, il ne faut pas oublier l'immense profit qu'a tiré Henri de Lubac, pendant des décennies, de ses relations intellectuelles avec ses confrères à l'intérieur de la Compagnie de Jésus, et ailleurs. Des synergies de cette sorte ont indubitablement contribué à la richesse de *La Postérité spirituelle*. En premier lieu se trouve l'échange constant des idées avec le grand ami de toujours que fut Gaston Fessard. Ils se sont rencontrés pour la première fois à Cantorbéry en 1920 ; ils ont lutté ensemble, dans les années 1940-1944, pour dénoncer l'idéologie du national-socialisme et les méfaits de l'Occupation. Fessard meurt un an avant la parution du premier volume, mais les deux volumes témoignent de l'importance et de la pertinence des écrits de Fessard aux yeux de son confrère jésuite. Ainsi, les pages sur Hegel du premier volume sont en partie redevables à la connaissance profonde de la philosophie hégélienne de Fessard[3]. Dans le second volume, les pages sur Marx sont, elles aussi, marquées par l'apport du savoir de Fessard[4]. De plus, les inquiétudes et les mises en garde de Fessard coïncident avec les lignes rapides touchant à la théologie de la libération qui se trouvent dans la Conclusion. À remarquer, enfin, que, dans le riche chapitre consacré à Mickiewicz, Lubac se réfère à la pensée

---

1. Lettre de H. de Lubac à G. Chantraine du 29 août 1981 (CAÉCHL 77787) : « Dans deux jours, je rentre à Paris, après un mois de grand repos. C'est la première fois que j'ai pris de pareilles vacances, sans aucun travail, et presque sans aucun livre. »

2. *MOÉ*, p. 160.

3. Voir *PSJF*, p. 363-364, 396. Citons tout particulièrement Gaston FESSARD, « Dialogue théologique avec Hegel », *Hegel, le christianisme et l'histoire*, textes et documents inédits présentés par Michel Sales, Paris, PUF, 1990, p. 27-91. La première version de ce texte – celle lue par H. de Lubac – est plus courte : elle fut publiée dans Hans-Georg GADAMER (dir.), *Stuttgarter Hegel-Tage 1970 : Vorträge und Kolloquien des Internationalen Hegel-Jubiläumskongresses, Hegel 1770-1970, Gesellschaft, Wissenschaft, Philosophie*, Bonn, Bouvier Verlag Herbert Grundmann, 1974, p. 231-248.

4. Voir *PSJF*, p. 744-745, 747-748. En ce qui concerne la dimension religieuse de la pensée de Marx, telle que mise en évidence par Lubac, on peut noter que celui-ci, en exposant brièvement le « concept mythique du Prolétariat » (p. 359-360), s'inspire de l'analyse qu'a faite Fessard du recours de Marx au « principe de négativité » hégélien pour établir un lien entre la kénose du Christ, d'après la théologie paulinienne (Ph 2, 6-11), et, d'autre part, le rôle rédempteur du prolétariat – voir la grosse partie du chapitre « Genèse du marxisme » dans Gaston FESSARD, *Chrétiens marxistes et théologie de la libération : itinéraire du Père J. Girardi*, Paris, Lethielleux, p. 256-298.

de Fessard – certes, éloigné de tout joachimisme – pour justifier le rapprochement que Lubac fait entre Mickiewicz et le pape Jean-Paul II[1].

Parlons à présent de Xavier Tilliette (né en 1921). Pour Henri de Lubac, il est évident que Tilliette – aujourd'hui professeur émérite de l'Institut catholique de Paris, de l'université pontificale Grégorienne de Rome et des Facultés jésuites de Paris – jouit d'une autorité incontestable dans le domaine de l'idéalisme allemand. Il est spécialiste de la philosophie de Schelling et, donc, des liens rattachant les idées de Schelling (et de ses compagnons du *Stift* de Tübingen) aux courants intellectuels et spirituels du piétisme allemand des XVIIe et XVIIIe siècles. Plus généralement, en tant qu'historien de la philosophie couvrant toute cette période, surtout dans les aires allemandes – il fait autorité concernant les œuvres de Spinoza, Swedenborg, Lessing, Herder, Goethe, Fichte, Hölderlin, Hegel, Novalis. Ainsi le premier volume de *La Postérité spirituelle* est-il assorti de maintes références aux divers ouvrages de Tilliette[2]. Ajoutons ici le nom du jésuite belge Albert Chapelle (1929-2003), fondateur en 1968 de l'Institut d'études théologiques à Eegenhoven-Louvain (installé à Bruxelles à partir de 1972) – que Lubac estime très compétent et très sûr, à l'instar de Fessard, sur la question épineuse de la compatibilité de la philosophie hégélienne avec le christianisme[3].

À l'extérieur de la Compagnie de Jésus, un nom mérite d'être mentionné à plusieurs titres, celui de Joseph Ratzinger (né en 1927), futur pape Benoît XVI, compte tenu de son intérêt pour la pensée de Joachim de Flore, comme en témoigne sa thèse d'habilitation *La Théologie de l'histoire de saint Bonaventure*[4], soutenue à l'université de Munich en 1957. Mais également en raison de l'importance de la théologie lubacienne pour Ratzinger lui-même (à partir de la fin des

---

1. *PSJF*, p. 669 : « L'idée fondamentale de Mickiewicz, à savoir que l'Évangile du Christ dont l'Église a la garde n'a point à être dépassé mais doit se réaliser dans la vie des peuples comme dans celle des individus et que "la volonté de Dieu est que le christianisme soit la loi vivante des États et des associations civiles", cette idée devait trouver une consécration plus éclatante que jamais. » Ainsi Lubac fait-il allusion au nouveau pontificat. « Jamais, explique-t-il dans la note de bas de page, cet enseignement n'a été plus explicite et plus insistant que dans les actes de Jean-Paul II, faisant suite à ceux de Paul VI. L'idée avait fait l'objet, en 1936, d'une étude approfondie, fondée sur une forte substructure théologique la prémunissant contre l'utopie, de la part du Père Gaston FESSARD : *"Pax nostra", examen de conscience international* (Grasset). »

2. Notons les deux ouvrages de Xavier TILLIETTE qui sont les plus cités par Lubac : *Schelling, une philosophie en devenir*, 2 vol., Paris, J. Vrin, 1970 ; *Le Christ des philosophes*, 3 fascicules, cours polycopiés, Paris, Institut catholique, 1974. Ce dernier sera édité plus tard en livre : *Le Christ des philosophes : du maître de sagesse au divin témoin*, Namur, Culture et Vérité, 1993.

3. L'ouvrage d'Albert Chapelle auquel Lubac se réfère principalement est le suivant : *Hegel et la religion*, 4 vol., Paris, Éditions universitaires, 1964-1971.

4. *Die Geschichtstheologie des Heiligen Bonaventura*, 1959.

années 1940 à Freising, quand Alfred Läpple (né en 1915) lui avait donné un exemplaire de *Catholicisme* ; et, aussi, en raison de l'importance des références faites par Lubac à l'autorité de Ratzinger, au titre de savant, dans *La Postérité spirituelle*[1]. Si le jésuite français se réfère à divers ouvrages de Ratzinger, il y a cependant un livre parmi ceux-ci, *La Théologie de l'histoire de saint Bonaventure* mise à part, qui est particulièrement mis en évidence : c'est le petit volume *Le Dieu de Jésus-Christ : Méditations sur Dieu-Trinité*[2]. Ce dernier, dans le chapitre intitulé « L'Esprit saint », contient un résumé de la doctrine de Joachim. Ajoutons, brièvement, que Ratzinger décèle du « joachimisme » dans les idéologies hitlérienne et mussolinienne (IIIe Reich, Führer, Duce) et également, par l'intermédiaire de Hegel, dans le marxisme – double rapprochement, observe Lubac, qui est fait aussi par Hans Küng[3]. Quant au sujet qui constitue la première moitié du chapitre III (« Bonaventure et Thomas d'Aquin ») de *La Postérité spirituelle* – c'est-à-dire, la position du *Doctor seraphicus* face à Joachim de Flore à travers ses conférences *Collationes in Hexaëmeron* à l'université de Paris –, les analyses du jeune Ratzinger et de son aîné ne sont pas, pourtant, tout à fait convergentes[4].

1. Pour des références uniquement dans le corps du texte, voir *PSJF*, p. 29, 45, 138, 159, 194-195, 215, 770.

2. *Der Gott Jesu Christi : Betrachtungen über den Dreieinigen Gott*, 1976.

3. Voir *PSJF*, p. 770.

4. Sur le plan chronologique, il faut observer que la publication en 1959 de la thèse d'habilitation du futur Benoît XVI a coïncidé avec la publication, la même année, des deux premiers volumes d'*Exégèse médiévale*. Le volume III, avec son long chapitre sur Joachim de Flore, suivra en 1961 et le volume IV en 1964. La seule référence, dans *Exégèse médiévale*, à *La Théologie de l'histoire de saint Bonaventure* se trouve dans le volume IV. Une première traduction française de l'ouvrage allemand ne paraîtra qu'en 1988. En revanche, dans *La Postérité spirituelle de Joachim de Flore*, l'importance de *La Théologie de l'histoire de saint Bonaventure* sera bien mise en relief dès la parution du volume I en 1979. Pour parler très brièvement du contenu de la thèse d'habilitation, Joseph Ratzinger, par comparaison avec H. de Lubac – que ce soit dans *Exégèse médiévale* ou dans *La Postérité spirituelle* – s'est montré moins sévère à l'égard des dimensions hétérodoxes ou quasi hétérodoxes de la pensée de Joachim de Flore. De plus, il a valorisé, jusqu'à un certain point, l'apport du joachimisme (celui développé dans le *Liber concordiae novi ac veteris Testamenti*) à l'ample théologie de l'histoire conçue par le successeur de Jean de Parme à la tête de l'Ordre franciscain. Voir J. RATZINGER-BENOÎT XVI, *La Théologie de l'histoire de saint Bonaventure*, trad. Robert Givord, révisé par Louis Berger et Françoise Vinel, Préface de Rémi Brague, Paris, PUF, coll. « Quadrige », 2007, p. 153-172, 220-221. Que l'on ne nourrisse aucun doute, cependant. Sur le grand point clé de la figure du Christ, dans *La Théologie de l'histoire de saint Bonaventure* et ailleurs, il n'y a strictement rien qui sépare Ratzinger de Lubac. « En face de la critique résolue et claire que l'Aquinate a dirigée contre l'abbé calabrais, dit Ratzinger, la critique de Bonaventure paraît presque ne toucher que des points secondaires, n'apporter que des nuances à peine perceptibles, telles qu'elles résultaient presque de soi de l'évolution des temps. Cependant, la différence qui sépare Bonaventure de Joachim est plus grande qu'il ne pourrait le paraître à première vue, et elle coïncide au fond avec la position thomiste, car elle aussi est le christocentrisme. La

Pour les interlocuteurs proches qui ont le plus compté dans la préparation de *La Postérité spirituelle*, la place d'honneur doit être sans aucun doute accordée à Hans Urs von Balthasar. Leur longue amitié remonte aux années 1934-1937, quand le scolastique jésuite suisse se trouvait à Lyon pour ses études théologiques et s'est adonné à la patristique. À partir des années 1930, maintes publications des deux hommes seront fort complémentaires ; les sujets qui suscitent leurs intérêts s'entrecroiseront, à de nombreux égards. Mentionnons ici deux ouvrages de Balthasar, dont les thèmes traités ont un rapport étroit avec *La Postérité spirituelle* et sont, de plus, fréquemment cités par Lubac : *La Gloire et la Croix. Les aspects esthétiques de la Révélation*[1] et *Le Complexe antiromain. Essai sur les structures ecclésiales*[2]. Le champ de *La Gloire et la Croix* est vaste. Lubac y repère des considérations touchant, par exemple, à saint Bonaventure, Dante, Johann Georg Hamann, Goethe, Hölderlin et Bloch. Le livre *Le Complexe antiromain*, marqué par l'inquiétude de l'auteur face à certaines interprétations du concile Vatican II, est autrement engagé. Ce qui nous intéresse, dans le contexte de *La Postérité spirituelle*, ce sont les pages consacrées au joachimisme, sous le sous-titre « Sous le charme de la mystique humanitaire[3] ». En s'inspirant explicitement du chapitre sur Joachim de Flore dans *Exégèse médiévale*, Balthasar y touche du doigt la nature de la pensée joachimite et indique plusieurs de ses prolongements :

> La doctrine du Christ, simple introduction, est dépassée *(relicto proeceptorum Christi inchoationis sermone)* pour rejoindre la perfection et – point important pour nous – la *liberté*. Il ne s'agit pas, pour Joachim, d'une réforme de l'Église dans le sens d'un retour aux origines, mais d'un dépassement en avant, vers l'avenir. Si donc, selon lui, l'ordre de l'Église fondée sur Pierre sera dépassé, ce n'est pas parce qu'il aurait été inexistant au début de l'histoire de l'Église – c'est là une idée moderne et absolument inconcevable pour Joachim – mais parce que l'élément de crainte attaché à ce

---

pensée d'un âge du Saint-Esprit, qui dans la version joachimite supprime la position médiatrice du Christ, n'est pas adoptée comme telle par Bonaventure [...] S'il importait surtout à [Joachim] de rendre visible l'auto-dépassement du second temps vers le troisième, il s'agit pour Bonaventure, à l'aide de l'opposition parallèle des deux temps, de manifester le Christ comme le vrai centre, le tournant de l'histoire. La pensée fondamentale du schéma historique de Bonaventure, qui signifie en même temps sa différence décisive d'avec Joachim, est celle-ci : le Christ est le centre de tout. En dernière analyse, Bonaventure se tient cependant plus près de Thomas d'Aquin que de Joachim » (*ibid.*, p. 170-172).

1. *Herrlichkeit : Eine theologische Ästhetik*, 1961-1969.

2. *Der antirömische Affekt : Wie lässt sich das Papsttum in der Gesamtkirche integrieren ?*, 1974, 1989.

3. H. U. VON BALTHASAR, *Le Complexe antiromain : essai sur les structures ecclésiales*, nouv. éd., trad. Sœur Willibrorda, osb, Paris, Médiaspaul, 1998, p. 125-132.

> régime sera laissé en arrière dans l'avance vers la liberté de l'amour […].
> Dès que la notion de « chrétienté » cessa de coïncider avec celle d'« humanité », le dépassement joachimite de l'Église fondée sur Pierre devait spontanément faire coïncider l'« universalité catholique » avec l'« humanité ». Le cheminement de cette idée s'observe depuis le protestantisme à ses origines (Sébastien Franck) jusqu'à l'Aufklärung, en Angleterre, en France et en Allemagne, et il s'est exprimé dans ses catéchismes. Il nous semble plus important de noter qu'il se poursuit sans faille depuis l'« Aufklärung » dans l'universalisme « progressiste » catholique du romantisme – rappelons *Die Christenheit oder Europa (La Chrétienté ou l'Europe)* de Novalis, Fr. Schlegel et (à un moindre degré) les essais de théologie de l'histoire de Drey. On voit alors la totalité, contenue en germe dans l'Église, s'ouvrir sur l'humanité universelle[1].

Pour sa mystique humanitaire d'ordre joachimite, Lamennais est le plus sévèrement critiqué. D'après Balthasar, « finalement son non à la papauté (entre 1832 et 1834) demeure sans doute l'événement le plus tragique de l'histoire de l'Église au dix-neuvième siècle[2] ».

Au cours des années 1979 et 1980, qui se révèlent si difficiles pour Henri de Lubac sur le plan de la santé, Hans Urs von Balthasar le presse ou, au moins, lui suggère de terminer son travail[3]. Et cela, à plusieurs reprises. Une note de bas de page à la fin de la Conclusion de *La Postérité spirituelle* y fera allusion, car elle mentionnera tous ceux qui l'ont ainsi encouragé, voire importuné[4]. En recevant plus tard une dédicace personnalisée, le pauvre Balthasar en concevra des remords. Mais il n'aura pas le moindre doute quant à la valeur et à la qualité du dernier grand ouvrage de son vieil ami : « Je vois de plus en plus, lui écrit Balthasar en février 1983, comment [cette œuvre] atteint le point central de toute l'histoire moderne[5]. »

*

Henri de Lubac conserva une grande réserve sur ses activités, à titre personnel, durant les deux grandes guerres qui ont tant déchiré l'Europe et le monde au XXe siècle. Jeune poilu, décoré de la croix de guerre, il

1. *Ibid.*, p. 126, 128.

2. *Ibid.*, p. 128-132. Voir aussi les pages sur Schelling (*ibid.*, p. 127, 173-175, 188).

3. Lettres de H. U. von Balthasar à H. de Lubac des 22 août 1979, 14 mars 1980, 15 octobre 1980 (CAÉCHL 5668, 5676, 5595).

4. *PSJF*, p. 838. : « C'est pour nous un devoir de reconnaître devant le lecteur que notre enquête a été insuffisante, en particulier à travers plusieurs littératures étrangères. Défaut plus grave : l'ouvrage manque d'une conclusion véritable. Nous avons cependant cédé aux instances de ceux qui désiraient voir paraître, tel quel, ce second volume. »

5. Lettre de H. U. von Balthasar à H. de Lubac du 8 février 1983 (CAÉCHL 5709).

passa de longues périodes au front de mars 1916 jusqu'en novembre 1917, date de sa blessure[1]. Entre 1941 et 1944, il lutta contre le nazisme ; en agissant par la parole écrite, il fut un des principaux animateurs de la publication clandestine *Cahiers du Témoignage chrétien*, et il œuvra activement pour combattre l'antisémitisme et pour sauver la vie de juifs[2]. Dans *La Postérité spirituelle*, les allusions aux horreurs créées par ces deux guerres sont rares, et les mentions explicites encore davantage[3]. Pourtant, le lecteur devine facilement que le grand désastre pour l'Europe que fut le XXe siècle n'est jamais très loin dans l'esprit de l'auteur.

À l'extérieur du monde catholique, quelques philosophes ou historiens des idées, en tentant de comprendre les égarements d'un siècle meurtrier, se sont également intéressés à l'héritage intellectuel de Joachim de Flore. Karl Löwith (1897-1973), auteur du livre *Histoire et salut. Les présupposés théologiques de la philosophie de l'histoire*[4], fut de leur nombre. Juif allemand, il a été l'un des doctorants de Martin Heidegger, comme l'ont été également Hannah Arendt, Hans Jonas et Herbert Marcuse. Löwith a écrit *Histoire et salut* vers la fin des années 1940, alors qu'il était réfugié aux États-Unis. Dans l'Antiquité gréco-romaine, surtout pour les penseurs grecs fascinés par la question du *logos* du *cosmos*, explique-t-il, une « philosophie de l'histoire » aurait été un non-sens – l'histoire est tout simplement l'histoire politique, celle pratiquée par Hérodote, Thucydide et Polybe – tandis que, pour les juifs et les chrétiens, l'histoire est, avant tout, comprise comme histoire du salut. C'est cette seconde forme de l'histoire qui subira lentement une transformation radicale pour donner naissance à la philosophie de l'histoire et à l'idée moderne du progrès :

> Les historiens grecs étudiaient et racontaient des histoires qui tournaient autour d'un grand événement politique. Les Pères de l'Église développèrent à partir du prophétisme juif et de l'eschatologie chrétienne une théologie de l'histoire qui est orientée vers l'avènement métahistorique de la Création, de l'Incarnation, du Jugement et de la Rédemption. L'homme moderne a imaginé une philosophie de l'histoire en sécularisant les principes théologiques dans le sens d'un progrès vers un accomplissement, et en les appliquant à un nombre toujours plus grand de connaissances

---

1. Voir G. CHANTRAINE, *Henri de Lubac*, 2 vol., Paris, Éd. du Cerf, 2007-2009 : t. I, *De la naissance à la démobilisation (1896-1919)*, t. II, *Les Années de formation (1919-1929)*.

2. Voir surtout H. DE LUBAC, *Résistance chrétienne au nazisme, OC*, t. XXXIV, Paris, Éd. du Cerf, 2006.

3. La lucidité prophétique de Heinrich Heine est bien relevée (*PSJF*, p. 741-742).

4. *Meaning in History : The Theological Implications of the Philosophy of History*, 1949.

empiriques, ce qui met en question tant l'unité du monde que le progrès lui-même[1].

Tout un chapitre est consacré à Joachim de Flore[2]. En revenant vers le présent, on rencontre Bossuet, Vico, Voltaire, Turgot, Condorcet, Comte, Proudhon, Hegel et Marx. Saint Augustin et Orose se situent en amont. D'après Karl Löwith, l'abbé calabrais a contribué indirectement à la religion du progrès des temps modernes. Il insiste spécialement sur l'immense différence entre la vision historico-eschatologique de Joachim et l'eschatologie traditionnelle jusqu'alors, celle associée surtout à la figure de saint Augustin, et relayée encore par saint Thomas au XIIIe siècle[3]. Par ailleurs, dans un appendice d'*Histoire et salut* intitulé « Les transformations de la doctrine de Joachim de Flore », l'auteur présente une brève histoire de la descendance joachimite : Lessing (forcément), Fichte, Hegel, Schelling, Comte (avec un petit point d'interrogation), Krasinski, Nietzsche, Merejkovski et Moeller van den Bruck en constituent autant de jalons[4].

Dans *La Postérité spirituelle*, Henri de Lubac se réfère à *Histoire et salut* et, également, à l'autre grand ouvrage de Löwith, *De Hegel à Nietzsche*[5]. Pour sa part, dans *Histoire et salut*, Löwith évoque à plusieurs reprises *Proudhon et le christianisme* et *Le Drame de l'humanisme athée*, notamment au sujet d'Auguste Comte. Chacun a de l'estime pour les travaux de l'autre. Pourtant, il ne faut pas pousser trop loin la concordance de leurs vues. Dans *Histoire et salut*, en regardant son siècle d'un œil désabusé, Löwith se déclare proche des idées du grand historien suisse Jacob Burckhardt, telles qu'elles ont été développées dans les *Considérations sur l'histoire du monde*[6], livre posthume. *Histoire et salut* est une œuvre pessimiste : on en retire l'impression que Löwith partageait pleinement avec Burckhardt un profond désespoir à l'égard du monde moderne, monde éloigné à la fois de la sagesse représentée par la théologie naturelle de l'Antiquité et de la théologie surnaturelle du christianisme primitif. Pour Burckhardt, lit-on dans *Histoire et salut*, « le vrai christianisme est essentiellement "ascétique" et se tient à l'écart de ce monde ; ses espoirs et ses attentes résident en un autre monde », à l'opposé du christianisme moderne

---

1. Karl LÖWITH, *Histoire et salut : les présupposés théologiques de la philosophie de l'histoire*, trad. de l'allemand Marie-Christine Challiol-Gillet, Sylvie Hurstel et Jean-François Kervégan, Présentation Jean-François Kervégan, Paris, Gallimard, 2002, p. 41.
2. *Ibid.*, p. 184-199.
3. *Ibid.*, p. 194-196.
4. *Ibid.*, p. 257-262.
5. *Von Hegel zu Nietzsche : Der revolutionäre Bruck im denken des neunzehnten Jahrhunderts, Marx und Kierkegaard*, 1941.
6. *Weltgeschichtliche Betrachtungen*, 1905. *Ibid.*, p. 43-56.

« affadi en amour général du genre humain[1] ». Péguy et son grand poème *Le Porche du mystère de la deuxième vertu* sont mentionnés en passant par Löwith[2]. Mais il nous semble qu'il aurait été impossible pour Löwith de suivre Lubac dans sa sympathie pour la foi chrétienne d'un Buchez ou d'un Mickiewicz[3].

Apparemment inconnu de Henri de Lubac fut Eric Voegelin (1901-1985), auteur des *Religions politiques*[4], de *La Nouvelle Science du politique. Une introduction*[5] et de « Ersatz Religion : The Gnostic Mass Movements of Our Time[6] » – pour ne nommer, au sein de la vaste œuvre œuvre de Voegelin, que deux livres et un essai dans lesquels il traite de Joachim de Flore et du joachimisme[7]. Allemand de naissance, il étudie le le droit et la sociologie à l'université de Vienne, suivies d'études à l'étranger, notamment aux États-Unis et en France, avant d'entamer une carrière universitaire à Vienne, à la fin des années 1920. En 1938, au moment de l'Anschluss, il est limogé de son poste de professeur associé en sciences politiques en raison de son opposition déclarée à Hitler et au national-socialisme. En échappant de justesse aux mains de la Gestapo, il s'exile aux États-Unis pour y refaire une carrière d'enseignant et de chercheur. Quant à sa réputation en France pendant une cinquantaine d'années jusqu'aux années 1990, elle semble assez modeste. Du côté de l'intelligentsia parisienne, seul Raymond Aron, que Voegelin avait rencontré pour la première fois à Paris en 1950, a suivi avec intérêt les travaux du philosophe politique américano-allemand à travers les décennies ; à part lui, en 1952, peu de temps après la parution de *L'Homme révolté* (1951), Albert Camus s'est intéressé à l'essai « Gnostische Politik », publié dans la revue *Merkur*, tandis que Jean Wahl a été vraisemblablement impressionné par le premier tome de *Order and History* (1956-1987), intitulé *Israel and Revelation.*

Sans entrer ici dans la question de l'usage fait par Eric Voegelin du concept de gnosticisme, nous nous limiterons à un résumé de son interprétation de l'importance de Joachim de Flore, surtout du point de

1. *Ibid.*, p. 50-56 (sous-chapitre intitulé « L'attitude de Burckhardt envers le christianisme »)

2. *Ibid.*, p. 207.

3. Notons que l'interprétation du joachimisme faite par Löwith est analysée par Elettra STIMILLI, dans Gian Luca POTESTÀ (dir.), *Gioacchino da Fiore nella cultura contemporanea*, Atti del 6° Congresso internazionale di studi gioachimiti, San Giovanni in Fiore, 23-25 septembre 2004, Rome, Viella, 2005, p. 237-251 (« Karl Löwith e Jacob Taubes lettori di Gioacchino da Fiore »).

4. *Die politischen Religionen*, 1938.

5. *The New Science of Politics : An Introduction*, 1952.

6. Dans *Science, Politics, and Gnosticism : Two Essays*, 1968.

7. L'essai « Ersatz Religion » n'est pas repris dans Eric VOEGELIN, *Science, politique et gnose*, trad. de l'allemand Marc de Launay, Paris, Bayard, 2004.

vue de la postérité de l'abbé calabrais[1]. Sa démarche nous semble plus proche de celle de Henri de Lubac que de celle de Karl Löwith, en ce sens que Voegelin insiste sur la vitalité au Moyen Âge de la philosophie classique et de la théologie scolastique, vitalité qui ne serait pas opposée à un christianisme primitif quelconque, censé être plus pur parce que primitif. Dans *Les Religions politiques*, ouvrage saisi par les nazis en 1938, Voegelin indique brièvement comment le prophétisme apocalyptique de Joachim fait éruption au Moyen Âge et comment l'idée d'un troisième règne connaîtra une longue histoire jusqu'à l'avènement du IIIe Reich et de la « troisième Rome » du fascisme italien[2]. Ce sujet, mûrement réfléchi, développé treize ans plus tard, sera au cœur du chef-d'œuvre *La Nouvelle Science du politique*[3]. Selon Voegelin, l'auto-interprétation des mouvements politiques modernes en général est tributaire d'un symbolisme qui puise abondamment dans la source joachimite :

> L'eschatologie trinitaire de Joachim créa l'ensemble des symboles qui préside à l'auto-interprétation de la société politique moderne jusqu'à nos jours.
> Le premier de ces symboles est celui de l'histoire conçue comme une séquence de trois âges, le troisième représentant clairement le Troisième et dernier Règne [...] Le second symbole est celui du chef ; il exerça une influence immédiate dans le mouvement des spiritualistes franciscains pour lesquels saint François représentait l'accomplissement de la prophétie joachimite, et dont l'effet fut renforcé par les spéculations de Dante sur le *Dux* du nouvel âge spirituel [...] Le troisième symbole, parfois mêlé au second, est celui du prophète du nouvel âge [...] Le quatrième symbole est celui de la communauté des personnes autonomes sur le plan spirituel. Le troisième âge de Joachim, grâce à la nouvelle descente de l'esprit, métamorphosera les hommes en membres du nouveau règne sans l'intermédiaire sacramentel de la grâce[4].

---

1. Signalons, en passant, Matthias RIEDL, « Gioacchino da Fiore padre della modernità : le tesi di Eric Voegelin », dans G. L. POTESTÀ, *Gioacchino da Fiore nella cultura contemporanea*, p. 219-236.

2. Eric VOEGELIN, *Les Religions politiques*, trad. et Préface Jacob Schmutz, Paris, Éd. du Cerf, p. 69-73.

3. Eric VOEGELIN, *La Nouvelle Science du politique : une introduction*, trad., Préface et notes Sylvie Courtine-Denamy, Paris, Éd. du Seuil, 2000, p. 160-190.

4. *Ibid.*, p. 165-167. Les quatre symboles seront présentés de nouveau dans l'essai « Ersatz Religion », voir Eric VOEGELIN, *The Collected Works of Eric Voegelin*, 34 vol., Columbia (Missouri)-Londres, University of Missouri Press, 1989-2007, t. V, *Modernity without Constraint : The Political Religions, The New Science of Politics, and Science, Politics, and Gnosticism*, p. 300-304.

Toute théologie de l'histoire de type joachimite est un non-sens d'un point de vue philosophique, nous dit Voegelin dans *La Nouvelle Science du politique*[1]. Pourtant, le joachimisme va contribuer progressivement à travers les siècles à la re-divinisation de la sphère temporelle du pouvoir, en balayant la théologie augustinienne des deux cités. Voegelin, comme Lubac, est bien conscient de la nature compliquée, voire aléatoire des métamorphoses et des méandres du joachimisme, en partant, d'après la terminologie de Voegelin, du gnosticisme médiéval, celui de Joachim de Flore, jusqu'au gnosticisme contemporain[2]. Sur deux voies parallèles, cependant, celle des événements politiques et celle de la pensée politique, une route est tracée. Le XVIIe siècle en Angleterre est capital, siècle des puritains et siècle également de *Leviathan*, œuvre de philosophie politique radicalement novatrice de Thomas Hobbes : « Hobbes contrecarra l'immanentisation gnostique de l'*eschaton*, qui mettait l'existence en danger, par une immanence radicale de l'existence qui niait l'*eschaton*[3]. » Le danger en question était celui représenté par la religiosité des puritains « gnostiques ». Les virtualités de l'innovation hobbésienne au niveau de la pensée ne porteront leurs fruits dans les faits politiques que progressivement : pas réellement dans le compromis constitué par la révolution anglaise de 1688-1689 et, à peine plus, dans la révolution américaine du siècle suivant ; mais à partir de la Révolution française jusqu'à la révolution allemande, celle du national-socialisme,

---

1. *Ibid.*, p. 175-176 : « Le problème d'un *eidos* de l'histoire ne se pose que lorsque l'accomplissement chrétien transcendantal est immanentisé. Mais une telle hypostase immanentiste de l'*eschaton* est une erreur au niveau théorique. Il ne suffit pas d'affirmer arbitrairement que les choses sont et qu'elles ont une essence pour qu'elles soient effectivement et qu'elles aient une essence. Le cours de l'histoire, dans son ensemble, n'est pas un objet d'expérience ; l'histoire n'a pas d'*eidos*, car le cours de l'histoire s'étend jusqu'au futur inconnu. Ainsi la signification de l'histoire est-elle une illusion, et cet *eidos* illusoire est engendré du fait que l'on traite un symbole de la foi comme s'il s'agissait d'une proposition concernant un objet d'expérience immanent. »

2. *Ibid.*, p. 183 : « Une ligne de transformation progressive relie le gnosticisme médiéval au gnosticisme contemporain. Et cette transformation est si progressive qu'il serait difficile de décider si les phénomènes contemporains devraient être qualifiés de chrétiens du fait qu'ils constituent manifestement une excroissance des hérésies chrétiennes du Moyen Âge, ou si ce sont les phénomènes médiévaux qui devraient être qualifiés d'antichrétiens du fait qu'ils sont manifestement à l'origine de l'antichristianisme moderne. »

3. *Ibid.*, p. 246. Voir également p. 245 : « Au XVIIe siècle, l'existence de la société nationale anglaise semblait menacée de destruction par les révolutionnaires gnostiques, tout comme aujourd'hui le même danger semble menacer à une échelle plus vaste l'existence de la société occidentale dans son ensemble. Hobbes essaya de contrer le danger en inventant une théologie civile qui faisait de l'ordre de la société existante la vérité qu'elle représentait, et à côté de laquelle aucune autre vérité n'avait place. »

on est alors bien engagé, d'après Voegelin, sur les voies de « la modernité effrénée[1] ».

Eric Voegelin avait une grande estime pour Henri de Lubac, de même que pour Hans Urs von Balthasar. Dans ses mémoires, il parle de la fascination exercée sur lui par ces deux jésuites « qui n'étaient pas tant thomistes qu'augustiniens[2] ». Dans *La Nouvelle Science du politique*, il se réfère à deux reprises au *Drame de l'humanisme athée*. Plus tard, dans son introduction à *Science, politique et gnose*[3] – texte de sa leçon inaugurale à l'université de Munich en 1958, lors de la restauration du département de sciences politiques –, Voegelin se référa de nouveau au même ouvrage, pour exprimer sa dette de reconnaissance à l'égard de l'auteur : « La conception de l'histoire des idées dont la présente conférence s'inspire et sur laquelle elle s'appuie a été fortement influencée par Henri de Lubac, *[Le] Drame de l'humanisme athée*[4]. » Voegelin ne fut pas théologien pour autant. Philosophe épris de Platon et d'Aristote, il affecta une grande réserve concernant ses propres convictions religieuses, disant parfois qu'il était « chrétien », ou « chrétien de la pré-Réforme » ou même, avec un certain humour, « chrétien pré-nicéen[5] ».

De la génération qui suivit celle de Karl Löwith et d'Eric Voegelin, mentionnons encore Élie Kedourie (1926-1992), ne fût-ce que brièvement – nous l'avons déjà comparé à Henri de Lubac ailleurs[6]. Professeur à la London School of Economics and Political Science, il fut à la fois spécialiste de l'histoire contemporaine du Moyen-Orient et de l'histoire des idées politiques, notamment celles touchant au nationalisme. Il s'intéressa surtout aux dimensions philosophiques et religieuses des idées politiques. La thématique générale et maints sujets de *La Postérité spirituelle* furent aussi abordés par lui dans son œuvre.

---

1. *Ibid.*, p. 256-258. C'est ainsi que « le Léviathan est le symbole du destin qui attend effectivement les activistes gnostiques lorsqu'en rêve ils croient accomplir le royaume de la liberté » (p. 255).

2. Eric VOEGELIN, *Réflexions autobiographiques*, éd. et Introduction par Ellis Sandoz, trad. de l'anglais, Préface et annotation Sylvie Courtine-Denamy, Paris, Bayard, 2004, p. 50.

3. *Wissenschaft, Politik und Gnosis*, 1959.

4. E. VOEGELIN, *Science, politique et gnose*, p. 14.

5. Voir, par exemple, Gerhart NIEMEYER, « Christian faith, and religion, in Eric Voegelin's work », *The Review of Politics*, t. 57 (hiver 1995), n° 1, p. 91-104 ; et aussi Leo STRAUSS-Eric VOEGELIN, *Correspondance, 1934-1964 : foi et philosophie politique*, trad. et éd. Peter Emberley et Barry Cooper, trad. de l'anglais Sylvie Courtine-Denamy, Paris, J. Vrin, 2004.

6. Michael SUTTON, « Elie Kedourie and Henri de Lubac : Anglo-French musings on the progeny of Joachim of Fiore », dans Sylvia KEDOURIE (éd.), *Elie Kedourie's Approaches to Political Theory : « The Thoughts and Actions of Living Men »*, Londres-New York, Routledge, 2006, p. 83-99.

Dans son petit livre *Nationalism* (1960), la présentation des idées fichtéennes rappelle celle faite par Henri de Lubac dans le premier volume de *La Postérité spirituelle*[1]. Dans sa longue introduction aux textes qu'il a rassemblés dans le volume *Nationalism in Asia and Africa* (1970), il attire l'attention sur l'importance de *L'Éducation du genre humain* de Lessing et sur sa dimension joachimite[2]. Une partie du livre posthume *Hegel and Marx* (1995), où l'auteur se réfère dans le corps de texte au *Drame de l'humanisme athée*, analyse finement l'influence de Lessing sur Hegel et, accessoirement, sur Hölderlin[3]. Enfin, Kedourie a critiqué sévèrement, dans un article pour *The Times Literary Supplement* (1975), la conception de l'histoire imaginée par Michel de Certeau[4].

*

À la différence de ces travaux de Löwith, Voegelin et Kedourie, *La Postérité spirituelle de Joachim de Flore* est plus qu'un ouvrage purement historique et philosophique traitant du joachimisme. Il est essentiellement une histoire des idées sous le signe de la théologie. La dimension théologique est toujours là, soit de façon évidente, soit de façon souterraine. Cette dimension aurait été encore plus évidente si Henri de Lubac avait eu la force de préparer une véritable Conclusion. Il l'a admis lui-même. Cependant, à ce propos, il nous a indiqué un chemin à suivre. En réfléchissant à cette question dans *Mémoire sur l'occasion de mes écrits*, il avait regretté l'absence de « la conclusion doctrinale [...] envisagée ». Mais, dans la seconde édition du *Mémoire,* une note de bas de page précise : « Après coup, dit-il, je me suis aperçu que le schéma de cette conclusion qui manque était tracé en 1953 dans ma *Méditation sur l'Église*, pp. 175-180[5]. »

En lisant ces pages de *Méditation sur l'Église*, le lecteur de *La Postérité spirituelle de Joachim de Flore* ne s'étonnera guère que le nom de Lessing soit mis en évidence :

> « Il viendra, il viendra certainement, s'écriait Lessing, l'âge de la perfection ! Il viendra, le temps du Nouvel Évangile, de cet Évangile éternel, qui se trouve promis aux hommes dans les livres mêmes de la Nouvelle Alliance ! » Cet épanchement lyrique n'exprimait rien d'autre qu'une assez plate théorie du progrès ; il

1. Elie KEDOURIE, *Nationalism*, 4ᵉ éd., Oxford, Blackwell, 1993, surtout p. 24-43 (le chapitre « State and individual »).

2. Voir l'Introduction dans Elie KEDOURIE, *Nationalism in Asia and Africa*, Londres, Weidenfeld and Nicolson, 1970, p. 93-99.

3. Elie KEDOURIE, *Hegel and Marx : Introductory Lectures*, éd. Sylvia Kedourie et Helen Kedourie, Oxford, Blackwell, 1995, p. 36-62, 154.

4. Elie KEDOURIE, « New histories for old », *The Crossman Confessions and Other Essays in Politics, History and Religion*, Londres-New York, Mansell, 1984, p. 172-174.

5. *MOÉ*, p. 160.

n'annonçait rien d'autre qu'un âge de rationalisme, – lequel est en effet venu, et que nous pouvons juger. Mais les formules du vieil abbé de Flore ou celles de ses disciples aventureux ne cessent de refleurir sur de nouvelles lèvres, pour enchanter de nouveaux auditeurs[1].

Mais l'essentiel est ailleurs :

> Depuis que Jésus a été glorifié, l'Esprit nous a été donné, et c'est ce don de l'Esprit au jour de la Pentecôte qui acheva de constituer l'Église. L'ère de l'Esprit n'est donc point à attendre : elle recouvre exactement l'ère du Christ. *Communicatio Christi* [dit saint Irénée], *id est Spiritus sanctus*. L'Esprit nous enseigne « toute vérité », mais pas plus que Jésus, l'envoyé du Père, il ne parle de lui-même ni ne cherche sa propre gloire[2].

À ce propos et au sujet de *La Postérité spirituelle de Joachim de Flore*, le dominicain Yves Congar le rejoint entièrement. Ainsi, au mois d'octobre 1981, il félicite son ami et confrère jésuite pour le second volume de *Joachim* et il dit ceci :

> Je dis souvent que, si je ne devais retenir qu'*une* conclusion de mes études sur le Saint-Esprit, ce serait Son lien indissoluble avec le Verbe. Pas de Parole sans Souffle, pas de Souffle sans Verbe ! Il me semble que vos études sur la postérité intellectuelle du joachimisme complètent votre « Humanisme athée » et montrent comment la pensée moderne est, au fond, une théologie laïcisée et tordue[3].

Presque un demi-siècle plus tôt, en 1935 ou 1936, Yves Congar avait proposé à Henri de Lubac de prendre pour sa nouvelle collection « Unam sanctam » les textes qui sont devenus *Catholicisme. Les aspects sociaux du dogme* (1938). La première édition présente deux gravures hors texte. Une de ces gravures reproduit la *Pentecôte de Vézelay* (au tympan du portail central de la basilique) : « Au centre, un grand Christ glorieux. De ses mains s'échappent des rayons qui vont frapper les douze Apôtres ; c'est l'accomplissement de la Promesse : "Je vous enverrai l'Esprit Saint." Tout autour, une série de petites scènes : chacune représente la conversion d'un peuple à l'Évangile [...] Le portail est encerclé d'un grand Zodiaque, qui, tout à la fois, évoque la sanctification du Temps et de l'Histoire, dont le Christ est le Maître, et symbolise la durée : le temps viendra où, selon l'ordre donné par le Christ et selon la vision des prophètes, tous les peuples de la terre s'uniront dans la

1. H. DE LUBAC, *Méditation sur l'Église* (1953), *OC*, t. VIII, Paris, Éd. du Cerf, 2008, p. 178.
2. *Ibid.*, p. 179.
3. Lettre de Y. Congar à H. de Lubac du 26 octobre 1981 (CAÉCHL 9279).

louange du vrai Dieu[1]. » C'est bien pour cette anthropologie christologique que Henri de Lubac a consacré tant d'efforts à *La Postérité spirituelle de Joachim de Flore*.

MICHAEL SUTTON.

Pour la mise au point de cette Présentation, je tiens à exprimer ma vive reconnaissance surtout au P. Michel Sales et à M. Jacques Prévotat pour leurs conseils et leurs remarques judicieuses. Que soient remerciés également les PP. Leo Declerck, Dermot Fenlon, Dónal O'Connor, Claude Troisfontaines, et M. Rüdiger Görner.

Pour la préparation de cette réédition de *La Postérité spirituelle de Joachim de Flore* nous sommes très redevables à Sylvie Mascle ; qu'elle soit ici remerciée.

Pour les recherches menées aux Archives de Lubac à Namur, je fus grandement aidé par le P. Georges Chantraine, dont tous regrettent la si brutale disparition en 2010. À ces mêmes recherches, la British Academy a eu la bonté d'apporter son soutien.

1. H. DE LUBAC, *Catholicisme : les aspects sociaux du dogme* (1938), *OC*, t. VII, Paris, Éd. du Cerf, 2009, Introduction, p. XIV-XV.

PRÉFACE

Le 17 novembre 1964, de son lit d'hôpital à Bâle, Karl Barth écrivait à Jürgen Moltmann : « ... En posant ma question de manière aiguë : est-ce que votre « théologie de l'espérance » est quelque chose d'autre que le baptême du « principe Espérance » de Monsieur Bloch ? ... » Le 4 avril 1965, de Bonn, Moltmann répondait à Barth : « ... Y compris dans les temps modernes, la doctrine de l'Esprit est de bout en bout colorée de manière enthousiaste et millénariste. *Joachim est plus vivant qu'Augustin.* C'est pourquoi les uns font de l'immédiateté du savoir un dépassement de la foi, et les autres de la foi un dépassement du Christ... »[1].

Ces mots, question et réponse, définissent assez bien l'objet de l'étude qui suit. Même si nous les délestions des jugements de valeur qu'ils impliquent de part et d'autre et que nous aurons à apprécier, ils nous paraissent autoriser notre entreprise et en garantir l'actualité.

Plus récemment, M. Henry Mottu désignait le joachimisme comme représentant « l'âge théologique de la révolution »[2]. Sans prendre la formule à notre compte, nous la croyons, elle aussi, très significative. Et tout dernièrement encore M. Bernard-Henri Lévy, reprenant dans une intention inverse l'opposition symbolique de Moltmann, évoquait le « débat noué à travers les âges entre Augustin et Joachim de Flore[3] ».

Entrepris il y a plus de dix-huit ans, cet ouvrage était conçu d'abord comme une suite au chapitre de notre *Exégèse médiévale* consacré à Joachim de Flore (vol. 3, paru en 1961). Des circonstances d'ordres divers en ont retardé l'achèvement et quelque peu modifié les perspectives, sans jamais nous en permettre toute l'élaboration désirable. Il n'a pas la prétention d'apporter un matériel nouveau. Pénétrant

---

1. Études théologiques et religieuses, revue trimestrielle, 51e année, 1976, pp. 167 et 171 (Trad. André Dumas). C'est nous qui soulignons.
2. *La manifestation de l'Esprit selon Joachim de Fiore*, 1977, p. 308, conclusion.
3. *Le testament de Dieu*. Grasset, 1979, p. 48.

dans la forêt touffue d'une masse de faits et de doctrines qui s'étend sur huit siècles, nous avons seulement cherché, sans illusion sur l'inévitable historicité de l'historien lui-même, mais en tâchant d'éviter des choix ou des interprétations trop arbitraires, à tracer une certaine avenue qui peut ouvrir un jour sur notre époque. « L'immense complexité » (H. Mottu) de l'histoire qu'il s'agissait de parcourir nous rendait impossible en bien des cas le recours aux sources, a fortiori aux sources inédites. Nous sommes donc redevables à nombre de travaux modernes, qui eux-mêmes, dans nos conditions de travail, ne nous furent pas tous accessibles. Nous le disons à la fois pour marquer les limites de notre enquête et pour que nul historien ne pense avoir été négligé par principe. Il nous faut avertir aussi le lecteur que tout en cherchant à rendre avec fidélité la pensée des auteurs abordés, nous ne prétendons pas en donner une idée complète ; chacun d'eux n'est étudié que dans son rapport, direct ou indirect, avec le joachimisme.

Nous sommes reconnaissant au Rd Père André Costes, Provincial des Jésuites de France, de nous avoir facilité la tâche, ainsi qu'à l'association « Culture et Vérité », héritière du prestigieux « Museum Lessianum », dirigée par la Province des Jésuites de Belgique-Sud, d'avoir accueilli ce travail et d'en avoir pris à sa charge la publication. Nous tenons à remercier aussi, pour l'aide qu'ils nous ont apportée sous des formes diverses et à mainte reprise, Mademoiselle Marie Rougier, le Père Damien Vorreux, OFM, les Pères Marcel Régnier, Xavier Tilliette, Hubert Jacobs, Robert Brunet, Michel Sales et Thierry Dejond, SJ.

SIGLES ET ABRÉVIATIONS

Œuvres de Joachim de Flore :

AJ	Adversus Judaeos. Ed. Frugoni, Rome, 1957.
Ap	Expositio... in Apocalypsim. Venise, 1527.
AT	De articulis fidei. Ed. Buonaiuti, Rome, 1936.
C	Liber concordiae novi ac veteris testamenti. Venise, 1519.
LF	Liber Figurarum. Ed. Tondelli, Reeves, Hirsch-Reich. Turin[2], 1953.
Psalt	Psalterium decem chordarum... (relié avec Ap, fol. 225 ss.).
T	Tractatus super quatuor evangelia. Ed. Buonaiuti, Rome, 1930.

(Pour les œuvres de Joachim, les autres sources et les travaux divers le concernant, on trouvera toutes indications utiles dans l'ouvrage de H. Mottu signalé plus bas).

AFH	Archivum franciscanum historicum.
AHDL	Archives d'histoire doctrinale et littéraire du moyen âge.
APH	Archives de philosophie.
Archiv	Archiv für Literatur- und Kirchengeschichte des Mittelalters, herr. v. P.H. Denifle O.P., und Fr. Ehrle S.J., 4 v., Berlin et Freiburg, 1885-1888.
AS	Acta sanctorum.
Attesa	L'Attesa dell' età nuova nella spiritualità nella fine del Medioevo. Todi, 1962.
Ayrault	Roger Ayrault, La genèse du romantisme allemand. 4 v., Aubier, 1961-1977.
B	Cyprien Baraut, art. Joachim de Flore, in DS t. 8 ; 1974.
Bloomfield	Morton W. Bloomfield, Joachim of Flora, a critical survey of his canon, teachings, sources, biography and influence. Traditio, vol. 13, N.Y. 1957.
BTAM	Bulletin de théologie ancienne et médiévale.

CAMPAGNOLA	Stanislao da Campagnola, OFM Cap., L'Angelo del sesti sigillo e l'Alter Christus. Rome, 1971.
Chi erano	Societa intern. di Studi Francescani. Chi erano gli Spirituali. Atti del 3 convegno internazionale, Assisi 1976.
CLARENO	Angelo Clareno, Historia septem tribulationum ordinis minorum. Les cinq dernières « tribulations » ont été éditées par Ehrlé dans Archiv, t. 2, 1886, pp. 127-155 et 256-327 ; les deux premières, par F. Rocco en 1908 dans les Rendiconti della R. Academia dei Lincei, t. 17. Édition intégrale lithographiée, non annotée, par A. Ghinato, Rome, 1959. Une édition critique, par R. Manselli et Edith Pâsztor, est attendue.
CROCCO	Antonio Crocco, Gioacchino da Fiore, la più singolare ed affascinante figura del medioevo cristiano. Naples, 1960.
D, Origines	Jean Daniélou, Les origines du christianime latin. Cerf, 1978.
DHGE	Dictionnaire d'histoire et de géographie ecclésiastiques.
DS	Dictionnaire de spiritualité.
DTC	Dictionnaire de théologie catholique.
DUFEIL	M.-M. Dufeil, Guillaume de Saint-Amour et la polémique universitaire parisienne, 1250-1259. Paris, 1972.
EF	Études franciscaines.
EM	H. de Lubac, Exégèse médiévale.
Fanjeaux	Cahiers de Fanjeaux. Privat éd., Toulouse.
GRATIEN	P. Gratien, Histoire de la fondation et de l'évolution de l' ordre des Frères Mineurs au XIIIe siècle. Paris-Gembloux, 1928.
Lectura	Raoul Manselli, La ' Lectura super Apocalypsim ' di Pietro di Giovanni Olivi, Ricerche sull'escatologismo medioevale. Rome, 1955.
Le sens	Yves M.-J. Congar, O.P., Le sens de l' « économie salutaire » dans la « théologie » de S. Thomas d'Aquin (Somme théologique). Dans « Glaube und Geschichte », Festgabe Joseph Lortz, Baden-Baden, 1958, t. 2, pp. 73-122.
MCGINN	Bernard McGinn, Apocalypticism in the middle Ages : an historiographical Sketch, in Mediaeval Studies (Toronto, vol. 37, 1975.
MGH	Monumenta Germaniae historica.
MOTTU	Henry Mottu, La manifestation de l'Esprit selon Joachim de Fiore. Neuchâtel, 1977.
RHF	Revue d'histoire franciscaine.
RHLF	Revue d'histoire littéraire de la France.
RENAN	Ernest Renan, Nouvelles études d'histoire religieuse. Calmann-Lévy, 1884.
RP	R. Manselli, La religion populaire au moyen-âge. Montréal-Paris, 1975.

RSPT	Revue des sciences philosophiques et théologiques.
RTAM	Recherches de théologie ancienne et médiévale.
SALIMBENE	Cronica Fr. Salimbene de Adam. Ed. O. Holder-Egger (M G H, Script. t. 32, 1905-1913).
SC	Sources chrétiennes.
Spirituali	R. Manselli, Spirituali e Beghini in Provenza. Rome, 1959.
VIATTE	Auguste Viatte, Les sources occultes du romantisme, 2 vol. Champion, 1928.

(D'autres abréviations se comprennent d'elles-mêmes).

INTRODUCTION

La postérité de Joachim de Flore (v. 1130-1202) fut double[1].

D'une part, il y a le flot des exégètes qui, à la manière d'un Alexandre de Brême (v. 1240) et d'un Nicolas de Lyre (1321), ont interprété « historiquement » les prophéties de l'Écriture et plus spécialement de l'Apocalypse. Ils ont foisonné sur la fin du moyen âge, puis dans les diverses branches du protestantisme ainsi que dans le catholicisme moderne, jusqu'à nos jours, — et c'est une immense littérature délirante, illustrée par de très grands noms : qu'il suffise de rappeler celui de Bossuet, ou celui de son antagoniste, Jurieu le « faux prophète ». C'est là ce que Hans Küng dénommait, dans son ouvrage sur l'Église, « l'illuminisme post-tridentin »[2]. L'expression ne se justifie guère, car on ne voit ni pourquoi cette exégèse mériterait spécialement le nom d'illuminisme, ni ce qu'elle aurait à voir avec le concile de Trente, ni comment elle caractériserait en opposition aux siècles antérieurs l'époque qui suivit[3]. Mieux vaut parler, avec le Père Yves Congar, d'« historiosophie apocalyptique »[4]. Quant à la chose elle-même, elle a consisté, au cours de six siècles consécutifs, à scruter le texte sacré pour y lire le déroulement de l'histoire de l'Église jusqu'à sa consommation. Typologie littéraliste, ou comme disait H. Grundmann, « typologico-historique »[5], que l'abbé de

1. EM, t. 3, Aubier, 1961 (coll. « Théologie », 42), pp. 437-559, et t. 4 (même collection, 59, 1964), pp. 325-368. Sur le monastère et l'ordre de Flore, voir les notices de G. BARRAUT, s.v. Flore, DHGE, t. 17, col. 513-520. F. CARAFFA, s. v. *Florensi* et *Gioacchino da Fiore*, dans Dizionario degli istituti di perfezione, t. 4, Rome, Éd. Paoline, 1977, col. 79-82 et 1188-89.

2. *L'Église* trad. fr, DDB, 1968, t. 1, p. 273.

3. On ne voit pas non plus pourquoi faire consister l'héritage du « joachimisme » en « une exégèse scripturaire arbitraire, de caractère typologique et allégorique » : de tels mots (abstraction faite de tout jugement de valeur) recouvrent aussi bien une exégèse ancienne que l'exégèse inaugurée par Joachim, et de la sorte ces deux exégèses se trouvent confondues, alors qu'elles sont en réalité de type opposé.

4. *Le sens...*, p. 113. Il donne en exemple ALEXANDRE DE BRÊME, *Expositio in Apoc.* (Éd. Al. Wachtel, MGH, 1955). Cf. EM, 4, pp. 343-344.

5. *Studien über Joachim von Fiore*, Leipzig, 1927, première partie.

Flore n'avait pas inventée de toutes pièces, mais qu'il avait privilégiée de manière exclusive, qu'il avait systématisée, et au service de laquelle il avait mis son génie symbolique. Chaque génération, depuis lors, usant de la même méthode, devait renouveler dans ses applications l'exégèse adoptée par la génération précédente, car il fallait bien tenir compte des nouveaux événements survenus dans l'intervalle, et l'on était bien forcé de reculer aussi chaque fois l'annonce toujours à peu près imminente des « derniers jours ».

D'autre part, il y a la postérité constituée par les théologiens, « spirituels », prophètes, philosophes, réformateurs, révolutionnaires, aventuriers de toute espèce, qui d'une manière ou d'une autre recueillirent l'idée fondamentale que Joachim avait dégagée de son exégèse : celle d'un « troisième état » à venir, dans le temps et sur cette terre, qui serait l'âge de l'Esprit. Cette seconde postérité, que nous appellerons pour faire court « spirituelle », n'est évidemment pas sans liens nombreux, souvent fort étroits, avec la première, plus strictement exégétique, — soit qu'il s'agisse de la supputation des faits passés, soit qu'il s'agisse des bouleversements attendus[1]. D'un tel mélange ont résulté des entreprises de tout genre, qui n'ont pas toutes aussitôt avorté. M. Pierre Chaunu a parlé pittoresquement de cette « infanterie de l'Apocalypse » qu'il a rencontrée en Amérique au dix-huitième siècle ; pareilles rencontres ne sont pas rares : « les fanatiques de l'Apocalypse, poursuit M. Chaunu, les hommes de la lumière intérieure, de l'attestation du Saint-Esprit confondu ou non avec l'évidence rationnelle, sont de tous les âges du christianisme[2] ». La théorie joachimite a seulement donné à leurs spéculations un nouvel essor, en même temps qu'une sorte de consistance et d'apparente justification.

C'est uniquement la seconde de ces postérités que nous avons dessein d'envisager, au moins de façon directe. Tout comme la première, mais plus souvent en opposition qu'en symbiose avec elle, elle s'est comme elle étendue, ramifiée, mais avec une envergure incomparablement plus grande. La première, qui n'était soutenue par aucun élan de pensée, n'est plus à l'heure actuelle qu'un rameau desséché. La seconde est une forêt touffue. Depuis le treizième siècle, elle s'est constamment métamorphosée, et non seulement à l'intérieur ou en marge des Églises, mais jusque dans la pensée laïcisée des temps modernes. Plus exactement, l'idée joachimite n'a cessé d'agir comme un ferment. Dans la variété des formes qu'elle a revêtues, savantes ou populaires, elle a constitué l'un des principaux relais sur la voie conduisant à la sécularisation, c'est-à-dire à la dénaturation de la foi, de la pensée et de l'action chrétienne. Elle a servi aussi de supplé-

---

1. Sur ces deux postérités et leur constant mélange, on trouvera de nombreuses indications éparses, par exemple, dans H. Desroche, *Dieux d'hommes, Dict. des Messianismes et Millénarismes de l'Ère chrétienne*, Mouton, Paris-La Haye, 1969.
2. Annales, 25, 1970, pp. 1584 et 1587.

ment ou de substitut « mystique » à des processus de rationalisation qui ne pouvaient par eux-mêmes soulever l'enthousiasme nécessaire à leur accomplissement. Elle connaît aujourd'hui un étonnant regain de vie.

Nous laisserons donc de côté, sauf allusions indispensables, les prophéties « historiques » ou apocalyptiques issues de Joachim de Flore (ou qui lui furent attribuées), fréquemment mêlées à des sources beaucoup plus anciennes ou au contraire à des imaginations suscitées de siècle en siècle par des événements plus tardifs (Sibylle Tiburtine, Pseudo-Méthode venu de Byzance, Serge, compilation de Merlin, etc.) : spéculations sur l'Antichrist (ou le double Antichrist), sur le retour des Juifs, sur l'empereur universel, le pape angélique et le grand monarque, etc.[1], bien que Joachim de Flore ait souvent influencé la suite de ces spéculations[2] et qu'il ait lui-même longuement disserté sur la réunion des Grecs et sur la conversion des Juifs en rapport avec l'âge de l'Esprit[3] ; bien qu'il ait également annoncé la venue d'un « saint pontife universel de la nouvelle Jérusalem », symbolisé par l'ange de l'Apocalypse montant de l'Orient pour inaugurer l'ère nouvelle[4], ce pontife que des Spirituels voudront reconnaître ensuite dans Célestin V et que déjà Roger Bacon appellera de ses vœux « pour que soit rénové le monde et qu'entre (dans l'Église) la plénitude des Gentils »[5]. Nous ne dirons presque rien non plus des innombrables millénarismes enfantés par l'espoir ou par la terreur, ni des innombrables calculs concernant la division des périodes de l'histoire et les dates de l'ère nouvelle ou de la fin. Nous n'entreprenons pas d'exposer, ce qui est autre chose encore, l'histoire de l'idée de progrès, ni celle des utopies, — qu'elles soient du type inauguré par Thomas More ou de celui que nous dirons, pour faire court, cartésien, ou encore du type de la Cité harmonieuse de Péguy. Les doctrines que nous aurons à envisager, même si elles se présentent comme adversaires du christianisme de leur époque, ne nous intéresseront qu'en tant qu'elles prétendent être ses héritières, le mener à sa perfection ou l'achever en menant au-delà de lui. C'est donc uniquement sur le noyau central, authentique ou contrefait, de la seconde

1. Cf. SALIMBENE, *Cronica*, p. 247 : « Scriptura Balaam et Helin et Cayphae et Sibillae et Merlini, Joachim atque Methodii ab Ecclesia non spernitur, sed gratanter suscipitur, in quantum bona et utilia et vera dixerunt, quia, sicut dixit b. Ambrosius, verum a quocumque dicatur, a Spiritu sancto est. » Il mentionne, pour l'année 1282, un homme simple, illettré, mais éclairé de Dieu « ut intelligent etc. » (p. 512) ; voir encore p. 532, sur un autre prophète, à Parme : « Illuminatum intellectum habet ad intelligendum dicta Merlini et Sibillae et abbatis Joachim et omnium qui de futuris aliquid praedixerunt... »

2. Cf. M. REEVES, *Joachimist Influences on the Idea of a Last World Emperor*, dans Traditio, 17, 1961, pp. 323-370.

3. C, l. 5, c. 84 ; f. 112 v ; T, p. 140.

4. C, l. 4, c. 31, f. 56 r.

5. Cf. BLOOMFIELD, p. 304. Sur le Pape angélique : Fr. BAETHGEN, *Der Engelspapst, Idee und Erscheinung* (1943).

postérité joachimite que nous chercherons à concentrer notre attention. Nous voudrions autant que possible suivre à la trace les avatars de l'idée que l'on peut caractériser, avec M. Raffaelo Morghen, comme ayant substitué à l'attente (souvent anxieuse) de la catastrophe finale l'attente (pleine d'un radieux espoir) d'une ère nouvelle en ce monde[1].

« Ironie de l'histoire ! a écrit l'un des meilleurs connaisseurs de Joachim et du joachimisme, Morton W. Bloomfield. Un homme essentiellement conservateur et même regardant en arrière devint le « chief impetus » pour un mouvement radical de type séculier »[2]. Encore faut-il s'entendre sur ce mot de « conservateur ». Il est vrai que Joachim de Flore a réagi avec dureté contre ce qui lui paraissait être une trahison du monachisme primitif et qu'il a pratiqué, comme méthode théologique, une exégèse allégorique exclusive des procédés scolastiques et de l'esprit aristotélicien qui tendaient depuis près d'un siècle à prévaloir. Il a maintes fois raillé la « superstitiosa exhibitio modernorum »[3]. Il s'est élevé, nous le verrons, contre la prétention des intellectuels de son temps qui mettaient leur confiance dans leur propre « littérature » plutôt qu'en « la puissance de Dieu » et jugeaient de haut les « hommes spirituels »[4]. Mais il considérait sans doute l'invasion de la scolastique comme opérant le retour à un vieux passé, contraire à l'esprit nouveau inauguré par la révélation chrétienne ; le type de savoir qui prétendait aux faveurs de ses contemporains lui paraissait sans doute figer la pensée dans un immobilisme rationnel, la rendre incapable de comprendre des pensées étrangères et de s'ouvrir à un avenir encore informulé, alors qu'il aspirait, au moins dans son subconscient, à en dégager une force propulsive. Aussi ne faut-il point s'étonner qu'il ait inquiété par ses doctrines les cisterciens de Corazzo, son premier monastère. Ce n'est pas uniquement par désespoir de les réformer qu'il a dû les quitter pour fonder, après un temps de retraite studieuse, cette abbaye de Flore qu'il pourrait modeler à sa guise[5].

Certes, quand il conçut l'idée de remplacer le vieux schéma qui, chez des théologiens antérieurs, répartissait toute l'histoire du salut, depuis la création jusqu'à la parousie, en trois âges, par son propre schéma ternaire, le saint abbé de Flore, si aventureux qu'il fût, n'avait pas du tout l'intention, que des historiens modernes lui ont

---

1. *Attesa*, Conclusione, p. 452 : « Il messagio di Gioacchino costituisce veramente la chiave di volta del passagio dal Medioevo al Rinascimento, dall'attesa della fine dei tempi, all'attesa della nuova età. »
2. Loc. cit., pp. 269-270. Nous aurons plus d'une fois à nous référer à cette longue et précieuse étude (pp. 249-311).
3. Psalt, l. 1 ; fol. 228 v.
4. T, pp. 282 et 296 ; cf. 294 ; opposition de ceux « qui scolastica inflantur scientia » aux « viri spirituales », qui savent « habere cum simplicibus vel extraneis a catholica fide spiritale colloquium ».
5. C. Barraut, DHGE, col. 515-516.

prêtée, de partir en guerre contre une « Église pourrie ». Il n'est pas du tout situé, comme on l'a écrit, au « pôle protestataire du christianisme ». Très probablement même il n'avait pas une claire conscience de la nouveauté radicale qu'il introduisait au sein d'une tradition multiséculaire. Il était sûrement sincère lorsqu'il protestait contre les « frivola quaedam » imprudemment répandus dans le public et lorsqu'il engageait ses lecteurs à se méfier des pseudoprophètes, lorsqu'il repoussait les éléments « peregrina et extranea » qui ne pouvaient être approuvés par les « viri catholici »[1]. A plus forte raison ne se doutait-il pas de la perturbation qu'il allait apporter bientôt, grâce au concours de toutes sortes de circonstances alors imprévisibles, dans la vie de l'Église. Bien moins encore pouvait-il prévoir la longue et multiforme postérité qu'il devait engendrer en elle et même en dehors d'elle et contre elle. S'il a peut-être usé, une fois ou l'autre, de quelque formule habile pour mieux autoriser son exégèse, s'il a fait sonner peut-être un peu plus que de raison les « ordres » qu'il avait reçus du Saint-Siège[2], il semble bien incontestable que les papes l'ont toujours approuvé, protégé et encouragé dans ses desseins, sinon dans les résultats de ses exégèses, qu'ils n'ont guère dû connaître. Et d'autre part il n'y a pas lieu de soupçonner d'hypocrisie ses déclarations répétées de dévotion et de fidélité envers ce Siège apostolique, dont il se dit toujours prêt à observer ce qu'il a statué et ce qu'il pourra statuer encore[3]. Son message n'en était pas moins tout autre qu'une simple « application organique et cohérente des principes traditionnels de l'exégèse patristique », révélant enfin la vraie nature d'un symbolisme qui préfigurait la future société chrétienne[4]. Il introduisait un élément non seulement neuf, mais hétérogène, — le Père M.-D. Chenu n'hésite pas à parler d'un « ferment corrupteur »[5] — destiné « à s'inscrire en profondeur,

1. Préface de C.

2. *Epistola prologalis* : « Ex mandato domini papae Lucii et domini papae Urbani jussus sum... », « ... accepti in mandatis. » La lettre de Clément III, qu'il invoque en témoignage (« sicut ex litteris domini papae quondam Clementis... percipi potest »), était rédigée en termes prudents : « Cum ergo jubente et exhortante ... Lucio papa... et postmodum de papae Urbani auctoritate... composuisse *dictaris* », et Clément l'exhortait ensuite à prendre soin de « opus illud complere et diligenter emendare ». Au reste, Joachim lui-même reconnaît franchement, en 1200, que « Pro angustia temporum non potui hucusque opuscula ipsa praeter librum *Concordiae* apostolico culmini praesentare ut ab eo corrigentur ». Peut-être eut-il cette chance, de voir se succéder rapidement plusieurs papes, dont aucun n'eut le temps d'examiner de près une entreprise, d'ailleurs inachevée encore en 1200. Un problème ne se pose qu'au sujet d'Innocent III (v. chap. II, 1).

3. *Ep. prol.* : « ... meam circa ipsam (sedem) devotionem et fidem... Et quod ea semper paratus sim quae ipsa statuit vel statuerit observare. » Nous ne croyons pas qu'on puisse dire avec M. Michel COLLINET que Joachim, « par conviction ou par intérêt, ménageait le pape » (*Joachim de Flore et le troisième âge*, dans le Contrat social, sept.-oct. 1962, p. 299). Un tel doute nous paraît peu fondé

4. Cf. E. BUONAIUTI, introd. à A F, p. LXXXVIII, note et à T, p. XLVII.

5. *La théologie au XII*e *siècle*, Vrin, 1957, p. 82.

et d'une manière tout à fait révolutionnaire, dans la conscience historique de son temps comme dans la sensibilité eschatologique des siècles suivants ». Par son allure idéale et « son manque de caractère précis » le grand rêve qu'il tira de sa méditation des Écritures « se prêtait aux définitions concrètes les plus variées »[1].

L'œuvre de Joachim de Flore n'est donc pas « innocente » des traductions successives qui en seront faites[2]. Joachim se croyait certainement investi d'une mission et il ne pouvait ignorer totalement l'audace extraordinaire du programme qu'il était chargé d'annoncer. Sans doute n'a-t-il pas eu, sous des dehors d'humilité, la « conscience superbe » que lui prête avec admiration Ernesto Buonaiuti, mais il serait difficile de ne pas reconnaître rétrospectivement, dans ses écrits le germe d'un « profond esprit subversif »[3]. Sans que leur auteur ait pu s'en rendre compte, l'Esprit allait être dressé contre l'Église du Christ et par une conséquence fatale contre le Christ lui-même, pour un « dépassement » du Christ et de son Église, ou du moins pour cent façons tout autres de les comprendre. Dès lors cet Esprit, dont il célébrait d'avance le règne, ne serait plus l'Esprit-Saint.

---

1. R. Manselli, *Joachim de Flore dans la théologie du XIII*e *siècle*, dans *Septième centenaire de la mort de saint Louis*, Actes des Colloques de Royaumont et de Paris, mai 1970 ; Belles Lettres, 1976, p. 293.
2. Henry Mottu, à propos de l'Apocalyptique, p. 264.
3. Introd. à T, pp. xlii, lv et lxvi.

CHAPITRE PREMIER

L'INNOVATION DE JOACHIM

I

Ancêtres introuvables

Les trois « âges », ou trois « états », ou trois « règnes » successifs attribués respectivement aux trois personnes de la Trinité divine, que l'on distinguait communément, d'après saint Paul, dans l'histoire du salut, étaient le règne du Père, qui s'étendait sur les huit « jours » de la création ; puis le règne du Fils, qui était inauguré par la promesse du Rédempteur faite à Adam au lendemain de son péché ; enfin le règne de l'Esprit, couvrant tout le temps de l'Église et devant durer comme elle jusqu'à la fin de ce monde : « novum et aeternum testamentum ». Il y avait eu, bien entendu, des variantes : c'est ainsi qu'Irénée avait vu dans l'Ancien Testament le temps de l'Esprit prophétique, « qui a parlé par les prophètes », et dans le temps qui suit l'Incarnation jusqu'à l'entrée dans le « royaume des cieux » le temps du Fils : perspective inverse, mais doctrine identique[1]. Des subdivisions avaient été introduites, notamment celle qui faisait une place au temps de la loi naturelle avant le temps de la loi écrite. La considération explicite de la « gloire » entraînait un schéma quadripartite : loi naturelle, loi mosaïque, grâce, gloire[2]. On connais-

1. IRÉNÉE, *Adv. Haereses*, l. 4, 20, 5 : « Visus quidem tunc (Deus) per Spiritum prophetice, visus autem et per Filium adoptive, videbitur autem et in regno caelorum paternaliter, Spiritu quidem praeparante hominem in Filium Dei, Filio autem adducente ad Patrem, Patre autem incorruptelam donante in aeternam vitam. » SC 100, 639-640.

2. Autre schéma quadripartite, revenant au même pour l'objet ici envisagé : IRÉNÉE, *Adv. Haer.*, 3, 11, 8, distingue quatre « testaments », donnés à Adam, à Noé, à Moïse, enfin « par l'Évangile, qui élève l'homme et lui donne des ailes vers le royaume du ciel ». SC, 211, pp. 169-171.

sait aussi d'autres divisions de l'histoire, en six ou sept périodes, d'après les jours de la création ou les sceaux de l'Apocalypse (ou aussi, plus tardivement, d'après les dons du Saint-Esprit). Chacun pouvait lire de tels exposés dans les deux grands ouvrages de saint Augustin, le *De Trinitate* et le *De Civitate Dei*. A mesure que les siècles se déroulaient, d'autres subdivisions étaient introduites, comme on le verra, à l'intérieur du temps de l'Église. Mais rien de tout cela n'altérait la division fondamentale, porteuse de la doctrine essentielle[1].

Au reste, le parallélisme établi entre les trois âges et les trois personnes divines n'était jamais qu'« appropriation », moyen commode et suffisamment fondé de mettre de l'ordre dans l'exposé du déploiement de l'œuvre salutaire. On lit par exemple dans l'*Eruditio didascalica* de Hugues de Saint-Victor : « ... non quod ullatenus credendum sit Trinitatem, quae inseparabilis est natura, in operatione posse separari ; sed ut discretio personarum in distinctione operum soleat intelligi »[2]. Quelle qu'ait été au juste sa théorie trinitaire, Joachim de Flore ne sera pas moins net, et ce n'est pas en cela qu'il faut chercher son innovation. Pour lui aussi, « les trois états successifs procèdent pareillement de toute la Trinité » ; « il n'y a rien dans les choses créées qui puisse être attribué à une personne au détriment du règne et de l'opération des autres » ; « le mystère de la Trinité resplendit » en toute œuvre divine[3]. « Ce grand mystère d'unité, précise-t-il encore, par lequel le Père est dans le Fils et dans l'Esprit-Saint », se reflète au dehors en ce que si l'on attribue une opération à l'une des trois personnes, on doit comprendre le plus souvent que c'est la Trinité entière qui l'opère : « Creator generis humani Pater, creator Filius, creator et Spiritus sanctus », etc.[4].

Au vingtième siècle encore, avec le même usage de l'appropriation la Théologie de l'Église du cardinal Charles Journet reprendra le schéma classique reçu de l'antiquité par le moyen âge, en se fondant explicitement sur la structure du Symbole des Apôtres[5] : « A l'âge du

---

1. Nombreux détails dans A. LUNEAU, *L'histoire du salut chez les Pères de l'Église*, la doctrine des âges du monde, Beauchesne, 1964. — De même, harmonisant comme d'autres les divisions reçues alors, Joachim fera coïncider son troisième état, ou « grand sabbat », avec une septième période du temps de l'Église : Ap, f. 137 v et 209-210.

2. L. 7, c. 27. PL, 176, 838 C.

3. Ap, lib. introd., c. 5 et 13, f. 5-6 et 13. C, l. 5, c. 77, f. 105-6. Psalt, praef., f. 227 v. ; cf. l. 3, f. 279 r ; etc. Cf. SALIMBENE, p. 446, résumant la doctrine de Joachim : « quanquam indivisibilia sint opera Trinitatis ».

4. AJ, p. 7. « Plerumque », pour maintenir les actes propres au Verbe incarné ; mais même en ce cas « una est operatio trium propter ineffabile Vinculum deitatis, etc. » : Psalt, l. 1, f. 239-240. V. cependant infra, chap. II, 1. Cependant sur les manières diverses de comprendre les appropriations, cf. chap. II, 1 et, à propos de Bonaventure, H. U. VON BALTHASAR, *La gloire et la croix*, t. 2, *Styles*, 1, pp. 263-268. Aubier, 1967.

5. Cf. H. de LUBAC, *La Foi chrétienne, étude sur la structure du Symbole des Apôtres*[2]. Aubier, 1970.

Père, qui est l'âge de la création dans l'innocence, succédera l'âge du Fils, qui est celui de la rédemption, et l'âge de l'Esprit, celui de la sanctification. Ainsi se trouve résumé tout le Credo[1]. »

Or, sur la fin du douzième siècle, l'abbé Joachim, d'abord cistercien, puis fondateur de l'Ordre de Flore[2], rompait avec cette tradition unanime. Son innovation ne consistait point seulement à substituer à une conception jusque-là trop « christocentrique » de l'histoire une conception « trinitaire », jugée plus conforme aux symboles de l'Écriture et plus apte à classer les phases de l'action divine dans le devenir historique, ainsi que le supposent encore des historiens récents[3]. On n'admettra pas aisément non plus sans distinctions cet audacieux raccourci d'histoire selon lequel Joachim aurait voulu repousser « l'ignorance conformiste que saint Bernard imposait à son ordre » et défendre contre les cisterciens « la libre recherche spirituelle » en mettant en vedette la personne de l'Esprit[4] ; s'il eut des démêlés avec les cisterciens de Corazzo et les autorités de l'Ordre, c'est au contraire parce qu'il les jugeait infidèles à l'esprit de Bernard, le « venerabilis pater Bernardus », dont il fait dans la *Concordia* un long et magnifique éloge[5]. Il fut « l'un des plus extrêmes continuateurs de la polémique commencée par saint Bernard contre Cluny » ; sans doute la réforme cistercienne ne représentait pour lui « qu'une étape importante sur le chemin que le monachisme doit parcourir avant d'atteindre à sa perfection »[6] ; du moins aurait-il voulu, pour commencer, rétablir dans sa pureté son idéal de solitude et de contemplation[7]. Bientôt Innocent III lui donnera raison en écrivant aux abbés cisterciens son inquiétude au sujet du relâchement de nombreux monastères. Comme beaucoup jusqu'à lui, d'autre part, Joachim divisait bien l'histoire universelle en trois parties, d'après le nombre sacré de la Trinité, recommandé par l'Écriture : « Hic est enim ille magnus numerus, qui universa haec continet sacramenta... » ; « tres denique mundi status divinae nobis paginae sacramenta commendant »[8]. Seulement, il ne mettait plus les deux

---

1. *Théologie de l'Église*, t. 2, 1958, p. 26. En dédoublant l'âge du Fils, dans lequel il distingue « un âge du Christ attendu » et un « âge du Christ présent », l'auteur aboutit au nombre de quatre ; mais cette variante importe peu ; voir pp. 25-27.

2. C'est en 1192 que fut fondé par Joachim le monastère de San Giovanni in Fiore, près de Cosenza, en Calabre ; fondation approuvée par Célestin III en 1196.

3. CROCCO, p. 12. Et BTAM, 8, nº 248 : « Sa principale originalité est, on le sait, d'interpréter l'histoire de l'Église à la lumière de la théologie trinitaire ».

4. Michel COLLINET, loc. cit., p. 229 ; voir aussi p. 296. Ce qu'on sait des divers monastères de Cîteaux au XIIe siècle montre tout le contraire d'un monachisme inculte parce qu'austère ; cf. Louis BOUYER, *La spiritualité de Cîteaux*, Flammarion, 1955, pp. 114-115.

5. C, l. 4, c. 38, f. 58-59. Psalt, f. 232 r : « ut ait Bernardus » ; f. 234 v.

6. B, DS, 1194-95.

7. C, l. 5, c. 48, f. 82-83. T, p. 282 ; cf. l'introd. de Buonaiuti, p. XXXVII.

8. C, l. 5, c. 84 ; f. 112 r.

césures, ou les deux seuils au même endroit. Pour lui, l'âge du Père s'étendait jusqu'à l'heure de l'Incarnation rédemptrice ; alors avait commencé l'âge du Fils, qui était encore celui de l'Église présente ; mais bientôt, déjà « initié » ou annoncé en figure, devait lui succéder, sur cette terre même, un troisième âge (il dit plus volontiers un troisième état, ou un troisième temps), le dernier, qui serait caractérisé par le règne du Saint-Esprit[1].

C'était là une transformation radicale. Joachim de Flore en a parfaitement conscience, bien qu'il s'efforce d'expliquer qu'il n'y a rien là de « contraire à l'autorité des Pères » ; ceux-ci, en effet, n'ont parlé qu'en général, tandis qu'il introduit une précision supplémentaire en distinguant un « tempus sub littera evangelii » et un « tempus sub spiritali intellectu »[2]. Il n'en sait pas moins qu'il a reçu d'un coup — *subito* — une illumination (il dit même une révélation) qui lui a livré dans son principe une nouvelle intelligence de l'Écriture[3]. On peut donc bien dire, avec E. R. Daniel, que le joachimisme, pris comme un tout, est une synthèse des courants variés de l'eschatologie médiévale, — mais c'est à la condition d'en négliger l'élément essentiel[4].

On a cru quelquefois, et de nos jours encore, trouver à Joachim un prédécesseur, près d'un siècle avant lui, dans le bénédictin Rupert de Deutz († 1130). Ainsi le Père M.-D. Chenu, selon qui cette « répartition et qualification des étapes de l'histoire », inaugurant un âge du Fils au temps de l'Incarnation, avait seulement reçu de Joachim, « par une extrapolation violente », « une valeur historique considérable »[5]. Ainsi, à sa suite, H. Desroche[6] ; ainsi plus récemment M. Hubert Silvestre[7]. C'est peut-être aussi en pensant à Rupert que M. Étienne Gilson, après avoir observé qu'en prêchant son évangile de l'Esprit Joachim avait « bouleversé complètement l'économie des âges du monde »[8], a néanmoins cru reconnaître dans la nouvelle

1. Ap, introd., c. 5, f. 5 : « Ut enim littera testamenti prioris proprietate quadam similitudinis videtur pertinere ad Patrem, littera novi pertinere ad Filium, ita spiritalis intelligentia quae procedit ex utraque ad Spiritum sanctum. » Cf. l. 4, c. 40, f. 60 r, texte qui sera longuement cité par le protocole d'Anagni (v. infra, ch. 2).

2. Ap, ibid.

3. C, préf. : « ... subito mihi meditanti, aliqua quadam mentis oculis intelligentiae claritate percepta, de plenitudine scientiae libri hujus et de tota percepta veteris et novi testamenti concordia revelatio facta est. »

4. *Apocalyptic conversion : the Joachite Alternative to the Crusades.* Traditio, 25, 1969, p. 130.

5. Op. cit., pp. 81-82.

6. Op. cit., p. 274.

7. RHE, 67, 1972, p. 493. L'auteur reconnaît toutefois qu'une filiation directe de l'un à l'autre n'est pas démontrée.

8. *L'esprit de la philosophie médiévale*², 1954, p. 277.

théorie l'« exploitation systématique d'une idée traditionnelle »[1]. En réalité, Rupert et Joachim diffèrent du tout au tout. L'abbé de Deutz expose clairement, dès son prologue, le schéma traditionnel sur lequel il construit la grande épopée salutaire en forme de commentaires bibliques, rédigée entre 1112 et 1117, à laquelle il a donné pour titre *De Trinitate et operibus ejus* : « L'œuvre de la Trinité divine, depuis la création du monde jusqu'à sa fin, se divise en trois parties : la première partie va de l'émission de la lumière primitive jusqu'à la chute de l'homme. La deuxième, depuis cette chute du premier homme jusqu'à la passion du second homme, Jésus-Christ Fils de Dieu. La troisième, depuis la résurrection du Christ jusqu'à la consommation du siècle, c'est-à-dire jusqu'à la résurrection générale des morts. Et la première partie est l'œuvre propre du Père, la deuxième celle du Fils, la troisième celle du Saint-Esprit. Certes, la Trinité est tout à fait inséparable, c'est un seul Dieu qui opère inséparablement. Mais, de même que chacune des personnes, Père, Fils et Saint-Esprit, a sa propriété, ainsi dans l'accomplissement du monde on doit considérer l'action propre à chacune : au Père, la création ; au Fils, la rédemption ; au Saint-Esprit la rénovation de la créature... »[2].

Rien de plus classique, ainsi qu'on le voit. Dans la dernière partie de son ouvrage, consacrée aux œuvres du Saint-Esprit, Rupert s'en explique à nouveau : depuis la Passion, le Christ est à l'œuvre dans son Église par l'Esprit-Saint jusqu'à la fin des temps. Déjà le voile de Moïse est levé, déjà le sens des Écritures est ouvert au cœur des fidèles[3]. Et dans l'autre grand traité de Rupert, *De Victoria Verbi Dei*, qui repose tout entier sur une conception de l'histoire du salut non pas évolutive mais agonistique, on assiste aux combats toujours vic-

1. *La philosophie de saint Bonaventure*³, 1953, p. 20, à propos de la Concorde.

2. « Est autem tripartitum ejusdem Trinitatis opus, a conditione mundi usque ad finem ejus. Primum est ab exortu primae lucis usque ad lapsum hominis. Secundum, ab eodem lapsu primi hominis usque ad passionem secundi hominis Jesu Christi Filii Dei. Tertium, a resurrectione ejusdem usque ad saeculi consummationem, id est generalem mortuorum resurrectionem. Et primum quidem Patris, secundum autem Filii, tertium vero Spiritus sancti proprium opus est. Plane inseparabilis Trinitas, unus Deus inseparabiliter operatur. Verumtamen singulis horum, id est, Patris, et Filii, et Spiritus sancti, sicut personae proprietas, ita et in perfectione mundi consideranda est actio propria, vid. ut Patris creatio, Filii redemptio, sancti Spiritus sit opus creaturae innovatio... » (PL, 167, 200.) Chez les anciens auteurs, notons-le, Rupert y compris, l'appropriation se fait à partir de la « coopération » reconnue des trois personnes dans l'œuvre du Dieu unique, non à partir de l'opération reconnue de « l'unique nature » divine, comme ce sera parfois la tendance d'une scolastique postérieure.

3. *De operibus S. sancti*, l. 1, c. 31, PL, 167, 1603 ; etc. Cela est d'ailleurs toujours à entendre selon l'appropriation. Rupert l'avait encore précisé dans son Prologue : « ... Denique, cum Pater per Verbum omnia facit, et Spiritus sanctus superfertur aquis, cooperantur quidem duae personae uni operanti. Verumtamen ipsa Verbi dictio, vel Spiritus emissio, propria Patris actio est, etc. ». De même pour la rédemption, de même pour la grâce répandue par l'Esprit.

torieux mais toujours à recommencer du Christ contre Satan, jusqu'à la lutte dernière et suprême, à l'heure de l'Antichrist. aussitôt suivie par « l'éternelle festivité du triomphe »[1]. Si donc il est possible de rapprocher Rupert et Joachim, c'est surtout en raison de leur égal mépris des nouvelles écoles ; c'est aussi en raison de leur forte personnalité et de leurs remarquables dons de style : si Rupert a plus de rigueur, chez Joachim les combinaisons de symboles ont quelque chose d'envoûtant. Mais leurs doctrines sont opposées.

Quoique fort personnel, Rupert de Deutz est de tempérament conservateur. Il regarde volontiers vers le passé, et quant à la vie spirituelle dans l'Église (non pas quant au dogme, qui n'est pas en cause), il professe une théorie de la régression plutôt que du progrès. Divisant en sept parties l'histoire du salut, d'abord chez les anciens jusqu'au Christ, puis dans le christianisme, et attribuant à chacune de ces parties successives, par symbolisme, l'un des sept dons du Saint-Esprit[2], il nous montre la marche des anciens s'élevant « de la crainte à la sagesse », tandis que nous sommes en train de redescendre « de la sagesse à la crainte »[3]. Ce schéma ne lui est pas particulier. Il est aussi, peu après lui, celui d'un Arnaud de Bonneval[4]. Il est celui d'un Honorius. Comparant le devenir de l'Église à la vie d'un individu, qui passe par quinze stades à partir de la première enfance jusqu'à la décrépitude, Honorius prévoit la « decrepita aetas Ecclesiae » qui précédera la fin de ce monde, — avec toutefois cette atténuation qu'il espère, en ces derniers temps, plus de mansuétude et de repos dans une habitation fraternelle[5]. On retrouvera quelque chose d'analogue chez saint Thomas d'Aquin, et chez d'autres plus tard encore.

Cependant, la mentalité du saxon Anselme d'Havelberg († 1158) est assez différente ; elle serait plutôt inverse. Représentant des

1. *De vict. Verbi Dei*, l. 3, c. 10 ; l. 13, c. 15 et 20. PL, 169, 1278, 1497-98, 1500, etc. ; « sempiterna festivitas triumphi. » Sur Rupert : EM, t. 3, ch. 3 ; sur sa méthode : D. Mariano MAGRASSI, OSB, *Teologia e Storia nel pensiero di Ruperto di Deutz*, Roma, 1969. Cf. A. MOUREAUX, *La vie apostolique à propos de Rupert de Deutz*, Revue liturgique et monastique, 21, 1935-36.

2. Dans *Sacrum Imperium* (Munich, 1929), Alois DEMPF insistait sur ce symbolisme des sept dons, venant doubler celui des 7 jours de la création (pp. 233-234). L'intérêt en est cependant secondaire, et Dempf reconnaissait que Joachim fut le premier à construire le triple schéma : Ancien Testament, Histoire de l'Église en cours, troisième règne intérieur à ce monde (innerweltliches Reich).

3. *De operibus Sp. sancti*, l. 1, c. 31 ; PL, 167, 1604.

4. *Libellus de donis Spiritus sancti*, c. 11 à 17 ; PL, 189, 1603-1608.

5. P., 172, 308-311 et 358 B. Dans sa 1re homélie sur les évangiles, GRÉGOIRE le GRAND utilisait le schéma simplifié « juventus-senectus » pour l'appliquer aux misères qui présagent la fin du monde, non pas à une décadence de l'Église : PL, 76, 1080. BÈDE n'appliquait le schéma « pueritia-juventus-senectus » qu'à l'individu (*In Luc.* l. 4 ; PL, 92, 496 C) ; quant aux six âges du monde, ils n'étaient pour lui que le cadre d'une chronologie, qui se terminait sur ces simples mots : « Reliquum sextae aetatis Deo soli patet » (*De temporibus liber*, c. 16-22 ; PL, 90, 288-292).

nouvelles formes de « vie apostolique » qui se répandent alors, le prémontré Anselme est partisan, dirions-nous aujourd'hui, d'un large pluralisme pratique. S'il admet comme tous qu'il y a dans l'Église et qu'il y aura toujours, inchangée, la même « forma credendi », dont le fondement stable est la foi dans la Sainte Trinité, il n'affirme pas avec moins de force, contre les traditionalistes de son temps, que la « forma vivendi » peut et doit beaucoup changer : l'Église, comme l'aigle, renouvelle et renouvellera toujours sa jeunesse[1]. Loin d'estimer que cela soit en rien scandaleux, Anselme y voit un signe de vie et de fécondité ; c'est ainsi, par l'accumulation successive des diverses « religions » (il dit, au même sens, des diverses « règles »), que le Temple du Seigneur, peu à peu, se construit[2]. C'est pourquoi sans doute on a mentionné aussi plus d'une fois Anselme d'Havelberg parmi les précurseurs de Joachim de Flore. Mais également à tort. Son genre de modernité est bien différent. Tout au plus peut-on dire que, comme « théologien de l'histoire », il a contribué à le « préparer »[3]. Anselme sait en effet d'autre part que l'Église est le seul corps unifié, vivifié et régi depuis toujours par l'Esprit-Saint ; il sait qu'à travers les différents états (*status*) qui scandent son histoire, et particulièrement l'histoire de ses « religions », elle demeure essentiellement la même. Sans avoir besoin de rêver l'avènement d'un nouvel âge, qui romprait sa continuité, il a confiance que l'Esprit-Saint qui l'habite, et dont il chante avec une sorte d'exubérance les prérogatives et les bienfaits, la renouvellera toujours, au cours des sept périodes successives de son pèlerinage terrestre, depuis le temps du premier juste Abel jusqu'au temps du dernier élu[4]. Après les deux grandes « transpositions », marquées chacune par un « terraemotus », qui ont fait passer l'humanité d'abord des idoles à la loi, puis de la loi à l'évangile, il sait qu'il n'y en aura

1. *Dialogi*, l. 1, c. 10 ; PL, 188, 1157 AB ; l. c. 9, 1152 B).

2. *Dialogi*, l. 1, c. 6 : « Sancta Ecclesia pertransiens per diversos status sibi invicem paulatim succedentes, usque in hodiernum diem, sicut juventus aquilae renovatur et semper renovabitur, salvo semper sanctae Trinitatis fidei fundamento, praeter quod nemo aliud deinceps ponere potest, quamvis in superaedificatione diversa plerumque diversarum religionum structura crescat in templum sanctum Domino » (149 AB). On a ici un écho du conflit qui opposait alors aux anciens Ordres les partisans des nouvelles formations de chanoines réguliers. En bon vulgarisateur, HONORIUS est plus éclectique : *In psalm.* 150 ; PL, 172, 307-308.

3. Cf. W. BERGER, résumé par G. M., BTAM, 8, n° 1933.

4. *Dialogi*, l. 2, c. 2 : « Est enim unum corpus Ecclesiae, quod Spiritu sancto vivificatur, regitur et gubernatur, cui Spiritus sanctus est unitus, multiplex, subtilis, mobilus, disertus, incoinquinatus, certus, suavis, amans bonum, acutus, nihil vetat benefacere, humanus, benignus, stabilis, securus, omnem habens virtutem, omnia prospiciens et qui capiat omnes spiritus, intelligibilis, mundus... Ecce apparet manifeste unum corpus Ecclesiae uno Spiritu Sancto vivificari, qui unicus est in se, et multiplex in multifaria donorum suorum distributione. Verum hoc corpus Ecclesiae Spiritu Sancto vivificatum et per diversa membra diversis temporibus et aetatibus discretum et distinctum, a primo Abel justo incepit, et in novissimo electo consummabitur, semper unum una fide, sed multiformiter distinctum multiplici vivendi varietate » PL, 188, 1144 ; cf. 1149 (c. 6-7).

plus qu'une seule, celle du temps à l'éternité, à la suite du troisième et redoutable « terraemotus » qui doit annoncer l'ultime persécution de l'Antichrist[1].

Anselme d'Havelberg n'a donc rien d'un retardataire, il n'a rien non plus d'un nostalgique. Lui-même s'avoue « recentium litterarum avidus »[2] ; au milieu des débats de son siècle sa confiance demeure entière dans les destinées de la création divine et de l'Église. Il n'est pourtant pas le progressiste que, à la suite d'Alois Dempf, on s'est habitué à voir en lui, pour l'opposer à saint Augustin. Il est excessif de parler à son propos d'un mépris de la « lex aeterna » au nom d'une « philosophie progressiste de la culture », ainsi que d'une « périodisation de l'Église » qui la montrerait progressant toujours vers une religion jugée plus spirituelle. La succession qu'il décrit des sept « états » parcourus par l'Église depuis la première génération n'a nullement ce sens. Le premier état, celui de « l'Église naissante », est à ses yeux, entre tous, « pulcherrimus ». Les trois suivants, qu'il évoque sous le symbole des trois chevaux de l'Apocalypse, rouge, noir et blafard[3], sont le temps des persécutions, celui des hérésies, celui des faux-frères ou des hypocrites, qui se multiplient dans l'Église à mesure qu'elle se répand, — mais aussi celui des institutions nouvelles qui restaurent à l'heure opportune la religion menacée ; et Anselme cite en premier lieu l'œuvre de saint Augustin, qui rétablit à Hippone la « vie apostolique », et qui ne cesse depuis lors d'en susciter d'autres analogues ; il cite de même ensuite la fondation de saint Benoit et de quelques autres, tant en Orient qu'en Occident. Quant au cinquième état, on ne saurait pas plus le caractériser par une progression que par un recul : il est celui des « âmes des saints » qui, toujours d'après l'Apocalypse, ont souffert sur cette terre et sont rassemblés « sous l'autel de Dieu ». Le sixième état verra surgir l'Antichrist. Le septième sera celui du « grand silence » inaugurant « l'octave de l'infinie béatitude ».

Il est impossible de reconnaître dans ce schéma l'affirmation, ou même seulement l'insinuation, l'esquisse d'une progression continue. Anselme est optimiste, en ce sens qu'il ne croit pas à une perpétuelle décadence de l'Église, — mais les allusions de saint Augustin au thème antique (repris de saint Cyprien[4]) du *saeculum senescens* ne visaient pas davantage une *Ecclesia senescens*[5]. Non seulement son schéma des « sept âges du monde » n'empruntait au

1. *Dialogi*, l. 1, c. 5 à 13 ; cf. l. 2, c. 22. PL, 188, 1147-1160 et 1197-1200.
2. *Ep. apologetica pro ordine canonicorum regularium*. PL, 188, 1119 B.
3. Dans le commentaire prototype de Victorin de Pettau (et dans la rédaction de Jérôme) ces trois chevaux signifiaient la guerre, la famine et la mort. A mesure que la durée s'allongeait, on chercha naturellement des symboles pour caractériser les étapes déjà parcourues.
4. Cf. D, *Origines*, pp. 207-212 : « Cyprien et la vieillesse du monde » ; et p. 351.
5. Qu'on se rappelle comment il remontait le courage des chrétiens de Rome réfugiés à Hippone après le sac de la Ville par Alaric.

lieu commun des sept âges de la vie humaine qu'une simple comparaison (il le soulignait avec insistance), mais en arrivant au sixième âge, inauguré par la prédication de l'Évangile, il observait : « In ista tamen aetate tanquam in senectute veteris hominis, homo novus nascitur, qui jam spiritualiter vivit ». Arrivant au septième âge, c'est-à-dire au septième jour « qui vesperam non habet », il émettait seulement le vœu, en faisant allusion à la parole de Jésus rapportée par saint Luc, que le Seigneur à son retour ne nous trouve pas sans foi[1]. La doctrine augustinienne du déroulement des temps ne pouvait donc pas plus servir de repoussoir à celle d'Anselme d'Havelberg que de caution à celle de Rupert, d'Arnaud de Bonneval et d'Honorius.

Anselme admire que toujours, au long des siècles, « émergent » du sein de la même Église de nouvelles formes de « religion » pour subvenir de mille manières aux nécessités de chaque époque[2]. Sa doctrine est non de progrès, mais de rénovation. Contre les forces du mal, et plus spécialement peut-être contre l'habitude qui endort, abaisse et corrompt, l'Esprit-Saint suscite de grands hommes, des « héros » au sens bergsonien, qui entraînent leurs imitateurs « in altioris religionis arcem ». Ce n'est pas une ascension continue, c'est une perpétuelle remontée, un renouvellement de l'élan primitif[3]. Bien plus, pour mieux autoriser le nouvel essor des chanoines réguliers, Anselme n'hésite pas à recourir à l'argument d'antiquité. Les premiers chrétiens, déclare-t-il, ne menaient pas une vie de moines, comme certains le prétendent ; il en fait presque des chanoines ; il accuse ses contradicteurs de fausser le récit des Actes des Apôtres[4]. Certes, tenant à montrer dans ce débat la même largeur d'esprit que dans son dialogue avec les Grecs, il se réjouit de la contribution que le monachisme est venu ensuite apporter à la « symphonie » de l'Église[5] mais c'est à la condition qu'il ne vienne pas la troubler par ses prétentions indues : il n'est ni plus ancien ni supérieur. *Servi Dei sumus ambo. Ministri sunt ? et ego*[6]. Le passage à l'état monastique n'est pas une promotion : la règle antique veut au contraire qu'on n'accueille dans les monastères que les clercs qui ont démérité[7]. Enfin, l'idéal suprême n'est-il pas réalisé dans le Christ, qui unit en lui vie active et

---

1. *De Genesi contra Manichaeos*, l. 1, c. 23, n. 35-41. PL, 34, 189-193.

2. *Dialogus*, prologue à Eugène III : « ... unam fidem tenendo, tot tam diversae religionis novitates passim ubique per successiones temporum emergant multiformiter mundo. » 1141-42.

3. Cf. Dempf, op. cit., pp. 241-243.

4. *Ep. apol.* ; c'est là « sacram Scripturam suo sensui emancipare, et non potius divinae Scripturae suum sensum adaptare. » PL, 188, 1119 BC.

5. *Liber de ordine canonicorum*, c. 3 ; 1093 C.

6. Op. cit., c. 3, 1094-95 ; cf. c. 8, 1098-99 : des tracasseries venues des moines, Dieu l'a consolé dans des visions. *Ep. apol.*, 1124 B ; et D : « Dic ergo, si potes, numquid alicubi Deus fidelis promisit monacho, quod nisi fiat monachus, daturum se, negaverit clerico ? »

7. Op. cit., 1125-26. Contre les tentatives de débauchage : *De ord. canonic.*, c. 24-26, 1108-10.

vie contemplative, et qui nous jugera tous sur notre humilité et notre esprit d'amour[1] ? Cet idéal doit être encore dans l'avenir celui de tout le corps dont le Christ est la tête. Rien ne l'exprime mieux que l'union de Pierre et de Jean, telle que l'expose symboliquement le quatrième évangile[2]. — Quoi de plus étranger à ce que seront bientôt les spéculations de Joachim de Flore ?

Chez un Honorius et un Hugues de Saint-Victor, chez un Gerhoh de Reichersberg († 1169), dont l'optimisme est analogue à celui d'Anselme d'Havelberg, — on pourrait ajouter : chez un Richard de Saint-Victor et un Arnaud de Bonneval, — plusieurs ont aussi relevé des traits dans lesquels ils ont discerné un présage du joachimisme[3]. C'est que le douzième siècle était féru de « théologie de l'histoire ». Mais d'eux à Joachim il y a toujours « cette nuance » — et c'est beaucoup plus qu'une nuance — que pour eux « la venue d'un âge spirituel de l'Église demeure une donnée de typologie et ne change pas la forme présente de l'Église »[4]. Il faut même dire plus : cette « venue d'un âge spirituel », ils ne l'attendent pas pour l'avenir : c'est à la Pentecôte que pour l'essentiel ils la situent[5], et quel que soit le nombre des périodes à l'intérieur desquelles, pour des raisons diverses de symbolisme ou de commodité, ils répartissent l'ensemble de l'histoire, jamais ils n'en comptent une dernière qui correspondrait au troisième état conçu par Joachim[6]. Comme les historiens de toute époque, ils aiment simplement mettre en ordre le déroulement des faits et utilisent à cette fin les « coupures chronologiques susceptibles de distinguer divers âges de l'humanité »[7], tels qu'ils les recevaient de leurs devanciers ; mais c'est toujours à l'intérieur du même schéma tripartite inchangé. Ainsi encore chez un Garnier de Rochefort[8], ou chez une Hildegarde de Bingen[9]. Quant à Richard de Saint-Victor, il est de la lignée des « mystiques éperdument dialec-

1. *Ep. apol.*, 1131-1140.

2. *De ord. canonic.*, c. 34-36 ; 1113-17 : « ... Currunt simul in Ecclesia etiam hi duo ordines, monasticus et canonicus, tanquam Joannes et Petrus, ambo dilecti et ambo diligentes Deum, etc. » Et même, selon l'idéal, « currunt in eodem viro... »

3. Tels Herbert Grundmann et Alois Dempf, critiqués par Buonaiuti, AF, introd. (1936), pp. LIII-LVII, qui relève la tendance de Dempf à rendre Joachim tributaire des exégètes germaniques. Ainsi encore, avec modération, Israel PERI dans *Miscellanea Mediaevalia*, t. 11, 1977, pp. 104-112.

4. B. D. DUPUY, O.P., dans Catholicisme, t. 6, col. 886.

5. Ainsi RICHARD, *De missione Spiritus sancti sermo* ; PL, 196, 1017-1032. HONORIUS, *Speculum Ecclesiae*, In Pentecosten ; PL, 172, 963 C. GERHOH, *Libellus de ordine donorum Spiritus sancti* ; Opera inedita, éd. Van den Eynde, t. 1,p. 119. Au contraire, JOACHIM, Psalt, 275 r : « Ne quis in die Pentecostes dicat generaliter esse ista completa... »

6. HUGUES, *Eruditio didascalica*, l. 7, c. 27 ; PL. 176, 838. RICHARD, *In Apoc.* l. 7 ; PL, 196, 858 ; etc. HONORIUS, *Select. psalmorum Expositio* ; PL, 172, 273-274.

7. Jacques PAUL, *Histoire intellectuelle de l'Occident médiéval*, Colin, 1973, p. 226.

8. *Sermo* 19 ; PL, 205, 695-698.

9. *Liber divisionum operum* ; PL, 197, 989 A, 1002-3, etc.

ticiens », comme le rappelait naguère Gaston Salet[1] à la suite de Pierre Rousselot, et l'on imaginerait mal une plus parfaite antithèse qu'entre sa pensée et celle de Joachim. Seul un texte d'Honorius, qui divise l'histoire sainte en dix parties, — cinq avant le Christ et cinq après lui[2], — et qui mentionne un état « sub religiosis », devant précéder immédiatement le dernier état de l'Église « sub Antichristo », pourrait au premier abord faire hésiter. Rétrospectivement, en effet, on pourrait croire que ce « sub religiosis » désigne un âge qu'Honorius plaçait dans l'avenir, âge de l'Esprit et des moines. En fait, il s'agit de l'époque où déjà l'auteur se trouve ; comme l'écrit J. Ratzinger, « il construit son schéma de l'histoire de telle sorte que lui-même, avec son présent, se trouve placé à la fin »[3]. Et ce qu'il tient surtout à montrer, comme Anselme d'Havelberg et d'autres esprits « novateurs » de son temps, c'est que, dans la permanence essentielle de sa structure comme de sa foi, l'Église, selon les circonstances, a souvent changé dans ses coutumes ; c'est que, selon les besoins de chaque époque, l'Esprit-Saint « varie son style »[4]. Le joachimisme ne consiste donc pas précisément à pousser le schéma trinitaire de l'histoire « jusqu'à ses conséquences les plus logiques », ce qui suffirait à comprendre que « l'eschatologie s'en trouve transformée »[5]. En réalité, il possède « une force autonome et organique qu'on pourrait difficilement rattacher à des pensées ou à des modèles antérieurs. Même les théologiens allemands de l'histoire, sur le rôle desquels ont insisté des savants tels que Herbert Grundmann et Aloys Dempf[6], apportent plutôt le témoignage d'une époque ou d'un milieu spirituel que des éléments ou des suggestions ayant pu servir à la vision originale de l'abbé calabrais »[7].

Bref, sans avoir, comme le disait Buonaiuti, « une vision purement statique » de l'Église, et tout en distinguant des étapes à l'intérieur de la loi nouvelle aussi bien que de l'ancienne, les « théologiens de l'histoire » qui précédèrent Joachim de Flore concevaient comme simultanés à toute époque un certain nombre de couples de réalités que Joachim, tout en les emboîtant grâce à un jeu de figures et d'« initiations » prophétiques, étalera dans la durée. Pour eux, Église des imparfaits et Église des parfaits, vie active et vie contemplative, laïcs, clercs et moines, combat spirituel et paix anticipée, ferveur et

---

1. *La Trinité.* SC, 63, introd., p. 25.
2. *Exp. in Cantica* : in paradiso, sub naturali lege, ab Abraham ad Moysen, sub scripta lege, sub statu prophetico ; — sub evangelio, sub martyribus, sub confessoribus, sub religiosis, sub Antichristo.
3. *Die Geschichtstheologie des heiligen Bonaventura*, München und Zürich, 1959, p. 110.
4. *In psalm.* 103 : « ... Saepius mos Ecclesiae mutatus legitur... Et secundum quodque tempus variavit stylum suum Spiritus sanctus... »
5. Cf. Jacques PAUL, op. cit., pp. 226 et 517.
6. Pour Gerhoh, voir aussi H. H. JACOBS, *Studien über Gerhoh von Reichersberg, zur Geistesgeschichte des 12. Jahrhunderts* ; Z. f. Kircheng., 3, 1931, pp. 315-377.
7. MANSELLI, loc. cit., 1976, p. 291. Cf. BLOOMFIELD, pp. 276-282.

retombée spirituelle, aucune étape de l'histoire n'échappait à ces associations ni à ces contrastes. Jérusalem et Babylone, les deux grandes cités symboliques, seraient toujours affrontées. La pérégrination laborieuse de l'Église devait se poursuivre jusqu'au dernier jour dans une lutte incessante, aggravée sur la fin par les assauts de l'Antichrist[1]. Les *cloîtres* eux-mêmes seraient toujours à la fois des *chœurs* de louange et des *camps* retranchés[2]. Telle serait toujours l'ère chrétienne, l'ère du Nouveau Testament, jusqu'à l'entrée dans la « beatitudo aeterna », jusqu'au repos définitif dans le « thalamus gloriae »[3]. Et c'est aujourd'hui même, comme en tout temps, que dans les monastères fervents la communion des frères se réalise dans la foi, que les hommes spirituels se consolent entre eux de leur commun exil en s'entretenant de leur patrie, la Jérusalem d'en-haut, dont ils sont les citoyens[4]. Nos « théologiens de l'histoire » ne peuvent donc passer, en ce qui concerne l'essentiel de ses vues, pour des précurseurs de l'abbé de Flore. Aucun d'eux n'estimait que dans le temps du Christ, au regard des choses à venir les choses passées « hebetantur » et que ce qui jusqu'alors était la lumière devrait être un jour estimé ténèbres[5]. Si donc il n'y a point à écarter a priori des « contacts plus ou moins indirects » avec l'école exégético-historique de son siècle, « entre lui et ses prédécesseurs les différences l'emportent de loin sur les analogies »[6].

Inutile assurément de discuter la vieille et rapide *Histoire de l'Évangile éternel* (1861) de Xavier Rousselot, pour qui les deux victorins Hugues et Richard annonceraient Joachim par leur recours à la foi, leur mysticisme et leur goût de l'allégorie (pp. 43-45). Plus d'un siècle après, M. Henri Lefebvre croit détecter au moyen âge « un courant souterrain, plus profond et plus caché que l'augustinisme, parce que plus hérétique », celui de « l'Évangile éternel », dont la « mise en forme » serait due « très probablement à Abélard autant

1. Cf. Honorius, *In Cant.* : PL, 172, 410-416, 434-435, 439, 445, 451-454.
2. Loc. cit. 464 D : « In claustris sunt veri chori castrorum... et in claustris quasi in castris contra daemones militant ». 466 C : « Statura Ecclesiae est perseverantia certaminis... »
3. Loc. cit., 396-398, 454, etc.
4. Hildebert de Lavardin, *sermo* 116, *ad monachos*. PL, 171, 873-874.
5. Joachim, T : « In respectu futurorum hebetantur praeterita, et quod lux esse dicitur in hoc tempore, respectu priorum, nox est extimandum respectu futuri » ; p. 94 ; cf. pp. 32-35 etc. P. 72 : « Etsi respectu praeteritorum jam nunc patet veritas christianis, respectu tamen futurorum abscondita est pax Ecclesiae Dei... » ; pp. 91-92, 155 et 195. Psalt, f. 265 : « ... In tertio (statu) sola erit Ecclesia quiescentium » ; l. 2, 1, c. 5 et 8 ; f. 8 v et 9 v, etc. Ce qui ne signifie d'ailleurs pas l'abolition totale de l'ordre des « conjugati », mais son passage sous la direction des contemplatifs : ainsi du moins dans LF ; cf. Grundmann, *Neue Forschungen*, p. 121.
6. B, DS, 1186.

qu'à Joachim de Flore » ; selon ce courant, « l'Esprit... s'incarne en bouleversant le monde. L'Esprit est subversif ou n'est pas. Il s'incarne dans les hérétiques, les révoltés, les purs en lutte contre l'impureté. Il apporte avec lui la révolte et la joie... »[1]. Un tel oracle (dérivé de Michelet) ne se discute pas non plus. (L'ennui est seulement que « l'Esprit » de Joachim est exactement à l'inverse de celui d'Abélard et que rien ne convient moins pour caractériser le comportement d'Abélard que l'épithète de « souterrain ».) L'année suivante, M. Georges Duby découvrait une autre source : « l'abbé calabrais, nous apprend-il, emprunte à Suger sa théologie pour méditer sur les concordances » ; seulement, dans certains monastères, « lorsqu'une pensée s'y développe, elle suit un cheminement divagant » : ainsi dans le cas d'Hildegarde, ainsi dans celui de Joachim de Flore ; celui-ci,tout simplement, traite la théologie de Suger « de telle sorte qu'elle dérive en utopie messianique » ; il faut y voir la résistance « d'un univers mental attardé »[2]. L'explication est ingénieuse...

D'autres avaient diagnostiqué dans le joachimisme des traces d'influences cathares, sans doute parce que Manès, tenu pour l'ancêtre des « Albigeois », prétendait être l'incarnation de l'Esprit-Saint. Suivant Renan, les analogies des doctrines cathares avec celles de l'Évangile éternel ne pourraient être méconnues ; elles s'expliqueraient d'ailleurs fort bien par les voyages que Joachim aurait faits en Grèce, « foyer du catharisme »[3]. Cette opinion a été largement répandue par des ouvrages classiques, tels que la traduction de la *Divine Comédie* par Henri Longnon[4]. Elle n'est cependant appuyée sur aucun indice sérieux. Joachim de Flore paraît au contraire très hostile aux Cathares. Les « Patarini haeretici », qu'il traite de « nefandissima secta », ne sont vraisemblablement pas les membres turbulents mais bien intentionnés de l'ancienne *Pataria* milanaise ou florentine, qui, après avoir été encouragée puis condamnée pour ses excès, était alors sur son déclin[5]. Ce seraient plutôt les Cathares[6].

---

1. *Hegel, Marx, Nietzsche et le royaume des ombres*, Casterman, 1975, p. 155. Ce lien d'Abélard et de Joachim est l'héritage d'un de ces lieux communs qui ont longtemps tenu lieu d'histoire chez les auteurs parlant des « temps obscurs » du moyen âge.

2. *Le temps des cathédrales, l'art et la société*, 980-1420, Gallimard, 1976, p. 155.

3. Loc. cit., pp. 221 et 303.

4. Éd. de 1966, Garnier, p. 657 : Joachim, « sur bien des points, s'inspirait de la doctrine des Cathares. »

5. Sur la *Pataria* : G. Penco, *Storia della Chiesa in Italia*, vol. 1, Jaca Book, Milan, 1968, pp. 238-251. C. Violante, *Studi sulla cristianità medioevale*[2], Milan, 1975, pp. 145-246 : I Laici nel movimento patarino. A cette époque, *Patarini* devenait une sorte de nom commun pour désigner les hérétiques.

6. *Frugoni*, éd. de AJ, p. 58. Cf. Chr. Thouzellier, *Hérésie et hérétiques, Vaudois, Cathares, Patarins, Albigeois* ; Storia e letteratura, 116, Rome, 1969 ; R. Morghen, *Problèmes sur l'origine de l'hérésie au moyen âge* ; Rev. hist., 236, 1966, p. 11. Nous n'avons pas pu voir à temps l'étude de M. R. Manselli sur « Gioacchino da Fiore di fronte a catari e valdesi », Studi Medievali, 18, 2, déc. 1977, pp. 1-18.

Il voit en effet leur Église, solidement organisée, se répandre ; il voit leur force s'accroître ; il est même (ou se croit) renseigné sur leur entente diabolique avec les Sarrasins.[1] Or c'est d'eux, de ces « filii tenebrarum », qu'il pense le plus de mal. Ces misérables cherchent à séduire les fidèles, comme Satan fit pour Jésus ; ils ont posé le fondement du mystère d'iniquité ; leur patriarche est cet imposteur que saint Jean, dans l'Apocalypse, montre s'élevant du « puits de l'abîme » pour empester l'univers de sa fumée ténébreuse, et ses descendants actuels sont par excellence les Antichrists[2].

Pour trouver avant Joachim le troisième état de Joachim, M. Eugène Anitchkof avait tenté d'autres voies, explorées à sa suite par M. Carmelo Ottaviano. Le premier avait cru trouver ce troisième état temporel en propres termes dans le « triplex modus » dont parlait au neuvième siècle Jean Scot Érigène en commentant l'évangile de saint Jean. L'Érigène n'avait-il pas indiqué dans le sacerdoce du Nouveau Testament « une sorte d'intermédiaire entre le passé de la Loi et l'avenir de la vie bienheureuse, dans laquelle il n'y aurait plus de symboles, où l'obscurité des figures ferait place au plein jour de la vérité »[3] ? En traitant de la rédemption, ne l'avait-il pas annoncée comme une rédemption *future*[4] ? Mais il suffit de lire les textes pour voir qu'ils ne concernent nullement un avenir terrestre : ils visent la consommation dans l'au-delà. Au reste, notre auteur n'observe-t-il pas lui-même qu'à l'optimisme imperturbable dont Joachim fera preuve s'opposent les tendances pessimistes de Jean Scot ? Quant à C. Ottaviano, il concède que l'abbé de Flore ne va pas jusqu'à professer l'émanatisme panthéistique et progressif qu'il attribue à l'Érigène[5].

Pour ce recours à Jean Scot, MM. Anitchkof et Ottaviano avaient eu au moins un prédécesseur. Dans un petit livre agréable qui conden-

---

1. C, l. 5, c. 115, f. 130 v, etc. Cf. Élie GRIFFE, *Les débuts de l'aventure cathare en Languedoc*, Letouzey et Ané, 1969, pp. 65-67, 75, 114-116. ID., *Le Languedoc cathare de* 1190 *à* 1210, ibid., 1971, pp. 52-63 et 206.

2. Ap, P. 1, f. 88 ; P. 3, f. 130-134. AJ, pp. 57-59. T., p. 157. En 1198 le cistercien Rainier, l'un des premiers disciples de Joachim, est légat d'Innocent III pour les provinces d'Embrun, Aix, Arles, Narbonne, troublées par le catharisme : GRIFFE, *Le Languedoc cathare*, p. 206.

3. *In Joannem* : « Sacerdotium Novi Testamenti medietatem quamdam inter praeteritum legis et futurum beatae vitae obtinet » ; — « in qua nulla symbola, nulla figurarum obscuritas, sed tota apparebit clarissima veritas ». PL, 122, 308. — Même erreur dans Fr. de SESSEVALLE, *Hist. gén. de l'ordre de St François*, t. 1, 1935, p. 67.

4. Totus itaque mundus in Verbo Dei unigenito, incarnato, inhumanato specialiter restitutus est, in fine vero mundi generaliter et universaliter restaurabitur ». PL, 122, 912.

5. Eugène ANITCHKOF, *Joachim de Flore et les milieux courtois*. Collezione meridionale editrice, Rome, 1931, et Droz ; pp. 397-414. Carmelo OTTAVIANO, éd. de l'apocryphe *Joannis abbatis Liber contra Lombardum*. Rome, 1954, introd., p. 61. Encore en 1959, P. ALPHANDÉRY et A. DUPRONT, *La chrétienté et l'idée de croisade*, Albin Michel, t. 2, p. 104 : « La théorie des trois âges est « apparue chez Jean Scot ».

sait un trésor de science à l'usage du grand public[1], Émile Gebhart, venant à citer un chapitre de la *Concordia*, estimait que « Joachim achève, dans ce passage éclatant comme un hymne, la vision historique de saint Augustin et de Scot Érigène », et pour appuyer son dire il renvoyait lui aussi le lecteur à une page du commentaire de Jean Scot sur l'évangile de saint Jean[2]. En fait, cette page expose également une doctrine des plus classiques. Trois « hiérarchies », ou trois « sacerdoces » y sont distingués : le premier est celui de l'ancienne Loi ; le deuxième est celui du Nouveau Testament, qui « partim lucet clarissima veritatis cognitione, partim obscuratur in symbolis », c'est-à-dire dans des sacrements ; le troisième sera célébré dans la vie future, où il n'y aura plus ni symboles ni obscurité de figures, mais où la vérité apparaîtra dans toute sa clarté[3]. Simple variation sur le thème patristique, cher en particulier à saint Ambroise, de la progression *umbra* (Ancien Testament) — *imago* (Nouveau Testament), — *veritas* (in patria) ; simple évocation de la Jérusalem céleste, dont l'Église d'ici-bas, « maison d'obéissance », est déjà l'approche. Aucune trace, aucune ébauche du « troisième âge ». Si Joachim « achève » la vision de l'Érigène, comme aussi bien de toute la tradition chrétienne, c'est en ce sens qu'il la transforme du tout au tout.

En accord avec E. Anitchkof, M. Carmelo Ottaviano pense aussi que sous l'influence de l'idéal médiéval d'amour courtois, Joachim de Flore attendait pour le troisième âge une spiritualisation complète de l'homme, corps et âme. Il croit le prouver directement par les textes : « Nel terzo stato, esclama Gioacchino, ' non solum animal... verum corpora nostra spiritualia erunt '... ». Mais le « nel terzo stato » n'est pas de Joachim ; ce passage, comme d'autres analogues qu'il cite à la suite, traite sans doute possible non pas du « troisième état », mais du « saeculum futurum, quod erit post resurrectionem »[4]. Nos deux auteurs ne sont pas beaucoup plus heureux lorsqu'ils se tournent du côté de l'ordre basilien, qui possédait des monastères dans l'Italie du Sud. Là encore, ils avaient eu un illustre prédécesseur. Dans sa *Vie de saint François d'Assise*, Paul Sabatier avait affirmé hardiment : « Placé aux confins de l'Italie et comme au seuil de la Grèce, Joachim de Flore forme le dernier anneau d'une suite de moines prophètes, qui se succèdent depuis près de quatre cents ans dans les laures et les ermitages du sud de la

---

1. *L'Italie mystique, hist. de la renaissance religieuse au moyen-âge*, 1899, pp. 60 et 75. Un certain nombre de ses pages anticipent par leur ton les meilleures de Mgr DUCHESNE dans son *Hist. ancienne de l'Église*.

2. C, l. 5, c. 84 ; f. 112. JEAN SCOT, *In ev. Jo.* ; PL, 122, 308A-309A.

3. « Jerusalem quippe visio pacis interpretatur ; quae caelestem civitatem significat, ad quam adhuc humana natura non pervenit omnino, quod post generalem omnium resurrectionem futurum esse credimus... Adhuc tamen non longe a caelesti patria distat, dum adhuc in carne moratur in domo obedientiae, etc. »

4. Ap, introd., c. 5 ; fol. 6 r. Cf. p. 1, fol. 31 r ; p. 6, fol. 215 v. OTTAVIANO, pp. 13 et 56.

Péninsule. Le plus fameux avait été saint Nil, sorte de Jean-Baptiste farouche...[1] » Plus hardiment encore, M. Carmelo Ottaviano affirme que Joachim a reçu « indubbiamente » son « néognosticisme » d'Origène, par l'intermédiaire de ces Basiliens[2] : plutôt que cet adverbe intimidant, quelques explications sur chacun de ces trois points auraient été les bienvenues. E. Anitchkof avait voulu préciser. L'idée du troisième règne ne serait-elle pas venue à Joachim de saint Vital, dont on lit dans sa biographie que « praecepta Dei, quae sunt ante legem, et in lege, et in gratia demonstrabat »[3] ? Ce « in gratia » ne signifiait-il pas la loi du Saint-Esprit, destinée à remplacer les Évangiles ? Ici encore, la méprise éclate, — toujours la même, — sans qu'il y ait lieu d'insister[4]. Quant à saint Nil le Jeune, qui, au dixième siècle, avait interprété symboliquement l'Écriture et déclaré que le moine n'était plus un homme mais plutôt un ange (à moins qu'il ne fût un démon), ce sont là de bien maigres titres pour lui faire patronner la doctrine de l'abbé de Flore[5] !

La filiation origénienne, sur laquelle Bloomfield s'était montré prudent, a trouvé un nouveau promoteur dans Ernst Bloch, grâce à l'une de ces vastes fresques « historiques » dont sa fantaisie est coutumière. Les fondations du rêve joachimite devaient évidemment remonter, selon Bloch, à Origène, puisque celui-ci était l'inventeur « de la triple interprétation possible des documents chrétiens ». Mais plutôt que par le vieux monachisme grec, c'est par les nouvelles formes du spiritualisme occidental que l'ermite calabrais aurait reçu en héritage le précieux « Évangile éternel ». En effet, les Victorins venaient de construire « un roman mystique, selon des stades et des signes », qui constituait « une véritable histoire du Salut ». « Or il est probable que Joachim de Flore a connu les Victorins, et il est parti d'eux autant que d'Origène, mais il a de façon grandiose abandonné le caractère de simple intériorité » qu'avait conservé depuis près de dix siècles la doctrine[6].

1. Éd. définitive. Fischbacher, 1931, pp. 61-62.

2. Loc. cit., p. 61 ; cf. p. 63.

3. *Vita Sancti Vitalis abbatis ordinis S. Basilii*, c. 3, n. 15. AS, mars, t. 2, pp. 30-31 (9 mars). Cf. ANITCHKOF, pp. 35-36, 72, 151. Des éléments d'inspiration manichéenne auraient aussi été transmis à Joachim par les Basiliens d'Italie...

4. L'auteur ne méprise pas les traductions larges. Citant C, f. 51 : « Multitudo christianorum, quae principio Ecclesiae pro majori quantitate bonorum dici poterat Jerusalem, jam nunc pro infinita numerositate malorum dicenda est potius Babylon », il traduit : « Il ne faut pas s'étonner si jadis la multitude des chrétiens pouvait nommer l'Église la Jérusalem nouvelle, tandis que de nos jours elle mérite le nom de Babylone... » ; p. 204.

5. Pour compléter ces exemples, cf. EM, t. 3, pp. 484-504. ALPHANDÉRY et DUPRONT, op. cit., p. 108, affirment imprudemment : « Plus qu'à moitié grec, on le sait, il s'inscrit naturellement dans la tradition des moines basiliens de la Grande Grèce. » C'était l'avis de RENAN, pp. 221 et 302-303, qui se fondait en outre sur plusieurs voyages légendaires.

6. Ernst BLOCH, *Héritage de ce temps*, trad. Jean Lacoste, Payot, 1978, p. 123. C'est reconnaître que sa propre doctrine est tout autre.

Revenons aux moines basiliens. Il se peut, certes, que sur un point ou l'autre Joachim ait subi leur influence. Avant d'être moine, il a sans doute séjourné quelque temps, sur les flancs de l'Etna, dans un ermitage proche d'un couvent grec. Néanmoins, une meilleure connaissance tant de ses écrits que de l'histoire générale est plutôt propre à décourager toute recherche en ce sens. L'Italie méridionale n'était pas alors imprégnée de byzantinisme au point qu'on l'a cru parfois. Sur la fin du douzième siècle, ce n'était pas Byzance qui régnait sur la contrée : c'étaient les Normands de Sicile, en compétition avec l'empire romano-germanique et les seigneurs locaux. C'est du roi Tancrède, à Palerme, puis de l'empereur Henri VI que le fondateur de Flore obtiendra ses premiers diplômes, en 1194, avant l'approbation de Célestin III. Si des monastères basiliens se trouvaient encore en Calabre, l'influence prépondérante y était celle de Cîteaux. Joachim se plaint de la puissance tyrannique exercée naguère par Byzance sur le territoire italien[1]. Son propre monastère fut en lutte avec un couvent basilien des environs. Qu'il ait fait dans sa jeunesse un voyage en Orient, visité la Terre Sainte et passé par Constantinople, la chose est au moins probable, mais ne nous donne aucune indication sur les « sources » de sa pensée. Il reconnaît que les Grecs sont les aînés des Latins dans la foi et dans la vie spirituelle[3], mais c'est pour déclarer aussitôt que le peuple latin, « quoique plus jeune par sa vocation, a supplanté de bonne heure le peuple grec par la dignité d'une plus grande grâce[1]. S'il admire en général les premiers Pères grecs, il estime que l'étoile qui leur était apparue les a bientôt quittés pour éclairer « la place occidentale », où elle a brillé sur les Ambroise, les Hilaire, les Jérôme, et, plus que sur tout autre, sur le grand Augustin, dont il apprécie fort, en particulier, la *Cité de Dieu*. Vinrent ensuite les deux maîtres spirituels : « le vénérable Benoît », « père et guide des novices », et « le saint pape Grégoire, qui plus haut que tous a gravi les sentiers escarpés des allégories et parcouru les régions les moins accessibles du ciel »[4]. C'est donc dans l'Église latine que l'Esprit-Saint, qui depuis longtemps s'est retiré des Grecs, opère avec force et entretient la ferveur[5].

Mus par la jalousie, les Grecs — ou du moins la plupart d'entre eux — ont eu le tort de se séparer « per multa schismata », comme jadis les tribus d'Israël s'étaient séparées du royaume de Juda. Ils ont abandonné la maison de David, l'unique cité sainte, Jérusalem,

---

1. C, l. 5, c. 57 ; f. 89 r. Cf. l. 4, c. 7 ; f. 47 v.
2. Cf. L. 2, tr. 2, c. 4, f. 20 v : « populus Graecorum, qui electus est ad imaginem Spiritus sancti ».
3. T. p. 179 : « Latinus autem (populus), cum esset aetate junior, dignitate tamen majoris gratiae zelatus est graeco. » Il lui fut préféré bientôt (mox) : p. 178.
4. T, pp. 73 et 182-183. AP, P. 3, f. 130 r. C, l. 3, 1, c. 7, f. 28. Psalt, f. 240, 242, 247, 251, 255, etc. Sur Benoit : C, l. 4, c. 8, f. 84 r, etc.
5. C, l. 4, f. 43 ss. T, p. 159 : « fervor spiritalis gratiae, qui recessit a Graecis inventus est apud Latinos » ; pp. 202 et 222.

« à laquelle est dû par tous honneur et sujétion filiale ». Cette rupture les a stérilisés : ayant rejeté la grâce divine, ils sont tombés dans l'erreur[1]. Dans un passage de la *Concordia*, Joachim pousse même son idée jusqu'au paradoxe : la nation des Grecs, écrit-il, s'est déjà divisée « a vulva » ; dans sa plus grande partie, elle a erré « ab utero »[2]. Et sa sévérité va jusqu'à lui faire déclarer que « l'ordre érémitique ne peut pas ne pas exercer son zèle contre les erreurs et les impuretés de ceux qui ont forniqué en se séparant de Dieu, et principalement des Grecs »[3].

Outre leur conduite à l'égard des Latins et des « hommes spirituels »[4], Joachim leur reproche particulièrement trois choses. D'abord, en refusant de s'ouvrir à l'intelligence spirituelle de l'Évangile, les Grecs perdent toute connaissance de la Force de Dieu, ils éteignent en eux l'Esprit, et c'est là ce qui les rend incapables de comprendre le célibat des prêtres[5]. Ensuite, ne comprenant pas plus la vraie doctrine de la Trinité que le mystère de l'histoire, ils nient que l'Esprit-Saint, qui procède du Père, procède aussi du Fils, — quoique, à vrai dire, « principalement du Père »[6]. Enfin, ils se soustraient à l'obédience du pasteur et pontife universel, successeur de Pierre qui a reçu la promesse du Christ ; leurs grands hiérarques se sont séparés de l'Église romaine, qui est « la reine, la mère et la maîtresse de tous », « qui est le lieu de la prière et le temple solide du Dieu vivant » ; ils rejettent sa discipline et refusent d'entrendre les paroles de vérité qui en émanent. Aussi ne faut-il pas s'étonner si les disciples spirituels du Christ ont été souvent enflammés de zèle contre eux[7]. — Cependant, « leur perversité » ne peut rien changer à ce que le Seigneur lui-même a établi. Le « Tu es Petrus... » demeure, Pierre est l'« ostiarius paradisi »[8]. Jusqu'à présent, le vicaire du Christ patiente, il ne prononce pas contre eux l'excommunication qui les perdrait, il veut toujours espérer leur

1. Ap. P. 3, f. 142-145. C, l. 3, tr. 2, c. 3-4, f. 39-40. C, p. 278 : « Sicut tunc decem tribus scissae sunt a domo David..., ita nunc ecclesiae Graecorum scissae sunt a capitulo Petri » ; p. 138 : « Accensi zelo invidiae, ejecerunt gratiam Dei » ; p. 283 : « Plurimi Graecorum substrahunt se a Latinis, nolentes eis communicare in doctrina » (il ajoute cependant : « nisi in gravi necessitate ») ; p. 304, etc.

2. C, l. 5, c. 47, f. 89 r.

3. AP, P. 5, f. 185 v : « Heremeticus ordo non potuit non zelasse contra errores et immunditias eorum qui fornicati sunt a Deo, et maxime Graecorum. »

4. C, l. 5, c. 47 ; f. 89 r.

5. T, p. 280 ; p. 58 : « (Dicit) Apostolus sacerdotem esse debere unius uxoris virum, cujus verbo velut adhuc incircumcisi adhaerentes Graeci, omnes pene sacerdotes suos constituunt uxoratos » ; cf. 139.

6. T, pp. 21-24, 301-302. Ap, P. 3, f. 142-145, Psalt, f. 236-237.

7. C, l. 4, c. 5, f. 46 r. Ap, f. 104 r et 142 : « Clerus Graecorum... nolens coarctari et constringi sub disciplina universalis episcopi et pastoris... » ; « ... Civitas sancta Romana Ecclesia, quae firmiter tenet et praedicat veram fidem, non sicut Ecclesia Graecorum, quae negat Spiritum sanctum procedere a Filio Dei ». T, p. 138-139 : « ... nolentes audire verba veritatis ab eis qui Romanam Ecclesiam caeteris ecclesiis praeferendam gratia, ob promissum donum Petro, etc. » ; cf. p. 304.

8. Ap, P. 3, f. 142 v. C, l. 5, c. 92, f. 121 r.

retour à l'unité du troupeau[1]. Peut-être l'Église de Constantinople, qui occupe une situation médiane entre l'Orient et l'Occident et qui est par rapport à l'Église romaine ce qu'était la Samarie par rapport au royaume de David, comprendra-t-elle un jour le rôle médiateur qui lui revient[2]. Peut-être n'est-ce d'ailleurs pas sans un dessein mystérieux que les Grecs ont été séparés des Latins, comme il advint aux tribus d'Israël. Quoi qu'il en soit, l'heure viendra, elle est peut-être proche, où des hommes spirituels, suscités de Dieu comme le furent jadis les prophètes qui ont annoncé la venue du Sauveur, ouvriront à tous l'intelligence des mystères. Ce sera en même temps l'heure de la réunion des chrétiens et celle de la « plénitude des Gentils »[3]. Ce sera aussi le prélude au ralliement plus tardif, mais combien désiré, du peuple juif. Lorsque ce peuple, que son incrédulité avait rendu muet comme Zacharie, aura enfin reconnu la vérité des mystères du Christ, il chantera comme lui le *Benedictus*. S'étant ouvert à « l'intelligence allégorique », il aura compris que la terre promise et donnée à ses pères n'était pas « cette aride province de Canaan, mais l'Église universelle des chrétiens... »[4]. Parfois même l'impatience prophétique fait pressentir une fois de plus à Joachim une conversion plus proche ; le temps de la miséricorde et de la consolation pour tous se profile à son horizon. Toujours en tout cas, dans sa pensée œcuménique, étroitement liée à son schéma des trois états, il englobe en dernier lieu les Juifs. Il leur réserve même une place éminente. Pour le présent, sans doute, il leur reproche à maintes reprises leur « perfidia » obstinée et leur esprit de contention qui force à se mettre en garde contre eux ; mais il dit aussi son espérance que l'Esprit-Saint les tirera de leurs ténèbres pour les amener à son admirable lumière ; il sent même que le temps approche pour eux de la miséricorde, le temps de leur consolation et de leur conversion : alors ils se rangeront sous le sceptre du Christ[5]. Son philosémitisme de l'avenir a même pu faire penser qu'il était d'ascendance juive. La chose n'est pas invraisemblable, bien que

1. T, p. 139 : « Et tamen patientia ejus, qui tenet locum Christi, patitur eos usque ad praesens, ut non excommunicati generaliter pereant, sed longanimitate expectati, redeant aliquando ad unitatem gregis... »

2. Ap, P. 1, f. 62-63. T, pp. 149, 277-280.

3. Ap, P. 6, f. 212. T, pp. 80-82, 93, 299-300. Cf. C, l. 2, tr. 2, c. 8, f. 23 r : en attendant, que chaque partie de l'Église, comme chaque partie de l'ordre monastique tremble du mal qui est son fait et glorifie Dieu humblement de ce qu'elle opère de bien.

4. AJ, pp. 86, 92, 99-100, etc. T, pp. 19, 109, 116, 140, 300. C, l. 5, c. 117, f. 131-133.

5. Ap. Introd., c. 5, f. 6 r ; P. 3, f. 142 r. AJ, p. 3 : « Mihi autem non modo propter istud eorum contentioni et perfidiae obviare pro viribus voti est, verum etiam quia adesse sentio tempus miserendi eis, tempus consolationis et conversionis eorum... ». T, pp. 80 et 140. C, l. 4, c. 26, f. 54 v. Le mot *perfidi* est pris au sens théologique ; T, p. 324 : « qui unde debuerunt proficere in spiritali doctrina, inde naufragaverunt circa fidem » ; cf. pp. 19, 71, 322. Cf. MANSELLI, *La polémique contre les Juifs dans la polémique antihérétique*, Fanjeaux, 12, pp. 251-267.

le témoignage le plus net en ce sens soit une assertion de Geoffroy d'Auxerre, auteur lui-même d'un commentaire de l'Apocalypse et farouche adversaire de notre calabrais[1].

Ce n'est pas ici le lieu d'exposer en détail l'attitude de Joachim de Flore à l'égard des chrétiens d'Orient, pas plus qu'à l'égard des Juifs. Fondé sur un symbolisme biblique et géographique d'une extrême ingéniosité, son jugement est, sinon toujours énigmatique, du moins ambivalent et complexe. Il est étroitement lié dans son esprit à sa théorie fondamentale des trois étapes de l'histoire du salut. Ferme sur le principe de l'autorité de Pierre, Joachim n'en persiste pas moins à croire que Dieu a voulu l'existence d'une « double Église », comme il a voulu deux « ordres », dont le premier devait souffrir avec Pierre, tandis que le second devait être conservé, avec Jean, pour prêcher sur le tard l'Évangile du Règne, une fois à peu près éteint l'ordre signifié par Pierre. Il persiste à voir l'Église contemplative, dont l'origine est orientale, symbolisée par l'Apôtre Jean et même par la Vierge Marie[2]. Il va jusqu'à prévoir qu'une fois consommé tout ce qui doit l'être au sein de l'Église latine, la ferveur spirituelle allumée par l'Esprit-Saint retournera au lieu d'où elle tient son origine[3]. Mais cette Église originelle n'est pas à confondre avec l'Église grecque ; celle-ci n'a pour symbole ni Jean, ni la Vierge Marie, mais André, que l'Évangile montre effacé par Pierre[4]. En tout cas, pour l'instant, les Grecs sont des « rebelles », et dans le dernier de ses écrits, resté inachevé, Joachim de Flore est plus sévère pour eux que jamais[5].

Le seul antécédent un peu précis que l'on puisse être tenté d'assigner à l'innovation de Joachim est beaucoup plus ancien que tous ceux que l'on vient de voir. C'est celui du mouvement montaniste, qui avait trouvé dans Tertullien, en même temps que son apologie, son expression la plus nettement frappée. Encore convient-il d'observer que le contexte spirituel est de part et d'autre tout à fait différent. Selon ses disciples, on le sait, Montan prétendait être lui-même l'organe du Paraclet ; il ouvrait lui-même l'ère nouvelle, l'âge annoncé non seulement par saint Jean mais aussi par saint Paul, qui avait dit : « Lorsque viendra la perfection, alors ce qui est imparfait sera aboli » ; texte qui sera l'un des préférés de Joachim. D'où une anar-

1. B. Hirsch-Reich, *Joachim und das Judentum*, dans *Judentum im Mittelalter*, éd. P. Wilpert, Berlin, 1966, pp. 228-263. Bloomfield, pp. 272-287. Buonaiuti, T, p. 116, note. Mottu, pp. 164-165. B, 1181.

2. T, pp. 32-33. In Ap, f. 142.

3. Op. cit., p. 98 : « ... Et cum omnia erunt consumata quae erunt consumanda in Ecclesia latina, revertetur iterum ad eam Ecclesiam, unde sumpsit originem ».

4. T, pp. 178-179.

5. T, p. 12 : « Si populus Graecorum non subtraxisset se ab opere pietatis, etc. »

chie spirituelle, dans un débordement de visions et d'extases[1]. Tertullien avait justifié l'explosion, tout en voilant son caractère frénétique, dans des formules lapidaires. Il ne s'était pas contenté de traiter ses adversaires de « psychiques » et d'opposer l'« ecclesia spiritus per spiritalem hominem » à l'« ecclesia numerus episcoporum »[2] ; il avait mis en théorie le passage de l'une à l'autre. Peut-être y était-il déjà porté par sa doctrine trinitaire, dans laquelle le terme de *persona* restait encore lié à l'« économie »[3]. Ce qui est certain, c'est qu'il avait utilisé le thème antique des âges du genre humain (ou des périodes du cosmos) correspondant aux âges de l'individu : « rudimenta - infantia - juventus - maturitas », mais en négligeant le cinquième, celui de la vieillesse et de la décrépitude. Évoquant les étapes de la croissance d'un arbre, il avait donc écrit, dans le *De virginibus velandis* :

> Rien ne vaut qu'à son âge, chaque chose attend son temps... Vois comment la créature elle-même parvient à porter son fruit... Il en va de même de la justice, car la justice et la création ont le même Dieu. Elle s'appuyait dans ses débuts (*rudimenta*) sur la crainte naturelle de Dieu ; ensuite, par la Loi et les prophètes, elle avança vers l'enfance (*infantia*) ; ensuite, par l'Évangile, elle entra dans la ferveur de la jeunesse (*iuventus*) ; maintenant, par le Paraclet, elle se dispose à la maturité (*maturitas*)[4].

Et dans le *De monogamia*, cependant antérieur : « Si le Christ a supprimé ce que Moïse avait prescrit..., pourquoi le Paraclet n'abolirait-il pas ce que Paul avait encore concédé[5] ? »

« Basilien de mœurs et de croyance, explique Anitchkof, Joachim va transformer le montanisme traditionnel en une vraie philosophie de l'histoire[6]. » C'est là former une chaîne imaginaire, et d'autant plus que les montanistes voulaient sans doute autoriser par l'effusion de l'Esprit un affranchissement d'ordre individuel plutôt qu'annoncer une nouvelle période historique[7]. Même les formules les plus tranchantes de Tertullien sont atténuées par leur contexte. Il paraît bien,

1. EUSÈBE, *Hist. eccl.* l. 5, c. 16. Didyme, Épiphane, etc. Textes dans P. de LABRIOLLE, *Sources de l'hist. du montanisme*, Fribourg, 1913. Résumé dans J. DANIÉLOU et H.-I. MARROU, *Nouv. hist. de l'Église*, Seuil, t. 1, pp. 135-154.
2. *Adv. Praxeam*, c. 1, 6-7. *De Pudicitia*, c. 21, 16-17.
3. Cf. DANIÉLOU, *Origines*, pp. 293-294. « Tertullien ne peut pas ne pas appartenir à un monde théologique où la génération du Fils reste de toute manière en relation avec la création du monde, etc. »
4. *De virg. vel.* c. 1, 8-10. Cf. D, *Origines*, pp. 184-185.
5. « Si enim Christus abstulit quod Moyses precepit..., cur non et Paraclitus abstulerit quod Paulus indulsit ? » C. 4, 3. Cf. *De exhort. castit.*, 4. *De jejuniis*, 12.
6. Op. cit., pp. 168-169.
7. Cf. BLOOMFIELD, p. 275 : « It was oriented individually and morally, rather than socially and historically. »

en décrivant les quatre âges de la « justice », mettre une césure aussi forte entre l'Évangile et l'âge du Paraclet, qu'entre la Loi et l'Évangile ; mais aussitôt après nous le voyons conclure, plus modestement : « Hic (Paraclitus) erit solus a Christo magister et dicendus et verendus ; non enim ab se loquitur, sed quae mandantur a Christo » ; et plus haut il avait dit, à peu près à la manière de ce que devait dire Anselme d'Havelberg : « Regula quidem fidei una omnino est, sola immobilis et irreformabilis... Hac lege fidei manente, caetera jam disciplinae et conversationis admittunt novitatem correctionis »[1]. De telles explications ne permettent guère de voir en Tertullien un véritable précurseur de Joachim de Flore dans la proclamation d'une ère de l'Esprit.

Sans qu'il soit davantage question de filiation, on verrait plutôt revivre quelque chose du montanisme, — quoique avec des conséquences morales bien diverses et souvent opposées, — au commencement du treizième siècle, chez les disciples d'Amaury de Bène, qu'il est impossible de ne pas évoquer dans une histoire du joachimisme, tant leur histoire s'y trouvera (quoique indûment) mêlée. Voici en effet comment leur doctrine est exposée par Guillaume d'Armorique, dans sa Chronique du règne de Philippe-Auguste : Condamné de son vivant, Amaury avait fini par se rétracter... « Mais après sa mort un certain nombre d'hommes infectés de sa doctrine vénéneuse se mirent, pour répudier le Christ et évacuer les sacrements du Nouveau Testament, à fabriquer des erreurs nouvelles et inouïes et des inventions diaboliques. Entre autres erreurs, ils s'efforçaient impudemment de prouver que la puissance du Père a duré tant que la loi mosaïque fut en vigueur ; puisqu'il est écrit : « les choses nouvelles survenant, que les anciennes soient rejetées », après la venue du Christ tous les sacrements de l'Ancien Testament disparurent et la nouvelle loi fut en vigueur jusqu'à ce temps. Ils ajoutaient qu'en ce temps les sacrements du Nouveau Testament prenaient fin, et que le temps du Saint-Esprit avait commencé : dorénavant confession, baptême, eucharistie, et les autres choses sans lesquelles le salut n'est pas possible, n'avaient plus de raison d'être, mais chacun pouvait être sauvé par la seule grâce interne de l'Esprit-Saint, sans acte extérieur quelconque[2]. »

Amaury lui-même, universitaire parisien, semble avoir été surtout féru de dialectique. Rien ne montre qu'il ait eu un rapport quelconque avec Joachim de Flore ou même qu'il ait connu quelque chose de sa doctrine. Dans quelle mesure la secte, d'abord enveloppée de secret, formée après sa mort par un groupe de ses disciples, se rattache-t-elle

1. *De virg. vel.*, 1, n. 4, 5 et 11.

2. *Gesta Philippi Augusti Francorum regis, auctore Guillelmo Armorico*, ipsius regis capellano. *Recueil des historiens des Gaules et de la France*, t. 17, nouv. éd. sous la dir. de L. Delisle, 1878, p. 85. Dans le même volume, p. 596, trad. française ancienne : Les gestes de Philippe-Auguste, etc., c. 3, n. 1.

à son enseignement ? On ne saurait le dire. Dans les chroniques de l'époque, on voit les récits concernant ces Amalriciens et leurs sources se grossir ou se déformer peu à peu. (Saint Thomas n'en parlera qu'avec prudence[1].) Ce qui paraît certain, c'est qu'ils professaient un panthéisme anticlérical et libertaire, analogue à celui de plusieurs mouvements « spirituels » du douzième siècle, en le fondant sur le « Deus omnia in omnibus » de saint Paul[2]. Condamnés en 1210 à Paris par l'archevêque de Sens, ils le furent encore en 1215 par le quatrième concile du Latran (condamnation curieusement apposée, mais sans indication d'aucun lien, à celle de la doctrine trinitaire de Joachim). Le fait que la théorie des trois âges se soit trouvée très vite amalgamée à cette « hérésie impie et très perverse », comme on le voit à travers la chronique de Guillaume d'Armorique et le traité de Césaire de Heisterbach, paraît attester seulement la rapidité avec laquelle le joachimisme s'était diffusé[3]. Cependant, malgré certains mélanges, la postérité des Amalriciens sera tout autre que celle de Joachim de Flore. On la retrouvera plutôt — sans que, là non plus, des liens de filiation historique puissent être établis — dans les diverses variétés des « Frères du libre Esprit » ; les premiers dont nous trouvions mention se dénommaient précisément « Frères du Nouvel Esprit ». Pour eux, le Père aurait été incarné dans Abraham et sa lignée, le Fils dans le Christ et les chrétiens, et l'Esprit le serait dans les Spirituels ; ce qui précise en un sens plus inquiétant la formule d'allure joachimite que retenait contre eux en 1210 le concile de Paris : « ... Item Filius usque nunc operatus est, sed Spiritus sanctus ex hoc nunc usque ad mundi consummationem inchoat operari »[4].

Si le montanisme est donc à écarter comme source authentique de la théologie de l'histoire élaborée par Joachim, on ne peut davantage retenir les noms, qui ont été avancés, d'Hippolyte ou de Grégoire de Naziance ; comme l'observe Bloomfield[5], ces auteurs ne parlent d'une révélation progressive (notionnelle) de l'Esprit-Saint qu'à l'intérieur du Nouveau Testament, sans aucun dépassement de

1. Alii autem dixerunt Deum esse principium formale omnium rerum, et haec dicitur fuisse opinio Amalricianorum ». *Prima*, q. 3, a. 8.

2. Cf. la Chronique de MARTINUS POLONUS, O.P., l. 4, p. 393 : « ... Sic dixit esse unum et omnia esse Deum. Dixit etiam Deum esse essentiam omnium creaturarum et esse omnium ». Cité par ANITCHKOF, op. cit., p. 276 ; etc. H. DELACROIX, *Essai sur le mysticisme spéculatif en Allemagne du XIVe siècle*, Alcan, 1900, pp. 1 à 75. G. C. CAPELLE, *Autour du décret de* 1210, 3 : *Amaury de Bène, étude sur son panthéisme formel* ; Bibl. thomiste, t. 16, 1952. M. Th. D'ALVERNY, *Un fragment du procès des Amauriciens*, dans AHDL, 1951, pp. 325-336. L'amalricien Bernard se croyait, racontait-on, incombustible, sa partie d'être étant Dieu : G. THÉRY, *David de Dinant*, 1925, p. 47.

3. C'est ainsi que dès le début du XIIIe siècle il était connu en Angleterre.

4. Sur ces « novae haereses de novo spiritu » : DÖLLINGER, *Beiträge*..., t. 2, *Dokumente*, München, 1890, pp. 389-402 et 416-417. DELACROIX, op. cit., pp. 53 à 75 ; cf. pp. 42-43. V. aussi Cl. BEAUMKER, *Beiträge z. Gesch. der Philos. des Mittelalters*, t. 24, Munster, 1926.

5. Loc. cit., pp. 284-285. Cf. HIPPOLYTE, *Contre Noët*, 14 ; PG, 10, 821-2.

la révélation du Christ ; encore l'essentiel de ce progrès se limite-t-il, pour Grégoire, à l'ère apostolique[1]. D'autre part cette révélation progressive de l'Esprit-Saint comme personne n'intéresse pas Joachim. A plus forte raison ne s'arrêtera-t-on pas au nom d'Origène, qui mentionne « l'Évangile éternel » de l'Apocalypse en son acception la plus traditionnelle, et dont Joachim dit comme nombre de ses devanciers, d'un mot qui s'appliquerait mieux à lui-même, que pour avoir entrepris immodérément d'enseigner « selon l'esprit » le peuple chrétien, « defecit in via »[2].

1. Cf. LUNEAU, op. cit., pp. 155-159. M. JOURJON, dans GR. de NAZIANZE, *Discours* 27-31, éd. P. Gallay, SC, 250, 1979, pp. 55-56.
2. T, p. 73. Cf. EM, t. 4, pp. 488-494.

II

La « concorde » et le « troisième état »

Laissant donc de côté des « sources incertaines ou controuvées » ainsi que des assimilations forcées, retenons ici que la racine *logique* — nous ne disons pas l'occasion historique ou l'origine psychologique[1] — de la théorie des trois âges est à placer, chez Joachim, dans son premier principe d'exégèse, à savoir, dans son idée d'une « concorde » pour ainsi dire lettre à lettre entre les deux Testaments. Il pouvait, certes, en trouver plus d'une illustration dans la pratique exégétique antérieure, mais il fut le premier à la systématiser d'une manière originale, c'est-à-dire qu'il le fit à l'encontre de la doctrine de l'intelligence spirituelle qui régnait dans l'Église depuis douze siècles. On peut donc parler dans son cas de la substitution d'une doctrine à une autre. Il entreprend une œuvre qui sera tout entière dans sa base et en grande partie dans ses développements une « assignatio concordiae duorum testamentorum »[2]. Or c'est là, dans son esprit, chose tout-à-fait différente de ce qu'on appelait depuis toujours la concorde ou l'harmonie des deux Testaments. Lui-même s'en explique fort bien, dès le seuil de ses deux premiers grands ouvrages : dans la préface de la *Concordia*, qui — plus encore que la brève Épître qui la précède dans les éditions de Venise, dite *Epistola synodalis*, adressée à tous ceux qui auront lu la lettre de Clément III à l'auteur — peut être considérée comme son « testament spirituel »[3], ainsi que dans le *Liber introductorius* au commentaire de l'Apocalypse. Il dit encore, au livre deuxième de la *Concordia* : « Quia sunt nonnulli qui hoc ipsum putant esse concordiam quod spiritualem intellectum, qui proprie dicitur allegoria, primo necesse est ut ostendamus quid distet inter concordiam et allegoriam[4] ». Il l'explique avec insistance :

---

1. Sur celle-ci, cf. Joseph RATZINGER, *Le Dieu de Jésus-Christ*, trad. Y. et M. N. de Torcy, coll. Communio, Fayard, 1977, pp. 111-115. Le ch. 3 de ce petit livre contient un bon résumé de la doctrine de Joachim.

2. Ap, introd., c. 6 (f. 6-9), et toute la *Concordia*. Ce sont les deux premiers grands ouvrages de Joachim. Bonne explication du procédé dans SIXTE DE SIENNE, *Bibliotheca sacra*, l. 4 ; t. 1, Lyon, 1575, p. 276.

3. Cf. B, DS, 1183. On se rappellera que « seule la *Concordia* était achevée et soumise à l'examen de Rome lorsque Joachim écrivit en 1200 son *Epistola prologalis* » et que s'il n'y mentionne pas le *Tractatus*, c'est sans doute que cet ouvrage, interrompu par sa mort, était alors peu avancé. *Ibid.* — V. supra, introduction.

4. C, l. 2, c. 1, f. 7 r. On ne saurait donc dire, nous semble-t-il, que Joachim introduit sa doctrine « senza alcun fondamento teologico che un uso esasperato e acritico dell' allegorismo, etc. ». Cf. Gianni BAGET-BOZZO, *Modello trinitario e modello cristologico nella teologia della storia : Gioacchino da Fiore e Tommaso d'Aquino*, dans *Renovatio*, 9, 1974, p. 45.

la concorde dont il s'agit pour lui n'est pas un rapport de la lettre ou de l'histoire à l'« allégorie » (« allegoria facti », ou sens spirituel de l'ancienne Alliance) : c'est strictement une « concordia litterae ». Ce qu'il veut, précisait-il dès sa Préface, c'est composer un « opus ex veteribus et novis historiis », et il se faisait fort de montrer ces deux séries d'histoires se correspondant l'une à l'autre comme les roues du char de Yavhé dans Ézéchiel, ou comme les deux chérubins qui se font face au-dessus de l'Arche. A la fin de cette préface, le sommaire indiqué des 2ᵉ, 3ᵉ et 4ᵉ livres n'est pas moins net : génération par génération, c'est une merveilleuse concorde de la première histoire avec la seconde et c'est ainsi que, de l'une et de l'autre « lettre », pourra procéder merveilleusement l'intelligence spirituelle[1].

Une telle correspondance, dite encore « consonantia », ou « similitudo aequae proportionis », n'est pas seulement générale : à chaque personnage répond un personnage, à chaque guerre une guerre, etc Le *Liber figurarum* contient deux tableaux récapitulatifs en partie double, dont l'un donne la concorde des personnes, l'autre la concorde des persécutions[2]. L'ouvrage même de la *Concorde* expose dans le plus grand détail, au prix de subtilités sans nombre[3] (dont Joachim n'avait certes pas en son siècle le monopole), la « concordiarum series » entre les faits de l'histoire d'Israël et ceux de l'histoire de l'Église, plus particulièrement de l'Italie. L'exégèse ainsi comprise n'est donc plus la recherche d'un approfondissement spirituel ayant sa source dans *le Fait du Christ*, fait unique et définitif ; elle est plutôt, nonobstant la profusion de symbolisme dont elle s'accompagne, le déchiffrement minutieux d'une longue énigme. Elle est la lecture d'une histoire « moderne » à travers une histoire ancienne. La concorde qu'elle établit n'est plus du tout cette harmonie qui avait enchanté tant de générations[4]. « Ce n'est plus la correspondance de l'histoire au mystère, de la figure à la réalité, de la lettre à l'esprit ; c'est l'emboîtement tout à la fois de deux lettres, de deux histoires, de deux esprits[5]. » La « concorde » de Joachim, dont on peut dire avec M. Henry Mottu que « dans un certain sens tout le système se trouve déjà constitué *in nuce* » dans son premier ouvrage, fait,

1. C, préface.

2. M. Reeves, et B. Hirsch-Reich, *The Figurae of Joachim of Fiore*, Oxford, **1972.**

3. Jean Rousset, Rev. critique, 96, 1929, p. 34, note que Joachim part de « deux images, en général justes et belles et qui se font pendant », mais chacune amorce « un nouveau développement symbolique » ; d'où « l'artifice et la contorsion nécessités par les besoins de ce discours éperdument symétrique ».

4. Gregorio Penco, op. cit., pp. 327-328. Cf. EM, t. 2, c. 5.

5. B.-D. Dupuy, dans Catholicisme, t. 6, col. 882. EM, t. 3, pp. 438-446.

en dépit de quelques passages où les deux conceptions se mêlent[1], « de son herméneutique une herméneutique nouvelle »[2].

Les écrits néo-testamentaires, observe Joseph Ratzinger, « n'opposent ni ne juxtaposent une nouvelle Écriture à l'ancienne ; mais à l'*unique* Écriture, c'est-à-dire à l'Ancien Testament, ils opposent l'événement qui est Jésus-Christ en tant qu'il est l'Esprit qui explique l'Écriture : conception fondamentale, qui caractérise également la forme des confessions de foi les plus anciennes... La formule ' Jésus est le Christ ' ne signifie en effet rien d'autre que ceci : dans le Jésus historique se réalise pleinement l'annonce du Christ contenue dans l'Ancien Testament ; il est possible et de savoir, à partir de l'Ancien Testament, qui est Jésus, et de voir ce que veut dire cet Ancien Testament à la lumière de l'événement christique. Cette conception apparaît de façon très pénétrante chez Paul : il oppose carrément l'ancienne Alliance et la nouvelle comme *gramma* et *pneuma*, lettre et esprit, et il appelle le Seigneur du nom d'Esprit qui fait comprendre la lettre, ou plutôt qui en est le sens, le contenu vivant (2 Cor. 3, 6-18)[3] ». Avec les inévitables déficiences, de pensée comme de vie, qui sont le lot de tout individu comme de toute époque, à travers les plus profonds bouleversements historiques, cette doctrine essentielle, expression de la réalité même de la foi chrétienne et de son unique objet, s'était jusqu'alors maintenue. Mais voici que l'ermite de Petralata, qui mûrit sa fondation de Flore, semble ne plus voir dans le Nouveau Testament, charte de l'Église actuelle au sein de laquelle il a pris naissance, qu'une seconde lettre, en concorde avec la première[4]. C'est de l'un et de l'autre Testament qu'il nous dit, dans une comparaison musicale : « Sicut flatus in tuba, ita de corde litterae spiritualis progreditur intellectus »[5]. Il en résulte inévitablement qu'on ne peut pas plus que le premier tenir le second pour définitif. S'il ne doit pas être purement et simplement aboli, remplacé par un autre (qui pourrait lui-même être une troisième lettre, et ainsi à l'indéfini), on peut donc croire qu'il sera enfin transformé, grâce à son interprétation spirituelle, en son essence intime jusqu'alors tenue secrète ou superficiellement comprise. Tous les mystères de la foi seront alors « ouverts »[6]. Sortant « du sein de la lettre et de la maison du nouveau testament », la vérité apparaîtra, dans sa pureté mani-

1. Parfois sa concorde ne paraît guère différer du rapport traditionnel de l'histoire à l'esprit ; ainsi lorsque, AJ, p. 99, montrant dans les noces du jeune Tobie le signe de l'union future entre peuple juif et peuple chrétien, il ajoute: « Dabimus autem vobis hoc ipsum ex Novo Testamento, ut percipiatis et vos aliquid de concordia duorum Testamentorum. »

2. P. 45 et pp. 98-123.

3. *Révélation et Tradition*, tr. fr., DDB, 1972, p. 57. Cf. EM, t. 1, chap. 5, pp. 305 à 363.

4. Cf. Mottu, p. 42 : « Il ' judaïse ' le Nouveau Testament plutôt qu'il ne ' christianise ' l'Ancien ».

5. Ap, f. 127 v.

6. C, l. 5, c. 67, f. 96 : « In tertio statu nuda erunt mysteria et aperta fidelibus ».

feste[1]. C'est ce que l'Apôtre avait annoncé en disant : « Quand le parfait sera venu, le partiel sera évacué »[2]. Ce sera le temps de la grande « mutation », comparable à la mutation qui se produisit au temps du Christ. Alors, comme il est dit dans l'évangile de Jean, on verra « le ciel ouvert », c'est-à-dire que la porte des deux testaments s'ouvrira, et que les hommes, qui n'étaient d'abord capables d'en voir que la lettre extérieure, en pénétreront enfin le sens intime[3].

Joachim de Flore est persuadé que ce temps arrive, anticipé déjà par quelques « hommes spirituels »[4]. « Si je l'annonce avec audace, ce n'est pourtant pas sans sagesse, car je dis ce que je sens vraiment »[5]. Après les deux premiers cieux, le ciel de l'Ancien Testament fondé par les Patriarches et celui du Nouveau fondé par les Apôtres, voici poindre l'aube du troisième ciel (déjà levée secrètement dans une lignée de contemplatifs), le ciel de l'intelligence spirituelle. A sa clarté, nous allons quitter enfin « l'Égypte du siècle présent » pour entrer dans « la voie étroite du désert » qui doit nous conduire jusqu'à la Jérusalem spirituelle. Après le temps d'Abraham suivi du temps d'Isaac, voici le temps de Jacob. Après les jours de Saül suivis des jours de David, voici les jours de Salomon. Ou bien encore, après la fécondité laïque signifiée par la descendance d'Abraham, puis l'ordre des clercs symbolisé par Moïse et Aaron, voici l'ère des moines qui s'épanouira sous le signe d'Élie et d'Élisée. Au dur travail des mains, puis à la lecture assidue, ou à la crainte du Dieu d'Israël puis à la réception soumise de la doctrine enseignée par le Christ, va bientôt succéder l'explosion de la joie dans l'intelligence, de la libre jubilation.... Le temps de l'ouverture du sixième sceau est proche[6]. C'est ce que notre exégète s'efforce partout de montrer, multipliant les triades à l'image de la Trinité — « tria tempora ad similitudinem trium Personarum »[7] — et se livrant (le mot est de Buonaiuti) à une véritable « orgie symbolique »[8]. Orgie d'ailleurs lucide, sinon sobre.

---

1. Ibid., c. 73, f. 101 : « Apparebit veritas manifesta procedens de ventre litterae et de domo novi testamenti, etc. »

2. Psalt, f. 275. T, pp. 71-72, etc. Cf. 1 Cor. 13, 9-12. Joachim aime appliquer ce texte à son troisième état. Cependant, voir T, p. 7.

3. T, p. 190 : « Quid est videre caelum apertum (Jo 1, 51), nisi vetus et novum Testamentum, quae animalibus hominibus clausa sunt, amota janua litterae, interius intueri ? »

4. C, l. 2, 1, c. 7, f. 9 r : « Littera veteris Testamenti commissa fuit populo Judaeorum ; littera novi, populo Romano. Spiritualibus autem viris, spiritualis intelligentia, quae ex utraque procedit. »

5. C, l. 5 : « Etsi audacter, non tamen insipienter dico, hoc etenim dico quod veraciter sentio : prope est tempus... » Ce texte sera cité dans le Protocole d'Anagni : Archiv, 1, p. 136.

6. Psalt, f. 253. Ap, f. 102 ss., etc. Cf. T, p. 195 : « Monachorum ordini convenit intellectus (prioris et novi testamenti) ».

7. C, l. 4, c. 2, f. 44.

8. T, p. XLVII : « L'orgia simbolistica di cui s'inebria lo spiritualismo a oltranza di Gioacchino, vuole essere infatti, alla lettera, il rito d'iniziazione a una nuova ' epifania ' della ' buona novella '. »

La « géniale extravagance » de Joachim n'est pas seulement une « imagination déréglée » ; la construction de son « échafaudage » obéit à une sorte de logique[1]. Cette pensée aberrante engendre incessamment pour s'en nourrir des symboles et des « types » qui s'emboîtent, s'entrecroisent et s'harmonisent entre eux, et dont la longue série, dans sa complexité extrême, alliée au jeu des nombres, est toujours clairement ordonnée à sa fin. Ce n'est pas non plus sans intention que Joachim parle au singulier de la multiplicité de l'intelligence spirituelle, car sous toutes ses formes et à travers toutes ses combinaisons elle tend toujours à montrer « quo tendit sanctus Spiritus »[2], et par conséquent à dégager dans la succession des œuvres divines « un certain ordre vivant »[3].

Joachim de Flore se garde de prétendre au titre de prophète[4], que d'autres devaient bientôt lui attribuer, de son vivant même, et que Dante consacrera. L'annonciateur du signe de l'Esprit a pu avoir, tout comme un Descartes, son illumination ; sans doute même en eut-il plusieurs. Lui-même a raconté celle qui lui fut un jour donnée, lorsqu'il arrivait au chœur, plein d'anxiété, pour confirmer sa foi dans le mystère de la Trinité[5]. Il n'est pourtant pas à proprement parler un visionnaire. Il n'est pas non plus, au sens courant du mot, un « mystique ». Il est seulement persuadé d'avoir une fois — « au milieu du silence de la nuit, à l'heure où l'on pense que notre Lion de Juda est ressuscité des morts » — subitement reçu d'en haut, pour scruter les Écritures, un « esprit d'intelligence » qui doit s'exercer au profit des fidèles, spécialement en ce qui concerne les « extrema tempora »[6]. C'est ce qu'il explique avec une certaine solennité dans la préface de sa *Concordia*[7] et ce qu'il précise dans l'entretien qu'il eut, sans doute à Rome avec Adam de Perseigne, en 1195 ou 1196[8]. Guillaume d'Auvergne fera nettement la distinction en disant de lui : « Non erat ei datus spiritus prophetiae, sed spiritus

1. Cf. M.-D. CHENU, préface à H. Mottu, pp. 7 et 8.
2. T, p. 25 : « multiplex spiritalis intellectus, etc. » Il renvoie au l. 2 de Psalt, qui en traite longuement, f. 255 à 267. C, l. 3, 1, c. 11, f. 30 v.
3. T, p. 16 : « Certus autem et aequalis numerus datus est singulis trium aetatum, ut intelligamus esse quemdam viventem ordinem in operibus divinis, per quem possint multa comprehendi in temporibus suis ».
4. Ap, f. 175, etc.
5. Psalt, praefatio ; f. 227.
6. F 1 : « Non a fructu operis ociosum existimo ea quae de temporibus extremis superna mihi indigno dispensatio credidit ad cautelam reserare fidelium ».
7. « Ego Joachim, circa medium, ut opinor, noctis silentium, et hora qua Leo noster de tribu Juda resurrexisse extimatur a mortuis, subito etc. »
8. « Respondit se neque prophetiam, neque conjecturam, neque revelationem de his habere ; sed Deus, inquit, qui olim dedit prophetis spiritum prophetiae, mihi dedit spiritum intelligentiae, etc. ». Propos rapporté par RALPH de COGGESHALL, *Chronicon anglicanum* (Rerum Brit. medii aevi scriptores, t. 69, p. 68).

intelligentiae »[1]. De même Robert d'Auxerre et Adam de Marsh[2]. Toutefois l'opposition ne doit pas être poussée trop loin, puisqu'aux yeux de Joachim lui-même cette « intelligence » de l'Écriture est un don de Dieu. Elle n'est pas le simple fruit d'une investigation scientifique : elle est « cette étoile resplendissante », analogue à celle qui jadis guida les Mages, « sans laquelle ceux qui veulent lire les Écritures tâtonnent dans les ténèbres plutôt qu'ils ne reconnaissent le chemin de la vérité »[3]. Si Joachim a « trouvé la clé de David », s'il est parvenu « jusqu'à la moëlle » de la sagesse cachée dans les Livres saints, c'est qu'il ne s'est pas confié, comme tant d'autres, et comme il l'avait fait d'abord, à ses seules forces naturelles, mais à la grâce du Christ ; il a compris enfin que le seul « exercitium lectionis » ne suffisait pas. Aussi peut-il, après avoir accablé l'audace et la présomption des intellectuels de son temps, toujours ennemie de la piété, dire non sans fierté qu'il n'est lui-même « pas tout à fait privé de l'intelligence venue de l'huile sainte » répandue jadis sur le Fils unique et sur ses apôtres[4]. Par le son nouveau d'une exégèse inspirée (il dit modestement : « novo saltem genere exponendi »), qui lui permet d'entrevoir l'avenir, il espère bien réveiller les esprits engourdis de son temps, pour lesquels une trop longue accoutumance a en quelque sorte avili les avertissements des anciens Pères[5]. Car il ne doute pas un instant d'être l'un de ces « hommes spirituels », comme il y en eut quelques-uns depuis toujours, le dernier sans doute de la série avant la « fructification » de l'ère de l'Esprit et de la liberté :

> A cause de l'autorité du Père et de la naissance du Fils, deux peuples ont été choisis pour entretenir la foi du Dieu unique sous les deux Testaments successifs, ... et à cause de la connaissance du Saint-Esprit, qui procède du Père et du Fils, quelques-uns ont procédé de ces deux peuples, tant sous l'ancien Testament que sous le Nouveau, demeurant attachés à la doctrine d'hommes spirituels en qui s'est trouvée cette perfection dont l'Apôtre dit : Là où est l'Esprit du Seigneur, là est la liberté[6].

1. *De virtutibus. Opera*, 1674, t. 1, p. 152.
2. Cf. EM, t. 3, pp. 485-486.
3. T, p. 69.
4. Psalt, praef. : « Et multi quidem desiderantes sapientiam, dederunt studium lectioni, instíterunt doctrinae, nec tamen ad ipsius medullam pervenire permissi sunt ; quia non sunt arbitrati intrandum esse per gratiam... Non enim invenerunt clavem David... Eram aliquando ipse anxius ad verba Dei, et quaerebam per exercitium lectionis ad veritatis notitiam pervenire ... (Mais après avoir changé de méthode) non omnino eram expers ab intellectu olei sancti... » ; f. 227 r. Cf. f. 229 v : « O humana temeritas ! o inimica semper humanae pietati praesumptio !... » T, p. 282.
5. C, préface ; et encore : « Nec ipsi qui post Patres sorte serotina vocati sumus, aliquid nobis arrogare valemus... »
6. C, l. 2, tr. 1, c. 30, f. 19 r. On pourra noter ici une analogie de vocabulaire avec saint Augustin. A Julien d'Éclane, qui prenait appui sur les « magni doctores » et leur « eruditio », sur la « magnorum ingeniorum copia », Augustin ne

Il reste que notre exégète ne veut pas être autre chose, à sa manière, qu'un exégète. Sa prétention est de fonder ses explications du texte sacré — quoique dans un langage qu'il dit « rusticus et impolitus » — sur « des documents certains et indiscutables »[1]. Il ne se donne pas pour mission d'apporter au monde ni même de lui annoncer un troisième Testament : « Testamenta non tria, sed duo ». Moins ambitieux en apparence, son projet est d'ailleurs en réalité plus radical. Il perce à travers cette observation, que le Nouveau Testament est « geminum et quasi duplex » : en effet, « non seulement le Fils est apparu dans la chair, mais l'Esprit a daigné se révéler aux hommes dans la colombe et dans le feu... ; ce temps qui est appelé de la grâce se divise donc en deux portions de temps, distinction absolument nécessaire » : il y a donc en réalité trois états successifs, entre lesquels règne une triple concorde ; la relation du troisième au deuxième est égale à celle du deuxième au premier[2]. Aussi doit-on reprendre, pour l'appliquer à l'avenir, l'image fameuse qu'une interprétation commune appliquait depuis longtemps au passé, — un passé qui demeurait et devait fructifier à chaque génération dans un présent définitif, — c'est-à-dire à la venue de Jésus-Christ et à son action de transformation permanente au sein de son Église : « Cum venerit tempus illud, *aqua evangelicae lectionis* convertetur in vinum »[3]. Pareille exégèse eût paru blasphématoire à un Origène, à un Augustin, encore à un Bernard : elle implique en effet un dépassement de l'Église du Christ par un éclatement de ses structures présentes, mentales aussi bien qu'institutionnelles. La méditation de Joachim sur l'Écriture ne lui fait pas entrevoir un nouvel évangile historique ; ce qu'elle lui découvre, c'est l'approche au sein même de l'histoire d'une « prodigieuse palingénésie »[4], d'où doit émerger véritablement

---

cessait d'opposer les « spirituales viri », ceux qui « in tantum vident, in quantum moriuntur huic saeculo » ; seuls, répondait-il, « ces hommes spirituels ont acquis une connaissance parfaite des Écritures. » Mais c'était toujours dans l'intention de défendre « la droite et antique foi » de la tradition catholique, non pour autoriser une nouvelle méthode d'exégèse inspirée.

1. Ap, Prol., f. 2 : « ... etsi sermone rustico et impolito, certis tamen et necessariis probare me posse arbitror documentis, si tamen ille affuerit, qui praesumentes in seipsis irridet et linguas infantium cum sibi placet facit disertas... » Il y aurait excès, nous semble-t-il, à dire que son langage est habituellement « lyrique et poétique » (Campagnola, p. 10).

2. Ap, introd., c. 6, f. 6 : « ... pro eo quod non solum Filius in carne apparuit, verumetiam et Spiritus sanctus revelari dignatus est hominibus in columba et igne ... Tempus istud quod dicitur gratiae in duas temporum portiones distinguitur, quod omnino necessarium est. Invenimus in tribus statibus magna quaedam opera Domini distincta proprietatibus suis, in quibus trinam concordiam oporteat assignari ... Aequa (relatio est) secundi status ad primum, et tertii ad secundum, etc. »

3. T, p. 191, etc. Psalt, f. 260. Commentaire dans Mottu, pp. 180-186.

4. E. Buonaiuti, AF, introd., p. xix. Nous retrouverons souvent ce mot dans la suite.

« une autre Église »[1], porteuse de « l'Évangile spirituel du Christ » ou plus exactement peut-être de cet « Évangile en esprit »[2], « procédant de l'Évangile du Christ ». Alors l'Esprit-Saint, « nous enseignant toute vérité, nous fera désirer le jour définitif de l'entrée dans la gloire. C'est là ce que saint Jean, dans son Apocalypse, dénommait « l'Évangile éternel »[3].

Une transformation si radicale ne pourra s'accomplir sans heurts. C'est pourquoi Joachim de Flore se trouve amené à prévoir un double Antichrist : outre celui qui doit venir à la fin des temps — « ultimus Antichristus »[4] — un premier Antichrist doit bientôt surgir, qui persécutera l'Église présente, comme jadis l'Église de la circoncision fut persécutée par Vespasien et par Titus ; mais une grande joie succédera à la tristesse, comme il y eut une grande joie au début de l'ère chrétienne, « parce que l'ordre clérical était né dans le monde ». « Il faut que la mère passe par les angoisses, pour que le fils parvienne au jour »[5]. De même, « lorsque le Dieu tout-puissant veut détruire les choses vieillies pour en établir de nouvelles, il permet qu'une persécution s'abatte sur l'Église. Il abandonne de la sorte ce qui doit finir et protège ce qui doit demeurer, pour que le bien nouveau, si l'on peut dire, qui jusqu'alors était caché dans les ténèbres, soit enfin par cette occasion produit à la lumière »[6], tandis que le pseudo-évangile du fils de perdition et de ses prophètes sera pour toujours évacué et détruit[7]. L'Église notre mère, qui est la nouvelle Jérusalem, devra donc subir d'abord les assauts de la nouvelle Babylone. Aux quatre points cardinaux, elle est actuellement entourée de peuples infidèles et féroces, prêts, le temps venu, à fondre sur elle...[8].

Sans doute, Joachim sait bien que le corps de l'Église, en ce siècle, souffre aussi de ses propres maux. Il ne se gêne pas pour critiquer, à l'occasion, les abus, les péchés qu'il observe dans l'état présent de cette sainte Jérusalem[9] et qui peuvent être interprétés comme

---

1. L'expression, qui est de H. Mottu, ne semble pas trop forte. Cf. T, p. 195, sur la « nova religiosorum Ecclesia ».

2. La commission d'Anagni retiendra ces deux formules dans son Protocole. Cf. T, p. 304 : « evangelium spirituale ».

3. Psalt, p. 260 ; « ... Propter hoc enim veritas ipsa dicit : cum venerit ille Spiritus veritatis, docebit eos omnem veritatem ; et ut ... commutans quasi aquam in vinum inebriaret electos, adjecit etc. ».

4. Celui qui viendra à la fin du « tertius status » et sera le chef de l'armée de Gog. L'idée n'est d'ailleurs en elle-même pas propre à Joachim.

5. T, p. 42 : « Secutus est partus Synagogae in excidio quod passa est Jerusalem sub Vespasiano et Tito, in quo etsi ecclesia circumcisionis contristata est, quia venit hora ejus, magnum tamen gaudium factum est post tristitiam, quia natus est ex eo ordo clericalis in mundo ».

6. Ibid., p. 43.

7. Ap, introd., c. 5, f. 5 r : le troisième état commencera « evacuato et destructo pseudo-evangelio filii perditionis et prophetarum ejus ». Cf. P. 6, 1, f. 191-192.

8. Ap, P. 3, f. 134 v.

9. Psalt, f. 276 v. Jérusalem n'est dépréciée que lorsqu'elle est opposée à Bethléem : résidence de l'orgueilleux Hérode et des docteurs enflés de leur science,

des signes de son vieillissement[1]. Il fustige avec violence « les fils de Lévi qui s'engraissent de la substance du Crucifié » ; il s'afflige de voir des moines dont la vie est toute séculière ; ici ou là, il débusque l'Antichrist qui règne dans « la synagogue des superbes »[2]. Mais ces critiques d'ordre moral[3] ne tiennent que peu de place dans son œuvre et « elles vont bien moins loin que celles de nombre d'auteurs médiévaux »[4] dont la fidélité à l'institution de l'Église est parfaite. S'il flétrit plus particulièrement l'orgueil de certains intellectuels, c'est parce qu'il les voit, dit-il, incapables de préparer la nouveauté attendue : pas plus que le passage de la première à la deuxième Église, le passage de la deuxième à la troisième ne se fera « dans la sublimité des discours, mais dans la force du Saint-Esprit »[5]. S'il a voulu rétablir à Flore l'idéal bénédictin et cistercien, c'est moins dans l'esprit d'un retour au passé qu'en vue de l'avenir, dont saint Benoît était à ses yeux « l'initiateur ». Contrairement aux réformateurs de son siècle, dont le leit-motiv était uniquement, pour les clercs ou pour les moines, sans préjudice d'adaptations, la « vita apostolica », il explique, en opposant l'être « qui ressemblait à un fils d'homme » et l'ange « qui sortit du temple qui est dans le ciel » (d'après Ap. 14 14-15), que le premier des deux signifiait « l'ordre des hommes parfaits menant la vie du Christ et des Apôtres », comme il en est depuis longtemps, tandis que le second signifie le surgissement subit d'un nouvel « ordre d'ermites, émules de la vie des anges »[6]. Suivant un autre symbolisme, les « hommes spirituels » à venir sont comparables aux deux anges dont parle ensuite l'Apocalypse (14, 17-18), dont l'un sort du temple et l'autre de l'autel ; ils coexisteront, les uns dans l'esprit de Moïse, qui est un esprit de douceur, recueillant la moisson des élus ; les autres dans l'esprit d'Élie, qui est un esprit farouche, faisant la vendange des réprouvés ; symbolisme qui sans doute ne s'appliquera pleinement qu'au jour du jugement dernier, après la ruine du dernier Antichrist, et qui veut d'ailleurs être préventif, mais qui ne manque pourtant pas d'être inquiétant[7]. Il fallait mention-

tandis que Bethléem, où naît Jésus, est le lieu des humbles, où les Mages se laissent instruire par le maître des petits : T, pp. 68-69.

1. Ainsi C, l. 4, c. 24-25, f. 53-54.
2. T, pp. 68 et 242-245.
3. Dans *Ecclesia spiritualis* (1934), « résumant, pp. 46-48, les vues de Joachim, Ernst Benz simplifie à outrance la question de son attitude envers l'Église du deuxième âge, en sorte que c'est presque une caricature » ; McGinn, p. 26.
4. B, DS, 1182.
5. T, p. 284 ; cf. 258.
6. Ap, f. 175-176 : « Ut in eo qui erat similis filio hominis aliquis ordo futurus perfectorum virorum servantium vitam Christi et apostolorum intelligendus est, ita in angelo qui egressus est de templo quod est in caelo, aliquis ordo ermitarum emulantium vitam angelorum... » L'un « continue manifestus apparet » ; l'autre « de caelo in quo manebat occultus velut repente egressus est ».
7. « In tempore illo quod vocatur dies judicii », « post ruinam Antichristi » ... « Erit ergo ille ordo tanquam mitior et suavior ad colligendas segetes electorum

ner cet aspect furtif de la pensée joachimite, qui pourra paraître autoriser certaines théories de violence révolutionnaire.

Ce que devait être le régime du troisième état, placé sous le signe de l'Évangile éternel, Joachim de Flore ne pouvait guère le décrire, dans sa simplicité sublime, qu'en termes généraux et surtout négatifs. (Et c'est ce qui donne à plusieurs de ses anticipations une ressemblance trompeuse avec les propos de faux spirituels tels que les Amalriciens). Ce serait « la paix et la vérité » régnant « sur toute la terre » ; ce serait la « justice » parfaite enseignée à tous par des maîtres spirituels brillant « comme la splendeur du firmament » ; ce serait « la liberté », non pas simplement la libération des éléments du monde, comme au temps de la première alliance, ni la libération du passé de la loi, comme au temps de la deuxième, mais cette « liberté pleine » apportée par l'Esprit. Au temps laborieux des martyrs aurait succédé le temps sublime et paisible des contemplatifs[1]. Toute figure » s'effacerait : « Cum autem venerit Spiritus veritatis et docebit nos omnem veritatem, quid nobis ulterius de figuris ? » etc. Ce ne serait donc plus le temps de l'Église des prêtres, dont la mission serait achevée : les prêtres s'effaceraient, parce qu'ils avaient été préposés à l'administration des figures : ils n'étaient chargés que d'un « interim ». Des sacrements « plus grands » et « plus forts », c'est-à-dire tout « spirituels » se substitueraient à ceux du deuxième état, tel, au baptême d'eau, le baptême de feu dans l'Esprit[2]. A l'« Ecclesia clericorum » aurait succédé l'« Ecclesia contemplantium ». A l'Église qui est, pendant cette époque de transition, mêlée de « laborantes » et de « quiescentes », aurait succédé la pure « Ecclesia quiescentium »[3]. Aujourd'hui, de même, l'Église navigue encore sur les deux barques de Pierre et de Jean, mais alors celle de Jean suffirait seule. En vertu d'une sorte de déterminisme historique (dont Joachim ne doute pas qu'il soit conduit par Dieu), par un mouvement ascensionnel, à l'âge de Pierre aurait succédé l'âge de Jean. « Necesse est enim ut transeat significatum Petri et maneat significatum Joannis »[4].

Comme l'assoiffé du désert se laisse prendre au mirage[5] qui surgit à son horizon et qu'il croit déjà presque toucher de la main, l'abbé de Flore aperçoit au-devant de lui briller, comme un grand lac de lumière ce règne de l'Esprit, dont le temps lui semble proche. Mais

---

velut in spiritu Moysi. Iste vero ferocior et ardentior ad colligendam vindemiam reproborum, ac si in spiritu Eliae ». Ap, f. 176. Mais, pour inaugurer le troisième temps : « Magnus ille Elias qui venturus est, ut compleat omnia, ipsam religionem monasticam sive eremiticam inchoavit » ; T, p. 195 ; plusieurs formules analogues. Cf. l. 3, 1, c. 16, f. 33 r.

1. Ap, introd., c. 5 ; f. 5. P. 3, f. 137 v.

2. Cf. Psalt, fol. 276 r. C, pp. 119, 176 et 256. Il nous paraît donc difficile d'admettre, avec des auteurs tels que Tondelli et Crocco, que « sacerdoce et sacrements » subsisteraient, sans plus.

3. C, f. 103. T, pp. 32 et 52, etc.

4. Psalt, f. 265. C, l. 2, tr. 1, c. 28 ; f. 18 r. T, pp. 240-241.

5. « Miraggio » : c'est le mot qui termine l'introduction de Buonaiuti à T.

ce sont des mots de l'Écriture, patiemment scrutés et comparés par une méthode estimée « critique », grâce aux combinaisons des concordances, à la mise en regard des « cinq intelligences spirituelles ou même des « sept espèces d'intelligence typique », des douze intelligences qui procèdent de la triple source de la lettre, etc.[1] que surgit sa vision.

Le Père M.-D. Chenu n'exagérait donc pas lorsqu'il observait que la méthode préconisée par Joachim de Flore, avec sa « violente interprétation » des textes, amenait à ne plus voir « que figures provisoires, non seulement dans l'Ancien Testament, mais aussi dans le Nouveau »[2], et c'est à juste titre qu'il désignait son auteur comme le prophète d'une « pseudo-histoire »[3]. Sans doute, un certain nombre d'interprètes récents, prenant parfois appui sur des découvertes nouvelles, se sont efforcés de ramener l'idée du troisième âge à des vues plus traditionnelles. Les uns ont pensé qu'en réalité, dans ses descriptions du règne de l'Esprit, l'abbé de Flore envisageait, sous une apparence encore imagée, la vie éternelle elle-même : cette société de moines contemplatifs, n'était-ce pas simplement le symbole de l'assemblée des élus dans le ciel ? Pour d'autres, sous les dehors d'un développement historique, Joachim aurait simplement voulu dénombrer les étapes ascendantes de la vie spirituelle ; les figures du *Liber Figurarum*, estimé authentique, suggéreraient trois phases mystiques, mais seulement deux âges historiques, avant et après Jésus-Christ. Ou bien encore, on a mis en relief quelques textes qui permettraient d'entendre la transformation annoncée de l'Église en un sens plus modéré[4]. Autrement dit, Joachim n'aurait eu en vue qu'une sorte de vaste sens tropologique. N'est-il pas dit, par exemple, dans la *Concordia* : « Non igitur, quod absit, deficiet Ecclesia Petri, quae est thronus Christi, sed commutata in majorem gloriam, manebit stabilis in aeternum », et encore : « Successor Petri... elevabitur in sublime »[5] ? Conformément à ce que nous apprend l'histoire, qui nous montre les excellents rapports entretenus par Joachim avec tous les papes de son temps[6] (moins cependant peut-être, tout à la

1. Psalt, f. 262-266. T, pp. 286-289. C, l. 5, c. 1 et 2, f. 60-61, etc. Malgré ses prétentions à la rigueur, il se donne aussi quelques facilités : ainsi C, l. 2, 1, c. 11 ; l. 3, 1, c. 17 ; f. 10 v et 33 v. T, p. 308.
2. *Saint Thomas d'Aquin et la théologie*, Seuil, 1958, p. 97.
3. Hist. et allégorie au XIIe s., dans Festgabe J. Lortz, 1957, p. 65.
4. Dans la Revue critique, 96, 1929, p. 33, Jean Rousset de Pina avait noté chez Joachim « cette modération, ce fond de bon sens si souvent obnubilés par les commentateurs successifs », — mais aussi, ajouterons-nous, déjà par lui-même.
5. C, l. 5, c. 62 et 92 ; f. 95 r et 122 v.
6. « Toutes les objections contre l'authenticité des lettres des Papes, soulevées par Buonaiuti, qui voyait partout des faux et des interpolations, quand il s'agissait de bons rapports de Joachim avec la Papauté, sont maintenant réfutées ». J. Bignami-Odier, *Travaux récents sur Joachim de Flore*, dans le Moyen-Age (Bruxelles), 14e série, t. 7, 1952, p. 150.

fin, avec Innocent III, qui le fit interroger par Adam de Perseigne), on serait donc autorisé à conclure, avec Antonio Crocco, que dans sa pensée le troisième âge devait réaliser « il supremo trionfo e la massima glorificazione della Chiesa e del Papato »[1]. Sans faire appel au *Liber Figurarum*, dont il n'admet pas l'entière authenticité, ni aux relations de l'abbé de Flore avec la papauté, Francesco Russo, rappelant que Joachim « a toujours précisé que les Testaments étaient deux et non trois », ne conteste pas qu'il ait annoncé pour l'avenir un troisième état, mais soutient « que la nouveauté de ce troisième état devait consister uniquement dans l'' intelligentia spiritualis ' des deux Testaments, jamais dans la substitution d'une nouvelle économie... ; le sacerdoce du Christ *secundum ordinem Melchisedech* ne serait pas aboli, mais restauré » ; l'Esprit-Saint verserait plus abondamment sa lumière intime dans l'esprit des fidèles, et un nouvel ordre contemplatif naîtrait, *altera meliori forma* : rien de plus[2]. Telle était aussi à peu près l'opinion de Foberti[3]. Telle, ou plus tranchée encore, est celle de E.R. Daniel, pour qui c'est une chose claire que « Joachim divided the periode of time since Abraham into two *tempora* : the first, from Abraham to the incarnation of Jesus Christ ; the second, from the birth of Christ until the end of the world[4] ».

Sans doute, à chacune de ces explications, quelques textes pris isolément, quelques formules générales peuvent prêter un appui. La terminologie de Joachim n'est pas rigoureuse, il est souvent obscur, et le fait qu'il mêle entre elles ses différentes classifications ne contribue pas à éclairer sa pensée. Lorsqu'il dit que Dieu « achève chaque jour en esprit ce qui est écrit dans la lettre » chez ceux qui méditent avec soin les paroles des prophètes et du Christ[5], il ne réserve pas toute intelligence spirituelle pour un âge à venir, — mais cela ne signifie pas qu'il renonce à poser un temps de l'Esprit dans lequel toute lettre sera résorbée[6]. Lorsqu'il désigne le « troisième état » comme « ce grand sabbat qui doit survenir à la fin du monde », ce « novissimum tempus » où, d'après Jérémie (31, 34), tous connaîtront le Seigneur, ou encore lorsqu'il parle de ce qui est encore caché pour la plupart sous le voile du sacrement et qui doit être solennellement complété « in temporibus suis »[7], on peut croire d'abord qu'il fait allusion de la sorte à la limite du temps et de l'éternité ; — mais

1. Op. cit., pp. 32-33.
2. *Gioacchino da Fiore*, 1953, pp. 33-34.
3. Cité par Russo, op. cit., p. 34.
4. Art. cité, Traditio, 25, 1969, p. 31. L'auteur semble influencé peut-être à l'excès par les études récentes sur LF.
5. T, p. 275.
6. Cf. C, l. 5, c. 74, f. 103 r et c. 89, f. 118 r : « Quod si in carne Christi littera *devoratur* a spiritu, quanto magis in aliis rebus ».
7. Ap, f. 209-210. T, pp. 57-58 et 77-78, etc. Il se montre d'ailleurs prudent sur les dates ; ainsi, Psalt, f. 276 v, après s'être livré longuement à des calculs symboliques, il conclut : « quamvis diem et horam (nosci) non est tuum neque meum ».

il faut observer aussi qu'il prend grand soin de préciser : « le dernier jour, ou la fin du monde, ne doit pas toujours être compris comme « l'article ultime » de la fin, mais plutôt comme le temps de la fin (la dernière partie du temps), c'est-à-dire le dernier âge » : en effet, poursuit-il, « c'est l'usage des Écritures saintes de dire ' jour ' pour signifier ' temps '[1] ». De même, s'il est vrai qu'il parle de *status* plus souvent que de *tempus* ou d'*aetas*[2], les textes montrent à l'évidence que ces *status* sont successifs, et qu'ils définissent bien les trois grandes conditions entre lesquelles se partage l'histoire du salut dans son déroulement terrestre. A toute la nouvelle alliance dans le Christ il donne le nom de « sabbat spirituel », sabbat qui n'est plus « ad figuram » mais « ad veritatem » ; et en interprétant les quatre empires de la vision de Daniel (le quatrième étant celui des Sarrasins), il explique dans des formules très générales, que le règne du Christ vaincra tous ces règnes impies, qu'il s'étendra enfin seul sur la terre, et qu'ainsi dilaté de partout il demeurera pour l'éternité[3] ; — mais ces textes sont à l'adresse des juifs, qu'il s'agissait seulement d'inviter au passage de l'Ancien Testament au Nouveau, sans aborder les distinctions ultérieures[4]. De même, on peut être impressionné par tant de déclarations aussi loyales qu'intransigeantes sur « l'Église de Pierre, fondée sur la Pierre, en dehors de laquelle on ne peut avoir le Saint-Esprit », par son éloge des moines qui soutiennent avec

---

1. Ap, f. 210 : « ... ignorantes quod dies novissimus seu finis mundi non sit semper accipiendus pro ultimo articulo finis mundi, sed magis pro tempore finis (hoc est) pro ultima aetate mundi, sed Scripturarum sanctarum diem pro tempore solere poni... » — Quant à la formule du *Liber introductorius*, c. 5, f. 5 r : « Tertius ergo status erit circa finem saeculi, jam non sub velamine litterae, sed in plena spiritus libertate », nous n'oserions en proposer une traduction ferme. On peut interpréter le « circa finem » en un sens large, à la manière dont Joachim nous dit que « finis mundi » doit être entendu, — et plus encore, en raison du « circa». H. MOTTU, p. 289, qui voit là un texte particulièrement « saisissant » par sa radicalité, traduit autrement : « Quant au troisième état, il s'ouvrira vers la fin de ce siècle (de ce temps : allusion au second état),où nous sommes déjà (*jam*) non plus sous le voile de la lettre mais sous la pleine liberté de l'Esprit ». Ce sens est possible. Toutefois, Joachim dit : « saeculi », non « saeculi *hujus* », et il n'a pas l'habitude de désigner un *status* par le mot *saeculum*. D'autre part, le « jam » qui suit paraît se rapporter plutôt au futur qu'au présent : « Tertius status *erit*... jam etc. » Enfin, Joachim aurait-il pris la peine de nous dire que le troisième état commencera vers la fin du second, chose évidente ? Telles sont les raisons qui nous font hésiter. Ajoutons que la traduction de « *in* plena libertate spiritus » par « *sous* la pleine liberté de *l'Esprit* » nous paraît avoir une saveur plus protestante que joachimite.

2. Notons cependant ce texte de C, l. 5, c. 58, f. 90r : « Erit siquidem *tempus* illud, *tempus* beatum, *tempus* laetitiae et quietis, *tempus* de quo in spiritu dictum est in libro Geneseos : et benedixit Deus die septimo et sanctificavit illum, quia in ipso cessaverat ab omni opere quod patrarat. » Cité par B, 1192. V. aussi infra, p. 81.

3. AJ, pp. 43-44, 68, 75.

4. Dans Ap, le « magnum sabbatum ac si tempus paschale » ne commence qu'après l'âge du Fils : f. 12.

un zèle extrême la doctrine des pontifes romains, etc.[1]. On peut encore mettre en avant le souci d'obéissance et d'orthodoxie qui rendait Joachim si sévère à des mouvements tels que celui des « Pauvres de Lyon », dont il réprouve spécialement les critiques à l'égard « des prêtres et du clergé »[2]. Mais aucune de ces déclarations ne signifie que le rôle de l'Église romaine et le service qui lui est dû devront durer toujours. Il fallait David, figure de Pierre, pour mener le combat. Contre le dernier assaut, dirigé par l'Antichrist, Pierre sera peut-être encore soutenu, comme David le fut par ses deux amis, par deux troupes de Grecs et de Juifs accourus à son secours. Mais ensuite David a vieilli : ce sera le sort du deuxième état, du deuxième ordre, celui de l'Église militante, qui approche de sa fin. La Sulamite qui se joignit à David était la figure de la « nouvelle religion, qui sera tout à fait libre et spirituelle », dans laquelle les pontifes romains obtiendront de goûter la paix de l'Église[3]. Mais en voulant maintenir son ordre ancien le pontife romain commencera d'éprouver le froid de la vieillesse » ; pendant une brève période intermédiaire il sera nécessaire de poursuivre le combat dans l'Église, mais il faudra plus encore que les religieux passent à ce nouvel ordre de choses qui est désigné en Salomon. En s'adonnant à la contemplation paisible ils n'usurperont pas le règne, mais ils imiteront Salomon qui, sur l'avis des prophètes, fut désigné par son père lui-même pour lui succéder...[4]. Ainsi prendra fin le deuxième état, figuré en David, comme avait pris fin le premier, figuré en Saül. Le troisième état, figuré en Salomon, sera le règne des contemplatifs, qui président à la paix[5].

On observera en outre que les interprétations diversement minimisantes de la pensée joachimite sont malaisément conciliables entre elles. Parfois même c'est le même interprète qui soutient, de façon peu cohérente, et une influence décisive de Joachim sur les conceptions chrétiennes de l'histoire et le caractère traditionnel de sa doctrine[6]. Cependant, il n'y a point à s'étonner que des découvertes récentes, même encore peu assurées, aient fait remettre en question des données qui à beaucoup paraissaient acquises. Elles enrichiront certainement notre connaissance et stimuleront de nouvelles recherches. Il est assez normal aussi que certaines interprétations outrées, qui infléchissaient les anticipations habituellement sereines de l'abbé de Flore en un sens violemment subversif ou anticlérical, provoquent des réactions en sens inverse. En scrutant l'énigmatique *Liber Figurarum*,

1. T, p. 291 ; C, l. 5, c. 2, f. 93 r ; etc.
2. Ap, f. 131 r, etc. Il semble trouver tout naturel que certains hérétiques « forte a catholicis cremati sunt igne » : 132 r.
3. C, l. 5, c. 65, f. 95 : « Mulier Sunamitis, quae juncta est et non concepit ex eo, nova religio erit libera et spiritualis, etc. »
4. C'est ici que s'insère la phrase citée supra : « Non igitur, quod absit, etc. »
5. C, ibid. Voir l'Appendice A.
6. Cf. McGinn, pp. 280 et 283, sur les interprétations de M. Reeves.

dans lequel Leone Tondelli, premier éditeur de l'ouvrage, et Antonio Crocco ont vu « la phase la plus évoluée de la symbolique joachimite »[1], H. Grundmann lui-même, au soir d'une vie de travail consacrée à cette figure fascinante, en était venu à remettre en cause la position qu'il avait adoptée en 1927 et retenue encore en 1950[2]. De son côté, M.W. Bloomfield s'est demandé si, lors du règne de l'Esprit, un certain rôle ne resterait pas encore dévolu à la papauté : peut-être l'Église continuerait-elle d'être présidée par un évêque de Rome, purifié[3]. M. Raoul Manselli, se fondant sur quelques passages du *Psalterium*, observe que pour Joachim l'Église progresse et se purifie d'ordinaire sous l'action du monachisme et qu'il exalte à cet égard l'action exercée par un saint Benoît et par un saint Bernard ; le troisième état dont il rêve ne marquerait-il donc pas simplement le couronnement paisible de cette influence monastique ? L'Église atteindrait alors le terme de ses progrès terrestres, grâce à un Ordre nouveau, plus parfait que les précédents, et qui ne serait autre que l'Ordre de Flore[4]. C'est à peu près l'hypothèse que semblait adopter plus récemment M. Georges Duby, en méditant sur l'extraordinaire expansion au douzième siècle de l'Ordre cistercien, dont les monastères étaient d'autant plus conquérants qu'ils se voulaient plus écartés du monde, plus libres de tout ministère apostolique : « ... l'ordre cistercien rêve d'absorber un jour en lui la société tout entière — et bientôt, l'abbé cistercien Joachim de Flore pourra prédire le proche avènement de cette totale conquête »[5]. N'était-ce pas là déjà, sans spéculations aventureuses sinon sans irréalisme, le programme d'un Pierre Damien, qui aurait voulu « transformer le monde en un vaste ermitage », celui d'un Romuald, qui proclamait ouvertement cet idéal[6] ? Ainsi, d'après le *Liber Figurarum*, les trois catégories de chrétiens poursuivraient leur carrière normale dans une structure ecclésiale inchangée, mais sous l'influence ou la direction des « pères spirituels » de l'ordre contemplatif[7]. Une telle attente

1. Crocco, p. 31 ; cf. p. 85 : l'un des tableaux du livre, *Dispositio novi ordinis*, serait une exaltation de la vie monastique et contemplative hors de toute idée d'évolution historique. Sur ce livre : B, 1183.

2. Il rééditait en 1966 son ouvrage fondamental de 1927, *Studien über Joachim von Floris*, avec une nouvelle préface disant que « bien des choses pourraient y être critiquées ou corrigées sur la base des dernières recherches ». Cf. McGinn, p. 263.

3. Dans Traditio, loc. cit., p. 266.

4. *L'Attesa dell'età nuova ed il Giochimismo*, dans *Attesa*, pp. 149-151 : « ...Ed avia il suo coronamento, la sua *età nuova*, col nuovo ordine monastico, col più compiuto e perfetto ; proprio quello *fiorense* ».

5. *Saint Bernard, L'art cistercien*. Flammarion, 1976, p. 80.

6. « Totum mundum in eremum convertere » : Pierre Damien, *Vita S. Romualdi*, éd. Tabacco, p. 78. Cf. Jean Leclercq, *Saint Pierre Damien, ermite et homme d'Église*, Rome, 1960, pp. 26 et 97.

7. Là encore, on se demande comment admettre à la fois l'idée d'un troisième état comme définitif et celle d'un troisième état temporel à peine différent du second.

devait trouver à la fois sa confirmation et sa transformation imprévue dans les deux ordres de saint François et de saint Dominique : d'où un changement profond, chez les héritiers de Joachim, dans l'idéal du troisième âge[1].

Nous ne dirons pas qu'il n'y ait rien à retenir de ces diverses explications. Rien d'ailleurs ne nous certifie que Joachim de Flore ait toujours été constant avec lui-même dans la masse de ses écrits[2] ; et tout nous porte à croire qu'il n'a pas dû avoir une pleine conscience des conséquences où devait l'entraîner le principe qu'il avait mis à la base de son exégèse. Toutefois, il nous paraît bien difficile, d'après l'ansemble des passages certainement authentiques, de comprendre le théorie joachimite tout autrement que des textes nombreux et assez précis le suggèrent. Édulcorée au point d'être intégrée sans peine dans les schémas reçus de son époque, on s'expliquerait d'ailleurs mal qu'elle ait pu, même au prix de dénaturations profondes, être à l'origine de bouleversements si graves et si durables au sein de la société chrétienne. A plus d'un égard, on peut dire que malgré la masse des travaux qui lui ont été consacrés elle demeure une énigme. Néanmoins son trait essentiel, tel que nous l'avons exposé naguère et que nous le résumons ici, ne fait guère de doute[3]. Qu'on en juge encore par quelques exemples. Dans le « troisième état du siècle », nous dit Joachim, l'Écriture devra être « spirituellement refondue » ; ce sera comme si de nouveau le Christ naissait, ressuscitait, insufflait son Esprit, envoyait ses apôtres fonder de nouvelles Églises, mais tout cela « dans l'Esprit » ; telle sera l'inauguration de ce « troisième état ». Le Christ, dont la personne a relativement peu de relief dans l'œuvre de Joachim, est la figure (« typum gerit ») de l'Esprit, comme Jean Baptiste était la figure du Christ[4]. Quant à Pierre, il désigne ce qui a rapport au Christ, c'est-à-dire la vie laborieuse que le Christ a daigné mener pour nous, tandis que Jean signifie la vie de repos, qui a rapport au Saint-Esprit ; or, si l'un et l'autre furent appelés à peu près en même temps par le Seigneur, Pierre fut rappelé auprès de lui longtemps avant Jean : d'où l'on voit clairement que dans le deuxième état un rôle est dévolu à chacun d'eux, mais qu'au troisième état, tout ce que signifie Pierre étant passé, Jean présidera

---

1. Cf. Manselli, loc. cit, pp. 152-155.
2. Quelques exemples de contradictions au moins apparentes dans Bloomfield, p. 261.
3. Pour une discussion plus approfondie : EM, t. 3, pp. 437-527 ; Bignami-Odier, loc. cit., pp. 145-161. Notre interprétation rejoignait en substance, sans en dépendre, les conclusions auxquelles était alors parvenu H. Grundmann.
4. Ap, f. 12 et 23. T, p. 192 : « ... homo Christus Jesus Spiritum veritatis... designat. » Psalt, f. 253 v. Cf. T, p. 146 : « Primum miraculum Christi, quo crediderunt in eum discipuli ejus, conversio aquae in vinum, maximum miraculum Spiritus sancti... » Et C, l. 4, c. 36, f. 58 r : les douze auxquels Paul imposa les mains ne reçurent l'Esprit « non nisi in typo eorum qui futuri sunt ».

seul[1]. Il est vrai qu'un autre texte, également fort clair, nous montre dans l'évangile de Jean le symbole de la « sagesse ineffable » qui se découvrira un jour, lorsque, après « la fin du siècle », nous verrons Dieu « tel qu'il est, face à face » : il s'agit donc là non plus d'un état encore terrestre, mais de la vie éternelle à venir. Seulement ce texte se lit dans le *Tractatus super quatuor evangelia*, qui, on pouvait s'y attendre, compte non pas, comme d'ordinaire, « trois temps selon l'analogie des trois Personnes »[2], mais quatre temps ou états successifs selon l'analogie des quatre évangiles, « plus subtilement » scrutés « par l'intelligence spirituelle »[3]. Et le sens de tout le passage n'est lui-même pas moins clair : l'évangile de Matthieu, qui énumère les ancêtres charnels de Jésus, signifie « le premier testament, qui annonçait le Sauveur » ; celui de Luc, qui s'étend sur les premières années du Christ, signifie l'Église encore « lactens », qui « grandit jusqu'à notre temps », et c'est à l'évangile de Marc, qui parle surtout de « l'âge parfait du Christ » et de sa « doctrine spirituelle », qu'échoit le rôle de représenter le troisième état, c'est-à-dire le temps qui doit commencer au retour d'Élie et durer jusqu'à la fin du siècle. Ainsi, par les évangélistes, qui n'ont rien organisé d'eux-mêmes, le Saint-Esprit a tout adapté et composé selon l'ordre[4].

A l'heure du troisième état, le Nouveau Testament, qui avait été seulement entrouvert aux Pères, sera donc ouvert d'une façon parfaite[5]. Selon la lettre, assurément, les premiers disciples du Christ ont reçu après sa résurrection l'Esprit qu'il leur avait promis ; mais cet Esprit ne leur a pas enseigné alors « toute vérité », de sorte que maintenant encore (*etiam nunc*) nous devons dire qu'il n'est pas donné dans sa plénitude. La lettre du Nouveau Testament inaugurait bien un temps de grâce, mais ce temps doit être suivi d'un temps de plus grande grâce, (*tempus majoris gratiae*), au cours duquel seulement l'Église de Dieu pourra déjà contempler en paix son roi et s'unir à son époux. Alors seulement l'Esprit opérera dans toute sa force : *multo altius quam hactenus*. Ce sera le temps du troisième état (*tempus tertii status*) ; le temps de ceux qui penseront et qui vivront spirituellement, de ceux par lesquels s'exprimera cet « Esprit de vérité » ; le temps de ces hommes dont le magistère formera « des

1. Ap, f. 22. Psalt, f. 267 v : « Manente adhuc tempore Petri, non potest (eo superstite) feras vires (ut ita dixerim) exercere Joannes ; ubi autem pertransierit quod significat Petrus..., succedet manifeste quod designat Joannes ».

2. C, l. 4, c. 2, f. 44 r.

3. « Subtilius... secundum spiritalem intellectum possumus ipsa quatuor evangelia quatuor temporibus assignare ». T, p. 6.

4. T, pp. 6-7. Cf. p. 143-144 : la même gradation est encore suggérée par les quatre animaux symboliques ; entre le veau de Luc et l'aigle de Jean, l'homme de Matthieu et le lion de Marc sont intermédiaires. Il faut avouer qu'ici Joachim se contente d'à-peu-près.

5. C, l. 3, P. 1, c. 9 : « Etsi multa scripta sunt a patribus in expositione novi testamenti, perfecta tamen ejus expositio in tertio statu saeculi facienda servatur » ; f. 29 r. T, p. 72.

disciples parfaits » ; le temps de la « nouvelle Église des religieux ». Ce sera pour le peuple de Dieu tout entier un grand « sabbatisme », un état de félicité extrême, après les labeurs, les misères et les ruines dont le sixième âge du monde était rempli[1]. « oh ! que bienheureux sera ce temps ! » Après le temps de Juda et de Benjamin, c'est-à-dire du Père et du Fils, ce sera le temps de Lévi, qui fut le plus proche de Joseph, « figure parfaite du Saint-Esprit ». Le repos y sera tel, que les saints n'auront même plus à écrire des livres : « quiescent ab opere scribendorum librorum ». Si, à cette observation, l'on était tenté de sourire, c'est qu'on ne la comprendrait pas : elle signifie que le temps du Verbe aura passé : la nourriture de toute âme sera la manne céleste directement reçue de l'Esprit. Cela suppose évidemment une profonde mutation de nos esprits et de nos cœurs : nous ne serons plus ce que nous fûmes, mais nous aurons commencé d'être autres. Qui ne désirerait une telle mutation ? Qui donc oserait soutenir que l'état du temps actuel doit nous suffire, comme si la doctrine spirituelle dont nous jouissons nous était assez lumineuse et comme si elle étendait en plénitude la splendeur de ses rayons sur le monde entier[2] ?

Commentée depuis longtemps dans l'Église avec prédilection, l'Apocalypse joannique, nonobstant l'horreur des luttes et des catastrophes qu'elle annonçait, nourrissait chez les chrétiens « une croyance optimiste »[3]. Ce fut dès l'origine sa fonction chez les disciples de Jésus persécutés, dont elle soutenait l'espérance. Mais jusqu'alors, quelle que fût la part donnée à la longueur de l'attente ou aux développements possibles des institutions à travers les siècles, qu'elle qu'ait pu être la tentation corrélative d'un oubli, d'une certaine installation de l'Église en ce monde, quel qu'ait été enfin, plus ou moins illusoire, le double travail d'élucidation conceptuelle et d'actualisation de la doctrine enfouie dans ce livre mystérieux, l'unique et constant objet de l'espérance chrétienne était « la Parousie ». Même le rêve millénariste, qui avait séduit jusqu'à un Tertullien[4], et qui malgré la tradition romaine et les critiques de saint Augustin n'avait jamais été complètement évacué, restait (et restera jusqu'à nos jours), sous

1. T, pp. 24, 191-195. C, l. 4, c. 3, f. 45 r ; l. 2, 2, c. 4, f. 20 v. Psalt, 259 v.

2. T, pp. 73-75 : « O quam beatum erit istud tempus et quam felices illi, in quibus consumenda est spiritualiter haec inventio Christi (à Bethléem par les Mages) ! » etc. C, l. 3, 2, c. 21, f. 37-38. Psalt, f. 260 r : « Oportet enim illum (Spiritum) immutare mentes nostras... et transferre corda nostra a carnalibus desideriis ad amorem caelestium, ut quodammodo non simus quod fuimus, sed alii esse incipiamus. »

3. Jacques Le Goff, *La civilisation de l'Occident médiéval*, coll. « Les grandes civilisations » dirigée par Raymond Bloch. Arthaud, 1964, p. 140.

4. *Adv. Marcionem*, l. 3, 24, 2-5. Mais il écartait les aspects merveilleux et les computations numériques qu'il trouvait encore chez Victorin de Pettau. Cf. D, *Origines*, pp. 126-128.

des formes naïves et quelquefois grossières, mais toujours marginales, le rêve d'un règne du Christ et de son Église, non celui d'un dépassement[1] ; et ce règne de mille ans, d'autre part, n'était pas attendu dans le prolongement de cette existence terrestre, mais comme résultant du passage à un autre éon. Dans la grande Église, on n'imaginait pas davantage à l'intérieur de ce monde l'irruption d'un nouveau principe d'« intelligence spirituelle » inaugurant une ère nouvelle. « L'Église, dit Honorius, interprète de la pensée commune au siècle même de Joachim, a été introduite par le Christ dans les celliers de la sainte Écriture, pour y trouver l'intelligence spirituelle »[2] : nulle idée d'une introduction postérieure, plus intime aussi bien que plus généralisée, qui rendrait en quelque sorte caduque la première, comme si la première était encore superficielle ou comme si sa fécondité devait être un jour épuisée. Ce que l'Église attendait, c'était le retour glorieux et définitif de son Seigneur à la fin des temps, — à la fois consommation et rénovation du monde. C'était l'entrée des élus à sa suite dans la Jérusalem d'en-haut, dans « le ciel nouveau et la terre nouvelle » (Apoc. 21). Joachim de Flore, qui entreprend son commentaire de l'Apocalypse comme il vient d'entreprendre sa Concorde des deux Testaments avec les encouragements et même, dit-il, sur les ordres du pontife romain[3], ne renie pas cette attente. Il conserve à son objet sa transcendance ultime : « in patria post finem mundi », « in futuro saeculo »[4]. Mais il le double d'un autre objet, plus proche, source d'un optimisme nouveau, et c'est de cet autre objet qu'il ne cesse d'annoncer l'aurore, c'est lui qu'il voit partout figuré dans l'un et l'autre Testament. Objet plus imaginable, par là plus séduisant, qui risque donc d'éclipser celui qu'il double, en attendant de se substituer complètement à lui, et en conséquence de changer lui-même de nature.

« Constatant qu'après le Christ l'histoire humaine s'est prolongée, insatisfaisante, apparemment dépourvue de salut, Joachim en tire cette conclusion qu'une histoire véritablement guérie et bonne est encore à venir, sur cette terre même »[5]. Ses principes d'herméneutique l'amènent à penser que, d'après l'Écriture, l'heure de cette histoire renouvelée est proche ; depuis longtemps elle mûrit en secret et bientôt elle deviendra manifeste. C'est elle qui suscite l'enthousiasme

---

1. « La théologie de l'histoire de Joachim n'est ni un messianisme, puisqu'il attend l'Esprit et non l'avènement du Messie, ni même un millénarisme, puisque son troisième état est attribué non au Fils, mais à l'Esprit et ne sera pas limité, semble-t-il, à une durée de mille ans. » MOTTU, p. 316.

2. *In Cant.* ; PL, 311 AB, 346 D, 361-2, 368, 2 : « Ad spiritalem intelligentiam Ecclesia in cellaria sacrae Scripturae per Christum introducta (est). »

3. Ap, f. 2 r : « Non igitur de meo (quod non habeo) sed de Christi benignitate confidens, Apocalipsim... non meae praesumptionis audacia, sed romani auctoritate pontificis exponendam assumpsi. » De même, *Epist. prologalis* ; v. supra, introduction.

4. Ainsi Psalt, f. 260 r.

5. Joseph RATZINGER, op. cit., pp. 109-110.

et l'attente confiante du moine calabrais. Là est le trait significatif de son œuvre. Il sait que sa propre intelligence de l'Écriture n'est pas encore cette pleine intelligence qui doit se répandre sur le monde, mais il a l'assurance d'en être l'annonciateur ; il sait que l'Ordre qu'il fonde n'est pas encore cet ordre parfait qui doit caractériser la société future, mais il a l'assurance qu'il en sera le précurseur ; d'où le « sentiment puissant » qui anime en maint endroit ses longs et pesants commentaires : « on y sent circuler une vie intense et une passion ardente[1] ». Les premiers chrétiens avaient attendu la plénitude du salut dans le retour du Seigneur et ils avaient fait éclater leur joyeuse espérance dans le « Marana tha ! » Puis, à mesure que le temps se prolongeait, que l'accroissement du nombre faisait prévaloir dans l'ensemble du corps la médiocrité spirituelle, à mesure aussi que s'organisait ce qu'on appellera plus tard la chrétienté, cette espérance était devenue pour beaucoup plus lointaine. Certes, il serait faux d'en conclure qu'elle n'animait plus la foi médiévale ou que l'Église de la terre avait fini par s'identifier plus ou moins, dans la conscience chrétienne, au royaume de Dieu. C'est à tort que l'on attribue parfois une telle confusion à saint Augustin et, sous son influence, aux siècles du moyen âge. Royaume, Église, Cité de Dieu : l'unité profonde de la réalité visée tour à tour par chacun de ces termes pris en leur plénitude, n'empêchait nullement la distinction des points de vue, des réalisations diverses, des emplois relatifs correspondant aux différents contextes historiques, voire les oppositions fortement soulignées[2]. Le thème des deux cités, qui n'était pas celui de deux institutions ni de deux sociétés mais essentiellement de deux amours[3], et dans lequel se condensait la théologie augustinienne de l'histoire, « prudente et sûre » (H.I. Marrou), a bien pu être infléchi, à contre-sens, pour exprimer sous d'autres termes celui des deux pouvoirs, spirituel et temporel, c'est-à-dire en termes modernes de l'Église et de l'État. Ainsi, au neuvième siècle, en France, un Jonas d'Orléans, voyant les chefs de la cité terrestre devenus catholiques, en conclut que les deux cités sont désormais réunies en une seule dans « l'Église »[4] ; ainsi encore au douzième siècle, en Allemagne, le cistercien Othon de Freysing constate dans son *Chronicon* que depuis le temps de Théodose il n'y a plus qu'une cité, qu'il dénomme également « l'Église » (= la chrétienté). Mais à l'intérieur de cette unique cité, si les deux « pouvoirs » peuvent être compris d'après des modèles fort divers d'union ou de subordination réciproques (quel contraste, par exemple, entre le modèle carolingien et celui

1. Paul FOURNIER, op. cit. p. 12, note.
2. Sur les divers sens du mot « Église » et le rapport de l'Église au Royaume, v. notre *Catholicisme*[8], Cerf, pp. 42-49.
3. Cf. Yves CONGAR, *L'Église de saint Augustin à nos jours*. Cerf, 1970, pp. 18-20. Id. dans Recherches Augustiniennes, 3, 1957, pp. 1-14.
4. *De institutione regia*, c. 1. Éd. Jean Reviron, Vrin, 1930, p. 134.

d'un Grégoire VII !), s'ils passent en fait par bien des alternatives de bonne entente ou d'âpre hostilité, ils ne sont nullement confondus. Jonas d'Orléans l'avait rappelé : toujours « on doit observer le précepte divin : Rendez à César ce qui est à César, etc »[1]. L'unique Église, ou l'unique Cité, n'a qu'un seul chef : le Christ, lequel a deux représentants : l'un pour le temporel et l'autre pour le spirituel. « Divisa est sacerdotalis atque regalis potentia », disait Alcuin[2] ; et de même en notre douzième siècle Aelred de Rievaulx, exploitant le symbole fourni par le soleil et la lune : « Sunt in sanctae Ecclesiae firmamento a Domino creata duo magna luminaria, sacerdotium et regnum »[3]. Le premier l'emporte en dignité sur le second ; mais cela n'entraîne pas forcément et n'a pas toujours entraîné, loin de là, l'idée d'une subordination du pouvoir temporel qui aurait pour effet de temporaliser le pouvoir spirituel, transformé en un pouvoir super-temporel. Telle n'était pas du tout la conception de saint Augustin, qui sur ce point essentiel a longtemps dominé la pensée médiévale. Ce que dans notre siècle on a désigné, d'un mot qui a fait fortune et qui a égaré plus d'un historien, comme « augustinisme politique », c'est-à-dire le système élaboré tardivement par les théologiens de Boniface VIII lors de sa querelle avec Philippe le Bel, ne correspond pas à la pensée d'Augustin[4] et un tel patronage n'a pas été non plus revendiqué par les théologiens en question, si bien que pour maintenir l'étiquette nouvellement inventée plusieurs se voient contraints de recourir à une distinction tout artificielle entre « augustiniens » et « augustinistes ». Or c'est un fait que l'« augustiniste » Gilles de Rome, par exemple, s'inspire d'Averroès, tandis que son adversaire Jean de Paris prend appui sur la doctrine de saint Augustin, qu'il suit « presque mot à mot »[5].

Longtemps pareille terminologie, qui élargit le sens du mot « Église » se maintiendra, tout en comportant des variantes, sous des régimes divers, sans être liée à telle ou telle ecclésiologie simpliste. Au seizième siècle, Érasme identifiera encore « l'Église en général » à la « respublica christiana », tout en la distinguant de l'Église proprement dite[6], cependant qu'un jeune jésuite de la première génération notera dans son Journal que selon « notre père Ignace » la guérison « du Pontife Marcel » serait bien « nécessaire à la république chrétienne »[7].

1. Op. cit., c. 8, p. 157.
2. *Epist.* 255. MGH, Ep. t. 4, p. 413.
3. *De oneribus sermo* 11. PL, 195, 402-403.
4. C'est ce que reconnaît l'auteur de l'expression, H.-X. ARQUILLIÈRE, *L'Augustisme politique*, Vrin, 1934, pp. 17, 43, 67, 70.
5. Cf. G. COMBES, *La doctrine politique de saint Augustin*, p. 431. Dom Jean LECLERCQ, *Jean de Paris et l'ecclésiologie du XIIIe siècle*, p. 80 ; v. aussi pp. 75 et 142-143.
6. Cf. P. MASSAUT, *Érasme, la Sorbonne et la nature de l'Église*, dans *Colloquium erasmianum*, Mons, 1968, pp. 110-112.
7. Journal de Thierry Geeraerts, avril 1555.

Il ressort également de ces divers exemples que « l'Église » n'était pas simplement confondue par nos médiévaux, dans son existence terrestre, avec le Royaume à venir. Pas plus pour eux que pour saint Augustin, cette Église qui luttait encore et cheminait péniblement en ce monde ne pouvait apparaître comme étant déjà (pour employer le langage qui sera bientôt celui de saint Thomas d'Aquin) « l'Église céleste », méritant seule d'être appelée, au sens plein du mot, « vera Ecclesia ». Ils ne voulaient pas non plus figer son histoire dans une sorte d'immobilisme. Pour un Grégoire le Grand tout comme pour un Augustin, et pour l'innombrable cohorte de ceux qui s'en inspirèrent, elle était sur terre toujours « militante » et « pérégrinante » ; elle était toujours aussi un mélange, une « permixtio »[1]. L'espérance collective avait bien pu s'émousser, la crainte avait bien pu souvent l'emporter, à la pensée du jugement redoutable, annoncé lui aussi dans l'Évangile. Cependant, la Jérusalem d'en-haut brillait toujours à l'horizon. Cette cité sainte, céleste, on devait bien chercher, le plus possible, à l'imiter sur la terre ; elle était l'idéal dont on prétendait, parfois bien naïvement, s'inspirer (ne le cherchons-nous pas encore, et notre naïveté est-elle toujours moindre ?), et lorsque manifestement la société, chefs spirituels compris, y échouait, l'effort cherchait refuge (quand ce n'était pas dans « l'hérésie ») à l'intérieur de nouveaux monastères[2]. Mais il n'y avait là rien de contraire à « l'attente eschatologique ». L'Église ne devait-elle pas chercher à devenir, comme le rappelle M. Étienne Gilson, « le faubourg de la Cité de Dieu »[3] ? Les moines réformateurs ne se considéraient-ils pas comme chargés de former « l'avant-garde du peuple de Dieu » en marche vers le royaume ? Ce que tous, en tout cas, attendaient, c'était le retour du Christ[4].

Or, voici qu'à partir de la jeune abbaye de Flore, — sans renier aucunement d'abord, redisons-le, l'espérance du royaume éternel, — une autre espérance s'apprêtait à envahir l'Europe chrétienne : celle d'un règne de l'Esprit, qui, dans le temps même, allait bientôt s'établir.

---

1. Cf. Claude DAGENS, *Grégoire le Grand, culture et expérience chrétienne*. Éd. des Ét. Augustiniennes, 1977, pp. 345-350, 373, 381, etc.

2. Parmi les thèmes de l'Apocalypse, le premier moyen-âge fut surtout sensible « à celui de la Jérusalem céleste considérée comme un modèle idéal de l'Église ». Un Guillaume de Volpiano, un Pierre Damien « furent animés du désir ardent de faire du monde des cloîtres une société parfaite, véritable anticipation en ce monde du royaume de Dieu ». André VAUCHEZ, *La spiritualité du moyen-âge occidental*, VIII-XIIe siècles. PUF², 1975, pp. 31-32 et 44.

3. *Les métamorphoses de la Cité de Dieu*, Louvain, 1952, pp. 288 et 291.

4. « L'Église avait diffusé dans la conscience collective la conviction que le temps n'est pas simple écoulement, mais qu'il est orienté vers le retour ultime du Christ et l'avènement de la Jérusalem céleste ». VAUCHEZ, p. 64.

Mise à part l'étrange et luxuriante symbolique à travers laquelle elle s'exprimait, cette espérance nouvelle se fondait sur une exégèse littérale de deux textes, constamment cités par Joachim : l'un de saint Paul (1 Cor. 13, 12), l'autre de saint Jean (16, 13). « Aujourd'hui, disait Paul, nous voyons dans un miroir, d'une manière confuse, mais alors ce sera face à face » : par cet « aujourd'hui », Joachim veut entendre le deuxième temps, celui du Christ, et par cet « alors », le troisième temps, celui de l'Esprit. « Lorsque viendra l'Esprit de vérité, disait Jésus dans saint Jean, il vous enseignera toute vérité » : c'est également d'un temps à venir, longtemps après les Apôtres de Jésus, que Joachim entend cette venue de l'Esprit de vérité. Ainsi ces deux textes, dont l'un annonçait la vie éternelle et l'autre l'illumination commençant à la Pentecôte, se rencontrent dans un temps intermédiaire, celui du troisième état. Bien plus, négligeant ou faussant la suite du texte de saint Jean, et spécialement les mots : « il me glorifiera », l'exégète, attentif à sa seule idée fixe, conclut qu'un temps va venir où le Christ s'effacera devant la révélation de l'Esprit. Pour lui, dit très bien M. Henry Mottu, « tout l'Évangile tend » donc « à devenir quelque chose comme un Protévangile de l'Évangile de l'Esprit[1] ».

Jésus, en effet, — c'est toujours M. Henry Mottu qui l'observe, — n'apparaît plus dans cette exégèse comme « la Personne autour de laquelle tout s'organise, il devient... le symbole, le chiffre de l'action d'un autre sujet » ; si son œuvre est nouvelle par rapport au passé d'Israël, elle n'est plus qu'ancienne par rapport à notre avenir, puisqu'elle ne fait que signifier et préparer de loin[2], « comme un simple maillon de la chaîne du second âge, la plénitude spirituelle du troisième ». Dans un tel système, on éprouve un certain mal à voir la place unique qui pourrait être conservée au mystère pascal de sa mort et de sa résurrection. Sans doute quelqu'un pourrait objecter que le Traité sur les quatre évangiles est demeuré inachevé, bien avant d'en arriver au temps de la passion ; mais c'est tout le système, tel qu'il s'exprime dans l'ensemble de l'œuvre, qui paraît bien exclure une interprétation adéquate du mystère proprement christique. Bien plus, tel autre personnage biblique voit son rôle se gonfler au détriment de celui de Jésus. Si par exemple l'homme Jésus est venu pour un baptême « dans l'eau et le sang », Élie ne fut-il pas « enlevé sur un char de feu »[3] ? Par là, meilleure figure de l'Esprit, il se montre aussi plus apte à revenir comme annonciateur de son règne. Et les « hommes spirituels » dont il est un prototype,

1. Op. cit., p. 53. La Commission d'Anagni n'a pas manqué de relever cette double exégèse et sa conséquence.
2. C, l. 3, 1, c. 9, f. 29 r, etc.
3. C, l. 4, c. 40, f. 60 r. Ap, P. 4, f. 175 v : « Si ageremus in parte una de Joanne Baptista et homine Jesu et discipulis ejus, in alia de Elia et Spiritu sancto simulque de aliquibus spiritualibus viris, ... Joannes baptizavit in aqua et homo ipse Christus Jesus in aqua et sanguine... Elias raptus est in curru igneo, etc. »

ceux même par qui déjà ce règne a été « initié », ne devront-ils pas être dits supérieurs au Christ en son humanité ? Ceux « dont le monde attend la venue » ne sont-ils pas « signifiés », non seulement par Zacharie et par Jean-Baptiste, mais par « l'homme Jésus » ? Leur contemplation, infusée en eux par l'Esprit, sera tout au moins supérieure au témoignage que, dans l'état précédent, les martyrs rendaient au Christ. Peut-on s'empêcher de craindre qu'une telle contemplation, se jugeant aussi supérieure au sang des martyrs qu'à la science du scribe, ne s'apparente à quelque gnose ? Nonobstant le *Filioque*, tenacement revendiqué contre les Grecs et servant d'armature à la révélation trinitaire au long des siècles, l'Esprit n'est-il pas dangereusement détaché du Christ, même s'il est toujours envoyé par lui ? Sans doute Joachim ne réduit-il ainsi l'importance que du Christ considéré en tant qu'homme et dans un moment de l'histoire. Mais n'y a-t-il pas là précisément « une dangereuse atténuation de son importance historique »[1] ? Et n'est-il pas inquiétant que paraisse être même remise en cause « la pleine suffisance de l'œuvre salvatrice accomplie une fois pour toutes par Jésus-Christ »[2] ? On peut se demander, croyons-nous, en fin de compte si l'erreur première et foncière de l'abbé de Flore ne serait pas christologique plutôt que trinitaire.

Quoi qu'il en soit, l'annonce du temps de l'Esprit, qui retentit nettement pour la première fois dans l'œuvre de Joachim, ne cessera plus jusqu'à nos jours de caractériser maintes doctrines, maintes aspirations, maints mouvements dont cette œuvre est la source principale. Source reconnue ou méconnue, mais plus reconnue peut-être aujourd'hui que jamais, que ce soit par les historiens ou par les auteurs ou propagateurs de mythes sociaux. On peut le dire avec Dom Cyprien Baraut : par sa « transposition de l'éternel au temporel », Joachim de Flore nous apparaît comme « une figure unique dans l'histoire de la spiritualité au moyen âge »[3]. Son utopie restait cependant médiévale. Modelée sur la Vierge Marie, prototype du silence intérieur, de la simplicité de vie, de la foi pure et candide[4], cette société d'hommes spirituels détachés de toutes « choses mondaines », aimables, pacifiques, menant une vie si limpide qu'ils paraîtraient venus du fond des cieux, d'hommes ayant percé le

1. G. Penco, op cit., t. 1, p. 328.
2. Mottu, p. 321.
3. B, OS, 1190 et 1193.
4. Ap, P. 1, f. 83 r : Virgo Maria « significat Ecclesiam quae nescit virum quaeque requiescit in silentio eremi ; ubi non sunt studia litterarum, non doctores ecclesiasticae institutionis, sed simplicitas vitae, sed sobrietas, sed caritas de corde puro et fide non ficta, etc. » Cf. G. Penco, *Maria modello della vita contemplativa secondo Gioacchino da Fiore*, dans Benedictina, 14, 1967, pp. 51-56 (A. BTAM, 11, p. 492).

sens de tous les symboles et pénétré « dans la plénitude de la vérité »[1], pouvant certifier qu'ils n'avaient rien rejeté de l'héritage chrétien mais qu'ils en avaient, sous l'action de l'Esprit de Dieu, transfiguré toute la lettre en esprit : assurément c'était bien, de toutes les utopies, la plus belle... Dans la longue suite de ses métamorphoses, elle deviendra souvent méconnaissable. Elle finira même par se muer en son contraire, à partir du jour où ce que l'abbé de Flore concevait comme l'œuvre de l'Esprit serait envisagé comme devant advenir par les énergies immanentes au monde ou comme devant être effectué par la seule action de l'homme. Les théories que nous aurons à signaler de siècle en siècle n'offriront bien souvent plus aucun trait de cette « Église des parfaits et des justes », fondée « in typo Mariae » lors du retour d'Élie, radieuse « cité contemplative, observant un perpétuel sabbat, c'est-à-dire un saint repos, vaquant aux oraisons et au chant des psaumes, dans la charité parfaite et l'humilité de l'esprit »[2]. Le règne de « l'ordre des justes » aura pris de bien autres couleurs, la recherche de son avènement de bien autres méthodes, qui ne leur permettront plus sans violence ou sans complaisance d'invoquer le patronage du vieil ermite calabrais. L'histoire de la postérité spirituelle de Joachim est donc aussi bien, et pour la plus large part, l'histoire des trahisons de sa pensée. Elle a été telle dès le lendemain de sa mort. Ce n'est pourtant pas entièrement à tort (sauf en quelques cas) que l'on a désigné en lui le précurseur ou le parrain de bien des rêves disparates d'inégale valeur et même d'entreprises fort éloignées de tout ce qu'il imaginait, fort opposées à tout ce qu'il aimait. A chaque étape de ses développements, la multiple postérité de Joachim de Flore pourrait en appeler à son principe pour autoriser chacune de ces trahisons successives[3].

---

1. Ap, P. 4, f. 175 v et 176 r : « Ita felices homines illius status, quia de rebus mundanis nihil cupient, velut in aere positi super nubem candidam requiescent » ; « velut de arcanis caelorum advenisse putantur. » Cf. T, p. 276. C, l. 5, c. 67, f. 96 r.

2. Ap, f. 83, etc. C, l. 5, c. 18, f. 690. T, p. 92 : « Non immerito in typo Mariae dicitur monasticae religioni quae nunc viget in mundo, de nascituro ex se justorum ordine circa tempus Eliae, etc. » ; p. 215 : « quod perfectum indicatur inchoatae justitiae, imperfectum aestimatur respectu justitiae consummatae » ; p. 277 : « Non absque causa recedens Dei Spiritus a superbis, quaerit humiles spiritu in quibus utiliter requiescat. »

3. « S'il est vrai que tout penseur puissant est menacé d'être trahi par ses successeurs, il reste que ses idées se prêtent plus ou moins à la trahison. Toute pensée a des pentes que dévalent commentateurs et disciples. Mais ils ne les ont pas créées. Même invisibles, elles étaient là » : Jean LALOY, *A propos du marxisme des pays de l'Est*, dans Les quatre fleuves, 8, 1978, p. 27. — Chez Joachim, la pente était visible.

CHAPITRE DEUXIEME

JOACHIMISME MÉDIÉVAL

I

Les premiers conflits

Joachim de Flore mourut en 1202. Tandis que la doctrine d'Amaury, mort trois ans plus tard, était presque aussitôt condamnée à Paris, dans un synode présidé par l'archevêque de Sens, la sienne, apparemment analogue, semble n'avoir longtemps encore inquiété sérieusement personne dans l'Église. Il est vrai que le radicalisme du premier, ou de ses disciples, provenait ainsi qu'on l'a vu d'un tout autre esprit. Tandis que Joachim ne s'était senti que « le précurseur d'un précurseur des temps nouveaux[1] », pour les Amalriciens le troisième âge était advenu déjà. En conséquence, ils repoussaient tout l'ordre ecclésial et sacramentaire, pour jouir sans plus tarder d'une liberté qui n'avait pas grand'chose de commun avec celle que Joachim avait rêvée pour ses contemplatifs à venir. L'illustre abbé de Flore, qui de son vivant avait joui sans discontinuité, en toute circonstance, de la confiance du Saint-Siège[2], ne perdit pas complètement après sa mort, dans l'ensemble de la chrétienté, sa situation avantageuse. Sans doute, en 1215, le quatrième concile du Latran porta un décret, solennellement proclamé par Innocent III en personne, qui atteignait la théorie trinitaire par laquelle il s'était opposé à celle de Pierre Lombard ; il déclara même que quiconque oserait la

1. Ernst BENZ, *Die Kategorien der Geschichtsdeutung Joachims*, Zeitschrift f. Kircheng., 3, 1931, p. 110. Il les espérait cependant proches. Cf. Ap, f. 175 r : « Nos igitur, qui ad januam sumus, multa quidem loqui possumus, sed non sicut hi qui erunt intus. »

2. V. supra, introduction.

défendre ou l'approuver devrait être réfuté comme hérétique[1]. Il tint cependant à louer l'attitude personnelle de l'abbé et signala comme exemplaire la fondation de l'Ordre de Flore, « quoniam ibi et regularis est institutio, et observantia salutaris »[2]. Encore en 1220, une bulle d'Honorius III, pape de 1216 à 1227, garantira l'orthodoxie de Joachim comme celle de son Ordre[3], interdisant qu'on en dise du mal[4] : « eum fuisse virum catholicum reputamus, sanctae fidei orthodoxae sectatorem ».

Que le décret conciliaire ait été d'une grande importance, en ce qu'il consacra le triomphe de la théologie du Lombard, la chose est hors de doute. Il est plus difficile de préciser en quoi consistait exactement la défaite de ses adversaires. Pour ce qui est de Joachim, son traité *De essentia et unitate Trinitatis* est perdu. Le *Liber contra Lombardum* découvert par Denifle et édité en 1934 par Carmelo Ottaviano n'est pas de lui et ne sort même pas probablement de ce que l'éditeur appelle son « école »; on ne retiendra pas non plus l'hypothèse, avancée dès le treizième siècle et reprise par quelques historiens modernes, notamment par Francesco Foberti, mais tout à fait invraisemblable, suivant laquelle Joachim aurait été condamné sur un faux, œuvre probable de cisterciens hostiles[5]. Il n'était pas le premier à s'opposer à Pierre Lombard, et l'essentiel de son reproche n'a rien d'obscur. Dans un traité *De regula sancti Benedicti*, qui a toutes chances d'être de sa main, il est question des « blasphemia Petri, qui unitatem de trinitate dividens, quaternitatem inducit ». L'accusation avait été déjà portée, vers 1177-78, par Gautier de Saint-Victor, dans son fougueux pamphlet *Contra quatuor labyrinthos Franciae*, qui s'en prenait aux « Lombardini haeretici », adeptes d'un art aristotélicien « diabolique plutôt que dialectique »[6]. Dans le premier livre du *Psalterium decem chordarum*, qui est certainement authentique, Joachim dénonce la « perfidia »[7], voire l'idolâtrie de

1. « La croyance extravagante de l'impie Amaury » était dite « plutôt insensée qu'hérétique ».

2. Denz. Sch., *Enchiridion*, éd. de 1963, 803-807 ; pp. 261-263. Cf. Raymonde Foreville, dans l'*Hist. des conciles œcuméniques*, dirigée par G. Dumeige, t. 6, L'Orante, 1965, pp. 283-284, 340, 344-345.

3. C'est Honorius III qui approuva aussi la Règle des deux nouveaux ordres mendiants. (Dès 1209 Innocent III avait approuvé oralement l'ordre franciscain).

4. Un chroniqueur écrivant vers le milieu du siècle fera bien la distinction avec Amaury : « Quaedam dicta abbatis Joachim damnata sunt, damnatur insuper dogma pestiferum Amalrici. » Johannis de Columna Mari *Histor.*, MGH, Script. 24, 281. Relevons une erreur qui montre à quel point ce qui touche à Flore est mal connu en France. Dans la très précieuse *Hist. litt. de la France médiévale*, PUF, 1954, de Paul Zumthor, on lit, n° 383, p. 200 : Joachim fut le « fondateur d'un ordre qui sera condamné en 1215 ».

5. Sur ces deux points, voir la longue discussion instituée par E. Buonaiuti dans son introduction à AF.

6. L. 4, c. 4. Cf. EM t. 3 ; pp. 368-369.

7. Ce mot, faut-il le préciser, ne signifie nullement, pas plus que dans le cas des Juifs, une « perfidie » morale.

quelques docteurs qui, par leur dialectique erronée, introduisent en Dieu une «quaternité » : « idolum adorant, non Deum... Quartum aliquod non recipit fides nostra »[1].

Faudrait-il croire, ainsi que l'insinuera saint Bonaventure, qu'il s'agissait au fond d'un simple malentendu[2] ? ou bien, avec Ernesto Buonaiuti, que Joachim était le héraut d'une « mystique trinitaire » nouvelle, élaborée d'après le souci primordial de « l'économie religieuse de l'histoire », — c'est-à-dire de « l'eschatologie », en réaction contre le point de vue « gnoséologique et métaphysique » jusqu'alors prédominant chez les théologiens de son siècle[3] ? Ce serait là, croyons-nous, ou affaiblir ou déséquilibrer la pensée de notre auteur, en creusant à l'excès l'abîme qu'il se plaît lui-même à marquer entre le rationalisme des théologiens d'école, pleins de témérité dans leurs spéculations, et la pénétration des « hommes spirituels », auxquels il est donné de scruter jusqu'aux profondeurs de Dieu[4]. Ce serait tenir trop peu de compte de ce premier livre du *Psalterium*, tout entier consacré à la « contemplation de la Trinité » en elle-même (*de contemplatione Trinitatis*). On pourrait supposer presque à l'inverse, et peut-être avec autant de raison, que Pierre Lombard acclimatait, sans précautions suffisantes, une théologie fondée sur une tradition latine, mettant l'accent sur l'unité de l'essence divine et la réifiant en quelque sorte au détriment des relations personnelles, ce qui pouvait prêter en effet au grief de « quaternité ». En dépit de son hostilité aux Grecs de son temps, Joachim de Flore voulait à l'inverse maintenir une tradition plus personnaliste, qui ne manquait d'ailleurs pas d'un certain fondement dans la pensée augustinienne mais qui était plus dépendante, au moins à son origine, de la pensée grecque, — au risque de relâcher « l'unité d'identité dans la nature » des trois personnes, qui sembleraient n'avoir plus entre elles qu'une sorte d'« union de charité dans la grâce ». Tel est du moins le grief, d'ailleurs volontairement circonscrit, retenu contre lui au Latran[5].

Il use en effet volontiers, pour exprimer l'union des trois personnes divines, de l'analogie que lui offraient le texte des *Actes* sur les premiers chrétiens, « dont la multitude n'était qu'un cœur et

1. Ap, 1., c. 1 ; f. 34 r. Psalt, f. 229 r. « Quaternitas » : c'est ce que S. Bernard reprochait à Gilbert de la Porrée. *De consideratione*, l. 5, c. 7, 1.

2. Voir infra, ch. troisième.

3. Loc. cit., pp. XXXII-XXXIII et pp. 6-7, note. N'y a-t-il pas quelque incohérence à présenter ainsi Joachim comme un audacieux novateur et à soutenir en même temps (p. XLVII) que l'Église officielle, sentant d'instinct les avantages pratiques de la nouvelle théologie des écoles, aurait condamné en Joachim les retardataires, fidèles à l'ancienne orthodoxie ?

4. Psalt, f. 228 v et 229 r. Cf. T, p. 189 ; AF, introd., XXXII.

5. Dz-Sch., 806 : « ... Hoc nomen ' unum ' pro fidelibus quidem accipitur, ut intelligatur unio caritatis in gratia, pro personis vero divinis, ut attendatur identitatis unitas in natura... Si quis igitur sententiam vel doctrinam praefati Joachim in hac parte defendere vel approbare praesumpserit, tanquam haereticus ab omnibus confutetur ».

qu'une âme » ainsi que des textes semblables de saint Paul et de saint Jean[1]. Il écrit dans AF, p. 5 : « « Unum ab unitate, utpote cum dicimus unum gregem, unum populum, unam turbam, etc. » Quelle que soit la différence qu'on a justement fait valoir entre les deux climats de pensée, c'était ainsi qu'avait procédé Roscelin dans une lettre célèbre à son ancien élève et contradicteur Abélard, qui avait pu le faire sérieusement soupçonner de trithéisme, et que saint Anselme avait réfutée[2]. On a longuement discuté pour savoir si la guerre « tenace et sans quartier »[3] menée par Joachim contre le Lombard dans tous ses ouvrages dépendait ou non de cette querelle antérieure. Si Abélard et Anselme étaient les ancêtres du Lombard, Roscelin et Richard de Saint-Victor, ou même Guillaume de Saint-Thierry, ne seraient-ils pas ceux de Joachim ? Le lien, quel qu'il soit (v. infra), mis par celui-ci entre théologie trinitaire et théologie de l'histoire nous paraît enlever beaucoup de son intérêt à l'hypothèse, d'ailleurs assez peu vraisemblable, d'une telle filiation directe. Cependant, comme Roscelin encore, Joachim invoque, entre autres autorités, celle de saint Ambroise. S'il vivait de nos jours, sans doute invoquerait-il de même celle de Vatican II dans la Constitution *Gaudium et spes*[4]. Mais Vatican II parle prudemment d'« une certaine ressemblance », et c'est au cours d'un enseignement sur « la communauté humaine », non sur la Trinité[5]. Quant à saint Ambroise, ni Joachim lui-même, ni son apologiste Buonaiuti n'ont assez remarqué qu'après avoir cité les mêmes textes du Nouveau Testament concernant l'unité des chrétiens entre eux ou avec Dieu, il avait atténué le parallèle en ajoutant : « Si hoc de humanis Scriptura dicit..., *quanto magis* Pater et Filius divinitate unum sunt... »[6].

Il n'en est pas moins vrai que la doctrine de Joachim, malgré sa pente, n'a rien de vraiment trithéiste. — Pas plus, dirons-nous, que celle de Pascal dans ce raccourci fulgurant : « Tout est un, l'un est dans l'autre, comme les trois personnes »[7]. Sans doute il tâche d'éclairer « le Juif aveugle », il combat Sabellius, ce « singularista haereticus » qui reconnaît dans la divinité « unam tantum ac solita-

---

1. Act. 4, 32. 1 Cor. 6, 17. Jo 17, 21-22.

2. PL, 178, 362-369. ANSELME, *De fide Trinitatis*. Cf. OTTAVIANO, loc. cit., 1934, pp. 63-64 et 89-90, et sa discussion en 1936 par Buonaiuti, loc. cit.

3. R. MANSELLI, *Lectura*, p. 85.

4. P. 1, ch. 2 : « Quand le Seigneur Jésus prie le Père pour que ' tous soient un... comme nous sommes un ', il ouvre des perspectives inaccessibles à la raison et il nous suggère qu'il y a une certaine ressemblance entre l'union des personnes divines et celles des fils de Dieu dans la vérité et dans l'amour ».

5. De même Joachim ne cite pas toujours Act. 4, 32 en vue d'exprimer l'unité divine ; il y voit aussi « le modèle et prototype de l'unité spirituelle entre les hommes » : BUONAIUTI, loc. cit., p. XLVIII.

6. Aussi BUONAIUTI exagère-t-il lorsqu'il écrit : « Condannando Gioacchino, il concilio investiva anche di riprovazione sant'Ambrogio ». Ibid., p. XLIX.

7. *Pensées*, Chevalier 483.

riam personam » et réduit la Trinité à un « singularis intellectus »[1], il critique la timidité des théologiens « metuentes aliquid proferre quod distincte referaturad personas singulas, ne videantur scissionem facere in unitate deitatis » ; mais il ne tient pas moins fortement à écarter de Dieu toute « division de la substance » et à rappeler maintes fois la « simplicité » et « l'unité de sa nature »[2]. Seulement, pour lui, l'unité de cette « nature incompréhensible » ne consiste en rien autre que dans le « vinculum ineffabile » des personnes, lien que nous ne saurions mieux concevoir que comme celui d'une « ineffable charité »[3]. Il refuse certaines images qui affaibliraient l'idée de cette unité en séparant les hypostases de la substance et du même coup en les séparant entre elles[4] ; en revanche il en adopte d'autres qui lui paraissent mieux l'assurer : celle du « cèdre sublime » (empruntée à Ézéchiel), qui est Dieu le Père et dont le Fils et l'Esprit sont la moëlle « non singularis sed una »[5], mais surtout celle du soleil, qui n'est dans le ciel qu'une seule substance ignée dont naissent, inséparables, rayonnement lumineux et chaleur[6]. Au reste, toujours respectueux du mystère, il observe que « le ternaire » qui désigne la Trinité n'a aucune signification quantitative[7] et il conclut volontiers à la manière de saint Bernard que « ce grand mystère doit être vénéré, non scruté »[8] : Dieu a pu se manifester sous l'aspect d'un ange, ou sous celui de trois hommes, comme à Abraham : mais en lui-même, « dans la pureté de sa nature », *Deum nemo vidit unquam*[9]. En cette vérité fondamentale, dit-il aux Juifs, je ne doute pas que nos pensées concordent[10].

Plus d'un point demeure obscur dans la doctrine de Joachim de Flore. En quoi, par exemple, consistait au juste son œcuménisme, qui liait « l'unité de l'Église » à la future « intelligence spirituelle »[11] ? Comment conciliait-il son estime de l'ancienne tradition grecque avec sa profession de foi dans le *Filioque*, si organiquement lié à sa théologie

1. AJ, p. 8. Psalt, f. 229 v, 231 v. Ap, introd., c. 13, f. 13 r.
2. AF, p. 8 : « Tu trinum tene sed non compositum, unum cogita sed non singularem ». Psalt., C. 1, f. 229, 233-234 ; 239 v : « cum una sit substantia trium ».
3. Ap, l. 1, c. 1 ; f. 34.
4. Psalt, f. 229 r : « Quem trinum esse audis, (ne) sic in tres personas divisum putes, ut tria divisa arbitreris sicut oliva, mirtum et palmam, quae diversae sunt natura et genere ; sed nec ut tres olivas, quae unius sunt naturae sed tamen corporis proprietate disjunctae ; neque ut tres ramos uni radici infixos, etc. »
5. AJ, p. 42. AF, appendice, p. 87. Cf. Ez. 17, 22-24.
6. Psalt, f. 229 v : « Habes ergo in uno solo mysterium trinitatis..., quasi cum substantiam illam igneam quae in caelo est, et radium qui ex ea nascitur, et calorem unum solem esse dicimus, etc. » Cf. Hebr. 1, 3.
7. Psalt, f. 277 r. Déjà Ambroise, loc. cit., n. 19. PL, 16, 533 AB.
8. Psalt, f. 233 r ; « ... Scrutari hoc temeritas est ; credere, pietas ».
9. T, p. 124 ; « in sua simplici natura » ; « in suae puritate naturae ».
10. AJ, p. 23 : « ... Intelligimus supra modum capacitatis nostrae inextimabilem esse Deum ... Super quo vos quoque, o Judaei, nobiscum in hac parte concordare non dubito ».
11. Cf. T, P. 140, etc.

de l'histoire[1] ? Mais parmi ces points obscurs, le plus capital est précisément celui du rapport entre sa théologie de l'histoire et sa théologie trinitaire. Que ce rapport existe, on n'en saurait douter. La plupart des historiens en sont d'accord[2]. Mais en quel sens s'exerce-t-il ? Question pratiquement insoluble, et peut-être faux dilemme. Est-ce, comme paraît l'admettre Manselli, la théorie trinitaire déjà constituée qui fournit à toute la méditation historique de Joachim sa base théologique et dialectique[3] ? Nous inclinons à le penser. Serait-ce au contraire, comme le disait Buonaiuti[4], suivi en cela par Tondelli[5], « l'eschatologie » qui « conditionnerait la théologie » ? On pourrait à la rigueur admettre la formule, à la condition de ne pas la durcir en la voulant exclusive. On pourrait dire également, avec Marjorie Reeves, que « l'essence de la Trinité ne pouvait pas être conçue (par Joachim) comme étant séparée de son interprétation dans l'histoire »[6], mais à la condition de ne rien entendre par là qui insinuerait une formation ou un développement du Dieu un et trine par le déroulement de l'histoire : « Cette nature incompréhensible et éternelle demeure sans fin ce qu'elle est ; au commencement sans commencement, Dieu était Père, avec le Fils et le Saint-Esprit, le Fils et le Saint-Esprit lui sont coéternels »[7]. Il n'y a donc point, en ce sens, le moindre « hégélianisme » inchoatif dans la doctrine de Joachim. — Mais le rapport en question étant admis, devra-t-on admettre pour autant comme chose évidente qu'il ait été clairement perçu par les membres du concile en 1215 ? « L'Église, écrit Mme Jeanne Bignami-Odier, n'aurait pas condamné Joachim au concile du Latran si sa théorie de la Trinité n'avait pas rejailli sur sa division théologique de l'histoire de l'Église[8] ». Peut-être est-ce

---

1. T, pp. 21-23. P. 4, c. 3, f. 45 ; nombreux textes analogues. « Agnosce itaque in littera veteris testamenti, quae est, ut ita dixerim, scientia primitiva, imaginem Patris, in littera novi, quae est littera de littera, imaginem Filii, in spirituali intelligentia, quae ex utraque procedit, imaginem Spiritus », etc.
Denifle, Archiv, 1, pp. 54 et 55.

2. EM, t. 3, p. 456. Bloomfield, pp. 262-263, où sont indiquées les nuances.

3. *Lectura*, p. 84 : Joachim « pone a base del divenire storico, l'explicarsi della realtà stessa di Dio nelle tre Persone della Trinità. » Tel semble être aussi l'avis de McGinn, p. 280.

4. T, p. 257, note (d'après Psalt, f. 239) ; cf. p. xvi.

5. *Il libro delle Figure*[2], 1951, t. 1, p. 171.

6. *The influence of Prophecy in the later Middle Ages*, Oxford, 1969, p. 51, cité par Mottu, p. 29.

7. Psalt, l. 1, f. 239-240 : « Illa aeternitas Dei quae erat ante ipsa saecula, principium non habuit, sed principium erat... Natura illa incomprehensibilis et aeterna sine fine manet quod est ... In principio sine principio erat Deus Pater, cum Filio et Spiritu sancto ... Sic Deus Pater est id quod est, ut tamen coaeternum sibi Dei Filium et coaeternum sibi Spiritum sanctum ad electes ex seipso dignetur mittere creaturas, etc. » (Le texte ici semble peu sûr). Ap, lib. introd., c. 5, f. 5 : « ... ut nihil in ea (Trinitate) prius aut posterius esse credamus, nihil majus aut minus, sed totas tres personas coaeternas sibi esse et coaequales... ».

8. Loc. cit. p. 153. Karl Barth s'est montré plutôt sensible au danger inverse, — et, croyons-nous, avec raison. Si Joachim, dit-il, cherche à « expliquer le monde

prêter au concile une indifférence excessive à l'égard de l'orthodoxie trinitaire. Le contexte de l'affaire est d'autre part trop mal connu pour qu'il soit possible d'émettre à ce sujet un avis certain. La condamnation, entourée de réserves, n'aurait-elle pas été plutôt un moyen de faire cesser les oppositions au Lombard et de consacrer sa doctrine ? Le concile ne fait en tout cas aucune allusion explicite à un rapport qui ajourd'hui nous paraît si naturel. On ne saurait donc dire avec M. Michel Collinet[1], nous semble-t-il, que Joachim de Flore fut condamné « pour avoir séparé dans le temps l'activité des trois personnes de la Trinité ». Tout se passe au contraire comme si l'autorité de l'Église avait laissé longtemps encore intacte sa conception originale de l'histoire du salut.

Aussi n'est-il guère étonnant que cette conception ait continué d'exercer à l'intérieur de la chrétienté, jusque dans le nord de l'Europe, et spécialement en Angleterre, une action diffuse[2]. En Calabre et en Italie centrale, des contacts s'étaient établis assez tôt entre les premiers franciscains et les monastères de Flore ; c'est par l'abbé de Camajora, Benoît, que Salimbene, alors à Pise, fut conquis au joachimisme[3]. M. Raoul Manselli a signalé « la vague de fond eschatologique provoquée par le joachimisme » et « les remous qu'elle suscita à tous les niveaux culturels »[4], et M. Raffaello Morghen a noté même que le joachimisme « s'abattit comme un cyclone sur tout le treizième siècle »[5]. A vrai dire, pendant les premières décennies du siècle, le cyclone semble avoir été plutôt, d'ordinaire, une pénétration tranquille. La création et le succès rapide des deux grands Ordres religieux mendiants, Franciscains et Dominicains, paraissaient en être une première et éclatante confirmation[6]. L'abbé de Flore n'avait-il pas annoncé la venue d'un « duplex religionis ordo », qui réédifierait les murs de Jérusalem[7] ? Aux environs de 1230, on constate la présence de disciples de Joachim à la curie pontificale

---

à partir de la Trinité » ne serait-ce pas « afin de pouvoir parler de la Trinité dans le cadre de ce monde ? » Ce qui tendrait, commente H. Mottu, p. 274-5, « à historiciser indûment le mystère », c'est-à-dire à favoriser « quelque chose comme un trithéisme évolutif ». Cf. *Dogmatique*, vol. 2, pp. 41-45.

1. Loc. cit.

2. Bloomfield et Reeves, *The Penetration of Joachim into Northen Europe*, dans Speculum, 29, 1954, pp. 772-793.

3. A. Callebaut, *Le joachimite Benoît...*, AFH, 20, 1927, pp. 219-222.

4. RP, p. 88.

5. Dans *Attesa*, 1962, conclusione, p. 447.

6. Ainsi Alexandre de Brême (Alexander Minorita), *In Apoc.* (textes dans Kleinhaus, *De commentario in Apoc. Fr. Alex. Bremensis, OFM* ; Antonianum, 2 1927, pp. 318-334) et Salimbene, pp. 266, 292, 415, qui citent aussi l'un et l'autre l'*In Jeremiam* à l'appui.

7. T, p. 95. Bien d'autres passages étaient encore invoqués. Cf. la longue note de Buonaiuti, pp. 95-97.

aussi bien qu'à la cour impériale. Honorius III favorise le développement de l'ordre de Flore. En 1234, dans la bulle de canonisation de saint Dominique, Grégoire IX (Hugolin, qui avait été l'ami intime de François) assimile cet ordre aux quatre grandes familles religieuses fondées par Benoît, Bernard, Dominique et François ; il déclare que les Prêcheurs étaient annoncés dans l'Écriture, et ceux-ci pensent volontiers que c'est Joachim qui les y a découverts: n'a-t-il pas prédit qu'aux jours d'Élie surgirait des ténèbres un « praedicatorum ordo »[1] ? Même faveur du côté des Franciscains, et la papauté n'en prend toujours pas ombrage, au contraire. C'est précisément à cause de son renom de « grand joachite », s'il faut en croire Salimbene, que Hugues de Digne, « spiritualis ultra modum», sera invité en 1245 par Innocent IV, successeur de Grégoire IX, à prêcher au concile de Lyon pour la réforme de la curie. Il en profitera, selon notre narrateur, pour adresser ensuite en plein consistoire, aux cardinaux qui l'interrogeaient sur l'avenir, une violente diatribe : « L'abbé Joachim vous dénomme bien plus justement quand il vous appelle *carpinales* (rongeurs), car en vérité vous savez seulement ronger, dépouiller et vider les bourses de tous, etc. etc. » Les cardinaux, note Salimbene, qui aime tisser ses récits de paroles bibliques, « frémissaient de rage », mais en sortant le pape aurait dit au frère Hugues : « C'est l'inspiration du Tout-Puissant qui rend intelligent, et l'Esprit souffle où il veut. Béni sois-tu, mon fils, par le Dieu très-haut, de nous avoir dit tant de bonnes choses »[2].

La scène, comme d'autres, est évidemment « arrangée ». Hugues fut sans doute un prédicateur ardent et hardi ; cependant, en l'occurrence, son discours ne dépassait peut-être guère les reproches d'usage[3]. Au reste, son « joachimisme », dont il est difficile de deviner la teneur, semble avoir été modéré ; il ne transparaît pas dans ce qui reste de ses écrits[4]. On a quelque peine à croire que celui qui fut en relations amicales avec des hommes tels qu'Adam de Marsh, Alexandre de Halès et Robert Grossetête, n'ait été qu'un illuminé[5]. Il est vrai qu'il était aussi le frère de l'étrange sainte Douceline (1215-1274), chez laquelle plusieurs ont relevé divers traits joachimites[6]. N'a-t-elle pas vu, un jour de Noël, l'enfant Jésus reposant parmi les lys, et un autre jour la Vierge Marie assise au sommet d'un *puy* protégé d'une haie de lys ? N'a-t-elle pas répondu, à un

1. T, ibid.
2. SALIMBENE, pp. 226-233.
3. L'éditeur n'a pu retenir une exclamation : « Nugaris, frater Salimbene ! » (p. 231, note 2). C'est aussi l'avis de J. PAUL, *Hugues de Digne*, dans Fanjeaux, 10, pp. 81-83.
4. Cf. Chr. VAN DIJK, dans Fanjeaux, 10, pp. 203.
5. Hugues étant mort en 1255, on ne peut savoir quelle eût été son attitude dans la tempête dont cette année marque le début.
6. Cf. AUBANÈS, *La vie de sainte Douceline*, texte et trad., Marseille, 1879. GEBHART, op. cit., pp. 206-209. *La vie de sainte Douceline, texte provençal du XIVe siècle*, trad. et notes par R. GOUT, Bloud et Gay, 1927.

théologien qui l'interrogeait, que l'âme est « le miroir de la majesté divine, qui lui a imposé son sceau » ? Et n'a-t-elle pas, un jour de l'Ascension, contemplé l'entrée du Christ dans son royaume ? — Le premier trait nous paraît peu significatif, car le symbole des lys n'y est pas mis en rapport avec un temps de l'Esprit ; dans le deuxième, nous n'apercevons pas autre chose qu'une belle définition tout à fait classique ; et quant au troisième, la date même de l'Ascension n'indique-t-elle pas qu'il s'agit de l'entrée du Christ au ciel, et nullement d'un avènement de l'Esprit sur la terre ? On a bien remarqué que cette *Vie* ayant été rédigée après le concile de Vienne, « les allusions joachimites ont dû être camouflées »[1] : n'est-ce pas reconnaître qu'elles sont incertaines ? Renan avait sans doute vu plus juste, lorsqu'il concluait que dans cette *Vie*, qui rappelle souvent les *Fioretti*, « rien ne transpire des hardiesses de l'école de l'Évangile éternel »[2].

Ce qui reste moins contestable, c'est que pour Hugues de Digne l'Église n'avait pas connu, depuis le temps des Apôtres, d'aussi grandes merveilles que celles qui venaient de briller en saint François d'Assise[3] ; persuasion que sa parole enflammée communiquait à ceux qui accouraient, nombreux, à son couvent de Hyères, et que son ami Jean de Parme, ministre général de l'ordre, semble avoir partagée ; — ce qui ne signifie d'ailleurs pas, comme l'a supposé Renan, que « saint François avait à moitié remplacé le Christ dans cette petite secte d'exaltés »[4]. Ouvert par François sous une forme inédite, qui rappelait le premier essor de l'Évangile, l'*aetas monachorum* annoncé par Joachim de Flore n'allait-il pas être le salut de l'Église ?

Ainsi, comme la papauté avait été à l'origine des écrits de Joachim de Flore et s'en était fait d'avance la garante, c'était encore la papauté qui, en cette première moitié du treizième siècle, semblait couvrir la propagande et favoriser l'essor d'un néo-joachimisme naissant. Il est vrai que ni Lucius III ni Urbain III n'avaient pu connaître encore les développements qu'allait prendre la doctrine de la concorde et des trois états dans les ouvrages dont ils encourageaient la rédaction[5], et pas davantage Honorius III ou Grégoire IX, ni même

1. C. Carozzi, *Une béguine Joachimite : Douceline, sœur d'Hugues de Digne* ; Fanjeaux, 10, pp. 169-201.
2. *Philippine de Porcellet, auteur présumé de la Vie de sainte Douceline* ; Hist. litt. de la France, t. 29, 1885, pp. 533 et 545.
3. Chr. Van Dijk, dans Fanjeaux, 10, pp. 217-218. Sur Hugues, v. aussi Fiorella Simoni, dans Chi erano, pp. 151-152 et 162.
4. Loc. cit., p. 534.
5. Cf. Campagnola, pp. 11-12 : la substance du colloque entre Lucius III et Joachim à Veroli serait probablement à chercher dans un opuscule intitulé *Expositio prophetiae anonymae*, portant la date de 1184 et conservé à la Bibliothèque antonienne de Padoue, qui serait de Joachim lui-même. « Nell'Expositio prophetiae non c'è però ancora presente alcun disegno trinitario della storia. La tribolazione dell'Anticristo chiude il Nuovo Testamento, senza alcuna insinua-

peut-être Innocent IV, ne pouvaient deviner l'extraordinaire floraison d'écrits pseudo-joachimites qui allait bientôt soulever tant de tumultes. Cependant, la théorie de Joachim ne fixait pas seulement les aspirations confuses d'âmes pures ; elles fournissait aussi, comme l'a écrit Édouard Jordan, « un cadre aux élucubrations des mécontents et des rêveurs »[1]. En ranimant et transformant l'attente eschatologique, elle devait fatalement se combiner dans bien des esprits avec d'autres formes de cette attente. Dans toutes les régions de l'Europe le nom de Joachim ne tarde point à se mêler, en de nombreux amalgames, aux prédictions des Sibylles et de Merlin et de toutes sortes de « prophètes », anciens et nouveaux. On a pu écrire aussi que sa collusion « était inscrite d'avance » non seulement, comme nous allons le voir aussitôt, avec le mouvement qui entraîna une partie des Franciscains spirituels, parfois « à la frontière de l'hérésie », mais avec « l'hérésie manifeste », plus tardive, qui réclamerait dans un esprit de violence contestataire « la liquidation de l'Église du Christ »[2].

Dès avant le milieu du siècle commençait à circuler sous le nom de Joachim un commentaire *Super Jeremiam*, datant probablement des années 1243-1248, destiné à une immense fortune. (Un *De seminibus Scripturarum* l'avait précédé, autrement orienté.) Cet écrit[3] inaugurait toute une série de pseudo-prophéties apocryphes, instruments des passions politiques du temps, répandues à peu près simultanément avec les écrits authentiques et reçues parfois avec plus de faveur. On s'étonne que ces deux séries d'ouvrages aient pu passer si longtemps pour être du même auteur auprès de ceux qui connurent les uns et les autres. Un *Super Isaiam* vit le jour peu après 1250. Ces deux traités sur Jérémie et sur Isaïe, violemment hostiles à Frédéric II et à sa dynastie, provenaient sans doute de l'Italie du sud, selon les uns de milieux cisterciens, selon d'autres

zione di un'apoteosi della storia umana nell'età dello Spirito, eccetto il significativo dettaglio della conversione degli ebrei prima della fine dei tempi... Si comprende perciò l'invito di Lucio III a mettere in scritto e di sviluppare questo metodo interpretativo, cioè che l'abate cistercense farà nella Concordia... » De même, en 1186, Urbain III exhorte Joachim à écrire son *Exp. in Apocalypsim* ; en 1190-91, celle-ci ne serait pas encore achevée.

1. *Joachim de Flore*, DTC, t. 8, col. 1457.

2. M. D. Chenu, *Contestation sans schisme dans l'Église médiévale*, Concilium, 88, oct. 1973, p. 54. Nous ne croyons pourtant pas qu'alors « la hiérocratie de l'Ancien Testament cesse d'être, par le moyen de l'allégorie, le modèle du Peuple de Dieu ». Pour l'exégèse influencée par Joachim, la réalité paraît plutôt inverse : d'où les futures « Politique tirée de l'Écriture sainte ». L'allégorie traditionnelle transformait au contraire en les spiritualisant les données historico-politiques et même, pour une part, culturelles de l'ancienne Alliance. En la remplaçant par l'idée de « correspondance » ou de « concorde » de lettre à lettre esquissée avant lui mais systématisée par lui, Joachim concevait davantage le Nouveau Testament sur le modèle de l'Ancien, ce qui l'amenait à rêver d'un troisième âge, seul vraiment nouveau, quelles que fussent encore les précautions de son langage ou plutôt les timidités de sa pensée.

3. Renan en donne quelque idée, pp. 231-236.

(et c'est plus probable) de milieux franciscains. Joachim, disait-on, les avait rédigés à la demande de l'empereur Henri VI, dont il était l'ami. Hugues de Digne fait grand cas de l'*In Jeremiam*[1] ; Salimbene le cite une quinzaine de fois. Or l'ouvrage ne se contentait pas de renforcer les prophéties concernant les deux ordres mendiants ; il dérivait la pensée de Joachim sur le plan politique. Certes, l'abbé de Flore n'aurait pas été de son temps et il n'aurait pas été un théologien de l'histoire s'il n'avait mêlé aucune considération politique à ses vues. L'Église romaine n'était pas seulement pour lui l'équivalent de « toute la latinité », depuis que l'Orient avait fait « sécession » ; elle se confondait presque, dans certaines de ses pensées, avec le sol italien. Les envahisseurs de sa patrie, qu'ils fussent grecs, normands, sarrasins ou germains, étaient en même temps pour lui les oppresseurs de l'Église[2]. Toutefois, ses gémissements sur « la malheureuse Italie » n'avaient rien d'un appel belliqueux. Il avait d'autre part loué la « donation de Constantin », puis le patronage des « pieux chefs des Francs », qui procurèrent à l'Église une période de « repos »[3]. L'*In Jeremiam*, au contraire, maudit les suites du constantinisme qui a mondanisé l'Église ; mais en même temps, de pair avec l'*In Isaiam*, il soutient la vieille querelle du Sacerdoce et de l'Empire, qui était entrée de nouveau, sous cet empereur, dans une phase aiguë[4]. On sait l'absolutisme et les ambitions de Frédéric. Il avait porté, en 1238, un décret contre toutes les « hérésies » du temps (il en comptait dix-neuf). On l'a même soupçonné de vouloir ouvrir une ère nouvelle en jouant le rôle de chef unique au spirituel comme au temporel ; il pouvait se flatter « d'entrer dans l'âme de son siècle que Joachim avait semblé deviner et que plus tard les fraticelles allaient vouloir faire parler »[5]. Rome était « la ville royale » où il eût voulu régner seul. On lui donnait le titre de « commutator saeculi ». Il se laissait appeler « sauveur, saint, divin », et même « vicaire du Christ ». (Peu importe ce que fut sa croyance ou son scepticisme intime.) Le conflit fut tel avec l'Église, que certains purent croire « que tous les mystères étaient accomplis »[6]. Après sa troisième excommunication et sa déposition au concile de Lyon en 1245, il conservera des partisans

1. SALIMBENE, pp. 240 et 360.
2. Dans C, l. 5, c. 108, f. 126 r, les Germains opprimant l'Église latine sont comparés aux Sarrasins opprimant l'Église d'Orient. Le l. 4, c. 9, f. 48 r, rappelle le temps malheureux où l'alliance des Goths et des Grecs ariens avait fait peser son joug sur l'Italie.
3. Ap, P. 3, f. 142-144. C, l. 4, c. 16, f. 50 ; c. 17, f. 52 r : « ... christianus populus, qui tempore Sylvestri papae frui ceperat feliciter ecclesiastica libertate... »
4. C'est à cet aspect théologico-politique du « joachimisme » que se sont plus particulièrement intéressés un certain nombre d'historiens germaniques.
5. Mgr DOUAIS, *l'Inquisition, ses origines, sa procédure*. Plon, 1906, p. 108.
6. SALIMBENE, p. 236 ; cf. CAMPAGNOLA, p. 137, à propos d'un abbé de l'ordre de Flore.

fanatiques : les *Annales Stadenses* signalent, à la date de 1248, un pullulement de prédicateurs hérétiques qui parlent contre le pape, les évêques, les cisterciens, les frères mendiants et recommandent de prier « pro domino Friderico imperatore et Conrado filio ejus »[1]. Après sa mort en 1250, une légende courut, comme jadis pour Charlemagne, qu'il restait vivant et caché, et qu'il reviendrait[2] pour châtier les hommes d'Église.

Durement traités par Frédéric, les Franciscains spirituels avaient réagi : pour l'auteur de l'*In Isaiam*, l'Antichrist naîtra de sa postérité. C'était l'affrontement de deux « joachimismes» diversement déviés. Cependant, c'est une autre querelle qui mit le feu aux poudres. En 1254, un franciscain lombard, jeune encore mais déjà réputé, « non mediocriter eruditus in scripturis », Gherardo da Borgo San Donnino, venu de Sicile au couvent de Provins puis à Paris pour y terminer ses études à l'Université (1249), publie et fait vendre sur le parvis de Notre-Dame un *Liber introductorius in Evangelium aeternum*, suivi d'un commentaire de la *Concordia*. L'ouvrage est anonyme, si bien que plusieurs l'attribuent d'abord à un dominicain. (Les deux ordres mendiants, quelquefois mal distingués au début, étaient d'ailleurs l'objet dans les milieux universitaires d'une même réprobation.) D'après Salimbene, il semble que Gérard ait agi à l'insu des autorités de son ordre[3] ; mais Angelo Clareno rappelle qu'il avait été, quatre ans auparavant, le principal compagnon du ministre général, Jean de Parme, dans sa mission pontificale auprès du patriarche et de l'empereur de Constantinople[4]. L'ouvrage, qui est un manifeste en faveur du parti « spirituel » de l'ordre franciscain, obtient un succès foudroyant. Succès avant tout de scandale : il éclate en plein conflit des Mendiants avec l'Université, qui les a exclus l'année précédente et qui, rejetant l'injonction venue de Rome des les réintégrer[5], vient de publier contre eux un réquisitoire[6]. L'occasion parut bonne aux maîtres séculiers. Leur principal porte-parole, Guillaume de Saint-Amour, réfute aussitôt « ce livre maudit, qui prétend que les sacrements de l'Église et l'Évangile du Christ » sont sur le point

1. Ed. Pertz, MGH, Script., 16, nouv. éd. 1925, pp. 371-372. A la date de 1250 les Annales mentionnent l'accomplissement d'une prophétie de Joachim, tirée (non ad verbum) de l'*In Jeremiam*.
2. SALIMBENE, p. 347.
3. P. 233 : « Et Parisius fecit istum libellum et ignorantibus fratribus divulgavit ». Cf. pp. 236-237.
4. *Tertia persecutio*. Archiv, 2, pp. 238-269 ; cf. p. 283. Sur Jean de Parme : Gratien, pp. 239-246.
5. Bulle *Quasi lignum*, 14 avril 1255.
6. Sur le premier siècle des Mineurs et le mouvement des Spirituels l'ouvrage de base reste celui du P. GRATIEN, 1928. Nous ne pouvons que rappeler sommairement quelques faits.

d'être évacués[1]. Il en profite pour accentuer sa lutte contre les Mendiants, dans un *Libellus de Antichristo et ejus ministris*, puis, vers la fin de 1255 ou au printemps de 1256, dans un *Tractatus brevis de periculis novissimorum temporum*, qui aura cinq éditions en cinq mois, et, d'avril à juin 1256, dans une série de violents sermons parisiens[2]. « Spiritus evangelicam doctrinam consumet et devorabit »[3].

Le *Liber introductorius* de Gérard a été expédié sans retard pour censure à Innocent IV, qui était mourant. Sur l'ordre de son successeur Alexandre IV, élu le 21 décembre 1254 (pape de 1254 à 1261), il est examiné par une commission de trois cardinaux (l'un d'eux est le dominicain Hugues de Saint-Cher) qui se réunit en juillet 1255 à Anagni[3]. La commission prend sa tâche au sérieux. Elle utilise avec prudence deux dossiers : l'un est constitué par l'ouvrage de Gérard[4] et une liste, assurément tendancieuse, de trente-et-une propositions extraites et glosées par Guillaume de Saint-Amour ; l'autre, par de copieux extraits de Joachim de Flore que lui apporte Florent, évêque d'Acre[5]. Le long « Protocole » final[6] distingue soigneusement les deux causes. Il est très sévère au franciscain ; il lui applique la note d'« hérésie » telle que l'ont définie Jérôme, Augustin et Isidore : mépris de la tradition, « alicujus temporalis commodi et maxime vanae gloriae causa ». Il répudie ses « falsas opiniones », qui tendent à la subversion de l'Église romaine : Gérard n'ose-t-il pas dire, dans des passages qu'il faut lire de près, que l'Écriture divine comporte trois parties, dont la troisième est le livre de l'Évangile éternel, Évangile de l'Esprit, seul véritable Évangile du Règne ? Ne proclame-t-il pas l'avènement d'un dernier « status » où il n'y aura plus ni énigme ni figures[7] ? Joachim est traité un peu moins durement. On lui reproche toutefois de prédire l'avènement d'un troisième état, sur la date duquel il s'est d'ailleurs trompé ; de rabaisser l'ordre des clercs pour exalter les moines ; de trop opposer Pierre et Jean ; de parler abusivement de Babylone et de compter deux Antichrists[8]. Son œuvre est déclarée « suspecte » en raison du caractère secret qu'il lui

---

1. Sermon de 1255. Archiv, 1, pp. 68-69 ; et p. 77 : « quod adveniente evangelio Spiritus sancti, sive clarescente opere Joachim, quod dicitur evangelium aeternum sive Spiritus sancti, evacuabitur evangelium Christi. »
2. Edmond FARAL, *Les ' Responsiones ' de Guillaume de Saint-Amour*, AHDL, 18,1951, pp. 337-394. Extraits du sermon ' Si quis diligit ' dans DUFEIL, pp. 125 et 228.
3. *Libellus de Antichristo*... Archiv, 1, p. 77.
4. DENIFLE, Archiv, 1, pp. 49-98. FARAL, p. 363. Les notes de Gérard citées par le Protocole d'Anagni concernent toutes uniquement la *Concordia*. Archiv, 1, p. 69.
5. Loc., cit., p. 102.
6. Texte, loc. cit., pp. 99-142.
7. Archiv, 2, pp. 92-102 et 115-120 ; cf. pp. 68-88.
8. Sur les deux Antichrists au moyen âge : BLOOMFIELD, p. 265. MANSELLI, *La terza età, Babylon e l'Anticristo mistico*, Bollettino dell'Ist. Storico italiano per il M. Evo e Archivio Muratoriano, 82, 1970, pp. 47-79.

a imprimé, « more haereticorum », dans le prologue de son livre sur les articles de la foi ; critique mesquine, et qui serait vraiment peu fondée[1], si les examinateurs, qui d'ailleurs n'y insistent pas, n'avaient vu là le signe d'une méfiance habituelle envers les «magistri », « quos etiam tam impudenter quam superbe vituperat »[2]. Rien n'est dit du traité contre Pierre Lombard (que la commission n'avait pas mandat de ré-examiner) ; mais, chose plus curieuse, cette fois encore aucun lien n'est signalé entre l'erreur trinitaire et les spéculations sur le troisième état.

Ainsi renseigné, le pape adresse à l'évêque de Paris la bulle *Libellum quemdam* (23 octobre et 4 novembre 1255). Il ordonne de brûler l'ouvrage de Gérard, mais sans entériner le Protocole, et sans mettre en cause ni Joachim lui-même, ni l'ordre de Flore, ni l'ordre des Mineurs, dont il avait été, comme cardinal, le très bienveillant protecteur, et dont il avait déclaré, comme pape, vouloir le rester : l'évêque devra procéder « sic prudenter, sic caute, sic provide, quod dicti fratres (minores) nullum ex hoc opprobrium nullamque infamiam incurrere valeant ». Cependant le ministre général de l'ordre, Jean de Parme, est grand ami d'Hugues de Digne et comme lui « grand joachite »[3] ; dominé en outre par un de ses conseillers, le frère Jacques de Massa, un illuminé, qui jouissait de dons extraordinaires[4], il ne peut se résoudre à désavouer les spirituels qui l'ont élu avec mission de rétablir l'ordre en sa première ferveur et qui le considèrent comme un nouveau François[5]. Il soutient Gérard ; on le soupçonne même de l'avoir inspiré (Eymeric lui attribuera l'ouvrage). Aussi doit-il se démettre (1257). Mais pour lui succéder il désigne lui-même son candidat aux suffrages des électeurs : c'est Bonaventure, alors âgé de trente-six ans[6]. Gérard est renvoyé en Sicile ; comme il s'obstine, ainsi que son compagnon Léonard, tous deux sont emprisonnés à vie[7].

---

1. Joachim faisait-il beaucoup plus, dans ce prologue, que suivre un usage fréquent ? Cf. Guillaume de Saint-Thierry adressant sa « Lettre d'Or » au prieur de la Chartreuse du Mont-Dieu.

2. Archiv, 1, p. 138. Cf. AF, pp. 3-4 ; T, p. 282.

3. SALIMBENE, p. 232 : « Ambo erant ... spirituales viri et magni Joachitae » ; cf. pp. 301-302. CLARENO : « Frater Hugo de Digna in omnibus et per omnia idem cum fratre Johanne sentiebat » ; Archiv, t. 2, p. 282. Sur Hugues et Jean : F. SIMONI, dans Chi erano, pp. 155-168.

4. CLARENO, p. 279 : « Dieu lui avait ouvert la porte de ses secrets..., ses paroles étaient paroles du Saint-Esprit..., il était resté trois jours en extase, insensible... ; la science et l'intelligence des Écritures, la connaissance des choses à venir lui avaient été données par Dieu ». Cf. p. 111. — Idem dans les *Fioretti*, c. 48.

5. CLARENO, pp. 262-263. Jean de Parme († 1289) sera l'objet d'un culte, que Pie VI ratifiera en 1781.

6. SALIMBENE, pp. 309-310. CLARENO, pp. 270-271.

7. Sur leurs interrogatoires, voir le récit tragique de Clareno, pp. 283-284. Entrant dans sa prison, Gérard aurait dit : « In loco pascuae ibi me collocavit » ; il y resta dix-huit ans, privé de sacrements, jusqu'à sa mort. De même Léonard.

Ajoutons ici qu'en 1263 un concile d'Arles, réuni sous la présidence de Florent, devenu entre temps archevêque d'Arles, interdira la lecture des ouvrages de Joachim[1]. L'interdiction ne sera pas ratifiée par le Saint-Siège. Jamais ces ouvrages ne feront l'objet d'aucune autre condamnation.

Dès le début l'affaire était aussi embrouillée qu'explosive, parce qu'elle était au nœud de toutes sortes de rivalités. Les Mineurs eux-mêmes sont profondément divisés. Les partisans de Joachim le sont aussi. Guillaume de Saint-Amour n'a aucun désir d'apporter contre leurs nouveautés un soutien à l'Église romaine : il manœuvre au contraire pour obtenir l'appui des évêques contre le pape. Obstinément conservateur, il tient avant tout à soutenir les droits et privilèges des maîtres séculiers ; il exprime leur rancœur contre l'envahissement de l'Université par ces nouveaux ordres qui, suspendant une rivalité déjà vive, se rapprochent en face de l'adversaire commun. Depuis plusieurs années il a engagé le combat[2]. Dans son *Tractatus brevis*, il ne s'en prend pas seulement à Gérard et aux Mineurs, il vise aussi bien, et même de préférence, les Prêcheurs, plus redoutables encore, parce que plus résolus à conquérir les chaires et à bouleverser l'enseignement. Il dénonce tous ces « ennemis familiers », ces « séducteurs et faux apôtres », qui se prétendent le soleil dont les séculiers ne seraient que la lune[3] : en réalité ils sont des précurseurs de l'Antichrist. On sait que les répliques ne se firent pas attendre : saint Thomas d'Aquin rédige aussitôt son *Contra impugnantes Dei cultum* (qu'il ne publiera que plus tard) ; le mineur Thomas de Eboraco (York) intervient aussi dès la première heure dans la dispute, bientôt suivi par Bonaventure. Mais les Mendiants avaient en outre pour leur cause un bon argument extrinsèque : ils étaient alors les meilleurs soutiens de la papauté. Si donc Alexandre IV doit sévir contre les excès et l'entêtement de Gérard, il n'attend pas un an pour condamner aussi, par la bulle *Romanus Pontifex* (octobre 1256), le pamphlet « inique, pernicieux, exécrable et mensonger » du dénonciateur. C'était la revanche des Mendiants[4]. Guillaume, qui en 1254 était allé porter l'attaque à Rome, y est retourné en 1256 : dans une série de *Defen-*

---

1. Voir l'appendice B.
2. « Ce n'est pas simple querelle si le conservatisme de Guillaume de Saint-Amour dénonce dans les mendiants des promoteurs d'une nouvelle chrétienté » : M.-D. Chenu, OP, *Introduction à l'étude de saint Thomas d'Aquin*, Paris-Montréal, 1950, p. 40.
3. La comparaison était de Joachim, Ap, f. 118. La commission d'Anagni cite un texte analogue : « Non modo non tegitur velamine aut lucet in caligine lunae, sicut facies Moysi, sed quemadmodum si sol luceat in virtute sua ». Archiv, 1, pp. 53-54. L'image était classique pour exprimer les rapports (compris de façons diverses) des deux pouvoirs, spirituel et temporel.
4. Albert le Grand semble avoir joué dans cette condamnation un rôle décisif : Faral, loc. cit., pp. 371-372. Voir aussi Bonaventure, *Apologia pauperum contra calumniatorem*, c. 8, n. 1 ; t. 8, p. 286, et *Quaestiones disputatae de perfectione evangelica* ; t. 5. Salimbene, pp. 454-455.

siones qui se veulent habiles et prudentes, il maintient qu'il est scandaleux de voir des moines, voués à une humble obéissance, briguer les honneurs d'un magistère doctrinal ; que c'est le droit des « maîtres » de n'introduire dans leur « société scolastique » que ceux qu'ils veulent ; qu'il avait eu raison de parler fort pour protéger « les simples et les illettrés, qui peuvent facilement être séduits », contre les pseudo-prophètes qui « pénètrent dans les maisons... » Vain plaidoyer ! Le *De periculis* est brûlé solennellement et son auteur, après diverses péripéties, est banni de l'Université et du territoire français[1].

Ces événements sont, dans l'ensemble, bien connus. Quant à la doctrine du *Liber introductorius*, il est difficile de la reconstituer intégralement avec un degré suffisant de précision. Depuis longtemps l'ouvrage était estimé perdu ; Bernard Töpfer en a découvert il y a une vingtaine d'années une copie manuscrite, sans doute partielle, et dont l'entière fidélité n'est pas assurée[2]. La liste des sept propositions censurées d'abord à Paris est sujette à caution ; plus encore les trente-et-un *excerpta* composés par Saint-Amour, qui ont été publiés et commentés par Ernst Benz. Les deux célèbres chroniques, celle du Mineur Salimbene de Adam (v. 1285) et, plus tardive encore, l'*Historia septem tribulationum ordinis minorum*, rédigée entre 1321 et 1325 par Angelo Clareno (= Pierre de Fossombrone), devenu membre et chef de la congrégation d'ermites fondée par Célestin V, qui recueillit une part des spirituels franciscains persécutés dans leur ordre, sont l'une et l'autre tendancieuses. Elles sont d'ailleurs toutes deux plus prolixes sur les faits et sur les personnes que sur le fond des choses. Salimbene est un narrateur disert et brouillon, plein d'anecdotes, de jugements libres, de scènes prises sur le vif[3] mais remaniées à sa façon ; ce « fils de chevalier » a du bon sens, mais il est d'esprit assez terre-à-terre, curieux avant tout de prédictions et de merveilles. Joachimite puéril et déçu, « ayant toujours su abandonner les idées un peu subversives au moment où elles devenaient

1. GRATIEN, pp. 213-221. CROCCO, pp. 152-156. Résumé des faits et des thèses dans DUPUY, loc. cit., col. 890-891. Tableau chronologique dans Y. M.-J. CONGAR, *Aspects ecclésiologiques de la querelle entre mendiants et réguliers*..., AHDL, pp. 44-52. Cf. G. E. PONFERRADA, *Tomas de Aquino en la Universidad de Paris*, dans Sapientia, 26, 1871, pp. 232-262 (BTAM, XI, p. 280).

2. B. TÖPFER, *Eine Handschrift des Evangelium aeternum des Gerardino von Borgo San Donnino*, dans Zeitschrift f. Geschichtswissenschaft, 8, 1960, pp. 156-163. Le manuscrit contient C, Psalt, LF (d'une autre main), Ap (en abrégé) ; d'après l'Explicit, cet abrégé serait le fait de Gérard) ; il contient aussi des gloses, dont plusieurs sont citées dans le Protocole d'Anagni. Cf. BTAM, 8, n° 2443 (H.B.). De ce manuscrit « non sembra infatti che possano trarsi elementi nuovi od essenziali » : F. SIMONI, dans *Chi erano*, p. 56.

3. « Male composuit, mire depinxit » : L. CLÉDAT, *De fratre Salimbene et ejus Chronicae auctoritate*. Thorin, 1878, p. 51.

dangereuses »[1], il est violemment hostile à Gérard, qu'il n'a pas toujours compris. Il lui reconnaît toutes sortes de vertus et de qualités aimables, mais, ajoute-t-il, « protervitas suae opinionis omnia ista bona destruxit in eo » ; il lui reproche sa « fatuité » et sa « sottise », dénonce dans son livre de nombreuses erreurs « frivoles et ridicules » contraires à la doctrine du saint abbé de Flore. Gérard, dit-il (et cette fois avec raison), n'aurait pas dû transformer les écrits du prophète en Écriture nouvelle ; ceux qui l'ont cru étaient des ifrères gnorants ; enfin, « valde bene fuit punitus »[2]. Angelo Clareno a plus de grandeur; c'est un exalté, aisément emphatique, mais un homme de haute culture et un beau caractère, il est plus attaché à l'œuvre de réforme spirituelle que séduit par des prophéties ; il mourut en 1337 après avoir participé aux luttes et aux épreuves des Spirituels durant plus de cinquante ans, plus soumis en principe qu'en pratique, sans vouloir jamais verser dans la rébellion[3]. Dans sa quatrième *Tribulation*, il se fait l'apologiste passionné de Jean de Parme, dont un frère avait dit : « Fluvius igneus egrediebatur de ore ipsius »[4], ainsi que de Gérard, « memoriae tenacis et disertae linguae et acuti intellectus », plein cependant « de mansuétude et d'humilité » dans ses réponses. Imitant la formule qu'il avait citée, il dit encore de Jean de Parme : « Flumen auctoritatum sanctorum egrediebatur de ore ipsius »[5]. Ne pouvant comprendre que de tels hommes aient pu subir de la part des leurs une telle persécution, il finit par s'écrier, après avoir passé en revue les raisons qu'on avait alléguées : la raison véritable en est la profondeur insondable du divin conseil, par lequel tous les fils d'Adam, du premier au dernier, sont enfermés dans le péché, pour que Dieu fasse miséricorde à tous[6]. Clareno a peine à rendre pleine justice en toute cette affaire à saint Bonaventure[7]. Mais, outre sa partialité évidente, entré dans l'ordre vers 1260, il n'a pas vécu ces premières années du drame. Il est clair en tout cas qu'il fait erreur ou minimise étrangement l'objet du conflit lorsque, en évoquant l'attachement des deux victimes à Joachim de Flore, il s'imagine qu'on leur reprochait uniquement à ce sujet leur adhésion au petit livre sur la Trinité dirigé contre Pierre Lombard : Joachim n'avait commis qu'une pure erreur de fait, et son livre, n'avait été réprouvé que « prout

1. M.-Th. LAUREILHE, *Sur les routes d'Europe au XIIIe siècle*, Éd. franciscaines, 1959, p. 147.

2. Pp. 302-304 et 455-458. Sur Jean de Parme, il approuve le jugement d'un de ses frères : « Tantae scientiae et sanctitatis ... erat, quod curiam romanam corrigere poterat... ; sed postquam secutus est prophetias fantasticorum... » ; oui, conclut-il, « et tristor non modicum, quia diligebam eum. »

3. Il fut ensuite béatifié. Son *Expositio regulae fratrum minorum* a été éditée par L. Oliger, Quaracchi, 1912.

4. Archiv, 2, p. 111.

5. Loc. cit., p. 283.

6. Loc. cit., p. 277.

7. Loc. cit., pp. 277 et 282-286.

diffamatorius erat Magistri » ; en réalité, tant sur l'essence divine que sur la trinité des personnes, tous étaient d'accord ; Gérard était donc orthodoxe. Clareno reconnaît seulement que deux sermons, rédigés dans l'entourage de Jean de Parme, avaient été funestes : l'un exaltait outre mesure « et, ut ita dicam, sine sale » la doctrine et la personne de Joachim ; l'autre utilisait avec excès « tous les principaux passages de la sainte Écriture » pour autoriser la règle de François et critiquer les prévarications de certains hauts prélats[1]...

La source essentielle reste donc ici le Protocole de la Commission d'Anagni. Il « n'est pas la meilleure source pour évaluer la position théologique de Joachim », a écrit E. Buonaiuti[2]. Cependant on doit reconnaître que la Commission avait travaillé avec conscience. Lorsque l'évêque Florent lui apporta des textes de l'abbé, elle s'adjoignit deux lecteurs, chargés de les vérifier l'un après l'autre sur les originaux, et le Protocole a soin de bien distinguer ce qui est de Joachim et ce qui est de Gérard, ou ce qui est de l'un ou de l'autre et ce qui est ajouté à titre de commentaire[3]. Or, c'est de Gérard qu'il s'agit maintenant. Il ne fait aucun doute, d'abord, que celui-ci découvrait François d'Assise dans les « prophéties » de Joachim. Pour la première fois peut-être[4], il appliquait à ses stigmates le « signe du Dieu vivant » porté par l'ange du sixième sceau que l'Apocalypse décrivait « montant de l'ouest » (l'ange portant la faux désignant saint Dominique). Il reconnaissait aussi dans François cet autre ange qui volait au zénith, proclamant l'Évangile éternel tel que l'abbé de Flore, disait-il, l'avait exprimé. Ces applications étaient d'autant plus arbitraires que Gérard adoptait en même temps, et avec plus d'impatience que son auteur, la thèse joachimite d'un dépassement de la lettre évangélique par le nouvel Évangile de l'Esprit. Les précurseurs de François d'Assise étaient bien plutôt un Norbert, qui, en créant l'ordre de Prémontré, avait prescrit de « suivre les saintes Écritures et de prendre le Christ pour guide », ou un Étienne de Muret, fondateur de l'ordre de Grandmont, qui avait écrit : « La seule règle de vie est l'Évangile, c'est la règle de Jésus-Christ, plus parfaite que celle de saint Benoit »[5]. La désignation de François comme « alter Christus », qui chez la plupart de ses disciples avait un sens très juste et très beau[6], devenait équivoque dans la supposition de

1. Loc. cit., pp. 276-277 et 283.
2. Introduction au Tract., p. XXXVII.
3. Archiv, 1, pp. 102, 115, etc.
4. Stephanus BIHEL, *S. Franciscus fuitne angelus sexti sigilli* ? Antonianum, 2 ; 1927, pp. 62-63. Cf. Apoc., 7, 2 et 14, 14-17.
5. Cf. André VAUCHEZ, op. cit., p. 86.
6. Cf. THOMAS DE CELANO, *Vita secunda s. Francisci* (1247) : « Existimo autem beatum Franciscum speculum quoddam sanctissimum Dominicae sanctitatis et imaginem perfectionis illius » ; videbatur ... quod Christi et beati Francisci una persona fuit », car « verus Christi amor in eamdem imaginem transformat amantem » et « qui adhaeret Deo unus spiritus fit cum ipso ». Analecta franciscana,

Gérard, puisque François, héraut de l'Évangile éternel, semblait ainsi dépasser Jésus-Christ. C'est ce qu'a observé M. Ernst Benz, forçant lui-même à son tour les traits : « Il y a une contradiction, a-t-il écrit, entre ce que les Spirituels ont fait de Joachim et sa propre intention... Le mouvement franciscain n'est pas un simple mouvement religieux s'épanouissant sous la protection et la direction de l'Église catholique, c'est une nouvelle religion, avec un nouveau Christ et une nouvelle révélation »[1].

Une chose est au moins assurée. L'Évangile éternel était devenu pour Gérard un livre, une « troisième Écriture », dont Joachim de Flore était dit le « scriptor » ou le « minister », selon qu'on pensait plus ou moins à l'ange qui le lui avait dicté du zénith. Dans la *Concordia*, Joachim avait comparé l'âge de l'Ancien Testament à la terre, celui du Nouveau à l'eau, leur intelligence spirituelle au feu. Gérard traduisait dans sa glose : « il nomme ici terre l'écriture du premier testament, eau l'écriture du nouveau testament, et feu l'écriture de l'Évangile éternel »[2]. Ce nom prestigieux d'Évangile éternel se trouvait donc désigner à la fois, ou tour à tour, le *corpus* des principaux écrits joachimites — auxquels purent s'adjoindre des textes apocryphes — et leur message essentiel. Or, ce message que Gérard décryptait pour le proclamer dans un style enthousiaste, c'était que bientôt l'ère du Saint-Esprit allait s'ouvrir. Par deux fois, Joachim avait assigné symboliquement, d'après les douze ans qu'avait Jésus lorsqu'il fut conduit par ses parents à Jérusalem (Luc 3, 42), l'année 1200 à l'achèvement de la vérité et à la consommation des divins mystères[3] : c'était l'année même où il composait son Traité sur les évangiles, et il ne pensait sans doute pas à quelque bouleversement extérieur que ce fût, mais à la révélation qui s'accomplissait en lui. Gérard, lui, annonçait de grandes choses pour l'année 1260. Saint François, lui-même prédit par le calabrais, en avait été le dernier et suprême annonciateur. Le deuxième testament allait être « évacué », ou « absorbé » ; l'Église de l'Esprit serait partout propagée par des moines d'un nouveau style, porteurs d'une nouvelle Écriture[4].

Ni Joachim de Flore n'avait eu l'intention d'écrire un nouvel évangile, ni Gérard ne voulait rédiger autre chose qu'une introduction et des annotations aux livres de son prophète. L'attribution d'un « Évangile éternel » tantôt à Joachim, tantôt à Gérard, est cependant fréquente. On voit d'où vient la confusion. Ce qu'on appelait ainsi,

---

10, Quaracchi, 135, 147, 219. Cf. W.-Chr. VAN DIJK, *La représentation de S. François d'Assise dans les écrits des Spirituels*, Fanjeaux 10, pp. 210-213.

1. *Die Kategorien der religiösen Geschichtsdeutung Joachims.* Zeitschrift f. Kirchengesch., 3, 1931, pp. 110-111. C'est généraliser indûment.
2. Archiv, 1, p. 126, cf. pp. 91-101. C, l. 2, tr. 1, c. 1, f. 7. Cf. T, p. 275.
3. T, pp. 103-104 ; cf. p. 73. Voir MOTTU, p. 302.
4. Sur la différence entre le joachimisme de Gérard et celui de Hugues de Digne : R. MANSELLI, *Divergences parmi les Mineurs d'Italie et de France méridionale*, dans Les Mendiants en pays d'Oc au XIIIe siècle, Fanjeaux, 8, 1973, pp. 364-368.

c'était le recueil composé par Gérard, comme le montrent une glose due à Gérard lui-même[1] et une remarque de Guillaume de Saint-Amour[2]. Mais dès l'année 1256 Matthieu Paris notait dans son diaire : « Les Frères prêchaient et enseignaient des nouveautés, des folies, disait-on, qu'ils tiraient du livre de l'abbé Joachim dont le pape Grégoire avait condamné les écrits. Ils avaient aussi composé un livre, qu'il leur plut d'appeler l'Évangile éternel...[3] ». Le *Directorium inquisitionis* d'Eymerich parlera de même d'« un certain livre communément appelé l'Évangile éternel », dont il attribuera d'ailleurs la rédaction à Jean de Parme, et dont il extraira une liste de vingt-sept hérésies et erreurs[4]. Autorisée par de tels précédents, la légende (c'en est à peine une) a la vie tenace[5].

Cependant, déformées plus encore par un mélange de superstitions anciennes, de nouvelles prophéties (Matthieu Paris fait allusion à « d'autres écrits qu'il est inutile de citer »[6]), de passions politico-sociales, d'aspirations millénaristes, ou de frayeurs apocalyptiques, les idées joachimites se répandaient dans le peuple. « L'Année de l'Alleluia », célébrée en 1233, ne leur devait rien à son origine[7], mais déjà elles l'avaient imprégnée de leur atmosphère. Peut-être, ainsi qu'on l'a vu plus haut, avaient-elles ensuite fait impression sur Frédéric II, tandis que par l'intermédiaire de l'*In Jeremiam* elles lui suscitaient des adversaires[8]. Les malheurs du trop fougueux Gérard ne devaient pas arrêter leur diffusion, pas plus qu'ils ne portèrent atteinte à la vénération dont le fondateur de Flore continua d'être l'objet ni à la réputation de son ordre, confirmé par Alexandre IV. La crédulité populaire ne serait pas découragée non plus par la cruelle déception de 1260. C'était l'année fatidique, annoncée par l'*In Jeremiam* et par Gérard, pour laquelle on attendait, à la suite

1. « Ab hac intelligentia denominatur liber cum duobus sequentibus evangelium aeternum ». Archiv, 1, pp. 59 et 69. (Il s'agit de C, Ap et Psalt.). Voir cependant DENIFLE, ibid., p. 66, note ; mais le mot *opus* employé par Joachim dans la préface à la *Concordia*, n'y désigne que cet ouvrage.

2. Sermon « Quis amat » : « media pars illius libri », c'est-à-dire sans doute l'Introductorius et la Concordia. Archiv, 1, p. 68.

3. Trad., Faral, loc. cit., p. 363. Cf. Archiv, 1, p. 72.

4. Archiv, 1, p. 70.

5. Cf. Francis RAPP, *L'Église et la vie religieuse en Occident à la fin du moyen-âge*, PUF, 1971, p. 186. G. DUBY, *Le temps des cathédrales*, 1976, p. 196 : « En 1252, le Saint-Siège interdit à Paris la vente de l'*Évangile éternel* ». Marcel PACAUT, *Hist. de la Papauté de l'origine au concile de Trente*, Fayard, 1976, p. 191 : « A l'extrême fin du XIIe siècle, un moine calabrais, Joachim de Flore, exprime... ces rêveries dans un admirable ouvrage de spiritualité, l'Introduction à l'Évangile éternel ». RENAN (pp. 224 et 264-265) et surtout DENIFLE (Afchiv, 1, pp. 57-88) avaient élucidé la question.

6. Faral, loc. cit., p. 363.

7. M.-H. Vicaire, loc. cit., p. 85.

8. BLOOMFIELD, pp. 252 et 298, d'après Kantorowicz.

de terribles ruines, une radieuse rénovation. Ce ne fut qu'une année de terreur. Un souffle violent d'apocalypse passa sur une grande partie de l'Europe[1]. De grandes masses de peuple se mirent à sillonner les campagnes et à pénétrer dans les villes, en se flagellant et en chantant des psaumes de pénitence. C'est peut-être en ces temps-là (mais la chose est contestée) que Thomas de Celano aurait composé le *Dies irae*[2]. Pas plus d'ailleurs que « l'Alleluia », le mouvement des Flagellants n'était à ses débuts un contre-coup du Joachimisme[3]. Leurs premiers groupes avaient été rassemblés en 1258 par un ermite de l'Ombrie, Ramieri Fasani ; bientôt l'Italie centrale fut envahie par les « Disciplinati di Gesù Cristo », et l'épidémie continua de se propager[4]. Mais cette fois encore les eaux se mêlèrent ; « l'attente joachimite s'appropria le mouvement pour déclarer advenue et commencée l'ère de l'Esprit[5] ».

Tandis que pour les uns les frayeurs présentes étaient autant de signes avant-coureurs de l'ère nouvelle attendue, pour quelques autres l'épreuve fut salutaire. Salimbene, dont la confiance avait déjà été ébranlée, nous a laissé de l'année 1260 un témoignage désabusé[6]. Il avoue avoir attendu, dans un mélange d'espoir et de crainte, cette crise de 1260 ; une fois l'année révolue, toute fièvre tombée, il respira : « J'abandonnai alors, écrira-t-il, tout à fait cette doctrine (des joachimites) et me résolus à ne croire qu'aux choses que j'aurais vues »[7]. Tout en continuant à vénérer le « saint homme » que fut l'abbé Joachim, il découvrit qu'il y avait en lui quelques « impedimenta » regrettables, et surtout il répudia tous ceux qui voulaient encore interpréter ses textes avec trop de précision[8]. — Mais ce

---

1. Pour quelques-uns de ces faits : Antonio CROCCO, *Profilo storico del Gioacchinismo dall'anno dell Alleluia a Cola di Rienzo* ; Sophia, 24, 1956, pp. 201-211.

2. La date pourrait être plus ancienne. H. SPITZMÜLLER, *Poésie latine chrétienne du moyen âge*, DDB, 1971, pp. 848-852. F. J. E. RABY, *Secular Latin Poetry*², Oxford, 1934.

3. VICAIRE, loc. cit., p. 86. MANSELLI, *Il 1260 anno gioacchimito ?* dans Il movimento dei disciplinati nel settimo centenario del suo inizio, Pérouse, 1962, pp. 99-108.

4. CROCCO, pp. 149-151 et 157-158.

5. MANSELLI, RP, p. 112. Selon les *Annales Stadenses* (loc. cit., p. 351), « Abbas Joachim sic de antichristo prophetavit : ' Cum fuerint expleti 1260 anni, nascetur antichristus '. »

6. Pp. 466-467 : « De doctrina abbatis Joachim, quae hoc anno inchoari debebat, et qualiter Joachitae eam fore testantur in verberatorum devotione. — (Haec doctrina) dividit mundum in triplicem statum... In tertio statu operabitur Spiritus sanctus in religiosis ... Quem statum inchoatum dicunt in illa verberatione, quae facta est anno 1260, etc... ».

7. Pp. 302-303 : « ... Frater Bartholomeus dixit mihi : Et tu similiter Joachita fuisti. Cui dixi : Verum dicitis. Sed postquam mortuus est Fridericus, qui imperator fuit, et annus 1260 est elapsus, dimisi totaliter istam doctrinam et dispono non credere nisi quae videro. »

8. Pp. 238-239 : « Quamvis abbas Joachim fuerit sanctus homo, tamen tria habuit impedimenta, ut sibi contradicatur ». Le troisième fut « ex parte illorum qui... voluerunt anticipare terminos a se positos ... Non limitavit omnino aliquem certum terminum, etc. ». Mais voir aussi pp. 174, 302-303, 446.

genre de bon sens n'est pas chose très répandue. Chez beaucoup les mêmes rêves reprirent, ingénieux à corriger leurs calculs, — et notre Salimbene lui-même reporta bientôt sur d'autres prophéties sa curiosité et sa crédulité invaincues.

Dans les années où la querelle soulevée par Gherardo da Borgo San Donnino battait son plein à Paris et à l'intérieur de l'Ordre franciscain, les idées joachimites continuaient de se répandre à travers l'Europe. Leur pénétration en Allemagne, en même temps que leur déformation, nous est attestée par l'œuvre d'une mystique célèbre, Mechtilde de Magdebourg (1207-1284). Mechtilde n'a pas eu, semble-t-il, d'attaches avec l'ordre des Mineurs. Elle fut probablement affiliée au tiers-ordre de saint Dominique. C'est entre 1250 et 1264 qu'elle rédigea le livre de ses *Révélations*. On y trouve une curieuse théorie sur les trois sangs répandus depuis la création du monde : le sang du Christ, répandu en Abel, dans les Saints-Innocents et en Jean-Baptiste ; le sang du Père, en la Passion de Jésus ; enfin le sang du Saint-Esprit, dans tous les martyrs depuis le commencement de l'Église jusqu'à la fin des temps. Madame Ancelet-Hustache a émis l'hypothèse que cette théorie provenait de la doctrine joachimite des trois âges. S'il en est bien ainsi, on n'y peut reconnaître guère plus qu'un écho lointain de cette doctrine, non seulement affaibli, mais transformé[1]. Il n'est d'ailleurs pas certain que Mechtilde ait jamais lu un écrit soit de Joachim lui-même soit du Pseudo-Joachim. Cependant, elle a sûrement entendu parler du « prophète ». Elle se réjouit à la pensée du nouvel ordre monastique qu'il a annoncé et qui va bientôt surgir. Cet ordre ne remplacera pas l'ordre dominicain, qui a reçu la promesse de durer toujours ; mais il le surpassera par la splendeur de ses vertus ; ses membres seront « plus sages, plus puissants, plus pauvres des choses de ce monde et plus embrasés du Saint-Esprit, à raison de la misérable nécessité où sera réduite alors la sainte Église ». Mechtilde les décrit longuement, n'omettant aucun détail de leur costume, de leur règle, des travaux de leur vie évangélique, tels qu'il lui a été donné de les admirer dans ses « visions ». Mais elle ne s'en tient pas à ces imaginations un peu puériles. Elle reprend aussi le symbolisme des deux grandes figures de Moïse et d'Élie, prototypes de l'ordre des clercs et de celui des moines. Chose plus caractéristique, elle prédit que ces « Frères des derniers jours » mèneront d'abord une existence sainte et pacifique durant une brève période, puis qu'ils prendront une part active aux combats des derniers jours en luttant contre l'Antichrist aux côtés d'Enoch et d'Élie. Ils sont à la veille d'être institués par le fils du roi de Rome (il s'agit probablement de Conradin, petit-fils de Frédéric II, qui devait tenter en 1268 de restaurer sa dynastie et de régner à Rome)[2], qui

1. Jeanne Ancelet-Hustache, *Mechtilde de Magdebourg, étude de psychologie religieuse* ; Champion, 1926, pp. 279-284, etc.
2. J. Ancelet-Hustache, op. cit., pp. 285-296.

tiendra lui-même son pouvoir du pape[1]. Mechtilde allie de la sorte ingénieusement son loyalisme catholique à son loyalisme envers la maison des Staufen ; elle réconcilie dans son cœur le Sacerdoce et l'Empire[2], et le discret reproche qu'elle adresse en outre aux derniers papes de s'être montrés hostiles à Frédéric II et à ses successeurs nous offre un nouvel exemple de ces combinaisons qui se sont opérées très vite au cours du siècle entre le courant spirituel issu de Flore, les soubresauts apocalyptiques et les passions ou les fidélités politiques de chaque peuple, de chaque milieu, de chaque génération[3].

En France, les nouveaux ordres mendiants ne s'étaient pas heurtés seulement aux autorités de l'Église et surtout de l'Université. Si la campagne menée contre eux par Guillaume de Saint-Amour avait été désavouée, d'autres séculiers, professeurs ou bourgeois, clercs ou laïques, avaient pris la relève. Les poètes s'en étaient mêlés. Rutebeuf ne se contentait pas de protester, dans une *Complainte*, contre ceux qui avaient fait condamner et proscrire le maître courageux et de railler les Jacobins « pharisiens » et « menteurs »[4] ; dans les *Ordres de Paris* il visait directement le mythe gérardien de l'Évangile éternel[5]. Contre cet Évangile éternel, Jean de Meun, « poète universitaire »[6], est lui aussi plein de sarcasmes. Vulgarisateur, dans la seconde partie du *Roman de la Rose*, des doctrines enseignées à la Faculté des Arts, ouvert aux thèses averroïstes, il ne manque pas non plus de s'inspirer ouvertement de Saint-Amour. Il écrit aux environs de 1265-1270. Ses petits vers sont une chronique railleuse :

> Uns livres de par le diable
> C'est l'Évangile perdurable,
> Que li Saint Esperiz menistre,
> Si comme il aparaist au titre...
> A Paris n'ot ome ne fame
> Au parvis devant Nostre Dame

1. *La lumière de la divinité*, Révélations de la sœur Mechtilde (de Magdebourg) traduites en français pour la première fois par les Pères bénédictins de Solesmes. Oudin, 1878, livre 3, ch. 12, « Des Frères des derniers jours et de l'Antichrist » ; pp. 125-138. Sur cet ouvrage, traduit sur le texte allemand mais dans l'ordre d'un manuscrit latin par Dom Paquelin : ANCELET-HUSTACHE, pp. 8-9.

2. Sur cette phase de la lutte entre les deux puissances et le rôle qu'y joue la littérature « joachimite » : Robert FOLZ, *Le souvenir et la légende de Charlemagne dans l'Empire germanique médiéval*, Belles Lettres, 1951, pp. 298-307. Cf. Lucy Allen PATON, *Les Propheties de Merlin*, P. 2, New York, 1927, pp. 153-154 : « La vaticination était devenue un moyen courant pour exprimer les sentiments antipathiques qui régnaient entre l'Empereur et le Pape » ; citée par J. BIGNAMI-ODIER (v. infra), p. 198. PENCO, op. cit., p. 211.

3. Un siècle plus tard, un chroniqueur de Magdebourg critiquera Joachim : ses prophéties ne se sont pas réalisées, il a menti. ANCELET-HUSTACHE, pp. 281-282.

4. Cf. Léon CLÉDAT, *Rutebeuf*. Hachette, 1891.

5. Ed. Faral-Bastin, 1959, t. 1, pp. 318-329.

6. RENAN, p. 296. E. FARAL, *Le Roman de la Rose et la pensée française au XIIIe siècle*, R. des deux mondes, 15 sept. 1926, pp. 430-458.

Qui lors aveïr ne le peüst
A transcrire s'il li pleüst...

A l'un des principaux personnages du « roman », « Faux-Semblant », type de l'hypocrisie monastique, il fait avouer :

> N'eût été la vigilance de l'Université, qui garde la clé de la chrétienté, il y aurait eu un grand bouleversement en l'an 1255 (sic), quand, par mauvaise intention, fut donné publiquement à copier, au parvis de Notre-Dame, un livre intitulé l'Évangile perdurable. On trouve dans ce livre des comparaisons comme celle-ci : autant le soleil surpasse la lune en clarté et en chaleur, autant cet évangile nouveau l'emporte sur ceux des quatre évangélistes[1].

« Ce livre, dit encore Jean de Meun, toujours sous le couvert d'aveux échappés à son naïf Faux-Semblant, contient bien d'autres idées diaboliques, opposées à la loi de Rome et relevant de l'Antichrist ». Notre poète-polémiste n'est d'ailleurs pas le seul avec Rutebeuf à prendre parti dans la querelle du temps. D'autres écrivains de langue vulgaire, « partisans des séculiers..., répandirent l'affaire dans le grand public, sans grand souci de probité » ; mais « aucun des nombreux et volumineux pamphlets écrits par les séculiers et leurs partisans durant cette polémique célèbre n'a la vigueur, l'ironie et la portée de cet épigramme d'un millier de vers, pas même les complaintes et satires de Rutebeuf »[2]. Retenons seulement que Jean de Meun et ses pareils, bourgeois « avancés » et fort peu chrétiens, ne défendent ainsi la cause de Pierre — les bons apôtres ! — que pour mieux s'opposer à l'idéal de Jean.

---

1. Cf. Gérard PARÉ, OP, *Les idées et les lettres, le Roman de la Rose*, Montréal, 1947, p. 184. L'auteur note que la comparaison est déjà dans Saint-Amour ; mais ici l'application est plus grave. Convient-il de se fier à Jean de Meun ?
2. PARÉ, pp. 182-183, 185, 187. Cf. DUFEIL, pp. 295-298, 316-324, 352.

II

Olivi. Vrais et faux spirituels

L'alliance du joachimisme et des ordres mendiants, éphémère sous la forme encore bénigne qu'elle avait revêtue au début du siècle, puis particularisée dans le mouvement passionné de nombreux Mineurs « spirituels », devait se poursuivre dans une longue histoire, aux soubresauts multiples, que nous n'avons point à retracer[1]. Le généralat de saint Bonaventure n'avait pas réussi à rétablir la paix dans un ordre déchiré. Certains récits d'Angelo Clareno sont à cet égard cruellement instructifs : tel celui du bienveillant inquisiteur qui vient engager un frère imprudent à fuir au plus vite de nuit, pour échapper à la haine de ses frères : « ... Et si ego te voluissem vendere, numquam alicujus animalis carnes fuerunt ita care vendita in macello »[2]. Parmi ceux qui restaient fidèles à Jean de Parme et à Gérard, à leur idéal de pauvreté mêlé d'espoirs utopiques, beaucoup deviendront de plus en plus enfiévrés et contestataires à mesure qu'ils seront plus persécutés. Passé le nouveau rêve fugitif du pontificat de Célestin V (Pierre de Morrone), à l'élection duquel n'avait pas été étrangère l'attente populaire du « pape angélique »[3] (1294), certains d'entre eux purent être tentés de rejoindre le camp impérial contre la papauté, dans l'espoir de le voir soutenir une cause sainte que le pouvoir spirituel, pensaient-ils, trahissait. Mais était-ce encore là du joachimisme ? En fait, c'est leur adversaire, Michel de Césène, ministre général de l'ordre, qui s'enfuit chez Louis de Bavière.

Toute autre est cependant « la figure éminente » d'Olivi, « l'esprit le plus pénétrant et le plus fécond du groupe spirituel héritier de saint Bonaventure ». Pierre Jean-Olieu ou Janolieu[4], (1248-1298) a souvent été compté parmi les disciples de Joachim. Le Père Ehrlé, dont nous venons de citer les propos élogieux, le qualifiait néanmoins, d'un terme impropre, de « chef intellectuel des dissidents »[5]. M. Raoul Manselli, qui lui a consacré des études approfondies, écrivait récemment encore qu'avec lui « le joachimisme français atteint son stade

1. Sur tout le mouvement des Spirituels et des Fraticelles, cf. C. SCHMITT, s.v. *Fraticelli*, dans DIZ. degli istituti di perfezione, t. 4, col. 807-821 (avec bibliographie).

2. EHRLÉ, Archiv, 2, p. 116 : « quamdiu inquisitor fuero, (te) ab homine defendam ». (Même récit, plus précis, dans l'*Epistola excusatoria* de Clareno à Jean XII : Archiv, t. 1, pp. 530-531). Cf. p. 127 : « De iis, quae factae sunt in fine illorum 28 annorum et prope, ad tribulationem sextam pertinentibus, melius est tacere ».

3. MANSELLI, RP, p. 204.

4. En occitan : Peire Johan-Oliu ; plus connu dans l'histoire de la théologie sous le nom d'Olivi (du bas-latin Olivus).

5. Dans Xenia thomistica, t. 3, Rome, 1925, p. 580.

le plus élevé »[1]. M. Bloomfield écrit dans le même sens qu'Olivi « donne un grand élan au mouvement joachimite dans l'ordre franciscain »[2]. Le Père Gratien voyait en lui l'initiateur d'un « nouveau joachimisme ». Toutes expressions justes sans doute dans la pensée de leurs auteurs, mais qui ne doivent pas donner le change. Elles ne sont point à confondre avec les interprétations dues à D.L. Douie, à Ernst Benz[3], à Marjorie E. Reeves, au Père Livarius Oliger, et pour une part au moins à Stanislas da Campagnola, qui, avec des nuances diverses, s'accordent à faire d'Olivi un propagateur extrémiste de l'Évangile éternel. La vérité est toute autre. Le Père Gratien précisait d'ailleurs aussitôt : « Le fin provençal se garde de renouveler les erreurs de Gérard... ; il rejette l'idée d'un règne de l'Esprit... Il rejette aussi l'erreur d'un Évangile éternel se substituant à l'Évangile du Christ » ; pour lui « la sixième époque du monde est marquée non par la publication d'un nouvel Évangile, mais par le renouvellement de l'Évangile du Christ sur la base de la très haute pauvreté contenue dans la règle de saint François, qui s'identifie avec l'Évangile »[4]. « D'un âge de l'Esprit, constate également M. Raoul Manselli (qui nous a donné une longue analyse de la *Lectura super Apocalypsim*), d'un monachisme universel, d'une psalmodie perpétuellement jubilante, pas l'ombre » ; nulle trace de l'intuition centrale et capitale de Joachim ; rien qui invite à passer au-delà de la perfection tracée par l'Évangile ; dans la description des temps successifs, pas même d'attribution habituelle à l'une ou l'autre personne de la Trinité ; toute l'histoire, et spécialement celle de l'Église, est radicalement centrée sur le Christ, et lui seul[5].

François d'Assise, ce type de saint si nouveau[6], et si différent du modèle imaginé par Joachim, est pour Olivi, comme pour tant de ses frères depuis les premiers jours de l'ordre, « un autre Christ » ; il est une sorte de réapparition du Christ sur terre, — mais en totale dépendance de lui : « Videtur ubique se habere ad Christum, sicut

---

1. Loc. cit., 1970, p. 299 ; et *L'idéal du spirituel selon Pierre Jean-Olivi*, Fanjeaux, 10.
2. Traditio, XIII, p. 299.
3. Selon Manselli, Benz a exposé les idées d'Olivi avec une sympathie fervente, mais sans exactitude. Il a donné certaines pages du commentaire de l'Apocalypse « in magnifica traduzione, anche se talvolta infedele » : *Lectura*, pp. 142-143.
4. Pp. 386-388 ; cf. pp. 427-428. V. aussi E. Pasztor, dans Studi medievali, 12, 1971, pp. 795-802 (contre Reeves).
5. *Lectura*, c. 5 ; pp. 177-235 (188-189) ; cf. *Attesa*, p. 157. Sur le sujet que nous abordons, nombre d'études ou d'allusions sont confuses, faute de réponse nette à ces deux questions : qu'entend-on par « spirituels » ? et qu'entend-on par « joachimisme » ? « Le spiritualisme franciscain n'est pas univoque » (Manselli, Fanjeaux, 10, 110) ; pas davantage le joachimisme.
6. Cf. Norbert Nguyen-van-Khanh, *Le Christ dans la pensée de saint François d'Assise d'après ses écrits* (Inst. cath. de Paris, Fac. de théol., 1973) ; p. 221-224 : l'idéal de François n'est plus la « vita apostolica », mais, directement, la « sequela Christi ».

cerae figura et impressio ad exemplar sigillum[1]. » Sans doute Olivi est d'une génération tardive, et d'autre part il est homme de réflexion : aussi s'intéresse-t-il moins, dans ses écrits, aux détails de la vie de François qu'à la signification historique de sa personnalité et de son œuvre. Son langage aussi porte quelquefois la marque d'une certaine théologie de l'histoire qu'on rencontre déjà chez saint Bonaventure : « après le Christ et sous le Christ (*post Christum et sub Christo*), notre très saint père François fut le premier et principal fondateur, initiateur et modèle du sixième état et de sa règle évangélique[2]. » Comme Gérard, dont il ne partage pas l'utopie spirituelle, et comme Jean de Parme, mais aussi bien comme le dominicain Jacques de Voragine et d'autres, Olivi, forçant un peu la pensée de Bonaventure, qui était plus éclectique, veut voir en François, en raison de ses stigmates, cet ange du sixième sceau décrit par l'Apocalypse[3], que l'abbé de Flore avait identifié à un pape futur ou à quelque pontife de la Jérusalem nouvelle, tandis que l'école plus prosaïque issue de lui, celle d'Alexandre de Brême, de Pierre Auriol et de Nicolas de Lyre, y reconnaissait l'empereur Constantin[4]. Mais cela ne suffit point à faire de lui un joachimite ou un « gérardiste »[5]. Le serait-il davantage pour la complaisance qu'il met à rappeler que François eut douze premiers disciples, comme Jésus et comme saint Benoît, qui avait institué douze abbés pour gouverner ses douze premiers monastères ? On observera d'abord avec Manselli que pour Olivi comme pour François lui-même, l'Église exemplaire n'est pas celle des Douze enfermés au cénacle dans l'attente de l'Esprit, mais plutôt celle de ces douze premiers disciples choisis par Jésus pour l'accompagner déjà dans sa prédication terrestre, qui devait le mener au Calvaire, « sommet de la vie évangélique »[6]. Quant à cette recherche de parallèles qui sent l'artifice, il est vrai qu'elle ne procédait pas uniquement d'une dévotion touchante envers un saint fondateur. Elle exprimait la conscience, que n'avait pas eue François lui-même, mais qui fut celle de nombreux contemporains ; conscience sans doute excessive,

---

1. Question inédite sur la pauvreté ; et encore : « Datus est totus Christi personae ». *Chi erano*, p. 115.
2. MANSELLI, dans Chi erano, pp. 189 et 200.
3. Bonaventure y voyait seulement une figure possible de François, comme de toute âme cherchant la sainteté à la suite du Christ. Bihel, loc. cit., pp. 59-60. Dans son prologue à la *Legenda major* (1263), Bonaventure, a écrit F. DURIEUX, « joue un instant au ' Spirituel ' en parlant de François... comme de l'ange qui monte de l'Orient après l'ouverture du 6e sceau : concession anodine au joachimisme d'Hugues de Digne avant de prendre un tout autre ton » : Fanjeaux, 8, p. 88 ; remarque qu'on peut retenir, malgré son ton un peu léger. Sur les idées « joachimites » de Bonaventure au sujet de S. François : MANSELLI, *L'idéal du spirituel selon P.S. Olivi*, Fanjeaux, 10, p. 106.
4. Bonaventure donne cette exégèse dans un de ses sermons sur François ; mais c'est pour introduire une comparaison entre François et Constantin : t. 9, p. 587.
5. Malgré OLIGER, DTC, 14, 2544.
6. *Lectura*, c. 6 ; p. 213. MANSELLI, Chi erano, p. 201.

qu'il serait toutefois difficile à l'historien de juger simplement erronée : à savoir, que la venue de François représentait, dans le déroulement des siècles chrétiens, un phénomène jusqu'alors unique. « Fuit etiam in ejus adventu facta singularis mutatio mundi. » François, comme le Christ, a bouleversé les âmes, il les a attirées à lui (« ad se traxit »), — mais ce fut pour les rappeler à la simplicité première de l'Évangile, à la pauvreté, à l'humilité, enseignées et vécues par le Christ[1]. Par ce rénovateur de la vie du Christ, semblable à l'ange du sixième sceau, l'Esprit Saint a voulu ouvrir ce sixième temps de l'Église, dans lequel devaient refleurir toutes les situations évangéliques[2]. Aux yeux d'Olivi, l'Esprit qui a suscité François était donc lui-même, dans son action créatrice, tout comme François dans son action rénovatrice, au service non pas d'un dépassement, mais d'une reviviscence de l'Évangile du Christ.

De fait, « le vibrant mais quelque peu farouche » Olivi[3], qui fut le plus grand des Franciscains « spirituels » (sans avoir jamais, de son vivant, fait figure de chef de parti) en même temps que l'un des meilleurs théologiens de son siècle, n'a pu être accusé formellement, avec précisions, d'erreurs joachimites. S'il fut en butte à bien des tracasseries, voire à des persécutions, qu'il subit avec patience, « à aucun moment de sa vie il n'eut à répondre pour son joachimisme. Jamais une thèse joachimite n'a figuré dans une liste de propositions attribuées à Olivi et considérées comme dangereuses » ; aussi longtemps qu'il vécut, il a « toujours pu s'expliquer à la satisfaction des chefs de l'Ordre »[4]. Il estimait l'abbé de Flore, dont il fait en passant, dans son commentaire d'Isaïe, une brève et prudente apologie, — mais cette apologie est aussi bien une sévère critique, puisqu'il lui reproche (comme Thomas d'Aquin) d'avoir tiré de ses règles d'exégèse des conjectures le plus souvent trompeuses[5]. Il partageait, comme bien des disciples de François, son aversion à l'égard des docteurs « qui scolastica inflantur disciplina »[6], — mais sans rejeter comme d'autres la nécessité de bonnes études théologiques. Parfait connaisseur des écrits d'Aristote (tels qu'on les avait de son temps), il déplorait l'invasion de l'aristotélisme, c'est-à-dire pratiquement le règne de la spéculation philosophique dans la théologie[7]. Il trouvait

---

1. *Quaestiones de perfectione evangelica*, q. 8 ; Lectura, p. 154.
2. *Tractatus sive expositio super regulam B. P. Francisci*. ILARION DE MILANO, *Attesa*, pp. 315-316. Cf. DANTE, *Paradis*, 11, 50, sur la ville natale de François : « Ici est né, pour le monde, un soleil... Que celui qui voudrait nommer ce lieu ne dise pas Assise..., mais s'il veut bien parler qu'il dise Orient. »
3. GILSON, *La philosophie de saint Bonaventure*, Vrin, 1923, p. 89.
4. David FLOOD, *Le projet franciscain de Pierre Olivi* ; Ét. franciscaines, 1973, pp. 357-379. Cf. H. SENDRAIL, *Joachim de Flore, le messager des derniers temps* ; B. de l'Ass. G. Budé, 1970, pp. 407-424. Résumé des faits dans GRATIEN, pp. 380-383.
5. *Super Is.*, c. 1. Cf. *Lectura*, pp. 163 et 187.
6. *Joachim*, T. p. 294, à propos de Jo. 4, 27.
7. Cf. H. de LUBAC, *Surnaturel*, Aubier, 1946, pp. 222-226.

« stupéfiant » que des chrétiens, et même des religieux, préfèrent les maximes d'Aristote aux paroles du Christ ; il leur reprochait « d'adorer les dires d'hommes idolâtres, païens ou sarrasins » en matière métaphysique ou surnaturelle. C'est ce dont il s'est expliqué, non sans vigueur, dans un opuscule *De perlegendis philosophorum libris*[1]. Mais il n'en acceptait pas moins à peu près, son œuvre le prouve, le compromis tenté par saint Bonaventure, dont il admirait les écrits et vénérait la conduite.

Il a passé pour accentuer à l'excès la distinction des trois personnes divines, si bien que plus tard, à la veille du concile de Vienne, on l'accusera lui aussi d'avoir enseigné « quod essentia divina in tribus personis est triplicata » ; mais bien à tort : il ne mentionne la théorie trinitaire de Joachim que pour la critiquer. Soixante propositions tirées de sa *Lectura super Apocalypsim* devaient être condamnées en 1326, longtemps après sa mort, car on s'acharnait d'autant plus contre sa mémoire que sa renommée s'était vite étendue bien au-delà de la Provence et que ses disciples, qui n'avaient pas tous sa modération, le vénéraient comme un saint, organisaient son culte[2], disaient qu'il avait été associé à Dominique et à François dans les prédictions de l'abbé de Flore et que lui-même avait prévu et prophétisé bien des choses pour faire éviter les périls spirituels et conduire « ad altissima et vera et novissima bona »[3]. Mais de ces soixante propositions, plusieurs étaient sans doute des interpolations, ou bien on tirait de certains passages des conclusions abusives, telle cette réflexion : « Hoc videtur implicare duos errores de evangelio intitulato aeterno », à la suite de quelques lignes où l'on cherche en vain pareilles erreurs[4]. Nicolas Eymeric accablera Olivi sous le poids de nombreuses hérésies dans son *Directorium Inquisitorum*, mais saint Antonin de Florence, O.P., le louera au contraire pour son orthodoxie et sa docilité[5]. Ce que l'on connaît de la *Lectura super Apocalypsim* montre qu'Olivi n'était nullement inféodé aux opinions de Joachim ; il le cite volontiers, mais parmi d'autres ; il a pour lui de la vénération, mais il ne craint pas de le discuter à maintes reprises ; il ne le suit pas habituellement dans les parallèles de sa *Concorde*, dont il n'adopte pas la

1. Éd. Delorme, Antonianum, 16, 1941. Florilège de textes tirés du comm. *In 2 Sent.* par Ehrlé : Xenia thomistica, t. 3, 1925, pp. 583-586.

2. « Quem Bequini et Bequinae in suis conventiculis venerantur » ; Bernard Gui, éd. Douais, 1885, p. 287.

3. Clareno ; Archiv, 2, pp. 289-290.

4. Döllinger, *Beiträge zur Sektengeschichte des Mittelalters*, t. 2, Dokumente, München, 1890, pp. 527-528 ; autres exemples, pp. 530-532. Pour la condamnation à Vienne, cf. E. Müller, *Konzil von Vienne*, 1311-1312 ; Münster, 1934, pp. 236-286. J. Koch, *Der Procez gegen die Postille Olivis zur Apokalypse*, RTAM, 5, 1933, pp. 302-315. D. Flood écrit, dans Fanjeaux, 10, p. 151 : « On a trouvé peu à critiquer et rien à condamner dans ses œuvres au concile de Vienne, en dépit d'une véritable chasse aux faiblesses doctrinales. »

5. Sixte IV (qui était franciscain) lèvera la sentence posthume portée contre lui par Jean XXII.

méthode. Son propre ouvrage, « d'une profonde et même rigoureuse unité interne » (Manselli), dans lequel il procède selon les méthodes de son temps, c'est-à-dire à la fois par les quatre sens traditionnels et par l'exposé de « questions », est tout à la gloire du Christ et à la mise en valeur du Nouveau Testament tel qu'il est compris dans l'Église, ce qui exclut toute doctrine des trois âges[1]. Au reste, dans sa lettre aux fils du roi de Naples, il distingue avec toute la tradition non-joachimite une « triple loi » et comme un « triple magistère » : la « loi de la justice », qui exige une peine pour le péché commis, la « loi de la grâce » que nous a value l'amour rédempteur, la « loi de la glorieuse victoire et de la couronne que Dieu réserve à ceux qui ont mené sur terre le bon combat à la suite de leur Roi céleste »[2]. S'il applique encore à saint François, en le transformant, ce que l'abbé de Flore avait écrit de Saint Benoît, c'était là, depuis quelque temps, un lieu commun de son ordre. Il n'est pas tombé davantage dans les excès anticléricaux et les aberrations politiques d'un joachimisme bâtard ; sa méditation sur l'histoire de l'Église le montre même « tout à fait indifférent à la réalité politique »[3]. Et pas plus que l'infatuation des esprits orgueilleux il n'a toléré l'illusion exaltée des âmes simples, qui « per ignorantiam... miserabiliter, attamen damnabiliter deluduntur »[4].

Nonobstant les autres schémas courants fondés sur les nombres consacrés de quatre, de sept ou de douze, le dernier âge de ce monde est pour Olivi le sixième, celui où « fit Deus homo, et masculus et femina, id est Christus et Ecclesia ». Il ne sait ni quand ni comment cet âge finira, mais il est porté à croire, au moins par moments que comme il y eut « défaut de foi » chez les Hébreux lors de la première venue du Christ, les derniers temps seront marqués de même par une décadence spirituelle[5]. A d'autres moments, il est au contraire plein d'espoirs pour un renouveau des derniers temps[6]. Mais pas plus que d'un dépassement de l'Évangile du Christ, il n'a jamais rêvé d'un véritable dépassement de son Église dû à une irruption de l'Esprit. Si, en expliquant l'Apocalypse, il fut amené à poser l'antithèse classique d'une *Ecclesia spiritualis* et d'une *Ecclesia*

1. EM, t. 4, pp. 336-341. *Lectura*, pp. 145, 186, 191.
2. Éd. Ehrlé. Archiv, 3, p. 536.
3. *Lectura*, p. 190. Sur la « série de différences évidentes » avec Joachim : MANSELLI, dans Fanjeaux, 10, pp. 115-118.
4. *Ep. ad Conradum*. Cf. ILARINO DA MILANO, loc. cit., pp. 301-305. Tous les « spirituels » exaltés, rappelons-le, ne mêlaient d'ailleurs pas le joachimisme à leur intransigeance.
5. *Sup. Genesim*, f. 22-23 ; *Lectura*, p. 147 ; cf. 148 et 179-181.
6. Ainsi dans l'*Expositio Lamentationum* : quand Juifs et Gentils seront réunis dans l'unique bercail du Christ, « erit finis multorum impedientium perfectionem evangelici status ». De même dans le *De oratione dominica*, publié par Delorme en 1951. Cf. *Lectura*, pp. 148-150.

carnalis, et s'il a souhaité, espéré la possibilité d'une Église devenue plus sainte, plus soumise à l'Esprit de Dieu[1], une telle antithèse et un tel souhait n'avaient pas le sens d'une opposition entre l'Église hiérarchique, destinée à périr et une Église sans structures destinée à la supplanter un jour après avoir été persécutée par elle dans ses précurseurs et ses annonciateurs. L'Église charnelle, c'est tout simplement pour lui les mauvais chrétiens, les chrétiens mondanisés. Parmi les « hypocrites » qu'il repousse, il range aussi bien les religieux « pseudo-prophètes » (on croit entendre Saint-Amour) que les « praelati carnales et tyrannizantes »[2]. C'est par un contresens analogue qu'on a interprété parfois comme des attaques dirigées contre l'Église de Rome ce qu'il a écrit de « l'Antichrist mystique » préparant la venue du dernier et véritable Antichrist. Pas plus de l'un que de l'autre il ne cherche à deviner les traits : antipape, roi persécuteur, apostat, faux prophète, faux messie, ou même prétendu Dieu ? « Je l'ignore ; Dieu le sait ; il me suffit de savoir qu'il sera un être de mensonge et contraire au Christ »[3]. Il faut comprendre de même ce qu'il dit de la « pressura babylonica », ou encore de la « vetusta babylonica ». Par de telles images, comme par celle de l'« Ecclesia carnalis », c'est toujours l'ensemble des mauvais chrétiens qu'il désigne, quelle que soit leur position : laïcs, clercs, prélats, moines, curialistes, etc. C'est la synagogue de Satan, l'antique Rome païenne, le paganisme théorique et pratique qui perdure dans la société chrétienne, les puissances terrestres et politiques, les hérésies organisées, etc. Olivi sait que ce complexe maléfique « a toujours agi et agit encore en tout âge de l'Église ». Cependant, l'âge où l'on est arrivé lui offre un mélange plus paradoxal qu'aucun autre de progrès et de décadence. Ce grand spirituel recueille ici l'héritage de tous ceux qui, depuis des siècles, se sont plaints des maux qui rongeaient l'Église : son triomphe sur les persécuteurs, puis sur les hérétiques et sur toute puissance adverse, est loin d'avoir été en tout bénéfique. Aujourd'hui, la gangrène a gagné son centre ; elle est devenue « a planta pedis usque ad verticem quasi nova Babylon effecta[4] ». Ce jugement sévère s'explique assez par l'époque, mais c'est un jugement d'ordre moral, dans lequel il n'y a rien, répétons-le, contre l'institution de l'Église[5]. Tout au contraire, Olivi pense qu'il

---

1. C'est à quoi il faut réduire, croyons-nous, ce que dira Ubertin de Casale d'après sa propre perspective, dans le premier prologue de son *Arbor vitae* (v. infra) : « Me modico tempore, spiritu Jesu praeveniente, sic introduxit ad altas perfectiones animae dilecti Jesu et suae dilectissimae Matris et ad profunda Scripturae et ad intima tertii status mundi et renovationis vitae Christi ».

2. *Sup. Matthaeum*, c. 24 ; *Lectura*, p. 158.

3. *Lectura*, c. 11-13 et 19 ; MANSELLI, pp. 15-159, 224-225 et 232.

4. Cité dans Chi erano, p. 191. Pour MANSELLI, Olivi voit là plutôt une « lourde menace » qu'une réalité accomplie : Fanjeaux, 10, p. 113, cf. p. 117.

5. Suivant Ellies DU PIN, *Bibl. ecclés.*, t. 11, p. 125, Olivi « traitait l'Église romaine de Babylone, il promettait une Église plus parfaite que celle de Jésus-Christ... » : cette interprétation erronée s'est répétée durant des siècles.

s'agit là du grand drame de la Passion du Christ, qui ne cesse de se renouveler dans la passion de son Église : c'est la « via crucis » ecclésiale. Quant aux précisions individuelles, il se refuse à les donner : « dispositioni divinae censeo esse relinquendum »[1].

La théologie spirituelle d'Olivi est réaliste et dramatique. Elle est austère. M. Raoul Manselli ne craint pas de la définir comme une « théologie de la douleur », — ce qu'on peut accepter, pourvu que l'expression ne suggère pas un dolorisme ou une résignation passive, car sa philosophie est une philosophie de la volonté et sa prédication un constant appel à l'espérance et à la conversion. « Toute l'histoire humaine, commente l'historien, est douleur, mais spécialement la fin de la cinquième et l'*initium* de la sixième période ». En ces derniers temps, tous les maux redoublent et s'accumulent : « fautes morales, erreurs philosophiques, mauvaises mœurs ecclésiastiques, décadence de l'ordre franciscain... »[2]. Voyant repoussé partout son idéal de pauvreté évangélique, Olivi a le sentiment de vivre en ce temps de ténèbres. Mais il sait que les forces antagonistes s'affrontent en tout temps, que l'Église enfante toujours les élus dans la douleur, que la mort est le seul chemin qui mène au royaume des cieux. Si sa fidélité a quelque chose de « farouche », sa pensée reste modérée : « zelum cum discretione spiritus moderati in Christo Jesu », telle est sa consigne[3]. Seulement, sa prose est sillonnée d'éclairs.

Se fondant sur la parole évangélique : « si le grain ne meurt... », il la généralise. Il montre l'application de cette « loi merveilleuse » non seulement dans la vie individuelle du chrétien et dans l'histoire des ordres monastiques, mais dans toute l'histoire du salut. Partout les disciplines humaines lui en fournissent des analogies. Il la relie enfin à la grande loi qui règle le cours de l'univers. C'est ce qu'il expose magnifiquement dans sa lettre de 1295 aux trois jeunes princes angevins, fils du roi de Naples Charles II, retenus prisonniers en Catalogne[4] :

> A qui considère l'ordre de l'univers, la loi organisatrice que le Christ a solennellement promulguée se manifeste sous des formes multiples et vraiment admirables : « Si le grain des semailles ne meurt en tombant sur la terre, il reste seul ; mais s'il meurt, il porte un fruit multiple » (Jo. 12, 24). Elle fonde en effet le cours universel et le flux de tous les changements et mouve-

1. *Super Apoc.* 13 ; *Lectura*, pp. 225 et 227. Ilarino da Milano, dans *Attesa* pp. 313-314. Cf. Manselli, *La terza età, Babylon e l'Anticristo mistico*, dans Bolletino delle Ist. Storico ital. per il Medio Evo...
2. R. Manselli, dans *Attesa*, p. 166.
3. A Conrad d'Offida ; ibid. p. 306.
4. Titre : « Crucis Christi magnalia jugiter speculari et in ejus passionibus triumphaliter gloriari ». Texte dans Archiv, 3, pp. 534-540. Pour les passages cités, nous empruntons la traduction du P. M.-H. Vicaire, Fanjeaux, 10, pp. 127-138.

ments naturels, en vertu duquel la corruption d'un être est la génération d'un autre, la capacité indéfinie de la matière parvient à la forme par l'informité et, ce qui est plus admirable encore, son informité est le fondement simultané du jaillissement et de la stabilité de la forme.

C'est également de cette loi impériale que relève toute action de Dieu... La racine de toute grâce, ainsi que de l'Église du ciel et de la terre, reçoit son fondement et puise sa croissance dans le centre de l'humilité et, pour ainsi dire, dans le néant central. De là découle aussi par le décret divin, ce grand mystère, ineffable et secret, de notre rédemption, par lequel le Fils unique de Dieu, égal à lui en toutes choses, s'anéantit en prenant la forme d'esclave et en souffrant la mort de la croix, par des impies, pour des impies.

Cette loi, nous la constatons nous aussi aux étapes de notre existence et dans son entretien courant. C'est au point que les grains et les fruits dont nous faisons notre aliment n'obtiennent leur puissance de vie que s'ils commencent par mourir... Ils sont incapables de restaurer notre corps de façon savoureuse, si on ne les sépare de la paille et de la balle par divers types de battages, avant de les nettoyer par les agitations des cribles, de les écraser sous les meules ou sous les pressoirs, de les bluter plus subtilement encore dans les tamis de fine étoffe, enfin de les transformer en les faisant bouillir ou rôtir dans le feu...

C'est encore par cette loi merveilleuse que l'Église du Christ fut conçue dans le sein de la synagogue, dont elle s'arracha et sortit par un amer enfantement... Ainsi, également, l'armée tout entière des élus, échappant à l'exil de ce monde et au pouvoir tyrannique du diable par la voie de la mort corporelle, comme au travers de la Mer Rouge, se rassemble et monte aux royaumes célestes.

Ce qui précède découvre la raison de la parole du Christ : « Il fallait que le Christ endurât ces souffrances pour entrer dans la gloire de son règne ». Cela découvre aussi la raison de la parole apostolique, qu'il faut entrer dans le royaume de Dieu par de nombreuses tribulations. Écoutons donc Jacques, ... l'Épître aux Hébreux...

Pour éviter que cet ordre de choses puisse paraître éloigné de la droite raison, disons qu'il est postulé par une triple loi et par une triple règle magistrale tirée des arts plastiques. La loi de justice d'abord... La loi de grâce également... La loi des victoires et couronnes glorieuses... L'art de la médecine..., l'art militaire..., l'art de la construction ou celui de l'agriculture, et... l'art de toute production mécanique... « Tout sarment en moi qui ne porte pas de fruit, (le Père) l'enlève, et tout sarment qui porte du fruit, il l'émonde pour qu'il porte encore plus de fruit » (Jo. 15, 2)...

Mêlant alors l'image du combat spirituel à celle de la colombe qui enfante au printemps, puis celle de l'Agneau luttant contre la Bête à celle de la colombe de l'arche qui annonce la Terre désirée, Olivi évoque l'heure où seront séchées toutes larmes. David, nous dit-il encore, n'aurait pu entrer dans la Maison de Dieu dont ses psaumes chantent la joie surabondante, s'il n'avait été d'abord éprouvé par les persécutions de Saül. Le Seigneur fait mourir et vivre, il nous plonge aux enfers et nous en retire, il nous frappe et ses mains nous guérissent, il nous libère au cours des six tribulations de notre histoire, et par la septième, tout mal écarté, advient la « pax superplena »[1].

Vision tourmentée du monde, mais acceptée dans la paix, dominée par la sérénité de la foi. Quel contraste avec l'exaltation de Gérard et de son milieu ![2] Vision tout évangélique. L'ange qui vole au milieu du ciel, porteur de l'Évangile éternel, n'est pas pour Olivi l'annonciateur d'un âge de contemplation sans combat : il symbolise la plénitude de la vérité du Christ, dans ses profondeurs incompréhensibles, telles que les a contemplées le regard d'aigle de Jean l'évangéliste. Lui-même se réfugie, autant qu'il peut, dans ces hautes régions, et c'est pour y contempler, lui aussi, « Jésus, le Fils unique, lumière solaire et vérité béatifiante de nos âmes »[3]. Dans le siècle nouveau qu'annoncèrent les stigmates de François, il espère que « renovabitur Christi lex et vita et crux ». Nous sommes loin de Joachim, loin aussi des quelques turbulents joachimites de l'époque, de leur antithèse passionnée entre une « Ecclesia carnalis » qu'ils rejettent et l'« Ecclesia spiritualis » qu'ils rêvent de voir s'installer demain sur terre. Mais, comme il le remarque en connaissance de cause, « saepe sinistre interpretantur quae simplici animo digeruntur »[4].

Bientôt sa conduite et sa pensée seront déformées, soit par de faux disciples, soit par le parti dit de « la communauté », qui voulait à tout prix obtenir une condamnation doctrinale en vue de le discréditer, dans l'espoir d'en finir avec une agitation rebelle. Il n'avait cependant jamais donné le moindre gage aux détracteurs de l'Église hiérarchique, qui deviendront nombreux par la suite et pourront être considérés comme des précurseurs de la Réforme. Son commentaire de la règle des Frères mineurs, sa première Question sur la perfection évangélique, posent l'exigence d'une obéissance parfaite au pontife romain, de la part des frères comme de tous les catholiques[5]. Lorsque certains

1. L'application est faite aux prisonniers, dont Olivi veut relever le courage. Mais on sent bien qu'il y a là beaucoup plus qu'une lettre d'occasion.

2. MANSELLI a noté le silence d'Olivi, signe de méfiance, sur le groupe qui avait eu son expression la plus vivace en Gérard : *Lectura*, pp. 164 et 212.

3. *Postilla in Joannem*. Archiv, 3, p. 490, sur le prologue. Il cherche avant tout à ne pas faire obstacle à cette lumière : « Saepissime eligo et elegi meam vitam miseram privatim et publice reprobare, ne vitae Christi radiositas per meae vitae tenebras obfuscetur » ; p. 539.

4. Aux fils du roi de Naples, Archiv, 3, p. 539.

5. Textes dans *Lectura*, pp. 160-161. Cf. D. FLOOD, *Peter Olivi's Rule commentary*, ed. and presentation, Wiesbaden, 1972.

de ceux qui partageaient son idéal, voyant leurs espoirs déçus, se mirent à contester la légitimité de l'abdication de Célestin V et celle de l'élection de Boniface VIII, il traita ces opposants de « sots », de « téméraires », de « présomptueux », d'« impies », de « blasphémateurs » ; il réfuta sans pitié leurs arguties juridiques ; il s'efforça de les arracher à « une erreur si honteuse et si brutale »[1]. Jusque sur son lit de mort, il a tenu à proclamer que Boniface VIII était bien le véritable « Romanae Ecclesiae gubernator ». C'est à lui qu'on doit le premier traité en forme sur l'infaillibilité papale, traité, dit le Père Hilaire de Milan, « d'une orthodoxie parfaite »[2], et toutes ses déclarations comme toute son attitude connue écartent l'hypothèse récemment émise qu'il n'aurait ainsi soutenu cette infaillibilité que pour défendre la bulle d'un pape à laquelle il tenait, contre son successeur qui la voulait abolir[3]. Sa lettre à Conrad d'Offida, grand spirituel comme lui, dont le culte sera confirmé par Pie VII, rappelle que saint François, « divinement inspiré, promet dans sa règle notre obéissance et notre révérence non seulement au pape..., mais à toute la sainte Église romaine » ; il y soutient que depuis la fondation de l'Église c'est au siège apostolique qu'il appartient de résoudre tous les doutes et de procéder à toutes les explications et adaptations nécessitées par le déroulement du temps et la variation des circonstances[4]. Si donc il a recommandé, pour le bien de l'Église, après tant et tant d'autres, « la rénovation de la forme du Christ », ce fut trahir sa pensée que de la traduire comme suit, pour la condamner : « Ce qu'il veut dire, c'est que l'Église qui existe aujourd'hui, c'est-à-dire l'Église romaine, est charnelle et sera peu à peu détruite, en sorte que peu à peu sera édifiée son Église spirituelle »[5]. Lui-même fut toute sa vie un modèle d'obéissance. Plus équitable que les autorités de son ordre qui depuis trente ans, avant et après sa mort, s'acharnaient contre lui, plus que le censeur parisien qui avait voulu imposer à ses écrits, contre sa conscience et sans consentir à l'entendre, un sens hérétique[6], Clément V refusa de condamner « aucun des ouvrages incriminés ». Le concile de Vienne, dans sa constitution *Fidei catholicae fundamento* (1312), ne retiendra pour les proscrire que trois opi-

1. *De renuntiatione Papae Celestini V quaestio et epistola* ; AFH, 6, 1918, pp. 367 et 370, etc.
2. Loc. cit., p. 312.
3. Cf. B. Tierney, *Origins of Papal Infallibility*, 1150-1350 ; Leyde, Brill, 1972 ; résumé dans BTAM, 11, p. 398 (G. M.). Dans The Thomist, 18, 1974, pp. 81-105, le P. Congar observe que S. Thomas, 2a 2ae, q. 1, a. 10, avait posé les bases de la doctrine ; il y disait en effet : « ... pertinet finaliter determinare ea quae sunt fidei... ad auctoritatem summi pontificis. »
4. Ed. Oliger, loc. cit., pp. 366-373. Cf., *Lectura*, pp. 172-176 et 195.
5. « Est intentio sua, quod ecclesia quae nunc est, vel Romana, ... paulatim destruetur carnalis..., paulatim aedificabitur sua spiritualis Ecclesia. » Dans Döllinger, *Beiträge*..., t. 2, p. 529.
6. Voir ses protestations, aussi dignes qu'énergiques, Archiv, 3, p. 418 ; cf. pp. 433-434. Cf. Chi erano, pp. 197 et 202.

nions anonymes (qui n'ont rien à voir avec le joachimisme et dont deux ne le concernent réellement pas), montrant ainsi qu'il voulait respecter sa mémoire[1].

Ubertin de Casale, — « il fuocoso Ubertino » (Ehrlé), « l'indomptable Ubertin » (Oliger) —, toujours porté aux plaintes excessives, est plus intempérant qu'Olivi. Tout en protestant qu'il n'était pas son « inconditionnel »[2], il a, dans un mémoire adressé au pape, défendu son maître avec fougue[3]. Il ne partage pas seulement son rêve d'une généralisation de la pauvreté évangélique au sixième âge du monde. Au livre cinquième et dernier de son grand ouvrage, *Arbor vitae crucifixae Jesu* (1305)[4], il paraît plus proche de Joachim lui-même, qu'il mentionne une dizaine de fois (pas toujours l'authentique) que d'Olivi. Non qu'il faille voir du joachimisme, comme ce fut parfois le cas[5], dans toutes les images et les prévisions apocalyptiques, ou dans les spéculations sur les sept âges du monde, dont Ubertin est prodigue. Mais dans le parallèle institué entre François d'Assise et Jésus, l'ambiguïté souvent dénoncée de l'« alter Christus » reparaît. François est célébré comme l'initiateur d'une sorte de « nouveau siècle » et de « nouvelle Église », d'une « Église contemplative » qui sera « une certaine participation anticipée, paisible et merveilleuse » à la « gloire future »[6]. Suivant une tradition franciscaine qui remonterait à frère Léon, Ubertin semble faire sienne l'attente d'une résurrection et d'une ascension de François, prélude à une Pentecôte nouvelle[7]. Olivi, lui, n'avait fait que mentionner pareille opinion comme répandue chez certains frères, en se gardant bien de la prendre à son compte[8]. Les formules d'Ubertin, précautionneuses encore, sont toutefois

1. Joseph LECLER, *Vienne*, dans *Hist. des conciles œcum.*, 8, 1964, pp. 92-113. Cf. GRATIEN, pp. 470-471. RENAN aura contribué à perpétuer l'erreur dont la mémoire d'Olivi fut victime en écrivant, pp. 308 et 309 : « Un religieux exalté, Pierre-Jean d'Olive, reprend dans le midi de la France les doctrines les plus révolutionnaires de Gérard... (Selon lui) cette Église communément appelée universelle, catholique et militante est la Babylone impure, etc. ».

2. Dès le prologue de l'*Arbor vitae*, il prend quelque distance : f. 1.

3. *Responsio ad praedictum libellum diffamatorium* ; éd. Ehrlé, Archiv, 2, pp. 377-416.

4. Édité à Venise en 1485 ; 248 folios sur deux colonnes. Cf. Apoc. 22, 2 et BONAVENTURE, *Lignum vitae de mysterio passionis*.

5. Ainsi Frédégand CALLAEY, OF Cap., dans son *Étude sur Ubertin de Casale*, Louvain, 1911, ouvrage d'ailleurs fort instructif.

6. « Quoddam sanctum et novum saeculum » ; « quasi facto novo circulo et novae ecclesiae initio » ; « quadam quieta et mira participatione futurae gloriae » ; « sanitas, pax et praegustatio gloriae in Ecclesia contemplativa », etc... *Arbor vitae*, f. 203, 205, 207, 210.

7. « cujus claram resurrectionem et ascensionem sublimem et novam Spiritus sancti pentecosten cum multo gaudio expectamus ». F. 209. Cf. CALLAEY, pp. 77 et 122.

8. « Quod nec scio nec assero, nec censeo asserendum » ; mots de sa *Lectura* sur l'Apocalypse, qui seront cités plus tard pour sa défense : Ehrlé, Archiv, 4, p. 58.

moins prudentes[1]. Mais peut-être après tout, pour lui comme pour les autres, ne s'agissait-il que d'une résurrection « mystique » dans l'ordre franciscain régénéré[2]. Nous l'avons déjà vu, sans penser jamais à exalter François au-dessus de Jésus, qui n'aurait été que son précurseur, on lui appliquait inconsidérément, dans un enthousiasme candide, les paroles de l'Écriture qui concernaient le Sauveur : après avoir parlé par les prophètes, les apôtres, les martyrs, les docteurs et les saints, voici que le Christ nous parle aujourd'hui en son fils, le séraphique François... ; il nous faut revêtir les sentiments du bienheureux François, lui qui, après avoir vécu dans ce monde « in forma Christi crucifixi », a reçu maintenant un nom glorieux dans le ciel, lui dont nous contemplons la gloire, comme d'un fils unique, reçue de son Père Jésus-Christ... Y avait-il là vraiment autre chose que d'innocentes transpositions, un excès de langage et d'imagination symbolique, suivant une tradition déjà bien établie dans l'ordre ? Toutefois, dans une atmosphère surchauffée, de telles métaphores pouvaient dégager une dangereuse charge émotionnelle.

Un passage de l'*Arbor vitae* paraît bien reproduire la théorie joachimite des trois états ; un autre, cependant, distribue l'ensemble des temps, de la façon la plus traditionnelle, entre les trois lois « de nature, d'Écriture et de grâce », en rapport avec « les mystères de la bienheureuse Trinité »[3]. Malgré les épreuves présentes, Ubertin croit à une « gestatio Spiritus » tout au long de l'histoire ; il semble même en espérer une sorte de « tranquille et merveilleuse participation de la gloire future » ; mais en même temps cette histoire lui paraît faite de « cycles », de perpétuelles oscillations entre des périodes de déclin (*declinatio*) et des périodes de renouveau, et la dernière de toutes pourrait bien être la pire...[4]. Il fulmine contre l'erreur de Montan et de ceux qui l'ont imité[5]. D'autre part, il n'est pas moins dur contre les religieux qui, sans tenir compte des avertissements de l'Apôtre, se sont laissés « séduire par la philosophie » en introduisant Aristote dans la science sacrée[6]. Chose plus grave, établissant un lien entre cette « séduction » et les maux présents de l'Église, il se laisse aller à protester contre l'abdication de Célestin V, « procurée par fraude », et contre « l'usurpation » de son successeur[7]. Il n'en maintient pas

1. « Quod cum nulla temeritate assero, sed devote devotis assero ». F. 220-221.

2. Cf. Lydia von Auw, *La vraie Église d'après les Lettres d'Angelo Clareno*, dans *Attesa*, p. 442 ; Id., à propos de Clareno, dans Fanjeaux, 10, p. 257. Cette tradition est expliquée un peu différemment par Manselli dans Fanjeaux, 8, pp. 357-358.

3. Comparer les folios 206 et 241.

4. F. 206-7 et 208.

5. *Arbor vitae*, l. 4, c. 36 ; f. 187.

6. L. 5, c. 7 : « Quod et Apostolus... videtur praesensisse, cum dixit ad Col. 2 : Videte ne quis vos seducat per philosophiam... Quod diabolus valde bene praesentiens jam videtur praeparasse materiam, dum sectam Aristotilis per religiosos in culmine posuit ». F. 228.

7. L. 5, c. 8 ; f. 229-231. Campagnola, p. 253, relève à juste titre que les drames de son existence exaspèrent la « focosità e impulsività » de son tempérament.

moins que l'Église du Christ, avec sa hiérarchie et son ordre sacramentel, est indispensable, — et il observe que la Vierge Marie elle-même, en tant qu'elle était membre de l'Église, était soumise à l'autorité de Pierre[1]. Loin de vouloir chercher un au-delà du Christ et de son œuvre, il tient à préciser plus d'une fois que l'Esprit dont il parle est bien l'Esprit de Jésus. Si les propos par lesquels il célèbre François d'Assise, isolés, peuvent paraître ambigus, le contexte montre à l'évidence que ce qu'il aime en lui, c'est le plus parfait imitateur de Jésus. Enfin les derniers mots de l'ouvrage sont un appel au « magistère universel » du siège apostolique, dans la foi duquel il professe vivre et au jugement duquel il soumet tout ce qu'il a écrit[2].

Ubertin de Casale ne s'était pas joint, en 1295, au petit groupe de « Pauvres Ermites » que Célestin V avait autorisé en le soustrayant à l'obédience de l'ordre, — décision que Boniface VIII s'était hâté d'abolir. Son opposition l'avait fait reléguer dans la solitude de l'Alverne, et c'est là qu'il écrivit en 1305 l'*Arbor vitae*. Le ton violent de certains passages s'explique par les circonstances. Quant au joachimisme qui affleure à plusieurs reprises dans le livre cinquième, est-il certain qu'on doive en attribuer l'origine à Olivi, comme le font Oliger[3] et Campagnola[4] ? N'y a-t-il pas lieu plutôt de penser qu'il serait un héritage de Jean de Parme ? Ubertin avait en effet visité, en 1285, l'ancien ministre général dans son ermitage de Greccio, et « le saint vieillard... lui fit part des espérances qu'il puisait dans la doctrine de Joachim de Flore[5] ». Ce n'est que quatre ans plus tard, à Florence, qu'il devait rencontrer Olivi et s'attacher à lui, sans toujours suivre ses conseils. Sous Clément V, il plaidera de nouveau pour la liberté des Spirituels, et l'un de ses mémoires, adressé au pape en 1311, réfute les « impudents mensonges » de ceux qui s'obstinaient à représenter Olivi comme un révolté. Imposant silence à ses propres tendances joachimites, il y renouvelle également sans détours ses déclarations en faveur de l'Église de Rome et de son pasteur légitime, — ce qui n'empêche pas quelques nouvelles violences verbales, à l'adresse d'une « Ecclesia carnalis » qui semble bien se concrétiser pour lui dans la Curie[6]. Clément V ayant finalement refusé toute scission à l'intérieur de l'ordre, il se soumit aussitôt (1313).

---

1. L. 4, c. 36 ; f. 187-189.
2. L. 5, c. 18. Jesus finis optatus : « ... Si autem piissimi Jesu velox vocatio me subtraxerit ex hac luce, Romana Ecclesia, cui per Spiritum Jesu datum est universale magisterium, si qua indigna ... perspexerit, dignetur obsecro emendare etc. » F. 247.
3. DTC, t. 14, col. 2533. Oliger parle de textes qu'Ubertin aurait « copiés » dans le commentaire d'Olivi sur l'Apocalypse, mais n'en cite aucun. Cf. Manselli, *Lectura*, pp. 177-236 et *P. di G. Olivi ed Ubertino da Casale*, dans Studi medievali, 6, 1965, pp. 95-122.
4. « ... mediate tramite le opere dell'Olivi » ; p. 253 ; cf. p. 252.
5. Gratien, op. cit., p. 384.
6. *Resp. ad ... libellum diffamatorium*. Archiv, 2, pp. 377-416. Cf. t. 3, pp. 51 et 88.

Plus tard son « ingéniosité tactique » lui valut même quelque temps les faveurs de Jean XXII[1]. Sa carrière de lutteur persécuté ne devait pas être terminée pour autant. Mais tout le montre obstinément fidèle, à travers son existence agitée, à un esprit bien plus purement franciscain que joachimite. Tel texte du livre cinquième de l'*Arbor vitae*, dans lequel il cite expressément le nom de Joachim, parle de l'« illumination » qui lui fut donnée, approuve sa prophétie concernant l'ange du sixième sceau, reprend le langage de la « concorde » et du troisième état », constitue en réalité une transposition, par laquelle Joachim est innocemment bien plus réfuté que suivi[2]. Ce dernier livre de l'*Arbor vitae* ne tranche donc pas si fortement qu'on l'a dit sur les quatre livres précédents. Il n'est rien dans tout l'ouvrage qui ne confirme la déclaration du Prologue : « Nihil in hoc libro intenditur, nisi Jesu Christi notitia et dilectio viscerosa et imitatoria vita »[3].

Angelo Clareno (da Chiarino, † 1337), devenu chef des « Pauvres Ermites du Seigneur Célestin » (plus tard appelés « Clarennins »), qui se répandirent de la marche d'Ancône jusqu'en Sicile, a été très diversement jugé. Ses écrits n'ont pas « l'éloquence agressive et la dialectique aiguë d'Ubertin », mais il lui est « supérieur par son intensité spirituelle et sa force d'expression » aussi bien que par « son art du récit » (Manselli). Dans son apologie d'Olivi, dont il nous a laissé un beau portrait (mais qu'il ne semble pas avoir connu directement) et de sa lignée légitime, il ne mêle à la revendication de son idéal « spirituel » de pauvreté ni le joachimisme proprement dit (mais il en va de même dans sa défense de Jean de Parme), ni aucune révolte contre l'autorité papale. Pas plus que les réclamations d'Ubertin pour l'autonomie des spirituels, Olivi n'avait approuvé son recours à Célestin V pour constituer un ordre séparé. Comme Ubertin, cependant, Clareno reste fidèle à défendre la mémoire d'un maître vénéré, qu'un parti puissant cherchait à ternir. Ce n'est pas sans raison qu'il a pu écrire, de la prison avignonnaise où Jean XXII le détenait, une longue *Epistola excusatoria ad papam de falso impositis et fratrum calumniis* (1317)[4]. Tantôt protégé par un pape

---

1. Cf. Charles T. Davis, dans Fanjeaux, 10, pp. 263-283.
2. L. 5, c. 3 « Angelus iste est ille quem Christus per concordiam respicit futurum in principio tertii status. Sic ergo patet quod illuminatio data Joachim dicit in principio sexti status unum angelicum virum mundo dari, quem Christus per concordiam respicit quia vitae Christi renovator singulariter apparebit. » Nous comprenons un tel texte à peu près à l'inverse de Campagnola, qui le cite p. 255 ; cf. 256. Voir, dans le même sens, ch. 1.
3. Dans les deux siècles suivants l'*Arbor vitae* fut très lu ; de nombreux manuscrits en circulaient, souvent expurgés, avant l'édition complète de Venise.
4. Ed. Ehrlé, Archiv, 1, pp. 521-533. « Virum sanctum Petrum Joannem, quem in vita sua... laceraverunt, ...et nunc post mortem... persequuntur ipsum... » p. 533. Cf. son éloge d'Olivi, t. 2, pp. 283-291.

et tantôt réprimé par un autre, tantôt poursuivi comme rebelle et tantôt officiellement innocenté, chassé par les uns, trouvant refuge auprès d'autres, toujours obstiné dans son intransigeance, il ne peut être impartial. On ne saurait pourtant écarter sans plus la plainte qu'il exprime, sur la fin de sa cinquième *Tribulatio*, contre ceux qui veulent de toute force faire renier à des innocents la foi du Christ et leur faire avouer mensongèrement des hérésies diaboliques[1]. Ses lettres, que M. Raoul Manselli qualifie de « splendides », ne contiennent pas une seule allusion à Joachim[2]. Sa grande *Historia septem tribulationum* n'y fait que quelques rares allusions, et nous ne retiendrons même pas comme entachés de joachimisme les trois points qu'on a signalés chez lui comme tels : espoir d'une réunion des Églises d'Orient et d'Occident, parallélisme des sept tribulations de l'ordre franciscain avec les sept âges de l'Église, distinction dans les prophéties de Daniel d'un sens littéral et d'un sens spirituel[3]. Il ne nous semble pas non plus que des expressions telles que « renovatio vitae Christi » ou « renovatio evangelica », employées à propos de saint François, « recouvrent parfaitement la *plena clarificatio* joachimite, l'éclairage intégral de l'ère nouvelle »[4]. L'*Historia*, comme les lettres, reprend plus d'une fois l'idée chère à Olivi, « de la persécution comme signe d'élection »[5], — idée dont il faut reconnaître qu'elle peut porter au fanatisme des esprits moins équilibrés qu'Olivi. « De degré en degré jusqu'au septième, la religion périclitera (*corruet*) ; ce sera toujours une chute de mal en pis » ; mais « par un grand et stupéfiant miracle » Celui qui a édifié l'Église la réparera (*reparatio*), la réformera (*reformatio*) dans le Christ. Le grand drame de l'*Historia* s'achève donc sur une note optimiste mais assez modérée : « Sathan non praevalebit adversus eos, sed sub pedibus eorum conteretur, et erit eis Dominus in Deum et Christus Jesus et ejus Spiritus in magistrum, cui et honor et gloria in saecula saeculorum »[6].

Clareno avait eu quelque temps pour compagnon de lutte, dans le camp des spirituels, Alvaro Pelayo, qui avait écrit pour les soutenir

1. Archiv, 2, p. 327. Avant d'aborder le récit de la 6e, il dit : « De iis ... forsan melius est tacere quam aliquid dicere » ; p. 127.

2. Cf. Lydia von Auw, loc. cit., pp. 433-422. Une allusion dans l'*Expositio regulae*.

3. Ibid. Cf. Campagnola, pp. 270 et 275.

4. Ainsi que l'estime Chr. Van Dijk dans Fanjeaux, 10, pp. 221-222, à la suite de Campagnola, p. 278.

5. Manselli, loc. cit.

6. *Expliciunt Cronicae ordinis minorum*. Archiv, 2, p. 155. Cf. l'édition Ghinato, pp. 117 et 161. Selon Campagnola, cette vision historique, bien qu'exprimée en termes de « rénovation évangélique » ou de « rénovation dans la vie du Christ », rejoint la « pleine clarification » prophétisée par Joachim. On peut tout aussi bien, nous semble-t-il, et peut-être avec plus de raison, inverser la formule. Au reste, Campagnola observe que si la « novitas franciscana » répond chez Clareno à la « novitas joachimita », c'est « secondo la concezione *trasformata* di G. da Fiore » ; p. 314. (Souligné par nous).

un *De statu et planctu Ecclesiae*. Mais après la condamnation du mouvement par Jean XXII Alvaro avait rejoint le parti de la « communauté » ; il vivait maintenant tranquille « dans le port de la curie », d'où il adressait à son ancien ami des reproches sur son indiscipline. En 1330, Clareno lui réplique par une *Apologia pro vita sua*[1]. Il proteste qu'il n'a rien plus en horreur « que la désobéissance et le mépris envers la sainte Église romaine, qui est le lieu de la gloire divine, la porte du ciel, la mère et maîtresse de tous ceux qui aspirent au salut ; en elle fut, est et sera jusqu'à la fin du siècle la plénitude de la puissance ». Il l'établit par tout un traité, qui témoigne de son érudition patristique très étendue. Mais ceux qui veulent plaire au Christ ne peuvent pourtant oublier tout ce qu'ont souffert les Frères Jean de Parme, Pierre Jean-Olive et leurs compagnons ; et n'est-ce pas un devoir de veiller à l'observation « virginale » de la Règle ? Paul n'a-t-il pas un jour résisté à Pierre ? Ce long plaidoyer montre l'obstination de Clareno dans le drame des spirituels, son refus de reconnaître au pape le droit d'atténuer le *Testament* de François, — mais tout joachimisme en est absent, qu'il s'agisse de celui de Joachim lui-même ou de celui qui contestait la structure même de l'Église[2]. Et c'est aussi bien ce que montrent les lettres adressées à ceux qui le reconnaissaient plus ou moins pour leur chef. Il écrit par exemple au groupe des spirituels de Rome, tentés de révolte, qu'« il vaut mieux subir toute espèce de tourments et la mort même que d'être séparé de l'obéissance du chef de l'Église (le Christ), de son vicaire, et de l'Église même »[3]. Dans une de ses lettres « il cite saint Augustin pour montrer quelle doit être l'attitude patiente et docile du fidèle, persécuté à tort mais qui ne se sépare pas de l'Église ». Pour cette catégorie de « Spirituels », quelles que fussent leurs intempérances et leurs utopies, l'Esprit demeurait toujours l'Esprit de Jésus et de son Église. Angelo Clareno, tout en soutenant le zèle intransigeant de ses frères persécutés, multiplie les efforts pour « le maintenir dans la charité, l'unité, la discipline,... l'attachement à l'Église romaine », laquelle est « une Église concrète, celle de son temps » comme celle du passé (il est bon historien). Jamais il ne la traite de Babylone, d'Antichrist ou de prostituée. Il justifie longuement la primauté du siège de Pierre[4], auquel il recourt contre ses

1. *Angelus Clarinus ad Alvarum Pelagium Apologia pro vita sua*. Ed. V. Doucet, AFH, 39, 1946, pp. 63-200. Alvaro, observe DOUCET, fut appelé à juste titre « prototypon curialismi ».

2. OLIGER, loc. cit., admet que le « joachimisme » de Clareno « est plus superficiel que réel ». — Un autre trait commun de Clareno avec Olivi est son zèle missionnaire ; Olivi y trouvait un encouragement dans le parallèle entre Paul allant aux Gentils et François allant aux Sarrasins.

3. Lydia VON AUW, loc. cit. pp. 435-436, et Chi erano, p. 215. Cf. à Jean XXII, Archiv, 1, p. 532.

4. Sans doute pour se défendre de griefs perfides, il va jusqu'à écrire : « unam esse solam romanam ecclesiam..., et schismaticum esse et vacuum nomen Ecclesiae Orientalis, etc. » Arch, 1, p. 523.

accusateurs. Il ne parle pas un autre langage dans ses exhortations confidentielles et dans ses déclarations à Jean XXII. Quand il écrit à celui-ci qu'il est en paix dans sa prison, joyeux d'être ainsi gardé « sub manu et obedientia pastoris »[1], il est sincère ; il lui avoue qu'il n'a pas toujours bien obéi, mais il lui certifie aussi qu'il n'a jamais méprisé l'autorité d'aucun prélat. Pour ce pape, si dur à tous les « Spirituels », il n'a pas une parole offensante, — ce que l'on ne pourra dire de tous ceux qui se recommanderont de lui. Il se gardera d'encourager l'excitation des Spirituels de Narbonne. Le séjour qu'il a fait en Grèce n'a pas eu pour seul effet de lui faire acquérir une « connaissance extraordinaire de la littérature grecque chrétienne » ; il aura sans doute renforcé chez lui un certain esprit de liberté monacale peu admis alors en Occident et peu compatible avec les obligations d'un grand ordre apostolique[2]. Mais ce pour quoi il se montre inflexible avant tout, c'est, chez les disciples de François d'Assise, la vie évangélique « Christiforme » et « cruciforme », définie dans le seul « Testament ». Il a tort sans doute d'en faire, contre les autorités de l'Église et de l'ordre, un absolu. Rien cependant n'est moins joachimite. Rappelons-nous cette exhortation qu'il fait adresser par le Christ lui-même à François et, à travers lui, à tous ses fils : « Que toute ta pensée (*cogitatio*) soit dirigée vers moi et soit occupée par moi ; que toutes tes paroles soient inspirées par moi, qu'elles soient prononcées pour moi et devant moi, et que toutes tes œuvres soient accomplies en vue de moi, toujours en l'honneur et à la gloire de mon nom »[3]. Rappelons-nous aussi ce qu'il disait dans une de ses lettres : « Ubi divisio, ibi ignorantia veritatis, et ubi amaritudo et displicentia, ibi laetitiae spiritualis privatio et absentia pacis »[4].

Arnaud de Villeneuve (1238-1316) est un de ces laïques qui furent séduits par le joachimisme, — ce terme devant d'ailleurs être pris dans un sens plutôt générique. S'il épouse la cause des Spirituels, ce n'est pas seulement par pitié pour des persécutés dont il se fait l'avocat ; il fut, comme dit M. Raoul Manselli, « leur compagnon de route »[5]. Il partage leur horreur de l'aristotélisme, c'est-à-dire la corruption par la philosophie païenne d'une théologie qui devrait consister uniquement dans l'étude et la méditation de l'Écriture.

1. Loc. cit., p. 532.
2. J. Gribomont, *La* Scala Paradisi, *Jean de Raïthon et Ange Clareno*, dans Studia monastica, 2, 1959. L. von Auw, dans Chi erano, pp. 216-220.
3. *Cronica*, éd. Ghinato, pp. 13-14. Edith Pasztor, dans *Chi erano*, pp. 109-124. L. von Auw, dans *Attesa*, pp. 434-436 et 441.
4. Ehrlé, Archiv, 1, *Die Spiritualen...*, pp. 557-569.
5. *Spirituali*, ch. 3, pp. 55-80 : « Uno compagno di strada » : cf. 263-264. Id. : *La religiosità d'Arnaldo da Villanova* ; Bollettino..., 63, 1951, pp. 1-100 ; *Arnaldo da V. e i papi del suo tempo tra religione e politica* ; Studi Romani, 7, 1959, pp. 146-161. J. Lecler, Vienne, p. 95.

Il a connu Olivi, et garde un culte pour sa mémoire, mais n'a pas hérité de sa sagesse. Violemment anti-thomiste, comme Ubertin dont il est l'ami, il va jusqu'à appliquer à Thomas d'Aquin, dans son *Gladius jugulans Thomatistas* (1304), le symbole apocalyptique du puits de l'abîme, d'où monte une fumée qui obscurcit la terre et le soleil même, c'est-à-dire l'Église et la vérité du Christ[1]. Le triomphe de l'aristotélisme dans la théologie de son temps, œuvre d'« adulteri in sapientia Christi », véritables idolâtres de leur Thomas, dont ils font un « évangéliste », lui paraît un signe annonciateur de l'Antéchrist[2]. Ce curieux catalan, peu ami des moines, alchimiste et médecin renommé (il a guéri Boniface VIII), astronome, hébraïsant, conseiller des princes, lit avec passion Hildegarde, mais aussi la Sibylle et Cyrille ; il étudie la « Kabbale prophétique » ; il s'inspire dans ses spéculations d'ouvrages apocryphes, notamment d'une *Introductio in librum de semine Scripturarum*[3], plutôt que des œuvres de Joachim lui-même. Arnaud rêve, comme beaucoup de ses contemporains, d'un « pape angélique », mais il s'intéresse plus à la venue de l'Antichrist (qu'il annonce pour les environs de l'an 1376) qu'à un avènement du Saint-Esprit. Son *Liber de Antichristo* (1297) a été condamné à Paris, mais il a répliqué par une vigoureuse *Apologia de versutiis atque perversitatibus pseudo-theologorum et religiosorum* (1302). Il n'échappe ni à la prison, ni à l'obligation de se rétracter, ni à l'accusation redoutable d'être relaps et à la destruction de plusieurs de ses nombreux écrits. Cependant, protégé par son souverain et surtout par Clément V, il évite le pire et plaide avec succès la cause de ses amis spirituels. Après sa mort, sa doctrine sera condamnée par l'Inquisition du royaume d'Aragon (1316)[4]. Il était resté persuadé jusqu'au bout, comme il l'avait écrit dans son *Antidotum*, qu'il avait reçu connaissance des temps derniers « non par conjectures ou raisons humaines, mais par révélation divine » ; « je te montrerai, avait-il promis à Benoît XI, un homme auquel, comme en un instant, une certaine nuit, a été donnée l'intelligence de la révélation du Christ »[5].

Saint Bonaventure et saint Thomas d'Aquin avaient tous deux, comme on le verra au chapitre suivant, réfuté Joachim. Vers 1313, l'anglais Henry Harclay critiquera ses partisans dans un sermon et dans une *Quaestio* scolastique. Mais, pas plus que les coercitions,

---

1. Cf. Fr. EHRLÉ, *Arnaldo da Villanova ed i Thomatiste...* ; Gregorianum, 1, 1920, pp. 475-501. Thomas « non theologizavit, sed bovizavit » ; « patet eos (Thomatistas) in sacra scientia bovizare ». (Ce même mot de thomatistes désignera chez Herder les chrétiens de Thomas l'apôtre, une de ces « misérables tribus, sans influence sur le génie des peuples » ; *Idées*..., l. 17, ch. 2 ; trad. Tandel, t. 3, 1874, p. 193).

2. EHRLÉ, MANSELLI, GREGORY, loc. cit.

3. L'ouvrage, d'origine probablement germanique, daterait de 1204-1205 environ : BLOOMFIELD, p. 303.

4. GREGORY, op. cit., pp. 278-279. G. MOLLAT, *Les Papes d'Avignon*, nouv. éd., Letouzay et Ané, p. 33.

5. Textes dans EHRLÉ, article cité.

pas plus que les déboires, les réfutations n'y faisaient toujours rien. C'est ainsi qu'on signale, encore en Angleterre même, de nombreux manuscrits de Joachim datant du quatorzième siècle. Wyclif ne lira peut-être pas Joachim dans l'original, mais il s'y référera souvent[1]. Sans doute, la plupart du temps, il n'était déjà plus guère question dans les esprits, et il sera de moins en moins question d'un Joachim « à l'état pur », ou même du Joachim de Gérard da Borgo San Donnino ; « au début du quatorzième siècle... le joachimisme en tant que processus organique d'un système d'idées et de doctrine fut appelé à disparaître »[2]. Mais il continuera de se survivre en de nombreux avatars. L'avènement attendu de l'Esprit suscite encore à chaque génération toutes sortes de désirs, imaginations, prophéties, pamphlets, mouvements populaires, qui s'accentueront au cours des quatorzième et quinzième siècles, en réaction contre une société chrétienne de plus en plus à la fois disloquée et sclérosée. Les prétentions accrues de la papauté, les excès du curialisme avignonnais et de son système fiscal, puis le trouble du grand Schisme, ne pourront qu'attiser l'incandescence de ce nouveau Joachimisme. « Le quatorzième siècle, a-t-on dit, apparaît comme l'aire par excellence des révolutions populaires »[3]. A plusieurs de ces révolutions, le Saint-Esprit se trouvera mêlé. Les siècles précédents n'avaient pas manqué de ces prédicateurs ambulants, parfois chefs de bandes, plus hardis et plus impatients qu'un Joachim de Flore, plus revendicateurs, moins lestés de doctrine et moins portés à la vie contemplative, qui critiquaient Église et sacrements « au nom d'un idéal évangélique conçu de façon naïve et passionnée »[4]. Or il arrive que le nouveau joachimisme s'annexe leurs héritiers. Divers mouvements en résultent, aux formes parfois étranges. Déjà, vers 1260, une femme inconnue, Guillelmine, arrivait à Milan, se disant fille du roi de Bohême ; un petit groupe d'enthousiastes, recrutés dans la classe riche et cultivée, ne tarde pas à l'entourer ; on la prétend stigmatisée, comme saint François ; son corps n'est autre, en réalité, que celui de Jésus, son corps historique, devenu celui d'une femme ; on veut même voir en elle, malgré ses dénégations, le Saint-Esprit incarné. Après sa mort (1281), ses fidèles organisent son culte et prêchent l'avenir que sa mission a suscité. Le chef de la secte, André Saramita, écrit à sa louange des livres destinés à remplacer les évangiles ; la compagne d'André, Malfreda, va bientôt, croit-on, devenir pape (le pape actuel, Boniface VIII, est illégitime) ; elle sera le vicaire sur terre de Guillelmine-Esprit, dont on attend le retour : alors celle-ci

---

1. Bloomfield, p. 302.
2. Manselli, *Septième centenaire de saint Louis...*, 1976, p. 301.
3. M. Mollat et P. Wolff, *Ongles bleus, Jacques et Ciampi*. Calmann-Lévi, 1970, p. 9.
4. Philippe Wolff, *L'éveil intellectuel de l'Europe*. Seuil, 1971, p. 167 ; à propos du XIIe siècle.

baptisera les Maures et les Juifs et réalisera dans cette Église renouvelée l'unité de toutes les croyances...[1] Autre affaire, qui vers la même époque prit des proportions plus inquiétantes. Un homme originaire de Parme, Gérard Segarelli (Cicarellus), s'était mis à prêcher la pénitence en vue du royaume qui, disait-il, était proche. Il avait recruté des adeptes qui avaient pris le nom d'*Apostoli*. Leur programme fut d'abord assez pacifique et la population semble leur avoir d'abord été favorable. Mais en 1291 un certain Fra Dolcino, de Novare, les rejoint ; il se met à leur tête, fulmine contre Rome, appelle à l'insurrection ; sa sœur Marguerite se trouvant enceinte, il persuade ses compagnons qu'elle l'est par l'œuvre du Saint-Esprit[2]. Segarelli, leur explique-t-il, a ouvert l'ère de l'Esprit annoncée par le prophète de Flore ; contre les résistances, il faut l'imposer par la terreur. Sous ses ordres, une bande de pillards illuminés des deux sexes ravage la Lombardie. L'évêque de Verceil doit lancer contre eux quatre croisades successives et ils seront enfin exterminés en 1307[3]. Le prudent Salimbene, qui connut les débuts de cette aventure, traite les Ségarellistes de « ribaldi et deceptores » ; s'ils étaient, dit-il, vraiment inspirés de Dieu, Joachim n'aurait pas manqué de les prédire, comme il a prédit les Prêcheurs et les Mineurs[4].

L'un des compagnons de Segarelli, Ottonello de Spolète, fonde une « congregatio libertatis ». Nous avons déjà rencontré ce « libre esprit » chez les Amalriciens. C'est un vaste mouvement, qui des Pays-Bas, d'Allemagne, de France, déferle maintenant sur l'Italie. On a parlé à son sujet d'une « espèce de secte secrète », d'une « maçonnerie », presque d'une Église parallèle. En fait, il semble qu'il s'agisse de groupes divers, dont tous ne méritent pas la même suspicion ; orthodoxes ou hérétiques, ils prônent un mysticisme qui souvent n'est pas mêlé de doctrines apocalyptiques. Les plus radicaux d'entre eux rejettent la structure, la morale et les rites de l'Église visible, au nom d'une spiritualité jugée plus haute. Albert le Grand les a combattus dans une célèbre *Determinatio de novo spiritu* en quatre-vingt dix-sept articles, qui sont « une mine pour les inquisiteurs »[5].

---

1. Les actes du procès de l'Inquisition, ouvert en 1300, constituent la meilleure source. Les trois membres principaux de la secte furent condamnés au bûcher. Cette affaire, aux proportions restreintes, est l'une des plus extrêmes revendications féministes qu'offre l'histoire. Cf. F. VERNET, *Guillelmites*, DTC, t. 6, col. 1982-1988.

2. « Sui asserunt eam esse gravidam a Spiritu sancto » : *Practica Inquisitionis Bernardi Guidonis*, éd. C. Douais, 1886, p. 339. Sur Dolcino, cf. l'*Anonymus Synchronus*, éd. A. Segarizzi, *Rerum Italiae scriptores*, t. 9, fasc. 51, 1907. Tadeusz MANTEUFFEL, *Naissance d'une hérésie*, Paris-La Haye, 1970, pp. 75-84.

3. L. SPÄTLING. *De apostolicis, pseudo-apostolicis, apostolinis* ; Münich, 1957. H.-Ch. LEA, *Hist. de l'Inquisition au m. âge*, trad. S. Reinarch ; Picard, t. 3, pp. 85-149. Cf. Fr. SECRET, *L'émithologie de G. Postel*, Convegno intern. di Studi umanistici, 5, Padoue, 1960, p. 395.

4. Pp. 256-258 et 293. Cf. Ehrlé, Archiv, 4, pp. 178-180.

5. J. ORCIBAL, *Le « Miroir des simples âmes » et la « secte » du Libre Esprit*, RHR, 176, 1969, p. 36. MANSELLI verrait plutôt dans le mouvement une « notable cohérence et continuité de doctrine » : cf. BTAM, 10, 1969, pp. 639-640. Sur les

Ils se donnent une littérature, dont le caractère pernicieux n'est pas toujours discernable. L'ouvrage qui aurait le plus contribué à répandre ce « nouvel esprit » est le *Miroir des simples âmes*, dont l'existence est attestée vers 1300 et qui fut bientôt traduit en plusieurs langues. D'abord approuvé par Godefroy de Fontaines, il est condamné au feu dès avant 1306 par l'évêque de Cambrai et son auteur, Marguerite Porete, qui refuse de se rétracter, est elle-même brûlée à Paris en 1310. Le concile de Vienne, dans la décrétale *Ad nostrum*, reprend dans six articles sur huit les expressions mêmes du *Miroir* pour condamner les erreurs des Béguards et des Béguines sur l'état de perfection. On peut lire en effet dans le *Miroir* que l'âme « affranchie », vraie « fille de Sion », ne cherche plus Dieu par pénitence, sacrement, jeûne, oraison, Dieu étant aussi bien « sans ce comme avec ce », et que les « vrais innocents » ont retrouvé l'état de nature[1]. Les tendances quiétistes et anti-hiérarchiques de l'ouvrage sont incontestables. On y trouve cependant aussi nombre de formules plus nuancées et d'affirmations dogmatiques, et certaines de ses hardiesses ont leur source probable dans la Lettre d'or de Guillaume de Saint-Thierry. On peut donc se demander avec M. Jean Orcibal si le procès de Marguerite Porete ne mériterait pas sérieuse révision[2], et en tout état de cause il n'y a point à la mêler elle-même à l'histoire du joachimisme[3].

Ubertin, Clareno, Arnaud de Villeneuve combattirent les « Frères du Libre Esprit », tout comme avait fait Albert le Grand et comme fit Ruusbroec. Ubertin s'inquiétait de voir leurs doctrines dissolvantes s'insinuer jusque dans certains couvents des Mineurs de l'Ombrie ; il s'indignait de la tolérance de certains prélats envers de tels « vilissimi heretici »[4]. Cependant Jean XXII fut l'adversaire implacable des uns comme des autres. Sa bulle *Sancta Romana* (décembre 1317), complétée par la constitution *Gloriosam Ecclesiam* (janvier 1318) reproche à nos « spirituels » d'imaginer « deux Églises, l'une char-

« Béghards » adeptes du « libre Esprit » au début du XIVe siècle, voir la longue lettre de l'évêque de Strasbourg, traduite par Nicole BÉRIOU dans *Histoire de l'Église par elle-même* (dir. Loew et Meslin), Fayard, 1978, pp. 191-193.

1. Dz-Sch., 891-899. Romana GUARNIERI, *Il movimento del Libero Spirito, testi e documenti* ; Archiv. ital. per la Storia della Pietà, t. 4, 1965, pp. 351-708.

2. J. ORCIBAL, art. cité, pp. 35-60.

3. En dehors du cercle des spécialistes, la plus grande confusion règne encore au sujet des mouvements « spirituels » du moyen âge et de leur rapport au joachimisme. Bien des jugements approximatifs rappellent ce qu'écrivait Renan il y a plus d'un siècle : « Les ordres mendiants, les innombrables sectes communistes du moyen âge (pauvres de Lyon, bégards, bons-hommes, fratricelles, humiliés, pauvres évangéliques, etc.), groupés sous la bannière de « l'Évangile éternel », prétendirent être et furent en effet les vrais disciples de Jésus ». *Jésus*[2], Michel Lévy, 1864, p. 110.

4. Archiv, 3, p. 123.

nelle, l'autre spirituelle et libre dans sa pauvreté ». Pour certains d'entre eux l'accusation était fondée. Les plus hostiles refusaient de le reconnaître comme pape ; ils le dénonçaient comme « l'Antichrist mystique ». Les persécutions qui s'ensuivirent — excommunication des rebelles, interdits jetés sur leurs asiles, procès inquisitoriaux, etc. — exaspèrent leur fièvre ; elles accroissent les collusions de certains d'entre eux avec les pouvoirs séculiers, celles d'autres avec les cercles pseudo-joachimites. Frères de la vie pauvre, Bizochi, Béghards, Béguins et Béguines de Provence et d'Italie du Nord (à ne pas confondre, malgré quelques rapports, avec leurs homonymes du nord de l'Europe)[1], s'agitent de plus belle. C'est alors que le nom de Fraticelles, qui avait d'abord désigné les Mineurs dissidents approuvés par Célestin V[2], prend une signification nettement péjorative. « Le joachimisme les consolait, les réconfortait et les exaltait en leur donnant la conviction qu'ils étaient le peuple élu pour régénérer l'Église charnelle »[3]. C'est alors sans doute que quelques-uns d'entre eux interpolèrent les leçons d'Olivi sur l'Apocalypse, provoquant la condamnation de 1326. Plusieurs firent aussi du tort à sa mémoire en le comparant non seulement à François d'Assise, mais, comme lui, à Moïse et même à Jésus, en faisant de lui le contempteur de la papauté et le dernier initiateur du troisième âge. Ses vrais disciples, malgré l'indiscrétion de son culte à Narbonne et à Béziers, ne voulaient pourtant pas céder à l'esprit de schisme. D'autre part, il ne semble pas que le mythe joachimite ait habituellement inspiré leur attitude. Les procès d'inquisition qui les concernent montrent presque toujours uniquement leur attachement farouche à leur idéal de pauvreté, conforme, disent-ils, à l'Évangile, voire imposé par lui, et que le pape n'a pas le droit de leur ôter.

En deux cas au moins, toutefois, deux cas retentissants, le prophète de Flore est mêlé. Après avoir courageusement lutté, devant Philippe le Bel et Clément V, contre les excès commis par les inquisiteurs dans les régions de Carcassonne et d'Albi, le franciscain Bernard Délicieux[4], soutenu par Arnaud de Villeneuve, alla protester devant Jean XXII contre la persécution des Spirituels. Dans ses dernières années, il s'était laissé prendre à la littérature « prophétique » attribuée à Joachim, dont il était devenu le fervent admirateur. S'il était pape,

1. Le mot pouvait prendre aussi un sens moqueur. On m'a rapporté, écrivait Olivi en 1295 aux fils de Charles II, « quod etiam dominus pater vester timuerat vos imbeguiniri seu, ut proprius loquar, in divinis infatuari per eloquia oris mei ». Archiv, 3, p. 539.

2. Ubertin signale avec admiration les observateurs de l'Évangile que le monde appelle « minimi fraticellunculi » : *Arbor vitae*, l. 3, c. 8, f. 90. Sur les Fraticelles : Clément SCHMITT, DS, 5, 1167-68 ; DHGE, fasc. 106, 1063-1108.

3. GRATIEN, p. 414. Sur les cercles « joachimites » du XIIIe au XVe siècle : DS, 5, 1177-78 et 1185-86.

4. Cf. Yves DOSSAT, *Les origines de la querelle entre Prêcheurs et Mineurs provençaux : Bernard Délicieux*. Fanjeaux, 10, pp. 327-354.

disait-il, il annulerait le Décret du Latran condamnant sa doctrine de la Trinité. En attendant, selon certains récits, il l'avait rayé dans son propre exemplaire. Incarcéré en 1317 à la suite de la marche qu'il avait organisée sur Avignon, puis transféré d'Avignon à Toulouse, il expliquait, dit-on encore, aux gens de son escorte que le pape allait bientôt mourir, que son successeur supprimerait l'ordre dominicain, etc., et aux incrédules qui lui réclamaient des preuves il opposait cette fière réplique : « Isaïe et Joachim, comment connaissaient-ils l'avenir ? »[1]. Toutefois, Bernard Délicieux ne s'est peut-être intéressé à Joachim, avec sa vivacité coutumière, qu'à titre de « passe-temps »[2]. Le second cas est plus étrange, mais il ne s'agit pas d'un Mineur. En 1326, une femme, Na Prous Boneta, explique devant ses juges que de même qu'Adam eut deux fils, Abel et Caïn, l'Église a eu récemment deux fils : Olivi (Abel), condamné et persécuté, et Thomas d'Aquin (Caïn), que Jean XXII vient de canoniser (en des termes qui canonisaient contre les Spirituels l'idée dominicaine de la pauvreté). Le jeudi-saint, elle annonce qu'elle a été choisie pour mettre le Saint-Esprit au monde ; saint François, nouvel Élie et Olivi, nouvel Enoch étaient ses précurseurs ; grâce à la « donatrix Spiritus sancti », le troisième âge va enfin s'ouvrir[3].

Le successeur de Jean XXII, Jacques Fournier, qui prit le nom de Benoît XII (1334-1342), était « la lumière du Sacré Collège ». Il ne fut pas plus accomodant que son prédécesseur. Auteur lui-même d'un traité contre les Fraticelles, il maintient leur condamnation. Il avait aussi composé une « Réfutation des erreurs de Joachim de Flore » (et de Maître Eckhart), malheureusement perdue[4]. Sous son règne et longtemps encore dans la suite, les désordres « joachimites » se poursuivent, mêlés ici ou là à ceux du « Libre Esprit » : on désire le règne du Saint-Esprit, on s'efforce de hâter sa venue, « parce que l'évangile du Christ ne fut pas un évangile de liberté »[5]. Des théories confuses et changeantes sont élaborées « à partir des matériaux les plus divers,... interprétés et mis à la portée du peuple »[6]. C'est pourquoi, bien que ni le joachimisme authentique ni le mouvement franciscain des Spirituels n'aient en eux-mêmes la moindre accointance avec elle, il était nécessaire de rappeler en quelques mots l'hérésie du « Libre Esprit » et sa diffusion.

---

1. CLARENO, pp. 148-149 ; éd. GHINATO, pp. 212-216. GRATIEN, pp. 548-550. Ph.-M. DE DMITREWSKI dans AFH, 17 et 18, 1924 et 1925. Cf. LEA, t. 3, p. 48.
2. Y. DOSSAT, p. 344.
3. MANSELLI, *Spirituali*, pp. 239-247.
4. J.-H. VIDAL, *Notice sur les œuvres du pape Benoît XII*, RHE, 6, 1905, pp. 557-565 et 785-810.
5. C'est le reproche que Guy de Perpignan († 1342) fait aux sectateurs du Libre Esprit : R. GUARNIERI, loc. cit., col. 1256.
6. L. OLIGER, *De secta spiritus libertatis in Umbria sec. XIV disquisitio et documenta.* Rome, 1943.

Comprenant Olivi (et Joachim) comme le comprend Jean XXII, soupçonnant que le pape pourrait bien finalement réunir en sa personne l'un et l'autre Antéchrists, et se persuadant, par la force de son désir, que l'action du second prendra bientôt fin, sans doute en 1330, un certain Bernardo di na Jacma se croit désigné, avec un groupe de douze compagnons qui auront résisté à toutes les épreuves, à fonder l'Église du Saint-Esprit. Il sait en effet, lui aussi, qu'il y a trois temps pour l'Église : le premier, qui dure d'Adam jusqu'au Christ, est approprié au Père, car c'est le temps de la puissance ; le deuxième commence à la venue du Christ et prend fin avec l'Antichrist ; le troisième, qui doit durer jusqu'à la fin du monde, est approprié au Saint-Esprit : ce sera le temps de la bénignité[1]. Un autre signe, moins équivoque, de l'influence permanente de Joachim de Flore en cette première moitié du quatorzième siècle nous est donné par deux ouvrages très populaires. L'un est la *Biblia pauperum*, issue des milieux franciscains, dont les images seraient en « étroite connexion » avec la vision d'Ézéchiel telle que la représente le *Liber figurarum* ; l'autre est le *Speculum humanae salvationis*, dont les idées proviendraient de la même source[2]. Encouragé peut-être par de tels faits, l'ordre de Flore, qui semble ne s'être jamais intéressé aux doctrines de son fondateur, sinon pour défendre son orthodoxie sur la Trinité, tente, en 1346, de faire ouvrir un procès de canonisation. Cependant l'heure était mal choisie : le nom de Joachim venait précisément d'être inscrit dans le « Catalogue des hérétiques » dû à Guido de Perpignan et Bernard de Luxembourg[3].

C'est qu'en effet les signes inquiétants ne manquaient toujours pas. Le franciscain auvergnat Jean de Roquetaillade était alors un des principaux objets de scandale. Entré chez les Mineurs en 1332, mort peu après 1365, il fut « un joachimite attardé ». Madame Jeanne Bignami-Odier, qui lui a consacré un livre essentiel, rappelle opportunément (avec un peu d'excès peut-être) à son propos que Joachim de Flore « n'a presque rien à faire dans l'aventure du joachimisme » et que « le club de Hyères[4], dont parle Salimbene, se nourrissait de faux... La débordante littérature joachimite se complique et devient toujours plus ésotérique et plus bizarre à mesure qu'elle avance en âge » ; l'*Oracle de Cyrille*, vers 1287-1300, marque son apogée[5]. Le premier ouvrage qui nous reste de Roquetaillade (v. 1345-

1. Philippe DE LIMBORCH, *Historia Inquisitionis, cui subjungitur Liber sententiarum Inquisitionis Tolosanae*. 1692, p. 308. Cf. Spirituali, pp. 196-197.

2. M. THOMAS, dans Archiv f. Kulturg., 82, 1970, pp. 192-225 (d'après BTAM, 11, p. 302).

3. M. REEVES, *The influence of Prophecy*, pp. 69-70.

4. L'expression vise les dsiciples d'Hugues de Digne, qui le fréquentaient dans son couvent de Hyères.

5. Jeanne BIGNAMI-ODIER, *Études sur Jean de Roquetaillade*, Vrin, 1952, p. 194. Analyse de l'ouvrage, pp. 53-112 ; des ouvrages suivants, dont l'énorme *Liber Ostensor*, pp. 113-173.

1349) est un commentaire de cet Oracle. Il a été rédigé dans une des prisons où le pauvre franciscain, victime de sa folie, de ses partis-pris politico-religieux, de ses visions, et d'un tempérament violent qui faisait parfois de lui, avoue-t-il lui-même, « une véritable brute », passa une grande partie de son existence. Louis de Bavière y est désigné comme l'Antichrist mystique, — car, au milieu de ses démences, et si dur qu'il soit contre la hiérarchie de l'époque, Roquetaillade fait constamment profession d'attachement à l'Église romaine. Il se croit inspiré, mais son œuvre abondante est en réalité celle « d'un compilateur et d'un historien » passionné[1]. Le plus connu de ses écrits, et sans doute le plus réellement influent[2], est le *Vade mecum in tribulatione*, qui résume ses vues apocalyptiques. Disons, en simplifiant beaucoup, qu'à partir de 1360 les catastrophes doivent se multiplier ; les clercs et les religieux infidèles à la pauvreté seront châtiés par la persécution que déclencheront les deux Antichrists, l'un venant de l'Orient et l'autre de l'Occident ; mais en 1365, Élie et Enoch, réincarnés dans un pape et dans un cardinal, prépareront les voies au Réparateur qui, assisté du roi de France, inaugurera en 1367 le troisième état du monde. Toute tribulation ne cessera pas aussitôt, mais tout finira pour le mieux. Sous la houlette d'un pape angélique, qui sera franciscain et qui siégera à Jérusalem, le grand rassemblent s'accomplira, les Juifs eux-mêmes se convertiront, la plénitude de l'Esprit-Saint se répandra, tous vivront dans la contemplation, ceux qui sont mariés seront tous tertiaires de saint François... A ces traits nous reconnaissons Joachim, franciscanisé. Et c'est encore à la manière de Joachim que Roquetaillade conclut : « Je ne prédis pas l'avenir comme un prophète, mais comme un interprète qui, éclairé par le Christ, exprime la vérité et le sens caché des écrits prophétiques »[3].

Plus inquiétante est la mentalité de l'énigmatique Télesphore de Cosenza, qui est une fiction littéraire (il y en eut, semble-t-il, au moins deux, comme il y eut deux Cyrille) ; ce moine aurait été en rapport épistolaire avec Joachim lui-même, il l'aurait exhorté à commenter et à répandre son message, dont l'essentiel, après un scénario analogue à celui de Roquetaillade, consiste dans l'annonce d'une « sainte et nouvelle religion, qui sera libre et spirituelle »[4]. De plus en plus,

1. Op. cit., p. 201.

2. « Il ne fait pas de doute que parmi les insurgés de Florence contre l'oligarchie régnante (au XIVe siècle) circulait le Vademecum ». MANSELLI, *Acceptation ou refus du* 3e *âge*, dans *Révélation et histoire*, Aubier, 1971, p. 137.

3. Op. cit., pp. 157-173. Voir aussi les résumés du *Liber secretorum eventuum* et du *Liber Ostensor*, pp. 125 et 144.

4. La question de « Télesphore » est très embrouillée, et malgré des études partielles il ne semble pas qu'aucun érudit l'ait encore pleinement éclaircie. Nous reproduisons ici un texte cité par RENAN, *Nouv. études d'hist. religieuse*, 1866, pp. 140-141 : « Insurget sanctissima et nova religio, quae erit libera et spiritualis, etc. » Cf. E. DONCKEL, *Studien über die Prophezeiung des fr. Telesforus von Cosenza*,

toute hiérarchie, tout ordre sacramentel, toute discipline pèsent à beaucoup. En 1388, Thomas de Pouille vient prêcher à Paris l'avènement du règne de l'Esprit : il a la chance d'être déclaré fou. En Espagne le mouvement lulliste lui-même, d'une inspiration plus saine, n'est pas toujours exempt de contaminations joachimites, du moins s'il faut en croire le célèbre inquisiteur d'Avignon, Nicolas Aymerich[1]. D'après celui-ci, un certain Pedro Rosell professait que « de même que la doctrine de l'Ancien Testament émane du Père et celle du Nouveau Testament du Fils, ainsi la doctrine de Lulle émane du Saint-Esprit ; à l'époque de l'Antichrist, tous les théologiens deviendront apostats ; les Lullistes convertiront le monde et toute théologie autre que celle de leur maître disparaîtra ».

La plus spectaculaire conquête du joachimisme en ce même quatorzième siècle avait été, à Rome, la tentative de Cola di Rienzo (1313-1354). Sans doute le fameux tribun, fils d'un aubergiste et notaire de profession, n'avait rien dans son comportement coutumier d'un « spirituel » ; il n'était pas non plus théologien, et « sa culture religieuse se contentait d'être l'écho des thèmes prophétiques et apocalyptiques de son temps », mais il les « vécut et propagea avec une intensité et une ferveur d'engagement que seul un examen superficiel de l'atmosphère religieuse » de ce temps « peut faire tenir pour calculs ou manœuvres plus politiques que religieuses »[2]. Au début, il semble cependant s'être inspiré avant tout de la Rome antique, telle qu'il se l'imaginait et dont il voulait ressusciter la gloire. Son rêve était alors plus héroïque que mystique. Tite-Live, Cicéron, Sénèque, Valère-Maxime l'enivraient plus que les promesses de l'Évangile éternel. Son exaltation du « populus romanus » ne cadrait pas très bien avec le sentiment de l'abbé de Flore, qui malgré sa sévérité pour les Grecs de son temps et son loyalisme catholique, ne perdait pas l'espoir que l'intelligence spirituelle serait de nouveau florissante chez le peuple grec « ainsi que dans les jours antiques » de l'Église et demeurait persuadé que ce peuple était prédestiné à honorer le Saint-Esprit, comme le peuple latin l'était à honorer le Fils[3]. Toutefois, Joachim n'avait-il pas dit aussi que « in populo Latino fundavit Deus omnipotens Ecclesiam suam[4] » ? Mais si Cola voulait réformer l'Église, sous la tutelle du pouvoir séculier, c'était moins pour la projeter en avant, dans quelque aventure spirituelle inédite que pour

---

AFH, 26, 1933, pp. 29-104 et 282-314. Ernst Bloch, *Héritage de ce temps*, trad. Jean Lacoste, Payot, 1978, paraît attribuer à Joachim lui-même l'orientation aboutissant à l'idéal de « Télesphore ».

1. Cf. Lea, op. cit., t. 3, p. 702.
2. Manselli, RP, p. 106.
3. Cf. Dupuy, loc. cit.
4. T, p. 283.

la ramener à la forme de ses origines. Les prophéties qu'il mêlait le plus volontiers aux souvenirs de l'antiquité romaine étaient celles des Sibylles et de Merlin. Le fait qu'à la veille de tenter son premier coup de force, en mai 1347, il fit célébrer trente messes du Saint-Esprit ne prouve pas qu'il ait alors pensé aux théories de Joachim de Flore ; pas davantage, le fait que parmi ses cinq couronnes de tribun il en voulut une d'argent en mémoire des dons du Saint-Esprit. Il proclame « la ville sainte de Rome capitale de l'univers et fondement de la foi chrétienne » ; c'est au « peuple romain », uni à celui de toutes les villes d'Italie, qu'appartient l'empire ; Cola vient lui rendre la puissance et l'autorité qu'il possédait avant l'usurpation des Germains[1].

Cependant, Cola était admirateur (peut-être même, a-t-on dit, annotateur) de Dante. Il était en rapports amicaux avec Pétrarque, qui attendait un nouvel âge. Pour s'emparer du pouvoir, il choisit le jour de la Pentecôte, et c'est pour la Pentecôte suivante qu'il convoque un parlement solennel au Latran. Déjà sa proclamation d'août 1347 évoque expressément le troisième règne : ce qui tout au moins semble indiquer que le mythe joachimite avait alors quelque retentissement dans la conscience des Romains. Lui-même se dit, dans cette proclamation, l'envoyé et le chevalier du Saint-Esprit : « Nos, candidatus Spiritus sancti ». Après son échec et sa fuite (13 décembre 1347), le mysticisme « joachimite » va décidément l'emporter dans son esprit. Retiré sur le Monte Majella, dans les Apennins, — là même où le futur Célestin V était venu mener sa vie d'ermite (v. 1287) après avoir abandonné le gouvernement de l'ordre qu'il avait fondé —, il y séjourne près de deux ans en compagnie d'un groupe de fraticelli réfractaires. L'un d'eux, Fra Angelo de Monte Vulcani, dont l'esprit est encombré de prophéties, prend sur lui de l'ascendant ; il lui commente l'Oracle de Cyrille et probablement lui montre-t-il ensuite le commentaire que Jean de Roquetaillade vient d'en rédiger. A Prague, où il s'est réfugié, il s'efforce de conquérir Charles IV à son nouveau projet : que l'empereur vienne à Rome, où il sera suivi du pape rentrant d'Avignon, pour rétablir l'équilibre des deux pouvoirs, temporel et spirituel, mettre un terme à l'*Ecclesia carnalis* et ouvrir une ère nouvelle ; Cola lui préparera les voies en lui ralliant d'avance Rome et toute l'Italie. Charles IV, bon catholique et réaliste, refuse[2]. On sait comment finit l'aventure (1354). Cola di Rienzo s'était cru le *novus dux* d'une ère nouvelle qui ressemblait peut-être plus à celle dont rêva Frédéric II qu'à celle dont avait rêvé Joachim. « Rienzo, dit pittoresquement Paul Vulliaud, c'est le joachimisme à cheval, un cheval blanc, celui de l'Apocalypse »[3].

1. Cf. René FOLZ, op. cit., pp. 427-428.
2. R. FOLZ, pp. 428-430. J. BIGNAMI-ODIER, p. 58. G. MOLLAT, *Les Papes d'Avignon*, pp. 241-248. MOLLAT et WOLFF, op. cit., pp. 99-104. EHRLÉ, Archiv, 4, pp. 165-166.
3. *La fin du monde*, Payot, 1952, pp. 112-113.

Nous finirons ce chapitre sur un constat négatif. Une hypothèse a été naguère avancée, suivant laquelle le bienheureux Jean Ruusbroec aurait voulu, en s'installant à Groenendael, dans la forêt de Soignes, inaugurer le troisième âge par la fondation du second des ordres contemplatifs prédits par l'abbé de Flore. Elle n'a été retenue par aucun historien, et M. l'abbé Louis Cognet a pu écrire qu'elle « relève du plus médiocre roman policier »[1].

---

1. *Introduction aux mystiques rhéno-flamands* ; Desclée, 1968, pp. 243-244. A propos de Paul O'Sheridan, Revue belge d'histoire, 1914.

CHAPITRE TROISIÈME

BONAVENTURE ET THOMAS D'AQUIN

I

Les conférences sur l'Hexaemeron

Dans la seconde partie du treizième siècle, alors que la querelle de l'Évangile éternel battait encore son plein, à Paris, les deux théologiens dont les noms devaient s'imposer comme les deux plus grands de l'ère médiévale étaient intervenus. Dans leur œuvre doctrinale, saint Bonaventure et saint Thomas d'Aquin, remontant à la source, ont tous deux porté leur jugement sur l'idée maîtresse de Joachim de Flore. Avant de poursuivre notre histoire, il convient de les interroger l'un et l'autre[1].

En commentant le premier livre des *Sentences* de Pierre Lombard, dans les débuts de son enseignement (il était devenu bachelier sententiaire en 1250, à 29 ans), Bonaventure avait rencontré la thèse de Joachim sur les relations internes de la Trinité, condamnée comme on l'a vu plus haut à Latran IV. Cette condamnation, disait-il, était juste ; il ne fallait pourtant pas en majorer la portée. On n'en devait pas conclure à l'hétérodoxie de l'auteur. Il avait seulement, dans sa simplicité, manqué de respect au Lombard, qu'il avait compris de travers[2]. En cela, s'il faut en croire Angelo Clareno, Bonaventure ne s'exprimait guère autrement que Jean de Parme et les Spirituels

1. Nous avons abordé ce sujet, trop sommairement, dans EM, t. 4, 1964, pp. 328-330.

2. *In 1 Sent.* q. 5, dub. 4 : « Et ideo ignoranter Joachim reprehendit Magistrum, et quia cum esset simplex, non est reveritus Magistrum, ideo justo Dei judicio damnatus fuit libellus ejus in Lateranensi concilio et positio Magistri approbata ». *Opera*, éd. de Quaracchi, t. 1, p. 121.

ses disciples[1]. Il semble bien en effet que l'explication fût courante[2]. La personnalité de Joachim était sympathique au jeune Ordre et au plus brillant de ses jeunes intellectuels. Malgré la dureté de ses termes, on sent plutôt chez Bonaventure un désir de minimiser la condamnation, cependant assez bénigne, du concile (Thomas d'Aquin sera plus rude). Quant aux exégèses de l'abbé de Flore, à ses principes herméneutiques, à sa théologie de l'histoire, à son annonce du troisième âge, c'était une autre affaire ! Mais le cadre du premier livre des *Sentences* n'offrait guère occasion de les examiner, et l'orage de 1254 n'avait pas encore éclaté. On peut trouver déjà dans le commentaire du quatrième livre, à propos de la succession des âges, quelques allusions discrètes au grand thème joachimite[3] ; cependant, Bonaventure n'en traitera clairement (quoique de façon toujours implicite) que plus tard, sur la fin de son généralat, presque à la fin de sa vie, dans ses *Collationes in Hexaemeron*.

A des degrés divers et dans des proportions diverses, une conjonction s'opère, au cours du treizième siècle, entre les espoirs de renouveau spirituel attisés par les prophéties venues de Flore et le sentiment concret de la nouveauté soudain surgie dans l'Église à l'apparition de saint François. Il en résulte une fermentation extrême, dont le foyer le plus intense est naturellement l'ordre franciscain. Le nouvel ordre se sent porteur de cette extraordinaire nouveauté ; il a conscience d'en être responsable pour le bien de l'Église entière. Il chante le « novus homo » d'où il tient son existence et sa mission. D'où, entre autres, le ton de la *Vita prima* rédigée à l'invitation de Grégoire IX par Thomas de Celano en 1229 ; d'où celui du *Traité des miracles*, que Celano met au jour vers 1253 : non seulement il y donne avec insistance à François, dès le début, l'appellation d'« homo novus », mais il y affirme que les deux nouveaux ordres sont l'annonce d'un prochain événement grandiose[4]. D'où encore ces vers, tirés de la belle séquence liturgique qui lui est attribuée :

Sanctitatis nova signa
Prodierunt laude digna ...
Regulatis novi gregis
Jura dantur novae legis...
Novus ordo, nova vita
Mundo surgit inaudita...

---

1. Quarta persecutio. Archiv, t. 2, pp. 276 et 283.
2. Elle est celle du chroniqueur Albéric de Trois-Fontaines († 1252) : MGH, Script. t. 23, p. 829 ; cf. J. de Ghellinck, *Le mouvement théologique au XII*e *siècle*, p. 163.
3. Cf. J. Ratzinger, op. cit., pp. 114 et 118, et M. M. Dufeil, pp. 124 et 144, qui y voit réfutées « des bribes de joachimisme » : *Opera*, t. 5, pp. 281-288, 403, 428, 430, 440-1, 449.
4. N'y aurait-il pas là comme un signe avant-coureur du manifeste de Gérard ? C'est le Père Damien Vorreux qui a attiré notre attention sur ces textes.

A la célébration de cette nouveauté sans pareille se mêle une certaine exaltation prophétique :

... Verba miscent, arcanorum
Multa clarent futurorum...

Cependant, la norme évangélique demeure souveraine, dans sa fraîcheur renouvelée. Elle est confirmée par le merveilleux accord qui s'est établi entre François et le pape Innocent :

Restauravit lex sancita
Statum evangelicum...

Ce que l'enthousiasme avait pu causer d'excessif dans le ton de la première littérature franciscaine devait être sagement atténué par Bonaventure, devenu ministre général, qui écrivit sa *Legenda major* à la demande du chapitre général réuni à Pise en 1263 et promulgua trois ans après le décret (qui lui fut tant reproché) ordonnant de détruire toutes les biographies antérieures de saint François. Ce qui le guida ne fut pas un scrupule d'exactitude historique, mais le souci d'assurer la paix et l'unité de l'ordre dans une fidélité substantielle à ses origines malgré les changements devenus inévitables. Mais entre temps, comme on l'a vu plus haut, le manifeste de Gérard de San Donnino qui se préparait dans quelques cénacles, avait déclenché dans l'Église entière une affaire d'une toute autre gravité. Il ne s'agissait plus d'une conjonction plus ou moins vague de franciscanisme avec un certain idéal, mal défini, de nouveauté spirituelle, mais bien d'une collusion avec un courant doctrinal plus que suspect. Le ministre général ne s'en tint pas aux mesures personnelles et aux directives que sa charge lui imposait. Après avoir pris son temps, il résolut une contre-offensive doctrinale. Ses conférences sur l'*Hexaemeron*[2] ne sont pas une œuvre polémique ; elles sont beaucoup plus et beaucoup mieux qu'une réfutation. C'est une vaste construction positive, à l'intérieur de laquelle se dessine en filigrane son opposition au Joachimisme de l'école de Gérard.

Elles ont été prononcées à Paris, devant un nombreux auditoire de Frères, entre Pâques et Pentecôte 1273. Nommé cardinal à la Pentecôte, et obligé de préparer aussitôt le concile qui devait se tenir à Lyon l'année suivante, Bonaventure dut les interrompre. On sait qu'il mourut peu après, pendant le concile de Lyon, en 1274, à l'âge de cinquante-trois ans. Le texte que nous possédons de cette grande œuvre inachevée n'a pas été revu par lui. Ce n'est qu'une « reportation »[1]. Le nom même de Joachim n'y figure pas : est-ce prudence des « reportateurs », ou du conférencier lui-même ? Sur les particularités des derniers temps, observent ses éditeurs

1. Voir les détails critiques dans l'Introduction, t. 5, pp. XXXVI-XXXVIII.
2. *Collationes in Hexaemeron, seu Illuminationes Ecclesiae.*

modernes, il parle toujours avec précaution ; d'autre part, il est remarquable que souvent ses auditeurs n'ont pas prétendu à autre chose, comme eux-mêmes semblent bien l'indiquer, qu'à résumer le sens général de son discours[1]. On peut également se demander si certaines apparences d'incohérence ou d'hésitation dans les formules[2] ne seraient pas en quelque mesure le fait de ces derniers. Mais on doit aussi se rappeler que dans toute l'affaire déclenchée par Gérard de Borgo San Donnino et Jean de Parme, Bonaventure s'était trouvé fort embarrassé. Il s'était montré parfois indécis, jusqu'à donner par sa conduite à plusieurs de ses adversaires une impression de duplicité[3]. Devenu ministre général dans des conditions tragiques, il avait dû, pour briser une résistance à laquelle son prédécesseur donnait des gages, se montrer dur envers lui, au point de paraître manquer à la fois de charité et de sagesse[4]. Les « Spirituels », à l'exception d'Olivi[5], devaient lui en garder longtemps rancune. Témoin cette horrible vision que l'on rapportait de Jean de Massa, le conseiller illuminé de Jean de Parme : il aurait vu d'avance des ongles de fer pousser aux doigts du futur général...[6]. En 1273, l'affaire était encore loin d'être apaisée. Bonaventure faisait acte de courage en abordant son auditoire parisien. On est cependant en droit de penser que, instruit par l'expérience et fidèle à ses habitudes conciliatrices, il aura voulu éviter tout affrontement trop direct avec le courant joachimite. Il aura tenu plutôt à le rectifier sans le contredire explicitement, évitant par l'ampleur et la sérénité de ses exposés de soulever les oppositions prévisibles. Tout en s'inspirant peut-être, ici ou là, des vues joachimites, ou en leur faisant quelques concessions, il les infléchit pacifiquement dans le sens de sa propre doctrine.

Trois conceptions, dans l'*In Hexaemeron*, s'apparentent aux conceptions de Joachim de Flore.

1. Ibid., p. 453 : « Generatim de particularibus ultimorum temporum rebus semper caute loquitur. Ceterum mirum videtur, auditores verba de his loquentis literis mandantes raro ea referre integre, sed tantum sensum principalem ; quod indicant adjungentes formulam : « Et dicebat », vel similia verba ».

2. Il est difficile, par exemple, de faire coïncider parfaitement les deux formules suivantes, exprimant l'une et l'autre les rapports de l'ancien et du nouveau Testament : « correspondantia temporis figuralis et salutaris » et « correspondantia litterae et spiritus ».

3. Cf. CLARENO, *Quarta persecutio* ; Archiv, 2, p. 277.

4. Ibid., pp. 283-285. Le P. GRATEN, p. 277, observe avec raison : « Ceux qui pensent avec Angelo Clareno que la sagesse de saint Bonaventure s'éclipsa dans cette douloureuse circonstance, oublient qu'une impardonnable tolérance pour les rêveries joachimites aurait compromis l'existence de l'ordre ».

5. *Tractatus de usu paupere* : « Fuit enim interius optimi et piissimi affectus et in doctrina verba semper praedicans ea quae sunt perfectae puritatis... In tantum dolebat de communibus laxationibus hujus temporis, quod Parisius in pleno capitulo me adsante dixit, quod ex quo fuit generalis, numquam fuit, quin vellet esse pulverizatus, ut Ordo ad puritatem beati Francisci ... perveniret ». Archiv, t. 3, pp. 516-517.

6. CLARENO ; Archiv, 2, pp. 280-282. Cf. Paul SABATIER, *Actus B. Francisci*, pp. 216-220. CAMPAGNOLA, pp. 167-197.

C'est d'abord l'idée d'une correspondance en quelque sorte littérale, qui serait inscrite déjà dans l'Écriture, entre l'histoire d'Israël, ou plus généralement toute l'histoire du monde antérieure au Christ, et l'histoire de l'Église : « Accipe correspondentiam... Accipe adhuc correspondentiam temporis figuralis et temporis salutaris[1] ». Il s'agit bien d'une correspondance essentiellement temporelle, historique, décelable dans le déroulement des faits *extérieurs*. Lorsque Bonaventure parle encore à ce sujet de « coaptatio temporum », ou lorsqu'il affirme que « (sicut) est tempus Synagogae initiatae, promotae, deficientis, sic in Novo Testamento est Ecclesiae initiatae, dilatatae, consummatae »[2], l'origine de son vocabulaire ne paraît pas douteuse. Chacun de ces deux versants de l'histoire se subdivise également en sept temps qui se correspondent :

> Septem autem sunt tempora figuralia : tempus naturae conditae, purgandae culpae, gentis electae, Legis statutae, regalis gloriae, vocis propheticae, quietis mediae. — In novo testamento similiter sunt septem tempora : tempus collatae gratiae, baptismi in sanguine, normae catholicae, legis justitiae, sublimis cathedrae, clarae doctrinae, pacis postremae[3].

La symétrie est approximative, mais la recherche de symétrie est certaine. Et la situation du temps où parle le conférencier est claire. Depuis la rencontre du pape Hadrien et de l'empereur Charles, l'histoire de l'Église, qui doit durer jusqu'à la fin du monde, en est arrivée à sa sixième période. C'est un temps de « praeclaritas victoriae » et de « claritas doctrinae », parce que Charles a ouvert par ses victoires une ère de paix et parce que, en appelant à lui des clercs éminents et en leur faisant répandre partout les Livres saints, il a développé l'instruction, la réflexion philosophique et la vie religieuse[4].

Deuxième ressemblance. Ce sixième temps où nous sommes se subdivise encore lui-même, comme tous les autres, et toujours en correspondance avec son homologue ancien, en trois parties. Après avoir été, comme il l'est encore maintenant, lumière (relative), il passera par une phase de « ténèbres » pour redevenir enfin « lumière ». A la paix (relative) actuelle doit succéder pour l'Église une phase de tribulations (dont nous avons déjà connu les prodromes), mais ensuite viendra le temps d'une lumière à la fois plus vive et

1. Coll. 16, n. 14-22 ; t. 5, pp. 405-406.
2. Coll. 15, n. 11 et 26 ; pp. 400 et 402. Coll. 16, n. 1 ; p. 403.
3. *In Hexaem.* coll. 16, n. 12 et 13 ; t. 5, p. 405.
4. Ibid., n. 29 : « ... vocavit clericos et scripsit libros, ut in Sancto Dionysio Biblia et in multis locis, et inceperunt legere et philosophari, et religiosos etiam dilatavit » ; p. 408. Pour les cinq temps précédents : n. 23-28 ; pp. 407-408.

plus étendue ; le gage nous en est donné par l'Apocalypse, dans la lettre au sixième « ange », celui de Philadelphie (cf. Ap. 3, 7-8): « Et dixit (Bonaventura) quod adhuc intelligentia Scripturae daretur, vel revelatio, vel clavis David personae vel multitudini ; et magis credo, quod multitudini »[1]. Puis ce sera, dernier du double septénaire, le septième temps, avec ses trois phases : restauration du culte divin (comme jadis reconstruction du Temple), réédification de l'Église (comme jadis de Jérusalem), enfin, de nouveau, la paix. « Combien de temps elle durera, Dieu le sait »[2]. De tous ces temps Bonaventure ne dit pas seulement qu'ils se correspondent, mais qu'ils s'engendrent les uns les autres, dans une sorte de progression vitale[3]. — Cette perspective d'un temps à venir où serait enfin répandue l'intelligence de l'Écriture, cette attente d'une ère de paix universelle, cette conception vitaliste de la succession des temps, n'ont-elles pas au moins une saveur joachimite ?

Un troisième indice vient corroborer, du moins à lecture rapide, cette impression. Le conférencier de l'*Hexaemeron* semble annoncer un grand ordre contemplatif, destiné à s'épanouir dans la paix des derniers temps. Cet ordre correspondra sur terre à l'ordre angélique des Séraphins ; proches, mystiquement, de la Jérusalem céleste, ses membres contempleront la divinité « secundum modum sursumactivum, scilicet extaticum seu excessivum », et toute leur occupation sera de « voler » — au sens symbolique, mais aussi bien, semble-t-il, littéral[4] — : « non habent nisi volare... » Sans doute, un tel ordre « ne fleurira pas avant que le Christ n'ait eu à souffrir dans son corps mystique »[5]. (C'est l'ère de ténèbres et de tribulations dont il était question plus haut.) Mais de même que le Christ est venu sur terre à la fin du sixième temps de l'ancienne Alliance, ainsi faut-il qu'en ce sixième et dernier temps de l'Alliance nouvelle soit finalement « engendrée l'Église contemplative »[6]. Ce sera bien encore, ici-bas, cette même Église que nous appelons militante,

1. Coll. 16, n. 29 ; p. 408. Il faudrait donc mettre une nuance à l'affirmation des éditeurs de Quaracchi disant, t. 5, p. 453 : « Nullibi dicit, majorem tunc futuram esse effusionem Spiritus sancti, quam fuit illa quae venerit super Apostolos ».

2. Ibid., n. 30 ; p. 408.

3. Coll. 16, n. 2 : « Ista tempora sibi mutuo succedunt, et multa est in eis correspondentia, et sunt sicut germinatio seminis ex semine, et de semine arbor, et de arbore semen » ; p. 403.

4. On pense à cette remarque de la *Concordia*, l. 5, c. 23 : « Illi conventus monachorum qui infra moenia civitatum locati sunt, magis in piscibus maris quam in volatilibus caeli designantur, utpote qui mundanis fluctibus assueti, hoc suave existimant et jucundum, quod *ad caelum volantes venturi monachi* exosum judicant et amarum ».

5. « Iste ordo non florebit, nisi Christus appareat et patiatur in corpore suo mystico ». Coll. 22, n. 23 ; p. 441.

6. « Et sicut Christus in sexto tempore venit, ita oportet quod in fine generetur Ecclesia contemplativa... » Suit une comparaison traditionnelle entre cette Église et l'« anima contemplativa ». Coll. 23, n. 4 ; p. 445.

mais elle sera déjà conforme à l'Église triomphante « quae sursum est », — autant du moins que la chose est possible « in via »[1].

Ce dernier passage nous offre encore un exemple de cohérence incertaine, qui pourrait être un nouveau signe de l'embarras de l'auteur. Il concerne en effet non plus le sixième temps de l'Église, mais le septième, et il évoque la prophétie d'Ézéchiel sur la cité qui descendra du ciel, tout en précisant qu'il ne s'agit pas encore de celle qui est en haut, mais de celle qui est en bas, à savoir, la militante »[2]. Quoi qu'il en soit, n'est-elle pas d'esprit joachimite, elle encore, cette vision optimiste des derniers temps de l'Église sur terre, avec cette apothéose finale des contemplatifs ?

Les trois rapprochements signalés sont toutefois moins significatifs qu'il ne paraît au premier abord.

En premier lieu, le parallèle institué par Bonaventure entre les deux versants de l'histoire, celui d'avant et celui d'après le Christ, n'est pas en lui-même spécifique du joachimisme. Comme l'a fait remarquer M. Étienne Gilson, « le plus intéressant de sa tentative (de Joachim) ne réside pas dans cette exploitation d'une idée traditionnelle, il réside bien plutôt dans l'hypothèse que cette recherche lui suggéra »[3]. Autrement dit, ce parallèle n'a un caractère joachimite que pour autant qu'il *remplace* la doctrine traditionnelle de l'intelligence (spirituelle) de l'Ancien Testament par le Nouveau ; pour autant qu'il rompt avec le principe fondamental de l'exégèse chrétienne, n'envisage plus le Nouveau Testament lui-même que dans sa lettre historique et introduit de la sorte par compensation, un âge à venir de l'Esprit. Or tel n'est pas le cas chez Bonaventure, pour qui le Nouveau Testament est « spirituale Testamentum ». Par lui-même, un tel parallèle n'a guère de signification théologique ; pour l'historien de l'Église, il n'est guère autre chose qu'un procédé commode de classification, répondant au surplus à un certain besoin d'harmonie, très ressenti par les médiévaux. D'autres que Joachim : même antérieurs à lui, ne s'étaient pas fait faute de l'employer : tels en particulier un Honorius, un Anselme d'Havelger ; tel encore un Gerhoh de Reichersberg[4], ou un Richard de Saint-Victor, qu'on ne peut soupçonner de la moindre infiduélité à la doctrine classique concernant le rapport des deux Testaments. Nous y avons fait allusion plus haut. Il ne sera pas non plus inutile d'observer que les

1. Coll. 16, n. 30 ; p. 408.
2. « (non illa) quae sursum est, sed illa quae deorsum est, sc. militans ». Ibid.
3. *La philosophie de saint Bonaventure*, p. 22.
4. *Libellus de ordine donorum sancti Spiritus* : « Ecce apparet, quod papa Nicolaus et imperator Karolus (junior) illo spiritu agebantur, quo in Veteri Testamento mysteria regni Christiani praefigurabantur. Ibi namque praeceptum est, ut ad imperium Eleazari sacerdotis Josue dux populi ingrederetur et egrederetur, etc. » (1142). MGH, *Libelli de lite*, t. 3, p. 277. On ne niera d'ailleurs pas que ce genre de parallélisme, prenant alors de l'extension, n'ait favorisé dans l'Église une certaine temporalisation du pouvoir spirituel ; ou plutôt, selon les cas, une sacralisation du pouvoir temporel.

sept temps (*tempora*) de l'Église mis en parallèle avec les sept temps figuratifs (ce qui fait un total de quatorze) ne sont point à confondre, malgré quelques inconstances dans le vocabulaire, avec les sept âges (aetates) de l'histoire du salut. Seule la première classification permet d'instituer des correspondances, terme à terme, entre les temps qui précèdent le Christ et ceux qui le suivent. C'est à la fin du cinquième âge que le Christ est venu, et le sixième, qu'il a inauguré, durera jusqu'à la fin. Car le septième âge ne fait que doubler souterrainement le sixième (comme on l'a vu chez Anselme d'Havelberg) pour ceux qui reposent dans le Christ. *Septima aetas currit cum sexta.* Après quoi commencera aussitôt le huitième jour, celui de la résurrection universelle et de l'éternité. Division plus théologique, placée tout entière par Bonaventure sous le signe de l'Esprit[1].

De même l'annonce d'une intelligence meilleure du contenu des Écritures à la fin de la sixième période doit vraisemblablement être réduite à des proportions modestes. D'une part, en effet, cette intelligence plus approfondie et plus répandue ne suffit point à caractériser, comme chez Joachim de Flore, un âge tout nouveau, puisqu'elle doit se produire encore à l'intérieur de cette période inaugurée par ce qu'on appellerait aujourd'hui la politique culturelle de Charlemagne. Et d'autre part, dans une autre de ses *Collationes*, Bonaventure s'explique davantage à ce sujet. Ce qu'il entend par l'Écriture devenue plus manifeste, ce n'est pas du tout un bouleversement, une transformation radicale, faisant surgir enfin de l'Écriture, au détriment de sa lettre, l'esprit qui jusqu'alors s'y trouvait profondément caché, et provoquant ainsi dans l'Église du Christ un éclatement, une mutation totale, d'où surgirait l'Église de l'Esprit : il ne s'agit guère que des clarifications provenant des mises au point successives rendues nécessaires au cours des siècles par les interprétations hérétiques[2]. Une fois repoussé, à la fin du temps des « ténèbres », l'assaut des dernières hérésies, la connaissance de l'Écriture aura atteint toute la perfection compatible avec notre condition terrestre[3]. Bref, nous aurions simplement dans ce passage de l'*In Hexaemeron* une version optimiste, chimérique si l'on veut, mais pas tellement neuve, de la théorie du développement dogmatique. Grégoire le Grand, qui certes ne pouvait dépendre de Joachim, avait dit quelque chose

1. *Breviloquium*, prol., 2 : « (Scriptura) septem distinguit aetates..., quinta (est) a transmigratione usque ad Christum, sexta a Christo usque ad finem mundi, septima decurrit cum sexta, quae incipit a quiete Christi in sepulcro usque ad resurrectionem universalem, quando incipiet resurrectionis octava ». T. 5, p. 203. *In Hex.* coll. 15, n. 18 : « Septima currit cum sexta, sc. requies animarum post Christi passionem, etc. » ; p. 400. Coll. 16, n. 2 ; p. 403. Cf. Alexander GERKEN, *La Théologie du Verbe*, trad. J. Gréal, Ed. franciscaines, 1970, pp. 133-135.

2. Coll. 13, n. 7 ; p. 389.

3. A propos de ce passage on peut se demander si le mot « credo », qui manifeste ici une opinion plutôt qu'une certitude, est bien du conférencier lui-même, ou s'il ne serait pas plutôt du reportateur, peu sûr d'avoir exactement compris la pensée du premier.

de fort semblable dans ses Conférences sur le livre de Job : « L'hiver de l'incroyance étant réprimé, le soleil de la vérité brille plus profondément dans le cœur des fidèles... Le printemps d'une lumière intérieure s'ouvre en quelque sorte pour nous, si bien qu'un soleil nouveau brille sur nos âmes et resplendit chaque jour avec plus d'éclat... Car la fin du monde approchant, la science céleste fait des progrès et croît plus largement avec le temps »[1].

Enfin, lorsqu'il exalte le futur ordre séraphique, ce n'est pas à des prédictions de Joachim de Flore ou de quelque pseudo-Joachim que Bonaventure se réfère. C'est à François d'Assise († 1226) et à sa célèbre vision du Séraphin portant l'image du Crucifié. Il accordait d'ailleurs à François, comme on le voit dans l'une et l'autre de ses deux *Légendes*, en plus du don d'intelligence, un esprit de prophétie que l'abbé de Flore n'avait jamais revendiqué : l'Esprit-Saint, qui était d'abord apparu dans David, le plus illustre des prophètes, puis en Pierre, le prince des apôtres, avait enfin brillé dans François. le petit pauvre du Christ[2]. Mais François a-t-il fondé lui-même l'Ordre séraphique des derniers temps ? ou l'a-t-il seulement annoncé ? ou bien encore, l'aurait-il lui-même préfiguré ? A en juger par la reportation de l'*In Hexaemeron*, Bonaventure s'exprime à ce propos de manière singulièrement hésitante. On devine chez lui une gêne. Dans la vision de l'Alverne, il aperçoit « de grands mystères »[3], qu'il déclare ne pas pouvoir élucider[4]. Si toutefois l'on tient compte de ce qu'il a dit en passant dans les deux conférences précédentes, on entrevoit assez bien sa pensée. Prêcheurs et Mineurs correspondent sur terre, les uns et les autres, aux Chérubins[5] ; François, lui, fut de l'Ordre des Séraphins, — mais à titre tout personnel ;

---

1. *Moralia*, 9, 11, 15 ; PL 75, 867 AC. Trad. Dagens, op. cit., pp. 347-348 et 372. Cf. 4, 11, 19, etc. Ibid. pp. 351-352.

2. *Legenda sancti Francisci*, c. 11. De intelligentia Scripturarum et spiritu prophetiae, n. 14 : « Simplicibus enim et parvulis sua pandere solet mysteria Doctor excelsus (= Spiritus sanctus), sicut prius apparuit in David, prophetarum eximio, et post in Apostolorum principe Petro, et tandem in pauperculo Christi Francisco ». T. 8, p. 538. *Legenda minor*, v. finem : « ... prophetiae spiritus cum intelligentia Scripturarum » ; p. 579.

3. Coll. 22, n. 23 : « Et dicebat, quod illa apparitio Seraph beato Francisco... ostendebat quod iste ordo illi respondere debeat, sed tamen ad hoc per tribulationes. Et in illa apparitione magna mysteria erant ». T. 5, p. 441.

4. Coll. 22, n. 22 : « Et dicebat : Quis enim iste est ? Iste est ordo seraphicus. De isto videtur fuisse Franciscus. — Et dicebat, quod etiam antequam haberet habitum, raptus fuit et inventus juxta quamdam alpem. — Hic enim est maxima difficultas, sc. in sursumactione, quia totum corpus enervatur, et nisi esset aliqua consolatio Spiritus sancti, non sustineret. Et in his consummabitur Ecclesia. Quis autem ordo iste futurus sit, vel jam sit, non est facile scire ». PP. 440-441.

5. Coll. 22, n. 21 ; p. 440. Plus tard l'Ordre des Mineurs fut appelé « l'Ordre séraphique » (ainsi par Sixte-Quint). Gerson désigne Bonaventure lui-même comme étant à la fois « chérubin et séraphin ». On connaît les vers de Dante, Paradis, 11, 37-39, sur Bonaventure et Thomas : « L'un d'eux fut tout séraphique d'ardeur, — L'autre par sa sagesse a été sur la terre — Une splendeur de clarté chérubique ». Trad. H. Longnon.

et il avait eu des devanciers : déjà saint Jean l'Évangéliste en était tout spécialement[1]. Il semble donc que ce fameux « ordre séraphique » doive être compris, comme le disent les éditeurs de Quaracchi, en un sens large, — disons même plutôt en un sens métaphorique, ou en un sens idéal — et qu'il s'étende de l'Église primitive à la fin des temps. Ses membres sont, du moins jusqu'à présent, des êtres exceptionnels. On comprend dès lors qu'il ne soit pas dit que cet Ordre sera fondé dans l'avenir, mais seulement qu'il y sera « florissant »[2] : Bonaventure espère une floraison de sainteté. Que si l'on s'en tient aux institutions, il n'est plus question d'attendre des nouveautés sensationnelles. Trois catégories ou « ordres » sont distingués à l'intérieur de l'Église : « monasticus, laicus, clericalis », chacun de ces trois ordres étant subdivisé lui-même en trois — comme il y a en tout neuf chœurs des anges, — et tous les neuf coexistant simultanément[3]. (Toujours le goût des tableaux bien ordonnés, des parallèles et des classifications). Ainsi, l'ordre monastique doit comprendre à la fois celui des « supplicatores », celui des « speculatores » et celui que Bonaventure dénomme « sursumactivum». Tout ce que l'on peut savoir, c'est que l'épanouissement de ce dernier n'aura lieu qu'après le passage par de grandes tribulations — on sent chez le conférencier la hantise de ce passage, peut-être proche — et qu'en la contemplation sublime de ses membres « l'Église sera consommée »[4].

Rien en tout cela qui soit vraiment joachimite.

Même en tenant compte des maladresses ou des réticences possibles des rédacteurs, on découvre en cette vingt-deuxième conférence une certaine claudication de la pensée bonaventurienne. La même épithète de « sursumactivum » y désigne d'une part une certaine catégorie sociale, permanente, parmi les neuf catégories dénombrées dans la structure visible de l'Église, et d'autre part la qualité hors pair de certains êtres d'élite, qui doivent fleurir plus abondamment dans les derniers jours. De même, au désir d'exalter saint François se mêlent, pour le modérer, les prudences du chef qui doit remédier aux excès des « spirituels » de son Ordre, et l'annonce des tribulations à venir n'est peut-être si angoissante que parce qu'elle est en même temps allusion aux tribulations déjà vécues. Quoi qu'il en soit, s'il n'y avait un jour entrouvert sur une efflorescence contemplative aux derniers temps, on pourrait penser que le tableau ici présenté de l'Église est d'un fixisme excessif, puisqu'il semble l'immobiliser,

---

1. Coll. 13, n. 14. Cf. Coll. 20, n. 29, pp. 390 et 430.
2. T. 5, p. 453. Cf. GILSON, op. cit., p. 86.
3. Coll. 22, n. 17-22. L'ordre des laïcs se subdivise en « plebs, consules, principes » ; l'ordre des clercs en « ordo ministerialis — sacerdotalis — pontificalis ».
4. Coll. 22, n. 22, cité supra.

la figer, avec ses neuf catégories exhaustives, dans une structure en partie contingente et même artificielle.

Pour ne pas majorer non plus l'importance des premiers textes cités plus haut, qui paraissaient rapprocher beaucoup la théologie bonaventurienne de l'histoire de celle de Joachim, une autre considération s'impose encore. Loin de s'en tenir à un schéma unique, celui de la correspondance entre les deux parties de l'histoire, avant et après le Christ, l'auteur de l'*In Hexaemeron* mutiplie comme à plaisir d'autres sortes de divisions et de subdivisions, qui chevauchent les unes sur les autres. Il recueille toutes celles que lui suggèrent certains textes de l'Écriture ou certaines de leurs exégèses traditionnelles, comme s'il faisait siennes toutes les combinaisons possibles, trouvant intérêt à chacune, sans chercher à privilégier l'une ou l'autre ni se soucier de les accorder entre elles. C'est qu'il ne les prend pas pour des absolus[1], mais se joue à travers les symboles dont chacune est porteuse. Aussi bien qu'en deux, trois, quatre ou cinq générations, il voit l'histoire, qui est toujours histoire du salut, se diviser en six ou sept, il pousse même une fois jusqu'au nombre de quarante-deux, ne se résignant pas à laisser tomber le vieux symbole origénien des quarante-deux stations dans le désert, « quibus pervenitur ad terram promissionis »[2]. Par là se trouve quelque peu relativisé, nonobstant la place majeure qu'il occupe dans les quinzième et seizième *Collationes*, le parallèle historique du temps des deux alliances à la manière d'un Anselme d'Havelberg et d'un Joachim de Flore. Et malgré toutes les « correspondentiae » d'ordre temporel qu'il s'est ingénié à décrire et qui ne sont guère plus qu'un tableau de surface, ce que Bonaventure admire en fin de compte dans ce fameux parallèle, c'est l'occasion, disons peut-être le prétexte qu'il lui fournit d'y voir luire « multae intelligentiae spirituales » : tels sont les derniers mots de la seizième conférence[3]. On notera en outre que le parallèle en question ne figurait pas dans le *Breviloquium* (1256), qui est par excellence la synthèse théologique de Bonaventure, synthèse qu'il ne manifeste nullement vouloir renier ni rectifier. Toute l'histoire du monde y est répartie entre les trois « lois » successives, celles de la nature, de l'écriture et de la grâce, en même temps qu'elle se divise en six âges : d'Adam à Noé, — à Abraham, — à David, — à la captivité de Babylone, au Christ, — et du Christ à la fin du monde ; à quoi s'ajoute une sorte de septième âge, recouvert entièrement

1. Cf. *Itiner.*, 3 : « Per senas alias illas recte intelligi possunt... »

2. Coll. 16, n. 5 ; p. 403. Autre exemple : Le *De triplici via*, qui distingue un triple « actus hierarchicus », explique d'abord que chacun des trois actes comporte sept degrés, mais aussitôt après, distinguant tout autrement, il répartit l'ensemble de cet « actus hierarchicus » en neuf degrés : t. 8, pp. 11-16 ; cf. le prologue, p. 3.

3. N. 31, p. 408 : « Et sic patet, quomodo Scriptura describit successiones temporum ; et non sunt a casu et fortuna, sed mira lux est in eis, et multae intelligentiae spirituales ». Il y a chez Bonaventure un « pullulement de symboles » : GILSON, op. cit., p. 227 ; cf. p. 473. On n'oubliera pas d'ailleurs que B. « savait manier les concepts aussi bien que les symboles », EF, 23, 1973, p. 220.

comme on l'a vu par la durée du sixième : celui des morts qui, depuis « le repos du Christ au sépulcre », attendent la résurrection[1]. Schéma tout classique, calqué sur les six jours de la Genèse, — et qui se maintiendra[2] — par lequel était d'avance non seulement relativisé, mais pratiquement exclu le parallèle susdit.

Toute la quatrième conférence sur l'Hexaemeron est placée sous le signe de quatre (et de douze, car c'est un entrecroisement de quatre multipliés par trois et de trois multipliés par quatre). On pourrait penser que par là le conférencier, après avoir posé les trois temps traditionnels, en ajoute un quatrième équivalant au troisième temps de Joachim. Mais on est vite détrompé. Il s'agit simplement d'une subdivision de l'Ancien Testament en deux temps : celui de la Loi et celui des Prophètes. Bonaventure satisfait de la sorte à son goût pour les transitions moins brusques ; ce qui nous vaut une belle comparaison, tout à fait dans son genre, avec ce qu'on observe dans le livre de la Nature. Se souvenant du verset sacré : « Aperiatur terra et germinet Salvatorem », il rapproche cette germination divine de la « germinatio terrae », dans laquelle il y a d'abord la fixation des racines, puis la production des feuilles, puis la pullulation des fleurs, enfin la production des fruits : les Patriarches sont les racines, la Loi (préceptes et sacrifices) est la frondaison, la prophétie est la floraison, et la diffusion des charismes spirituels, à partir du Christ, est la plénitude des fruits, car c'est dans le Christ qu'est la « consommation ». Dans chacun de ces quatre temps on peut aussi distinguer trois mystères, eux-mêmes préfigurés par des personnages ou des faits de l'Écriture, mais qui ne sont pas successifs : c'est ainsi que dans le temps quatrième et dernier, celui du Christ, se réalisent à la fois les trois mystères de la rédemption des hommes, de la diffusion des « charismes » et de la pénétration des Écritures, respectivement associés aux Évangiles, aux Actes et Épîtres, à l'Apocalypse. Viennent alors ces six petits mots, que les auditeurs pouvaient prendre, à leur gré, soit comme une allusion discrète à Joachim, soit comme sa condamnation formelle : « Post hoc non potest esse aliud ». Tout cet ensemble de symboles, dont nous ne donnons ici que l'armature, s'achève dans « les quarante-huit tables du tabernacle, sur lequel est posée l'arche, qui est le Christ, contenant en lui tous les trésors de la sagesse et de la science... »[3].

Ce qui, dans les *Collationes in Hexaemeron* aussi bien que dans le *Breviloquium* sépare absolument Bonaventure de Joachim de Flore,

1. *Brevil.*, prologue. T. 8, pp. 203-204. Cf. P. 2, c. 1 et 5 : « Per septenarium diem intelligitur septiformis Ecclesiae status secundum decursum septem aetatum ». Et p. 223.

2. Cf. PASCAL, *Pensées* : « Les six jours que Moïse représente pour la formation d'Adam ne sont que la peinture des six âges pour former Jésus-Christ et l'Église ». Lafuma, 590.

3. Coll. 14 ; pp. 392-398. Coll. 3, n. 11, p. 345 : « Duo Cherubim duo testamenta sunt, quorum aspectus in Christum, etc. »

nonobstant leur penchant commun à une théologie de l'histoire impliquant un progrès dans le processus objectif du salut, c'est ce qu'on peut appeler son christocentrisme accentué. Celui-ci s'exprime d'abord dans la doctrine fondamentale dont Joachim s'était écarté : les deux Testaments, l'Ancien et le Nouveau, sont entre eux comme la lettre et l'esprit. Avant d'en venir aux multiples correspondances temporelles, plus ou moins ingénieuses, qui vont occuper comme on l'a vu une part importante de la seizième conférence, Bonaventure tient à poser, en un langage augustinien, le principe essentiel : le temps entier du Nouveau Testament succède à celui de l'Ancien « selon la correspondance de la lettre et de l'esprit, de la promesse et de l'accomplissement, de la figure et de la vérité, de la promesse terrestre et de la céleste, de la crainte et de l'amour »[1]. C'est exactement l'inverse du principe que posait Joachim de Flore dans la préface de sa *Concordia*. Il peut donc bien y avoir, à certains égards, un développement à l'intérieur même du Nouveau Testament, c'est-à-dire à l'intérieur de l'Église sous le régime institué par Jésus-Christ, mais on ne saurait concevoir aucun dépassement de ce régime ; on ne saurait rien concevoir d'analogue à ce qui s'est produit à l'avènement de Jésus, et serait dû à quelque avènement futur de l'Esprit. L'Esprit est à l'œuvre depuis la Pentecôte, et il est et sera toujours l'Esprit de Jésus. Bonaventure est le disciple fidèle de François d'Assise, qui n'a rien voulu être d'autre que le disciple fidèle de Jésus. Comme lui, il sait qu'on ne dépasse pas le Christ. Toute idée d'un « troisième âge » est donc écartée. Déjà, on l'a vu, nous en sommes à la dernière étape de la vie de l'Église ; « combien de temps elle doit durer encore, qui l'a dit ou peut le dire ? En tout cas, il est certain que nous y sommes ; il n'est pas moins certain qu'elle durera jusqu'à la chute de la Bête montant de l'abîme »[2]. Plus encore que le refus de tout calcul, ce double *certum est* marque une intention non douteuse. Et non moins l'allusion explicite au « testamentum aeternum », qui suffit à rejeter une fois de plus toutes les spéculations, toutes les rêveries génératrices de désordres, agglutinées autour de l'« evangelium aeternum »[3].

1. Coll. 16, n. 3 ; t. 5, p. 403. Il faut relier « unum tempus novi testamenti ad unum tempus veteris testamenti secundum correspondentiam litterae et spiritus, promissionis et solutionis, figurae et veritatis, promissionis terrenae et caelestis, timoris et amoris ». On sait que cette dernière opposition appellerait quelques réserves. Cf. Coll. 8, 18 : « Omnia bella Scripturae referuntur ad victoriam Christi » ; p. 346.

2. Coll. 16, n. 19 ; p. 406. « ... sed quantum durabit, quis potest dicere vel dixit ? Certum est, quod in illo sumus, certum etiam, quod durabit usque ad dejectionem bestiae ascendentis de abysso... ». Les six périodes, ou six temps, auxquels nous avons déjà fait allusion, sont : « tempus collatae gratiae, — baptismi in sanguine, — normae catholicae, — legis justitiae, — sublimis cathedrae, — clara doctrinae ». Bonaventure n'était pas le seul à aimer ces sortes de classements schématiques, ni le premier à proposer celui-là, — qui donnerait d'assez bons titres de chapitres pour un manuel d'histoire de l'Église jusqu'à la fin du XIIIe siècle.

3. Coll. 16, n. 2 : « Post novum testamentum non erit aliud, nec aliquod sacramentum novae legis subtrahi potest, quia illud testamentum aeternum est ».

Plus directement, le christocentrisme bonaventurien s'affirme dès la première *Collatio*, mettant tout l'*In Hexaemeron* sous son signe. Si, de l'éternité à l'éternité , on peut compter dans l'épopée de la création et du salut sept points saillants, on devra dire que le Christ est le *septiforme medium*. Il est ce Milieu permanent par lequel il faut commencer et par lequel encore il faut finir. Depuis la génération éternelle du Fils, en passant par l'Incarnation, la Passion, la Résurrection, l'Ascension, enfin le Jugement dernier, pour aboutir à la Vie définitive en Dieu, la chaîne est sans discontinuité. Entre le cinquième et le sixième anneau, notamment, pas plus que tout à l'heure un intervalle temporel n'était imaginable entre la sixième période et la fin, un intermédiaire ontologique n'est maintenant pensable, où se glisserait, seul, l'Esprit. Ce n'est certes pas là méfiance à l'égard de l'Esprit[1], mais souci de son authenticité chrétienne. Un « pneumatocentrisme » serait un non sens, mais un « christocentrisme » n'est possible que par l'Esprit. C'est lui qui découvre les mystères de l'Écriture, et tous ces mystères que l'on peut rassembler sous le nombre mystique de douze, s'ordonnent autour de l'unique Arbre de vie, — « lignum vitae in medio paradisi » — c'est-à-dire du Christ, qui contient en lui tous les trésors de la sagesse et de la science[2].

C'est en vertu de ce même christocentrisme, dans lequel l'Église est toujours associée au Christ, que dans le *Breviloquium* la sixième partie, concernant les sacrements, suivait la cinquième, consacrée à la grâce du Saint-Esprit, et précédait immédiatement la septième et dernière, « de statu finalis judicii ». Le Prologue avait rappelé, sur les rapports du Christ et de l'Esprit, spécialement au sujet de l'interprétation de l'Écriture, la pure doctrine traditionnelle, à l'encontre de Joachim :

> (Tout vient du Père) a quo per Filium ejus Jesum Christum manet in nos Spiritus sanctus... Haec est notitia Jesu Christi, ex qua originaliter manet firmitas et intelligentia totius sacrae Scripturae... Spiritus sanctus, super eos (Apostolos) veniens, docuit nos per eos, ut sic omnem veritatem, per Spiritum sanctum juxta divinum promissum edocti, omnis veritatis salutaris doctrinam Ecclesiae Christi (documenta) darent et sacram Scripturam consummando veritatis notitiam dilatarent[3].

---

1. On sait que Bonaventure a composé un traité *De septem donis Spiritus sancti*.
2. *In Hex.* coll. 1, n. 10-11 ; coll. 14, n. 18 et 30 ; coll. 15, n. 1. Pp. 331 et 398. B., conclut CAMPAGNOLA, p. 195, « non fa alcuna concessione ala periodizzazione storica di Gioacchino da Fiore, anche se pure per B. la storia umana, condizionata nei tempi della Scrittura nella quale si manifesta gradatamente la plenezza della rivelazione divina, è testimonianza dell'elevarsi progressivo dell'uomo verso una età più perfetta. » V. aussi MANSELLI, *Lectura*, pp. 125-130.
3. T 5, pp. 281, 201, 203. Cf. 201 : « Mediante igitur hac fide (Christi) datur nobis notitia sacrae Scripturae, secundum influentiam Trinitatis beatae... ». Le

Quitte à la nuancer légèrement d'après les remarques faites plus haut, on peut donc adopter les conclusions énoncées par M. Étienne Gilson dans une note à sa *Philosophie de saint Bonaventure*[1] : les vues du docteur séraphique « n'ont rien de commun avec celles de l'abbé de Flore et se tiennent dans le cadre fixé par la tradition », l'importance de la place qu'y tient l'histoire perpétue un courant de la pensée chrétienne qui remonte bien au-delà de Joachim ; « elles n'enseignent ni un évangile nouveau, ni une révélation nouvelle », ni une exégèse nouvelle annonçant une ère nouvelle, mais simplement « supposent comme vraisemblable la multiplication finale des extatiques..., dont le catholicisme n'est pas douteux, puisque leur modèle est saint François ». Le jugement d'un autre spécialiste appelle une réserve plus sérieuse. Dans une étude sur la *Théologie mystique de saint Bonaventure*, le Père Ephrem Longpré écrivait : « Suscité, sans doute, par la Providence, à l'heure où un faux mysticisme, le joachimisme, ... menaçait d'envahir les cloîtres franciscains, il apparaît, tout absorbé par un autre problème, plus haut dans la région du divin, l'évolution intérieure des âmes sous l'action purificatrice et illuminante du Saint-Esprit, depuis les heures premières de la conversion jusqu'aux ineffables transports de l'union mystique »[2]. La chose est vraie d'un traité tel que l'*Itinerarium mentis in Deum* (1259) ainsi que du *De triplici via* (1269 ?), qui ne retracent pas des étapes historiques mais décrivent des « mentales ascensiones » jusqu'au « cubiculum animae contemplantis »[3] ; elle ne l'est pas entièrement des *Collationes in Hexaemeron*. Bonaventure n'est pas tout entier dans l'un ou dans l'autre de ces deux ouvrages, pas plus, par exemple qu'Augustin n'est tout entier dans les *Confessions* ou dans la *Cité de Dieu*.

On a fait remarquer, non sans justesse, que les premières générations chrétiennes voyaient dans l'avènement du Christ et dans son œuvre de salut la fin de l'histoire, tandis que des théologiens postérieurs — tel Bonaventure — placent le Christ au centre de l'histoire. Y a-t-il là cependant une vraie contradiction ? Oui, dans un sens purement empirique et chronologique ; mais il faut alors ajouter que les faits ont démenti l'illusion première, — illusion qui d'ailleurs ne touchait pas à l'essentiel, puisque le christianisme a continué son chemin,

---

célèbre sermon *Christus unus omnium magister* s'achève (n. 28) par un rappel de l'œuvre de l'Esprit, envoyé par le Christ qui enseignera toute vérité ; mais par lui c'est encore le Christ qui nous enseigne comme il est enseigné, car il est et demeure notre *seul Maître* : sermo 4 ; t. 5, p. 574.

1. P. 87 ; 3e éd., 1953, p. 74. Cf. 1e éd., 1924, p. 26 : « Lorsqu'il reprendra à son tour les problèmes de philosophie de l'histoire posés par l'abbé de Flore, il les résoudra dans un sens tout différent et en revenant aux périodes historiques distinguées par saint Augustin ; l'ère des révélations lui semble close, il n'admet pas d'évangile nouveau, l'humanité est entrée déjà dans la dernière période de son histoire », etc.

2. Dans AFH, 14, 1921, p. 37.

3. *Tractatus de plantatione paradisi*, n. 16. T. 5, p. 579.

apparemment sans crise grave. Mais puisque la durée temporelle se prolongeait, l'affirmation que Pascal reprendra dans un texte célèbre devenait le meilleur moyen d'affirmer que le Christ dominait tous les temps, qu'après lui nul autre ne devait venir pour le relayer ou le supplanter, c'est-à-dire qu'en lui tout était consommé, qu'il était, au sens doctrinal, la véritable et seule fin de l'histoire. Il n'y avait là aucune innovation, aucun changement proprement dit par rapport à la foi des premiers disciples de Jésus.

Le jugement le plus complet, le mieux fondé sur une analyse attentive et le plus équilibré nous paraît être celui que porte le Cardinal Joseph Ratzinger, dans sa thèse sur la Théologie de l'Histoire chez saint Bonaventure. L'examen des points sur lesquels une certaine influence du joachimisme est possible, l'amène à penser que cette influence a dû s'exercer par des intermédiaires, qui avaient appliqué déjà les vues de l'abbé de Flore au mouvement franciscain. Il en vient alors à conclure que « la distance qui sépare Bonaventure de Joachim est plus grande qu'il pouvait d'abord sembler. Il ne reprend pas l'idée d'un âge de l'Esprit. Certes, pour lui, les derniers ordres religieux sont des ordres de l'Esprit ; certes l'Esprit, dans le dernier âge, acquiert une puissance particulière, mais l'âge en tant que tel demeure l'âge du Christ. C'est précisément dans l'*In Hexaemeron* que l'idée du Christ « centre de tout » atteint son expression la plus haute... Le Christ y apparaît comme « l'axe des événements du monde »... Ce qui importait surtout à Joachim, c'était de mettre en lumière le dépassement du deuxième âge par le troisième. Pour Bonaventure, qui s'appuie également sur l'opposition parallèle des deux âges, il s'agit au contraire de montrer que le Christ est le véritable centre, le tournant de l'histoire. L'idée fondamentale de son schéma historique signifie en même temps son écart décisif de Joachim[1].

C'est à la même conclusion qu'aboutissait récemment encore un de nos meilleurs historiens des doctrines médiévales, M. Paul Vignaux ; « Quelque inspiration technique que le Docteur franciscain ait trouvée dans le schématisme de Joachim de Flore, sa conception du septième âge exclut tout « joachimisme » où un âge de l'Esprit succéderait à celui du Fils... ; l'Évangile du Christ reste définitif, il ne s'agit jamais que d'en expliciter le sens... »[2].

1. *Die Geschichtstheologie des hl. Bonaventura.* Münich et Zürich, 1959, pp. 119-120 ; cf. pp. 106-108.

2. *Condition historique de la pensée de S. Bonaventure* : *Christocentrisme, eschatologie et situation de la culture philosophique.* Rome, 1974, (Congrès pour le 7e centenaire de la mort de S. Bonaventure). M. Vignaux note cependant que l'explication finale de l'Évangile est, selon Bonaventure, « semblable au mode de compréhension de François d'Assise qui s'étendra à toute l'Église devenue *ecclesia contemplativa* ». — Dans son ouvrage, sur la *Théologie parmi les sciences humaines*, Beauchesne, 1975, p. 152, note, le P. Georges Tavard signale et repousse à juste titre l'idée que « toute la théologie franciscaine à partir de saint Bonaventure » concevrait un développement doctrinal impliquant des « révélations post-apostoliques » ; cf. Brian Tierney, *Origins of Papal Infallibility*, 1150-1350 ; Leyde, 1972.

Mais s'en tenir à constater un christocentrisme doctrinal serait insuffisant. Autant qu'on peut l'entrevoir à travers le réseau serré de ses exégèses, il semble bien que le dépassement du Christ, envisagé par Joachim de Flore pour l'Église à venir, était déjà pour lui-même, dans sa propre vie intérieure, un fait accompli. Il offre à cet égard un parfait contraste avec Bernard de Clairvaux, dont il se recommandait, comme avec François d'Assise, qu'il était maintenant censé avoir annoncé. Avec Bonaventure aussi. Joachim était fasciné par l'ange de l'Apocalypse qui volait au milieu du ciel, héraut d'un « Évangile éternel » destiné à tous les habitants de la terre. Bonaventure contemple, à travers la vision de François, l'ange aux ailes embrasées qui volait de même au milieu du ciel et qui descendit à proximité de François : il n'était pas porteur de quelque Évangile nouveau, message ou livre, mais au centre de ses ailes se détachait l'image d'un homme crucifié[1]. L'auteur officiel de la double *Legenda* peut donc bien ouvrir son récit par une de ces transpositions hardies, familières aux Mineurs de ce temps, dont Ubertin de Casale nous a fourni des exemples. « Apparuit gratia Dei Salvatoris nostri in diebus istis novissimis in servo suo Francisco... »[2] : nous comprenons que la grâce apparue en François n'est autre chose que celle d'une imitation plus parfaite du Christ. L'idéal évangélique de pauvreté, qui depuis près de deux siècles s'exprimait chez ceux qu'il avait conquis par la maxime venue de saint Jérôme : « nudus nudum Christum sequi » se concrétise davantage : « Nudus relictus est, dit la *Legenda major*, ut nudum sequeretur crucifixum Dominum quem amabat »[3]. Dans son *Apologia pauperum*, fidèle disciple de François, Bonaventure écrit : « Ea paupertas ad perfectionis attingit fastigium, qua quis expressius et conformius nuditatem crucis amplectitur et nudum Crucifixum imitatur »[4]. Et dès le prologue, l'*Itinerarium mentis ad Deum* nous avertit qu'« il n'y a pas d'autre chemin vers Dieu que l'amour très ardent du Crucifié »[5].

Omnia in cruce manifestantur[6]. François d'Assise est peut-être l'« homme spirituel » attendu par Joachim de Flore, — mais cet homme spirituel est *stigmatisé*.

---

1. *Legenda major* (1263), c. 13, *De stigmatibus sacris*, n. 3 ; t. 8, pp. 542-543.

2. *Legenda major*, init. ; t. 8, p. 504. De même, *Legenda minor* ; p. 565. Cf. la description de THOMAS de CELANO, *Vita prima* (118), c. 3, n. 94 ; trad. Damien Vorreux, Ed. franciscaines, 1952, p. 198.

3. C. 2, n. 4 ; t. 8, p. 509. Cf. A VAUCHEZ, dans Annales, 1970, p. 1571.

4. T 7, p. 23. Cf. *Exp. super regulam* ; t. 8, pp. 416-417. CLARENO s'exprimera de même (Chi erano, pp. 119-120).

5. Prol., n. 3 ; t. 5, p. 295. M. François Châtillon, à qui nous empruntons ces textes, conclut : « C'est la référence à la croix et au Christ crucifié, sur laquelle Bonaventure revient sans cesse, ... qui donne tout son sens à ce thème de la nudité spirituelle et en fait la grandeur » ; « Nudum Christum nudus sequere », dans le t. 4 du livre du centenaire : *S. Bonaventura*, Grottaferrata, pp. 719-772.

6. *De triplici via*, 3, 3 ; t. 8, p. 14. Cf. BALTHASAR, *La gloire et la croix*, *Styles*, t. 1, pp. 240, 246-8, 316-332.

II

Thomas d'Aquin contre Joachim de Flore

On sait que Dante a mis dans son Paradis Joachim de Flore au côté gauche de saint Bonaventure, qui le loue de son « esprit prophétique » (12, 138-140). Au lecteur peu averti, le rapprochement et l'éloge peuvent paraître forcés. Sans doute leur peut-on trouver une première explication dans la sympathie qu'éprouvait le poète pour le joachimisme de son temps. Vers 1287, à Florence, au *Studium generale* de Santa Croce, il était entré en rapports avec Olivi et avec Ubertin de Casale, dont l'*Arbor vitae crucifixae*, bien qu'il l'ait estimé excessif, l'a sûrement influencé[1]. Peut-être son Paradis porte-t-il également des traces de deux poèmes, qui sont vraisemblablement de Joachim : le *De patria coelesti* et le *De gloria paradisi*, qui sont reproduits à la fin de l'édition du *Psalterium*[2]. Son image des trois cercles enlacés figurant la Trinité décrit exactement celle qu'on pouvait voir dans plusieurs manuscrits de Joachim ; celui-ci ne l'avait pas inventée, il l'avait empruntée comme il le dit lui-même au *Dialogue* du célèbre juif converti Pierre Alphonse (Moïse Sefardi) ; mais c'est par lui que Dante l'a connue[3]. Il est possible aussi que ce soit l'abbé de Flore qui l'ait stimulé à choisir saint Bernard comme introducteur au sommet du Paradis, etc. Davantage peut-être. Après avoir rencontré dans le soleil les deux rondes, composées chacune de douze docteurs, entraînées par François et par Dominique, il voit « une troisième ronde se détacher des deux premières, — comme, au crépuscule du soir, de nouvelles étoiles s'éclairent au ciel, — qui lui apparaît comme le vrai feu d'artifice de l'Esprit-Saint[4]. Ses yeux, terrassés par ce spectacle, ne le supportent pas ; et, en riant, Béatrice l'entraîne vers une autre sphère. Il n'est pas impossible que Dante se soit considéré lui-même comme l'initiateur de cette nouvelle théologie, la troisième, peut-être en liaison avec Joachim de Flore, qu'il reconnaît comme le douzième (donc le dernier) docteur de l'Église du deuxième groupe, de même que Siger était le dernier du premier groupe[5] ». N'a-t-il pas dit aussi, dès le début du *De Monar-*

1. *Paradis*, 11, 37-39 ; 12, 124-126. Cf. *Arbor vitae*, l. 5, c. 3.
2. *Psalt*, f. 279-280. B, DS, 1184.
3. Ap, f. 35-38. P. ALPHONSE, *Dialogus inter christianum et judaeum*, PL, 157, 611. Cf. B. HIRSCH-REICH, BTAM, 8, 2488, rendant compte de Crocco, 1960 ; ibid., M.C., 1079-80.
4. *vero sfavillar del Santo Spiro*.
5. Hans Urs von BALTHASAR, *La gloire et la croix*, *Styles*, 1, p. 326. Cf. *Paradis*, 12-14.

chia : « Je veux montrer des vérités auxquelles nul autre ne s'est aventuré »[1] ?

Toutefois, il faut bien le reconnaître, son idéal d'avenir pour le monde était assez différent du rêve contemplatif de l'Évangile éternel. Toute la *Divine Comédie*, « tournée vers l'espoir du Veltro », peut sans doute être considérée comme la « prophétie du nouvel âge, le seul d'où puissent sortir renouvelées l'humanité et l'Église »[2]. Il n'empêche que cette visée politique n'était pas plus conforme aux anticipations de Joachim qu'à l'idéal d'Olivi et de ses vrais disciples. Mais en ce commencement du quatorzième siècle la réputation de l'abbé de Flore était si solidement ancrée dans les esprits, que les partis les plus opposés entre eux pouvaient se réclamer de lui. Chacun y trouvait son bien. Un Agostino Trionfo (Augustin d'Ancône, † 1328), représentant par excellence de l'orthodoxie établie, théoricien de la « plenitudo potestatis » revendiquée par Boniface VIII, citait et résumait Joachim comme l'une de ses principales autorités (il est vrai qu'il laissait prudemment de côté, sans y faire allusion, les passages qui concernaient les trois *status*)[3] ; mais en même temps certains « spirituels » cherchaient dans son commentaire de l'Apocalypse des arguments contre la papauté, telle du moins qu'ils la voyaient alors. Les esprits acquis au parti gibelin ne manquaient pas non plus d'accueillir en faveur de leurs thèses les prophéties « joachimites » ; ils étaient naturellement portés à reconnaître dans cette papauté, comme Dante, un signe annonciateur de l'Antichrist, puisqu'elle travaillait à affaiblir l'Empire qui le retenait. Indigné comme eux de la lâcheté qu'il attribuait à Célestin V, cruel comme eux pour Boniface VIII[4], le poète mettait comme eux son espoir dans la venue d'un pape réformateur, qui unirait ses efforts à ceux d'un grand empereur pour le salut de la chrétienté. On peut remarquer aussi que le titre qu'il donne à Joachim, « di spirito profetico dotato », est un écho de l'antiphone qui était chantée en Calabre pour la fête du saint abbé[5]. Sans méconnaître la portée de ces traits et d'autres analogues, mieux vaut chercher à comprendre, avec M. Étienne Gilson, la pensée de fond qui dut inspirer le poète, en se rappelant qu'il a mis

1. ... *intemptatas ab aliis ostendere veritates.*

2. Mancelli, *Acceptation ou refus du* 3e *âge*, dans *Révél. et hist.*, Aubier, 1971, p. 134. Cf. Campagnola, pp. 292-303.

3. EM, 4, p. 344. Cf. M. Reeves, RTAM, 25, 1958, pp. 116-138. Il en allait de même de Gilles de Rome : ibid., pp. 135-138.

4. *Paradis*, 27, 22-24. Cf. Auguste Valensin, *Le christianisme de Dante*, Aubier, 1954, pp. 110-113 et 185-187.

5. Bibliographie dans Bloomfield, pp. 257-258, 303-306, 310-311. Uck, *Ubertin von Casale und dessen Ideenkreis, ein Beitrag zum Zeitalter Dantes*, Freiburg, 1903. Callaey, op. cit., pp. 13, 75-76, 140. Et. Gilson, *La conclusion de la Divine Comédie et la mystique franciscaine*, RHF, t. 1, 1924, pp. 55-63. Grundmann, *Dante und Joachim von Fiore*, dans Deutsches Dante-Jahrbuch, 1932, pp. 221ss. A Piromalli, *G. da Fiore e Dante*, dans Letture classensi, Ravenne, 1966, pp. 121-170 (Cf. BTAM, XI, p. 303).

de même Siger de Brabant à côté de saint Thomas d'Aquin, qui le désigne pareillement avec éloge[1]. Cela ne signifie certes pas qu'il ait pris Thomas pour un averroïste ; pas davantage, Bonaventure pour un joachimite. « Dante sait fort bien, dans les deux cas, de quoi il parle » ; il ne cherche pas à « canoniser l'hérétique et le prophète suspect en se couvrant des plus grands docteurs de la chrétienté »[2]. Pour lui, Bonaventure a transposé la pensée de Joachim, comme Thomas a transposé la pensée de Siger disciple d'Aristote ; ces transpositions sont signes de « parenté secrète », et peut-être aussi les deux théologiens sont-ils pour Dante des symboles, peut-être n'est-il pas fâché de leur faire accueillir dans son univers à lui ceux qu'ils ont rejetés de leur univers à eux[3]. Mais peu nous importe ici. Ce qu'il nous faut voir plutôt, c'est à la fois la différence et la convergence d'attitude de Bonaventure et de Thomas d'Aquin en face du joachimisme.

Esprit modérateur, conscient des lourdes responsabilités de sa charge, soucieux de manifester ou plutôt de rétablir l'unité de l'ordre[4] dont il avait reçu la direction dans des circonstances dramatiques, le ministre général n'a pas voulu soulever à Paris une nouvelle tempête en y attaquant de front le joachimisme, que ce fût dans son expression originelle ou dans celle, déjà plus trouble, du parti des « spirituels ». Il s'est proposé, notent les éditeurs de Quaracchi, de le réfuter « indirectement »[5], tout au long d'un exposé positif et serein. Par des interprétations bénignes ou par des critiques allusives mais insistantes, il s'est efforcé d'endiguer un courant dangereux, pour le faire servir au renouveau de l'Église. On pourrait donc dire que sa réfutation du joachimisme est en même temps, dans une certaine mesure, une assomption. L'attitude de Thomas d'Aquin fut autre. Dans un même souci d'orthodoxie traditionnelle, souci qui n'était freiné par aucun devoir de sa charge et qui se trouvait renforcé par un tour d'esprit plus rationnel, plus organisateur[6], et, comme on dirait aujourd'hui, plus essentialiste, il combattit sans arrêt les tendances joachimites. Il le fit sobrement, mais âprement.

---

1. *Paradis*, 10, 136-138 : « C'est de Siger la splendeur éternelle — qui professa dans la rue au Fouarre — des syllogismes vrais qui firent scandale ». Trad. Longnon.
2. Il serait excessif de dire avec E. Buonaiuti, introd. à T, p. LXIV : « Il Poeta della spiritualità italiana lo (Joachim) canonizzo per sempra nella luce abbagliante del Sole ».
3. Étienne Gilson, *Dante et la philosophie*. Vrin, 1959, pp. 256-279 : « Le symbolisme de Siger de Brabant ».
4. Il y avait bien du mal. Cf. son sermon *Super regulam fratrum minorum* (opusc. 17), commençant par ces mots : « Idem sapiamus et in eadem permaneamus regula ».
5. T 5, p. 453, d'après Hipler. Rien, notent-ils encore, en ce temps et en ce lieu, ne pouvait être fait de plus opportun.
6. Son œuvre est « le plus grand arrangement d'idées que l'humanité ait jamais connu » : Gilson, *La philosophie du moyen âge*, Payot, t. 2, p. 83.

Devant le danger d'invasion du joachimisme, la réaction des deux plus grands maîtres de l'époque fut donc réciproquement inverse de leur réaction devant la crue de l'aristotélisme, qui les préoccupait également tous deux. (Outre la question du schisme grec et la querelle de l'Université, c'était là le double objet de leur souci constant). « A trois reprises, en des termes de plus en plus violents, ... Bonaventure dénonce le péril d'un nouveau paganisme dont la chrétienté se trouve menacée par l'attitude naturaliste de bon nombre de maîtres parisiens » (F. Van Steenberghe). Thomas, lui aussi, voit la gravité de la situation. Mais sa tactique, si l'on peut dire, est autre. Pour combattre « l'erreur d'Averroès et de ses sectateurs », il lui oppose « les dires mêmes d'Aristote » (Guillaume de Tocco). C'est « une autre approche d'Aristote », « une herméneutique différente », moins soucieuse de fidélité historique que d'assimilation audacieuse, mais que ses disciples n'ont pas été les seuls à juger « plus conforme à la tradition chrétienne »[1]. Ce chassé-croisé s'explique assez bien par les situations et les dispositions intellectuelles des deux émules.

On remarquera aussi que le point d'attaque des deux Docteurs, dans la question joachimite, n'est pas le même. Ce qui préoccupait Bonaventure, c'était évidemment l'agitation des « spirituels » extrémistes de son ordre, partisans de Gérard da Borgo San Donnino. Pour saint Thomas, la chose est moins claire ; mais s'il faut en croire Guillaume de Tocco (et tout aussi bien Pierre Calo), c'est d'abord la résurgence d'une « erreur antique », plus pernicieuse encore sous sa forme nouvelle, qui l'inquiéta : le mouvement du « libre » ou du « nouvel esprit », sa perversité hypocrite et son impiété ; et comme ses adeptes se réclamaient d'un troisième état du monde annoncé par Joachim de Flore, il se mit à lire Joachim pour le réfuter. Sans doute le témoignage de Tocco se ressent fortement de l'époque tardive à laquelle fut rédigée la *Vita*[2] : Tocco écrit après la condamnation des « spirituels » de tout genre condamnés par « une décrétale admirable » de Jean XXII ; il en fait un bloc d'hérétiques, dénommés *Fraterculi*, animés par un esprit dément de division, prônant une Église spirituelle et libre opposée à l'Épouse du Christ ; le tableau qu'il en trace reflète inévitablement une situation bien autre que celle que saint Thomas put connaître. Ce n'est pourtant pas une raison suffisante pour écarter l'essentiel de son témoignage[3]. Et quoi qu'il en soit, les textes de saint Thomas sont assez parlants par eux-mêmes. Il est indéniable que les secousses spirituelles de son temps ne lui échappaient point, et qu'il en mesurait les conséquences. Devenu

---

1. Pierre CHAUNU, *Le temps des réformes*, Fayard, 1975, p. 98. Voir surtout les écrits de M. Etienne GILSON sur saint Thomas et le thomisme, ainsi que les travaux du P. M.-D. CHENU.

2. *Vita S. Thomae Aquinatis*, c. 20. Ed. D. Prümmer, *Fontes vitae S. Thomae Aquinatis*, Toulouse, 1911-13, p. 94.

3. D'autant moins qu'il avait été lui-même l'auditeur de saint Thomas, à Naples, en 1272-1274.

docteur parisien, il pouvait observer sur place les prédécesseurs inconscients des futurs « Fraterculi de vita paupere » et discerner leurs illusions. Il devait donc lire avec méfiance les écrits dont se réclamaient ces perturbateurs et rien n'est donc plus normal que sa décision d'en critiquer la doctrine. Il avait d'ailleurs pu prendre dès 1250, en Italie, une connaissance au moins partielle des œuvres mêmes de Joachim. A quelque date que sa lecture ait eu lieu, cette espérance qu'il y rencontra, d'un âge temporel à venir qui serait enfin l'âge de l'Esprit, ne pouvait être à ses yeux que dangereuse « vanité ». Même tempérée, ne méconnaissait-elle pas le mystère définitif de la Pentecôte et, par voie de conséquence, la portée de l'Incarnation ?

Dès septembre 1252, à l'âge de vingt-sept ans, dans une leçon publique dénommée « principium » qu'il prononce pour obtenir le grade de bachelier biblique à Paris, Thomas d'Aquin prend implicitement position contre la théorie de Joachim. Du moins a-t-on pu lui supposer cette intention[1]. C'est son opuscule *De commendatione et partitione sacrae Scripturae* (désigné aussi par sa citation initiale, tirée de Baruch : « Hic est liber mandatorum ») ; il s'achève comme se doit sur l'Apocalypse, conclusion de toute l'Écriture, qui montre l'Église du Christ parvenant au terme de son existence terrestre pour entrer directement dans sa vie glorieuse auprès de son époux[2]. L'année suivante, saint Thomas entreprend la rédaction de son grand commentaire des quatre livres des *Sentences* (1253-1256). Au cours du troisième livre, il décochera une flèche aux partisans de Joachim. Cette fois, bien qu'aucun nom ne soit cité, l'allusion paraît certaine. On est en effet en pleine bataille autour de « l'Évangile éternel ». Parmi les hardiesses périlleuses de l'abbé de Flore, les cardinaux d'Anagni viennent de signaler les spéculations sur les rôles respectifs de Pierre et de Jean. Thomas saisit l'occasion. A propos de la comparaison classique entre vie active et vie contemplative, il demande : Qui, de Pierre ou de Jean, Jésus préférait-il ? Et c'est pour répondre sèchement : « Praesumptuosus tamen videtur hoc dijudicare »[3]. Pour la première fois dans cette affaire, le bœuf de Sicile, comme disait Albert le Grand, vient de mugir. On conviendra toutefois que l'attaque demeurait latérale ; sans doute le terrain se prêtait-il mal à

1. La visait-il expressément ? C'est ce que suppose M.-M. Dufeil, pp. 89-90. La chose est au moins possible, quoique la finale de la leçon, assez banale, ne soit relevée d'aucun trait personnel.

2. « ... Ecclesiae terminum, in quo totius Sacrae Scripturae continentiam Apocalypsis concludit quousque sponsa ad thalamum Jesu Christi ad vitam gloriosam participandam, ad quam nos perducat ipse Jesus Christus benedictus in saecula saeculorum. Amen ». *Opuscula theologica*, vol. 1, Marietti, 1954, p. 439.

3. *In* 3 *Sent*., dist. 31, q. 2, a. 3 ; dist. 32, a. 5. Cf. Dufeil, p. 168. Dans la dist. 40, q. 1, a. 4, sol. 1 (« Lex nova media est inter Ecclesiam caelestem et statum veteris legis ») et autres semblables (ainsi *In 4 Sent*. dist. 1, q. 1, a. 2, 5), il n'y a que l'écho de la tradition commune, sans pointe polémique particulière. Voir aussi, p. ex., *In Hebr*. c. 9, lectio 5 : « Ultima aetas est status praesens, post quam non erit alius status salutis ».

un combat d'envergure. Au quatrième livre (1256), le commentateur va pousser une nouvelle pointe. Il observe d'abord sereinement que si « l'état » du Nouveau Testament est préfiguré dans celui de l'Ancien, c'est seulement en « général » et qu'il n'y a donc pas lieu de faire correspondre chaque fait de l'un à quelque fait de l'autre, « étant donné surtout que toutes les figures de l'Ancien Testament furent accomplies dans le Christ » : c'est là non pas seulement critiquer les excès concordistes de maints auteurs inoffensifs, mais refuser le principe même de la Concorde littérale, au nom de la doctrine traditionnelle[1]. Et Thomas d'invoquer le témoignage d'Augustin dans la *Cité de Dieu* : ces parallèles détaillés qu'on prétend établir en confrontant « singula singulis », si ingénieux qu'ils paraissent, « ne proviennent pas de l'esprit prophétique ; ce ne sont que conjectures humaines, qui peuvent quelquefois toucher juste, mais quelquefois aussi être trompeuses ». La remarque, conclut-il, s'applique aux dires de l'abbé Joachim, qui naguère « per tales conjecturas de futuris aliqua vera praedixit, et in aliquibus deceptus fuit »[2]. L'appréciation, comme au troisième livre, est assez méprisante, mais le reproche reste modéré, et si le nom de Joachim est enfin prononcé, la question de fond est à peine abordée. Ici encore, il se pourrait que Thomas n'ait pas jugé le terrain propice. Peut-être aussi désirait-il encore, tout en se distançant des rêveurs qui, autour de Gérard da San Donnino, compromettaient la cause des Mendiants, ménager celui qui, selon une opinion alors commune, avait salué d'avance avec éloge les deux grands ordres nouveaux. Sans doute enfin, à cette date, était-il plus sensible aux attaques répétées des séculiers, dont il avait lui-même à souffrir, qu'à la récente incartade du franciscain. On se rappellera ici que le *Contra impugnantes Dei cultum et religionem*, riposte à Guillaume de Saint-Amour, est de 1256, et que son incorporation universitaire par la *licentia docendi*, comme celle de Bonaventure, n'eut lieu que le 15 août 1257, en exécution d'un ordre formel donné par Alexandre IV le 13 octobre 1256.

Le *De sensibus sacrae scripturae* lui-même, qui date peut-être de cette année même 1256, vise avant tout Guillaume, le grand adversaire de l'heure. Contre celui-ci, saint Thomas soutient que s'il est légitime « d'attribuer à l'Église, au sens spirituel, ce qui est dit littéralement dans l'Ancien Testament », on n'a pas le droit de faire l'inverse : « car il y a lieu de respecter les trois âges de l'histoire : « vetus Testamentum », — « status praesentis Ecclesiae »,

1. Dist. 43, q. 1, a. 3, sol. 2, ad 3m : « Quamvis status novi testamenti in generali sit praefiguratus per statum veteris testamenti, non tamen oportet quod singula respondeant singulis, praecipue *cum in Christo omnes figurae veteris testamenti fuerint completae*, etc. ». Par cette dernière remarque, toute concorde historique est écartée.

2. Cf. Adam de Perseigne, demandant à Joachim s'il connaissait l'avenir « an ex prophetia, an conjectura, seu revelatione ».

— « futurae gloriae nobis praemonstrata (in Christo) »[1]. On ne peut, remarque ici M.-M. Dufeil, « mieux renvoyer Guillaume et Joachim dos à dos ». La remarque est exacte. Ce n'en est pas moins Guillaume que Thomas entreprend ici de pourfendre, et il le fait au nom de la doctrine, encore une fois, la plus classique. Rien ne prouve, au surplus, que s'il y a peut-être dans ce passage une arrière-pensée contre le joachimisme, elle le viserait « même dans son orthodoxe modération bonaventurienne ». La propre position de Thomas n'est d'ailleurs pas « neuve » et il n'avait aucun besoin pour la définir de « se soustraire à l'admiration séculaire »[2]. Ce dont en revanche il avait besoin, c'était d'écarter le reproche de collusion entre l'ensemble des Mendiants et les joachimites surchauffés qui donnaient à Saint-Amour un nouveau prétexte pour sa querelle. Voilà pourquoi l'un des derniers chapitres du *Contra impugnantes* traite de l'Évangile éternel. Thomas y précise d'abord, en citant Paul et Augustin, que le temps, proche ou lointain, où doit se manifester l'Antichrist est impossible à déterminer. Il observe d'autre part avec modération que si « la doctrine de Joachim, ou celle de son introducteur » contient des choses répréhensibles, on n'a pourtant pas le droit d'y voir la doctrine même de l'Antichrist. Mais il dit aussi, et cette fois c'est bien la coterie de Gérard qu'il attaque directement :

> En s'efforçant de transformer l'Évangile du Christ en un certain autre évangile qu'ils disent être éternel, quelques-uns proclament que les temps de l'Antichrist approchent. Cet évangile dont ils parlent est un certain « introductorium » composé au livre de Joachim, qui est réprouvé par l'Église[3] ; ils vont jusqu'à dire que c'est par la doctrine même de Joachim que l'Évangile du Christ est changé. Mais à leur supposition ce n'est pas là un signe : déjà au temps des Apôtres certains ne voulaient-ils pas changer l'Évangile du Christ, comme on le voit par l'épître aux Galates ? etc.[4].

Ce qui lui permet de se retourner contre la faction de Guillaume de Saint-Amour pour conclure : « Ils tombent dans la fosse qu'ils ont eux-mêmes creusée, ceux qui imputent aux autres une nouvelle

1. *De sensibus*..., ad quintum.
2. Dufeil, pp. 231-232. Saint-Thomas a donné assez de preuves de sa « pertinente profondeur » pour qu'on n'ait point à vouloir la célébrer dans des passages où il ne fait qu'exprimer les vues les plus traditionnelles dans les termes les plus usuels.
3. « Reprobatum » : ce n'est pas « le livre de Joachim » qui est réprouvé, c'est le « quoddam introductorium ».
4. Il cite Gal. 1, 6 : « Miror quod sic tam cito transferimini ab eo qui vos vocavit in gratiam Christi, in aliud evangelium. »

doctrine qu'ils nomment Évangile du Règne, et qui donnent cet Évangile du Règne comme un signe manifeste (des derniers temps) »[1].

Dans les années 1256 à 1259, Thomas d'Aquin se soumet à un « régime continu de deux disputes régulières par semaine »[2]. Certaines sont « de quolibet ». C'est de ces années que date le 7ᵉ *Quodlibetum*, dans lequel est reprise l'assertion de base : « L'état de l'Église est intermédiaire entre l'état de la Synagogue et l'état de l'Église triomphante ; le vieux Testament fut donc la figure du nouveau, et le vieux et le nouveau sont ensemble la figure des choses célestes »[3]. En 1259, Thomas retourne en Italie, où il continue de s'adonner au genre des « questions disputées » ; il est « impossible de déterminer année par année la suite de ces questions »[4] ; mais c'est de ces années italiennes que datent les 83 questions du *De Potentia*. On y lit, à la question 5ᵉ, art. 6, ad 9m, cette remarque, qui exclut la thèse joachimite sans d'ailleurs la viser particulièrement : « Non enim legi evangelicae alius status succedit, quae ad perfectum adduxit, sicut ipsa successit legi veteri, et lex vetus legi naturae »[5].

Dans le chapitre de la *Vita* que nous avons résumé plus haut, Guillaume de Tocco rapporte que saint Thomas attachait assez d'importance à Joachim de Flore pour aller chercher son « livre » dans un monastère, le lire avec soin, en souligner les passages erronés ou suspects, et en interdire la lecture autour de lui[6]. Peut-être cela est-il vrai surtout du traité de la Trinité, quoique le contexte de Tocco ne le suggère pas. C'est en tout cas la théorie trinitaire de Joachim qu'il critique dans deux de ses opuscules qui sont à peu près contemporains. Son *Expositio super secundam Decretalem ad archidiaconum Tudertinum* a dû être composée entre 1259 et 1268. Il y reproduit le jugement que Bonaventure avait porté, mais en des termes plus explicites et plus sévères : « Joachim... non bene capiens verba Magistri..., utpote in subtilibus fidei dogmatibus rudis, praedictam Magistri Petri doctrinam haereticam reputavit... » Et Thomas d'exposer le reproche de quaternité fait par Joachim au Lombard, de montrer l'inanité de ce reproche, puis de contre-attaquer longuement. Tout ce qu'il concède à son adversaire, c'est qu'il « ne voulait pas paraître se séparer totalement de la foi de Nicée » ; mais c'était en vain, car l'unité d'essence des trois personnes, telle qu'il l'expliquait, « n'était

---

1. *Contra impugnantes*, P. 3, sect. 2, c. 5. *Opuscula theologica*, 2, Marietti, 1954, p. 105.

2. M.-D. Chenu, *Introd. à l'étude de S. Thomas d'Aquin*, p. 241. Pour les dates ici adoptées, nous suivons cet ouvrage, demeuré précieux, pp. 199-225.

3. Question 6, art. 2. Cf. Chenu, op. cit., p. 246.

4. Chenu, op. cit., p. 242.

5. L'article examine la question de savoir, « utrum possit sciri ab homine quando motus caeli finiatur. » Ed. Vivès, t. 13, p. 165.

6. C. 20, p. 94 : « ... Praedictus Doctor in quodam monasterio petivit librum praefati Abbatis, et oblatum totum perlegit, et ubi erroneum aliquid reperit vel suspectum cum linea subducta damnavit, quod totum legi et credi prohibuit, quod ipse sua manu docta cassavit ».

pas vraie, réelle et simple », mais une « unité collective ». Ce pauvre abbé voulait bien que l'on dise : « tres personae sunt una essentia, non autem e converso, ut dicatur : una essentia est tres personae ». Il a voulu « perverse » tirer les textes qui affirment l'unité divine à signifier une simple unité de charité et de sentiment commun ; il est ainsi « manifestement tombé dans l'erreur des Ariens, quoique sans pertinacité » ; il n'a pas su voir que dans les fidèles il s'agit d'une unité de charité, fruit de la grâce, tandis que dans les personnes divines on doit comprendre que l'unité entre elles est celle de la même nature »[5]. L'autre opuscule est le *Contra errores Graecorum*, rédigé à la demande du pape Urbain IV et destiné à l'empereur Théodore II Lascaris, à la suite du malheureux *libellus* de l'évêque Nicolas de Cortone, très probablement en 1263[1]. Saint Thomas profite de l'occasion pour rappeler une fois encore que le quatrième concile du Latran a condamné « le dogme de Joachim », qui eut la présomption de défendre contre le maître Pierre Lombard un mode « calomnieux » de parler[2].

En 1264, un biais favorable aurait pu se présenter pour le combat décisif. Dans le quatrième livre du *Contra Gentiles*, saint Thomas en venait à traiter de l'Église et du ministère épiscopal. N'était-ce pas pour lui l'occasion rêvée d'aborder enfin de front le débat sur l'Église de l'Esprit ? Cependant, il se contente d'une réfutation indirecte, quoique péremptoire, en observant que Jésus a voulu expressément pourvoir son Église d'une structure destinée à durer jusqu'à la fin des temps, comme le montrent les textes de Matthieu, de Luc et de Jean[3]. Par là, conclut-il, est exclue l'erreur présomptueuse[4] de quelques-uns qui s'efforcent d'échapper à l'obéissance due au successeur de Pierre[5]. Son siège était donc fait, et sûrement depuis

---

1. « ... Hoc autem est falsum, quia in fidelibus sic accipitur ut intelligatur unitas caritatis per gratiam, in divinis autem personis sic accipitur ut intelligatur unitas ejusdem naturae. » Marietti, 1, 1954, pp. 428-432.

2. Sur les circonstances et la nature de ces deux écrits, voir A. Dondaine, O.P., *Nicolas de Cortone et les sources du* Contra errores Graecorum *de S. Thomas* (Divus Thomas, Fribourg, 1950, pp. 313-340) et l'introduction de l'éd. Marietti, t. 1, pp. 269-283.

3. « ... Hunc modum loquendi contra Magistrum Petrum Lombardum defendere praesumpsit ». 1re partie, ch. 5. Opuscula theologica, t. 1, p. 318.

4. *Contra Gentiles*, l. 4, c. 76 : « De episcopali dignitate, et quod in ea unus sit summus ». « ... Manifestum est enim quod Christus Ecclesiam sic instituit, ut esset usque ad finem saeculi duratura, secundum illud Isai. 9, 7 ... Manifestum est igitur quod ita illos qui tunc erant, in ministerio constituit, ut eorum potestas derivaretur ad posteros pro utilitate Ecclesiae usque ad finem saeculi ; praesertim cum ipse dicat, Mtt. 28, 30 : Ecce ego vobiscum sum usque ad consummationem saeculi ».

5. Remarquer la même épithète que supra, In 3 Sent., et le verbe correspondant du *Contra errores Graecorum*.

6. Ibid., in fine : « Per hoc autem excluditur quorumdam praesumptuosus error, qui se subducere nituntur ab obedientia et subjectione Petri, successorem ejus Romanum Pontificem universalis Ecclesiae pastorem non recognoscentes ».

longtemps déjà. Si les Prêcheurs, dans les premiers temps de leur existence, s'étaient entendus parfois avec les Mineurs pour accueillir les prédictions que l'opinion interprétait en leur faveur, la plupart d'entre eux n'avaient pas tardé à se désolidariser d'un mouvement de plus en plus suspect. Thomas d'Aquin était moins que tout autre disposé à se laisser séduire. A mesure que les années passaient, il semble s'être décidé à parler plus net. En 1268 ou 1269, dans sa *Somme théologique*, négligeant les disputes et les scandales de l'actualité, il remonte à la source, à l'idée fondamentale émise par l'abbé de Flore, et cette fois enfin il l'attaque de front.

La question cent-sixième de la *Prima Secundae* est consacrée à « la loi évangélique, qui est appelée loi nouvelle ». Cette loi est dans son principe « la grâce même du Saint-Esprit, qui est donnée aux fidèles du Christ »[1]. Mais on peut se demander « si cette loi nouvelle doit durer jusqu'à la fin du monde ». On fait à cela plusieurs objections. Certains, par exemple, font valoir la promesse faite par Jésus d'envoyer le Paraclet, qui fera connaître toute vérité ; promesse, observent-ils, qui n'est pas encore accomplie[2]. D'autres encore objectent (et c'est alors directement Joachim que nous entendons) qu'il y eut un état convenant à la personne du Père, à savoir, l'état de la loi ancienne ; semblablement, un autre état convient à la personne du Fils, l'état de la loi nouvelle, dans lequel commandent les clercs adonnés à la sagesse, car la sagesse est appropriée au Fils. Il y aura donc un troisième état, celui du Saint-Esprit, qui sera l'apanage des hommes spirituels[3]. Voici maintenant la réponse générale :

> Aucun état de la vie présente ne peut être plus parfait que l'état de la loi nouvelle ; rien en effet ne peut être plus proche de la fin dernière que ce qui introduit immédiatement à cette fin ; or c'est ce que fait la loi nouvelle. D'où ces mots de l'Apôtre, Hebr. 10, 19 : « Ayant donc, frères, l'assurance voulue pour l'accès au sanctuaire dans le sang du Christ, voie nouvelle qu'il a inaugurée pour nous, approchons-nous... »[4].

---

1. *Prima secundae*, q. 106, art. 1 : « Principaliter lex nova est ipsa gratia Spiritus sancti, quae datur Christi fidelibus ».

2. A. 4 : « Utrum lex nova sit duratura usque ad finem mundi ». Obj. 2 : « Dominus, Jo 16, promisit discipulis suis in adventu Spiritus sancti Paracleti cognitionem omnis veritatis. Sed nondum Ecclesia omnem veritatem cognoscit in statu Novi Testamenti. Ergo expectandus est alius status, in quo per Spiritum sanctum omnis veritas manifestetur ».

3. Ibid., obj. 3 : « ... Fuit quidem status conveniens personae Patris, sc. status veteris legis... » similiter etiam est alius status conveniens personae Filii, sc. status novae legis, in quo clerici intendentes sapientiae, quae appropriatur Filio, principantur. Ergo erit status tertius Spiritus sancti, in quo spiritales viri principabuntur ».

4. « Nullus autem status praesentis vitae potest esse perfectior quam status novae legis ; nihil enim potest esse propinquior fini ultimo quam quod immediate in finem ultimum introducit ; hoc autem facit nova lex ; unde Apostolus dicit, Hebr. 10, 19 : ' Habentes igitur, fratres, fiduciam in introitu sanctorum in sanguine Christi, quam initiavit nobis viam novam, accedamus '... ».

Plus précisément ensuite, en réponse aux objections susdites :

> Comme le dit Augustin[1], Montan et Priscille prétendirent que la promesse faite par le Seigneur de donner l'Esprit-Saint n'avait pas été accomplie dans les Apôtres, mais en eux. De même, les Manichéens dirent que c'était en Mani, qu'ils proclamaient être l'Esprit Paraclet. Mais ces vanités sont exclues par ce qui est dit en Jean 7, 39 : « L'Esprit n'était pas encore donné, parce que Jésus n'avait pas encore été glorifié. »...
>
> (D'autre part) la loi ancienne ne fut pas seulement du Père, mais aussi du Fils, car le Christ y était préfiguré... De même, la loi nouvelle n'est pas seulement du Fils, mais aussi du Saint-Esprit, selon ces mots de Rom. 8, 2 : « La Loi de l'Esprit de vie dans le Christ Jésus, etc. » Il n'y a donc point à attendre une autre loi...[2].

Ainsi le refus est total. Les derniers mots s'abattent comme un couperet. En Jésus-Christ, et en lui seul, est posée la totalité du Nouveau Testament, qui est le Testament dernier. En lui, en lui seul est accomplie dans sa totalité la signification de l'Ancien Testament. A lui, à lui seul l'Esprit rend et rendra témoignage. La critique thomiste est aussi décisive que celle de saint Bonaventure, plus décisive même, parce qu'elle est plus simple et plus radicale. Saint Thomas n'accorde rien à l'idée d'un parallélisme entre le déroulement temporel sous la loi ancienne et la succession des événements historiques sous la loi nouvelle. Il a refusé d'avancer d'un seul pas sur ce terrain dangereux. Comme on pouvait s'y attendre, il a même plus d'une fois repris le vieux schéma symétrique d'après lequel, le temps du Christ étant celui de la plénitude, la grâce a dû surabonder au premier âge de l'Église : d'où apparaît, conclut-il, « la témérité, pour ne pas dire l'erreur de ceux qui ont la présomption de comparer certains saints aux Apôtres, soit en grâce soit en gloire »[3]. (N'est-ce pas une flèche à l'adresse des Mineurs par trop dévots à saint François ?) Il est à ses yeux manifeste que plus on est, dans le cours de la durée, proche du Christ, « sive ante, sive post », plus aussi l'on est instruit de lui, — « post tamen plenius quam ante ». Saint Grégoire a bien pu dire, en commentant Ézéchiel : « per successiones temporum crevit divinae cognitionis augmentum »[4], mais (la remarque est juste)

1. *Epist.* 237, 2 ; t. 2, col. 1035.

2. « Ad tertium dicendum, quod lex vetus non solum fuit Patris, sed etiam Filii, quia Christus in veteri lege figurabatur... Similiter etiam lex nova non solum est Filii, sed etiam Spiritus sancti, secundum illud Rom. 8, 2 : ' Lex Spiritus vitae in Christi Jesu etc. ' Unde non est expectanda alia lex... ».

3. *In Eph.* 1, lectio 3 : « ... Ex quo apparet temeritas illorum, ut non dicam error, qui aliquos sanctos presumunt comparare apostolis in gratia et gloria. »

4. *In Ez.*, l. 2, hom. 4, n. 12 : « Per incrementa temporum crevit scientia spiritualium Patrum, et quanto viciniores adventui Salvatoris fuerunt, tanto sacramenta salutis plenius perceperunt » ; PL 76, 980 BD. Grégoire ajoute, cependant, 981 A :

il n'a dit cela que des temps qui ont précédé l'Incarnation[1]. En réalité, « la plus grande abondance de dons est à partir de la source »[2].

On a quelquefois considéré le refus opposé par saint Thomas à ce joachimisme comme la réaction opposée par une Église juridique, devenue infidèle à sa mission, s'installant en elle-même et se figeant dans son immobilisme, à une pensée d'allure historique et eschatologique, attentive aux instigations et aux inspirations, tendue vers l'avenir, ouverte à l'imprévisible, qui serait plus vraiment chrétienne. Thomas d'Aquin est devenu pour les historiens l'antithèse obligée de Joachim de Flore, et une telle vue n'est pas fausse ; mais il est rare que la sympathie pour celui-ci n'entraîne pas quelque injustice à l'égard de celui-là. La mise en forme conceptuelle, qui est par excellence, de pair avec le souci métaphysique, le propre de saint Thomas, a provoqué la série des reproches en « rationalisme », en « juridisme », en « hellénisme », en « anhistorisme » etc., qui lui sont communément adressés[3]. C'est même devenu de nos jours une véritable avalanche. Reproches ridiculement excessifs, dégénérant en diatribes et en caricatures, qui déshonorent même certaines publications catholiques. Ils dénotent parfois une si profonde ignorance aussi bien de l'histoire que de la vie de l'esprit, qu'on hésite à paraître leur faire écho. Il est toutefois indéniable que saint Thomas, en concevant vers 1265 le projet de sa *Somme*, avait opté, suivant la tendance prédominante à son époque et plus encore suivant sa pente personnelle, pour un plan « théologique », non « économique », c'est-à-dire, comme s'exprime encore le Père Yves Congar, pour un ordre « logique », « sapientiel », « dialectique » ou « systématique », remplaçant la « suite » ou « l'explication historique » du Dessein de Dieu. Ce choix l'amenait à pratiquer une analyse dont le revers consiste en ce qu'elle « atomise quelque peu le mystère chrétien » pris dans sa réalité concrète. Il n'a certes pas renoncé à mettre en lumière « bien des éléments » de l'histoire du salut, ni à en éclairer « les étapes essentielles », il a conservé « un sens très aigu de la situation de l'Église dans l'Économie » et « de la référence eschatologique du christianisme » ; mais la voie où il s'est délibérément engagé était celle « d'une recherche de la nature des choses, de leurs causes essentielles et de leur enchaînement à partir de Dieu vers Dieu »[4]. Comme l'a encore observé M. Étienne Gilson, « l'indifférence de saint Thomas envers l'histoire a été prodigieuse »[5] ; cette remarque ne vise directement que son indifférence à reconstituer

---

« Quanto mundus ad extremitatem ducitur, tanto aeternae scientiae aditus largius aperitur. »

1. *Secunda secundae*, q. 174, a. 6.
2. CONGAR, *Le sens*, p. 122, commentant S. Thomas.
3. Pour un exemple récent : cf. Jean GONNET et Amedeo MOLNAR, *Les Vaudois au moyen âge*, Turin, Claudiana, 1974, p. 417.
4. CONGAR, *Le sens*, pp. 73-109.
5. *Cajetan et l'humanisme théologique*, AHDL, 1955, p. 133.

l'Aristote historique, mais elle a une portée plus vaste. La « dimension historique » apparaît peu dans son œuvre[1], et l'on ne saurait s'étonner beaucoup du fait que, dans les siècles suivants, elle ait presque entièrement disparu chez quelques-uns de ses disciples les plus officiels[2]. Il est également indéniable que, même corrigé au point d'en être transformé beaucoup plus profondément que bien des commentateurs ou bien des critiques n'ont su le voir, l'intellectualisme grec a laissé sa marque sur la pensée thomiste. On s'explique donc la crainte ressentie par plusieurs, que son exaltation de l'*intellectus*, demeuré à certains égards proche du νοῦς antique[3], ne s'y déploie au détriment du souffle de l'esprit, — du πνεῦμα biblique et paulinien. D'où la question que posait récemment, avec finesse et discrétion, le Père Stanislas Breton, auteur lui-même d'un petit livre remarquable sur saint Thomas[4].

Quoi qu'il en soit, dans le cas présent qui est capital, de telles remarques ne trouvent pas leur application. S'il est vrai, en effet, que dans sa réfutation de Joachim de Flore saint Thomas désigne le Nouveau Testament, ainsi qu'on vient de le voir, par l'expression de « lex nova », il est doublement abusif d'en conclure, par exemple avec M. Ernst Benz, qu'il a voulu de la sorte, méconnaissant l'histoire aussi bien que l'esprit, « enclore totalement le pneumatique dans la loi »[5]. En effet, c'est là tout d'abord supposer une allusion à l'opposition paulinienne de la Loi et de l'Évangile, que saint Thomas aurait édulcorée, voire supprimée, alors que cette opposition, comme l'a fait observer Max Seckler[6], n'entrait point ici dans sa perspective.

---

1. C'est ce qu'a reconnu, de façon latérale, Jacques MARITAIN, écrivant dans *les Degrés du savoir*, DDB, 1932, p. 609 : « Stimulé par la pensée d'Augustin, la pensée thomiste s'enrichira-t-elle un jour de ces conjectures en matière d'exégèse de l'histoire dont la réflexion sur la culture a peine à se passer ? » Telle est l'entreprise, située à un niveau plus profond, à laquelle s'est voué le P. Gaston FESSARD, spécialement dans son ouvrage fondamental *De l'actualité historique*, t. 1, DDB, 1960 ; cf. p. 20, et t. 2, pp. 410-411.

2. Le cas type est celui de Cajetan, laissant par exemple dans son grand commentaire de la Somme aux exégètes le soin de traiter des questions qui concernent la vie du Christ.

3. C'est ce qui ressort encore de l'ouvrage, aussi profond qu'admiratif, du P. Pierre ROUSSELOT sur *l'Intellectualisme de saint Thomas* (1910 ; 2e éd., Beauchesne, 1924).

4. Seghers, 1900). Cf. *L'unité de l'intellect, Réflexion sur le sens et la portée d'une controverse*, RSTP, 1978, p. 233 : « Saint Thomas, il est vrai, parle plus souvent d'intellect que d'esprit. Tout ce qui dans ce vocable rappelle le souffle dont « on ne sait ni d'où il vient ni où il va » s'assoupit chez lui en tonalité mineure. La lumière, dans cet intellectualisme dont on ne l'a pas toujours félicité, s'infléchit, par la médiation des principes premiers, en mouvement réglé de nos puissances et en maîtrise de lucidité... Sa confiance dans le concept lui aurait-elle fait oublier que l'Ange de Jahvé passe quelquefois sur notre terre ? Je confie au docteur angélique cette impertinente interrogation ». (Il faudrait citer la page entière pour en faire goûter pleinement le délicat humour.)

5. *Joachim-Studien*, 3, p. 116.

6. *Le salut dans l'histoire, la pensée de S. Thomas d'Aquin sur la théologie*

C'est en outre supposer que l'expression jugée répréhensible serait imputable à l'auteur de la *Somme théologique*, alors que manifestement celui-ci ne fait que reprendre une expression courante, comme l'indique le titre même de sa *Quaestio*. Saint Bonaventure, dans un contexte identique, parle également de la « lex gratiae », sans aucune idée — tout au contraire — de réduire le régime évangélique de la grâce au régime israélite de la loi[1]. Olivi fera de même, et c'est dans un passage de sa *Lectura* sur l'Apocalypse, l'un des plus apparemment joachimites, que pour célébrer saint François comme l'initiateur d'un « quoddam novum saeculum seu nova Ecclesia » il écrira : « In sexta aetate, rejecto carnali judaismo et vetustate prioris saeculi, venit novus homo Christus cum nova lege et vita et cruce... »[2].

Sans prendre pleinement à son compte la thèse de Benz, et tout en reconnaissant que saint Thomas ne fait que reproduire une interprétation courante chez les Pères, H. Mottu observe cependant que l'expression de « lex nova » n'est pas biblique. Mais dans ces conditions, y a-t-il là plus qu'une question de mots ? Saint Paul ne parle-t-il pas de la « loi de la foi » et de la « loi de l'Esprit »[3] ? Jérémie n'avait-il pas annoncé cette loi nouvelle en disant de la part du Seigneur : « Je mettrai ma loi au fond de leur être et je l'inscrirai dans leur cœur »[4] ? C'est exactement ainsi que l'entend saint Thomas. Le résumé scolaire que nous trouvons ici dans la *Somme s*'éclaire à la lumière de ses commentaires sur les Épîtres pauliniennes. Pour lui, la loi nouvelle est « vel ipse Spiritus sanctus », « vel quam in cordibus Spiritus sanctus facit »[5] ; elle consiste « in infusione Spiritus sancti ». Il dit à peu près équivalemment : « lex gratiae », « lex fidei », « lex evangelii », « lex libertatis », « lex Spiritus »[6]. Il explique encore que « là où est l'esprit du Seigneur, c'est-à-dire la loi du Christ spirituellement comprise, non pas écrite avec des lettres mais imprimée par la foi dans les cœurs, là est la liberté »[7]. Et c'est pourquoi il refuse

---

de l'histoire. Cerf, 1969, p. 217. (L'original allemand est de Münich, 1964). Cf. A. Hayen, *Le thomisme et l'histoire*. Rev. thomiste, 62, 1962, pp. 51-82.

1. *In Hexaem*. coll. 15, n. 20 : « Secundum sanctos modernos et antiquos distinguuntur tria tempora, sc. legis naturae, legis scriptae et legis gratiae. » T 5, p. 401.

2. *Lectura*, f. 13 r. Cf. *Archiv* t. 3, p. 536 (v. supra). Reeves, loc. cit., p. 198. Cf. S. Thomas, *In Jo* 4, lectio 1, 9 : « Christus sexta aetate saeculi in mundum venit ».

3. Rom. 5, 27 et 8, 2.

4. Jer. 31, 33. Texte plusieurs fois cité, notamment in Hebr. 8, 8-12 et 10, 16-17.

5. *In Rom*. 8 lectio 1 ; ou : « Lex nova est principaliter ipsa gratia Spiritus sancti interius data ».

6. Cf. Congar, *Le sens*, pp. 96 et 98. Voir aussi In 2 Cor. 3 lectio 2 : « Vetus lex est testamentum Sp. sancti, etc. » ; « legem Spiritus, qui caritatem in corde faciens vivificet ».

7. *In Rom*. 8, 17 : « Ubi est spiritus Domini, id est lex Christi spiritualiter intellecta, non scripta litteris, sed per fidem cordibus impressa, ibi est libertas, ab omni impedimento velaminis. » Cf. S. Lyonnet, *L'actualité de saint Thomas exégète, l'opposition paulinienne entre « la lettre et l'Esprit » à la lumière de l'inter-*

de rejeter le « sub gratia » dans le passé ou de consentir à le voir bientôt disparaître pour envisager dans le futur un autre âge qui ne serait plus celui de l'Esprit.

Tout cela ne signifie d'ailleurs pas que saint Thomas soit le moins du monde anomiste. Il ne l'est pas plus que saint Paul, dont il aime citer et commenter les textes sur la soumission due aux pouvoirs établis. Il l'est peut-être moins que tout autre à l'intérieur de l'orthodoxie catholique. Il tient à mettre en garde contre « les conclusions anarchiques qu'on pourrait prétendre tirer de la liberté chrétienne »[1]. Néanmoins, il reste fidèle au principe exprimé par le pape Urbain II et recueilli dans le Décret de *Gratien*, selon lequel « dignior est lex privata (= Spiritus sancti) quam publica (= canonum) »[2] et d'autre part il rappelle avec force que selon l'Évangile l'autorité est un service[3]. Quant à l'essentiel du problème qui nous occupe, il ne fait, dans cette importante question de la *Somme*, que maintenir contre Joachim de Flore, avec sa sobriété coutumière, le fondement de toute exégèse chrétienne, tel que l'établit le Nouveau Testament, tel qu'il le trouvait formulé chez saint Paul, tel que l'avaient illustré, entre bien d'autres, ses deux « autorités » favorites, Denys[4] et Augustin. Joseph Ratzinger l'a solidement établi[5]. C'est aussi ce qui ressort de la longue étude d'Yves Congar sur *le sens de l'« économie » salutaire* dans la Somme théologique, qui envisage à ce point de vue l'œuvre entière de saint Thomas[6].

Pour achever sa démonstration, saint Thomas rectifie l'exégèse que Joachim donnait avec insistance de 1 Cor. 13, 12, exégèse dont H. Mottu dit fort bien qu'elle était au moins « terriblement ambiguë » et qu'elle tendait à introduire indûment « une gnose de type apocalyptique » ; *maintenant* nous voyons en énigme, alors nous verrons face à face : ce *nunc*, observe-t-il, vise toute la durée de l'existence temporelle, et ce *tunc*, l'entrée dans l'éternité. Il rectifie de même l'interprétation joachimite de la promesse de l'Esprit dans saint Jean, en citant Jo. 7, 39 pour montrer que cette fois c'est au contraire aussitôt après la glorification de Jésus que l'ère de l'Esprit est ouverte[7]. Dans ce principe de l'exégèse chrétienne il reconnaît à juste titre

prétation de saint Thomas. Atti del Congresso internazionale, 4, Problemi di Teologia, Naples, pp. 9-28.

1. Cf. CONGAR, *Le sens*, p. 100. Voir en particulier *In 2 Sent.* dist. 44, q. 2, a. 1, ad 1m ; *In Rom.* 13, lectio a ; *In Tit.* 2, lectio 2.

2. CONGAR, ibid.

3. *In Matt.* 20 : « Servi enim est quod totum se ad servitium domini impendat ; sic praelati Ecclesiae totum quicquid habent, quicquid sunt, subditis debent. » Avec renvoi à 1 Cor. 9, 19 et 2 Cor. 4, 5.

4. *Ad primum. Cf. In 3* et *4 Sent.*, loc. cit. DENYS, *Eccl. Hier.*, c. 5.

5. Op. cit., p. 110. Cf. Ch. JOURNET, *Exigences chrétiennes en politique*, Egloff, Fribourg-Paris, 1945, p. 83.

6. Loc. cit., pp. 73-122.

7. Jo 7, 39 : « Nondum erat Spiritus datus, quia nondum Jesus erat glorificatus ». Ibid., ad 2m.

le principe qui commande toute la fidélité chrétienne. « Aux spéculations de l'abbé calabrais il oppose le christocentrisme de l'Écriture et des Pères ; la solution du problème, pour lui aussi, s'appelle simplement : le Christ »[1].

Dans un article ingénieux et même profond qui met en regard deux types de théologie de l'histoire, « le modèle trinitaire » de Joachim de Flore et le « modèle christologique » de Thomas d'Aquin, Gianni Baget-Bozzo fait valoir « l'importance de Joachim dans l'histoire de la pensée » en expliquant que sa théorie fut « la condition de l'œuvre de Thomas ». Celui-ci aurait su dégager de « l'erreur » de Joachim « la vérité latente » qui s'y trouvait enfermée ; il aurait « surpassé le joachimisme en conservant l'aspiration à la *renovatio Ecclesiae* et en faisant de celle-ci la *forma Ecclesiae*, l'essence même de l'Église. Par cette « réforme », au lieu d'une « impossible historisation » de la grâce, il aurait bloqué dans l'unique « loi nouvelle » la foi au Christ et le don de l'Esprit. Sans doute y a-t-il dans ces explications un excès de subtilité. Thomas d'Aquin n'avait pas besoin d'un tel prédécesseur ou d'un tel adversaire pour commenter l'enseignement de Paul et de toute la tradition sur le caractère définitif de la loi nouvelle. Les formules abruptes par lesquelles il écarte les nouveautés venues de Flore ne permettent pas de doute à ce sujet. Il reste que notre auteur a fort bien vu que le refus opposé au rêve d'un troisième âge à venir n'est pas un manifeste de fixisme. « Thomas, dit-il, exclut de l'histoire l'élément formel de l'Église, c'est-à-dire la grâce, qui transcende la visibilité, mais non le progrès des *articuli fidei*, qui sont l'expression notionnelle de la révélation... Il admet qu'on parle d'un développement dans la connaissance du dépôt de la foi, qui peut se dilater dans des paroles neuves, des gestes neufs, des figures nouvelles : l'Église croît dans ses énoncés dogmatiques, comme dans ses formes de vie sociale », mais il repousse toute disjonction entre un temps présent de l'Église du Christ et un temps à venir d'une Église de l'Esprit. La figure unique et totale de l'Église s'affirme dans la conclusion de l'Apocalypse, où l'Esprit et l'Église disent d'une seule voix : « Viens, Seigneur Jésus ! »[2].

Ces considérations de notre auteur font ressortir la fidélité de saint Thomas d'Aquin au christocentrisme essentiel de la grande tradition de l'Église. Celle-ci n'attend rien d'autre que le retour du Christ, en qui tout lui fut donné. Saint Irénée l'avait dit onze

---

1. Comme l'a bien expliqué J. RATZINGER lui-même, ce christocentrisme n'est pas à comprendre comme un repliement sur la christologie ; pour nos deux docteurs « le sujet de la théologie est Dieu lui-même, et la nouveauté du Christ consiste précisément en ce qu'il a « abattu le mur infranchissable qui séparait l'homme de l'être de Dieu et de sa vérité » : *Qu'est-ce que la théologie* ? dans *Communio*, 4, 2, 1979, pp. 89-95.

2. *Modello trinitario e modello cristologico...*, loc. cit., pp. 45-50.

siècles plus tôt : « Omnem novitatem attulit, semetipsum afferens ». Et saint Jean de la Croix le redira trois siècles plus tard, dans un chapitre célèbre de la *Montée du Carmel.*

Au cours de l'histoire, pour notre salut, « nous n'avons plus rien à attendre » (ce qui ne veut pas dire : à exploiter, à creuser, à découvrir, à mettre en œuvre) ; rien, et surtout pas un « Esprit » qui ferait « dépasser » le Christ, détruisant avec son Église le moyen de continuer de vivre de *son* Esprit. Tout, car « c'est en lui que l'Esprit-Saint nous fut donné » et depuis sa venue, c'est dans cet Esprit-Saint que les citoyens de la Cité de Dieu se multiplient, ainsi que disait Augustin[1]. Tout, car il est la Source inépuisable, le principe toujours actuel de tout renouvellement. Mystère indépassable, parce que, dans l'Esprit, indéfiniment fécond. Cela, saint Thomas l'a dit en deux mots, en assimilant d'emblée « loi évangélique » et « grâce du Saint-Esprit ». Seulement, il ne s'y attarde pas. Les articles de la *Somme*, ce manuel de génie, sont des condensés, où ne figure que l'essentiel. Peut-être aussi, la pente naturelle de ce grand esprit ne le portait-elle point à considérer longuement toutes les conséquences du principe qu'il avait posé. Aussi trouve-t-on moins chez lui que chez saint Bonaventure les amorces d'une théorie du développement, à la fois dans ce qu'elle a, sous un certain aspect, de nécessaire et, sous un autre, d'illusoire. C'est néanmoins chez lui, non chez Bonaventure, qu'on lit cette formule : « Christus *initiavit* nobis viam novam »[2]. Face à la poussée menaçante du joachimisme, l'un et l'autre sont donc, en fin de compte, pleinement d'accord. Sans dire tout à fait la même chose, ils tendent à la même fin :

ad un fine fuor l'opere sue[3].

Face à la poussée contraire et non moins menaçante de l'aristotélisme païen, nous l'avons dit, ils ne le sont plus du tout. Leur dissentiment ne porte pas seulement sur la « tactique ». Les *Collationes in Hexaemeron*, « chef d'œuvre interrompu et néanmoins réussite parfaite », proposent, tout comme le *Breviloquium*, un modèle de pensée chrétienne contraire à celui de l'école albertino-thomiste[4]. Non moins qu'au joachimisme, Bonaventure s'oppose à la « philosophie mondaine », dont il mesure l'écart avec la doctrine sacrée. Il lui applique le symbole apocalyptique du « puits de l'abîme » et de sa fumée pestilentielle, que d'autres appliqueront à l'effort

1. *De civitate Dei*, l. 20, c. 17 et 30. Bibl. aug., t. 37, pp. 268 et 358. Cf. au c. 7, n. 2, son interprétation des mille ans de l'Apocalypse : « pro annis omnibus hujus saeculi » ; p. 214.

2. *Prima Secundae*, q. 106, art. 4, ad primum.

3. Dante, *Paradis*, 11, 42. On connaît aussi la déclaration de Sixte V (1588), reprise en 1879 par Léon XIII : « Duae olivae et duo candelabra in domo Dei lucentia ».

4. Ét. Gilson, *La philosophie de S. Bonaventure*, pp. 35-40.

conciliateur de saint Thomas lui-même, effort estimé « trahison »[1]. Certes, pas plus que Thomas, il n'est un extrémiste. L'expérience historique des Vaudois, et non moins celle plus récente et plus proche de ses confrères les Mineurs, lui a fait sentir le danger d'une certaine ferveur « évangélique » dédaigneuse de toute sagesse humaine. Il a compris la nécessité des études et il a bien vu que dans son siècle elles ne pouvaient s'organiser efficacement dans une ignorance superbe des nouveaux apports philosophiques. Par son gouvernement comme par ses travaux personnels, il a réagi contre le parti d'Hugues de Digne qui, d'après Salimbene, aurait déclaré en 1248, au soir d'une longue discussion avec deux dominicains de passage : « Ces braves gens se glorifient beaucoup de leur science et disent que dans leur ordre on a souci de la sagesse, alors qu'il est dit dans l'Écclésiastique : toute sagesse vient du Seigneur. » Maître parisien lui-même, il n'était pas du nombre de ses confrères qui se lamentaient de compter parmi eux des « magistros cathedratos, id est Parisius conventatos », tant ils redoutaient de les voir, par l'enflure de leur science, introduire dans l'ordre un esprit séculier, funeste à la rigueur première. S'il a connu l'histoire, contée encore par Salimbene, de ce frère Rodolphe de Saxe, lecteur du couvent de Pise, « grand logicien, grand théologien, grand controversiste », qui après avoir lu les écrits de l'abbé de Flore cachés dans son couvent, « abandonna l'étude de la théologie », il ne l'aura sûrement pas approuvé[2]. Il ne partageait pas l'étroitesse d'un certain nombre de Mineurs qui adressèrent au pape une supplique contre ceux qui, « oratione relicta, Aristotelis curiosam et sterilem scientiam divinae sapientiae praeferebant »[3]. Il n'aurait sans doute pas maudit ce frère Maurice, du même couvent de Provins que Gérard, qui, loin de se laisser séduire par ses propos enthousiastes, avait dit un jour à Salimbene : « Aide-moi plutôt à écrire, car je veux composer un bon traité des *Distinctions*, qui me sera très utile pour prêcher »[4]. Néanmoins, les excès rationalistes de son époque l'inquiétaient de plus en plus. C'est aux auditeurs parisiens de l'*In Hexaemeron* que, tout à la fin de son généralat, il adressa cet avis : « Il ne faut pas verser dans le vin de l'Écriture tant d'eau de philosophie que le vin devienne de l'eau ; ce serait un bien triste mélange[5] ! » Dès la première de ses conférences, il avait déclaré sans ambages : le Verbe de Dieu est le « medium metaphysicum », — « et haec est tota nostra metaphysica »[6]. Son orientation était donc bien différente de celle qu'adopta, d'emblée, le jeune Thomas d'Aquin.

1. Cf. Arnaud de Villeneuve, supra. Jean de Roquetaillade englobera dans une réprobation délirante les docteurs séculiers et réguliers, sans distinction d'école, de l'Université de Paris. Cf. J. Bignami-Odier, op. cit., pp. 39-42, 47, 135.
2. Salimbene, pp. 236, 239 ; cf. 662. Laureilhe, Sur les routes d'Europe au xiiie siècle, pp. 190 et 199.
3. Archiv, 2, p. 258.
4. L'épisode est traduit dans Laureilhe, op. cit., p. 192.
5. Coll. 19, 14 (t. 5, 422).
6. Coll. 1, 12-17.

Il est remarquable que tout en présentant son héros suivant les normes hagiographiques les plus traditionnelles — Thomas fut annoncé par toutes sortes de figures de l'Ancien Testament, il a inauguré son « magistère » à la suite d'une vision, il dictait ce que l'esprit lui révélait[1], — Guillaume de Tocco n'a pas manqué de faire énergiquement ressortir la nouveauté de son œuvre. Huit fois en sept lignes, au chapitre quatorzième de la *Vita*, ce mot de « nouveauté » retentit : « novos articulos, — novum modum, — novas rationes (deux fois), — nova docere, — novas opiniones, — novi luminis radiis, — noviter »[2]. Jamais y eut-il théologie plus nouvelle, hors des sentiers de l'hérésie ? M. Étienne Gilson a plus d'une fois souligné le contraste d'une telle attitude avec celle du grand émule de Thomas. M. Tullio Gregory l'a fait de nouveau, mais peut-être avec un peu d'excès. Si la pensée bonaventurienne est bien, comme il le dit, biblique, historique et eschatologique, cela ne signifie pas qu'elle propose la même interprétation de la Bible, de l'histoire et de l'eschatologie que Joachim de Flore ou ses disciples, et l'on sait assez d'autre part (M. Gilson lui-même l'a bien montré, à l'encontre de certains « thomismes » modernes) les transformations profondes que Thomas d'Aquin, par une hardiesse redoublée, a fait subir à la philosophie d'Aristote.

Il est même telle formule qui nous réserve des surprises. Deux conceptions, deux perspectives s'affrontent, déjà bien en-deçà de Thomas et de Bonaventure, dans deux axiomes que M. Tullio Gregory rapproche avec ingéniosité, le premier lu dans un écrit « joachimite », le *De semine scripturarum*, et l'autre chez un des premiers « scolastiques » : *Prophetia latet in Scripturis*, — *Syllogismi latent in sacra Scriptura*[3]. Ces deux axiomes sont fort bien choisis pour exprimer les deux positions extrêmes dans le conflit qui mettait déjà depuis longtemps aux prises deux conceptions de la théologie, conceptions qu'on peut désigner approximativement comme ancienne et nouvelle, ou encore, ainsi que font plusieurs de nos contemporains, comme « théologie monastique » et « théologie scolastique ». Mais il nous faut prendre garde à ne pas trop réaliser ces êtres de raison. C'est en effet chez Honorius, symboliste et figuratif à l'extrême, qu'on lit aussi : « Syllogismi latent in sacra Scriptura, ut piscis in profunda aqua »[4]. Il convient également de préciser que le premier des deux axiomes n'a rien de spécifiquement joachimite, que le propre du joachimisme fut précisément de le prendre en un sens nouveau, tandis que Bonaventure, et tout aussi bien Thomas, l'entendaient toujours en son sens traditionnel. La distance ou, comme dit Étienne Borne,

1. Prümmer, pp. 82-89.

2. Prümmer, p. 81. On dirait une sorte de réplique à l'affirmation répétée de Thomas de Celano dans son *Traité des miracles*, que François fut *homo novus*.

3. *Escatologia e aristotelismo nella scolastica medievale*, dans *Attesa*, pp. 262-282.

4. *In psalm.* 1 ; PL, 172, 279 C.

la « tension » entre l'esprit de leurs deux synthèses théologiques[1] n'en est pas diminuée. Il serait toutefois inexact de célébrer (ou de critiquer) en saint Thomas l'auteur d'une conception « révolutionnaire » de l'histoire du salut, qu'il aurait explicitée par une « controverse » menée *per modum unius* contre « la théologie de l'histoire de Joachim de Flore et de saint Bonaventure »[2]. Lorsqu'il explique que « la Trinité toute entière crée dans le processus temporel son image totale », le Docteur angélique n'avance rien de nouveau. Lorsqu'il affirme que le temps du Christ durera jusqu'à la fin du monde, ou que la loi nouvelle est intermédiaire entre l'Église céleste et l'état de l'ancienne loi[3], ou encore qu'il est « absolument insensé » de ne pas tenir l'Évangile du Christ pour définitif, il ne présente aucun « contre-projet » qui viendrait s'opposer aux hypothèses d'un Bonaventure ou d'un Augustin[4]. Le christianisme que les deux grands docteurs du treizième siècle professent tous deux à leur manière est aussi vigoureux dans son principe chez l'un que chez l'autre ; il est chez l'un comme chez l'autre aussi exclusif de la pensée joachimite[5]. De surcroît, dans le cas qui nous occupe, tous deux se montrent également augustiniens. Disons même qu'ici, comme en d'autres cas, l'augustinisme de saint Thomas est plus conséquent que celui de saint Bonaventure. C'est là encore un point que Joseph Ratzinger a bien vu. Il est piquant de constater aussi que dans cette affaire du joachimisme Thomas, par son conservatisme doctrinal, se trouvait pour une fois d'accord, dans cette querelle embrouillée, avec son adversaire Guillaume de Saint-Amour, le défenseur farouche de la hiérarchie séculière que « l'Esprit » menaçait de dissoudre ou d'abord d'humilier au profit des contemplatifs[6], le mainteneur des privilèges de l'Université séculière contre l'envahissement de

---

1. « La tension entre augustinisme et thomisme, parfois refoulée, mais toujours rebondissante est une caractéristique de la pensée chrétienne ; elle n'a cessé de compter dans son histoire et elle a une portée qui passe l'histoire, etc. » *La pensée politique de Maurice Blondel*, dans Journées d'études, 9-10 nov. 1974, *Blondel-Bergson-Maritain-Loisy*. Louvain, 1977, pp. 58-60.

2. Max SECKLER, op. cit., pp. 190 et 211.

3. *In 4 Sent.* d. 1, q. 1, a. 2 : « Sicut dicit Dionysius in Eccl. Hier. (c. 5, n. 2), status novae legis medius est inter statum veteris legis et statum caelestis patriae... Et ideo adhuc oportet in nova lege quod maneant aliquae figurae ; sed in patria, ubi erit plenaria perceptio veritatis, omnes figurae cessabunt ».

4. SECKLER, pp. 95 et 182. Cf. S. THOMAS, *In 3 Sent.*, dist. 40, art. 4, 1 ; *Prima Secundae*, q. 106, at. 4, ad quartum. Pas davantage, à la plus grande audace d'Olivi, qui n'allait qu'à rêver un temps où « renovabitur Christi lex et vita et crux » : v. supra.

5. Joachim, dit fort bien H. MOTTU, p. 283 ; « est tout sauf un penseur christocentrique ».

6. Joachim avait comparé les deux clergés, régulier et séculier, au soleil et à la lune : Ap, f. 118. Dans l'*In Hexaemeron*, coll. 22, n. 1, Bonaventure use du même symbole, dans une ligne moins hautaine et plus traditionnelle : la lune est l'Église militante, le soleil est la Jérusalem d'en-haut.

maîtres issus des nouveaux ordres mendiants. Reconnaissons enfin que sous des formes à peine modifiées — car il s'agit bien toujours et du Christ, et de l'Église, et de l'Esprit — rien n'est plus profondément actuel, aujourd'hui même, que ce vieux débat institué entre les Joachimites et les deux princes de la théologie médiévale.[1]

1. Une thèse vient d'être soutenue, en 1978, à la Faculté de Théologie de Fribourg-en-Brisgau, sous la direction du professeur Helmut Riedlinger, sur l'interprétation de Joachim de Flore par saint Thomas et saint Bonaventure. L'auteur est M. Schachten. Sans doute aura-t-elle renouvelé le sujet. Nous regrettons, au moment de corriger nos épreuves, de n'avoir pu en tenir compte.

On n'oubliera pas que la conférence suivante (24e) de Bonaventure sur l'*Hexaemeron*, qui devait traiter de la « visio intelligentiae per spiritum prophetiae », n'aurait sans doute pu éviter d'envisager le cas de Joachim. Voir l'*Additamentum*, t. 5, pp. 449-450. — On n'oubliera pas non plus que parmi les maîtres et bacheliers en théologie et les 160 autres frères qui composaient l'auditoire, un certain nombre devaient au contraire être séduits par les nouveautés philosophiques. Le maître général devait se battre pacifiquement sur deux fronts.

CHAPITRE QUATRIÈME

QUINZIÈME ET SEIZIÈME SIÈCLES

I

De Gerson aux Anabaptistes

Joachim de Flore « n'eut de véritables disciples, au sens strict du mot, ni dans son propre ordre de Flore », qui d'ailleurs déclina vite, « ni chez les Franciscains »[1]. Cependant, nombreux sont encore les manuscrits au quinzième siècle attestant que Joachim de Flore, ou le Pseudo-Joachim, ne cessait de hanter les esprits[2]. Nombreuses aussi, les collusions entre l'attente de l'Esprit de Dieu et la vie selon le « libre esprit ». Au début du siècle, une secte des « Hommes de l'Intelligence » se forme secrètement dans la région de Bruxelles, à l'instigation de Guillaume de Hildernissen, moine appartenant à l'ordre de la bienheureuse Marie du Mont Carmel. Dans la terminologie du moyen âge, explique Norman Cohn, l'*intelligentia* était « la plus haute faculté de l'âme, qui seule rend possible l'extase mystique »[3]. Sans exclure un tel sens, nous pensons que dans le cas présent il pourrait s'agir aussi, plus précisément, de l'intelligence des Écritures annoncée par Joachim, mais comprise à la manière de la doctrine amalricienne, cette « hérésie mouvante » du « libre esprit »[4], qui vint plus d'une fois, comme on l'a vu déjà, mêler ses

1. B, DS, 1197 ; B, DHGE, 17, 1971, col. 515-520.
2. J. Bignami-Odier, loc. cit., 1952, p. 146 : « Nous trouvons au xve siècle les écrits joachimites partout répandus dans les manuscrits français ».
3. *Les Fanatiques de l'Apocalypse*, Courants millénaristes révolutionnaires du xie au xvie siècles, avec une postface sur le xxe siècle ; traduit de l'anglais par Simone Clémendot..., Julliard, 1962, p. 171.
4. Manselli, RP, pp. 165-166 ; cf. p. 100. R. E. Lerner, *The Heresy of the Free Spirit in the later Midddle Ages* ; Berkeley — Los Angeles — Londres, 1972.

eaux troubles au courant prophético-mystique issu de Calabre. En effet, ces « Hommes de l'Intelligence » se croient à la veille, ou plutôt déjà au seuil du troisième Age et, pour l'inaugurer, ils rejettent tous les préceptes de l'Église, peut-être même toute loi morale (mais il faut toujours en pareille matière se méfier des accusations), au nom de la liberté apportée par l'Esprit. Combattu par Pierre d'Ailly, évêque de Cambrai, — qui cependant vénérait Joachim de Flore et le comparait à Sainte Hildegarde, — le fondateur de la secte doit, en 1411, renier ses erreurs et accepte la pénitence qui lui est imposée[1]. Un groupe de disciples se réfugie en Bohême, où nous allons les retrouver.

Sans avoir à lutter directement, comme Pierre d'Ailly, contre une secte analogue, Jean Gerson s'inquiétera bientôt non seulement du panthéisme « amalricien » toujours renaissant, non seulement des « veteres et novi Fraticelli et Fraticellae, Begardi et Begardae »[2], plus ou moins vagabonds, mais aussi, et peut-être avec excès, de tout le mouvement non encore assoupi des Franciscains spirituels. Homme sage et pondéré, spécialement en garde contre tout ce qui pourrait conduire à un faux mysticisme[3], grand admirateur au surplus de saint Bonaventure, Gerson devait se méfier d'un tel mouvement. Et l'on ne saurait s'étonner que « l'Évangile éternel » ait suscité l'opposition du chancelier d'une Université qui lui était traditionnellement hostile. Gerson est sévère pour l'*Arbor vitae* d'Ubertin de Casale, qui avait encore de nombreux lecteurs. « J'y avais d'abord trouvé, écrit-il en 1425, de belles choses, mais, à mesure que j'y pénétrais, notant chaque point abordé, se manifestaient à moi de petits renards, détruisant les vignes en pleine floraison »[4]. Dès 1397, dans la *Montagne de la contemplation*, il avait mis en garde contre cet ouvrage qui, disait-il, « sous une apparence de subtilité et en prétendant recourir à une tradition excellente », risquait d'écarter son lecteur de la vérité évangélique ainsi que de l'enseignement des docteurs communément approuvés[5]. Plus qu'aux écrits authentiques de

1. Edmond Buron, *Ymago Mundi de Pierre d'Ailly*, t. 1, Maisonneuve frères, 1930, pp. 86-87.

2. *De susceptione humanitatis Christi*. Op. omnia, t. 1, Anvers, 1706, col. 455 ; éd. P. Glorieux, Desclée, t. 2, 1960, p. 272. Cf. p. 60 et *De consolatione theologiae* ; t. 9, 1973, p. 234.

3. Il en résume ainsi les trois sources : « ... Aliqui per errorem et insipientiam, aliqui per cordis elationem et superbiam, multi per carnalitatem et flagitiosam concupiscentiam, submersi sunt. » *Aliqua notenda super doctrina Hubertini « de vita Christi »*, éd. A. Combes, *Essai sur la critique de Ruysbroeck par Gerson*, Vrin, 1945, p. 843.

4. Oct. 1425 : « ... dum magis et magis aspexi, singulaque notavi, manifestaverunt se vulpes parvulae, quae demoliuntur vineas maxime dum vinea floruit ». *Opera*. t. 1, Paris, 1606, p. 573. Ed. Glorieux, t. 2, p. 260. Idem dans *Aliqua notanda*, p. 837.

5. « Suffecerit igitur ad praesens commonuisse lectorem praedicti Hubertini sicut et aliorum extranea tradentium sub specie subtilitatis vel excellentis traditionis, quod omnia regulet et examinet juxta veritatem evangelicam et doctores

Joachim, c'est d'ailleurs à ceux d'Ubertin et d'autres partisans exaltés de la « pauvreté » qu'il avait coutume de se référer, notamment à celui de leur chef de file, San Donnino, dont la paternité était couramment attribuée à Joachim et le sera longtemps encore de confiance. Dans une lettre adressée de Lyon, le 1er octobre 1425, à son frère Jean le Célestin, il observait que de nombreuses erreurs, dont la racine était dans les œuvres de l'abbé de Flore, continuaient encore de se répandre :

> La première erreur et la principale fut celle de l'invention et de la publication de l'Évangile éternel. Voici ce qu'elle imaginait : de même que le Père avait eu sa loi au temps de Moïse et de la loi écrite, et le Fils la sienne au temps de la loi évangélique de grâce, ainsi le Saint-Esprit inspirerait aujourd'hui la sienne, qui serait la consommation de la loi évangélique sous la pauvreté...[1].

Le 18 septembre de l'année suivante, dans une longue lettre adressée à Jean Bassandi, provincial des Célestins[2], il revenait à la charge, montrant de nouveau, de façon plus circonstanciée, quelle était la racine du mal :

> ... On prétend que le Christ est aujourd'hui gisant, comme mort, hors de l'Église, comme au temps où il fut immolé. Mais voici, dit-on, qu'approche ce troisième état, qui détruira l'état des Pharisiens modernes, c'est-à-dire des prélats avec leur clergé et de tous les religieux, spécialement les Frères mineurs, qui ne vivent pas de la vie du Christ crucifié et ne sont plus par leur vie les porte-étendards de Jésus-Christ, comme l'étaient François et sainte Claire...[3]. Remarque bien, Père très vigilant, que cette erreur a pris naissance par Joachim, qui posait une triple loi d'après les trois personnes : la première était la loi du Père promulguée par Moïse, la deuxième, celle du Fils promulguée

---

communiter approbatos ; alioquin noverit se periculis maximis errorum et haeresum proximum fore ». Cité par James L. CONNOLLY, *John Gerson reformer and mystic*, Louvain, 1928, pp. 346-347.

1. « Unus error et principalis ... fuit de suscitatione et publicatione evangelii aeterni, fingens quod sicut Pater habuerat legem suam tempore Moysi et legis scriptae, Filius vero tempore legis gratiae et evangelicae, ita Spiritus sanctus legem inspiraret consummatam sub paupertate legis evangelicae, sicut expresse videtur notare... Ubertinus, etc. ». *Opera*, éd. Glorieux, t. 2, p. 260.
2. C'est le traité *De susceptione humanitatis Christi*.
3. « ... Ait quod per tales invenitur Christus qui tunc in suo tempore perditus erat et absconsus ab Ecclesia et quasi jacens mortuus. Rursus quod status iste tertius et cito manifestandus, erit destructivus status pharisaeorum modernorum quos notat praelatos cum clero et religiosos omnes, praesertim maxime Fratres Minores qui non vivunt vita Christi crucifixi neque sicut nuntius suus Franciscus et sancta Clara etc. » Glorieux, t. 2, p. 273.

> par le Christ, la troisième serait celle du Saint-Esprit, par l'Évangile éternel qui n'aura pas de fin. Qu'on lise l'exposé de Joachim sur le *Nunc dimittis*, à la fin, ou son exposé sur la perte et la découverte de Jésus, ou maints autres passages. Qu'on remarque en outre son style d'âpre satire ou de tragédie lorsqu'il s'indigne à grands cris contre tous les états, surtout des siens, etc.[1].

On aura remarqué dans ce passage la légère erreur au sujet de la théorie de Joachim (le premier âge commençant seulement à Moïse) ; c'est là peut-être un indice que Gerson ne le connaissait pas de première main. De même, la dernière phrase ici citée, comme le développement qui suit, ne s'applique guère à Joachim lui-même ; on songerait à Gérard de San Donnino, mais il s'agit, ici encore, d'Ubertin de Casale[2], quoiqu'il ne soit pas désigné nommément. Dans le texte, daté du 1er octobre 1425, *Aliqua notanda*, toujours à propos de l'exégèse du *Nunc dimittis* la victime avait été désignée[3]. Manifestement, de la postérité joachimite, Ubertin est pour Gerson l'une des cibles préférées. On pourrait croire, d'après ce texte comme d'après la lettre à Bassandi, qu'il avait reproduit l'interprétation donnée par Joachim à la prophétie du vieillard Siméon. Or il n'en est rien, ou du moins la ressemblance est si lointaine qu'il est difficile de croire en ce point précis à une influence du texte de Joachim sur celui d'Ubertin. Ce que Gerson reproche à ce dernier, c'est d'avoir institué une sorte de parallèle entre les deux signes de la crucifixion de Jésus, reçus l'un par Abraham et l'autre par saint François, pour conclure que par la postérité du second le Christ serait répandu dans sa nature divine, « Spiritu sancto flante, in tota latitudine orbis terrae. » Ce souffle de l'Esprit n'est pas une menace pour le règne du Fils ! On comprend que l'éditeur du texte de Gerson ait noté qu'il est difficile de voir au juste en quoi le texte d'Ubertin a pu provoquer la sévérité du chancelier[4]. D'autres, en ce temps même, la méritaient

1. « Rursus attende, pater oculatissime, quod cepit error iste a Joachim ponente triplicem legem secundum tres personas : primam Patris per Moysen, secundam Filii per Christum, tertiam Spiritus sancti per Evangelium aeternum cujus non erit finis. Legatur ergo textus expositionis istius super *Nunc dimittis*, in fine, et expositio super illud de perditione et inventione Jesu, et alibi pluries. Attendatur praeterea stylus suus in acerrima satira seu tragedia magnis boatibus invehente contra status omnes maxime suorum... » Glorieux, t. 2, ibid.

2. Cf. ces mots d'introduction : « Suffecerit tangere aliquos passus scripturae cujusdam qui non in omnibus satis sobrie videtur esse locutus, quamvis in hac scelerata secta jam tacta (= Libre Esprit, Béghards.) fuerit severissimus et laudandus, sicut in aliis multis, etc. » T. 2, p. 272.

3. « Dum perscrutatus sum scripta Hubertini, relegendo quid supra illud canticum Simeonis... notaverat, etc. » Loc. cit. p. 836. Il s'agit de l'*Arbor vitae*, l. 2, c. 5.

4. A. Combes, op. cit., pp. 836-837, qui donne en note le texte d'Ubertin. P. 838, dans le même *Aliqua notanda*, dont l'authenticité est « immédiatement certaine » (p. 122), figure le même passage qu'on lit déjà dans *la Montagne de la contemplation*, cité par nous d'après J. L. Connolly. Ces divers doublets sont-ils le signe d'une inquiétude longtemps persistante ?

davantage. Il est certain en tout cas que Gerson n'a pas voulu confondre Ubertin avec eux[1], — et il ne semble pas non plus d'autre part qu'il ait attribué à Joachim lui-même la part qu'il estimait revenir à l'un ou à l'autre de ses plus ou moins lointains émules ou disciples.

Une autre allusion est faite, assez curieusement, à l'abbé de Flore dans le *Traité sur les cantiques*. Gerson y entreprend de faire rougir « les sages et les prudents, dont l'œil ne veut rien voir que de sublime », alors que les plus grands prophètes, tels Jérémie, Salomon, le Psalmiste ont su tirer des mystères des simples lettres de l'alphabet ; plusieurs hymnes de la liturgie font de même ; bien plus, notre Seigneur Jésus-Christ a voulu nous inculquer l'importance que peut avoir la moindre lettre, quand il a dit avec emphase : « Amen dico vobis, nec unum iota, nec unus apex transibit a lege, donec omnia fiant », et il n'est pas d'un moindre poids que Jésus, dans l'Apocalypse, ait voulu se désigner comme l'Alpha et l'Oméga. Sans doute est-ce poussé par ces exemples que l'abbé Joachim aura tiré de cette réserve, à savoir des lettres de l'alphabet, l'intelligence des temps passés et futurs »[2].

En ce même temps, un grand prédicateur populaire se montrait moins méfiant que le chancelier parisien. Il s'agit de saint Bernardin de Sienne (1380-1444). Fut-il touché lui-même, comme peut-être aussi saint Vincent Ferrier († 1419), par l'utopie joachimite ? Le fait que dans son commentaire de l'Apocalypse et dans quelques-uns de ses sermons il reconnaît saint François dans « l'ange du sixième sceau »[3] n'en serait pas une attestation suffisante : l'interprétation était partout répandue . Elle allait souvent de pair, au moins dans les milieux franciscains, avec le thème de l'« alter Christus ». L'ouvrage de Barthélemy de Pise, *De conformitate vitae beati Francisci ad vitam Domini Jesu*, qui date de l'extrême fin du quatorzième siècle, avait assuré à ce thème un succès en quelque sorte définitif, à la fois en l'assagissant et en le poussant dans tous ses détails[4]. Au siècle suivant,

1. Cf. pp. 837-838 : « Fuit alius error de lege vel spiritu libertatis... Fuit alter error, quod homo perfectus etc. » Finalement (p. 843) il donnera le livre d'Ubertin comme seulement « cum cautela legendum vel omnino negligendum ».

2. *Tract. de Canticis*, III, 13-15 : « ... Motus est inde fortassis Abbas Joachim ut e seminario, id est litteris alphabeti, intellectum colligeret praeteritorum futurorumque temporum ». Glorieux, t. 9, 1973, p. 583.

3. Au début du sermon 16 (éd. de 1745) Bernardin invoque pour son interprétation la double autorité de Joachim et de Bonaventure.

4. Signalons ici un juste et beau rapprochement : « La première littérature franciscaine s'était plue à établir le *Livre de la parfaite conformité de François d'Assise et de Jésus*. Péguy, lui, se fait le Thomas de Celano de cette autre imitation parfaite de Jésus qu'est Jeanne d'Arc. Ce devait être là l'intuition centrale de cette biographie de Jeanne à laquelle Péguy ne cessait de penser, et qu'il avait annoncée dans le *Laudet*. » Pie Duployé, O. P., *La religion de Péguy*, Klincksieck, 1965, p. 351. Cf. *Un nouveau théologien*, sur « la représentation, dans le détail même, de Jeanne d'Arc en Jésus » et « cette vocation, cette élection unique par laquelle on peut dire que de tous les saints elle fut celle à qui certainement il fut donné que sa vie et sa Passion et sa mort fut *imitée* au plus près de la vie

l'expression d'« ange du sixième sceau » pourra même être reprise sans le moindre risque d'illuminisme par Léon X, dans sa bulle d'union de 1517 *Ite et vos in vineam meam*[1]. Mais, parmi les recueils des sermons de Bernardin, groupés sous les appellations de «Carêmes » et d'« Avents », il en est un qui a pour titre : *Quadragesimale de Evangelio aeterno* ; le texte en a été recomposé par lui entre 1430 et 1447. On peut penser aussi que si plusieurs de ses sermons qui figuraient dans l'édition de Venise en 1591 manquent dans l'édition de 1745, c'est parce que leur saveur joachimite aura paru trop forte. Dans la préface à ce « Carême », Bernardin ne faisait pas scrupule de dire que l'Évangile éternel avait été confié à saint François et à ses disciples pour qu'ils aillent partout le prêcher[2]. Mais on connait assez d'autre part l'ardente dévotion de Bernardin de Sienne au Nom de Jésus, objet privilégié de ses prédications, et qui lui valut maintes tracasseries[3], pour être rassuré sur la teneur de son joachimisme. Il tonne contre les partisans du « libre esprit », nombreux en Italie, dont le *Miroir* est l'évangile. Il est rempli d'admiration pour Olivi, qui était alors très lu partout en Italie et considéré comme un maître spirituel éminent[4] ; il s'en inspire fréquemment et en copie des passages dans ses sermons. On le rangera donc plutôt dans la lignée des grands Franciscains spirituels anxieux de rendre à l'Église sa sève primitive.

L'année qui suivit sa mort, en 1445, un certain Jean du Bois adressait à Charles VII, roi de France, pour guider sa politique, un recueil de prophéties dans lequel Joachim de Flore voisinait avec sainte Hildegarde, la Sibylle et beaucoup d'autres[5]. Vers le même temps, un illuminé, Nicolas de Buldesdorf, qui se prétend le fils de Dieu, annonce, lui aussi, l'imminence de l'âge de l'Esprit ; comme il tente de gagner à sa prophétie le concile de Bâle, le malheureux est brûlé en 1446[6]. A cette date, depuis une trentaine d'années,

et de la Passion et de la mort de Jésus. » Prose, 1909-1914, Pléiade, 1968 ; nos 136 et 302.

1. « ... angelum illum ascendentem ab ortu solis habentem signum Dei vivi, B. Franciscum... » Cf. Damien Vorreux ; *Un symbole franciscain, le Tau*, pp. 74-78. On la trouvera encore en 1926 dans l'encyclique *Rite expiatis* de Pie XI, avec référence à Dante et à Thomas de Celano.

2. « Non prorsus abhorruit a loquendi rationibus Joachitarum. Quadragesimale composuit quod Evangelium aeternum nominavit, in cujus prooemio dicit S. Francisco ejusque discipulis evangelium aeternum concreditum fuisse ut illud ubique praedicarent ». *Opera omnia*, éd. de la Haye, Venise, 1745, t. 2, p. 7. Cf. *Spirituali*, p. 14.

3. Cf. Paul Thureau-Dangin, *Saint Bernardin de Sienne*, nouv. éd., Bloud, 1926, pp. 78, 105-122, etc.

4. Manselli, dans Chi erano, p. 203.

5. Bernard Guenée, *L'Occident aux XIVe et XVe siècles, les États*. PUF, 1971, p. 108.

6. Desroche, op. cit., p. 199.

l'Europe centrale est secouée par un mouvement de plus grande envergure, à la fois religieux, national et social. Nous n'en retiendrons que l'histoire de ceux qu'on appellera les « Taborites », d'après le groupe extrémiste qui, en 1419-1420, fonda sur la colline Burkovk, en Bohême méridionale, une ville sainte fortifiée, baptisée Tabor, au-dessus d'une rivière baptisée Jourdain. En 1418, trois ans après le bûcher de Jean Hus à Constance, une quarantaine de « Picards » (*Picarti*, peut-être Béguards ?), fuyant le nord de la France et la région de Bruxelles où ils étaient persécutés, étaient arrivés à Prague, ville universitaire, ouverte aux courants spirituels, où déjà les Vaudois avaient trouvé un accueil généreux. La Bohême est alors secouée par une fièvre qu'entretiennent des prophéties apocalyptiques[1]. Les Picards se mêlent aussitôt à des disciples de Jean Hus. Leur emprise semble s'être exercée particulièrement sur le prêtre tchèque Martin Huska, autour duquel se groupent les plus intransigeants du parti hussite. Chassés de Prague, ces extrémistes trouvent refuge en leur Tabor. C'est une sorte de camp militaire, où affluent bientôt des bandes de miséreux venus des pays d'alentour. En 1420, les Taborites élisent leur propre évêque. On n'attend pas ici un résumé de leur longue et tragique aventure, qui se poursuivit jusqu'en 1437, date où leur dernier retranchement fut réduit, ou même jusqu'en 1452. Leur chef spirituel est Wenceslas Korenda ; leur chef de guerre est Jean Zizka (1360-1424), qui saura, par des mesures draconiennes, « transformer une foule ardente, mais indisciplinée, en une armée solide »[2]. Martin Huska, illuminé, a convaincu ses fidèles que le Christ est déjà revenu sur terre en secret et qu'ils sont désignés par Dieu pour préparer son règne, en massacrant tous ceux qui auront refusé d'entrer dans leur communauté ; alors il apparaîtra dans sa gloire. Leur programme radical pour ce règne correspond assez bien à l'un des slogans de nos jours : il faut abolir tout ce qui, dans l'Église et la société, leur apparaît instrument d'oppression : avoir, savoir et pouvoir. C'est, dira Norman Cohn, le rêve d'une « communauté d'amour et de paix », c'est « le vieux mythe de l'âge d'or reporté dans l'avenir ».

Cependant, est-il certain que ce mythe ait été « revivifié » chez les Taborites par le mythe moins ancien du troisième âge « sous l'invocation du grand nom de l'abbé de Flore » ? C'est l'avis de Norman Cohn[3]. MM. Mollat et Wolff semblent le partager, mais avec prudence. Le taborisme, estiment-ils, « se rattacherait aux prophéties de Joachim de Flore sur le troisième âge, mais aussi pour une part à l'idéologie de certains Béghards, les Frères du Libre Esprit, dont

1. Sur la situation religieuse de la Bohême, voir Victor-L. TAPIÉ, *Une Église tchèque au XVe siècle, l'Unité des Frères*, PUF, 1934, préface et ch. 1.
2. Ernest DENIS, *Huss et la guerre des Hussites*, Leroux, 1930, p. 220. Cf. pp. 219-281 le résumé de toute cette histoire.
3. Op. cit., pp. 212-231.

on constate justement l'existence à Bruxelles en 1411 »[1]. Pour M. Joseph Macek, l'hypothèse joachimite est « sans preuve aucune » ; Martin Huska unissait dans son esprit « des éléments vaudois, wiclifistes et hussites, les développait dans un ensemble d'idées personnelles qui relèvent à la fois de l'athéisme et du panthéisme »[2]. En Bohême déjà les prédications de Mathias de Janov († 1393) et le *Libellus de Antichristo* de Johan Milic († 1374) avaient préparé le terrain. On notera cependant que selon J. Nechutova l'appel de Janov à la « liberté du Saint-Esprit », fondé sur l'opposition de la loi du Christ aux « adinventiones humanae », ne doit rien à Joachim de Flore, que le grand orateur bohémien ne cite jamais[3]. Mais par des voies plus anciennes un joachimisme déjà frelaté avait pu s'infiltrer dans la région, en provenance d'Italie. Des fidèles de Frédéric II et de son fils Manfred s'étaient jadis réfugiés à Prague, porteurs sans doute, estime Manselli, de « nombre d'idées et d'attentes joachimites » ; celles-ci avaient dû recevoir un nouvel élan lorsque Cola di Rienzo, après son premier échec romain, s'y était quelque temps réfugié à son tour[4]. Ce ne sont là qu'hypothèses ténues. Ce qui est plus assuré, c'est qu'il y a lieu de distinguer, parmi les Taborites, les fanatiques fidèles à leurs chefs et certains éléments douteux qui s'étaient joints à eux soit à Prague même, soit au cours de leur exode, « nicolaïtes » ou « adamites » compromettants ; et les vrais Taborites eux-mêmes ne devaient pas tarder à se scinder en deux groupes, ceux qu'avait ensorcelés l'illuminisme de Martin Huska et ceux que ralliait l'autorité de fer de Jean Zizka. Une fois chassés les gêneurs et exécutés les opposants[5], les « anges de l'extermination », conduits par le terrible Zizka, se lancèrent contre les « faux chrétiens » comme les anciens Israélites contre les Philistins ; ils évoqueraient plutôt un retour à l'Ancien Testament. M. Pierre Chaunu, après Ernest Denis, les compare aux Puritains[6]. La Bible était leur livre de guerre. Aeneas Sylvius Piccolomini, le futur Pie II, qui put suivre le drame de près, dit dans ses *Mémoires* que « parmi les Taborites on ne trouve guère de femme qui ne puisse montrer de la familiarité avec l'Ancien et le Nouveau Testament »[7].

---

1. Op. cit., p. 266.
2. *Jean Huss et les traditions hussites, XVe-XIXe siècles* ; Plon, 1973, pp. 107 à 199. Id., *Le mouvement hussite en Bohême* ; Prague, 1958, pp. 40-83 (interprétation marxiste très prononcée de toute cette histoire).
3. BTAM, 1977, pp. 223-224.
4. *Acceptation ou refus du troisième âge*, dans *Révél. et hist.* Aubier, 1971, pp. 138-139.
5. Denis, op. cit., pp. 265-268 et 278. Macek, *Mouvement hussite*, pp. 55-60. Sur l'apport hétérogène de « Frères du libre esprit » : Macek, *Jean Huss*..., pp. 136 et 154. Cf. R. Guarnieri, DS, 5, 1246 et 1257.
6. *Le temps des réformes*, Fayard, 1975, pp. 284-285 : « Le monde taborite est une anticipation de l'Europe puritaine des XVIe et XVIIe siècles ». Denis, p. 281.
7. Cité par Mollat et Wolff, p. 270.

Un autre type encore, plus épisodique, d'illuminisme radical est représenté, à partir de 1460 environ, par deux hommes d'origine noble, le franciscain Janko et son compagnon laïque Livin de Wissberg, qui prêchent sur les confins de la Bavière et de la Franconie. Ils ne se contentent pas de prédire pacifiquement « la promulgation prochaine d'un troisième Testament qui divulguera le sens spirituel des Écritures », ainsi que la disparition du clergé séculier s'effaçant devant les Ordres mendiants : traits nettement joachimites ; ils condamnent sans plus tarder indulgences et cérémonies ; ils cherchent à recruter des bandes de mercenaires pour hâter l'avènement de l'ère nouvelle. Celle-ci ne pourra s'établir que par la violence ; le pape, dénoncé comme l'Antichrist, devra être égorgé, ainsi que ses partisans[1]. L'évêque de Ratisbonne réussit à éteindre la secte ; Janko s'enfuit, Livin se rétracte, au moins pour un temps. Par certains aspects de leur entreprise, on a pu les caractériser comme des précurseurs de la Réforme protestante, ou de sectes terroristes modernes. Il est clair en tout cas qu'ils étaient profondément infidèles, tout comme les Taborites (auxquels les historiens marxistes tchèques se sont particulièrement intéressés), à l'esprit de Joachim de Flore. Ils mériteraient plutôt d'être rattachés, eux aussi, à la lignée des Amalriciens, qui avaient connu plus d'une résurgence. On sait que les Mineurs spirituels, même « joachimites », n'avaient pas manqué de les dénoncer comme une secte diabolique, propagatrice d'un « esprit de liberté anti-chrétien ». Angelo Clareno avait relaté naguère avec une certaine fierté dans sa « sixième tribulation » que, ruinée pour un temps après la mort d'Amaury, cette secte « immonde » avait resurgi, qu'elle avait même semé son ivraie en Italie jusque dans l'Ordre des mineurs, mais qu'Ubertin de Casale avait réussi très vite, autant qu'il était en lui, à l'éteindre ; aucun inquisiteur n'avait encore osé s'y attaquer, aussi le légat du souverain pontife avait dû recourir à lui[2]. — Mais jamais de tels foyers ne sont tout-à-fait éteints.

Norman Cohn mentionne vers la même époque le mouvement messianique du jeune Hans Böhm aux environs de Wurzbourg. Il

---

1. Aug. Renaudet, dans L. Halphen et Ph. Sagnac, *Hist. générale*, t. 7, 2. Alcan, 1931, pp. 13-14. Desroche, p. 260. Cohn, pp. 231-233.

2. « In eo tempore, quo clarissimos et apostolicos viros Deus misit in mundum, Dominicum vid. et Franciscum, missus Amalricus a dyabolo fuit, per quem et multos subvertit et ad immundissimam sectam antichristiani spiritus libertatis traxit... (La secte) nunc revixit, ... et per fratrem Ubertinum, jubente summo pontifice seu legato ipsius, detecta et confutata et eradicata fuit in brevi tempore, quantum fuit ex parte ejus ; quod ante ipsum nullus inquisitor attemptare praesumpserat ». Ehrle, p. 130. Et p. 131, sur les « Apostoli » : « Illius autem libertatis malignae sectas praesumptuosus et a dyabolo agitatus in Italia introductor fuit Girardus Cicarellus, illorum fratrum, qui dicuntur apostoli, primus adinventor, etc... Et quidem de secta illa apostolorum nomine. Bentevenga ordinem minorum intravit, et spiritus libertatis dyabolicae spurcissimum labem in C. Francisci provincia seminavit... »

visait plutôt un retour à l'état de nature qu'une anticipation de la Jérusalem céleste[1]. « Souvent les révolutionnaires des XIVe et XVe siècles entendent rétablir l'égalité entre les hommes et la communauté des biens disparues avec le péché »[2]. C'était même déjà, au treizième siècle, la tendance d'un Jean de Meun, peu révolutionnaire à la vérité, et adversaire comme on l'a vu des Franciscains joachimites. « Les adamites antinomistes » s'insèrent dans une vieille tradition : « communauté des biens, communisme des femmes, danses nues et destruction d'un monde qui vit ses derniers jours ; le culte se borne à la récitation d'un « Notre Père qui es en nous, éclaire-nous »[3]. Rien là qui provienne de l'abbaye de Flore.

Cependant, l'utopie du « troisième état » n'était pas morte. Comme aux deux siècles précédents, certains continuaient même à en calculer la date, et leur pseudo-joachimisme n'était toujours pas à l'abri des pires contaminations. C'est ce que nous rappelle une *Quaestio quodlibetaria* discutée en 1466 à Erfurt par un ermite de saint Augustin, Jean Bauer de Dorsten. Peut-être certains membres du couvent s'étaient-ils laissés séduire, comme tel de leurs confrères florentins du couvent du Saint-Esprit qui, un siècle auparavant, avait exhorté le peuple d'après les « prophéties » de Joachim, ce qui lui avait valu une querelle avec les dominicains de Santa Maria Novella[4]. Mais une autre occasion semble être plus précisément à l'origine de la *Disputatio* d'Erfurt : c'est la pénétration dans la contrée des Wisbergers, « hérétiques scandaleux », disciples de Janko et de Livin de Wissberg. La question posée par Dorsten est très circonscrite : « Utrum tertius mundi status quem Joachim abbas imaginatur et haereticorum conventiculum minatur catholice venturus astruatur priusquam annus Domini 1471 compleatur ? » Mais Dorsten ne se contente pas de réfuter de fausses prophéties, il cite longuement Joachim lui-même et s'en prend au cœur de sa doctrine, à sa théorie trinitaire des trois âges. Son argumentation savante n'aura pas dû suffire à rétablir le calme, car vingt ans après, en 1486, à Erfurt encore, une autre *Quaestio*, d'un auteur anonyme, reprendra la discussion de l'âge de l'Esprit.

On aura remarqué les deux mots contrastés mis côte à côte dans la *Quaestio* de Dorsten, comme s'ils désignaient le même événement attendu : Joachim l'« imaginait », ses disciples hérétiques en procla-

---

1. Loc. cit.
2. Bernard GUENÉE, op. cit., p. 106.
3. Pierre CHAUNU, op. cit., p. 285.
4. R. KESTENBERG-GLODSTEIN, *The ' Third Reich ', a fifteenth-Century Polemic against Joachim and its Background,* Journal Warbourg Constauld Institutes, 18, 1955, 245-295 ; c.r. par G.M., BTAM, 8, n° 2601. M. REEVES, RTAM, 25, 1958, pp. 118-125.

maient la « menace ». Espoir d'une ère de liberté et crainte du cataclysme final se mêlaient ; et la crainte comme l'espoir engendrait une fiévreuse supputation de la date fatidique. En ce milieu du quinzième siècle, un homme sage, l'esprit le plus éminent de sa génération, le constatait : « Beaucoup se sont fatigués en vain à calculer d'après les données des Écritures la date de la fin du monde. » Aucune des solutions proposées jusqu'à lui ne lui paraissait convaincante. Il avait d'ailleurs garde d'accorder créance aux prophéties « joachimites » et il professait que cette date était un secret caché en Dieu. Cette opinion raisonnable lui laissait l'esprit libre pour des réflexions plus profondes. Elle n'avait pourtant pas tout à fait empêché Nicolas de Cuse de se livrer lui-même à deux reprises à quelques recherches nouvelles. Il en avait tiré cette « conjecture » que la fin de notre monde terrestre, c'est-à-dire la glorieuse résurrection de l'Église, une fois vaincu l'Antichrist, pourrait bien se produire entre les années 1700 et 1734 à partir de la naissance du Seigneur[1]. Une telle curiosité, même assortie de réserves conjecturales, surprendrait chez un si grand esprit, si l'histoire ne nous fournissait tant d'exemples analogues. Aucune trace en tout cas, dans l'eschatologie de Nicolas, du mythe d'un troisième âge. Son *De Pace fidei* se terminait bien sur la perspective d'une ère religieuse nouvelle, où serait professée une foi unique dans une paix universelle, mais ce n'était là manifestement pour lui qu'une utopie, le résultat fictif d'un concordat imaginaire conclu « dans le ciel »[2]. Le déroulement de l'histoire du salut, tel qu'il se le représentait d'après un schème traditionnel dont nous avons reconnu en Rupert de Deutz un témoin et que saint Thomas d'Aquin avait encore adopté, était plutôt inverse : s'il est vrai, pensait-il, que l'Église a crû en sainteté dans un premier temps, qui va de l'origine au premier avènement du Christ, elle ne cesse au contraire de décroître depuis le Christ jusqu'au jour du jugement[3]. Cette vue pessimiste, suscitée peut-être par les malheurs de l'époque[4], n'était pourtant pas totale. Nicolas professait que l'Église, corps du Christ, devait reproduire dans son histoire toutes les phases de la vie du Christ : après les misères présentes et les horreurs du temps de l'Antichrist, on devait donc attendre une période meilleure, correspondant aux

1. *Conjectura de novissimis diebus*, 1452. *Opera*, Bâle, 1565, pp. 932-935. Avant ce bref et timide essai, Nicolas semble avoir fait des conjectures analogues dans un *Libellus de inquisitione veri et boni*, qui est aujourd'hui perdu. Cf. *De concordia catholica*, l. 1, c. 12. O. Capitani, dans *Attesa*, pp. 197-216.

2. *De Pace fidei*, 1453, in fine.

3. *Excitationes*, l. 2 : « Successive a principio mundi usque ad Christum, crevit Ecclesia in sanctitate, usque ad caput sanctitatis Christum. Et a Christo usque in diem judicii, decrescet sanctitas : quoniam Antichristus, Christo contrarius, est fons omnis malitiae et peccati ». *Opera*, 1565, p. 392.

4. Après la chute de Constantinople, etc., « il verra l'avenir sous des couleurs si noires qu'il n'hésitera pas à assigner encore quatre siècles de règne à la bête de l'Apocalypse, Mahomet » : Edmond Vansteenberghe, *Nicolas de Cuse* (1401-1464), Champion, 1920, p. 249. (Sermon *Iterum venturus est*, Brixen, 7 déc. 1455).

quarante jours de la Résurrection à l'Ascension[1]. Une porte était ainsi ouverte à un espoir même terrestre ; mais plutôt qu'à celui du troisième âge annoncé par Joachim, cet espoir correspondait simplement, sous des couleurs renouvelées, à celui du vieux millénarisme.

On pourrait plutôt s'attendre à quelque joachimisme de la part de Pic de la Mirandole. N'est-il pas connu principalement par son admiration de la Cabbale ? Or, si nous nous en rapportons à M. G. Scholem, « les trois âges cosmiques et trinitaires de Joachim de Flore ont retenti sur la doctrine des Shephiroth du Zohar »[2], cette somme des doctrines cabbalistes. Jean Pic, cependant, même dans sa brève période d'enthousiasme cabbalistique, n'y a point fait écho. Au moins n'y a-t-il pas arrêté sa propre pensée. S'il fait une fois mention de Joachim de Flore, dans une de ses neuf cents *Conclusiones*, c'est à propos des mathématiques. Son idée, qu'il n'a pas explicitée, est que l'arithmétique, non pas matérielle mais formelle, constitue une voie excellente pour accéder à ce qu'il dénomme la prophétie naturelle ; sur quoi il observe : « Joachim in prophetiis suis alia via non processit, quam per numeros formales »[3]. La mention semble donc élogieuse. Mais nous ne savons ni quelles prophéties Pic avait en vue, ni en quoi consistait au juste pour lui cette « via per numeros formales », et peut-être ne s'agissait-il point du Joachim authentique. En revanche, il paraît clair que les spéculations de Joachim sur le règne de l'Esprit ne surgissaient point à son horizon[4].

Le prophétisme de Savonarole ne se rattache-t-il pas du moins à la tradition de Flore ? Quelques-uns l'ont pensé : tel George Huntson Williams, dans son histoire de ce qu'il appelle *the Radical Reformation*[5]. Avec plus de prudence, M. Eugenio Garin estime qu'« il est difficile de nier la présence d'une composante joachimite dans le prophétisme de l'ambiance savonarolienne »[6]. De même à peu près Donald Weinstein, rappelant le « sermon terrifiant » du carême de 1491, dans lequel l'orateur entrevoit que lorsque les hommes auront enfin abandonné « omnia corporalia » et se seront laissés conduire à la montagne de contemplation, « ils obtiendront la science de l'un et l'autre Testament »[7]. L'un des meilleurs historiens de Savonarole, Roberto Ridolfi, est plus nettement négatif : « Chercher la genèse

1. VANSTEENBERGHE, op. cit., pp. 247-249.
2. *Les grands courants de la mystique juive*, Payot, 1950, p. 195 ; signalé par Xavier TILLIETTE, *Schelling, une philosophie en devenir*, Vrin, 1970, t. 2, p. 460.
3. *Conclusiones de Mathematicis secundum opinionem propriam*, 9 et 10 ; 1486. *Opera*, Bâle, 1572, p. 101 ; Éd. B. Kieszkowski, Genève, Droz, 1973, p. 65.
4. Cf. Ovidio CAPITANI, *Per il significato dell' attesa della nuova età in Niccolo da Cusa*, dans *Attesa*, pp. 199-216. Comme le Cusain, il a fait une « conjecture » sur la date de la fin du monde : Concl. II, 9.
5. Philadelphie, s.d., p. 18 : « ... apocalyptic Spiritualism in the line of Joachim of Flore and Jerome Savonarola ».
6. Dans *Attesa*, p. 16.
7. *Savonarole et Florence*, tr. fr., Calmann-Lévy, 1973, p. 103. Cf. VILLARI, *Savonarole*, tr. fr., t. 1, appendice, pp. XXXI-XXXII.

du prophétisme savonarolien dans celui du Calabrais serait un jeu absolument vain... Lui-même, d'ailleurs, s'exprime en termes très peu admiratifs, pour ne pas dire de dédain, sur le compte de l'abbé calabrais »[1]. Témoin son sermon sur l'Apocalypse du 28 novembre 1490[2]. M. Maurice de Gandillac en juge de même : « Il annonce la colère de Dieu et la proche rénovation de l'Église et du monde, — non le « troisième règne » des joachimites (l'Esprit après le Père et le Fils), mais ce qu'il nomme le « cinquième âge » (après celui des apôtres, celui des martyrs, celui des hérétiques, celui des tièdes, symbolisés par les quatre chevaux de l'Apocalypse)[3] ». Vieille énumération classique des historiens de l'Église, toute différente en effet de la triade joachimite. L'âge d'or que Savonarole envisageait, et que ses disciples envisageaient plus encore comme la conséquence attendue de la réforme qu'il prêchait, ne comportait nullement une disparition des structures de l'Église ; il empruntait quelques-unes de ses couleurs au mythe de Florence, cité prédestinée, il n'en empruntait aucune à « l'âge de l'Esprit ». Il n'est pas exclu qu'il ait pu connaître, comme bien d'autres alors, des prophéties « joachimites »[4]. Savonarole était demeuré moins prudent que son ami Pico ne l'était vite devenu ; mais il était disciple de saint Thomas. Son opposition à la personne d'Alexandre VI, son doute sur la validité de l'élection du pontife, son recours désiré à la réunion d'un concile, ne rappelaient en rien le rêve d'une papauté vénérée, finissant par se dissoudre volontairement elle-même dans une société devenue toute angélique, pas plus qu'elle n'annonçait la révolte de Luther contre l'Église romaine.

Il est sans doute fort exagéré de dire, comme l'a fait Buonaiuti, que la lutte de la Curie romaine contre le joachimisme occupa toute l'histoire de l'Église jusqu'à la veille de la Réforme[5]. Cependant, l'époque de la Renaissance est traversée d'un souffle prophétique dans lequel on reconnaît souvent un mélange d'éléments populaires venus du plus lointain moyen âge et d'autres qui ne sont pas sans analogies ou sans liens avec l'héritage de Flore. C'est à propos de cette époque, caractérisée par l'attente d'une ère nouvelle se substituant, du moins au premier plan de la pensée, à l'attente de la fin du monde et de l'entrée dans la patrie éternelle, que M. Raffaele Morghen a désigné le message de Joachim comme en fournissant la clé. Seulement, comme cet auteur le note aussi, un pas de plus est marqué

1. *Savonarole*, trad. fr. Hayward, Fayard, 1957, p. 310.
2. Il est cité aussi par D. Weinstein, op. cit., p. 103, note 72.
3. Dans l'*Hist. de la philosophie*, Pléiade, t. 2, 19, 60. Cf. R. de Maio, *Riforme e miti nella Chiesa del Cinquecento*. Naples, 1973, pp. 33-64.
4. On peut admettre aussi que l'attente d'un âge meilleur « giungerà attraverso mille rigagnoli fino alla clamorosa protesta di un Savonarola, alimentando per giunta tutto un torbido e indistinto di profetismo popolare » : Penco, 1, 492.
5. Introd. au *Tractatus*, p. xlv.

dans l'humanisation du rêve : à l'idéal contemplatif de Flore, comme à l'idéal beaucoup plus ancien de la *renovatio Ecclesiae*, puis à celui de la *renovatio imperii*, succède l'idéal d'une cité « humaniste »[1]. Humanisme italien célébrant la *renovatio* du monde, annonce d'un « siècle d'or », fièvre apocalyptique exigeant de réaliser la société idéale par les voies de fait, imagination des diverses « Utopies »[2], exégèse ésotérique s'appliquant à découvrir la promesse d'une réconciliation des religions pour la naissance d'une humanité nouvelle, etc., il est rare qu'en tout cela, pourvu qu'on ne cherche pas toujours des filiations doctrinales trop précises, on ne rencontre pas l'ombre du calabrais, mêlée aux nouveautés de la Kabbale, de l'hermétisme ou de l'alchimie[3]. Il n'est sans doute pas non plus tout à fait arbitraire de compter dans la grande famille joachimite, ainsi que le fait Wilhelm E. Mühlmann, les adeptes des nombreuses sectes millénaristes, plus ou moins mâtinées parfois de gnose manichéenne, qui se développèrent en Occident surtout à partir du quatorzième siècle. Nous en avons signalé plus haut quelques-unes. Elles avaient en commun cette idée que le temps était venu où la terre devait être purifiée des pécheurs, c'est-à-dire des puissants et des riches, le temps où le Christ allait se manifester de nouveau et convier les saints, c'est-à-dire les pauvres, sur cette terre même, à son banquet céleste[4]. De tels mouvements, héritiers d'un passé antérieur à Joachim, vont se prolonger au seizième siècle à l'intérieur du monde « réformé », d'abord dans la « guerre des paysans », puis dans l'essai de Jérusalem céleste tenté à Münster.

Dès le début de la « tragédie luthérienne », Joachim de Flore a été désigné, avec saint Bernard et quelques autres, comme l'un de ses initiateurs. En 1521, dans un *Dialogus oder Gespräch des Apostolicums...*, Ulrich von Hassfurt le mettait en tête de liste : « Abbas Joachim, Comes de Mirandola, doctor Wessalia, Joannes Reuchlin, doctor Martin Luther, doctor Carlestat, Ulricus Hutten ritter und doctor v. Rotterdam » : telles étaient les principales « brebis pieuses et fécondes » d'où procédait la Réforme[5] ; panachage fantaisiste.

---

1. Voir supra, introduction. « Dal Profeta (Joachim) la parola era passata al Porta (Pétrarque), che è pure l'annunciatore della grandi verità umana » : MORGHEN, dans *Attesa*, conclusione, p. 456 ; cf. p. 445. ID., dans Rev. historique, 236, 1966, p. 15.

2. Cf. Georges BONNET, *Intentions éthiques de l'Utopie*, dans *Pax* (Séminaire universitaire de Lyon), 175, 1976, 20 pages. *Les Utopies à la Renaissance*, ouvrage collectif. Éditions de l'Univ. de Bruxelles, 1963. — L'Utopie de Thomas More est d'un autre type. V. infra. ch. 5, à propos de Campanella.

3. M. Mircea ELIADE avait rêvé, nous dit-il, à vingt ans, d'un volume « consacré aux rapports entre les courants mystiques et occultes du moyen âge : Joachim de Flore, la Kabbale, l'alchimie, l'hermétisme », etc. ; « c'est à peine maintenant si je commence à comprendre la solidarité secrète de tous ces mouvements de *renovatio* ». *Fragments d'un Journal*, traduit du roumain par Luc Badesco, Gallimard, 1973, pp. 246-247 et 292-293.

4. Wilhelm E. MUHLMANN, *Messianismes révolutionnaires du tiers monde*, trad. Jean Beaudrillard. Gallimard, 1968, pp. 179-180.

5. Dans *Hutteni Opera*, éd. Bôck.

Flacius Illyricus le met en bonne place avec Roquetaillade, qu'il désigne seulement comme anonyme, dans son *Catalogus Testium Veritatis* (1556). J. Wolf, en 1609, donne une liste analogue, où figurent le Joachim authentique, l'apocryphe et divers « joachimites ». En réalité, le mouvement de la Réforme protestante ne doit rien, dans son principe, au joachimisme. C'est par une généralisation également abusive que « Dempf et Benz, les classiques de l'école allemande, dans leurs deux livres célèbres (*Sacrum Imperium* et *Ecclesia spiritualis*), voyaient en Joachim un précurseur de (son) idéologie dominante »[1]. Il s'agit bien plutôt de deux mouvements de sens inverse : tandis que Joachim se tendait vers un dépassement dans l'avenir, les Réformateurs veulent un retour aux origines. Le premier, tout en prédisant un effacement spontané de la papauté, était libre de tout « complexe antiromain » et ne doutait absolument pas que l'Église du Christ eût été fondée sur Pierre, tandis que les seconds ne voient dans le pape que le détenteur d'une autorité usurpée au cours des siècles. Certes, Joachim avait désiré, comme tous les vrais hommes d'Église de toute époque, un retour de la société de son temps aux mœurs les plus pures des premiers chrétiens, spécialement en matière de pauvreté, et comme beaucoup d'autres en son siècle, il avait éprouvé la nostalgie de *vita apostolica* primitive[2] ; mais là n'était nullement l'originalité de sa doctrine. Certes encore, en fait, les principaux « réformateurs » furent de formidables novateurs, mais ils le furent tout à fait à leur insu et, s'ils avaient pu le prévoir, tout à fait contre leur gré. Il ne manque pas aujourd'hui d'intellectuels pour justifier pratiquement « la doctrine luthérienne de la justification par la foi seule, sans les œuvres » par l'exaltation de l'*œuvre* historico-culturelle qui, à certains égards, en est effectivement sortie ; la remarque en a été faite par un bon observateur de notre temps[3]. C'est là ce que déjà Newman avait appelé « le levain luthérien »[4]. Buonaiuti signalait de même en 1926 « il processo di laïcizzazione nel quale Lutero aveva gettato la tradizione del messagio cristiano »[5]. Il n'empêche que Luther, qui était d'un tempérament conservateur et pessimiste, était hostile aux aventures[6] et n'entretenait aucun rêve

1. J. Bignami-Odier, loc. cit., pp. 151-152 ; *Jean de Roquetaillade*, pp. 130 et 185.
2. C., l. 4, c. 39, f. 59 ; l. 5, c. 85, f. 114 : « Necesse quippe est, ut succedat similitudo vera apostolicae vitae, in qua non acquirebatur possessio terrenae haereditatis, sed vendebatur potius » ; « reformari statum Ecclesiae in eum gradum et similitudinem, in quo fuit tempore apostolorum... »
3. Paul Toinet, *Luther parmi nous*. Revue thomiste, 1977, p. 220.
4. *The Idea of a University*, éd. de 1959, p. 68 ; cf. p. 69 : « Vous voyez comment une théorie ou une philosophie, née des réformes religieuses du XVIe siècle, a entraîné des conséquences que les auteurs de ces réformes auraient été les premiers à désavouer ».
5. *Lutero e la Riforma in Germania*. Bologne, p. 413.
6. Cf. un essai de mise au point dans Norman Birnbaum, *Luther et le millénarisme*, Arch. de sociologie des religions, 5, 1958, pp. 101-102. Voir aussi E. Delaruelle, dans *Hérésies et Sociétés dans l'Europe pré-industrielle*, p. 154.

de « dépassement ». Quant à Calvin, sa religion porte l'empreinte d'un cachet très fortement vétéro-testamentaire[1], et rien ne pouvait plus répugner à son génie autoritaire qu'une Église du pur Esprit. « Après quelques inévitables hésitations initiales, l'un et l'autre ont reconnu dans l'illuminisme une « innovation » aussi grave, voire plus grave que celle qu'ils reprochaient à Rome d'avoir introduite, et ils l'ont combattu avec énergie et même avec cruauté »[2]. D'autre part, Luther aussi bien que Calvin, Zwingle aussi bien que Carlstadt, faisaient peu de cas de l'Apocalypse, — en cela pareils à un Érasme et à un Cajetan[3] ; ils ne pouvaient donc encourager les spéculations hasardeuses qui, à la suite de Joachim de Flore, en étaient tirées. Luther a bien pu subir profondément l'influence de la littérature apocalyptique populaire, alors si florissante[4], comme il appliquait à la papauté la description de l'Antichrist. Gémissant sur « la fatalité qui pèse sur ce siècle » et sur les « faux prophètes » qui proliféraient, il ne trouvait pas sa consolation dans la perspective d'un avenir meilleur, mais dans l'espoir d'une fin prochaine de ce monde, livré à « la fumée de Satan »[5]. Il a donc bien pu s'adonner comme avait fait Nicolas de Cuse et avec plus d'insistance à une *Supputatio annorum mundi*[6] : cela peut nous inviter à le ranger dans l'immense cohorte des exégètes « historiques », cette première des deux postérités joachimites, que nous laissons en dehors de notre perspective, mais ne nous permet pas le moins du monde d'en faire un héritier de la grande pensée, du grand rêve de Joachim. Quelques disciples exaltés ont bien pu assimiler leur maître à l'Ange de l'Apocalypse chargé d'annoncer l'Évangile éternel : ainsi déjà en 1586 Georg Gloccer dans une biographie de Luther ; ainsi Johann Gerhard, amplifiant le thème en 1617[7] ; ainsi encore J. G. Lessing en 1717 : « Luther, dit ce dernier, a été réellement cet ange dont il est question dans l'Apocalypse (14)[8], qui volait par le milieu du ciel (en metasouranèmati) afin d'annoncer partout l'Évangile éternel et la vraie doctrine de la pénitence et de la foi ; c'est cela même qui nous presse et nous

---

1. James ADAMS a écrit des Puritains que « leur dieu était le dieu de l'Ancien Testament, leurs modèles de conduite étaient les ouvrages de l'Ancien Testament » : cité par Léon POLIAKOV, *Hist. de l'antisémitisme*, de Voltaire à Wagner, Calmann-Lévy, 1968, p. 54 ; cf. p. 92.

2. J. J. von ALLMEN, *Une réforme dans l'Église*, Duculot, 1971, p. 57.

3. Érasme ne paraphrase pas l'Apocalypse, pas plus que Calvin ne la commente. Cajetan termine en 1529 son commentaire du Nouveau Testament sans y inclure l'Apocalypse. — Cf. H. HADOT, dans *Colloquia erasmiana turonensia*, Vrin, 1972, t. 2, p. 753.

4. Cf. T. F. TORRANCE, *les Réformateurs et la fin des temps*, 1955.

5. Pour nombre de protestants du XVIe siècle, les deux cornes de l'Antichrist sont la papauté et l'Islam ; pour FLORIMOND de RAEMOND (*Hist. de la naissance, progrès et décadence de l'Hérésie de ce siècle*, 1605), ce sont l'empire ottoman et la Réforme.

6. Cf. sa lettre à Jacob Prost, 26 mars 1542.

7. Publiée en 1541, puis augmentée en 1545.

8. *Beati Lutheri ad Ministerium et Reformationem legitima vocatio* ; pp. 89-92.

pousse à la lutte contre les novateurs »[1]. Ce poncif hagiographique lourdement imité des biographes de saint François d'Assise n'est pour nous qu'une curiosité.

Seulement, par le principe qu'il proclamait d'une liberté individuelle absolue dans l'interprétation de la Bible, Luther « ouvrait la voie à des aberrations sans limites »[2] et, par sa révolte même, il ne devait pas manquer d'attiser les fièvres apocalyptiques. La plus violente de toutes se déclara bientôt contre lui.

On connaît la tragique histoire de Thomas Münzer (1483-1525). Luther l'avait envoyé prêcher l'évangile à Zwickau, sur les confins de la Bohême. Là, il se lie d'amitié avec un fabricant de draps, Nicolas Storch ; autour d'eux se forme un groupe d'illuminés, dans l'esprit desquels « s'entrecroisent théologie luthérienne, tradition mystique allemande, tradition joachimite, influences taborites et exaltation collective des artisans tisserands en crise »[3]. Pour eux, la révélation dure encore, elle entre dans une phase nouvelle, et ils en sont les instruments. « La voix du Saint-Esprit, dit Münzer, est en moi, comme le terrible bruissement de cours d'eau innombrables (der grausame Brausen vieler Wasserstroeme) ; j'en sais plus que si j'avais avalé cent mille Bibles (als wenn eines Hunderttausend Bibel gefressen hatte) »[4]. Münzer, avec son groupe de « prophètes », est chassé de Zwickau, et Luther l'abandonne. Il se réfugie en Bohême. A Prague, le premier novembre 1521, il lance une proclamation dans laquelle il proteste contre les chrétiens littéralistes qui « défigurent la vraie foi » et réclame une « nouvelle Église »[5], ce qui lui vaut encore d'être expulsé de la ville. Carlstadt, qui s'est brouillé avec Luther, l'encourage dans son fanatisme (il se défendra ensuite d'avoir pris part à ses violences). Réfugié à Nordhausen, puis à Halle, puis à Allstadt (1521-1524), partout il est indésirable. C'est alors qu'il rejoint la révolte paysanne qui vient d'éclater en Thuringe et qui a fait en vain appel à Luther. Il devient le chef des rebelles et leur prêche la guerre sainte. Pour ce tribun illuminé, « les anciennes institutions vont s'écrouler ; comme dit le Prophète, ce n'est là qu'une vaine écume » (1523). L'œuvre accomplie par Luther ne le satisfait nullement. Il raille « le pape de Wittemberg, païen corps et âme », le « docteur Menson-

1. *Défense de la Réforme de Luther...*, 1717, Sixième préjugé, paragraphe 4. Cf. Georges Pons, *Gotthold Ephraim Lessing et le christianisme*, Didier, 1964, p. 67.

2. C. H. Dodd, *La Bible aujourd'hui*, trad. fr. Ladoux, Casterman, 1967, p. 30. Cf. Hasso Jaëger, dans André Ravier, *La Mystique et les mystiques*, DDB, 1965, pp. 299 ss., sur la « nouvelle vague montaniste » et ses causes dans le protestantisme.

3. Pierre Chaunu, *Le temps des réformes*, 1975, p. 463.

4. Cité par J.-Fr. Lyotard, « Puissance des traces, ou contribution de Ernst Bloch à une histoire païenne », dans *Utopie, Marxisme selon Ernst Bloch*, Payot, 1976, p. 63.

5. Même expression dans une lettre à Hans Zeyss, 22 juillet 1524, etc.

ge », ce « gros lard » (déjà !), cette « masse de chair douillette, jouisseuse et spirituelle, qui se trouve à Wittemberg », cette impuissante « Mademoiselle Martin », etc.. Plus grave que ces injures est l'accusation qu'il porte contre le réformateur d'avoir « fraudé la sainte Écriture » et par là « souillé de façon tout à fait désolante la misérable chrétienté »[1]. Lui, Münzer, est « serviteur de Dieu contre les impies » ; partout il annonce, au nom de l'Esprit, l'avènement prochain de cette « nouvelle Église » qui ne pourra s'établir que sur les ruines de l'ancienne. D'où son appel à la violence : il faut commencer par détruire tout l'ordre existant. « Qui a vu Münzer, écrira Luther, peut bien dire qu'il a vu le diable incarné dans sa plus grande furie »[2]. Mais la fierté de l'homme qui s'engage à fond donne à ce furieux des accents pathétiques : « Celui qui veut être une pierre d' assise de la nouvelle Église, il faut qu'il risque sa tête ! ... Qui ne veut pas du Christ amer, mourra pour s'être gavé de miel »[3].

Depuis près d'un siècle surtout, à la suite de Engels, on a souvent exagéré, voire faussé, tout en l'exaltant, le rôle annonciateur de Thomas Münzer. On a dressé cet homme, « esprit pur et sublime », ou « casse-cou psycho-pathologiquement génial », face à un Luther superstitieux, dogmatique et despotique, menant une confortable existence de philistin dans l'indifférence à la misère de son peuple ; on en a fait un « messianiste de la chair » ; on l'a métamorphosé, chose étrange, en « un saint du pacifisme », etc.[4]. C'est la contrepartie des condamnations dont Luther et ses partisans l'ont jadis accablé. Le doux Melanchton lui-même, qui aurait voulu que la réformation pût, comme dira Charles Schmidt[5], « se développer d'une manière normale », n'en était que plus dur contre les enragés, ces « pseudo-luthériens séditieux », cette « peste féroce », ce « tumulte agité par Satan », qui troublaient l'harmonie rêvée ; Münzer, disait-il en tremblant avant le jour de l'échéance, « est d'une cruauté pire que celle des Scythes »[6]. Ce qu'il est difficile de contester, c'est que Münzer apparaît dans l'histoire comme le premier témoin de réelle envergure d'une « transformation révolutionnaire de l'espérance chrétienne »[7].

---

1. D'après Ernst BLOCH, *Thomas Münzer théologien de la révolution*, trad. Maurice de Gandillac, Julliard, 1964, pp. 39, 37, 93.
2. Cf. Émile-G. LÉONARD, *Histoire générale du protestantisme*, t. 1, PUF, 1961, pp. 95 et 97.
3. Cité par LÉONARD, op. cit., p. 92. Cf. Thomas MÜNTZER, *Sein Leben und Seine Schriften*, éd. Otto S. Brandt, Iéna, 1933.
4. Cf. Frédéric HARTWEG, « Thomas Münzer théologien de la révolution », dans *Utopie, Marxisme*, citant et critiquant les ouvrages de H. Ball et de L. von Gerdtell. Pour l'ouvrage plus récent de Bloch, v. infra, ch. XVI.
5. Encyclopédie des sciences relig. (Lichtenberger), t. 9, 1880, pp. 49 et 50.
6. *Corpus Reformatorum*, vol. I, *Philippi Melanchtonis Opera...*, éd. C. G. Bretschneider, vol. 1. Halle, 1834 ; lettres de 1524 et 1525, col. 710, 738-741 ; cf. 747. « Moncerus plusquam Scythicam crudelitatem prae se fert ».
7. *Evolution and Christian Hope*, New York, 1965, pp. 50-66.

Mais la question se pose, comme pour Martin Huska et les Taborites : la transformation s'est-elle opérée dans l'esprit de Münzer sous le patronage reconnu de l'abbé de Flore ? Alexandre Weil, grand admirateur de « cette figure gigantesque qui devance ses contemporains de quatre siècles », l'avait affirmé ; mais son *Histoire de la Grande Guerre des Paysans*[1] est un mélange de compilation et, comme il dit, d'« inspirations » qui n'emporte pas la confiance[2]. Selon Ernst Benz, Münzer aurait lu en effet les écrits de Joachim, probablement pendant son séjour à Prague, en 1521-1522 ; mais c'est un point qui reste obscur[3]. Ernst Bloch nous le représente « plongé dans ces sombres prophéties millénaristes » ; mais la formule est vague et même assez peu pertinente, et lorsque Bloch entreprend de décrire lui-même les « prophéties » de Joachim, il le fait d'après des apocryphes ou même, plus hardiment, d'après les écrits de son héros : ainsi les deux âges successifs de la Loi et de la Grâce, précédant celui de l'Esprit, deviennent les deux institutions concomitantes de l'État et de l'Église[4]. Münzer, lui, n'avoue de façon explicite, d'après son historien , la lecture que d'un seul ouvrage joachimite, — qui au surplus est apocryphe : c'est le *Super Jeremiam.*

On ne saurait pour autant nier sur lui l'influence d'un courant spirituel où le joachimisme avait sa part, quoiqu'il témoigne d'un esprit belliqueux plus semblable à celui des Taborites qu'à celui de l'abbé de Flore, et quoiqu'il se réclame d'une inspiration plus haute. « On a besoin, dira-t-il près de sa fin, d'un nouveau Jean qui vienne, selon l'Esprit d'Élie[5], souffler dans les sonores et sensibles trompettes, afin qu'elles retentissent de l'ardeur que donne la connaissance de Dieu et que ne soit épargné sur cette terre aucun de ceux qui font obstacle à la Parole de Dieu ». Fièrement, sinon logiquement, il avait écrit, avant d'engager la lutte : « Vous devez savoir que les érudits attribuent cette doctrine à l'abbé Joachim et la nomment avec grande décision Évangile éternel. Je n'ai lu que son commentaire sur Jérémie ; mais ma doctrine vient de plus haut ; ce n'est pas à lui que je l'emprunte, mais à la Parole même de Dieu, telle qu'ensuite, lorsque le temps sera venu, je la démontrerai en m'aidant de tous les écrits bibliques »[6].

---

1. 2e éd. Poulet-Malassis et de Broise, pp. 108 et 111-112 ; cf. p. 109 : « cette figure dont l'ombre, après quatre siècles, est encore la terreur des despotes, des faux savants et des tartufes ».
2. Il a, dit-il, lu Zimmermann, en a organisé les matériaux, — et « pour tout le reste, j'ai suivi mes propres inspirations », etc. ; p. 3.
3. Benz, op. cit., pp. 24 et 56.
4. Op. cit., p. 24. Selon H. Desroche, *Les Shakers américains* ; Éd. de Minuit, 1955, p. 63, Münzer « avait été nourri de Joachim », mais cela n'implique pas une abondante lecture directe.
5. On se rappelle comment Joachim de Flore opposait l'esprit violent d'Élie à l'esprit de douceur de Moïse.
6. Textes cités par Bloch, op. cit., pp. 39 et 134.

Ce temps ne vint jamais pour lui. La « claire troupe chrétienne » qui s'était tardivement rassemblée autour de lui fut écrasée par l'armée des princes à Frankenhausen. La répression fut terrible. On sait comment Luther, qui l'avait appelée, y applaudit : « Celui qui se révolte est toujours dans son tort »[1].

La Guerre des Paysans, ou, comme dit Georges de Lagarde à la suite de Münzer lui-même, des « Rustauds », des « rustres », que le verbe de Münzer avait surexcitée, n'avait été d'abord qu'un soulèvement social, devenu « évolution politique à forme religieuse »[2]. Groupée d'abord sous les ordres de Hans Müller, la « grande Fraternité chrétienne de la Forêt-Noire » ne réclamait point un régime communiste. Comme le prouve leur manifeste des « Douze équitables articles » qui contient leurs doléances, les paysans souabes, même une fois qu'ils furent entraînés par Münzer, ne partageaient pas ses rêves millénaristes ; ils acceptaient même d'avance « d'annuler leurs revendications, si l'une ou l'autre était contraire à la Parole de Dieu, à la condition qu'on le prouve par l'Écriture elle-même »[3]. On a pu d'ailleurs se demander si les rêves de Münzer ne ressemblaient pas finalement davantage, comme naguère ceux d'une partie des Taborites et de leurs émules, à l'idéal d'un retour à l'état de nature, plutôt que d'un progrès vers un état contemplatif. Il n'est pas sans intérêt de noter que Münzer s'était lié avec le jeune humaniste Ulrich Hugwald, qui avait écrit un livre où il annonçait que l'humanité retournerait « au Christ, à la Nature, au Paradis »[4] ; ce serait un état de chose définitif, ignorant guerre, besoin et luxe, et où tout serait commun à tous. Le vieux courant naturiste qui avait séduit le jeune Hugwald était bien capable, sous le revêtement d'une phraséologie luthérienne, de s'être quelque peu mêlé, dans l'esprit de Münzer, au courant joachimite[5].

Tandis que les paysans misérables dont Münzer avait attisé les sentiments n'avaient guère songé qu'au succès de leurs revendications sociales, le mouvement anabaptiste, qui se polarisa une dizaine d'années plus tard autour du hollandais Jean Matthijs et de son

1. *Treue Vermahnung...*, W. 4, p. 653. Cité par G. de LAGARDE, *Recherches sur l'esprit politique de la Réforme*, 1926, p. 246. C'est en 1524 qu'il publie son pamphlet contre les prophètes célestes.
2. G. de LAGARDE, op. cit., p. 102.
3. Guy BÉDOUELLE, O.P., *Au miroir de la Bible. L'Écriture sainte au XVIe siècle* : Sources (Fribourg). 1977, p. 263.
4. COHN, op. cit., p. 249.
5. Sur Münzer, cf. M. de GANDILLAC, dans *Hist. de la Philosophie*, Pléiade, t. 2, pp. 208-213. Marianne SCHAUB, *Thomas Müntzer, la nouvelle image de Dieu et le problème de la fin de l'histoire*, dans l'Hist. de la Philosophie, dir. F. Châtelet, Hachette, t. 3, pp. 16-39. Abraham FRIESEN et Hans J. GOERTZ, *Thomas Müntzer*, Darmstadt, 1978.

disciple Jean Bockelson (Jean de Leyde), fut plutôt d'abord, à l'inverse, « un mouvement religieux à tendances politiques ». Les anabaptistes « appellent la révolution sociale comme l'aboutissement logique de la réforme religieuse »[1]. Et d'autre part l'inspiration joachimite apparaît de façon plus nette aux origines du mouvement. Ses deux initiateurs, David Joris (Jean de Bruges) et le souabe Melchior Hoffmann, mettent l'un et l'autre le schéma des trois âges à la base de leurs élucubrations. Joris († 1556), fondateur de « l'Église de David », publie vers 1535 le *Printemps spirituel*, ouvrage dans lequel il caractérise les trois âges du monde comme ceux de la polygamie, de la monogamie et du célibat, — ce qui rappelle d'assez près la conception de Joachim[2] ; ses disciples se répandent jusqu'en Transylvanie. Hoffmann, d'abord disciple de Luther mais bientôt retourné contre lui, enseigne que le deuxième âge va bientôt disparaître dans le feu, comme le premier, qui dura jusqu'à Noé, disparut dans l'eau du déluge ; il annonce la venue prochaine du troisième âge, le dernier, âge du nouveau ciel et de la nouvelle terre, habitée par la justice[3]. Pour Hoffmann, qui se prétendait le nouvel Élie, la cité sainte, nouvelle Jérusalem, sur laquelle le ciel devait descendre, était Strasbourg ; mais à la veille du jour prévu, le visionnaire fut arrêté (1533). Parmi ses disciples, qui passèrent à l'acte, forçant le ciel à descendre, cette cité sera Münster. Matthijs et Bockelson ne se distinguent pas seulement de leurs deux précurseurs dans la frénésie révolutionnaire, l'ambition grossière et la tentative de tyrannie que l'on sait. Le Saint-Esprit disparaît, ou du moins compte pour peu dans ce qu'ils retiennent de la théorie des trois âges. Revenant à un rêve millénariste plus ancien, qu'ils accomodent à leur situation, ils exaltent la domination définitive de Dieu le Père, conçu comme un Dieu terrible et jaloux, au nom duquel ils ont mission de pourchasser tous les « impies », c'est-à-dire tous ceux qui n'acceptent pas leur joug. Dans les deux ouvrages que compose Rothmann, leur « orateur royal », pamphlets violents intitulés *Restitution* et *Annonce de vengeance*, le troisième âge apparaît sous un jour tout nouveau : le premier âge, qui avait duré (comme chez Hoffmann) jusqu'au déluge, était l'âge du péché ; le deuxième, qui fut celui de la persécution et de la croix, s'achève ; inauguré à Münster, le troisième surgit enfin, âge du triomphe et de la vengeance des « saints »... Au matin du 27 février 1534, « des bandes armées, excitées par Matthijs en proie à une frénésie prophétique, se précipitèrent dans les rues en criant : « Hors d'ici, impies, et ne revenez jamais, ennemis du Père ! » La gloire des saints, écrivait Rothmann dans son second pamphlet, « est de tirer vengeance. Une

1. G. de LAGARDE, loc. cit.
2. Cf. G. H. WILLIAMS, op. cit., pp. 382-383. Signalons que Joris fut aussi un lecteur admiratif de Guillaume Postel. Voir infra.
3. Cf. Gabriel d'AUBARÈDE, dans Cahiers d'Hermès : 2, 1947, p. 128.

revanche sans merci doit être prise sur tous ceux qui ne sont pas marqués du signe ! »[1].

Encore une fois, et maintenant sous l'action des ébranlements consécutifs à la Réforme, la lettre empruntée à Joachim de Flore conduisait bien loin de son esprit. Mais le schème demeure. Il n'a pas fini sa carrière.

Et comme par une généreuse émulation confessionnelle, à l'heure où la ville de Münster vivait la tragique histoire qu'on vient de rappeler, un de ses enfants, issu d'une famille ultra-catholique, réfugié à Amsterdam puis à Emden après avoir été quelque temps emprisonné pour hérésie, jetait lui aussi les bases d'une nouvelle Église, heureusement plus pacifique (bien qu'il ait eu peut-être des rapports avec Münzer). Hendryck Niclaes (1502-1581) est le fondateur de la « Famille d'amour », qui devait relayer le christianisme comme celui-ci avait relayé Israël. Éclairé par ses visions et par sa lecture allégorique de la Bible, il se savait le troisième et dernier grand prophète, à la suite de Moïse et de Jésus. Sa mission était de révéler la plénude de l'amour, œuvre de l'Esprit, qui ferait de chaque homme un nouvel Adam. Œuvres et cérémonies n'avaient plus de raison d'être ; il fallait seulement s'y soumettre encore quelque temps, par prudence, Niclaes signait ses traités de ses initiales H. N., qui signifiaient aussi « homo novus ». Il trouva des disciples, qui s'organisèrent en secte clandestine. Condamnée à Trente et à Rome, la « Famille d'amour » ne tarda pas à s'éteindre sur le continent ; mais Niclaes l'avait implantée vers 1552 en Angleterre, où elle devait subsister plus d'un siècle[2] et où nous la retrouverons au chapitre suivant.

---

1. Cf. COHN, op. cit., pp. 268-291. Résurgence du mouvement en 1567 : « Un cordonnier du nom de Jan Willemsen rassembla quelque trois cents militants, dont certains étaient des survivants de l'époque de Münster, et instaura une autre Nouvelle Jérusalem. Ces Saints pratiquaient eux aussi la polygamie... Ils firent réimprimer secrètement la *Restitution* de Rothmann. (Cette bande) finit par pratiquer le terrorisme pur et simple » ; p. 291.

2. Nous résumons Serge HUTIN, *Les disciples anglais de Jacob Boehme*, Denoël, 1960, pp. 58-61.

II

Mystiques protestants, kabbalistes chrétiens

Cependant, un certain luthéranisme mystique n'avait pas tardé à se manifester. Tout en suivant une voie moins violente, il n'était guère moins éloigné de l'orthodoxie luthérienne que le prophétisme d'un Münzer ou d'un Hoffmann. Par lui le message de Flore ne serait pas entièrement déshistoricisé. C'est ce qu'observera le jésuite Possevin, en 1606, dans son *Apparatus sacer* : on a vu, écrira-t-il, certains luthériens, admirateurs de Joachim, croyant à ses prophéties et citant ses paroles[1]. Un phénomène analogue se manifeste également très tôt, en marge de la réforme calvinienne.

Sébastien Franck (1499-1545), qui semble devoir beaucoup au prédicateur anabaptiste Christian Entfelder[2], écrivait en 1530 : « Il y a à notre époque trois confessions principales... : la luthérienne, la zwinglienne et l'anabaptiste. Une quatrième est en train de naître. Elle écartera comme non nécessaires toutes les prédications, cérémonies, sacrements ; elle cherchera seulement à former une Église, invisible, assemblée par l'unité de l'Esprit de la Foi, ... comme l'était l'Église apostolique avant qu'elle n'eût été ravagée, au lendemain de la mort des Apôtres, par la grande abomination »[3]. En même temps que d'un nouvel âge à venir, tout spirituel, il s'agissait donc pour Franck, au moins apparemment, d'un retour au passé chrétien le plus primitif, — passé d'ailleurs imaginaire : curieux mélange de deux extrêmes, le joachimite et le protestant, poussés chacun à l'extrême et réunis sous le signe d'un vieil immanentisme et par la vertu d'un rationalisme naissant. Le cas est loin d'être unique, mais on le rencontre ici, si l'on peut dire, à l'état pur. Pour Franck, tout dans le christianisme n'est que symbole ; « l'Écriture est une allégorie éternelle »[4]. Son exégèse spirituelle, qui veut remédier à une lacune de Luther, « évoque, dit M. Maurice de Gandillac, le dualisme des gnoses lorsqu'il assimile à Satan et à l'Antichrist le Dieu et le Jésus

---

1. T. 2, p. 102. Possevin ne précise pas davantage. Il ajoute seulement, en son style polémique, qu'on a vu ces hommes « fallaciter atque dolose virus quod latebat in eorum cordibus evomuisse ».
2. Cf. André Séguenny, dans R. d'hist. et de philos. relig., 1977, pp. 167-181.
3. *Chronica und Bescheitung der Türkey*, 1530. Cité par Joseph Lecler, *Hist. de la tolérance au siècle de la Réforme*, t. 1, Aubier, 1955, p. 179.
4. *Paradoxa*, préface. Cf. Séguenny, L'exégèse spirituelle de Séb. Franck sur l'exemple du commentaire du ps. 64, dans *Hist. de l'exégèse au 16e s.*, Genève, 1978, pp. 180-184.

que l'homme « extérieur » voit dans la Bible et l'Évangile »[1]. — Plus proche du rêve joachimite en sa lettre même sera bientôt celui du saxon Valentin Weigel (1531-1588). Méditant sur l'Apocalypse, Weigel y découvrira la distinction des trois âges, du Père, du Fils et de l'Esprit, et saluera l'approche du troisième. Plus que celle de Joachim de Flore, sa conception dynamique liera même étroitement le devenir spirituel du monde à la révélation, ou même à l'émergence des trois personnes divines à partir de « la mystérieuse unité » primitive de l'Absolu : « c'est dans, avec et par sa créature » que « le Dieu impersonnel et intemporel... devient personnel et actif, veut et désire » et finalement « devient le Saint-Esprit »[2]. Mais faut-il compter encore parmi les luthériens, même dissidents, ce pasteur luthérien modèle qui se disait dans ses notes intimes, cachées à tout regard indiscret, « serviteur de l'Église de l'esprit », d'une Église où l'on trouve le Christ « sans livres et sans écrits », qui écrivait, en cela semblable à Franck : « Jamais je ne recevrais l'Esprit-Saint s'il n'était d'abord en moi », qui mêlait son mysticisme d'alchimie, qui enfin tenait Luther et Zwingle pour des antichrists, au même titre que le pape ?[3].

Ce n'est donc pas sans raisons que Weigel et Franck ont été quelquefois rapprochés de David Joris. Mais d'autres cas non moins significatifs nous sont offerts par divers groupes de « spirituels », peut-être liés entre eux, qui s'agitent, nombreux, vers la même époque, gravitant autour des milieux réformés, et dont les plus connus entreront en lutte avec Bucer, Farel et Calvin. L'appellation de « Libertins » par laquelle on a coutume de les désigner, fut d'abord, si nous en croyons Calvin, revendiquée au moins par quelques-uns d'entre eux[4]. Quelques petits traités anonymes, qui d'après leur éditeur C. Schmidt seraient de la même main, et qui étaient restés inédits jusqu'en 1876, datent des années 1547-1549. Leurs titres sont édifiants : « ... pour plaire à Dieu par le moyen de son fils Jésus-Christ », — « oraison contemplative en Dieu », — « manière de prier aux petits enfants

1. Dans *Hist. de la philosophie*, t. 2, p. 234.
2. *Deutsche Frümmigkeit*, éd. Diederich, 1917, p. 183 ; cité par N. BERDIAEFF, introd. à BOEHME, *Mysterium Magnum*, t. 1, Aubier, 1945, p. 10.
3. LECLER, op. cit., p. 316. Cf. Alexandre KOYRÉ, *Mystiques, spirituels, alchimistes du XVIe siècle allemand*, Colin, 1955. M. de GANDILLAC, loc. cit., pp. 234-237.
De Franck et de Weigel on rapprochera le gentilhomme silésien Caspar Schwenckfeld (1489-1561), qui, se détachant lui aussi de Luther, préconise la suite de l'Esprit-Saint, hors « de toute contrainte de conscience, de toute formulation d'articles, de tout enseignement d'une législation humaine ». Il ira jusqu'à dire : « Aujourd'hui, connaissant la vérité, je préférerais me joindre aux papistes plutôt qu'aux luthériens » (cité par André SÉGUENNY, *Homme charnel et homme spirituel, étude sur la christologie de Caspar Schwenckfeld*, Wiesbaden, 1975, p. 4.)
4. « ... ces malheureux, qui se nomment Libertins, ont esté incitez de Sathan » : CALVIN, op. cit. infra, ch. 3 ; col. 156.

du Seigneur », etc..[1]. L'auteur est certainement un lettré. On peut supposer qu'il était originaire du nord de la France (un « Picard » ?). Un autre lot d'écrits analogues, traités ou sermons, est dû à plusieurs auteurs, dont quelques-uns au moins sont connus[2]. L'un d'eux. Quintin, était un tailleur lillois († 1547) ; initié à la doctrine par un certain Coppin, lillois également, il avait fondé en 1525 un groupe qu'on dénomma les « quintinistes » et qui devait faire de nombreux adeptes, particulièrement parmi les Réformés. Un prêtre, Pocque, répandait leur message par ses prédications. Ces hommes trouvèrent accueil auprès de Marguerite de Navarre, qui admirait grandement le *Miroir* de Marguerite Porete et dont le mysticisme éclectique se voulait, comme le leur, à base d'exégèse. Ils furent ses protégés — elle s'employa pour les défendre lorsqu'ils furent attaqués par Calvin, — mais non ses seuls inspirateurs ; ils étaient en effet bien loin d'un Briçonnet, qu'elle consultait précisément aux environs de 1525[3].

Ce deuxième lot d'écrits est, pour une part, antérieur au premier. Aspirait-il à répandre l'anarchisme spirituel des « Frères du Libre Esprit » ? Calvin, comme on le verra plus bas, n'en doutait pas. La chose est au moins probable. Ce qui nous intéresse ici, c'est le joachimisme qui les caractérise ; s'il n'en constitue pas la substance, il leur sert en effet souvent d'armature[4].

L'un des premiers petits traités du premier lot est une « Déclaration de l'homme extérieur et de l'homme intérieur, l'un selon la chair et l'autre selon l'esprit ». Il annonce, dans un enthousiasme tranquille, la venue du troisième âge, que chacun doit anticiper déjà dans son cœur. Il ne faut point « nous arrester destructiblement sur un sens litteral de l'evangile », mais « demander en toute humilité et abbaissance de cognoistre Christ selon l'esprit ». C'est à l'homme intérieur, à sa « nudité et descouverte » que tendent « tous Apostres et Prophetes, loy et evangile, Pere et Fils ». Exploitant avec subtilité le thème traditionnel de la double nativité du Christ, l'une dans l'histoire, à Bethléem, et l'autre au cœur de chacun des fidèles, notre fin spirituel explique que l'une « conduit et addresse à l'autre », c'est-à-dire en réalité qu'il faut passer d'une intelligence première de la foi chrétienne

1. *Traités mystiques* écrits dans les années 1547 et 1549, publiés d'après le manuscrit original par C. Schmidt, professeur à la Faculté de théologie de Strasbourg, 1876.

2. Georges JAUJARD, *Essai sur les Libertins spirituels de Genève* d'après de nouveaux documents. Paris, 1890. (Jaujard joint à son étude les neuf traités déjà publiés par Schmidt).

3. Sur Guillaume Briçonnet et le groupe de Meaux, voir les travaux de Michel VEISSIÈRE, notamment l'édition de la *correspondance de Briçonnet avec Marguerite d'Angoulême* (1521-1524), 2 vol., Genève, Droz, 1975 et 1978, et la traduction de deux discours synodaux de l'évêque, RSPT, 60, 1976, pp. 419-445 ; RHE, 71, 1976, pp. 91-108.

4. G. DEMERSON, *Un mythe des libertins spirituels : le prophète Elie* ; dans *Aspects du libertinisme au XVIe siècle*. Vrin, 1974, pp. 105-120. Cf. C. Schmidt, op. cit., pp. VI-XII.

à une seconde, afin de « comprendre le nouveau, spirituel et vivant Christ » ; « vray est qu'il fault comencer par l'un comme exemplaire, mais sçaichez qu'il fault finer et parachever par l'altre qui est l'esprit promis par Christ de le nous envoyer ». Il faut d'abord « en toute innocence », « comme un petit enfant terrestre », suivre « son pedagogue ou enseigneur Jesuschrist », mais c'est pour devenir « un enfant celeste » et recevoir « une aultre loy, une aultre vie, un aultre esprit et ame ». Jésus-Christ est « notre seul Raphael », il nous conduit en nous faisant entendre sa voix « figuralement » ; mais « si vous voulez vivre,... ne reposez ny arrestez point, tant qu'ayez trouvé l'esprit de l'Eternel... Procedez en avant... »[1].

La modération pédagogique, habilement calculée, de ces propos ne réussit pas à masquer la radicalité de la pensée. Si Jésus-Christ est encore, au moins pour un premier temps, la voie, il n'est plus la vérité ni la vie. La comparaison avec l'archange Raphaël est assez parlante. L'Évangile prêché par Jésus n'était encore que figure. La vérité en est demeurée cachée à ses disciples, elle l'est demeurée jusqu'à l'époque présente. Voici qu'enfin l'Esprit veut la répandre, par les hommes qu'il s'est choisis. Il faut se préparer d'urgence à la recevoir : « Voiez qu'il (le Christ) has eslargy les escritures par toute la terre, et y ha esté aouye sa voix figuralement, etc. »[2]. Son rôle propre est terminé. Celui de l'Esprit commence.

Les protégés de Marguerite de Navarre (si tant est que les traités qu'on vient d'analyser ne proviennent pas aussi de l'un d'entre eux) ne sont pas d'une hardiesse moindre. Tout au contraire. Plusieurs aussi, comme pour se couvrir, reprennent avec insistance à leur compte le thème joachimite des trois âges. Ainsi les *Colloques chrétiens de trois personnes...* (1548) et la *Complainte, doctrine et instruction de Sapience...* (1554)[3] : Au deuxième âge, celui du Fils, ou du « premier Christ », qui a commencé avec Jean-Baptiste, succède maintenant le troisième âge, celui du « second Christ », ou de l'Esprit. Cet Esprit est « le vray Pere du monde ». Quiconque le reçoit fait nécessairement le bien ; il n'a plus besoin d'être enseigné ni guidé, étant « incliné de cœur à ce faire par nature » ; pas plus que désordre ou mauvaises mœurs, il n'a désormais espérance ni connaissance, car il vit en l'Esprit qui est lui-même toute vérité. Devant le ministère de l'Esprit toute administration de la lettre doit cesser, comme la lune se retire devant le soleil, le pot de terre devant le chaudron. Taisez-vous donc, savants prédicateurs ! « Vous n'avez que la coquille ; nous seuls, pauvres, simples, indoctes, avons le noyau ; écoutez-moi et apprenez de moi la vérité, car ce n'est point un homme qui parle, mais le Saint-Esprit, le Seigneur même ».

1. Schmidt, pp. 63-153 ; et p. 173.
2. Schmidt, p. 100.
3. Jaujard, pp. 23-24 et 44.

Plusieurs symboles servent à manifester les trois temps de la révélation, qui se consomme dans le troisième. Le Tabernacle d'Isarël comprenait trois parties : le parvis signifiait la loi de Moïse, encore tout extérieure ; le « saint » était le domaine du Fils ; le « saint des saints » est celui du Saint-Esprit[1]. Pareillement, dans la scène de la Transfiguration, Moïse figurait la loi ancienne, Jésus-Christ « la loy doulce, gratieuse et traictable », mais Élie, le dernier des trois, emporté sur son char de feu, et appelé « double esprit », est celui « par lequel nous sommes consommez hors de ce monde terrestre »[2]. Symboles recueillis de la vieille tradition joachimite. On remarquera particulièrement la situation faite à Élie : elle ne s'explique pas seulement par le regain du culte d'Élie en Occident au XVe siècle[3] ; mis en quelque sorte au-dessus du Christ, le prophète occupe une situation conforme à celle que lui attribuait Joachim de Flore, comme figure et comme ancêtre des « hommes spirituels ».

En 1545, après avoir tonné l'année précédente contre les anabaptistes, Calvin fulmine, à Genève, « contre la secte phantastique et furieuse des Libertins qui se nomment spirituels »[4]. Il y en a eu, remarque-t-il, « en diverses lignes, tant en Hollande qu'en Brabant, et autres contrées de la Basse Allemagne ». Il entreprend d'en faire connaître « les principaux capitaines ». Voilà vingt ans environ que le diable les a suscités. C'est « un nommé Coppin, Flameng, natif de l'Isle » qui « commença à remuer cette ordure au lieu de sa nativité.. Depuis est survenu un autre nommé Quintin. Il y en avoit encor un troisieme, nommé Claude Perceval ». Ils ont trouvé de l'aide auprès d'« un petit prestre nommé Messire Antoine Pocque », si bien qu'« en la langue Françoise seulement il se trouvera desia une garenne de docteurs de ceste secte »[5]. Il en connaît plusieurs de près : « il me souvient qu'une fois en grande compagnie, Quintin voyant que ie luy rabatois son caquet trop vivement, et voulant decliner la luicte, me dist que je trouvois son propos mauvais, par faute de l'entendre » ; quant à Messire Pocque, « ayant demeuré en ceste ville quelque temps, et ayant dissimulé sa meschante doctrine, (il) practiquoit au partir, et solicitoit par subtil moyen, d'avoir tesmoignage de moi »[6]. Il se rappelle aussi le temps où Quintin se moquait des auteurs sacrés,

---

1. *Colloques chrétiens.* Jaujard, pp. 45-46.
2. POCQUE, cité par Calvin, col. 229. Cf. AUGUSTIN, *Cité de Dieu*, l. 20, c. 29. Mais selon Augustin ce monde terrestre n'est fini que pour ceux « qui ne vivent plus selon la chair ».
3. C'est en 1551 que la fête d'Élie sera insérée dans le missel carmélitain, à la date du 20 juillet, et en 1583 dans le martyrologe romain : B. BOTTE, *le culte du prophète Élie dans l'Église chrétienne* ; Études carmélitaines, 19, 1956, DDB, pp. 216-217. On sait aussi, d'autre part, que Paracelse a exploité à sa manière le personnage d'Élie.
4. *Joannis Calvini Opera*, vol. 7 (*Corpus Reformatorum*, vol. 35), 1868, col. 153-248.
5. C. 4 ; col. 159 et 160.
6. C. 4 et 7 ; col. 163 et 169.

donnant à chacun d'eux un sobriquet...[1]. Comment peut-il donc se faire « que ceste secte tant bestiale ait si grand nombre d'adhérens »[2] ?

C'est qu'ils font « semblant de ne point rejecter l'Escriture », qu'ils reconnaissent venir de Dieu ; mais, « comme si ceste sagesse celeste qu'il nous revele en l'Evangile estoit trop simple et trop basse pour eux », « ils l'ont convertie en allegories, cherchans des sens esgarez à travers champs » ; par leurs « vaines sophisteries », ils changent ainsi « la clarté de l'Évangile en tenebres si obscures, qu'il n'y a qu'abysme et confusion dans tout leur dire ». En réalité, « ilz taschent de nous destourner de l'Escriture, pour nous faire vaguer en leurs imaginations, ou plustot de nous esgarer hors des limites de l'Escriture, à fin que chacun suyve ses propres songes et les illusions du diable ». Jésus-Christ n'avait point promis à ses Apôtres « un esprit qui leur forge nouvelles doctrines, mais seulement pour les confermer en l'Évangile qui leur avoit esté presché : or ces libertins, ces rustres, ont toujours le nom d'esprit à la bouche, et l'appliquent « à tout ce que bon leur semble..., ilz en font une saulce commune à toutes viandes ». On est d'abord séduit par leur langage, « iusque à ce qu'on s'apperçoive à quel but tend ceste spiritualité ». Elle n'est qu'un retour à l'ancienne imagination des païens, « qu'il n'y a qu'un seul esprit qui est par tout » un « seul esprit immortel » qui « faict tout »[3]. « Quelle peste est cachée dessoulz cette sentence », Calvin s'applique à le montrer dans un long chapitre où il cite et commente un libelle de « messire Antoine Pocque » :

« Sa principalle sagesse est de laisser cheminer un chacun selon son sens... Ce pourceau, renversant de son groing ce beau mystère (de la Transfiguration), à fin que le Christ ne soit plus la fin de tout, colloque Helie au souverain degré..., n'attribuant autre chose à Jesus Christ, sinon qu'il nous meine jusque au milieu du chemin : qui est la doctrine de Mahomet... Au lieu que sainct Paul nous admoneste de vivre sainctement..., ce malheureux tasche d'embabouiner les simples, pour les attirer à sa spiritualité infernalle, qui est de constituer toute leur perfection à ne rien trouver mauvais ». Il met « au temps présent la consommation du regne de Dieu », leur faisant croire que la résurrection « est ia faicte, entant que par phantaisie ilz sont glorieux plus que les anges du paradis ». Il attribue « le mal à Dieu, pour le faire juger bon », etc. Bref, « il n'y a si belle sentence en l'Escriture que ce malheureux effronté ne tire à son affection brutale, de faire vivre chacun à son plaisir... Il conviendrait mieux à messire Antoine de dire son breviaire, chanter sa messe, et après avoir levé la nappe, lescher les platz de la cuisine, que de faire du docteur »[4].

1. C. 9 ; col. 173-174.
2. C. 5 ; col. 164.
3. C. 3, 5, 9, 10-13 ; col. 158, 164-165, 175-179, 183.
4. C. 23 ; col. 225-242. « Ce belistre », « ce vilain missatier », « ce meschant » ne fait que vulgariser « son pere Quintin ».

Deux ans après, Calvin revient à la charge, cette fois contre un cordelier qui avait pris la défense de Quintin. « Cet enragé », « ce phrenetique », ce « phantastique » a composé un dialogue « plein d'horribles blasphemes » ; lui aussi « ne sait qu'une chanson sur laquelle il retombe toujours, c'est : puis que Dieu est autheur de toutes choses, il ne faut plus discerner entre le bien et le mal : mais que tout est bien fait, moyennant que nous ne facions scrupule de rien » ; et « il a ce qu'ont commun tous les Libertins, de se jouer de l'Escriture sainte... »[1].

« Ce serait blasphemer le nom de Dieu, disait Calvin à propos de Pocque, si on pensoit que les Vaudois eussent rien de commun avec un tel chien »[2]. Bien plus, il allait jusqu'à dire cette « secte... cent fois pire et plus pernicieuse » que « celle des Papistes » : « il me ferait beau voir que je descriasse le Pape et ses complices..., et que cependant je pardonnasse à ceux cy, qui sont beaucoup pires ennemis de Dieu et plus grans destructeurs de sa verité » ; ils vendent « dispense et absolution » plus que jamais le Pape fit des siennes... Ce nous est une grand gloire, concluait-il, d'estre abbayez par ces chiens »[3]. En 1550, Guillaume Farel vient à la rescousse, en publiant « le Glaive de la Parole véritable tiré contre le Bouclier de défense duquel un cordelier libertin s'est voulu servir pour approuver ses fausses et damnables opinions ». Il reprend dans le même sens, en le précisant, le parallèle contrasté avec les catholiques :

> Le Papiste confessant qu'il y a un sens litteral et historial, il ne condamne point ce sens-là ; mais le Libertin, disant qu'en toute l'Escriture il y a double sens, ... il condamne le litteral et ne reçoit que celuy qu'il appelle spirituel, lequel Dieu sçait comment il le met en avant, tellement que par iceluy il faist de l'Escriture comme d'un nez de cire...[4].

Il faut convenir que certains des propos de Pocque cités par Calvin, concernant soit l'interprétation des textes sacrés, soit la doctrine spirituelle qui en ressortait, étaient au moins ambigus. Les rapprochements paraissent bien s'imposer avec les vieilles sectes adamites[5], avec les Amalriciens, avec ce qu'on appellera au siècle suivant le quiétisme. D'autre part, la théologie de l'histoire préoccupe assez peu ces « spirituels » ; ils ne s'intéressent guère à l'avenir, ils ne sont pas mûs par une grande espérance collective : c'est en ce temps même,

---

1. *Epistre contre un certain cordelier suppost de la secte des Libertins lequel est prisonnier à Roan*, 1547. Ibid., col. 345-364. Dans une lettre de 1545 à Viret, Calvin signalait aussi la présence d'un carme parmi les disciples de Pocque.
2. C. 5 ; col. 164.
3. C. 4 et 9 ; col. 162 et 174. *Epistre*, col. 362.
4. Cité par Demerson, loc. cit., p. 107. *Le Glaive...*, pp. 39-44.
5. Cf. le fragment cité par Calvin, c. 23, col. 237-238, sur le « viel serpent, lequel est nostre premier pere Adam, etc. » Voir aussi c. 18, col. 200.

à l'intérieur de chaque individu, que l'Esprit se révèle, — sans souci d'aucune Église. Ce spiritualisme suspect, joint à d'orgueilleuses prétentions, qui menaçait de corrompre Genève même, inspire donc à Farel et à Calvin une répulsion plus vive que le papisme lui-même[1], — tandis que de leur côté nos Libertins confondent dans un même mépris papistes et calvinistes[2], tout en s'attaquant plutôt à ceux-ci ou en se plaignant de leurs attaques. Pourquoi ces « enseigneurs fugitifs », qui ont eu « peur des tisons », écrivent-ils « force livres et lettres contre ceux qui veulent faire l'œuvre du Seigneur » ? Ce sont « gentz vindicatifz et imméséricordieux » ; par là « est facilement donnée à cognoistre leur superbe et cauteleuse insipience ». Le « litteral et superbe cerveau » de « messieurs les évangélistes » est incapable de rien entendre à « l'evangile spirituel de Dieu ». Ils « se font accroire qu'ilz ont foy, disantz que tout est faict et qu'il ne reste plus que de croyre. O Quel aveuglé entendement ! »[3].

Reproches réciproques (laissons tomber les injures), suscités par deux usages de l'Écriture radicalement incompatibles. Comment ne pas y voir le signe précurseur d'un fait qui va si constamment caractériser en Occident l'histoire religieuse de ces quatre derniers siècles, particulièrement dans les milieux touchés par la Réforme : l'écartèlement entre la Parole et l'Esprit [4]?

Dans une atmosphère moins orageuse, l'Italien Jacques Brocardi, visionnaire extravagant, protégé par un gentilhomme calviniste, Ségur-Pardaillan, commentait l'Apocalypse et publiait à Leyde en 1580 une *Mystica et prophetica libri Genesis interpretatio*, qui contenait une théorie sur l'histoire universelle de l'Église. Pour Brochard, cette histoire se divise, comme pour Joachim, en trois états : « Le premier état va des origines au premier avènement du Christ, et comporte trois âges : celui de la promesse faite à Abraham, celui de la Loi et celui des Prophètes ». Le second état se divise aussi en trois âges : celui de la prédication apostolique, celui de la papauté, celui de l'avènement d'une lignée prophétique annonçant la seconde

---

1. Ils auront un émule dans le catholique combattif Florimond de Raemond, qui conclura sa critique des quintinistes ou « secte des Spirituels » par ces mots : « Je me lasse d'amonceler en un tant de canaille ». Raemond, d'autre part, sera ingénieux à rapprocher les protestants des adamites : « A ces Adamites ressemblent ces autres de notre siècle, qui ont dépouillé la Religion de toutes cérémonies : car ce n'est chose moins difforme de voir une Religion sans cérémonies, qu'un corps humain sans habits ». Hist. de la naissance, progrès et décadence de l'hérésie..., Rouen, éd. de 1618, l. 2, pp. 223-224 et 244.

2. Jaujard, p. 12. Demerson, p. 107. Dans son intéressante étude, M. Demerson donne sur un point une interprétation peut-être excessive, en attribuant à nos Libertins la thèse que « tout dans la Bible était mythe, y compris l'histoire terrestre de Jésus-Christ ». Les textes connus de nous ne paraissent pas imposer une affirmation si généralisée.

3. Schmidt, pp. 103-104 et 162-166.

4. Sur les mouvements « spirituels » à l'intérieur ou en marge du protestantisme : E. G. Léonard, *L'illuminisme dans un protestantisme de constitution récente*, 1952.

venue du Christ. Enfin « le troisième état correspond à la restauration du royaume de Dieu. Circoncision, baptême évangélique, baptême de l'Esprit-Saint marqueraient de trois signes symboliques ces âges différents », composés en tout de sept grandes « semaines » correspondant aux sept jours de la création[1]. Brocard n'hésite pas à faire de Joachim l'un des premiers prophètes survenus au cours du sixième âge et il a conscience de s'écarter des vues classiques de la Réforme. Son système n'a rien de très original ; il emprunte à la Kabbale, à Raban Maur, à Joachim de Flore et à Savonarole pour prédire la fin du papisme et annoncer l'aube de l'ère nouvelle. Il croit, ou prétend le devoir à une inspiration. En fait, il dépend pour les seize siècles bientôt écoulés du schéma tripartite habituel au protestantisme : « établissement, corruption, rétablissement », ce dernier stade ayant eu ses précurseurs dans les derniers siècles avant la Réforme[2]. Condamné par deux synodes, il mène une existence vagabonde qui s'achève à Nüremberg.

Non moins que les siècles précédents, le seizième siècle, si féru à la fois de merveilleux et de renouveau, fut avide de prophéties, mises au service tantôt d'ambitions politiques et tantôt d'entreprises missionnaires, mêlées à de grandioses rêves d'avenir. Le Pseudo-Joachim leur fournit une pâture. Dès 1516 paraissait à Venise l'*Expositio in Hieremiam* de « noster divinus magnus modernusque propheta », par les soins de Lazarus de Soardis, qui la faisait suivre d'autres petits traités de divers auteurs. L'édition était munie de l'approbation papale. Il fallut la rééditer en 1525 (c'est l'Ermite de Saint Augustin Silvester Meuccius de Castilione qui s'en chargea), à Venise encore, puis à Cologne en 1577. La même année 1516, Soardis avait publié, à Venise également, l'*Oraculum Cyrilli cum expositione abbatis Joachim*. En 1517, c'était le tour de l'*In Isaiam*. Les œuvres authentiques ne furent pas négligées pour autant. Le *Liber Concordiae novi et veteris Testamenti* fut édité à Venise en 1519 par Simon de Luere, qui qualifiait son auteur de « divinus vates » ; l'ouvrage, lui aussi, était divin ; il découvrait tous les secrets de l'Écriture et devait satisfaire à satiété les esprits curieux et assoiffés[3] ; du moins l'éditeur ne se trompait pas en disant que ce traité contenait le fondement des autres œuvres de Joachim. En 1527, toujours à Venise, principal centre de diffusion du joachimisme depuis le quinzième siècle[4], paraissait l'*Expositio magni prophetae abbatis Joachim in*

1. *Mystica et prophetica libri Genesis interpretatio*, f. 52-53. Résumé dans Claude-Gilbert Dubois, *La conception de l'histoire en France au XVIe siècle* (1560-1610), Nizet, 1977, pp. 286-288.
2. Cf. Dubois, op. cit., p. 39.
3. « ... divinorum eloquiorum obscura elucidans, archana reserans, necnon eorundem curiosis sitibundisque mentibus non minus satietatem afferens ».
4. Bloomfield, pp. 251-257.

Apocalypsim, suivie du *Psalterium decem chordarum*. L'éditeur était encore l'augustin Silvester Meuccius de Castilione[1]. Le titre était inquiétant autant que prometteur : « ... ouvrage célèbre, explication tout en or de l'Apocalypse, de beaucoup plus haute et plus profonde que les autres,... traitant du statut universel de la république chrétienne, de l'Église charnelle qui doit être prochainement réformée et ramenée à son âge primitif, mais tout d'abord être frappée de châtiment, ainsi que de la prochaine conversion de tous les infidèles au Christ ». L'ouvrage était dit « enterré depuis de nombreux siècles » ; mais il venait enfin à la lumière au moment propice, pour la consolation des fidèles, alors que tout allait s'accomplir. Le *Psalterium* avait droit seulement à la brève mention d'« opus prope divinum »[2].

Un franciscain, Gabriel Barius, publiera en 1589 à Venise des *Vaticinia sive prophetiae abbatis Joachim et Anselmi Marsicani*, à la suite d'une *Vita* de Joachim[3]. Déjà circulait depuis longtemps une *Expositio prophetiae anonymi repertae anno 1181 Romae tempore Lucii III Papae*, écrit sur l'origine duquel les spécialistes ne sont pas d'accord[4]. Édition nouvelle à Ferrare, en 1593, d'un *De quindecim Pontificibus Vaticinia* que Trithème, autorité reconnue, avait signalé comme authentique ; réédition à Venise, avec images et notes, en 1598 et en 1600[5]. Sur un ton de scepticisme amusé, Montaigne signale, au premier livre de ses *Essais*, le « livre de Joachim, abbé calabrais, qui prédisait tous les papes futurs, leurs noms et leurs formes »[6]. Le succès, comme on le verra plus bas, en sera durable. Plus sérieusement, mais de façon sommaire, Jean Eck, le théologien qui s'était affronté à Luther, avait aussi tenté une réfutation de Joachim en 1530, dans une de ses Homélies doctrinales. D'autres au contraire faisaient son apologie. Dans les couvents de Calabre notamment se perpétuait la tradition d'après laquelle le décret du concile du Latran n'aurait pas vraiment atteint sa doctrine trinitaire. « Dans la compilation de Cornelius Pelusius, prieur de Saint-Jean de Flore, vicaire et

1. L'ouvrage contenait en appendice une « lectura » sur l'Apocalypse, due à un confrère de Meuccius, Philippe de Mantoue. Sur Silvestro Meuccio : REEVES, RTAM, 25, 1958, pp. 128-136.

2. En 1575, la *Bibliotheca sacra* de SIXTE de SIENNE (l. 4 ; t. 1, p. 276) mentionnera de Joachim des commentaires sur Isaïe, sur Jérémie, sur Daniel, plus un commentaire sur saint Jean (peut-être le tractatus) et en dernier lieu la *Concordia*. Encore au XVIIIe siècle, la *Bibliotheca ecclesiastica* de FABRICIUS indiquera comme œuvres de Joachim (en reproduisant l'*Auctarium* d'Alberti MIRASI, 1639) l'*In Isaiam*, l'*In Jeremiam*, l'*In Apoc.* « et alia ».

3. Vie « del tutto romanzesca », dit Buonaiuti, introd. à T, p. XVIII. — Voir chap. suivant.

4. Cf. C. OTTAVIANO, éd. du *Liber contra Lombardum*, pp. 35-36 ; A. FRUGONI, éd. de AJ, p. XXIV.

5. D'après POSSEVIN, *Apparatus sacer*, t. 2, 1606, p. 103.

6. Éd. de la Pléiade, p. 45. La note de l'éditeur, p. 1440, est sommaire : « Joachim de Flore, moine cistercien, né à Celico en Calabre vers 1130 et mort en 1201. Publiés au début du XVIe siècle, ses livres de « prognostications » connurent une telle vogue qu'on le surnomma le Prophète ».

visiteur de l'ordre cistercien dans le royaume de Naples (1597-98), on assiste à un curieux essai de réhabilitation » ; longtemps encore on croira « que le parti le plus puissant de l'ordre cistercien avait fait condamner... la doctrine de Joachim, n'hésitant pas à déformer sa pensée, à interpoler ou même à falsifier le traité qu'il aurait écrit contre le Lombard »[1]. Depuis 1570, l'ordre de Flore, qui n'avait jamais été très vivace, était réuni à Citeaux, et s'il avait conservé pieusement la mémoire de son fondateur, il ne semble pas qu'il ait jamais mis un grand zèle à diffuser ses écrits. C'est un Ermite de Saint Augustin, on l'a vu, qui fut son principal éditeur. Comme jadis les Dominicains et les Franciscains, un certain nombre des Ermites se crurent, au seizième siècle, l'ordre prédestiné à ouvrir l'ère du Saint-Esprit ; ils voulaient se reconnaître dans cette prophétie de Joachim : « Surget ordo qui videtur novus et non est »[2]. L'ensemble de l'ordre ne partageait pourtant pas cette illusion ; déjà aux quatorzième et quinzième siècles, plusieurs de ses membres avaient écrit tontre Joachim, et ses bibliothèques conservées ne contiennent aucun craité joachimite[3]. Mais il se trouve toujours quelques religieux qu'un touchant amour de leur institut fait déraisonner de la sorte. Quarante ans après l'édition de l'*Expositio in Apocalypsim* par Silvester Meuccius, un jésuite, M. P. Lumpius, publiant à Anvers un traité *De extremo judicio Dei et Indorum vocatione* (1567), citait Joachim et demandait à son lecteur : « Quod de nostris dictum quis negat temporibus ? »[4]. Il ne devait pas être le dernier, comme on le verra.

Cependant, la réserve habituelle de l'Église catholique au seuil des temps modernes comme à l'époque précédente à l'égard de tout joachimisme est indéniable. Faut-il l'attribuer au fait que la théologie classique ne s'était guère intéressée depuis longtemps aux rapports de la foi chrétienne et de l'histoire, si bien que la perspective historique de Joachim ne pouvait être que repoussée ou méconnue ? Faudrait-il même ajouter que cet anti-historisme provenait de « la conception grecque de Dieu et de la nature » qui régnait officiellement et qui devait dominer encore dans le catholicisme des temps modernes[5] ?

1. J. BIGNAMI-ODIER, p. 159. M. REEVES, *The abbot Joachim's disciples and the Cistercian Order* ; Sophia, t. 19, 1951, pp. 355-371. Déjà dans le *Super Hieremiam* cette accusation était insinuée.

2. Ce qui les distinguait de certains Chanoines de S. Augustin, d'institution plus récente. Cf. Reeves, *Joachimit expectationes in the Order of Augustinian Hermits*, RTAM, 1958, pp. 111-141.

3. A. ZUMKELLER, O.S.A., *Joachim de Flore und sein angeblicher Einfluss auf den Augustiner-Eremitenorden* ; Augustinianum, 3, 1963, pp. 382-388. Cf. HERMANN de SCHILDESCHE, *Compendium de quatuor sensibus Sacrae Scripturae* (milieu du XIVe siècle) et Jean de Dorsten (v. supra, p. 170).

4. Marjorie REEVES, *The abbot Joachim and the Society of Jesus* ; Med. and Renaiss. Studies, I, 2, pp. 163-181.

5. T. F. TORRANCE, *Les Réformateurs et la fin des temps*, « Cahiers historiques », 35 ; Neuchâtel-Paris, 1955, p. 7, citant E. L. TUVESON, *Millenium and Utopia*, p. 19 et Karl LÖWITH, *Meaning in History*, pp. 150-156. Plus arbitraire était l'opinion de Buonaiuti, selon qui Joachim aurait heureusement rompu avec

Une telle explication comporte sans doute une certaine part de vérité ; elle nous paraît toutefois doublement excessive, pour ne pas dire arbitraire. En premier lieu, parce que Joachim de Flore n'avait point eu à inventer ou à ressusciter une « perspective historique » ; la pensée religieuse de son temps, encore imprégnée d'une théologie de l'histoire qui devait beaucoup à saint Augustin, n'était nullement anti-historique : témoin les synthèses d'un Rupert de Deutz, d'un Hugues de Saint-Victor, d'un Anselme de Havelberg ou d'un Henri de Marcy, qui, chacun à sa manière, avaient refait la *Cité de Dieu*, et qui dominaient encore largement les esprits. En second lieu, parce que, même après le succès grandissant d'une théologie de type plus « scolastique » et plus statique, la conviction du caractère définitif, indépassable, de la Nouvelle Alliance en Jésus-Christ, qui était rappelé dans la Liturgie (« novum et aeternum testamentum ») et qui sera si magnifiquement exprimé par un Jean de la Croix ou par un Bérulle suffisait à écarter, sans le secours ou le préjugé d'aucune conception hellénique, la théologie de l'histoire propre à l'abbé de Flore. Rien de moins hellénique, en même temps que rien de plus fondamental que la perception directe, vive et subite de la perpétuelle nouveauté chrétienne, telle qu'elle éclate dans les écrits du Nouveau Testament et dans ceux des premiers siècles chrétiens. C'est elle qui est au principe d'un dynamisme spirituel que la foi chrétienne tient pour inépuisable, à la condition qu'elle-même, à travers tous les développements et toutes les réponses attendues de situations nouvelles, demeure indépassable. C'est cet héritage que maintenait en principe la grande Église, avant comme après la crise de la Réforme. Pas plus qu'un certain « hellénisme » les lourdeurs, les abus, les scléroses que l'historien peut constater ne fournissent ici une explication valable. Au reste, l'héritage du joachimisme, authentique ou non, ne s'est pas développé seulement en opposition à la chrétienté médiévale agonisante et ensuite à l'Église catholique, à l'autorité romaine, mais aussi bien, et sans attendre, comme on l'a vu plus haut, aux orthodoxies protestantes, à toute « foi » chrétienne non dépassée, à toute « confession » organisée et stabilisée ; plus radicalement, à toute volonté de s'en tenir à l'Évangile historique du Christ, foyer spirituel indéfiniment fécond.

Cette ferme volonté de l'Église ne doit d'ailleurs pas être comprise étroitement. Le cardinal Joseph Ratzinger a fait remarquer dans un ouvrage récent[1] que le concile de Trente lui-même, qui s'est

« l'interprétation officielle mystico-monastique du dogme trinitaire » (introd. à AF, p. LVII) ou celle de Bloch, pour qui « la doctrine officielle de l'Église », surtout à partir de saint Augustin, aurait, contre l'Évangile primitif, étouffé toute espérance millénariste en proclamant que la première résurrection est déjà acquise par celui qui confesse sa foi au Rédempteur (*Héritage de ce temps*, trad. J. Lacoste, Payot, 1978, p. 130). Voir infra, Conclusion.

1. *Révélation et Tradition*, tr. fr., DDB, 1972 ; pp. 75-100 : « Note sur l'interprétation du décret tridentin sur la Tradition ».

employé si fortement à consolider le caractère traditionnel du christianisme, est beaucoup moins opposé à l'action rénovatrice et même, peut-on dire, novatrice de l'Esprit dans l'Église qu'on ne le dit d'ordinaire. Il a noté l'influence exercée sur le concile, en 1546, par le discours du cardinal légat Cervini (18 février) et par sa lettre au cardinal Farnèse. Celle-ci parle de « due passi », dont le premier consiste dans la révélation de Jésus-Christ déposée dans les textes du Nouveau Testament, le cœur des hommes et la tradition de l'Église, et dont le second consiste à assimiler « quelle che a suggerito lo Spirito Santo in la chiese, maxime medianti i concilii, doppo l'ascensione in cielo del Signore ». C'est d'après ces principes que le concile enseigne que l'on doit accueillir certains enseignements « quae etsi scripta apostoli nobis non reliquerunt, per Spiritus sancti revelationem nobis tradita sunt », ou encore que l'Église, éclairée d'abord par le Christ et les apôtres, est aussi dans la suite « a Spiritu sancto illi omnem veritatem in dies suggerente edocta »[1]. On voit que dans une histoire des idées sur le développement dogmatique et le rôle illuminateur qu'y joua le Saint-Esprit, il conviendra de faire au concile de Trente une place qui ne lui est pas généralement reconnue. Mais autre chose sera toujours pour l'Église l'illumination progressive apportée par l'Esprit au mystère du Christ, autre chose un prétendu dépassement de ce mystère.

Deux milieux plus ou moins marginaux ont cependant été séduits, au cours du siècle, par les mythes issus de Flore ; l'un tout à fait encore à l'intérieur de l'orthodoxie catholique, l'autre le plus souvent à la limite ou au-dehors. Le premier est celui de certains Franciscains missionnaires au Nouveau Monde ; le second, celui des Kabbalistes chrétiens, dont la figure la plus représentative est celle de Guillaume Postel[2].

En 1492, quand Ferdinand et Isabelle eurent repris Grenade aux Maures, les Gênois leur avaient adressé une lettre de félicitations dans laquelle il était dit que « Joachim, le célèbre abbé calabrais, avait prédit la restauration de l'arche de Sion par l'Espagne ». Christophe Colomb connut sans doute cette lettre ; il connut aussi « Joachim » par plusieurs citations venues de Pierre d'Ailly et par quelques apocalypses « joachimistes », comme il en circulait alors en divers recueils pourvus de commentaires. Or, comme la reconquête espagnole avait été assimilée aux croisades qui avaient repris les

1. Décrets tridentins sur la Tradition, sur l'Eucharistie et sur le Purgatoire. Ces passages (V, 11 et VII, 508) seront cités par la lettre pastorale de l'épiscopat hollandais sur « le sens du Concile, une réforme intérieure de la vie catholique », datée d'Utrecht en la vigile de Noël 1960.

2. D'après Dom Baraut, DS, 1198, « la présence d'éléments joachimites » paraît aussi « suffisamment démontrée chez... les alumbrados espagnols du XVIe siècle ».

Lieux saints à l'Islam, les expéditions de Colomb, qui ouvraient de nouvelles terres au Christ, avaient été assimilées à cette croisade des rois catholiques ; elles la continuaient dans des proportions beaucoup plus amples, suscitant des espoirs beaucoup plus magnifiques. Colomb était l'ami des Franciscains[1], et les Franciscains partirent nombreux pour évangéliser le nouveau monde. Le courant « spirituel », mêlé dès son origine au joachimisme, connaissait alors chez eux, en Espagne, un puissant renouveau, sous l'impulsion de l'un d'eux, le cardinal Francesco Ximenes de Cisneros, qui réforma l'ordre en supprimant les conventuels (1517). L'enthousiasme de l'épopée missionnaire aux Indes occidentales provoqua l'explosion d'un néo-joachimisme tout à fait original, qui ne se fondait pas sur l'explication de l'Apocalypse mais qui reliait l'obsession de la fin du monde à la découverte du « nouveau monde » et à sa conversion. Les Franciscains, dont un certain nombre étaient « Picards », partis en 1516 évangéliser le Vénézuéla, laissent entrevoir, nous dit Marcel Bataillon, « des tendances joachimites ». La lettre officielle de mission qui en 1523 envoie douze Franciscains au Mexique porte également « l'empreinte du joachimisme ». Le chef de ces Douze, Martin de Valencia, fervent adepte de la réforme établie dans la province d'Estrémadure, était lui-même « joachimite de formation et de comportement » ; il emportait avec lui le *Livre des conformités* de la vie de François d'Assise avec celle du Christ, récemment imprimé à Milan (1510 et 1513) : c'était à peu près pour ces missionnaires les « Actes des apôtres du monachisme mendiant que Joachim de Flore avait prophétisé comme le véhicule de l'Évangile éternel au dernier âge du monde ». Martin de Valencia voyait dans ses rêves, par exemple sous la forme de deux convois de mulets partis pour une longue étape, ou sous les traits de deux femmes portant chacune un enfant devant un fleuve à franchir, l'Église imparfaite et vieillie de l'Europe, incapable de l'effort à fournir, et l'Église renouvelée qui allait la relayer, composée de peuples neufs encore à découvrir, une fois qu'ils seraient convertis. Le protecteur des douze Franciscains, Zumárraga, premier évêque de Mexico, nourrissait des vues analogues, et son ami Vasco de Quiroga les adaptait à l'*Utopie* de Thomas More pour fonder « deux cités indiennes en miniature » destinées à recueillir et à former « les nouveaux hommes de l'âge d'or »[2].

Un synchronisme évocateur a été récemment souligné par M. Georges Baudot : la *Concordia* de Joachim est publiée en 1519 ; en

1. Le joachimite Jean de Rochetaillade est considéré par Phelan comme un de ses précurseurs par son schème apocalyptique de la conversion de toutes les races. A son deuxième retour d'Amérique, on put voir Colomb parcourir les rues de Séville, revêtu de la bure des pénitents franciscains : Georges Baudot, *Utopie et histoire au Mexique, les premiers chroniqueurs de la civilisation mexicaine* (1520-1569). Privat, Toulouse, 1977, p. 73 ; d'après Las Casas.

2. Marcel Bataillon, *Évangélisme et millénarisme au nouveau monde*, dans *Courants religieux et humanisme...*, PUF, 1959, pp. 25-36.

cette même année, la réforme instituée par le Père Guadalupe en Estrénadure obtient une approbation ferme, et c'est de cette province que les premiers apôtres du Mexique vont sortir ; en 1519 également, Hernán Cortès entreprend la conquête du Mexique[1]. Après sa mort (1547), Hernán est remplacé par son fils Martin, dont les visées séparatistes s'accordent avec les désirs franciscains de construire une Église indigène, libre des influences de la métropole, fondée non sur la destruction mais sur la conversion de la civilisation indigène, et réalisant l'idéal évangélique des Spirituels. Le Conseil des Indes vit le danger pour la Couronne de cette orientation missionnaire, qui, déjà contrebattue auparavant, ne put survivre au complot avorté de Martin Cortès en 1565-1566[2].

De ce joachimisme franciscain et missionnaire, un témoignage circonstancié nous reste dans le grand ouvrage de Geronimo de Mendieta, l'*Historia ecclesiastica indiana*, écrite à partir de 1573 sur l'ordre de ses supérieurs et demeurée inédite jusqu'en 1870[3]. Mendieta, qui avait été en sympathie avec Martin Cortès, ne peut se résigner à l'échec de ses frères. Le grand rêve du premier d'entre eux, Martin de Valencia, était plus qu'un rêve ; il avait commencé de prendre corps, — avec des nuances dues au temps écoulé. Mendieta le revit en retraçant cette histoire d'un demi-siècle. Lui non plus, il ne conçoit pas la nouvelle Église indienne comme une imitation ou un simple prolongement de la vieille Église d'Europe : elle est, au sens propre, l'Église primitive, l'Église apostolique rappelée à la vie, et elle est en même temps déjà l'Église de l'avenir, une anticipation du Royaume. Les Indiens baptisés ne sont pas appelés au sacerdoce, mais « leur pureté spontanée de foi et leur innocence enfantine les élevaient, sans le bénéfice de l'ordination, à une perfection supérieure, jamais encore réalisée dans aucune race... ; ils formaient une sorte de grande école monastique ». Dans la vision que se donne l'historien d'un royaume millénaire naissant au nouveau monde, « son idéal du christianisme primitif et son image joachimite-franciscaine de l'Apocalypse forment une constellation » neuve. S'il finit par devenir pessimiste, ce fut en raison de la corruption européenne, qui entreprenait « la destruction de la Cité de Dieu des Frères et des Indiens par la Cité de l'Homme ». Mendieta, conclut J. L. Phelan, est « une transition entre François d'Assise et Jean-Jacques Rousseau, entre le treizième siècle et le siècle des lumières... » ; son idée que le Messie doit briser « les chaînes de l'exploitation économique d'une certaine classe,

---

1. Op. cit., pp. 88-89 et 117.
2. Baudot, op. cit., pp. 500-502. Les liens avec la politique de Cortès furent aisément perçus par le Conseil ; il a peut-être discerné aussi le rapport avec « la curiosité systématique pour les cultures précolombiennes » : ibid.
3. Nouv. éd. en 4 vol., Mexico, 1945. Cf. John Leddy Phelan, *The Millenial Kingdom of the Franciscans in the New World.* A Study of the Writings of Geronimo de Mendieta (1525-1604). Univ. of California, vol. 52 ; Berkeley and Los Angeles, 1956.

pour que les Indiens puissent réaliser « la plus parfaite et la plus haute Chrétienté que le monde ait jamais connue », s'éloignait des joachimites dans la direction de la mentalité utopienne de Münzer »[1], — revue et mise au point par la piété catholique et par le mythe naissant du bon sauvage. On notera cependant que les couleurs pré-rousseauistes avec lesquelles Mendieta dépeint le paradis indien et l'innocence native de ses habitants ne sont que des traits adventices par rapport à l'élan du joachimisme franciscain qui avait soulevé les missionnaires à leur départ. Les *Fioretti* et le *De conformitate beati Francisci ad vitam Domini Jesu* maintenaient encore parmi eux pour l'Église et le monde l'espoir d'un troisième âge.

Reste le courant de la Kabbale chrétienne, plus érudit, plus politique, plus ésotérique, souvent moins orthodoxe, mais à vrai dire en bien des cas aussi pratiquement inoffensif que chimérique. L'élément joachimite n'y était point étranger[2]. L'annonce renouvelée du « pasteur évangélique » inaugurant une ère de paix, dans un ouvrage attribué au bienheureux Amadeus (Amédée de Silva, † 1482), fit encore tout au long du siècle, dit M. François Secret, « tourner bien des têtes » : celle du franciscain défenseur de Reuchlin, Pierre Galatin, celle de la Mère Jeanne (dont nous allons faire connaissance), celle de Texeda, qui fut directeur de François de Borgia. C'est au cardinal Gilles de Viterbe, grand kabbaliste, que Silvester Meuccius avait dédié son édition de l'*Expositio in Apocalypsim*. Gilles lui-même recopiait dans ses propres écrits de longs passages des prophéties attribuées à Joachim, tirées en particulier de l'*In Jeremiam* ; il s'efforçait de montrer, dans son étrange *Scechina* (1530), la réalisation de plusieurs d'entre elles dans les malheurs récents de Rome[3]. Au moment de rédiger son *Historia XX saeculorum*, il avait choisi comme armature le livre des Psaumes ; il y tient cette gageure de décrypter dans le psaume 20ᵉ un « véritable reportage de la vie de Léon X », ce qui suppose, observe François Secret, outre une imagination fertile, « une forte influence du courant joachimite »[4]. Il s'agit d'ailleurs ici plutôt de ce courant d'exégèse à la fois symbolique et littéraliste qu'avait renforcé le système joachimite des « correspondances ». Mais l'intérêt que prend Gilles de Viterbe à la lecture de Joachim

1. PHELAN, pp. 14-15, 43, 49, 54, 63-73, 81.

2. Pour une histoire de ce courant aux multiples ramifications, voir François SECRET, *Les Kabbalistes chrétiens de la Renaissance*, Dunod, 1964, et les écrits du même auteur dispersés dans nombre de revues érudites. G. JAVARY, *Panorama de la Kabbale chrét. en Fr.* ; Cahiers de l'hermétisme, 1979, pp. 67-88.

3. Fr. SECRET, *Paulus Angelus descendant des empereurs de Byzance et la prophétie du Pape évangélique* ; Rinascimento, 13, 1962, p. 124. Id., *Guillaume Postel et les courants prophétiques de la Renaissance* ; Studi Francesi, 1957, pp. 375-395.

4. *Notes sur Egidio da Viterbo* ; Augustiniana, 27, 1977, p. 224. Gilles trouve tout aussi aisément dans Virgile les mystères araméens, la Kabbale, l'eucharistie, etc. ; ibid., pp. 218-219.

contribue, plus sérieusement, à le persuader que l'Église a un grand besoin de réforme et que la réforme espérée, bien différente de celle de Luther, ouvrira un âge nouveau[1]. On rencontre aussi quelquefois chez lui des accents illuminés qui transfigurent les éléments de sa culture humaniste et permettent de le ranger, lui aussi, dans la grande famille spirituelle issue de Flore[2].

Les commentaires inédits de Pierre Galatin sur l'Apocalypse sont « tout inspirés de Joachim de Flore »[3]. On pourrait sans doute en dire autant de plus d'un autre. Le cas le plus typique et le plus aberrant est celui de Guillaume Postel. Aussi fantasque qu'érudit, Postel, au cours de sa longue existence, a beaucoup écrit, ses opinions ou ses rêves ont beaucoup varié, nombre de ses travaux sont aujourd'hui encore inédits, et la date réelle de ceux qu'il a publiés est parfois antérieure à celle de leur publication. Aussi sa réputation d'incohérence est-elle plus grande qu'il ne le mérite. Seul M. François Secret, qui depuis longtemps le fréquente, serait capable de nous débrouiller complètement cet écheveau. Relevons ici seulement quelques traits, en le prenant pour guide.

Après un certain frère Bonaventure, qui avait été enfermé au château Saint-Ange pour s'être présenté en 1516 aux foules de Rome comme le pape angélique attendu[4], après bien d'autres encore, Postel s'était cru lui-même ce pape angélique, destiné à s'associer au roi de France pour établir la paix universelle. François 1er, puis Henri II étant restés sourds à son appel, il se tourna sans plus de succès vers Ferdinand alors roi des Romains, enfin de nouveau en France vers François II ; mais c'était toujours en vue de promouvoir « la Doctrine du Siècle doré ou de l'Evangelike Règne de Jésus Roy des Roys », selon le titre de l'un de ses ouvrages publié à Paris en 1553. Il avait cependant écrit avec sagesse, vers 1542, que si certains hommes ont en eux l'Esprit de Dieu, d'autres s'imaginent l'avoir à tort. Bien plus, disait-il encore, « les plus dépravés ne se contentent pas d'affirmer leur familiarité avec l'Esprit et les Anges, mais disent qu'ils sont eux-mêmes l'Esprit de Dieu »[5]. Sans verser dans cette illusion suprême, il n'en donnait pas moins superbement pour titre, en 1547, à l'ouvrage dans lequel il livrait sa vision de l'avenir : *De nativitate Mediatoris ultima, auctore Spiritu Christi, scriptore G. Postello*[6], et en même temps il publiait à

---

1. O'Malley, S. J., *Giles of Viterbo...* ; Renaissance Quaterly, 20, 1967, pp. 1-11.
2. H. de Lubac, *Pic de la Mirandole* ; Aubier, 1974, pp. 305-306.
3. Secret, *Les Dominicains et la Kabbale chrétienne de la Renaissance* ; Archiv. Fr. Praedic., 27, 1957, p. 319. Cf. Medieval Culture, 1, p. 150.
4. Ibid., *Aspects oubliés des courants prophétiques au début du XVIe siècle* ; RHR, 1956, pp. 178-179 ; cf. ibid. le rappel des Propos de table dans lesquels Luther parle, d'après Staupitz, de prophéties analogues. Galatin n'osera pas se désigner directement comme le pape angélique, mais il lui donnera ses initiales : Secret, *Documents...*, dans Sefarad, 18, 1958, p. 127.
5. *Alcorani seu legis Mahometi et Evangelistarum Concordia* ; cité par Secret, dans *Aspects du libertinisme au XVIe siècle*, Vrin, 1974, pp. 156-157.
6. Ibid.

Bâle, sous le pseudonyme d'Elias Pandochaeus, une *Panthenosia* qui devait le rendre suspect : si en effet il y critiquait les « Adamites », c'était seulement pour avoir voulu anticiper sur le temps du retour au premier paradis ; ne donnait-il pas ainsi des gages aux Libertins spirituels ? Aussi rétracta-t-il plus tard ce traité, au moins dans sa forme[1].

En cette même année 1547, venu de Rome à Venise, Postel était tombé sous l'influence, ou plutôt sous l'envoûtement d'une dévote illuminée, la Mère Jeanne, qui l'avait charitablement secouru[2]. Quand il revint à Venise en 1551, après un voyage en Orient, la Mère Jeanne était morte. Il dut avoir alors de nouvelles « illuminations », qui lui firent élargir, spiritualiser et féminiser le grand rêve œcuménique dont il vivait depuis longtemps. Il exalte sa bienfaitrice dans deux ouvrages : *Les très merveilleuses victoires des femmes du nouveau monde...* (1553) et la *Vergine Venetiana...* (1555). Par une typologie analogue à celle de Joachim, il l'assimile à saint Jean, l'apôtre des temps futurs. Elle est aussi la mère du monde restitué, l'Eve nouvelle, et lui-même est le premier-né de ce monde, l'Adam nouveau ; autrement dit, il se trouve restitué dans l'état d'Adam avant sa chute. L'ange Raziel, celui qui jadis avait été l'instructeur du premier Adam, l'en a assuré : il prélude à l'âge de la Restitution universelle, qui doit récapituler les âges antérieurs dans une perfection plus haute. Car l'histoire du monde, qui est histoire du salut, se déroule en une suite de quatre âges : celui de la loi de nature, celui de la loi écrite, celui de la loi de grâce, enfin celui de la Restitution de toutes choses, c'est-à-dire l'âge de l'Esprit, « qui va commencer et qui durera tant que durera le monde ». C'est, compliqué de Kabbale, le vieux schéma joachimite :

> Votre rédemption approche. Elle vient, bien plus, déjà elle est en vous, la vraie nuée de rosée, pleine de l'esprit et de la raison de vie... Elle vient, cette Esprit sainte (*illa Spiritus sancta*)... Elle vient, cette sacrosainte substance spirituelle du Christ, cette nuée de feu... ; il vient, ce corps spirituel qui transmuera en lui notre corps animal dans cette première résurrection ou restitution de toutes choses[3].

Telle sera cette « Metemnoèsis », que Postel dénomme encore « Metempneumatosis », « Metempsychosis » ou « Metemsomasis » :

1. Loc. cit., pp. 153 et 159.
2. Richard SIMON, grand critique mais petit esprit, dit qu'il lui « persuada, afin de tirer quelqu'argent d'elle, que le Messie n'était venu au monde que pour les hommes, et qu'elle, Dame Jeanne, devait être la Messiesse des femmes » ; il parle de ses « impostures » : *La créance de l'Église orientale sur la transsubstantiation*, 1687, pp. 26-27.
3. *De originibus...*, Bâle, 1553, p. 52. Cf. SECRET, *Les Kabbalistes chrétiens de la Renais.*, p. 69 ; *Aspects du libertinisme*, p. 163. JAVARY, loc. cit., pp. 71-73.

non pas la résurrection finale pour la vie éternelle, mais ce que le Christ voulut exposer en la personne de Jean-Baptiste, lorsqu'il dit qu'il était venu « dans l'esprit et la vertu d'Élie »[1].

En 1544, séduit par l'idéal missionnaire du nouvel ordre religieux, Postel avait fait un essai au noviciat romain des Jésuites[2]. Bientôt chassé par Ignace de Loyola, il avait composé à Rome un traité qui est aujourd'hui perdu, mais qui devait contenir déjà, sous une forme peut-être plus équivoque, la doctrine de sa *Panthenosia*. Nous savons en effet que plusieurs disciples de David Joris (lui-même réfugié secrètement à Bâle) s'y intéressèrent vivement. D'où le bruit, répandu par ses adversaires, que ses propos ressemblaient à ceux du fameux anabaptiste « comme un œuf à un œuf »[3]. Il s'en défend en repoussant l'audace et « le blasphème horrible de ce Batave », qui avait voulu détruire le Christ en prétendant retrouver sa substance en lui-même. D'autres l'accusaient de vouloir établir une religion nouvelle en mélangeant la chrétienne, la mosaïque et la musulmane. « Quelle athéologie, s'écrie l'un d'entre eux, bien plus, quelle Christomachie! ». Il proteste encore, il s'explique, il change plusieurs fois d'avis, notamment sur Mahomet, dont le personnage ne cesse de le hanter. Dans sa dernière Apologie, dont M. François Secret nous a donné récemment un échantillon, il déclare que « ce n'est pas la superstition des Gentils, ni cette religion panthéonine et indifférente qui admet toutes les religions sans en tenir aucune vraie, ni la religion judaïque qui, rivée à la lettre, est dépourvue du sens de la vérité, ni l'Ismélique, qui favorise toutes les hérésies tant chrétiennes que juives, ni celle qui a divisé notre temps en sectes multiples sous les noms d'Évangélistes, de Protestants, de Gueux, de Réformés, de Huguenots, de Fidèles, enfin s'il plaît à Dieu de ceux qui ont usurpé le nom de Catholiques, qui pourra jamais se faire admettre pour l'éternité » ; ce sera seulement la Religion du dernier âge, la « Restitution de toutes choses », dont Postel répand déjà la douce rosée en signant *Rorisperge*[4]. Et voilà poindre de nouveau, dans cette description d'un dernier état religieux qui dépassera celui qui « usurpe le nom catholique », la grande espérance joachimite.

---

1. Préface à la traduction du Bahir ; dans SECRET, *Guillaume Postel en la place de Realte*, RHR, t. 92, 1977, p. 86. On trouvera d'autres détails dans les pages qu'Émile DERMENGHEM a consacrées à Postel : *Thomas Morus et les Utopistes de la Renaissance*, Plon, 1927, pp. 195-215 et 223-232. Cf. Gandillac, loc. cit., pp. 282-289.

2. Cf. H. de LUBAC, *La rencontre du Bouddhisme et de l'Occident*, Aubier, 1952, pp. 53-54. H. BERNARD-MAITRE, *Le passage de Guillaume Postel chez les premiers jésuites de Rome* (Mars 1544 - décembre 1545), dans Mélanges Chamard, 1951, pp. 227-243 ; et *Aux origines françaises de la Compagnie de Jésus, l'Apologie de G. Postel à la fin de l'année* 1552, RSR, 38, 1951, pp. 209-233.

3. SECRET, *Documents pour servir à l'histoire de la publication de la Bible d'Anvers*, dans Sefarad, 18, 1958, p. 126. Id. *Un cheval de Troie dans l'Église du Christ*, dans *Aspects du libertinisme*, pp. 156-158.

4. SECRET, G. *Postel en la place de Realte*, loc. cit., pp. 59-61 et 91-92.

Nous n'avons là que le squelette d'un organisme spirituel, à la fois étrange au possible et si bien agencé que M. François Secret a pu dire : « Tout se tient chez Postel », son travail est « systématique »[1]. Cette tête folle n'était pas une tête faible. Et son système peut en apparaître d'autant plus inquiétant. La politique y est étroitement mêlée à la théologie, parce que les mystères du christianisme y sont ouverts à une interprétation mondaine. Dans le *Thrésor des prophéties de l'univers*, Postel explique que grâce à la Kabbale, ou « loi interprétative... de la loi écrite », « la clarté de la raison humaine » doit se substituer à la « nuit ou obscurité de l'autorité ou foi ». Comme Ève est sortie du côté d'Adam, ainsi de la Trinité doit naître « la Sapience, l'Esprit, l'Ange de l'éternel conseil de Dieu », interprète de la Religion[2].

Système inquiétant, mais qui demeure ambigu. M. Jean-François Marquet, qui l'interprète à la lumière des siècles écoulés, nous aide à découvrir, sous les folles affabulations, la prophétie d'une ère rationaliste, mais aussi, sous ce rationalisme de surface, la profondeur d'un mysticisme qui n'évacue pas moins la réalité historique du mystère chrétien :

> Pour une lecture naïve, le prophète Postel est au seuil de la modernité comme d'un monde « sans foi et miracles », univers anthropocentrique de la matière glorifiée où triomphent, avec l'homme, la raison et le pouvoir, et l'on sait quelle interprétation dérisoire notre temps donnera à cette idée de l'« advènement second » du Christ « dedans l'essence politique de ce monde »[3]. Mais toute *profanation* extérieure n'est jamais, pour notre auteur, que la surface de l'acte insondable par lequel Dieu, en tant que Fils, se dissimule — s'enfouit — en nous : « c'est le secret du Dieu caché etc. »[4] Notre époque est celle du Dieu caché et de l'homme visible... Il est paradoxal, sans doute, que le règne de Dieu signifie son radical effacement, et que là où il est le plus près, là aussi il soit le plus loin. Mais ici, la raison s'arrête devant son propre mystère...[5].

Archangelo da Borgonovo († 1569) « recopie des passages entiers de Joachim » dans son *Expositio Apocalypsis cabalistica*[6], œuvre

1. Ibid., pp. 63 et 68 note.
2. *Thresor des prophéties de l'univers*, éd. Fr. Secret, La Haye, 1969. *La nouvelle Eve mère du monde*, dans *Apologies et rétractations*, éd. Secret, Nieuwkoop, 1972. Citations dans Jean-François MARQUET, *Guillaume Postel et la prophétie du règne*, dans *La foi prophétique et le sacré*, 1977, pp. 154-155.
3. *Thrésor*, p. 116.
4. *Thrésor*, p. 156. Cf. *Interprétation du candélabre de Moyse*, éd. Secret, Nieuwkoop, 1966, p. 383.
5. Marquet, loc. cit., pp. 163-164 (nous abrégeons).
6. Étudiée par SECRET, Hautes Études, section des sciences religieuses ; Annuaire de 1978, p. 404.

demeurée manuscrite, dont le joachimisme paraît plus candide que celui de Postel. En 1571, le croate Paul Skelich de Lika (Paul de la Scale), qui dans sa jeunesse avait voulu imiter l'exploit manqué de Pic de la Mirandole en soutenant une série extravagante de *Conclusiones de omni scibili*, publie à Cologne un recueil de Mélanges dans lequel il commente à sa façon les prophéties attribuées à Joachim de Flore. Pas plus cependant que le « Picus redivivus » qu'il se flattait d'être, cet érudit aventurier n'était un « Joachim redivivus ». Ce qui l'intéressait dans son prophète, c'était les armes qu'il croyait y trouver contre « Babylone, la prostituée de pourpre » et « l'Antichrist romain »[1]. Le Français Guy Le Fèvre de la Boderie, personnage plus sérieux, mais qui se veut disciple de Postel, voit un signe confirmant les annonces que celui-ci avait faites de l'âge de la Concorde universelle dans l'apparition d'une nouvelle étoile en 1572 ; encore en 1584, dans son poème de la *Galliade*, il prédit à Henri III, fondateur de l'ordre du Saint-Esprit, « l'établissement du règne de l'Esprit »[2]. Un autre disciple, Vincent Cossard, publie en 1587 un écrit plein d'assurance, au titre flamboyant : « Totus Galliae onus prodeat ex Joachim abbatis opere selectum, donec totius universi onus pr odeat ex Bibliotheca V. Cossardi »[3]. Heureux bibliothécaire !

Galatin, Postel, Guy Le Fèvre, Cossard... sont des kabbalistes chrétiens, moins prudents, plus tenaces dans leurs illusions que ne l'avait été Pic de la Mirandole[4], moins protégés aussi contre les entraînements politiques et les contaminations astrologiques. On se rappellera que le thème joachimite des trois états avait précisément influencé les kabbalistes compilateurs du Zohar[5]. Faut-il croire que par un choc en retour « de cette kabbale des Juifs une infinité d'opinions monstrueuses, sorties comme d'un cheval de Troie », ont fait assaut contre l'Église du Christ[6] ? Contentons-nous de reconnaître, encore avec François Secret, que Postel « fut un important chaînon dans le courant d'idées issu de Joachim de Flore et qui fleurit dans le phénomène de la Rose-Croix »[7]. C'était à peu près déjà, en 1623, l'opinion de Gabriel Naudé[8].

---

1. SECRET, *Kabbalistes chrétiens*, pp. 288-289. Cf. Notre *Pic de la Mirandole*, pp. 14 et 100.
2. SECRET, *G. Postel et le Pantapaeon*, RHR, 1963 et 164. Id., *Hist. de l'ésotérisme chrétien*, dans *Problèmes et méthodes d'hist. des religions*, PUF, 1968, p. 257. Cf. A. D'ALLEMAGNE, *Les Saints-Simoniens*, Gründ, 1930, pp. 212-226.
3. SECRET, dans Studi Francesi, 1957, p. 388.
4. Cf. *Pic de la Mirandole*, 3e partie, ch. 4 et 5.
5. G. SCHOLEM, *Les grands courants de la mystique juive*[2], trad. MM. Davy, Payot, 1950, p. 195.
6. Johann Albrecht WIDMANSTELTER (1507-1557), cité par SECRET, dans *Aspects du libertinisme*, p. 160.
7. SECRET, ibid., p. 165.
8. *Instruction à la France sur la vérité de l'histoire des Frères de la Roze-Croix*, ch. 5, pp. 40-48.

CHAPITRE CINQUIÈME

DU « BIENHEUREUX JOACHIM » A DOM DESCHAMPS

I

En passant par Papebroch, Campanella et Boehme

Au dix-septième siècle, le « bienheureux Joachim » est à l'apogée de sa gloire dans l'Église catholique.

Jamais son charisme prophétique n'a paru plus éclatant. On sait partout qu'il avait déjà rempli de stupeur admirative Lucius III, en lui racontant ce qui devait lui subvenir[1]. Maintenant, on voit mieux encore l'ampleur extraordinaire de ce don. Joachim fut prophète, et vraiment plus que prophète[2] ; au moins fut-il le plus grand de tous. On le place en tête sur la liste des saints qui, « spiritu Dei illustrati, futura praedixerunt »[3].

Une tradition qui remontait au treizième siècle et s'était enrichie en cours de route, trouve un regain de faveur : c'est Joachim lui-même qui, en annonçant les deux grands ordres de saint Dominique et de saint François, leur a par avance imposé leur habit. Bien plus, il en a donné le modèle en peinture. C'est ce qu'affirmait déjà la *Chronica minor* rédigée par un franciscain d'Erfurt en 1261 : lui-même ou son continuateur précisait en 1269 que c'était une peinture murale[4]. Sur la fin du siècle, un autre Mineur, auteur des *Flores*

---

1. A ce pape, « multa vera ac ventura praedixit... ». AS, Maii t. 7, p. 100.
2. « O vere plus quam propheta, quomodo vera prophetasti ! etc. » GREGORIUS a LAURO (v. infra), c. 16, p. 102.
3. AS, p. 90.
4. MGH, Script. t. 24, pp. 193 et 207.

temporum, renchérissait : c'est sur le mur de sa chambre que l'abbé de Flore avait peint l'image des Frères qui allaient venir ; on les y voyait « funibus praecinctos » et « sandalis calciatos »[1]. Tandis que le chroniqueur d'Erfurt avait dit seulement, en 1269 : « per manum pictoris ostendit », à partir du quatorzième siècle on est assuré que la peinture est de la main même du prophète : quoi d'étonnant, puisqu'il était aussi « curieux peintre » qu'« excellent écrivain »[2] ? Peut-être la légende trouvait-elle un appui dans le fait que Joachim aimait récapituler ses théories ou ses listes de « correspondances » dans certains tableaux, — à vrai dire plutôt abstraits[3]. Elle n'avait pas tardé à s'embellir. L'abbé de Flore, disait-on, avait fait représenter — en peinture encore, ou cette fois en mosaïque ? — les deux futurs fondateurs à l'intérieur de la basilique de Saint-Marc, à Venise : Dominique portant un lis et François, ange du sixième sceau, marqué des stigmates. Barthélemy de Pise s'en émerveille[4]. Saint Antonin de Florence lui fait écho. Un Mineur, évêque d'Aquino, atteste en 1490 la vérité de l'histoire : « on voit encore, dit Roberto Caraccioli de Litio en l'un de ses sermons, cette peinture que Joachim a fait faire, au-dessus de la porte de la sacristie »[5]. Le jésuite Ribadeneira, dans son recueil de *Vies des saints*, n'oubliera pas que saint Dominique était aux côtés de saint François dans la peinture prophétique. Son confrère Antoine Possevin dira en 1606, dans l'*Apparatus sacer*, que selon l'opinion commune Joachim aurait si bien prédit l'un et l'autre, « ut etiam opere mussivo eos exprimi in sacello templi D. Marci ... curaverit »[6] ; son langage prudent n'ébranlera pas de si tôt la légende.

Plus merveilleux encore est le *Papalarius*, orné d'images, dont l'existence nous est attestée depuis la fin du treizième siècle, puisque Bernard Délicieux, vers 1304, déclarait qu'il était son livre préféré. L'origine en serait à chercher, suivant M. Reeves, dans un groupe de Fraticelles florentins[7]. Joachim de Flore y avait représenté les papes du passé et de l'avenir. Il existe plusieurs séries de ce *Liber de summis Pontificibus*. Déjà Roquetaillade en connaissait deux, que

1. Loc. cit., p. 239.

2. ROQUETAILLADE, prologue au Commentaire de Cyrille : « Ipse Joachim fuit optimus scriptor et curiosus pictor. » — B.-Odier, op. cit., p. 63.

3. C., l. 3, 1, c. 2, f. 26 r : « Oportet enim nos venerabilia nomina praescriptorum virorum in modum pavimenti marmorei seriatem describere, ut quod verbis sicut expedit fari nequimus, saltem figuris editis intimare possimus. » Suit, dans l'ouvrage imprimé, au f. 26 v, un tableau nominal de correspondances entre des personnages de l'A.T. et le Christ ou le Paraclet. Cf. les premières pages d'Ap et Psalt, f. 226, 227, 256-257, 268.

4. *De conformitate...*, 13. Cf. Damien VORREUX, *Un symbole franciscain, le Tau* ; Éd. franciscaines, 1977, pp. 67-68.

5. « ... in ecclesia S. Marci de Venetiis cum stigmatibus super ostium sacristiae, sicut hodierna die cernitur. » Cf. Bihel, Antonianum, t. 2, p. 81.

6. Venise, t. 2, pp. 101-102.

7. AFH, 17, 1924, pp. 332-333 et 336-337. RTAM, 25, 1958, p. 122.

l'on distingue par leurs *incipit* (« Ascende calve » et « Genus nequam »)[1]. Accompagnées de commentaires plus ou moins prolixes, et sous des titres différents, les éditions de la prophétie se succèderont, nombreuses, au seizième et au dix-septième siècles. En 1660, à Naples, Gregorius Laurus publie les *Vaticinia Pontificum* en un magnifique in-folio orné de gravures[2]. En 1663, c'est un carme, Philippe de la Trinité, qui en édite à Lyon une rédaction différente, jointe à l'Oracle de Cyrille : *Praedictiones venerabilis Joannis Joachim... de Pontificibus tunc futuris*[3].

Joachim de Flore est inscrit au catalogue des bienheureux. Depuis longtemps il a les honneurs d'un office liturgique (bien que non reconnu officiellement) dans les monastères de l'ordre qu'il a fondé, maintenant rattaché à Citeaux. Il n'y fait pas figure de révolutionnaire. Chaque jour son culte est célébré. L'antienne à Vêpres est un condensé de ses dons, en même temps qu'une protestation discrète contre les reproches qui lui furent adressés : « Beatus Joachim, spiritu dotatus prophetico, decoratus intelligentia, errore procul haeretico, dixit futura ut praesentia. » De l'hymne qu'un certain juge du nom de Pierre avait composée sur l'ordre du ciel pour l'office de Laudes, nous n'avons plus que le premier vers :

Hic abbas Floris, caelestis gratia roris...[4]

Mais l'oraison est conservée ; rédigée dans le pur esprit de la *Concordia*, elle fait allusion au pélerinage du futur abbé de Flore en Terre Sainte : « Deus, qui gloriam tuam tribus apostolis in monte Thabor manifestasti et in eodem loco Beato Joachim veritatem Scripturarum revelasti... »[5].

Les biographies édifiantes n'entretiennent pas seulement la ferveur du souvenir dans certains cloîtres ; elles propagent une vénération chez de nombreux hommes d'Église. Les documents contemporains concernant l'activité de Joachim de Flore étaient assez rares. Cependant, une première biographie avait été rédigée peu après sa mort par Lucas Campano, qui fut l'un de ses premiers secrétaires, qui l'avait accompagné dans plusieurs de ses voyages et avait eu le loisir de l'observer de près[6]. La *Vita* ou *Synopsis* de Lucas, devenu abbé de

1. Une autre encore a comme *incipit* « Pulvis carbonum ». Cf. J. Bignami-Odier, op. cit., pp. 151-152 et 188. Une compilation de « Prophetiae et Superstitiosa » met dans sa liste : « Joachim de successione papali » (16e s. ?) Reeves, RTAM, 25, p. 124.

2. *Magni divinique Prophetae B. Joachim abbatis... Vaticiniorum de apostolicis viris, sive de Romanis Pontificibus historica et symbolica expositio*. D'après Dmitrewski, AFH, 17, 1924, p. 333 une première édition daterait de 1640. Voir infra.

3. AFH, loc. cit.

4. AS, pp. 90 et 123.

5. Ibid. Voir aussi Nicola Lafortuna, *Vita dello abate Gioachino, tabellione, profeta e novatore del secolo XII²*, Grigenti, 1876. Bloomfield, pp. 289 et 291.

6. « Sedens ad pedes ejus, ... die noctuque scribebam in caterno, in quo ipse dictabat et emendabat in cedulis, simul cum duobus monachis suis scriptoribus ... ... Obedientiam, quam ipse subditus (eximius) extiterat, a subditis mirabiliter exigebat... »

Santa Maria de la Sambucina puis archevêque de Cosenza († 1224) sera publiée au dix-septième siècle par Ughelli (Italia sacra, t. 9) ; puis par les Bollandistes. Elle aurait pu servir de base aux premiers historiens, mais elle semble avoir été longtemps négligée. De même le récit d'un autre familier de Joachim, Joannes de Bonatio, qui, écrit avant 1240, fut sans doute tôt perdu[1]. Ni la biographie due à Paulus Florentinus et à Nicolaus Burgensis, ni celles de Léandre Albert de Pologne et de Pasqualinus Regiselmus ne semblent avoir utilisé Lucas[2]. Le prêtre séculier Gabriel Barrio, dont une *Joachimi abbatis Vita* parut à Venise en 1571, fut réimprimée en 1589 et eut encore de nombreuses éditions jusqu'au dix-huitième siècle, adoptait le genre de la biographie romancée : « nonnulla commemorat, observait Possevin, quorum apud eum esto fides »[3].

Plus sérieuse est la *Chronologia abbatis Joachim et ordinis Florensis*, qui paraît à Cosenza en 1612. L'auteur est un moine de Saint-Jean de Flore, Giacomo Greco de Sila (Syllanaeus). Il a consulté les archives de son monastère ; il y a découvert, nous dit-il, un « libellus » tout usé, dont il a pris copie en vue d'écrire une histoire de l'ordre de Flore. C'est très probablement le manuscrit de la Brancacciana, aujourd'hui conservé dans la Bibliothèque nationale de Naples, dont C. Baraut[4] a donné une description détaillée ; il contient, outre la notice de Lucas Campano, un récit du retour de Joachim de Jérusalem en Sicile et de sa vie jusqu'à la fondation de Flore, une collection de miracles à lui attribués, une lettre que le « prophète » aurait adressée à tous les chrétiens. Sur la fin du seizième siècle, Cornelius Pelusius, confrère de Greco, en avait transcrit la partie la plus importante. Buonaiuti estimait Greco peu scrupuleux, mêlant à son récit des traits légendaires ou peu sûrs. En fait, si Greco, malgré son titre, est quelquefois brouillé avec les dates, s'il a un peu amplifié ses sources en les paraphrasant, on peut constater aujourd'hui qu'il les suit de près avec fidélité ; il n'a rien ajouté de son crû ; il a même renoncé, sans doute par scrupule critique, à utiliser la collection des miracles. Mais la *Vita Joachimi* de la Brancacciana semble avoir été rédigée, d'après certaines notes marginales, dans l'espoir d'obtenir une réhabilitation complète du fondateur de l'ordre, et outre ses lacunes, elle contient des parties d'origine incertaine, qu'il convient, dit Dom Baraut, d'utiliser avec une extrême prudence[5]. On voudrait être absolument certain, par exemple, pour

1. En 1960, dans Deutsches Archiv f. Erforschung des Mittelalters, pp. 437-546, *Zur Biographie Joachims von Fiore und Rainers von Ponza*, H. Grundmann a édité une *Vita Joachim abbatis* d'un disciple anonyme. D'après Mottu, p. 16.

2. AS mai, t. 7, pp. 91-93.

3. *Apparatus sacer*, t. 2, 1606, p. 103. Les éditions de Barrio en italien se répandirent à partir de 1601.

4. *Las Antiguas biografias de Joaquin de Fiore y sus fuentes*, Analecta sacra Tarrac., 26, 1953, pp. 195-232. C'est à ce mémoire essentiel que nous empruntons la plupart des renseignements ici résumés sur les biographies de Joachim.

5. BARAUT, *Las Antiguas...*, p. 204.

l'amour du pittoresque autant que pour la sécurité de l'historien, que tout ce qui est raconté du pélerinage en Terre Sainte et des nombreux incidents de l'immense périple accompli par le jeune voyageur est authentique. Et l'on doit constater que la longue liste dressée par Greco des écrits de Joachim ne manque pas de *spuria.* C'est le travail de Greco qui fournira longtemps l'essentiel des notices sur l'abbé de Flore. C'est de lui qu'Angelo Manriquez tirera les renseignements qu'il donne dans le 3ᵉ tome de ses *Annalia ecclesiastica,* publié à Lyon en 1649. Son autorité sera consacrée par la confiance des Bollandistes, qui, en 1688, malgré quelques critiques touchant surtout à la chronologie, le reproduisent amputé seulement, disent-ils, de « parerga multa, quibus moles operis inutiliter augebatur » et lui adjoignent des documents publiés en 1642-1648 par Ughelli[1].

D'autres biographies accentuent le caractère saintement légendaire des précédentes. C'est le cas de celle que l'Allemand Carlos Cala insère dans son histoire de la conquête de Naples et de la Sicile par les Souabes (1660). Cala utilise une collection de lettres conservées au monastère cistercien de Cosenza. Or il s'agit d'un codex de fraîche date, présenté comme datant du quatorzième siècle, dû à un falsificateur professionnel, Filippi Stocchi[2]. C'est aussi le cas de la biographie la plus considérable, celle que, à Naples également, en cette même année 1660, publie, avec le volume de *Vaticinia* dont nous avons parlé, Gregorius Laurus (de Lauro, ou de Laude), abbé cistercien de Santa Maria de Sagittario (ancien monastère de l'ordre de Flore) : *Hergasiarum Alethia apologetica sive mirabilium veritas defensa.* « Ouvrage curieux, dont l'importance est capitale pour étudier la transmission des anciennes biographies et des légendes joachimites[3] ». C'est un gros in-folio, rédigé en un style ampoulé, composé de cent-sept chapitres, qui constitue une apologie en règle du « grand et divin prophète ». L'orthodoxie de Joachim sur la Trinité y est longuement défendue, toujours au moyen de la thèse émise depuis des siècles : le concile du Latran, abusé, aurait visé en fait les interpolations dues à des adversaires, comme en feraient foi de nombreux extraits des autres ouvrages, en particulier des commentaires sur Isaïe et sur Jérémie[4]. L'abbé de Flore aurait prédit non seulement les Dominicains et les Franciscains, mais encore les Carmes, les Augustins, les Théatins, les Jésuites ; il aurait après sa mort accompli de très nombreux miracles, dont un choix copieux nous est raconté. Gregorio n'a pas ménagé sa peine ; il a compilé

1. AS, pp. 91 et 94-111. Voir infra.
2. B, DS, 1184. Ce *Liber epistolarum* composé par Stocchi a été édité en 1951 par L. Tondelli dans Sophia, 19, pp. 372-377.
3. BARAUT, *Las antiguas...*, pp. 195-196.
4. BARAUT, loc. cit., p. 205, observe que tout en déclarant la sentence du concile injuste, Gregorio ne prétend pas plus que ses prédécesseurs que le traité condamné n'était pas de Joachim, ainsi que l'ont imaginé quelques modernes.

des documents d'archives, recueilli sans critique des éléments fabuleux, largement copié Greco, dont il tire le meilleur de son ouvrage ; il a fait confiance au *Liber epistolarum* de Stocchi. C'est bien à tort, semble-t-il, qu'on l'a soupçonné d'avoir prêté la main à cette supercherie. Pas plus que Greco, il n'a créé la légende joachimite : il a seulement contribué de bonne foi à la répandre. Le long parallèle institué par Dom Baraut entre son ouvrage et le manuscrit de la Brancacciana est à cet égard décisif[1]. Gregorio a même eu le mérite d'éliminer plusieurs miracles, dont il aura senti qu'ils ne serviraient guère la cause de son héros. Telle cette apparition de saint Jean l'évangéliste à un moine qui omettait de réciter l'office du Saint-Esprit institué par l'Abbé de Flore, pour lui déclarer qu'entre l'Abbé et Innocent III, Dieu jugera. Ou cette autre vision : chargé de copier les ouvrages de Joachim, un scribe s'était mis à douter de leur orthodoxie : deux fois, de nuit et de jour, Joachim se fit voir à lui sous une forme terrifiante et lui cria : « Sot, sot, tu as douté... Sache que les plus grands docteurs de l'Église se convertiront bientôt à moi ! »[2].

On trouve cependant de tout dans cette somme érudite et consciencieuse ; on y trouve même des récits hauts en couleur, tel celui, dont le fond au moins peut être historique, des agressions à main armée tentées à deux reprises par les moines grecs d'un couvent voisin contre le monastère où Joachim résidait (pp. 154 à 162) ; — de tout, sauf un mot tentant une mise au point sur la doctrine essentielle qui, déjà dans les siècles passés, faisait de l'Abbé de Flore, aux yeux de beaucoup, un grand initiateur[3]. Au siècle suivant, l'Histoire donnée par Dom Gervaise en 1745 ne sera pas plus éclairante ; comme celle de Barrio, c'est, dit C. Ottaviano, « une magnifique biographie romancée ». On ne s'étonnera donc pas beaucoup de ce que l'abbé Bergier, dont le *Dictionnaire* résume la science ecclésiastique de son temps, et dont le bon sens, joint à la mentalité de l'époque, se méfie des apologies de Grégoire et de Gervaise, soit lui-même assez mal informé pour écrire de Joachim que « deux conciles ont condamné ses visions et son Évangile éternel » et que « toutefois il n'est pas certain qu'il soit l'auteur de l'Évangile éternel »[4].

La plus éclatante fortune survenue, posthume, au saint abbé de Flore, de toutes la plus extraordinaire, ce fut, presque au terme du grand siècle où régnait apparemment un catholicisme immobile et triomphal, en méfiance contre toute ombre de hardiesse novatrice, l'hommage que lui rendirent les savants les plus critiques en même temps que les plus orthodoxes qui fussent : les Bollandistes. La

1. Loc. cit., pp. 207-231 ; cf. pp. 196 et 205.
2. Loc. cit., pp. 228 et 230.
3. Cf. EM, t. 3, pp. 465-466.
4. Art. *Joachimites*. Dans l'éd. Migne, t. 4, 1862, col. 78.

Disquisitio historica de Florensi ordine, prophetiis, doctrina beati Joachim, qui parut à Anvers en 1688, dans le tome septième de mai des *Acta Sanctorum* (le 19ᵉ de la collection), est un texte étonnant. D'après la page de titre, les auteurs du volume sont les Pères Godefridus Henschenius et Daniel Papebrochius, aidés de leurs confrères Franciscus Baertius et Conradus Ianningus ; mais à cette date Henschenius était atteint de paralysie depuis plusieurs années ; Papebroch, qui avait été associé à l'entreprise en 1660, en était devenu le chef, et ses deux aides étaient encore peu expérimentés. L'usage est donc bien fondé, qui lui attribue la *Disquisitio*. Déjà plus d'une fois sa science avait soulevé des tempêtes. C'était un « dénicheur de saints », un abatteur de légendes. Plusieurs pamphlets avaient été dirigés contre lui ; l'un d'eux, provenant d'un carme, était intitulé : « Le nouvel Ismaël, Daniel Papebroch, jésuite, dénoncé à l'univers » (1683)[1]. Après s'être tu longtemps, il se verra contraint de se justifier dans une dissertation placée en tête du tome premier de juin, — mais dans ce même tome, avec sa conscience inflexible, il reprendra encore ses « critiques perpétuelles des actes et des vies des saints » (Du Pin). Or, d'un bout à l'autre, sa *Disquisitio* est une apologie sans faille : devant le grand prophète, le grand Papebroch est tout admiration. Son esprit critique s'est évanoui.

Les commentaires d'Isaïe et de Jérémie lui sont une mine, d'où il extrait toutes sortes de preuves des prophéties de l'Abbé. Joachim n'a-t-il pas été jusqu'à prédire les accusations qui seraient portées contre sa mémoire ? Pour ne l'avoir pas remarqué, Baronius s'est montré trop crédule à leur endroit. Si les fameux *Vaticinia Pontificum*, tels qu'ils circulent encore, ne sont pas de Joachim, il est pourtant bien l'auteur d'une prophétie analogue, tout aussi admirable. Papebroch dénonce ici seulement la confusion des deux listes de papes, récemment encore accréditée par Gregorius de Lauro ; la liste apocryphe est à distinguer soigneusement de la « genuina », qui a disparu, peut-être détruite par les moines de Flore, qui craignaient des ennuis[2]. L'histoire de Dominique et de François représentés en mosaïque à l'intérieur de l'église Saint-Marc dès avant la fondation de leur ordre est insoutenable, mais cela ne signifie pas que Joachim n'ait pas prédit ces deux saints, qu'il n'ait pas décrit à l'avance leurs attributs et l'habit de leurs religieux ; il est même probable qu'il en aura entretenu ses propres moines, pour les préparer à les recevoir[3] ; le seul détail controuvé vient de ce que, à la date qu'on donne pour l'exécution des deux images, à Saint-Marc, la

1. Cf. Ellies Du Pin, *Nouv. Bibl. des auteurs ecclés.*, t. 17, 1745, pp. 267-269, où l'on trouvera le titre complet (en latin) de ce pamphlet et d'autres.

2. AS, t. 7, pp. 140-141.

3. Le temps venu, ils devront venir dévotement à leur rencontre, pour les accueillir, avec la croix de procession. Cela, d'après un récit fait cent ans après la mort de Joachim. Ibid., p. 141.

construction de la basilique n'était pas encore achevée[1]. Que d'autres ordres encore aient été prédits, la chose n'est pas moins certaine. Sur celle qui a trait « ad nostram Jesu societatem », Papebroch est à la fois abondant et, par modestie, réservé ; il conclut qu'il laisse à d'autres le soin d'en juger, mais c'est après avoir cité et commenté les textes que déjà, dans ses commentaires bibliques, Cornelius a Lapide avait pieusement recueillis[2]. Cet Ordre qui doit surgir pour guérir les maux de l'Église, dont les membres seront vêtus de noir[3], étudieront l'Écriture sainte, réfuteront les hérétiques, convertiront les idolâtres, cet ordre dont la renommée doit s'étendre partout et qui sera caractérisé par l'obéissance au souverain Pontife, que pourrait-il être, sinon la Compagnie de Jésus[4] ?

Un tel prophète, un tel saint ne peut avoir été un hérétique. Fort de cette conviction préalable, Papebroch aborde les deux griefs capitaux, concernant la doctrine de la Trinité et celle du troisième état. Sur la Trinité, il ne peut esquiver le décret de 1215 ; il n'ose l'expliquer par une méprise du concile, qui n'aurait condamné, en fait, que des textes interpolés. Mais que pèse un opuscule de jeunesse, dû à la chaleur de la dispute, en face des écrits de la maturité où souffle manifestement un « ingens et sublimis spiritus », et spécialement des trois livres du *Psalterium* ? Là, Joach m se surpasse lui-même ; nul doute qu'il n'ait été « divina irradiatus luce » pour élucider le plus profond de tous les mystères et défendre la vérité catholique, à la fois contre Arius et Sabellius et contre ceux qui, dans des temps plus proches, ont voulu introduire dans la Trinité un quatrième terme en inventant une Nature commune distincte des trois Personnes. Le nom du Lombard n'est pas prononcé ; en revanche, Papebroch fait longuement appel à l'autorité de saint Bernard, dont Joachim est le fidèle interprète[5]. Puis il revient à l'opuscule « citra controversiam haereticissimum meritoque damnatum in Lateranensi », pour se demander s'il ne serait pas l'œuvre d'un autre auteur ayant abusé du nom et de l'autorité de Joachim ; et après des explications embarrassées, constatant qu'aucune solution

1. AS, pp. 141-142.
2. *In quatuor Prophetas majores*, Anvers, 1622. *In Apoc.*, Lyon, 1627.
3. « Induti nigris vestibus, ac incincti desuper zona ». Dans POSSEVIN, *Apparatus sacer* : t. 2, Venise, 1606, p. 102, on lisait : « ... nigris vestibus, et desuper accincta zona pellicea ». L'épithète n'est pas dans l'édition de l'*In Ap.* L'Ermite de saint Augustin HENRI de FRIEMAR (de Urimaria), appliquant en 1334 la prophétie à son ordre, écrivait : « induti nigris vestibus et amicti desuper zona (hoc est cingulo). » Un autre augustin écrivait en 1643 : « L'habit noir et la ceinture de cuir est la marque des Pères de cette religion » : ATHANASE de S. AGNES, *Le Chandelier d'or du Temple de Salomon*, Lyon, pp. 151-152 (REEVES, loc. cit., p. 140).
4. AS, p. 142. Papebroch cite un passage de l'In Ap. P. 4, disp. 7, et trois passages de l'*In Jeremiam*, sur les chapitres 1, et 11.
5. AS, pp. 129 et 131-133.

ne peut répondre à toutes les difficultés mais qu'une telle recherche n'est pas nécessaire, il passe à autre chose[1].

Reste la question du troisième état. Plusieurs ont calomnié Joachim ; ils ont transformé en un « honteux et horrible blasphème » des textes qui doivent être pris en un sens parfaitement bon et catholique, ce qui a paru autoriser les distortions opérées par des hommes convaincus d'hérésie. Joachim n'a jamais imaginé un deuxième état de l'Église moins parfait que le troisième ; tout ce qu'il a voulu dire, c'est que les fidèles, une fois libérés de la double tâche de confesser la foi dans les persécutions et de l'annoncer aux Gentils, pouvaient affluer en plus grand nombre dans les monastères pour s'adonner à la contemplation ; ce qui se produisit en Occident surtout à partir du temps de saint Benoît[2]. Guillaume de Tocco, cependant, rappelle que saint Thomas lui fut sévère ; mais il avait l'esprit prévenu, et les dires du saint Docteur sont susceptibles d'un sens moins dur. « Nul ne peut s'étonner que, connaissant mal la sainteté de Joachim, tenant son esprit pour suspect à cause de plusieurs inventions récentes, et venant à lire l'ouvrage de la *Concorde*, il ne l'ait pas fortement approuvé... ; son jugement provenait d'un esprit non moins bon que celui de Joachim, mais très différent de lui. Mais ce qu'il a moins approuvé, en ce temps où la lecture en était devenue périlleuse à cause de la dépravation des hérétiques, avait été approuvé par le souverain Pontife, quand ce péril n'existait pas ». Il devait surgir à nouveau, avec la « secta pestifera » des Béguins, suscitée par la Postille d'Olivi sur l'Apocalypse, que Jean XXII condamna comme contraire à l'unité de l'Église et au pouvoir du Siège apostolique. « Je peux à peine douter que cette Postille ait tiré un venin, au lieu du miel, de l'Explication de Joachim sur saint Jean ; peut-être même (si l'âge de l'auteur permet cette conjecture) est-ce là un de ces libelles que saint Thomas a réfutés »[3].

La *Disquisitio* de Papebroch s'achève sur ce plaidoyer aussi embarrassé que chaleureux. Le tableau qu'elle trace veut être celui du vrai Joachim, vénéré dans l'Église, vengé des attaques de ses adversaires et plus encore arraché à ses faux disciples. Mais de quel côté est le vrai Joachim ? L'un et l'autre ne sont-ils pas diversement légendaires ? Ce qui est certain, c'est que depuis longtemps déjà, quoique toujours déformé et souvent dans l'anonymat, un Joachim tout autre que celui de la tradition pieuse défendue par Papebroch l'emporte.

1. AS, p. 134 : « Et hoc posito multiplex subnascitur quaestio circa Libellum..., ipsius ne revera, an alterius Auctoris, Joachimi nomine et auctoritate abusi, ille fuerit, etc ».

2. AS, pp. 142-143.

3. AS, p. 143 : « ... Vix autem dubito, quin eadem Postilla veneni aliquid, loco mellis, suxerit ex Joachim Expositione in Joannem, fortassis etiam (si aetas Auctoris conveniat), unus ex libellis fuerit, quos D. Thomas confutavit ». — Dans les AS de mars, t. 1, 1668, dus aux deux mêmes Bollandistes, qui reproduisent la *Vita* de Guillaume de Tocco, aucune mise au point n'était tentée ; cf. p. 667.

Au prix de dénaturations profondes, mais par l'exploitation d'une pente incontestable de ses écrits, il envahit des secteurs de la pensée de moins en moins marginaux, sous des formes de plus en plus sécularisées[1].

Parmi les héritiers spirituels de Joachim de Flore, convient-il de ranger Tommaso Campanella (1578-1639) ? Quoiqu'il ait pu pressentir à brève échéance une transformation radicale de la vie monastique, peut-être même de toute foi religieuse, et « l'avènement d'une république universelle » telle que, croyait-il, sainte Brigitte et sainte Catherine de Sienne l'avaient promise[2], sa célèbre *Città del Sole*, ouvrage de jeunesse rédigé en 1602 dans la prison de Naples[3], ne suffirait point à faire de lui un joachimite. Cette cité n'est pas conçue comme le terme entrevu d'un christianisme évolué, finalement dépassé et transcendé par une religion de l'Esprit. Elle est un mythe, reconnu comme tel. Elle est *utopie* et *uchronie* ; *nusquana*, disait encore Thomas More, le malicieux créateur du genre. « Au sens propre du terme, la pensée utopique ignore toute historicité » ; elle propose « la solution définitive du problème social comme ... une vérité intemporelle »[4], quoique en réaction contre les abus du temps. Les auteurs d'utopies « semblent ne pas connaître le monde de leur temps, quelque rôle qu'ils aient pu y jouer »[5], même si cette apparence est trompeuse. Les Utopies d'un More, d'un Campanella, d'un Francis Bacon, pour ne rien dire de tant d'autres, si différentes qu'elles soient entre elles à maints égards, ont ceci de commun qu'elles sont sorties, pour ainsi dire, tout armées du cerveau de leurs auteurs. Elles ne sont pas le fruit de quelque théologie ou philosophie de l'histoire, elles ne décrivent pas l'aboutissement prévu de la dernière étape fournie par l'humanité sous l'impulsion d'une force interne de progrès ou de quelque nouvelle intervention divine ; elles ne visent pas quelque « eschatologie », immanente ou transcendante. Le fait que l'utopie n'est pas « gratuite », qu'elle est volontiers considérée comme une sorte de « projet », de « modèle », réalisable ou non dans sa lettre, comme un phare éclairant les voies d'un avenir plus ou moins proche, ne change rien à son caractère d'invention, de construction volontaire et idéale. On a précisément remarqué que ceux qui voulurent réaliser l'une ou l'autre « utopie », loin de se présenter comme chargés de faire aboutir la marche de l'histoire, furent amenés à rechercher « un champ neuf d'expérience », en

1. Le *Dictionnaire* de Bayle ne mentionne pas Joachim de Flore (cf. 5e éd., t. 3, Amsterdam, 1734). Le Dict. de Trévoux reproduit sur lui les erreurs courantes.
2. Étienne Gilson, *Les métamorphoses de la Cité de Dieu*. Vrin, 1952, pp. 204-205 ; cf. pp. 182-206.
3. Revu en 1613, il sera publié à Francfort en 1623.
4. J. J. Goblot, *Pierre Leroux et ses premiers écrits*. Presses univ. de Lyon, 1977, p. 74.
5. P. Leroux, art. de 1827 ; dans Goblot, p. 57.

marge des grands courants humains, « là où personne jusque-là n'avait vécu ».

Autant par leur origine que par leur contenu, les deux notions d'utopie et de sens, de marche ou de fin de l'histoire diffèrent. L'utopie est fille de Platon, et comme genre littéraire elle est une création de l'humanisme renaissant. Les théologies et les philosophies de l'histoire sont nées de l'eschatologie judaïque et chrétienne, et même lorsqu'elles lui sont infidèles, elles ne manquent pas, bien souvent, de s'en souvenir. L'utopie est affaire de raison (mettant l'imagination à son service, même s'il arrive à l'une et à l'autre d'être folles) ; l'eschatologie est en son principe affaire de foi, et même quand le croyant se veut adulte et scientifique, elle le demeure. La première cherche une organisation modèle de la cité, la seconde attend ou proclame la venue d'un « royaume de Dieu »[1]. Bien entendu, dans la pratique, bien des mélanges et des combinaisons s'opèrent. Joseph Ratzinger a pu présenter le joachimisme comme le confluent d'une utopie monastique et d'une eschatologie chiliaste.[2] Dans le cas de Campanella, on peut se demander quel rapport soutient la *Città del Sole*, ce « cri d'insurgé, né sur la paille du cachot »[3], avec la tentative d'insurrection calabraise qui devait instituer sur terre la première cité de Dieu et qui, avortée, l'avait fait jeter en prison. Mais il n'est pas nécessaire d'avoir résolu ce problème pour chercher ailleurs, dans son œuvre abondante, les traces d'une inspiration authentiquement joachimite[4].

Campanella était calabrais. Né à Stilo, il était entré tout jeune chez les Dominicains de Cosenza. Les spéculations du prophète de Flore auront pu l'imprégner au cours de sa formation. Il ne l'a lu cependant qu'assez tard, et peut-être seulement (au moins à en juger par ses écrits qui nous sont accessibles) l'*Expositio in Apocalypsim* avec son *Liber introductorius*. C'était vers 1607. Il croit le connaître aussi par des apocryphes et par diverses prophéties qui lui sont attribuées. Dans ses *Articuli prophetales*, ébauchés précisément en 1607 et terminés en 1609, il le cite fréquemment ; il s'émerveille de tant de concordances qu'il découvre entre ses propres opinions et celles de son grand « conterraneus », alors qu'il ne l'avait pas encore lu[5] : sur Mahomet, sur les Grecs, sur Gog et Magog, sur les combats de l'Église romaine[6], etc., bref, sur tout ce qu'il conjecturait lui-même

1. Joseph Ratzinger, *Eschatologie und Utopie*, dans Communio, éd. allemande, 1977, 2, pp. 97-110. Cf. Q. Kamlah, *Utopie, Eschatologie...*, Mannheim, 1969.
2. Loc. cit., p. 108.
3. M. de Gandillac, dans Hist. de la philos., t. 2, p. 344.
4. Cf. Dermenghem, op. cit., pp. 104-158. Gisela Bock, *Thomas Campanella, Politisches interesse und philosophische Spekulation*, Tübingen, 1974, pp. 161-162.
5. *Articuli prophetales*, éd. Germana Ernst, Florence, 1977 ; art 8, p. 113 ; art, 14, p. 230. De même *Teologia*, p. 25 (Ernst ibid., p. xxvii).
6. *De Antichristo*, p. 136 : « Concedo Romam simul esse Babylonem et Jerusalem, ut ait Ioachinus, non tamen Ecclesiam romanam esse Babylonem in dogmatibus nec in moribus, etc. » cf. p. 132.

à partir de l'Écriture, Joachim l'avait devancé[1]. Jamais il ne le critique. Cependant, jamais non plus, dans cet ouvrage, il ne se réfère à sa doctrine des trois états. De plus, il est rare que sur un point quelconque d'exégèse ou de prophétie il le cite seul, comme une autorité hors rang. L'abbé de Flore lui est un témoin parmi nombre d'autres. Ainsi, dans les jours de l'Alleluia qui font suite aux sept semaines de la Septuagésime, Bernard et Joachim s'accordent à voir un symbole de la patrie céleste ; bien des scotistes, tel François de Mayronnes, pensent avec Joachim que saint Jean n'est pas mort ; les prédictions de Brigitte, de Catherine de Sienne, de Vincent Ferrier, d'Ubertin, de Denys le Chartreux ... coïncident avec celles de Joachim[2], etc. Ou bien, la liste des témoins où l'abbé de Flore figure s'achève par un « et alii innumeri ».[3]

Campanella s'accorde avec Joachim pour célébrer dans le passé l'ère du constantinisme : c'est alors en effet, après la dure épreuve des persécutions, que « la paix chrétienne fut donnée à l'Église » ; l'initiative de l'empereur Constantin a marqué le début de la « rénovation » et de la « résurrection première »[4]. Il s'accorde encore avec lui, pense-t-il, (comme avec Vincent) dans son jugement sur Luther. Joachim et Vincent n'ont-ils pas tous deux pareillement annoncé et pour le même temps, la venue de Luther, qui serait le précurseur du « grand Antichrist » comme Jean-Baptiste avait été le précurseur du Christ ? Il prend aussi grand soin d'opposer Joachim (même l'apocryphe), de pair avec Savonarole et sainte Brigitte, au chef de la prétendue réforme : s'ils ont critiqué des abus, ce fut « non haeretico sensu, ut Lutherus, sed prophetico zelo »[5] ; la « captivité babylonique » dans laquelle est tombé l'univers doit être comprise « ad sensum sanctorum et non Lutheri », et de même il faut repousser cette idée d'une « Église invisible » opposée par les hérétiques de nos jours à l'Église romaine : nulle part sur la terre on ne trouve ce fantôme d'une Église invisible, « enthousiastique », qui puisse prétendre être l'Église du Christ[6].

Quelques traits, cependant, paraissent plus spécifiquement joachimites. L'histoire de l'Église et celle de la Synagogue se déroulent à travers une série de « status » successifs ou d'« âges », qui sont autant de « millénaires » et « dont les commencements des uns se confondent avec les fins des autres, comme Joachim l'enseigne »[7]. Selon le dixième des *Articuli prophetales* il fut révélé à Joachim,

1. *Art. proph.*, p. 114 : « et quidquid de Scripturis nos conjiciebamus, a Joachim prelibatum esse. » Sur Mahomet : *De Antichristo*, pp. 72, 74, 82-84.
2. Op. cit., pp. 44, 62, 142, etc.
3. Op. cit., p. 97. *De Antichristo*, p. 42, etc.
4. Cité par G. Bock, p. 283.
5. *De Antichristo* (*Theologicorum* l. 26), éd. Romano Amerio, Rome, 1965, pp. 10, 12 et 136. *Art. proph.*, pp. 36 et 203.
6. Textes cités par G. Bock, pp. 111 et 279.
7. Art. 8 ; p. 114.

comme plus tard à Catherine, à Brigitte et à Vincent, que le Saint-Esprit doit être répandu d'abord sur quelques hommes, de qui sortiront la rénovation de l'Église et la conversion des infidèles[1]. Le livre vingt-septième de la *Theologia* précise davantage : cette rénovation devra être précédée d'une « désolation » terrible ; Rome et l'Italie seront particulièrement ravagées, la papauté sera détruite. Telle sera l'œuvre de l'Antichrist. Lorsqu'il aura été vaincu, ce ne sera pas encore la consommation céleste, car il faut assurer d'abord au christianisme une consommation terrestre pour que soit pleinement manifestée l'énergie (*virtù*) qui est en lui. Ce Plérôme encore temporel sera le « sabbatisme » ou le « siècle d'or » de l'Église, dont le siège central aura probablement été transféré de Rome à Jérusalem ; là aussi sera le siège du Saint-Empire universel, dont les princes seront des cardinaux[2]. Ainsi interprétée par les œuvres postérieures, la Cité du Soleil elle-même pourrait être comprise, ainsi que le suggère Romano Amerio, comme déjà réalisée en miniature dans les couvents fidèles à l'idéal monastique[3]. — Ce néojoachimisme est d'ailleurs marqué par l'esprit de la Renaissance, dont Campanella, bien qu'apologiste de Galilée, n'est pourtant pas dégagé. On s'en aperçoit au vocabulaire : « virtù », « renovatio mundi », ou « saeculi » (plus souvent que « Ecclesiae »), « universalis mutatio », « saeculum aureum ». On le reconnaît aussi dans l'appel à une double sorte de prophétie, la divine et la naturelle, celle-ci étant particulièrement l'astrologie, à laquelle Campanella fait un perpétuel recours : Dieu est celui qui parle « et in prophetis et in stellis »[4]. On peut remarquer enfin qu'au courant prophétique alimenté par l'interprétation des textes sacrés se mêle et parfois se substitue un courant cosmique : toute la vie de l'Église et du monde semble alors réglée par les mouvements circulaires des astres ; la seule autorité scripturaire invoquée est celle de « Salomon » : « Quid est quod factum est, nisi quod futurum est ? », la « renovatio » n'est plus qu'une « reversio » ; la résurrection finale doit être comprise comme le retour de toutes choses à leur face première, lorsque « le mouvement de toutes les sphères les aura ramenées à la position d'où il avait commencé »[5].

---

1. Op. cit., art. 10 ; p. 141.
2. *Theol.* P. 27, c. 4, a. 1. Cf. G. Bock, p. 112. R. Amerio, *Campanella* : Brescia, 1947, pp. 211-212 : « Pienezza temporale del cristianesimo ».
3. Amerio, op. cit., p. 19.
4. Ernst, p. xliv. Cf. *Art. proph.*, a. 16, pp. 244-245 ; art. 7, p. 75 ; « Paulus Scaligerus, Arquatus astrologus ... agnoscunt signa in caelo et in terra, quae universi reformationem et mutationem et finem ostendunt », etc. Il sait toutefois que l'opinion attribuant la vie, les mœurs, les mutations des religions, etc. aux astres « satis rejecta est a Jo. Pico della Mirandola » : Bock, p. 232.
5. Textes dans Bock, pp. 240, 251, 265. C'est en vertu d'une double prophétie, naturelle et divine, qu'il a prêché « post annum 1600 expectandam esse, validissimis rationibus,.. »

Un tout autre genre de prophétisme nous est offert à la même époque, en milieu luthérien, par Jacob Böhme (1575-1625). « Le bienheureux et illuminé théosophe allemand », « le prince des philosophes divins », comme l'appellera Claude de Saint-Martin, associe dans sa propre vision, à un mysticisme mêlé de gnose et saupoudré d'alchimie, un prophétisme apparenté à celui de Joachim. Seul nous retiendra ce second aspect, dont le relief est moindre, et qui est généralement négligé[1]. Dans son *Mysterium magnum*, qui se présente comme un commentaire de la Genèse, Böhme exprime l'espoir d'une prochaine et totale réintégration du peuple juif. Son premier ouvrage, *Morgenröthe* (1612), qu'il écrivit d'abord secrètement, nous dit-il, pour lui seul, comme un « mémorial » et qu'il conserva manuscrit, a été traduit en français par Saint-Martin en 1803. C'est « L'Aurore naissante, ou la Racine de la philosophie, de l'astrologie et de la théologie »[2]. Il y annonce, ou plutôt il semble y montrer déjà, se levant, l'aurore d'un âge nouveau, qui doit être l'âge du dépassement de toute lettre, l'âge de l'intelligence enfin réalisée de toutes les Écritures. Ailleurs encore, à diverses reprises, il rappelle avec une audace étonnante que par lui « le temps est venu où se révèle ce qui jusqu'alors était resté caché : la naissance du monde, la naissance de ce qu'(il) appelle Dieu et, avant tout, la naissance d'une humanité nouvelle qui sera l'effet d'une nouvelle *Menschwerdung* ou homification par laquelle l'homme devient Homme-Dieu. En donnant à son premier ouvrage le titre d'*Aurore naissante*, Böhme veut indiquer d'une part que la lumière s'est levée dans son propre esprit, et d'autre part que « le grand jour de la révélation de Dieu est maintenant arrivé » et avec lui un temps nouveau pour l'humanité entière »[3].

Joachim de Flore avait écrit, dans un passage à la fois didactique et lyrique de la *Concordia*, cité par le Protocole d'Anagni, pour caractériser les trois âges :

> ... Le premier état fut placé sous les auspices de la dépendance servile ; le second sous ceux de la dépendance filiale, le troisième sous ceux de la liberté. Le fouet pour le premier, l'action pour le second, la contemplation pour le troisième. Successivement, la crainte, la foi, la charité ; l'état d'esclaves,

1. Ce n'est pas le cas, comme on va le voir, pour H.-R. SCHMITZ, dont il faut souhaiter qu'il donne bientôt ce livre sur Böhme, plus qu'esquissé déjà dans ses études publiées par la Revue thomiste. De même : *La visée de l'expérience boehmienne*, dans Nova et vetera, 1974, pp. 252-289.

2. Traduit ... sur l'édition d'Amsterdam de 1692 par le Philosophe inconnu (réédition à Milan, 1927). Cf. SAINT-MARTIN, lettre à Vögelin, 17 mars 1803, dans VIATTE, t. 2, p. 286. Traduction que des connaisseurs estiment trop parfaite, parce que les obscurités boehmiennes y paraissent trop éclaircies.

3. H.-R. SCHMITZ, *Jacob Boehme et l'avènement d'un homme nouveau*, R. thomiste, 78, 1978, p. 5.

> l'état d'hommes libres, l'état d'amis ; de vieillards, d'adultes, d'enfants. La lumière des étoiles, l'aurore, le plein jour. L'hiver, le début du printemps, l'été. Les orties, les roses, les lys...[1].

Ce troisième âge qu'il entrevoit, Böhme le baptise aussi « temps des lys », *Lilienzeit*. « Voici, dit-il, qu'un lys fleurit sur la montagne et dans la vallée, en tous les coins de l'univers... Il est venu, le temps, et bientôt il se manifestera... Sachez qu'un lys fleurit pour vous, pays de minuit ! » Le mot symbolique lui viendrait-il de Joachim, et par quels intermédiaires ? ou ne serait-ce qu'une rencontre ? Le sceau dont il se servait représentait « une main s'avançant hors du ciel et tenant une branche garnie de trois lys éclos »[2]. Voyons comment il parle de ce troisième temps, sur la fin de l'*Aurora*, en se référant aux Écritures :

> ... Moïse a écrit très exactement, mais la vraie connaissance a été cachée sous la lettre, tant à Moïse qu'à ses successeurs, et l'Esprit l'a tenue secrète jusqu'à ce moment. Elle a été cachée d'abord à Adam, pendant qu'il était encore dans le paradis ; mais maintenant elle est entièrement manifeste, car le cœur de Dieu a livré l'assaut à la chambre de la mort, et il la brisera bientôt. C'est pourquoi dans ce temps présent quelques rayons du jour pénétreront de plus en plus dans le cœur de quelques hommes et annonceront la clarté. Mais lorsque cette AURORE brillera depuis l'Orient jusqu'à l'Occident, assurément alors il n'y aura plus de temps, mais le soleil du cœur de Dieu se lèvera...[3].

Pas plus que Joachim, Böhme n'était, au sens vulgaire du mot, un visionnaire, ni un déséquilibré. Honnête travailleur, digne chef de famille, il était aussi paroissien fidèle, malgré les anathèmes que le « pastor primarius » de Görlitz fulminait contre lui et auxquels il répliqua dans une *Apologie* au ton très vif. Détail curieux, il fut accusé de « quaternité » comme Joachim en avait accusé le Lombard mais pour une toute autre raison : il mettait en rapport avec la Trinité divine une mystérieuse Sophia, « Vierge éternelle », qui occupe un rôle central dans sa doctrine et qui séduira dans la suite

---

1. C, l. 5, c. 84, f. 112 r. Denifle, Archiv. 1, p. 132. Nous empruntons la traduction de H. MOTTU, p. 232-233.
2. Gerhard WEHR, dans *Jacob Boehme* (Cahiers de l'hermétisme), 1975, pp. 20, 32, 38. Cf. Ernst BENZ, *Les sources mystiques de la philosophie romantique allemande*, Vrin, 1968, pp. 17-18, qui met bien en lumière l'aspect prophétique de Boehme. — Rappelons que le Livre d'HÉNOCH, 24, 4, ainsi que le 5e livre d'ESDRAS décrivaient le paradis comme un parterre de roses et de lys ; thème repris par la *Tradition apostolique*, 32 ; allusion dans *Cyprien*, epist. 10, 5. Cf. D, *Origines*, p. 39.
3. *L'Aurore naissante*, trad. citée, p. 453.

nombre de ses lecteurs. Comme Joachim, il s'abritait sous l'autorité des Pères de l'Église. Comme lui, il est dur pour les gens d'école, qui sont alors les scolastiques de l'orthodoxie luthérienne. Comme lui, il prétend tirer toute sa pensée de l'Écriture, — mais au lieu d'admettre son idée de la concorde littérale il s'en tient au principe traditionnel (quitte à l'appliquer à sa manière) selon lequel « l'Ancien Testament est une allégorie du Nouveau »[1]. En fait, il est cependant plus libre par rapport au texte sacré que Joachim ne voulait l'être, car pour lui « Christ doit être lui-même le docteur dans l'esprit humain » et « l'esprit de Christ en ses enfants n'est lié à aucune forme déterminée, selon laquelle il ne devrait rien dire qui ne se trouve dans les lettres apostoliques. De même que l'Esprit était libre dans les Apôtres, ainsi aujourd'hui encore l'Esprit de Christ parle par la bouche de ses enfants et il n'a besoin d'aucune formule combinée à l'avance et tirée de la formule littérale »[2]. Au fond, traduit A. Koyré, « pour lui la Bible n'est pas indispensable »[3]. Et pas davantage l'Église qui nous la transmet et nous l'explique, car « un vrai chrétien apporte son temple dans l'assemblée ; son cœur est le véritable temple, où doit s'exercer le service divin »[4].

Si donc Böhme fait sincèrement profession de christianisme, et « s'il tire argument de l'Écriture sainte, celle-ci en réalité ne fonde ni ne règle sa doctrine »[5]. Chez lui l'expérience est et elle demeure dominante. Ici encore, la parenté est manifeste avec l'abbé de Flore, mais aussi la différence. Comme Joachim, Böhme eut, au départ, son illumination. Un jour de l'année 1600, l'Esprit passa sur lui, « comme un éclair », ou « comme une averse subite ». « Je ne parle pas de moi-même », écrira-t-il à quelques confidents ; « je n'ai rien pensé ... parmi les choses que je voulais décrire, sans que l'Esprit ne me l'ait montré d'abord et d'un seul bloc » ; « je dis ce qu'engendre l'Esprit à qui nul ne peut résister » ; « la porte m'a été ouverte, au point qu'en un quart d'heure j'en ai vu ou appris davantage que si j'avais fréquenté les académies pendant de nombreuses années »[6]. Mais au lieu que l'illumination de Joachim lui avait fourni d'emblée une clé pour une exégèse « objective », dont il n'aurait plus désormais qu'à dérouler les implications et à suivre les ramifications, celle de Böhme n'avait aucun rapport spécial, même imaginaire, à l'Écriture : c'était une expérience tout intérieure,

---

1. *Mysterium magnum*, préface, n. 12 ; t. 1, p. 52.
2. *M. Magnum*, cité par SCHMITZ, *L'option de Boehme*, R. thomiste, 74, 1974, p. 79.
3. *La philosophie de Jacob Boehme*, Vrin, 1929, p. 498.
4. *Mysterium magnum* ; Schmitz, loc. cit., p. 81.
5. SCHMITZ, R. thomiste, 1978, p. 5.
6. WEHR, loc. cit., pp. 25, 33-34, 40-46, 48. On comparera cette dernière confidence avec deux propos analogues de saint IGNACE DE LOYOLA : *Le récit du pélerin*, éd. A. Thiry, DDB, 1956, c. 7, n. 30, pp. 74-75 (août 1522 ?) ; *Diario espiritual*, 19 février 1544, traduit dans Pages choisies, par Alain Guillermou, p. 48.

qui se traduisait spontanément en expérience cosmique, pour commander en quelque sorte du dehors toute son exégèse comme toute sa doctrine[1]. Et ce n'était pas non plus une illumination définitive, mais plutôt un « feu » qui dut être plusieurs fois ranimé pour donner toute sa lumière[2].

D'après les derniers mots du texte si joachimien de l'*Aurore* que nous avons cité, on pourrait se demander si pour Böhme l'avènement du troisième âge ne doit pas coïncider simplement avec la fin de l'histoire. L'aurore dont il salue la naissance serait celle du grand jour de l'éternité. Quelques autres expressions encore le laisseraient penser. « Le temps est venu, dit-il par exemple, dans *Les trois principes*, que l'Antichrist va se réveiller de son sommeil. Le Christ vient avec son beau lys du paradis dans la vallée de Josaphat. Il est temps de préparer les lampes pour ceux qui veulent aller aux noces de l'agneau » ; ou bien encore : « Il est grand temps de s'arracher au sommeil : il doit y avoir un grand déchirement avant le lys, et c'est pourquoi chacun doit penser à ses affaires »[3]. Et dans *l'Aurore* elle-même : « Le grand jour de la Révélation et du Jugement dernier est maintenant proche ... Le septième ange de l'Apocalypse a dressé sa trompette... Il est temps de se réveiller, car le fiancé se prépare à venir chercher sa fiancée ; voici qu'il arrive avec sa lumière qui brille d'un vif éclat ; le violoniste a déjà accordé son violon ... La porte du ciel est en train de s'ouvrir »[4]. Même avertissement dans une lettre à Gottfried Freudenhammer : « Je veux vous prévenir, en toute bienveillance, que l'époque actuelle doit être considérée avec attention, car le septième ange de l'Apocalypse a dressé sa trompette[5] ». Son biographe Frankenberg, expliquant la signification de la branche aux trois lys fleuris de son cachet, nous dit qu'elle évoque « le paradis de Dieu, qui se manifestera dans les derniers temps, quand la fin sera ramenée dans son commencement et que le cercle sera fermé »[6]. Mais dans de tels passages, la plupart des expressions employées par Böhme, empruntées aux évangiles et à l'Apocalypse, sont à interpréter par un contexte général qui pourrait bien dévoiler une pensée plus personnelle. Böhme ne se pique

---

1. C'est là ce que tendent à montrer, de manière à notre avis convaincante, les études de Schmitz.

2. Il eut trois illuminations principales : la première, dira-t-il, « n'était qu'une semence » ; chaque fois c'était « un vif courant de feu dans (son) esprit », mais la lumière était intermittente, et c'était toujours à recommencer. Cf. SCHMITZ, *Un mémorial de l'Ungrund*, R. th., 1976, pp. 9 et 13 ; *Jacob Boehme et l'avènement d'un homme nouveau*, R. th., 1978, pp. 7-8.

3. *Des trois principes de l'essence divine...*, tr. fr. par « le Philosophe inconnu », 1802, t. 1, pp. 131 et 302-303.

4. *L'Aurore naissante*, l. 2.

5. 17 oct. 1621. Cité par Wehr, p. 29 ; cf. pp. 52-53.

6. *De la vie et de la mort de Jacob Boehme*, par Abraham von FRANKENBERG, c. 24 ; trad. fr. par « Noé, juif polonais », 1826 ; reproduite dans Jacob BOEHME, *Confessions*, par Alexis KLIMOV, Fayard, 1973 ; p. 224.

pas de littéralisme, ni de cohérence logique dans le maniement des images. On peut être alors tenté de comprendre ces textes eschatologiques dans un sens tout individuel. C'est de la vie intérieure de chacun qu'il serait question : « Je suis, dit le Christ, la lumière du monde... Il est l'étoile du matin, il est engendré en nous, il se lève en nous, et brille dans les ténèbres de notre corps » ; c'est à chacun de nous en particulier que la Sagesse virginale s'adresse en lui parlant des lys ou du « lys de Dieu » dont la contemplation produit dans l'âme « les vertus » et engendre « la joie qui s'appelle le paradis »[1]. Pour le contemplatif, s'il vit « dans l'humilité et la modestie », « la porte des merveilles de Dieu » s'ouvrira « dans les roses du lys », il entrera « dans le jardin » plein « de roses, de lys et d'autres fleurs » ; c'est pour lui, sans que rien apparemment ne change dans le cours du monde, que « l'étoile du matin paraît et luit »[2].

Cette deuxième interprétation n'est point à repousser. Elle convient particulièrement pour certains textes contenus dans des écrits de spiritualité pratique, tels que le *De triplici via*. Mais ces textes ne font qu'appliquer au développement de l'âme individuelle ce qui, dans la pensée de Böhme, est vrai d'abord de l'histoire religieuse[3]. C'est ce qui ressort clairement, croyons-nous, des ouvrages à plus grande portée doctrinale, tels que le traité « des trois principes de l'essence divine, ou de l'éternel engendrement sans origine ». « Un temps plein de merveilles s'avance, lit-on dans la préface, mais il commence dans la nuit ... Quoique le démon puisse exciter les tempêtes depuis l'orient jusqu'au nord, néanmoins, dans l'Arbre colérique croît un lys avec une racine qui va aussi loin que l'Arbre étend ses branches et qui porte son parfum jusque dans le paradis de Dieu[4]. » Une « porte d'or » va s'ouvrir sur le dernier monde, dans lequel le lys croîtra ; c'est pourquoi l'on peut la nommer également « porte du lys ». Alors « le signe de Babel aura pris fin » ; ce sera « une époque liliale », qui verra « surgir et grandir notre être lilial ». Böhme ne veut « esquisser ce mystère » qu'avec réserve, mais il le déclare expressément en rapport avec « le mystère de la Sainte Trinité »[5], — ce qui est un trait joachimite. L'Église du Christ devra d'abord passer par l'épreuve ; il y aura une terrible lutte entre l'Arbre et la Bête, comme le dit saint Jean dans les allégories

1. *De triplici via*. Cf. Klimov, op. cit., pp. 95, 239, 267, etc. *Des trois principes*, t. 1, p. 290.
2. *Mysterium magnum*, p. 48, n. 43 ; c. 61, n. 15 ; c. 64, n. 38-39, etc. ; tr. fr., t. 2, pp. 54, 211, 269, etc. *De triplici via* ; loc. cit., p. 119, etc. « La vierge Sophia, dit-il encore, nous a fait présent d'une rose » ; cité par Schmitz, R. th., 1976, p. 15.
3. Ou, dans sa psychologie, vice-versa. C'est ce qu'on observe chez tant de mystiques-prophètes ou de prophètes-mystiques.
4. *Des trois principes*..., préface. Ce symbole de l'Arbre tient une grande place dans la gnose böhmienne, que nous n'entreprenons pas de décrire.
5. *Mysterium magnum*, c. 32, n. 10-11. Trad. fr., Aubier, t. 1, 1945, p. 388.

dont son Apocalypse est pleine. L'Antichrist exercera ses ravages, tout spécialement par « l'orgueil des savants », mais « le jour s'avance, il faut que cette malice soit découverte », cette lumière-là doit faire aussi partie du jour dont pointe déjà l'aurore[1]. Ayant conscience d'annoncer d'abord une catastrophe, d'où l'Église sortira transformée, lorsque « chaque brebis mangera de sa propre pâture », Böhme se défend de vouloir être « l'émule de Münzer »[2]. Il n'est qu'un annonciateur : Ce qui approche, c'est « l'heure de la grande Réforme » ; Luther l'a préparée en rétablissant « la vraie doctrine du Christ », mais il faut maintenant que le jour se lève enfin de sa pleine intelligence. Böhme, illuminé, perçoit « l'engendrement du nouveau corps de ce monde », sa vision est historico-cosmique. L'avant-propos du *Morgenröthe* nous en avertissait déjà : « Ce titre d'" aurore naissante ' est un secret, un mystère, caché aux gens intelligents et aux sages de ce monde, qui devront pourtant bientôt apprendre à le percer ».

Böhme cite avec prédilection ce verset de Luc 10, 21 : « Je te bénis, Père, d'avoir ... révélé cela aux tout petits ». Un esprit vraiment évangélique anime certaines de ses pages, écrites, dit-il, « pour le service des simples enfants du Christ ». Mais cet esprit se double souvent, par réaction contre les docteurs luthériens de son temps, d'un antirationalisme forcené. Pour lui, ces docteurs personnifient l'Antichrist. Il a contre eux, au chapitre 25e de *l'Aurore*, un mot terrible : « leur science, dit-il, ne réside que dans la maison de la mort ». Mais à l'aristocratisme intellectuel qu'il maudit, sa gnose ésotérique oppose un aristocratisme analogue. Il réserve les droits d'une catégorie d'initiés. Émettons une hypothèse, qui ne correspond exactement à aucune des trois solutions que nous avons envisagées quant à une sorte d'âge de l'Esprit. Pour le commun des mortels, le plein jour ne brillera sans doute jamais dans le temps. Déjà, cependant, des voyants le contemplent, et à travers eux déjà l'aurore perce, sans qu'ils puissent achever, dans ce monde épais, de délivrer leur message. N'est-ce pas le sens que suggère la note finale mise par l'auteur à son manuscrit, dans l'année 1620 ? « J'avertis, dit-il, le lecteur qui aime Dieu que ce livre de *l'Aurore* n'a pas été achevé, car le démon s'est proposé d'y mettre obstacle, voyant que par là le jour allait paraître. En plus, le jour poursuit déjà l'aurore, de façon qu'il fait presque clair[3] ».

L'Aurore naissante est loin de contenir toute la pensée de Böhme. C'est, dit Alexandre Koyré, un ouvrage encore très imparfait[4]. Böhme lui-même, au temps du *Mysterium magnum* (1623), lui trouvera des aspects enfantins ; c'est même le seul de ses écrits

1. *Des trois principes*, XXVI.
2. M. de Gandillac, dans *Hist. de la phil.*, Pléiade, t. 2, pp. 242-243.
3. Op. cit., p. 457.
4. *La philosophie de Jacob Boehme*, pp. 170-171, 186-187, 499, etc.

que, sur le tard, il « n'a plus totalement reconnu »[1]. Dans la suite il accentuera le caractère constamment dramatique de l'histoire au cours de laquelle s'opposent sans merci l'Église caïnite qui est l'Église de ce monde mauvais et l'Église véritable, celle d'Abel et de tous les justes, qui est l'Église du Christ[2]. Il ne perdra pourtant pas cette « simplicité de cœur et pureté d'âme »[3] qui transparaît dans ses écrits, un peu trop mêlée d'esprit satirique à l'endroit des orgueilleux[4]. Sa piété personnelle demeurera toujours christique (et mariale), mais elle sera toujours aussi doublée d'une *Christosophia* gnostique. Il persistera toujours à dire que le vrai sens de ses écrits, comme celui même de la Bible et de la révélation chrétienne qu'il a eu mission d'élucider, ne doit être pleinement ouvert qu'à l'avènement du « temps des lys »[5].

L'action de son trouble génie fut immense. Il sera lu et admiré aussi bien dans des cercles d'artisans que par des philosophes tels que Leibnitz, entretenant la ferveur des uns, suscitant la réflexion des autres. Il fera très tôt école en Angleterre[6]. Gottfried Arnold, l'historien de la mystique, lui taillera la part du lion. Sur la fin du dix-huitième siècle, la génération romantique allemande le redécouvrira dans l'enthousiasme, et c'est à l'*Aurore* qu'elle s'attachera avant tout. Vers 1798, Tieck, ayant trouvé le livre par hasard, sera aussitôt envoûté ; il le fera lire à sa sœur : « Tu recevras de Böhme, lui écrira-t-il, un esprit nouveau, je dirais presque une âme nouvelle ; quant à moi, le monde m'apparaît désormais autrement : nul ne peut conduire immédiatement l'âme à Dieu comme il le fait ; surtout dans l'*Aurore* ». Plusieurs de ses propres écrits sont pleins de pensées et d'expressions tirées de ce livre, qui lui a fait, dit-il, « comprendre le christianisme ». « Je convertis à Böhme tout le monde, écrira-t-il encore, et je suis son prophète ». Les deux principaux convertis seront Friedrich Schlegel et Novalis. Dans son « enchantement », Schlegel, qui l'aura lu entre 1798 et 1800, voudra « presque faire un devoir » à Schleiermacher d'étudier l'*Aurore*, et lorsqu'il proclamera

---

1. Ernst - R. Korn (= H.-R. Schmitz), *Sur le premier « Philosophus Teutonicus », Jacob Boehme* ; R. th., 1973, p. 52.

2. *Mysterium magnum*, c. 27 et 28 ; t. 1, pp. 299-336, etc.

3. Nicolas Berdiaev, en introd. à la trad. fr. du *M. Magnum*, p. 6.

4. Cf. *M. Magnum*, c. 42, n. 50 : « Dieu grand et merveilleux ! Avec quelle simplicité tu dépeins là le royaume de ton fils dans l'humanité !... Les hommes du monde orgueilleux feraient bien de prendre un miroir et de voir s'ils sont bien les enfants de cette simplicité. » T. 1, p. 547.

5. Comme chez Campanella, cependant, le dépassement du christianisme littéral s'achève par un mouvement circulaire, qui ramène tout à l'unité primordiale. La « nouvelle naissance » annoncée est celle du retour dans le sein maternel. L'homme, dépouillé de son essence particulière, s'identifiera au Tout. Cf. Schmitz, R. th., 1978, pp. 15-26.

6. Cf. Berdiaev, loc. cit., p. 36. Serge Hutin, *Les disciples anglais de Jacob Boehme*, Denoël 1960, pp. 41, 82, etc. (L'ouvrage traite aussi d'autres « mystiques » anglais.) L'infidélité des böhmistes anglais à leur inspirateur apparaît souvent, dit Hutin, p. 29, « comme le développement de plusieurs de ses doctrines de base ».

qu'il y a « toujours la lumière de l'aurore dans la religion » ou qu'il a lui-même « salué l'aurore », il jouera, constate M . Roger Ayrault « sur le titre de l'œuvre qui a résumé la pensée de Böhme pour les Romantiques »[1]. Novalis, lui aussi, sera conquis : « Je lis maintenant Jacob Böhme avec suite, et je commence à le comprendre comme il doit être compris... C'est pour moi un vrai bonheur de l'avoir connu par toi » (à Tieck, février 1800). Un de ses poèmes « évoquera Böhme resurgissant et, selon le symbolisme transparent de sa première œuvre, consacrant Tieck comme annonciateur de l'aurore » ; plusieurs passages de ses *Cantiques* seront eux-mêmes des échos de *l'Aurore naissante*. Schlegel et Novalis : nous les retrouverons plus loin, et nous pourrons alors constater que Böhme, avec son annonce du « temps des lys », aura été une efficace courroie de transmission dans l'histoire du joachimisme. Nous en verrons encore une autre confirmation dans Baader. Projetant au surplus « les ténèbres et la déchéance de la création dans les origines divines »[2], la pensée böhmienne devait inspirer plus profondément encore, non sans subir de profondes déformations, la dramaturgie progressive de l'idéalisme allemand, l'avenir nécessaire à la pleine réalisation de la divinité prenant le pas sur l'éternité divine assignée comme fin à l'humanité[3].

Le mysticisme qui s'était développé en marge de la confession luthérienne et contre le biblicisme de Luther a son analogue tardif dans le catholicisme, chez Madame Guyon. On est un peu surpris d'y rencontrer le même trait, car la riche tradition mystique du grand siècle, de François de Sales à Fénelon, ne comporte, à notre connaissance, rien de tel. Pour ce siècle classique, rationnel, mystique ou social, le temps — hors celui de chaque destinée individuelle — semble s'être arrêté. L'éternité le surplombe, tel le ciel abstrait des mathématiques. C'est un siècle d'érudition, non d'histoire ; il ne se tourne pas vers l'avenir. L'histoire sainte, qui est du passé, a produit l'ordre définitif, au sein duquel chaque individu travaille à son salut. Tout au plus maintient-on la tradition, celle-là bien vivante, d'explorer les événements de la fin du monde à la lumière de l'Apocalypse. Or Madame Guyon fait exception. Sans doute l'expression qu'elle donne à sa vision de l'avenir est-elle plus atténuée que chez un Weigel ou chez un Böhme ; le rôle du Saint-Esprit n'est pas pour elle de découvrir à l'homme la pleine intelligence des mystères, mais de le faire adhérer pleinement au vouloir divin, selon la doctrine du « pur amour ». De part et d'autre, néanmoins, la perspective est historique et c'est toujours le même schéma trinaire

1. *La genèse du romantisme allemand*, t. 3, pp. 342-344 ; pp. 469 et 522-523.
2. H. Urs von BALTHASAR, *Theo-Dramatik*, t. 1, Einsiedeln, 1975, introduction, B.
3. Voir encore infra, ch. VIII et XVII.

et trinitaire qui s'impose : « Le règne du Père a été avant l'incarnation ; celui du Fils, par l'incarnation » ; le troisième règne arrivera par le Saint-Esprit, qui doit, en se communiquant aux hommes, leur faire accomplir la volonté de Dieu sur la terre[1]. Projection objective, dans le déroulement de l'histoire, de ce qu'on estime être en même temps le processus d'un approfondissement intérieur. La croissance de l'âme dans le pur amour est le prototype d'un progrès et d'un accomplissement universels. Le mouvement trinitaire de Joachim de Flore, dans la détermination de ses étapes, l'emporte une fois de plus, ne serait-ce qu'en passant, sur celui de Rupert de Deutz.

Cette dimension de la doctrine guyonienne[2] a été peu remarquée. Il est vrai que son expression tient peu de place dans une œuvre abondante. On la rencontre cependant encore dans les *Discours spirituels et chrétiens*. Le 65e discours du premier volume, qui traite du « dégât et rétablissement de l'Église », emprunte simplement les paroles de l'Écriture pour faire dire au Seigneur : « Toute la terre sera remplie de ma Majesté ; on ne dira plus alors : allons écouter *le voyant*, car mon Esprit se répandra sur toute chair ». Mais le discours 63e du second volume est plus explicite. Il y est dit qu'après « les martyrs de Jésus-Christ », qui ont été « des martyrs glorieux », viendront, viennent déjà « les martyrs du Saint-Esprit », qui sont « des martyrs de confusion et d'opprobre » ; le démon ne les attaque pas dans leur foi, comme les premiers, mais « dans le domaine du Saint-Esprit ». Vient alors un rappel des trois règnes successifs des trois personnes divines, à peu près dans les mêmes termes que ceux de la *Vie* ; il est suivi d'une explication des deux demandes du *Pater* : « que votre règne arrive », et « que votre volonté soit faite ». Ces deux demandes sont mises dans la bouche de Jésus-Christ, qui les adresse au Saint-Esprit. Celui-ci, « consommateur de toutes choses », doit être d'abord « un Esprit destructeur », jusqu'à ce qu'il puisse pleinement produire en nous le Verbe et nous enseigner « par le fond »[3].

Par ses commentaires de l'Écriture, Madame Guyon exerça une influence prolongée dans des milieux protestants. On sait que Pierre Poiret, qui sut tirer parti des « excroissances de la mystique catholique »[4], faisait grand cas de ses œuvres[5]. Mais Madame Guyon

---

1. *Vie* par elle-même, 3e partie, ch. 7. Nouv. éd., 1791, t. 3, pp. 77-79.
2. Est-il besoin de préciser qu'il n'y en a pas trace chez Fénelon ?
3. Nouv. éd. corrigée et augmentée, Paris 1790 ; t. 1, p. 451 ; t. 2, pp. 348-351. Ce passage développe, en usant souvent des mêmes expressions, celui de la *Vie*.
4. Émile G. Léonard, *Hist. gén. du protestantisme*, t. 3, PUF, 1964, p. 76 ; « frange infernale de la mystique catholique », à propos d'Antoinette Bourignon. Cf. p. 139, pour la seconde partie du xviiie siècle : « C'est dans les protestantismes européens que ces nouvelles excroissances d'un catholicisme aberrant auront le plus grand succès ».
5. La célèbre « Bible de Berleburg, au dernier tiers du xviiie siècle, sera une

eut aussi quelques disciples fervents dans les milieux catholiques[1] ; tel cet André Derville, docteur en Sorbonne et curé de Saint-Maclou à Rouen, dont le Père Watrigant et le baron Ernest Seillière nous ont conté la mésaventure. Aux environs de 1700, Derville développe la même doctrine, dans le même esprit, mais avec nombre de précisions ingénieuses qui ne sont peut-être pas toutes de son crû. Il les expose à un correspondant, M. de la Vigne, des Missions étrangères, dans un mémoire divisé en douze paragraphes. Nous croyons qu'il vaut la peine de citer en résumé cette curieuse pièce, dans son ordonnance toute scolastique :

> Le monde a été soumis successivement à la loi de Moïse ou du Père, puis à la loi de l'Évangile ou du Fils de Dieu ; il le sera donc quelque jour aussi à la loi pure de l'Esprit-Saint. Entre ces lois ou alliances successives et diverses, on peut noter des différences et des ressemblances.
>
> Tout d'abord quant au temps ; la première ayant duré quinze ou seize cents ans depuis Moïse jusqu'à Jésus ; la seconde, à peu près autant, depuis Jésus jusqu'à présent ; ce qui permet d'espérer la venue désormais imminente de la troisième, destinée à durer bien davantage et de façon à en faire un octave de milliers d'années avant le Jugement universel. — Ces successives Alliances peuvent être également distinguées quant aux lieux ; car celle de Moïse ne valut que pour un canton du globe, la Palestine ; la seconde se restreignit longtemps à l'Empire romain et aux pays limitrophes, bien qu'elle ait été prêchée partout enfin, selon les promesses de l'Écriture ; la troisième s'étendra au monde tout entier sans nulle restriction.
>
> On caractérise encore ces trois alliances par celle des puissances de l'âme, qui se voit particulièrement modifiée dans le cours de chacune d'entre elles : la loi du Père purifiant les sens, la loi du Fils agissant de même sur les facultés de l'âme, la loi de l'Esprit enfin, sur le fond même de cette âme ; — ou encore, par le degré de justice qu'elles réalisent dans les fidèles, la première convenant surtout aux commençants, la seconde aux profitants, la troisième aux parfaits ; — par les vertus théologales qu'elles encouragent, s'appuyant tour à tour sur l'espérance, sur la foi, sur la charité ; — par les récompenses qu'elles conduisent à souhaiter, temporelles dans le Judaïsme, éternelles avec la loi de Jésus, essentielles enfin sous le règne de l'Esprit qui nous enseigne à nous conformer au bon plaisir de Dieu dans l'éternité aussi bien que dans le temps ; — par les

---

version des Écritures avec commentaire allégorique et mystique dans l'esprit de Mme Guyon ; cf. AYNAULT, t. 2, p. 443.

1. Les *Soirées* de Joseph de MAISTRE contiendront encore de nombreuses allusions à Mme Guyon.

dérèglements qu'elles combattent surtout et qui sont respectivement infidélité, propre justice, hésitation dans l'obéissance ; — par le culte qu'elles instaurent, culte extérieur seulement dans le Mosaïsme, puis extérieur et intérieur par parties égales entre elles dans le Christianisme, purement intérieur dans la mystique nouvelle ; — par les facultés principalement consultées sous leur égide, qui sont l'intelligence au début, la raison ensuite, l'amour en dernier ressort ; etc.[1].

Ce beau rêve, innocemment caressé, qui s'exprimait volontiers dans des prédications sur l'Apocalypse et dans des invocations à l'« Esprit-Messie », finit mal pour son auteur. Non content de discuter les théories de son correspondant, M. de la Vigne les condensa dans un catalogue de 76 erreurs, que le pauvre Derville dut rétracter par écrit en janvier 1703. Simple épisode apparemment dans les querelles des partis qui divisaient alors l'Église en France. Mais épisode qui forme un anneau de plus dans la longue histoire d'une utopie indéfiniment renaissante.

Comme l'insinuent les divers exemples rappelés jusqu'ici, l'illuminisme issu de Joachim de Flore, qui va prendre une immense extension dans les temps modernes, peut être divisé (nous parlons de façon schématique) en deux grands courants. Pris dans toute leur force, tous deux considèrent également comme transitoires, ou même déjà périmés, l'armature doctrinale de la foi chrétienne et le cadre de l'institution ecclésiastique (on dirait aujourd'hui : le dogme et la structure). Tous deux, dans la mesure où ils conservent la conscience de leur enracinement biblique et évangélique, répartissent le long du temps les divers degrés d'intelligence de l'Écriture. Tous deux transposent l'eschatologie traditionnelle de l'Église en une vue « historique » du progrès religieux. Tous deux, au moins jusqu'à l'époque à laquelle nous sommes arrivés, et souvent plus tard encore, mais dans un vocabulaire de plus en plus équivoque, font appel à l'Esprit-Saint. Tous deux, quel que soit le climat, sacré ou déjà séculier, qui les caractérise, veulent dépasser la région moyenne où, selon eux, le christianisme se figeait. Mais l'un des deux courants est plus actif, plus social et plus combatif, l'autre, plus spéculatif et plus intérieur ; l'un prétend transformer la société tout entière, tandis que l'autre a plutôt en vue un approfondissement spirituel qui rendrait inutile, voire intolérable, toute Église visible. L'un peut être défini comme un nouveau type de messianisme temporel, l'autre comme un spiritualisme mystique ou gnostique. Tous deux attribuent, quoique avec une patience inégale, une importante souveraine au temps, pour aboutir à un état où le temps, sur cette terre même, sera

1. Dans Ernest SEILLIÈRE, *Du quiétisme au Socialisme romantique*, Alcan, 1925, pp. 72-74. Cf. WATRIGANT, S. J., *Un disciple obstiné du semi-quiétisme guyonien à Rouen*, 1700-1705 : RHE, t. 18, 1922.

en quelque sorte évacué. Tous deux, restant disjoints ou se rejoignant en des combinaisons diverses, engendreront en se sécularisant diverses philosophies de l'histoire et diverses théories sociales d'allure plus ou moins révolutionnaire, les unes pacifiques, au moins en intention, les autres violentes, dont l'influence pénètrera plus d'une fois par contrecoup, pour le stimuler ou pour l'ébranler, à l'intérieur du monde croyant.

Parmi ces philosophies de l'histoire, faudrait-il ranger celle de Bossuet, ou celle de Vico ? Il s'est trouvé un historien (qui l'aurait cru ?) pour estimer que le *Discours sur l'histoire universelle* (qui est d'ailleurs plutôt une théologie qu'une philosophie de l'histoire) dépendait de Joachim de Flore, de Jean de Parme et de « quelques autres » ; cela parce qu'on y voit distinguées « la période de la loi naturelle..., la période de la loi écrite..., la période de la loi de grâce »[1]. Or, c'est précisément ce schéma ternaire, le plus antiquement et le plus banalement traditionnel qui soit dans le christianisme[2] que le joachimisme, se fondant sur une conception nouvelle du rapport des deux Testaments, remplaçait par un autre. La confusion est ici la même que celle qui fut faite au sujet de Rupert de Deutz. Pour Bossuet comme pour Rupert, le troisième âge a commencé depuis longtemps ; il s'est ouvert « avec la venue du Christ et le Nouveau Testament », il est le temps de l'Église, et il n'y a point à en attendre un autre au cours de notre histoire. S'il y a peut-être à guetter encore des signes précurseurs, ce seront les signes avant-coureurs de l'Antichrist et de la fin des temps. Bossuet a sacrifié, comme mille autres, à l'interprétation « historique » de l'Apocalypse, dont Joachim de Flore avait été le principal initiateur. D'autre part, il s'est magnifiquement installé dans un ordre de choses qu'il croit stable de droit divin ; toutefois, s'il s'est montré dans sa vieillesse aveuglément hostile à tout ce qui lui paraissait compromettre cet ordre, il est juste de reconnaître qu'il avait de la doctrine de l'Église et de ses expressions une idée moins purement fixiste qu'on ne l'a souvent cru. Le titre de l'*Histoire des variations* ne signifie pas (au moins directement), comme on l'interprète à tort, que Bossuet reproche aux confessions de foi protestantes d'avoir changé, d'avoir évolué au cours des temps ; il s'étonne de « tant de confessions de foi » simultanément différentes, il fait observer « les contradictions » et « les équivoques » dans lesquelles les Protestants « s'embrouillent » ; il raille « cette prodigieuse multitude » à laquelle manque « la merveille du consentement », etc. Dans notre langage actuel, son ouvrage serait intitulé plus justement, ou du moins plus clairement : « Histoire des variétés » ou « Histoire des fluctuations et des contradictions

1. Jean-Louis CORNUZ, *Jules Michelet*, un aspect de la pensée religieuse au XIXe siècle, 1955, pp. 78-79.

2. Que ces périodes fussent ou non appropriées à chacune des trois personnes divines, importe ici assez peu.

au sein des Églises protestantes »[1] ; on parlait alors aussi de leurs « contrariétés ». Ceci dit, il est néanmoins impossible de trouver dans le *Discours*, ou dans tout autre écrit de Bossuet, la moindre trace de joachimisme.

On a dit aussi que Joachim de Flore était l'ancêtre de Vico (1668-1755)[2]. Cela ne se pourrait entendre que dans un sens très large. Certes, toute la pensée de Vico est historique ; « telle une oasis dans le désert », elle apparaît comme « un miracle dans le siècle des rationalistes et des mathématiciens »[3], et cet historisme profondément original peut être rapproché de celui qui en son temps caractérisa Joachim. Mais la *Scienza nuova* ne se présente pas comme une histoire de la révélation ou du salut ; et ni dans sa première édition, en 1725[4], ni dans la seconde, refondue, parue en 1730[5], elle ne contient une triade analogue à celle des écrits joachimites. Les trois âges que Vico a distingués (âge des dieux, âge des héros, âge des hommes) n'ont vraiment rien de commun avec les trois étapes de la révélation divine. La conception historique de Vico apparaît moins progressive que cyclique. On y voit les nations, « malgré la variété infinie de leurs mœurs, tourner sans en sortir jamais dans ce cercle des trois âges, divin, héroïque et humain » ; c'est « le cercle éternel d'une histoire idéale, sur lequel tournent dans le temps les histoires de toutes les nations, avec leur naissance, leurs progrès, leur décadence et leur fin ». Partout la nature des peuples est « cruelle et féroce d'abord », puis « elle s'apaise, mais demeure sévère, en s'affaiblissant elle s'empreint de bienveillance, puis devient délicate, raffinée, pour finalement être dissolue »[6], — après quoi tout recommence... « Le réel, commente M. Chaix-Ruy, — et la nature humaine elle-même, — se rationalise, mais ce processus de rationalisation porte en lui la menace d'un déclin, d'une régression ; il dissout en effet les vertus primitives, atteint le « sacré » en ses racines »[7]. Michelet, qui en 1827 a traduit Vico, —

1. Cf. Préface : « tant de variétés et tant d'équivoques », etc. V. aussi p. ex. livre 15, 4. Même la phrase, souvent citée sur la vérité divine qui a d'emblée sa perfection, ne doit pas être comprise comme excluant toute idée de développement dogmatique : la suite le montre bien. Cf. la première page de la préface : « ... ces variations, ces subtilités, ces équivoques, ces artifices, dont j'entreprends de faire l'histoire. »

2. Ainsi M. W. Bloomfield, p. 309. Cf. G. M. dans BTAM, 8, n° 1943.

3. Giovanni Gentile, discours pour le 2e centenaire de la mort de Vico, 19.3. 1944 ; cité par G. Useatescu, Archives de philosophie, 1977, p. 122.

4. *Principi di una Scienza nuova d'intorno alla communa natura delle Nazioni* (Napoli).

5. *Scienza Nuova.* Souvent rééditée depuis lors.

6. *Principes de la philosophie de l'histoire*, l. 1, c. 2, 67 ; l. 4, c. 1, 1 ; l. 5, c. 1 et 3 ; trad. de Michelet, rééditée en 1963, Armand Colin, pp. 57, 282, 345, 360. J. Chaix-Ruy, *Vico et l'historicisme*, APH, 1977, p. 56. Cf. Max Horkheimer, *Les débuts de la philosophie bourgeoise de l'histoire*, 1930, trad. Denis Authier, Payot, 1971, p. 132.

7. J. Chaix-Ruy, loc. cit., p. 53.

mais assez librement (il en a, dit Georges Sorel, « supprimé tout le bafouillage pour ne garder que la moelle »[1]), — a résumé, au début de son *Histoire romaine* (1824, p. 4), l'impression déjà retirée de sa première lecture : « ... une mélancolique réminiscence de la doctrine étrusque des Ages, la pensée d'une rotation régulière du monde naturel et du monde civil, où, sous l'œil de la Providence, tous les peuples mènent le chœur éternel de la vie et de la mort. Voilà Naples et voilà Vico ». Plus que de toute théorie du progrès, il semble donc qu'on soit proche de l'*Ecclésiaste* (1, 4-9).

C'est bien ainsi que nombre de lecteurs ont compris Vico. Il est « complètement anti-progressif », déclarait Boullanger († 1759) ; comme l'ancienne philosophie grecque, il n'admet qu'une succession circulaire des phénomènes sociaux. Buchez est du même avis[2]. Cournot lui reproche aussi de poser « un cycle de périodes indéfiniment renaissantes » et lui oppose un progrès compris à la manière de Hegel[3]. Bien qu'admirateur du grand napolitain, B. Croce renchérit sur cette interprétation : « Chez Vico, dit-il, le cercle éternel est limité, dans l'histoire des nations et des peuples, au retour des choses humaines civiles. La civilisation s'achève par une « barbarie de la réflexion », pire encore que la première barbarie, celle des sens »[4]. Cependant, il estime que Vico a cherché une voie originale, aussi bien par rapport au retour éternel des anciens que par rapport au progrès continu du rationalisme illuministe ; et c'était là déjà l'avis de Jacobi[5]. Bien que Vico ne s'en soit jamais très clairement expliqué, on peut croire en effet que tout ne tient pas strictement pour lui dans le *Corsi e recorsi*. N'est-ce pas ce que suggère un texte tel que celui-ci : « Les nations tendent par la corruption à se diviser, à se détruire elles-mêmes, et de leurs débris dispersés dans les solitudes, elles renaissent et se renouvellent, semblables au phénix de la fable. Qui peut faire tout cela ? Ce fut sans doute *l'esprit*, puisque les hommes le firent avec l'intelligence »[6]. N'y a-t-il pas là comme un hymne à la puissance victorieuse de l'esprit ? La marche de l'humanité paraît circulaire ; mais, réglée par ce que Vico appelait le gouvernement civil de la Providence, elle doit peut-être réaliser à la longue l'idée qui a présidé à la création. A travers « le cycle fatal des formes sociales », on peut croire que « l'humanité s'élève vers Dieu par une marche circulaire, mais en spirale ». Telle est l'inter-

1. A Edouard Berth, 30.10.1906 ; cité par G. Pagliano UNGARU, *Vico et Sorel*, APH, 1977, p. 274, note.
2. *Introd. à la philosophie de l'histoire* 2, 1842, t. 1, pp. 109-112.
3. *Considérations sur la marche des idées*, 1872. *Œuvres complètes*, t. 4, 1973, pp. 21, 80, 112.
4. Cité par J. CHAIX-RUY, loc. cit., p. 46.
5. CHAIX-RUY, loc. cit., pp. 44 et 49.
6. Trad. Michelet ; Flammarion, p. 640. Vico n'ignorait pas que le phénix avait été l'emblème de l'empire, ni que Tite-Live avait émis la théorie de plusieurs naissances de Rome, ni que Virgile avait chanté dans sa 4e églogue le retour d'une « nova progenies ».

prétation à laquelle s'arrêtait Gabriel Monod, peut-être influencé par les conceptions de Michelet et de Hegel[1]. C'est aussi celle que reprendra M. Émile Callot[2]. Hegel, en effet, s'efforcera d'unir les deux idées du cycle et du progrès, et dans son introduction aux *Leçons sur la philosophie de l'histoire*, usera comme Vico de l'image du phénix. Cependant, l'opposition est creusée entre eux deux au moins par le fait que l'un attribue à l'Esprit universel immanent à l'histoire ce que l'autre considère comme l'effet d'une intervention de la Providence.

Mais de quelque façon que Vico soit compris, aucun lien ne nous paraît rattacher au courant joachimite ce génie solitaire[3].

Bossuet, Vico : c'étaient de fausses pistes. Une autre, plus mince, serait peut-être plus sérieuse. Selon Louis Pérouas, Louis-Marie Grignion de Montfort (1673-1716), qui devait être canonisé au vingtième siècle, en serait venu « à désirer et même à annoncer, dans un style apocalyptique, une ère nouvelle de l'Église, « les derniers temps », le règne de l'Esprit, selon un schéma joachimite. En contrepoint, il faut mettre son obéissance constamment et douloureusement docile aux évêques... Mais jusqu'au bout il gardera la hantise de « sortir de Jérusalem »[4]. A vrai dire, nous n'avons rien trouvé de nettement joachimite, même sous forme d'aspiration passagère, dans les « Œuvres complètes » du saint, publiées pour la première fois en 1966. Sans doute l'introduction nous avertit-elle que « des textes manuscrits ont été laissés de côté » ; mais il s'agirait surtout de notes impersonnelles, copiées chez d'autres auteurs, des notes qui n'ont subi aucune élaboration[5]. Le seul passage de l'œuvre imprimée qui nous paraisse rendre un son assez lointainement analogue aux attentes d'un troisième âge se lit dans le célèbre *Traité de la vraie dévotion à la Sainte Vierge* :

> Ah ! quand viendra cet heureux temps, dit un saint homme de nos jours, qui était tout perdu en Marie, ah ! quand viendra cet heureux temps où la divine Marie sera établie maîtresse et

---

1. *La vie et la pensée de Jules Michelet*, t. 1, 1925, p. 99 ; cf. p. 104.
2. *Les trois moments de la philosophie théologique de l'histoire*, Augustin, Vico, Herder, la situation actuelle. Éd. de la Pensée universelle, Paris, 1974. — C'est à peu près le « rythme » décrit par Arnold J. Toynbee, *L'Histoire, un essai d'interprétation*, trad. El. Julia, Gallimard, 1951 ; ainsi pp. 280-282 : le « mouvement majeur » qu'entraînent les « mouvements mineurs » circulaires « n'est pas récurrent, mais progressif ».
3. Vico dépasse le sens « de l'histoire marquée par la théologie primitive, en faveur d'une histoire de la civilisation... » Chez lui puis chez Voltaire « l'histoire du monde émerge de l'histoire du salut, etc. » : Hans Urs von Balthasar, *De l'Intégration*, aspects d'une théologie de l'histoire, trad. Bourboulon-Engelmann-Givord, DDB, 1970, p. 124.
4. DS, t. 9, 1078-1079.
5. *Œuvres complètes*, publiées sous la direction du P. Marcel Gendrot, Seuil, 1966.

> souveraine dans les cœurs, pour les soumettre pleinement à l'emprise de son grand et unique Jésus ? Quand est-ce que les âmes respireront autant Marie que les corps respirent l'air ? Pour lors, des choses merveilleuses arriveront dans ces bas lieux, où le Saint-Esprit, trouvant sa chère Épouse comme reproduite dans les âmes, y surviendra abondamment, et les remplira de ses dons, et particulièrement du don de sa sagesse, pour opérer des merveilles de grâce[1].

Peut-être les tendances joachimistes de Grignion de Montfort se réduisent-elles à ce que l'un de ses biographes appelle son « rêve contestataire », à un regard porté « vers un avenir idéalisé », où les « apôtres véritables des derniers temps » seront doués de toutes les vertus qu'ils n'ont guère en ces temps misérables et qui leur feront « opérer des merveilles ». Il s'écrie dans sa prière : « N'avez-vous pas montré par avance à quelques-uns de vos amis une future rénovation de votre Église ? ... Quand sera que viendra ce déluge de feu du pur amour que vous devez allumer sur toute la terre, d'une manière si douce et si véhémente, que toutes les nations, les Turcs, les idolâtres et les Juifs même en brûleront et se convertiront ? »[2].

---

1. *Traité...*, paragr. 217 ; *Œuvres complètes*, pp. 634-635.

2. Prière embrasée pour demander des missionnaires, 5, 17. *Traité...*, 56. Cf. Louis Pérouas, *Ce que croyait Grignion de Montfort*, Mame, 1977, pp. 98-100. — Léon Bloy, qui figurera dans la suite de cette histoire, associe Grignion de Montfort à ses spéculations sur le Saint-Esprit : « Parfois il disait des choses étranges, que Matthias ne devait jamais oublier... : il s'agissait de l'enfer et de cette mystérieuse Troisième Personne de la Sainte Trinité. Il parlait aussi de Grignion de Montfort, de La Salette, des apôtres des derniers temps. Il exposait sa grandiose conception de Marie Mère de Dieu et Mère des hommes. » Pieter Van der Meer de Walcheren, *Dieu et les hommes*, traduit et adopté par Louis Van den Bossche, DDB, 1949, p. 310.

II

« *Rosenkreuz* », *Oetinger, Deschamps*

C'est dans un tout autre climat que se poursuit (et se transforme) le grand courant joachimite. L'œuvre de Lessing est ici communément évoquée, et c'est à juste raison. Mais elle ne constitue pas à cet égard une nouveauté absolue. Il faut maintenant nous tourner vers l'Europe du Nord pour en voir, aux dix-septième et dix-huitième siècles, les antécédents.

En 1600, le protestant J. Wolf avait publié à Lauingen, sous le titre de *Lectionum memorabilium et reconditarum centenarii XVI* un recueil d'extraits des écrits joachimites, authentiques et apocryphes, propres à favoriser, dit Renan, « les doctrines ou les antipathies de ses coreligionnaires »[1]. Au cours des années suivantes, un événement plus important se produisait, auquel Joachim de Flore, comme on va le voir, n'était pas tout à fait étranger. Il s'agit des premiers écrits dits des Rose-Croix, et de leur extraordinaire fortune.

En 1614 paraissait à Cassel, en latin, un manifeste intitulé : « Commune et générale réformation de tout le vaste monde, suivi des Échos de la Fraternité du très louable ordre de la Rose-Croix ». C'est l'ouvrage habituellement désigné sous le titre résumé de *Fama Fraternitatis*. La *Fama* révélait la curieuse histoire d'un certain Christian Rosencreuz, né en 1378, mort à l'âge de cent-six ans, qui avait découvert en Arabie, en Égypte et au Maroc des secrets merveilleux ; revenu en Allemagne, il avait fini ses jours dans un ermitage, en se consacrant au soin des malades ; son tombeau venait d'être découvert ; sur la porte on put encore lire ces mots : « Je m'ouvrirai dans cent-vint ans », et son corps tenait en mains un livret dont l'épilogue commençait ainsi : « Semence enfouie dans le cœur de Jésus ». Avant sa mort il s'était associé trois frères, qui décidèrent de s'en adjoindre cinq autres, pour former la confrérie du Saint-Esprit ; tous firent le vœu de virginité ; depuis lors, la confrérie avait continué de se recruter dans le secret, et chaque année, à un jour fixé, ils se rassemblaient à la « demeure du Saint-Esprit »[2]. En cette année 1604, ils avaient décidé de faire connaître à quelques hommes choisis par Dieu « l'éternelle vérité théophrastique et divine miraculeusement réservée jusqu'à ce jour » : « la lumière divine vous est apparue comme l'étoile apparut aux mages, pour que vous enseigniez au

1. Ernest Renan, *Nouv. études d'hist. religieuse*, 1866, p. 141.
2. Cf. Paul Arnold, *Histoire des Rose-Croix et les origines de la Franc-Maçonnerie*, Mercure de France, 1955, pp. 23 et 27.

monde égaré le vrai chemin de la philosophie éternelle, c'est- à-dire de la connaissance du Messie et de la lumière de la Nature au temps de l'empire du Saint-Esprit », où serait découvert « le troisième trésor caché » : ce serait alors pour le genre humain « l'Age d'or ».

Peu après, dans la même année 1614, paraissait un second opuscule : « Confession de l'insigne confrérie du très honoré Rosenkreuz à l'adresse des hommes de science de l'Europe ». Les membres de la Fraternité y exposaient leur programme en quatorze petits chapitres, émettant l'espoir que « tous les hommes de science » répondraient à leurs « appels fraternels » : « ils trouveront à nos côtés plus de merveilles et de mystères qu'ils n'ont jamais pu jusqu'alors en acquérir ». Le Créateur a imprimé dans la nature les mêmes caractères qu'il a incorporés à la sainte Bible ; dans les temps passés le monde les a à peine entrevus ; mais l'heure approche où il va pouvoir, « une fois cuvée l'ivresse bue au calice du poison et de la somnolence, marcher au-devant du nouveau soleil qui se lève, le cœur béant, la tête découverte, les pieds nus, dans l'allégresse et dans la joie »[1].

De qui venait cette mystification ? Très probablement, du seul Jean-Valentin Andreae (1586-1654), qui avait composé les deux traités un peu auparavant, vers 1609-1611, alors qu'il était étudiant à Tübingen. Il s'en est défendu ; dès 1618 et dans une série d'écrits postérieurs, il a ridiculisé les Rose-Croix ; il a prêté en 1639 le serment d'avoir toujours ri de ce conte ; mais « se justifie-t-on tellement, lorsque l'on se sait innocent ? » Il a d'ailleurs avoué la paternité des *Noces chimiques*, ouvrage publié seulement en 1616, mais sans doute antérieur, qu'il dit lui-même avoir écrit entre 1602 et 1605, et dont les affinités avec la *Fama*, malgré quelques différences, sont évidentes[2]. On comprend assez bien que celui qui devait devenir un auteur important, un pasteur de réputation pieuse, attaché à l'orthodoxie luthérienne, « hofprediger » de la cour de Wittemberg à Stuttgart, ait voulu se libérer d'un passé compromettant. Son autobiographie, puis son Testament (1634), accusent son « penchant pour l'invraisemblable »[3]. Cela n'exclut d'ailleurs pas que dans son rêve juvénile d'une transformation radicale de l'Église et de la société il ait subi l'influence de quelques compagnons d'étude, en particulier celle de Tobias Hess. Dans ce « cénacle de Tübingen », on calculait « la fin de l'ancienne Église et le début d'une ère nouvelle ;

1. Cf. Bernard GORCEIX, *La Bible des Rose-Croix*, PUF, 1970, qui donne la traduction de la *Fama*, de la *Confession* et des *Noces chimiques*, avec une longue introduction.

2. GORCEIX, pp. XII-XIV. J. W. MONTGOMERY, dans ses deux volumes sur Andreae (1973), donne une tout autre explication : luthérien déjà très orthodoxe, Andreae aurait écrit les Noces chimiques contre la Fama et la Confession, dues à d'autres, pour rétablir la doctrine chrétienne de la Rédemption. Cf. Antoine FAIVRE, *Rosicruciana* (2e article), RHR, t. 190, oct. 1976, pp. 157-180.

3. Cf. Richard VAN DÜLMEN, *Histoire des années de jeunesse de Joh. Valentin Andreae*, RHR, t. 184, 1973, pp. 113-115.

on espérait l'avènement d'une nouvelle science que l'on croyait trouver dans l'hermétisme... ; on voyait les fondements (d'une nouvelle vie) plus dans un domaine d'exaltation mystique que dans les Églises ' établies ' »[1]. Peut-être une impulsion était-elle venue d'Angleterre, par les écrits de John Dee et de Khunrath[2]. Andreae a pu s'inspirer aussi de la *Cité du Soleil* de Campanella et de manuscrits que le moine avait confiés à un ami pendant sa captivité[3], etc. Quoi qu'il en soit, l'auteur de la « Bible rosicrucienne » est fasciné par quatre « sciences » : l'alchimie, l'hermétisme, la cabbale et la médecine ; il met tout Paracelse dans la bibliothèque de ses confrères ; il poursuit l'idéal d'une « pansophie » unissant la totalité du savoir à la totalité de la foi ; ce qu'il cherche à répandre, ce sont des idées largement répandues de son temps, exprimées dans le langage métaphorique de l'époque ; on y reconnaît un héritage du seizième siècle et une parenté avec les doctrines de Johannes Arndt, de Jacob Boehme, de Valentin Weigel[4]. Mystificateur, son jeu (*ludibrium*, a-t-il dit lui-même) n'était pourtant pas dépourvu de tout sérieux[5] ; il aura pu croire à ce « nouveau matin » qu'il annonçait à son tour pour le monde[6]. Cependant, la sérénité de son rêve était entrecoupée, pour l'immédiat, de visées agressives : prudent en matière politique, fervent nationaliste[7], adversaire de toute orthodoxie, il fulmine contre Mahomet, mais réserve ses principales invectives à l'Église romaine et aux jésuites : déjà « nombre d'esprits emplis de Dieu s'en sont pris secrètement à la tyrannie du pape » et de ses suppôts ; il faut qu'ils se groupent, et alors le temps sera proche « où la vipère cessera de siffler et où sera abolie la triple couronne »[8].

Pourquoi, cependant, dans la fable de la *Fama*, ce nom de Rosenkreuz, ou Rose-Croix, donné à l'ermite fondateur ? En 1619, dans une *Reipublicae Christianonapolitanae Descriptio*, utopie moins éloignée de l'inspiration chrétienne, Andreae choisira pour emblème de sa cité imaginaire une croix de Saint-André flanquée de quatre roses. C'était tout simplement les armes de sa famille, mais il ne les aura pas adoptées sans intention. Le Père Garasse, au dire de Naudé, en a aussitôt « le plus heureusement de tous conjecturé les

1. VAN DÜLMEN, loc. cit., p. 125.
2. Cf. Frances A. YATES, *The Rosicrucian Enlightenment*, 1972, analysé par Faivre, *Rosicruciana* (1er art.), RHR, t. 189, janvier 1976, pp. 73-88.
3. Cf. Albert LANTOINE, *Histoire de la maçonnerie française* ; la F.M. chez elle, Nourry, 1925, pp. 88-89. A. FAIVRE, dans l'Encyclopedia universalis, t. 14, p. 440.
4. Bernard GORCEIX, op. cit., introduction, pp. XXII-XXV et LI-LVII.
5. Frances A. YATES observe que Michael Maier avait publié dans le même genre en 1597 un *Jocus severus* et qu'il donnera en 1618 un *Lusus serius*. Loc. cit., p. 78.
6. GORCEIX, p. XXV.
7. *Fama*, loc. cit., p. 12 : « La Fraternité... servirait glorieusement notre patrie commune, la nation allemande... »
8. *Confessio*, c. 5 et 11 ; pp. 26 et 32.

raisons » : la rose était symbole de silence et de secret[1]. L'explication est insuffisante. Au début de son livre *Monas hieroglyphica*, qui date de 1594 environ, John Dee avait décrit la rosée (*ros*) comme une solution d'or, — ce qui, pour Frances A. Yates, confirmerait la thèse d'une origine à la fois anglaise et alchimique du mythe rosicrucien[2]. Dans une note à sa traduction française de l'histoire ecclésiastique de Mosheim, Archibald Maclaire reprendra cette explication qui n'avait « pas échappé à la pénétration de Gassendi » mais que Renaudot, « fameux médecin français » avait « cependant mieux développée » : l'expression « rose-croix » ne serait pas composée des deux mots rose et croix, « mais bien... de *ros*, qui en latin signifie la *rosée*, le plus puissant dissolvant de l'or. Dans le style des chymistes, la *croix* est équivalente au mot *lumière*, parce que la figure + offre en même temps les trois lettres qui composent le mot latin *lux*... Or la lumière... est la semence ou la menstrue du dragon rouge, ou en d'autres termes, cette lumière grossière qui étant bien digérée et modifiée produit l'or... Un Rose-croix est un philosophe qui, par le moyen de la rosée, cherche la lumière, ou en d'autres termes... la pierre philosophale »[3]. Pour René Le Forestier, c'est plutôt vers Paracelse qu'il conviendrait de se tourner : dans la seconde moitié du seizième siècle, nombre de ses disciples « affirmaient que la seule voie vers la vraie Sagesse était l'adoration de la croix mystique teintée du sang rosé du Rédempteur, et que la rose était depuis les anciens Romains le symbole de la discrétion[4]. M. Bernard Gorceix évoque « toute une tradition patristique » désignant l'agneau pascal « par la croix et par la rose, la couleur de la rose rouge symbolisant le sang du Christ mort sur la croix »[5]. Saint Bonaventure avait admirablement résumé et complété cette tradition dans deux brefs chapitres de sa *Vitis mystica* sur la « rosa passionis » et la « roscida effusio lacrymarum », qui unissaient par une assonance voulue la rose et la rosée, symboles du sang et de l'eau dans la Passion du Christ[6]. B. Gorceix rappelle aussi, comme Richard Van Dülmen, que le blason familial avait été composé par le grand-père d'Andreae, principal auteur de la célèbre « Formule de Concorde »[7], qui s'était certainement inspiré du sceau de Luther : une croix au milieu d'un cœur entouré de roses blanches, avec l'inscription : « le cœur du chrétien

1. G. NAUDÉ, parisien, *Instruction à la France sur la vérité de l'histoire des Frères de la Rose-Croix*. Paris, 1623 ; Au lecteur. Voir infra.
2. Cf. Antoine FAIVRE, RHR, t. 189, 1976, p. 78.
3. Note 91 à Mosheim, t. 5, 1776, p. 490. Il renvoie à GASSENDI, *Examen philosophiae Fluddanae*, 15 ; t. 3, p. 261. RENAUDOT, *Conférences publiques*, t. 4, p. 87.
4. *La Franc-Maçonnerie templière et occultiste...* ; publié par A. Faivre. Aubier-Nauwelaerts, 1970, p. 36.
5. Op. cit., p. XLIX.
6. Ch. 15, n. 1 : « Floret in vite nostra, benignissimo Jesu, rosa rubens et ardens, rubens sanguine passionis, ardens igne caritatis, roscida effusione lacrymarum dulcis Jesu » ; cf. ch. 17. Quaracchi, t. 8, pp. 180 et 182.
7. VAN DÜLMEN, loc. cit., p. 118. GORCEIX, p. XV.

marche sur des roses quand il se tient juste sous la croix » ; car, précisait Luther, « le juste vit de la foi, mais dans la foi du crucifié »[1]. On sait que Hegel encore s'inspirera du même sceau, dans une grande liberté d'interprétation, lorsqu'il écrira dans sa préface à la *Philosophie du Droit* que la raison est une « rose dans la croix du présent », puis, dans la *Philosophie de la Religion*, que pour cueillir cette rose il faut se charger de la croix, tandis que Gœthe au contraire critiquera un tel symbolisme, comme n'honorant ni la foi chrétienne ni la raison humaine[2].

Personnage équivoque, le jeune Andreae n'était pas moins habile qu'enthousiaste. Le succès de la *Fama* et de la *Confessio* fut foudroyant. Dès leur parution, à l'étonnement et bientôt à l'inquiétude de leur auteur, « la vague rosicrucienne déferle »[3]. Fable, symbole, complexe d'idées et d'aspirations diffuses, tout avait été, par une sorte de divination, parfaitement choisi. Pour de nombreux esprits qui, sans renoncer à une religiosité de résonance chrétienne, se détournaient d'une croyance révélée, mais partageaient le goût de leur époque avide de symboles et d'emblèmes, la Rose-Croix était signe de ralliement ; elle l'était aussi pour les hommes avides de science, « désireux de créer à l'écart du profane une atmosphère propice à la fois à leur intellectualité et à leurs recherches spiritualistes » ; ils étaient séduits, explique encore Albert Lantoine, par l'annonce d'une doctrine « où la philosophie, la magie, la théologie et la médecine faisaient bon ménage »[4]. Ce qui est certain, c'est que le double manifeste suscita une abondante littérature et des controverses passionnées. Il trouva un apologiste de talent dans le médecin Robert Fludd, qui publia en 1616 et 1617 deux ouvrages retentissants sous son nom latinisé de Robertus de Fluctibus. Dès 1615, une traduction résumée avait fait connaître en France la *Fama*. En 1623, un placard sera affiché sur les murs de la capitale, modèle incroyable d'audace dans la supercherie[5] ; mais déjà la contre-offensive est énergique : en cette même année paraissent l'« Instruction à la France » de Gabriel Naudé, qui pourfend le mythe : c'est un « fabuleux roman », « il n'y a que des imposteurs qui se disent Frères de la R.C. », la doctrine est « à

1. LUTHER à Spengler, Nüremberg, 8 juillet 1530.

2. Cf. X. TILLIETTE, *Le Christ des philosophes*, I.C. de Paris, cours polycopié, 1974, p. 127. Gœthe usera cependant lui-même de l'image d'une croix entourée d'une guirlande de roses. Quant à Nietzsche, il couronnera de roses son Zarathoustra, par défi au Crucifié. Cf. Karl LÖWITH, *De Hegel à Nietzsche*, trad. Rémi Laureillard, Gallimard, 1969, pp. 30-48 et 222. (L'éd. allemande originale est de 1939 ; 2e éd., 1949).

3. GORCEIX, p. XVIII.

4. Op. cit., p. 90.

5. « Nous, députés du Collège principal des Frères de la Rose-Croix, faisons séjour visible et invisible en cette ville, par la grâce du Très-Haut... Nous enseignons sans livres ni marques à parler toutes sortes de langues... pour tirer les hommes nos semblables d'erreur de mort ». Andreae dut avoir pour la propagande des imitateurs et des exploiteurs abusifs plutôt que des complices. NAUDÉ, pp. 25-27.

l'imitation de Paracelse, qui est la pierre fondamentale de toute cette Congrégation »[1] ; un « Avertissement pieux et très utile » traduit de l'allemand ; un pamphlet anonyme sur « le Diable et les prétendus Invisibles »[2] ; c'est aussi l'année des *Questions* de Mersenne *sur la Genèse*, dont un paragraphe vise les Rose-Croix. Quelques mois plus tard, en 1624, le Père François Garasse lance son gros pavé, « la Doctrine curieuse des beaux esprits de ce temps ou prétendus tels », dont la 14ᵉ section du livre premier s'en prend aux « Frères de la Croix de Roses » ; il leur trouve « une grande conformité avec nos nouveaux dogmatisans de Paris » ; la *Fama* ne lui dit rien qui vaille : pour comprendre ses auteurs il faut, dit-il, « assister à leurs repas », car « lorsqu'ils sont sous la Rose, c'est là qu'on... entend à découvert leurs horribles blasphèmes »[3]. Le signe le plus clair d'un tel succès de tapage nous est donné par le jeune Descartes. Non pas qu'il ait jamais été affilié à la prétendue confrérie savante, comme certains l'ont tardivement affirmé ou insinué, pour le blâme ou quelquefois pour l'éloge ; ni même qu'il ait puisé, s'il l'a fait, dans les livres rosicruciens autre chose qu'une symbolique « purement ornementale ». Mais c'est un fait, lui-même nous l'a dit, que sa curiosité fut piquée, qu'il se mit à la recherche de cette confrérie, — et ne la trouva pas[4]. C'est un fait aussi que le long titre de son *Thesaurus mathematicus* (qui fut rédigé en Allemagne) offre l'ouvrage « totius orbis eruditis, specialiter celeberrimis in G.F.R.C. », ce qu'il est difficile de prendre pour autre chose qu'une ironie. A cette nouvelle variété de science occulte, Descartes opposait déjà la « science admirable » dont il avait eu, à la veille de son triple songe, la première intuition[5].

Pour disqualifier les Rose-Croix, Naudé, dont l'ouvrage est d'ailleurs médiocre, n'a pas manqué de rapprocher leurs « rêveries », entre autres, de celles de « l'Abbé Joachim » ; mais il prend l'Abbé pour un allemand, et il le représente contemplant ses figures « dans le temple de Saint-Marc à Venise »[6], ce qui renchérit sur la légende alors en cours. Paul Arnold écrit avec plus de précision, mais non sans excès, que « la vie et la doctrine de Joachim de Flore » fournissent

1. *Instruction à la France...*, pp. 61, 91, 105.
2. Henri Gouhier, *Les premières pensées de Descartes, contribution à l'histoire de l'anti-renaissance*, Vrin, 1958, pp. 124-125.
3. *La Doctrine curieuse*, pp. 83-91. P. 84 : « Il faut se souvenir que cette secte a pris son origine en Allemagne, et que c'est la coutume du pays qu'en toutes les salles des hôtelleries il y a sur la table une couronne de roses, ou fraîches ou sèches, pendue au plafond, pour dire qu'il faut garder le silence, et s'oublier des paroles licentieuses qui auront été proférées par la chaleur du vin... ».
4. Adrien Baillet, *Vie de M. Descartes*, 1691, pp. 87-88, citant (et paraphrasant) le *Studium bonae mentis*. Cf. Gouhier, pp. 117-119.
5. M. Henri Gouhier a consacré une grande partie de l'ouvrage cité supra à démêler, sous tous ses aspects, la légende du rapport de Descartes avec les Rose-Croix ; modèle de discussion critique.
6. Op. cit., pp. 6 et 40.

« un parallèle précis, indiscutable avec le mythe de Christian Rosencreuz et l'enseignement, les prophéties des manifestes, les traits principaux de l'ordre »[1]. Cependant l'idée que Rosencreuz, « dans la fleur de la jeunesse », aurait entrepris un « pélerinage au Saint-Sépulcre », qu'il aurait au cours de sa longue randonnée « gagné la faveur des Turcs » et que, s'étant mis quelque temps au service de maîtres arabes, il aurait reçu un enseignement secret de ces « sages »[2], pourrait bien être une réminiscence voulue du fameux voyage accompli par le jeune Joachim réel, en Orient, tel que venait de le raconter tout au long Greco de Sila (1612). Plusieurs des formules prêtées par Andreae à sa confrérie pourraient démarquer certains traits, sinon des écrits mêmes de Joachim, du moins de ceux qui circulaient sous son nom, et le personnage de Rosencreuz doit sans doute quelque chose au Joachim de la légende. Il est peut-être plus important de remarquer que l'idée d'une confrérie de célibataires, adonnés aux travaux de l'esprit, dans une Église renouvelée, sous l'invocation de l'Esprit-Saint, n'était pas une création d'Andreae : il est permis de croire qu'elle était « la reprise des célèbres spéculations d'un auteur lu et glosé de tout temps, Joachim de Flore : « studere contemplationi et paci »[3]. Et la conception de la Réforme luthérienne comme début d'une rénovation qu'il est réservé à l'Esprit-Saint de parfaire au prix d'une transformation radicale est conforme, elle aussi, au schème joachimite[4].

Il reste que, nonobstant son symbole et ses appels à l'Esprit-Saint, renouvelés de Joachim de Flore, « Christian Rosenkreuz » franchit une étape dans la naturalisation de la pensée chrétienne. Il serait difficile de n'y voir qu'un « ésotérisme chrétien ». Si, dans son enrobement mystificateur assez grossier, le rêve du jeune Andreae connut un tel succès, c'est qu'il condensait un rêve diffus, dans lequel se résumait celui de la « Renaissance » et s'annonçait celui des « Lumières ». On aura remarqué que dans le manifeste de la *Fama fraternitatis*, l'« Évangile éternel » de la tradition joachimite était devenu « la philosophie éternelle », provenant de la « Lumière de la Nature »[5].

---

1. *Histoire des Rose-Croix*..., p. 121 ; cf. pp. 132-133. D'autres ont parlé d'un mélange de deux prototypes : Joachim de Flore et Thomas a Kempis.
2. Gorceix, op. cit., pp. 4-5.
3. Gorceix, pp. xxx et xxxii, qui signale la même idée chez un contemporain d'Andreae, Julius Sperber.
4. Cf. R. Van Dülmen, loc. cit., pp. 132-134. Cf. Böhme (supra, p. 223).
5. On sait que dans la suite divers groupes se formeront, empruntant le nom prestigieux de Rose-Croix, et s'infiltreront dans la maçonnerie. — S'il faut en croire un auteur peu critique, un « Ordre de Joachim » se serait « fondé en Allemagne vers 1760. Les récipiendaires juraient de croire à la sainte-trinité et de ne jamais valser. On n'admettait que des nobles qui pouvaient faire recevoir leurs femmes et leurs enfants » : F.-T. B. Clavel, *Histoire pittoresque de la Franc-Maçonnerie et des sociétés secrètes anciennes et modernes*. Paris, Pagnerre, 1843, p. 390 (l'ouvrage fut condamné par le Grand Orient). La date coïncide avec celle que donne Henri Brunschwig comme première « attestation certaine »

Dans l'Angleterre du dix-septième siècle, plusieurs annoncent l'âge de l'Esprit. Tel le londonien Lodowicke Muggleton (1609- 1698), qui, après une série d'illuminations survenue à partir de 1651, rédige un « Traité transcendant et spirituel » : lui-même et son cousin John Reeve sont les deux Témoins annoncés par l'Apocalypse, ils prêchent la troisième Dispensation, « nouvelle Église », qui doit supplanter la religion du Christ. De même Jane Lead (1623-1704) explique, dans le premier traité de ses *Wonders of God's Creation*, que « l'Ancien Testament ayant été approprié au ministère du Père, le Nouveau à celui du Fils, le troisième jour est maintenant arrivé, dans lequel le Saint-Esprit aura le sien » et révélera « ce qui n'avait encore jamais été connu ou compris »[1]. Jane Lead est avec John Pordage disciple (assez libre) de Böhme. Depuis son implantation dans l'île par Niclaes, l'annonciateur du dernier âge, la « Famille d'amour » ne cesse d'y proliférer. Sur la fin du siècle précédent, un « menuisier itinérant d'origine hollandaise », Christopher Vittels, a consolidé sa fondation. Forts de l'illumination reçue de leur prophète, les Familistes se savent définitivement régénérés. Ils sont désormais impeccables. On les soupçonne de pratiques immorales et de menées subversives, mais les autorités constituées ont du mal à les poursuivre, car leur principe est le secret ; ils échappent en professant leur symbolisme et en pratiquant les rites de l'Église établie. Au cours des années 1640, Milton prend leur défense en les comparant aux premiers chrétiens. Vers la même époque les ouvrages de Niclaes, traduits en anglais, sont répandus (de pair avec ceux de Jacob Böhme) par l'imprimerie de Giles Calvert, « cette forge diabolique, dit un contemporain indigné, qui au cours de ces dernières années inonda le pays de tant de pamphlets calomnieux, blasphématoires et mensongers »[2].

D'autres groupes, d'allure plus violente, rappellent plus encore ce joachimisme bâtard qui dès le treizième et le quatorzième siècles se réclamait du « libre esprit ». Ils sont peut-être les enfants légitimes ou les émules des Familistes. Ce sont les Chercheurs (*Seekers*), les Divagateurs ou Energumènes (*Ranters*), les Niveleurs (*Levellers*). Les *Seekers* scrutent le sens caché des Écritures à la « lumière intérieure » pour y découvrir l'imminence du « règne de l'Esprit », qui sera le règne des saints, caractérisé par le recouvrement de la « pureté adamique » : dans certaines régions écartées, ils vivent déjà comme affranchis de toute loi. Eux et les *Ranters* n'ont pas de peine à se trouver des théoriciens. Un John Everard, traducteur d'Hermès Trismégiste et de la *Théologie germanique*, enseigne que « l'obstination à s'en tenir à la lettre » est le « poison qui altère tout épanouissement religieux » ; un Tobias Crisp explique que le titre de libertin est « le

---

d'un corps organisé de Rose-Croix, dans l'Allemagne du Sud : *Société et romantisme en Prusse au XVIIIe siècle*, éd. de 1973, Flammarion, p. 285.

1. Serge Hutin, op. cit., pp. 63-66 et 111-112.
2. Christopher Hill (v. infra), pp. 25, 133, 140, 147-148, 289, 309.

titre le plus glorieux qui soit au monde », etc. Bunyan, qui dans sa jeunesse avait éprouvé quelque attrait pour les *Ranters*, s'est vite rendu compte qu'ils « transformaient la grâce divine en dévergondage ». Comme les Familistes, ils n'hésitent pas d'ordinaire à se rétracter. C'est encore la doctrine de Joachim de Flore qui est mise en avant par Gerrard Winstanley, pour qui la matière et Dieu ne font qu'un, et qui veut apprendre aux hommes à « vivre en communion avec l'esprit du globe ». Chef doctrinal des *Levellers*, il proclame que, au cours du troisième âge qui commence, « le Seigneur en personne, qui est l'Évangile éternel, manifeste son règne dans la chair de ses fils et de ses filles » ; chaque homme qui se soumet à la loi de la Raison, dont la lumière est enfin révélée, devient par là Fils de Dieu[1].

Les *Shakers* (« Trembleurs ») furent d'abord un groupe de Camisards, réfugiés en Angleterre au début du dix-huitième siècle. Ces *French Prophets* y font des disciples, qui s'organisent en secte, la *Millenial Church*, sous l'action d'une ouvrière de Manchester, Ann Lee. En 1774, ils passent en Amérique, où ils prospèreront et subsisteront jusque vers la fin du dix-neuvième siècle. Les convulsions auxquelles ils doivent leur surnom seront devenues les paisibles danses liturgiques de communautés simples et laborieuses. Avaient-ils émigré après avoir « reçu du Tout-Puissant la mission de prêcher l'Évangile éternel à l'Amérique » (Hill) ? Du moins leur millénarisme semble avoir subi l'empreinte du joachimisme populaire. En même temps qu'elles portent les traces du courant manichéen médiéval, les doctrines ascétiques de la « nouvelle et dernière Église » semblent renouveler le rêve d'un règne du monachisme tel que Joachim de Flore l'avait annoncé[2].

Les théologiens allemands qu'il nous faut maintenant aborder sont presque tous d'un caractère plus grave. Comme l'était assez vite devenu Andreae, ce sont des hommes d'Église. Mais ils sont déçus, comme l'avait été le jeune Andreae, et comme le fut le bon paroissien Jacob Böhme, par l'orthodoxie luthérienne, qui assure paradoxalement dans ses chaires un nouveau triomphe d'Aristote. Elle leur paraît avoir institué un nouveau genre de papisme en se figeant dans des formes sans vie et avoir en outre livré l'Église aux pouvoirs temporels : toutes manières d'étouffer l'esprit. Ils en viennent donc à penser eux aussi que la grande œuvre accomplie par la Réforme évangélique ne fut encore qu'un « signe avant-coureur et comme

1. Christopher Hill, *Le monde à l'envers. Les idées radicales au cours de la Révolution anglaise* : Traduit de l'anglais par Simone Chambon et Rachel Ertel. Payot, 1977. Sur cet ouvrage, d'où nous tirons les exemples cités dans ce paragraphe, voir la recension critique de Marcel Régnier, APH, 41, 1978, pp. 325-328.

2. Cf. Henri Desroche, *Les Shakers américains ; d'un néo-christianisme à un pré-socialisme* ? Éd. de Minuit, 1955.

l'aurore d'une Réforme universelle ». L'historien Mosheim, digne enfant des plus sages « lumières », déjà horrifié par ces « chymistes » qu'étaient les Rose-Croix[1] et par les obscurités abyssales de Böhme, constate ensuite avec stupeur : « Même dans ce siècle, il y eut parmi les luthériens des personnes assez dépourvues de sens pour prétendre à l'inspiration céleste et au don de prophétie[2] ». Le principal de ces théologiens, qui devait être pour beaucoup un chef de file, est Philippe Spener (1635-1705), le célèbre fondateur du « Piétisme »[3]. Spener avait soutenu en 1664 une thèse sur le sixième ange de l'Apocalypse (9, 13-21). Déjà ses *Pia Desideria* laissent entrevoir, en 1675, son orientation vers des vues d'avenir. Il ne les exposera plus méthodiquement que sur le tard, dans ses *Dernières réflexions théologiques*[4]. Certes, « grâce à la vraie doctrine » rétablie par Luther, « nous ne sommes pas, dit-il, dans une nuit totale » ; mais si cette doctrine était la lumière définitive, comment comprendrait-on qu'elle n'ait pas suscité la conversion générale des Juifs ? Et l'Écriture elle-même ne nous invite-t-elle pas à distinguer trois périodes dans l'histoire du christianisme ? La première fut une période d'obscurantisme, celle où régna le catholicisme ; la deuxième, inaugurée par la Réforme, est une période de demi-clarté ; la troisième, encore à venir, sera celle de la lumière totale : c'est elle qu'annoncent les passages prophétiques d'Isaïe (ch. 2, 55, 56, 60) et de Zacharie (14, 6-7), disant qu'alors il n'y aura plus « ni jour ni nuit ». Quand, par qui adviendra-t-elle ? C'est encore le secret de Dieu.

On voit ici de nouveau la modification apportée, par le fait survenu de la Réforme, à la théorie des trois âges, en même temps que l'assomption de la pensée antiromaine si vite adoptée par nombre de joachimites dès avant la Réforme. L'illustre historien Gottfried Arnold (1666-1714), théoricien de la mystique, disciple à la fois de Spener et de Böhme, inspiré plus directement par Christian Thomasius, systématise cette position dans son *Histoire impartiale des Églises et des Hérésies* (1699-1700)[5]. Il y explique que toute l'évolution de l'Église, après la brève période du christianisme primitif, consista jusqu'au seizième siècle en une dégradation. Seuls les hérétiques étaient alors les vrais chrétiens ; ils cherchaient à renverser ce processus. Maintenant, le renversement est amorcé : nous marchons vers un avenir meilleur. « Très lu durant tout le dix-huitième siècle, le grand ouvrage d'Arnold devait contribuer à répandre l'idée d'une Eglise nouvelle, par delà catholicisme et protestantisme »[6].

1. T. 5, pp. 350, 352, etc. « Livres chymiques et chymériques», renchérit son annotateur, p. 555.
2. T. 5, p. 354.
3. Sur Spener : E. G. Léonard, op. cit., t. 3, pp. 78-85. Sur le piétisme : Hasso E. Jaeger, *Zeugnis für die Einheit. Geistliche Texte aus den Kirchen der Reformation* ; band 1, *Luthertum*. Mayence, 1970.
4. *Letzte Theologische Bedenckten*, 1 ; 2e partie.
5. *Unpartheyische Kirchen-und Ketzer-Historie*. Cf. Léonard, op. cit., p. 84.
6. Maurice Besset, *Novalis et la pensée mystique*, Aubier, 1947, pp. 39-40.

Malgré leur loyalisme anticatholique, de telles idées ne manquèrent pas d'inquiéter grandement les docteurs de Wittemberg, d'autant plus qu'elles étaient reçues d'enthousiasme et poussées à l'extrême par des esprits surchauffés. Arnold lui-même prolongeait les perspectives que son Histoire avait ouvertes par un ouvrage sur *le Secret de la divine Sophia* (1700). L'auteur d'un pamphlet sur *Le papisme des protestants fustigé* (1698), qui signait « Démocrite » et qui était peut-être le fantasque Dippel, soutien marginal de l'orthodoxie contre le piétisme, proclamait que « la lumière nouvelle commence maintenant seulement à poindre dans la cité chrétienne sur terre »[1]. Un autre, plus bizarre encore et plus violent, Johann Gottfried Zeidler, publiait sous l'anonymat un *Carnaval masqué et démasqué*, qui reprenait le thème avec un accent antidogmatique prononcé[2], Un juriste hollandais, Ulrich Huber (1636-1696), sans doute influencé par l'exégèse allégorique extravagante de son compatriote Jean Koch, le fameux « Cocceius » (1603-1669), était parvenu à des convictions à peu près identiques à celles de Spener[3] ; dans ses *Institutions* d'histoire civile il affirmait lui aussi que « la Réforme, tout en ayant rendu le peuple plus saint, n'a fait que préparer une réforme plus importante, qui doit venir ; grâce à cette préparation, les vérités religieuses étant ainsi purifiées par avance, le Saint-Esprit pénétrera avec une force plus grande dans les âmes bien prêtes et les envahira, ce qui convient bien à Dieu et qui est conforme à l'attente de ceux qui aiment prouver quelque chose de ce genre à partir des prophètes »[4].

Entre ce piétisme d'allure plus ou moins prophétique et le grand mouvement séculier de l'Aufklärung, la parenté est paradoxale mais évidente. Le rationalisme et le mysticisme, frères souvent ennemis, n'en sont pas moins frères. « Les hommes de la lumière intérieure, a écrit M. Pierre Chaunu, de l'attestation du Saint-Esprit confondu ou non avec l'évidence rationnelle, sont de tous les âges du christianisme »[5]. Les deux frères, quoique souvent à leur insu, se rapprochaient alors d'autant plus qu'ils étaient tous deux en lutte contre toute orthodoxie, luthérienne aussi bien que catholique, et tous deux persuadés qu'ils ouvraient la voie vers une ère nouvelle, lumineuse, — l'ère d'une illumination tout intérieure.

---

1. « Par son fanatisme et son insolence », dit MOSHEIM, t. 5, p. 338, il « paraissait né pour jouer le rôle d'un satyrique ou plutôt d'un bouffon. »

2. Ces deux derniers auteurs sont cités et commentés, avec quelques autres, dans l'ouvrage de J. G. Lessing (voir ci-dessous), aux 15e et 17e Préjugés. Rééd. par Georges Pons, Rouen, 1966, pp. 142-143 et 163-165.

3. Cocceius n'admettait cependant que les trois économies classiques : nature, loi, grâce ; mais son principe herméneutique était celui même de la *Concordia* ; « il considérait toute l'histoire du vieux Testament comme un miroir, dans lequel on voyait tout ce qui a dû et doit se passer dans l'Église... jusqu'à la fin des siècles, etc. » : Mosheim, t. 5, pp. 369 et 415-416.

4. Dans J. G. LESSING, op. cit., p. 165.

5. Dans Annales, 1970, p. 1587 ; cité par H. MOTTU, Revue de théol. et de philosophie, 1973, p. 318, note.

Dès 1696, le Docteur J. G. Neumann avait sonné l'alarme. Dans ses *Disputes contre les Chiliastes*, il avait pourfendu tout spécialement « ce chiliasme très subtil, qui a commencé aujourd'hui d'infester l'Église » et qui consiste à attendre « l'époque d'une plus grande révélation ». L'erreur n'en poursuivait pas moins son œuvre séductrice. Malgré sa solide implantation étatique, l'Église luthérienne était en danger. Un autre théologien se leva pour lui porter secours. Il publia en 1717 un important ouvrage : *Défense de la Réforme de Luther contre maints préjugés des novateurs*[1], dans lequel la situation était clairement analysée, sans concession aucune aux tendances nouvelles. Ce théologien, le fait vaut d'être noté, était Johann Gottfried Lessing, docteur très orthodoxe, père du célèbre Gotthold Ephraim Lessing.

Les deux « Pères souabes », Bengel et Œtinger, dont le second doit être compté parmi les précurseurs immédiats de Lessing, et dont le premier a formé le second, nous conduisent en plein cœur du dix-huitième siècle[2].

Johann Albrecht Bengel (1687-1752) est principalement connu par une édition critique du Nouveau Testament. Philologue remarquable, il a été surnommé « le père de la critique textuelle de la Bible » et il est encore cité comme une autorité par des critiques de nos jours[3]. Mais, très préoccupé de la fin du monde et féru, comme tant d'autres avant lui et parmi ses contemporains encore, de mathématiques prophétiques ou divinatrices, il avait aussi rédigé un *Commentaire* et des *Discours édifiants* sur l'Apocalypse[4] ; trois siècles après Nicolas de Cuse et avec plus de conviction que lui, il avait composé deux savants traités sur les âges du monde : *Ordo temporum* (1741) et *Cyclus, sive de Anno magno Solis, Lunae, Stellarum consideratio* (1745). Œtinger nous avertit qu'« on trouve chez lui bien des règles pour distinguer ce qui est métaphorique dans l'Apocalypse de ce qui ne l'est pas »[5] ; il prenait en tout cas fort à la lettre les données numériques, une fois percé le secret de leur symbolisme. Il partait dans ses calculs du principe que « la Révélation se fait par degrés, jusqu'au moment où elle nous atteint ». Or il pensait avoir été person-

1. *Vindiciae Reformationis Lutheri a nonnullis novatorum prejudiciis.* Voir l'introduction de G. Pons à la réédition de l'ouvrage, p. XXXIX.

2. Sur Bengel et Œtinger, leur milieu, leur influence : Robert Schneider, *Schellings und Hegels schwäbische Geistesahnen*, Würzburg, 1938 ; B, Württemberg im 18 Jahrhundert, pp. 26-149.

3. Ainsi par Günther Bornkamm dans son *Jesus von Nazareth*, Stuttgart, 1956. On doit encore à Bengel un *Gnomon Novi Testamenti* (1742) et une *Erklaerte Offenb. Joannis* (1re éd., 1740), etc.

4. Bengel suit plus d'une fois Madame Guyon dans ses interprétations de l'Apocalypse.

5. Friedrich Christoph Œtinger, *Leben und Briefe, als urkundlicher Commentar zu dessen Schriften*, herausgegeben von Karl Chr. Eberth. Ehmann, Pfarrer in Unterjevingen bei Tübingen. Mit Œtingers Bildniss, Stuttgart, 1859 ; 848 pages. P. 228.

nellement atteint par elle un certain jour, le 1er décembre 1724, où il lui fut soudain découvert ce que beaucoup d'autres avaient cherché et cru découvrir avant lui, à savoir, le sens caché du chiffre de la Bête : 666. Ce chiffre, comprit-il alors dans un éclair, se rapportait à la période allant de 1143 à 1609 : c'était la période, hélas pas encore achevée, au cours de laquelle l'Église vivait courbée sous la domination de la Bête. A partir de là, par toutes sortes de calculs subtils, et non sans modifier en cours de route la date fatidique, il reconstitua toute la chronologie de l'histoire du salut, interpréta les événements de son temps et en vint finalement à conclure que l'année 1834 verrait le retour du Christ et l'inauguration sur terre du règne de mille ans[1].

Tout cela, de la part d'un tel critique, est bien étrange ; mais que n'explique pas l'obsession de Rome ? En tout cas, Bengel appartient par là plutôt à cette première des deux postérités de Joachim de Flore, que nous n'avons pas voulu étudier : celle des exégètes qui, sans se lasser, sans se laisser décevoir par les démentis que les faits avaient régulièrement apportés aux explications de leurs devanciers, cherchaient toujours une nouvelle interprétation des symboles de l'Apocalypse, enfin scientifiquement « historique »[2]. Mais, nous l'avons dit, les deux lignées interfèrent, et Bengel, acquis à l'idée de révélations successives, eut un disciple qui fut à la fois plus proche de la pensée joachimite et plus directement annonciateur des ambitieuses philosophies modernes de l'histoire. C'est avec un peu d'excès qu'on a vu dans Bengel un « Joachim redivivus » (Gerhard Sauter, en 1966). Il fallait toutefois évoquer le maître pour situer le disciple.

Friedrich Christoph Œtinger, « le grand théosophe du piétisme » würtembergeois, auteur de divers traités théologiques et de sermons, a aussi donné, dans le Tableau cabbalistique de la princesse Antonia de Würtemberg, « une représentation symbolique et emblématique » du rapport des deux Testaments d'après la cabbale chrétienne[3]. Mais son principal ouvrage est une « Théologie déduite de l'idée de la vie » (*Theologia ex idea vitae deducta*, 1765), dont il fait paraître un résumé (Sylloge) à l'avance, en 1762. Comme son maître Bengel, qui avait « substitué au maigre concept de l'Aséité l'idée de la Sainteté

1. Ernst Benz, *Les sources mystiques...*, pp. 35-42 et 79. Paul Vulliaud, *La fin du monde*, pp. 143-144.

2. « La plus grande découverte d'un siècle scientifique fut, déclara-t-on, l'achèvement par le principal de Queen's College, à Oxford, du calcul jusqu'alors imparfait du nombre représentant l'Antichrist » : H. R. Trevor-Roper, *De la Réforme aux Lumières*, trad. L. Ratter, Gallimard, 1972, p. 217 ; d'après « les propos lyriques du célèbre théologien calviniste William Twisse dans sa préface à l'ouvrage de Joseph Mede : *Key of the Revelation*, 1645, etc. »

3. Cf. Benz, op. cit., pp. 9 et 55-56. Du même : *Evolution and Christian Hope*, pp. 168-170. E. Benz a consacré une étude à Œtinger dans son livre *Christliche Kabbale*, Zürich, 1958. Cf. François Secret, *Histoire de l'ésotérisme chrétien*, dans *Problèmes et méthodes d'hist. des religions*, 1964, p. 250.

et de la Gloire »[1], il veut une théologie simple, pratique et concrète, tirée de l'Écriture prise à la lettre, avec ses images, et non des raisonnements de la philosophie. Il réagit avec vigueur contre la tendance rationaliste d'un autre de ses maîtres, J. G. Ganz, qui avait publié en 1752 une critique de « l'anthropomorphisme en théologie », en s'inspirant de Leibniz et de Wolf. En s'abandonnant à cette critique, estime-t-il, on finit par « ne tenir pour vrai que ce qui s'accorde avec ses propres idées préconçues, artificiellement élaborées », et par trahir le réalisme de la révélation ; on en arrive à un « nihilomorphisme ». Le *sensus communis*, libre de toute spéculation, « dit *amen* au style de l'Écriture, qui lui est parfaitement adapté » ; au contraire de la philosophie mondaine, il en comprend la sagesse fondamentale et s'en nourrit[2]. Sans doute il faut bien aussi quelques formules dogmatiques : elles sont une sauvegarde « contre l'hétérodoxie, mais il faut prendre la doctrine officielle avec un grain de sel, et dans la paix les uns avec les autres »[3]. En pratiquant cette méthode accueillante, Œtinger a eu la satisfaction, nous dit-il, de reconnaître qu'il se trouvait « en plein accord avec la Confession d'Augsbourg ». Quoique éloigné de toute scolastique, il se sent donc à l'aise dans les cadres de son Église, et ses propos sur l'intelligence de l'Évangile dans l'Esprit du Seigneur n'ont, semble-t-il, rien d'inquiétant : cet Esprit « nous rend libres de toute construction étrangère, de toute méthode affectée, des principes humains et des cérémonies. Il nous enseigne, nous console, nous fait craindre le mal... Heureux sommes-nous, si nous reconnaissons la vérité que Jésus et son Esprit sont eux-mêmes, comme celle qui peut seule nous rendre libres »[4]. Un écrit antérieur d'Œtinger nous le montrait même d'abord à l'opposé de tout joachimisme, conformément à l'inspiration primitive de la Réforme, par son appel à retrouver, en renonçant à la culture excessive de la raison abstraite qui sévit dans les académies, la simplicité du premier christianisme[5].

Ce n'est pourtant pas sans raison qu'on a donné à Œtinger l'appellation de « théosophe »[6]. Par son apologie du « sensus communis », il s'oppose à toute rationalisation de la foi, c'est-à-dire aussi bien à la scolastique régnant encore en bien des chaires de théologie qu'aux nouvelles « Lumières » du siècle ; mais ce n'est pas pour s'en tenir

1. Œtinger, *Leben und Briefe*..., p. 226.
2. *Leben und Briefe*, pp. 219-222, 226-228, 303.
3. Op. cit., pp. 217-218, avec renvoi à Jo. 7, 17 et à Marc 9, 50.
4. Loc. cit., p. 333.
5. *Inquisitio in sensum communem et rationem*. Tübingen, 1753 (fac-similé, avec préface de Hans Georg Gadamer, Stuttgart, 1964), pp. 31 et 84 : « Sed hodie per nimiam rationis culturam pereunt vestigia viva sensus communis, in Academiis praesertim... Si veritatis magis, quam usus avidi sunt homines, facile ad simplicitatem primaevam christianismi possumus rejuvenescere ».
6. Cf. Ernst Benz, *L'idée de la Jérusalem céleste chez les Kabbalistes chrétiens, F.-C. Œtinger fondateur de la théosophie chrétienne allemande*, dans *Jérusalem la cité spirituelle*, Berg intern. éd., 1976, pp. 51-76.

à un simple piétisme. L'esprit concret qu'il substitue aux abstractions des philosophes est celui des profondeurs de l'être. Il est grand admirateur de Postel, cet homme « plein d'esprit » que la Sorbonne aurait voulu faire brûler. Plus encore il exalte Boehme, qui a si bien opposé la sagesse fondamentale de l'Écriture à la misérable philosophie mondaine et dont toute l'œuvre est un commentaire du premier et du dixième chapitres d'Ézéchiel[1]. C'est Boehme, découvert grâce à un simple artisan des environs de Tübingen[2], qui l'a détourné du rationalisme chrétien de Malebranche, dont il avait d'abord été séduit, comme beaucoup d'autres en son siècle[3]. A sa suite, il a le souci constant de prendre dans toute leur force suggestive les images de la Bible et de l'expérience, d'insérer la nature dans la théologie et de souligner les correspondances analogiques aussi bien que les abîmes entre les réalités divines et le monde matériel[4]. Comme Bengel, il estime que la révélation divine se prolonge par degrés successifs au cours de l'histoire chrétienne. Il en reconnaît de nouvelles étapes non seulement dans les intuitions d'un Postel, d'un Boehme, d'un Engelbrecht, mais aussi dans celles de son contemporain Swedenborg, avec lequel il entretient une correspondance ; et s'il ne ratifie pas tous ses points de vue, il refuse de laisser traiter sa pensée d'« imaginations fantaisistes »[5]. Pas plus que Joachim de Flore, il n'assimile les écrits de ces hommes inspirés aux livres du canon biblique ; cependant, grâce à eux, nous sommes aujourd'hui « mieux équipés que les Apôtres » pour en pénétrer les arcanes. Mais notre intelligence est encore imparfaite. Comme Joachim, Œtinger est donc tendu vers cet âge « où le Seigneur épanchera son Esprit sur toute chair » : alors, toutes les connaissances péniblement et médiocrement acquises par les hommes en toute discipline, « théologie, droit, médecine, ne formeront plus qu'une seule science » ; ce sera une « science centrale », supérieure, participation donnée par l'Esprit à la science du Seigneur, « émanation de l'unique Sagesse ». Et, dans un passage que M. Ernst Benz rapproche, avec quelque fondement semble-t-il, de Hegel : « Dieu, avant la création du monde, a eu l'intention de faire s'écouler du début à la fin, de l'Alpha à l'Oméga, de nombreuses périodes ou éternités, jusqu'à ce que l'homme fût formé et que Dieu fût tout en lui » : car « l'être de Dieu est dans la *manifestatio sui* »[6].

---

1. Il a composé un « Essai de résolution des 176 questions chez J. Boehme ».
2. AYRAULT, t. 2, 1966, p. 446. Cf. Ant. FAIVRE, *Eckartshausen et la Théosophie chrétienne*, Klincksieck, 1969, pp. 643-645.
3. Cf. Ferdinand ALQUIÉ, *Le cartésianisme de Malebranche*, Vrin, 1974.
4. *Leben und Briefe*, pp. 219 et 319-324.
5. *Leben und Briefe*, pp. 293, 301-303, etc. ; cf. p. 165.
6. BENZ, op. cit., pp. 35-36, qui cite à ce propos, p. 48, Hegel : « La définition de l'esprit est... la manifestation... Sa définition et son contenu sont cette manifestation même... » Il note aussi que plusieurs concepts de Hegel et de Marx figurent déjà dans la description de l'« âge d'or » par Œtinger et fait encore plusieurs rapprochements, pp. 50-53, avec Baader et Schelling. Œtinger aurait aussi créé

Par l'audace de tels textes[1], qui concordent mal avec la méthode préconisée d'abord par Œtinger d'une simple lecture de l'Écriture à la lumière du *sensus communis*, nous voilà portés d'un bond au-delà de toutes les théologies classiques. On comprend que le Consistoire luthérien de Stuttgart s'en soit vivement inquiété. L'influence d'Œtinger fut grande. Nous savons en effet que dans leurs veillées studieuses de Tübingen, Hegel, Hölderlin et Schelling devaient se pencher avidement sur ses œuvres. Un pasteur souabe, Pregizer, fondateur d'une secte de « chrétiens joyeux », rappellera même à Schelling, dans une lettre de 1809, que celui-ci aurait annoncé « la venue d'un temps où chacun verra ce que Œtinger a vu personnellement longtemps à l'avance »[2].

A peu près à la même date, un néo-joachimisme plus radical encore, qu'on a justement appelé « méta-théologique »[3], s'inspirait, au rebours de celui d'Œtinger, du rationalisme ambiant. Il était conçu par un esprit hors cadre, formé dans le catholicisme : le bénédictin français Dom Deschamps (1716-1774). On a pu dire que Deschamps anticipait non seulement Hegel[4], mais l'extrême-gauche hégélienne, et encore que son « au-delà » du christianisme s'exprimait dans une conception qui non seulement n'avait « plus rien d'évangélique », mais était « typiquement païenne »[5]. Nous n'en retenons ici que ce qui concerne directement notre sujet : sa théorie, d'ailleurs centrale, sur les trois états successifs de l'humanité.

A ses origines, l'humanité était dans un « état de nature » ou « état sauvage » ; elle était encore indifférenciée, socialement et intellectuellement ; son athéisme n'était qu'absence de pensée, « philosophie machinale », et tant que dura cet état, il n'y avait point d'histoire. Sortant enfin de la confusion primitive, les hommes passèrent à « l'état de loi » ; ce fut le passage de l'ignorance à la connaissance ; mais en même temps ils se divisèrent, par l'effet du « vice de propriété », et ils durent alors inventer l'idée de Dieu, « pour fonder la morale de leurs conditions d'inégalité et de servitude ». Sous cette tutelle oppressive, ils éprouvent un sentiment de

---

le vocable de « phénoménologie », dont Hegel fera la fortune : Louis Bouyer, *le Père invisible*, Cerf, 1976, p. 356. Sur le « réalisme symbolique » d'Oet. : Pierre Deghaye, *La philosophie sacrée d'Oetinger*, dans Cahiers de l'Hermétisme, 1979, pp. 233-278.

1. Nous n'avons pu les vérifier. Cf. Robert Schneider, *Schellings und Hegels schwäbische Geistesahnen*, Würzburg, 1938, pp. 26 à 148 (spécialement pp. 143-146 : « Die Herrlichkeit des Geistes »).
2. Jean-François Marquet, *Liberté et existence, étude sur la formation de la philosophie de Schelling*. Gallimard, 1973, pp. 572-573.
3. Pierre Méthais, introd. à l'ouvrage collectif *Dom Deschamps et sa métaphysique*, publié sous la direction de Jacques D'Hondt, PUF, 1974, p. 16.
4. Jean Wahl appelait Deschamps « un Hegel à l'état sauvage ».
5. Méthais..., ibid., p. 82.

qu'ils sont tenus par la religion, leur histoire ne peut être qu'un mouvement cyclique ; elle est faite d'espoirs toujours trompés. Cependant, « de proche en proche », la connaissance mûrit, les symboles de la religion se transforment en concepts, la simple intelligence devient entendement ou raison, et du même coup l'égoïsme fait place à la fraternité ; c'est le troisième et dernier état, « l'état de mœurs », qui seul mérite pleinement le nom d'« état de nature ». Il n'est pas possible de le décrire, étant donné l'extrême différence qu'il doit y avoir à tous égards entre ce que seront alors les hommes et ce que nous sommes encore. Tout ce que l'on peut dire, c'est que ce sera un état d'athéisme éclairé ; l'idée de Dieu aura disparu en se dédoublant. Telle est la grande idée de Dom Deschamps, sa distinction entre « tout » et « le tout » : « J'entends, dit-il, par *le tout*, le tout de l'univers —, et j'entends par *tout* l'existence en soi », « tout et le tout sont les deux mots de l'énigme de l'existence... » Tout, c'est la vérité métaphysique, mais ce n'est pas un Être ; « tout et rien sont la même chose »[1], il n'existe que le tout, qui est la communauté des hommes. « Le mot Dieu est (donc) à retrancher de nos langues »[2].

Cependant, le long passage par la foi en Dieu était nécessaire. Il le reste même encore, et peut-être pour longtemps. « Les religions ne sont autre chose dans ce qu'elles ont de fondamental, que l'absurde joint à la vérité. Si la vérité, dans l'avenir, s'adressait à la religion, elle lui dirait : « Vous avez tenu ma place, et vous avez dû la tenir, on ne pouvait venir à moi que par vous, qui seule pouviez mettre sur la voie de me chercher et de me trouver ». C'est là ce que ne comprennent pas ceux qui prêchent une prétendue « religion naturelle » ou même, de façon prématurée, l'athéisme. S'adressant aux uns et aux autres, Deschamps leur dit : « Cherchez la vérité dans le secret de votre entendement, mais jusqu'à ce que vous l'ayez trouvée, laissez-moi croire à la religion, car il nous faut nécessairement croire à quelque chose de fondamental[3] ». Aux premiers, il s'efforce d'expliquer l'insuffisance philosophique qui consiste à invoquer une religion « naturelle » contre les religions « positives ». Envers les seconds, il

1. « Cette idée d'unité et de tout, écrira Frédéric Schlegel, idée fantastique, ombre vaine qu'il est si difficile de distinguer de l'idée de rien. » *Essai sur la langue et la philosophie des Indiens* (1808), trad. A. Mazure, 1837, p. 142.

2. Cf. Herman SCHURMANS, *L'espérance chez Dom Deschamps entre Spinoza et Hegel*, dans l'ouvrage cité, pp. 178-183. P. MÉTHAIS, ibid., pp. 14-16 ; cf. pp. 142-145, d'après Bronislaw BARZKO, *Utopie et histoire chez Dom Deschamps*. Textes de Deschamps dans Émile BEAUSSIRE, *Antécédents de l'hégélianisme dans la philosophie française, Dom Deschamps, son système et son école*, 1865, pp. 104 et 120. André ROBINET, *Dom Deschamps, le maître des maîtres du soupçon* ; Seghers, 1974, pp. 97 ss., 268 ss., analyse longuement ces deux idées de « le tout » et de « tout » ; il nous suffit d'une allusion à cette « métaphysique », qui n'entre pas dans notre perspective, — pas plus que la bibliographie compliquée de Deschamps.

3. *Lettres sur l'esprit du siècle*, 1968, lettre 3, aux philosophes. Cf. MÉTHAIS, p. 56 ; BEAUSSIRE, p. 24.

est plus agressif. Il y a, dit-il, deux sortes d'athéisme : l'un, celui de son siècle, qu'il dénomme avec mépris « athéisme ignorant », « athéisme absurde », « athéisme de philosophes », « athéisme des demi-Lumières » ; l'autre (qui est le sien), seul « athéisme éclairé ». Il combat le premier, non certes au nom de la théologie, mais au nom de « la philosophie de la théologie »[1].

L'un de ses ouvrages, dirigé contre Helvétius, porte un titre significatif : « La voix de la raison du temps, et particulièrement contre celle de l'auteur du *Système de la nature* »[2]. Dans leur campagne d'athéisme, les philosophes ne peuvent qu'échouer, car elle « présuppose que l'humanité pourrait », dans sa situation actuelle, « se passer de Dieu... : illusion d'immédiateté, retombée dans la platitude naturaliste qui se traduirait », si la chose était possible, « par l'atomisation de l'espèce rendue à la dispersion de l'état sauvage » : c'est là tout le contraire du communisme final[3]. Et c'est pourquoi « un siècle où l'ignorance nous porte à croire vaut encore mieux qu'un siècle où des demi-Lumières nous portent à ne pas croire ». Au reste, « si la religion a toujours prévalu malgré les coups qu'on a pu lui porter, c'est que la vérité était encore à lui porter le sien »[4]. Au rebours des philosophes qui refusent de l'écouter, notre bénédictin, qui a découvert « la vérité », est patient. Il prend, quant à lui, la religion « dans sa racine morale et métaphysique » ; c'est « la seule façon dont la raison puisse la prendre ». « Je suis, déclare-t-il encore, son interprète et je ne la détruis dans ses branches qu'en l'interprétant »[5]. Il n'entreprend donc pas de supprimer aussitôt « l'état de lois », car il sait que cet état « peut seul nous amener à l'état de loi naturelle morale, qui est le seul vrai rédempteur à attendre »[6].

Il détient, lui seul, *le mot de l'énigme*, et il l'explique dans le manuscrit qui porte ce titre avec tant de force et de clarté, pense-t-il, que « si cet ouvrage avait une fois son effet, c'est-à-dire la publicité, il donnerait nécessairement tout ce qu'il annonce, par le despotisme de son intelligence »[7]. Mais ce serait prématuré. Toutefois le dernier état qu'il annonce, cet « état d'égalité morale où nous tendons tous, où les hommes » seront « remplis entièrement de cet esprit de désappropriation qui a été jusques à un certain point celui des premiers chrétiens et des fondateurs », peut être en quelque sorte anticipé dans quelques cénacles : « l'institution monastique, conservatoire de la théologie, est le séminaire du futur. Elle est le lieu privilégié

1. ROBINET, pp. 147-149 et 318-319.
2. 1770. Un ouvrage postérieur, resté manuscrit, a été publié partiellement par Jean Thomas et Franco Venturi : *Le vrai Système*, 1939, 2e éd. 1963.
3. Cf. MÉTHAIS, op. cit., p. 54.
4. *Le mot de l'énigme* ; dans Robinet, pp. 167 et 169.
5. *Le vrai Système*, t. 2 du ms, p. 25 ; cité par Beaussire, p. 30.
6. Ibid., pp. 30-31 ; Beaussire, p. 118.
7. *Le mot de l'énigme* ; Robinet, p. 170.

où doit se préparer la révolution de la religion, annonciatrice d'une autre humanité ». Il y faut « de bonnes têtes théologiques »[1]. Deschamps s'efforce d'en recruter quelques-unes, qui seront capables de l'entendre ; il leur dévoilera non seulement le *fond*, non seulement le *fin fond*, mais *le fin fond du fin fond* de sa doctrine : à savoir, que « tout et rien sont la même chose » et que « la philosophie théologique a raison de dire que les êtres sont tirés du néant, puisque... tirés de Dieu qui est *le rien* ». Ses disciples seront les adeptes du *riénisme*, lequel ne consiste pas à « *ne* croire à *rien* », mais à « croire à rien » ; ils verront que la raison peut aller jusque là, et qu'« il répugne qu'elle puisse aller plus loin »[2].

Quelques initiés se sont en effet groupés autour de Deschamps. Il les appelle des « Omar ». A ces moines initiateurs de l'avenir il veut adjoindre quelques laïcs, pour former un « Ordre de Voyants » :

> Si l'on faisait un ordre des Voyants avant de produire au grand jour la vérité, et pour l'y produire plus à coup sûr, le secret de cet ordre pourrait s'appeler le développement d'un sixième sens dans l'homme... Le concept des cinq sens est un sixième sens, par lequel nous sommes tous rigoureusement le même être, et que j'appelle l'entendement[3].

Ce beau projet échoua. Les rares disciples qu'avait recrutés Deschamps ne persévérèrent pas. (Ce qui ne signifie pas qu'ils renoncèrent à l'athéisme de leur maître)[4]. Son confident le plus intime, Dom Mazet, devait écrire, découragé, à un ami inconnu : « Le monde est encore trop adolescent et n'est sûrement pas assez malheureux, quoiqu'il le soit beaucoup, pour supporter la révélation des grands mystères qui l'oppriment »[5].

La pensée de Dom Deschamps est évidemment tout autre que celle de Joachim de Flore. Mais il est extrêmement probable que l'athée connaissait l'œuvre du contemplatif, telle du moins qu'elle était exposée dans les ouvrages du temps[6]. Si, de part et d'autre, le contenu de chaque âge est différent, le cadre formel est le même, ainsi que la confiance en un avenir que le présent prépare inéluctablement. Le troisième âge est caractérisé de part et d'autre par un nouveau type de connaissance, intuitive, globalisante, qui doit établir l'huma-

1. Cf. Méthais, p. 53.
2. *Le mot de l'énigme*. Cité par Robinet, pp. 292-297 et 312; cf. pp. 91-93
3. *Observations métaphysiques*, ms Poitiers, fol. 190 ; cité par Schurmans, loc. cit., p. 182.
4. L'un d'eux, le marquis de Voyer, écrira peu après la mort de Deschamps : la vérité métaphysique « ne saurait être établie, à moins qu'on n'extirpe jusqu'aux dernières fibres d'un Dieu moral et intelligent ». Cité par Beaussire, p. 219.
5. Dans Beaussire, ibid.
6. Schurmans estime même que Deschamps connaissait « certainement » Joachim : *Dom Deschamps et sa métaphysique*, p. 178.

nité dans un état de perfection, sur cette terre même ; état qui sera encore temporel, mais définitif, libéré des accidents de l'histoire. De part et d'autre encore, cette perspective d'avenir est conditionnée par un idéal communautaire qui repousse toute propriété privée, effet, signe et entretien de l'égoïsme séparateur. Enfin c'est au sein de l'établissement monastique, par un nouveau genre de « viri spirituales », qu'elle se conçoit, se mûrit, et déjà secrètement s'inaugure.

Œtinger parlait encore de « l'Esprit ». Deschamps, lui, parle de « raison ». Ces deux mots symbolisent la diversité de leur inspiration et de leur orientation respectives. Le dialecticien français adopte et prolonge la logique de l'âge des « Lumières », — même s'il prétend être seul à lui mériter ce titre ; il lui reproche seulement de tout compromettre en s'arrêtant à mi-chemin ; il le représente à la perfection, s'il est vrai que cet âge, « en vertu d'une intime nécessité, impliquait une Histoire de l'esprit humain »[1] qui devait le pousser à sa perte en lui faisant renier son Origine. Le théosophe souabe repousse au contraire ces lumières superficielles qui égarent l'humanité en quête de la vérité divine. Ce sont là deux formes opposées de néojoachimisme, destinées l'une et l'autre à se perpétuer, chacune avec nombre de ramifications diverses ; destinées aussi parfois à se compénétrer. En simplifiant beaucoup les choses, on pourrait dire que chacune des deux correspond à l'une des deux tendances principales que l'on voit aussi se combattre et se mêler à cette époque dans l'histoire de la franc-maçonnerie : l'une étant l'héritière du vieil ésotérisme mystique[2], l'autre ayant adopté la pente subversive du rationalisme moderne. Constamment, dans la suite, l'histoire des néojoachimismes va d'ailleurs se trouver plus ou moins mêlée à celle de la maçonnerie[3].

---

1. Paul BÉNICHOU, *Le temps des prophètes*. Gallimard, 1977, p. 225.

2. Selon Antoine FAIVRE, Œtinger, « le plus grand théosophe allemand de son époque », fut « vraisemblablement initié » sous l'ordre de la Rose-Croix d'Or. *Rose-Croix et Rose-Croix d'Or en Allemagne de 1600 à 1786*, RHR, t. 181, 1972, pp. 65 et 67.

3. Sur la polémique des Maçons rationalistes contre la Maçonnerie mystique à la veille de la Révolution : Pierre CHEVALLIER, *Histoire de la franc-maçonnerie française*, t. I, Fayard, 1974, pp. 316-322 ; cf. p. 216 : « La Maçonnerie mystique, occultiste et hermétique... utilise l'héritage des alchimistes de la Renaissance, tandis que la Maçonnerie symbolique s'inspire en gros des doctrines des philosophes et hommes de science du XVIIIe siècle anglais. »

CHAPITRE SIXIÈME

SWEDENBORG, LESSING, HERDER

I

Swedenborg et ses fidèles

Vers le même temps que Bengel et qu'Œtinger, la tradition piétiste héritée de Spener et déformée par quelques disciples continuait aussi, tantôt par supputations « raisonnables », tantôt accompagnée d'extases, de se faire l'annonciatrice d'un nouvel âge. C'est ainsi qu'un pasteur de Halle, M. S. Karl, écrivait en 1744 dans le magazine piétiste *Die Geistliche Fama*, au titre déjà significatif : « Le temps de l'Esprit-Saint est arrivé, celui qu'annonçaient les Prophètes et les Apôtres ; la lumière brille, les ténèbres se dissipent... »[1].

La lumière brilla d'abord sous une forme extraordinaire, bien inattendue, pourrait-on croire, apparemment comme un défi aux « lumières » du siècle. L'Esprit se mit à souffler des contrées nordiques par la bouche d'un honorable, savant et sage médecin, réputé parmi ses pairs, Emmanuel Swedenborg (1688-1772). Œtinger, qui fut comme nous l'avons dit en relations épistolaires avec lui, qui l'a admiré, qui l'a plusieurs fois défendu, bien qu'il ne fût pas en tout d'accord avec ses exégèses, a écrit que « Dieu a suscité Swedenborg qui est puissamment versé dans les sciences, il a élu et préposé cet homme pour faire briller par ce moyen une lumière extraordinaire devant ce monde incrédule et sceptique »[2]. Témoignage impression-

1. Cité par Georges GUSDORF, *Dieu, la nature et l'homme au siècle des lumières*, Payot, 1972, p. 70.

2. Cf. Charles BYSE, *Swedenborg*, Lausanne, t. 3, p. 69. Il lui avait écrit le 16 décembre 1767 : « Je voudrais bien que vous puissiez avouer que vos exégèses de l'Écriture ne sont pas aussi authentiques que vos visions et vos révélations

nant rendu à la personne et à la mission du « mage du Nord » par celui qu'on devait surnommer « le mage du Sud »[1].

« Il m'a été donné, notait Swedenborg en 1747 dans son *Diarium spirituale*, grâce à la vue intérieure, de voir des objets appartenant à l'autre vie plus clairement que je ne vois ceux qui sont de ce monde ». Dès son enfance, il étonnait les siens, habitués cependant aux phénomènes étranges comme partout alors en Suède, par l'intensité de ses dons spirituels. A partir de 1736, visions, songes symboliques, extases se multiplient ; il les analyse, les distingue, les classe avec précision ; il en tire des enseignements pour sa vie personnelle. Les huit volumes de ses *Arcana caelestia* en sont remplis. « Tous les jours, dira-t-il, le Seigneur daignait assez souvent ouvrir les yeux de mon corps, en sorte que je pouvais, en plein jour, voir dans l'autre vie et converser, dans un joyeux état de veille, avec les anges et les esprits »[2]. Rien ne permet donc de considérer comme une simple mise en scène tout ce merveilleux fantastique donné par lui pour réel avec la bonne foi la plus évidente. On s'étonnera d'ailleurs moins qu'il ait pu découvrir tant de choses dans les cieux, si l'on observe comment joue son système de « correspondances »[3] entre les deux mondes. Tandis que pour beaucoup d'autres avant lui, mystiques, gnostiques ou cabbalistes, « le monde phénoménal n'était qu'un pâle reflet du monde surnaturel, ce dernier apparaît dans les descriptions de Swedenborg comme une réplique à peine spiritualisée de la création matérielle »[4] ; il est soumis comme le nôtre aux lois de l'espace et du temps. Les anges y ressemblent à ceux du *Paradis perdu* de Milton : ils ont comme nous des mains et des pieds, des yeux et des oreilles, ils peuvent se marier entre eux, quoiqu'ils ne soient pas engoncés dans une enveloppe matérielle semblable à la nôtre ; les esprits de ceux que nous avons connus sur terre continuent d'exercer leurs métiers, d'habiter à la ville ou à la campagne, de boire du chocolat, de pratiquer la religion qui fut ici-bas la leur... Déjà nous sommes avertis par là que les théories de Swedenborg ne dépendent pas comme on l'a cru parfois, de ses visions ; celles-ci, tout objectives

---

du ciel », et en 1769 il avait publié une « Dissertation sur la façon de lire la Sainte Écriture et de préférer la folie de Dieu à toute la sagesse humaine, avec l'exposé d'une attitude critique à l'égard de l'exégèse allégorique de Swedenborg ». Cf. BENZ, *L'idée de la Jérusalem céleste*..., loc. cit., p. 59.

1. Ces appellations de « mage du Nord » et du « Sud », alors assez généreusement distribuées, furent également données à Hamann et à Lavater, celui-ci adversaire d'Œtinger. On parla aussi, à Berlin, du séjour du « mage du Nord » auprès du « Salomon du Nord » (Frédéric). — « Bouddha du Nord », dira Balzac, de façon fort impropre.

2. Cité par Martin LAMM, *Swedenborg*. Stock, 1936, p. 143.

3. L'exposé le plus complet en est la *Clavis Hieroglyphica arcanorum naturalium et spiritualium per viam Repraesentationum et Correspondentiarum*, dont la rédaction date de 1741.

4. René LE FORESTIER, *La Franc-Maçonnerie templière et occultiste* aux XVIIe et XVIIIe siècles ; publié par Antoine FAVRE. Paris-Louvain, 1970. Introd., p. 70.

qu'elles soient à ses yeux, ne font en réalité que matérialiser ses théories. Partisan d'abord d'un système du monde géométrique et mécanique, il l'abandonna pour une conception vitaliste ; mais l'un et l'autre furent le fruit de ses lectures et de ses études normales ; les visions suivirent ; ou du moins, dans une seconde période, qui s'ouvrit en 1744, et qu'on peut appeler sa période théosophique, réflexions méthodiques et lumières extatiques se mêlèrent[1].

Cependant, ce n'est pas là ce qui intéresse directement notre sujet. Si notre mage, après une vie de labeur intellectuel déjà longue, a reçu l'étonnant privilège de converser familièrement avec les anges pendant vingt-sept ans de suite, ce n'est pas pour sa propre consolation spirituelle ; ce n'est même pas uniquement pour qu'il puisse éclairer ses contemporains sur les beautés de l'autre monde. C'est pour lui permettre de remplir une mission prophétique. « Le Seigneur a daigné me choisir pour enseigner sa doctrine, il m'a donné l'ordre de publier les révélations qu'il me fit, d'annoncer l'établissement de sa nouvelle Église »[2]. Plus miraculeusement que l'abbé de Flore, qui n'avait reçu qu'un don d'intelligence pour découvrir en les scrutant le sens profond des Écritures, Swedenborg a reçu révélation directe du « sens spirituel de la Parole », sens qui « a été ignoré jusqu'à présent » dans une Église « enchaînée au sens littéral » et dont, pour cette raison même, « la dernière heure approche ». C'est sous la dictée du Seigneur qu'il a écrit l'*Apocalypsis explicata*, la *Doctrina Novae Hierosolymae de Scriptura sacra*, enfin la *Vera christiana Religio* (1771) ; il y a donné d'après « le sens interne » la description de la nouvelle Jérusalem, qui n'est autre que la nouvelle et désormais seule véritable Église, car « l'Église existe par la Parole, et tel est dans l'Église l'entendement de la Parole, telle est l'Église elle-même »[3]. Ce vocabulaire à résonance luthérienne ne doit pas donner le change : il s'agit d'une autre Parole. Le sens interne des textes sacrés est symbolisé par le Cheval Blanc de l'Apocalypse (ch. 19), auquel Swedenborg a consacré tout un traité : « Son cavalier, le Logos, est la Parole de Dieu ; le sang sur ses vêtements indique la violence faite à cette Parole quand on la prend au sens littéral, terrestre ; les armées qui le suivent sur des chevaux blancs sont les élus, possesseurs du sens interne des Écritures, envoyés ici-bas pour préparer l'avènement de la Nouvelle Jérusalem »[4].

---

1. C'est là un point qu'a élucidé LAMM, op. cit., voir spécialement pp. 19, 44, 97-101, 206, 225. L'ouvrage est précieux également pour la psychologie de Swedenborg, la mentalité scientifique de son temps, etc.

2. *Abrégé des ouvrages d'Em. Swedenborg*, Stockholm-Strasbourg, 1788, pp. XXII-XXIII et 242. Byse, op. cit., t. 1, p. 226. On verra plus loin l'extraordinaire portée de cette mission.

3. *Abrégé*..., Discours préliminaire, p. XV. *Doctrine de la nouvelle Jérusalem, sur l'Écriture sainte*, Amsterdam, 1763 ; trad. J. F. E. Le Boys des Guays, Saint-Amand-Paris, 1842, pp. 50 et 132. *Dernier Jugement*, p. 35.

4. Dans LE FORESTIER, op. cit., pp. 702-703.

Le nouveau prophète n'a pas le moindre doute sur la réalité ni sur l'importance unique de sa mission. Sur la fin de sa vie, en 1771, il écrira à Charles de Hesse :

> Le Seigneur notre Sauveur avait prédit qu'il reviendrait dans le monde et y établirait une nouvelle Église... Mais comme il ne peut venir de nouveau en personne, il a été nécessaire qu'il le fît par le moyen d'un homme qui pût non seulement recevoir dans son entendement la doctrine de cette nouvelle Église, mais encore la publier par l'impression ; et, comme le Seigneur m'y avait préparé dès mon enfance, il s'est manifesté en personne devant moi, son serviteur, et m'a envoyé pour remplir cette fonction, ce qui a eu lieu en 1743... Cette faveur du Seigneur n'a eu lieu à mon égard qu'à cause de la nouvelle Église... dont la doctrine se trouve dans mes écrits[1].

Si les théories de Swedenborg ont précédé les inspirations appelées à les confirmer, ses inspirations, à leur tour, ont précédé ses exégèses. Lui-même en convient, la Bible ne vient qu'en dernier lieu, pour mettre le sceau à la doctrine. Mais c'est une autre doctrine ; c'est, nous l'avons dit, une autre Parole, derrière laquelle Jésus-Christ s'efface. Le jour de Pâques 1744, Swedenborg avait été fortement impressionné par une apparition du Sauveur crucifié, mais il avait ensuite presque aussitôt compris qu'il lui fallait dépasser la dévotion sensible qu'elle avait fait naître en lui. S'y attarder eût été une faute. Il était appelé à une tâche dont celle du Christ ici-bas n'avait été que le symbole.

La nouvelle Église, en effet, doit être établie par « la régénération du cœur humain », fruit de « la révélation du sens interne de l'Écriture ». Tout ce qui est dit dans l'évangile de Matthieu concernant le retour du Christ sur les nuées du ciel, la fin du monde, la consommation du siècle, etc., n'est qu'une série de termes « figuratifs ». La preuve qu'il faut les entendre spirituellement, c'est leur correspondance, leur parfaite correspondance avec ce qui fut ensuite révélé à saint Jean et consigné dans son Apocalypse. « Les tremblements de terre et autres cataclysmes prédits dans l'Écriture n'ont rien de matériel, mais symbolisent des bouleversements dans le monde invisible, qui ont leur répercussion dans le monde humain », car il y a « correspondance aussi du ciel avec l'homme »[2]. Ainsi, par « l'abomination de la désolation » il faut entendre l'extension de l'impiété ; par « la consommation du siècle », l'éclipse de la foi et de la charité

1. Lettre citée par le Dr. G. BALLET, *Swedenborg*, pp. 40-41. Cf. LE FORESTIER, loc. cit. Même texte à peu près dans *Vraie Religion chrétienne*, cité par Benz loc. cit., pp. 62-63, « je l'atteste, conclut-il, comme étant la vérité. »

2. On voit que le « principe de correspondance » de Swedenborg est autre chose que la « concordia » de Joachim. Là n'est donc pas entre eux la parenté.

entraînant la fin de l'ancienne Église ; par « les cieux nouveaux », la nouvelle Église, etc. « Le second avènement du Seigneur, c'est la fondation de la nouvelle Jérusalem, tant prédite par l'Apocalypse, c'est-à-dire la nouvelle Église ». Tel est le message que Swedenborg a mission de répandre. « J'atteste, dira-t-il encore deux mois avant sa mort, que lorsque j'eus achevé mon *traité de la vraie religion chrétienne*, le 19 juin 1770, le Seigneur rassembla ses douze apôtres et les envoya dans tout le monde spirituel prêcher son (nouvel) Évangile, l'annonce de son règne qui n'aura point de fin », et c'est en parfaite concordance avec cette prédication céleste que lui-même doit prêcher sur terre cet Évangile et ce règne[1]. Alors « une ère nouvelle naîtra dans l'histoire de l'humanité ».

Mais pourquoi une prédication si tardive ? C'est d'abord parce que « la science des correspondances, qui donne le sens spirituel de la Parole », ne pouvait entrer tout de suite dans les esprits ; « les chrétiens de l'Église primitive étaient d'une trop grande simplicité pour qu'elle leur pût être découverte »[2]. Première réponse, bien conforme à l'esprit du siècle. La deuxième est plus directement inspirée du conformisme luthérien : c'est aussi parce qu'au lieu de découvrir, peu à peu, grâce à leur fidélité, le sens profond de la Parole, les chrétiens, laissant refroidir en eux la foi et la charité, l'ont comprise de façon de plus en plus grossière et matérielle ; ils ont renouvelé ainsi le processus de dégradation qui s'était déjà produit dans les temps antérieurs[3]. Les ténèbres se répandirent sur toute la chrétienté, par suite de la domination papale ; « le clergé romain a criminellement profané la parole de Dieu ; il est d'ailleurs positivement prédit et réprouvé dans l'Apocalypse, et la destruction de l'Église romaine y est formellement annoncée : je puis attester que je l'ai appris dans les cieux ». Mais — et voilà maintenant que perce la prétention de l'Élu de Dieu — cela ne devait pas être accompli par la Réforme du seizième siècle, comme si celle-ci marquait enfin l'avènement de la nouvelle Église, ou même seulement son aube. Si en effet l'Apocalypse a désigné les catholiques romains par la Bête, elle a désigné aussi par « les Rois de la terre » « les Réformés qui sont dans les faussetés de la doctrine ». Les seconds ne l'emportent pas sur les premiers, et Swedenborg trouve même trois raisons pour estimer que les catholiques romains seront introduits avant les Réformés dans la nouvelle Jérusalem[4].

Cette Jérusalem nouvelle, voici enfin que son avènement est proche.

1. *Abrégé*..., pp. XIV et 236-242. BYSE, p. 247.
2. *Doctrine de la nouvelle Jérusalem*, p. 58.
3. A l'optimisme de l'avenir se mêle par moments chez Swedenborg une nostalgie du passé ; dans son *Historia creationis a Mose tradita* (1745), il estime que le monde a vécu déjà son enfance (âge d'or) et son adolescence (âge d'argent) et qu'il entre dans son âge de fer, etc. Cf. LAMM, op. cit., p. 154.
4. *Doctrine de la nouvelle Jérusalem*, p. 60. *Apocalypsis revelata*, pp. 240-241. *Abrégé*, discours préliminaire, p. XLVIII.

Elle existe même déjà, en principe, depuis l'année 1757. Son aube se lève sur la terre[1]. C'est le dernier âge de l'Église, ou l'âge de la dernière Église, qui durera jusqu'à la fin. Swedenborg, qui ne manque pas de spéculer aussi sur les sept jours de la création, préfère cependant répartir l'histoire du genre humain en quatre âges. S'il en distingue quatre et non pas trois, comme faisait Joachim de Flore, c'est uniquement parce qu'il subdivise le premier âge en deux pour faire une place au temps qui précéda l'ancienne Alliance ; le schéma historique essentiel n'en est donc pas affecté. Chaque âge, ou chaque Église, prend fin selon lui par un « jugement dernier » : « Il y a eu jusqu'ici trois jugements derniers, qui ont terminé, le premier l'Église adamite ou très ancienne, dont la destruction est figurée par le déluge[2] ; le deuxième l'Église israélite ou juive, qui n'a fait que représenter les choses de la foi et de l'amour ; le troisième l'Église chrétienne, qui a duré depuis le ministère de Jésus jusqu'en 1757 »[3]. En un autre passage, le symbolisme tiré du Livre de Daniel suggère, sans changer la doctrine, une subdivision de plus :

> Les Églises du Seigneur ont été (jusqu'à maintenant) au nombre de quatre ; elles sont figurées par la statue de Nabuchodonosor et par les quatre animaux sortant de la mer (Dan. 2 et 7). La première Église... exista avant le déluge, et le déluge représente sa destruction. La deuxième... s'étendit dans l'Asie et dans une partie de l'Afrique, et elle périt par l'idôlatrie. La troisième fut celle des Israélites, qui finit par la profanation de la parole et par le premier avènement du Seigneur. La quatrième est l'Église chrétienne, instituée par le Seigneur, par les évangélistes et les apôtres...

Et, par un goût de symétrie qui rappelle directement les « concordes » au sens des historiens médiévaux de l'Église et de Joachim, l'auteur ajoute : « L'Église chrétienne a eu quatre époques, celle de son institution, celle du concile de Nicée, celle de la Réforme, et celle de notre temps »[4].

Swedenborg était moins gêné que ne l'eût été Joachim pour étendre jusqu'à quatre et même à cinq les âges de la révélation, parce qu'il

---

1. *Abrégé*, p. 136, etc. Le matin succède à la nuit : *Apocalypsis revelata*, pp. 238-239.

2. Sur les hommes d'avant le déluge, « doués d'un esprit si céleste qu'ils conversaient avec les anges par le moyen des correspondances » (*Vera christiana religio*), mais dont le principe de décadence et d'apostasie remontait à leur première origine, cf. Lamm, pp. 93 et 217-219.

3. Cité par Charles Byse, t. 3, p. 247. Swedenborg pense d'ailleurs que le cours de l'histoire de l'Église chrétienne a été jalonné par une série de révélations extraordinaires (il cite à ce propos Hildegarde, Brigitte de Suède, Catherine de Gênes, Boehme, etc.), en attendant la révélation définitive qu'il devait recevoir. Cf. Benz, loc. cit., p. 84.

4. *Apocalypsis revelata*, pp. 236-238.

n'avait point à mettre chacun d'eux en rapport avec une Personne divine. Il refusait, du moins dans sa formulation traditionnelle, la doctrine de la Trinité, estimant que malgré les essais d'explication donnés par les théologiens elle revenait à enseigner l'existence de trois dieux, « impiété qui en a produit beaucoup d'autres » et par suite de laquelle le monde fut plongé dans des ténèbres épaisses[1]. On aura aussi remarqué que sa théologie de l'histoire a quelque chose d'ambigu. D'une part, plus que ne faisait Joachim, il insiste sur les infidélités successives, en raison desquelles chacune des Églises prend fin par un jugement, et c'est ce qui le porte à parler d'Églises plutôt que d'âges ou d'états successifs ; mais d'autre part, non moins que Joachim, il montre d'un âge à l'autre, ou d'une Église à l'autre un progrès ascensionnel, jusqu'à l'avènement de la Jérusalem nouvelle, qui va être établie sur la terre par l'ouverture du sens réel, jusqu'alors caché, des Écritures. Cette Église nouvelle et définitive anéantira l'Église même fondée jadis par Jésus-Christ, « comme le soleil anéantit les ténèbres ». « Les mauvais esprits s'efforcent d'éloigner cette grande révolution et de discréditer celui qui l'annonce »[2], mais rien n'arrêtera la Lumière.

Schème progressif, langage apocalyptique, effacement du rôle de Jésus-Christ, annonce d'une Église dernière et tout autre, pressentiment que « les temps sont proches », certitude d'en être l'annonciateur élu de Dieu : autant de traits joachimites. Quant au contenu versé dans ces formes, il est ce qu'on pouvait en attendre d'un prophète doublé d'un esprit scientifique et vivant au siècle des Lumières. Son admirateur Charles Byse nous expliquera qu'en vertu de son « interprétation spirituelle » il découvre dans la Bible un certain nombre de « vérités jusqu'alors négligées, des aspects nouveaux du vieil Évangile, des idées dont nous avons le plus pressant besoin pour représenter dignement la religion dans un âge de civilisation avancée et de culture scientifique ». Il mettait ainsi « la Parole de Dieu à l'abri des coups de la critique ». Le Saint-Esprit, répudié, laisse la place libre à un substitut, qui est la pénétration rationnelle de tous les mystères jusqu'alors crus aveuglément. Swedenborg écrivait un jour à Œtinger : « Le dogme établi par les papistes, et ultérieurement repris par les protestants, suivant lequel la raison doit dans les questions théologiques être soumise à la foi, a de nouveau fermé l'Église »[3]. La « nouvelle Église » est au contraire ouverte ; la foi

---

1. *Abrégé*, pp. 98-104. *Doctrine de la nouvelle Jérusalem*, p. 139. *Vraie religion chrétienne*, I, 4 : La déchéance est arrivée « parce que les chrétiens ont partagé la divine Trinité en trois personnes, dont chacune est Dieu et Seigneur, et qu'il est sorti de cette croyance une frénésie sur toute la théologie, et conséquemment sur l'Église qui... est appelée chrétienne ». Cité par Viatte, t. 1, p. 77. Le mal a commencé à Nicée.
2. *Abrégé*, discours préliminaire, p. L ; p. 136, etc.
3. Cité par LAMM, p. 266.

n'y est plus sublimée, comme chez Joachim, en contemplation ; ayant fait son temps, elle est remerciée.

Swedenborg refuse toutefois de souscrire aux interprétations grossières et aux fureurs négatrices du principal courant rationaliste qui entraîne son siècle. Comme plusieurs de ses contemporains, il cherche un vaste concordisme. Il veut trouver dans la Genèse les découvertes récentes de la géologie. Il prend la Bible à témoin de toutes les théories que lui dicte son expérience ou son imagination fertile. Mais à un tel traitement, que devient ce qu'il continue d'appeler « la Parole de Dieu » ? S'il a été admis pendant vingt-sept ans de suite dans les secrets du ciel, ce fut, nous dit encore Charles Byse, pour enseigner aux hommes « des doctrines plus justes que celles de la chrétienté de son époque, pour leur présenter une nouvelle conception du christianisme, qui fût rationnelle et philosophique... en même temps que scripturaire et spirituelle. En un mot, il a été élu pour inaugurer une Église répondant aux aspirations d'une race parvenue à un haut degré de développement »[1]. Et déjà lui-même, s'adressant à l'un de ses nombreux correspondants : « Lisez ce qui est écrit dans le dernier ouvrage que je viens de publier : *La Vraie Religion chrétienne*, et tirez-en ensuite vos conséquences sur ma révélation, mais ayez pour guide la raison »[2].

Cette « raison », — prêchée par le prophète d'une « révélation » ultime, — se veut raison scientifique, et la science qu'elle vise est une science pratique, utile aux hommes. En même temps qu'on observe leur « caractère fantastique, irréel et éthéré », demande justement Martin Lamm, « ne retrouve-t-on pas dans ces rêves de la béatitude des « utilités » le véritable fils de ce siècle des métiers à tisser et de l'économie rurale, épris d'activité utile ? »[3]. Plus que tout autre, ce visionnaire fait mentir le jugement selon lequel tout « mysticisme » serait orienté au rebours de tout progressisme. Ce qui peut paraître étonnant, c'est l'audience qu'il obtint auprès de ses contemporains, dont certains faisaient partie de l'élite intellectuelle. Nous avons dit ses relations avec Œtinger, haut-prélat de l'Église de Würtemberg. Sans être d'accord avec tous ses principes d'exégèse, Œtinger estimait assez sa pensée pour traduire en allemand plusieurs de ses ouvrages : *Le Ciel et l'Enfer*, *Les Terres dans l'Univers*, des extraits des *Arcanes célestes*[4]. Pas plus que le proche inventeur d'un autre « nouveua christianisme », Swedenborg ne s'est pourtant préoccupé de fonder

1. *Swedenborg*, t. 1, p. 226 ; t. 3, pp. 250-251 ; t. 4, 1912, pp. 195 et 282.

2. Cité par Jacques Roos, *Aspects littéraires du mysticisme philosophique* et l'influence de Boehme et de Swedenborg au début du romantisme : William Blake, Novalis, Ballanche. Strasbourg, 1951, p. 53.

3. Dans Lamm, p. 301. Cf. p. 282, d'après les *Deliciae Sapientiae de amore conjugali* : « Les esprits en ont assez de l'extase perpétuelle ou des prédications... L'ange leur apprend alors que la béatitude céleste consiste à accomplir des œuvres utiles ».

4. Cf. Joanny Bricaud, *Les Illuminés d'Avignon, étude sur Dom Pernéty et son groupe*, Nourry, 1927, p. 57.

lui-même la nouvelle Église. Habituellement discret, il n'éprouvait cependant aucune gêne à parler en société de ses visions, quand on le mettait sur le sujet ; il semait volontiers ses idées dans le monde par ses nombreux écrits (quoiqu'il ne les ait pas tous publiés lui-même), mais il n'avait ni l'ardeur du prosélyte ni la hardiesse du fondateur. Il faut dire aussi que pareillement à celle qu'avait rêvée Joachim de Flore, cette autre Jérusalem nouvelle devait être libre de toute structure qui aurait rappelé les Églises trop imparfaites du passé. Swedenborg eut néanmoins après sa mort des disciples enthousiastes qui voulurent matérialiser son rêve pour le faire aboutir. L'aventure se prolongera, sous des formes et avec des succès variés, pendant tout un siècle. Comme un peu plus tard au marquis de Saint-Simon, il lui était donc réservé la gloire posthume de créer une religion, — et même plusieurs.

Dès le lendemain de sa mort, nombre de Loges l'adoptèrent, telles, à Paris, la loge des « Amis réunis », puis le « Régime des Philalèthes », ou Chercheurs de la vérité[1]. Sa doctrine y était mélangée avec celles de Böhme, de Martinez de Pasqually et d'autres. Les « Illuminés philosophes », que Chastanier avait fondés vers 1766, s'enthousiasmèrent pour elle. Un « rite de Swedenborg » fut institué à Paris par le marquis de Thomé. La même année, à Londres, était inaugurée une « Société théosophique et swédenborgienne », qui cinq ans plus tard organisait dans un temple un service public. En 1783 encore, Dom Pernéty, qui depuis dix années dirigeait à Berlin une secte hermético-mystique, était engagé dans des aventures qui l'amenèrent à transporter son siège à Avignon ; il y organisait aussitôt un centre de propagande en faveur des théories du « Mage du Nord ». C'est à partir de cette date que Chastanier publia, sous le titre de la « Nouvelle Jérusalem », un journal consacré à répandre la doctrine du maître vénéré[2]. Les Sociétés swédenborgiennes se multipliaient rapidement : en Angleterre, en Suède, au Danemark, en Allemagne, en Pologne, en France, en Russie... Elles trouvent souvent appui et même zèle propagandiste dans les milieux de la haute aristocratie. Dès 1777, le grand-duc Paul de Russie se faisait initier aux mystères swédenborgiens de la maçonnerie suédoise[3]. Louis-Claude de Saint-Martin, cet « illuminé d'une rare espèce », comme il disait de lui-même, se montrait plus réservé ; c'est avec des sentiments partagés qu'il écrivit le *Nouvel Homme*, à l'instigation de son cher Silverielm, pour un groupe de swédenborgiens rencontrés à Strasbourg en 1788[4] ;

1. Ses œuvres furent traduites en français par le parisien Moët, Maître de la Loge écossaise Saint Jean du Secret. P. CHEVALLIER, op. cit., p. 216.
2. J. BRICAUD, op. cit. Jacques Roos, op. cit., pp. 8-11.
3. Alain BESANÇON, *Les origines intellectuelles du léninisme*, Calmann-Lévy, 1977, p. 64. — Détails divers dans VIATTE, t. 1, pp. 181-183 et LÉONARD, t. 3, pp. 139-143.
4. *Mon portrait historique et littéraire*, éd. R. Amadou, Julliard, 1961, pp. 106 et 340.

Swedenborg ne lui paraissait pas digne d'être comparé à Böhme « pour les vraies connaissances » ; néanmoins, pensait-il, « il est possible qu'il convienne à un plus grand nombre de gens »[1]. En 1809, John Robinson, dénonciateur de toutes sortes d'illuminés, disait encore que la Franc-Maçonnerie était « très agitée par les rêveries mystiques de J. Behmen (= Böhme) et de Swedenborg »[2]. Lyon, cité toujours accueillante aux mystiques marginales, fut un foyer d'illuminisme swédenborgien ; le lyonnais Charles Fourier, au dire de Flora Tristan[3], a voulu « réaliser sur la terre le rêve céleste de Swedenborg », et ses disciples de la deuxième *Phalange* commenteront son « rêve harmonien » par les visions du prophète suédois[4].

Si des enthousiasmes tombèrent, d'autres vinrent les relayer. Sans toujours se mettre en peine de se rallier à un culte organisé, des disciples demeuraient fidèles[5]. Entre 1832 et 1835, Edouard Riché pouvait publier à Paris, en huit volumes, une somme sur la *Nouvelle Jérusalem*, dont la thèse centrale était qu'« une cité politique digne de Dieu peut être organisée sur la terre aussi bien qu'au ciel », puisque les hommes ici-bas sont les « jeunes frères des anges »[6]. L'abbé Ledru guidait un petit troupeau swédenborgien qui, trop pressé ou moins orthodoxe, se rattachait en 1833 à l'éphémère « Église catholique française » de Clichy ; ce qui n'empêcha pas l'abbé, après les mésaventures de son confrère Chatel, de publier en 1836, à Chartres, la *Liturgie de la Nouvelle Église*[7]. Un autre prêtre, l'abbé Oegger, vicaire à Notre-Dame de Paris, rompait avec l'Église catholique « pour fonder une église swédenborgienne ».[8]. En 1837 un nouveau « culte swédenborgien » était encore inauguré au centre de la France, à Saint-Amand. En 1838 Le Boys des Guays ressuscitait un

---

1. Op. cit., p. 351. Un chapitre de *L'Homme de désir* critique ses visions.

2. *Preuves de conspirations contre toutes les religions et tous les gouvernements de l'Europe* ourdies dans les assemblées secrètes des Illuminés, etc. Londres, 1809, t. 1, p. 9.

3. Citée par L. POLIAKOV, *Hist. de l'antisémitisme, de Voltaire à Wagner*, Calmann-Lévy, 1968, p. 380.

4. H. DESROCHE, *La société festive*, Seuil, 1975, p. 288, cite le cas de l'industriel « fouriérisant » J.-B. A. Godin, « adepte d'une religion du travail affabulée dans une théosophie swédenborgienne... et assortie d'une pratique spirite ».

5. Nous ne parlons pas ici de l'influence de Swedenborg sur des écrivains ou des philosophes. On connaît le cas célèbre de Balzac, dont la doctrine est d'ailleurs assez fantaisiste. Pour l'Allemagne, voir X. TILLIETTE, *Schelling, une philosophie en devenir*, Vrin, 1970, t. 1, pp. 506 et 555-559. Selon C. MILOZ, *Dostoievski and Swedenborg*, Slavic Review, juin 1975, t. 34, pp. 302-318, approuvé par Besançon, op. cit., p. 144, le grand romancier russe aurait une dette envers le visionnaire suédois.

6. BRIAN-JUDEN, *Traditions orphiques et tendances mystiques dans le romantisme français*. Klincksieck, 1971, pp. 384-385.

7. Charles BYSE, *Swedenborg*, t. 1, pp. 145-148. Sur Chatel : P. CHEVALLIER, op. cit., t. 2, pp. 267-274.

8. Max MILNER, *Le Romantisme*, I (dans Littérature française, collection dirigée par Claude Pichois), p. 140. « Hugo se souviendra de lui lorsqu'il créera l'archidiacre Claude Frollo. »

journal de *la Nouvelle Jérusalem*, qui proclamait dans son premier article : « Les temps sont enfin accomplis : le sceau qui avait été mis par Dieu sur les Livres saints est levé, et la Vérité peut désormais apparaître aux yeux de quiconque désirera de bonne foi la connaître »[1]. Il y eut encore des ramifications swédenborgiennes en Angleterre, aux États-Unis, en Inde, dans l'Afrique du Sud. En notre siècle, dans l'ouvrage monumental qu'il consacrera à Swedenborg, Charles Byse estimera ne pouvoir mieux exalter son héros qu'en assurant qu'il fut choisi pour « faire resplendir l'Évangile éternel »[2].

1. A. Viatte, *Victor Hugo et les Illuminés*, pp. 49-51.
2. *Swedenborg*, t. 1, p. 235. — Au chapitre 9e de *Loss and Gain, The story of a convert*, Newman présente un swédenborgien qui force la porte de Charle Reding en lui criant : « One word for the New Jerusalem ! » 6e éd., Londres, 1881, p. 413.

II

Lessing et Herder

Le climat dans lequel se développa en Allemagne, avec un léger retard, la pensée de Lessing est tout autre. Autant l'univers dans lequel Swedenborg évolue paraît à un premier regard archaïque et fantastiquement surnaturel, autant celui où l'éducateur du genre humain va nous introduire est d'emblée naturaliste et résolument sans mystère. En fait, cependant, ces deux versions d'un âge à venir de l'Esprit, toutes deux lointaines héritières du rêve de l'Évangile éternel, se rejoignent, tout en conservant leurs teintes propres, dans une conclusion commune.

Nourri des germes piétistes que nous avons dit, porté pour ainsi dire par les mêmes slogans, gauchissant à peine les termes dans lesquels des croyants sincères avaient coutume d'exprimer leurs illusions, un nouveau genre de pensée s'impose à nombre d'esprits dans la seconde partie du siècle, plus décidément sécularisé. On parlera toujours de « lumière » et d'« Esprit », mais ce sera — même en réaction contre lui — dans l'esprit du siècle des Lumières.

L'œuvre dans laquelle s'accomplit ce tournant décisif est celle de Gotthold Ephraim Lessing (1729-1781). Confluent de courants multiples qui grossissaient depuis plus de deux siècles, cette œuvre est aussi bien une source, ou du moins un relais majeur. Sous une forme qui la rend accessible à toute intelligence cultivée, elle va perpétuer dans des conditions nouvelles et dans un autre esprit pour de nombreuses générations, le schème prophétique du vieil abbé de Flore.

Lessing a cherché d'abord essentiellement à « dégager de la multiplicité des croyances religieuses un certain nombre d'axiomes fondamentaux sur lesquels tous pourraient s'accorder »[1]. En cela il était l'héritier direct des déistes anglais (eux-mêmes héritiers des renaissants italiens) et parfait représentant de l'*Aufklärung*[2]. Son idéal est alors celui de la « religion naturelle », qu'il appelle encore, devançant Kant, la « religion raisonnable », comme si les deux termes étaient d'emblée synonymes, et par une réminiscence des illusions historiques de la Réforme venant doubler les illusions de la philosophie de son siècle, il lui arrive d'assimiler cette religion

1. Robert PITROU, introd. à LESSING, *Nathan le Sage* (Nathan der Weise). Aubier, 1939, p. XXXIV.
2. « Aufklärer par antonomase » : Xavier TILLIETTE, *Spinoza préromantique* ; Archivio di Filosofia, 1978, p. 220.

au « christianisme primitif ». (Dans la suite, il abandonnera tout à fait cette idée d'un retour à une pureté primitive du christianisme, comme aussi bien toute idée d'une religion primitive idéale qui aurait été dégradée par le péché)[1]. Luther, pense-t-il, a entrepris la tâche, « il nous a libérés du joug de la tradition » ; mais pour le bien comprendre, il nous faut discerner, sous la lettre de ses « écrits », « l'esprit » qui l'anime. « Luther, grand homme méconnu !... Qui nous donnera enfin un christianisme tel que tu l'enseignerais maintenant, tel que l'enseignerait le Christ lui-même ? »[2] Qui nous délivrera « de l'intolérable joug de la lettre » qui s'est de nouveau appesanti sur nous ? Qui nous débarrassera enfin des « mystères dogmatiques » par lesquels les disciples du Christ n'ont cessé d'alourdir et de défigurer sa religion[3] ? Mystères ! « ce terme porte en lui sa réfutation... Ce sont ces mystères qui ne permettent jamais au commun des mortels de se représenter le Créateur de manière convenable ; ce sont eux encore qui entraînent l'esprit à des considérations stériles et forment un monde que vous appelez la foi »[4]. L'orthodoxie luthérienne nous maintient encore captifs. Vienne, vienne enfin le nouveau libérateur qui, retrouvant et dégageant dans sa pureté « l'esprit de Luther », achèvera son œuvre ! Sur les ruines de la « religio de Christo », religion dogmatique, étroite et superstitieuse, « pieuse folie qui s'imagine posséder un Dieu meilleur » et veut « l'imposer à tout l'univers »[5], il fera resurgir la douce et simple « religio Christi », capable d'unir tous les hommes.

Un tel idéal, que Lessing exposera dans sa tragédie encore très voltairienne de *Nathan le Sage*, en 1779, n'a en lui-même rien de spécifiquement prophétique, — si du moins nous ne scrutons pas encore les intentions dernières de son auteur, qui semble avoir voulu très tôt dépasser sans le heurter le déisme des *Aufklärer*. Il est encore l'idéal de sa période rationaliste, au cours de laquelle il s'efforce d'établir son « christianisme de la raison », cherchant même à démontrer par des arguments rationnels l'idée d'une Trinité divine, en même temps qu'à dégager les fondements d'une morale universelle. Lessing est alors soucieux avant tout de « séparer par un fossé infranchissable l'histoire et la métaphysique »[6]. Sans doute, par cette dernière exigence, a-t-il pour objectif immédiat de critiquer la prétention de ceux qui refusent toute espèce d'adhésion au christianisme

1. Cf. Georges Pons, *Gotthold Ephraim Lessing et le christianisme*. Didier, 1964, p. 420.
2. Cf. Ayrault, t. 2, p. 403.
3. Textes de mars 1778, etc.
4. *De l'origine de la Religion révélée* (1754). Ce texte sera cité par Karl Barth. *Dogmatique*, trad. fr., vol. 4, t. I, 1. 1966, p. 115.
5. *Nathan le Sage*, éd. Robert Pitrou, p. 105 ; « il ne faut pas qu'une petite cime aille se vanter que seule elle n'est pas d'extraction terrestre ».
6. *Sendschreiben, Ueber den Beweis des Geistes und der Kraft*, 1777. Ce texte sera cité par Auguste Sabatier, *Les religions d'autorité et la religion de l'esprit*, 1901, p. 314, et Barth y fera allusion, loc. cit., p. 21.

en raison des résultats ruineux obtenus par la critique historique (ou se croyant telle) ; mais sa pensée porte déjà plus loin : « comment, demande-t-il, des faits contingents deviendraient-ils pour nous des vérités nécessaires, à moins qu'ils ne soient l'expression de vérités morales ou religieuses existant déjà dans l'entendement humain ? »[1] L'historique et le contingent ne sont qu'un « fil d'araignée » : comment y suspendre l'éternité ?[2]

Au fond, Lessing restera toujours fidèle à cet idéal, et dans un esprit de radicalisme extrême. Mais il le sait encore inaccessible à toute une masse humaine, qui ne peut être « éclairée » d'un seul coup. Contrairement aux « néologues », en réalité plus modérés que lui, mais qui par leur impatience ne peuvent être que des destructeurs[3], il le voit se dégager dans l'avenir au terme d'un long processus historique, qu'il se propose lui-même, prudemment, d'accélérer. Saint Paul, expliquant aux Galates (3, 24) que « la Loi servit de pédagogue jusqu'au Christ », ne lui est pas un garant suffisant, car c'est le Christ qu'il faut amener les hommes à dépasser. Comme Œtinger qu'il connaît bien, et plus explicitement encore, il veut se rattacher à une tradition médiévale, qui lui servira de garante. Il prétend la poursuivre, l'approfondir, la dépouiller de ses apparences de rêve, pour lui donner son sens véritable et définitif. Tel est précisément le sens que revêt chez lui le vieux rêve joachimite que nous suivons à la trace[4]. Utilisant l'idée de pédagogie qui était une des grandes idées de son siècle, mise à la mode en Allemagne par les travaux de Francke, de Wieland et surtout par l'*Elementarbuch* de Basedow, et qui se dotait en France d'un chef d'œuvre dans l'*Émile*[5], il va s'en expliquer dans un petit ouvrage intitulé *L'Éducation du genre humain* (*Erziehung des Menschengeschlechts*). Publié en 1780, l'ouvrage se veut à la fois savant et populaire. Ce qui le caractérise avant tout et lui assurera un succès prolongé, c'est une compo-

---

1. *Sendschreiben...*, ibid. A quoi HAMANN répliquera : « Pourquoi donc ? ... Depuis quand la Révélation est-elle devenue impossible ? ... La raison n'a pas été suspendue pendant les âges de foi. Ce n'est pas à un subit réveil de la raison que l'on doit l'incrédulité contemporaine ; c'est à une infidélité de la raison qui a fait une petite révolution dans sa bibliothèque et a changé de livre de chevet ». Cité par Jean BLUM, *La vie et l'œuvre de J.-G. Hamann*, 1730-1788, Alcan, 1912, pp. 454-455.

2. *Eine Duplik* ; *Werke*, éd. Pedersen et von Olshausen, t. 6, pp. 208-210. Cité par A. GESCHÉ, *Le Dieu de la Bible et la théologie spéculative*, dans Ephemerides theologicae Lovanienses, mai 1975, pp. 25-26.

3. « Je ne veux pas que l'on conserve l'eau impure inutilisable depuis longtemps ; seulement, je ne voudrais pas qu'on la verse avant de savoir où prendre de l'eau pure, etc. » : cité par Karl BARTH, *La théologie protestante au XIXe siècle*, 1946, trad. Lore Jeanneret, Genève, 1969, p. 117.

4. Il prend aussi à l'occasion Luther pour garant, mais dans un esprit opposé à celui de la Réforme, non comme ramenant aux origines, mais comme initiateur de l'avenir.

5. X. TILLIETTE, *Le Christ des philosophes*, Inst. cath. de Paris, Fac. de philosophie, cours polycopié, 1974, p. 53.

sition ramassée en petits paragraphes qui ont une allure d'aphorismes, mais qui constituent en réalité autant de pas en avant, autant de « moments » enchaînés où « la phrase s'arrache soudainement au développement analytique, se rétracte et se condense en une formule qui subjugue l'esprit au lieu de rechercher plus longtemps sa lente adhésion »[1] ; c'est aussi, par endroits, un ton soudainement prophétique et lyrique, bien différent de celui d'un Toland ou d'un Reimarus, et qui nous ferait penser aux premiers annonciateurs du troisième âge, même s'ils n'étaient pas explicitement évoqués :

> Il viendra certainement, le temps du nouvel Évangile, de l'Évangile éternel, qui, même dans les livres de la Nouvelle Alliance, est promis aux hommes !
>
> Peut-être même que certains rêveurs enthousiastes, au treizième et au quatorzième siècles, avaient été illuminés par quelques rayons de ce nouvel Évangile éternel ; leur seule erreur fut de croire que son temps était tout proche.
>
> Leur division de l'histoire du monde en trois âges n'était pas une vaine chimère ; ils ne cachaient certainement pas de mauvaises intentions quand ils disaient que la Nouvelle Alliance devait être considérée comme désuète, ainsi qu'on le faisait déjà pour l'Ancienne. Disons, pour remplacer leurs expressions par les miennes, qu'ils ne connaissaient qu'un seul plan d'éducation universelle du genre humain[2].

Admirons ce balancement d'enthousiasme et de précautions. Lessing ne pouvait se recommander plus résolument de la tradition joachimite prise à sa première origine ; mais en même temps, par l'attitude condescendante qu'il affecte à son égard, il prévient l'ironie des sages de son siècle. Il n'est pas moins habile à écarter la méfiance des croyants, en leur faisant entendre qu'il n'y a point de « mauvaise intention » de sa part à prévoir que la Nouvelle Alliance pourra bien un jour devenir elle-même désuète. Quand on connaît les violentes déclarations d'athéisme faites alors en confidence à Jacobi, confidences qui seront révélées un an plus tard au public, au lendemain de sa mort, on mesure ce qu'il entre de cynisme dans ce propos rassurant. Lessing s'est rappelé en temps opportun la distinction qu'il avait relevée chez Leibniz en 1772[3], pour la pousser à son extrémité : deux sortes d'exposés sont possibles du christianisme, l'un exotérique et l'autre ésotérique. Au sens exotérique, « l'éducation du genre humain » est l'œuvre de la « Providence éternelle », qui procède par révélations successives ; au sens ésotérique, elle

1. Ayrault, t. 3, p. 132 ; cf. p. 112.
2. *L'éducation du genre humain*, nos 86-88. Trad. Pierre Grappin, Aubier, 1946, pp. 129-130.
3. Cf. Ayrault, t. 2, p. 400.

est l'œuvre immanente de la Nature qui, lentement, se développe. Les deux conceptions sont subtilement mêlées, la première conduit sans heurt à la seconde, dans l'exclamation qui suit, quelques lignes plus loin :

Avance de ton pas insensible, Providence éternelle ![1]

Remarquons aussi la dernière phrase du passage cité plus haut, sur le remplacement des « expressions » anciennes. Ce n'est pas d'aujourd'hui que l'opération qui consiste à changer le langage, sous une apparence anodine, entraîne en certains cas ou suppose déjà réalisé un changement dans la pensée. Le dessin général demeure, mais un glissement s'est produit : on se trouve soudain transporté sur un autre plan, et comme dans un autre paysage. Nous constatons ici chez Lessing ce que nous avions constaté déjà, sous une forme moins hardie, dans la *Fama Fraternitatis*. Sous le signe protecteur soigneusement maintenu de « l'Évangile éternel » se met en place un tout autre Évangile. C'est un « christianisme » (si l'on peut encore employer ce mot) qui laissera derrière lui même le « christianisme sans mystères » de Toland, même le « christianisme aussi vieux que le monde » de Tindall, et pour lequel « la religion dans les limites de la raison » de Kant est dépassée d'avance. Tout au moins peut-on dire que grâce à une éducation savamment graduée, qui doit prévenir tout traumatisme, « la grande relève des vérités historiques par les vérités éternelles, des vérités révélées par les vérités rationnelles, est en train de s'accomplir »[2].

Il y a chez Lessing, ainsi que le notera Frédéric Schlegel, un « enthousiasme de la raison », une « force instinctive (Trieb) de la raison », force de caractère « démoniaque »[3], qui d'une part l'éloigne de l'Aufklärung classique et lui fait emprunter un langage religieux, mais qui constitue d'autre part un acide plus corrosif.

Lessing avait-il lu directement quelque chose de Joachim lui-même ? Il ne le semble pas. Peut-être même aura-t-il douté de son existence, comme le faisait Mosheim, dont les *Institutiones historiae ecclesiasticae*, alors récentes, sont en histoire l'une de ses principales sources. D'où le pluriel que, d'entrée de jeu, il emploie : « certains rêveurs enthousiastes ». Cependant, sur l'essentiel de la doctrine, il ne fait point de méprise. Il a donc sa place authentique dans la lignée joachimite. Les anciens « Spirituels » qui se recommandaient de Joachim sont bien, formellement, ses précurseurs. A son tour, avec insistance, il se recommande d'eux, ou plutôt il se les annexe. Après avoir usé, à leur propos, du mot d'« Exaltés » en un sens apparemment

1. *L'éducation du genre humain*, n° 91 ; p. 131.
2. Xavier Tilliette, loc. cit., p. 56.
3. J. J. Anstett, *La pensée religieuse de Friedrich Schlegel*, Belles Lettres, 1941, pp. 31-32.

péjoratif, il s'empresse de réhabiliter ceux qu'il avait paru dénigrer : « L'Exalté, explique-t-il, perce souvent d'une manière très juste les secrets de l'avenir ». Il se pourrait aussi qu'il se soit par moments laissé impressionner par des prophéties, ou plutôt des prévisions, des prédictions moins anciennes, telles que celles du savant Jérôme Cardan, qui se fondait sur des données astrologiques. « Il est nécessaire, avait dit Cardan, qu'en l'année 1800 une grande mutation doive se produire dans la loi du Christ »[1]. Or Lessing a cité ce texte, ainsi que le rappelle Karl Barth[2]. D'autres prédictions analogues, sans rapport précis avec l'annonce d'un « règne de l'Esprit », faisaient entrer l'astrologie dans leurs calculs. La voie de l'astrologie et celle de la méditation des Écritures selon les méthodes élaborées au monastère de Flore se seraient ainsi conjuguées une fois de plus, et par cette double voie Lessing en serait venu peut-être à tenir quelque temps pour proche l'achèvement de l'éducation du genre humain telle qu'il la concevait. Reprochant aux prophètes moyenâgeux d'avoir cru apercevoir l'Évangile éternel pour ainsi dire à portée de la main, il aurait cédé à la même illusion, cette illusion commune à tous ceux qui, de génération en génération, faisaient le même reproche à leurs devanciers.

Quoi qu'il en soit, Lessing admire les annonciateurs de l'Évangile éternel. Ce mot prestigieux qu'il leur emprunte, il ne le modifie pas ; il ne lui cherche pas, comme pour d'autres, quelque fallacieux synonyme : il convient si bien à son an-historisme foncier ! Il concède seulement que leur vision d'avenir, comme celle qu'ils avaient du passé, ne fut pas encore assez ample. C'est qu'il y avait encore, en ces hommes du moyen âge, quelque chose d'enfantin ; de même que leur univers était étroit, la raison, en eux, était loin d'être mûre, — tandis qu'avec lui, avec son siècle, dans les conceptions de ses élites sinon déjà dans leurs réalisations, l'humanité, « éclairée », accède à l'âge adulte[3]. Dans leur hardiesse même, ils conservaient encore plus ou moins la vieille idée biblique de Dieu, dans sa particularité et ses anthropomorphismes ; ils ne pouvaient encore s'élever par elle jusqu'au « vrai concept transcendantal de l'unique », devenu maintenant « le fondement de toute théologie naturelle »[4]. Lessing

1. « Necesse est anno millesimo octingesimo magnam mutationem futuram esse in Christi lege ». Dans LESSING, *Werke*, t. 4, p. 250.

2. *La théologie protestante au XIXe siècle*, p. 119.

3. Ce mot d'« adulte », on le sait, sera prononcé par Kant en 1784, dans son article *Was ist Aufklärung* ? qui contient la fameuse déclaration : « Par l'Aufklärung l'homme sort de sa minorité... » L'idée est déjà nettement dans Lessing : ses contemporains sont enfin, au moins en principe, « des hommes ». Plus tard, il faudra renchérir, et le véritable adulte sera seulement « l'homme nouveau ». En un sens dérivé, on peut dire que « le privilège de l'âge adulte reste le plus sûr héritage », peu enviable, « des philosophies des lumières » : Claude BRUAIRE, *Une éthique pour la médecine*, Fayard, 1978, p. 73. — Sur la différence des positions de Lessing et de Kant en face du christianisme : Ayrault, t. 2, p. 569.

4. *L'éducation du genre humain*, n° 14 ; trad. Grappin, p. 95. Cf. G. PONS, op. cit., pp. 376-378, 386, 399, 402-403.

reprend donc leur pensée aux éclairs trop vacillants, pour l'affermir, la compléter et l'approfondir. Il transforme leur rêve en anticipation réfléchie :

> ... Mais ils précipitèrent le plan. Ils crurent que leurs contemporains, lesquels étaient encore à peine sortis de l'enfance, pouvaient, sans préparation, sans avoir été élevés à la lumière, d'un coup, devenir des hommes, dignes de connaître ce qu'ils appelaient le troisième âge.
>
> C'est justement pour cela que ce sont des rêveurs. Souvent un rêveur perce du regard le mystère de l'avenir, mais il ne sait pas attendre. Il souhaite que cet avenir arrive plus vite et que ce soit lui-même qui le fasse arriver plus vite. Un but pour lequel la nature s'accorde des milliers d'années, il veut le voir atteint en un instant. En effet, qu'y gagnerait-il, lui, si ce grand bien qu'il entrevoit ne se réalisait pas de son vivant ? Est-ce qu'il reviendra ? Croit-il à un retour ? Comme il est curieux que justement ce rêve-là n'arrive plus à être à la mode parmi les rêveurs ![1]

L'explication avancée est faible. Avouons même que l'analyse est indigente et qu'elle dénote une grande méconnaissance des données historiques. Se jugeant, le plus sérieusement du monde, « adulte », Lessing ne peut se défendre d'exprimer derechef un indulgent mépris pour ces rêveurs qu'il vient d'exalter. Laissons le grief moral d'égoïsme, qui a quelque chose d'enfantin. Attachons-nous à la pensée de fond. De ces rêveurs moyenâgeux, notre éducateur ne critique pas seulement l'égarement d'une impatience relative à la durée de l'attente : il rejette l'idée même d'interventions divines, de révélations successives ou d'effusions de l'Esprit d'intelligence scandant le cours de l'histoire, la divisant par une série d'âges distincts, et il la remplace par l'idée d'un lent processus immanent à la « nature », c'est-à-dire à l'humanité. Il ne fait plus mention du Saint-Esprit : il parle de « Providence » ; mais ce mot vague a perdu sa résonance chrétienne ; dans le fond il n'est même plus déiste. Dans un langage encore religieux, nimbé même de mysticisme, Lessing apporte sa contribution, l'une des plus importantes, à la grande idéologie qui se développe en son siècle et se transmettra au siècle suivant : la croyance unilatérale aux « progrès de l'esprit humain », à sa « perfectibilité indéfinie ». Ces mots sont de Condorcet, qui va dire bientôt dans un mouvement d'enthousiasme analogue à ceux de l'*Éducation* : « Il arrivera, ce moment où le soleil n'éclairera plus que des hommes libres, ne reconnaissant d'autre maître que leur raison »[2]. De part et

1. *L'éducation...*, nos 89-91 ; pp. 130-131.
2. *Esquisse d'un tableau historique des progrès de l'esprit humain*, 1794 ; dixième période. — Il n'entre pas dans le cadre de notre étude d'envisager les doctrines du progrès qui n'ont aucun rapport saisissable avec le joachimisme.

d'autre c'est le même langage extatique dans l'exposé du rêve renouvelé, dans l'annonce et pour ainsi dire dans la promulgation anticipée du « règne de la Raison ».

Il y a toutefois quelques différences. La liberté rêvée par Condorcet est sans doute plus que la libération de l'homme par rapport à une divinité « extérieure », libération que Lessing ne juge pas incompatible avec le déterminisme le plus strict[1]. Mais surtout, procédant moins par exclusions que par absorptions, il ne voudrait rien laisser perdre, même s'il le transforme, de l'héritage humain. Aussi, pas plus qu'il n'accepte de se maintenir lui-même à l'intérieur de la foi chrétienne ou des seules perspectives chrétiennes, comme ceux qui jadis attendaient la manifestation de l'Évangile éternel entendaient bien s'y maintenir, il ne repousse le christianisme à la manière brutale des impies qui voudraient « écraser l'infâme ». Il ne veut pas de cette « liberté berlinoise » qui « se réduit à la faculté de débiter toutes les sottises imaginables contre la religion ; c'est là une liberté dont un honnête homme ne saurait user sans rougir »[2]. Il est même prêt à admettre que sous sa forme johannique, qui en exprime au mieux l'essence, la religion chrétienne pourra se survivre indéfiniment, en marge de la grande évolution humaine, pour le bien de ces hommes comme il y en aura toujours, qui « croient avoir besoin d'un médiateur entre eux et la divinité ». D'autre part, il étend sa curiosité sympathique à toutes les religions, considérées comme des étapes ; il ne les fait pas se confronter, quitte à les accorder ensuite, comme faisaient volontiers certains Renaissants et, naguère encore, Jérôme Cardan, mais il les voit concourir, chacune en son temps et en son lieu, à la marche de l'humanité vers la lumière. Avec plusieurs de ses contemporains, fascinés par le Zend-Avesta que venait de découvrir et de traduire Anquetil-Duperron (1771), il fait l'éloge de la religion des anciens Perses ; néanmoins l'avènement du christianisme, même s'il n'est pas compris comme une coupure ou une nouveauté radicale, marque pour lui le moment décisif[3]. L'Évangile éternel, c'est le christianisme parfait, le christianisme en son essence intemporelle, lequel est la seule religion pleinement conforme à la nature humaine ; il consiste à « aimer la vertu pour elle-même », à « faire le bien parce que c'est le bien », et il est depuis toujours inscrit au fond de l'homme. Seulement, pour y parvenir de manière effective, à partir de sa condition présente, il faut à l'homme une durée si longue qu'on peut la dire éternelle...

Lessing ne se montre pas ici moins ambitieux que ne le sera Kant. Mais il se veut, à sa manière, plus réaliste. Voilà pourquoi il amplifie encore son rêve (s'il n'est plus un « enfant », s'il n'est pas un « exalté »,

1. Ce qui lui permet une fois de plus de se dire « honnête luthérien » en professant le « serf arbitre ».
2. Lettre au rationaliste berlinois Nicolaï, 25 août 1769.
3. Cf. G. Pons, op. cit., pp. 381 et 445.

il est lui aussi et consciemment, un rêveur). A la suite de Van Helmont, de Dom Deschamps, de Charles Bonnet, dont il lut et relut la *Palingénésie philosophique* (1769)[1], comme Lavater, Charles de Hesse, Hemsterhuis et d'autres, il fait appel à la métempsycose, une métempsycose ascendante. Déjà, dans le texte que nous citions plus haut, il y faisait une rapide mais assez nette allusion, et ce n'était pas la première[2]. Il y revient encore longuement à la fin de l'*Éducation* : « Pourquoi, demande-t-il, un même homme ne pourrait-il pas reparaître plusieurs fois en ce monde ? Cette hypothèse parait-elle tellement ridicule parce qu'elle est la plus ancienne ? parce que l'esprit humain, avant d'être distrait et affaibli par les sophismes de l'École[3], eut tout de suite l'idée d'y recourir ? ... Pourquoi ne reviendrais-je pas sur la terre toutes les fois que je suis en position d'acquérir de nouvelles connaissances, de nouvelles capacités ?...[4] » Peut-être doit-on reconnaître ici, outre celles qu'on vient de signaler, une influence d'Œtinger, lequel s'accordait, comme on l'a vu, « de nombreuses périodes ou éternités ». Lessing ne se souvient déjà plus qu'il vient de critiquer l'égoïsme des anciens rêveurs, soucieux d'avoir leur part à la perfection et aux joies du troisième âge qu'ils annonçaient ; si le « pas insensible » de la Providence devait tarder encore à « toucher le but », il se console de ce retard en pensant qu'il sera quand même individuellement présent, lorsque surviendra le grand jour de la pleine et pure lumière, grâce à l'une de ces réincarnations[5]. Mais plutôt que de sourire de tant d'illogisme et de tant d'imagination, pourquoi ne lui accorderions-nous pas le mérite d'un illogisme moindre et d'une imagination moins aventureuse que ceux dont nous avons été depuis lors les témoins ? Il n'a pas rêvé, du moins, d'une humanité devenue parfaite et bienheureuse grâce au sacrifice exigé sans compensation de toutes les générations humaines qui l'auraient précédée.

Comme le faisait Œtinger, Lessing mêle ainsi les conceptions cosmologiques orientales, en les pliant à ses fins, à l'historisme progressif de Joachim de Flore.

---

1. Il la relisait encore en juillet 1780. « Qui mesurera l'influence d'un Charles Bonnet ? » Viatte, t. 1, p. 41.
2. G. Pons cite un texte analogue datant de 1778 ; Lessing « devine qu'il déconcertera nombre de ses lecteurs ; aussi procède-t-il à coups de questions », p. 407.
3. Notons au passage ce trait de primitivisme optimiste, qui fait penser à Rousseau, à Herder, aux premiers traditionalistes (ou même à Joachim), plutôt qu'aux railleries des rationalistes d'alors à l'adresse de la Scolastique.
4. *L'éducation...*, n°s 93-95 ; p. 133.
5. Spinoza l'avait précédé, s'il faut en croire un propos de 1675 rapporté par Tschirnhaus à Leibniz : « Putat nos morientes... ea tantum retinere quae habemus cognitione quam ille vocat intuitivam... Credit quamdam transmigrationis pythagoricae speciem (mot illisible) mentes ire de corpore in corpus. » Cf. X. Tilliette, *Spinoza devant le Christ*, Gregorianum, 1977, pp. 221-236.

Certes, l'idée de la métempsycose, ni dans ses formes anciennes, ni dans cette nouvelle version, ne rappelle en rien le joachimisme. On ne saurait porter un jugement négatif aussi absolu au sujet de cette « Église invisible » que Lessing voulut quelque temps promouvoir en s'inspirant moins de l'ecclésiologie luthérienne que de la franc-maçonnerie, — ou plus précisément au sujet de cette Église cachée, demi-visible, ésotérique, que devait être la maçonnerie elle-même, remède à la division des hommes, substitut d'une Église chrétienne irrémédiablement déchirée et surtout incapable de se moderniser, de « s'humaniser ». Car telle fut, à partir d'une date difficile à préciser, sa véritable pensée. « Quand un maçon parle d'Église invisible, c'est à la Maçonnerie qu'il pense »[1]. Or Lessing était lui-même franc-maçon, initié vers 1770 dans la Loge « Aux trois roses ». Dans un de ses « Dialogues maçonniques », *Ernst und Falk*, ce dernier dit à son ami : « Et si ces hommes ne vivaient pas toujours dans une dispersion inopérante ? pas toujours dans une Église (purement) invisible ? ». L'insinuation obtient son effet ; au terme de leurs trois entretiens, « l'étincelle a jailli, Ernst partit et se fit franc-maçon »[2]. Rappelons-nous les premiers Rose-Croix, se cherchant un ancêtre dans le personnage d'un vieux moine, dont ils empruntaient quelques traits à la légende issue de Flore, pour substituer en commun à la religion du Christ une religion de l'Esprit. Mystification sans doute, mais qu'un instinct perspicace avait fait choisir ce symbole. Cet Esprit détaché du Christ, révélateur de secrets plus profonds, que pouvait-il en fin de compte apporter à ces hommes qui, la jugeant périmée, ne voulaient plus de la religion du Christ (*de Christo*), sinon une religion de l'esprit de l'homme, une religion de *sa* raison, nimbée d'un halo mystique[3] ? Tel fut l'idéal courant d'une part au moins de la maçonnerie, qui se répandit au dix-huitième siècle ; telle fut cette religion des « Lumières ». Lessing en a capté les rayons. Tout en la poussant pour lui-même à son terme, il lui a conféré un attrait nouveau en la présentant comme le but, atteint déjà par une élite, d'un processus analogue à celui qui, depuis près de six siècles, avait fasciné tant de prophètes et de fils de prophètes : ce règne de l'Esprit, cet âge de l'Intelligence, cet état dernier toujours doté du nom prestigieux d'*Évangile éternel*.

---

1. Jacques D'HONDT, *Hegel secret*, PUF, 1968, pp. 270-271 et 327. On notera que le traducteur français de *Nathan le Sage*, fut le franc-maçon Bonneville, auteur d'un *Esprit des religions* dans lequel il commente l'évangile de Jean ; dans un autre ouvrage, *La Bouche de Fer*, il définissait ainsi le mot *Église* : « mot grec, synonyme de Loge, d'Assemblée, d'Association, de Fédération » : ibid., pp. 327 et 332.

2. Éd. Grappin, Aubier, 1946, p. 85.

3. Adversaire implacable et perspicace de Lessing, HAMANN a noté que s'il s'intéressait tant aux mystères antiques, c'était parce qu'« ils concentraient tous les attributs des divinités mythologiques dans le plus antique des péchés, l'idolâtrie de soi-même ». Cité par Jean BLUM, op. cit., p. 459.

Dans les confidences qu'il fit à Jacobi en juillet 1780[1], Lessing, par allusion au *Prométhée* de Gœthe révolté contre Zeus, s'était déclaré fils de Prométhée et disciple intégral de Spinoza. Le spinozisme, qui faisait le fond de sa doctrine, aurait donc été modifié seulement en surface, ou dans ses modalités, par une vision dynamique et optimiste de l'histoire, à laquelle ont pu concourir plus immédiatement les *Nouveaux Essais* de Leibniz, tardivement publiés[2]. Pour Lessing, l'éducation divine n'est assurément, peut-on dire, « qu'une figure de style... Il n'y a plus qu'une seule et constante théophanie, qui se confond avec l'histoire d'une humanité en marche vers le règne de la raison et de la moralité pure ». S'ensuit-il toutefois que son Dieu soit exactement le Dieu de Spinoza ? Son idée du développement historique n'a-t-elle rejailli en rien sur son idée de la divinité ?[3] On peut en tout cas le dire plus spinoziste que Spinoza, en ce sens qu'il espère un jour, si lointain soit-il encore, où tous les hommes deviendront raisonnables, c'est-à-dire spinozistes. « A quoi servent-elles donc, ces vérités « historiques », qui, comme la résurrection du Christ, confirment la foi ? A rien. Plus exactement, elles ont servi, elles ont fait leur temps et, en leur temps, elles ont stimulé l'avènement de la raison. Mais elles ne sont plus que cendres et parchemins flétris... On peut enlever l'échafaudage, la maison est bâtie. Désormais la vérité s'éclaire elle-même... »[4]. Voilà ce dont un jour tous les hommes se rendront compte. Bien que cet habile éducateur ait enrobé sa pensée d'une affabulation lénifiante, on se demande comment il fut possible que des contemporains, qui n'étaient pas des sots, s'y soient trompés jusqu'au bout. Ne disait-il pas d'ailleurs assez clairement dans la préface de son livret : « L'auteur s'est placé au sommet d'une montagne, etc., mais il ne

---

1. Cf. F.-H. Jacobi, *Lettres à Moïse Mendelssohn* (1785), traduites dans *Œuvres philosophiques* de F.-H. Jacobi, par J.-J. Anstett, Aubier, 1946 ; spécialement, pp. 98-146.

2. Cf. Victor Delbos, *Le problème moral dans la philosophie de Spinoza et dans l'histoire du spinozisme*, Alcan, 1893, p. 239 : « Tout ce qui arrive, dans l'humanité comme dans la nature, exprimant nécessairement Dieu, constitue un ordre, non un ordre immobile et abstrait, mais un ordre mobile et vivant. Tout ce qui se produit est soumis à une loi de développement. Cette idée de développement, que le spinozisme appelait sans entièrement le reconnaître, venait d'apparaître avec éclat à la pensée allemande dans les *Nouveaux Essais* de Leibniz, connus depuis peu. Elle y était étroitement liée à une conception déterministe des choses, au principe de continuité et à l'idée d'une fin morale de l'univers. Lessing se l'approprie et en déduit rigoureusement toutes les conséquences... » Analyse historique exacte, nous semble-t-il, mais qui serait à placer dans une perspective élargie.

3. Cf. Leonard P. Wessel, *G. E. Lessings' Theologie, a reinterpretation.* Mouton, La Haye-Paris, 1977, pp. 225-232. L'auteur estime d'ailleurs que les essais de Lessing sont des tentatives brillantes, mais fragmentaires et contradictoires.

4. X. Tilliette, *Foi et Savoir dans le conflit des autorités* ; Les Ét. philosophiques, 1977, pp. 165-166. Cf. p. 164 : Lessing avait déjà suivi Spinoza, « également à pas feutrés, dans sa critique de la Bible ». En publiant les fragments de Reimarus, « on a quelque peine à admettre qu'il ait agi innocemment » (Id.).

cherche pas à détourner de son chemin le voyageur »[1] ? Un fragment posthume, intitulé « Hypothèse nouvelle sur les Évangélistes », qui devait servir de préface à un nouvel ouvrage, montre dans les évangélistes des hommes supérieurs, analogues aux francs-maçons, s'adaptant à ce que leurs contemporains pouvaient entendre[2]. Frédéric Schlegel l'a bien dit : sous l'élégance du langage et les dehors d'une indulgente ironie, Lessing « était un de ces esprits révolutionnaires qui, de quelque côté qu'ils se tournent dans le domaine des opinions, répandent communément, avec la vigueur d'un produit chimique, les plus violentes fermentations et les secousses les plus fortes. En théologie, comme sur la scène ou dans la critique, il a non seulement fait époque, mais produit à lui seul, ou du moins supérieurement fait surgir une *révolution* générale et durable »[3]. S'ils diffèrent dans le jugement de valeur, adversaires et admirateurs en tombent d'accord. Hamann, en 1784, demande à Jacobi : « Que pensez-vous de l'honneur et de la sincérité de cet homme dans toute l'affaire des *Fragments* (de Reimarus) ? » ; il dénonce « la philosophie et la philologie hypocrites » de celui qui a voulu dresser contre la religion de Jésus-Christ un « troisième Évangile »[4]. Et Henri Heine célèbrera en Lessing « l'orgueil et la joie » de tout allemand ; prenant le ton enthousiaste qu'avait adopté son héros, il s'écriera : « Oui, il viendra certainement, le troisième libérateur, qui achèvera ce que Luther a commencé et ce que continua Lessing ! Il viendra, le troisième libérateur ! »[5]

Sur un ton qui n'est plus ni d'indignation ni d'enthousiasme, mais le ton de l'historien des idées, Ernst Cassirer porte le même diagnostic. Lessing, conclut-il, a été « dès le début le grand *rationaliste* qu'il est resté jusqu'au bout, mais à la conception analytique de la raison il substitue sa conception synthétique, à la vision statique, une vision dynamique »[6]. Même constat de la part d'Ernst Bloch, qui souligne toutefois par deux mots, en vertu de son marxisme, ce qu'il tient pour un progrès définitif et ce qu'il estime encore incomplet :

> (Lessing) introduit la théorie joachimite des degrés dans la pensée rationaliste et tolérante du dix-huitième siècle. Le « livre élémentaire » du christianisme commence à être étudié, on voit naître une espèce de *métareligion* fondée sur la raison... L'époque patriarcale était la chenille, l'époque de l'Église le

---

1. Grappin, p. 89.
2. Grappin, pp. 21-22.
3. *Ueber Lessing*, cité par AYRAULT, t. 1, pp. 167-168 ; cf. t. 3, p. 108.
4. Cf. Jean BLUM, pp. 453 et 463.
5. *De l'Allemagne*, 1833, t. 1 (éd. de 1874), p. 105 ; p. 110 : « Lessing ne fut que le prophète qui, en comprenant le second testament, annonça le troisième... »
6. *La philosophie des Lumières*. Fayard², 1970, p. 204.

cocon de la raison, maintenant la Révolution *bourgeoise* se salue comme papillon[1].

Malgré une dangereuse altération de l'expérience chrétienne, l'attente d'un règne de l'Esprit constituait encore une histoire du salut. Elle le demeurait, même si elle tendait, en changeant la signification du mot « salut », à se confondre avec le simple espoir de la culture humaine. A cette attente, dit M. Georges Pons[2], Lessing a substitué « une histoire de la pensée religieuse ». Disons plutôt, ou plus précisément, que l'histoire est devenue pour lui la révélation même. Celle-ci n'est autre désormais que « le dégagement successif des possibilités propres et inhérentes à l'humanité historique »[3]. Mais grâce au surcroît de possibilités offert par la métempsycose, l'individu lui-même, à quelque moment de la durée qu'il soit entré dans l'existence, pourra recueillir dans la suite les fruits d'un progrès qu'il avait d'abord ignoré. Il est assuré de la sorte d'obtenir, dans le déroulement du temps, une manière (un ersatz !) d'éternité[4]. Avec l'auteur de *l'Éducation du genre humain* il peut dire, en un cri de triomphe : « Toute l'éternité n'est-elle pas à moi ? »[5].

Nous voilà donc bien loin de Joachim. Du prophète médiéval au protagoniste des « lumières », un lien de filiation — bâtarde — n'en est pas moins réel. Ce lien va se prolonger avec d'autres, tout au long des dix-neuvième et vingtième siècles.

Dans *l'Éducation du genre humain*, a écrit Cassirer[6], le religieux se réconcilie avec l'historique qui est ainsi reconnu comme un facteur nécessaire, un moment indispensable du religieux. La pensée de Lessing, cependant, ne s'étend pas au monde historique comme tel. Certes il ne doute pas que le doigt de la Providence n'en ait disposé jusqu'au moindre détail, mais il ne se permet pas pour autant de lever le voile de ces mystères. Il fallut attendre Herder pour que ce pas décisif fût accompli. « Son œuvre, pour qui la

1. *Héritage de ce temps* ; trad. Lacoste, Payot, 1978, p. 126. C'est nous qui soulignons les deux mots.
2. Op. cit., pp. 381 et 433-435. Cf. *L'Éducation*, nos 84 et 90 ; pp. 128-131.
3. Karl Barth, op. cit., p. 132.
4. Cf. Gérard Raulet, *L'idée d'éducation dans les Lumières allemandes*, APH, à paraître en 1979 : « Lessing accomplit ici incontestablement une révolution théologique et eschatologique capitale. La tradition chrétienne affirmait avec saint Augustin que l'éternité est « incomparable » avec le temps. Par ce retour infini dans le temporel Lessing sécularise l'éternité, éternise le temps ». Y a-t-il vraiment lieu d'entonner à ce sujet le péan ?
5. « Ist nicht die ganze Ewigkeit mein ? » Ed. citée, p. 134. P. Grappin traduit : « N'ai-je pas devant moi toute l'éternité ? » Nous préférons ici la vieille traduction de Rodrigues (1832), plus littérale et plus énergique. C'est le dernier mot (no 100) de *l'Éducation*.
6. Op. cit., pp. 234-235.

prend dans sa totalité, est incomparable ; elle ne connaît ni anticipation, ni préparation dans la culture de l'époque. Elle semble tombée du ciel, enfantée par le néant : elle jaillit d'une vision de l'histoire qui est sans égale en pureté et en perfection... Elle rompt définitivement avec les contraintes de la pensée analytique, etc. » Même s'il nous fallait prendre ce panégyrique à la lettre, sans contester ce miracle d'une œuvre qui ne devrait rien à son temps, nous pourrions encore être fondés à trouver un lien réel entre l'œuvre de Herder et le mouvement prophétique lancé par Joachim de Flore.

Six années avant l'opuscule retentissant de Lessing, un opuscule analogue était paru en Allemagne. L'auteur en était un jeune pasteur luthérien, ancien élève de Kant, mais peu satisfait de son maître, Johann-Gottlieb Herder (1744-1803). Il y réagissait contre le déisme rationaliste de son siècle. *Encore une philosophie de l'histoire pour la formation spirituelle de l'humanité*[1] (1774) était un Anti-Voltaire et un Anti-Frédéric. C'était aussi un peu un Anti-Lessing. Herder expliquera dix ans plus tard qu'il avait voulu y tracer « un petit sentier resté inconnu et qui néanmoins pouvait ouvrir une voie nouvelle aux idées »[2]. La thèse qu'il soutenait était celle d'une formation spirituelle du genre humain par le Dieu personnel, son créateur, qui s'était révélé au cours de l'histoire et dont les interventions étaient consignées dans la Bible. Dès l'année suivante, il complétait sa démonstration par des *Éclaircissements sur le Nouveau Testament*, qui montraient dans la révélation judéo-chrétienne la source des progrès de la raison, « demeurée partout ailleurs assoupie ». Il avait fait admirer à son lecteur, dans *Le plus ancien document du genre humain* (1774), comment « Dieu enseigne par des images, des choses, des événements, par la nature entière, et avec quelle force de pénétration ! » Son intention sincère était d'écrire « à la gloire de Dieu »[3]. Mais s'il avait déjà quelque érudition, il manquait — et il manquera toujours — de critique[4]. Plus poète que logicien, son anti-rationalisme affiché provenait plus d'un abandon au sentiment que de convictions précises et sa tendance au syncrétisme s'accordait mal avec une métaphysique un peu ferme[5]. Aussi, dès le

1. *Auch eine Philosophie der Geschichte zur Bildung der Menschheit*. M. Max Rouché traduit, pour mieux accuser la pointe polémique : « Une autre philosophie de l'histoire », ou encore : « Voilà aussi une philosophie de l'histoire ».

2. Avant-propos des *Idées*. Trad. Émile Tandel, t. I, 1861, p. 7.

3. Ayrault, t. 2, p. 462.

4. On ne peut reprocher à Herder de dépendre des connaissances historiques de son temps, de croire par exemple que « le grand Lama des montagnes » est sans doute « un parent éloigné du Lama des bords du Tibre » (*Idées*, l. 17, ch. 2 ; trad. Tandel, t. 3², p. 184), quoique le préjugé pût y être pour quelque chose ; mais le manque de critique éclate lorsqu'il prend l'Hindouisme pour l'une des « sectes de Fo » (= du Bouddha) : l. 11, ch. 4 ; Tandel, t. 2, p. 219.

5. C'est ce qu'observera le baron d'Eckstein dans le Catholique, t. 7, en comparant Herder à Vico : Plus poétique, plus vaste et plus brillant, Herder lui paraît moins profond ; il manque de critique, son érudition est « immense mais

début, sa pensée souffrait-elle d'une contradiction latente. Il était malaisé de concilier la foi en une transcendance absolue du christianisme historique avec trois autres idées qui paraissaient déjà chères à l'auteur et qui ne cesseront de s'accentuer dans son œuvre : l'idée d'un développement de la nature humaine homologue à celui de toutes les natures vivantes et même de tout le cosmos, l'idée de la forte relativité des diverses cultures, irréductibles les unes aux autres, enfin l'idée d'une perfectibilité devant néanmoins aboutir au triomphe universel de la pure raison. Comment par exemple le brillant essai *Sur l'esprit de la poésie hébraïque* (1782-83), dans lequel Herder invitera son lecteur à goûter cette poésie comme un phénomène spécifiquement juif, permettra-t-il de la considérer en même temps comme porteuse d'une révélation à destinée universelle ? Ou encore, si les *Éclaircissements* repoussaient le « jeu » qui consiste à « opposer la raison à la révélation et à l'utiliser contre elle comme un instrument autonome », en rappelant que sans la révélation, lente éducatrice, cette raison ne serait rien, un tel argument ne pouvait-il être retourné ? Lessing n'aura guère de peine à « faire tourner au triomphe des ' vérités de raison ' ce qui n'avait d'abord été pour Herder qu'une manière d'humilier la raison »[1], et nous allons voir que Herder lui-même y aboutira, sans avoir conscience de se renier.

Un équilibre aussi fragile ne pouvait manquer, comme on le voit, de se rompre. C'est le spectacle auquel on assiste en lisant la grande enquête historico-cosmique[2] poursuivie par Herder dans les quatre parties de ce qui sera son œuvre principale : *Idées pour servir à la philosophie de l'histoire de l'humanité* (*Ideen zur Philosophie der Geschichte der Menschheit*). Il les publie l'une après l'autre en 1784, 1785, 1787 et 1791.

L'avant-propos nous avertit : « Que personne ne s'y trompe si j'emploie quelquefois le nom de Nature en le personnifiant. La nature n'est pas un être en elle-même ; mais *Dieu est tout dans ses œuvres* : aussi, ne pouvant toujours présenter dans toute sa sainteté ce nom sacré..., n'ai-je pas voulu en abuser par un usage trop fréquent » ; au lecteur d'y substituer s'il le veut ceux de *toute-puissance*, de *bonté* et de *sagesse* ; « qu'en son âme il nomme l'Être invisible qu'aucune langue terrestre ne réussit à exprimer »[3]. C'est « le créateur », dira-t-il encore au livre neuvième, qui « dans sa paternelle

---

sans méthode ; il n'a pu concilier la révélation avec la perfectibilité ». Cité par Henri TRONCHON, *La fortune intellectuelle de Herder en France*. Rieder, 1920, pp. 552-553.

1. AYRAULT, t. 2, p. 461.

2. Pour Herder, « ce n'est plus seulement la religion unie à la morale, ce sont tous les phénomènes naturels et humains de l'histoire qui tombent sous la loi du progrès et deviennent intelligibles par son dynamisme, etc. » : Martial GUEROULT, *L'évolution et la structure de la Doctrine de la Science chez Fichte*, t. 1, Belles Lettres, 1930, pp. 15-18.

3. Trad. Émile Tandel, t. 1, Paris-Bruxelles-Leipzig, 1861, pp. 16-17.

sagesse a tracé des voies » que l'espèce humaine suivra dans ses développements[1]. Ces textes ne s'écartent pas du langage adopté dans l'essai de 1774, où les mots alternés de « nature » et de « création » renvoyaient explicitement au « Créateur ». Déjà cependant s'y manifeste le déisme du siècle plus qu'un théisme vraiment chrétien. Dès le livre premier, Herder parle d'ailleurs de « la nature créatrice »[2] ; au livre onzième, il s'écriera : « Nature ! ô toi, mère de toutes choses ! » et au livre douzième il se réfugiera dans l'ambiguïté pour nous dire que l'historien doit être impartial, « semblable au créateur de la race humaine ou au génie de la terre »[3]. Sous l'influence croissante de Spinoza, qu'il avait voulu d'abord tirer à un sens chrétien, cherchant à prouver contre une interprétation courante qu'il n'était ni athée ni panthéiste, il se détache peu à peu de Hamann, qui l'avait d'abord maintenu dans une certaine orthodoxie. Malgré une réelle sympathie, l'entente entre les deux hommes n'avait jamais été profonde. Dès 1766, Herder avait écrit à son ami : « Nous sommes toujours en raison inverse l'un de l'autre, deux forces contraires »[4]. Il finit par comprendre tout autrement que lui, sans équivoque possible, la double révélation du Verbe dans la nature et dans l'histoire que tous deux voulaient maintenir. Hamann, fidèle à la grande tradition chrétienne jadis illustrée par saint Bonaventure, expliquait que la Bible en fournit la clef[5]. Herder, cherchant à commenter la Genèse en un sens philosophique, s'orientait dans la direction inverse. Mais il lui aura fallu du temps pour saisir, comme le dit Max Rouché[6], qu'il n'est plus possible de faire « régner sur l'histoire le Dieu de la Bible » dès lors qu'on tend à faire régner « sur la Nature le Dieu de Spinoza ».

Vers 1787, l'évolution, pour l'essentiel, est achevée. Après avoir rejeté le « dieu monstrueux » conçu par un Spinoza « blasphémateur et sacrilège » et le système fataliste tel que l'avait compris Bayle et tel qu'on l'interprétait alors communément, Herder s'est au contraire attaché vers 1778 à un Spinoza tout autrement compris, plus ou moins christianisé, dont la morale lui paraît se confondre avec celle de l'Évangile et qu'il déclare « plus divin encore que saint Jean ». (Dès 1774 le jeune Gœthe n'a-t-il pas affirmé que « cet homme extraordinaire » était « christianissimus » ?) Puis, par un véritable « changement à vue », il en est arrivé en 1787, dans ses *Dialogues sur Dieu*, à glorifier sans réserves un autre Spinoza, qui

1. *Idées*, l. 9, ch. 1. Tandel, t. 2, p. 79.
2. L. 1, ch. 2. Tandel, t. 1, p. 29.
3. L. 11, c. 5 et l. 12, c. 6. Tandel, t. 2, pp. 232 et 290.
4. Cité par J. Blum, op. cit., p. 279.
5. Cf. Hans Urs von BALTHASAR, *La gloire et la croix*, t. II, 2, Aubier, 1972, pp. 129-165. AYRAULT, t. 2, pp. 465-474 et 522-527.
6. *La philosophie de l'histoire de Herder* ; Belles Lettres, 1940, p. 333. L'auteur retrace avec clarté les étapes d'une évolution qui n'apparaît pas toujours nettement dans les textes, souvent oratoires ou lyriques, des *Idées*.

n'était pas lui non plus très authentique, mais qu'il n'y avait décidément plus moyen de prendre pour un disciple de Jésus, — en attendant de proclamer sa « canonisation » dans un poème de Noël 1794 et de le déclarer en 1798 « sans aucun doute plus divin encore que saint Jean ». Sans doute, mort trop tôt, Spinoza est resté, dans la formulation de son système, trop dépendant de la physique cartésienne ; il a besoin d'un interprète qui, dans l'esprit du *Sturm und Drang*, aide à découvrir dans sa plénitude, sous-jacente à ses abstractions, son admirable idée de la Nature. Mais alors, quelle vie ! « Quelle infinité jaillit de cette source toujours nouvelle, toujours rajeunie, de la divine Beauté ! » Quelle force perpétuelle, infatigable ! Quelle merveilleuse Nécessité, réalisant tout le possible, faisant communiquer sans fin par la suprême existence, dans la joie d'exister, le don suprême qu'est l'existence ! Dans cette Nature universelle, tout n'est qu'ordre, liaison, articulation, tout est vivant, la mort même n'est en réalité que la hâte de partir de ce qui ne peut demeurer : une onde d'existence en chasse une autre, et sans arrêt les forces entremêlées se relèvent et se renouvellent...[1].

Désormais, l'auteur des *Idées* parlera donc bien encore de « divinité », d'« harmonie divine », etc., mais ce sera pour célébrer les lois qui régissent à la fois le cosmos physique et le cosmos humain : « La loi qui conserve le système du monde, qui forme chaque cristal, chaque ver de la terre, chaque flocon de neige, a formé et conservé mes semblables ; tant qu'il y aura des hommes, elle apparaîtra d'elle-même comme fondement de leurs progrès et de leur durée... Guidé par ce fil, je parcours sans crainte le labyrinthe de l'histoire, et partout je reconnais une harmonie divine[2]... ». Partout « c'est une loi fondamentale de la nature », qu'il s'agisse des astres, des animaux ou des civilisations, « de composer un être de plusieurs êtres et de faire écraser par la roue, toujours mobile et destructive, de la création des multitudes d'organisations diverses, destruction dont sortiront des créatures moins nombreuses mais plus nobles » ; « quelques générations s'abîment dans l'oubli, mais le tout immortel survit à la décomposition des parties, et apprend le bien même par le mal »[3]. Le progrès de la révélation, qui maintenant n'est autre que la marche de l'humanité, est devenu une loi cosmique. Herder rejoint, et dépasse même par l'ampleur de sa conception, les théoriciens du progrès. Il diffère d'eux seulement par le fait qu'il refuse toujours un certain universalisme abstrait au profit (passager) des

1. Xavier TILLIETTE, *Spinoza préromantique*, loc. cit., pp. 220-221 et 224-226, décrivant l'évolution des jugements de Herder sur Spinoza et résumant le 4e des *Dialogues sur Dieu*.
2. *Idées*, l. 15, c. 5, t. 3^2 ; 1874, p. 121. Cf. l. 15, introd., pp. 73-74.
3. *Idées*, l. 10, c. 2 ; t. 2, p. 138. L. 15, c. 2 ; t. 3^2, p. 91. « L'histoire universelle est une palingénésie de l'esprit humain qui se métamorphose et rajeunit à chaque grande époque nouvelle » : trad. Rouché, p. 51.

singularités ethniques, de ce qu'il appelle « le génie des peuples »[1]. Il regardait toute l'humanité, dira Heine, « comme une harpe dans la main d'un grand maître ; chaque peuple lui semblait une corde particulière de cet instrument, et il comprenait l'harmonie universelle qui résultait de ces accords différents »[2].

Dans cette marche heurtée mais progressive, dans cette « chaîne de la culture humaine... qui se compose d'une suite de courbes inégales et brisées »[3], il ne peut pas être plus question de « miracle juif »[4], ou de « miracle chrétien » que de « miracle grec ». « La divinité est venue à notre secours en nous donnant notre raison, notre industrie, nos facultés : n'attendons d'elle rien de plus ; (elle a dit à l'homme en le créant :) Tu trouveras ton appui dans ces lois saintes et éternelles que j'ai imposées à l'univers »[5]. Jésus fut sans doute un être exceptionnel, sa pensée s'éleva « au-dessus des hauteurs où planent les chimères terrestres », il a réuni tous les pressentiments antérieurs « dans le symbole d'un règne idéal » ; mais bien vite ses disciples s'éloignèrent de son esprit en se lançant dans des discussions infinies autour de « ces trois mots innocents : le Père, le Fils et le Saint-Esprit » ; « on se perdit dans de vaines spéculations au-delà de la sphère de la raison humaine, on inventa des mystères, et bientôt le système entier des doctrines se transforma en mystères » ; les décisions des conciles, dont Herder fait un sombre tableau, furent « un outrage honteux *au sens commun* »[6]. Quant à la suite, elle fut pire... Sans en être en rien l'inventeur, Herder a puissamment contribué à répandre la légende des ténèbres du moyen âge, et certaines de ses descriptions sont d'un romantisme macabre[7]. — Mais déjà l'humanité s'est tirée de ce mauvais pas.

« La révélation permanente que constitue la nature » selon Herder a donc fini par rendre non seulement inutile, mais impensable la révélation historique qu'il avait voulu défendre d'abord ; « ce n'est pas un hasard si la théologie naturelle de la première partie des *Idées* aboutit à la volatilisation du christianisme dans la quatrième »[8]. La série des *Écrits chrétiens* entérine ces conclusions : « Ce qu'on appelle culte de Jésus (Religion an Jesum) devra nécessairement se transformer en une religion de Jésus (Religion Jesu) » ; mutation

1. L. 11, c. 5 ; t. 2, p. 231 ; etc.
2. *De l'Allemagne*, 1833, t. 1 ; éd. de 1874, p. 259.
3. L. 15, c. 3, n. 4 ; t. 3², p. 98.
4. Herder se montre hostile aux Juifs. Cf. *Idées*, l. 12, c. 3, Les Hébreux ; t. 2, p. 268.
5. *Idées*, l. 15, c. 1 ; t. 3², p. 98.
6. *Idées*, l. 17, c. 1 : Origine du christianisme et principes fondamentaux sur lesquels il repose. Tandel, t. 3², pp. 167-173. (C'est nous qui soulignons).
7. *Idées*, l. 19, c. 6 ; t. 3², pp. 340-341. Le ch. 2 offre un trait intéressant du pluralisme culturel cher à Herder : l'un des inconvénients du « latin monacal » fut qu'il empêcha « pendant longtemps les langues modernes et les nations qui les parlaient de sortir de leur grossière enfance » ; p. 304.
8. Max ROUCHÉ, introd. à Herder, Idées..., choix de textes. Aubier, 1962, p. 9.

radicale, mais qui se fera « insensiblement et irrésistiblement », car cette « pure religion de Jésus » est elle-même « inscrite dans les cœurs humains ; elle s'appelle accomplissement consciencieux de tous les devoirs, pure bonté humaine et grandeur d'âme fondée sur l'abnégation »[1]. Ainsi a-t-on pu dire que pour Herder le christianisme « ne garde sa valeur de religion absolue qu'en cessant d'être le christianisme » (Helmut Groos) ; les « philosophes » avaient lutté contre les religions historiques, et plus spécialement contre la religion chrétienne, au nom de la « religion naturelle » : Herder supprime le conflit en les identifiant. Au bout de son périple, il rejoint les positions de Locke et de Tindal. Il se rallie à Lessing[2]. Envers ce dernier, qui lui inspira personnellement une vive sympathie, son attitude avait été hésitante et changeante ; il a pu croire un moment que cet esprit subtil était revenu, dans l'*Éducation,* à des vues plus chrétiennes que celles de l'*Aufklärung* et que tous deux menaient, au fond le même combat. C'est bien en effet ce qui finalement eut lieu, mais autrement qu'il ne l'avait imaginé. « Dans toutes les conditions, dans toutes les sociétés, l'homme n'a positivement pu ni chercher, ni se proposer un autre résultat que l'humanité... Père des hommes, quelle leçon as-tu donnée à tes enfants pour leur tâche de chaque jour ! La raison et la justice, voilà tout ce qu'ils ont à apprendre »[3] : n'est-ce pas exactement la pensée, et le *pathos* même de Lessing ? La distinction du culte et de la religion de Jésus, dans les *Écrits chrétiens* de ce pasteur devenu évêque luthérien de Weimar par la grâce de Gœthe, recouvre non moins exactement la distinction faite par Lessing entre le *religio de Christo* et la *religio Christi.* Pour l'un comme pour l'autre, cette « religio Christi » est tout simplement la religion naturelle entrevue par Jésus comme par d'autres sages, et qui doit devenir, sous la discrète bénédiction de Spinoza, au-delà de tout christianisme historique et de toute foi en un Dieu personnel, le bien commun du genre humain. C'est déjà la religion éclairée de cette petite élite que constitue la franc-maçonnerie (Herder est maçon comme Lessing)[4].

« La pensée humaine cherche toujours à se débarrasser, dès qu'elle

1. *Écrits chrétiens*, 2e recueil, 1796 ; ibid., p. 62, et ROUCHE, *La philosophie de l'histoire de Herder*, pp. 479 et 482-483. Cf. le 4e recueil, 1798 : « Une révélation n'est autre qu'une vérité aperçue et exposée clairement ». (Rouché, introd., p. 65).

2. Les rapports de Lessing et de Herder ont été longuement étudiés par Max ROUCHÉ, *La philosophie de l'histoire*... Tous deux s'entendaient à repousser les « lumières » trop claires venues de France, c'est-à-dire avant tout le déisme voltairien. Voir aussi J. E. SPENLÉ, *La pensée allemande de Luther à Nietzsche*, Colin, 1967, p. 43.

3. *Idées*, l. 15, c. 1 et 3 ; t. 3², pp. 76 et 102.

4. Dans les *Soirées de Saint-Pétersbourg*, Joseph de MAISTRE évoquera « l'honnête comédien qui enseignait l'Évangile en chaire et le panthéisme dans ses écrits ». 4e entretien, le Comte. *Œuvres*, t. 4, p. 222.

le peut, des liens qui la retiennent captive »[1]. Ce que Herder disait à propos de « l'assujettissement de la pensée » chez les Hindous, s'applique aussi bien selon lui à la dogmatique chrétienne pour les peuples d'Occident[2]. Et comme c'est également un principe absolu que « tout ce qui peut se développer dans l'humanité » finit toujours par « se développer réellement »[3], l'avenir doit être envisagé avec optimisme. Déjà la deuxième partie des *Idées*, en 1785, le chantait sur un ton lyrique :

> Chaîne dorée du perfectionnement, toi qui entoures la terre, toi qui montes jusqu'au trône de la Providence en passant par tous les individus, depuis que j'ai reconnu ta trace et que je t'ai suivie dans tes anneaux les plus délicats, ... l'histoire a cessé de m'apparaître comme l'abomination de la désolation sur une terre sacrée. Nous voyons des milliers de faits honteux..., mais ce n'est que pour faire briller de tout son éclat l'activité humaine, qui n'a jamais interrompu sa longue et laborieuse carrière, sans prévoir ce que la Providence voulait tirer de son sein, comme l'esprit des formes matérielles. Il faut à cette noble plante les caresses de l'orage pour fleurir... La semence qui a germé sous les cendres du bien n'en sera que plus belle..., et lorsqu'elle a été arrosée de sang elle manque rarement d'éclore en une fleur que rien ne peut flétrir... Les révolutions sont aussi nécessaires à notre espèce que les vagues au fleuve pour l'empêcher de devenir un marais stagnant. Le génie de l'humanité fleurit dans la forme d'une jeunesse toujours renouvelée...[4]

Cet optimisme est total et sans faille. Il ne concerne pas seulement les progrès des facultés de l'homme et de son emprise sur le monde : « D'après les lois inhérentes à leur nature même, la raison et la justice doivent gagner sans cesse en puissance parmi les hommes et fonder l'humanité sur des bases plus durables ». Une seule chose nous est aujourd'hui demandée : la patience. « Tous les doutes de l'homme, toutes ses plaintes sur l'incertitude de sa destinée viennent uniquement de ce que, voyageur égaré, il méconnait le mouvement progressif de l'histoire et ne porte pas ses regards assez loin... »[5] Cependant, comme dans la vie des individus, dans l'histoire du genre humain les égarements peuvent être nombreux et durables, mais une heureuse nécessité ramène enfin le cœur des hommes à la raison et à la justice ; « la raison et l'activité combinées de l'homme poursuivent

1. *Idées*, l. 11, c. 4 ; t. 2, p. 218.
2. Selon l'euphémisme de Madame de Staël, « Herder n'était pas scrupuleusement orthodoxe » : *De l'Allemagne*, l. 4, c. 2. Éd. de Pange, t. 5, Hachette, 1960, p. 46. Cf. ibid., t. 3, 1959, pp. 310-319.
3. *Idées*, l. 13, c. 7 ; t. 2, p. 365.
4. *Idées*, l. 9, c. 1, in fine ; t. 2, pp. 83-84.
5. *Idées*, l. 15, c. 4 ; t. 3[2], pp. 105 et 106.

toujours leur marche incessante, et l'on peut déjà considérer comme un heureux présage quand les meilleurs fruits ne mûrissent pas avant l'époque qui leur est assignée »[1].

Pour rendre quelque justice à cette rhétorique, il faut considérer qu'elle était alors moins usée qu'aujourd'hui... Ce que nous avons seulement à en retenir, c'est que, développée à partir de la foi chrétienne, elle postule un dépassement — au besoin dramatique et sanglant — du « culte de Jésus » dans ses institutions et dans ses mystères, une libération de la « lettre vieillie », de celle du Nouveau Testament comme de celle de l'Ancien, — libération analogue, dit Herder, à celle dont purent jouir les Hébreux « dans leur vie errante parmi d'autres nations »[2]. Herder n'évoque pas le souvenir et le patronage de Joachim de Flore, comme Lessing venait de le faire. On n'en peut pas moins dire, avec M. Max Rouché, que, « appliquée à l'expérience religieuse » ou morale, son idée directrice « semble remonter à Joachim de Flore »[3].

En commun encore avec Lessing, Herder professe une croyance à la métempsycose. Il ne peut admettre que le génie de l'humanité reste indéfiniment captif dans les étroites limites de ce monde terrestre. Il se sent également obligé de recourir à cette solution en vue d'assurer le salut de l'individu, indépendamment du salut progressif de l'espèce humaine au cours de l'histoire. S'il condamne l'idée hindouiste de la transmigration, c'est avant tout parce que, supposant une renaissance possible dans des formes déchues, « elle diminue la sympathie de l'homme pour les misères de sa propre race, les malheureux étant supposés être des criminels qui expient leurs fautes passées »[4] ; mais c'est aussi parce qu'elle ne résout pas le problème posé. Il n'est pas moins sévère pour la théorie classique du progrès selon l'*Aufklärung* et pour la théorie kantienne de l'histoire, qui l'une et l'autre ne permettent qu'à la dernière génération d'atteindre le but de l'humanité. Comme Lessing, il n'admet qu'une métempsycose ascendante, à laquelle il cherche même à donner la justification d'une valeur cosmique en imaginant toute une série de renaissances « menant de l'animalité à l'humanité, et de celle-ci à des formes d'existence inconnues »[5]. On peut estimer que c'est là un expédient bien artificiel, sorte de *deus ex machina* ; d'autant plus étonnant de la part d'un homme qui écrivait, dans l'avant-propos de ses *Idées* : « Celui qui veut aboutir à des spéculations purement métaphysiques peut prendre un chemin plus court (que l'étude des faits) ; mais je crois que,

1. *Idées*, l. 20, conclusion. (C'est la dernière phrase de l'ouvrage.) T. 3², p. 356.
2. *Idées*, l. 17, c. 1 ; t. 3², p. 167.
3. Rouché, *La philosophie de l'histoire...*, p. 492 ; « ce qui met en évidence l'origine religieuse, mystique de l'idée de progrès, laïcisée après coup par le XVIIIe siècle ».
4. *Idées*, l. 11, c. 4 ; t. 2, pp. 220-221.
5. Rouché, op. cit., pp. 209-210. Cf. Delbos, op. cit., p. 290.

détaché de l'expérience et des analogies de la nature, il ne fera qu'un voyage aérien, qui rarement conduit à l'âme »[1]. N'avait-il pas écrit encore que la transmigration selon les Hindous « a nécessairement fait beaucoup de mal, comme toute opinion qui va au-delà du cercle de l'expérience humaine » ? Du moins Herder s'efforce-t-il de remédier de la sorte à ce qu'a d'implacable, sous les dehors d'un style optimiste et fleuri, sa conception d'un progrès qui ne s'opère qu'à coups de destructions sauvages. Il témoigne d'un louable souci de la destinée de chaque être humain, souci qui tranche, comme celui de Lessing, avec l'indifférence glaciale qui se répandait de plus en plus à mesure que se répandaient les idéologies du progrès collectif. L'article *Cervantès* de l'*Encyclopédie nouvelle* publiée au dix-neuvième siècle par Pierre Leroux, secouera durement « les fanatiques du progrès prêts à immoler tous les hommes vivants jusqu'au dernier sur l'autel de ce qu'ils continueraient, encore après, d'appeler très sérieusement l'Humanité progressive »[2]. Pas plus cependant que les démentis sanglants donnés en notre siècle à de telles idéologies, de tels reproches, cent fois renouvelés, n'ont réussi, en notre siècle, à nous en guérir. Mais le recours *in extremis* tenté par Herder au remède de la métempsycose ne portait-il pas déjà par lui-même l'aveu que le « dépassement » si fièrement revendiqué n'était peut-être pas un progrès réel ? Ni Joachim de Flore évidemment ni ceux qui, tournant après lui leurs espoirs vers un règne encore terrestre de l'Esprit, quelles que fussent leurs illusions, n'en croyaient pas moins avec toute l'Église au passage du temps à l'éternité, n'eurent besoin d'un pareil expédient.

Swedenborg, Lessing, Herder : de ces trois grands néojoachimites, le premier seul fut à l'origine d'un culte, mais plus que lui les deux derniers devaient exercer longtemps une énorme influence. Henri Heine les unira tous deux dans une admiration éperdue : « Grandes et nobles figures... Le cœur me bat avec violence ; il me serait impossible de passer outre, sans déposer un baiser sur leurs lèvres livides ».

1. Trad. Tandel, t. 1, p. 15.
2. Cité par Jacques VIARD, dans *Rencontres avec Péguy*, DDB, 1975, p. 217.

CHAPITRE SEPTIÈME

MAISTRE ET BALLANCHE

I

Maçons mystiques — Joseph de Maistre

« La crise de la spiritualité catholique et, comme corollaire, celle de la réflexion théologique, entraînèrent cette (sorte de) sécularisation dont le signe le plus net est la naissance de l'illuminisme dans la franc-maçonnerie et les ' réveils ' religieux dans la constitution de nouvelles églises »[1]. Le dernier tiers du dix-huitième siècle et le premier du dix-neuvième sont remplis de rationalistes mystiques, dont la plupart prophétisent. Ils se réclament de Böhme, de Madame Guyon, d'Œtinger ; plus souvent de Swedenborg, ou de Lessing ; plus rarement (du moins en France) de Herder. Pour les plus religieux d'entre eux, un grand rêve œcuménique brille à l'horizon. C'est l'époque où la *Societas roseae et aureae Crucis*, qui s'est fondée aux environs de 1760, essaime partout dans l'Europe centrale[2] et où redouble le soupçon d'une collusion entre Rose-Croix et jésuites (ou ex-jésuites)[3]. C'est aussi l'époque des « Illuminés de Bavière », dont la secte antichrétienne, fondée par Weishaupt en 1776, devient puissante en peu de temps. En 1779, les « Illuminés d'Avignon » annoncent le proche avènement d'un nouveau règne »[4]. En 1791, Gombauld prédit une « régénération universelle », qui va faire disparaître toutes les figures

1. Jean-Robert Armogathe, *Theologia cartesiana*, La Haye, 1977, p. 115.
2. R. Le Forestier, op. cit., 544-557. Les Rose-Croix, qui sont férus d'alchimie et de théurgie, s'infiltrent alors dans les Loges et tentent de créer un nouveau rite. Il ne semble pas qu'ils soient alors les héritiers de la légende de Rosenkreuz.
3. Ibid., pp. 635-641. Voir infra.
4. Cahiers des Illuminés d'Avignon, 22 mai 1779.

pour laisser place à la pure vérité[1]. En 1797, les « Frères de saint Jean l'Évangéliste », qui depuis vingt ans s'efforcent de concurrencer les Rose-Croix, publient un manifeste, amalgame, nous dit René Le Forestier, de Kabbale et de tradition chrétienne[2]. Le bernois Kirchberger, baron de Liebisdorf (1739-1800), adversaire du vieux rationaliste berlinois Nicolaï et correspondant assidu de Saint-Martin depuis 1792, attend « le grand jour où la lumière brillera comme un éclair ». Dans ses *Discours spirituels*, Saint-Georges de Marsais annonce pour un proche avenir l'inauguration du « règne de l'Esprit » tout en avertissant ses lecteurs que « la partie sensitive de la créature » ne saura pas le percevoir[3]. Divonne célèbre avec enthousiasme « la troisième révélation, l'universelle effusion de l'Esprit »[4]. Les *Quelques traits de l'Église intérieure*, du Russe Lopouchine (1798), sont traduits en français par Auriat du Vatay. C'est une nuée de prophètes, les uns proches encore de la vieille inspiration joachimite, les autres dominés par sa transposition naturaliste. Il en est aussi de fort éclectiques : tel ce fameux capitaine Bernard, qui fut le chef des « néo-martinistes ». Il associait le « Mage du Nord » à la longue série des sages du dix-huitième siècle ayant reçu « la mission de soulever le voile qui jusqu'alors avait caché au monde toute la sublimité de nos livres sacrés ». Partout, disait-il, on pressent « une dispensation nouvelle qui est le développement du christianisme de la lettre » ; celui-ci « ne fut que préparatoire, comme le judaïsme », son rôle fut de « servir d'échelle pour arriver à l'Église universelle... Les chrétiens de cette Jérusalem céleste, annoncée par saint Jean et dont Swedenborg est le glorieux apôtre, sont de toutes les sectes sans être d'aucune, jusqu'au moment où celui qui est l'alpha et l'oméga établira son règne sur la terre au milieu d'un seul peuple de frères »[5].

Les membres de la Société théurgique de Copenhague étaient persuadés, d'après Jo. 21, que l'Apôtre Jean vivait encore, et certains d'entre eux disaient l'avoir vu et avoir conversé avec lui[6]. Cette fascination joannique caractérisait les loges maçonniques du « système suédois ». Laissant à d'autres l'alchimie et les sciences occultes, leurs adeptes exploraient la tradition secrète qui avait recueilli les enseignements confiés jadis aux deux Apôtres élus, André et Jean ; ils scrutaient l'Apocalypse, et ils y trouvaient l'annonce du nouveau

1. Lettre à Reuterhom, 7 juin 1791 ; dans VIATTE, t. 1, p. 233.
2. *Op. cit.*, pp. 572-573.
3. T. I, pp. 185-186. VIATTE, t. 1, p. 77. Il est aussi l'auteur d'une *Explication de la Genèse*.
4. *La Voie de la science divine...*, en trois dialogues, traduits librement de l'anglais, par W. Law ; précédés de *La Voix qui crie dans le désert*, par LODOIK. 1805, p. 41. Louis-Marie-François de la Forest, comte de Divonne, fut, dit M. E. SUSINI, le « chevalier errant de la théosophie » ; sa traduction est précédée d'une brève étude inspirée de Saint-Martin. (Susini, t. 2, pp. 203-4).
5. *Opuscules théosophiques*, pp. 92 et 186. Cf. VIATTE, t. 1, pp. 261-262.
6. Antoine FAIVRE, *Eckartshausen et la théosophie chrétienne*, Klincksieck, 1969, p. 210.

règne qui serait inauguré par Jean l'Évangéliste, comme le précédent l'avait été par Jean-Baptiste. Aux titulaires de leurs grades suprêmes, ils avaient donné l'appellation de « Confidents de saint Jean ». Il est possible, estime René Le Forestier, que ces mystiques scandinaves, si différents de la plupart des maçons, aient connu *l'Évangile éternel*[1] ; disons, plus prudemment : la tradition de l'Évangile éternel[2].

De cette abondante floraison « mystique », « théosophique » ou « prophétique », le nom le plus digne d'être retenu et sans doute celui de Karl von Eckartshausen (1752-1803)[3]. Catholique, ennemi de tout rationalisme, Eckartshausen est un apôtre de la vie intérieure ; il professe un attachement indéfectible à l'Église romaine, à son dogme et à ses sacrements, condamne schismes et hérésies ; mais en même temps son traditionalisme ésotérique lui permet de croire à une Église intérieure qui doit un jour, préparée par celle de Rome, venir à la lumière et réunir tous les hommes. Son œuvre est considérable. Nous n'en retiendrons que cinq titres.

Dans les *Mystische Nächte* (1791), il concède qu'en se mêlant au monde la religion chrétienne a été ternie par bien des abus, mais son essence n'a pas été atteinte, et elle conserve en son sein des choses « qui ne se laissent pas écrire ». Les *Wichtigsten Hieroglyphen* (1796) nous font pénétrer à l'intérieur : nous y rencontrons, non pas les membres d'une association secrète, mais les sages de tout temps et de tout pays, qui déchiffrent les hiéroglyphes de l'Écriture et de la Création à la lumière du Christ, édifiant ainsi, dans le silence de leur cœur, le temple de l'Esprit, et préparant l'unité finale. Dans cet ouvrage, et surtout dans le suivant, *Über die Perfectibilität des Menschengeschlechts* (1797), l'histoire du salut est plus précisément décrite. Après le régime de la loi de nature, « l'éducation du genre humain » se fait en trois étapes — non, comme chez Lessing, par une évolution immanente, mais par une triple intervention divine : l'Ancienne Alliance, la Nouvelle Alliance et l'Age de l'Esprit. De ces trois âges, le premier est celui de l'enfance, il correspond dans l'homme au corps ; le deuxième est celui de la jeunesse, il correspond à l'âme ; le troisième correspond à l'esprit. Les *Blicke in die Zukunft* et quelques autres opuscules complètent le tableau d'ensemble ; ils font pressentir l'avènement prochain du troisième âge, la grande mutation de la Régénération universelle, qui mûrit actuellement sans rien de spectaculaire : elle sera annoncée par un élu, « troisième Adam », homme pécheur comme les autres, mais fidèle au Christ et illuminé par l'Esprit. Tout procède du Christ mort et ressuscité : son essence lumineuse travaille sans arrêt à mener toute chose à sa plus haute perfection ; lorsque l'harmonie sera rétablie entre

1. Le Forestier, op. cit., pp. 179-182.
2. « L'Évangile éternel » de Blake n'a aucun rapport à notre sujet.
3. Antoine Faivre, loc. cit.

les mondes visible et invisible, le malheur cessera, et le bouleversement attendu fera tout passer à un autre ordre[1].

L'ouvrage le plus célèbre d'Eckartshausen est celui qu'il composa peu avant sa mort : *Die Wolke über dem Heiligthum* (1802)[2]. Il y résume sa doctrine sous une forme très accessible. Nous vivons, constate-t-il, dans un temps d'idolâtrie de la raison ; or Kant a prouvé que la raison ne sait absolument rien du monde spirituel, — ce que saint Paul avait déjà dit. Le soleil du monde spirituel, c'est Jésus-Christ ; il faut le chercher dans son cœur. Toujours quelques hommes l'ont fait. Cette invisible communauté des élus formait le premier noyau de « l'Église intérieure ». Mais Dieu se choisit un peuple déterminé pour préparer l'incarnation du Sauveur, qui proclamerait à tous la loi d'amour[3]. Seuls les membres de l'Église intérieure la comprirent vraiment. « Mais nous approchons maintenant du temps où l'esprit doit rendre la lettre vivante, où la nuée qui couvre le sanctuaire disparaîtra, où les hiéroglyphes passeront en vision réelle et les paroles en entendement. Le grand voile va se déchirer, qui couvre le saint des saints... La nuit obscure des images disparaîtra, et la sainte obscurité des mystères se manifestera dans l'éclat de la plus haute vérité... La lumière de la nature, la lumière de la raison et la lumière de la célébration s'uniront » ; cette lumière unique, par laquelle nous verrons tous Dieu dans l'homme et dans la nature, nous unira tous, « grands et petits, pauvres et riches », et nous chanterons tous « les louanges du Père de l'Amour »[4].

Le glissement naturaliste est évident. Mais la théorie des trois âges est bien celle de Joachim de Flore. Et c'est encore la même ambiguïté finale : ce troisième âge est-il encore du temps ? est-il de l'éternité ? Laissons-le, comme bien d'autres points de la doctrine, dans son indétermination.

On le voit par ces divers exemples, le Père Lambert ne manquait pas de cibles lorsqu'il publiait en 1807 sa *Réclamation de l'Église contre les Joachimites* ; l'abbé Grégoire non plus, bonne tête gallicane au bon sens réfractaire à toute mystique, lorsque, en 1814, il dénonçait dans le premier volume de son *Histoire des sectes religieuses* « les nouveaux Millénaires, ou Chiliastes, ou Joachimites »[5].

Émergeant de cette pléiade, la haute figure, énigmatique, pour beaucoup de lecteurs exaspérante de Joseph de Maistre, se dresse

---

1. Nous résumons dans ce paragraphe les analyses faites par A. Faivre dans son excellent livre cité supra, pp. 320, 340-346, 359-368, 378-386, 514.
2. Trad. française en 1819 : La Nuée sur le sanctuaire, ou Quelque chose dont la philosophie orgueilleuse de notre siècle ne se doute pas, par le conseiller d'Eckartshausen. En exergue : « Absque nube pro nobis ». Nouvelle édition en 1948.
3. *La Nuée dans le sanctuaire*, éd. de 1948, pp. 3-4, 21-29, 39-47, 166 ; cf. p. XI.
4. Op. cit., pp. 68-73, 124-127, 145, 150-151, 180.
5. T. 1, Paris, 1814, p. 181 ; cf. p. 202.

au seuil du dix-neuvième siècle. Elle a suscité, de nos jours encore, des oppositions frénétiques. A en croire L. Aimé-Martin, ami et conseiller de Lamartine, cet homme aurait été « le plus fougueux courtisan du despotisme sacerdotal, l'apôtre le plus cynique de la haine et du désespoir », il était « possédé du démon »[1]. Sans verser dans de tels excès, on a cru l'avoir assez défini en le désignant comme « le théoricien de la contre-révolution ». Beaucoup ne voient guère en lui, à la suite de Ballanche, (puis de Barbey d'Aurevilly) que « l'homme des doctrines anciennes, le prophète du passé », « le vertueux citoyen d'une cité envahie par la solitude, qui n'avait d'oreilles que pour entendre la voix des siècles écoulés, et qui n'entendait rien des destinées nouvelles », celui qui « voulut courber notre tête sous le joug d'un destin fini »[2]. On l'a dépeint comme « un apologiste béat des institutions périmées ». On l'a comparé à un « Juif de l'ancienne loi ». « De cette intelligence ailée » on a fait « une souche indéracinable »[3]. Dans toute l'œuvre de « cet illustre philosophe », on a cru entendre, comme disait encore Ballanche, « le chant du cygne d'une société expirante »[4]. Le sage *Correspondant*, s'exprimant par la plume d'Alfred de Courcy, voyait dans les *Considérations sur la France* une série d'« aberrations » que l'auteur, qui se croyait « le héraut de la Providence », avait prises pour autant d'« arrêts du Ciel »[5].

C'était méconnaître toute une part importante et constante de son œuvre, à vrai dire le sens de l'œuvre entière[6], méconnaître l'acuité et la hardiesse, disons même l'audace visionnaire et peut-être aventureuse de ses anticipations. Le prospectus lancé par l'abbé Migne en 1841 pour son « Cours complet de Patrologie » disait plus justement de lui : « Aussi grand écrivain que chacun de ses trois rivaux (Bonald, Chateaubriand, Lamennais), il les domine

---

1. *Éducation des mères de famille*[2], 1841, pp. 334 et 335.

2. BALLANCHE, *Essai de palingénésie sociale*, 1827 ; Maistre « vient de mourir... Gloire immortelle à ce beau génie ! Maintenant qu'il voit la vérité face à face, sans doute il reconnaît que ses rêves furent ceux d'une évocation brillante, mais stérile, etc. » *Œuvres*, éd. de 1830, t. 3, p. 259.

3. Raymond CHRISTOFLOUR, *Prophètes du XIX*e *siècles*, 2, Joseph de Maistre prophète du passé. Conservant l'expression, l'auteur critique le sens qui lui fut longtemps donné et observe que Maistre « est tout aussi bien le prophète de l'avenir », p. 55.

4. Op. cit., Prolégomènes, loc. cit., pp. 197, 263-269 ; p. 292 : « l'apôtre du passé » ; p. 265 ; l'âme de « ce noble théosophe... n'était en sympathie qu'avec la société des jours anciens ». Cf. t. 2, p. 9.

5. T. 18, 1847, pp. 48-51 : *Les historiens de la Révolution*.

6. Même ses pages tant vilipendées, provocantes à plaisir, sur le bourreau, la guerre et les sacrifices, qu'on a interprétées uniquement comme les signes d'une nature inhumaine s'accrochant aux plus sombres mœurs du passé, dénotent, sous leurs aspects paradoxaux et souvent contestables, autant d'esprit prophétique que de profond réalisme. A-t-on assez remarqué que la guerre est pour lui une folie, la plus « révoltante », une « horrible énigme », qu'elle est devenue un affreux « carnage » ? et qu'il s'étonne qu'on n'ait pas encore organisé la « société des nations » ? *Soirées*, 7e entretien ; t. 5, pp. 2, 3, 13, 19, 24.

peut-être par la perspicacité de ses vues ; car il est prophète autant qu'écrivain... »[1]. Et déjà en 1828, dans sa *Philosophie de l'histoire*, Friedrich von Schlegel ne s'y était pas trompé : à lui moins qu'à tout autre, avait-il déclaré, « on ne saurait adresser le reproche de favoriser une réaction passionnée »[2]. Beaucoup cependant n'ont guère retenu que son mot sur la révolution « satanique ». Ils ont oublié qu'il avait écrit aussi : « L'Europe entière est dans une fermentation qui nous conduit à une révolution religieuse à jamais mémorable et dont la révolution politique dont nous avons été témoins ne fut que l'épouvantable préface. Pour nettoyer la place il fallait des furieux ; vous allez maintenant voir arriver l'architecte »[3].

Dans la préface qu'il a mise à sa traduction des *Délais de la justice divine*, Joseph de Maistre observe que Plutarque lisait peut-être les ouvrages des premiers chrétiens « comme ceux de Böhme, de Saint-Martin, de Dutoit, d'Eckartshausen, etc., etc., le sont de nos jours par ceux mêmes qui s'en moquent »[4]. L'observation n'est pas sans intérêt. Plus précisément, sans doute est-ce à l'influence directe de la maçonnerie mystique, alors bien souvent compatible en fait avec la foi chrétienne la plus vive, qu'il faut attribuer les premières manifestations, chez Joseph de Maistre, de cette hardiesse de pensée.

Il était membre, à Chambéry, de la Congrégation de l'Assomption et de la Conférence des Pénitents noirs. Cela ne l'avait pas empêché de se faire initier, en 1774, dès l'âge de vingt-et-un ans, à l'une des quatre loges de la ville, la loge des Trois Mortiers ; mais, n'y ayant trouvé qu'un « enfantillage mondain », il entra en 1778 à la loge de la Sincérité, qui dépendait de la réforme « écossaise ». Il était même bientôt devenu (1780) membre « d'un groupe très secret de quatre initiés supérieurs, le Collège particulier de Chambéry, dépendant du Collège métropolitain de Lyon »[5] et agrégé à « la classe suprême de l'Ordre des Chevaliers bienfaisants ». C'était là, nous dit M. Antoine Faivre, « ce qu'on pourrait appeler ' l'aile droite ' des sociétés secrètes, caractérisée par l'influence des jésuites, un esprit conservateur et bien souvent un goût très marqué pour les spéculations théosophiques »[6] ; malgré la suppression déjà ancienne de la Compagnie de Jésus, le soupçon de « crypto-jésuitisme »

1. P. 7. En 1866 Roger de SÉZEVAL divisera son livre sur Maistre (Tolra éd.) en trois parties : prophète du passé — visionnaire de l'avenir — penseur catholique.

2. *Philosophie de l'histoire*, leçon 18e. Trad. Lechat, Louvain, 1836, t. 2, p. 267.

3. Au comte de Bray, 16.1.1815. *Œuvres complètes*, nouv. éd. Lyon, t. 13, 1886, p. 27.

4. T. 5, 1884, p. 367, note.

5. Cf. Émile DERMENGHEM, *Joseph de Maistre mystique*, nouv. éd., la Colombe, 1946, p. 51. Louis TRÉNARD, *Lyon de l'Encyclopédie au Préromantisme*, Grenoble, 1958, p. 179. Sur Willermoz et le Rite écossais rectifié : P. CHEVALLIER, op. cit., t. I, pp. 231-251.

6. Antoine FAIVRE, loc. cit., p. 74.

planait en effet sur cette « aile droite », repaire, disait-on, des « suppôts du papisme »[1].

Dans le nom de *Josephus a Floribus*, que le jeune Maistre avait reçu à la Sincérité, serait-il trop hasardeux de voir une allusion voulue à Joachim de Flore ? Il ne devait en tout cas faire preuve, dans ses relations maçonniques, ni d'un conservatisme excessif, ni d'un manque d'esprit critique. Dès 1780, il envoyait à Lyon un long questionnaire pour obtenir diverses précisions ; il discutait avec le puissant Vuillermoz, dont il finira par se détacher complètement ; il montrait qu'il ne se laissait pas abuser par le décor templier, le jeu des complications mystérieuses et la légende des grands « Supérieurs inconnus »[2]. Cependant, son *Mémoire au duc de Brunswick*, composé à l'annonce du grand convent de Wilhemsbad (1782) « au nom de tous les maçons qui ne déshonorent pas ce titre »[3], pèche sans doute par illusion : Maistre n'a pas encore mesuré la force d'un autre courant maçonnique, celui des Illuminés de Bavière, fondé par Adam Weishaupt, antireligieux, spécialement antijésuite, et subversif. Le Mémoire reflète l'état d'esprit de ceux qui, nombreux à cette date, allient à un traditionalisme extrême de nature plus ou moins mythique une adhésion fervente à l'Évangile et l'attente de lumières nouvelles : « La vraie religion a bien plus de dix-huit siècles... Remontons à l'origine des choses... »[4], mais « attachons-nous enfin à l'Évangile et laissons là les folies de Memphis... »[5]. Imbu de martinisme comme beaucoup de ses contemporains[6], — il était allé consulter Saint-Martin à Lyon, — Maistre ne s'en fait pourtant pas l'écho servile. Nul n'a su comme lui, au dire averti de Schlegel[7], « apprécier ce philosophe remarquable, distinguer ce qu'il a de profondément faux et ce qu'il a de réellement bon, en un mot en tirer un aussi bon parti, en y ajoutant toutefois des correctifs nécessaires ». Il prévoit

1. LE FORESTIER, op. cit., pp. 635-641, 718-722, 808-810. En 1788, BONNEVILLE publiera à Londres (= Paris), *Les Jésuites chassés de la Maçonnerie et leur poignard brisé par les maçons*, en deux tomes ; t. 2 : *Mêmeté des quatre vœux de la Compagnie de Saint-Ignace et des quatre grades de la Maçonnerie de Saint-Jean*. Cf. D'HONDT, *Hegel secret*, pp. 35-36.

2. LE FORESTIER, pp. 521-524, 619, 916. Cf. Alice JOLY, *Un mystique lyonnais, J.-B. Willermoz et les secrets de la Franc-Maçonnerie*, 1730-1824. Mâcon, 1938.

3. *La Franc-Maçonnerie. Mémoire au Duc de Brunswick*, par Joseph de MAISTRE ; publié avec une introduction par É. Dermenghem. Rieder, 1925, p. 52. Dans les *Soirées*, Maistre mettra ensemble les Illuminés de Bavière et les membres du Comité de salut public.

4. Op. cit., p. 82 ; cf. p. 76 : « Toutes ces idées vagues n'étaient que des restes plus ou moins faibles de la Tradition primitive ». Cf. A. LANTOINE, *La Franc-Maçonnerie dans l'État*, Nourry, 1935, p. 164.

5. *Mémoire*, pp. 73-74 et 82.

6. Selon DERMENGHEM, introd. au *Mémoire*, p. 38, « l'influence de la philosophie martiniste se retrouve plus ou moins cachée sous presque chaque page du *Pape*, des *Considérations*, des *Soirées*, du *Principe générateur* et de l'admirable *Traité sur les sacrifices* » ; ce qui nous paraît exagéré.

7. Loc. cit., t. 2, pp. 258-259. Ibid. : « Saint-Martin, ce chrétien théosophe, se tient tout à fait isolé, à l'écart de ce parti athée qui dominait alors ».

aussi que « l'orgueil théologique » fera naître plus d'un obstacle à la réalisation du « Grand Œuvre » dont il se fait l'avocat enthousiaste ; mais il a confiance que rien n'arrêtera la marche de ce qu'il appelle, d'une expression très joachimite, « la révélation de la révélation », c'est-à-dire de ce « christianisme transcendant » déjà entrevu dans le grade supérieur des Loges. Déjà aussi, dans le Mémoire, cet âge dont il entrevoit l'aurore doit être celui de l'œcuménisme, et sans plus attendre il y est suggéré que la réunion des Églises commence « par les catholiques et les luthériens d'Augsbourg, dont les symboles ne diffèrent pas prodigieusement ». Pour la suite, « que d'autres enfin nous disent ce qu'ils ont appris de cet Esprit qui souffle où il veut, comme il veut et où il veut ! »[1].

Dès son premier véritable ouvrage, les *Considérations sur la France* (1796), qu'il rédige à Lausanne où il est émigré et qu'il publie avec la fausse indication de Londres, Joseph de Maistre écrit : « Il me semble que tout vrai philosophe doit opter entre ces deux hypothèses ou qu'il va se former une nouvelle religion, ou que le christianisme sera rajeuni de quelque manière extraordinaire. C'est entre ces deux suppositions qu'il faut choisir, suivant le parti qu'on a pris sur la vérité du christianisme ». Un tel propos ne saurait être celui d'un réactionnaire simpliste[2]. Naturellement, c'est vers la seconde hypothèse qu'il penche ; mais la perspective dans laquelle il envisage le « rajeunissement » chrétien est radicale : « Cette conjoncture, poursuit-il, ne sera repoussée dédaigneusement que par ces hommes à courte vue, qui ne croient possible que ce qu'ils voient. Quel homme de l'antiquité eût pu prévoir le christianisme ? Et quel homme étranger à cette religion eût pu, dans ses commencements, en prévoir les succès ? Comment savons-nous qu'une grande révolution morale n'est pas commencée ? »[3]. Et comme au temps du Mémoire au Duc de Brunswick, la perspective œcuménique accompagne cette vue d'avenir[4].

---

1. *Mémoire au Duc de Brunswick*, pp. 84, 102-105, 111. Cette recherche de l'unité chrétienne était déjà celle de Vuillermoz.

2. A qui les lit de près, les *Considérations* paraissent d'ailleurs bien plus modérées qu'on ne l'a souvent dit. L'auteur les dit et les veut « entièrement désintéressées » ; elles sont, dit-il encore, d'un homme « étranger à tous les systèmes, à tous les partis, à toutes les haines, par caractère, par réflexion, par position ». *Œuvres complètes*, nouv. éd., t. 1, Lyon, 1884, pp. 111 et 183. Les divagations de l'abbé Barruel, dit Le Forestier, op. cit., p. 857, lui « faisaient lever les épaules ». Dans ses Notes, il le critique vivement : Dermenghem, op. cit., pp. 85-86. Il a écrit un jour : « Je tâche, autant que je puis, de me tenir éloigné de toute espèce de fanatisme et d'idées exagérées » (au chevalier de Saint-Réal ; 22.12.1816, t. 14, p. 8) ; ce n'était pas là de sa part une pure illusion.

3. *Considérations*, ch. 5, éd. citée, p. 61.

4. Au ch. 2e des *Considérations*, « l'émigration considérable du clergé... en Angleterre » lui paraît « une époque remarquable. Sûrement, on aura prononcé des paroles de paix !... Si jamais les chrétiens se rapprochent, comme tout les y invite, il semble que la *motion* doit partir de l'église d'Angleterre, etc. » P. 23.

Ce radicalisme prophétique des *Considérations* sera constant. Jusque dans le *Pape* (1819), note M. Auguste Viatte, Maistre ne se tient pas de mentionner, en disant avec précaution que c'est « pour amuser la société du lecteur », « les idées apocalyptiques de l'illustre Bonnet qui regardait l'état actuel du catholicisme comme le passage à un autre ordre de choses, infiniment supérieur, et qui ne se fera pas même beaucoup attendre. Ces idées reposent aujourd'hui dans une foule de têtes, elles appartiennent à l'histoire de l'esprit humain »[1]. Par rapport à l'abbé de Flore, soutien des papes de son temps, si la psychologie est différente, la pensée semble assez proche. Partout, dans l'œuvre de cet apologiste de la papauté, on entrevoit, « dès qu'il se livre à son inspiration propre, ce pressentiment, plus ou moins explicite, plus ou moins enveloppé, d'une évolution extraordinaire dans le catholicisme »[2] : « Tous les êtres gémissent et tendent, avec effort et douleur, vers un autre ordre de choses »[3].

Sans doute, le point de vue politique auquel il était, par nature et par fonction, particulièrement sensible et qui domine trop habituellement dans ses conceptions religieuses (d'où, par exemple, les réticences des papes au sujet de son livre *du Pape*), ainsi que les préoccupations apologétiques qui ne l'ont jamais quitté et qui infléchissent trop souvent aussi ses jugements historiques, contribuaient-ils à le rendre prudent. Il n'allait point alors jusqu'au bout de sa pensée la plus spontanée. Il imposait un frein à cette « imagination des idées » qui, au jugement de Charles Du Bos, était son don caractéristique[4]. On peut estimer d'ailleurs qu'en la retenant sur sa pente il était parfaitement sincère. Il s'en tenait alors à une doctrine, déjà très personnelle, du développement dogmatique et institutionnel dans l'Église, doctrine qui fait de lui un des précurseurs, reconnu comme tel (en des termes toutefois assez vagues) par Newman lui-même, du célèbre *Essay on the Development*[5]. C'est ainsi qu'il écrira, dans son *Essai sur le principe générateur des constitutions politiques* (publié peu avant sa mort) : « Rien de grand n'a de grands commencements... L'accroissement insensible est le véritable signe de la durée, dans tous les ordres possibles des choses », et s'appliquait à montrer le christianisme soumis à cette loi générale, lui « qui est la plus grande de toutes les institutions imaginables, puisqu'elle est toute divine » :

---

1. Ch. 9 ; *Œuvres*, t. 2, p. 70, note. Cf. Viatte, t. 2, pp. 87-88.
2. Louis Biraut, *Joseph de Maistre et Lamennais*. Revue des Deux mondes, 1er février 1861, p. 571.
3. *Considérations*, ch. 3 ; *Œuvres*, t. 1, pp. 39-40. Maistre renvoie en note à S. Paul, Rom. 8, 22 ss., et à la « Palingénésie de Charles Bonnet ».
4. Charles Du Bos, *Approximations*, Fayard, 1965, p. 565.
5. Newman, *Essai*..., trad. Marcel Lacroix, DDB, 1964 ; introd., p. 21 : « Le point de vue (de cet Essai) a été, de tout temps peut-être, adopté implicitement par les théologiens, et des écrivains distingués du continent, comme de Maistre et Moehler, l'ont, je crois, récemment mis en lumière ».

... Le Nouveau Testament... présente une narration, des avertissements, des préceptes moraux, des exhortations, des ordres, des menaces, etc., mais nullement un recueil de dogmes énoncés en forme impérative... Les symboles qui parurent depuis sont des professions de foi pour se reconnaître, ou pour contredire les erreurs du moment... Nous les chantons... « sur la lyre et sur l'orgue... » ... Bien loin que les premiers symboles contiennent l'énoncé de *tous* les dogmes, les chrétiens d'alors auraient au contraire regardé comme un grand crime de les énoncer *tous*[1]. Il en est de même des saintes Écritures. Jamais il n'y eut d'idée plus creuse que celle d'y chercher la totalité des dogmes chrétiens... Si jamais le christianisme n'avait été attaqué, jamais il n'aurait écrit pour fixer le dogme... C'est une pitié de voir d'excellents esprits se tuer à vouloir prouver par l'enfance que la virilité est un abus...[2].

Et notre auteur de citer un beau texte de saint Jean Chrysostome, disant qu'au lieu de laisser un livre à ses Apôtres, il leur promit le Saint-Esprit[3]. S'il s'agissait ici d'établir un parallèle avec Newman, on aurait à relever, et non pas seulement en raison du ton tranchant et paradoxal, quelques différences notables avec la doctrine de l'*Essay*. Dans ses *Réflexions critiques sur l'ouvrage de Méthode* « par un chrétien très ami de la Russie » (1812), Joseph de Maistre reprendra le même thème, en lui donnant une expression plus radicale encore, qui ne sera plus guère newmanienne et qu'on ne pourra plus dire du tout joachimite[4].

Le traité *du Pape* (1819) fait maintes allusions à cette « loi » de croissance, et celui *de l'Église gallicane*, qui en est la suite, en tire une application imprévue dont nous aurons à parler plus loin. Dans chacun de ces ouvrages, parfois si contestables, Maistre veut avant tout justifier les progrès de l'institution papale, jusque dans ses excroissances les plus contingentes. Ses idées sur le développement

---

1. Ce trait montre, comme F. PILLON l'a observé, que l'idée de développement se mêlait chez Maistre à d'anciennes visées apologétiques. « Quand on admet comme légitime la formation successive des dogmes par voie de développement, on n'a pas besoin de leur chercher... dans une tradition orale prétendue secrète une préexistence... » : *La révolution accomplie par le christianisme sous le pontificat de Pie IX*, dans la Critique religieuse, 1re année, 1879, pp. 137-138. Maistre avait pu emprunter l'idée à VUILLERMOZ, *Réponse aux assertions du F.·. Pascia* ; dans VIATTE, t. 1, pp. 142-143.

2. *Œuvres complètes*, t. 1, pp. 248-250 et 259-260.

3. Ibid., p. 257. CHRYSOSTOME, *Hom. in Mat.* 1, 1.

4. *Œuvres...*, t. 8, pp. 409-410 : « Aucune grande chose n'eut de grands commencements. C'est une loi que l'on peut, à bon droit, appeler divine, puisqu'elle est en vigueur dans toute la nature, et qu'on ne lui trouva jamais aucune exception. De là vient que l'autorité pontificale (entre les grandes choses la plus grande), née avec l'Église dont elle est le fondement, a eu, comme elle, son enfance et puis sa puberté, avant de parvenir à l'âge d'une éternelle virilité », etc. (C'est une traduction de l'ouvrage, rédigé par Maistre en latin).

du christianisme s'inspirent, par une analogie trop directe, de sa philosophie politique. Par un perpétuel *a fortiori*, voulant exalter la religion chrétienne, il ne s'aperçoit pas qu'il en compromet la transcendance et tend à en faire seulement la plus grande des choses humaines. Ses raisonnements, mal équilibrés, sont grevés, ici comme ailleurs[1], d'un secret naturalisme.

Cependant, ses vues les plus personnelles ne cessaient de porter au-delà, ainsi qu'en témoigne sa correspondance. Il n'a cessé de pressentir et d'attendre « une grande révolution religieuse ». Bien curieusement pour nous, il en discernait un signe avant-coureur, et même une première « phase » dans la déclaration de la « Sainte-Alliance » (mais pour le comprendre il faut, par un effort d'imagination historique, oublier les résultats et remonter à l'une des inspirations de cette sorte de charte théocratique). En effet, écrivait-il en 1815 au comte de Vallaise, « l'esprit qui l'a dictée n'est ni catholique, ni grec, ni protestant ; c'est un esprit particulier que j'étudie depuis trente ans, mais dont le portrait tiendrait trop de place ; il me suffit de dire qu'il est aussi bon, dans les communions séparées, que mauvais chez nous. C'est lui qui doit fondre les métaux ; ensuite, on jettera la statue »[2] . Toujours le grand rêve œcuménique dans la pure tradition joachimite, mais allié au plus étroit « catholicisme »... « Le monde fermente, écrivait-il encore, cette fois au Père général des jésuites réfugié à Polock, et l'on verra d'étranges choses »[3] ; et au vicomte de Bonald : « Il arrivera des choses extraordinaires, qu'il est impossible d'apercevoir distinctement »[4]; et encore, à l'abbé de la Mennais, le 1er mai 1820 : « La société sera refaite pour l'Église. Mais sera-ce l'Église telle que nous la voyons ? Je me jette à genoux, Monsieur l'abbé, plein d'espoir et de résignation... »[5].

Espoir et résignation mêlés, dans l'attente du même événement : résignation du conservateur, devant l'approche d'une révolution religieuse « inévitable » ; espoir du prophète, tressaillant à l'aube d'une lumière nouvelle. Sur la fin, c'est l'espoir qui l'emporte. L'illuminisme des débuts rejaillit dans une flambée nouvelle. Il écrit en 1816 : « J'en suis demeuré à l'Église catholique, apostolique et romaine, non cependant sans avoir acquis (dans la fréquentation de « ces Messieurs » les Illuminés) une foule d'idées dont j'ai fait mon profit »[6]. Et plus tard encore, dans les *Soirées de Saint-Péters-*

1. Cf. par exemple le *Mémoire au Duc de Brunswick*, pp. 77-78, sur « les dogmes capitaux de la Religion naturelle ». C'est un point qu'a fait ressortir Hans Urs von BALTHASAR dans *Le Complexe antiromain*, tr. fr., Apostolat des éditions, 1976, pp. 108-109.
2. *Œuvres...*, t. 13, pp. 163-164.
3. 22 janvier 1817. T. 14, 1886, p. 30.
4. 4 décembre 1820. T. a 4, p. 246.
5. T. 14, p. 229.
6. Lettre inédite du 28 nov./10 déc. 1816, citée par Amédée de MARGERIE, *Le comte Joseph de Maistre*, 1882, p. 431.

bourg : « Qu'on ne vienne point crier à l'*illuminisme*, à la *mysticité*. Des mots ne sont rien ; et cependant c'est avec ce rien qu'on intimide le génie et qu'on barre la route des découvertes »[1]. Écrivant à Deplace, le 11 décembre 1820, il lui confie que les *Soirées* sont son « ouvrage chéri » et qu'on peut y trouver « un cours complet d'illuminisme moderne »[2]. A Saint-Pétersbourg, qui était alors « l'une des capitales de la maçonnerie et de l'illuminisme », il était redevenu, nous dit M. Jean Rebolton (qu'il ne faut sans doute pas prendre à la lettre), un maçon actif ; « tout comme l'Église, la maçonnerie était son point d'ancrage ; il y retrouvait une famille d'esprits rêvant d'un monde meilleur et déchiffreurs souvent téméraires, mais infatigables, des projets de Dieu à l'œuvre dans l'histoire de l'humanité »[3].

Ici toutefois des distinctions s'imposent. Dans le quatrième et dernier des *Chapitres sur la Russie* rédigés en 1811 à l'usage du tzar, Joseph de Maistre énumère trois sortes d'illuminés : les simples francs-maçons, — les martinistes, ou disciples de « Martino Pasqualis », auxquels il adjoint l'ensemble des « piétistes » et parmi lesquels il compte Claude de Saint-Martin[4], — les Illuminés de Bavière et leurs semblables. La première catégorie, quoique sujette à se corrompre, « n'a rien de mauvais en soi », on peut la tenir pour inoffensive. La troisième, qui est « plutôt un esprit qu'une secte circonscrite », provient de « la philosophie moderne greffée sur le protestantisme » ; essentiellement subversive, c'est « un monstre composé de tous les monstres » ; « mes lumières ne viennent pas de chez eux », dira bien haut le Sénateur des *Soirées*[5]. Quant à la deuxième catégorie, elle prêche « le règne de l'intérieur », qui est celui de l'amour ; ses adeptes prennent pour oracles les écrivains mystiques de l'Église romaine et leurs idées ne sont parfois que « celles du catéchisme habillées d'un langage différent »[6]. Maistre déplore chez eux une habituelle indifférence au dogme et une antipathie à l'égard de l'ordre sacerdotal, ce qui les expose à bien des égarements ; mais il reconnaît qu'il a

---

1. *Soirées*, 10e entretien (le sénateur). Œuvres, t. 5, p. 185. Quelquefois cependant le mot est pris en un sens tout à fait général et bénin. Dans le 3e entretien, le sénateur dit au chevalier qu'il lui citerait volontiers un passage « de votre admirable Bourdaloue ; mais j'ai peur que vous ne me traitiez encore d'illuminé ». T. 4, p. 177.

2. T. 14, p. 250. Une semaine avant, le 4 décembre, à Bonald : « Dans une de mes Soirées de Saint-Pétersbourg, j'ai rassemblé tous les signes (j'entends ceux qui sont à ma connaissance) qui annoncent quelque grand avènement dans le cercle religieux ». Et ibid., p. 246.

3. *Études maistriennes*, Aoste, 1974, p. 174 ; « Il revint à Stedingk (ambassadeur de Suède) de l'y introduire, puis, interlocuteur d'élection, de favoriser son élan mystique... » La troisième partie de l'ouvrage est consacrée aux relations de Maistre avec Stedingk.

4. Pour éviter les équivoques, M. Matter distinguera martézianisme et martinisme : *Saint-Martin le Philosophe inconnu*[2], 1862, p. 136, etc. Maistre ne tient d'ailleurs pas autrement compte de Martinez de Pasqualy.

5. *Œuvres complètes*, t. 4, p. 47.

6. Cf. T. 13, pp. 221-222.

beaucoup reçu d'eux[1]. Aussi fera-t-il dire au Sénateur, dans le onzième entretien des *Soirées* : « Je ne puis entendre de sang-froid... des étourdis de l'un et l'autre sexe crier à l'*Illuminisme*, au moindre mot qui passe leur intelligence... »[2]. Écrivant à Madame Swetchine, il se permet une fois un mot railleur : « Les illuminés, lui dit-il, sont les rascolnicks des salons », comme « les rascolnicks sont les illuminés du peuple »[3] ; mais bien plus souvent il reprend des distinctions analogues à celle des *Chapitres sur la Russie*. Parmi les Illuminés qu'il rejette (Alexandre Ier est l'un d'eux), il y a les partisans d'un « christianisme universel », cette « grande chimère » qui n'est qu'un protestantisme généralisé, voire une « indifférence à toutes les communions chrétiennes », et les adeptes de « ce que les Allemands appellent le *Christianisme transcendantal* », dont tous les mystères sont pénétrés par la raison. « Il n'y a pas de mot, dit-il encore, dont on abuse davantage » que ce mot d'illuminisme, et même dans les cas où il recouvre des réalités critiquables, il faut se garder de croire que « tout est mauvais »[4].

Dans l'aveu que Maistre fait de sa dette envers les Illuminés, comme dans certaines des critiques qu'il leur adresse, c'est constamment à Saint-Martin qu'il pense, « le plus instruit, le plus sage et le plus élégant des théosophes modernes » ; il le défend contre les calomnies de Barruel ; il admire *l'Homme de désir* (1790), qui est en effet son écrit le plus simplement mystique ; il aime citer son mot sur la prière, « respiration de l'âme »[5] ; il déclare n'avoir trouvé chez ses adeptes « que bonté, douceur, et même piété à leur manière » : « ce n'est pas en vain... qu'ils s'abreuvent de l'esprit de saint François de Sales, de Fénelon, de sainte Thérèse ; Madame Guyon même, qu'ils savent par cœur, ne leur sera pas inutile »[6]. Il a sûrement lu avec fruit, à l'heure où il achevait ses *Considérations sur la France*, la *Lettre à un ami*, qui venait juste de paraître (1796)[7]. On peut croire qu'il a reconnu une pensée proche de la sienne dans des propos tels que ceux-ci : « Le Réparateur (Jésus-Christ) n'a fait que semer les germes de l'œuvre et le nouvel homme peut entrer en moisson », ou : « Chaque homme, depuis la venue de Jésus-Christ, peut, dans

1. *Œuvres*, t. 8, 1884, pp. 325-336 et 344.
2. *Œuvres*, t. 5, p. 229 ; cf. t. 4, p. 47.
3. Le 31 juillet 1815. T. 13, p. 125.
4. Au comte de Vallaise, lettres de 1816 et 1817. T. 13, pp. 219-221, 290, 330 ; t. 14, pp. 4, 25 ; etc.
5. *Soirées*. T. 4, p. 211 (le Sénateur), etc. Cf. t. 5, pp. 249-253.
6. *Soirées*. T. 4, p. 56 ; t. 5, p. 252, etc.
7. On a toutefois forcé la ressemblance, jusqu'à accuser Maistre de plagiat. Pour la comparaison entre Maistre et Saint-Martin : FRANCK, pp. 130-134 ; MATTER, pp. 249-254 ; DERMENGHEM[2], passim, et son introduction au *Mémoire*..., citée supra. Sérieuses mises au point dans Amédée de MARGERIE, op. cit., pp. 429-442.

le don qui lui est propre, aller plus loin que le Christ »[1]. « Les *Soirées de Saint-Pétersbourg*, dira Buchez, qui n'aimait ni l'un ni l'autre, sont pleines d'opinions martinistes »[2]. Maistre n'est pourtant pas aveugle. Il s'attriste des préjugés persistants de Saint-Martin contre l'Église romaine et de son refus du prêtre au moment de mourir ; il rappelle à plusieurs reprises que nous sommes préservés des fausses lumières par une règle inviolable, « celle de l'autorité »[3]. S'il évite de contredire directement le *Philosophe inconnu*, si même il « cherche à ne voir que les côtés favorables » de ceux qui se réclament de lui, il leur reproche cependant d'ébranler les fondements du catholicisme comme de l'orthodoxie ; ou bien, d'un ton plaisant, « ces hommes, dit-il, m'ont souvent édifié ; souvent ils m'ont amusé, et souvent aussi... ». Comme l'observe Dermenghem, ce n'est « pas sans ironie » qu'il dit à l'adresse de ce « pieux disciples » : « Tandis qu'ils entreprennent de traverser les flots à la nage, je dormirai en paix dans cette barque (de l'Église), qui cingle heureusement à travers les écueils et les tempêtes depuis mille huit cent neuf ans »[4].

Cependant, l'œcuménisme dont Joseph de Maistre a toujours rêvé et dont il a cru entrevoir une étape à travers la première inspiration du pacte de la Sainte-Alliance[5], demeure à son horizon. Il croit apercevoir chez « une foule de personnes » un « mouvement de conversion vers la grande unité », et il confie au général des jésuites la joie qu'il en éprouve[6]. Il est sincère, sinon très objectif, lorsqu'il écrit à Bonald : « J'ai tant travaillé à détruire toutes les petites pointilleries qui séparaient nos Églises, au grand détriment de la religion »[7]. Dans ses *Réflexions sur Méthode*, qui sont une apologie du catholicisme au ton parfois assez vif, il n'en écrit pas moins : « Rejetons dans un éternel oubli les haines antiques ! n'ayons d'autre pensée que le bien et l'affranchissement de la chrétienté !... En lisant ce livre (de Méthode), je n'ai cessé de réfléchir aux divisions des chrétiens, et

1. Saint-Martin, *Le nouvel homme*, 1792, p. 197 ; *Portrait historique*. Textes cités par Ad. Franck, *La philosophie mystique en France à la fin du XVIII*e *siècle*, 1866, pp. 182-183.

2. *Hist. parlementaire de la Révolution française*, t. 29, 1836, p. XIV.

3. *Soirées*, premier entretien ; t. 4, p. 48 ; onzième entretien, t. 5, p. 249, etc. Dans ses diatribes, violentes et parfois même injurieuses, Saint-Martin distinguait mal les abus qu'il reprochait au catholicisme du siècle et le principe même du catholicisme, auquel il a d'ailleurs reconnu le mérite d'être « le séminaire du christianisme ». Voir dans Franck, op. cit., les textes cités pp. 56, 99, 119. Maistre n'a pas pleinement discerné, croyons-nous, les restes de « gnose » qui subsistaient dans le spiritualisme de Saint-Martin.

4. *Soirées*. T. 5, p. 251.

5. Une vue analogue se trouve dans Hoëné Wronski, *Philosophie absolue de l'histoire ou genèse de l'humanité*, 1852, t. 2, pp. 267 et 279.

6. Lettre de 1816. T. 13, p. 218.

7. 4 décembre 1820. T. 14, p. 247.

je ne puis exprimer de quel sentiment de tristesse cette pensée m'a pénétré... Renonçant donc à la haine et aux disputes, *cédons à l'amour*, et d'un cœur joyeux entrons dans cette voie royale qui aboutit à la cité sainte... »[1]. Ce n'était pas là de la rhétorique[2]. Aussi sincère que la rigueur de son romanisme, cet œcuménisme va prendre un nouvel essor et s'ouvrir à des perspectives plus vastes encore et plus mystérieuses. Dans ces *novissima verba* que constitue le onzième et dernier entretien des *Soirées de Saint-Pétersbourg*[3], Joseph de Maistre découvre, tout en y mettant quelques précautions, le fond de sa pensée, ou si l'on veut de son utopie, et c'est alors que se manifeste en plein l'étroite parenté de Josephus a Floribus avec Joachim de Flore.

Par la bouche du « sénateur », auquel font un écho prudent le « comte » et même le « chevalier », il y parle, non pas exactement, comme il avait été près de le faire en 1799, d'une révélation nouvelle, (ainsi Joachim repoussait l'idée d'un troisième Testament), mais, en reprenant la formule, de ce qu'il avait appelé déjà en 1782 la « révélation de la révélation »[4] (ainsi encore Joachim annonçait le temps de « l'intelligence »). Il la croit nécessaire, il la pressent imminente et sans hésiter il l'appelle de ses vœux. C'est le Chevalier qui constate, au nom d'une large opinion : « L'homme semble de nos jours ne pouvoir plus respirer dans le cercle antique des facultés humaines. Il veut les franchir, il s'agite comme un aigle indigné contre les barreaux de sa cage »[5]. Sur quoi le Sénateur : « L'univers est dans l'attente. De quel droit mépriserions-nous cette grande persuasion ? » Vingt ans auparavant, dans une note datée du 9 mars 1799, à Venise, Maistre avait écrit : « Par une première révélation, Dieu concentra la vérité dans une petite nation. Par une seconde, Jérusalem s'agrandit. Cependant elle est toujours *au milieu des nations* (Ez. 5, 5). Le complément de l'Œuvre amènera une troisième manifestation »[6]. Maintenant, il fait dire à son Sénateur :

> ... Il faut nous tenir prêts pour un événement immense dans l'ordre divin, vers lequel nous marchons avec une vitesse accélérée qui doit frapper tous les observateurs. Il n'y a plus de religion sur la terre : le genre humain ne peut demeurer dans cet état. Des oracles redoutables annoncent d'ailleurs que *les temps sont arrivés*. Plusieurs théologiens, même catholiques, ont cru que des faits du premier ordre et non éloignés étaient annon-

---

1. *Réflexions critiques*... T. 8, pp. 405, 441 et 444.
2. Il projetait d'écrire un livre sur la Russie: « on n'a encore rien écrit sur elle avec amour » (cité par MARGERIE, p. 27).
3. On sait que les *Soirées* parurent en 1821, peu après sa mort, survenue le 26 février.
4. *Œuvres complètes*, t. 5, p. 242.
5. T. 5, p. 227.
6. Cité par DERMENGHEM[2], p. 285.

> cés dans la révélation de saint Jean... N'est-ce rien que ce cri général qui annonce de grandes choses ?[1]

Le Sénateur fait flèche de tout bois. Il invoque l'autorité de commentateurs de l'Apocalypse qui, en réalité, n'ont la plupart rien de joachimite et annonceraient plutôt les horreurs du temps de l'Antichrist ; il fait appel aux malheurs des temps, qui ne peuvent manquer de susciter leur contraire ; il mobilise l'histoire des sciences, le témoignage d'exégètes protestants, celui de Böhme[2], la situation qui résulte de la révolution française, les agissements de la Société biblique »[3] ; il évoque Virgile et tous « les oracles antiques » qui annonçaient le Sauveur, pour lui fournir une analogie ; il ne manque pas de rappeler la souveraine importance du « nombre *trois*, qui se montre de tous côtés, dans le monde physique comme dans le moral, et dans les choses divines » : or « Dieu parla une première fois aux hommes sur le mont Sinaï... Après quinze siècles, une seconde révélation s'adressa à tous les hommes... », tout nous porte donc à « envisager comme plus ou moins prochaine une troisième explosion de la toute puissante bonté en faveur du genre humain », « une nouvelle effusion de l'Esprit saint »[4] :

> ... Et ne dites pas que tout est dit, que tout est révélé, et qu'il ne nous est permis d'attendre rien de nouveau... Le Juif qui s'en tenait à l'écorce de la loi avait toute raison, *jusqu'à l'événement*, de croire au règne temporel du Messie ; il se trompait néanmoins, comme on le vit depuis : mais savons-nous ce qui nous attend nous-mêmes ? *Dieu sera avec nous jusqu'à la fin des siècles* ; *les portes de l'enfer ne prévaudront pas contre l'Église*, etc. Fort bien ! En résulte-t-il, je vous prie, que Dieu s'est interdit toute manifestation nouvelle, et qu'il ne lui est plus permis de nous apprendre rien au delà de ce que nous savons? Ce serait, il faut l'avouer, un étrange raisonnement[5].

Le troisième et grand changement peut être prévu, et même il se réalisera, grâce à une « sage exégèse » des Écritures. L'explication dernière des prophéties, du Cantique des cantiques et de l'Apocalypse doit ressembler à « l'explication si simple, si naturelle, si

1. *Soirées*. T. 5, pp. 230-231.
2. Il cite en note un auteur allemand anonyme disant que « personne n'a prophétisé plus clairement que Jacob Boehme ce qu'il appelle l'ère des lys » : pp. 258-259.
3. « Je sais que Rome ne peut souffrir la Société biblique... Cependant » elle pourrait être « pour l'époque future précisément ce que furent jadis les Septante, etc. »
4. Ibid., pp. 229-243 ; « je ne finirais pas si je voulais rassembler toutes les preuves qui se réunissent pour justifier cette grande attente ».
5. Ibid., pp. 242-243.

ingénieuse du *Pollion* de Virgile, qui me semble — accorde le comte au sénateur — tout à fait *acceptable* au tribunal du sens commun »[1]. On s'étonne peut-être d'expressions si modestes, d'un ton finalement si peu exalté. Mais le contexte nous en avertit : cette sage exégèse « n'est pas peu de chose ». C'est en réalité une interprétation spirituelle hardie, qui doit réaliser à la fois ce que nous appelons aujourd'hui une « démythologisation » plus ou moins rationnelle et ce que l'abbé de Flore appelait l'avènement de l'Évangile éternel. C'est l'achèvement, le sommet de ce qu'avaient entrepris déjà certains Hébreux avec leur cabbale, puis les premiers chrétiens, vrais initiés, avec leur « magie blanche ». Il y avait en effet chez les anciens Hébreux une « véritable et respectable cabale, dont la moderne n'est qu'une fille illégitime et contrefaite »[2]. Elle découvrait les « sens allégoriques » que le christianisme, avec ses lumières nouvelles, a encore approfondis. « Sous le récit littéraire, expression « des idées régnantes à telle ou telle époque », forme « souvent grossière des mystères divins », il serait « temps de chercher une vérité plus pure et un sens plus spirituel. Le paradis terrestre, Babel, la descente aux enfers, tout l'anthropomorphisme physique, tout le mythisme de l'Ancien et du Nouveau Testaments », serait « à détruire par une interprétation plus libre, de même que saint Paul a détruit le mosaïsme, de la même manière qu'Origène, avec sa méthode allégorique, était en train déjà au troisième siècle de transformer prématurément le christianisme »[3]. Ce résumé du onzième Entretien par Louis Birault est certainement forcé, il incline tendancieusement l'idée de Joseph de Maistre sur le versant de Lessing, mais il n'est pas inexact de tout point.

La forme dialogale adoptée dans la rédaction des *Soirées* permet d'ailleurs à l'auteur de n'en point assumer la responsabilité entière. C'est le comte qui théoriquement représente Joseph de Maistre ; les vaticinations les plus hardies sont attribuées à un sénateur russe de ses amis, qui était le martiniste Tamara. Mais en fait, devant le placide et conformiste chevalier de Bray, qui lui aussi était un personnage réel, les propos qu'échangent les deux principaux interlocuteurs se rejoignent, et si les traits de caractère attribués au comte sont bien à peu près ceux de l'auteur, c'est par le truchement du sénateur qu'il énonce ses pensées les plus intimes. On a fait diverses suppositions à ce sujet. Pour l'abbé Loth, il s'agirait d'entretiens tout à fait réels, et seul le Comte exprimerait la pensée de l'auteur[4] ; Amédée de Margerie[5] et Pierre Moreau, tout en admettant qu'il

1. Ibid., pp. 229 et 255.
2. *Soirées*, 9e entretien, note. T. 5, p. 156 ; cf. p. 138.
3. Louis Birault, loc. cit., pp. 571-572.
4. Pour A. de La Valette-Monbrun aussi, Maistre fait du comte son porte-parole ; éd. des *Soirées*, Paris, 5 rue Bayard, 1925, t. 1, p. xii.
5. Op. cit., p. 343, citant ces mots du sénateur : « Je ne sais quelle grande unité vers laquelle nous marchons à grands pas », il observe : « La dissidence apparaît dans ces derniers mots. Le sénateur, séparé par le schisme de la grande

s'agit d'une composition littéraire, penchent vers une conclusion analogue ; pour Georges Goyau, le Sénateur émettrait des vues qui furent celles de Maistre, mais que celui-ci avait atténuées au cours de ses dernières années[1]. En fait, il est impossible de ne pas reconnaître l'auteur dans l'un et l'autre des deux personnages. Si le Comte a déclaré, au début de la première soirée : « Je ne demande ni n'accepte même de partie principale dans nos entretiens ; nous mettrons... nos pensées en commun »[2], il est cependant remarquable qu'après s'être taillé longtemps la part du lion, il accorde aux « élans philosophiques » et aux vaticinations du sénateur une place presque exclusive dans le dernier entretien. Les quelques mots prudents par lesquels il les ponctue ne sont pas des démentis ; ce sont plutôt des invitations à la prudence et à la modestie : si les exposés théosophiques ne mènent « ni à l'orgueil, ni au mépris de l'autorité, ... la critique doit se taire devant ces précautions »[3]. « J'imagine, a écrit Amédée de Margerie, qu'en une ou deux rencontres, Joseph de Maistre fait passer sous ce pavillon étranger quelque idée aventureuse pour laquelle il se sent une faiblesse de cœur, mais dont sa raison ne veut pas prendre la responsabilité »[4]. C'est un peu minimiser et l'importance des idées exprimées, et leurs pénétrations dans la pensée de l'auteur. Celui-ci, fidèle à lui-même depuis les temps de sa jeunesse, continue d'allier le traditionalisme au prophétisme pour élargir encore sa vision d'avenir. « Dans une de mes *Soirées de Saint-Pétersbourg*, a-t-il écrit à Deplace le 11 décembre 1820, j'ai rassemblé tous les signes (j'entends ceux qui sont à ma connaissance) qui annoncent quelque grand événement dans le cercle religieux »[5].

Il est clair que sa perspective ne pouvait être celle d'un théologien médiéval. Mais elle n'est pas non plus celle que nous ont découverte un Swedenborg ou un Lessing. Elle relève d'un autre esprit. Bien que par plus d'un trait Joseph de Maistre soit encore un homme du dix-huitième siècle, son œuvre renoue plutôt, en lui donnant un nouveau souffle, avec l'entreprise des grands humanistes chrétiens

---

unité, de la seule vraie et vivante, et attiré par l'illuminisme vers le pays des rêves, dit : *Je ne sais* quelle unité. Le comte de Maistre dit par toute sa doctrine et par ses déclarations explicites : *Je sais* quelle unité ». La remarque est ingénieuse, mais peu convaincante.

1. Cf. DERMENGHEM, op. cit., pp. 92-93, avec la longue note, concluant que des thèmes maistriens se trouvent dans la bouche de chacun des trois interlocuteurs.
2. T. 4, p. 10.
3. Cf. t. 5, pp. 228-229, 247, et tout à la fin, pp. 256-257. Au 7e entretien, le comte demande au sénateur de faire un recueil de ses « Élans philosophiques » ; au 10e entretien, le sénateur dit au comte : « On ne peut arriver que par ces *routes extraordinaires* que vous craignez tant... » : t. 5, pp. 63 et 180-181.
4. Op. cit., pp. 292-293.
5. *Lettres et opuscules*, t. 1, p. 504. Citée dans DERMENGHEM, p. 93. Déjà dans les entretiens antérieurs Maistre aime confier au sénateur l'expression de ses plus hautes pensées ; cf. dans le premier entretien la page magnifique sur la génération et les « innombrables profanations de la première loi du monde » : t. 4, pp. 45-46.

du quinzième et du seizième siècles, en même temps qu'elle annonce les innombrables travaux d'histoire comparée des religions dûs à l'École traditionaliste (ses adeptes les plus fervents diront : « l'École catholique »), qui vont encombrer tout un siècle de leur fatras. S'il est nécessaire de spiritualiser l'Écriture afin d'en découvrir les profondeurs, il faut en même temps, prononce le chevalier, lui aussi bien maistrien, « nettoyer » le polythéisme, ce qui permettra de voir que « les traditions antiques sont toutes vraies ». Ainsi, par la concordance de toutes les religions, cherchée au siècle précédent par un Lavater, un Sailer et beaucoup d'autres, et plus récemment encore par un baron de Starck dans son *Banquet de Théodule*[1], on aura trouvé la religion universelle qui se cherche encore, c'est-à-dire le vrai et plein catholicisme. Telle doit être la troisième et dernière manifestation de l'ordre divin, fondement de ce que Maistre nomme « la grande unité », objet du « grand œuvre ». De même qu'un voile s'est jadis déchiré pour l'Hébreu, un autre voile « se déchirera pour nous. La loi ne sera pas abolie, mais accomplie, et le pas franchi du juif au chrétien n'aura pas été plus grand que ne sera celui du vieux chrétien au nouveau catholique »[3].

Comme tous ses prédécesseurs, Joseph de Maistre, par une sorte de contradiction inévitable, prête plus ou moins à l'âge inconnu vers lequel il tend, au règne mystérieux de l'Esprit, les contours et les couleurs de ses propres conceptions. Peut-être aussi, par une autre sorte de contradiction, ou de combinaison paradoxale, que le recul de l'histoire permet de mieux discerner, le testament spirituel que veut transmettre ce grand coryphée du catholicisme romantique, autoritaire et ultramontain, contient-il encore, plus forte qu'il n'eût osé se l'avouer, une dose de cet esprit du siècle rationaliste qu'il s'était donné mission de combattre. Peut-être, en particulier, le catholicisme élargi qu'il entrevoyait, cette « religion universelle », restait-elle assez proche parente de la « religion naturelle » dont le concept avait étrangement évolué, depuis les théologiens décrivant la religion antérieure à la loi mosaïque[3], en passant par les déistes italiens et anglais, pour aboutir aux « lumières » des Français, puis à l'idéal

---

1. 1809 ; titre de la trad. française en 1818 : *Entretiens philosophiques sur la réunion des différentes communautés chrétiennes.*

2. Résumé par Birault, loc. cit., cf. Dermenghem, op. cit., 1, p. 291 : « Maistre se sentait-il sur ce point lié en partie par le secret de l'initiation ? Est-ce pour cela que le dernier chapitre de son principal ouvrage reste mystérieusement inachevé, comme avec l'angoissante mélancolie des grandes œuvres interrompues qui semblent anxieuses de nous dire on ne sait quel secret ? » C'est là, croyons-nous, trop durcir la nuance ésotérique du Maistre « initié ». La mort de l'auteur paraît être une explication suffisante. Mais s'il fallait à tout prix expliquer ce « mystérieux inachèvement », nous serions tenté de dire à l'inverse : alors qu'il n'y a aucun « secret », l'inachèvement laisse entendre qu'il y a pour l'avenir un mystère encore indicible.

3. Cf. le *Mémoire au Duc de Brunswick*, pp. 77-78 : « ... les dogmes capitaux de la Religion naturelle ».

projeté dans l'avenir par Lessing. Toutefois, malgré quelques apparences, l'approfondissement des Écritures qu'il escomptait était chose bien différente de la critique biblique à laquelle se référait l'éditeur des fragments de Reimarus, et le tressaillement mystique dont aucun lecteur des *Soirées* ne peut manquer de percevoir l'écho, est d'une autre nature que le lyrisme assez conventionnel dont s'orne l'*Éducation du genre humain*.

Le catholicisme futur surgi du rêve maistrien serait-il encore orthodoxe ? Sainte-Beuve, une fois au moins, l'a pensé, et Madame Swetchine lui en fut reconnaissante. Elle lui sut gré « d'avoir reconnu que c'est dans un sens rigoureux d'orthodoxie qu'il fallait interpréter dans M. de Maistre son rajeunissement du christianisme » ; elle admira « la merveilleuse pénétration » qui avait en ce cas dominé les préventions du critique[1]. Certaines imprécisions voulues, le passage du ton emphatique à l'allure de libres propos, des réticences placées aux bons endroits, permettent de leur donner raison, en prenant les formules les plus osées pour de brillants paradoxes, et tous deux rendent certainement justice aux intentions de Joseph de Maistre. Ce ne serait pourtant pas rendre pleinement justice au sérieux manifeste de sa pensée, que de la ramener toute à l'intérieur d'une orthodoxie facile. A. de La Valette-Monbrun avoue le « caractère très original que Maistre a donné à son orthodoxie catholique »[2]. Il y a en effet chez lui quelque chose de plus que les approximations d'un mystère dont l'esprit humain se reconnaît impuissant à saisir la plénitude. En tout cas, au sens littéral, on ne saurait être plus joachimite. Nous ne suivrons donc pas le « petit Robert » nous disant que la « conception de l'histoire » des *Soirées* « se rapproche de celle de Bossuet »[3]. Lamennais, qui lui aussi approuvait le prophétisme maistrien, sans le comprendre absolument de même, l'a caractérisé, dans une lettre à la comtesse de Senfft : « Cet homme, si sec et si dur comme penseur, ne pouvait se défendre d'un pressentiment magnifique ; un reflet de je ne sais quel resplendissant avenir, impénétrable à sa raison prévenue, avait plus d'une fois brillé sur le glaive qu'il tenait constamment levé sur le genre humain ; son œil apercevait ce que son cœur ne reconnaissait point, tandis qu'à d'autres le cœur révèle ce qui est encore profondément caché à leurs

1. Lettre à Montalembert, 22 nov. 1843, sur deux articles de Sainte-Beuve récemment parus : *Lettres*, publiées par le comte de Falloux², t. 3, 1873, pp. 57-58. Cependant, dans ses *Portraits littéraires*, t. 2, 1844, p. 443, SAINTE-BEUVE ne se montre pas si certain d'une si pure orthodoxie : « S'il n'y a rien de nouveau en lui, comment se fait-il que, sur ses drapeaux, la plus novatrice des sectes religieuses de notre âge ait pu inscrire à son heure tant de paroles prophétiques, à lui empruntées, pour manifeste et pour devise ? ».

2. Op. cit., t. 1, p. XXIV.

3. Ni son ultramontanisme, ni son joachimisme n'ont d'ailleurs empêché Joseph de Maistre, qui savait reconnaître la grandeur, d'écrire, dans ses *Réflexions sur Méthode* : « Notre Bossuet, cette gloire de la France, de l'Église et du genre humain ». T. 8, p. 407.

regards »[1]. On doit toutefois ici faire la part du romantisme extrême qui caractérise les antithèses et les images de Lamennais, penser au ressentiment d'un homme dont Joseph de Maistre avait assez tôt désavoué la doctrine, regretter enfin dans cette appréciation perspicace un trait de méchanceté, un certain excès de noirceur, chose trop fréquente sous une telle plume[2].

---

1. 8 oct. 1834. *Corresp. gén.*, t. 6, p. 302 ; cependant, ibid. : « Avec une âme généreuse et noble, tous ses livres semblent avoir été écrits sur l'échafaud. »

2. On a souvent été trop sévère pour Maistre. Il partage avec Érasme l'honneur d'avoir suscité, dans notre dernier demi-siècle, un pamphlet universitaire aussi énorme qu'érudit.

II

Les méditations de Ballanche

Les deux noms de Maistre et de Bonald sont fréquemment associés comme ceux des deux grands maîtres de la Contre-Révolution. Ce titre convient mieux au second qu'au premier. Les deux hommes ne furent nullement intimes ; ils n'eurent point à collaborer à une œuvre commune. Le vicomte de Bonald ne nous offre qu'un écho bien affaibli, bien fugitif, de la pensée de son illustre correspondant quant à l'avenir religieux de l'humanité. Son puissant et massif traditionalisme était peu traversé de lueurs prophétiques. Il a cependant expliqué un jour que les germes anciens déposés dans le monde actuel et « renfermés dans la vérité comme dans le sein de leur mère, en sortent quand il faut et comme il le faut ; et ainsi s'approche peu à peu le moment où les hommes verront la vertu face à face, et non pas comme en figure et sous des voiles »[1]. C'est trop peu pour une candidature au titre de joachimite.

Il en va autrement de Ballanche (1776-1847), le doux et mélancolique lyonnais, auteur toujours en gestation de la *Palingénésie sociale*[2]. C'est à la *Palingénésie philosophique* de Charles Bonnet qu'il emprunte ce titre, sous lequel il groupera la majeure partie de ses écrits : « Ce que Charles Bonnet a essayé pour l'homme individuel, je l'ai tenté pour l'homme collectif »[3]. Il a pu trouver aussi le mot, en un sens plus proche du sien, chez Herder, qui lui-même l'avait sans doute pris à Lessing[4]. A le lire, on pense souvent à Vico, à Herder, à Maistre, à Lamennais. Mais ce sont là moins ses inspirateurs que les théoriciens auxquels il a coutume de se confronter. J'aurai, dira-t-il lui-même dans la deuxième partie de ses *Prolégomènes*, « à les faire comparaître devant le génie de l'humanité »[5]. Il admire Vico qu'il a lu et étudié directement, avant que Michelet en donnât une traduction partielle en 1827. Il voit en lui « l'un des esprits les plus pénétrants qui aient jamais existé, ... plein de cette pensée consolante qui rend compte

1. *Sur un dernier ouvrage de M. l'abbé de la Mennais*, dans le Défenseur, oct. 1820, pp. 87-88.

2. Cf. Paul Bénichou, *Le grand œuvre de Ballanche* : chronologie et inachèvement. RHLF, 1975, pp. 736-748.

3. Œuvres, Paris-Genève, 1830, t. 3, préface, p. 11.

4. Le mot figurait déjà dans le Dictionnaire de Trévoux, dans l'Encyclopédie, etc ; il sera partout dans la première moitié du XIXe siècle. Cf. Brian-Juden, *Traditions orphiques*, pp. 273-276. La France catholique de 1833 publiera même deux articles sur la « Palingénésie musicale » (Bénichou, op. cit., p. 193).

5. Loc. cit., p. 150.

de tout, celle d'une Providence toujours vigilante, toujours protectrice, s'expliquant par la loi inviolable du développement et du progrès » ; mais il constate que « la force logique de son système a fait violence à son orthodoxie et l'a entraîné à construire une humanité en dehors de la tradition, à créer une spontanéité indépendante de la révélation »[1]. De Herder dont son entreprise est plutôt concurrente que dépendante, il dit en passant que telle de ses dissertations « mérite d'être consultée »[2]. S'il fait penser parfois à un Court de Gébelin, à un Fabre d'Olivet, le contraste entre son esprit et le leur n'en est que plus frappant. Quant à son aîné Maistre et à son contemporain Lamennais, lui-même ne craint pas d'accuser son désaccord avec eux : « Je dis ici la philosophie opposée à la leur»[3]. Il a devancé Lamennais dans son libéralisme, puisqu'il réclamait, douze ans avant la fondation de *l'Avenir*, « l'indépendance mutuelle des institutions religieuses et des institutions politiques », refusant à la religion tout appui du pouvoir et lui interdisant toute intervention en sa faveur ; mais il se gardera d'approuver la confusion qui, pour Lamennais, entraînera toute la religion dans le flux de l'évolution sociale[4].

Maistre et Ballanche, qui s'estimaient, se sont mutuellement critiqués, même assez vivement. Maistre reprochait à Ballanche en 1818, à propos de son *Essai sur les institutions sociales*, dans lequel il montrait le progrès résultant de la lutte entre les deux principes opposés du stationnaire et du progressif, son « esprit révolutionnaire » ; « je ne crois pas, lui écrivait-il, que vous soyez tout à fait dans la bonne voie ». Ballanche, de son côté, déclare dans ses *Prolégomènes* : « Je dirais volontiers à M. de Maistre et à ses disciples : Vous êtes des Juifs de l'ancienne Loi, nous sommes les chrétiens de la grâce »[5]. « Ce noble théosophe », dit-il encore, s'est endormi au sein de ses souvenirs, qu'il prenait pour des prévisions ; sans doute n'a-t-il « point erré dans les routes obscures du passé » autant que Bossuet, dont le « fier génie » s'était laissé prendre au piège du gallicanisme ; cependant l'un et l'autre nous renvoient à l'ancienne Loi : or « Moïse initia un peuple, le Christ initia le genre humain. Bossuet et M. de Maistre ne parviendront point à nous ravir le bienfait de ces deux initiations, devenues notre inaliénable héritage »[6]. On

1. Op. cit., pp. 148-149 et 337. J'aurai, dit-il encore, « souvent à contredire la philosophie de Vico » ; p. 150.

2. Préface à *Antigone*, 1814. Œuvres, 1830, t. 1, p. 42.

3. *Réflexions diverses*, XXI. *Œuvres*, t. 3, p. 365.

4. *Œuvres*, 1830, t. 2, pp. 317-319 et 462-463, etc.

5. Cf. *Œuvres*, t. 3, p. 60 : « L'ancien décret de la Providence à été aboli par le nouveau décret contenu dans la promulgation de l'Évangile ».

6. Ibid., pp. 197 et 264-267. L'expression de « prophète du passé », qu'il applique à Maistre, n'avait d'ailleurs pas pour lui un sens uniquement péjoratif ; il écrivait en 1825 à Mme Récamier : « Le don de prophétie ou de divination s'applique au passé comme à l'avenir..., la prophétie est une synthèse, ... le véri-

comprend dès lors qu'à diverses reprises Ballanche s'étonne de voir Maistre attendre « un siècle nouveau, une nouvelle révélation : il ne sait donc pas que le christianisme a tout dit ! — Nous ne sommes point dans l'attente d'une révélation. Il n'y a nulle part l'autel du *Dieu inconnu*... Le christianisme est la perfection même des institutions religieuses ; la parole ne quittera point la religion de Jésus-Christ, parce qu'elle ne s'est point séparée de la pensée »[1].

Dans cette espèce de chassé-croisé, la contradiction n'est peut-être qu'apparente. Ballanche reproche à Maistre son conservatisme politico-religieux autant que son attente d'un troisième âge, pour la même raison. « Moi aussi, dit-il, je crois à une ère nouvelle, mais cette ère est commencée. Le siècle attendu existe déjà. Les choses parlent un langage qui est aussi une révélation de Dieu ». Nous dirions aujourd'hui qu'il a vu dans la grande Révolution un « signe des temps ». Pour lui, c'est la Révolution française qui a inauguré l'ère nouvelle, et dans ses développements à venir il voit plutôt une transformation sociale qu'une transfiguration intellectuelle : « le mouvement des esprits, qui est l'opinion, peut soulever la société, mais il faut que la religion reste immobile comme Dieu même ». Cela vaut aussi bien contre Joseph de Maistre que contre le second Lamennais[2]. Le chrétien et catholique Ballanche est très dur contre la philosophie déiste du XVIIIe siècle[3] ; il sait aussi combien la crise révolutionnaire fut « horrible », il a toujours gardé un souvenir terrifié des horreurs subies par sa ville de Lyon au temps de son adolescence ; mais (en cela proche de Maistre) il croit que c'est une loi mystérieuse de la Providence « que le bien sorte du mal, que le bien ne puisse s'opérer sans douleur, que la grandeur du bien se mesure même par l'étendue et l'intensité de la douleur ». Le régicide même ne lui ôte pas sa lucidité ni son ferme espoir. « Il propose aux royalistes, dit M. Paul Bénichou, de considérer Louis XVI sur l'échafaud, en toute révérence, comme le symbole d'une mutation historique voulue par la Providence »[4].

Ballanche se montre donc à la fois, dans ses considérations sur l'histoire spirituelle de l'humanité, plus hardi et plus réticent que Maistre, dont il partage cependant à sa manière le double enthousiasme pour les initiations du lointain passé et pour les anticipations mystiques. Ce n'est point entièrement à tort que Frédéric Ozanam,

table historien est, dans toute la force du terme, un prophète du passé ». Édouard HERRIOT, *Madame Récamier et ses amis*, t. 2e, Plon-Nourrit, 1905, p. 179.

1. *Palingénésie sociale*, Prolégomènes, 2e partie ; *Œuvres*, éd. de 1830, t. 3, p. 203. Essai sur les institutions sociales ; *Œuvres*, t. 2, pp. 316 et 317.

2. *Essai sur les institutions sociales. Œuvres*, t. 2, pp. 317 et 319. Dans sa préface de 1828 à *l'Homme sans nom*, il écrit même avec fierté : « La nation française... n'a point de pardon à implorer des inexorables prophètes du passé ». *Œuvres*, 1830, t. 1, p. 304.

3. Cf. Prolégomènes ; *Œuvres*, t. 3, pp. 327-328.

4. Op. cit., p. 77.

qui a retenu comme on le verra plus loin quelque chose de l'un et de l'autre, les a tous deux rapprochés. « On a pu craindre, a-t-il écrit encore en songeant surtout à l'hypothèse formulée par Ballanche sur le salut final universel, qu'en poursuivant l'idée d'une évolution du christianisme, l'esprit de M. Ballanche ne se fût écarté en un point de ce cercle sacré de l'orthodoxie où son cœur demeurait. Mais, si l'on pardonne à M. de Maistre ce pressentiment d'une troisième révélation dont les saint-simoniens ont tant abusé, comment n'absoudrait-on pas la bonne foi de son glorieux adversaire, aussi catholique que lui de croyance et de profession, mais trompé par l'autorité d'Origène et par la mansuétude d'une imagination qui n'eut d'autre tort que de ne pas assez croire au mal ? »[1]. L'examen de ce dernier point nous conduirait hors de notre sujet[2]. Origène, à vrai dire, n'a que faire en la dispute ; Ballanche n'y fait point allusion, et bien d'autres influences plus récentes pouvaient s'exercer sur lui, et avec plus de force, que celle de l'« apocatastase » attribuée à l'ancien docteur, d'ailleurs sans preuves décisives[3] ; rappelons seulement celle, tardive, de Fabre d'Olivet, dont l'*Histoire philosophique du genre humain* venait de paraître en 1824[4].

Deux autres lyonnais, ses amis, ont eu sans doute une action déterminante sur la pensée de Ballanche : le grand Ampère et, plus encore, Claude-Jullien Bredin. Ampère écrivait à Bredin, le 1er octobre 1816 : « Tout m'annonce une grande époque religieuse, mais je me désole en songeant que je ne vivrai pas assez pour la voir... »[5]. Bredin était des trois amis le plus ardemment prophétique. Il rêvait d'une Église « mystique » ; « je la vois, écrivait-il à Ballanche, dans le couvent où était Thomas A-Kempis, dans le palais de Fénelon, dans la boutique de Böhme ; elle a souvent habité la maison des jésuites » ; il aurait voulu qu'on lût les Écritures « dans l'esprit de Böhme »[6]. Mais il croyait constater en son temps une décadence irrémédiable de l'Église visible et reportait son espoir sur un christianisme nouveau dont la ruine de celle-ci marquerait l'avènement[7]. Comme Ballanche, à cette date (vers 1821), pensait encore que

1. OZANAM, *Œuvres*, t. 8, pp. 87-88. Ballanche lui-même a modestement émis le vœu que telle de ses pages où sa foi catholique éclate serviront « à me faire pardonner la témérité de quelques-unes de mes investigations » : *Œuvres*, t. 3, p. 214.

2. Cf. BALLANCHE, Prolégomènes. *Œuvres*, t. 3, pp. 319-324.

3. Cf. notre étude sur Origène commentant Jérémie, dans *Recherches dans la foi*, Beauchesne, 1979, Bibl. des Archives de philosophie.

4. C'était la réédition de son traité *De l'état social de l'homme*, paru en 1822.

5. AMPERE, *Correspondance*, t. 1, p. 96. Cf. Viatte, t. 2, p. 226.

6. C'est Bredin qui fit connaître Boehme, ainsi que Creuzer, à Ballanche : Vladimir JANKÉLÉVITCH, *L'Odyssée de la conscience* (dans Schelling), Alcan, 1933, p. 255. Cf. J. Roos, op. cit., pp. 359-363.

7. Lettres à Ballanche, 6 oct. 1817 et 2 juillet 1821. Auguste VIATTE, *Claude-Julien Bredin*, 1776-1854, *Correspondance philosophique et littéraire avec Ballanche* ; E. de Boccard, 1927, pp. 36 et 151.

la Révolution française avait à peu près achevé dans l'ordre social l'œuvre du christianisme, son ami lui expliquait : « Tu dis que la société est saturée de christianisme ; comme prophète, tu dis bien, mais comme historien tu dis mal. Dans l'avenir, ton assertion est vraie, mais quant au présent, elle ne l'est pas entièrement » ; et, avec ce mélange de traditionalisme que nous avons vu chez Joseph de Maistre et qui était un vieil héritage : « La société se sature de christianisme, le mélange s'opère depuis des siècles (car le christianisme est bien antérieur à la naissance du fils de Marie), mais il n'est point encore achevé ; la saturation n'est point complète, non, pas même dans la société nouvelle »[1]. L'année suivante, Bredin précisait sa pensée, qui était devenue celle de son correspondant :

> Il est impossible de mieux caractériser l'époque actuelle du monde que tu ne le fais par l'épithète Palingénésique. Cette palingénésie sera longue et douloureuse, et elle ne sera que préparatoire : l'œuf est déjà devenu larve, il va passer à l'état de nymphe ; il ne se transformera point encore en papillon[2]. Toutes ces métamorphoses sont des maladies, des crises terribles qui me font frémir. Hélas ! hélas ! mon regard s'étend sur toute la surface de notre planète et saisit, dans son entier, un spectacle affreux. Mais je bénis Dieu, selon sa sainte volonté... Aucune résurrection ne peut se faire sans la croix[3].

La pensée commune des deux amis s'alliait à une piété sincère, teintée peut-être de dolorisme, mais procédant alors d'une foi profonde au mystère de la Rédemption. Ballanche écrira, peu avant 1830 : « J'ai cru à la possibilité du progrès par voie d'*évolution* ; mais je vois bien à présent qu'il n'en est pas ainsi dans les choses humaines, et qu'elles procèdent par voie de *révolutions*. Aussi les cataclysmes ne peuvent s'éviter dans le monde social pas plus que dans le monde physique ». L'histoire humaine est faite de « cycles palingénésiques »[4] (Ballanche est ici près de Vico) ; « l'humanité grandit sur les ruines des nations. Tout est destruction et renaissance : la palingénésie est la loi réparatrice »[5]. C'est ce que les essais d'*Antigone* et d'*Orphée* exposent sous des formes symboliques ; c'est ce que laisse entendre le devin aveugle, à la fin de son récit dans le palais de Priam : « Les jours d'Ilion s'approchent, ses destinées vont finir : de ses cendres naîtra un nouvel empire, qui longtemps à son tour agitera le monde. Ainsi les peuples se succèdent les uns aux

1. 2 juillet 1821. *Correspondance...*, p. 152.
2. Dans ses Prolégomènes de 1827, Ballanche reprendra la même image : *Œuvres*, 1830, t. 3, pp. 125-126. Elle venait de Leibniz, avait été reprise par Charles Bonnet.
3. 1822. *Correspondance...*, pp. 177-178.
4. Prolégomènes, première partie. *Œuvres*, t. 3, p. 59.
5. *Antigone* (1814), l. 6. *Œuvres*, t. 1, pp. 288-289. Cf. t. 3, p. 12.

autres sans rencontrer le repos ; ainsi les générations naissent et meurent au sein de la douleur »[1]. Ainsi « tout est souffrance pour le genre humain, l'état social est un état de souffrance »[2]. C'est une illusion de croire que la société est pour l'homme « un moyen de parvenir au bonheur » : elle est seulement « un moyen de développer ses facultés »[3]. Dieu a mis en elle « quelque chose d'inexorable qui ressemble à la fatalité des poètes tragiques »[4], mais c'est pour nous inviter au combat : « le véritable combat, le combat définitif », qui est « une lutte morale »[5]. « Ce qui a toujours troublé la raison de tous les fabricateurs de systèmes, c'est qu'ils ont toujours voulu faire tendre l'espèce humaine au bonheur, comme si l'homme était sans avenir, comme si tout finissait avec la vie, comme si enfin on pouvait être d'accord sur les appréciations du bonheur »[6]. Ballanche retient la formule sur « l'éducation du genre humain », il la fait sienne, et finalement ne veut pas parler d'autre chose ; mais il ne cesse de nous avertir que « l'éducation du genre humain est pénible : il faut qu'il mérite ; il faut qu'il se fasse lui-même », et même (on le verra plus loin) « il faut qu'il expie... L'éducation du genre humain est toujours dure, parce qu'elle contient toujours la double condition de l'expiation et du progrès acheté par l'effort, même par la douleur »[7].

Il y a dans la pensée de Ballanche un profond réalisme, qu'on n'a pas toujours remarqué. « Je ne prétends pas nier, dit-il encore cet état de souffrance et de combat qui a enfanté et les doctrines perverses de Hobbes, et les plaintes de Rousseau, et auparavant les rêveries des poètes sur l'âge d'or ; mais cet état de souffrance tient à notre nature même, qui est toute souffrance. Il ne s'agit pas de discuter les avantages et les inconvénients de l'être social, puisque l'homme ne peut exister que par là »[8]. Mais ce réalisme ne tourne pas en désespoir : « passant par une suite de palingénésies », le genre humain « marche toujours, marche même à travers deux déserts, marche malgré les hommes du retardement et au milieu des nations qui grandissent et dégènèrent ; il marche de l'esclavage à la

---

1. *Orphée* (écrit en 1818, publié en 1828). Voir dans C. Huit, *La vie et les Œuvres de Ballanche*, Vitte, Lyon-Paris, 1904, pp. 196-219, le chapitre consacré à *Orphée*.

2. *Essai sur les institutions sociales* (1818). *Œuvres*, t. 2, pp. 106 et 256.

3. *Le Vieillard et le jeune homme* (1819). *Œuvres*, t. 2, p. 389. Cf. pp. 468 et 473 : « Je ne vous promets le bonheur ni pour la société, ni pour les individus... Que l'homme collectif, l'être social, agrandisse son intelligence, améliore ses jours d'exil ; mais que l'homme individuel, l'être qui a un avenir au-delà de cette vie, perfectionne ses facultés morales, le but de ce temps d'épreuve que nous passons sur la terre est rempli... »

4. Op. cit. T. 2, p. 400.

5. *Essais de palingénésie sociale*, Préface. *Œuvres*, t. 3, p. 12.

6. *Le Vieillard et le jeune homme*, in fine. *Œuvres*, t. 2, p. 474.

7. Prolégomènes. *Œuvres*, t. 3, pp. 70 etc. Voir encore p. 120 : « Les lois fondamentales... qui ont servi à l'éducation du genre humain... subsisteront toujours. Le christianisme est la grande expression de ces lois... »

8. *Essai sur les institutions sociales*. *Œuvres*, t. 2, p. 259.

liberté et à la souveraineté, de la solidarité instinctive à la charité consciente, de la confusion du pouvoir temporel et spirituel à leur séparation, de la souffrance au bien-être universel »[1]. Entre ce réalisme et cet espoir, l'accord a-t-il toutefois réussi pleinement à s'établir ? Et n'y a-t-il pas même dans ce rêve palingénésique une ambiguïté fondamentale ? Tantôt il semble que par une série de mutations douloureuses mais ascendantes on doive aboutir à un terme définitif, et tantôt qu'on soit engagé dans une série de cycles sans fin, si bien qu'on est amené à se demander s'il est encore possible d'accorder un caractère absolu soit à la révélation chrétienne soit au salut du genre humain[2]. Bredin, plus intuitif que son ami, semble aussi avoir plus tôt que lui renoncé à s'enfoncer dans les conjectures sur les destinées de l'Église et du christianisme. Dans une lettre qu'il lui adresse le 1er juillet 1831 se fait jour un désenchantement, voire un certain scepticisme, au bénéfice d'une foi plus simple : « La vie de l'homme sur la terre est-elle une épreuve ? est-elle une éducation ? Ou bien est-ce simplement un rêve ? Voilà la grande question. Autrefois je n'hésitais pas à répondre : une éducation ; plus tard, j'ai dit : une épreuve ; aujourd'hui que sais-je ? Ce n'est cependant pas le doute, car je suis plein d'espérance »[3]. Ballanche, lui, fut un perpétuel hésitant. Et même quand il tenait son idée, il avait scrupule ou se sentait impuissant à la couler dans une forme nettement intelligible. Ne disait-il pas, dans la Préface de la *Palingénésie*, que si ce livre est « homogène, parfaitement homogène », il ne peut pourtant engendrer chez son lecteur qu'une « impression générale », car, étant incapable de « signaler d'avance » le but auquel il tend, son véritable livre ne sera point écrit[4] ? « C'est avec une sorte d'anxiété, disait-il encore dans les Prolégomènes, que je fais de telles excursions dans un domaine où peut-être il eût été de mon devoir de rester étranger ; mais comment séparer les destinées humaines de ce qui en fait l'âme et la vie, de la religion[5] ? ».

Pas de prophète plus modeste ; mais aussi, peu de plus obscurs. Ces hésitations, ces embarras se traduisent tantôt par un style nuageux[6], tantôt par des textes apparemment contradictoires. En formulant ces observations, on a toutefois exagéré. Si Ballanche n'est pas toujours pleinement constant avec lui-même, la chose, pour une

1. *Essais de Palingénésie sociale*, I, 9.
2. Certaines ambiguïtés, cependant, se dissipent, si l'on a égard à la distinction posée par Ballanche entre société et religion, homme collectif et homme individuel. Voir page précédente, note 3.
3. *Correspondance*, éd. Viatte, p. 287.
4. *Œuvres*, t. 3, p. 22.
5. *Prolégomènes*, 3e partie. Op. cit., p. 320.
6. « Ballanche, a écrit Barante, vivait dans un nuage ; mais ce nuage s'entrouvait quelquefois ». Dans Ch. HUIT., op. cit., p. 344. Le mot, ingénieux, est caricatural ; il était emprunté à d'Eckstein. Baudelaire dira : « fumée » ; d'autres, « brouillard ». Ce peut être un prétexte à se dispenser de l'effort de comprendre.

bonne part, s'explique par une évolution due non seulement à une réflexion intérieure mais à l'expérience des temps qu'il a traversés : « Ce n'est point un fruit de la solitude que j'offre à mes lecteurs, dit-il dans sa Préface, c'est précisément le contraire » ; il s'ensuit « une sorte d'irrégularité dans la marche graduelle des idées » ; cependant il a le droit d'ajouter que « l'inspiration est toujours une et identique »[1]. D'autre part, tant qu'il s'agit de l'entre-deux, c'est-à-dire de l'histoire et de l'analyse sociale, Ballanche ne manque ni de fermeté dans la pensée ni de clarté dans son expression ; mais l'ampleur de son sujet l'oblige à recourir au symbole, qui se prête moins à l'univocité, et lorsqu'il s'agit des choses premières et dernières, elles ne peuvent être, comme il l'a justement remarqué, « le sujet d'une formule générale, parce que cette formule ne saurait être conçue que dans des termes qui supposent le temps et l'espace. L'esprit humain est donc inhabile à produire la formule qu'il se demanderait à lui-même »[2].

L'intention de cette œuvre est toute chrétienne. Dans son premier ouvrage, en 1801, Ballanche avait comparé le christianisme à une « colonne éternelle appuyée sur la base de l'univers »[3], et cette image, qui unissait à son large humanisme la solidité de sa foi, ne sera pas démentie par la suite. En 1834, choqué par les *Paroles d'un croyant*, il s'efforcera de ramener Lamennais, dont il avait devancé les audaces libérales, dans les voies de la soumission et de l'orthodoxie. Lui-même se méfie de ses écarts possibles : « Je sais que la vérité profite de tout, sans en excepter l'erreur de bonne foi ; néanmoins il est bon de se prémunir contre l'excentricité de tendances trop affranchies de l'autorité »[4]. Il refuse tout au-delà du christianisme : « Il n'y a point pour l'humanité de perfectibilité indéfinie ; le christianisme est la religion finale et l'autre vie le terme du progrès ». « Par le christianisme plus de double religion, l'une pour le peuple et l'autre pour les sages ; c'est là le dernier degré de l'émancipation du genre humain »[5]. Le Christ a tout accompli ; les mythes antiques le préfiguraient, la sagesse antique l'annonçait : « Prométhée, qui par son origine touche à la nature divine, par ses affections à la nature humaine, n'est peut-être que le dogme d'un réparateur de notre race déchue... (Avec le Christ) le mystère de l'expiation est enfin accompli ». C'est dans *la Ville des Expiations*, — véritable « utopie », non pas rêve

1. *Œuvres*, t. 3, p. 23.
2. *Prolégomènes*, 3e partie ; éd. citée, t. 3, p. 323.
3. *Du sentiment*... ; cité par Brian-Juden, op. cit., p. 247.
4. *Théodicée de l'histoire*. V. Cf. VIATTE, t. 2, p. 219. De même il reproche à Vico de « faire violence à l'orthodoxie » en créant dans l'histoire « une spontanéité indépendante de la révélation ». *Œuvres*, 1930, t. 3, p. 337.
5. *Prolégomènes*, 2e partie. Ibid., p. 141, etc. Cf. *Œuvres*, éd. de 1833, t. 6, pp. 347-348.

humain d'avenir mais symbole de ce que Ballanche considérait comme la synthèse ou le sommet de son œuvre[1], — que s'opère l'éducation, ou plutôt la « réhabilitation », la « régénération » du genre humain.

La perspective où nous devons nous maintenir ne nous permet pas d'exposer plus complètement le rôle capital que tient dans la doctrine de Ballanche, en corrélation avec une vue réaliste de la lutte et de la douleur dans l'histoire de l'humanité, ce mystère de l'expiation. Il faut cependant au moins le rappeler : « le dogme un et identique de la déchéance et de la réhabilitation, ce dogme sévère et unanime » est aux yeux de Ballanche « le lieu de toute origine » et « explique la suite des destinées humaines »[2]. Toute initiation s'accompagne de souffrances, tout progrès moral est à base d'expiation. La foi à l'Incarnation est en même temps foi au Sacrifice du Christ : le Médiateur est venu abolir la loi du sang ; c'est ce qu'enseigne en le perpétuant le dogme eucharistique, dont « l'Église catholique » est « seule dépositaire » : « dogme continu et sans fin de la médiation, ... dogme ineffable de l'amour, dogme perpétuel de salut, emblème divin renouvelé chaque jour dans toutes les églises »[3]. C'est le « système historique » qu'exposera une conférence de 1832, système « fondé sur le dogme chrétien de la déchéance et de la réhabilitation »[4].

Dans l'épilogue d'*Orphée* le même thème s'affirme ou du moins s'esquisse, écho délicat des Pères de l'Église et des grands humanistes chrétiens, tel un Pic de la Mirandole : « J'ai invoqué toutes les muses, et la muse chrétienne qui m'a entendu a compris que c'était à elle à me répondre[5]. Elle a donc daigné me conduire, comme par la

---

1. Préface de 1828 à *l'Homme sans nom* : Cet apologue « appartient au système d'idées qui... n'aura tout son relief que dans la *Ville des Expiations*, l'une des parties les plus considérables de la Palingénésie sociale ». *Œuvres*, 1830, t. 1, p. 302 ; cf. *Prolégomènes*, ibid., t. 3, p. 206. L'idée première en remontait à 1805. Des fragments en parurent en 1832-33 dans la France littéraire ; quelques intimes eurent connaissance de l'ensemble. Ballanche y travaillait encore en 1836 ; l'ouvrage est resté inachevé. La *Vision d'Hébal* en est un épisode détaché. Voir l'édition, précédée d'une longue introduction, par Armand RASTOUL, dans la « Bibliothèque romantique », Belles Lettres, 1926 : Pierre-Simon BALLANCHE, *La Ville des Expiations*, livres IV à VII. Cf. Léon CELLIER, *L'Épopée romantique*, PUF, 1954, p. 104 : « Les criminels doivent être « régénérés », et c'est pourquoi le criminel devient le symbole de l'homme ».

2. *Essais de Palingénésie sociale*, préface et prolégomènes. Éd. citée, pp. 16, 119, 150, 322.

3. Cf. *Du sentiment*..., 1801, pp. 177-179.

4. 31 août 1832. Le public était entièrement ouvrier. Il fut ravi de cet auditoire populaire ; il écrivit à Madame Récamier : « J'étais bien mieux compris là que je ne l'aurais été dans le sein de l'Académie française... » Cf. RASTOUL, introd., p. LI.

5. On remarquera cette intervention de la muse chrétienne, qui seule a la clef des symboles. C'est là ce qui nous détourne de la crainte exprimée par L. BÉNICHOU, op. cit., pp. 90-91, ou du moins nous paraît devoir l'atténuer : « ... c'est le privilège même des chrétiens qui s'estompe, si l'on suppose que le monde païen, des origines à l'avènement du Christ, avait déjà parcouru, dans ses croyances et ses

main, et, j'oserai dire, presque à mon insu. Elle seule a la clef qui ferme et qui ouvre, et elle n'a pas craint de visiter avec moi les mystères de la gentilité ». Comme les muses antiques, les philosophies sont appelées à témoigner, c'est-à-dire à s'effacer, elles aussi, devant le mystère définitif qui comblera leur attente. Ballanche fait parler un platonicien qui pressent l'aurore : « Nous touchons, dit Trimagène, à une rénovation des siècles. Les systèmes religieux croulent de toutes parts ; les philosophes, qui avaient méprisé les doctrines mystérieuses, les interrogent avec une avidité inquiète. N'entendez-vous pas une voix sourde qui court par tout l'univers, et qui réveille toutes les puissances de l'âme ? ...[1] ». Il faut être attentif à « cette grande prophétie, née du besoin des peuples, (qui) inspirait à Virgile de beaux vers dont lui-même ignorait le sens profond »[2]. Sous le symbole d'Hébal, la profession de foi se fait plus explicite et plus nette :

> Toute la destinée humaine, dans le passé et dans l'avenir, dans le temps et hors du temps, se résume et se transfigure dans la vie de celui qui a voulu être le péché pour être le salut, de celui qui s'est fait notre image pour que nous devenions la sienne... — Hébal ne cherche point ces théurgies, ces sciences magiques et superstitieuses qui, à la fin d'un cycle religieux, essayent de se substituer à la foi. Il sait bien que le genre humain n'est point en travail d'une religion nouvelle, car il sait que tout est dans le christianisme, que le christianisme a tout dit[3].

Devant tant de textes si nets, comment ne pas souscrire à la conclusion d'Ozanam que nous avons déjà citée, et que précise encore M. Charles Huit : « Ce n'est pas seulement à l'élévation de la doctrine chrétienne que Ballanche rend hommage, c'est le christianisme historique qu'il accepte dans son intégralité »[4] ? De tels jugements ne sauraient être infirmés par le seul fait des deux conséquences que Ballanche tire de la révélation définitive accomplie dans le Christ. L'une, d'ordre intellectuel, concerne le développement dogmatique, l'autre est relative à sa fécondité dans l'ordre politique et social. Aux environs de 1838, Ballanche s'expliquait sur le premier de ces deux points dans une lettre à Madame Récamier : « J'admets bien, disait-il, quelque chose de progressif dans le christianisme, mais dans ce sens seulement qu'à mesure que la faculté humaine

---

institutions, une marche progressive gouvernée par Dieu, si Prométhée, Orphée, le sacerdoce égyptien, les Mystères antiques, les récessions de la plèbe romaine, marquent autant de moments significatifs, avant la Croix, de l'effacement du Péché ».

1. *Œuvres*, 1830, t. 1, pp. 17-18 ; préface générale.
2. T. 2, p. 53.
3. *Vision d'Hébal*, 1831, pp. 98-99. Cf. les réflexions de J.-J. Ampère, *Ballanche*, 1849, pp. 211-212 et 216.
4. Op. cit., p. 364.

devient plus apte à comprendre, elle pénètre plus avant dans la compréhension du dogme, et que le dogme, dès l'origine, contient tout ce qui entre successivement dans l'intelligence humaine »[1]. Quant au second point, qui avait fait l'objet de son litige avec Joseph de Maistre, il en a traité maintes fois, pour ne pas dire partout. Ainsi dans l'épilogue d'*Orphée* : « Le christianisme a rétabli l'unité de l'espèce humaine... Le signe auguste de la rédemption n'est-il pas en même temps le signe de la progression des destinées humaines ? »[2]. Ainsi encore, sur un ton quelque peu romantique mais, somme toute, avec une sage modération dans l'opuscule de 1819 sur *Le vieillard et le jeune homme :*

> ... Vous assistez, mon fils, à un grand spectacle dont je ne verrai pas la fin, mais il me semble que je la prévois... Nous sommes arrivés à une ère nouvelle de l'esprit humain, ère destinée à faire sortir toutes les conséquences des principes de morale, d'humanité, de sociabilité émis jusqu'à présent dans le monde... Ceux qui ne le voient pas s'exposent à de tristes mécomptes. Les uns croient que nous pouvons rétrograder vers les institutions anciennes, en les modifiant... ; les autres pensent que tout étant à refaire, c'est le moment le plus favorable pour établir les systèmes politiques fondés sur des théories généreuses mais tout à fait idéales... (Mais) la société est temporaire, la religion est éternelle[3].

De tels textes, cependant, sont assez généraux pour se laisser tirer en des sens divers. On ne voit pas très bien non plus, par exemple, comment Ballanche concevait « la reconstruction d'une unité catholique » lorsqu'il constatait, le 15 septembre 1832, que Lamennais venait d'y échouer. Ne tenait-il pas pour « bien démontré à présent que c'est à la société religieuse à se constituer elle-même et, une fois constituée, elle produira son autorité et son symbole » ? A quoi il espérait, par sa *Palingénésie*, « préparer les voies »[4]. « Ceux qui ont un sentiment vif de l'époque actuelle, avait-il écrit, comprennent bien que le monde social est en travail d'une nouvelle unité catholique. Cette tendance... est dans les communions romaines aussi bien que dans les communions dissidentes » ; ce sera, poursuivait-il,

1. Lettre inédite, non datée, publiée par Éd. HERRIOT, op. cit., t. 2², pp. 333-334, qui propose la date de 1838.
2. *Œuvres*, 1830, t. 4, pp. 531-532.
3. *Œuvres*, t. 2, pp. 394-395, etc. Tout l'opuscule est une sorte d'exhortation que Ballanche s'est adressée à lui-même, en réfléchissant sur la Révolution. Cf. ibid., p. 466 : « Il faut que la société marche sur l'accomplissement de ses destinées ; il faut même qu'elle y marche au travers du sang et des larmes, si cela est nécessaire... »
4. Lettre inédite citée par HERRIOT, t. 2², p. 291.

une « immense révolution, qui atteindra certainement l'Orient »[1]. Mais s'il nous assure que cette révolution « ne sera point, comme le croyait M. de Maistre, au profit de la théocratie », il ne nous laisse rien entrevoir de ses processus ni de ses résultats. On ne saurait certes le lui reprocher. Seulement, « l'unité catholique » ne prenait-elle pas l'allure d'un syncrétisme lorsqu'il voulait « que l'esprit humain puisse contempler à la fois la magnifique cosmogonie de Moïse et la haute métaphysique des gymnosophistes de l'Inde »[2] ? Il avait cependant dit aussi, dans la *Vision d'Hébal*, en termes plus heureux sinon plus réalistes, que « toutes les communions chrétiennes gravitent vers une unité catholique » et que « le temps est venu où toutes les hérésies vont confesser leur insuffisance »[3]. Et la Préface générale qu'il met à ses Œuvres, dans l'édition de 1830, s'achève par une sorte d'hymne à la « Ville de Saint Pierre »[4].

Ce « flottement continuel »[5] et la forme imaginative d'une pensée qui aimait, ou plutôt qui avait besoin de s'envelopper de symboles, ne permettent pas de porter sur l'œuvre de Ballanche un diagnostic assuré. Il paraît toutefois évident que par intermittences Ballanche retrouvait l'idée foncière commune à Josephus a Floris et à Joachim de Flore (non à ses déformations successives, et surtout pas à la déformation naturaliste qu'elle avait subie chez un Lessing) lorsqu'il écrivait dans les *Prolégomènes* à sa *Palingénésie sociale* :

> Je prévois l'objection que l'on pourrait me faire d'appliquer à la Bible sans autorité la pensée de l'initiation graduelle, ce qui constitue une révélation successive pour le genre humain. Cette pensée, qui n'est pas la mienne, se présente souvent d'elle-même dans les saintes Écritures ; et il est formellement prescrit à Daniel de sceller le livre, pour le tenir fermé jusqu'au temps ordonné par Dieu...

1. *Réflexions diverses*, XXVII. *Œuvres*, t. 3, p. 376. Institutions sociales : « Nous n'avons d'autre révolution à attendre que celle qui fera rentrer dans l'unité les communions dissidentes ». *Œuvres*, t. 2, p. 324.

2. *Institutions sociales*. *Œuvres*, t. 2, p. 344. On reconnaît dans de tels textes une parenté d'esprit de Ballanche avec le baron d'Eckstein, rédacteur du « Catholique », qu'il fréquentait. Dans sa lettre du 2.7.1821 Bredin lui avait dit : « Ainsi que tu le dis fort bien, la société est un moyen dont se sert le christianisme pour préparer les hommes au grand œuvre. Dugas me disait que tout irait bien si au lieu du christianisme tu avais dit catholicisme ». Op. cit., p. 153.

3. *Vision d'Hébal*, 1831, p. 99. Ce catholicisme foncier s'unit chez Ballanche à une disposition d'esprit accueillante. Dans la *France mystique*, Alexandre ERDAN, voltairien d'étroite observance, lui rendra hommage en ces termes (d'ailleurs peu exacts) : « On ne trouve point chez Ballanche l'exclusivisme des dévots... Après Vico, son idole, les deux écrivains dont il dit le plus de bien, tout en blâmant leurs erreurs, sont certainement l'auteur de *l'Antiquité dévoilée*, Boulanger, et Voltaire ». (2e éd., t. 2, Amsterdam, 1858, p. 87).

4. T. 1, pp. 37-38. Le morceau datait de juillet 1813.

5. VIATTE, p. 203. P. BÉNICHOU, p. 79, parle même d'un « Ballanche-Janus ».

> La religion faite pour l'homme dans le temps est sujette à la loi du progrès et de la succession... Lorsque Dieu a parlé dans le temps, il a parlé la langue du temps et de l'homme. L'esprit contenu dans la lettre se développa, et la lettre est abolie. La plénitude des facultés humaines sera la plénitude de la religion...
>
> Le moment palingénésique où nous nous trouvons ressemble, sous beaucoup de rapports, aux premiers siècles de notre ère... Une nouvelle ère se prépare ; le monde est en travail, les esprits sont attentifs... Ce n'est point une révélation nouvelle que nous devons attendre, mais peut-être est-il permis de compter sur une dernière forme d'initiation[1].

Ce joachimisme hésitant, imprécis, modéré s'accompagne d'une illusion qui fut fréquente au cours du dix-neuvième siècle et que Ballanche, au moins un temps, partagea. Il a eu tant de confiance en la pénétration de la société nouvelle par l'esprit chrétien qu'il a cru impossible tout retour en arrière : « Le génie de la progression, a-t-il proclamé sur un ton triomphant, est le nouvel Œdipe qui a vaincu l'antique sphinx »[2]. « Il fallait du temps pour que la morale de l'Évangile, pour que le sentiment chrétien fussent identifiés avec le sentiment social perfectionné », mais maintenant, c'est en principe au moins chose faite : « la morale de la société n'est autre chose à présent que la morale même du christianisme, ... on ne pourrait concevoir à présent une morale qui ne fût pas la morale chrétienne... La société ne rétrograde jamais »[3]. Puisse l'avenir, au moins à très long terme, par une palingénésie nouvelle, lui donner raison !

Après avoir été très populaire, Ballanche fut assez vite oublié[4]. Il n'avait jamais été très lu. Cet homme effacé, modeste, qu'on a souvent plaisanté, qui se traitait lui-même de « vieille corneille ». dont M. Édouard Herriot admire à juste titre la « simplicité de cœur »[5], n'en était pas moins plus profond penseur et meilleur écrivain que bien des célébrités de son temps. Nous n'oserions dire, avec M. Léon Cellier, qui lui a consacré une étude très pénétrante[6], qu'« à mesure qu'il poursuit sa méditation, l'orgueil de l'hiérophante ne cesse de croître » : il était plutôt fasciné par la vision qui s'imposait à lui, par le problème dont il pensait tenir la solution

1. Prolégomènes, *Œuvres*, t. 3, pp. 45-46, 51, 209-210, 231.
2. Préface de 1928 à *l'Homme sans nom*. *Œuvres*, t. 1, p. 310.
3. *Le Vieillard et le jeune homme*, *Œuvres*, t. 2, pp. 398, 443, 459-460. P. 440, il observait justement : « Ce n'est pas depuis bien longtemps que le sentiment de l'humanité commence à s'étendre ».
4. L'auteur d'une étude approfondie sur Bonald, parue récemment, croyait pouvoir désigner Ballanche comme le « contre-révolutionnaire lyonnais ». RSPT, 58, 1974, pp. 537 et 556.
5. *Madame Récamier et ses amis*, t. 1, p. 340 ; t. 2, p. 88.
6. *L'Épopée romantique*, PUF, 1954, pp. 83-109.

sans réussir à l'exposer dans sa plénitude et dont il souffrait de ne pouvoir la communiquer à son siècle frivole ; d'où, plutôt, « l'exaltation du mystique et l'obscurité de son message »[1]. Il exerça cependant une influence étendue, parfois profonde. Rappelons en passant que c'est lui qui avait suggéré à Chateaubriand, qu'il n'aima guère[2], les principaux thèmes et jusqu'au titre du *Génie du christianisme*[3]. S'il ne l'a pas inventé, il a lancé dans la circulation en France ce grand mot de « palingénésie » qui agacera d'abord le jeune Renan mais qui finira par s'imposer à l'auteur de la *Vie de Jésus*[4], il en a fait avec justesse l'application à son œuvre, dans laquelle il s'approprie en les transformant les mythes et les thèmes de la littérature antique[5]. Il a inspiré Lamartine, Hugo, Vigny[6], Gérard de Nerval, Sainte-Beuve, Maurice de Guérin, Victor de Laprade[7]... « Dans le néo-catholicisme, tel qu'on peut l'observer sous la monarchie de juillet, la pensée de Ballanche, de près ou de loin, est partout présente »[8]. Elle l'est aussi dans bien d'autres milieux. Comme l'a signalé J.-J. Ampère, « le mouvement rapide et un peu tumultueux qui s'opéra dans les idées sous le coup de la révolution de 1830 dirigea sur lui l'attention de plusieurs hommes qu'il ne connaissait point et de plusieurs écoles qui n'étaient pas la sienne. Les socialistes, quels qu'ils fussent, ne pouvaient négliger un penseur qui sur plusieurs points avait devancé dans sa solitude les nouvelles directions de la pensée »[9]. En 1831, le *Mercure de France au XIX*e *siècle* observait (p. 592) que « la savante Allemagne » avait plus d'admiration que sa patrie pour « ce Ballanche aux vues immenses »[10]. Cependant,

1. Op. cit., p. 71.
2. Il dira : « Les Honneurs tournent la tête à M. de Chateaubriand ». (Herriot, t. 2, p. 161).
3. Cf. Victor Giraud, *Chateaubriand*, 1902. Huit, op. cit., pp. 30-31. C'est lui aussi qui fit rencontrer Chateaubriand et Lamennais chez Madame Récamier : Herriot, t. 2, p. 282.
4. *L'Avenir de la Science*, p. 390 : « C'est un facile lieu commun de parler à tout propos de palingénésie sociale, de rénovation ». Dans la *Vie de Jésus*, il envisagera au terme de « l'ordre actuel » une « Palingénésie ou renaissance précédée de sombres calamités ».
5. Préface de 1830 à *Antigone* : « J'ai pris mon sujet dans les temps anciens, et je l'ai transporté tout entier au sein des croyances modernes ; je me le suis donc approprié en le changeant de sphère, en lui faisant subir une sorte de palingénésie... J'ai cherché l'inspiration épique et l'inspiration chrétienne, là où était le génie tragique, là où dominait la fatalité ». *Œuvres*, t. 1, 1830, pp. 43 et 45. Plus simplement, il traite Louis XVI de « roi palingénésique » pour signifier qu'il avait amorcé des réformes : préface de 1828 à l'Homme sans nom. *Œuvres*, 1830, t. 1, p. 307.
6. Cf. Pierre Flottes, *La pensée politique et sociale d'Alfred de Vigny*, Belles Lettres, 1927, pp. 87-89 et 115-119.
7. Cf. Gabriel Maton, *Blanc de Saint-Bonnet philosophe de l'unité spirituelle*, Vitte, 1901, pp. 94-95 et 112.
8. Paul Bénichou, *Le temps des prophètes*, 1977, p. 74.
9. J.-J. Ampère, *Ballanche*, p. 228.
10. Cité par H. Tronchon, *La fortune intellectuelle de Herder en France*, Rieder, 1920, p. 418.

Edgar Quinet, qui le fréquenta, lui doit quelques traits de sa philosophie de l'histoire et l'imite dans la forme poétique de son *Ahasverus*[1]. Pierre Leroux range avec mépris Ballanche dans le camp des « rétrogrades », mais sa *Revue encyclopédique* ne l'en salue pas moins comme la « sibylle de ce temps ». Buchez, Bonnetty, Jean Reynaud sont ses débiteurs. Plus d'un Saint-Simonien a été éclairé, secoué, stimulé par ses écrits ; Hippolyte Carnot écrira, dans un volume de souvenirs : « La *Palingénésie sociale* de Ballanche était en haute estime parmi nous »[2]. En 1832, Saint-Chéron, collaborateur de Leroux, présente ses œuvres en les interprétant à la manière saint-simonienne. En 1850, le fouriériste Le Flaguais fera l'éloge de « l'Orphée du christianisme »[3]. Mais son plus authentique héritier est sans doute, comme l'a dit Rastoul, son compatriote lyonnais et coreligionnaire Frédéric Ozanam.

« L'École lyonnaise », qui s'est perpétuée jusqu'à nos jours, doit pour une part à Ballanche ce léger halo d'utopie mystique qui fit rêver à plusieurs de ses membres « de régénérer l'humanité par de beaux vers et de belles idées » : une sorte de mysticisme platonicien, lequel, dit M. Joseph Buche avec une ironie aimable, « devait rayonner de Lyon sur le monde »[4]. Elle lui doit aussi sa fréquente inspiration catholique. Si grande fut parfois son attraction que Blanc de Saint-Bonnet, qui lui reprochera d'avoir dit que « la Révolution française sortit de l'Évangile », écrivait néanmoins en juin 1841, à son maître lyonnais l'abbé Noirot : « On devrait venir en pélerinage pour voir ce digne père de la *Palingénésie* : c'est le Saint de la philosophie, ... le seul homme (je vous dis le seul) que n'ait pas souillé la vie de Paris ; c'est le vieil Homère, aveugle, et se promenant au milieu de notre civilisation »[5].

L'un de ceux qui ont le mieux compris Ballanche est l'éditeur et ami de Hegel, Edouard Gans, jurisconsulte berlinois, qui écrivait à Madame Récamier, le 21 décembre 1830, en la remerciant de quatre volumes de ses œuvres :

> On trouve souvent dans notre temps des écrivains qui ont conscience qu'un mouvement s'opère, que des progrès se préparent, mais ils n'ont ni profondeur, ni pensée capable de construire. D'autres, nourris dans des sentiments substantiels de

1. Cf. l'introduction de Rastoul à la *Ville des Expiations*.
2. *Sur les Saint-Simoniens*, 1887, p. 6.
3. Brian-Juden, op. cit., pp. 380-383 et 557. Viatte, t. 2, p. 242. Bénichou, p. 335.
4. *L'École mystique de Lyon*, PUF, 1935, p. 225.
5. G. Maton, op. cit., pp. 38-39 et 63. Cf. Chateaubriand, écrivant en 1838 dans ses *Mémoires d'outre-tombe* : « Qui ne connaît aujourd'hui le philosophe chrétien, dont les écrits brillent de cette clarté paisible sur laquelle on se plaît à attacher les regards, comme sur les rayons d'un astre ami dans le ciel ? » L. 14, c. 2 ; Pléiade, t. 1, p. 477.

religion et d'histoire, ne conçoivent pas que la marche dialectique est essentiellement religieuse ; ils ne voient Dieu que dans la fixité et le blasphèment tous les jours dans ce qui est nouveau. Il y en a peu qui aiment le progrès de l'humanité pour des raisons religieuses, dont la foi ne souffre en rien par les événements, qui s'en trouvent fortifiés dans leur culte, qui voient Dieu en avant de tout ce qui se fait, ne le séparant jamais de la liberté et du mouvement. M. Ballanche appartient à cette dernière classe, peu nombreuse, qui, par sa profondeur même, est beaucoup plus admirée que comprise. Quant à moi, j'adopte et avec une conviction intime les idées de M. Ballanche qui se rapportent à la philosophie de l'histoire... Oui, le christianisme est la religion émancipatrice et plébéienne, de sorte que tous les progrès de l'humanité, toutes les libertés acquises pendant des siècles ne sont que le développement du christianisme. Avec lui, l'histoire a cessé et commence en même temps ; elle a cessé parce que le principe dont tout devait sortir était trouvé ; elle a commencé parce que le développement de l'humanité ne date que de ce principe...[1].

Un tel portrait nous donne assurément un Ballanche incomplet et quelque peu sollicité, beaucoup plus hégélianisé que joachimisé. Mais Hegel lui-même n'était-il pas aussi de la lignée de Joachim ? Nous allons le voir bientôt, et ce texte de son éditeur peut nous servir d'introduction aux chapitres suivants, qui étudieront les traces du joachimisme dans le romantisme et l'idéalisme allemands.

1. Lettre citée par Herriot, t. 2, pp. 273-274. Nous avons légèrement abrégé.

CHAPITRE HUITIÈME

ROMANTISME ALLEMAND

I

Schleiermacher, Fichte, Hölderlin

Avant de poursuivre l'histoire des avatars du joachimisme au long du dix-neuvième siècle français, il convient de nous tenir encore au seuil du siècle, en Allemagne, auprès des deux générations qui suivirent celle de Lessing et de Herder. Si le romantisme et l'idéalime allemands nous transportent (malgré quelques rapports concrets) dans une autre atmosphère que celle d'un Maistre ou d'un Ballanche, ils ne nous éloignent pas beaucoup du grand rêve de Joachim de Flore, tel du moins, le plus souvent, que l'avait déformé Lessing en le modernisant, tel que le transmettaient encore divers piétistes, illuminés et franc-maçons. L'histoire ayant marché depuis trois siècles, ils intègrent dans ce rêve, comme Lessing encore mais avec bien des variantes, un jugement sur le protestantisme, devenu à son tour un âge intermédiaire, à dépasser pour parvenir à l'âge de l'Esprit. Outre le sentiment, toujours vif, de la rupture nouvelle survenue dans la chrétienté, l'élargissement du monde obtenu dans le temps et dans l'espace, et spécialement les découvertes dans le champ des religions, intensifient et élargissent l'aspiration œcuménique qui était déjà celle de Joachim. Plus expressément que pour leurs prédécesseurs, l'âge de l'Esprit sera pour eux, comme pour Maistre et pour Ballanche, l'âge de la réconciliation religieuse universelle.

Signalons cependant d'abord un texte que l'on peut dire hors série, car il est de Gœthe (1749-1832) ; Hans Urs von Balthasar l'a cité dans *Herrlichkeit* : « Le premier article (du Credo), le Père, est ethnique ; le deuxième, le Fils, est chrétien ; le troisième, l'Esprit, enseigne la communion des saints, c'est-à-dire des meilleurs et des plus sages » ; il achève la religion philosophique : c'est la « religion ultime »[1].

Chez Baader (1765-1841), qui fut ou voulut être l'un des initiateurs de la grande théologie idéaliste, on respire parfois une atmosphère assez épaisse de gnose. De cette gnose, cependant, Hegel déclarera apprécier « l'esprit profondément philosophique »[2]. Baader s'était épris d'Eckhart et de Böhme[3], ainsi que d'Œtinger, « le mage du sud », aux anticipations mytiques duquel il s'intéressait vivement. C'est par l'intermédiaire de Böhme, d'Œtinger, de Saint-Martin, que sa spéculation, qui prend son départ dans le traditionalisme catholique[4], vient à la rencontre du prophétisme joachimite. Il veut en effet assurer son lecteur que « sans doute le temps des lys, dont Böhme parle si souvent, temps auquel ses propres écrits, affirme-t-il, seront acceptés et estimés », est « imminent », qu'il a même « déjà commencé » ; l'un des signes en est « la révélation de la Magie naturelle ou de la domination immédiate et originale de l'homme sur la nature »[5]. D'autre part, il tient comme également nécessaires pour le chrétien la foi au Christ historique ainsi qu'à l'extension cosmique de sa présence à partir de l'ascension, l'espérance de son retour et l'accueil de sa venue secrète au fond des cœurs[6]. Quant aux trois âges de la révélation qu'il distingue, ils sont exactement ceux de Joachim : « Le judaïsme, dit-il, est au christianisme ce que le christianisme est à un troisième terme supérieur, dans lequel chacun des deux doit être transfiguré »[7]. Seulement, bien entendu, les rayons de cette transfiguration dernière qui déjà commencent d'illuminer la face de Baader sont assez différents de ceux que Joachim projetait sur la face de ses contemplatifs.

Dans le cinquième et dernier de ses célèbres *Discours sur la religion*, rédigés en 1799 à l'âge de 31 ans, Schleiermacher (1768-1834) proclamait son espoir en un avenir « où le Père serait tout en tous » ; mais il se hâtait d'ajouter : « Quand ce temps doit-il venir ? Je crains qu'il ne soit hors de toute époque du temps ». A s'en tenir à ce propos,

1. *Les années de voyage* ; MW, II, 1, 171-172. Balthasar, *Herrlichkeit*, vol. 3, 1965, p. 742.

2. *Encyclopédie*, préface de la 2e édition ; trad. M. de Gandillac, pp. 62 et 63 ; cf. p. 506, note 16.

3. Il écrivait le 30 avril 1822 à Varnhagen Von Ense : « Cela me fait un profond plaisir de scandaliser nos fous savants avec ce cordonnier. » Cité par Gilbert Durand, dans *Jérusalem la cité spirituelle*, 1976, p. 163.

4. Pour aboutir, dit Ayrault, t. 2, p. 536, à une « théosophie néo-platonicienne ».

5. Lettre à Meyer, 4 déc. 1815. Cité par E. Benz, *Les sources mystiques de la philosophie romantique allemande*, pp. 20 et 119.

6. Lettres à Conrad Schmid et à Meyer (1816 et 1817 ; Susini, *Lettres inédites...*, t. 1, Vrin, 1942, pp. 295 et 302). *De l'Église visible et de l'Église invisible*, 1828. Cf. Antoine Faivre, *Église intérieure et Jérusalem céleste*, dans *Jérusalem la cité spirituelle*, pp. 82 et 87-88. Id., *La critique boehmienne de Franz von Baader*, dans *Jacob Boehme...*, Vrin, 1979, pp. 135-154.

7. *Les enseignements secrets de Martinez de Pasqually*, p. 5 ; dans Viatte, t. 1, p. 301.

on aurait pu croire que l'orateur voulait réagir contre la vague de néo-joachimisme qui depuis plus de vingt ans submergeait une partie de l'Allemagne protestante. Mais il s'expliquait aussitôt, en des termes qui pouvaient être compris différemment. « Des époques de corruption, disait-il, attendent et menacent tout ce qui est terrestre, l'origine en fût-elle divine ». D'où il tirait une conclusion qui le rapprochait, semblait-il, des plus audacieux parmi ceux dont il avait d'abord paru critiquer le rêve. Si « l'intuition fondamentale de toute religion positive prise en elle-même est éternelle »[1], chaque religion « dans toute sa structure, n'a qu'une durée limitée » ; par conséquent, bien qu'on puisse aujourd'hui le dire « la religion des religions », le christianisme est lui aussi transitoire ; il est soumis à l'usure du temps. Un jour arrive où « de nouveaux émissaires de Dieu deviennent nécessaires » ; ils inaugurent de nouvelles époques de l'humanité, qui « deviennent chacune la palingénésie du christianisme et en réveillent l'esprit sous une forme nouvelle et plus belle » ; « de vastes régions de la religion n'ont pas encore été exploitées », qui pourront bien naître, elles aussi, de « l'intuition fondamentale » de Jésus, mais que Jésus ne pouvait pas plus prévoir que ses disciples. Pourquoi d'ailleurs le christianisme devrait-il « régner seul dans l'humanité... ? Il dédaigne ce despotisme... Il ne veut pas pousser la diversité jusqu'à l'infini en lui-même seulement, il veut en avoir la vision intuitive en dehors de lui aussi... Attendant toujours une délivrance de la misère qu'il sent peser sur lui, il voit volontiers surgir, en dehors de cette corruption, d'autres formes, plus jeunes, de la religion », car « rien n'est plus irréligieux que d'exiger l'uniformité dans l'humanité en général, rien n'est moins chrétien que de chercher l'uniformité dans la religion ».

Dans une telle conception du devenir chrétien et de ses « palingénésies », l'Esprit s'est si fortement détaché du Christ qu'on ne voit pas comment celui-ci pourrait être dit « l'unique médiateur ». Il n'y a d'ailleurs « jamais prétendu » ; il « n'a jamais affirmé être l'unique objet de l'application de son idée ». Ses disciples n'ont pas davantage « imposé de limites au Saint-Esprit, ils en ont partout reconnu la liberté sans bornes, de même que l'unité ininterrompue de ses révélations. Si plus tard, quand le premier temps de la floraison fut passé », les Écritures furent proclamées « code fermé de la religion », ce fut le fait de ceux « qui prenaient le sommeil de l'Esprit pour sa mort », et « cette novation n'avait rien de chrétien. Les saintes Écritures... n'interdisent à aucun autre livre d'être ou de devenir aussi Bible ; ce qui serait écrit avec une force égale, elles se le laisseraient volontiers adjoindre ». Bien plus, ce serait être infidèle au Christ que de refuser d'envisager pour l'avenir « certains points brillants et divins » à partir desquels se réalisera « une toute nouvelle et plus étroite réunion

1. Schleiermacher, qui traduisait et admirait Platon, voit dans « la religion » prise en soi une sorte d'Idée platonicienne.

du fini et de la divinité ». Or, précisément, les événements qui bouleversent notre monde semblent être le signe qu'une de ces transformations approche :

> ... Que ne peut-on attendre d'une époque qui est si visiblement la frontière entre deux états de choses différents ? Quand cette violente crise sera passée, elle pourra, elle aussi, susciter un tel moment, et une âme prophétique... pourrait dès maintenant indiquer le point qui, pour les générations futures, va devenir le centre de l'intuition de l'univers.

Suivant la loi qui préside à l'annonce de tous les prophètes du troisième âge, comme de tous les prophètes d'apocalypse, notre pasteur hyper-joachimite pense donc voir que les temps sont mûrs. N'oublions pas l'extraordinaire impression de nouveauté produite sur les meilleurs esprits en Allemagne par la Révolution française. « Symbole, commente Ayrault, d'une époque où... le savoir humain passe par des révolutions multiples, la Révolution politique approche du terme de ses métamorphoses, et elle laissera après elle la place libre pour un renouveau religieux, — thème que d'autres voix prophétiques avaient déjà fait retentir »[1]. Schleiermacher a toutefois la modestie ou la prudence de ne préciser aucun trait de cette religion nouvelle qui va, une fois de plus, régénérer la race humaine. N'oubliant pas le but pratique de ses discours, il engage seulement ses auditeurs (ou ses lecteurs) à entrer « tout de suite dans la communion pure et indivisible des saints, qui admet toutes les religions, qui est la seule base dans laquelle chacune de celles-ci peut prendre son développement ». Laissez, leur dit-il en les congédiant, « laissez les profanes ronger comme ils peuvent l'écorce du sacré, qui reste caché à leurs yeux, mais ne vous refusez pas à adorer le Dieu qui sera en vous »[2].

Il faut faire évidemment très large, dans ce « discours », la part de la jeunesse et de la phraséologie romantique. Schleiermacher vise un groupe d'intellectuels et de mondains qui s'imaginent toute religion périmée, et qu'il veut sincèrement ramener dans les voies du christianisme. Le titre de son ouvrage le dit assez clairement : « Discours sur la religion à ceux de ses contempteurs qui sont des esprits cultivés ». Il ne faut pas s'étonner que le Christ, sa personne et son existence terrestre, tiennent fort peu de place dans des discours dont l'objet direct n'est pas le christianisme, mais la religion en général, la révélation de Dieu en l'homme plutôt que la révélation historique faite aux hommes. Il faut enfin comprendre que l'enthousiasme du

1. T. 3, pp. 430-435. On comparera aussi avec Ballanche ; mais, au moins dans son expression, le « renouveau » de Schleiermacher est autrement radical.

2. *Discours sur la religion*, trad. I. J. Rougé, Aubier, 1944, pp. 320-324. On se reportera aussi à la thèse d'Edmond CRAMAUSSEL, *La philosophie religieuse de Schleiermacher*, Montpellier, 1908, pp. 57-136.

jeune auteur, plus apôtre que ne le pensait alors Friedrich Schlegel, a pu lui dicter des formules imprécises, ambiguës, fruits mal venus d'une pensée qui se cherchait encore. On sait que dans les nouvelles éditions qu'il donna de ses Discours en 1806 et en 1821 Schleiermacher en a remanié le texte. Il en a supprimé certains traits d'un « radicalisme délibérément choquant »[1]. Pour ménager sans doute l'état d'esprit de ses lecteurs, si imbus encore de rationalisme et de spinozisme, si férus de langage « scientifique », il n'avait osé parler vaguement, pour éveiller leur sens religieux, que d'infini, de divinité, et surtout d'*univers*, tout en cherchant à personnifier cet univers, objet d'adoration, et en le disant créateur. N'était-ce pas d'ailleurs ainsi que s'étaient exprimés plusieurs maîtres de la présente génération ? Herder vivait encore, qui avait pour ainsi dire imposé à son temps, dans son enthousiasme pour le « hen kai pan », cette sorte d'indétermination de la réalité fondamentale. Un autre philosophe de grand renom, le hollandais Hemsterhuis, auteur favori de nombreux jeunes intellectuels, n'avait-il pas écrit, lui aussi, que les esprits religieux « ne sont jamais las de chercher l'Univers et d'être à l'écoute de ses manifestations »[2] ? A partir de 1806, cependant, le mot de « Dieu » est rétabli dans les *Discours*. Plusieurs autres retouches sont également apportées au texte des passages que nous venons de citer ou de résumer. Elles en atténuent la forme qui pouvait heurter les consciences croyantes, sans toutefois en modifier la pensée[3]. Celle-ci, d'ailleurs, n'était jamais entrée dans le sillage de Lessing, dans son progressisme rationaliste et de son « messianisme sans messie »[4]. Peut-être même devrait-elle être comprise, dès sa première expression, en un sens compatible avec l'authentique tradition chrétienne. C'est du moins ce que pense, en se fondant sur des arguments au moins vraisemblables, l'un des plus pénétrants de ses commentateurs, Robert Stalder[5].

Plus tard, ayant dépassé le subjectivisme de sa première philosophie religieuse pour l'enseignement de la dogmatique chrétienne, Schleiermacher ne montrera plus dans son rôle de pasteur la même liberté désinvolte. Dans son grand traité de *la Foi chrétienne d'après les principes de l'Église évangélique*, dont il publie les deux volumes en 1821 et 1822 et dont il donne une seconde édition en 1830, il envisage l'Église « comme un tout en mouvement, capable de progrès et de développement », mais avec cette restriction capitale, sans laquelle estime-t-il, le christianisme s'écroulerait : « qu'il ne nous est jamais permis de penser que l'Église chrétienne pourrait poursuivre et

1. L'expression est de Mme Marianna SIMON, APH, 1969, p. 71. Du même auteur : *La philosophie de la religion dans l'œuvre de Schleiermacher*, Vrin, 1974 ; v. surtout, pp. 284-311.

2. Dans *Aristée* ; cité par AYRAULT, t. 3, p. 393.

3. On trouvera les indications nécessaires dans la longue préface de ROUGÉ et les notes à sa traduction. Voir aussi CRAMAUSSEL, pp. 131 et 216.

4. Cf. ROUGÉ, p. 86.

5. Voir infra, Appendice C.

atteindre une perfection qui dépasserait celle qui est donnée dans le Christ. Chaque progrès ne peut être autre chose qu'une intelligence plus exacte et une assimilation plus parfaite de ce qui est acquis dans le Christ ». Un lecteur soupçonneux pourrait se demander si de tels propos ne recèlent pas une ambiguïté analogue à celle que nous constations dans certains textes de Joseph de Maistre. Serait-ce une anticipation de Newman, ou ne s'agirait-il pas encore d'une « palingénésie » analogue à celle que pouvaient laisser entrevoir les *Discours* ? La différence serait-elle très appréciable avec ce que l'abbé de Flore annonçait du « troisième état », qui serait l'âge de « l'intelligence » ? Les explications données par l'auteur lui-même nous paraissent dissiper un tel doute. Le Christ est pour lui « le sommet et la fin de toute prophétie »[1]. C'est ce qu'il redira dans la *Christliche Sitte* (« Mœurs chrétiennes »)[2] : le chrétien sait que « le propre de sa vie est la communauté avec Dieu par le Christ » et qu'il ne peut recevoir dans sa nature le principe divin « que par la relation symbolique et historique à une unité absolue des deux, laquelle se trouve dans le Christ »[3]. Et cette conviction rejaillit sur la conception de l'Église, Schleiermacher s'en explique avec une netteté parfaite :

Selon une conception naturaliste du Christ, il serait illogique de vouloir établir une communauté chrétienne particulière ; on ne pourrait que rechercher et entretenir une association de ceux en qui la raison serait parvenue totalement à se connaître et à se développer. Mais s'il est vrai que le Christ non seulement est, mais aussi qu'il a apporté à la nature humaine ce qu'elle ne peut jamais avoir sans lui et ne peut conserver qu'en liaison avec lui, alors l'Église chrétienne est absolument nécessaire[4]...

Il nous faut mentionner maintenant sans plus attendre la position bien différente de Johann-Gottlieb Fichte (1762-1814), parce que c'est en 1794 que Fichte enseigne à Iéna et qu'il y publie la *Doctrine de la Science*, dont s'éprend Hölderlin, dont s'éprend aussi Novalis, ce dernier entraînant avec lui, à Iéna même, Friedrich von Schlegel et le groupe de l'« Athenaeum ». (Mais nos deux jeunes poètes ne devinaient pas alors où la doctrine de ce maître prestigieux risquait de les entraîner).

---

1. *Der Christliche Glaube nach den Grundsätzen der Evangelischen Kirche.* éd. Martin Redeker, Berlin 1960 ; paragr. 13, 1 (t. 1, pp. 86-90) et 103, 2 (t. 2, pp. 109-113), etc.
2. Qui sera éditée par L. Jonas en 1843.
3. WW, première série, vol. 12, p. 15. Cf. Robert STALDER, *Aspects du principe d'individuation chez Schleiermacher*, APH, 1969, p. 221. Les formules christologiques de Schl., conclut Stalder, ibid. note, ne sont « finalement rien d'autre que des variations de Col. 2, 9 ».
4. Loc. cit., p. 68. Cf. STALDER, loc. cit., p. 229.

Contrairement à Joachim de Flore, Fichte repousse, dans l'élucidation du dogme chrétien de la Trinité, le *Filioque* de la tradition latine. L'Esprit « vient du Père » seul (Jo. 15, 26). Cela signifie pour lui que l'homme « a une parenté naturelle avec le monde suprasensible, une prédisposition que l'enseignement de Jésus décante et clarifie », mais « dont la présence de Jésus entravait le développement »[1]. C'est là ce qu'affirmerait l'évangile de saint Jean, « apparition merveilleuse et énigmatique, sans précédent et sans suite véritable », dira Fichte dans l'*Initiation à la vie bienheureuse*[2] ; évangile qui est seul « Évangile de l'Esprit », « unique maître en vrai christianisme » ; seul il « a donné à la religion chrétienne sa vraie consistance » et seul il nous en découvre la vraie signification[3]. Antérieur historiquement à Jésus (il agissait, par exemple, sur Socrate), l'Esprit, nous enseigne Jean, intervient encore après lui. Cependant, les autres disciples de Jésus n'ont pas compris sa prophétie. Ils ont confondu l'action du Père (et du Fils) en eux-mêmes avec l'opération du Saint-Esprit (traduisons à peu près : le symbole avec la réalité), et il en est résulté un christianisme superstitieux qui devait se prolonger, s'alourdir même, durant des siècles. C'est seulement depuis Kant, accomplissant le dernier pas d'un long processus d'intériorisation, que l'Esprit est enfin reconnu comme vraiment saint, qu'il est devenu parfaitement indépendant du Jésus historique et peut désormais tout dire. La doctrine fichtéenne de la Science, ouvrant l'ère de la « raison philosophante », est proche de celle de Spinoza, qu'elle dépasse cependant en exploitant la subjectivité kantienne. Elle vise à démontrer scientifiquement cette identité de l'homme et de Dieu que le Christ avait pressentie dans une anticipation géniale et que l'Esprit avait peu à peu préparé les chrétiens à comprendre[4].

C'est dans la sixième conférence de son « Initiation à la vie bienheureuse » (*Anweisung zum seligen Leben*, 1806), ou, comme disait le premier traducteur, « Méthode pour arriver à la vie bienheureuse »[5], que Fichte, s'adressant à un public élargi, applique ou adapte de la sorte l'esprit de la *Doctrine de la Science* à la transformation du christianisme. L'ouvrage se présente comme la réplique à un écrit de Schelling sur « Philosophie et religion », et son titre même est emprunté à une formule de Schelling[6] ; mais il rappelle aussi, tant par sa thèse que par son genre exotérique, l'opuscule fameux de

1. Xavier TILLIETTE, *Le Christ des philosophes*, vol. 1 ; cours polycopié de l'I.C. de Paris, Fc. de philosophie, 1974, ch. 10 : « Fichte et le Jésus historique », p. 95.
2. Trad. Max Rouché, Aubier, 1944, p. 184.
3. Cf. AYRAULT, t. 1, p. 194.
4. X. TILLIETTE, loc. cit., pp. 95-96. Cf. AYRAULT, t. 1, p. 206.
5. Trad. M. Bouillier, 1845.
6. Cf. Xavier LÉON, *Fichte et son temps*, t. II, 1, Colin, 1924, pp. 488-497. M. GUEROULT, introd. à la trad. Rouché, pp. 6-7 ; reproduit dans *Études sur Fichte*, Aubier, 1974, p. 90 ; cf. p. 143.

Lessing[1] ; il en reprend les termes en disant que le christianisme doit être considéré « comme une institution temporelle pour l'éducation religieuse des hommes »[2]. Cependant, à l'en croire, la transformation qu'il en opère ne fait que rendre le christianisme à lui-même, en le restituant « dans sa forme la plus authentique et la plus pure ». C'est le christianisme qui correspond à la pensée profonde de Jésus, telle que l'a transmise l'apôtre Jean, son fidèle interprète. Jésus avait mieux compris que tous ses contemporains le sens de l'Ancien Testament ; mais Paul et « son parti », restés juifs à demi[3], prolongèrent « l'erreur fondamentale du judaïsme, ainsi que celle du paganisme ». Il en alla tout autrement de Jean. Avec lui seul « le philosophe peut s'accorder, car lui seul respecte la raison et se réfère à la seule preuve qu'admette le philosophe : la preuve interne ». Il ne s'agit pas de prendre « ses déclarations les plus sérieuses et les plus catégoriques comme de simples images et métaphores », ainsi que font certains exégètes, qui n'ont de cesse « qu'ils n'en aient fait une platitude et une trivialité telle qu'eux-mêmes auraient pu la produire » ; il ne faut pas non plus joindre à sa haute doctrine du Verbe « les songeries juives concernant le Fils de David qui abrogerait une ancienne alliance pour en conclure une nouvelle » : ce sont là « rêveries contraires à la raison, qui n'étaient valables que pour l'époque de Jésus et de la fondation du christianisme » ; il faut savoir distinguer la doctrine « métaphysique » des affirmations « historiques »[4]. (Nous reconnaissons ici l'une des distinctions fondamentales que formulait Lessing). Alors se dégage cette doctrine chrétienne, qui est « la vérité absolue ». Elle nous paraît aujourd'hui « neuve et inouïe », parce qu'elle s'était perdue, mais elle « n'en est pas moins aussi vieille que le monde ». Jésus-Christ, Verbe éternel, fut la raison en personne, c'est-à-dire « la conscience immédiate d'elle-même » ; — « ou bien, poursuit Fichte dans un concordisme appuyé, ce qui est la même chose, la religion ». Le comprendre, à la suite de Jean, c'est comprendre qu'« il n'est absolument aucun être, aucune vie en dehors de la vie immédiate de Dieu »[5].

« Ce faisant, observera Karl Löwith en un raccourci énergique, Fichte croyait être chrétien, alors que, en raison de sa critique de la révélation, on l'accusait d'athéisme : cela témoigne non pas contre l'origine chrétienne de sa philosophie de l'histoire, mais au contraire en sa faveur. Même l'athéisme radical... tire sa force de la foi chré-

1. Comme Lessing, et malgré quelques menus déboires, Fichte faisait grand fonds sur la Maçonnerie. Cf. X. Léon, op. cit., pp. 12-57.

2. Ibid., p. 185, Cf. trad. Rouché, p. 190 : « destinées à la formation religieuse de l'homme ».

3. Sur l'antisémitisme de Fichte : Léon Poliakov, *Hist. de l'antisémitisme*, t. 3, Calmann-Lévy, 1977, pp. 199-200.

4. *Initiation...*, pp. 182-200.

5. Op. cit., pp. 182 et 191-192 ; et supplément à la 6e leçon, trad. Bouillier, p. 210.

tienne ». Comme s'il avait voulu d'avance répliquer à Löwith tout en lui concédant l'essentiel, Fichte poursuivait en effet : « Il n'en reste pas moins éternellement vrai qu'avec toute notre époque et toutes nos recherches philosophiques, nous sommes établis sur le terrain du christianisme et nous sommes nés de lui ; que ce christianisme est intervenu sous les formes les plus variées dans tout notre développement, et que tous tant que nous sommes ne serions littéralement rien de ce que nous sommes, si ce principe puissant ne nous avait précédés dans le temps »[1].

Pas plus que pour le cas de Lessing ou celui de Spinoza, nous n'entreprendrons ici d'arbitrer la querelle toujours renaissante de l'athéisme. Mais il nous sera permis d'observer avec Martial Gueroult que la traduction « chrétienne » donnée par Fichte de sa doctrine est embarrassée parce qu'elle n'est guère exacte. Malgré des apparences tout à fait artificielles, elle laisse subsister le conflit entre la vie religieuse et la « réalisation de soi », « l'absolue pénétration de soi » que Fichte posait d'abord comme le fruit de la « Science » et qu'il continue de poser comme le seul idéal digne du philosophe ; « entre la croyance et la spéculation », l'équilibre qu'il cherche reste « fragile et toujours instable »[2]. Et avec la même assurance que Löwith nous croyons pouvoir dire aussi — la question an-historique du *Filioque* mise à part — qu'une fois coupé du Christ historique dont il est l'envoyé et le témoin, l'Esprit, soumis à toutes les aventures de la subjectivité humaine, mystique ou rationnelle, peut en effet conduire à tout, l'athéisme compris.

En 1813, dans ses Leçons de Berlin sur *la Théorie de l'État*, Fichte déclare encore, sans abandonner la phraséologie évangélique, et toutefois sans laisser planer la moindre équivoque : « Il faut que la connaissance du royaume des cieux devienne indépendante de la foi historique et de l'affinité particulière de l'âme des individus avec elle ; qu'elle prenne la forme d'un royaume dont tout homme, pourvu qu'il ait l'intelligence humaine, doit s'emparer »[3]. Il s'efforce de montrer que ce Royaume des cieux, jadis annoncé par Jésus, n'est rien d'autre en réalité que le règne de la Raison, telle qu'elle vient enfin de se manifester. Il doit être définitivement établi par l'Esprit, que Jésus a promis mais qui est envoyé par le Père. Ce sera un royaume de liberté. — Mais qu'on ne comprenne pas cela dans le sens mesquin d'une liberté individuelle ! — Grâce à un corps de savants détenteurs de cet Esprit et se faisant éducateurs, le passage doit enfin s'opérer, déjà il se prépare, à « l'Église absolue », coïncidant avec « l'État absolu ». Alors le vrai chrétien n'aura plus à dire, dans une vaine formule d'imploration : « Que ton règne arrive ! » Voyant accomplie

1. FICHTE, op. cit., p. 192. C'est aussi ce que dira Léon Brunschvicg.
2. *L'évolution et la structure de la doctrine de la science chez Fichte*, t. 2, Belles Lettres, 1930, pp. 198-202. Id., Introduction à la trad. ROUGÉ, p. 92.
3. *Staatslehre*. Werke, éd. Fr. Medicus, vol. 6, Leipzig, 1912, p. 625.

la promesse du Christ, il dira : « Ton règne est arrivé ». Tel est l'Évangile des temps nouveaux, le véritable « Évangile éternel »[1].

Joachim de Flore croyait lui aussi que son exégèse était inspirée. Mais elle était la simple annonciatrice, non la créatrice de son Évangile éternel. L'ambition de Fichte est plus vaste : elle est celle d'un démiurge. De ce progrès définitif, de cet « ultime événement de nos jours, celui qui mène la création à son terme, où l'humanité atteint sa pleine liberté, l'affranchissement de sa tutelle », Fichte sait qu'il est le promoteur. C'est par lui, par son enseignement philosophique inspiré, que le Logos incarné du prologue de saint Jean révèle enfin sa vraie nature : il n'est rien d'autre que « la conscience supérieure de soi », dans laquelle s'unissent en se réalisant l'homme, le monde et la divinité. — Au lendemain de la première guerre mondiale, citant ces fières déclarations, le luthérien Wilhelm Lütgert écrira : « On n'en croit pas ses yeux, quand on lit cela, et pourtant Fichte prenait cette conscience de sa charge tout à fait au sérieux ». Lütgert voyait, ou du moins entrevoyait où devait mener ce délire. Mais autour de lui bien peu en pressentaient la sinistre signification possible, et « l'usage pédagogique des universités » s'employait toujours à le « consolider ». « Le troisième règne des spirituels, commente Hasso Jaeger, fascine l'esprit germanique, même sous son aspect le plus sécularisé »[2].

Deux poètes, contemporains à deux ans près, avaient suivi, chacun de son côté mais avec le même enthousiasme, les cours de Fichte à Iéna. Nous l'avons rappelé plus haut. S'il est des écrivains que l'on regrette de ne pouvoir envisager qu'à titre de figurants dans la trop rapide histoire d'un thème, ce sont bien ces deux êtres merveilleux, ces êtres exquis, tourmentés, au destin tragique : l'un foudroyé à trente-deux ans par l'assaut trop violent du flux poétique dont il était investi depuis l'adolescence et qui vint se heurter aux plus misérables réalités ; l'autre mort à vingt-neuf ans, rongé par la phtisie, alors qu'il achevait de décanter l'apport trouble de « tous les illuminés » et de ses propres rêves pour en tirer le plus beau, le plus « catholique » des cantiques spirituels.

L'*Hyperion* de Christian Friedrich Hölderlin (1770-1848), roman symbolique publié en 1797 et 1799, sonne le glas de tout Aufklärung[3]. Il réclame, il proclame une ère nouvelle. « Que tout change foncièrement ! Qu'un nouveau monde jaillisse des racines de l'humain !

1. Op. cit. Cf. l'analyse de Xavier Léon, t. 2, 2, 1927, pp. 260-271.
2. H. E. Jaeger, *Zeugnis fur die Einheit. Geistliche Texte aus den Kirchen der Reformation*. B. 1. Mayence, 1970, pp. 53-57.
3. *Hypérion, ou l'Ermite de Grèce*, vol. 1, livre 1, lettre 6. *Œuvres*, par Philippe Jaccottet. Gallimard. Pléiade, 1967, p. 150.

Partout, que la métamorphose s'accomplisse ! Tout doit rajeunir ! »[1]. « Cette fois, tout va changer... Tout pour tous, et chacun pour tous ! Le feu joyeux qu'il y a dans cette devise » est « un commandement divin » ; devant « le saint règne de l'amour » tout égoïsme s'inclinera[2]. A la base de ces vaticinations enthousiastes, il y a certes, transposés de l'Allemagne à une Grèce fictive, une exigence et un espoir patriotiques, — traversés d'ailleurs de déceptions cruelles : « Je t'avais promis une Grèce nouvelle, et voilà que tu reçois un thrène à la place »[3]. Mais la vision d'Hölderlin est plus haute : surgissant « des formes désuètes et souillées » de notre âge, il contemple déjà « la préférée du Temps, sa plus jeune, sa plus belle fille, la nouvelle Église » ; quand elle sera là, « alors nous aurons trouvé l'élément où l'esprit respire ! »[4]. Cette Église tout invisible, c'est celle qu'il avait « rêvée avec Hegel et Schelling au temps de leurs études communes » à Tübingen[5], celle qu'il appelait encore, dans une lettre du 10 Juillet 1794 à Hegel, « le royaume de Dieu ». Ce devait être entre eux le « mot de ralliement »[6].

Rêve, en réalité, plus païen que chrétien, quoique d'un paganisme très noble, comme tout le montre dans *Hypérion* : « Sainte Nature, ô ma Divinité ! »[7]. A la base, nostalgie d'un monde primitif, d'un premier « âge d'or », de la fraîcheur du paradis perdu. « L'homme ne peut nier qu'il était heureux jadis, comme les cerfs de la forêt, et après d'innombrables années palpite encore en nous un désir des jours du monde primordial où chacun parcourait la terre comme un dieu, où... l'âme du monde, l'air sacré, le cernait encore de son omniprésence... » Nostalgie de « l'harmonie de l'enfance », de son « céleste calme », du « temps de l'innocence »[8]. Nostalgie, toutefois, bien différente d'un passéisme : « à condition qu'il ne soit point prématuré, le temps de l'éveil a sa beauté aussi ». Comme les pres-

1. *Hypérion*, 1, 2, dernière lettre (19), p. 210. Vol. 2, 1, lettres 11 et 14 ; pp. 224 et 229.

2. *Hypérion*, 2, 1, lettre 11 ; p. 224. Lettre 15 ; p. 230.

3. *Hyperion*, 2, 1, 19 ; p. 234. Cf. 1. 1, 7 : « Ce sol profané était sa patrie » ; p. 155 ; « l'étrange projet, que de faire fonder par des brigands mon Élysée ! » (p. 235). Sur le patriotisme de Hölderlin : Geneviève BIANQUIS, introd. à H., *Poèmes*. Aubier[2], 1943, pp. 41-45. — On se rappellera que Hemsterhuis avait esquissé le plan d'une « société idéale sous la forme d'une Grèce mythique restaurée et transfigurée » (A. FAIVRE, dans *Jérusalem la Cité spirituelle*, p. 78.)

4. *Hypérion*, 1, 1, 7 ; p. 159. Le P. Pierre CHAILLET a cité plus longuement ce texte dans la Revue apologétique, t. 66, 1938, p. 519 : *Centenaire de Moehler* ; L'amour et l'unité, le Mystère de l'Église.

5. JACCOTTET, dans l'éd. de 1973 (Gallimard) d'Hyperion, p. 249.

6. *Œuvres*, Pléiade, p. 314.

7. « Nature sacrée », « éternelle victoire de la Nature », etc. Pp. 210, 211, 263, etc. Cf. EMPÉDOCLE ; p. 482 et 486.

8. *Hypérion*, 1, 1, 2 ; 1, 2, 2 ; 15. Pp. 139, 176, 187. Nostalgies analogues dans NOVALIS (5e Hymne à la Nuit, éd. Guerne, t. 1, pp. 260-261) sur les « jardins de délices » du « monde antique », et dans SCHILLER (N. A., trad. R. d'HARCOURT, pp. 81-82) : « Quand le voile magique de la poésie — flottant encore plein de grâce autour de la vérité... »

sentiments de l'enfance « doivent s'évanouir pour devenir vérité dans l'esprit de l'homme mûr, ... ainsi les beaux mythes de la jeunesse du monde, les poésies d'Homère, les prophéties et les visions se flétrissent, mais le germe qu'elles recélaient sera fruit mûr à l'automne. L'innocence et la simplicité des temps primitifs s'effacent pour reparaître dans l'accomplissement de la culture, et la sainte Paix du Paradis se dissipe afin que ce qui n'était qu'un don de la Nature puisse refleurir, devenu désormais conquête et propriété de l'homme ». Il n'y aura « qu'une seule beauté : l'homme et la Nature s'uniront dans l'unique divinité où toutes choses sont contenues »[1]. Il s'agit donc, suivant l'expression de Xavier Tilliette[2], de « recommencer avec conscience ce qui fut vécu sans conscience et qui apparaît rétrospectivement comme l'image du bonheur, mais d'un bonheur incomplet ». « Si l'arbre, à sa base, est flétri, il lui a poussé une couronne nouvelle qui verdoie au soleil », c'est « le deuxième âge du monde »[3].

Mais ce deuxième âge, au contraire du cycle naturel qui toujours recommence, en appelle pour l'homme un troisième : « Tout vieillit et rajeunit. Pourquoi sommes-nous exclus du beau cycle naturel ? ou vaudrait-il aussi pour nous ? — Je le croirais, n'était cet irrésistible désir d'être tout qui gronde au fond de notre âme comme le Titan sous l'Etna ! »[4]. C'est ici que nous retrouvons l'analogue de la triade joachimite. L'attachement aux dieux harmonieux de la Grèce (tels qu'on les concevait alors dans le sillage de Winckelmann et de Schiller, et tels que les prend Hölderlin comme symboles de la Nature, ou plutôt comme la Nature même en ses profondeurs) a marqué pour l'homme la première étape décisive ; mais elle fut dépassée par la religion du Christ, et celle-ci, à son tour, touche à sa fin. Hölderlin « croit à une sorte de crépuscule du christianisme », un peu comme Schleiermacher a paru le croire à la même date, et se persuade « qu'une religion nouvelle — dont il est le prophète — est en train de naître »[5]. L'homme, alors, possèdera le monde ; non, comme l'entrevit quelque temps Novalis, par une sorte de conquête prométhéenne, mais par une contemplation de nature esthétique[6] : « Beauté du monde !... La réconciliation habite la dispute, et tout

---

1. *Hypérion*, fragment Thalia (1794) ; *Œuvres*, pp. 129 et 264.
2. *La nature, la nostalgie et le sacré*, variations sur un thème de Schelling, dans l'Archivio di Filosofia, dir. da Enrico Castelli, Rome, 1974, pp. 387-389.
3. *Hypérion*, 1, 2, 15 ; p. 187.
4. 1, 1, 5 ; p. 146. On reconnaît là l'un des traits fondamentaux de l'expérience d'Hölderlin, signalé par JACCOTTET, p. XI : « une alternance d'attractions diverses ».
5. Ernest TONNELAT, *L'œuvre poétique et la pensée religieuse de Hölderlin*, Didier, 1950, ch. 16, « La Réapparition du Christ », p. 288.
6. Cf. Albert BÉGUIN, *L'âme romantique et le rêve*, nouv. éd., Corti, 1946, pp. 161-164. Sur ce mythe romantique du double âge d'or et les tentations qu'il recèle : ibid., pp. 396-403.

ce qui a été séparé se rassemble. Les artères qui partent du cœur y reviennent ; tout n'est qu'une seule vie, brûlante, éternelle »[1].

Trois ans après la publication d'*Hypérion*, aussitôt après les jours où il fut pour la première fois « frappé par Apollon », Hölderlin compose deux poèmes qui « comptent parmi ses chefs-d'œuvre » et qui montrent mieux la place tenue dans sa pensée par le Christ, entre les « dieux antiques » et « l'Esprit ». C'est *l'Unique*, et c'est *Patmos* (1802).

> ... J'ai chanté le reflet de Dieu qui vit chez les hommes. Pourtant, ô dieux anciens, il en est un encore que je cherche, celui que j'aime entre tous, le dernier de votre race... Mon Maître et mon Seigneur, ô mon Guide ! ... Une ferveur trop vive à toi me lie, ô Christ ! bien que tu sois le frère d'Héraclès..., le frère aussi de Bacchus Euios... Mais une pudeur me retient... Sans doute, je le sais, ton Père est le même... Mais c'est à l'Unique que l'amour m'attache !...[2]

Des dieux du paganisme au Christ — traduisons peut-être, provisoirement : du premier âge au deuxième — il y a donc, en un sens, continuité : « c'est par degrés que le Dieu céleste descend jusqu'à nous » ; Héraclès, Bacchus, bienfaiteurs des humains, et le Christ, leur « frère » : en un sens encore, « trio splendide, verte feuille de trèfle ». Néanmoins « le Christ ne relève que de soi seul[3]. Hercule est tel un prince. Et Bacchus l'unanime esprit. Mais le Christ est le terme »[4]. Nous ne pensons pas qu'il faille simplement reconnaître à ces traits un Christ « hellénistique », « héroïsé, annexé à l'antiquité classique », marchant « en tête du triomphal cortège » que doit former dans l'avenir « la longue théorie des anciens dieux »[5]. Car les anciens dieux ne reviendront pas : rien, dans ce poème, ne suggère un tel retour. S'il est vrai qu'en un sens ils demeurent, c'est parce que « le monde, jour après jour, forme un tout » et parce que tout ce qu'ils représentaient de bon trouve son accomplissement dans le Christ : « Il parfait ce qui manquait aux autres pour que la présence des Divins fût totale »[6]. Hölderlin est en effet « plus préoccupé d'intégrer, d'englober que de dissocier »[7], de montrer un achèvement qu'une

1. *Hypérion*, in fine ; p. 273.
2. *L'Unique*, 1re version et fragment de la 3e. JACCOTTET, pp. 863-867 ; BIANQUIS, pp. 399-407. Nous avons conscience de mutiler le poème en y choisissant quelques lignes pour en mettre à nu le squelette.
3. Ou : « Mais le consentement du Christ vient de lui-même ».
4. JACCOTTET, p. 867.
5. Cf. BIANQUIS, op. cit., introduction, pp. 45-47. Pierre BERTAUX, *Hölderlin, essai de biographie intérieure*, Hachette, 1936, p. 348 : « L'hymne *Der Einzige* est un essai pour intégrer le Christ au Panthéon antique » : l'inverse serait plus exact.
6. Loc. cit., pp. 866 et 867.
7. G. BIANQUIS, op. cit., p. 45.

rupture. Il « considère avec sérieux les dieux grecs comme la figure, aussi révolue que décisive, d'un certain âge du divin ». Ce n'est pas là une vue tout à fait étrangère à la tradition chrétienne : « nous croyons devoir choisir entre le syncrétisme vague... et le mépris expéditif... Les premiers Pères de l'Église procédaient autrement. Hölderlin nous invite, là aussi, à méditer l'union de ce que nos alternatives vaines dissocient ». Reconnaissons toutefois, avec l'auteur de ces remarques, que « le poème reste théologiquement ambivalent »[1].

Et voici maintenant, dans son île, celui qui jadis fut « l'aimé du dieu, le voyant dont la jeunesse bienheureuse avait suivi, compagne inséparable, le Fils du Très-Haut..., l'homme dont les prunelles attentives contemplèrent, tout proche, le visage du dieu ; quand il accomplit le mystère du cep ». A travers Jean, méditant dans sa pauvre demeure à Patmos, Hölderlin évoque la Cène, puis le Calvaire et cet instant où « le jour du soleil, le Jour Royal devint ténèbres et de lui-même brisa son sceptre »... Pleins de réminiscences de l'Évangile, ces vers sont, pour le Christ et « son suprême amour », d'une immense tendresse. Les disciples le revirent, « des cimes de la joie, leur jeter le regard suprême d'un vainqueur ». Cependant, ils demeuraient perplexes : « la vie sous le soleil leur était douce ». aussi « ne voulaient-ils quitter ni le visage du Seigneur, ni leur patrie... » :

Alors il fit sur eux descendre l'Esprit...[2]

L'Esprit travaille sourdement l'histoire. La première Pentecôte n'était qu'une anticipation. « Et ce n'est point chose grave, ... si de la Parole expire peu à peu le vivant écho. Car l'œuvre divine est à la semblance de la nôtre. « Tout à la fois » : telle n'est point l'exigence du Très-Haut »[3]. Les derniers hymnes de Hölderlin ne seront-ils pas « tout frémissants du pressentiment de la Pentecôte nouvelle, de la Pentecôte des peuples », qui ne peut manquer de venir après une période inouïe de ténèbres, de révolutions et de guerres, où le sol européen fut ravagé, mais labouré ?

Par sa communion extasiée avec la Nature, Hölderlin s'était vite écarté de Fichte, qui l'avait un moment séduit. N'aurait-il pas cependant retenu de lui l'image du Voyant de Patmos, entrouvrant aux générations futures la révélation d'un au-delà du christianisme, de ce qui serait l'Évangile éternel ? Plutôt qu'à Joachim de Flore, ce serait donc à saint Jean lui-même (à un saint Jean compris à la double manière de Fichte et de Joachim) qu'il faudrait d'abord, en ce cas, le comparer. « Il n'est guère douteux, a-t-on dit, qu'il

---

1. Jean-Luc Marion, *L'Idole et la distance*, Grasset, 1977, pp. 176-177 et 181. Cf. Alain Michel, *In Hymnis et canticis, Culture et beauté dans l'hymnique chrétienne latine*, Louvain-Paris, 1976, pp. 276-283.

2. *Patmos*. Jaccottet, pp. 867-875 ; Bianquis, pp. 408-421.

3. *Patmos*. Jaccottet, p. 871 ; Bianquis, p. 417.

ne se tienne lui-même pour un saint Jean moderne » ; il aurait même voulu, si nous en croyons M. Ernest Tonnelat, imiter un peu l'auteur de l'Apocalypse « en laissant dans son poème des obscurités, dont plus d'une paraît délibérée »[1]. Toutefois, ne s'éloigne-t-il pas, quoique dans une direction très différente de celle qu'avaient prise les héritiers de l'Aufklärung, de l'Évangile éternel contemplé dans l'Apocalypse aussi bien que de celui qu'avait imaginé Joachim ? Poète-prophète, fasciné par la vision, confuse encore, d'une ère définitive qui s'établirait bientôt en ce monde, d'une ère lumineuse au-delà du règne encore obscur du Christ, n'appartient-il pas malgré tout à la lignée joachimite ? Une vieille tradition reçue dans son milieu souabe et dont il est loin d'être affranchi lui ferait emprunter encore, pour incarner son rêve, les noms du Christ et de l'Esprit ; un profond sentiment personnel lui ferait mettre bien au-dessus des anciens dieux ce Jésus dont il dit cependant qu'il est leur « frère » ; mais le considère-t-il encore comme « le Sauveur définitif et l'Avènement du Royaume de Dieu » ? Et quant à l'Esprit que promettait Jésus, n'est-il pas devenu pour lui « l'Esprit du monde qui opère la mutation de l'histoire, du langage sacré et des noms que portent les messagers du salut »[2] ? « Je crois sentir, dit son héros, l'Esprit du monde comme dans la mienne la chaude main d'un ami »[3]. Cet Esprit n'est sans doute pas purement « naturiste » ; « l'Air sacré », « le bel Ether » chantés avec amour n'en sont que les symboles ; on a justement relevé chez notre poète « une volonté constante d'épurer, d'élever, de spiritualiser, d'englober le réel dans une grande synthèse où la Nature épouse l'Esprit », volonté qui ferait de lui « le poète hegélien avant la lettre »[4]. Elle n'en ferait pas le héraut de l'Esprit du Christ. A travers lui et ses contemporains, la postérité de Joachim de Flore poursuivrait donc la série de ses métamorphoses.

Avouons ici, pour commencer, un doute. Une telle interprétation suppose chez Hölderlin en matière religieuse une intention prophétique dont on ne voit guère de trace en son œuvre. Elle prend appui sur une mention de « l'Esprit du Monde » qui figure dans *Hyperion*, mais non dans les Hymnes bien postérieures de *l'Unique* et de *Patmos*. Celles-ci chantent autre chose que les épousailles de la Nature et de l'Esprit. Leur symbolique, pour une grande part, est indubitablement chrétienne, et à les lire ingénuement, on trouve plutôt, dans l'une et dans l'autre, le contraire d'un appel à un dépassement par l'Esprit : dans *l'Unique*, le Christ est « la fin » ; dans *Patmos*, « le Père » veut « que soit rendu visible le

1. Op. cit., ch. 17, « Résurgences chrétiennes », p. 303.

2. Hans Urs von BALTHASAR, *Romano Guardini*, trad. Émile RIDEAU, Fayard, 1971, p. 81. *Herrlichkeit*, vol. 3, pp. 765-676. Cf. HÖLDERLIN, *Empédocle*, 1re version, 1798 ; JACCOTTET, p. 529.

3. *Hypérion*, I, 1, 3 ; p. 140. Il est significatif qu'il ajoute : « Quand je me réveille, je doute si je n'ai pas serré que mes propres doigts ».

4. G. BIANQUIS, introd. aux *Poèmes*, pp. 34 et 51.

sens profond » de ce qui « perdure », il veut « que la lettre en sa fermeté soit maintenue avec soin »[1]. On ne s'arrêtera pas à la pensée trop simple que le débat ici soulevé serait vain, les hymnes étant « une œuvre exclusivement poétique » et leur « contenu d'idées » n'ayant par conséquent « qu'une importance secondaire, les idées ne valant en poésie « que par leur potentiel d'émotion »[2]. La seule question qui se pose est celle de savoir si l'inspiration de ces hymnes est vraiment chrétienne, ou si une affabulation chrétienne y veut exprimer autre chose. Marquent-ils « un retour au christianisme », ou au contraire, comme l'a cru Pierre Bertaux, « un paganisme mieux assuré »[3] ? Or la réponse ne nous paraît guère douteuse. Leur inspiration chrétienne est corroborée par une autre hymne, qui les précède de peu : *Fête de paix*. Jean-Luc Marion, se référant à un mémoire inédit de J.-M. Garrigues, qui lui-même était stimulé par une analyse due à Érik Przywara, a montré que sa deuxième strophe « reprend presque mot à mot l'hymne christologique de l'Épître aux Philippiens »; le terme de « renoncer » y traduit l'idée de la kénose que saint Paul exprimait par « se vider », et la strophe s'achève « par l'exaltation paternelle du Fils » devant qui tout genou fléchit. Un peu plus loin, la personne du « Prince de Paix », qui est « le Fils », « se déploie dans l'ampleur « trinitaire » le plus explicitement possible »[4]. Après s'être ainsi fixée « sur un des textes christologiques les plus décisifs de la tradition chrétienne », placé dans le contexte de son dogme essentiel, la méditation d'Hölderlin se poursuit sur la place du Christ dans l'histoire spirituelle de l'humanité, puis sur la nécessité de son apparent retrait : c'est à la fois *l'Unique* et *Patmos*. Le visage du Seigneur a disparu, le poète ne veut pas s'en attrister comme jadis les apôtres, dont « l'excès d'amour », mal entendu, était « riche de périls ... Il fallait accepter le temps perdu des théophanies, le départ apparent du Christ, mêlé à sa Résurrection : c'est pourquoi... toute la part chrétienne des hymnes se trouve centrée sur Emmaüs »[5]. Ne réclamons pas du poète les précisions conceptuelles de la théologie. Ne nous étonnons pas non plus des fluctuations possibles d'une pensée qui peut-être ne se domine pas toujours. Une certitude demeure : le Christ est toujours le pôle qui l'attire ; c'est toujours le Christ que Hölderlin veut chanter. Faisons nôtre ici la réflexion de Pierre Bertaux : « Au moment où, disent les psychiâtres, la folie s'empare de Hölderlin, il donne de sa sagesse la preuve la plus éclatante, se montrant plus sensé que ceux qui par la suite ont voulu faire de lui un prophète »[6].

1. Jaccottet, pp. 867 et 873.
2. Bertaux, op. cit., p. 330.
3. Bertaux, p. 329, à propos des hymnes qui précèdent.
4. Op. cit., p. 145-149. *Fête de paix*, trad. du Bouchet. Jaccottet, p. 859 et 861.
5. Alain Michel, op. cit., p. 281. Voir *Patmos*, pp. 869-870.
6. Op. cit., p. 350. J.-L. Marion, p. 177, rappelle « l'étrange déclaration rapportée par W. Waiblinger, « Je suis précisément sur le point de me faire catholique ». Cf. P.-J. Jouve, *Poèmes de la folie de Hölderlin* ; Gallimard, 1963, p. 130.

II

Novalis et Friedrich Schlegel

Dans un de ses cahiers d'études, en 1795 ou 1796, le jeune Frédéric de Hardenberg (1772-1801), qui d'après un ancien nom de famille se surnomma Novalis, écrivait : « L'humanité ne serait pas l'humanité, si le royaume millénaire ne devait pas venir » ; et encore, faisant écho à Lessing : « Un règne de mille ans est-il possible ? tous les vices seront-ils bannis un jour ? — Quand sera achevée l'éducation en vue de la raison »[1]. Il est gorgé de lectures, poétiques, philosophiques, mystico-gnostiques. Plotin, Eckhartshausen sont ses familiers. Böhme lui inspire un poème :

> ... Le temps est arrivé, le mystère
> ne sera plus caché.
> Dans ce livre le matin fait irruption
> Puissamment dans le temps.
> Annonciateur de l'Aurore,
> tu seras le messager de la paix...

La *Loge invisible* de Jean-Paul le met en état d'ivresse. Il rêve aussi de palingénésie : l'idée était alors partout. A la suite du philosophe hollandais Hemsterhuis, auteur préféré de sa vingtième année, il est séduit par le mythe du double âge d'or, celui de l'origine et celui de la fin ; mais il l'entend autrement que Hemsterhuis, d'après qui l'âge médian, misérable, provenait non d'une chute morale, mais d'une catastrophe géologique. Dès sa première rencontre avec Frédéric Schlegel il lui expose « avec une sauvage ardeur que le mal n'existe pas dans le monde et que tout s'approche à nouveau de l'âge d'or »[2] ; il lui écrira que « l'histoire universelle va de la monotonie à l'harmonie, en passant par la disharmonie » ; il attend, lui dit-il, « l'Église à venir », qui sera l'Église de l'amour et de l'harmonie, et dont il célèbre en Zinzendorf l'un des précurseurs isolés[3]. Il n'est d'ailleurs pas seulement lecteur avide, mais travailleur appliqué. Bientôt ses idées vont prendre corps dans un écrit étonnant, sorte de manifeste

---

1. NOVALIS, *Œuvres complètes*, éd. établie, traduite et présentée par Armel Guerne. Gallimard, 1975 ; « monument de science et de piété élevé au docteur angélique du romantisme allemand » (X. Tilliette). T. 2, pp. 19 et 22.
2. Fr. Schlegel à son frère Auguste-Guillaume, janvier 1792. Trad. M. de GANDILLAC ; NOVALIS, *Encyclopédie*. Éd. de Minuit, 1966, p. 11.
3. A Fr. Schlegel, 8 juillet 1796. Cf. Maurice BESSET, *Novalis et la pensée mystique*, pp. 43 et 114. AYRAULT, t. 2, p. 505.

prophétique empruntant la forme d'une vaste fresque historique : *Europe, ou la Chrétienté* (1799).

> Les temps ont existé, pleins de splendeurs et de magnificences, où l'Europe était une terre chrétienne, où tout ce continent formé et façonné humainement n'était le domicile que d'*une* Chrétienté, avec *un* même et puissant intérêt commun liant entre elles les provinces les plus éloignées de ce vaste royaume spirituel. Sans empire temporel considérable, il y avait *une* autorité suprême qui régnait sur les grandes forces politiques et les maintenait unies... Rome était Jérusalem : la sainte résidence du royaume de Dieu sur la terre...[1].

Cependant, le cours de l'histoire est fait de perpétuelles alternances ; croissance et décadence sont le lot de tous les peuples. La chrétienté se dégrada dans l'impuissance et l'abjection de la lettre, et le monde fut alors saisi d'une nouvelle inspiration. Celle-ci tourna vite en révolte ; les insurgés « s'arrachèrent criminellement à la communauté universelle des chrétiens... Luther traita le christianisme avec beaucoup d'arbitraire, il en méconnut l'esprit », et ce fut sans tarder « une nouvelle lettre et une nouvelle religion ». A peine « la flamme céleste » avait-elle un instant brillé de nouveau, que tout se desséchait. Les Églises protestantes enfermèrent la religion au dedans des frontières nationales ; la philologie, science toute profane, exerça son action stérilisante, la lettre anéantit l'Esprit mystique :

> Jamais jusqu'alors la philologie n'avait eu un pouvoir aussi destructeur, et ceci à cause de l'immense ampleur de la Foi catholique, la souplesse et la richesse de sa substance : telles la valeur ésotérique de la Bible, la sainte autorité des Conciles et la spirituelle souveraineté pontificale ; tandis que maintenant, ces grands correctifs ayant été supprimés, ... la nudité du texte biblique et son indigence littérale... pèsent de plus en plus lourdement et opposent infiniment leur obstacle au libre épanouissement, à la pénétration et à la révélation du Saint-Esprit[2].

1. Trad. Guerne, t. 1, pp. 307 et 309. En 1804, dans son poème *Blumensträusse*, dont Mme de Staël cite deux stances (*De l'Allemagne*, 2e partie, ch. 31 ; éd. de Pange, t. 3, Hachette, 1969, pp. 343-344), A.-W. Schlegel dira de même : « L'Europe était une dans ces grands siècles, et le sol de cette patrie universelle était fécond en généreuses pensées, etc. »

2. Trad. Guerne, t. 1, p. 312. Pour d'autres passages nous utilisons aussi, en abrégeant légèrement, la traduction de Geneviève Bianquis, Aubier, 1947 : Novalis, *Kleine Schriften*, pp. 141 à 159 : *Die Christenheit oder Europa* (édition bilingue).

Avec la Réforme, donc, « c'en fut fait de la chrétienté ». Novalis insère ici un curieux panégyrique de la Société de Jésus : grâce à cette fondation nouvelle, le catholicisme put survivre ; elle fut « le tout dernier rempart de l'unité catholique », propagea la foi « sur toute l'immense étendue des Amériques à la Chine » et même fut « la mère des sociétés dites secrètes »[1]. Mais la fatalité l'emporta. En France, la philosophie se mit à « nettoyer la nature de toute poésie, à détruire toutes les traces du divin » ; en Allemagne « on tente de donner à la vieille religion un sens nouveau, rationnel, plus banal, en la dépouillant de tout merveilleux et de tout mystère... » Cependant, n'est-on pas aujourd'hui « en droit d'attendre une résurrection, un rajeunissement, sous une forme neuve et meilleure ? ». Tout renaît à travers d'innombrables métamorphoses, en formes de plus en plus riches... Voici que « du sein de la destruction la religion relève sa tête glorieuse, et recrée un univers »[2].

Il y a toutefois un danger. La lettre, une fois encore, « fera-t-elle place à une autre lettre ? ». Ce danger, l'Allemagne l'évitera, elle qui « précède d'une marche lente mais sûre tous les autres pays européens ». Elle entrevoit « une histoire nouvelle, une humanité nouvelle, la suave étreinte d'une jeune Église surprise et d'un Dieu aimant, la conception intime d'un nouveau messie dans les mille membres de cette Église à la fois. Qui donc ne ressent la douce honte d'avoir été fécondé ? Le nouveau-né sera l'image de son père, un nouvel âge d'or aux yeux sombres et infinis, une époque prophétique, consolante et créatrice de vie éternelle ; une grande ère de réconciliation... La forme contingente est à peu près détruite, la vieille papauté gît au tombeau, et Rome est une seconde fois en ruine ; le protestantisme ne doit-il pas enfin cesser d'exister et faire place à une Église nouvelle et plus durable ? Tous les véritables membres de la famille religieuse ne devraient-ils pas aspirer à voir le Royaume des cieux s'établir sur terre, à y entrer, et entonner des hymnes sacrés ? Il faut que la chrétienté redevienne vivante dans cette nouvelle Église, dont l'essence sera la liberté ». « Quand sera-ce ou quand ne sera-ce pas ? Voilà une question interdite. Patience ! Il doit venir et il viendra l'âge sacré de la paix éternelle... ; jusque là, soyez sereins et courageux dans les dangers du siècle, ô vous qui partagez ma foi, annoncez par la parole et par l'acte l'Évangile divin... »[3].

Qui n'admirerait cette effusion de lyrisme ? qui n'en sentirait la sincérité profonde ? Mais aussi, qui ne s'étonnerait d'un prophétisme si fantastique, surgissant, non d'un poème, mais d'un traité sur

---

1. GUERNE, pp. 313-315. Frédéric Schlegel sera plus tard un vigoureux défenseur des Jésuites (AMSTETT, op. cit., p. 403). Mais dès avant cette époque, dans les milieux piétistes et mystiques dont dépendra Novalis, la dispersion des jésuites avait soulevé « d'immenses regrets ». Cf. Éd. SPENLÉ, *Novalis, essai sur l'idéalisme romantique en Allemagne*, Hachette, 1906, p. 281.

2. Cf. trad. BIANQUIS, pp. 141-159.

3. Ibid., pp. 159-177.

l'Europe ? Qui ne discernerait, en dépit des critiques adressées à ses prédécesseurs, une certaine continuité de Novalis avec eux dans la conception de l'âge attendu de l'Esprit ? Le mythe de l'ancienne chrétienté n'est-il pas quelque peu l'analogue du mythe des anciens dieux héroïques chez le premier Hölderlin ? Le nouvel âge d'or attendu ne nous ramène-t-il pas plutôt aux rêves de l'antiquité, projetés du passé dans l'avenir, même si l'on y doit chanter des hymnes sacrés, tout comme les contemplatifs entrevus par l'abbé de Flore ? Persuadé tout autant que les rationalistes du siècle précédent, traités par lui de « philistins », qu'il participe « à une époque de culture supérieure », Novalis ne nous apparaît pourtant guère moins archaïque, moins naïf ou moins aberrant que l'exégète médiéval aux méthodes froidement délirantes de « l'Évangile éternel »[1]. Lorsqu'il nous dit encore que « le Saint-Esprit nous est plus que la Bible » et que celle-ci est toujours « en voie de croissance »[2], nous craignons de discerner dans ses propos plus qu'une revendication « catholique » en face d'un certain biblicisme : n'est-ce pas en réalité l'essence du joachimisme qu'il paraît reprendre à son compte ? Et sous ces formules qui ne sont encore pour lui qu'une lettre, ne nous invite-t-il pas à deviner un sens plus ambitieux encore lorsqu'il ajoute : « Un jour il n'y aura plus de nature, tout se transformera peu à peu en un univers spirituel » ?

« Voici les premières douleurs, — que chacun soit préparé pour la grande naissance ! »[3]. Novalis n'annonce pas seulement un état de choses que l'homme n'aurait qu'à recevoir, passif ; il fait appel à un effort de volonté, caractéristique de sa propre nature. « Je sais, écrivait-il un jour à son ami Just, qu'il est en l'homme une force qui entourée de soins attentifs, peut s'épanouir en une étrange énergie ». Magnifique acte de foi, commente Albert Béguin, dans les ressources de l'âme humaine. Béguin, toutefois, discerne l'élément dit « magique » qui est au cœur d'un tel acte de foi : c'est « un élément de volonté et de confiance terrestre : il n'est pas nécessaire... d'attendre de la mort la véritable naissance à un état divin. L'homme, pourvu qu'il sache le vouloir, peut nourrir l'espoir de connaître, dès cette terre, la plénitude de la joie divine... Novalis soutient, parce qu'il ne saurait vivre privé de cette certitude, qu'un âge d'or est promis à l'homme mais ne lui sera accordé que lorsque lui-même l'aura inventé : par la conscience supérieure où s'intégrera tout l'inconscient, par la magie poétique, qui est la véritable prise de possession de l'unité »[4].

Novalis reviendra d'une telle ambition. D'autre part, en lisant son manifeste, on doit se rappeler et la jeunesse de l'auteur et la date à laquelle il écrivait : il assistait à la ruine apparemment totale

1. Cf. H. Lichtenberger, *Novalis*, Bloud[3], 1912, pp. 164-176.
2. Fragment de 1799 ou 1800 ; Guerne, t. 1, p. 400.
3. Guerne, t. 1, p. 321.
4. Béguin, op. cit., pp. 197 et 206.

du christianisme, rongé en Allemagne par le rationalisme et abattu en France par la violence impie. Sa logique n'était pas non plus sans faille. Tout en croyant constater que « l'ancienne papauté repose dans la tombe », il notait la « nécessité d'un pape et d'un concile pour la régénération de l'Europe » et concluait que pour « se faire de nouveau vivante et efficace » la chrétienté « devait se former en une Église visible..., conciliatrice entre le monde ancien et le monde nouveau »[1]. Il observait que « le révolutionnaire » est semblable à Sisyphe ». Maistre et surtout Bonald l'ont, au jugement d'Ayrault[2], certainement inspiré. Il envisageait avec sympathie un réveil, « sous un autre nom peut-être », de l'ordre des jésuites, qui était seulement « en sommeil ». Dans la nouvelle Église qu'il annonçait, c'était encore Rome, « la nouvelle Jérusalem » qui serait « la capitale de l'univers »[3]. Son attrait pour « la religion catholique, beaucoup plus visible, plus intégrale à la vie et plus familière que la protestante »[4], éclatait à chaque page. Lorsqu'il évoquait « l'ancienne foi catholique, sa présence en tous lieux et en tous temps dans la vie, son amour de l'art, sa profonde humanité, les liens indissolubles de ses mariages, l'humaine charité de sa Communion, la joie qu'elle trouvait à la Pauvreté, à l'Obéissance et à la Fidélité »[5], on sentait bien, quel que fût son comportement individuel, qu'il ne prononçait pas un éloge funèbre, et que ses propos, s'ils étaient ceux d'un poète, n'étaient pourtant pas ceux d'un esthète. Dans une page impitoyable, il disait qu'en ébranlant l'organisme catholique, la Réforme du XVIe siècle avait déclenché un processus destructeur qui ne s'arrêterait pas avant d'avoir éteint toute foi et broyé tout l'homme :

> Ce qui n'était au début que haine personnelle envers la seule foi catholique vint petit à petit prendre en haine la Bible, la foi chrétienne, la Religion enfin, en son sens absolu. Mieux encore, cette haine envers la Religion, par une pente très naturelle et très logique, s'étendit à tous les objets de l'enthousiasme : imagination et sentiment, sens moral et amour de l'art... ; c'est à peine si l'homme était laissé à sa place au premier rang des êtres naturels ; l'infinie musique créatrice des mondes n'était plus que le bruit du battement monotone d'un moulin monstrueux, entraîné par les flots du Hasard et voguant sur ses eaux, moulin en soi, sans architecte ni meunier, pur *perpetuum mobile*, un moulin toujours en train de se moudre soi-même...

---

1. Esquisse de *Europe* et Conclusion, trad. GUERNE, t. 1, p. 324.
2. T. 3, pp. 438 et 483 ; cf. 349-351 et 493 : influence de son ami Tieck pour son jugement sur le destin de la Réforme, et atmosphère favorable aux jésuites créée par Lavater et Jung-Stelling (p. 493). La *Théorie du pouvoir politique et religieux* de Bonald était parue en 1796.
3. *Europe*, GUERNE, t. 1, pp. 314-315, 317-319.
4. Note de 1798. GUERNE, t. 2, p. 122.
5. *Europe*, GUERNE, t. 1, p. 323.

Suivait un tableau cruel de la « splendide et sublime Philosophie » se constituant en « Église nouvelle », porteuse d'une « foi nouvelle », au spectacle de laquelle Dieu était invité en « spectateur naïf » et émerveillé. Cette « histoire de l'incrédulité moderne » était, concluait Novalis, « la clef de tous les phénomènes monstrueux des temps nouveaux »[1]. C'est précisément pourquoi Frédéric Schlegel, à la lecture du manuscrit d'*Europe*, prit peur ; craignant le scandale, il consulta Göthe, sur l'avis duquel il fit refuser la publication dans l'*Athenaeun*[2]. Le texte ne paraîtra, encore incomplet, qu'en 1826, glissé furtivement par Schlegel, devenu entre temps catholique, dans la quatrième édition des Œuvres de Novalis, à l'insu de Tieck, chargé avec lui de cette édition[3]. Il faudra attendre 1880 pour avoir le texte intégral.

Quelques mois après avoir écrit *Europe*, Novalis jetait cependant sur le papier ces réflexions : « Ne pourrait-on pas songer à confectionner plusieurs évangiles ?... Et n'y a t-il pas aussi un Évangile de l'avenir ?... » Questions sans doute provoquées par ses entretiens avec Frédéric Schlegel, qui lui avait écrit l'année précédente : « Peut-être as-tu plus de talent que moi pour faire un nouveau Christ, qui trouverait en moi son vaillant saint Paul ». Il lui avait répondu, avec un sérieux enfantin : « Tu seras le saint Paul de la nouvelle religion qui partout commence à poindre, un des promoteurs de l'ère nouvelle, — de l'ère religieuse ». Il se persuadait que « les livres des évangélistes contiennent les éléments fondamentaux d'évangiles nouveaux et supérieurs »[4]. Il écrivait encore, cette fois avec une netteté qui semble tout à fait joachimite : « A vrai dire, nous sommes toujours encore dans l'Ancien Testament ; le Nouveau Testament est toujours pour nous un livre scellé de sept sceaux »[5]. C'étaient là cependant pensées de jeune poète, pour qui « le poète est l'élu de Dieu », seul capable de trouver les expressions d'une religion renouvelée. Dans sa première œuvre, *Les apprentis de Saïs*, rédigée semble-t-il quelques mois auparavant, il avait fait entendre un son légèrement autre, mais accordé. La Nature était un vaste temple

1. Il ne parlait de la sorte qu'en témoin de son temps ; mais l'image à laquelle il aboutissait ne constitue-t-elle pas une anticipation prophétique ?

2. Détails dans Xavier Léon, *Fichte et son temps*, t. 2, Colin, 1924, pp. 408-410. Il avait d'abord envisagé de publier en même temps, suivant un procédé bien connu, un écrit de Schelling de tendance épicurienne ; mais son frère s'opposa à ce jeu de balance.

3. C'est ce texte que lut Montalembert. D'où son article enthousiaste, *Novalis, le catholique*, dans l'*Avenir* du 9 sept. 1831 : « On verra combien son âme, son esprit, son génie étaient catholiques... ; cette merveilleuse sympathie entre lui et nous ... Nous avons trouvé une similitude remarquable entre ses doctrines et les nôtres sur le passé et l'avenir du monde, etc. » Article recueilli dans *Mélanges d'art et de littérature*, 1861, pp. 387-403. Montalembert a remarqué le passage sur « la philologie substituée à la parole de Dieu, à la piété et à la foi ».

4. Cf. Roos, op. cit., pp. 308-311.

5. Fragments des dernières années (1799-1800). Guerne, t. 2, pp. 372 et 381.

dont les inscriptions hiéroglyphiques étaient indéchiffrables aux savants, mais accessibles aux poètes. Or, voici ce que Novalis, en bref, y découvrait : « Il semble devoir peu à peu revenir, cet âge d'or ancien, où la Nature était l'amie des hommes... » ; et dans une note de 1799, énumérant les quatre derniers temps de la « Métamorphose du Temple, à Saïs » : « L'Enfant et son (saint) Jean — le Messie de la Nature — Le *Nouveau* Testament — et la Nature nouvelle, comme une Jérusalem nouvelle »[1]. Dans son roman inachevé, *Henri d'Ofterdingen*, le mythe de l'Age d'Or reviendra triomphant, avec des colorations böhmiennes ; dans le résumé donné par Tieck de la dernière partie, demeurée informe, du roman, une petite fille est assise auprès d'un cercueil : elle est à la fois « le monde de l'origine et l'Age d'Or terminal ; la religion chrétienne est ici réconciliée avec la païenne, l'histoire d'Orphée, celle de Psyché et d'autres sont chantées »[2].

Dans ces textes énigmatiques, ne voyons pas trop vite un retour à quelque naturisme. Ce sont œuvres d'imagination. Novalis, poète, parle par symboles. Peut-être même la circularité qu'ils insinuent nous offre-t-elle la clé nécessaire à l'intelligence de ce qu'on peut appeler son prophétisme. De part et d'autre, la leçon dernière est la même. Il s'agit moins, finalement, de l'histoire universelle ou du cycle de la Nature que de l'histoire intime et de la destinée de chaque homme[3]. « Le royaume de Dieu est au-dedans de vous ». Pas plus que le Jour du Jugement, « la période que l'on appelle Royaume millénaire » ou second Age d'Or n'est unique ; elle n'est point à venir sur terre et pour tous, mais « elle est et se perpétue toujours parmi nous ; les meilleurs d'entre nous, qui déjà du temps de leur vie ont atteint au monde spirituel, ne meurent qu'en apparence ». Il y a là un effort d'élucidation que nous pouvons retenir. Novalis y maintient son idée de palingénésie, mais en laissant ouverte la question d'une double interprétation possible : « Chaque homme peut, par sa moralité, provoquer son Jour du Jugement... Celui qui ne parvient point ici-bas à la perfection, y parvient peut-être au-delà, — ou bien il lui faut commencer une nouvelle fois sa carrière terrestre »[4]. Mais dans un de ses *grains de Pollen* il est plus affirmatif : « L'imagination place le monde futur soit au-dessus de nous, soit au-dessous, soit encore dans la métempsycose. Nous rêvons de voyages à travers l'univers ! L'univers n'est-il point en nous ? Nous ne connaissons pas les profondeurs de notre esprit ». Entre les mondes

1. Dans GUERNE, t. 1, pp. 45 et 66-67. Le « messie de la Nature » est l'homme. Dans l'intervalle entre les deux âges d'or, la Nature est un « effrayant Moulin de la Mort » : pp. 46-47. Cf. SPENLÉ, *La pensée allemande de Luther à Nietzsche*, Colin, 1967, pp. 60-61.

2. GUERNE, t. 1, p. 231. BESSET, op. cit., pp. 161-195. « Livre à la fois initiatique et encyclopédique » (Tilliette).

3. Grand répertoire général ou, comme traduit Ayrault, « Brouillon général » ; ce « Brouillon universel, dit X. Tilliette, ce réservoir de l'« Encyclopédistique » projetée » : APH, 41, 1978, p. 159. — 1798-1799, n° 275. V. infra.

4. Note datant des études à Freiberg, 1798-1799. GUERNE, t. 2, pp. 203-204.

imaginaires et la pure intériorité, il oscille sans trouver l'équilibre. Quoi qu'il en soit de chacun, note-t-il encore dans son « grand répertoire », « la paix éternelle est déjà présente, — Dieu est parmi nous, — l'Age d'Or, le voici »[1]. — Et cet autre grain de Pollen, si évangélique, et qui mûrira chez Dostoievski : « Là où sont les enfants, là est un âge d'or »[2].

Cependant, quel est en réalité ce « royaume », ce « monde nouveau » ? Dans les nombreuses notes de son « grand répertoire général » et dans celles qui l'accompagnent, les rémanences de ses lectures « gnostiques » ne manquent pas. Armel Guerne, interprète aussi clairvoyant que bienveillant, nous détourne d'une interprétation rapide, qui pourrait être erronée : « Il pensait au moyen d'une langue bien trop peu *avertisseuse*, bien trop facile... aux confusions suspectes, pour se méfier... des conséquences qu'en pourraient tirer d'autres consciences... capables d'un rêve tout aussi passionné, mais appliquées strictement au monde profane[3] ». Les *Hymnes à la Nuit* eux-mêmes mettent souvent leur exégète dans l'embarras. Dans l'hymne cinquième, et dans ceux qui l'accompagnent, les rémanences de ses lectures « gnostiques » ne manquent pas. Ces *Hymnes* ne seront pas toujours non plus d'interprétation facile. Cependant l'Hymne cinquième, qui est sans doute son chant le plus profondément personnel, lève l'ambiguïté qui demeurait. On observe chez Novalis une évolution analogue à celle de Hölderlin, mais plus nette encore. Pour Hölderlin, « l'Unique » était malgré tout « frère d'Héraclès » et le sens d'une telle expression pouvait prêter à controverse. Pour Novalis, affranchi de l'obsession des dieux antiques, c'est le Christ qui crée le seul monde nouveau[4] ; en lui tout est transfiguré :

> ... Au sein d'un peuple devenu le mépris de tous en sa maturité précoce... apparut le Monde nouveau, sous un jour jamais vu : dans la masure poétique de la Pauvreté, un fils de la première Vierge et Mère... O Christ, tes bien-aimés te voient, prononçant les Paroles cueillies à l'Arbre de la Vie ; ils te voient te jeter dans les bras du Père, toi le porteur de la jeune humanité, porteur du vase à jamais débordant du futur Age d'Or[5].

« L'Unique, le Dieu-homme », « médiateur », « centre de l'uni-

---

1. *Grand répertoire général* ; p. 289. POLLENS, 97 ; t. 1, p. 375.
2. POLLENS, 97 ; t. 1, pp. 375.
3. Introd. à *Europe* ; t. 1, p. 306.
4. Cf. AYRAULT, t. 1, p. 1961, p. 57. J.-L. VIEILLARD-BARON, *Vision prophétique et religion*, dans *La Foi prophétique et le Sacré*, 1977, pp. 109-110.
5. GUERNE, t. 1, pp. 261-263.

vers », « omniprésent grand-prêtre »[1], est Fils de la Vierge Marie. C'est pourquoi le même Hymne chante la mère après l'enfant :

... Vers toi, Marie, déjà se lèvent
Des milliers de cœurs...

Déjà, dans *Europe*, distinguant trois visages de christianisme, laissés d'abord au choix de ses lecteurs, Novalis désignait le troisième comme « la croyance au Christ, à sa mère et aux saints »[2]. Et ses *Chants religieux*, « véritables chants d'église » mais nullement exotériques, occupant au contraire « une place centrale et rayonnante » dans son œuvre, reprennent la même louange et la même prière :

O Mère, il suffit d'une fois Te voir
Pour n'être jamais pris en perdition...
... S'il n'est qu'un enfant pour voir Ton Visage
Et se confier à Ta sainte garde,
Alors défais-moi des liens de l'âge
Et refais de moi Ton petit enfant.
L'amour de l'enfant, sa fidélité
M'habitent toujours depuis l'Age d'Or...[3]

« Rien n'est plus beau », a écrit Albert Béguin, que ces derniers chants « où tous les espoirs que le poète mettait jadis dans une conquête active et magique sont reportés sur une piété humble, une attente de la grâce ». Peut-être convient-il seulement d'ajouter que dans la mesure où il y eut évolution, cette évolution fut rapide et mériterait plutôt le nom de dévoilement. Albert Béguin ne dit-il pas lui-même que Novalis fut un « esprit religieux avant tout »[4] ? Dans une lettre à une amie française, écrite en 1838, Auguste-Guillaume Schlegel, demeuré sceptique, rappelait que son jeune ami de jadis, « penseur audacieux, rêveur divinatoire, à la fin visionnaire, se donna tout de bon à la foi chrétienne, comme un oiseau de passage, fatigué par son vol au-dessus d'un immense océan, s'abat sur une petite île verdoyante et y oublie... la vaste contrée qu'il avait voulu atteindre »[5]. Laissons à Auguste-Guillaume la responsabilité de sa belle image. Mais deux ans après, en 1840, un autre ami de jeunesse, Hendrick Steffens, après avoir rappelé que Novalis « était tout entier poète et rien d'autre que poète », que « toute la vie pour lui n'était qu'un

1. Cf. Pollens ; Guerne, t. 1, pp. 368 et 369.
2. Guerne, t. 1, p. 323.
3. Guerne, t. 1, pp. 300 et 301 (14e chant) ; cf. p. 302 (15e chant). Ces deux chants procèdent du 5e *Hymne à la Nuit* et « occupent une place essentielle » dans « l'architecture intérieure des Chants religieux ». Guerne, t. 1, pp. 271-272.
4. *L'âme romantique et le rêve*, p. 215 et p. 196.
5. Lettre écrite en français, *Les romantiques allemands*, présentés par Armel Guerne, DDB, 1956, pp. 275-276.

mythe profond », n'entendait pas du tout nier par là le caractère authentiquement religieux et chrétien de sa pensée ; si beaucoup de ses lecteurs découvraient dans ses écrits « le mystère spirituel de l'existence » et s'ils éprouvaient à son contact « un réconfort tout semblable à celui du pieux chrétien dans les Saintes Écritures », c'est que « Novalis, en effet, était chrétien et religieux au sens le plus profond du mot... ; et nul n'ignore que son penchant vers le catholicisme était on ne peut plus marqué, et que personne peut-être n'a plus attiré la jeunesse au catholicisme »[1].

Dans cette année 1799, année si féconde, où tout se précipite[2], avant la dernière maladie et la mort, une note du « grand répertoire général » nous paraît éclairer, chez le jeune poète, les liens entre l'histoire et l'âme, et réduire du même coup à leur juste mesure les expressions les plus joachimites de son vocabulaire, devenues simples rémanences :

> Histoire. — La Bible commence magnifiquement par le Paradis, symbole de la jeunesse, et se clôt avec le royaume éternel, avec la Cité de Dieu... En chaque membre de la pure grandeur historique, il faut en quelque sorte que la grande histoire se retrouve symboliquement rajeunie .. L'histoire de tout homme devrait être une Bible, et elle deviendra, elle sera une Bible. Le Christ est le nouvel Adam. Idée de la régénération, de la nouvelle naissance...[3].

Contemporain de Novalis, Frédéric Schlegel devait survivre longtemps à son ami. En 1798, l'année de la fondation de l'*Athenaeum*, il était grand admirateur de Lessing et de son Évangile éternel ; il annonçait à Novalis qu'il voulait « fonder une religion nouvelle », la vraie religion pressentie par Lessing ; ce serait une « métamorphose », tout à fait sécularisée, du christianisme ; elle se confondrait pratiquement avec la culture, et son objet serait l'humanité. En 1799 il écrivait à son frère qu'il la voyait « déjà poindre » et qu'elle serait « la plus grande chose que puisse enfanter l'époque moderne » ; comme le christianisme primitif avait absorbé l'empire romain, elle absorberait la Révolution française...[4] : Après s'être

1. *Souvenirs de ma vie dans le cercle romantique.* GUERNE, op. cit., pp. 330-331.
2. X. Tilliette nous avertit, loc. cit., p. 160, que pour les fragments philosophiques « le problème d'interprétation... se complique du fait de la brièveté du temps et de la fermentation intellectuelle prodigieuse et désordonnée, sans compter l'ébranlement des esprits à l'apparition de la *Doctrine de la Science* ».
3. Éd. GUERNE, t. 2, p. 276. On n'oubliera pas qu'il s'agit dans ce vaste répertoire de matériaux non encore élaborés.
4. Lettres des 20 oct. et 2 déc. 1798 et du 7 mai 1799 ; cf. un fragment de l'Athenäum sur Spinoza, le « chrétien parfait », etc. Détails dans AYRAULT, t. 3, pp. 443, 447, 450-454, 462-466, 476.

plongé dans la pensée de l'Inde, il se convertira — en 1808 — au catholicisme ; — conversion très sincère et très effective, — mais jusqu'à sa mort il restera travaillé par ces idées de sa jeunesse, qui lui feront écarter d'autant plus l'idée luthérienne d'une Église invisible. C'est ce qu'attestent ses deux ouvrages tardifs, recueils de conférences prononcées à Vienne, *Philosophie de la vie* (1828) et *Philosophie de l'histoire* (1829).

Dans la *Philosophie de la vie*, divisant l'histoire du monde en quatre âges, Schlegel invite ses auditeurs à se considérer comme situés « au point de transition du troisième au dernier » ; à l'origine des temps nouveaux qui s'approchent, « la deuxième révélation, déposée dans les quatre évangiles, offre enfin le dénouement de la grande prophétie »[1]. Toute l'histoire est conçue comme une révélation progressive de la Trinité. Dans une première phase, l'Unité divine est entrevue par la philosophie, qu'il faut se garder de nommer théologie *naturelle*, car déjà Dieu est à l'œuvre dans l'esprit humain malgré les déformations que les passions humaines font subir à la vérité dont il l'éclaire ; puis, à travers l'Ancien Testament, la Trinité commence à se dévoiler par « de fréquentes allusions mystérieuses ». « Avec le début de notre ère, la notion de la Trinité divine jaillit claire et non équivoque, du sommet de la foi » ; dans les premiers jours, une certaine timidité en retenait l'expression, mais bientôt « le voile léger dont se recouvrait encore le saint des saints se déchira, grâce au quatrième évangile, « l'Évangile éternel du principe des choses, l'Évangile de la science divine parlant à l'esprit », rédigé « une fois que l'Évangile de la vie et des temps nouveaux eut été suffisamment exposé en un triple récit comme histoire pour la foi »[2]. Or il semble bien que pour Schlegel la pleine intelligence de cet « Évangile éternel », dans lequel science et foi « s'harmonisent », soit réservée au temps qui vient : en effet, le Verbe qu'il annonce, lumière et vie, est « le degré le plus élevé de toute existence et en même temps le point suprême de toute science et le centre de toute foi » ; or, c'est ce que « la terrible agitation de notre époque enfantera », pourvu que l'homme s'y prête. « Un monde nouveau », « la réintégration de la conscience en Dieu », sur cette terre même, est peut-être proche. Tel est « le but où tend l'humanité nouvelle » : sa réunion en un seul troupeau sous un seul pasteur, grâce à la « vraie théocratie », cette « théocratie divine de la conscience », dont il nous est permis de saluer « l'aurore »[3].

Comme chez Maistre et chez Ballanche, dont il se sent proche[4],

1. *Philosophie de la vie*, trad. GUÉNOT, 1838, t. 2, pp. 4-5 et 376.
2. Op. cit., t. 2, leçon IX, pp. 52-101 ; spécialement pp. 67, 74, 80, 86, 98-100.
3. Op. cit., t. 2, pp. 379-383.
4. Pour J. J. ANSTETT, *La pensée religieuse de Friedrich Schlegel*, Belles Lettres, 1941, Schlegel aurait influencé Maistre ; pour C. LATREILLE, *Joseph de Maistre et la Papauté*, Hachette, 1906, ainsi que pour Georges GOYAU, l'*Allemagne religieuse*, ce serait l'inverse.

les pressentiments prophétiques de Frédéric Schlegel sont mêlés d'éléments traditionalistes et même d'un léger ésotérisme, quoiqu'il ait critiqué les « tâtonnements d'explications ésotériques » d'un certain « mysticisme » engendré par la décomposition du protestantisme allemand[1]. Il se souvient aussi qu'il est l'auteur d'un ouvrage qui a fait date, *Sur la langue et la philosophie des Indiens* (1808)[2], et dans le catholicisme idéal de l'avenir il ne manque pas de faire une place à l'antique pensée de l'Inde, tout en observant que les Indiens, comme les Égyptiens, les Grecs et les autres peuples ont corrompu la vérité reçue de Dieu. Il a conscience, d'autre part, de se rattacher, dans ses vues d'avenir, à une antique tradition chrétienne et, sans peut-être bien le connaître, il fait explicitement profession d'admirer Joachim de Flore.

Publiées presque aussitôt après les leçons sur *la Philosophie de la vie*, les Leçons sur *la Philosophie de l'histoire* apportent cependant des vues assez différentes[3]. Le schéma ternaire y est plus net. Il est annoncé dès la préface : le premier âge du monde est placé sous le signe de « la *parole* de la sainte tradition et la révélation divine » ; l'âge moyen est dominé par « la *force* supérieure de l'amour donnée avec le christianisme » ; le genre humain s'achemine ainsi vers un troisième âge, celui de « la réhabilitation complète dans la lumière de la *vérité* éternelle ». On pourrait croire, à ce langage, que le troisième âge n'est autre que l'éternité ; mais l'auteur précise qu'il met son espoir dans une « régénération universelle » à l'intérieur même de l'histoire. Ce schéma est développé dans la septième leçon : sous une triple impulsion divine, l'humanité, faite à l'image de Dieu et défigurée par le péché, remonte la pente en « trois phases », qui sont attestées par « des faits positifs » : « l'octroi primitif de la parole éternelle, révélation qui atteint tous les peuples », assure le déroulement de la première phase ; « dans le midi des temps », une « force divine », supérieure à celle qui se déploie chez « les grandes nations prépondérantes », entre en jeu ; « quant à la dernière phase du monde, à celle des temps modernes, ce n'est que dans la lumière de la vérité pure, éclairant à la fois la science et la vie, qu'on trouvera le principe auquel tout rapporter », la base des jugements sur le passé et des pressentiments sur l'avenir :

> Cette division si simple et si naturelle n'est pas théorique et hypothétique ; elle est appuyée sur la réalité et l'expérience historique. En effet, l'existence d'une première révélation dans

1. *Philosophie de l'histoire*, trad. LECHAT, Louvain, 1836, t. 2, p. 248.
2. A propos de cet ouvrage, Madame de STAËL écrivait : « La philosophie des Indiens ne peut être bien comprise que par des idéalistes allemands ». *De l'Allemagne*, 3e P., ch. 7 ; éd. de Pange, t. 4, Hachette, 1959, p. 190.
3. *Philos. de l'histoire*, t. 1, pp. XI-XII et XV. Cf. ANSTETT, pp. 166-167. Ces leçons ont été parfois présentées comme une œuvre toute « réactionnaire » ; le préjugé anti-catholique n'est pas pour rien dans un tel jugement.

> les temps primitifs, la propagation du christianisme donnant une nouvelle vie au monde moral, enfin la prééminence de la civilisation actuelle de l'Europe qui marche à la tête des autres parties du monde et s'élève au-dessus des périodes passées, sont trois données incontestables[1].

Si naïve qu'elle soit dans sa prétention de se fonder sur les faits, et si schématique dans son expression, la pensée de Frédéric Schlegel est plus complexe que ses pages récapitulatives ne le laisseraient supposer. On est étonné d'abord de voir la fascination exercée sur ce catholique de la Restauration par le progrès des lumières et par la Révolution française, qui semblent être pour lui les deux grands faits initiateurs du troisième âge. Mais on s'aperçoit assez vite qu'ils jouent seulement un rôle analogue à celui que joua la constitution des grands empires à l'aube du christianisme : ils préparent seulement le terrain au « nouveau *fiat* créateur de la dernière période d'accomplissement », que l'homme est impuissant par lui-même à provoquer[2]. Bien plus, en eux-mêmes, ces grands faits humains ont un aspect idolâtrique ; ce sont des « forces » et des « lumières » qui entrent en conflit avec la force et la lumière divines. Un paganisme toujours renouvelé « séduit le siècle et veut gouverner le monde ». Mais le chrétien peut avoir confiance : comme le christianisme naissant, tel « ce doux souffle et ce léger murmure » dont il est question dans l'histoire du prophète Élie, a subjugué la puissance des empires qui asservissaient les peuples, ainsi « le prophète de la nouvelle alliance », l'auteur de « la mystérieuse Apocalypse » nous permet d'entrevoir, après « la longue chaîne des siècles... dans lesquels se continuera l'éternel combat qui divise la race humaine », l'affermissement du « royaume de Dieu » sur la terre, ce que le langage figuré de l'Ancien Testament appelait « la construction des murs de Jérusalem »[3].

Si l'on envisageait seulement l'histoire de chaque peuple, pris l'un après l'autre, ces perspectives grandioses s'évanouiraient, car on retrouve chez chacun le même cycle : « d'abord la simplicité et les merveilles de l'état d'enfance. puis l'éclat et la fleur d'une vive jeunesse, bientôt après la pleine virilité, enfin la vieillesse avec sa décrépitude et les faiblesses d'un nouvel état d'enfance »[4]. Mais il faut prendre de la hauteur, pour voir qu'à travers ces retours, l'humanité avance. Peut-être même « l'époque n'est-elle pas aussi éloignée que nous le fait penser l'engourdissement et l'apathie de notre esprit terrestre », où « le triomphe universel du christianisme donnera comme une naissance nouvelle au monde, à la société

1. Op. cit., t. 1, pp. 194-195.
2. Op. cit., leçons 17 et 18 ; t. 2, pp. 234-235, 245, 270.
3. Op. cit., leçon 10e ; t. 2, pp. 16-17. Leçon 9e ; t. 1, pp. 270-271.
4. Op. cit., leçon 11e ; t. 2, p. 48.

et à l'État. Cependant, cette espérance éminemment religieuse, cette attente solennelle d'un avenir si magnifique, doit être tempérée, chez l'homme si faible et si misérable, par une immense crainte de la justice divine, qui alors apparaîtrait réellement dans le monde et se déploierait dans le temps »[1].

Bien que le deuxième âge de l'humanité soit défini comme soumis à l'action d'une force, et le troisième comme inondé d'une lumière, le lecteur croit comprendre, aux explications qui lui sont données, que c'est plutôt une force nouvelle, venue de l'Esprit de Dieu, qui, au troisième âge, aura répandu partout dans le monde et fait recevoir par tous les humains la lumière chrétienne déjà présente au cœur du petit nombre des croyants. Il n'en reste pas moins que, tout comme chez l'abbé de Flore et ses nombreux successeurs, le schéma ternaire est ferme ; le troisième âge est conçu comme apportant un état de choses tout nouveau, et à certains signes précurseurs on peut l'espérer pour un proche avenir. Notons cependant que, à la différence de la lignée que nous pouvons résumer par les noms de Rosenkreuz et de Lessing, la lignée joachimite à laquelle appartient Frédéric Schlegel est celle de croyants authentiques. Dans la dixième de ses *Leçons*, Schlegel affirme ce qui ressort de tous ses développements, en disant du Christ : « Si l'on retire ce centre divin du milieu de l'histoire, on la dissout, on lui enlève son ciment, sa liaison intérieure »[2].

Dans sa prétention de se fonder sur des « faits positifs », l'optimisme de cette philosophie de l'histoire n'est pourtant pas celui d'un progrès fatal. Il est celui d'une espérance. Les faits de l'histoire humaine « ne peuvent être appréciés suivant la méthode de l'histoire naturelle », car à partir de l'apparition de l'homme la liberté entre en jeu[3]. Malgré le préjugé favorable qu'il entretient pour l'apport du « siècle des lumières » à l'œuvre civilisatrice, Schlegel combat sa grande idée de la « perfectibilité indéfinie ». Cette idée, dit-il, « a quelque chose d'attrayant pour la raison, et si elle est entendue comme une simple disposition, inhérente à la nature de l'homme individuellement pris, elle contient une grande part de vérité ; encore faut-il ne pas oublier un fort penchant à la corruption. Mais, transportée sur le terrain de l'histoire », elle ne trouve pas de fondement solide ; « rien en général, ni la science, ni l'histoire de la vie, ne peut procéder que de Dieu ». L'homme est bien « essentiellement perfectible », mais dans le mal tout comme dans le bien, et, laissé à lui-même ou ne voulant rien devoir qu'à lui-même, il risquera d'être, dans le mal, « effroyablement progressif »[4]. Cette note de sain réalisme, résonnant au cours de la septième leçon, apparente

1. Op. cit., leçon 18e ; t. 2, pp. 269-270. La 4e leçon critique la solution cherchée par Lessing dans la métempsycose.
2. T. 2, p. 7.
3. Leçon 15e. T. 2, p. 155.
4. T. 1, pp. 188 et 191. Cf. Leçon 15e, t. 2, p. 155.

Schlegel à Teilhard de Chardin. Le progrès humain, dira Teilhard (au rebours d'un contresens obstinément répandu), est « la plus dangereuse des forces », il entraîne toujours « de plus grandes luttes, de plus grands maux, de plus grands risques » ; en effet, « plus l'humanité se raffine et se complique, plus les chances de désordre se multiplient et leur gravité s'accentue » ; « toute énergie est également puissante pour le Bien ou pour le Mal », en sorte que, « grâce aux progrès de la science et de la pensée », chacun de nous se trouve acculé à « un choix plus conscient à faire entre le Bien et le Mal »[1]. Aussi le seul progrès qui mérite pleinement ce nom, le seul qui soit sans ambiguïté ni contrepartie, est-il celui qui, « descendant d'en haut », s'opère au fond des âmes : celui de la « communion des saints »[2]. De telles vues n'ont pas été aussi approfondies par Frédéric Schlegel qu'elles devaient l'être par Teilhard de Chardin. Mais le fait qu'il les ait, fût-ce en passant, nettement exprimées compense heureusement ce qui, dans sa *Philosophie de l'histoire*, évoque par trop Joachim de Flore[3].

---

1. *L'Hominisation* (*Œuvres*, t. 3, p. 107). *Note sur le progrès* (t. 5, p. 31). *L'Énergie spirituelle de la souffrance* (t. 7, p. 255). *L'Union créatrice* (t. 12, p. 221). *Le groupe zoologique humain, structures et directions évolutives*. Albin Michel, 1956, pp. 161-162 ; etc.

2. *Le Milieu divin* (t. 4, pp. 147-187). *La grande Monade* (t. 12, p. 277), etc. Cf. H. de LUBAC, *Teilhard posthume*, Fayard, 1977, spécialement ch. 5 : « Progrès et liberté », pp. 77-89.

3. Signalons encore ce texte de *Görres*, lettre à Adam Muller, 1818 : « Le culte du monde primitif est pour moi le christianisme en son enfance ; le judaïsme avec les mystères du paganisme, c'est la jeunesse, qui s'essaie en des voies nombreuses, souvent très excentriques ; le christianisme proprement dit, c'est la maturité, mais sans conclusion ni fin absolue. Ainsi je gagne du terrain en avant et en arrière, pour caser ce que Dieu lui-même ne doit pas condamner, l'ayant toléré avec bienveillance ». Cité par Georges GOYAU, *l'Allemagne religieuse, Catholicisme*, t. 1, p. 363. Görres en était alors à sa période syncrétiste. Pour sa philosophie catholique de l'histoire, voir ses trois conférences publiées en 1830, etc. Cf. GOYAU, op. cit., t. 2, Perrin, 1923, pp. 66-76. Dans un écrit sur *la Décadence et la Renaissance de la religion*, il avait annoncé, en termes vagues et de portée indécise, la venue d'une Église renouvelée, l'édification du « Temple mystique nouveau ».

CHAPITRE NEUVIÈME

HEGEL ET SCHELLING

I

Hegel

Joachim de Flore avait annoncé le troisième âge comme « le temps des lys », succédant aux temps des ronces et des roses. Böhme en avait salué l'aurore sous le même symbole et Baader venait de reprendre l'image. Ce « temps des lys » serait-il le temps de Hegel ? Jusqu'alors toujours imminent mais toujours reculé, l'âge de l'Esprit serait-il décidément ouvert par ce professeur ? Les affinités de Hegel, avec le gnosticisme boehmien, les rapports qu'il entretint dans sa jeunesse avec les « Illuminés de Bavière », ses lectures maçonniques, ont été signalés[1]. Le catéchisme qu'on lui avait enseigné au gymnase de Stuttgart présentait l'histoire comme « la réalisation progressive d'un plan divin », que la raison pouvait désormais découvrir. A Tübingen, en compagnie d'Hölderlin et de Schelling, il avait salué dans l'enthousiasme l'approche du « Règne de Dieu ». Il avait connu des disciples de Bengel et d'Œtinger ; c'est sans doute à ce dernier qu'il doit l'emploi du mot *Herrlichkeit*, d'origine kabbalistique, ainsi que l'axiome sur « la contradiction source de toute vie ». Robert Minder, à qui nous empruntons ces précisions, conclut son étude en disant que « la question n'est pas de savoir *si* les théosophes souabes ont influencé Hegel et ses amis : elle est de savoir comment une influence aussi certaine et profonde a pu échapper à la critique pendant aussi longtemps »[2]. Cependant, Hegel a fait aussi penser,

1. Jacques D'HONDT, *Hegel secret*, PUF, 1968. H.-R. SCHITZ, dans *Jacob Boehme...*, Vrin, 1979, pp. 23-24.
2. Robert MINDER, *' Herrlichkeit ' chez Hegel ou le monde des Pères Souabes.* Études germaniques, t. 6, 1951, pp. 275-290.

d'emblée, à Lessing, qu'il avait en effet cultivé dans sa jeunesse. Lorsque parut, en 1807, la *Phénoménologie de l'Esprit*, le catholique Windischmann, qui fréquentait les milieux maçonniques, lui écrivit : « Un jour, quand viendra pour elle le temps d'être comprise, votre œuvre sera regardée comme le livre élémentaire de la libération de l'homme, comme la clef du Nouvel Évangile que Lessing avait prophétisé »[1]. Dans un prêche de 1793, Hegel lui-même avait déjà célébré, comme Lessing, « l'Église invisible »[2] ; mais l'expression, si fréquente alors, pouvait être encore doublement orthodoxe, au point de vue strictement luthérien comme à celui du libéralisme des « lumières ». Cependant, il avait écrit à Schelling en 1795 : « Que le royaume de Dieu vienne, et que nos mains ne restent pas inactives ! »[3]. Dans son cours de Iéna, le 18 septembre 1806, il prophétisait avec plus de précision : « Nous nous trouvons à une époque importante, dans une fermentation ; l'esprit y a accompli une brusque poussée, il s'est dégagé de sa figure précédente et il en acquiert une nouvelle. Toute la masse des représentations antérieures, des concepts, et tous les liens du monde sont dissous et s'effondrent comme des visions de rêve. Un nouveau surgissement de l'Esprit se prépare »[4]. Et l'année suivante, dans la *Phénoménologie* :

> Il n'est pas difficile de voir que notre temps est un temps de gestation et de transition à une nouvelle période ; l'esprit a rompu avec le monde de son être-là et de la représentation qui a duré jusqu'à maintenant, il est sur le point d'enfouir ce monde dans le passé et il est en travail de sa propre transformation[5].

La transition ainsi annoncée doit donc être radicale. Hegel immanentise le vieil illuminisme des Spirituels, comme l'avait fait Lessing, et, comme lui encore, sans le dépouiller de son caractère historique. Il le rationalise, tout en donnant congé comme Lessing mais avec un tout autre appareil, aux platitudes rationnelles de l'Aufklärung. S'il multiplie les sarcasmes à l'endroit des « Lumières » venues de France en Allemagne, s'il raille leur « trivialité », leur « nullité », leur « suffisance », s'il renvoie dos à dos leur « creuse misère »

1. Dans Hegel, *Briefe*, éd. Hoffmeister, p. 307. En 1824 Windischmann participera à la publication, à Francfort, des *Soirées de Saint-Pétersbourg* et en fera remettre un exemplaire à Hegel : D'Hondt, op. cit., p. 300.
2. D'Hondt, p. 327.
3. *Briefe*, t. 1, 1785-1812. Trad. Jean Carrère, Gallimard, 1962, p. 23. Il écrira en 1816 à Niethammer : « L'Esprit du temps a donné l'ordre d'avancer. Cet ordre est obéi ».
4. *Dokumente zu Hegels Entwickung*, Stuttgart, 1936, p. 352. Cité par J. D'Hondt *Hegel philosophe de l'histoire vivante*, PUF, 1966, p. 32.
5. *Phénoménologie de l'Esprit*, éd. Hoffmeister, p. 15 ; trad. Jean Hyppolite, Aubier, 1939, t, 1, p. 12.

avec une « piété » sans esprit[1], c'est toujours au nom d'un rationalisme supérieur. En revanche, il renonce aux longues évolutions que Lessing avait fini par imaginer. Comme leur commun ancêtre Joachim il envisage avec assurance pour un prochain avenir la transformation spirituelle que déjà il éprouve en lui-même. Dans un écrit de jeunesse sur *l'Esprit du christianisme et son destin*, il la concevait encore à la manière d'un Novalis, d'un Hölderlin ou d'un Schiller : comme un retour, dans une plénitude épanouie, à un état primitif d'abord enveloppé dans les langes de l'enfance[2]. C'est pourquoi l'on a pu parler aussi à son sujet d'une « Odyssée de l'esprit ». La dialectique propre à la *Phénoménologie* abandonne au moins partiellement ce point de vue[3] ; mais, sans vouloir être elle-même un déploiement historique, elle n'en correspond pas moins à un ordre de succession temporelle : « les figures de *l'esprit* total comme tel se présentent en une suite... et se distinguent dans le temps »[4]. Les Leçons (*Vorlesungen*) sur l'histoire de la philosophie, sur la philosophie de l'histoire et sur la philosophie de la religion, au cours de la période qui va de 1816 à 1831[5], accentueront davantage la parenté avec l'abbé de Flore, en adoptant plus directement la perspective historique et en faisant un plus large emploi du vocabulaire trinitaire.

Il n'est pas question ici, bien entendu, de tenter une incursion dans les profondeurs de la philosophie hégélienne. Les Cours de Heidelberg et de Berlin avaient un certain caractère exotérique ; le professeur « n'attendait pas de ses étudiants qu'ils aient au préalable suivi le chemin de la *Phénoménologie* ou parcouru déjà l'articulation systématique de l'*Encyclopédie* » ; ses exposés, empruntant le langage de la représentation, étaient « d'un autre style, signe d'un autre niveau de pensée »[6]. Cependant, de même que la perspective

---

1. *Leçons sur l'histoire de la philosophie*, trad. J. Gibelin, Gallimard, 1954, pp. 14 et 324-325. *Leçons sur la philosophie de l'histoire*, trad. J. Gibelin[3], Vrin, 1963, p. 337. *Encyclopédie des sciences philosophiques*, préface de la 2e éd. (1827), trad. M. De Gandillac, Gallimard, 1970, p. 63.

2. « Le retour à la divinité dont l'homme est né, achève le cycle de son développement... L'enfant porte en lui l'union, le bien, l'accord avec l'harmonie totale, intacts, mais non développés... Opérant toujours plus de nouvelles scissions, il retourne pourtant, à travers des réconciliations, à l'unité originelle, mais développée désormais... Il sort de ses limitations, il supprime les modifications et il rétablit le Tout, Dieu, le Fils, le Saint-Esprit ». *Hegels theologische Jugendschriften*, éd. Nohl, Tübingen, 1907, p. 310 ; trad. Martin, 1948, p. 96.

3. « De l'Absolu il faut dire qu'il est essentiellement *Résultat*, c'est-à-dire qu'il est à la fin seulement ce qu'il est en vérité ». Trad. J. Hyppolite, t. 1, p. 19.

4. Éd. Hoffmeister, p. 476 ; Hyppolite, t. 2, pp. 19 et 21. Voir à ce sujet les remarques de Nguhen-Hong-Giao, *Le Verbe dans l'histoire. La philosophie de l'historicité du P. Gaston Fessard* ; Beauchesne, Bibliothèque des Archives de philosophie, 17 ; 1974, p. 101.

5. La publication des deux dernières séries s'échelonne entre 1832 et 1838 (Hegel était mort en 1831). Celle de la première sera plus tardive.

6. Albert Chapelle, *Hegel et la religion*. Éditions universitaires, t. 2, A, 1967, pp. 19 et 21. « Ici (dans l'*Encyclopédie*) des textes d'une densité extrême dont chaque terme s'articule dialectiquement à l'ensemble du Système spéculatif ;

historique n'est pas totalement absente de l'*Encyclopédie* (1816), les *Vorlesungen* font une assez large place à la dialectique.

La longue introduction aux *Leçons sur la philosophie de l'histoire* est une sorte d'hymne au soleil de l'esprit : contrairement à celui du soleil cosmique, son mouvement « n'est pas une répétition de soi-même... ; l'aspect changeant que l'esprit se donne dans des figures toujours nouvelles est essentiellement progrès »[1]. Comme Vico, Hegel admet dans la vie des peuples des mouvements cycliques ; il adopte le symbole du Phénix, qui meurt et renaît de ses cendres, mais l'applique à la vie de l'esprit autrement qu'à la vie naturelle[2]. Il fait appel à toute l'histoire pour montrer qu'à travers ses cycles, l'esprit avance. En bon disciple de la Réforme luthérienne, — mais d'une Réforme qu'il voit comme une étape et non comme un retour, — il transposera de saint Benoît à Luther le « germe » qui doit « fructifier », comme disait Joachim, pour introduire au troisième âge ; depuis lors, la révolution initiatrice est en cours ; c'est « la Révolution française » qui fera « retentir la révélation décisive »[3] ; déjà, en principe, tout est donc transfiguré. Car la foi de l'Église évangélique n'est plus « une foi à des choses d'histoire, mais la foi même de l'esprit, la conscience, l'aperception du substantiel de l'esprit... »[4]. Dans le luthéranisme authentique, le christianisme est accompli[5].

Lorsque le christianisme est apparu dans le monde, il y venait anéantir « l'élément étranger de la conscience » et opérer « le retour en soi de la subjectivité »[6]. Mais la figure du Christ ne retient guère l'attention de Hegel. Ce qui l'intéresse avant tout, c'est que par lui « l'unité de l'homme et de Dieu est posée », l'homme étant Dieu « en tant qu'il surmonte ce que son esprit a de naturel et de fini »[7]. Ainsi, en réconciliant l'homme avec lui-même, « le monde chrétien est le monde de l'achèvement ». — Mais il ne l'est encore qu'en promesse. C'est seulement lorsque la foi chrétienne aura pénétré

---

là des exemples tirés de l'histoire, l'appel à la langue de la représentation religieuse, etc. » Cf. t. 2, B, 1971, p. 13. « La Philosophie de l'histoire se présente comme un cours, un travail scolaire un peu maussade », dit Jacques D'Hondt, *Hegel philosophe de l'histoire vivante*, p. 97.

1. J. D'Hondt, op. cit., p. 23.
2. *Philosophie de l'histoire*, trad. Gibelin^{3}, pp. 557-558.
3. *Philosophie de l'histoire*, introduction ; Gibelin^{3}, pp. 62-63. (Éd. Hoffmeister, Hambourg, 1955, pp. 35-36). Sur Hegel et le Phénix : D'Hondt, *Hegel secret*, pp. 316-318.
4. *Leçons sur l'histoire de la philosophie*, Gibelin, pp. 159-161.
5. *Leçons sur la philosophie de l'histoire*, Gibelin^{3}, pp. 319-320, etc.
6. Op. cit., 3e partie, 3e section, ch. 2, « le Christianisme » ; pp. 247 ss. Bien qu'il provienne du judaïsme, Hegel s'intéresse plus à son rapport à la Grèce et à Rome.
7. Op. cit., pp. 250-251. Cf. *Leçons sur l'hist. de la philosophie*, p. 217 : « La religion chrétienne contient le dogme, l'intuition de l'unité de la nature divine et de la nature humaine ; c'est ce que le Christ a révélé aux hommes. L'homme et Dieu — l'idée subjective et l'idée objective — ne font qu'un ». Hegel ajoute : « Cette union de l'objectivité et de la subjectivité est le principe germanique »

le monde germanique qu'elle réalisera sa nouveauté et qu'on pourra dire alors en toute vérité que « les temps sont révolus »[1] ». Seules en effet les nations germaniques « étaient destinées à devenir les supports du principe chrétien », parce que la « pure intériorité » de « leur cœur simple et droit » offrait « le terrain véritablement propice à l'affranchissement de l'esprit » ; en elles seules « vivait un esprit complètement nouveau qui devait régénérer le monde, à savoir l'esprit libre qui repose sur lui-même, le sentiment autonome absolu de la subjectivité ». La vieille Rome a joué un rôle indispensable, par son Église et par son droit, mais elle était incapable de fournir au principe chrétien le support nécessaire ; aucune des « nations latines » ne le pouvait non plus, car, « issues du mélange du sang romain et du sang germain », elles gardent toujours en elles-mêmes un principe de division, une « hétérogénéité »[2]. Le peuple germanique, seul vrai successeur de l'ancien peuple grec, était donc prédestiné à mener le christianisme à son terme, en réalisant « la vérité absolue en tant que détermination autonome infinie de la liberté », ce qui est l'esprit même du monde moderne[3].

Dans ce processus, Hegel distingue trois périodes. La première commence à l'apparition des Germains sur la scène du monde romain et à leur christianisation ; l'univers chrétien se présente alors comme « une seule masse dont le spirituel et le temporel ne sont que les deux côtés ». La deuxième période s'ouvre à la mort de Charlemagne; elle est caractérisée par le développement parallèle de ces deux côtés et la croissance de leur autonomie réciproque : c'est alors inévitablement l'opposition de l'Église comme théocratie et de l'État comme monarchie féodale. Au début du seizième siècle, sous le règne de Charles-Quint, commence la troisième période, — la dernière : alors en effet survient la Réforme, qui donne enfin du même coup au monde séculier la liberté chrétienne, à l'État son organisation rationnelle et à la pensée son véritable contenu[4].

Laissons pour l'instant de côté toute la critique du catholicisme instituée par Hegel en repoussoir. En même temps qu'une partialité

1. « La division de l'histoire en « règnes du Père, du Fils et de l'Esprit » est plaquée arbitrairement et superficiellement sur le seul monde germanique » : G. FESSARD, *Dialogue théologique avec Hegel*, dans Vorträge und Kolloquien des internationalen Hegel-Jubilaeumskongresses, *Stuttgarter Hegel-Tage* 1970, herr. v. Hans-Georg Gadamer. Bonn, 1974, p. 238.

2. *Philosophie de l'histoire*, GIBELIN³, pp. 28, 258, 265, 266, 273, 318, 322. Pour Hegel, « philosophie chrétienne » et « philosophie germanique » sont pratiquement synonymes : *Hist. de la philosophie*, GIBELIN, pp. 209-210.

3. Cf. *Leçons sur l'hist. de la philosophie*, 1re partie : « Il était nécessaire à la lourde robustesse germanique de passer par le dur service de l'Église et du droit qui nous sont venus de Rome,... Par là seulement le caractère européen s'est assoupli et rendu apte à la liberté... Laissons maintenant à l'Église et à la jurisprudence leur latin et leur romanité. Une science plus haute et plus libre... a (ses) racines dans la vie grecque. S'il était permis d'avoir une nostalgie, ce serait pour un tel pays, pour une telle existence ». Trad. Pierre GARNIRON, t. 1, Vrin, 1971, p. 21.

4. *Philosophie de l'histoire*, pp. 293-294 et 319-320.

caricaturale, on doit y reconnaître une puissante logique interne. L'*Encyclopédie*, la *Philosophie du Droit* reprendront cette opposition de « deux visions de l'Église, dont les cohérences sont sans faille »[1]. Observons seulement que l'avenir où le philosophe entendait conduire les peuples, unifiés par le christianisme germanique sous « le drapeau de *l'esprit libre* », n'est pas fait pour nous tenter de renoncer aux distinctions maintenues et précisées par le catholicisme, distinctions qu'il condamne comme autant d'« extériorités » rationnellement dépassées. Sa critique, aujourd'hui partout diffuse même quand la source en est ignorée, est l'une des causes principales qui obscurcissent actuellement dans les consciences catholiques elles-mêmes l'intelligence de l'Église. On a fait observer à juste titre qu'elle tend à fausser (lorsque ce n'est pas à rejeter) l'enseignement du dernier concile sur sa constitution hiérarchique, son sacerdoce, la vie religieuse qu'elle promeut, son rapport au monde et à Dieu[2]. Une critique de cette critique, aussi radicale pour le fond qu'elle est toujours modérée dans sa forme et qu'elle rend pleine justice à tout l'apport positif du génie hégélien, a été méthodiquement instituée par le Père Gaston Fessard à diverses reprises, et condensée récemment par lui dans un *Dialogue théologique avec Hegel*, auquel nous renvoyons le lecteur[3].

Hegel lui-même a déclaré : « Je suis luthérien, et, par la philosophie, je suis pleinement confirmé dans le luthéranisme »[4]. Le Luther anticatholique de Hegel est bien en effet, et très profondément, un Luther authentique. Mais comment reconnaître « le contenu essentiel de la Réforme » dans cette affirmation : « L'homme se détermine par lui-même à être libre »[5] ? Comment faire endosser par l'auteur passionné du *Serf Arbitre* l'idée que « sous la grâce » l'homme n'est nullement passif mais « conserve la même activité », que « le divin doit se réaliser en moi par moi-même », que « je dois me faire conforme à Dieu » et que « c'est là mon œuvre »[6] ? Quant au

---

1. Albert CHAPELLE, s.j. *Pour la vie du monde, le sacrement de l'Ordre*. Institut d'études théologiques, Bruxelles, 1978, pp. 270-271. Cf. *Leçons sur la philosophie de la religion*, trad. GIBELIN, vol. 3, 1, Vrin, 1954, pp. 197-203.

2. CHAPELLE, ibid. : « Les thèmes conciliaires de la « liberté religieuse », du « Peuple de Dieu » et de la place de l'Église dans le monde comme encore de l'autonomie du monde créé, ne sont-ils pas de ceux qui ont le plus frappé la presse et l'opinion publique ? Ce sont là des thèmes traités par Hegel dans la perspective de sa critique luthérienne de l'Église catholique. Une représentation trop courante a privilégié dans cette optique « hégélienne » une intelligence définie de ces thèmes, abstraite de l'ensemble des textes promulgués... »

3. Loc. cit., Bonn, 1974, pp. 231-248.

4. Lettre à Tholuck, 3 juillet 1826 ; citée avec d'autres références analogues par A. CHAPELLE, *Hegel et la religion*, Paris-Bruxelles, 1963, p. 8 ; cf. pp. 47-48.

5. *Leçons sur la philosophie de l'histoire*, p. 320.

6. *Leçons sur la philosophie de la religion*, 1re partie, GIBELIN, t. 1, Vrin, 1959, p. 216. Cf. la traduction A. VERA, 1876, t. 1, p. 373. Sur le Serf Arbitre et sa place fondamentale dans la pensée de Luther, voir Georges CHANTRAINE, *Érasme et Luther, libre et serf arbitre*, thèse polycopiée de l'U.E.R. de théologie et de sciences religieuses, Institut catholique de Paris, 1978.

Luther prophète de l'Esprit, d'un Esprit se dégageant non seulement de toute foi traditionnelle mais de toute idée de foi, d'un Esprit passant par l'étape décisive de la Révolution française pour atteindre toute sa mesure et toute son intériorité dans la conscience du philosophe, il nous paraît être un Luther mythique. De ce Luther libertaire tout particulièrement dans son incarnation hégélienne, l'aïeul ou du moins le grand'oncle serait bien plutôt l'abbé de Flore. Le seul point qui demeurerait alors en suspens serait de savoir si la gnose hégélienne résulte d'une « laïcisation des vérités révélées », comme on pourrait le déduire de la première formation théologique de son auteur, ou plutôt peut-être à l'inverse (comme on l'a dit de la « gnose luthérienne ») d'une « infusion de dogmes et de modules religieux dans le domaine par ailleurs réservé aux facultés naturelles »[1], ainsi que le suggérerait aussi bien un abandon précoce de la croyance, survenu, par la respiration de « l'air du temps », dès avant les premières spéculations historico-trinitaires. — Mais un tel dilemme a quelque chose de factice. Ce qui est certain, c'est que dans ses *Leçons sur la Philosophie de l'histoire* Hegel emprunte le vieux schème non seulement trinaire mais trinitaire consacré par un long usage, afin d'y verser sa propre pensée. On peut, dit-il, « distinguer ces périodes comme règnes du Père, du Fils et de l'Esprit : le règne du Père est la masse substantielle, indistincte, se transformant simplement comme le règne de Saturne dévorant ses enfants. Le règne du Fils, c'est la manifestation de Dieu par rapport seulement à l'existence du monde qu'il éclaire, comme quelque chose d'étranger. Le règne de l'Esprit, c'est la réconciliation »[2].

On n'a pas de peine à reconnaître là encore tout un fond de doctrine luthérienne, mais philosophiquement interprété et encerclé dans le cadre fourni par le joachimisme. Pour M. Jacques D'Hondt, il ne s'agirait là que d'une « image, très inadéquate à l'idée que Hegel veut illustrer » ; d'une « comparaison indigente », dont l'insuffisance ne lui échappait pas, puisqu'il la complétait et la redressait aussitôt par une autre, assimilant le temps d'avant Charlemagne à l'empire perse, le temps qui suivit au monde grec, enfin le temps de la Réforme au monde romain[3]. Que cette manipulation du dogme de la Trinité soit « choquante pour un esprit chrétien », c'est ce dont nous conviendrons avec J. D'Hondt. D'autant plus choquante, précisément qu'en réalité l'image trinitaire est, croyons-nous, plus qu'une image quelconque, étant donné que toute la doctrine hégélienne se présente comme une explication de la Trinité chrétienne, quelles que soient les transformations radicales qu'elle lui fait subir. En ce cas précis,

1. Enrico de NEGRI, *La Teologia di Lutero, Rivelazione e Dialettica*, Florence, 1967, p. 309 ; cité par G. Cottier dans Nova et vetera (Fribourg), 1970, pp. 130-131.
2. *Philosophie de l'histoire*, p. 267.
3. *Philosophie de l'histoire*, pp. 267-268. D'HONDT, *Hegel phil. de l'hist. vivante*, p. 134.

l'application est assurément moins adéquate, car l'horizon s'est rétréci, tout s'est concentré dans l'histoire du christianisme germanique. Mais déjà pour décrire le premier avènement de la religion chrétienne, Hegel avait usé de ce même cadre de la Trinité « économique » :

> Dieu n'est reconnu comme *esprit* que si l'on sait qu'il est en trois personnes. Ce nouveau principe est le gond autour duquel tourne l'histoire universelle... « Quand le temps fut accompli, Dieu envoya son Fils »... Cela signifie simplement que la conscience de soi-même s'était élevée jusqu'à ces moments qui font partie du concept de l'esprit, et au besoin aussi de comprendre ces moments d'une manière absolue...[1].

Plus que la *Philosophie de l'histoire*, la *Philosophie de la religion* pose aux hégélianisants de sérieux problèmes : les manuscrits en étaient dans « un désordre navrant », et même du fait de Hegel cette œuvre « est traversée de courants contraires » ; « une décennie d'intense recherche et productivité (1821-1831) sépare les diverses copies que les éditeurs ont manipulées »[2]. Mais ces difficultés n'importent guère à notre dessein, qui est seulement de relever les traces du courant joachimite à travers les pensées les plus diverses. La *Philosophie de la religion*, elle aussi, distingue trois « règnes », en les attribuant au Père, au Fils et à l'Esprit. Seulement, pas plus que dans la *Philosophie de l'histoire*, ces trois règnes ne recouvrent les trois périodes de l'histoire du salut telles que Joachim de Flore les avait définies et délimitées. En outre, le point de départ n'étant plus pris dans le monde germanique, on y voit mieux que ces trois règnes ne sont point à proprement parler successifs. Ils ne s'emboîtent pas seulement l'un dans l'autre, comme dans le tableau de Joachim : ils constituent moins, maintenant, des étapes historiques que des « niveaux », des « éléments », des « sphères », ainsi que l'explique Georges Van Riet[3] après Claude Bruaire[4]. Le règne du Père n'est pas le judaïsme, ni le règne du Fils le christianisme antique ou médiéval, ni le règne de l'Esprit, comme l'interprétait naguère Maurice Merleau-Ponty, la réalisation de l'athéisme en notre temps[5]. Le règne du Père,

1. *Philosophie de l'histoire*, 3e partie, 3e section, ch. 2, « le Christianisme ». GIBELIN[3], Vrin, 1963, p. 247.

2. Xavier TILLIETTE, *Le Christ des philosophes*, vol. 2 (polycopié) 1975, p. 120. Voir les détails pp. 129-132. Sur le plan des *Vorlesungen* : CHAPELLE, *Hegel et la religion*, t. 2, B, pp. 50-60.

3. *Le problème de Dieu chez Hegel* : *athéisme ou christianisme* ? Revue philosophique de Louvain, t. 63, 1965, p. 403.

4. *Logique et religion chrétienne dans la philosophie de Hegel* ; Seuil, 1964.

5. *Sens et non-sens*, NAGEL, 1948, pp. 361-362. Au reste si le règne de l'Esprit n'est pas (au moins explicitement) l'avènement historique de l'athéisme, cela n'entraîne pas *ipso facto*, comme paraît le conclure G. Van Riet en posant une alternative trop simple, que la doctrine de Hegel soit chrétienne, au sens acceptable de ce mot pour un croyant.

qui comporte déjà une certaine connaissance de la Trinité, est pour ainsi dire la sphère de « l'essence pure » ; le règne du Fils est l'intelligence du Christ historique suivant son sens « religieux », c'est-à-dire comme phénoménalisation de la Trinité, ou en d'autres termes, la manifestation objective de l'essence dans le monde ; le règne de l'Esprit, enfin, n'est autre que la pleine connaissance du mystère trinitaire, ce qui signifie en réalité la pleine réalisation de l'essence dans la conscience de l'homme[1].

A vrai dire, les textes se prêtent à plusieurs interprétations, qui chevauchent d'ailleurs plus ou moins l'une sur l'autre. On peut dire aussi, avec le P. Xavier Tilliette, que le règne du Père correspond à l'Esprit absolu considéré dans sa vie éternelle et son vivant développement ; le règne du Fils couvre l'existence temporelle, de la création à la résurrection ; quant au règne de l'Esprit, il est constitué par la vie de la communauté chrétienne, que maintient unie sa foi subjective et objective. Là n'est cependant pas la toute dernière pensée de Hegel. Parmi les représentations qu'il énumère de la Trinité, aucune ne doit être figée, car la Trinité est mouvement perpétuel, et l'on peut dire encore, par exemple, que le Père est le Dieu abstrait, universel, Abîme, Dieu caché ; le Fils est l'Autre, la détermination, le Phénomène, le Premier-Né ; l'Esprit est l'union des deux ; l'Universel se manifeste donc et s'extériorise dans le deuxième Principe, et c'est l'Esprit qui les joint[2]. Il s'agit là, évidemment, de dialectique plutôt que d'histoire. On n'en conclura pourtant pas que cette dialectique soit toute idéale et intemporelle, qu'elle n'ait point à se dérouler en fait dans la conscience humaine qui se développe à travers les âges. Hegel ne sépare pas radicalement la dialectique interne de la Trinité du processus cosmique et humain ; et d'autre part il pense bien qu'une maturation s'est produite, que depuis Luther elle approche de son terme, et que lui-même est en train d'en procurer l'achèvement :

> ... C'est l'esprit qui conduit à la vérité, il connaît toute chose et pénètre même les profondeurs de la Divinité... L'évolution de l'esprit qui pense, dont le point de départ a été cette révélation de l'Être divin (dans l'Écriture sainte), doit s'élever enfin jusqu'à saisir par la pensée aussi, ce qui fut proposé d'abord à l'esprit qui sent et représente. Il doit être temps enfin de

1. Cf. *Leçons sur l'histoire de la philosophie*, introduction du Cours de Berlin, 1820 : « Nous voyons l'intention pieuse... dans la Bible, dans l'Ancien et le Nouveau Testament... Mais cette vision de Dieu dans l'âme pieuse est tout autre chose que l'intelligent regard pénétrant de la nature de l'esprit ; il n'y est pas question de philosophie, de l'essence divine pensée, reconnue... » Trad. GIBELIN, Gallimard ; 1954, p. 61.

2. Cf. Xavier TILLIETTE, loc. cit., pp. 132-137.

comprendre aussi cette riche production de la raison créatrice : l'histoire universelle[1].

Dans ce passage, Hegel critique les esprits faibles qui, pense-t-il, n'osent pas voir en face la vérité de l'Écriture : « ils s'opposent nettement à ce qui est donné dans l'Écriture sainte comme devoir suprême, à savoir, non seulement d'aimer Dieu, mais aussi de le connaître[2] ; ils nient les paroles qui s'y trouvent, que c'est l'esprit qui conduit à la vérité, que l'esprit connaît toute chose et pénètre même les profondeurs de la Divinité... En mettant ainsi l'Être divin au-delà de la connaissance, ... on acquiert la facilité de s'abandonner à ses propres représentations »[3]. Mais ceux qui prennent ainsi l'Écriture, s'en tenant à la surface, ne sont que des attardés. Ils ne peuvent entraver la marche de l'esprit. Par la vertu du système hégélien, qui met fin à toute autre tentative analogue, va être définitivement clos « le temps des énigmes et des paraboles, des images et des symboles », si bien que l'on pourrait définir l'hégélianisme comme « une lecture intégralement rationnelle des Écritures chrétiennes »[4]. Par là même, au moins dans l'esprit du philosophe, « l'eschatologie est pleinement réalisée »[5]. Certes, il ne faut pas concevoir cette réalisation comme un arrêt de la vie dans une éternité figée : « La vie éternelle consiste à produire éternellement la contradiction et à éternellement la réconcilier »[6]. Mais est-ce là encore un processus historique ? « L'histoire hégélienne de l'Esprit, commente Karl Löwith, est définitivement et consciemment close... Cette conclusion de l'*Histoire de la philosophie* est, comme la conclusion de la *Phénoménologie*, de la *Logique* et de l'*Encyclopédie*, ... un acquis définitif. Comme Proclus le fit pour son univers, Hegel a rassemblé définitivement le monde du logos chrétien en une totalité absolue de l'idée concrète organisée, et a ainsi conclu l'ensemble des trois époques... »[7]

Une telle interprétation a été contestée. On a fait remarquer que Hegel ne parle qu'une seule fois de la fin de l'histoire[8], dans un texte d'ailleurs peu sûr et de signification douteuse, et que dans

---

1. *Leçons sur la philosophie de l'histoire*, introd., p. 25.
2. On reconnaîtra dans cette gradation l'esprit de « la gnose éternelle », opposé à l'esprit du Nouveau Testament que saint Paul exprime dans sa louange de la charité du Christ « qui surpasse toute connaissance » (Eph. 3, 19) et dans l'hymne à la charité de 1 Cor. 13.
3. *Op. cit.*, p. 24.
4. Étienne BORNE, *Dieu n'est pas mort*. Fayard, 1959, p. 35.
5. André LÉONARD, *La foi chez Hegel*. Desclée, 1970, p. 397.
6. *Histoire de la Philosophie*. WERKE, éd. Glockner, XIX, p. 689. Cité par J. D'HONDT, *Hegel philosophe de l'hist. vivante*, p. 147.
7. Karl LOWITH, *De Hegel à Nietzsche*, trad. Rémi LAUREILLARD, Gallimard, 1969, pp. 58-59.
8. « L'histoire du monde va de l'Orient vers l'Occident ; car l'Europe est purement et simplement la Fin de l'Histoire universelle ». Cours édité en 1955 par Hoffmeister sous le titre *Die Vernunft in der Geschichte* ; p. 243.

le contexte général de sa théorie ce problème de la fin « n'a qu'une importance secondaire » ; « lorsque Hegel parle d'un règne de l'esprit, réalisé par l'action historique de l'homme, il n'entend pas une fin de l'histoire ni un avènement de la post-histoire au sens moderne » ; à pareilles utopies il « oppose à l'avance, comme évidente, la position réaliste, chrétienne, selon laquelle l'histoire n'arrive à sa fin que lorsqu'elle finit en fait et que jusque là, elle continue tant bien que mal... »[1]. Hegel lui-même a réduit l'ambition qu'on lui prêtait, d'après laquelle « ce ne serait que dans *sa* philosophie que l'absolu se serait conçu lui-même », alors que telle est l'ambition inévitable de toute philosophie qui conçoit l'absolu[2] ; jamais il n'aurait accompli de la sorte autre chose que la tâche qui s'impose à tout philosophe digne de ce nom. On peut s'interroger aussi sur les deux petits mots qui terminent une phrase de la conclusion à l'*Histoire de la philosophie* : « Voici où nous en sommes aujourd'hui et la série des figures de l'esprit est achevée *pour maintenant* »[3]. Mais on lit aussi, dans la même conclusion, à la page précédente : « Une nouvelle époque a surgi dans le monde. Il semble que l'esprit du monde a maintenant réussi à se débarrasser de toute essence objective étrangère et à se saisir enfin comme Esprit absolu, à produire de lui-même tout ce qui s'oppose à lui comme objet et à le maintenir paisiblement en sa puissance. La lutte de la conscience de soi finie avec la conscience infinie de soi qui paraît à chacun extérieure a cessé »[4]. Sans nous arrêter à l'expression litigieuse de « fin de l'histoire », n'y a-t-il pas là, demanderons-nous, de quoi autoriser un parallèle avec le troisième état joachimite, qui devait apporter dans le monde une nouveauté radicale ?

Dans les *Leçons sur l'histoire de la philosophie*, il est dit encore que « la religion chrétienne est religion de l'esprit... C'est la religion du Saint-Esprit que le Christ a annoncé... L'esprit de l'homme qui rend témoignage à l'Esprit de Dieu est essentiellement aussi l'esprit sous la forme de la pensée, etc. »[5] Joachim de Flore, bien évidemment. comprenait autrement les choses, et c'est autre chose qu'il attendait, Le règne de l'Esprit-Saint, qui devait se manifester avant tout dans les ordres contemplatifs, n'était encore pour lui qu'une dernière étape temporelle, et il n'était pas le règne d'un esprit, d'une raison supérieure évacuant tout mystère. Il n'était pas le temps d'un « savoir absolu », d'un « savoir effectif » succédant à l'amour et à la recherche

1. R. K. MAURER, *Hegel et la fin de l'histoire* ; APH, t. 30, 1967, pp. 483-518 (pp. 486-7 et 498).
2. Lettre à Hinrichs. *Briefe...*, éd. Hoffmeister, 1953, t. 2, pp. 215-216 ; trad. J. CARRERE, t. 2, p. 192. Citée par MAURER, p. 501, note.
3. Cf. MAURER, p. 501. C'est nous qui soulignons.
4. Éd. Glockner, XIX, pp. 689-690. Si la formule « il semble que » peut passer pour l'expression d'un doute, il semble que ce doute soit bien léger.
5. Trad. GIBELIN, p. 324.

du savoir[1]. La « vérité » mettant fin aux figures ne devait pas inaugurer l'ère d'un sécularisme total et définitif. La spiritualisation de l'Église, telle qu'il l'entrevoyait, n'était pas son effacement devant l'appareil de l'État. Néanmoins, le Père Albert Chapelle le demande avec raison : « ne trouve-t-on pas déjà dans l'Évangile spirituel et éternel du bienheureux Joachim, dans son troisième âge de la vérité sans figures, toutes les ambiguïtés du Savoir philosophique hégélien au Royaume hégélien de l'Esprit ? »[2]

Une page de l'*Encyclopédie*, citant l'évangile de Jean pour autoriser sa doctrine, nous paraît bien illustrer, malgré les transformations profondes que nous avons dites, ce passage du Christ à l'Esprit qui caractérisait la grande innovation de Joachim de Flore :

> Le développement spirituel de la pensée et du savoir se distingue... de la foi pure et simple, celle-ci ne devenant vérité que par celui-là[3]. « Celui qui croit en moi, dit Jean, 7, 38, de son sein couleront des *fleuves d'eau vive* ». L'explication de ce passage est donnée dans le verset 39 : ce n'est pas la personnalité temporelle, sensiblement présente, du Christ qui produit ce résultat ; car elle n'est pas encore la vérité comme telle. Dans le verset 39, en effet, la foi est déterminée en ce sens que « Jésus a dit cela de l'*Esprit* que *recevraient* ceux qui *croiraient* en lui ; car le Saint-Esprit *n'était pas là encore* : Jésus n'était *pas encore glorifié* ». La figure du Christ encore non glorifiée, c'est sa personnalité sensiblement présente, ou... représentée comme l'objet immédiat de la foi[4]. Dans cette présence (sensible), le Christ a révélé de vive voix à ses disciples sa nature, l'économie du salut, sa destinée éternelle de réconcilier Dieu avec lui-même et les hommes avec lui. La foi des disciples en lui comprend virtuellement (*an sich*) tout cela. Néanmoins cette foi, à laquelle ne manquait pas la certitude la plus ferme, n'est considérée que comme un commencement, un fondement, une condition

---

1. Cf. *Phénoménologie de l'Esprit*, 12.
2. *Hegel et la religion*, t. 1, 1964, p. 63, note. Sur la comparaison de Hegel avec Joachim, voir Jakob TAUBES, *Abendländische Eschatologien*, Berne, 1947. Cf. Mircea ELIADE, *Aspects du mythe*, Gallimard, 1963, pp. 217-219. « C'est un trait permanent de la métaphysique historique idéaliste, a écrit M. Ernst Benz, op. cit., p. 49, que le passage de sa conception de la fin des temps à une nouvelle conception de la société humaine ». Comparer avec R. MORGHEN, cité supra, Introduction, p. 2, note 1, caractérisant le message de Joachim de Flore.
3. Cf. CHAPELLE, op. cit., t. 1, p. 101 : Pour Hegel, « dans la religion chrétienne, l'essence absolue est historiquement représentée, mais non comprise (begriffen) spéculativement. — Le passage de la religion à la philosophie consiste donc à surmonter (aufheben) historiquement cette *représentation* historique, en sorte que le *contenu* absolu du christianisme puisse logiquement se donner la seule *forme* absolue qui soit, en conscience adéquate, celle de la pensée philosophique ».
4. La venue de l'Esprit ne commence donc pas à la Pentecôte et n'a pas pour fin d'affermir et d'approfondir la foi en Jésus. Jésus n'est pas la Vérité ; il la prépare et doit, semble-t-il, s'effacer devant elle, disparaître devant l'Esprit.

> encore imparfaite : ces croyants ne possédaient pas encore l'Esprit mais devaient encore le recevoir, Lui, la Vérité même, qui vient plus tard que la foi et conduit à la plénitude de la vérité. — Certains cependant prétendent en rester à la conclusion de cette certitude (initiale de la simple foi) : leur certitude, n'étant que subjective, n'apporte formellement que le fruit subjectif de l'affirmation, y compris... l'orgueil, le dénigrement et l'esprit de condamnation. — C'est contrairement à l'Écriture qu'on s'en tient massivement à cette pure certitude (de la foi), hostile à l'Esprit qui fait s'épanouir la connaissance et donc est seul la vérité[1].

Au cours de ses travaux approfondis sur *Hegel et la religion*, le Père Albert Chapelle s'interroge à plusieurs reprises, sans oser trop vite en décider, sur la signification dernière de cette pensée. Hegel est-il mû simplement par la logique interne du christianisme luthérien ? Poursuit-il simplement, avec un plus vaste appareil dialectique, le mouvement sécularise de Lessing ? Est-il l'adversaire conscient de la foi chrétienne et le négateur ambigu dont Feuerbach, Marx et Engels dévoileront l'intention demi-secrète ? Ne cherche-t-il pas au contraire une intelligence de la foi, sinon à la manière des scolastiques, du moins à celle d'Augustin ou d'Anselme de Cantorbéry, qu'il cite souvent avec éloge ? Ce serait trahir sa pensée que de s'arrêter à l'une ou à l'autre de ces interprétations, ou de le soupçonner d'incohérence, alors qu'il s'est proposé de réconcilier toutes les oppositions ou de les envelopper toutes dans les profondeurs de l'Esprit[2]. S'il voit dans la « philosophie » l'accomplissement de la « religion », c'est qu'il estime cet accomplissement postulé par la religion chrétienne elle-même autant que par le mouvement propre de la pensée spéculative[3]. Il ne nous semble pas possible, néanmoins, d'admettre qu'il se refuse entièrement « à séparer les représentations historiques de la foi et leur compréhension logique ». Le Père Chapelle montre clairement d'ailleurs que Hegel professe « le dépassement du Christ dans l'Esprit, traduisons l'ouverture à l'avenir et la mort du Père »[4]. Feuerbach ne saurait certes passer pour son héritier pleinement légitime (malgré certaines assertions sans équivoque de sa jeunesse qu'il a plutôt édulcorées que reniées en

---

1. *Encyclopédie*, Vorrede zur dritten Ausgabe, pp. 25-26. Nous empruntons la traduction d'Albert CHAPELLE, op. cit., t. 1, pp. 112-113. Voir la traduction de M. de GANDILLAC, pp. 68-69.

2. CHAPELLE, op. cit., t. 1, pp. 8-9, 108-110, 211, etc. ; t. 2, B, pp. 116 et 129-135.

3. Cf. *Histoire de la philosophie*, GIBELIN, p. 324 : La philosophie « justifie » les mystères de la religion (en les supprimant) par les doctrines spéculatives de la raison.

4. Cours polycopié sur le sacrement de l'Ordre, 1973-1974, Bruxelles, Institut d'études théologiques. Cf. op. cit., p. 269 : « ... L'Esprit absolu se connaît comme la vérité spirituelle de la religion du Christ, etc. »

les intégrant dans son système) ; n'en aurait-il pas moins vu juste en définissant sa philosophie comme un « effort grandiose » pour « identifier la négation du christianisme avec le christianisme lui-même »[1], c'est-à-dire, commenterons-nous, pour écarter la foi en Jésus-Christ lorsqu'elle a joué son rôle, — historiquement ou dialectiquement, — au nom d'un « esprit » qui ne serait plus l'Esprit de Jésus ni du Père, mais « l'Esprit du monde » ? En « traduisant la religion chrétienne en philosophie », Hegel ne tendait-il pas formellement à séculariser l'espérance chrétienne ? Dès lors il n'importerait plus guère de savoir si dans son intention personnelle il s'agissait d'« attaquer la religion chrétienne » ou au contraire de « la défendre dans le langage de la philosophie »[2]. En proclamant par toute son œuvre que « la philosophie comprend la religion mais que celle-ci ne la comprend pas » et que « l'intuition de la Trinité est le rêve que la conscience de soi fait d'elle-même »[3], il supprimerait lui-même l'ambiguïté d'où aurait pu naître pareille interrogation.

D'excellents connaisseurs de la pensée hégélienne nous ont mis en garde contre cette pente. On a pris l'habitude, a écrit par exemple M. Claude Bruaire, « de considérer Hegel... à travers le filtre des ' post-hégéliens ' », on veut le comprendre « à travers Feuerbach, Marx, voire Lénine. En fait, ces auteurs et leurs épigones ne forment pas une postérité hégélienne, mais *anti*-hégélienne » ; Hegel lui-même « n'est pas un philosophe protéiforme, ni énigmatique... ; le système est complexe, il n'est pas obscur... Toute entreprise pour « laïciser » Hegel, pour en dé-théologiser la pensée, par exemple en glissant de l'auto-détermination de « l'Idée divine, éternelle » à quelque « autoposition » impersonnelle du « sens », tout cela se heurte aux textes, dans leur détail et dans leur ensemble »[4]. Ces remarques méthodologiques essentielles doivent être retenues avec soin. Elles n'empêchent pourtant pas Claude Bruaire d'observer en même temps que Hegel est « enfermé... dans une perspective théologique trop unilatérale pour que s'y reconnaisse la tradition de la foi »[5]. Le Père Dominique Dubarle nous rappelle aussi que pour Hegel « la réalité ontologique, en soi conceptuelle, de l'idée divine absolue, est absolument singularisée en le Christ, l'individu Jésus, d'apparence éphémère et singularisée dans l'histoire », que là « s'opère le contact abyssal et suprême de l'Absolu et de l'Histoire »[6], et cela

1. *Grundsätze der Philosophie der Zunkunft*, n° 21. Cité par Karl LÖWITH, *L'histoire universelle et l'événement du salut*, dans Dieu vivant, 18, 1951, p. 73.
2. LÖWITH, loc. cit., etc.
3. Ces deux derniers textes sont cités par Bruno BAUER dans son pamphlet anonyme, *La Trompette du jugement dernier*, que nous retrouverons plus loin. Trad. H.-A. BAATSCH, Aubier, 1972, pp. 118 et 173.
4. *Hegel et le problème de la théologie*, dans *Hegel et la théologie contemporaine*, DELACHAUX et NIESTLÉ, 1977, pp. 94-96.
5. Loc. cit., p. 97.
6. Loc. cit., p. 114.

écarte également des interprétations simplistes. Nous avons cependant déjà remarqué un fait qui n'est pas sans conséquences : le philosophe s'intéresse plus au christianisme qu'au Christ. Le Père Albert Chapelle, qui lui aussi réagit contre la projection de l'histoire ultérieure sur des textes qu'une telle méthode risque de fausser plus qu'elle ne les éclaire, admet néanmoins que chez Hegel « la révélation de la Trinité ne trouve pas ses références décisives dans l'Événement évangélique où se contemplerait symboliquement la Paternité intelligible de Dieu, mais dans l'Avènement de l'Esprit où se reconnaît spéculativement l'Accomplissement anagogique du Devenir chrétien »[1]. Il est donc permis de nouveau de s'interroger[2]. Si le Christ n'est pas explicitement rejeté d'un système qui prétend tout comprendre, si même il y est déclaré « unique »[3] et s'il y fait l'objet d'une christologie très élaborée[4], n'en devra-t-on pas moins finalement reconnaître que « cet individu unique » « fera tous les frais d'un rapprochement qui prend l'allure d'une absorption » ? Trop bien « compris », si l'on peut dire, par le système, « Jésus connaîtra un nouvel avatar. Il se convertira à l'hégélianisme ».

Cette dernière remarque, qui est de M. Jacques d'Hondt[5], rejoint l'une des critiques essentielles énoncées par le Père Gaston Fessard, profond connaisseur de Hegel, dont les propres dialectiques sont « par leur structure formelle de type hégélien », mais ont en revanche une « âme aussi anti-hégélienne qu'il est possible »[6] :

> Que le vœu essentiel de la conscience humaine soit d'« apercevoir l'histoire éternelle de Dieu et de l'humanité, le mouvement de Dieu qui devient homme et de l'homme qui devient Dieu », et de l'« apercevoir en prenant conscience de soi dans l'histoire », Hegel n'eut point tort de le prétendre. Et pas davantage d'affirmer que « l'individu doit en lui-même reparcourir les étapes de ce processus, afin de devenir membre de l'Esprit universel qui s'y expose » ; ce que permet le Culte... Mais, si justifiées que soient ces affirmations, elles n'engendrèrent en fait qu'un système orgueilleux et insensé. Car, faute de partir de la réalité universelle c'est-à-dire catholique, de la communauté chrétienne

1. CHAPELLE, op. cit., t. 2, B, p. 117.
2. La remarque d'Ernst BLOCH est pertinente : « Quoi que fasse Hegel, la signification de ce qu'il fait est toujours à double tranchant. » *Sujet-objet*, trad. fr., Gallimard, 1978, p. 419.
3. *Leçons sur la Philosophie de la religion*, 3e partie, la Religion absolue ; éd. Lasson, W., t. 14-1, p. 134. Cité par D. DUBARLE, *Absolu et histoire dans la philosophie de Hegel*, dans *Hegel et la phil. contemp.*, p. 113.
4. Cf. Emilio BRITO, *Hegel et les christologies contemporaines*, thèse de théologie de Louvain, 1977. Du même : *Hegel et la tâche actuelle de la christologie*. « Le Sycomore », Lethielleux, 1979.
5. *Hegel philosophe de l'histoire vivante*, p. 72.
6. G. FESSARD, dans *Revue thomiste*, 1962, p. 85. Sa dialectique elle-même est d'ailleurs « en son fond et par ses origines, beaucoup moins hégélienne que blondélienne et même paulinienne et ignatienne » (ibid.).

> et du culte eucharistique, Hegel devait plutôt supprimer la religion qu'il voulait comprendre, et faire de la philosophie le seul et véritable culte, « un culte perpétuel »[1]. Par là, sans en avoir conscience sans doute, il en venait à se substituer au Christ lui-même et à proposer son propre système comme ultime révélation de la vérité divine. Comment, à ce verbe simplement humain, la Vie de l'Esprit aurait-elle pu rester enchaînée et avec elle la vie et la vérité de l'histoire et de la nature simplement humaine[2] ?

Parallèlement, Hegel peut et même doit envisager aussi l'effacement de l'Église du Christ en sa structure historique et visible, parce que, pense-t-il, « la présence exhaustive de l'Esprit est ailleurs. » Conscience croyante au Christ et célébration communautaire dans une Église visible se nient elles-mêmes en vertu de leur propre dynamisme, à mesure que les temps mûrissent ou que la réflexion s'approfondit[3]. Elles se nient en vertu des exigences de la pensée spéculative, c'est-à-dire en vertu de l'Énergie absolue de l'Esprit. Il ne peut plus être question d'une « foi formelle » qui chercherait à atteindre quelque objet extérieur, car « vouloir introduire un principe nouveau dans la vie substantiellle de l'homme, serait aussi absurde que de vouloir introduire l'esprit dans un chien en lui faisant mâcher des livres »[4]. Le culte ne peut plus être autre chose que « l'éternel processus du sujet pour s'identifier avec son essence »[5], processus dont le terme serait le « savoir absolu » : tel est le substitut hégélien de la contemplation pure, au-delà des sacrements, annoncée par Joachim de Flore[6].

Dès lors aussi, dans la société, la même réduction s'opère. Il n'y a plus de distinction du temporel et du spirituel : l'Église est absorbée par l'État. « Car s'il faut dire que l'État se fonde sur la religion, qu'il y a ses racines, cela signifie essentiellement qu'il en est sorti, qu'il en sort maintenant et toujours, c'est-à-dire que les principes de l'État... sont eux-mêmes connus comme déterminations de la nature divine »[7]. Dans une entreprise de « laïcisation » — aujour-

1. HEGEL, *Begriff der Religion*, éd. Lasson, pp. 236 et 278.
2. *De l'actualité historique*, DDB, 1960, t. 1, p. 209.
3. Cf. André LÉONARD, *La foi chez Hegel*, pp. 357-358. A. CHAPELLE, t. 2, B, pp. 129-133.
4. *Philosophie de la religion*, trad. A. VERA, t. 1, 1876, p. 5 ; cf. pp. 356-358 et 359 : « La religion..., comme telle, ne contient que les vérités éternelles de l'esprit ».
5. *Philosophie de la religion* ; GIBELIN, t. 1, 1959, p. 195.
6. Mais, quoi qu'il en ait, Hegel n'y parvient pas ; « il ne réussit pas à échapper à la « contradiction du progrès indéfini » : FESSARD, *Dialogue théologique*..., p. 238.
7. *Leçons sur la philosophie de l'histoire*, introduction ; GIBELIN[3], p. 48. Cf. *Leçons sur l'histoire de la philosophie*, GIBELIN, pp. 178-179. *Encyclopédie*, trad. GANDILLAC, 1970, pp. 470-477. C'est un point que met en relief Bruno Bauer dans sa *Trompette du jugement*, trad. citée, p. 78.

d'hui l'on dirait de « sécularisation »[1] — aussi « extraordinaire », M. Jean Hyppolite a vu « l'une des choses les plus étonnantes dans l'histoire de la pensée »[2]. Peut-être s'en serait-il moins étonné s'il avait suivi de plus près, non seulement l'histoire de la tradition luthérienne, mais celle du mouvement de dissociation entre le Christ et l'Esprit, entre l'Église du Christ et la communauté de l'Esprit, qui s'origine à Joachim de Flore.

Après deux siècles bientôt écoulés, la philosophie de Hegel n'a pas cessé d'exercer sa fascination, ni d'inspirer une pluralité foisonnante d'interprétations, de déductions, de transformations et de critiques. « Certes, Hegel a cherché à ne dire qu'une seule chose, à être cohérent, univoque, mais ce qu'il dit est en fait fort complexe... Sans doute tient-il beaucoup au fait historique ; avouons cependant que l'accent est tellement mis sur *le savoir* de Dieu que la Trinité immanente semble parfois s'estomper derrière le *savoir* vécu, la théorie de la Trinité et le Christ lui-même derrière la christologie »[3]. Notre sujet nous rendait attentif à la pente de l'hégélianisme qui, en fait, a largement prévalu chez Hegel lui-même et bien plus encore dans la majeure partie de sa postérité. Des chapitres postérieurs nous en montreront plusieurs cas. Nous ne citerons ici, à titre d'illustrations, que deux cas, opposés à l'extrême. Le premier est celui d'un jeune disciple, étudiant en théologie à Heidelberg, qui s'interrogeait en 1818 sur l'histoire et la destinée du christianisme. Marqué par le piétisme, admirateur passionné de Novalis, Richard Rothe (1799-1867) empruntait cependant à Hegel son schème triadique aboutissant à l'Esprit :

> ... Le catholicisme est le premier moment ; il est le christianisme dans sa manifestation la plus immédiate. Puis celui-ci progresse vers la phase dialectique, l'antagonisme inhérent à la nature humaine se réveille en lui, et ainsi se constitue le protestantisme — non pas *un* protestantisme, mais *plusieurs* car c'est l'essence même du progrès dialectique d'être intérieurement divisé... Mais à présent le moment spéculatif, si je puis dire, amènera une ère éternelle, par l'institution d'un catholicisme spéculatif, positif-rationnel... L'édifice du catholicisme n'est tombé en ruines que parce que l'Esprit s'en est retiré ; mais il sera de nouveau complètement vivifié, réchauffé et illuminé par l'Esprit divin... C'est là une croyance à laquelle peut se rallier un protestant impartial, par cela même qu'il se dit déjà

1. Cf. Alexandre ERDAN, *La France mystique...*, 2e éd., par Charles Potvin, t. 1, Amsterdam, 1858, p. XV : « Les Anglais ont trouvé le mot du rationalisme appliqué : *Sécularisme* ».
2. *Humanisme et Hégélianisme*, 1952 ; reproduit dans *Figures de la pensée philosophique*, t. 1, PUF, 1971, p. 149.
3. Marcel RÉGNIER, *Logique et Théo-logique hégélienne*, dans *Hegel et la pensée moderne*, 19, pp. 211 et 212.

> en possession de l'Esprit. Une synthèse de ces deux éléments essentiels à l'Église ne peut manquer de se produire un jour, aussi vrai que le christianisme vient de Dieu et non des hommes. Bien des signes annoncent, dès aujourd'hui, que ces temps sont proches[1].

Expression timide, ou plutôt confuse encore et maladroite, d'un jeune croyant romantique, dont le rêve est d'une bien autre nature que l'ambition hégélienne, mais dont le ressort de la dialectique hégélienne soutient la quête fervente. Lisons maintenant, pour un parfait contraste, une page de la *Trompette du jugement dernier contre Hegel, l'athée et l'Antichrist* :

> ... Vous avez été leurrés par le vernis d'honorabilité et de religion de cette philosophie ... Il serait trop bête de notre part de vouloir encore nous imaginer que Hegel parle de la Trinité de la foi chrétienne lorsqu'il parle du Père, ... du Fils et de l'Esprit-Saint. N'a-t-il pas répété assez clairement que Dieu, cette représentation de la religion, n'est rien que l'universalité de la conscience de soi, rien que la pensée qui devient consciente de son universalité, rien que l'universel actif en face duquel se pose la particularité du Moi comme conscience ou comme intuition déterminée ? Eh bien, il en est toujours là lorsqu'il développe l'intuition de la Trinité.

Hegel, précise encore l'auteur de la *Trompette*, « prétend que l'intuition de la Trinité est le rêve que la conscience de soi fait d'elle-même » ; « la réconciliation de la raison avec la religion » consiste donc uniquement selon lui dans le fait « que l'on pénètre qu'il n'est point de Dieu et que le Moi, dans la religion, n'a jamais affaire qu'à lui-même ». Notre mystificateur trouve même un malin plaisir, tout en soulignant le contraste entre eux deux, à embaucher malgré lui l'innocent Rothe dans l'équipe de ceux qui tirent la seule conclusion possible de l'œuvre hégélienne ; et l'on doit avouer que son cynisme ne manque pas de clairvoyance :

> Rothe s'était laissé contaminer par ces principes lorsqu'il a risqué l'opinion... que l'Église devait disparaître dans l'État ... (Cependant), au fond, il ne laissait pas de combattre pour la suprématie de l'Église. Bauer combat pour l'État, contre l'Église ... Rothe est un ange qui reste pieux malgré la chute,

---

1. Richard ROTHE, *Ein christliches Lebensbild*, von Friedr. Nippold. Wittenberg, 1877, t. 1, pp. 59-60. Trad. Éd. SPENLÉ, *Novalis*, pp. 285-286. Longue analyse des écrits et de la pensée de Rothe par F. LICHTENBERGER, Encycl. des sc. relig., t. 10, pp. 302-322.

et pire encore, Bauer est un suppôt de Satan qui travaille impudemment à l'apostasie contre Dieu et le christianisme »[1].

Sous le déguisement d'une foi chrétienne indignée adressant *un ultimatum* aux princes chrétiens, la satire anonyme imaginée par Bruno Bauer avec la complicité amusée de Karl Marx s'efforce de mettre à nu, pour lui donner toute sa virulence, la pente athée et subversive de la pensée hégélienne. Même les « anges » tels que le pieux Rothe sont entraînés par elle dans la chute... — Et la pièce capitale du procès, c'est une fois de plus, depuis le temps des premiers joachimites, l'utilisation de la Trinité « économique », idée maîtresse du système.

1. Trad. H.-A. BAATSCH, Aubier-Montaigne, 1972, pp. 139-140, 166, 168, 173. Rothe, en effet, admet que l'Église a mission de se dissoudre dans l'État, dispensateur de la culture et de la science, — avec l'illusion qu'un jour l'État, la culture et la science prendront « un caractère entièrement religieux ».

II

Schelling

La relation de Schelling à Joachim de Flore est plus explicite et plus proche que celle de Hegel ; plus aussi que celle de Fichte. On peut également affirmer que, des grands idéalistes allemands (si cette épithète longtemps consacrée lui convient encore), c'est lui qui a fourni le plus grand effort et « le plus original pour fonder philosophiquement le règne de l'Esprit » (Karl Löwith) sans évacuer la religion chrétienne. Avec quel succès, c'est ce qu'il s'agit de voir.

Tout jeune encore, Schelling avait été le condisciple de Hegel et de Hölderlin à Tübingen. Il s'était ensuite lié avec Fichte. Baader l'avait initié à Böhme, dont il retrouvait l'inspiration chez Œtinger et chez Saint-Martin[1]. Une lecture assidue de ces théosophes l'a profondément marqué ; une lettre de lui, datant de 1811, est encore un décalque d'un passage de l'*Aurora.* Mais, sans échapper jamais totalement à de telles influences, il les secouera pour suivre sa propre voie. Après s'être destiné à la théologie, avoir étudié les Pères grecs et latins, soutenu une thèse sur saint Paul et Marcion, il renonce vite au pastorat pour se lancer dans une réflexion philosophique indépendante. Dès 1796 il réclame une « liberté absolue » en faveur de « tous les esprits qui portent en eux le monde intellectuel et qui ne peuvent chercher hors d'eux-mêmes ni Dieu ni immortalité ». En 1797, le titre même de ses *Idées pour une Philosophie de la Nature* le place dans le sillage de Herder. En 1800, dans le *Système de l'Idéalisme transcendental*, il donne une première ébauche de ce qu'est pour lui « la loi de l'histoire » qui doit aboutir au « règne de la liberté » : c'est celle d'une révélation de la divinité qui se fait en trois temps, aux limites indécises : le temps de la force aveugle où domine le hasard, le temps de la nature qui découvre et impose sa loi, le temps de la Providence qui est aussi pour l'homme celui de la liberté ; quand commencera ce troisième temps, « on ne saurait le dire ; mais on peut affirmer que, le jour où il aura commencé, aura aussi commencé le règne de Dieu »[2]. Voici posée la triade, qui se transformera plus d'une fois à travers les vicissitudes de l'œuvre schellingienne et dont le

1. De nombreuses précisions sont fournies à ce sujet par Jean-François MARQUET, *Liberté et existence, étude sur la formation de la philosophie de Schelling*, Gallimard, 1973 ; appendice, pp. 571-586 : « Schelling et la ' théosophie germanique ' ». A partir de 1820 environ, ces influences seraient relayées par celles de Pascal et de Hamann (p. 585).

2. Cf. l'analyse de l'ouvrage faite par Xavier LÉON, *Fichte et son temps*, vol. 2, 1, pp. 437-440.

rapport à la Trinité chrétienne finira par se préciser. En attendant, Schelling déclare dans une conférence de 1802 qu'il y a une « impossibilité évidente à maintenir le christianisme sous sa forme exotérique », il estime qu'il existe un rapport nécessaire entre le dogme de la Trinité et le développement de l'histoire et il proclame la venue de « l'Évangile absolu »[1] ; la thèse de Lessing lui paraît irréfutable. En 1804, dans un écrit sur *Philosophie et Religion*, il présente l'histoire universelle comme une vaste épopée de l'esprit de Dieu ; ce n'est plus un long développement tripartite, mais un mouvement aux deux temps inverses : éloignement et retour ; c'est une Iliade, et c'est une Odyssée. Aux environs de 1809, il retrouvera une foi chrétienne, à laquelle il voudra désormais rester fidèle et qui le conduira même sur le tard aux confins du catholicisme (auquel il sera même soupçonné, à tort, d'avoir adhéré). De sa carrière intellectuelle, longue et mouvementée[2], nous ne retenons que les traits à la saveur joachimite. Ils ne sont ni rares, ni sans relief.

Il y a, selon Schelling, une certaine historicité de Dieu. C'est ce qui se dégage nettement des *Leçons sur la méthode des études universitaires*, données à Iéna en 1802 et publiées en 1803. Le christianisme a été le premier à comprendre cette nature historique de l'Absolu. Non pas que selon lui Dieu ne soit pas éternel, non pas qu'il devienne et qu'il croisse en dépendance de la genèse du monde ; mais il y a en lui un perpétuel commencement et, comme disait Böhme, « un avènement qui ne cesse pas ». Tel est le mouvement interne qui caractérise la personnalité divine ; car Dieu est personnel, et même tripersonnel. On ne doit pas craindre d'exagérer sa « trimorphie » ; c'est elle, c'est cette « hétérousie » interne qui fait que Dieu est vivant[3]. Elle a son reflet dans une historicité essentielle du monde, créé par Dieu : processus cosmogonique, ouvrage et miroir du processus théogonique. C'est encore le christianisme qui a découvert cette vérité, et lui-même, « dans son esprit le plus intime et en son sens le plus élevé, est historique » ; il enracine l'histoire de l'univers et sa propre histoire dans celle de la Trinité. Davantage encore, il montre cette double historicité, celle de Dieu et celle du monde, de l'éternel et du temps, unifiée pour ainsi dire dans le Christ[4].

Malgré ses dénégations, Schelling paraît souvent lier de façon

1. AYRAULT, t. 3, pp. 531 et 545.

2. Voir l'ouvrage monumental de Xavier TILLIETTE, *Schelling, une philosophie en devenir*. Vrin, 1970, 2 vol., 658 et 550 pages. Du même, dans APH, 1978, pp. 682-683 : « Il est extrêmement difficile de suivre la pensée précoce de Schelling dans ses méandres et ses voltes-faces. »

3. 8e leçon ; voir aussi *Philosophie de la révélation*, leçons 15 et 16. *Écrits philosophiques*, trad. Ch. BÉNARD, Paris, 1847, p. 121. Cf. Vladimir JANKÉLÉVITCH, *L'Odyssée de la conscience dans la dernière philosophie de Schelling*, Alcan, 1933, pp. 3-5 et 72. Émile BRÉHIER, *Schelling*, Alcan, 1912, p. 227.

4. 8e leçon ; BÉNARD, pp. 121-124 et 130.

si étroite ces deux devenirs, divin et cosmique, qu'on a peine à ne pas les voir en stricte analogie et dépendance réciproque. Il semble qu'il y ait en Dieu une unité d'abord confuse, un sabellianisme primordial, et que le devenir créateur affecte Dieu en le révélant progressivement à lui-même : le Fils ne serait enfin pleinement Fils qu'au terme de la création, lorsque l'Esprit serait devenu pleinement manifeste[1]. Bref, la Trinité serait actuée par l'histoire du monde. Or c'est ce passage graduel d'un sabellianisme à un quasi-trithéisme qui aurait déjà caractérisé, selon quelques interprètes, la doctrine trinitaire de Joachim de Flore.

Mais c'est là sans doute interpréter trop historiquement une pensée qui se veut d'abord dialectique. Au moins dès 1804, dans une étude importante sur *Philosophie et Religion*, qui met la calme lumière de la philosophie au-dessus des « illuminations poétiques » et « fugitives » de la religion, l'auto-objectivation de Dieu est expliquée comme un devenir intemporel[2] ; c'est une théogonie transcendantale, alors qu'au contraire le monde est proprement une histoire, « un poème épique sorti de l'esprit de Dieu » et divisé « en deux parties » : l'une est « le départ de l'humanité à partir de son Centre » jusqu'au degré le plus éloigné » et l'autre, « son retour au Centre » ; on peut comparer, poursuit Schelling, la première partie à l'Iliade et la seconde à l'Odyssée[3].

L'« histoire » de Dieu, comme celle du monde — c'est-à-dire de l'homme, car « c'est dans l'homme seul que Dieu a aimé le monde » — est histoire de la liberté. « La liberté est le bien le plus sublime, au-dessus de tout être » ; nous en avons « le sentiment », aussi devons-nous dire que, « envisagé dans sa plus haute ipséité, Dieu n'est pas un être nécessaire et réel, mais l'éternelle liberté ». Cela ne signifie pas qu'il ait eu jamais à *devenir* réel », mais « de toute éternité la nécessité a été subordonnée à la liberté »[4]. Image de Dieu, l'homme est libre ; de lui comme de son créateur on pourra dire que « c'est sa liberté débordante qui constitue son véritable Moi », — mais il faut bien voir ce que cela suppose : « créature la plus parfaite », « relativement indépendant de Dieu », il est capable de Mal. « En lui se trouve concentrée toute la force du principe obscur en même temps que toute la force de la lumière, l'abîme le plus profond comme le ciel le plus sublime. » Le Mal n'est pas chose

1. Cf. TILLIETTE, op. cit., t. 2, pp. 369-390 et 415 ; v. aussi pp. 214 et 226. PHILOUENKO, dans *La philosophie et l'histoire* (dir. Châtelet), Hachette, 1973, pp. 123-125.

2. Dans *les Ages du monde* il dira : « La divinité est étrangère à tout devenir... Il s'agit d'un devenir non par rapport à elle-même, mais par rapport à l'Etre (extérieur)... » Trad. S. JANKÉLÉVITCH, Aubier, 1949, pp. 132-133.

3. WERKE, éd. de 1927, B. 4. *Essais*, trad. S. JANKÉLÉVITCH, Aubier, 1946, pp. 177-224.

4. *Les Ages du monde*, pp. 53 et 57. En Dieu, « le commencement est un commencement éternel » : p. 42.

simplement passive ou négative, limitation ou privation. De telles explications, comme l'a bien montré Baader, « laissent l'intelligence et la conscience morale insatisfaites ». Il est « antithèse positive ». il fait passer à l'acte un principe que les « hommes intelligents » méconnaissent dans « leurs incessantes effusions sur l'harmonie du Cosmos et son admirable unité » ; « s'ils étaient capables de pénétrer au-delà de la surface des choses, ils verraient que « l'effrayant et le terrible sont le fond substantiel de la vie et de l'existence ». « Nous n'avons pas à combattre seulement la chair et le sang, mais un Mal qui est en nous et en dehors de nous, un Mal qui est Esprit[1]. »

Schelling est allé, sous l'influence de Böhme, jusqu'à concevoir une liberté primitive sans norme, une « volonté exubérante » dont le mal constituerait un élément intrinsèque. De tels relents böhmiens ont affecté jusqu'à son idée de la divinité, avec cette différence qu'en Dieu « l'état originel de contradiction qui a allumé le feu sauvage, cette vie de désirs et de convoitises » est dominé depuis toujours ; il fait partie « d'un passé qui n'est pas seulement devenu tel, mais qui était un passé dès les origines, qui l'est de toute éternité » ; le « Non destructeur », la « force éternellement en colère qui ne supporte aucun être qui lui soit extérieur » sont de même éternellement étouffés par le « Oui de l'amour »[2].

Comme la plupart de ses contemporains, Schelling se trouve confronté avec Spinoza, qu'il salue comme son « maître et précurseur », mais qu'il corrige dans le sens où le *Strum und Drang* l'avait revivifié[3], et que finalement il combat. Refusant la coupure cartésienne de la matière et de l'esprit, il ne peut concevoir ni Dieu ni l'homme comme séparés de la Nature. Pour lui, tout le cosmos « n'est que l'expansion du cœur de Dieu »[4]. Il adopte la formule du « Hen Kai Pan », mais en combattant ceux qui lui font exprimer « une totalité impersonnelle ». Il admet qu'en dernière instance « l'essence du monde moral est également celle de la nature », mais refuse d'interpréter cette proposition « comme si elle signifiait que la liberté n'est qu'une force naturelle ». Sur le mot de « panthéisme », il hésite, tantôt se méfiant de « l'accusation devenue si générale et si populaire » qu'il véhicule contre quiconque pose un mode d'unité du fini et de l'infini, et tantôt le distinguant avec

1. *Recherches philosophiques sur la nature de la liberté humaine* (1809) ; dans *Essais*, Aubier, 1946, pp. 231 et 251-255. *Les Ages du monde*, trad. citée, pp. 142 et 183, etc.

2. *Les Ages du monde*, pp. 78 et 132-133. C'est un reflet de ce *Non* surmonté que la Bible ferait apparaître dans « cette colère intolérante que l'intransigeant Dieu juif éprouve pour les autres dieux » : ibid., p. 153. — Débarrassé plus tard des idées gnostiques qui l'avaient fécondé mais encombré, Schelling raillera, dans la *Philosophie de la révélation*, leçons 33 et 34, la conception boehmienne de l'archange rebelle.

3. Cf. TILLIETTE, *Spinoza préromantique*, loc. cit.

4. *Les Ages du monde*, p. 167 ; cf. p. 160.

soin du « déterminisme », du « fatalisme » et de « l'identification totale de Dieu et des choses ». Le « vice du système de Spinoza » est précisément d'après lui non pas de poser les êtres en Dieu, mais « de les y poser comme des choses » et de faire « de sa ' Substance infinie ', elle aussi, une chose ». En d'autres termes, il lui reproche d'avoir érigé « l'Etre général » en « un dogme dévorant qui a fait disparaître dans ses entrailles aussi bien la science que la religion»[1].

Il prend avec plus de virulence le contrepied du rationalisme des Lumières, « aux idées triviales enfantées par la raison la plus bourgeoise ». Il y dénonçait dès 1803, dans ses *Leçons sur la méthode des études universitaires*, l'héritage du protestantisme, qui, en « substituant à une autorité vivante, efficace, l'autorité d'un Livre, c'est-à-dire de la lettre morte », a institué « un nouvel esclavage, bien plus honteux que le premier » ; la théologie s'est ainsi dégradée en philologie et en psychologie, la prédication morale est descendue aux détails de l'économie domestique tels que la recommandation de la vaccine ou l'indication de la meilleure recette pour la culture des pommes de terre...[2]. Loin d'exalter l'œuvre de Luther, il lui reproche même si elle fut « sans doute un moment nécessaire de l'histoire, d'avoir brisé l'unité de l'Église » et d'avoir sombré dans un « anti-universalisme » stérile. Son opposition à Hegel n'est pas moindre ; loin de voir comme lui dans l'histoire de la philosophie l'histoire de l'élimination de la conscience religieuse, il la verra de plus en plus s'inscrire « au sein du développement » de cette conscience[3]. Quant à Fichte, en laissant « face à face l'empirie inerte et la liberté autothétique », il s'est « égaré dans la subjectivité totale » ; celle-ci le fait aboutir à un « philanthropisme » superficiel qui « ne veut voir le mal antérieur à toute action humaine que dans l'inertie de la nature humaine »[4].

Cette hostilité à Fichte et à Hegel, Hegel et Fichte la rendaient à Schelling avec surabondance. On sait la longue rivalité de Hegel et de Schelling. Mort en 1814, Fichte avait eu le temps de dénoncer en son adversaire « un artiste bavard » au « réalisme irréfléchi », dont la pensée, trompeuse et folle, était par excellence « l'antiphilosophie »[5]. Nombreux seront les historiens et les philosophes qui feront leurs ces jugements. Schelling finira « par être le bouc émissaire

---

1. *Liberté humaine*, pp. 227-240. *Ages du monde*, p. 183. *Introduction à la philosophie de la mythologie*, trad. S. JANKÉLÉVITCH, Aubier, 1945, t. 1, pp. 29-30 et 135.

2. 8e et 9e leçons. Trad. BÉNARD, pp. 131 ss. et 141-144.

3. Cf. J.-F. MARQUET, *Schelling et l'hist. de la philosophie*, APH, 1976, p. 617. Schelling, ajoute l'auteur, n'a jamais vraiment renoncé à l'« image mythique du Grand Réformateur » qui doit accomplir la religion, « et c'est peut-être pour cette raison que... nous ne le rangerons pas sans malaise parmi les grands philosophes ».

4. *Liberté humaine*. Cf. la trad. G. POLITZER, Rieder, 1926, pp. 170-171. *Ages du monde*, p. 186. TILLIETTE, dans *Studi Urbinati*, 1977, pp. 383-393.

5. Textes dans Xavier LÉON, op. cit., vol. 2, 2, pp. 422 et 518.

chargé de tous les péchés du romantisme »[1]. On verra dans son réalisme un recul par rapport à la philosophie critique et, dans la place permanente qu'il finit par revendiquer pour la religion chrétienne, un outrage à l'idée même de philosophie[2]. Son réalisme est certain ; même en sa première période il a toujours eu « un sentiment profond, une notion forte de l'objectivité »[3], qu'il exprime avec éclat dans une page des *Ages du monde* :

> Qu'il est salutaire de voir que, malgré la mobilité et la légèreté de la pensée, il est un principe qui résiste aux assauts des concepts les plus agressifs et à la flamme de la pensée la plus sublimée ! Sans ce principe et sans la force avec laquelle il résiste à la pensée, le monde serait depuis longtemps réduit à rien ; c'est seulement grâce à ce centre invincible que le monde se maintient contre les assauts de l'esprit qui ne connaît pas de repos. Lui, il est la force éternelle de Dieu[4].

Dieu, l'homme, le monde, ce sont là pour Schelling des réalités. Quant à sa conception de la conscience religieuse et de son développement, elle est loin d'être simple. S'il est parvenu à la conviction que le salut ne vient pas, ou n'est pas découvert comme par un rideau qui tombe, au bout de la réflexion du philosophe, mais qu'il doit être reçu, donné par Dieu dans le Christ, qui triomphe du mal et dont la révélation dominera toujours la réflexion du philosophe, ce ne fut que pas à pas, au cours d'une évolution longue et sinueuse, que l'état des textes ne permet pas de reconstituer avec sécurité, et dont on ne peut dire qu'elle ait abouti à une solution définitive.

Dans ses *Leçons sur la Méthode*..., il montrait la conscience religieuse subissant à travers les âges de profondes transformations, non seulement par le passage de la « mythologie » à la « révélation », mais encore par la fructification de la donnée « révélée », et dans la religion chrétienne elle-même il distinguait la permanence de tout un aspect exotérique, qu'il appelait encore « mythologie », et la réflexion libre sur le sens des mystères[5]. Dans *Philosophie et religion*, il oppose nettement la raison à la foi, qu'il n'envisage que comme irrationnelle[6]. Dans *la Liberté humaine*, il estime pareillement que

---

1. Ibid., p. 418.
2. Xavier LÉON, historien probe et modéré, se rallie à ces jugements. Op. cit., vol. 2, 1, 1924, p. 453 : Schelling ranime « le vieil esprit de l'ontologisme et du dogmatisme », le progrès auquel il prétend n'est « qu'un retour aux traditions périmées... C'est le triomphe de la réaction ».
3. Victor DELBOS, *De Kant aux Postkantiens*, Aubier, 1940, p. 111. Cf. Émile BRÉHIER, *Schelling*, Alcan, 1912, p. 301.
4. *Les Ages du monde*, p. 187.
5. 8e et 9e leçons. Cf. MARQUET, art. cité, p. 467.
6. Loc. cit., pp. 178-181. Cf. p. 213 : « Par la philosophie, la lumière de la vérité doit pénétrer les régions obscures que mythologie et religion ont remplies de leurs inventions poétiques.

« chercher à se tirer d'affaire en abdiquant la raison, ressemble à une fuite plutôt qu'à une victoire »[1]. D'après la *Philosophie de la mythologie*, ouvrage dont la genèse est mal établie, « la science fondée sur la raison » exige un « dépassement », mais c'est en faveur de la « religion philosophique » ou « religion de l'esprit, qui seule importe » ; cette « libre religion » n'est posée par le christianisme que « de façon indirecte », et pour y parvenir « la conscience doit être libérée une fois de plus, et, cette fois, de la révélation »[2] ; la « redécouverte de Dieu » ou le « retour à Dieu » comporte une série de « stations » : l'abnégation du moi ou piété mystique à la manière de Fénelon, l'art, la science contemplative ; mais ce sommet lui-même est décevant : à quoi sert la connaissance, qui ne peut aboutir qu'à « l'Idée » ? Le Moi « se rend compte à présent de l'abîme qui le sépare de Dieu... et qu'il ne peut y avoir ni repos ni paix tant que cet abîme ne sera pas comblé », il aspire à Celui qui lui procurera « la rédemption » : « c'est Lui, Lui, qu'il veut ainsi, le Dieu qui agit..., c'est en Lui, en Lui seul que le Moi voit désormais le Bien réellement suprême... La personne recherche la personne... »[3]. Cependant, l'idéal demeure encore une « religion philosophique » et il n'est pas plus question pour la conscience de rester dépendante de la révélation que d'une Église[4].

Les *Ages du monde*, œuvre péniblement élaborée (v. 1811-1815), plusieurs fois reprise ensuite et demeurée inachevée, — « la haute ruine des *Weltalter* »[5] —, bien que faisant appel, en opposition à l'esprit de Descartes, à la tradition biblique[6], ne sont encore, selon l'expression de Xavier Tilliette, qu'une « bible laïque » ; « ces monuments éternels » que sont les deux « Testaments » conservés par le christianisme n'offrent encore à leur auteur qu'une base pour son interprétation philosophique de l'histoire et de la religion. Un schéma tripartite encore confus résume cette interprétation :

> Le panthéisme correspond au règne du Père, à ce moment douloureux et angoissé où Dieu n'est encore que « le premier Existant », où il reste engagé et comme prisonnier dans son être, sa nature. A l'engendrement du Fils correspond ensuite, dans l'ordre des idées, l'apparition du dualisme ; le panthéisme dépouillé de son exclusivité et posé au passé, devient simple réalisme, et l'idéalisme s'oppose à lui comme un principe libérateur et lumineux. Mais cette opposition ne doit pas aller jusqu'à

1. Loc. cit., p. 227.
2. Loc. cit., t. 2, pp. 9-11, 21, 150.
3. Ibid., pp. 342-343, 352-353.
4. Ibid., p. 354 ; cf. p. 11.
5. TILLIETTE, op. cit., t. 1, pp. 581-614.
6. *Ages du monde*, pp. 97-99, etc. On notera la protestation contre « l'injuste mésestime qui frappe l'Ancien Testament », dans lequel « se trouvent les principes qui font comprendre le Nouveau ».

une séparation complète. Dans l'Absolu, le Fils ne cherche pas à éliminer le Père, mais au contraire à le libérer, à l'épanouir, à l'élever à la conscience jusqu'au moment où s'établit entre eux une connaissance parfaite : l'Esprit[1].

Ce bref rappel des positions successives de Schelling devait être fait, pour permettre de comprendre le joachimisme qui va caractériser sa dernière période, en la situant au terme (inachevé, quoique tardif) de cette « philosophie en devenir ». Quelque jugement qu'on porte sur elle, les phases de son long itinéraire nous apparaissent ainsi comme des « progrès », plutôt que des « reniements »[2]. Sous le même titre d'*Ages du monde*, Schelling présente à Munich, en 1827, la maquette de « l'édifice imposant » que sera sa « dernière philosophie »[3]. Mais c'est dans un ouvrage d'une autre envergure qu'il donnera enfin sa synthèse chrétienne joachimite. Il s'agit des Leçons sur *la philosophie de la Révélation*, prononcées pour la première fois en 1831-1832 et plusieurs fois dans la suite sans changement. Comme l'ont laissé entrevoir quelques-unes des citations précédentes, il était alors depuis longtemps « revenu, avec les plus louables intentions de l'homme de foi, à l'histoire et à la positivité du christianisme »[4]. Il était personnellement attaché au Christ, dont il dira que la personne « est le véritable et l'unique contenu du christianisme »[5]. Le 8 novembre 1826 il avait écrit à Neander : « Priez pour moi, afin que (mes inquiétudes) me soient enlevées et que par là je sois capable de terminer un labeur qui, tout au moins dans mon intention, n'a qu'un seul but : le Seigneur ». Les témoignages de foi et de piété, qui abondent dans sa correspondance, transparaissent dans ses cours, avec l'accent de la sincérité. Dans la *Philosophie de la Révélation*, qui est « la pièce maîtresse » de l'œuvre schellingienne[6], c'est donc un philosophe croyant qui s'exprime.

---

1. Nous empruntons la traduction de J.-F. MARQUET, art. cité, pp. 593-594. Cf. du même : *Schelling et la deuxième Jérusalem*, dans Jérusalem la cité spirituelle, pp. 93-109 ; pp. 99-103 : Schelling imaginera plus tard la vaste triade judaïsme (Père), paganisme (le Fils dans l'inconscient religieux, « in forma Dei »), christianisme (Esprit) : ainsi tout est finalement recueilli dans l'Église de Jean.
2. TILLIETTE, dans *Studi Urbinati*, 1977, p. 390, déjà à propos de « l'infléchissement des *Abhandlungen* aux *Ideen* quasi contemporaines ».
3. Id., *Schelling, La mythologie expliquée par elle-même*, dans *Le Mythe et le symbole*, Beauchesne, 1977, p. 43.
4. ID., *Le Christ des philosophes...*, dans *Savoir, faire, espérer*. Bruxelles, 1976, t. 2, p. 257.
5. *Philosophie de la Révélation*. Cf. TILLIETTE, *Schelling...*, t. 2, p. 447 et pp. 436-437. Dans un fragment des *Ages du monde* qui paraît être un ajout tardif, on lit : « A quoi d'autre ont tendu les efforts de toute la théologie moderne, si ce n'est à idéaliser de plus en plus la théologie moderne, c'est-à-dire à la vider ? » P. 187.
6. TILLIETTE, t. 2, p. 83. Entre 1840 et 1843 paraîtront de nombreuses critiques de l'ouvrage qui lui attirera, entre autres, les railleries de Engels : ibid., pp. 239-240.

La leçon qui nous intéresse particulièrement ici est la vingt-sixième. Schelling y prend la défense du « pénétrant aristotélicien Jean Philoponos », du « célèbre évêque Gilbert de Poitiers » et du « notoire abbé Joachim de Flore », qui furent tous trois accusés de trithéisme. Comment croire, dit-il, que ces grands hommes « aient été si obtus » ? et comment imaginer « qu'ils aient pu, avec une *telle* opinion, échapper à une condamnation solennelle ? »[1]. Dans le schème triadique « tautousie-hétérousie-homousie », sans doute ont-ils éliminé trop vite, en voulant exposer le mystère de la Trinité, le premier moment, celui de la « tautousie », de l'unité substantielle préalable ; mais ils ont eu raison de statuer une différence substantielle entre les trois personnes...[2]. On sent ici qu'à travers ces trois théologiens du passé, Schelling fait sa propre apologie. Il est spécialement heureux de trouver chez le troisième ce lien entre l'histoire interne de la Trinité et l'histoire de la révélation qui lui tient à cœur :

> ... Comme adepte de cette doctrine d'un Évangile éternel à venir, on a compté en particulier l'abbé Joachim, déjà mentionné, et peut-être l'application qu'il faisait de la doctrine trinitaire en se représentant les trois Personnes comme les exposants ou les puissances des trois périodes successives, a-t-elle fourni l'occasion de l'accuser de trithéisme. Quand les partisans de sa doctrine appelaient *éternel* l'Évangile qu'ils attendaient, cela devait en effet paraître choquant, si l'on devait entendre par là que l'Évangile du Christ n'était que transitoire, non pas ultime et perdurable. Mais était-ce là une opinion effective, qui aurait été occasionnée par l'état rien moins que parfait où se trouvait alors l'Église ? Ou bien, voulait-on dire seulement qu'un développement supérieur de l'Évangile du Christ était en instance, par lequel il passerait à l'Évangile de l'Esprit ? Conservé en ce temps-là de façon purement extérieure par l'oppression intellectuelle de l'enténèbrement (obscurantisme), et pour cela même obscurci intérieurement et redevenu mystère inintelligible, il apparaîtrait alors dans la pleine lumière d'une vérité parfaitement conçue et comprise. C'est ce que l'on comprendra que nous laissions ici de côté[3].

Schelling ne se prononce donc pas sur la signification exacte de la doctrine de l'Évangile éternel, soit chez Joachim lui-même, soit chez

---

1. *Philosophie de la Révélation* (Philosophie der Offenbarung) ; WERKE, t. VI, pp. 460-461. Schelling n'a qu'une idée assez vague des faits, car il croit que Joachim, comme Gilbert, a « comparu devant une assemblée ecclésiastique à cause de (son) enseignement ». Or, Joachim n'a pas eu à comparaître, et sa théorie de la Trinité a bel et bien été condamnée.
2. Ibid., pp. 461-463. Schelling emprunte le schème triadique à Neander, dans son exposé des controverses théologiques des 3e et 4e siècles. Cf. TILLIETTE, t. 2, p. 459.
3. *Philosophie der Offenbarung*. WERKE, t. VI, pp. 464-465.

ses disciples. Il n'était guère à même d'en faire une étude strictement historique, et tel n'était pas son but. Si d'ailleurs il faut l'en croire, Joachim de Flore ne fit que le confirmer dans une doctrine qu'il avait élaborée avant même d'en rien connaître. A partir de la situation nouvelle créée dans l'Église par la Réforme protestante, il médite, lui aussi, l'Écriture. Il y cherche des signes avertisseurs. Prenant alors pour symbole les trois grandes figures du Nouveau Testament, les apôtres les plus proches du Christ, Pierre Paul et Jean (il avait d'abord pensé à la triade Pierre, Jacques et Jean), il construit à son tour une sorte de philosophie de l'histoire chrétienne, ou de l'histoire du salut, pour aboutir à une Église de l'avenir, Église universelle, qui serait l'équivalent de ce que la tradition joachimite appelait l'Évangile éternel[1].

Sans doute y a-t-il dans ses réflexions une part de rêve ; mais ce qu'il entend décrire est bien un idéal qui se veut solidement fondé sur la réalité positive du christianisme, sur son objectivité révélée et le développement de son histoire ; ce n'est pas une « utopie ». Schelling reprend à son compte quelques expressions et distinctions classiques : le grand Dessein de Dieu, dit-il, formé « avant la fondation du monde », se déroule suivant une gradation : paganisme, Ancien Testament, Nouveau Testament ; le premier paganisme se trouve ainsi valorisé, comme témoignant, malgré ses aberrations, d'une connaissance primordiale de Dieu qui s'exprime obscurément dans le mythe. La mort et la résurrection du Christ « déclenchent le temps de l'Esprit, qui se poursuit à travers l'histoire de l'Église[2] ». On notera cette dernière phrase, qui rejoint en principe la conception *pré-joachimite* du temps de l'Église comme temps de l'Esprit. Il faudra s'en souvenir pour ne pas étaler dans une durée purement linéaire ce que Schelling va nous dire des différents moments qui caractérisent selon lui ce temps unique en son déroulement ; ce qu'il nous expose déjà en résumé dans son introduction : la révélation chrétienne a mis fin au paganisme, mais, dans son opposition à la mythologie, elle a dû comporter elle-même « un moment mythologique » ; le passage au règne de l'Esprit qu'elle venait instaurer ne pouvait être immédiat. C'est la Réforme allemande qui, par la critique impitoyable à laquelle elle a soumis une Église encore « extérieure », a tenté d'opérer ce passage. Elle fit alors plutôt œuvre de « décomposition » ; mais celle-ci était également nécessaire pour préparer la transfiguration à venir. C'est ce caractère d'« entracte » qui explique les jugements ambigus portés par Schelling sur le protestantisme : il est historiquement et il représente dialectiquement « le moment du négatif et du déchirement qui doit précéder le retour

1. Lamennais et ses compagnons furent stupéfaits lorsqu'ils l'entendirent exposer ces vues « œcuméniques » à Munich, en 1832. Cf. TILLIETTE, *Schelling im Spiegel seiner Zeitgenossen*, Turin, 1974, pp. 554 et 625.

2. Op. cit. WERKE, t. VI, pp. 477 et 480.

du positif, de l'unité : la traversée du désert qui permet d'accéder à la Terre promise »[1].

On sait le goût de Schelling, analogue à celui de Hegel, pour les triades dialectiques. On sait également son goût pour les symboles, qui s'est transformé au cours de son existence mais ne s'est pas émoussé. Cependant, il s'agit de bien plus que d'un goût pour un procédé d'exposition. Ce serait appauvrir sa pensée, ce serait même la fausser, surtout en matière religieuse, que de vouloir l'exposer en la dépouillant « de ses fantaisies exégétiques », ainsi que s'exprimait Émile Bréhier dans son essai de reconstitution schématique[2]. Même s'ils se fondent sur une exégèse largement arbitraire, les symboles personnels dont use ici Schelling ont pour fonction première et capitale de signifier que les lois du développement de l'Église ne peuvent être déduites a priori mais dépendent de faits posés au début par le Christ. Ils ont en outre chacun une force de suggestion ; ils sont par eux-mêmes parlants : ce qui n'entraîne d'ailleurs pas, nous allons le voir, que leur langage à chacun soit toujours bien interprété. Schelling a reconnu dans l'évangile de Marc l'écho de Pierre, l'apôtre par excellence du Père, qui s'adressait aux Juifs, et qui est à l'origine de l'Église romaine ; dans l'évangile de Luc, il a reconnu l'esprit d'analyse caractéristique de Paul, l'apôtre du Fils, qui s'adressait aux Gentils ; Jean, dans son évangile, venu en dernier lieu, lui est apparu comme l'apôtre de l'Esprit, dans lequel toutes les oppositions se résorbent et toutes les Églises sont destinées à se réunir. Comme dans toute la lignée spirituelle issue de Flore, un souffle de large œcuménisme traverse donc la pensée de Schelling. Ce dialecticien romantique est fasciné à la fois par Pierre, par Paul et par Jean. A chacun des trois il attribue symboliquement dans l'histoire chrétienne un rôle fondateur indispensable et de valeur permanente. C'est ce qu'il convient de voir d'un peu plus près.

« L'intention évidente du Christ, commence-t-il par dire, était que l'autorité revienne à Pierre et découle de lui[3]. Or ceci ne peut se concilier avec la vocation extraordinaire de Paul, qui tient son ministère apostolique directement du Seigneur et qui, de ce fait, est indépendant de Pierre. Paul se garde ostensiblement de toute marque de sujétion à l'égard du chef des Douze ; on voit par là qu'il avait claire conscience de représenter un principe autre que celui de Pierre, échappant à son autorité. » Pierre incarne précisément

1. On trouvera une analyse plus détaillée de cette Introduction dans l'étude citée de MARQUET, pp. 611-617.

2. E. BRÉHIER, *Schelling*, pp. 273-275. Au contraire, dans l'*Odyssée de la conscience...*, JANKÉLÉVITCH a exposé, pp. 307-309, le symbolisme schellingien des trois grands apôtres du Christ.

3. On voit ici une fois de plus que même chez les penseurs d'origine protestante l'esprit joachimite est inverse de l'esprit de la Réforme, en tant que celui-ci prétend retrouver le christianisme originel authentique.

le principe de l'autorité, « par lequel, Schelling y insiste, tout devait commencer ». Il est par excellence le fondateur ; bien plus, il est et il demeure le rocher, sur lequel est fondé l'édifice ; pour ne pas comprendre ainsi le texte de Matthieu, 16, 18, il fallut être aveuglé par l'esprit de parti. Ce fondement persiste dans l'Église romaine. Elle a bien pu, comme Pierre lui-même, plusieurs fois renier son maître : elle n'a pu cesser d'être son Église, et sans la fermeté dont elle ne s'est jamais départie, il y a longtemps que tout l'édifice se serait effondré. Elle préserve le lien historique avec le Christ. Luther lui-même l'a appelée sa mère. — Mais son « juridisme sévère » dénote une intelligence encore extérieure de la foi qu'elle maintient ; elle conserve encore la mentalité de l'ancien Testament. Pour que s'épanouisse l'esprit de l'Évangile, il fallait que lui fût opposé, le temps étant venu, le « principe de la liberté », incarné par Paul. Après le catholicisme, dont le joug, rançon de sa stabilité, devenait plus intolérable et moins justifiable à mesure qu'on s'éloignait des origines, devait donc surgir son antagoniste : ce fut le protestantisme — latent depuis l'origine. Comme jadis Paul à Antioche, la Réforme a donc dû s'élever contre Pierre. Mais ni Pierre ni Paul, chacun à lui seul, ni même les deux ensemble, ne suffisent à réaliser l'Église dans sa plénitude. Le protestantisme n'est d'ailleurs qu'une antithèse, et ne peut donc être encore qu'un « intermédiaire ». Comme Pierre a besoin de Paul, Paul a besoin de Pierre : sans le principe historique pétrinien, le principe idéal paulinien, sans racines, ne serait que destructeur. Il est tout entier « passage » et, compris comme tel, il vient au secours de son antagoniste pour ouvrir avec lui les voies à une synthèse supérieure. Lorsque, grâce à la Réforme, l'unité de l'Église sera devenue intérieure, consciente et libre, c'est-à-dire vraiment catholique, la Réforme sera achevée, elle n'aura plus de raison d'être. De son côté, l'Église romaine se sera rappelé la parole du Seigneur à Pierre et, comme Pierre, elle aura versé des larmes de repentir. Alors le champ sera libre pour que surgisse l'Église future, « l'Église universelle, édifiée dans l'Esprit, qui ne peut exister que par l'intelligence parfaite du christianisme » ; ce qui suppose, non pas son absorption dans le « savoir absolu » et sa sécularisation pure et simple dans l'État, mais « sa fusion effective avec les sciences et la connaissance en général »[1]. Ce sera « l'Église de Jean ». Peut-être les temps sont-ils proches...

« Jean n'a ni la vivacité ni la force fondatrice de Pierre, il n'a ni le caractère impétueux de Paul ni son génie fulgurant », mais « de Pierre il a la simplicité, de Paul l'acuité dialectique ». Il s'est tenu d'abord dans le silence, mais il doit réconcilier en les sublimant

1. Sous l'opposition évidente à Hegel, on reconnaît aussi dans cet idéal, même atténué, d'une fusion entre science et religion l'influence exercée par Swedenborg sur le romantisme allemand. L'union du savoir et de la foi dans l'âge d'or fut de même l'un des soucis primordiaux de Novalis.

le légalisme catholique et la grâce protestante dans son « esprit céleste et doux ». Il est l'Apôtre bien-aimé du Christ, l'annonciateur du Saint-Esprit. L'Église de Jean n'est pas l'Église grecque ; c'est l'Église « toujours encore à venir ». Elle sera « la seconde, la nouvelle Jérusalem », que le Voyant de l'Apocalypse a contemplée descendant du ciel. Elle rassemblera tous les chrétiens aujourd'hui séparés, elle accueillera dans son sein les Juifs et les païens ; elle subsistera en elle-même, sans contraire et sans limite, sans autorité extérieure de quelque sorte que ce soit ; chacun s'y adjoindra librement ; ce sera la seule religion vraiment publique, la religion de la race humaine, possédant en elle le plus éminent savoir. « Si j'avais une église à construire, conclut Schelling, je la dédierais à saint Jean[1]. » N'est-ce pas insinuer que Jean réaliserait l'Église idéale en jetant sur le christianisme les lumières définitives de la philosophie schellingienne ? Les plus grands esprits font de ces rêves, où il nous faut voir moins d'orgueil que d'ingénuité[2].

Mû par son désir de synthèse universelle, Schelling voudrait, dans cette Église en son état définitif, continuer d'unir Pierre, Paul et Jean. D'où toute une série d'affirmations qui paraissent contradictoires. « Le christianisme (devrait) supprimer les dernières formes qu'il a conservées de l'Église pétrinienne, les barrières dont il a dû s'entourer » au cours de sa première phase ; mais d'autre part, on l'a vu, « même Paul ne serait rien sans Pierre » : les Églises protestantes ne vivent que de leur protestation et leur principe initial les condamne à l'émiettement ; la forme catholique de l'Église devrait donc, semble-t-il, subsister. Autre embarras : la Réforme accomplie au seizième siècle est « irréversible », et « le christianisme ne peut plus être allemand sous un autre aspect ; c'est seulement sous ses traits réformés que nous pouvons le considérer comme nôtre, sinon nous devrons le rejeter ». Mais n'était-il pas entendu que le rôle de la Réforme était un rôle provisoire ? Schelling lui-même n'avait-il pas déclaré que si son destin et celui de l'Allemagne qui l'avait enfantée étaient unis, « l'existence absolue » de l'homme dans l'Église définitive serait due « au sacrifice de l'Allemagne » ? Toujours au dire de Schelling, Pierre, comme Moïse, ne fonde-t-il pas le passé ? Paul, comme Élie, ne détermine-t-il pas le présent ? et Jean seul, comme le Baptiste, n'annonce-t-il pas l'avenir[3] ?

---

1. « Mais tôt ou tard on en construira une qui réunira les trois princes des apôtres, car la dernière puissance ne nie pas les précédentes ni ne les exclut, mais les reprend en soi en les transfigurant. Cette église serait le vrai Panthéon de l'histoire de l'Église chrétienne ». (Trad. MARQUET, loc. cit., p. 106).

2. *Philosophie der Offenbarung. Sämtliche Werke*, 2, Abt. 4 Band, 1858, pp. 314 et 321-327. Cf. Walter KASPER, *Das Absolute in der Geschichte*, Mayence, 1965, pp. 337-340 et 412-421. JANKÉLÉVITCH, p. 308.

3. Op. cit., pp. 302-305 et 328. L'Église de Pierre, « en recueillant en elle le principe progressif et dialectique de la Réforme, doit se transfigurer en Église johannique » ; cela est plus aisé à dire qu'à penser.

Schéma brillant, donc, intentions parfois profondes, élan généreux qui se communiquait avec chaleur : « Le cœur ne nous brûlait-il pas lorsqu'il parlait ? » dira l'un des auditeurs des Leçons de Munich[1]. Mais vision confuse, dont les incohérences historiques et finalement le caractère irréel sont assez manifestes. On se rappellera toutefois que les trois moments laborieusement distingués et unis par Schelling, s'ils lui sont en effet suggérés par l'histoire de l'Église, sont peut-être avant tout dans sa pensée des moments dialectiques, intérieurs à la vie personnelle du chrétien. Ils définissent les étapes que l'homme franchit ou doit franchir pour s'approprier la liberté qui fut acquise une fois pour toutes à l'humanité dans le Christ et qui ne cesse pourtant pas d'être compromise, tant que dure l'histoire, par la force adverse du péché. Il faudrait pour mieux en juger approfondir la conception du temps et de la liberté dans la dernière philosophie de Schelling[2]. Mais déjà l'on peut, croyons-nous, s'apercevoir que les contradictions dans lesquelles son exposé s'embarrasse tiennent moins à des vues historiques ne s'accordant pas entre elles, qu'à la difficulté de développer sous forme d'histoire une pensée d'essence dialectique[3], avec la persuasion qu'en effet la dialectique se manifeste et se déroule nécessairement dans une histoire.

Là réside, nous semble-t-il, le principe d'une différence profonde, à travers leur évidente parenté, entre Schelling et Joachim de Flore. Schelling n'attend pas un âge temporel à venir qui serait caractérisé par un réel dépassement du Christ. Jean, tel qu'il le conçoit, n'est pas le visionnaire de Patmos fasciné par l'ange qui annonce l'Évangile éternel ; il demeure le disciple bien-aimé dont parle son évangile. D'autre part, l'ambiguïté du troisième âge qui incline plusieurs interprètes de Joachim à penser qu'il n'est autre que l'entrée dans la vie éternelle, nous paraît autoriser plus réellement une telle hypothèse dans l'interprétation de Schelling. On discerne chez celui-ci une sorte de parallélisme et de correspondance symbolique entre deux points extrêmes : le jaillissement originel de l'époque apostolique, cette première explosion de liberté, et le grand rassemblement final dans la nouvelle Jérusalem[4] pour constituer l'Église de l'Esprit, placée sous le signe de Jean. Comme le premier de ces deux extrêmes n'appartenait pas encore au temps de l'Église, le second ne lui appartient plus. Entre ces deux pôles, dont ni l'un ni l'autre ne constitue un modèle applicable à cette Église empirique, se déroulerait l'histoire

1. Cité par Georges GOYAU, *L'Allemagne religieuse, le catholicisme*, t. 2, p. 79.
2. Voir à ce sujet l'ouvrage cité de Walter KASPER.
3. Si l'on tient à parler aussi de dialectique à propos de Joachim de Flore, il conviendra de préciser que cette dialectique reste encore toute historique ; le fait que l'état suivant est anticipé, « initié » dans le précédent n'y change rien. Le temps joachimite est entièrement linéaire et ne suscite pas le problème ici posé à propos de Schelling.
4. Ce rassemblement fait penser quelque peu au concile céleste qu'imaginait Nicolas de CUSE dans son *De pace fidei*.

du christianisme, faite à la fois de l'affrontement et de la recherche d'union entre l'Église de Pierre et l'Église de Paul, ou plutôt de la difficile autant que nécessaire insertion du principe paulinien à l'intérieur de l'Église de Pierre[1].

Comme l'illustre abbé de Flore, le brillant professeur de Munich pense la réalité chrétienne au moyen de « types » historiques, et le procédé, qui n'a rien en soi d'illégitime, est fécond. Par rapport à son devancier, Schelling a le mérite de ne pas faire de Jésus lui-même un type, le type de l'Esprit à venir. On doit lui reconnaître aussi cet autre mérite, étant donné son milieu protestant, de s'en être suffisamment affranchi pour relativiser le type dit paulinien, en refusant de canoniser une Église protestante qui devrait supplanter l'Église romaine, fondée sur Pierre. Dans cette position difficile, mais moins paradoxale, au fond, que celle des protestantismes établis, sa pensée trouve un écho chez quelques théologiens protestants d'aujourd'hui, pour qui le « principe protestant » ne devrait obtenir son sens et sa légitimité qu'à l'intérieur de l'unique Église. En revanche, outre les libertés prises avec l'histoire dans l'analyse des rapports entre Pierre et Paul, le chapitre final du quatrième évangile, où les « relations inaltérables entre Pierre et Jean sont si nettement indiquées, est entièrement négligé », de sorte que ces relations « passent complètement inaperçues, tout comme chez Joachim de Flore »[2]. Dans un autre domaine que l'exégèse, il est permis aussi de regretter cette « fusion » escomptée par le philosophe entre l'intelligence de la foi chrétienne et la connaissance scientifique : parfaite antithèse de la distinction pascalienne des « ordres », signe d'une hésitation non surmontée entre la valeur du symbole et celle du concept ainsi que d'une méconnaissance de la réalité du mystère, lequel ne peut que s'approfondir à la mesure même de sa pénétration. Aussi, bien que Schelling veuille maintenir, à l'opposé de Hegel, « la précession absolue de la Révélation », des croyants lui reprocheront d'aboutir au même résultat que son antagoniste en dissolvant malgré tout le contenu des dogmes dans sa philosophie : « ce n'est pas son intention », concède le Père Xavier Tilliette, mais « c'est son délire »[3].

Même ambiguïté non éclaircie, enfin, même mélange de réalisme et de chimère, dans la notion de l'Église, dont on ne voit pas comment elle peut, dans les conditions de la vie humaine, se sublimer sans s'évanouir. Car Schelling sait que l'Église ne peut éviter d'avoir une certaine existence « politique » dans le monde ; il reconnaît aussi, plus encore que Hegel, l'importance du culte et de la commu-

---

1. Cf. G. Fessard, sur « ce passage des opposés l'un dans l'autre qui est l'essence même de la dialectique » : *France, prends garde de perdre ta liberté*. Éd. du Témoignage chrétien, 1946, p. 20.

2. Hans Urs von Balthasar, *Le Complexe antiromain, essai sur les structures ecclésiales*, trad. S. Willibrorda, Apostolat des éditions, 1976, pp. 152-162.

3. Schelling..., t. 2, pp. 104-105.

nauté, tout en paraissant — même avant la finale entrée en scène de l'Église de Jean — vouloir éliminer toute « extériorité » comme toute autorité, toute « possession de la chose », ainsi qu'il s'exprime, qui n'en serait pas la pleine « compréhension ». On ne saurait donc être surpris que des théologiens catholiques, tel Ignace Döllinger, aient sévèrement critiqué une telle notion[1], tandis qu'un russe, Odojevski, déclarait que si le philosophe avait été moins âgé, « il serait sûrement entré dans l'Église orthodoxe »[2], supposition toutefois peu vraisemblable. Lamennais, qui rêvait alors d'une Église à venir, universelle et libérale, accueillait avec faveur les perspectives que Schelling paraissait lui ouvrir, tandis qu'au contraire de nombreux protestants croyaient celui-ci déjà passé au catholicisme et que Henri Heine l'accusait de s'être vendu aux jésuites. Dans sa fureur, Heine prononçait un véritable réquisitoire : « en « abandonnant la voie philosophique », Schelling s'était fait « l'apostat de sa propre pensée » ; en prêchant « un dieu extra-mondain, personnel », il il était « rentré dans les cryptes religieuses du passé » ; il rampait « dans les antichambres d'un absolutisme aussi pratique que théorique, et, dans les antres du jésuitisme, il aidait à forger des armes intellectuelles » ; c'était un « traître »...[3].

Interprété dans tous les sens, livré aux passions de l'époque, le mythe schellingien n'en a pas moins exercé, plus en profondeur, une action stimulante[4]. La seule chose que nous ayons à retenir, et que les prochains chapitres confirmeront, c'est que, dans les milieux les plus hautement intellectuels comme dans d'autres plus modestes de fait sinon d'intention, au cours du dix-neuvième et du vingtième siècles, le joachimisme, en se transformant, poursuit sa carrière et continue de « fructifier »[5].

---

1. *La philosophie schellingienne et la théologie chrétienne*, 1843. Après sa rupture avec Rome, Döllinger, malgré son tour d'esprit positif et fixiste, se montrere plus favorable : TILLIETTE, t. 2, p. 243.

2. Propos rapporté par TILLIETTE, t. 2, p. 442.

3. *De l'Allemagne*, 1833, t. 1 ; éd. de 1864, pp. 173-174 et 295. Dans *La philosophie et l'histoire*, Hachette, 1973, p. 14, François CHÂTELET présentera Schelling comme « un Metternich retardé et opiniâtre ».

4. Cf. J. R. GEISELMANN, *Einführung in Möhlers Symbolik*, Darmstadt, 1958. Id. : *J. A. Möhler, Die Einheit in der Kirche und die Wiedervereinigung der Konfessionen*, Vienne, 1970.

5. Sur Joachim anticipant Schelling : Erich FRANK, *Philosophical Understanding and Religious Truth* ; Londres, New York et Toronto, 1945, pp. 168-171. H. BETTE, *Joachim of Flore*, Londres, 1931, p. 179. (Signalés par Bloomfield, p. 309). L'unité profonde de la recherche philosophique de Schelling a été montrée d'une façon saisissante par Claude BRUAIRE, *Schelling*, Seghers, 1970, spécialement pp. 71-81.

CHAPITRE DIXIÈME

« NOUVEAUX CHRISTIANISMES »

I

Cousin – Fourier – Saint-Simonisme

Le prophétisme hégélien était, si l'on peut dire, un prophétisme *cum eventu*, puisque le règne de l'Esprit se trouvait réalisé, au moins en principe, dans le système hégélien. D'autres héritiers de Joachim de Flore avaient eu déjà pareille audace. Joachim ne l'avait pas eue : il avait seulement annoncé le règne à venir, non pas même en précurseur ou en « initiateur », mais en exégète inspiré et consciencieux. Un jeune français, destiné comme Hegel à faire, sur un mode mineur, une carrière de pontife, allait donner à ses compatriotes, à la suite d'un bref séjour dans les universités allemandes, un homologue édulcoré du système. Dès la première leçon de son *Introduction à l'histoire de la philosophie*, Victor Cousin résume la pensée du maître prestigieux dans des termes aussitôt accessibles à tout étudiant moyen : au cours d'une longue enfance, l'esprit humain perçoit d'abord la vérité « sous le demi-jour mystérieux des images » (traduisons, en l'espèce : de la révélation chrétienne) ; puis, le temps venu, la philosophie vient « éclairer et féconder la foi, et l'élever doucement du demi-jour du symbole à la grande lumière de la pensée pure » ; la lettre des Écritures chrétiennes n'est pas fausse ; on peut même affirmer qu'elle contient toute vérité, mais cette vérité reste encore enveloppée de symboles. Il revient au philosophe de la dégager de ses enveloppes... L'abbé de Flore ne s'exprimait-il pas de même au sujet des « divinae paginae sacramenta », plus précisément même des « Novi Testamenti sacramenta », lorsqu'il annonçait qu'ils seraient bientôt « denudata » à l'arrivée de l'ère de l'Esprit[1] ?

« Il reste à savoir, objectera le baron d'Eckstein dans sa revue *Le Catholique*[2], si l'abstraction suffit à l'homme pour pénétrer le mystère, c'est-à-dire pour enfanter la vie divine ; si, dans l'abstraction, il possède une connaissance plus haute et plus profonde de la nature des choses que celle qui se rencontre dans le dogme révélé[3] ». L'objection ne mordra pas sur l'esprit du jeune hégélien ; il continuera de croire que la philosophie doit succéder à la religion, comme l'« interprétation » au « mystère », comme la réflexion à l'enthousiasme, et que là doit être « la dernière victoire de la pensée sur toute forme, sur tout élément étranger ». C'est ce qu'il exposera encore en 1836, en se plaçant habilement sous le patronage de saint Anselme : « Sa méthode est de partir des dogmes consacrés, tels que les donne l'autorité, mais, en les fécondant par une réflexion profonde, de s'élever, pour ainsi dire, des ténèbres visibles de la foi à la pure lumière de la philosophie[4]. » – Seulement, il ne tardera pas d'admettre, un peu comme l'avait fait Lessing et plus résolument que lui, que cette succession, « vraie dans un ordre historique idéal, doit se transformer, pratiquement et pour le présent, en hiérarchie »[5]. Dès le cours de 1828, on pressent le futur grand-maître de l'Université, qui voudra prendre l'Église sous son aile protectrice : il y aura en effet « toujours des masses dans l'espèce humaine » ; la religion sera toujours, ou du moins très longtemps encore pour elles le substitut de la philosophie[6] ; celle-ci doit la traiter

---

1. *Concordia*, L. 5, c. 84 et 89. Pas plus que Joachim (qu'il ignorait), Cousin, dans ce cours de 1828, ne cite Hegel : d'où l'accusation assez justifiée de plagiat. Il est vrai qu'il ne distribuait à son public que « des bribes de la doctrine hégélienne » (J. D'Hondt, *De Hegel à Marx*, PUF, 1972, p. 166). Cousin, dira Heine, « s'était grimé en philosophe allemand, mais je l'ai reconnu tout de suite » ; cité par Victor Bernard, *Henri Heine*, Grasset, 1946, p. 217.

2. Vol. XI, p. 355.

3. Si nous remplaçons le mot d'abstraction par celui, plus adéquat, de concept, c'est là l'une des critiques essentielles que le P. Gaston Fessard adressera à l'hégélianisme : *Dialogue théologique avec Hegel*, dans Stuttgarter Hegel-Tage, 1970, her. von Hans-Georg Gadamer, Bonn, 1974, pp. 231-248.

4. *Ouvrages inédits d'Abélard*. Introd., p. ci. Exposé et critique de cette position de Cousin, devenue la doctrine officielle de l'Université, dans L. Bautain, *La morale de l'Évangile comparée aux divers systèmes de morale*, 1855, pp. 155-156.

5. Georges Bonnefoy, résumant la conception cousinienne dans *La Pensée religieuse et morale d'Alfred de Vigny*, 1944, pp. 77-79 ; « ce spiritualisme ruse ... avec le problème de la personnalité de Dieu, par un déplacement continuel et insensible entre ces deux phrases semblables, qui expriment pourtant les attitudes les plus opposées : Dieu est la vérité, – la vérité c'est Dieu. »

6. Cours de 1828, leçons 1 et 2 ; cf. leçon 13. Considérant écrira crûment de lui : « Trouvant le christianisme excellent pour les gens du commun, (il veut) pour le monde

comme une « sœur » ; elle « ne détruit pas la foi », mais la protège, tout en s'efforçant de l'élever peu à peu jusqu'à son niveau[1].

De part et d'autre cependant, chez Cousin[2] comme chez son maître Hegel, quelques transformations qu'elles aient pu subir, de telles vues restaient fort intellectuelles, et plutôt qu'à une ère de transfiguration spirituelle et sociale, elles tendaient plus paisiblement, en fin de compte, à l'installation et à la consolidation d'un rationalisme bourgeois, sous l'égide d'une Université qui ne fût autre chose que l'École cousinienne[3]. La sève de la vision joachimite revivra bien davantage, dans la première partie du dix-neuvième siècle, chez nombre d'esprits généreux, de poètes, de réformateurs, de révolutionnaires, venus des horizons les plus divers, aboutissant à des formes de doctrine et d'action non moins diverses, mais tous animés d'un souffle, on oserait presque dire au sens platonicien d'une « fureur » prophétique. Beaucoup seront des Français, ou des hommes venus résider en France. Souvent le joachimisme, dont plusieurs se recommanderont positivement, leur sera venu déjà fort altéré, dénaturé, à travers l'œuvre de Lessing. On peut considérer que la série en est ouverte, quoique d'une manière encore générale et abstraite, par Madame de Staël dans son livre *De l'Allemagne* :

> Lessing dit, dans son *Essai sur l'éducation du genre humain*, que les révélations religieuses ont toujours été proportionnées aux lumières qui existaient à l'époque où ces révélations ont paru. L'Ancien Testament, l'Évangile et, sous plusieurs rapports, la Réformation étaient, selon leur temps, parfaitement en harmonie avec le progrès des esprits, et peut-être sommes-nous à la veille d'un développement du christianisme, qui rassemblera dans un même foyer tous les rayons épars, et qui nous fera trouver dans la religion plus que la morale, plus que le bonheur, plus que le sentiment même, puisque chacun de ces biens sera multiplié par sa réunion avec les autres[4].

---

comme il faut un éclairage spécial, au gaz électrique et philosophique dont il a l'entreprise ». *Le Socialisme devant le vieux monde* 1849, p. 70.

1. Sur Cousin, voir le portrait-charge de Heine, dans *Satires et portraits*, 1834 (éd. de 1868, pp. 317-328) et le jugement de Proudhon (cf. notre *Proudhon et le christianisme*, Seuil, 1945, pp. 93-94).

2. De Cousin on rapprochera Jouffroy, à propos de qui Frédéric Ozanam écrivait à Ernest Falconnet le 18.12.1851 : « Ces gens-là ont fait cette admirable découverte : que « les religions ont commencé par le fétichisme », et ils vont... discourant sur la loi du progrès, sur l'extinction du christianisme et sur l'avènement d'une religion nouvelle. Voilà ce que nous a prêché naguère M. Jouffroy ». *Lettres*, t. 1, 1960, p. 69.

3. Cf. d'Eckstein, à Montalembert, 1857 ; cité par J. Lecler, Rev. d'hist. de l'Église de France, 1970, p. 65.

4. *De l'Allemagne*, 4e partie, ch. 3.

Sous les influences mêlées de Fénelon, de Madame Guyon, de Boehme, de Schlegel, de Swedenborg, etc., Madame de Staël a passé d'un déisme voltairien au mysticisme moralisant et prophétisant de l'époque. Elle n'est pourtant pas une Pythie très ardente. Le ton de ce passage est plutôt celui d'un « reporter »[1] que d'un illuminé. Il n'en allait pas de même, on l'a vu, pour Joseph de Maistre ou pour Ballanche. Pas davantage – rencontre remarquable – avec Charles Fourier.

Fourier (1772-1837) se tenait pour un troisième révélateur, à la suite de Jésus-Christ et de Newton :

> Il est deux personnages dont je ne pourrais m'isoler sans me renier moi-même ; ce sont Jésus-Christ et Newton. Jésus a prédit et provoqué très instamment la découverte du mécanisme d'industrie attrayante. Ses contemporains ont refusé la tâche. – Seize cents ans plus tard, Newton a commencé le calcul de l'attraction, ... sans l'appliquer à l'industrie, à la mécanique sociétaire dont je suis l'inventeur... Ma théorie se rallie en tous points à la sienne et aux préceptes de Jésus-Christ, que je vais extraire de l'Évangile[2].

Les « Lumières » ont fait faillite[3]. Fourier a conscience de venir à l'heure où s'accomplira pour l'humanité, grâce à lui, la « métamorphose » qu'elles ont manquée. Cette heure est préparée par le bouleversement que Napoléon, ce « nouvel Hercule » est en train de produire, et « qui changera la face du monde[4] ». « Une inquiétude

---

1. Dans l'*Encyclopédie moderne*, en 1825, Benjamin CONSTANT écrira de lui-même : « De ce que l'auteur distinguait les formes religieuses du sentiment religieux, on a prétendu qu'il professait une indifférence égale pour toutes ces formes; bien au contraire, ces formes sont progressives, et les meilleures données à l'homme, au temps opportun, par la divinité ; » (*le Christianisme* ; p. 409 ; repris à la suite de DUPUIS, *abrégé de l'origine de tous les cultes*) ; cité par Jean-René DERRÉ, *L'auteur de* De la religion *et le christianisme*, dans *Benjamin Constant*, Actes du congrès de Lausanne 1967 ; Droz, Genève, 1968, p. 94.

2. *La fausse industrie*, t. 2..., 1836, p. 465. *Théorie de l'association et de l'unité universelle de C. Fourier*, introduction religieuse et philosophique, par Édouard de POMPERY, 1841, p. 381. Fourier cite constamment l'Évangile. Cf. Nicholas V. RIASANOWSKY, *L'emploi de citations bibliques dans l'œuvre de Charles Fourier*, Archives de sociologie des religions, 20, juillet-déc. 1965, pp. 31-43.

3. « A la honte de nos lumières, on voit se multiplier chaque jour les germes de désorganisation qui menacent nos sociétés. » *Théorie des quatre mouvements et des destinées générales*. Prospectus et annonce de la découverte. A Leipzig, 1808, p. 391.

4. *Traité...* (écrit en 1807). Cf. *Théorie de l'association...*, ibid.

universelle » a saisi les esprits ; elle « atteste que le genre humain n'est point encore arrivé où la nature veut le conduire, et cette inquiétude semble présager quelque grand événement qui changera notre sort[1] ». L'Évangile était la « révélation allégorique du destin sociétaire » tel que lui-même, appliquant par une transposition géniale la découverte de Newton au genre humain, venait de la concevoir enfin clairement. Il a trouvé la « Boussole sociale » qui doit conduire à l'« harmonie universelle ». La providence divine, en réalité, n'était autre que « l'homme sociétaire » ; quant au Christ, il fut celui qui annonça « paraboliquement la destinée sociétaire sous le nom de royaume de Dieu »[2].

De son rapport à Jésus-Christ, Fourier donne, quelquefois dans le même contexte, deux explications qui sont assez différentes, bien qu'elles se recoupent plus ou moins. Tantôt il nous dit que Jésus n'avait pas eu mission d'annoncer la vérité dernière, et tantôt, qu'il l'avait annoncée sous le voile, parce que les temps n'étaient pas mûrs pour qu'elle pût être comprise et appliquée. Voici la première explication :

> Chargé par son Père de la révélation religieuse, Jésus-Christ n'avait point été chargé de la révélation sociale qui, au contraire, était exceptée formellement de ses attributions, comme il le dit lui-même en ces mots : « Rendez à César ce qui est à César, et à Dieu ce qui est à Dieu ». Il s'isole bien positivement des fonctions dévolues, soit à l'autorité, soit à la politique sociale. Il n'aurait pu informer les hommes de leur destinée sociétaire, sans transgresser les décrets de son Père qui avait voulu que cette découverte fût la tâche de la raison et le prix de bonnes études sur l'attraction...[3].

Par sa révélation délibérément incomplète, objet de « foi pure et simple », Jésus préparait cependant la révélation de Fourier, objet de « foi spéculative ». Il mettait les hommes en garde contre les sophistes et les hypocrites, c'est-à-dire contre les philosophes, qui plongent

1. Cité par Roger PICARD, *Le romantisme social*, New York, 1944, p. 61.

2. *Nouveau monde amoureux*, p. 358 ; cité par Jean LACROIX, *Le désir et les désirs*, PUF, 1976, p. 68. Sur ce que pouvait signifier le Christ pour Fourier : H. DESROCHE, *Fouriérisme ambigu, socialisme ou religion* ? Rev. intern. de philosophie, 16, 1962, pp. 200-220.

3. *Le nouveau monde industriel et sociétaire*, confirmation tirée des saints évangiles. *Œuvres complètes*, t. 6 à la Librairie sociétaire, 1846, p. 361. P. 362 : « Jésus nous dit en substance : je vous ouvre la voie du salut des âmes, c'est ce qui vous importe avant tout ; quant aux corps, aux sociétés mondaines, elles sont encore dans l'abîme d'injustice nommé civilisation... »

l'humanité dans un « labyrinthe » et la détournent des voies où elle trouverait la vérité libératrice. Il recommandait à ses disciples une foi vive et une simplicité d'enfant, conditions nécessaires pour la conduire un jour « à la découverte du régime sociétaire[1] ».

Mais cette dualité des tâches, projetée dans l'histoire de la révélation, laisse assez comprendre qu'aux yeux de Fourier l'établissement du « régime sociétaire » l'emporte sur le « salut des âmes ». Dès lors la révélation de celui-ci devient simple anticipation, sous forme symbolique, de la révélation de celui-là. On lit en effet, quelques lignes plus bas :

> ... Le sens des SS Écritures n'a pu être bien saisi, tant qu'on a ignoré la destinée heureuse dont elles contiennent les prédictions voilées. En vain opposerait-on à cette interprétation certaines phrases où le Messie s'exprime en termes généraux et abréviatifs, comme celle-ci : « mon royaume n'est pas de ce monde ». S'il n'en est pas quant à présent, c'est parce que la loi divine sur le mécanisme des passions n'est ni connue, ni établie ; mais ce bas monde peut s'élever à l'harmonie, ou règne des vertus ; dès lors il sera le royaume de Jésus-Christ, de même que ce monde civilisé, barbare et sauvage, est royaume de Satan et Moloch[2] ...

Ainsi Fourier ne se présente-t-il plus tout à fait comme le messager d'une révélation nouvelle et dernière, mais plutôt comme l'exégète définitif de Jésus. Sa prétention est analogue à celle de Joachim de Flore. Et l'analogie est d'autant plus saisissante qu'il lie sa propre mission à l'œuvre du Saint-Esprit qui, les temps étant accomplis, fait comprendre l'œuvre du Fils. C'est la phase dernière d'une révélation progressive due aux trois Personnes. Il s'en explique à propos du mystérieux *logion* sur le blasphème contre l'Esprit :

> Pourquoi cette indulgence accordée aux blasphèmes contre le Père et le Fils, tandis que l'offense faite au Saint-Esprit ne trouvera aucune grâce ? C'est que le Paraclet, l'Esprit-Saint qui procède du Père et du Fils, étant l'organe de l'un et de l'autre..., c'est les outrager... que de méconnaître leur organe, le Saint-Esprit, en résistant à son impulsion *collective* ; elle nous est communiquée par l'attraction, dont il faut déterminer les développements *collectifs*, la tendance *collective* au mécanisme des séries passionnées et de l'unité universelle[3] ...

1. Ibid., pp. 362 et 364-365, etc.

2. Loc. cit., pp. 365-366. Cf. *La fausse industrie*, t. 2, 1836, pp. 484-485.

3. On remarquera que Fourier, comme Joachim, professe le *Filioque*, mais pour en tirer avec ingéniosité l'idée d'une révélation qui concerne essentiellement le collectif.

> C'est pour nous exciter à l'étude de l'attraction que Jésus-Christ pardonne les outrages dont il est l'objet, mais non pas l'outrage fait au Saint-Esprit qui, par l'entremise de l'attraction, est révélateur permanent des décrets de la Sainte Trinité sur l'harmonie sociétaire... Un philosophe qui outrage l'Esprit-Saint en s'opposant au calcul de l'attraction, nuit à l'humanité entière ; car il lui cache sa destinée, il l'éloigne du bonheur ; il ne doit trouver grâce, ni en ce monde, ni en l'autre[1].

L'Évangile est donc « à double entente ». Il a « un sens pour les âges de chute en Lymbes, et un sens pour les âges d'harmonie. Jésus nous avertit souvent de cette ambiguïté, sur laquelle il nous dit : *Qui habet aures audiendi, audiat.* » « Les clergés des diverses communions chrétiennes » ne veulent pas entendre, pas plus que les « philosophes » qui se raillent de la Bible. Les uns et les autres s'en tiennent toujours au premier sens, le seul que pouvaient comprendre les Juifs au temps du Christ, disons plus : le seul qui soit accommodé aux convenances de cette ère déplorable qu'on appelle civilisation. Fourier, lui, ayant suivi les instructions de Jésus-Christ, peut dire : « J'ai cherché, et j'ai trouvé. » Anticipant l'ère de l'harmonie, il a « trouvé le code » et il est devenu l'organe du Saint-Esprit[2]. C'est-à-dire, pour les simples chrétiens que nous sommes, qu'il lit l'Évangile à l'envers[3].

« C'est assez prouver, poursuit notre auteur (faudrait-il dire notre farceur ?), que l'Écriture, dans certains passages mystérieux, avait besoin d'un interprète guidé par des connaissances nouvelles. » Et c'est assez montrer, ajouterons-nous, que Fourier, par ses multiples exégèses, n'entend pas simplement apporter à l'Évangile un complément ou en tirer les conséquences sociales, mais en présenter une interprétation toute nouvelle, qui ne conserve du christianisme que quelques éléments de son vocabulaire. Il est clair que son Dieu « mécanicien et équilibriste », lui-même tout figuratif, ne rappelle en rien celui du *Pater* et que sa morale du bonheur fondée sur le « calcul analytique et synthétique de l'attraction passionnée » est loin du « code divin » de l'Évangile. – Mais notre objet n'est pas d'exposer le système du monde « harmonien » en décrivant les quatre roues du char dont Fourier emprunte le symbole à Ezéchiel[4].

---

1. Loc. cit. p. 366-367 ; et encore p. 434 : c'est le Saint-Esprit qui révèle les « décrets de la Sainte Trinité sur l'harmonie sociétaire. »

2. *La fausse industrie,* t. 2, pp. 446-447, 458-463, 479, 485-488, etc.

3. Cf. RIASANOWSKY, loc. cit., pp. 42-43. Nous hésitons cependant à croire que, de la « sincérité », de la « conviction entière » et de la « parfaite cohérence » des exégèses proposées par cet homme qui fut « tout d'une pièce », toute ironie soit exclue.

4. L'un des derniers exposés du fouriérisme et de ses applications diverses est celui

Fourier n'a sans doute rien lu de Joachim de Flore (c'est à Christophe Colomb qu'il se compare[1]), mais il serait étonnant qu'il n'ait pas lu l'*Éducation du genre humain*. Il nous apparaît en tout cas comme un digne représentant de l'interprétation donnée par Lessing à la doctrine de l'Évangile éternel. Une autre rencontre avec Joachim nous paraît digne de remarque ; non qu'il puisse s'agir d'une influence directe ou même indirecte, ni d'une analogie doctrinale, mais on y saisit un même mouvement de pensée. Au moins à deux reprises, Fourier a fait allusion au cantique du vieillard Siméon, jadis exploité comme on le sait par Joachim de Flore. Dans l'espoir que sa découverte serait bientôt admise au moins par quelques disciples qui commenceraient à la mettre en pratique, il écrivit : « Le plus caduc des hommes... se plaira encore à l'idée d'organiser les sectes progressives, de les voir avant sa mort, et d'entonner à cet aspect le cantique de Siméon : Seigneur, je vais mourir en paix, puisque j'ai vu naître l'ordre social que vous aviez préparé pour le salut de tous les peuples[2]. » Et dans un autre passage, élargissant à l'infini son rêve, il entrevoit toutes « les nations, délivrées de leurs chaînes », qui « s'introniseront dans la nouvelle Jérusalem, en disant avec Siméon : Seigneur, nous avons assez vécu, puisque nous avons vu l'œuvre de votre sagesse, le code sociétaire que vous avez préparé pour le bonheur de tous les peuples[3] ». De l'un de ces textes à l'autre, le vocable de « salut » est remplacé par celui de bonheur, mais l'utilisation paradoxale de l'Évangile, transformé en son contraire, n'en souffre pas :

> Alors le monde entier retentira de malédictions contre les lois des hommes, et contre les infâmes sociétés civilisées et barbares ; alors les peuples, comblés de richesses, de délices, et trouvant les voies de fortune dans la pratique de la vérité, s'écrieront dans une sainte ivresse : « Voici venir les jours de miséricorde promis par le Rédempteur qui disait : Heureux ceux qui ont faim et soif de justice, car ils seront rassasiés ». (Mt. V). C'est vraiment par l'harmonie sociétaire que Dieu nous manifeste l'immensité de sa

---

de Henri Desroche, *La société festive, du fouriérisme écrit aux fouriérismes pratiques*. Seuil, 1975. Du même : *Les dieux rêvés*. Desclée, 1972, pp. 89-145.

1. A Colomb « ridiculisé, honni, excommunié pendant sept ans, pour avoir annoncé un nouveau monde continental ». « Ne dois-je pas m'attendre aux mêmes disgrâces, en annonçant un nouveau monde social ? » *Théorie des quatre mouvements*, 1808, p. 52.

2. *La fausse industrie*, p. 450. *Théorie de l'association*... de Fourier, introduction par Éd. de Pompery, p. 384. (Cf. p. 376, sur Colomb).

3. *Le nouveau monde industriel*, p. 379.

providence, et que le Sauveur, selon sa prophétie, vient à nous dans toute la gloire de son Père...[1].

En même temps qu'il prédisait ces jours heureux, dont aujourd'hui l'Esprit-Saint dicte à Fourier la formule, Jésus lançait ses terribles malédictions sur « Capharnaüm » ainsi que sur les Pharisiens, « sépulcres blanchis ». Elles portaient en réalité sur les sophistes à venir, « ennemis de l'attraction, ennemis des richesses et de l'harmonie », « faux prophètes, loups ravisseurs revêtus de peaux de brebis ». Fourier déplore que les anciens docteurs, tels « les Bossuet » et « les Fénelon », aient manqué d'imagination ; il est plus sévère encore pour les Voltaire et les Rousseau ; mais c'est aux philosophes ses contemporains qu'il réserve ses railleries les plus cinglantes. Contre les deux « sectes » de Saint-Simon et d'Owen son hostilité est implacable : « le succès momentané de cette jonglerie, conclut-il, doit rallier les hommes prudents à la boussole donnée par l'Évangile ...[2] »

Curieuse boussole ! Autant que du véritable Évangile, elle nous éloigne de Joachim de Flore. Avec ce dernier, cependant, il faut signaler encore un rapprochement, qui n'est pas sans signification. Pour Joachim, les contemplatifs du troisième état n'auront plus besoin d'aucun livre ; pour Fourier, au seuil de la Jérusalem nouvelle, les « bibliothèques, dépôt humiliant de contradictions et d'erreurs », auront été « livrées aux flammes »[3].

Même en un tel cas, où la transformation est si radicale qu'on hésite à lui conserver ce nom, la remarque de Xavier Tilliette est justifiée : « L'annonce de l'Évangile éternel se sécularise, au dix-neuvième siècle, en Évangile social, mais elle garde encore une *aura* religieuse[4] ». Elle la garde, même lorsqu'elle se veut en même temps toute scientifique. Toutefois, malgré ses évocations de Jésus et de Newton, Fourier nous offre plutôt une « utopie »[5] qu'une théorie de l'histoire. Disons, avec Jean-Christophe Petitfils, qu'il insère son utopie dans « une conception évolutionniste de l'histoire »[6], mais celle-ci, à peine ébauchée,

1. « C'est le règne du Christ, il triomphe, il est vainqueur : *Christus regnat*, vincit, imperat. »

2. *Le nouveau monde industriel*, pp. 369-370.

3. Op. cit., pp. 379-380.

4. SCHELLING, t. 2, p. 460, note.

5. Pas plus que celui de mythe, ce mot d'utopie n'est a priori péjoratif. Nous l'employons ici simplement pour désigner une théorie qui n'est pas avant tout une interprétation du devenir spirituel de l'humanité, non pas au sens où Fourier le prenait lorsqu'il critiquait les « utopistes parisiens » de son temps. Mme Simone Debout a écrit récemment un livre sur *L'Utopie de Charles Fourier*.

6. *Les socialismes utopiques*, PUF, 1977, pp. 104-105.

n'est guère chez lui qu'un expédient. Aussi lui importe-t-il peu de paraître se contredire, tantôt disant : « je ne suis pas messie », je ne suis que « le prophète post-curseur » de Jésus, tantôt se donnant pour « le Messie de la raison » ; tantôt déclarant que le catholicisme est « la religion la plus convenable à l'ordre civilisé » quoique « d'une convenance temporaire », tantôt précisant comme le fera Nietzsche qu'il vient en inverser toutes les valeurs. Cela pour lui revient au même, puisque « l'harmonie » qu'il prêche se présente comme l'inverse de la « civilisation »[1].

Saint-Simon, son rival en arbitraire, accorde cependant plus d'importance au schéma qu'il expose de l'histoire du salut.

Saint-Simon (1760-1825) aurait dit en mourant à son disciple Olinde Rodrigues : « La religion ne peut pas disparaître du monde ; elle ne peut que se transformer ». Or, cette religion à laquelle il voulait, disait-il, rester attaché, il ne la voyait pas ailleurs que dans l'héritage chrétien. Ce qu'il prétendait, à l'en croire, ce n'était pas critiquer le christianisme, le repousser, c'était en justifier l'intention essentielle et en poursuivre jusqu'à son terme l'épanouissement normal. Dès sa première publication, *Lettres d'un habitant de Genève à ses contemporains* (1802), il avait exposé son idée fondamentale en feignant le « récit d'un rêve » :

> La nuit dernière, j'ai entendu ces paroles : Rome renoncera à la prétention d'être le chef-lieu de mon Église ; le pape, les cardinaux, les évêques et les prêtres cesseront de parler en mon nom ; l'homme rougira de l'impiété qu'il commet en chargeant de tels imprévoyans de me représenter. J'avais défendu à Adam de faire la distinction du bien et du mal, il m'a désobéi ; je l'ai chassé du paradis, mais j'ai laissé à sa postérité le moyen d'apaiser ma colère : qu'elle travaille à se perfectionner dans la science du bien et du mal, et j'améliorerai son sort ; un jour viendra que je ferai de la terre un paradis[2] ...

Suivait tout un plan symbolique de la religion nouvelle, rendue possible, de même que chez Fourier, par le génie de Newton, et organisée autour de son mausolée.

---

1. *La fausse industrie*, 1836, p. 484, etc. Voir DESROCHE, *Les dieux rêvés*, pp. 116-130.

2. *Lettres...*, suivies d'autres écrits « précédés d'un fragment de l'histoire de sa vie écrite par lui-même », publiés par Olinde RODRIGUES, son disciple, chef de la religion saint-simonienne. 1832. 2e lettre, pp. 49-62.

Saint-Simon critique l'idée de perfectibilité indéfinie, mise en circulation par Locke, et professée par les principaux représentants du siècle des lumières, notamment d'Alembert et Condorcet. Il critique aussi – sur le tard[1] – leur antichristianisme ; il fait l'éloge du catholicisme médiéval, qui civilisa les barbares, restaura les mœurs et assura longtemps l'unité et la paix de l'Europe[2]. Il n'en partage pas moins l'idéologie du « progrès de l'esprit humain » par « l'augmentation de ses lumières »[3], idéologie orientée, comme déjà chez Swedenborg, vers des réalisations pratiques, et présentée comme la suite ou plutôt comme l'épanouissement nécessaire du christianisme. Car pour lui la religion, dont la forme éminente est le christianisme, « c'est la collection des applications de la science générale au moyen desquelles les hommes éclairés gouvernent les hommes ignorants » pour les amener à l'unité, – unité dont « le plus fort caractère » n'est pas dans l'idée de Dieu, mais dans celle de la gravité universelle[4]. Telle sera jusqu'à la fin la conviction affichée de Saint-Simon. Il n'y a point à s'étonner, selon lui, que certains passages de l'Évangile paraissent insuffisants pour l'humanité actuelle. Dans les paroles de Jésus, on doit le reconnaître, il en est qu'on peut aujourd'hui tenir pour périmées. Mais cela ne constitue pas contre le christianisme une objection fondamentale. En effet, Jésus fut certes un « modèle plus qu'humain de patience et de fermeté, de douceur et de sublimité ; il mourut de la belle mort d'un martyr de la vérité et de la vertu »[5] ; toutefois il est clair qu'il « n'a pu tenir aux hommes que le langage qu'ils pouvaient comprendre à l'époque où il leur a parlé »[6]. Lorsqu'il confia à ses apôtres « la sublime mission d'organiser l'espèce humaine dans l'intérêt de la classe la plus pauvre, la civilisation était encore dans l'enfance » : c'est le tort de Luther de ne l'avoir pas compris, lorsqu'il a voulu nous

1. Sur son « antichristianisme profond » et son opposition directe à la morale de l'Évangile en une première période, avant qu'il en vînt à parler de « la sublime morale du Christ » : Jean DAUTRY, *Nouveau christianisme ou nouvelle théophilanthropie ?* Archives de sociologie des religions, 20, 1965, pp. 13-17.

2. Cf. Henri GOUHIER, *La jeunesse d'Auguste Comte et la formation du positivisme*, t. 2, *Saint-Simon jusqu'à la Restauration*, Vrin, 1936, pp. 275-276 et 307. *Saint-Simon, Introduction aux travaux scientifiques du XIXe siècle* (Œuvres choisies, Bruxelles, 1859, t. 1), 2 v., 1807 et 1908 ; *Travail sur la gravitation universelle*, 1813 (ibid., t. 2).

3. *Lettres d'un habitant de Genève*, 1re lettre, pp. 8-9 et 16.

4. *Introduction aux travaux*..., vol. 1, 1807. Cf. GOUHIER, op. cit., pp. 303-304.

5. *Opinions littéraires, philosophiques et industrielles*, 1824. DESROCHE, p. 48.

6. *Nouveau christianisme. Dialogues entre un novateur et un conservateur*. L'ouvrage parut en avril 1825, quelques semaines avant la mort de Saint-Simon (19 mai) ; réédité en 1832 avec d'autres écrits par Olinde Rodrigues, édition Desroche, 1969, p. 161, cf. p. 141.

ramener au temps de la première génération chrétienne[1]. Aussi le protestantisme est-il une hérésie stérile. La loi du développement, dès avant l'époque du Christ, ou du moins peu après lui, avait été sentie comme une nécessité :

> Le peuple de Dieu, celui qui avait reçu des révélations avant l'apparition de Jésus, celui qui est le plus généralement répandu sur toute la surface du globe, a toujours senti que la doctrine chrétienne, fondée par les Pères de l'Église, était incomplète ; il a toujours proclamé qu'il arriverait une grande époque, à laquelle il a donné le nom de *messiaque*, époque où la doctrine religieuse serait présentée avec toute la généralité dont elle est susceptible ; qu'elle réglerait également l'action du pouvoir temporel et du pouvoir spirituel, et qu'alors toute l'espèce humaine n'aurait plus qu'une seule religion, qu'une même organisation[2].

Cette persuasion était juste. L'enseignement de Jésus n'a cessé de fructifier. Lentement, à partir de l'Évangile, un corps de doctrine s'est élaboré dans l'Église. Il a constitué un véritable progrès. Aveugles sont donc ceux qui repoussent, dans le passé comme dans l'avenir, l'introduction de « dogmes inouïs », comme ils disent, au nom de la seule Écriture :

> Ne disons plus, écrira Eugène Rodrigues, aussi fidèle que naïf interprète, que des discussions sur des dogmes théologiques inouïs jusqu'alors divisèrent l'Église depuis le quatrième siècle ; mais bien, que l'Église tira peu à peu de dessous le boisseau la lumière dont les fidèles des premiers âges n'auraient pu supporter tout l'éclat... Avant d'enjoindre aux prêtres de l'avenir de lire et d'étudier les saintes Écritures et d'implorer l'aide du Saint-Esprit, il faut déterminer si les saintes Écritures sont complètes et si le Saint-Esprit a tout dit... Non seulement Jésus nous apprend que la pensée divine se révèle à l'homme dans le temps, et suivant la mesure qu'il peut en porter, mais il nous avertit lui-même, ailleurs, qu'une portion de sa parole est destinée à disparaître, lorsque l'humanité n'en aura plus besoin[3].

1. *Nouveau christianisme*, pp. 168-173 (Éd. Desroche).

2. Op. cit., p. 147 ; Nous ne cherchons pas à rétablir une cohérence historique précise dans ce que Saint-Simon dit ici du « peuple de Dieu ».

3. *Doctrine de Saint-Simon, Lettres sur la religion et la politique.* 1829 (1831), pp. 101-103 et 115-116.

Or, ce jour est arrivé. Du moins il approche. Voici le temps du *Nouveau christianisme*, plus mûr, plus complet, plus vrai que l'ancien. – Parmi ceux dont il aurait pu évoquer le nom pour autoriser sa doctrine, Saint-Simon n'a pas cité Joachim de Flore. Les historiens qui s'attachent au côté scientifique de son rêve lui donnent comme précurseurs le Descartes du *Discours de la Méthode* – (6e partie) – et le Bacon de la *Nouvelle Atlantide*[1] ; ceux qui en soulignent le caractère utopique nous renvoient volontiers à Platon ou à Thomas More[2]. Cependant, la ressemblance formelle est plus grande avec Joachim. Comme celui-ci articulait son troisième âge sur le deuxième grâce à une période « initiatrice » de quelques siècles dont il voyait approcher la fin, Saint-Simon estime que le nouveau christianisme qui va éclore est « initié » depuis quatre siècles environ : « L'époque du quinzième siècle a été la plus mémorable de toutes les époques de l'esprit humain... On a pu dès lors entrevoir la possibilité d'effectuer la grande opération morale, poétique et scientifique, qui doit déplacer le paradis terrestre et le transporter du passé dans l'avenir[3] ». C'est désormais chose faite. « Les travaux préparatoires du christianisme sont terminés. Vous avez à remplir une tâche bien plus satisfaisante que celle qu'ont accomplie vos prédécesseurs : cette tâche consiste à établir le christianisme général et définitif. » Et, après s'être adressé de la sorte à ses disciples, le « novateur », porte-parole de Saint-Simon, se tournant du côté du « conservateur », lui affirme : « Je suis convaincu que moi-même j'accomplis une mission divine en rappelant les peuples et les rois au véritable esprit du christianisme[4] ».

La consigne est donnée : « Il faut terminer le christianisme », c'est-à-dire l'accomplir. « Messieurs, la condition des premiers chrétiens doit nous servir de modèle. Ce que nous avons à faire, c'est de terminer ce qu'ils ont commencé[5] ». Saint-Simon se sait (se prétend) élu par Dieu même pour faire advenir ce que Dieu lui avait dit naguère en songe,

---

1. Cf. Étienne GILSON, *D'Aristote à Darwin et retour*. Vrin, 1971, pp. 35-36.

2. Ainsi, Louis REYBAUD, *Études sur les Réformateurs contemporains*, Saint-Simon, Charles Fourier, Robert Owen, 3e éd., Paris, 1842, p. 27.

3. *Opinions littéraires, philosophiques et industrielles*, 1825, Desroche, p. 126. C'est ce qu'il disait en 1814, *De la réorganisation de la société européenne*, in fine : « L'imagination des poètes a placé l'âge d'or au berceau de l'espèce humaine... L'âge d'or du genre humain n'est point derrière nous, il est au-devant, il est dans la perfection de l'ordre social ; nos pères ne l'ont point vu, nos enfants y arriveront un jour... » *Œuvres de Saint-Simon et d'Enfantin*, 15e vol., 1868, pp. 247-248.

4. *Nouveau christianisme*, p. 184. Cf. Henri DESROCHE, *Socialismes et sociologie religieuse*, 1965, pp. 117 et 125.

5. *Nouveau christianisme*, p. 36. Éd. Anthropos, t. 6, p. 174.

comme nous l'avons rapporté : « Un jour viendra que je ferai de la terre un paradis[1] ».

Ainsi, c'était apparemment pour être plus fidèle au dessein profond de Jésus et pour imiter le comportement séculaire de l'« Église catholique », c'était pour compléter ou plutôt pour achever leur œuvre, pour la faire enfin pratiquement aboutir, que Saint-Simon léguait à ses contemporains ce « nouveau christianisme » qui serait la religion de l'avenir[2]. En établissant son « système industriel », il estimait accomplir « le principe fondamental établi par le divin auteur du christianisme », ce principe qui « commande à tous les hommes de se regarder comme des frères et de coopérer le plus possible au bien-être les uns des autres[3] ». Cependant, comme l'a observé J. Dautry, « ce serait être naïf que de se laisser prendre au piège du Dieu que Saint-Simon invoque[4] ». Lorsqu'il affirmait, dans sa deuxième *lettre d'un habitant de Genève* : « C'est Dieu qui m'a parlé ; un homme aurait-il pu inventer une religion supérieure à toutes celles qui ont existé ? », c'était évidemment clause de style. En fait, dans un *projet* (manuscrit) d'*Encyclopédie*, notre révélateur a clairement indiqué que l'idée de Dieu n'était d'aucun emploi dans une religion fondée sur la science, même si elle devait servir longtemps encore « dans les combinaisons politiques » ; ce qu'il a voulu promouvoir, il le dit sans fard dans un article de l'*Industrie littéraire et scientifique* (1817), c'est le « passage de la morale théologique à la morale industrielle ». Il n'a pas changé quant au fond, depuis qu'il écrivait dans le meilleur style du dix-huitième siècle : « Je vois que la force des choses veut qu'il y ait deux doctrines distinctes : le physicisme pour les gens instruits, et le déisme pour la classe ignorante[5] », aussi « les opinions scientifiques arrêtées par l'École devront être revêtues des formes qui les rendent sacrées,

1. Op. cit., éd. Rodrigues, p. 50.

2. Son manifeste restait inachevé. Le premier entretien du « Nouveau christianisme », seul rédigé, devait être suivi d'un deuxième, sur la « théorie scientifique » du christianisme « définitif » et d'un troisième, sur « sa morale, son culte et son dogme ». Cf. DESROCHE, pp. 41 et 181.

3. *Du système industriel*, 1821 ; cité par M. LEROY, *Hist. des idées sociales*, t. 2, p. 219.

4. Cité par Desroche, p. 83.

5. *Quatre opinions sur la religion* ; 1808. Éd. Desroche, pp. 66, 84, 116. Dans sa 2e *lettre d'un habitant de Genève*, il exaltait la classe qui « marche sous l'étendard des progrès de l'esprit humain » et critiquait le « principe d'égalité » qui a fait « mettre le pouvoir entre les mains des ignorants » : éd. citée, pp. 22 et 46. Cf. Le *Mémoire sur la science de l'homme* (1813) : « Les savants doivent modifier le langage de la révélation, de manière qu'ils placent toujours dans la bouche de Dieu les meilleurs résumés scientifiques qu'ils ont obtenus en résultat de leurs travaux. » Dans GOUHIER, op. cit., p. 232, note.

pour être enseignées aux enfants de toutes les classes et aux ignorants de tous les âges ». Son vocabulaire déiste n'est donc qu'un artifice littéraire, qui varie d'ailleurs selon les circonstances[1]. S'il est devenu prophète, c'est pour prophétiser un « positivisme scientifique », une religion « radicalement sécularisée ». Les savants y feront la relève des prêtres[2] ; ils aideront le christianisme « à reconnaître son essence : la glorification de la nature cachée depuis dix-huit siècles sous les allégories évangéliques » (ce qui était la thèse de Dupuis) et susciteront l'activité des industriels. C'est là ce qu'il appelle « rétablir le christianisme en le rajeunissant ».

Ce « nouveau christianisme » est donc en effet, comme l'observe M. Henri Gouhier, « un christianisme très nouveau[3] ». C'est plutôt une nouvelle philanthropie[4]. En 1802, dans les *Lettres d'un habitant de Genève*, c'était encore une religion de Newton, à qui Dieu aurait confié « la direction de la lumière et le commandement des habitants de toutes les planètes ». Le voici maintenant coulé dans de vieux moules ; il conserve une saveur millénariste ; il se présente comme la troisième (ou la quatrième) époque, la dernière, du christianisme, après l'âge catholique féodal et l'âge protestant bourgeois, considérés soit comme des étapes qu'il fallait franchir, soit comme des « hérésies » dont il faut se convertir[5]. Parmi les dernières paroles de Saint-Simon, on a recueilli celles-ci, dont la substance au moins doit être authentique : « En attaquant le système religieux du moyen âge, on n'a réellement prouvé qu'une chose : c'est qu'il n'était plus en harmonie avec le progrès des sciences positives, mais on a eu tort de conclure que le système religieux tendait à s'annuler : il doit seulement se mettre d'accord avec le progrès des sciences ; je vous le repète : la poire est mûre, vous devez la cueillir[6]. »

1. On peut lire dans GOUHIER, pp. 217-218, 231, 271, quelques-unes de ces variations, selon qu'on était au temps de la constitution civile du clergé, du Concordat et du sacre de Napoléon, de la rupture avec le pape, ou du règne du roi très chrétien. Cf. DAUTRY, pp. 23-28.

2. Cf. la *Lettre d'un habitant de Genève* : il faut mettre « le pouvoir spirituel entre les mains des savants ». Comparer avec Fichte (supra, t. 1, ch. VIII).

3. GOUHIER, p. 230 ; cf. p. 218.

4. Saint-Simon s'était intéressé de près aux cultes révolutionnaires et à partir du consulat il s'intitula « philanthrope ». DAUTRY, loc. cit., pp. 13-17.

5. *Système industriel*, éd. du *Nouveau christianisme*, pp. 32, 41, 141 ; *Les dieux rêvés*, pp. 62-67.

6. *Histoire des derniers jours de Saint-Simon*, racontée par Hubbard d'après les notes d'O. Rodrigues et sous ses yeux, dans *Œuvres de Saint-Simon et d'Enfantin*, t. 1er, 1865, pp. 118-122.

Si la prétention d'achever l'Évangile en en dévoilant l'essence éternelle n'allait pas chez Fourier sans un grain de folie malicieuse, elle n'allait donc pas chez Saint-Simon sans une dose assez forte d'astuce. Aucun des familiers de ce grand seigneur inventif, aimable, libertin, fantasque et opportuniste, devenu bourgeois spéculateur, ne semble avoir jamais perçu en lui, tout au moins jusque vers la fin, la moindre disposition mystique (Olinde Rodrigues ne le rencontrera pour la première fois qu'en mai 1823), ni dans ses pensées et inventions successives la moindre allure apocalyptique[1]. Cependant, il aimait se donner des titres tels que « fondateur de religion », « pape de la nouvelle théorie scientifique », ou « destiné par le grand Ordre des choses à faire ce travail », et dans ses derniers mois, auprès de nouveaux disciples, il en vint à faire « figure de Messie[2] ». C'est précisément ce que devait lui reprocher Auguste Comte, brouillé avec lui, en évoquant plus tard « ce célèbre jongleur », dont les prétentions messianiques étaient le « signe d'une incurable faiblesse intellectuelle[3] ».

Le *Nouveau christianisme* était resté inachevé. L'ouvrage devait être suivi d'un autre, un « troisième Dialogue », dans lequel Saint-Simon promettait de traiter « directement du nouveau christianisme ou du christianisme définitif ». Dès le lendemain de sa mort, des disciples enthousiastes, qui presque tous ne l'avaient pas connu, vont se mettre non seulement à décrire, mais à réaliser ce « christianisme définitif. Imbus de traditionalisme et de néo-gnosticisme[4] », ils vont accentuer le caractère novateur et apparemment religieux de ses doctrines. Ils vont même organiser le saint-simonisme en religion positive, singeant le catholicisme avec son dogme, son culte, ses sacrements, ses prêtres, sa hiérarchie : ce sera la « Religion Saint-Simonienne[5] », ou, comme dit ironiquement Jean Dautry, « L'Enfantinisme ». De cet « appareil théâtral et puéril », a écrit Louis Reybaud avec trop d'indulgence pour le « fondateur » défunt, « il faut se garder de rendre Saint-Simon complice[6]. » C'est en tout cas cet appareil qui provoquera le départ de

1. Maxime Leroy, *La vie du comte de Saint-Simon* ; spécialement pp. 176-177, 236, 278, 289.

2. Gouhier, pp. 218 et 368.

3. Comte, en 1852. Cf. Gouhier, pp. 381 et 389, qui pose aussi le problème de la valeur intellectuelle de Saint-Simon, « esprit turbulent, inapte aux raffinements de l'analyse comme aux disciplines de la synthèse » : « Le positivisme sera une religion parce qu'il est une philosophie ; Saint-Simon est devenu religieux parce qu'il n'avait pas la force d'être un philosophe » ; pp. 381 et 386. Cf. pp. 323-324 et 344-346.

4. Cf. Dautry, p. 29.

5. Ce sera le titre d'une série de publications à partir de 1830.

6. *Études sur les Réformateurs contemporains*, p. 332.

nombre des premiers adeptes. « Trois siècles d'incrédulité et d'hérésie, lit-on dans la *Doctrine de Saint-Simon* (1830), ont renversé l'édifice chrétien. Il fallait édifier sur ces ruines. Le monde appelait un révélateur : Saint-Simon est venu. » Par lui le dix-neuvième siècle a reçu « la conception définitive de l'incarnation de Dieu dans l'humanité elle-même, dans l'univers tout entier ». L'« industrialisme », cette nouvelle religion qu'il a fondée, dans laquelle science et foi ne font qu'un, évacue, avec les idées périmées de grâce et de péché, celle d'un royaume de Dieu intérieur ou extra-terrestre. Elle sera toute « temporelle » et sociale, et s'entourera d'une atmosphère de sensualité mystique. On voit en quel sens le « nouveau clergé » aura comme « plus importante fonction » celle de « travailler à compléter les saintes Écritures »[1].

Alors il se passa dans la rue Monsigny puis rue Taitbout, au siège parisien de la religion saint-simonienne, dans cette société française devenue si sceptique et si railleuse, « des scènes tellement extraordinaires que pour en trouver de semblables, a écrit Louis Blanc, il faudrait interroger l'histoire des Anabaptistes[2] ». Un jour, c'est Cazeaux qui se lève et parle en état d'extase ; un autre jour, c'est Rodrigues qui, « dans un accès de délire mystique », annonce « que le Saint-Esprit l'(a) choisi pour demeurer en lui » ; devant le scepticisme que manifeste un auditeur, il s'évanouit, puis il est « saisi de convulsions », qui font craindre pour sa vie[3]. On peut suivre, dans le grand ouvrage de Henry-René D'Allemagne[4], l'histoire mouvementée de la secte, de ses inventions, de ses folies, de ses orages, de ses schismes. Quelques déclarations suffiront ici à nous faire voir la parenté du schème saint-simonien avec ceux qui, depuis des siècles, s'étaient modelés sur le schème joachimite.

Bazard, qui n'était pas le plus extrémiste, et qui finira par rejoindre le catholicisme, déclarait : « Le christianisme n'a pas été seulement pour le monde un changement d'état, mais un progrès. Lui-même... a déposé dans le monde de nouveaux germes d'avenir qu'il n'a pu

1. *Doctrine de Saint-Simon*, Exposition, 1re année, pp. 25, 42, 117. « Pour aimer, comprendre et pratiquer Saint-Simon, écrira d'EICHTAL, il faut avoir été chrétien... et ne plus l'être. » Disons plutôt : « Pour inventer la religion saint-simonienne... » Cf. M. LEROY, op. cit., t. 2, p. 221.

2. Louis BLANC, *Histoire de dix ans*, t. 3, 1843, p. 128. Hippolyte CARNOT, *Sur le Saint-Simonisme* (1887) : « La tension était si forte, que des crises extatiques se produisirent... ».

3. J. P. ALEM, *Enfantin, le prophète aux sept visages*. 1963, pp. 67-68.

4. *Les Saint-Simoniens*, 1827-1837. Gründ, 1930. Voir aussi ALEXANDRIAN, *Le socialisme romantique*, Seuil, 1979, cf. 3, « Les saint-simoniens, chevaliers du monde industriel ».

nommer, qui ne peuvent fructifier sous sa loi, que Saint-Simon a saisis dans une conception plus générale et qu'il s'agit aujourd'hui de développer[1] ». Le 30 juillet 1830, une affiche était apposée sur les murs de Paris : « ... Lorsque cette nouvelle parole religieuse... réalisera sur la terre le règne de Dieu, le règne de la paix et de la liberté, que les chrétiens avaient placé seulement dans le ciel, l'Église catholique aura perdu sa puissance, elle aura cessé d'être... Après avoir payé au catholicisme (un) dernier tribut d'amour et d'admiration, tournons nos regards vers l'avenir... et que désormais son seul titre à notre reconnaissance soit de nous avoir préparés à cet avenir, de nous avoir mis en état de désirer et de concevoir la Religion nouvelle qui va nous le révéler[2] ». Le texte était de Bazard et d'Enfantin. Ce dernier était d'ordinaire plus abondant et plus lyrique : « C'est nous qui commençons le nouveau monde... Gloire donc à nous, générateurs, révélateurs du nouveau monde ! Que jusqu'à la consommation des siècles nos têtes portent l'auréole prophétique[3]... ! ». Et dans ses lettres : « Le dogme chrétien est vieilli... Nous cherchons les pères de la nouvelle famille humaine qui va naître, nous appelons les Vierges que Dieu va charger de l'enfantement de son fils bien-aimé, l'humanité régénérée... Le vieux saint Paul se réjouit avec moi de ses progrès, etc.[4] ». On sait quelle fut la mégalomanie croissante d'Enfantin, qui se donna les titres de « pape saint-simonien, Saint Pierre de la foi nouvelle, demeure du Père suprême » et finit par déclarer : « Je suis, j'ai été, je serai de toute éternité. Saint-Simon vit en moi[5] ». « Enfantin, remarquait Bazard dès 1832, a fait un tel abus de l'idée religieuse, qu'elle ne présente plus que l'aspect d'une mascarade[6] ». Mais d'autres n'étaient guère moins exaltés. Ainsi Transon, prédicateur attitré, écrivant dans le *Globe* : « Après Moïse et Jésus, Saint-Simon est venu : cet homme dont la parole nous a donné la vie, c'est en vérité plus qu'un prophète, car c'est lui qui est venu réaliser toutes les prophéties, accomplir toutes les promesses de Dieu » ; et encore : « Les livres saints ne seront jamais terminés ; il y aura toujours des feuillets

1. Dans D'ALLEMAGNE, op. cit., p. 83.

2. Ibid., p. 111. Et *Œuvres de Saint-Simon et d'Enfantin,* 42e vol., 1877 ; *Doctrine du saint-simonisme, Développement du Nouveau Christianisme,* 2e partie, Exposition par Bazard au nom du collège ; p. 269.

3. *Livre des enseignements,* 13e enseignement. D'ALLEMAGNE, p. 233. Avec sept de ses disciples, Enfantin rédigea vers 1831 « Le livre nouveau » (non publié) pour fixer les traits de la religion nouvelle : ALEM, op. cit., p. 98.

4. Janvier et juillet 1830. D'ALLEMAGNE, pp. 77-78.

5. Textes cités par ALEM, pp. 195 et 198-199.

6. Lettre à Cécile Fournel, 25 avril 1832. Cf. D'ALLEMAGNE, pp. 242 et 252.

vierges pour écrire les vérités réservées à l'avenir... Peuples, faites silence, prêtez l'oreille, ouvrez vos cœurs : voici la parole, ... le Verbe divin qui fait la lumière, ... qui fécondera le chaos de l'humanité[1] ! ». Et son émule Barrault, dans le *Globe* également : « Terre, réjouis-toi ! Saint-Simon a paru ! ... Gloire à Jésus qui par la croix a racheté l'homme du joug de la matière alors sanglante ! mais gloire à Saint-Simon qui rachète à son tour la matière soumise et pacifiée du joug accablant de la croix[2] ... ! ».

La fin de ce dernier texte évoque le thème de la « réhabilitation de la chair », qui prit une si grande place dans le saint-simonisme et y provoqua tant de disputes. La réhabilitation de la chair, expliquait le Père Enfantin, c'est « en religion la constitution du culte, en politique l'organisation de l'industrie, en morale l'affranchissement de la femme[3] ... » ; et, dans un raccourci énergique : « Le Saint Esprit, la Sainte Chair[4] ». L'honnête Carnot avait démasqué la fraude en s'écriant : « L'appel du Père Enfantin est immoral, il tend à la promiscuité ; ce n'est pas une loi nouvelle, c'est la négation de la loi chrétienne[5] ». Dans son *Exposition de la doctrine saint-simonienne*, Bazard avait parlé, tout autrement qu'Enfantin, de la « réhabilitation de la Matière », comme de « l'aspect le plus parfait, le plus neuf... du progrès général que l'humanité est aujourd'hui appelée à faire » et qu'elle fera grâce à une « conception religieuse nouvelle[6] ». Que si l'on a égard aux aspects sociaux du rêve saint-simonien, on y trouve le même aristocratisme – non plus celui de la noblesse, mais celui des savants, des ingénieurs et des grands industriels – que chez Saint-Simon lui-même ; « l'inégalité naturelle des hommes », prononce le Père Enfantin, est « la condition indispensable de l'ordre social[7] ». Quant au résultat, il est à craindre que pour un certain nombre on ne

1. Mars, mai et décembre 1831. D'ALLEMAGNE, pp. 163, 164, 227. Transon devait, comme plusieurs autres saint-simoniens des premières années, revenir à l'Église catholique.

2. 20 Février 1831. De même Laurent, dans le *Globe* du 4 avril 1831 : « Cette vie qui remplit l'éternité et l'immensité, c'est Dieu !..., dans le sein duquel la matière et l'esprit viennent harmonieusement se confondre, pour former l'unité infinie, dont l'homme trouve le reflet dans sa conscience. Sous la loi de ce Dieu, plus d'antagonisme, de lutte, de contradiction ; plus de réprobation contre la matière et la chair, etc. » Ibid., p. 165.

3. *Enfantin, Morale,* dans D'ALLEMAGNE, p. 228.

4. Lettre à Duvergier ; dans ALEM, p. 209.

5. Cf. D'ALLEMAGNE, pp. 224-225.

6. *Œuvres de Saint-Simon et d'Enfantin,* 42e vol., pp. 281-282.

7. Cité par J. J. GOBLOT, op. cit., p. 20.

doive souscrire au constat satirique de Heine : « Ces ci-devant apôtres, qui ont rêvé l'âge d'or pour toute l'humanité, se sont contentés de propager l'âge d'argent, le règne de ce Dieu argent qui est le père et la mère de tous et de toutes. C'est peut-être le même Dieu qu'on a prêché en disant : « Tout est en lui, rien n'est hors lui, sans lui on n'est rien[1]. »

Néanmoins, une fois encore, le vieux schéma demeure inchangé. Le premier élan chrétien n'est pas critiqué, tout au contraire ; quelles que soient les interprétations qu'on imagine ou les transformations qu'on lui fasse subir, on prétend toujours lui être fidèle en le prolongeant, en extrayant l'esprit de sa lettre. L'Évangile temporel, en sa teneur première, a préparé l'Évangile éternel, dont on apporte la formule. Celui-ci est l'intelligence, enfin obtenue, de celui-là. On peut donc admettre avec Ballanche que « le christianisme a tout dit[2] », et de fait les premiers saint-simoniens se sont recommandés de Ballanche comme d'un de leurs initiateurs ; ils l'ont considéré, en le tirant à eux, « comme le saint Jean-Baptiste du christianisme renouvelé[3] ». Sa *Palingénésie sociale,* amputée de ses fondements et de sa substance chrétienne, est « très vraisemblablement », estime Joseph Buche, à l'origine de leurs spéculations sur la perfectibilité[4]. Peut-être y a-t-il dans ce jugement quelque excès. Cependant, l'ouvrage était lu avec enthousiasme, en 1829, par Enfantin et ses amis. Quand parurent les *Prolégomènes*, ils communiquèrent un « souffle religieux » à plusieurs des disciples, d'abord matérialistes, de Saint-Simon : « Témoin, a écrit Sainte-Beuve, de l'effet produit par cette lecture sur quelques-uns des plus vigoureux esprits de l'école, je puis affirmer combien cela fut direct et prompt[5] ». Plus encore, si curieux que paraisse le rapprochement, Joseph de Maistre a été tenu pour l'un des inspirateurs de l'école ; on a tout au moins remarqué que « le génie conservateur » avait porté sur la

---

1. *De l'Allemagne*, avant-propos de l'éd. de 1855 (Éd. Bibliopolis, t. 1, p. 7). Heine fait allusion à une déclaration d'Enfantin devant ses juges : « Si Jésus a été envoyé pour enseigner au monde la sagesse du Père, moi je suis envoyé par mon Dieu, Père et Mère de tous et de toutes, pour faire désirer au monde sa tendresse de Mère ». Cf. ALEM, p. 111-112.

2. BALLANCHE, *Vision d'Hébal*, 1831, p. 98.

3. Cf. M. LEROY, *Hist. des idées sociales...*, t. 2, p. 126.

4. *L'École mystique de Lyon*, 1776-1847 ; Alcan, 1935, p. 218. Comte en aura sans doute lui aussi tiré profit : ibid.

5. Cité par M. FERRAZ, *Histoire de la philosophie en France au XIXe siècle, traditionalisme et ultramontanisme*, p. 285. On peut penser que les saint-simoniens qui, faisant bientôt dissidence, revinrent à la foi chrétienne le durent pour une part à Ballanche. « Ballanche est logé dans un nœud de l'histoire des âmes, comme un de ces ouvriers secrets qui travaillent derrière la toile » : Raymond SCHWAB, *La renaissance orientale*. Payot, 1950, p. 255.

situation de son temps et le problème qu'elle posait à la conscience religieuse, un diagnostic analogue[1].

Une autre influence fut tout à fait prédominante : celle de Lessing. *L'Éducation du genre humain* avait gonflé d'enthousiasme le cœur du jeune Eugène Rodrigues, qui avait traduit le livret et s'en était inspiré en 1829 dans ses *Lettres sur la religion et la politique*[2]. Aussitôt après sa mort prématurée, son frère Olinde publie à deux reprises (1831 et 1832) cette traduction, à la suite des *Lettres*. Eugène avait connu *l'Éducation* par Madame de Staël, il nous le dit dans un « avis du traducteur ». Bien qu'il fasse appel à Kant, à Ballanche, à La Mennais en vue d'établir que « les diverses communions chrétiennes ... se réunissent pour demander un nouveau christianisme », c'est *L'Éducation* qui est son bréviaire. Les Allemands, déclare-t-il, n'ont su y voir qu'« une œuvre ingénieuse », il appartient à la France « d'apprécier à sa juste valeur (ce) chef d'œuvre ». Seulement, par les soins conjugués d'Eugène Rodrigues et de ses émules, la France corrige et complète Lessing en deux points. Le saint-simonisme se présentera comme une réhabilitation, pour le passé, du catholicisme dont il prend la relève, et d'autre part il ne voudra pas être seulement un nouvel horizon de pensée, ni même seulement une religion nouvelle, mais proprement une nouvelle Église.

Eugène Rodrigues tient à établir que les apôtres de Jésus ont bien rempli leur mission, et qu'à leur tour les Pères de l'Église se sont montrés fidèles : un Athanase, un Augustin, luttant contre les hérésies, ont manifesté la foi dans toute sa pureté. L'institution de la papauté est elle-même conforme à l'Évangile ; les Latins ont eu raison contre les Grecs, les catholiques contre les protestants, et « le Vatican, tout décrépit qu'il est, tiendra bon tant que le fondement d'un nouveau Vatican n'aura pas été jeté[3] ». – Mais Eugène en décrit le plan. Dans

1. Cf. la notice historique en tête du premier volume des *Œuvres de Saint-Simon et d'Enfantin*[2], pp. 40-41.

2. Ces Lettres ont « un accent ecclésiastique » (Marcel Méry, *La critique du christianisme chez Renouvier*, t. 1, Vrin, 1952, p. 86). Elles sont d'un extrême intérêt par le mélange d'ingéniosité extrême et de candeur avec lequel Eugène développe les paradoxes les plus insoutenables et opère les transpositions les plus contradictoires pour présenter la religion saint-simonienne comme le fruit légitime et nécessaire du christianisme en son ère définitive. Olinde qualifie son jeune frère de « saint ».

3. Voir spécialement les lettres 3, 4, 10, 11, 12. Cf. Lettre 5 : « Oui, nous marchons vers une grande, vers une immense unité ; la société humaine, du point de vue de l'homme ; *le règne de Dieu sur la terre*, du point de vue divin ; ce règne que les fidèles appellent tous les jours par leurs prières depuis 1800 ans. La portion du peuple juif qui est restée étrangère au règne *spirituel* du Messie se rendra en voyant arriver son

l'Église saint-simonienne, le règne de l'Esprit qu'avait annoncé Joachim de Flore est, tout comme chez Lessing, totalement humanisé ; plus que chez Lessing il est socialisé, étant même « industrialisé ». Il est en outre canalisé de telle sorte qu'il aboutit, pour le présent, à des réquisitoires contre les survivances de l'ancienne Église. En cela, rien de neuf : une telle opposition n'est-elle pas depuis déjà six siècles, chez maints disciples (disons, si l'on veut, disciples égarés, faux disciples) qui se réclament de Joachim, ou chez maints de ses héritiers inconscients, un trait constant ?

Avec la traduction de Lessing accompagnant le testament du comte de Saint-Simon, se produit un amalgame de la pensée française du dix-huitième siècle avec une pensée indo-germanique, – l'une et l'autre affectées par les bouleversements dus à la révolution française et aux progrès de l'âge industriel. Entre autres conséquences il en résultera pour longtemps une phraséologie historico-théologique, empruntant bientôt une forme dialectique et usant volontiers d'un vocabulaire encore chrétien pour exprimer des doctrines dont le fond sera désigné par les contemporains sous le nom de « panthéisme ». En 1831, Jules Michelet, qui avait d'abord admiré Saint-Simon, dénoncera néanmoins avec clairvoyance ce qu'il appellera « cette religion de la Banque[1] » et, dans son *Introduction à l'histoire universelle*, il déclarera que cette religion saint-simonienne est un « panthéisme industriel », contraire au génie français, méconnaissant la personnalité humaine et l'élan de la liberté morale[2]. En 1840 l'abbé Henri Maret fera une place à cette religion dans son *Essai sur le panthéisme dans les sociétés modernes* ; il lui reprochera d'enseigner qu'à mesure que l'homme étend son pouvoir sur les choses, le mal recule, que « ce qui a été le mal pour l'homme ne l'est point en soi », qu'« au point de vue de l'infini tout est bien, tout est bon, car tout est un[3] ». C'est une critique analogue, quoique procédant d'un autre esprit, que Daniel Stern (Madame d'Agoult) adressera en 1856 au *Nouveau Christianisme* : il a le tort de se présenter « comme l'accomplissement de la loi chrétienne », alors que, par sa négation du péché et de l'expiation, par sa « tentative de matérialiser et

---

règne *temporel*, et toutes les prophéties seront accomplies, car toutes les prophéties sont vraies », p. 42.

1. *Hist. de France*, éd. de 1869, t. 1, p. XIV.

2. « Le panthéisme, concluait Michelet, est chez soi en Allemagne, mais ici !... », p. 471.

3. P. 63 (cf. *Exposition de la doctrine saint-simonienne*, 2e année, p. 104). Selon M. BÉNICHOU, le terme de panthéisme n'était pas très adéquat, car ce n'est pas à l'univers que Saint-Simon lui-même et plusieurs de ses disciples intégraient la divinité, « mais plutôt à l'homme, selon la tradition du XVIIIe siècle » : *Le temps des prophètes*, 1977, p. 281. L'essentiel de ces critiques n'en était pas moins fondé.

immédiatiser, si l'on peut parler ainsi, le paradis spirituel et la vie future des chrétiens », il n'accomplit cette loi qu'« en l'abolissant »[1] ; et l'auteur appliquera ce jugement, auquel a pu contribuer son ressentiment à l'égard du christianisme, à tout le mouvement socialiste de l'époque[2]. Déjà Lamennais, qui détestait toutes les « sectes » réformistes[3], avait écrit dans ses *Discussions critiques* :

> Comme l'insecte qui dépose ses œufs dans le fruit dont il a percé l'écorce, le ver saint-simonien, essayant de pénétrer au dedans du christianisme, en a, sous l'une de ses transformations, hypocritement pris le nom et en apparence adopté le dogme, qu'il enveloppe dans les commentaires d'une philosophie pleine d'équivoques et d'obscures réticences. Il s'est dit catholique, parce qu'il trouvait dans le catholicisme une hiérarchie à l'aide de laquelle il espérait réaliser le rêve insensé et funeste de sa doctrine économique, l'abolition de la propriété et conséquemment de la liberté individuelle, établissant une société passivement soumise, au spirituel et au temporel, à un corps sacerdotal investi d'une puissance absolue[4] ...

Frédéric Ozanam, qui connaissait le moyen âge, avait fait le rapprochement qui s'imposait et qui nous intéresse ; le lecteur introduira aisément dans ses réflexions rapidement jetées les nuances suggérées par notre étude : « Les doctrines des fraticelles, de Guillemine de Milan, des Frères Spirituels, où la communauté absolue de corps et de biens, l'émancipation religieuse des femmes, la prédication d'un évangile éternel, rappelleraient les tentatives modernes du saint-simonisme...[5] » – Ces divers jugements, et bien d'autres, avaient tous été précédés par la réplique de bon sens adressée un jour au Père Enfantin par Thérèse Nugues, fatiguée de l'entendre toujours parler de

---

1. *Hist. de la Révolution de 1848*, 1856, p. XXXV.

2. Cependant, l'extraordinaire attrait exercé par Enfantin lui avait fait écrire le 31 juillet 1897 : « Enfantin est retiré dans le voisinage de Lyon. Je me sens une grande vénération pour lui, un vif désir de la connaître, quelque chose de pareil à ce que j'éprouvais pour M. de Lamennais. » *Mémoires*, éd. de 1927, t. 2, p. 100.

3. Cf. LE GUILLOU, op. cit., p. 470.

4. *Discussions critiques et pensées diverses*, dans *Œuvres posthumes*, publiées par E. D. Forgues, 1856, pp. 169-170. Écrivant à son neveu Victor, en 1810, Saint-Simon avait appelé de ses vœux « Le novateur... qui s'efforcera de reconstituer la papauté, les conclaves et les conciles, en leur donnant une organisation proportionnée à l'état actuel des lumières ». *Œuvres de S.S. et d'Enf.*, t. 1, 1865, p. 39.

5. *Dante et la philosophie catholique au XIIIe et au XIVe siècles*. Œuvres complètes[3], t. 6, Lecoffre, 1869, p. 104.

« réédifier le temple chrétien qui chancelle », de « marcher vers la Jérusalem nouvelle » et d'annoncer le jour prochain « où Dieu va régner sur la terre comme au ciel » : « Tu parles comme un inspiré, mais tu n'es pas un prophète... La perfection que tu rêves fait de toi le don Quichotte de l'âge d'or[1]. »

Affaiblie par une série de défections successives – Bazard, puis Rodrigues, puis Michel Chevalier quittèrent Enfantin –, « l'Église invisible des saint-simoniens n'en pénétrait pas moins la société, dès les années qui suivirent la mort de Saint-Simon. Un sagace observateur, Henri Heine, écrira en 1838 : elle est « partout et nulle part, comme l'Église chrétienne avant Constantin »[2].

1. Textes dans D'ALLEMAGNE, pp. 73-74.

2. *Lettres confidentielles au rédacteur de la Revue dramatique de Stuttgart* ; éd. de Paris, 1927, p. 143.

II

La flambée des années 30

Tel est donc ce nouvel avatar du joachimisme, telle, cette nouvelle métamorphose de l'Évangile éternel et du règne de l'Esprit. Celui-ci devient le règne d'une super-organisation qui se veut calquée sur l'ancien catholicisme. Traduit « dans l'ordre social », le mystère chrétien de la Trinité devient le « dogme trinaire » de la Religion, de la Science et de l'Industrie, d'où l'Église saint-simonienne veut tirer sa structure pour l'étendre à l'humanité tout entière. « Amour, Intelligence et Force », tels sont les trois principes supérieurs d'où tout découle ; « la Religion ou la morale, la Théologie ou la science, le Culte ou l'industrie, tels sont les trois grands aspects de l'activité sociale de l'avenir ; les prêtres, les savants, les industriels, voilà la Société ! »[1]

L'ancien secrétaire de Saint-Simon, qui par besoin d'indépendance et dans le sentiment de sa propre valeur n'avait pas tardé de rompre avec lui, devait se montrer sévère pour la « secte » saint-simonienne, à laquelle, déclarait-il, « j'ai le droit d'exiger qu'on me regarde comme ayant toujours été absolument étranger »[2]. Cependant, dès l'adolescence, il avait uni à un même « esprit révolutionnaire » le même « besoin fondamental d'une régénération universelle, à la fois politique et philosophique »[3]. Accentuant une tendance inhérente au saint-simonisme, qui louait volontiers « la dernière époque organique, celle qui comprend le moyen âge »[4], il se gardera plus encore d'arguer de l'Évangile contre l'Église. Dans son *Cours de Philosophie Positive*, Auguste Comte dénoncera au contraire « l'irrationnelle critique, d'abord des protestants, et ensuite des déïstes, s'obstinant, d'une manière puérile, à toujours ramener exclusivement le type de l'organisme chrétien au temps de sa primitive ébauche, comme si les institutions humaines devaient indéfiniment rester à l'état foetal » ; elles doivent en réalité être jugées « d'après leur pleine maturité, quoi-

---

1. BAZARD, 9e séance de la Société saint-simonienne. Dans D'ALLEMAGNE, pp. 334-337. Sur le prêtre saint-simonien : p. 338 ss.

2. Lettre à Michel Chevalier, 5.1.1832. *Corresp. Générale*, t. I, Mouton, Paris-La Haye, 1973, p. 230.

3. Préface à l'un de ses cours, citée par Paulo E. de Borredo Carneiro, introd. à la *Corr.* gén., T. I. p. XVIII.

4. BAZARD. Loc. cit., p. 332.

que leur essor initial doive constamment renfermer le germe, plus ou moins sensible, de tous les développements ultérieurs, ainsi que les philosophes catholiques l'ont nettement démontré. » Il est permis de voir là une allusion spéciale à Joseph de Maistre. Comte aboutira de la sorte à l'apologie la plus décidée de « l'organisation catholique », dégagée « des formes trop imparfaites propres à sa première enfance ».[1] Il ne sera pas plus tendre pour le protestantisme qu'Eugène Rodrigues, qui le jugeait devenu « stationnaire et rétrograde »[2]. Mais son apothéose de l'Église médiévale n'ira pas, on le sait, sans dépréciation de sa sève chrétienne.

D'autre part, Comte affirmait en 1832 que sa rupture avec Saint-Simon avait été « déterminée en partie par la tendance » qu'il commençait « à voir naître en lui vers la reconstruction d'une théorie religieuse » : comment donc aurait-il « pu tremper dans la fabrication d'une nouvelle religion, et surtout d'une misérable parodie du catholicisme ! »[3] Rétrospectivement, le propos ne manque pas d'ironie, car on connaît assez la suite de l'histoire (il est vrai que la religion comtienne se voudra plus pure de tout théologisme). Toutefois, le conservatisme auquel Comte aboutira par sa théorie du progrès, autant que les formes dans lesquelles il enfermera sa « religion de l'humanité », l'éloigneront de plus en plus de tout prophétisme analogue à celui du vieil abbé de Flore[4]. — Et cependant, par un curieux retournement des situations, alors que pour ses premiers apôtres eux-mêmes la religion saint-simonienne finira bientôt par n'être plus « que la préface mémorable et sacrée de leurs entreprises techniques et industrielles »[5], préface vite oubliée par les continuateurs de ces entreprises, le positivisme comtien au contraire s'épanouira ou se prolongera, par une mutation estimée nécessaire, dans un culte sacré qui, reçu de son fondateur, groupera longtemps de nombreux fidèles. Tout récemment encore, un disciple enthousiaste de Comte ne trouvera qu'un seul reproche à faire au

---

1. *Cours de philosophie positive*, 54e leçon. Éd. Schleicher, t. 5, 1908, p. 183.

2. *Lettres sur la religion et la politique*, 12e lettre ; « Triste extrémité où s'est réduit le protestantisme, de ne plus admettre que *la lettre* de l'Évangile. La lettre le tuera... La ferveur qui consume les protestants, n'étant pas dirigée, n'est qu'un feu qui les consume sans profit ». pp. 95-98.

3. Lettre à Armand Marrast, 7.1.1832. *Corresp. gén.*, t. 1, pp. 231-233. Déjà le 11.12.1829, à d'Eichtal ; ibid., p. 212 : « Le retour à la théologie de la part des gens qui en étaient tout à fait sortis est pour moi aujourd'hui un signe irrécusable de médiocrité intellectuelle et peut-être même de défaut de véritable énergie morale. »

4. Sur cet aspect de la pensée comtienne, voir notre *Drame de l'humanisme athée*. Éd. Spes, nouv. éd. 1950, 2e partie. Sur l'idée de progrès dans le positivisme : H. GOUHIER, op. cit., t. 2, pp. 48-53.

5. BÉNICHOU, op. cit., p. 278. Cf. Henri HEINE, *De l'Allemagne*², 1855, à propos de la carrière d'Enfantin : « On va vite avec les chemins de fer ».

maître « dépassé par sa pensée » : celui de ne s'être pas avisé que sa religion de l'Humanité existait en fait « depuis deux mille ans » et qu'« il ajoutait seulement une page à l'Évangile éternel » : l'Église positiviste, en effet, n'accomplit-elle pas « la tendance authentiquement « catholique » à une religion universelle » et ne rencontre-t-elle en conséquence « pas moins d'hostilité du côté du Temple, de la Synagogue ou de la Loge, que du côté des sacristies » où règne un clergé rétrograde ? Et n'est-il pas « évident que dans la Religion de l'Humanité revit ou plutôt vit éternellement ce qui fut acquis définitivement avec l'instauration catholique »[1] ?

Maistre, Ballanche, Fourier, Saint-Simon, Comte même..., c'étaient là en France des voix annonciatrices. « L'époque où nous vivons, disait Ballanche en 1819, est un âge de crise pour la société, une ère nouvelle de l'esprit humain[2] ». « Une ère nouvelle se prépare ; le monde est en travail, tous les esprits sont attentifs[3] ». Sous la Restauration, de telles voix étaient déjà nombreuses, se mêlant à celles qui venaient d'Outre-Rhin. On pourra lire dans *le Globe*, devenu l'organe des Saint-Simoniens, le 3 mars 1831 : « Les prophètes n'ont pas manqué à l'avènement qui se prépare : Kant, Lessing, Hegel et Goethe, de Maistre, Lamennais, Chateaubriand, Ballanche ont prédit comme prochaine une nouvelle ère religieuse[4] ». Mais c'est seulement au cours des années 30, à la suite des « trois glorieuses », que se produit sinon l'éclosion, du moins la grande explosion d'un prophétisme métaphysico-social, chrétien, parachrétien, postchrétien, ou même antichrétien. On vient d'en voir un cas majeur dans le saint-simonisme.

Cette explosion coïncide, curieusement au premier regard, avec l'avènement du « roi bourgeois ». Elle semble suscitée pour faire contrepoids à l'esprit « juste-milieu » qui caractérise en ses dehors officiels le règne de Louis-Philippe, dans le « mouvement » aussi bien que dans la « résistance ». Tocqueville n'écrira-t-il pas, une douzaine d'années plus tard : « Dans la plupart des hommes de mon âge, il n'y a rien que le désir de faire facilement et paisiblement de petites choses »[5] ?

---

1. Pierre ARNAUD, *Comte revient.* Maison d'Auguste Comte, juillet 1978. Il demande qu'on réédite Comte au plus tôt : « Le déluge » qui nous menace « en serait capable de refluer, épouvanté ». Avec Comte est parvenue à maturité « l'Humanité-Esprit », qui n'a plus besoin d'aucun sceau « pontifical » pour « l'authentifier ».

2. *Le vieillard et le jeune homme.* Œuvres, 1830, t. 2, p. 399.

3. Id., *Prolégomènes*, 1827, t. 3, p. 26.

4. Cité par D'Allemagne, p. 194.

5. Lettre à Gobineau, 8.8.1843. *Correspondance entre Alexis de Tocqueville et Arthur de Gobineau.* Plon, 1909, p. 3. Il avouera dans ses *Souvenirs* : « L'apaisement et l'aplatissement universel, qui avaient suivi la révolution de juillet, m'avaient fait

Le jeune Renan n'écrira-t-il pas à sa sœur Henriette que le régime de juillet était le modèle de ces « régimes calmes, réguliers, qui donnent sécurité et attirent l'esprit sur les petits soins et les petits intérêts »[1] ? Et ces années 30 ne sont-elles pas en effet celles où les « doctrinaires » s'installent, celles où triomphe le clair et habile bon sens de Monsieur Thiers, celles où s'épanouissent à l'aise les Joseph Prudhomme et les Monsieur Homais, celles des notaires et des agents de change qui peuplent les comédies de Scribe[2], celles où commencent à se former Bouvard et Pécuchet[3] ? Mais chaque génération connaît ses contrastes, – et ses nuances. Tandis que Guizot, qui n'était pourtant pas un sot, proclamait en 1833 : « Les émeutes sont mortes, les clubs sont morts, la propagande révolutionnaire est morte, l'esprit révolutionnaire, cet esprit de guerre aveugle qui semblait s'être emparé un moment de toute la nation est mort[4] », Proudhon pourra dire au contraire que le temps de Louis-Philippe fut l'une de ces époques « où l'on voit les nations... errer au hasard dans le labyrinthe de leurs utopies[5] » ; « nous connaissons, dira-t-il encore, tel Christ à qui il ne manque qu'une occasion pour devenir un escroc, un fou ou un Dieu ». On a peine à imaginer aujourd'hui l'extrême ébranlement qu'avaient produit d'abord les trois journées qui chassèrent les Bourbons. Elles parurent à beaucoup l'aurore d'un monde tout nouveau, d'un univers régénéré[6]. « Les grandes journées », dira encore Buchez en 1857[7]. Même « avec des yeux prévenus, il m'était impossible de n'y pas reconnaître... une poésie enivrante », dira « le curé de village » auquel Esquiros fait raconter ses souvenirs de séminariste. On pensait vivre

---

croire, pendant longtemps, que j'étais destiné à passer ma vie dans une société énervée et tranquille. »

1. Lettre du 27.1.1849. *Nouvelles lettres intimes*, p. 288.

2. Cf. G. GUSDORF. *Naissance de la conscience romantique au siècle des lumières.* Payot, 1976, p. 25.

3. Le noyau initial de l'ouvrage était en formation dès 1837 : Gilbert SIGAUX, dans Cl. PICHOIS, *Le romantisme*, t. 2, 1979, pp. 465-467.

4. Cf. P. B. HIGONNET, *La composition de la Chambre des députés* de 1827 à 1831 ; Revue hist., t. 239, 1968, p. 371. Cité par Paul CHRISTOPHE, *Les choix du clergé dans les révolutions*, t. 2, 1976, p. 115.

5. *Les confessions d'un révolutionnaire.* Œuvres complètes, t. 7, éd. Daniel Halévy. Rivière, 1929, p. 97.

6. PRÉVOST-PARADOL écrira dans *La France Nouvelle* qu'il s'était opéré en 1830 « dans l'état moral et social de la France une sorte de changement subit, analogue à ces modifications brusques de la température que produit le coucher du soleil sous le ciel du Midi... » Cité par Paul THUREAU-DANGIN, *Histoire de la Monarchie de juillet*, t. 1, 1888, p. 394.

7. Notice sur Feugueray, dans H. R. FEUGUERAY, *Essai sur les doctrines politiques de St. Thomas d'Aquin*, p. v.

une « palingénésie »[1]. Dans le post-scriptum qu'il met à son *Orphée* le 31 décembre 1830, Ballanche écrit : « Un grand fait social s'est accompli, nous avons vieilli de tout un cycle palingénésique[2] » et Frédéric Ozanam, dans une lettre adressée de Lyon à ses amis Fortoul et Huchard, le 15 janvier 1831 : « Je sens que le passé tombe, que les bases du vieil édifice sont ébranlées et qu'une secousse terrible a changé la face de la terre. Mais que doit-il sortir de ces ruines ? Verrons-nous *novos caelos et novam terram* ? Voilà la grande question...[3] » D'autant plus forte fut la déception qu'apporta bientôt la « république royale », et d'autant plus intense et prolongée fut non seulement l'agitation politique et sociale, mais la poussée d'une série de millénarismes divers, auxquels Joachim de Flore, ou du moins le schème idéologique issu de lui, ne fut pas toujours étranger.

Partout en France, note en 1834 un observateur étranger, « perce une tendance générale vers l'ère nouvelle, où il y aura harmonie et unité »[4]. Le romantisme social devint « une longue hallucination ».[5] Ce fut, dira Gérard de Nerval, « un mélange... d'utopies brillantes, d'aspirations philosophiques ou religieuses, d'enthousiasmes vagues, mêlés à de certains instincts de renaissance »[6] ; et dans un petit écrit satirique, rédigé avec un groupe d'amis, comparant l'époque avec celle d'Apulée, telle que la décrivait *L'âne d'or* : « Il existait alors, comme à présent, des sectes de toutes sortes ; chacun avait dans un coin de sa cervelle une recette pour sauver le monde ; mais le temps a balayé toutes ces théories excentriques et il emportera les novateurs d'aujourd'hui, comme il a fait des précédents. Le monde tourne dans un cercle éternel[7] ». C'était s'aventurer un peu loin dans une prophétie contraire... Sur un ton moins badin, mais avec une verve non moins sarcastique, Michelet dénonce vers 1832 « l'orgie romantique » ; il décrira un peu plus tard « la fièvre de réorganisation sociale et religieuse qui animait les esprits au lendemain de la révolution de 1830 » ; il parlera

---

1. Alphonse ESQUIROS, *De la vie future au point de vue socialiste,* 1850, p. 17.

2. *Œuvres* ; éd. de 1834, t. 6, p. 356. Cité par BÉNICHOU, p. 96.

3. *Lettres de Frédéric Ozanam*, t. 1, éd. Celier-Duroselle - Didier Ozanam, Bloud et Gay, 1860, pp. 33-34.

4. H. B. LYTTON, *La France sociale, politique et littéraire,* 1834, t. 2, p. 205-G. Paul Delasalde, ancien élève de Michelet à Sainte-Barbe, lui écrivait : « Il faut une palingénésie d'où sortiront l'unité et l'harmonie nouvelles. » Cf. G. MONOD, *La vie et la pensée de Jules Michelet*, t. 1, Champion, 1923, p. 212.

5. M. LEROY, *Hist. des idées sociales en France*, t. 3, Gallimard ; 1954, p. 8.

6. *Sylvie*, ch. 1. Œuvres, Gallimard (Pléiade), p. 262.

7. *L'âne d'or de Peregrinus*, 1842. Avec Nerval, les auteurs seraient Edmond Texier, peut-être Arsène Houssaye et Méry. Cf. BRIAN JUDEN, op. cit., p. 555.

d'un « volcan de livres », d'une « éruption d'utopies, de romans socialistes »[1], et, pour expliquer les conditions dans lesquelles il avait publié en 1831 son *Introduction à l'histoire universelle*, il écrira encore sur le tard : « Le temps était fort trouble. Ma route côtoyait deux torrents qu'on aurait cru tout emporter... l'un était le flot romantique... ; l'autre était le mouvement des écoles utopistes, qui cherchaient le fond même, voulaient renouveler la Foi et la société. » « Je les vis du dehors, poursuit-il, libre contemplateur, et les observai du rivage[2]. » Il oublie d'ajouter qu'il ne devait guère tarder à entrer lui-même dans la mêlée, ou se jeter dans les flots. C'est ce qu'un chapitre suivant nous montrera. En 1843, Laprade esquissera une analyse « des cinquante sectes qui possèdent exclusivement à toute autre la religion de l'avenir »[3]. Louis de Carné écrira dans la *Revue des deux mondes* que « les pamphlets les plus subversifs de l'époque révolutionnaire dépassent peut-être en cynisme, mais sont bien loin d'égaler en hardiesse réformatrice les productions que l'école avancée présente aujourd'hui comme l'expression réfléchie de sa foi et de ses espérances »[4]. Wronski fulminera contre « la bande mystique » qui entreprend de « jeter l'humanité dans l'abîme »[5]. Un historien récent décrit bien le commun dénominateur qui met une certaine unité dans cette pléiade éruptive et par là l'impose à notre attention :

> La tentation d'optimisme superficiel, qui sans cesse sollicite l'humanité, prend (alors), une apparence métaphysique... sous la forme d'une foi en la divinité de l'histoire... Au chancellement de l'ancien monde... l'au-delà apparaît soudain comme un horizon... non plus transcendant, (mais) dont l'éloignement mesure une possibilité de total bonheur[6].

Dès le mois d'août 1830, dans le *Globe*, Pierre Leroux parle en inspiré : « Une ère nouvelle commence... Tout est fini et tout commence...

1. *Nos Fils*. Cité par LEROY, op. cit., t. 2, p. 396.

2. Écrit en 1869. Il rappelle « l'espoir infini de juillet », il signale que « *son* petit livre de juillet », écrit « sur les pavés brûlants », conçut « l'Histoire universelle comme combat de la liberté, sa victoire incessante sur le monde fatal, bref comme un Juillet éternel ». *Œuvres complètes*, éd. Paul Viallaneix, t. 4, Flammarion, 1974, pp. 15 et 39-40.

3. Dans la *Revue indépendante*. Cf. HUNT, op. cit., p. 182.

4. *Publications démocratiques et communistes*. Revue..., 1841, 3, p. 396.

5. Cf. Léon CELLIER, *Fabre d'Olivet, contribution à l'étude des aspects religieux du romantisme*. Nizet, 1953, pp. 332-333 et 363-364.

6. Paul ZUMTHOR, *Le tourment romantique*, dans *Satan*, Études carmélitaines, 1948, pp. 548 et 549.

Les admirables journées (de juillet sont) un événement révélateur... La société se trouve sur le bord d'un monde nouveau. Les religions et les philosophies s'écroulent à la fois... Les vieux codes provoquent le mépris comme les vieilles théologies, et nul n'a la clef de l'édifice nouveau qui doit s'élever...[1] » Le prudent Sainte-Beuve est soulevé par la vague d'enthousiasme visionnaire : il salue « les destinées presque infinies de la société régénérée »[2]. Après avoir célébré en octobre 1831, dans sa préface à *Marion de Lorme*, « l'admirable, l'enivrante révolution de juillet », cette « révolution sociale », Victor Hugo signale en novembre, dans sa préface aux *Feuilles d'automne*, « au dehors comme au dedans, les croyances en lutte, les consciences au travail, de nouvelles religions, chose sérieuse ! qui bégaient des formules, mauvaises d'un côté, bonnes de l'autre ; les vieilles religions qui font peau neuve ; les théories, les imaginations et les systèmes aux prises de toute part avec le Vrai ; la question de l'avenir déjà explorée et sondée comme celle du passé » ; c'est un « concile tumultueux de toutes les idées, de toutes les croyances, de toutes les erreurs occupées à rédiger et à débattre en discussion publique la formule de l'humanité »... En 1832, dans le dernier numéro du *Globe*, Charles Duveyrier salue le prestigieux Enfantin : « Philosophes, savants, prêtres... enseignant à épeler l'écriture de votre Évangile nouveau » ; ainsi se prépare l'établissement du « règne du Père »[3]. C'est le temps que Béranger, abandonnant son « Dieu des bonnes gens », chante l'entrée du monde dans « le quatrième âge, celui de l'Humanité », grâce à la parole divine des nouveaux prophètes qui mènent à son terme l'œuvre de Christophe Colomb et celle de Jésus, magnifie Satan, l'archange rebelle, sauvé par l'amour et les larmes de Marie, qui est sa fille sans le savoir...[4] Lamennais qui bientôt fréquentera Béranger, est plus sévère ; il condamne en 1833 « ces productions repoussantes, rêves pénibles d'une société malade, (qui) manifestent le désordre des esprits en même temps que la souffrance des âmes, à qui tout est bon pourvu qu'elles échappent à ce qui est »[5]. Lui-même cependant venait alors d'écrire dans les *Paroles d'un croyant* (II, 8), qui sont publiées l'année suivante : « Quelque chose que nous ne savons pas se remue dans le monde ; il y a là un travail de Dieu... Tout s'ébranle, tout se meut, tout

1. *Le Globe*, 1, 15 et 23 août. L'article du 15 est certainement de Leroux ; les autres très probablement. Cf. J. J. Goblot, op. cit., pp. 16-19 et 28. Cependant, dès septembre, un article du *Globe* dénonce les « nouveaux ventrus » : ibid., p. 23.

2. *Le Globe*, 11 oct. 1830 ; reproduit au t. 1 des *Nouveaux Lundis*. Cf. Hunt, pp. 43-44.

3. Cité par Hunt, op. cit., p. 77.

4. Cf. Bénichou, op. cit., pp. 390-393. Nous retrouverons ce thème.

5. A la comtesse de Senfft, 25.1.1833. Corresp. gén., t. 5, p. 296.

prend un nouvel aspect. » Daniel Stern racontera dans ses *Mémoires* que « tout autour de la communion chrétienne il se formait des communions adverses où l'on annonçait la fin des dogmes, la révélation nouvelle, le salut dès ici-bas... Dans ces assemblées d'hommes jeunes et hardis, toutes les sentences, toutes les iniquités de la loi et de l'opinion étaient abolies[1]... » Vigny, dédaigneux, évoquera dans son Journal les « bouffonneries puériles » dans lesquelles se précipitait alors la France, en réaction contre les doctrines théocratiques du premier Lamennais[2]. Sainte-Beuve, à demi guéri de sa fièvre, écrit en 1834, en bon observateur : « Symptôme remarquable ! Tous les vrais cœurs de poète, tous les esprits rapides et de haut vol, de quelque côté de l'horizon qu'ils arrivent, se rencontrent dans une prophétique pensée, et signalent aux yeux l'approche inévitable des rivages[3]. » L'année suivante, un autre critique non négligeable, Gustave Planche, parle, à propos des *Chants du crépuscule*, d'un « mélange, souvent entrechoqué, de réminiscences monarchiques, de phraséologie chrétienne et de vœux saint-simoniens[4] ». En 1835 encore, même observation, comme chez Nerval, d'une douce ironie, sous la plume de Charles Nodier :

> Rien ne nous manque, grâce au ciel, qu'une religion nouvelle pour achever de parcourir en ce siècle de lumières la longue série des aberrations de l'esprit, et il n'y a qu'à lire et choisir pour en composer cent par semaine, avec le répertoire inépuisable des livres sacrés de tous les peuples, les relations des voyageurs, et les rêveries écrites ou traditionnelles de ces innombrables hérésiarques du moyen âge, qui sont à proprement parler les sophistes du christianisme. C'est une occupation fort innocente et qui a même son côté assez divertissant à l'époque éminemment religieuse où nous voilà parvenus. D'ailleurs, si le nouveau est possible, c'est dans l'absurde qu'il faut le chercher. La vérité est limitée, et l'absurde ne l'est pas[5].

Toutes les folies, en effet, attiraient des clients ou plutôt des fidèles, toutes, jusqu'à la « religion phrénologique ». Le secrétaire de la « Société phrénologique » de Paris (présidée par Broussais !), Auguste Luchet, proclame vers 1835 que « l'humanité sera sauvée du désespoir,

---

1. *Mémoires*, t. 2, 1833-1854. Éd. de 1927, p. 4.
2. *Journal*, 1845. G. Bonnefoy, *La pensée relig. d'Alfred de Vigny*, p. 146.
3. *Portraits contemporains*, t. 1 ; nouv. éd. 1869, p. 247.
4. Revue des deux mondes, 1er nov. 1835.
5. *De la perfectibilité de l'homme.* Œuvres, t. 5. Rêveries ; Bruxelles, 1835, p. 235. C'est contre l'ironie pessimiste de Nodier que protestait déjà Ozanam dans la lettre citée supra du 15.1.31.

relevée, régénérée » par la phrénologie et déposera des couronnes « aux pieds des statues de Gall et de Spürzhem »[1]. C'est dans l'ébranlement des Trois Glorieuses que l'abbé Chatel, après avoir lancé un manifeste contre le despotisme épiscopal, fonde en janvier 1831 l'« Église catholique française », rejette la papauté tout en se réclamant de *l'Avenir*, à l'indignation des mennaisiens, prétend avoir reçu l'épiscopat d'un ancien évêque constitutionnel, Brueys-Palaprat, qui se disait grand-maître de l'ordre des Templiers et patriarche de l'Église selon saint Jean[2]. Un autre exemple de religion nouvelle est l'Évadisme, culte de la divinité Mapah, hermaphrodite. Son fondateur Ganneau expose avec sérieux que « la Sainte Vierge Marie du Ciel et la Sainte Vierge Liberté de la Terre sont la grande Mère, la grande Paris, l'Ève génésiaque » ; pour les adeptes du Mapah, « le 14 juillet est Noël, le 18 juin, date du Golgotha – Waterloo, est le Vendredi-Saint, et les Trois Glorieuses sont Pâques, ou tout au moins un prélude aux Pâques de la fraternité et de l'unité universelles »[3]. Caillaux, disciple et adjoint de Ganneau, publie en 1840 *l'Arche de la Nouvelle Alliance*, annonçant que le règne de l'Ève-Adam est proche : ce sera le temps du pain plus blanc que neige, de la paix éternelle, du retour définitif à l'unité primitive, etc.[4]. En 1843, traitant dans la Revue des deux mondes du *mouvement catholique*, Charles Lavandre constate que « la polémique religieuse s'est imprégnée de toutes les passions du moment » ; aussi voit-on « dans chaque paroisse, autour de l'église orthodoxe, vingt succursales schismatiques qui ont recueilli à titre de collatéraux les messies sans culte de l'Olympe de Ménilmontant, les souscripteurs dispersés de l'Église française, les extatiques enfants de la « nouvelle Jérusalem ». C'est une mêlée générale où chacun vient prêcher non pas le règne de Dieu, mais le règne de son idée, de son orgueil », etc.[5] Le directeur de la Revue de Paris reçoit un jour une lettre de Thoré : « J'ai un superbe article sur Dieu... : le Dieu multiple et matériel de l'antiquité, Dieu un et spirituel du moyen âge, Dieu tout dans l'avenir »[6]...

Du sein de cette foire aux recettes neuves ou de cette attente fébrile et diffuse d'une révélation, émergeaient cependant quelques théories qui devaient constituer ce qu'on a appelé « les idées de 1848 ». Comme l'a bien vu Daniel Halévy, « c'est en 1830, 1831, 1832 qu'elles furent

---

1. Cf. G. Bonnefoy, loc. cit.

2. V. *infr.*, ch. xv, I. Sur les avatars de Chatel : J. Morienval, *Châtel*, dans Catholicisme, t. 2, pp. 2339-50. « Brueys » semble erroné ; v. p. 287.

3. Bénichou, op. cit., p. 432.

4. Fr. P. Bowman, *Le Christ romantique*. Droz, 1973, pp. 182-186.

5. Année 1843, t. 4, p. 676.

6. Cf. M.-L. Pailleron, *George Sand*, t. 2, Grasset, 1942, p. 45.

conçues »[1], et Proudhon, avec une certaine férocité, a dressé leur acte de décès, en le datant de 1849 ; – mais il y aura bien des résurgences. On a pu signaler récemment encore, pour cette époque des années 30, « l'utilisation faite par tant de communautés » spirituelles s'inspirant de ces idées, « de la prédication de Joachim de Flore sur les trois âges de l'humanité, celui du Père, celui du Fils et celui de l'Esprit, dont l'avènement devait s'accompagner de troubles sociaux »[2].

C'est l'époque de la seconde génération fouriériste, dont Victor Considérant est le représentant majeur. Il se veut l'interprète fidèle et autorisé du révélateur : « Je suis à Fourier ce que Mahomet est à Dieu, ce que Saint Pierre fut à Jésus-Christ »[3]. En 1830, Considérant avait 22 ans. Pas plus que son maître, il n'était porté à faire triompher son utopie par des « bouleversements révolutionnaires », par « le tumulte et la violence » dont il avait bien plutôt la crainte[4]. Il refusait de laisser « exploiter l'Évangile de Jésus comme un arsenal de révolution », il s'indignait de voir autour de lui qu'on en tirait prétexte pour « activer la lutte des classes et des intérêts »[5]. « Si l'évolution socialiste devenait révolution, a-t-il dit encore, le socialisme aurait retardé sa marche de tous les désastres dont son avènement resterait marqué. » Son opposition tenace à Lamennais est significative :

> Un prêtre même, puissant par la parole mais d'une intelligence débile, vacillante, égarée et fiévreuse, a jeté dans le monde étonné le nom de celui qui a été la plus parfaite expression, la plus pure émanation de l'amour, comme un signal terrible de renversement, de vengeance et d'extermination... L'Ange du progrès social (s'est mué) en Démon de ruines... Celui qui aurait pu être le négociateur de la paix... n'a été pour l'Église qu'un sujet de scandale et d'effroi, qu'un sujet de réaction rétrograde pour les Pouvoirs constitués, de trouble pour la société, et de pitié pour la Philosophie elle-même. Car les représentants avancés de la philosophie l'ont repoussé avec dédain quand ils l'ont vu essayer, dans son égarement, de rallumer avec l'Évangile le feu qui s'éteint sur les débris du passé[6].

1. *Jules Michelet*. Hachette, 1928, p. 48.

2. Claude MASSÉ, dans *Hist. gén. du socialisme*, dir. Jacques DROZ, PUF, t. 1, 1972, p. 85.

3. Sur sa place parmi les Fouriéristes, PETITFILS, pp. 122-128.

4. *Destinée sociale*[2], t. 2, p. LXXXII, etc. cf. G. M. BRAVO, *Les socialistes avant Marx*, 1. Maspero, 1970, p. 201.

5. *Du sens vrai de la doctrine de la rédemption*[3], 1849, p. 80.

6. D.S.[2], t. 2, pp. LXXIX à LXXXI. *Du sens vrai...*, pp. 80-83. Ibid. : « Quelle n'eût

Parus dans *Destinée sociale*, le premier grand ouvrage de Considérant (en quatre volumes, 1835-1844), ces propos bien-pensants sont reproduits encore en 1849 dans *Du sens vrai de la rédemption*. A l'imitation de Fourier, qui s'était adressé à tous les gouvernements successifs, *Destinée sociale* s'ouvrait par une longue dédicace « Au Roi ». Louis-Philippe était invité à prendre l'initiative d'une « transformation radicale et complète » de la société. Alors surgira dans la paix un monde « unitairement organisé », d'où tous les germes du mal auront été extirpés, où régnera un ordre comparable « à celui qui règne dans le système sidéral ». Ce règne, qui approche, est celui qu'annonçait Jésus ; – car le christianisme est la grande religion de l'humanité, l'unique, l'universelle, la dernière – mais « les hommes qui vinrent après Lui ne comprirent pas dans toute sa pureté la parole et la pensée du Maître ». Il n'y a point à les en blâmer ; ils étaient encore trop empêtrés dans les obscures conceptions de leur époque. Jésus lui-même « savait bien que son règne » n'était pas encore de ce monde, que son temps n'était pas encore venu »[1]. Plus tard seulement, au-delà d'un dualisme qui opposerait longtemps le spirituel au temporel et qui se traduirait, pour le spirituel, par l'institution d'une Église et la domination de ses dogmes, devait se réaliser la religion pure « de l'espérance et de l'amour, de la bénédiction, de l'harmonie et du bonheur des Êtres » ; religion qui ne connaîtrait pas plus au dehors l'opposition de l'Église et de l'État, qu'au dedans celle de la nature humaine et de la Loi, religion de l'unité, religion enfin conforme au « Génie de l'Humanité »[2].

L'heure est arrivée de cet « accomplissement ». Le sens plein, vrai, de « l'Évangile » et de « l'amour » qu'il annonçait se dévoile. « Brillant d'un éclat de plus en plus vif au sein de la conscience humaine », le principe apporté par Jésus chasse enfin tous « les dogmes faux », tout « ce cortège hétérogène de métaphysique platonicienne, de cosmogonies égyptiennes et orientales dont (restaient) imbus les Pères et les Docteurs ». Toute cette « mysticité », substituée dès l'origine au « bon sens » de Jésus, s'évanouit. « Ralliée sous le drapeau d'une seule et

pas été votre gloire, si... vous eussiez su sacrifier le bruit... d'une révolte stérile... à la fécondation de l'esprit qui germait dans les rangs de l'Église, etc. ». Et sur l'équipe de *l'Avenir* : « Nombre de ces hommes, que l'esprit de l'Avenir touchait et échauffait, et dont l'influence aurait pu nouer régulièrement l'Avenir au Passé, se sont repliés avec effroi sur le Passé, à l'aspect de cette manifestation furibonde et sanglante. Il leur a semblé que si le Lévite, converti au progrès, était entraîné lui-même à sacrifier au Dieu violent des révolutions..., il fallait bien que ce mot de progrès ne fût qu'une tentation funeste, et qu'il ne recélât que la révolte, le vertige et la destruction. »

1. Ce texte de Jo. 18, 36, pris à contresens, hante les imaginations tout au long du siècle.

2. *Du sens vrai...*, pp. 53, 57, etc.

puissante autorité », l'Humanité est prête à « marcher directement, en rangs serrés, à la conquête de sa destinée terrestre »[1].

A vrai dire, plutôt qu'un au-delà de la lutte évangélique bien ou mal entendue, c'est un retour à l'Ancien Testament que Considérant préconise. Comme les Saint-Simoniens, il condamne la vieille séparation doctrinale du spirituel et du temporel : elle a eu pour conséquence fatale que « le monde, qui restait en dehors de la loi de Dieu, en dehors de l'Église de Dieu, dut être considéré, et le fut en effet, comme le domaine de Satan ». Or « cela n'avait pas été dans la doctrine de Moïse », qui établissait « l'unité de la loi sociale et de la loi religieuse »[2]. – Mais peu importe cette contradiction de notre auteur, comme la théologie indigente qui en est le présupposé. Retenons la double rouerie (qui n'exclut pas sincérité) de son adresse au roi-bourgeois et de son vocabulaire chrétien, mis au service d'un idéal non seulement tout terrestre, mais tout charnel. Le renoncement évangélique fait place, comme chez Fourier, aux « transformations attrayantes » et la rédemption consiste, comme chez Enfantin, dans la réhabilitation de la chair[3]. « Les Pharisiens et les Princes des prêtres ont beau regimber : l'esprit crève la lettre et emporte les lourdes formules sous lesquelles ils l'ont si longtemps retenu captif. » Si Voltaire et ses émules ont « repoussé la religion, la fumée et le désordre du combat expliquent cette erreur. Mais en renversant la bastille théocratique où le christianisme étouffait, ils en ont dégagé le divin esprit »[4].

Notre siècle voit donc enfin sans équivoque « où sont les vrais chrétiens, et où sont les hérétiques, les traîtres à l'Évangile ». Il comprend que le vrai chistianisme n'est pas un dogme imposé, mais une « science ». Le génie de Fourier en a montré « le caractère absolu », la « certitude mathématique ». C'est ce qui en fait « la beauté suprême » et nous permet d'envisager pour un proche avenir une société vivant dans « l'ordre affectif le plus parfait *par* la liberté la plus entière »[5].

1. *Destinée sociale*, t. 1, 1837, pp. 28-29, etc. ; t. 2, 1838, pp. LII-LIII, LXII, LXXII, etc. On comparera avec l'attitude de Proudhon, franc-comtois comme Considérant, qui écrivait à Bergmann, le 3 février 1842, après le jugement rendu en sa faveur par la cour de Besançon : (On a reconnu) « que je suis homme de méditation, non de révolution ; économiste, non anarchiste ; que je veux, suivant l'expression du président, convertir le gouvernement et les propriétaires... »

2. *Destinée sociale*, t. 2, pp. XLIV-VI ; repris dans *Du sens vrai*..., p. 42.

3. *Du sens vrai*, pp. 6, 67, 87. *Destinée*, t. 2, p. LVII, etc. *Le socialisme devant le vieux monde ou le Vivant devant les morts,* 1848, p. 74 ; ce dernier ouvrage est surtout une chronique, avec portraits et satires ; au contraire de *Destinée*, il est fort amusant. – Cf. ENFANTIN, *Morale*, p. 85 ; dans D'Allemagne, p. 228 : cf. 224-225.

4. *Le Socialisme*... p. 115. Considérant modifiera ses positions : voir infra, chapitre XII, p. 00

5. *Le Socialisme*..., pp. 116 et 212. *Destinée*, t. 2, p. LXXXVI. *Du sens vrai,* pp. 7,

De « l'agitation prophétique »[1] des années 30, Chateaubriand est un témoin privilégié. Il ne l'a pas seulement observée ; il y a lui-même participé. Il s'est accordé, toujours dans un style noble, au mouvement de son siècle, à ses oscillations et à quelques-unes de ses illusions. Comme tant de ses contemporains, il a même spéculé sur les trois âges, mais pour se fixer enfin sur un espoir qui n'est peut-être pas entièrement chimérique.

Ni le pessimisme de René, ni le réalisme acquis par une longue expérience des hommes ne le définissent tout entier. On sait qu'en 1797, dans son *Essai sur les révolutions anciennes et modernes*, il « se demandait avec le ton d'objectivité qu'impose l'évidence[2] » : « Quelle sera la religion qui remplacera le christianisme ? » Car « le christianisme tombe de jour en jour » ; en France, il s'est évanoui « avec la monarchie, dans le gouffre de la révolution »[3]. On sait aussi la conversion soudaine, et la suite. Mais si le *Génie du christianisme* faisait admirer dans la religion retrouvée l'épanouissement de l'homme, faible dans ses moyens et dans son génie, ne fait que se purement statique », où « l'idée de progrès ne tenait aucune place »[4]. A cet égard, il pensait encore à peu près comme au temps de l'*Essai* « que l'homme, faible dans ses moyens et dans son génie, ne fait que se répéter sans cesse ; qu'il circule dans un cercle dont il tâche en vain de sortir » et qu'il n'y a donc « rien de nouveau en histoire »[5]. Cependant on aurait tort de s'imaginer qu'il s'en est tenu longtemps à la religion an-historique, poétique et sentimentale du *Génie*. Si je refaisais cet ouvrage, écrira-t-il dans ses *Mémoires*, « au lieu de rappeler les bienfaits et les institutions de notre religion au passé, je ferais voir que le christianisme est la pensée de l'avenir... Je tâcherais de deviner la distance où nous sommes encore de l'accomplissement total de l'Évangile... »[6].

C'est à partir de 1827 que vont se multiplier les textes témoignant de cette perspective inversée. A cette date, remaniant un article de

---

14, 26, 84. Peu bienveillant, TOCQUEVILLE estimera que Considérant « aurait mérité d'être placé aux petites maisons s'il eût été sincère... ». *Souvenirs*. Gallimard, 1964, p. 180.

1. CHATEAUBRIAND, Revue des deux mondes, 1834 (*Mémoires d'outre-tombe*, conclusion de 1841. Éd. de la Pléïade, t. 2, p. 916).

2. Cf. AYRAULT, *La genèse du romantisme allemand*, t. 3, p. 439.

3. *Essai*, ch. 51.

4. Pierre CLARAC, introduction à la *Vie de Rancé*, 1977, p. 30 ; « Il avait raillé la « perfectibilité » que proclamait Germaine de Staël. »

5. *Essai*, ch. 52. Celui qui l'a compris « perd le goût des innovations, goût que je regarde comme un des plus grands fléaux qui affligent l'Europe ».

6. *Mémoires d'outre-tombe*. Pléïade, t. 1, pp. 468-469.

1818, Chateaubriand se montre soucieux d'expliquer que le christianisme est « tout le contraire d'une doctrine d'arrière-garde ». En mai 1828, dans une revue éphémère qui vient de se fonder et que la révolution de 1830 engloutira[1], il lit un article anonyme consacré à Édouard Gans, fidèle disciple de Hegel, ce qui l'amène à préciser, si l'on peut dire ses vues anticipatrices[2]. Dans la Préface qu'il donne en 1831 à ses *Études historiques*, elles abondent. Reprenant une image de *l'Essai sur la révolution*, mais pour l'élargir et la retourner en la transposant du génie de l'homme au génie du christianisme, « j'adopte, dit-il, pour vérité religieuse la vérité chrétienne, non pas, comme Bossuet, en faisant du christianisme un cercle inflexible, mais un cercle qui s'étend à mesure que les lumières et la liberté se développent »[3] ; et, naïveté déconcertante : « Sans abandonner la vérité chrétienne, je me trouve d'accord avec la philosophie de mon siècle... La philosophie de l'Allemagne, si savante, si éclairée, et à laquelle je me rallie, est chrétienne[4] ». Voici comment il l'interprète :

> Nous sommes arrivés à l'un des grands changements de l'espèce humaine... Le christianisme, s'épurant, après avoir passé à travers les siècles de superstition et de force, devient chez les nations nouvelles le perfectionnement même de la société... Le christianisme a eu plusieurs ères : son ère morale ou évangélique, son ère des martyrs, son ère métaphysique ou théologique, son ère politique : il est arrivé à son ère ou à son âge philosophique[5].

Il tient à cette théorie des « ères » ou des « âges », comme à une découverte chérie. Elle n'est plus tout à fait joachimite, puisqu'elle est interne à l'histoire chrétienne ; elle rappelle plutôt la succession des époques jadis énumérées (d'après les jours de la Genèse) dans le devenir de l'Église, ainsi que les périodes distinguées par Hegel. Au surplus, son application demeure assez floue, puisque, après avoir compté cinq ères successives, Chateaubriand parlera un peu plus loin d'une « troisième transformation » que notre époque exige. Sur la portée de cette transformation, sur son caractère, nous ne sommes pas non plus très exactement renseignés. Quelques mots pourraient nous faire penser à Lessing et à sa lignée : il fallait, nous est-il dit, que le

1. *La revue française*, créée par V. de Broglie, Guizot et Ch. de Rémusat.

2. Cf. Maurice SCHUMANN, *La vieillesse de Chateaubriand ou la liberté du droit divin*, dans son ouvrage *Angoisse et certitude*. Flammarion, 1978, pp. 99-137.

3. Si l'application au christianisme est de lui, l'image ne lui aurait-elle pas été rappelée par Michelet, dont l'*Histoire romaine* est de cette même année 1831 ?

4. *Études historiques*, préface ; éd. de 1873, Garnier, pp. 61 et 82-83.

5. Ibid. Cf. l'avant-propos, p. 6, daté de mars 1831.

christianisme se fît d'abord politique, en traversant « les siècles de ténèbres » (allusion au rôle de la théocratie médiévale), afin d'engendrer « la civilisation nouvelle » et de parvenir « à son âge philosophique naturel » ; mais il nous est dit encore que lorsque la religion du Christ devient philosophique, elle ne cesse pas « d'être divine ». « Son cercle flexible s'étend avec les lumières et les libertés, tandis que la croix marque à jamais son centre immobile »[1]. Si elle doit subir en ce siècle une éclipse, ce sera pour « ressusciter au jour glorieux d'une nouvelle Pâque et changer une seconde fois la face de la terre »[2].

Même vue d'ensemble, même ton prophétique, mêmes grandes images, dans les *Réflexions sur l'Avenir du monde* qui, publiées au printemps de 1834 dans la Revue des deux mondes, formaient la première esquisse de la conclusion des *Mémoires d'outre-tombe*, achevée huit ans plus tard :

> Il n'y a encore qu'une très petite partie accomplie de la mission évangélique... Loin d'être à son terme, la religion du Libérateur entre à peine dans sa troisième période, la période politique. Liberté, égalité, fraternité. Le christianisme, stable dans ses dogmes, est mobile dans ses lumières ; sa transformation enveloppe la transformation universelle. Quand il aura atteint son plus haut point, les ténèbres achèveront de s'éclaircir ; la liberté, crucifiée au Calvaire avec le Messie, en descendra avec lui ; elle remettra aux peuples ce nouveau testament écrit en leur faveur et jusqu'ici entravé dans ses clauses. Les gouvernements passeront, le mal moral disparaîtra, la réhabilitation annoncera la consommation des siècles de mort et d'oppression nés de la chute... Le christianisme n'est point un cercle inextensible, c'est au contraire un cercle qui s'élargit à mesure que la civilisation s'étend[3].

Sans doute ne faut-il pas trop presser cette série de belles métaphores. Il n'y a point non plus à demander trop de précisions sur le temps de cette disparition du mal, qui semble accompagner la chute du dernier gouvernement, c'est-à-dire l'avènement d'une société sans État, ni sur le rapport de la consommation « des siècles... » avec celle

---

1. Loc. cit. pp. 45, 48, 266, cf. p. 65. On remarquera l'image du cercle heureusement complétée.

2. *Lettres aux rédacteurs de la Revue européenne*, 1831, n° 4, p. 10.

3. *Mémoires d'outre-tombe*, 4e partie, l. 10. Pléïade t. 2, p. 913 ; et conclusion, t. 2, p. 932. Dans *Socialisme catholique, la déroute des Césars* (1851), p. 380, Désiré LAVERDANT citera sans référence un autre texte : « l'homme remonte aux sublimes hauteurs d'où il était descendu ; il gravit le Sinaï inconnu, au sommet duquel il reverra Dieu. »

du siècle... On ne chicanera pas Chateaubriand sur le nombre des « ères » qu'il distingue. Même le fait que la dernière est tantôt « philosophique » et tantôt « politique » ne constitue pas une vraie contradiction, car si les *Études historiques* dépolitisent le christianisme, c'est en lui retirant le pouvoir temporel tel qu'il a pu s'exercer dans le passé, tandis que les *Mémoires d'outre-tombe*[1] le repolitisent d'une tout autre manière, non plus comme constituant « un empiètement temporel du sacerdoce », mais comme exerçant une « influence féconde »[2]. Nous ne chercherons pourtant pas dans l'un ou l'autre ouvrage une spéculation quelconque sur le rapport de cette ère dernière à l'Esprit-Saint.

Une nouvelle explosion de prophétisme se produit en 1836, dans une page de l'*Essai sur la littérature anglaise*, que Lamennais citera en partie la même année, à la fin des *Affaires de Rome* :

> Un avenir sera, un avenir puissant, libre, dans toute la plénitude de l'égalité évangélique, mais il est loin encore, loin au-delà de l'horizon visible. Avant de toucher au but, avant d'atteindre l'unité des peuples, la démocratie naturelle, il faudra traverser la décomposition sociale, le temps d'anarchie, de sang peut-être, d'infirmités certainement : cette décomposition est commencée ; elle n'est pas prête à reproduire, de ses germes non encore assez fermentés, le monde nouveau. On n'y parviendra que par cette espérance infatigable, incorruptible au malheur, dont les ailes croissent et grandissent à mesure que tout semble la tromper ; par cette espérance plus forte, plus longue que le temps, et que le chrétien seul possède[3].

Mais déjà l'annonce de la phase préliminaire, avec ses terribles épreuves, se fait ici plus explicite ; elle se conforme au schéma traditionnel des apocalypses, qui se concrétisait chez Joachim de Flore dans les assauts du premier Antéchrist trouvant une complicité à l'intérieur d'une Église vieillissante. Et cette espérance plus longue que le temps, « que le chrétien seul possède », semble bien diriger le regard sur l'éternité, plus que sur « l'ère politique » d'un christianisme enfin parvenu à son apogée terrestre, sur « une rénovation de l'espèce

1. *Mémoires*, t. 2, p. 931.

2. BÉNICHOU, op. cit., pp. 112-117. Cf. Pierre CLARAC, *La religion de Chateaubriand*, Académie des sc. morales et politiques, 25 nov. 1968. – Voir aussi le texte, cité infra, de l'*Essai sur la litt. anglaise*, p. 75-76.

3. T. 2, p. 392 (*Œuvres*, t. 13, p. 289). Cf. LAMENNAIS, Œuvres, t. 8, 1844, pp. 184-185. Voir encore la finale du *Congrès de Vérone* (1838) et la conclusion des *Mémoires* (Pléïade, t. 2, p. 933).

humaine dont la prise de la Bastille ouvrait l'ère, comme un sanglant jubilé »[1].

Les diverses réflexions que nous avons citées sont le plus souvent négligées par les historiens de la littérature. Suffisent-elles à nous persuader, comme l'estime M. Maurice Schumann, que leur auteur est un « penseur méconnu »[2] ? Nous avouons hésiter. Sans doute on ne leur refusera pas toute clairvoyance et l'on n'en contestera pas la sincérité. Quand, héraut de la liberté, Chateaubriand avertit cependant son siècle qu'elle ne suffit point à fonder une société juste, ou quand il observe qu'au fond des utopies du jour c'est « le plagiat, la parodie de l'Évangile que l'on retrouve », comment ne pas l'approuver ? Quand il annonce le temps « d'une idolâtrie redoutable, l'idolâtrie de l'homme envers soi », sa voix n'a-t-elle pas un accent vraiment prophétique[3] ? Quand il nous dit aussi : « Je ne suis point un incrédule déguisé en chrétien », je ne propose pas la religion « comme un frein utile aux peuples »[4], « chrétien entêté, tous les beaux génies de la terre n'ébranleront pas ma foi »[5], nous l'en croyons, et nous l'admirons. Nous ne voulons pas confondre cet entêtement de fidélité chrétienne, qui n'a rien d'aveugle, si imparfaite qu'en soit l'expression, avec le sentiment d'honneur qui liait le gentilhomme aux Bourbons sans l'empêcher de voir et de dire que leur temps était révolu. Mais il reste que ces trop belles phrases sonnent quelquefois un peu creux, qu'elles ne s'accordent bien entre elles que grâce à leur imprécision, qu'elles n'échappent parfois que par le vague aux excès joachimites[6]. On peut d'ailleurs éprouver quelque peine à les prendre tout à fait au sérieux, si l'on se rapporte à un passage, au ton bien différent, de la préface aux *Études historiques* :

> Il est, pour un peuple, des millions d'avenirs possibles, de tous ces avenirs un seul sera, et peut-être le moins prévu. Si le passé n'est rien, qu'est-ce que l'avenir, sinon une ombre au bord du

1. *Mémoires d'outre-tombe*, l. 5, c. 8 (Pléïade, t. 1, p. 169).

2. Op. cit., p. 129.

3. *Mémoires d'outre-tombe*, conclusion (Pléïade, t. 2, pp. 918, 923-924, 930, 933).

4. Préface à une réédition de l'*Essai sur les révolutions*, 1826 ; Cf. SCHUMANN, op. cit., p. 128. Ibid. : « Je n'explique pas l'Évangile au profit du despotisme, mais au profit du malheur. »

5. *Mémoires*, conclusion (Pléïade, t. 2, p. 929).

6. Quelle que soit l'époque à laquelle on envisage sa pensée, on ne peut écarter tout à fait le jugement peu amène que LAMENNAIS avait porté sur lui dès 1817 : « Cet homme a un grand talent, mais son esprit manque de racines... Comme certains arbrisseaux il ne se nourrit guère que par les feuilles. » A son frère Jean, 27.12.1817 ; C.G. 1, 1974, p. 375.

> Léthé, qui n'apparaîtra peut-être jamais dans ce monde ? Nous sommes entre un néant et une chimère[1].

Voilà qui nous ramène à l'incorrigible, à l'impénitent René, qu'une existence orageuse semble avoir seulement doté d'une sagesse désabusée. Par un tel propos, nous dit M. Jean-René Derré[2], il a « pris soin de faire discrètement la leçon aux prophètes des temps nouveaux ». Peut-être se la faisait-il aussi à lui-même ? car sans être aussi délirantes (loin de là) que bien d'autres, les effusions néo-joachimites ne sont pas rares, à cette époque, sous sa plume. Transposé, certes, mais reconnaissable encore sous tant d'avatars, Joachim-René n'est guère assagi. Il adhère au rêve palingénésique de Ballanche[3], – encore que « le jour de la régénération lui semble s'éloigner sans cesse »[4]. Il a cependant le mérite d'imprimer à son propre rêve, comme son lointain ancêtre médiéval et comme Joseph de Maistre, son émule, un caractère œcuménique. Dès 1829, il écrivait à Léon XII : « Votre Sainteté ne penserait-elle pas que le moment est favorable à la recomposition de l'unité catholique, à la réconciliation des sectes dissidentes, par de légères concessions sur la discipline ?[5] » Dans la préface aux *Études historiques*, amplifiant ses vues, et refusant la « théocratie » dont Maistre était demeuré imprégné, il exprime son désir de « rallier les idées modernes autour du trône antique », et appelle de ses vœux « un pape qui entrerait dans l'esprit du siècle et qui se placerait à la tête des générations éclairées ». Ainsi se réaliserait, affranchi de tout lien temporel avec les sociétés humaines toujours « transitoires et variables », un « christianisme progressif » sous « l'autorité mystérieusement souveraine attachée par le Christ aux branches de la croix avec la liberté première ». Ainsi la religion catholique présiderait à « la recomposition de l'unité chrétienne ». Comme tout prophète, Chateaubriand croit même par moments, après avoir scruté l'horizon lointain, toucher à l'instant où le rêve va devenir réalité : « L'âge philosophique du christianisme commence, la papauté ne sera plus que la source pure où se conservera le principe de la foi dans le sens le plus

1. *Œuvres*, t. 9, pp. 21-22.

2. *Lamenais, ses amis et le mouvement d'idées à l'époque romantique*, 1824-1834, Klincksieck, 1962, p. 610.

3. En 1834, dans l'article sur l'*Avenir du Monde*, première conclusion des *Mémoires*. Cf. l'*Essai sur la littérature anglaise, Œuvres*, éd. Boulanger et Legrand, t. 13, p. 132 : « ... cette harmonie et cette paix que la philosophie religieuse de M. Ballanche introduit dans le christianisme. »

4. Pierre CLARAC, loc. cit.

5. Lettre du 2 janvier 1829. Cf. SCHUMANN, op. cit., p. 126.

rationnel et le plus étendu[1] ». Tout lui semble prêt pour que le miracle advienne :

> Les antipathies entre les diverses Communions n'existent plus ; les enfants du Christ, de quelque lignée qu'ils proviennent, se sont resserrés au pied du Calvaire, souche commune de la famille. Les désordres et l'ambition de la cour romaine ont cessé ; il n'est plus resté au Vatican que la vertu des premiers évêques, la protection des arts et la majesté des souvenirs. Tout tend à recomposer l'unité catholique ; avec quelques concessions de part et d'autre, l'accord serait bientôt fait. Pour jeter un nouvel éclat, le christianisme n'attend qu'un génie supérieur venu à son heure et dans sa place[2].

Ces propos, dont la bonne intention n'est pas en cause, sont-ils d'un diplomate, ou d'un illuminé ? Disons seulement qu'ils sont d'un chrétien chez qui domine l'imagination du présent comme celle de l'avenir.

Mais la conclusion dernière des *Mémoires* nous offre un indice, relevé par M. Pierre Clarac[3], de la position plus prudente, ou plus hésitante, à laquelle, après de longues années « de souffrances, de deuils, de déceptions », Chateaubriand finit par se tenir. Naguère, dans cet *Essai sur la littérature anglaise*, il écrivait, péremptoire : « Un avenir sera... »[4]. Maintenant, sur le tard, en se répétant il se corrige : « Si le ciel n'a pas prononcé son dernier arrêt, si un avenir doit être... ».

Dans le climat spirituel des années 30, les rêves d'avenir se multipliaient donc, pour la société comme pour l'Église, chacun donnant forme au sien d'après ses conceptions personnelles, l'influence de son

1. *Études historiques*, préface ; pp. 65 et 92 ; p. 268. *Le Congrès de Vérone* (1838), conclusion. Voir le commentaire de M. SCHUMANN, pp. 126-128.

2. *Essai sur la litt. anglaise*, 2e partie, 5e et dernière époque de la langue anglaise ; la Réformation. *Œuvres*, éd. citée, t. 13, p. 75. Le paragraphe s'achève en des termes qui rappellent de près ceux des *Études historiques*, citées plus haut : « La religion chrétienne entre dans une ère nouvelle ; comme les institutions et les mœurs, elle subit sa troisième transformation ; elle cesse d'être politique selon le vieil artifice social ; elle marche au grand principe de l'Évangile, l'égalité. »

3. Édition de la *Vie de Rancé*, « Lettres nationales », Paris, 1977 ; introduction, p. 22.

4. Cité supra p. 46. *Mémoires*, 4e partie, l. 12, ch. 9. On sait que Chateaubriand, dans cette fin des *Mémoires*, définit sa position par rapport à celle de Lamennais, exposée au chapitre 8. « Fidèle professant l'hérésie, l'auteur de l'*Essai sur l'indifférence* parle ma langue avec des idées qui ne sont plus les miennes, etc... ».

milieu ou sa propre élévation spirituelle. Un jeune catholique lyonnais participait à cette fièvre, à ce trouble mêlé d'espoirs grandioses, provoqué dans tant d'esprits par le choc des « trois glorieuses », dont le résultat nous apparaît aujourd'hui, comme il apparut à beaucoup, si dérisoire. Six mois après l'événement, dans une lettre que nous avons citée plus haut, Frédéric Ozanam disait encore : « Moi qui crois à la Providence et qui ne désespère pas de mon pays comme Charles Nodier, je crois à une sorte de palingénésie. Mais quelle en sera la forme, quelle sera la loi de la société nouvelle ? Je n'entreprends pas de le décider[1] ». A ce mot de palingénésie, on reconnaît le jeune compatriote du lyonnais Ballanche (toujours lui !), comme on pouvait reconnaître, à la « réhabilitation » entrevue par Chateaubriand, un écho des entretiens au salon de Madame Récamier, où Ballanche était non moins assidu. Mais Ozanam, dont la foi était exacte autant que pure et candide, ne s'aventurait pas au-delà d'un rêve de « palingénésie sociale ».

C'est dans un tel climat, indubitablement joachimite, que nous allons voir s'exprimer, en des formules parfois étonnamment proches, après le joachimisme latent des écoles saint-simonienne et fouriériste et celui, plus hésitant, de Chateaubriand, ceux de Buchez, de Pierre Leroux, de George Sand, de Michelet, de Quinet, de Mickiewicz, etc. Qu'ils soient historiens, littérateurs, philosophes ou sociologues, et qu'ils soient réellement chrétiens ou non, tous ces théoriciens sont des prophètes. Et jusque dans leurs oppositions radicales ils ont un air de famille, qui ne tient pas seulement à leurs rapports et influences réciproques, mais à leur commune descendance, directe ou indirecte, obscure ou avouée, du saint abbé de Flore.

1. *Lettres de jeunesse*, p. 34.

CHAPITRE ONZIÈME

LAMENNAIS ET QUELQUES AUTRES

I

L'évolution de Lamennais

Dans le bouillonnement de prophétisme que nous venons d'évoquer, il n'est pas facile d'évaluer exactement la part qui revient à Lamennais. Elle est certainement considérable. On sait tout ce qu'il doit à Maistre et à Bonald, quoique dès le second volume de l'*Essai sur l'indifférence* Maistre se soit inquiété de son orientation, et quoiqu'il ait tôt rompu avec Bonald en lui reprochant son gallicanisme et ses ralliements politiques. Sa dette envers Chateaubriand n'est peut-être pas moindre. « Si l'*Essai sur l'indifférence*, a écrit M. Auguste Viatte, n'est en bonne partie que le développement des idées morales du *Génie du christianisme, les Affaires de Rome* sembleront un pastiche de ce qu'on connaissait des *Mémoires d'outre-tombe*[1]». Mais ce jugement nous paraît trop simple. En ce qui concerne la conclusion des *Mémoires*, il serait peut-être plus exact de penser avec Pierre Moreau que l'influence fut d'abord inverse et de dire avec M. Jean-René Derré que « la confiance dans l'avenir et l'optimisme démocratique qui avaient caractérisé le catholicisme mennaisien ont rarement trouvé plus exact et plus éloquent interprète[2] ». Ce qui n'empêche pas que tout

1. *Le catholicisme chez les romantiques*, 1922, pp. 107-108.

2. *Le renouvellement de la pensée religieuse en France de 1824 à 1834. Essai sur les origines et la signification du Mennaisisme.* Klincksieck, 1962, p. 613. « La présence de Gerbet aux lectures des *Mémoires d'outre-tombe* organisées chez

en parlant avec noblesse et sympathie de son compatriote malouin, Chateaubriand ait tenu, après la défection de Lamennais, à définir en face de lui, ainsi qu'on l'a vu plus haut, son propre « christianisme catholique ». Quoi qu'il en soit, même si quelques formules ou quelques schèmes tardifs du vicomte ont pu trouver écho chez le prêtre, ils eurent chez celui-ci, comme nous dirions aujourd'hui, un poids existentiel tout autre, et c'est aussi pourquoi nul à cette époque ne peut être comparé à Lamennais pour la force et l'étendue de son influence. En dépit de bien des résistances, la violence de son génie s'est imposée aux esprits les plus divers.

Nous ne prétendons pas, bien entendu, retracer une histoire tragique dont chaque phase a déjà fait l'objet de maints travaux souvent remarquables et que la publication en cours de la *Correspondance générale* permet de suivre de plus près. Seuls les traits de joachimisme dont la pensée menaisienne apparaît empreinte au cours de son évolution sont à mettre en relief. On n'en discerne encore aucun, en 1830, à l'heure où Lamennais s'apprête à fonder *L'Avenir*. Aucun ne lui est parvenu par le canal de la pensée allemande, qu'il ignore ou à peu près, et qu'il n'est guère disposé à prendre en estime, si l'on en juge par la manière dont il parle alors de s'initier à Hegel[1]. Les Saints-Simoniens, qu'il ne peut ignorer, qui lui font des avances[2], ne l'impressionnent qu'en mal. Comme tout le monde autour de lui, il s'interroge sur « l'avenir de la société ». Ses hardiesses sont encore modestes, sinon dépourvues d'utopie. (Incendiaire dans son verbe, il restera toujours modéré dans ses opinions[3]). Elles ressemblent plus aux rêves d'un libéralisme politique pour nous assez banal qu'aux vaticinations sublimes tirées par l'abbé de Flore de son exégèse. Il écrit par exemple dans *l'Avenir*, le 29 juin 1831 :

> L'esprit humain, en se développant, pénètre de plus en plus dans les profondeurs infinies des vérités divines qui ne changent point, et la société humaine, par un progrès semblable, tend à se spiritualiser de plus en plus, où à se rapprocher de plus en plus de

Madame Récamier (février 1834) prend, de ce fait, une valeur quasi symbolique » (n. 614).

1. A la comtesse de Senfft, 9 mars 1830 : « Je vais tâcher maintenant de connaître un peu Hegel, qu'un Allemand de beaucoup de mérite, avec lequel nous sommes en relation, appelle *le Platon de l'Antéchrist.* » *Correspondance générale* éditée par Louis Le Guillou (= C.G.), Armand Colin, t. 4, 1973, p. 257.

2. Cf. Ruth L. WHITE, « *L'Avenir* » *de La Mennais.* Klincksieck, 1974, p. 208.

3. Son ami Vitrolles lui écrivait, le 13 mai 1834, à propos des *Paroles d'un croyant* : « Vous subissez, mon ami, les conditions de votre génie. Il est enfant de la tempête et vous la semez au loin sans le savoir. » C.G., 6, 604.

l'Église, qui modifie elle-même ses formes extérieures, ses modes de relation avec la société selon ce progrès... L'esprit de persécution, relégué chez un petit nombre d'hommes, s'éteint et bientôt cédera tout à fait aux justes idées de liberté qui se propagent rapidement et prévalent déjà dans l'opinion publique. Les derniers restes de la barbarie disparaissent peu à peu de la législation. Plus de torture, et prochainement, on doit l'espérer, plus de peine de mort[1].

Comme déjà il s'était vu accuser de vouloir bouleverser la religion traditionnelle, il avait fait répondre par son avocat qu'il travaillait seulement, depuis quinze ans, « à régénérer le catholicisme et à lui rendre, sous une forme nouvelle et avec des progrès nouveaux, la force et la vie qui l'avaient abandonné ». Et comme ces paroles elles-mêmes avaient été jugées inquiétantes, il avait précisé (avec un peu d'habileté minimisante) que dans la pensée de son défenseur comme dans la sienne propre « il ne s'agissait que de purger le catholicisme français du gallicanisme qui l'altérait si profondément[2] ».

Cependant, dès cette même année 1831, une note nouvelle se fait entendre, plus perceptible dans certaines lettres. Le 6 août, Lamennais écrit à la comtesse de Senfft, dont il faisait volontiers sa confidente : « Je crois... que la dernière ère de l'humanité commence... Notre tâche est de préparer l'avenir, que Dieu réserve aux peuples destinés un jour à se rassembler comme une seule famille à l'ombre de la croix[3] ». Déjà l'ampleur de son espoir dépasse toute proportion mesurable, mais en se doublant par le fait même de prévisions inquiétantes à moins long terme. S'il écrit à son frère Jean-Marie, le 13 mars 1832 : « Nous approchons d'une époque de régénération pour l'Église[4] », ces mots doivent être complétés par ceux qu'il adresse à Benoît d'Azy le 7 octobre : « De grandes destructions doivent précéder l'époque où le catholicisme affranchi de ses liens régénérera de nouveau le monde[5] ». Certes, de tels pressentiments sont encore vagues, comme ceux qui s'expriment vers le même temps sur la mutation qui se prépare : « Ce

1. *De l'avenir de la société.* Repris dans *Mélanges catholiques*, t. 1, pp. 75-76.

2. Voir aussi les textes cités dans Paul DUDON, *Lamennais et le Saint-Siège*, Perrin, 1911, pp. 96-101.

3. C.G., t. 5, 1974, pp. 18-19. Dans *Des progrès de la révolution...*, en 1829, les perspectives entrouvertes apparaissaient moins grandioses : « Jamais on n'aspira avec une aussi vive ardeur à un nouvel ordre de choses ; tout le monde l'appelle, etc. »

4. C.G., 5, 95. *Lettres*, éd. Blaize, t. 2, p. 101 ; cf. pp. 92 et 97.

5. C.G., t. 4, p. 189. Il distingue encore « La Rome spirituelle » et « la Rome politique ». La première attend « une crise nécessaire et définitive, comme l'unique moyen de salut » (ibid.).

ne sera pas l'affaire d'un jour que cette grande et universelle transformation des choses. L'enveloppe est desséchée, le monde quitte sa peau, il se dépouille, pour reparaître dans toute la beauté de la jeunesse, non de la jeunesse du passé, mélangée de l'homme et de l'animal, mais de celle qui appartient à une sphère plus haute et plus pure de l'existence[1] ». Ces mots s'adressaient à Montalembert le 15 novembre ; mais dès le lendemain une lettre au Père Ventura précise un peu la pensée secrète du voyant. Elle prend le ton d'une observation objective pour suggérer l'idée d'une mutation radicale qui doit subvenir dans le catholicisme lui-même :

> Dans les classes les plus hautes, bien que vous trouviez une forte haine contre le clergé, avec une aversion profonde et surtout un inexprimable mépris pour Rome, il existe peu d'antipathie réelle pour la Religion en elle-même, mais une persuasion générale que le catholicisme est fini, une certaine impuissance de vivre, de respirer au milieu de ce tombeau, comme ils l'appellent, et l'attente de quelque autre chose qui sortira peut-être de lui, mais qui ne sera pas lui, au moins sous sa forme actuelle[2].

Nous voici déjà loin des anticipations modérées qu'on pouvait lire dans les premières livraisons de *l'Avenir*. Les textes imprimés, plus vagues, pourront encore quelque temps faire illusion. Telle cette apostrophe des *Paroles d'un croyant* : « Est-ce que chacun n'est pas dans l'attente ? est-ce qu'il y a un cœur qui ne batte pas ? » Ou même, plus tard encore, ces expressions surveillées du mémoire *Des maux de l'Église et de la société*, publié à la suite des *Affaires de Rome* : « Que nous vivions aujourd'hui à l'une de ces époques où tout tend à se renouveler, à passer d'un état à un autre état, c'est ce que nul, on peut le dire, n'oserait révoquer en doute. Jamais il n'exista de pressentiment plus vif, de conviction plus universelle... Tous croient à un changement profond, à une révolution totale prête à s'opérer dans le monde. » En effet, le Christ n'a-t-il pas déposé dans la société « le germe d'une perfection sans bornes assignables »[3] ? Mais dans la correspondance on peut suivre presque mois par mois, depuis 1832, la radicalisation d'un rêve prophétique, mêlé de cauchemars et de malédictions, qui n'est pas seulement social, mais, du même coup, religieux. La régénération de l'Église est de plus en plus comprise, en réalité, comme sa

1. C.G., t. 5, p. 216. Cf. à la comtesse de Senfft, 1.11.1831 ; p. 209. A Charles Mac-Carthy, 9.12 1831 ; p. 235.
2. C.G., 5, 220.
3. *Œuvres complètes*, t. 8, 1844, pp. 193 et 194.

destruction. Témoin encore ces extraits d'une longue lettre à la comtesse de Senfft, datée du 25 janvier 1833, et d'une autre au comte de Beaufort, du 25 mars :

> L'Église... est immortelle, car elle n'est que la société même du genre humain sous la loi de la Rédemption opérée par Jésus-Christ, mais sous quelle forme apparaîtra-t-elle lorsque le feu purificateur aura consumé l'enveloppe aride qui la voile aujourd'hui à tous les regards ? Je l'ignore. On n'en savait pas plus quand la synagogue expira, ou, pour mieux dire, lorsqu'elle subit la transformation prédite...[1]

> Croyez-moi, il ne s'agit plus d'ultramontanisme ni de gallicanisme ; la Hiérarchie s'est mise hors de cause ; il s'agit d'une transformation analogue à celle qui eut lieu il y a dix-huit siècles ; le pressentiment en est partout, et je ne saurais jamais assez bénir la Providence d'avoir envoyé Grégoire XVI pour hâter le moment de la régénération nécessaire : il est venu apposer un sceau éternel sur l'époque qui finit en lui. S'il fait nuit sur la terre, c'est que ceci est la fin d'un de ces *jours de Dieu* dont parle l'Écriture. Mais quand, après avoir achevé son cours, le soleil se cache, c'est pour reparaître. Tournez-vous vers l'Orient, et vous verrez déjà l'aube blanchir...[2]

Évidemment, de tels textes sont les échos de ses querelles personnelles. Comme tant de visionnaires, Lamennais universalise son cas, et d'autant plus aisément qu'il a fait siens les grands conflits politico-religieux de son temps. Les sentiments qui l'agitent, il les projette autour de lui. Grégoire et Nicolas sont, en cette année 1833, des spectres qui le poursuivent et le fatiguent[3], qui le font « étouffer d'horreur »[4], mais dont il pense discerner la mission providentielle. Il vibre alors d'un espoir plus fort que jamais : « Partout on aperçoit les symptômes d'une ère nouvelle »[5], « j'ose affirmer que, d'ici vingt ans, la face de la terre aura changé[6] ». De telles formules, qui se multiplient, prennent une signification plus drastique et deviennent plus péremptoires que les formules analogues des années précédentes.

1. C.G., t. 5, p. 295.
2. C.G., t. 5, p. 344.
3. A Montalembert, 8 mai 1833. Ibid. p. 388 ; etc.
4. A Montalembert, 26 février 1833, Ibid., p. 317.
5. A la comtesse de Senfft, 22 juin 1833. Ibid., p. 415.
6. Au marquis de Coriolis, 9 juin 1833. Ibid., p. 409.

« Dieu prépare une nouvelle ère, le passé est passé irrévocablement, et nous assistons au commencement d'une transformation universelle. Ces grandes époques de l'humanité sont toujours des époques d'angoisse. Nul enfantement sans travail : Ingemiscit omnis creatura et parturit usque adhuc[1]. » Il avoue au Père Ventura que « les doctrines qui furent les (siennes)... sont aujourd'hui bien loin de lui »[2] et cherche à justifier sa nouvelle position par l'Écriture :

> Il est vrai que Jésus-Christ a promis d'être avec les pasteurs et les chefs des pasteurs jusqu'à la consommation des siècles. Mais on voit la même promesse de durée faite par Dieu à la synagogue ; or, cette promesse, évidemment, s'appliquait non à la forme extérieure du sacerdoce, mais à ce qui était caché sous cette forme. Il en peut être ainsi pour l'Église chrétienne, quoique nous ne le sachions pas. Nous savons seulement par une tradition, obscure comme tout ce qui est prophétique, et par certains passages même de l'Écriture, dont le sens est encore voilé, qu'il se passera vers ce que la même Écriture appelle la fin des temps, des choses extraordinaires dans l'Église, une prédication qui semble en dehors du ministère ordinaire de la hiérarchie[3], et cependant d'une mission spéciale, annoncée sous les noms probablement symboliques d'Énoch et d'Élie. Il est parlé d'un règne du Christ, d'un règne de mille ans, période symbolique encore, et, bien que l'attente de ce règne du Christ, selon les idées charnelles qu'y attribuèrent dans les premiers siècles certains hérétiques, ait été condamnée par l'Église, ce règne, dans un autre sens, dans un sens spirituel, fait encore partie des traditions conservées dans l'Église, et qui y subsistent sans néanmoins faire partie de son symbole ni appartenir à la foi nécessaire. L'avenir de l'Église et du genre humain est donc sous ce rapport couvert d'épaisses ténèbres...[4]

Dans ces exégèses douteuses, dans cet appel à des traditions obscures conservées dans l'Église, se trahit un effort pathétique pour se donner

1. A Benoît d'Azy, 15 avril 1833. Ibid., p. 365.

2. Le 8.5.1833 ; Ibid., pp. 386-387.

3. Cf. à Montalembert, 22.1.1833 : « La liberté... viendra sans aucun doute, et elle s'établira par le catholicisme, affranchi malgré la hiérarchie. » C.G., t. 5, p. 428.

4. Cité par DUINE, *La Mennais*, Garnier, 1922, p. 183. Mais il ajoute encore : « parce qu'ici tout dépend des lois de l'ordre surnaturel... » « Et dans l'Écriture, commente Duine, p. 184, il découvre son point de départ, très mystique, de l'idée purement rationnelle d'évolution dans les institutions religieuses. »

l'illusion de ne pas rompre en réalité, tout en rompant en apparence avec son passé catholique. L'accent renouvelé mis sur la comparaison de l'Église actuelle avec la Synagogue – comparaison qui sera reprise avec insistance encore quelques mois après[1] – n'en est pas moins significative. C'est elle qui indignera Gerbet, comme la marque la plus évidente de la défection sans retour d'un maître jusqu'alors si admiré, si aimé[2]. Il n'est pas parlé dans ces divers passages d'un « troisième âge » ou d'un « troisième règne », mais si l'expression manque, c'est bien la chose qui est désignée. Le règne du Christ pris dorénavant « dans un autre sens, dans un sens spirituel », c'est bien le règne de l'Esprit. Et l'ensemble du vocabulaire et des allusions nous introduit, ou plutôt nous maintient pour quelque temps encore dans une certaine atmosphère sacrée. Lamennais attend « quelque chose d'en haut ». Il est entré dans la phase proprement joachimite de son évolution, rappelant moins, à vrai dire, l'optimisme serein de Joachim lui-même que l'espoir enfiévré de ses nombreux disciples qui surgissait par contraste d'une critique amère du présent. C'est ce que montrent les lettres qu'il adresse à Montalembert en cette année 1833. Il lui écrit le 12 août : « Nous ne pouvons encore que très imparfaitement nous représenter la profondeur des changements que, dans ses conseils impénétrables, Dieu a résolu d'opérer »[3] ; et, le 19 octobre : « Je ne puis admettre que deux hypothèses : l'une, que l'excès du mal dans la hiérarchie et sa corruption universelle amèneront une réforme profonde qui sauvera les peuples en sauvant la religion ; l'autre, que nous approchons des temps annoncés dans la Révélation de saint Jean (ch. 19, 19, 20), où le fondateur de l'Église opérera lui-même par des moyens que lui seul connaît, la complète transformation ». « J'incline beaucoup, conclut-il, pour cette dernière hypothèse[4]. » La référence à l'Apocalypse souligne ici, tout comme chez Joachim de Flore la

1. A la comtesse de Senfft, 17.9.1833 : « Le genre humain me paraît être dans une position analogue à celle où il se trouvait lors de l'avènement de Jésus-Christ, partagé, comme alors, entre une gentilité corrompue et une synagogue aveuglée. J'attends donc quelque chose d'en haut, une manifestation divine quelconque ; je n'en serai pas témoin, mais j'y crois ; j'y crois d'une foi invincible, et c'est pourquoi je m'intéresse peu aux événements intermédiaires, si ce n'est par leur rapport à cette grande loi de la Providence. Il y a, n'en doutez pas, de magnifiques vérités cachées dans cette sorte d'instinct vague qui remue aujourd'hui la masse humaine. » C.G., t. 5, p. 484.

2. Gerbet, *Réflexions sur la chute de M. de la Mennais*, 1838, p. 14.

3. C.G., t. 4, p. 437.

4. Loc. cit., p. 491. En ce même octobre, lettre à Rio : « La Providence ... veut que ce soient les peuples qui sauvent l'Église, l'Église impérissable, dont la vie, même terrestre, n'est pas attachée à une forme unique, et qui en a déjà reçu de Dieu plusieurs, comme l'épouse reçoit les vêtements de l'époux. »

mention de « l'Évangile éternel », le report sur un nouvel âge terrestre de ce qui était dans le Livre saint l'annonce de l'entrée dans l'éternité.

La seconde hypothèse indiquée dans la lettre à Montalembert est en effet celle que Lamennais choisit décidément pour la placer en tête des *Paroles d'un croyant*, qui vont paraître quelques mois plus tard, au printemps de 1834 :

> Le Fils a promis d'envoyer l'Esprit consolateur, l'Esprit qui procède du Père et de lui, et qui est leur amour mutuel ; il viendra et renouvellera la face de la terre, et ce sera comme une seconde création. Il y a dix-huit siècles, le Verbe répandit la semence divine, et l'Esprit saint la féconda. A présent la terre est redevenue ténébreuse et froide. Nos pères ont vu le soleil décliner. Quand il descendit à l'horizon, toute la race humaine tressaillit. Puis il y eut, dans cette nuit, je ne sais quoi qui n'a point de nom. Enfants de la nuit, le couchant est noir, mais l'Orient commence à blanchir[1].

Mais au jour de leur publication, les *Paroles d'un croyant* marquaient une étape déjà dépassée par leur auteur[2]. Depuis quelques mois, la phase du joachimisme encore orthodoxe, si l'on peut dire, faisait place à une autre, celle d'un joachimisme sécularisé. Lamennais s'est engagé sur une voie qui rappelle celle d'un Lessing ou d'un Saint-Simon. Cependant, d'eux à lui demeure cette différence capitale qu'il croit toujours à Dieu, et à sa Providence, même à sa Trinité[3]. C'est en novembre 1833 qu'il écrivait à Benoît d'Azy : « Après avoir défendu les droits de Dieu en défendant ceux de son Église, je n'abandonnerai point ceux de l'humanité, car ce serait offenser Dieu même », et deux jours plus tard à Montalembert : « Je ne veux pas mourir apostat du christianisme et de l'humanité »[4]. Le 8 juin 1834, il s'explique ainsi sur l'orientation nouvelle que manifestent les *Paroles d'un croyant* :

---

1. 1re éd., p. 6 ; dans la 5e éd., même année 1834, p. 5. Cf. XXIII, p. 109 : « Encore trois jours, et le sceau sacrilège sera brisé, et la pierre sera brisée, et ceux qui dorment se réveilleront, et le signe du Christ, qui est justice et charité, et paix et joie dans l'Esprit Saint, commencera. Ainsi soit-il. » Au lieu de « règne de l'Esprit », Lamennais dit « règne du Christ dans l'Esprit », mais le schème est bien joachimite.

2. DUINE, op. cit., p. 199, l'a bien noté : « Il ne faut pas oublier que les *Paroles* sont une composition antérieure à la perte de la foi et qui aurait pu paraître un an plus tôt. » Cf. A Ange Blaize, 27.4.1834 ; C.G., t. 6, p. 78.

3. *L'Esquisse d'une philosophie* mettra la Trinité à la base de tout : t. 1, p. 53, etc. Cf. DUINE, p. 233 ; LE GUILLOU, p. 407. Lamennais refusera l'appellation de déiste. MAZZINI lui écrira le 6 août 1841 qu'il trouve à *l'Esquisse* une « empreinte un peu trop forte de théologie chrétienne ». Voir infra, p. 84.

4. 23 et 25 nov. 1833. C.G., 5, 519 et 523.

> A côté de la douleur est aussi l'espérance, et l'espérance, c'est l'Évangile, la parole du Christ, venu pour sauver ses frères et qui les sauvera ; car, quoi qu'en disent quelques-uns qui voudraient rejeter tous ses bienfaits au-delà de la tombe, il a les promesses de la terre comme celles du ciel, *promissionem habens vitae quae nunc est, et futurae.*

Une triple conviction s'est emparée de lui : « Il se prépare... de plus profonds changements dans le monde que tout ce que l'on s'était figuré jusqu'ici », et « l'humanité ne fait que commencer »[1] ; – or « le christianisme contient dans son inépuisable fécondité tous les principes de son progrès et toutes ses destinées futures »[2] ; – mais ce développement « est incompatible avec l'institution catholique présente »[3]. Le troisième point est le point névralgique, et c'est celui qui maintenant domine. Il s'exprime dans ce texte en une formule de transition, entre le constat du désaccord individuel avec Rome et le rejet de l'Église ; on observera que Lamennais répond ici à un jeune abbé qui plaide sa cause à Rome et qui déplore « l'obstination que mettent certains à confondre ce qui est passager, périssable, dans l'ordre des sociétés humaines, avec ce qui est immuable dans la société divine »[4]. Le 27 avril 1834, il confie à la comtesse de Senfft : « Le christianisme ne fait encore que naître, son action vraiment politique, vraiment sociale, ne fait que commencer ; comme le soleil à l'équinoxe, il entre maintenant dans un nouvel hémisphère, qu'il visite pour la première fois »[5].

Ainsi Lamennais s'enfonce-t-il dans une pensée d'avenir purement humanitaire et terrestre. Ce n'est pas toutefois sans quelques retours à la phase mystique et sacrée du rêve, qui évoque et invoque, en termes toujours les mêmes, la venue de l'Esprit-Saint : « ... Et qu'est-ce encore que l'Esprit divin, si ce n'est l'Amour même, essentiel, éternel, l'Amour qui est la vie du Souverain Être et de tous les êtres ? Il viendra, n'en doutons point, plus ardent, plus abondant et « enseignera toutes choses » à ceux dont les cœurs « se dilatent » pour le recevoir et « renouvellera la face de la terre »[6] ». Même lorsque l'enthousiasme du visionnaire sera tombé, un théisme romantique, survivant à la foi du chrétien, le retiendra toujours d'immanentiser complètement sa vision. Il y renoncerait plutôt. Il croit « au progrès continuel du genre humain,

1. A la même, 23.3.1834 ; C.G., 6, 48. Cf. à E. d'Alzon, 5.3.1834 ; pp. 43-44.
2. A Charles de Coux, 11.8.1834 ; C.G., 6, 258.
3. A. Emmanuel d'Alzon, 29.3.1834 ; C.G., 6, 57.
4. D'Alzon à Lamennais, 15.3.1834. C.G., 6, 572.
5. C.G., 6, 77.
6. A la même, 7.3.1855. C.G., 6, 414.

malgré les désordres, les passions, les crimes », parce qu'il croit « à la sagesse, à l'amour de la Providence qui le conduit »[1].

Cependant, la rupture s'est consommée. C'est dans un sens de plus en plus radical que s'affirme la distinction constamment reprise au cours de ces années cruciales entre les deux états successifs de l'Église, telle qu'il l'exposait encore dans une lettre à Montalembert : « En somme, je crois que l'Église ne peut rester ce qu'elle est, qu'on n'a jamais distingué nettement ce qu'il y a de divin et d'humain en elle, et que tout se prépare pour sa transformation ». On le voit bien, dans la réponse à Lerminier, qui avait consacré un article aux *Paroles d'un croyant* ; Lamennais lui dit : « Je n'ai point rompu avec l'Église », mais voici comment il s'en explique :

> Hors du catholicisme, expression la plus complète des traditions du genre humain dans ce qui n'est pas la science, je ne vois rien qui ressemble à une religion ; je reste donc catholique pour rester religieux, pour conserver, en ce qui dépend de moi, cet élément impérissable de la nature humaine. Mais en même temps, je ne m'associe pas au système politique des chefs du catholicisme, je le combats au contraire de tout mon pouvoir, parce que j'ai aussi des devoirs rigoureux envers l'humanité[2].

Il laisse bien entendre également que si, parlant au peuple de Jésus-Christ, il s'abstient « rigoureusement de prononcer un mot qui s'applique au christianisme déterminé par un enseignement dogmatique et positif » et que si « le nom même d'Église ne sort pas de (sa) bouche une seule fois »[3], c'est par un souci de pédagogie, – mais la réalité va plus loin. Dans le même temps il confie à Louis de Potter :

> La transformation nécessaire s'opérera par des voies purement politiques, et non par le concours de l'Église affranchissant le monde pour s'affranchir elle-même, ainsi que je l'avais espéré quelque temps. Alors il ne restera plus, en évitant tout point de contact avec la théologie et la hiérarchie, qu'à unir la cause de l'humanité avec celle de Dieu et du christianisme en général, afin de fonder la liberté sur la base éternelle de l'ordre, de la justice et de la charité[4].

1. Au baron de Vitrolles, 25.5.1834 ; C.G., 6, 113. Cf. à la baronne Cottu, 15.10.1837 ; C.G., 7, 238-239.

2. Le 9 sept. 1834. C.G., 6, 289.

3. A Charles Mac-Carthy, le 4.8.1834 ; C.G., 6, 240 (d'après la lettre adressée à l'archevêque de Rennes le 29.3.34).

4. Le 15.6.1834 ; C.G., 6, 149.

Auprès d'autres, il se tait. A Montalembert qui s'inquiète, il refuse net toute explication[1]. A la baronne Cottu, il répond : « Quant à ma position, sous aucun rapport je ne vous en dirai rien, vous ne pourriez pas me comprendre[2]. A David Richard, il dit seulement qu'il est entré « dans une nouvelle série d'idées qui mûrissent peu à peu »[3]. A Rohrbacher il déclare sans plus : « Mes convictions d'aujourd'hui ne sont plus celles de ma vie passée, et je ne suis pas sûr que dans quelques mois, elles seront encore les mêmes qu'aujourd'hui[4]. » Ou bien il se réfugie dans ses généralités coutumières, et donne libre cours à son manichéisme. Ainsi avec Emmanuel d'Alzon : « Je regarde les flots qui montent et battent avec violence le vieux monde, et je prie Dieu de faire bientôt apparaître le monde nouveau où l'humanité se réfugiera dans ce grand naufrage du passé[5]. » Ou avec Charles de Coux : « C'est le monde de nos anciennes idées qui s'en va... Nous assitons à l'enfantement du monde, et ce sont les douleurs de l'enfantement que l'on prend, je crois, pour les angoisses de l'agonie[6]. » Avec Benoît d'Azy, son « cher bon frère », il ne réprime pas sa verve : « ... Les peuples croissent dans leur jeune vigueur, tandis que partout leurs tyrans déclinent dans leur vieillesse pourrie. Ils se traînent, en grimaçant d'idiotisme et de rage, sur des bayonnettes dont ils ont fait les dangereuses béquilles de leur sénilité. Le fossoyeur les attend quelques pas plus loin[7]. »

A partir des *Affaires de Rome* (1836), les ponts seront ostensiblement coupés. La froide objectivité du récit, contrastant avec les élans passionnés de l'indignation ou de la prophétie qui soulevaient naguère tant de pages, souligne un désenchantement définitif. Newman, qui, alors en plein mouvement tractarien, suivait de près le mouvement menaisien, ne s'y est pas trompé[8]. Pourtant le vocabulaire n'a guère changé. Il semble même qu'après avoir donné congé à

1. Les 5.2 et 8.4.1835 ; C.G., 6, 395 et 443.
2. Le 1.6.1835 ; C.G., 6, 466.
3. Le 12.2.1835 ; C.G., 6, 400.
4. Septembre 1835 ; C.G., 6, 491.
5. Le 3.9.1834, C.G., 6, 283.
6. Les 6.10 et 10.12.1834 ; C.G., 301 et 344.
7. Le 7.11.1834 ; C.G., 6, 327.
8. V. CONZEMIUS, dans *Les catholiques libéraux au XIXe siècle*. Grenoble, 1974, p. 44. Cf. RENAN, *M. de Lamennais et ses œuvres posthumes*. Rev. des deux mondes, 15.8.1857 : « C'est certainement une des choses les plus honorables pour L. que le calme, la réserve de bon goût et la sincérité qui respirent dans tout ce livre. » (*Essais de morale et de critique ; Œuvres complètes*, t. 2, Calmann-Lévy, 1948, p. 126).

l'Église issue du Christ, Lamennais tienne à montrer qu'il en est le plus véritable héritier, voire le seul :

> Soit qu'on regarde au dehors, soit qu'on rentre en son âme pour y interroger cet instinct mystérieux de l'avenir, inhérent à chaque créature, tout nous avertit qu'une grande transformation se prépare. Des sentiments nouveaux, de nouvelles pensées, annoncent une vie nouvelle[1]... Nul ne saurait prévoir comment s'opérera cette transformation, ou, comme on voudra l'appeler, ce mouvement nouveau du christianisme au sein de l'humanité, mais il s'opérera sans aucun doute, et de grandes masses d'hommes y seront entraînées[2].

Sur la fin de l'ouvrage, après la description si simple, si triste et si symbolique du départ de Rome au soleil couchant – c'est le dernier adieu[3] ; la pensée, restant au fond la même, retrouve un souffle qui émeut :

> ... Le christianisme, quelles que soient les apparences contraires, n'a point cessé de dominer les peuples ; ils ne peuvent pas plus se séparer de lui que se séparer d'eux-mêmes ; il renferme et renferme seul ce qui satisfera les désirs dont ils sont travaillés ; en lui est le principe réel de leur développement futur... Dans son essence, expression parfaite des lois de l'humanité, l'humanité ne l'épuisera jamais. Le monde, qui maintenant semble le méconnaître, reviendra donc à lui, car c'est lui qui agite le monde : *Mens agitat molem...*[4].

Peu après, Lamennais écrivait au baron d'Eckstein : « Le christianisme vivra, il est immortel ; mais l'organisation chrétienne, l'Église, telle que l'ont faite les temps et les événements, me paraît avoir accompli sa durée[5] ; et un peu plus tard, à Eugène Boré, avec un certain tempérament dans l'affirmation, chez lui trop rare : « A mon avis, il sortira de la racine éternelle un nouvel arbre plus grand, plus beau,

1. Citant ces derniers mots, SAINTE-BEUVE observait : « Ces derniers temps ont un peu trop usé le vague du symbole. » *Portraits contemporains*, t. 1, éd. de 1869, p. 218.

2. *Œuvres*, t. 8, 1844, pp. 182 et 303. Cf. p. 296 : « Loin d'être étranger à la révolution sociale qui s'opère autour de nous, (le christianisme) en est au contraire le moteur et la cause première. »

3. Newman se souviendra peut-être de ces lignes lorsqu'il décrira le dernier adieu à Oxford de son autre lui-même, dans *Loss and Gain*.

4. *Affaires de Rome. Œuvres complètes*, nouv. éd., t. 8, 1844, p. 312.

5. 29 décembre 1836 (ou peut-être 1837). C.G., 7, 123.

et ce sera celui-ci qui couvrira la terre de son ombre. Mais là-dessus Dieu en sait plus que toi et moi[1]. »

Le livre du Peuple redira, en 1839, que « la Religion, dépouillée des vêtements vieillis qui la recouvrent, du corps infirme usé par les ans où elle gît comme en un tombeau, se remontrera dans sa pureté et sa sainteté éternelle. L'Évangile du Christ, scellé pour un temps, sera ouvert devant toutes les nations, et toutes, elles viendront y lire la Loi, y puiser la vie. » Et ce petit livre, en effet, donne au peuple, à tout homme, un enseignement moral encore très évangélique ; mais lorsqu'on y lit ces mots : « Le Peuple qui languissait dans les ténèbres a vu une grande lumière, et la lumière s'est levée sur ceux qui étaient assis dans la région de l'ombre et de la mort[2] », on est contraint de se demander si cette grande lumière n'est pas celle de la religion « éternelle », inhérente à l'humanité, qui, dans son nouvel éclat, va rejeter dans l'ombre du passé celle du Christ ; si l'arbre « plus grand, plus beau », qui doit « couvrir la terre de son ombre » ne sortira pas de cette « racine éternelle » dont l'Évangile du Christ n'était qu'un surgeon manqué. Dans sa défense du livre, ou plutôt de « ses principes » qu'elle a opposée aux critiques formulées par Lerminier, George Sand l'a bien laissé voir : sans doute Lamennais, « au moment où il se détache du vieux monde catholique pour entrer à pleines voiles... dans le mouvement révolutionnaire », reconnaît « ce que l'humanité doit au christianisme » ; mais la nouvelle voie qu'il trace pour « guider l'humanité dans sa marche vers l'avenir » provient de vérités qui « n'ont été apportées dans le monde ni par Jésus-Christ, ni par ses disciples[3]... Son christianisme... n'a pas toute l'extension panthéistique que nous lui donnerions, si nous étions appelés à la libre interprétation de son évangile démocratique. Mais (sa voie) va s'élargissant et s'élevant toujours jusqu'à des hauteurs sublimes... Déjà son œil d'aigle embrasse de nouveaux horizons, etc.[4]. » Plus prosaïquement, le journal protestant *Le Semeur* portait un diagnostic sévère, mais peut-être contestable : « L'auteur n'est ni plus ni moins qu'un protestant de la pire espèce ». Et Mazzini ne s'y était pas trompé : « C'est un catéchisme dans une église désaffectée »[5].

Sans doute, dans ses relations amicales, il arrive encore parfois à Lamennais de se faire plus condescendant. La doctrine qui se cherche au-

1. 5 juillet 1839. C.G., 7, 411.

2. *Le livre du Peuple*, 8e éd. augmentée. Pagnerre, 1839, pp. XV-XVI et 179.

3. Ce qui s'accorde mal avec ce qu'elle avance au même endroit : Il « ne prend plus pour code que le texte même de la loi promulguée par le maître... »

4. *Lettre à M. Lerminier sur son examen critique du « Livre du Peuple »*. Revue des deux mondes, 1.2.1838. C.G. 7, 275-283.

5. Sur le duel Sand-Lerminier à ce propos : M.L. PAILLERON, *George Sand*, t. 2, pp. 144-152.

jourd'hui, dit-il à une correspondante, « aura, je n'en doute nullement, sa racine dans le christianisme... Mais jusqu'à ce qu'elle se soit produite, le catholicisme étant, comme je le crois, la communion chrétienne qui, sans aucune comparaison, a le mieux conservé l'esprit essentiel de l'institution de Jésus-Christ, je ne vois aucune solide raison de se priver de la satisfaction intérieure et de l'espoir que l'on peut trouver dans l'accomplissement des rites religieux établis[1]. » Mais comme on le voit, ces concessions pratiques, formulées avec délicatesse, ne laissent soupçonner aucune atténuation dans la pensée. Pas davantage le ton plus calme, plus détaché qui caractérise le premier tome de l'*Esquisse d'une philosophie*, paru en 1840. Lorsque Lamennais s'écarte pour un temps de la polémique et de ses visions d'avenir, il se montre capable d'une réflexion sereine et se révèle moins mauvais philosophe qu'on ne l'a dit souvent, à la suite de Proudhon et de Sainte-Beuve[2] ; mais ce n'est qu'une halte, et non pas le moindre recul. Lorsqu'il dit par exemple que le christianisme est « le plus haut point de développement où soit jusqu'ici parvenue la raison humaine »[3] ou qu'il « caractérise le plus haut degré de développement où l'humanité soit encore parvenue »[4], on sent bien que désormais c'est là pour lui manière de dire que le rôle de toute foi chrétienne est fini : « Dix-huit siècles de christianisme ont été nécessaires pour amener l'humanité où elle est, et ce qui se prépare sur la terre est plus grand que tout ce qu'ont vu les âges antérieurs. L'avenir auquel la vieille société oppose une si vive résistance, ne sera pas un simple changement, mais une totale transformation[5]. » La raison maintenant adulte n'a plus besoin d'aucun « surnaturel », qu'il soit du Christ ou de l'Esprit :

> ... Nulle possibilité donc que le christianisme continue son évolution, qu'il s'unisse à la science et à la société d'une manière intime et directe, à moins qu'il ne se transforme en vertu d'une conception nouvelle de ce qu'il est en soi, par son essence ; à

1. A Mme Clément, 20.4.1840. Éd. Christian Maréchal, RHLF, 1905, p. 30. (A propos de la première communion de son fils.) C.G., 7, 480.

2. Ce premier tome expose de façon assez remarquable la conception trinitaire de Dieu ; certaines de ses pages pourraient être considérées, à peu de chose près, comme un exemple de « philosophie chrétienne ». Mais, coupée de sa racine, une telle spéculation devient abstraite et stérile.

3. *Esquisse d'une philosophie*, t. 1, p. 90.

4. *De la Religion*, 1840, pp. 164-165.

5. A M. Gombert, 16 août 1839 : « rien ne subsistera de ce qui est, que l'impérissable racine des choses, et de cette racine sortira une magnifique vérité, que travailleront à accomplir, avec la conscience du but où elles tendent, les générations successives. » C.G., 7, 422.

> moins que, se dépouillant du caractère surnaturel que lui imprima une croyance fondée sur une vue obscure et confuse des choses, il ne rentre dans l'enceinte des lois naturelles de l'homme ; et cette transformation, difficile et lente, mais certaine, commence à s'opérer sous nos yeux. Elle marquera, dans l'histoire de l'humanité, l'un de ces moments solennels qui ferment une ère et en ouvrent une autre, où tout semble périr et où tout renaît, où des sombres abîmes du passé, un nouveau monde surgit, et, comme un coursier plein de jeunesse et de vigueur, s'élance dans l'espace sans bornes[1].

Plus rien là, en réalité, d'authentiquement joachimite, même transformé et retransformé. Plus aucun appel à l'Esprit du Christ ou à l'Esprit de Dieu. Lamennais n'en déclarera pas moins encore, dans son volume de *Discussions critiques*, où se manifeste son éloignement le plus déterminé et le plus complet : « Qu'on se garde bien de croire qu'il ne restera rien du catholicisme. Au contraire, il renferme sous de profonds symboles les vérités qui, plus développées et conçues plus nettement, seront encore, seront toujours l'objet d'une foi impérissable... Ce ne sera pas une destruction, mais une évolution. La fleur qui devient fruit périt-elle ? Non certes, elle atteint, en se transformant, un plus haut degré de perfection. » Une autre image, complémentaire, est plus brutale : « C'était après tout un vaste et magnifique édifice que le catholicisme romain » (Lamennais n'a pas cherché le progrès dans une direction protestante). – Mais l'édifice est détruit[2].

Deux ans après, dans *Amschaspands et Darvands* (1843), une autre précision se fait jour, qui fait revivre un vieux fond traditionaliste mais en même temps marque un pas décisif de plus dans l'éloignement du christianisme. La religion attendue ne sortira pas, fût-ce par une transformation radicale, du seul Évangile, mais elle naîtra d'un « mélange des antiques croyances, ou plutôt de leurs éléments combinés ». Ainsi se constituera « la base d'une civilisation commune à toutes les fractions de la race humaine que divisent les religions inconciliables »[3]. Toutes, les religions du passé sont mortes, ou vont mourir ; « le tombeau engloutit sa proie ». Mais « dans les ruines du vieux corps dissous éclôt le germe dont le développement marque une des phases

1. *De la Religion*, pp. 166-167. Ce dernier texte est cité par Le Guillou, p. 341.

2. *Discussions critiques et pensées diverses sur la religion et la philosophie.* 1841, pp. 47-49.

3. Lamennais parlait autrement dans l'*Esquisse d'une philosophie.* Voir en particulier les pages 52-53 et 89-90.

de la transformation ascendante, de l'évolution sans terme assignable du génie humain »[1].

Sans doute, la religion sous l'influence de laquelle s'est développé l'Occident était supérieure aux autres. Mais elle n'en subit pas moins le sort commun. Elle est usée comme les autres ; « assise sur les ruines du passé, elle ramasse autour d'elle les débris de sa richesse, suaire splendide où il semble que... son seul désir soit d'y être enseveli »[2]. C'est ce qu'expliquent encore, en 1846, les annotations au texte des évangiles[3], cet ouvrage qui, comme le dit très bien Duine[4], « enseigne le menaisianisme nouveau », qui est « le bréviaire de la religion de l'avenir » :

> ... Où est le Christ ? Où est sa doctrine ?... Elle est dans l'avenir qui se prépare au fond de la nature humaine en travail ; elle est dans ce mouvement qui agite les peuples d'un bout de la terre à l'autre... Lorsqu'une institution ne peut plus satisfaire aux besoins des peuples à cause du progrès qui s'est opéré, l'esprit... se retire d'elle. Il n'en reste que le cadavre. Ainsi, au temps de Jésus-Christ, la religion de Moyse... Aujourd'hui... la terre ne tressaille-t-elle pas comme une femme qui va enfanter ?... Par le peuple naîtra l'ère nouvelle, dont les pouvoirs du passé, en proie aux terreurs d'une fin prochaine, déjà saisie des affres de la mort, voudraient étouffer le germe divin...[5].

Ouvrage paradoxal et désolant, qui n'échappe aux contradictions perpétuelles que par le flou des images et des formules. On ne sait plus si Jésus est venu changer les cœurs ou délivrer le peuple de ses tyrans, annoncer la fin de ce monde terrestre ou le bouleversement de la société, prêcher l'amour mutuel ou la haine contre les « puissants » ; on ne voit pas davantage si la lutte sera sans fin ou si s'établira un jour le royaume pacifique du bien, où « les peuples rachetés chanteront le

---

1. *Amschaspands et Darvands*, par F. Lamennais, 3e éd., 1845, pp. 69, 180, 313, 394. On signale généralement dans cet ouvrage le manichéisme mennaisien poussé à l'extrême, l'abus fatigant des sarcasmes et des violences caricaturales ; c'est un aspect que nous laissons de côté. Cf. *De la société première*, 1848, pp. 254-255.

2. *Amschaspands et Darvands*, pp. 170-174; Il se réjouit d'avoir échoué en 1830 à la rajeunir : « A quoi, en définition, eût abouti cette action ? A ramener le passé, à lui rendre une sorte de vie qui aurait retardé le vrai progrès. » A Ségretain, 12.8.1844. Cité par Henri GUILLEMIN, *Pas à pas*, Gallimard, 1969, p. 149.

3. F. LAMENNAIS. *Les Évangiles*. Traduction nouvelle avec des notes et des réflexions à la fin de chaque chapitre, 1846.

4. Op. cit., p. 241.

5. *Les Évangiles*, pp. 3, 62, 63, 185, etc. P. 336 : « Aujourd'hui, sous le voile du symbole, l'Évangile renferme des vérités dont la profondeur ne se révèle que successivement, à mesure que s'élargit la sphère de la pensée et de la connaissance. »

cantique de la délivrance » ; on tremble à l'évocation de ces hommes évangéliques qui, ayant vaincu les hommes « de convoitise et d'orgueil et de cupidité », auront enfin « la puissance », « et alors sera venu le temps d'ordonner le monde selon les éternelles lois de Dieu »...[1]

Justifiant toujours ses positions successives par la même forme de prophétie, Lamennais écrira au Père Ventura, le 8 novembre 1847 : « Nous assistons à une grande mort et à une grande naissance : seulement nous voyons clairement la tombe et le berceau est encore voilé[2] ». Il ne s'agit plus là, on le remarquera, de transformation, de développement, ni de *re*-naissance chrétienne ; il n'y a plus, comme dans le mythe du progrès à venir de l'Esprit, continuité véritable dans la discontinuité. A son ancien ami qui s'efforçait de le ramener au temps où ils faisaient route ensemble, Lamennais tient à déclarer que pour lui le christianisme ne signifie plus rien. Jamais, malgré tout, il ne réussit à se fixer sur une position définitive. Son refus demeurait obstiné ; cependant, après avoir longtemps salué, dans l'amertume et dans la joie, un christianisme tout nouveau qu'il entrevoyait à l'horizon comme une « nuée lumineuse »[3], il adressera sur le tard, le 9 novembre 1851, à son cousin Macé de la Villéon, ces lignes désabusées mais en même temps humbles et confiantes : « Si les lois de notre développement, de notre transformation, de nos reconnaissances (renaissances ?) successives nous sont en partie inconnues, croyons-y du moins et soumettons-nous y avec paix, avec espérance, avec cet amour plus fort que la mort au sein duquel s'évanouissent, comme de vaines ombres, toutes les vicissitudes et toutes les douleurs du temps[4] ». C'est là encore un autre Lamennais, le plus vrai sans doute parce que le plus profond, celui qui écrivait aussi à sa vieille amie attristée, la baronne Cottu : « Nous vivons comme dans deux planètes séparées, sans communications directes, mais qui cependant... gravitent autour du même soleil[5] » ; celui dont Adrien Benoît-Champy nous dit au lendemain de sa mort : « Il était

---

1. *Les Évangiles...*, pp. 9, 12, 18, 38, 125, 158, 277, 298, 388, etc. Il faut dire aussi de nouveau le contraste, dans ce livre et dans plusieurs autres, entre la sagesse de bien des conseils, la modération des réformes proposées, et d'autre part la fureur des invectives et l'excès maladif des perspectives d'apocalypse.

2. Dans Ange BLAIZE, *Essai biographique sur M.F. de la Mennais*, 1858, p. 147. Cf. à Lacuria, 19.3.1844 : « Ce qui me frappe le plus en ces temps de douloureuse anxiété, c'est le travail des esprits pour enfanter quelque chose qui n'est que l'universel besoin d'une conception nouvelle, inconnue encore, devant laquelle le doute fuira... Dans Guillemin, op. cit., p. 148.

3. Cf. *Les Évangiles...*, p. 189.

4. Dans Ad. ROUSSEL, *Lamennais et ses correspondants inconnus*, Téqui, 1912, p. 441.

5. *Lettres inédites...*, p. 326 ; 27.10.1842.

comme impatient de quitter ce monde et de voir, suivant une expression que je l'ai entendu répéter bien souvent, se lever enfin le rideau[1] ! »

Lamennais aura donc connu tous les avatars du joachimisme, jusqu'à celui d'un tragique post-joachimisme qui ne conserve même plus les apparences d'un lien quelconque d'origine avec la foi chrétienne. Quelques années d'une existence individuelle auront ainsi reproduit et terminé la courbe de longs siècles. L'évolution du mythe s'achève en un rejet total. Plus, au départ, l'illusion fut grande et belle, plus la retombée est profonde, – moins déplorable, sans doute, à bien des yeux, que la persuasion tranquille et satisfaite où s'installaient ceux qui, sans se heurter à aucun obstacle mortifiant, pensaient avoir « accompli » le christianisme en eux-mêmes. – A vrai dire, dès la première heure, il y avait eu malentendu. Dans une formule un peu brutale, mais juste, M.J.-R. Derré a écrit que dès l'*Essai sur l'Indifférence* la conception menaisienne de la religion était « toute sociale et historique »[2]. L'Église dont Lamennais rêvait n'était au fond pas plus celle de l'Esprit que celle du Christ, parce qu'elle n'était pas une Église réellement donnée de Dieu, distincte de la société naturelle, insérée surnaturellement dans le monde pour le mener à sa fin, mais la voix même de l'Humanité[3]. Lorsqu'il écrivait, en évoquant les troubles de l'époque : « Gardez-vous de voir dans ce mouvement, qui devient universel, une œuvre de destruction et l'agonie de la Société ; c'est, au contraire, la régénération de la Société mourante qui commence »[4], il aurait pu dire « Église » là où il disait « Société », comme on le voit par d'autres textes. Il aurait pu dire aussi bien « christianisme », celui-ci, « religion vraiment une, perpétuelle et universelle », n'étant pour lui « que la manifestation, dans ses rapports avec l'homme, de la loi éternelle, qui *relie*, unit la création entière à Dieu »[5]. Par une inversion apparente, qui a rempli de stupeur nombre de ses contemporains, il a pu repousser un jour l'Évangile interprété par Rome au nom de l'Évangile interprété par les peuples, ou le christianisme du « pontificat » au nom

1. DUINE, *Lamennais*, Garnier, 1922, p. 352.

2. Op. cit., p. 56. De même GUILLEMIN, op. cit., p. 105, à propos de *la Religion considérée...* : « La religion intéresse La Mennais avant tout dans ce qu'il tient pour ses nécessaires et évidentes imbrications politiques et sociales. »

3. Voir les pages pénétrantes consacrées à Lamennais par Hans Urs von BALTHASAR dans *le Complexe antiromain, essai sur les structures ecclésiales*, trad. S. Willibrorda, Apostolat des éditions, 1976, pp. 108-111.

4. A la comtesse de Senfft, 16.12.1830. C.G., t. 4, p. 385.

5. *De la Religion*, p. 164.

du christianisme de « la race humaine »[1] ; il a pu passer d'un système de théocratie papale à celui d'une démocratie toute laïque, parce que le pape avait été pour lui le substitut ou plutôt l'organe du Peuple[2].

Lorsqu'il écrivait à Grégoire XVI le 5 novembre 1833 qu'il voulait désormais enfermer son action, pour la mener en toute indépendance, dans un « ordre purement temporel »[3], il était sincère assurément. C'est ce qu'il avait écrit six mois plus tôt au Père Ventura[4] et qu'il lui redira encore : « Résolu de ne plus m'occuper de ce qui fut longtemps le but de tous mes efforts, uniquement renfermé dans la science humaine et dévoué uniquement aux intérêts généraux de l'humanité dans l'ordre purement politique, je me sens délivré d'un immense fardeau[5] ». En 1834, il ne cesse de redire que son intention « est de rester soumis dans l'Église et libre en dehors de l'Église »[6], « soumis en religion et libre sur tout le reste »[7]. Mais ce dualisme qu'il proclamait du prêtre et du citoyen ne correspondait plus dans sa pensée profonde à aucune réalité. Il n'avait pas entièrement tort de reprocher à Grégoire XVI sa politique. Il avait raison de lui rappeler une distinction essentielle en principe, quoique, dans la conjoncture historique, malaisément praticable. Mais il avait certainement le tort de ne guère se soucier pour lui-même d'une telle distinction. Ce qu'il proposait ensuite au pape comme base d'un traité de paix, c'était une dichotomie radicale, aussi peu souhaitable en elle-même qu'impossible à tenir en pratique : or nul n'était moins fondé que lui à s'en prévaloir. La part qu'il se réservait, en effet, la part qu'il exigeait, en réalité c'était tout, sa politique étant religion et sa religion, politique. En 1826 il avait publié *De la religion considérée dans ses rapports avec l'ordre politique et civil*, et en 1848 il publiera *De la société première et de ses lois ou de la Religion* : d'un

1. *Affaires de Rome*, éd. citée, p. 302.

2. On peut, observe LE GUILLOU, p. 281, note, « contester sa façon de ramener en fait l'infaillibilité de l'Église à celle du genre humain, sa théorie du surnaturel et sa conception de la révélation. » Cf. *Esquisse d'une philosophie*, t. 2, p. 80 : « Qu'appelle-t-on ordre surnaturel ? Dieu et la création, voilà tout ce qui est : hors de là, rien de possible. »

3. C.G., t. 5, pp. 509-510. Cf. à la Ctesse de Senfft, le 1.8.1833 ; p. 439.

4. « Ce qui est fermement arrêté dans mon esprit, c'est de ne plus m'occuper, quoi qu'il arrive, des choses de la religion... Mes combats pour l'Église sont finis. » 25.1.1833 ; t. 5, p. 294.

5. Le 15.3.1834. C.G., t. 6, p. 44. Cf. à la Ctesse de Senfft, 25.1.1834 ; t. 6, p. 32 : « Ce qui me reste de vie, je le consacrerai à la pure philosophie, à la science humaine, à mon pays, à l'humanité. » A Coriolis, 9.11.1833, et à Montalembert, 19.11 ; t. 5, pp. 513 et 518.

6. A Charles de Coux, 21.5.1834 ; t. 6, p. 102.

7. A Élie de Kertenguy, juin 1834 ; t. 6, p. 134. A l'Abbé Combalot, 3 juin ; p. 133.

ouvrage à l'autre les positions doctrinales et les jugements historiques sur l'Église sont totalement inversés, mais la similitude des deux titres révèle une continuité profonde dans l'idée de la religion.

Au moment le plus aigu du conflit avec Grégoire XVI, déjà en pleine révolte intérieure, il avait rassuré une correspondante inquiète en lui disant que ses « sentiments de soumission catholique » n'avaient « jamais éprouvé la moindre altération » et qu'ils demeuraient toujours « la base première de *ses* paroles et de *ses* actes »[1], une telle déclaration était sans doute ambiguë, mais, dans sa propre optique, il disait vrai : il était toujours soumis, en paroles et en actes comme en sentiment, à la cause « catholique » de l'Humanité. Je ne veux pas, disait-il encore, « mourir apostat... de l'humanité »[2]. Ange Blaize a bien analysé, dès 1858[3], ce processus : « Si (l'Église) est infaillible, c'est quand elle se trouve d'accord avec l'autorité infaillible du genre humain... (Elle) n'était plus qu'une Église particulière dans le sein de l'Église universelle de l'humanité. M. de la Mennais n'a pas tout d'abord tiré cette dernière conséquence du principe qu'il avait posé... » Mais c'était ce principe qui, dès le début de la crise, le guidait sourdement. Son vieil ami Bruté, maladroit dans la démarche que lui dictaient le zèle et l'affection, indiscret ensuite dans ses « déclarations intempestives », simpliste au surplus dans ses idées, l'avait néanmoins fort bien perçu. Rien n'est plus éclairant que le récit qu'il a laissé de sa malheureuse visite à la Chesnaie en octobre 1835 : « (Il disait) que l'Église était... tout le genre humain, se développant et se perfectionnant d'âge en âge, des juges aux rois, aux prophètes, à Jésus-Christ, et à présent encore. Il parut considérer la dispensation actuelle comme accidentelle et temporelle, comme celle de Moïse, tellement que je lui dis que c'était ce qu'avaient osé dire les protestants rationalistes d'Allemagne[4]. »

C'est bien là en effet, pour l'essentiel, ce que dira et redira Lamennais dans ses publications suivantes. Adressant à son ami de

1. A la comtesse de Ganville, 4.12.1833. C.G., 5, 531. Cf. DUINE, pp. 184-185.

2. A Montalembert, 25.11.1833. C.G., 5, 523.

3. *Essai biographique...*, pp. 153-157. Apologiste de Lamennais, Louis de VILLEFOSSE l'a reconnu : « ... C'est le peuple, se substituant à l'Église, qui devient l'exécuteur des volontés d'En-Haut. Le lecteur reconnaîtra sans difficulté que cette nouvelle thèse pouvait logiquement découler des théories du consentement universel et de la raison générale de l'*Essai* » : *Lamennais ou l'occasion manquée*, Vigneau, 1945, p. 211.

4. Sur cette visite qui a tant irrité Lamennais, voir le récit de Bruté et les lettres de Lamennais, t. 6 de la C.G., et t. 7, pp. 20, 26, 32-35, 54-55, 554. Cf. DUINE, pp. 207-208. LE GUILLOU, pp. 370-376 et 431-437. DUDON, *Lamennais et le Saint-Siège*, pp. 363-364. Comparer avec la lettre de Lamennais à Lerminier, 9.9.1834 ; C.G., 6, 289. Sur Bruté, voir l'Essai de bibliographie de DUINE, n° 16, 39 et 68. Lettre de Bruté à son « cher Féli » : 21.2.1836 ; C.G., 7, 563-565.

Vitrolles, en 1841, son nouvel opuscule, *Du passé et de l'avenir du peuple*, il lui confie son espoir que ces pages répandront « une vive lumière sur la grande énigme du christianisme et sur la loi de l'humanité ». Cette lumière, la voici : synthèse encore incomplète, le christianisme a réalisé l'union du mosaïsme et du polythéisme ; mais, par son spiritualisme surnaturel, il a provoqué un malheureux divorce entre société spirituelle et société temporelle, établi le dualisme de l'Église et de l'État[1]. Aujourd'hui les temps sont mûrs pour évacuer ce surnaturel, qui n'était qu'illusion, et rendre à la société humaine son unité. En 1848, dans son traité *De la société première et de ses lois ou de la Religion*, Lamennais s'en explique encore longuement :

> Il est temps que l'homme, déjà partiellement affranchi, achève de briser ces vieux liens, repousse complètement, repousse à jamais cette hypothèse aussi fausse que funeste d'un ordre surnaturel, et, pour ainsi parler, rentre en Dieu en rentrant dans la Nature, son temple véritable. Tel est le caractère, la tendance visible de ce mouvement extraordinaire qui agite aujourd'hui les peuples et qui renouvellera le monde. Tout s'y prépare pour l'enfantement d'une grande unité, dont le lien chaque jour plus étroit, plus fort, sera la Religion dégagée des vaines opinions qui divisent, la Religion ramenée à sa pure essence[2].

Est-ce la promesse d'un temps nouveau, de ce « troisième âge » du monde en lequel s'embrasseront la liberté et l'unité, comme la justice et la paix dont parlait le Prophète ? Ou ne serait-ce pas, caché sous un voile brillant, le retour de cette unité monstrueuse dont la parole et le sacrifice du Christ avaient délivré les hommes ? Nous sommes aujourd'hui mieux placés que Lamennais pour commencer à savoir ce que peut tirer de son propre fonds cette humanité infaillible dont il avait toujours rêvé...[3] Mais, pour rester dans les limites de son temps, constatons que nonobstant toutes différences, Bruté voyait juste en signalant la parenté de la doctrine menaisienne avec celle des Allemands. On a écrit récemment que pour Lessing il n'y a pas réellement « d'histoire sacrée distincte de l'histoire d'une progressive prise de conscience de soi par l'humanité » et que pour Hegel « la raison humaine vient de prendre suf-

1. A Vitrolles, 20 mai 1841. Cf. *Du passé...*, pp. 76-86. Voir LE GUILLOU, pp. 350-351.

2. *De la société première...*, p. 241.

3. Il sera équitable de dire aussi que la conception du « surnaturel » qui régnait dans la théologie de l'époque se prêtait mal à faire valoir en toute sa profondeur et sa force libératrice la nouveauté chrétienne.

fisamment conscience d'elle-même pour s'attribuer la fonction révélatrice antérieurement réservée au Fils incarné et à l'Esprit » ; que pour l'un et pour l'autre, « le temps du mythe théologique est révolu »[1]. N'en va-t-il pas de même, au fond, pour Lamennais[2] ?

1. Paul TOINET, *Herméneutique, philosophie et ecclésiologie.* Revue thomiste, 1976, p. 378.

2. L'introduction à la traduction de la *Divine Comédie* (posthume, t. 1, 1855) décrira le progrès humain en tout ordre comme une reprise de l'esprit grec antique et du droit romain sur « le christianisme théologique », célébrera la Renaissance et louera le protestantisme de contenir en soi, malgré ses inconséquences, « le principe immortel de la souveraineté de la raison » (pp. II à XII).

II

Autour de Lamennais

Dans ses indiscrètes et trop vives *Considérations sur le système philosophique de M. de La Mennais*, Lacordaire a souligné d'un trait dur une autre parenté, celle du rêve mennaisien avec celui des disciples de Saint-Simon[1]. Reprise aussitôt, en des termes injustes, par A. Martinet dans un *Essai sur la perfectibilité humaine*[2], puis, avec de fortes nuances, par Georges Weill dans son *Histoire du catholicisme libéral en France*[3], cette thèse a provoqué les protestations de M. Louis Le Guillou, historien de Lamennais, qui préfère évoquer, à vrai dire de façon peu convaincante, Savonarole[4]. Contentons-nous d'observer que si l'on a pu reconnaître dans la pensée de Lamennais un certain processus parent de celui des saint-simoniens, comme aussi bien d'autre part de celui des « protestants rationalistes d'Allemagne », c'est que les uns et les autres sont tous issus, à cet égard, du même tronc joachimite. En fait, nous l'avons dit, Lamennais détestait le saint-simonisme[5]. Il le traite, observe M. Bénichou, « avec une sorte de sévérité cléricale »[6]. Il y eut des rencontres entre les deux groupes. « Pendant notre séjour à Paris, a raconté Éloi Jourdain, alors jeune admirateur fervent de Lamennais, nous nous préoccupions beaucoup des doctrines de Saint-Simon. Nous fréquentions assidûment les réunions, nous suivions avec intérêt les discussions, nous lisions leurs ouvrages[7]. » Mais après 1830, entre *l'Avenir* et *le Globe*, les rapports furent aigres. Les rédacteurs du Globe s'acharnèrent, en une longue campagne, à démontrer la « décadence » irrémédiable du christianisme et la folie des jeunes libéraux catholiques qui prétendaient le rajeunir[8]. Un peu plus tard, le Père Enfantin voulut convier Lamennais à une

---

1. En 1834. *Œuvres*, t. 8, Poussielgue, 1898, pp. 147-148.

2. Paris-Lyon, 1835, pp. XII-XIII : « Dans un temps où tout se précipite, il suffira de trois ans pour voir le nouveau réformateur à la queue du saint-simonisme, etc. »

3. *Histoire...*, 1828-1908. Alcan, 1909, p. 43.

4. *L'évolution de la pensée religieuse de Félicité Lamennais*. Armand Colin, 1966 ; pp. 219-220 et 237-238.

5. *Œuvres posthumes*, éditées par E. D. Forgues, 1856, pp. 168-170.

6. Op. cit., p. 161.

7. Charles SAINTE-FOI (pseudonyme), *Souvenirs de jeunesse*, 1828-1835, Perrin, 1911, p. 188.

8. Cf. D'ALLEMAGNE, op. cit., p. 207.

sorte de sainte alliance : « Nous vous attendons : Soyez le Paul de l'alliance définitive, quittez les sépulcres blanchis, quittez les docteurs d'une loi morte, venez à nous, en vain vous voudrez réveiller Rome »[1] ; mais ses appels grandiloquents furent vains. Il reste qu'en pensant que ni l'humanité ni le christianisme n'ont accompli leur tâche mais que « le christianisme et l'humanité sont une même chose »[2], Lamennais se rangeait, bon gré mal gré, dans la cohorte formée à cette époque par les saint-simoniens et beaucoup d'autres[3].

Entre Lamennais et Lamartine on peut parler d'une parenté plus directe. Dans son article du 1er mai 1834 sur les *Paroles d'un croyant*, Sainte-Beuve a écrit qu'ils « se rencontrent dans une prophétique pensée »[4]. Il y a plus : en certains cas, un vrai rapport de filiation. Déjà l'*Essai sur l'indifférence*, par sa « haute philosophie », avait produit sur le jeune Lamartine une forte impression, et dès 1818 les deux hommes furent en relations personnelles. Dans ses appréciations sur Lamennais, Lamartine ne s'est pas montré très généreux. A son ami Virieu il a écrit : « J'ai du respect pour cet homme, bien que son esprit excessif en tout ne se combine jamais avec le mien, modéré par bon sens et par praticabilité ». Il l'a, sur le tard, rangé dans sa galerie des « forcenés de doctrine ». Dans son *Cours familier de littérature* il traite sa pensée avec un certain mépris et, racontant sa première visite à celui qui était alors « l'Athanase implacable de l'Église », il note qu'on sortait de chez lui « aigri contre les hommes... L'arrière-goût de son âme était amer. Haïr en tout était son talent ; son inspiration était la colère... Il grinçait des dents en parlant d'amour »[5]. Si le trait n'est pas

1. Et encore : « Nous, enfans d'un jour, mais d'un jour immense, puisqu'il est le dernier qui luira sur l'humanité, nous avons en puissance de courber notre tête pour recevoir des mains de notre maître le baptême de l'avenir. » Textes dans D'ALLEMAGNE, pp. 162 et 207, et dans LAMENNAIS, C. G., t. 5, pp. 563-564.

2. A Charles de Coux, 21.5.34. C. G., 6, 103.

3. C'est ce qu'observe M. BÉNICHOU, loc. cit., rappelant que s'il continue longtemps de parler de christianisme, Lamennais, dans sa dernière phase, prône « la religion ramenée à sa pure essence » (*De la société première*, p. 241).

4. *Revue des deux mondes*, 3e série, t. 2, pp. 355-356. Il leur adjoint Chateaubriand... et Béranger.

5. Cité par DERRÉ, *Le renouvellement...*, pp. 570-571. RENAN émettra un jugement semblable : « Ame forte et esprit étroit, ... les évolutions de sa pensée ne semblèrent qu'un prétexte pour satisfaire l'éternel besoin de sa nature, le besoin de s'indigner, etc. » ; si l'observation n'est pas sans fondement, le tableau qu'elle prétend être est faux ; quant à la suite, on pourra discuter sur la meilleure des deux attitudes qu'elle décrit : « Si, au lieu de sortir du christianisme pour des motifs où la politique et la passion eurent plus de part que la froide raison, il en fût sorti par la voie royale de l'histoire et de la critique, peut-être eût-il gardé sa paix... » *M. de Lamennais et ses œuvres posthumes. Rev. des deux mondes*, 15.8. 1857 (*Essais de morale et de critique. Œuvres complètes*, t. 2, Calmann-Lévy, 1948, pp. 111 et 136.)

faux, le jugement est unilatéral. Lamartine a cherché, nous avertit Duine, à dissimuler l'influence exercée sur lui par Lamennais[1]. Cette influence est cependant indéniable. Dans l'évolution religieuse du poète, elle se mêle à celle de Dargaud pour jeter sur le déisme rationnel auquel il aboutira sans tarder le manteau flottant d'un christianisme en marche vers une religion du pur esprit, qui seule accomplira l'Évangile.

Peut-on reconnaître dans les *Harmonies*, et plus spécialement dans l'*Hymne au Christ*, « qui confond raison et Verbe divin », un accent mennaisien[2] ? Du moins en politique, Lamartine avait devancé Lamennais dans la voie d'un libéralisme chrétien. Lorsque Lamennais lance *L'Avenir*, il ne lui ménage pas sa sympathie, mais ne s'engage pas à sa suite, car il croit discerner dans sa pensée un reste de « théocratie, idée fausse qui tuera tout ce génie et toute cette conscience s'il ne l'explique ou ne la répudie pas[3] ». *L'Avenir* n'en a pas moins « jeté des reflets » sur plus d'une page de la *Politique rationnelle*, cette brochure que Lamartine publie en octobre 1831 dans la Revue européenne et qui constitue son premier manifeste. Le ton prophétique, le vague des formules oratoires, l'immensité des perspectives, la prédominance du point de vue social y sont bien ceux de Lamennais, – mais le disciple est moins brûlant que le maître :

> Nous sommes à une des plus fortes époques que le genre humain ait à franchir pour avancer vers le but de sa destinée divine, à une époque de rénovation, et de transformation sociale pareille peut-être à l'époque évangélique... L'horizon de l'humanité recule et se renouvelle à proportion des pas qu'elle a faits ; le Verbe divin sait seul où il veut nous conduire ; l'Évangile est plein de promesses sociales et encore obscures ; il se déroule avec le temps, mais il ne découvre à chaque époque que la partie de la route qu'elle doit atteindre...
>
> ... Chrysalide immortelle, (l'humanité) sort laborieusement de son enveloppe primitive, pour revêtir sa robe virile... Après les cinq ou six siècles qu'aura duré l'âge de liberté, nous passerons à l'âge de vertu et de religion pures, ... à l'époque de charité, mille fois supérieure encore à l'époque de liberté, autant que la charité,

1. DUINE, op. cit., pp. 317-320.
2. Juin 1830. C'est l'avis de DERRÉ, *Le renouvellement*, p. 564.
3. Henri GUILLEMIN, *Le Jocelyn de Lamartine, étude historique et critique* avec des documents inédits. Boivin, 1936, 860 pages, pp. 193-195. L'auteur de cet ouvrage monumental a réagi contre les excès de la thèse de MARÉCHAL, op. cit., trop porté à voir partout l'influence directe de Lamennais sur le poète.

> amour des autres, sentiment divin émané de Dieu, est au-dessus de la liberté, amour de soi, sentiment émané de l'homme...[1].

N'est-ce pas là, dans une langue molle qui ne rappelle en rien la passion sèche et concentrée de Joachim de Flore, ni les accents, les fureurs, les images ou les extases de tant de ses héritiers successifs, une proclamation de plus – sonore, mais prudente, à long terme – de l'Évangile éternel ?

La *Politique rationnelle* ne touchait point encore à l'intime de la foi ; cependant, dès cette année 1831, en septembre, Lamartine rencontre Dargaud, qui va, trente-quatre années durant, « déverser sur lui le flot de ses exhortations rationalistes »[2]. En novembre 1832, il apprend à Damas la condamnation de *l'Avenir.* La secousse ne dut pas être aussi forte que Christian Maréchal avait pensé l'établir, du moins si l'on s'en tient au seul texte qui y fasse alors allusion, cette réflexion dédaigneuse qu'on lit dans le *Voyage en Orient* : « Rien ne me semble plus étrange que ces tracasseries pieuses ou politiques du quartier Saint-Sulpice au bord du désert de Bagdad[3] ». Mais précisément ce *Voyage*, qui ne paraîtra qu'en 1835, aura été minutieusement remanié par son auteur. Pour Henri Guillemin, le vrai drame dont Lamartine fut ébranlé ne s'est joué ni à Damas, ni un peu plus tôt à Jérusalem, mais le 7 décembre, à Beyrouth, où mourait sa fille Julia. Le désaveu infligé par le pape à Lamennais n'y aurait donc pas plus contribué que le silence du Saint-Sépulcre. En octobre 1833, il était de retour en France et projetait de fonder une revue politique avec Ballanche et Lamennais... Survient au printemps de 1834 l'éclat des *Paroles d'un croyant.* Il s'en irrite : cet « Évangile de l'insurrection »[4] dérange ses calculs de prudence ; « il me fait grand tort », dit-il de Lamennais. De juillet à septembre, il corrige le manuscrit du *Voyage.* Sur les indications, et presque les injonctions de Dargaud, le récit de la méditation au Saint-Sépulcre est transformé, et « mon humble christianisme », par exemple, devient « mon rationalisme chrétien » ; mais on

---

1. Cf. Christian MARÉCHAL, *Lamennais et Lamartine*[2], Bloud, 1907, pp. 221 à 258. DERRÉ, *Lamennais et ses amis,* 1962, pp. 39 et 572-573. Peut-être est-ce à cette page que pensait Henri GUILLEMIN en écrivant : « Nous touchons à un « troisième âge », disait-il, où le christianisme justement va pénétrer la vie sociale, l'ordre des cités et des nations. » *Histoire du catholicisme français au XIXe siècle,* 1947, p. 81.

2. GUILLEMIN, *Le Jocelyn de Lamartine*, p. 190.

3. *Voyage en Orient*, 1855, t. 3, p. 42. Il écrira à Cazalès le 16 décembre 1833, sur « notre pitoyable sphère de disputes et d'inanités morales et religieuses » : « Dieu n'est point là où il n'est que peu et par rares souffles de son esprit. Que fait à la loi des mondes et des intelligences la querelle de l'abbé de La Mennais et du Pape ? » Cf. GUILLEMIN, op. cit., pp. 205 et 211.

4. A Eugène Boré.

pense plutôt à une influence menaisienne lorsque, à cette réflexion mélancolique : « A mesure que les religions se spiritualisent, les dogmes s'en vont », succède une promesse : l'Esprit Saint peut encore venir, il peut s'incarner « dans un homme ou dans une doctrine ». N'est-ce pas laisser l'avenir ouvert à un au-delà du christianisme[1] ?

Désormais Lamartine va multiplier les professions de foi dans la raison. Après quelques tergiversations, Dargaud et son auxiliaire Aimé Martin l'ont converti au déisme du XVIIIe siècle, qu'il présente, note Henri Guillemin, « ingénuement, comme un message tout neuf »[2]. Il use toutefois de prudence, il atténue les déclarations trop précises, il équilibre les formules ; il a fait publier dans *le Moniteur* une réponse à un certain « Monsieur Cognat, compagnon de la femme », dans laquelle il encourage, sans se compromettre, les chercheurs d'un nouvel âge d'or[3]. Dans *Jocelyn* (1836), il supprime une belle strophe qui pourrait choquer des lecteurs chrétiens trop sensibles[4]. *Jocelyn* n'en est pas moins, pour une part, une riposte aux *Paroles d'un croyant* dont Lamartine s'est épouvanté. Lamennais, d'ailleurs, n'est pas dupe, et sa louange des « ondes sonores » du poème s'accompagne d'une leçon : « Qu'en planant... dans les hautes régions, votre génie ne perde pas de vue les choses d'ici-bas, ... cette multitude immense d'hommes altérés du vrai et du bien, qu'un puissant instinct pousse vers un but inconnu pour eux, et dont la poitrine haletante aspire avec effort le souffle de l'avenir[5] ! » S'il y a dans les pensées sous-jacentes à *Jocelyn* bien autre chose que du rationalisme, faut-il l'attribuer d'abord à Lamennais, plutôt qu'à Ballanche et même peut-être à Saint-Martin[6] ? Malgré tout, le poète ne peut oublier trop vite l'impulsion qu'il a naguère reçue du

---

1. MARÉCHAL, op. cit., 3e partie, ch. 1 : « Lamennais et le Voyage en Orient », pp. 261-302. GUILLEMIN, pp. 195-232.

2. *Le Jocelyn de Lamartine*, pp. 220-221 ; cf. p. 233.

3. « Mon symbole n'est pas tout à fait le vôtre ; mais si je ne puis partager vos jeunes illusions sur la réalisation d'un âge d'or ici-bas, je partage plus que personne vos nobles désirs d'amélioration sociale... Avant de découvrir ce nouveau monde dont vous parlez, bien des navigateurs s'égarèrent et sombrèrent sur l'Océan inconnu, mais leurs débris même guidèrent Colomb sur sa route et le nouveau Monde fut trouvé. » Dans H. R. D'ALLEMAGNE, op. cit., p. 376.

4. « Si le siècle nourri du lait des paraboles — peut fixer son soleil sans l'ombre des symboles — et de sa foi qui meurt s'élance à la raison... » Cf. GUILLEMIN, pp. 258-261 et 747.

5. C. G., 7, 57, cf. p. 574 l'avis de la baronne de Vaux, que Lamennais lui avait demandé. G. SAND reprochera à Lamartine de n'avoir pas imité la « sincérité si sublime » et le « courage si vénérable » de Lamennais : *Essai sur le drame fantastique. Revue des deux mondes*, 4e série, t. 21, 1839, pp. 614-615.

6. Cf. Léon CELLIER, *L'Épopée romantique*, PUF, 1954, pp. 139-155 (et, pour la *Chute d'un ange*, pp. 157-158, 174, 178).

prêtre, ni tout à fait renoncer par opportunisme à la nouvelle direction qu'a prise son espoir depuis le temps de *L'Avenir*. A la lecture des *Affaires de Rome*, il s'émeut : « C'est une conscience de martyr », écrit-il à son ami Virieu[1].

De l'au-delà du christianisme auquel Lamennais, avant d'abandonner tout reste de joachimisme, avait quelque temps arrêté sa pensée, Lamartine donne une sorte d'illustration prémonitoire en retraçant l'*Histoire des Girondins* (1847). Il y proclame, dans un éclectisme un peu facile, en prenant appui sur les premières phases de la grande Révolution : « L'idée de Dieu, confinée dans les sanctuaires, en sortira pour rayonner dans chaque conscience de la lumière de la liberté même ; cette lumière, révélation pour les uns, raison pour les autres, fera éclater de plus en plus la vérité et la justice qui découlent de Dieu sur la terre ». En novembre 1848, signalant le discours par lequel il venait d'inaugurer la nouvelle constitution, les *Annales de philosophie chrétienne* pourront écrire : « C'est proprement le système de l'abbé de La Mennais, que la raison de tous est chose divine, est la voix de Dieu, et que c'est elle qui fait la vérité ». Et dans l'Avertissement qu'il rédigera en 1855 pour une nouvelle édition de *la Chute d'un ange*, après avoir rendu hommage au christianisme pour le passé et rappelé qu'il n'entend pas lui sacrifier « cette autre révélation permanente et croissante avec les temps, que Dieu fait rayonner dans la raison », Lamartine reprendra encore le grand thème mennaisien, qui semblait alors bien usé : « L'esprit humain, plus plein que jamais de l'esprit de Dieu qui le remue, (est) en travail de quelque grand enfantement religieux ».

... Lamennais et Lamartine : deux Joachims romantiques et sécularisés. Du moins le premier n'avait-il pas la fadeur trop fréquente et parfois trop opportuniste du second.

Dans son second Avertissement à la *Chute d'un ange*, Lamartine célébrait « cette autre révélation permanente et croissante avec les temps que Dieu fait rayonner dans la raison ». Vigny ne dira guère autre chose lorsque, dans la *Maison du berger*, il s'adressera à la Poésie :

> Diamant sans rival, que tes feux illuminent
> Les pas lents et tardifs de l'humaine Raison !

Mais son attitude envers Lamennais fut autre. Celui qui fut d'abord partisan de Julien l'Apostat et de la révolte de Satan ne pouvait admettre la prédication de l'*Essai sur l'indifférence*. Il était toutefois

1. GUILLEMIN, op. cit., p. 216.

reconnaissant à Lamennais, comme aux Saint-Simoniens, d'avoir exalté le pouvoir de l'esprit, et en 1830 il le considéra comme l'un des trois ouvriers (les deux autres étant Saint-Simon et Benjamin Constant) d'une forme religieuse nouvelle dont le siècle avait besoin. Il adhéra même quelque temps à *l'Avenir*[1], mais plutôt par un calcul de défense sociale ; sa collaboration y fut purement occasionnelle, sur des sujets d'esthétique, et il pressentit bientôt l'échec de l'entreprise. L'éloignement de Lacordaire dut l'impressionner. Des propos de Sainte-Beuve le firent même douter de la bonne foi du prophète, et dès lors, ne le considérant plus que comme un sceptique et un grand destructeur social, il lui fut constamment hostile. De cette hostilité tenace et grandissante, on peut suivre la trace dans son Journal. On y trouve les plans successifs du grand roman projeté qu'il n'a cessé de transformer et d'amplifier dans ses projets – ce devait être, une immense trilogie historique – sans jamais parvenir à en tracer plus qu'une série d'esquisses. Seul en est rédigé un épisode de la première partie : « Daphné, deuxième Consultation du Docteur Noir ». Ce *Daphné* (1837)[2], dont le héros est l'empereur Julien, devait se combiner avec un roman moderne, présentant un réformateur religieux « qui veut faire le bonheur des foules et qui périt dans sa tentative », autant à plaindre qu'à blâmer. Mais déjà, sur la fin de *Daphné*, apparaît un prêtre qui, devant le palais de l'archevêque de Paris, mis à sac, déclare en s'adressant à la foule : « J'écrirai pour vous une apocalypse saint-simonienne qui sera œuvre de haine ». En 1840, Vigny esquisse le portrait d'un abbé Maximilien, qui démolit le « château de cartes » dressé par lui avec le seul soutien de l'autorité, et qui, revenant d'un voyage à Rome, jette son bâton de pélerin en criant : « Il n'y a pas de Christ ! » Double destructeur, de la raison puis de la foi, comme le fut Lamennais, « le grand responsable du désarroi social de l'époque ». Entre temps, Vigny avait pu lire le *Spiridion* de George Sand, qui évoque la même histoire, mais appréciée en sens inverse. Contre Lamennais, il fait siennes toutes les critiques, notamment celles de Proudhon. Il le vise encore dans de nouveaux plans, en 1844, puis en 1847 : un prêtre apostat jette dans le désespoir un couple de jeunes gens, quand ils apprennent qu'il « a renié le Christ et est devenu panthéiste »[3]

Cet acharnement a quelque chose d'ambigu. Vigny n'est pas croyant, mais il condamne « tous les utopistes sans exception », leurs tristes paradis terrestres, d'où le désir et la lutte sont bannis. Comme

---

1. Sur Vigny et *l'Avenir* : DERRÉ, *Le renouvellement...*, pp. 577-584.

2. Voir Fernand GREGH, édition de *Daphné*. Delagrave, 1929.

3. On pourra suivre le détail de ces faits dans Georges BONNEFOY, *La pensée religieuse et morale d'Alfred de Vigny*, Hachette, 1944, et dans le Journal de VIGNY, éd. Baldensperger ; voir pp. 577-578 et 618.

Cousin et comme Thiers, qu'au fond cependant il estime peu, il entend non pas tant faire succéder l'une à l'autre que faire vivre ensemble ces « deux sœurs immortelles » (Thiers) que sont la religion et la philosophie, l'une occupant le cœur de l'homme et l'autre son esprit ; quant à lui, dans sa pensée hautaine, il se tient « en dehors et au-dessus de la philosophie et de la religion »[1]. Il note dans son Journal, le 23 juillet 1843 : « Il n'y a qu'une manière de concilier la philosophie avec le catholicisme, ses superstitions et ses pratiques, c'est de faire considérer les symboles chrétiens comme un corps grossier saisissable aux sens dont on a enveloppé la pensée spiritualiste et l'idéal de perfection[2] ». Dans la suite, sa critique de toute « utopie » demeure. Et pourtant, voici ce qu'il disait en 1846, à la fin de son Discours de réception à l'Académie française : « Si, comme j'en ai la foi profonde, l'espèce humaine est en marche pour des destinées de jour en jour meilleures et plus sereines, que la chute de chaque homme n'arrête pas un moment la grande armée[3] ». Lui qui depuis sa jeunesse paraissait vouloir marcher « contre la pente du siècle »[4], il ne peut s'empêcher de rendre hommage à son grand mythe, le mythe du progrès. – Mais une phrase si banale ne cache-t-elle pas autre chose ? Depuis longtemps, peut-être depuis 1816, Vigny était hanté par la figure de Julien l'Apostat[5]. Après une suite d'essais avortés, sa pensée se transformait ; elle avait abouti comme on l'a vu à ce *Daphné*, qui ne le satisfaisait pas encore, puisqu'il en refusa en 1838 la publication à Buloz et qu'il devait le laisser manuscrit. Si, à cette date, la réaction antichrétienne de Julien continue d'éveiller en lui quelque nostalgie, il la voit cependant d'un autre regard qu'au temps de sa jeunesse et la juge contre-nature. Les symboles de la Vérité que l'humanité se donne s'usent les uns après les autres, mais leur succession n'est pas vaine. Ce sont autant d'étapes dans la marche à l'Esprit. Même un Libanios condamne, après réflexion, l'entreprise désespérée du jeune empereur[6], qui lui-même n'aurait

1. G. Bonnefoy, op. cit., p. 296.

2. De façon plus brutale, et sans plus se soucier comme le poète de correspondances symboliques, Renan dira en 1871 dans *La Réforme intellectuelle et morale* : « Ne nous contestez pas notre place à l'Université et à l'Académie, et nous vous abandonnerons sans partage l'école de campagne. » On notera que Vigny, après la *Vie de Jésus*, joignait Strauss et Renan à Lamennais dans son exécration.

3. *Œuvres complètes,* éd. F. Baldensperger, Pléiade, t. 1, p. 921.

4. Tel est le titre donné par Baldensperger à sa préface du t. 2, p. 7.

5. Il notait dans son *Journal*, le 18 mai 1833 : « Je ne puis vaincre la sympathie que j'ai toujours eue pour Julien l'Apostat. Si la métempsycose existe, j'ai été cet homme. »

6. « Le nouveau voile dont nous avons enveloppé les idées est trop transparent, son tissu est trop élégant et trop fin, on voit en dessous nos pieds de philosophes et de

pas tenté ce retour en arrière si les Ariens ne lui avaient pas ravi son Dieu. Libanios l'avoue : « Les combats intérieurs qu'il livrait à sa croyance n'étaient pas encore achevés lorsque Jean le vit à Athènes dix ans après. Son amour du Christ luttait encore dans son cœur, et partout il le retrouvait, jusque dans les cris de Prométhée[1] ». Le Galiléen devait vaincre, et Libanios lui-même engage ses meilleurs disciples, un Basile, un Jean Chrysostome, à le suivre. Dès que Julien, par malheur, eut saisi trop vivement « une imparfaite lueur » de la vérité, « il a rejeté sitôt qu'il l'a pu faire les langes chrétiens qui l'enveloppaient ; dès qu'il n'a plus vu clairement dans Jésus de Nazareth la Divinité pure et le Verbe qu'il adorait, il n'a plus rien voulu de ce culte... Mais il a mal fait ». Il a finalement reconnu son erreur, et en appprenant sa mort volontaire au combat Libanios pourra dire : « Il s'est retranché lui-même comme on détruit une digue dont l'usage est reconnu pernicieux après une épreuve »[2]. Vigny se sent frère de Libanios, il sait qu'on ne fait pas reculer le soleil. Il partage la « hardiesse » de ces rares esprits qui comprennent la Divinité mais savent que le commun des hommes ne peut l'entrevoir « sans le secours grossier des symboles » dont aucun n'est éternel. « Le Verbe est la Raison venue du ciel ; si un faible rayon est descendu parmi nous, notre devoir est d'en perpétuer à tout prix la lueur précieuse » ; or le dogme des chrétiens est devenu « le seul qui puisse sauver le trésor du monde, et ce sera le cristal neuf orné de symboles nouveaux et préservateurs...[3] » – Mais depuis Libanios et Julien, le temps a poursuivi son œuvre. C'est au tour du Christ d'être dépassé. Déjà le Docteur-Noir, à la fin de sa Consultation, montre à Stello un groupe d'hommes « jeunes et beaux », à qui la foule jette des pierres : « ils adoraient un homme appelé Saint-Simon et prêchaient une foi nouvelle » ...[4].

---

savants ; c'est ce qui fait que tout est perdu pour le temps de notre vie. » P. 839. Éd. Gregh, p. 151.

1. P. 823. Éd. Gregh, pp. 116-120. Cf. p. 102-106 : le jeune Julien, devant le triomphe d'Arius, s'écrie en pleurant : « Où est mon Dieu ? qu'avez-vous fait du Dieu ? » – On comparera le Julien rétrograde de Vigny avec celui de Ballanche dans la *Vision d'Hébal* (éd. A. J. L. de Busst, Genève-Paris, 1969, p. 68).

2. Gregh, pp. 120-121 et 174. Cf. pp. 47-50, la description parallèle du Crucifix et de la statue de Julien mourant.

3. Gregh, pp. 132, 152, 158-159. Ce sera à peu près la thèse de Quinet qui en 1851 dans *le Génie des Religions*[2], l. 2, De la Tradition, 5, Des révolutions religieuses dans leurs rapports avec les révolutions sociales, pp. 85-87, reprend l'exemple de Julien : « Le Paganisme... jeta encore dans son agonie une lueur extraordinaire... Il consuma sa dernière heure à se transfigurer. Chose incroyable ! ce corps délabré essaya de lutter de jeunesse, de spiritualité, d'idéalité, de pureté, avec la parole nouvelle... Par cette conversion, il trompa un moment le monde », etc.

4. Gregh, p. 190.

Ce que Vigny ne peut pardonner à Lamennais, ce « prêtre du pape » devenu apostat, c'est d'avoir agité malsainement le monde en brisant le cristal des « célestes illusions » dont lui, Vigny, s'estime cependant affranchi. Jamais il ne renoncera pour lui-même à ce rêve hautain, qui finira même par trouver une forme apocalyptique dans son poème de l'*Esprit pur*, et c'est alors qu'éclatera le vers triomphal :

> Ton règne est arrivé, Pur Esprit, roi du monde !

Là est sa pensée la plus étroitement personnelle. Au règne du Christ Vigny voit se substituer, non dans l'humanité entière, mais dans une élite dont il est un représentant, ou plutôt même le chef de file, le règne de l'Esprit. Pour fixer ses idées, il a consulté le missel, les litanies du Saint-Esprit, divers traités religieux. Au fond, tout cela est peu sérieux. Ce qu'il veut exprimer, on le voit déjà par les titres qu'il se propose : « L'Épreuve du temps... La Durée du nom par la gloire... ». Et le second vers surgit, qui ramène le premier à des dimensions plus modestes :

> ... Colombe au bec d'airain, visible Saint-Esprit !

Si la formule n'était pas trop ambitieuse pour un objet si mince[1], nous dirions que le rêve caressé par ce gentilhomme écrivain est un joachimisme aristocratique.

Chez Mazzini, que nous mentionnons dans ce chapitre en raison de ses relations suivies avec Lamennais, le joachimisme a plus de substance. En 1833, réfugié à Londres, Mazzini déclarait sur un ton de moquerie n'être pas chrétien[2]. Cependant, le problème de la succession chrétienne le préoccupait. Un large œcuménisme, à la fois politique et spirituel, hantait ses pensées. « Pourquoi, se demandait-il en 1831, une troisième Rome ne surgirait-elle pas, d'où sortirait une plus vaste unité qui, harmonisant la terre et le ciel, le droit et le devoir, jetterait aux peuples et non aux individus une parole d'association[3] ? » C'est la mission à laquelle il se sent appelé. Le patriotisme enflammé de ce nouveau Cola di Rienzo le persuadait, comme il l'écrira à Lamennais en 1840, que la nation italienne était prédestinée à ce rôle, grâce à son « caractère éminemment synthétique et humanitaire ». « Toutes les fois, disait-il encore, que *nous* avons vécu, l'Europe a vécu de notre vie. Nous avons empreint d'unité matérielle le monde européen par la

1. Assez piètre, ce Saint-Esprit visible. Éva, dans la *Maison du berger*, en est un symbole plus noble parce que moins précis.

2. Lettre à Buchez : « Le christianisme, cette balançoire... » Cité par ISAMBERT, *Politique, religion et science de l'homme chez Philippe Buchez*, 1967, p. 309.

3. Ibid., p. 310.

Rome de l'Empire, nous lui avons donné une unité morale par la Rome des Papes, nous devrons peut-être lui en donner une autre bien plus large en harmonisant les deux premières, par la Rome du Peuple[1] ». En 1838, dans un style tout mennaisien, il déclare que présentement « l'Église est sans chef et sans unité ; son chef est schismatique, il s'est séparé du christianisme et de l'humanité » ; aussi « nous éprouvons le besoin d'une nouvelle manifestation, soit une application du christianisme, soit une religion qui succède au christianisme. Le caractère de cette manifestation ne peut être que l'union des croyants, au concile de l'humanité... Un groupe d'hommes, d'une intelligence puissante, dont la moralité serait reconnue, et qui, prenant ouvertement le rôle des précurseurs, se feraient les fauteurs de ce concile réellement œcuménique, accompliraient peut-être des prodiges[2] ». J'ai écrit tout cela, dit-il dans la même lettre, « il y a quelques jours à Lamennais, mais par acquit de conscience, car actuellement il ne sent ni sa mission ni la nôtre ». Il venait en effet de secouer fortement le prophète en chambre, qui l'avait assuré être proche de lui par la pensée et par le cœur[3], mais dont il aurait voulu faire un conspirateur et un révolutionnaire actif :

> ... Pourquoi ne faites-vous que des livres ? L'Humanité attend de vous quelque chose de plus encore... Ne vous y trompez pas, Lamennais, c'est d'action que nous avons besoin. La pensée de Dieu est action : ce n'est que par l'action qu'elle s'incarnera en nous... Tant que vous serez seul, vous ne serez aux yeux des masses qu'un philosophe et un moraliste ; c'est comme prêtre que vous devez lui apparaître, prêtre de l'avenir, de l'époque qui commence, de cette nouvelle manifestation religieuse que tous pressentent, et qui – soit qu'elle prenne le christianisme comme point de départ seulement, soit qu'elle puisse s'accomplir tout entière en son sein – doit inévitablement aboutir à ce *nouveau ciel* et à cette *nouvelle terre* que Luther entrevit il y a trois siècles sans pouvoir l'atteindre, car les temps n'étaient pas venus. Il faut pour cela que vous réalisiez l'association que vous prêchez maintenant...[4].

Quatre ou cinq mois après il récidive : comme il a fallu un précurseur pour frayer la route au Christ qui venait « donner au monde la

1. Londres, 23.7.1840. Dans LAMENNAIS, C. G., 7, 701.

2. Lettre à Thomas Emery. Londres, 22.7.1838. Cf. LE GUILLOU, op. cit., p. 278.

3. Sept. 1834 ? C. G., 6, 293-294.

4. Londres, 3.7.1838. Dans LAMENNAIS, C. G., 7, 653-654.

Synthèse complète de l'individu », « est-ce trop d'une Église des Précurseurs pour frayer la route au Peuple qui viendra donner au monde la Synthèse de l'Humanité ? C'est cette Église des Précurseurs que je voudrais vous voir fonder, en attendant que le Peuple se lève...[1] ».

Lamennais, qui cependant s'était montré sévère pour ce qu'il appelait le quiétisme de Sylvio Pellico[2], ne se sent aucun attrait pour un tel rôle ; il n'en partage pas moins — ou plutôt peut-être, à cette date, quoiqu'il ait partagé — la grande vision religieuse de son correspondant. Trois années plus tard, toujours en s'adressant à Lamennais, celui-ci l'expose en toute clarté. Son ample rêve œcuménique se fonde, conformément au schéma joachimite élargi par la découverte de l'ancien Orient, sur une répartition de l'histoire religieuse en trois âges :

> Je pense que dans la série des époques religieuses envisagées comme autant de phases du plan éducationnel à travers lequel nous marchons vers le but, nous avons pris Dieu exclusivement sous l'une ou l'autre de ses faces, ne nous sentant pas encore assez forts pour le contempler dans son unité. Dieu-Puissance nous paraît caractériser l'ensemble des vieilles religions orientales ; Dieu-Intelligence, l'ensemble des croyances chrétiennes. Il va sans dire que chacune de ces deux conceptions religieuses s'engrène dans l'avenir par le pressentiment de plus en plus révélé du *terme* immédiatement successif. Je crois que nous approchons à grands pas d'une troisième conception *religieuse*, c'est-à-dire embrassant ciel et terre, qui en résumant autant que possible les deux autres faces, s'appuyerait avec plus de prédilection sur Dieu-Amour[3].

A ce schéma trinaire, Lamennais n'aura qu'une objection majeure à opposer : Mazzini ne croit pas à la Trinité ; or la conception proprement trinitaire est aussi indispensable à l'intelligence de l'action de Dieu dans le monde qu'à celle de sa Vie interne[4].

---

1. Londres, 21.11. 1838. Ibid. p. 667. « Nous croyons, dira-t-il, à la Sainte-Alliance des peuples. »

2. A David Richard, 21.3.1835 : « Je redoute les conséquences d'une sorte de quiétisme philosophique et politique auquel notre siècle me paraît enclin et dont Pellico me semble être la plus pure et la plus suave expression. » C. G., 6, 435.

3. Lettre du 6 août 1841. Cf. DUINE, Lamennais, p. 253.

4. Dans sa réponse du 13 août, Lamennais s'efforce de montrer « l'importance souveraine » de cette conception trinitaire. Cet échange de lettres est relatif à l'*Esquisse d'une philosophie*, dont le t. 1, qui venait de paraître (1840), consacre en effet tout son livre premier (pp. 2 à 98) à établir la Trinité.

Douze ans plus tard, en 1853, Mazzini écrit à Quinet : « Je ne crois pas aux hommes qui prétendent créer l'Humanité ; nous n'avons qu'à la continuer. Mais Jésus voulait bien continuer le mosaïsme, et cependant c'était un nouveau dogme, un nouveau culte, une nouvelle morale, une nouvelle société qu'il intronisait[1] ». C'était là une profession de foi antimarxiste. Marx détestait ce « romantique retors épris d'emphase », ce perpétuel conspirateur, cet individualiste forcené, ce « bourgeois *sacré* », cet « ultra-réactionnaire », qui jouait au « pape de l'Église démocratique in partibus » et, « dans son style pompeux de dominicain », lançait « l'anathème contre les hérétiques », etc.[2]. L'antipathie était réciproque. Mazzini écrira publiquement un jour que Marx est « un homme d'une intelligence aiguë mais dissolvante », qu'il est « impérieux, jaloux de l'influence des autres... et, je le crains, le cœur plein de haine, justifiée peut-être, plutôt que d'amour »[3]. Au-delà des heurts de caractère et des rivalités personnelles, il est clair que le romantisme religieux de Mazzini s'opposait à la passion antireligieuse de Marx et sa vision d'un déroulement de l'histoire à l'idée de retournements dialectiques. Ces traits le rapprochaient au contraire plutôt d'un Lamennais et d'un Leroux :

> Une révélation continue manifeste, d'époque en époque, un fragment de la vérité, une parole de la Loi. Chacune de ses paroles modifie profondément la voix (voie ?) du Mieux, la vie humaine, et constitue une croyance, une foi. Le développement de l'idée religieuse est donc indéfiniment progressif, et, comme les colonnes d'un temple, les croyances successives, développant et purifiant toujours davantage cette Idée, constitueront un jour le Panthéon de l'Humanité, la grande et unique religion de notre terre[4].

« La démagogie de Mazzini, a écrit Giovanni Spadolini, prend un accent mythique et messianique qui la transporte de la réalité contingente jusqu'à une sphère d'abstraction héroïque... Si la franc-maçonnerie a eu sa religion, son seul prêtre authentique est bien

1. QUINET publiera cette lettre dans une note à *L'enseignement du peuple* : Œuvres complètes, 11, 1870, pp. 424-425.

2. Lettres à Engels, 1852 et 1853. MARX - ENGELS, *Correspondance,* tr. fr., t. 3, Éd. sociales, 1972, pp. 57, 74, 82, 89, 119, 165, 322.

3. 13 juillet 1871. Cité par Boris NICOLAIEVSKI et Otto MAENCHENHELFEN, *La vie de Karl Marx*, tr. fr. Gallimard, éd. de 1970, p. 306.

4. *Des devoirs de l'homme,* VII. Cité par G. ZANANIRI, art. « Mazzini », dans Catholicisme, 37, 1980, col. 1033. Notons aussi que, comme Leroux, Mazzini croyait à la métempsycose.

Mazzini, qui rêvait de la troisième Révélation à travers les génies, « anges de Dieu sur terre », et les peuples, « prophètes de Dieu sur terre » ... » ; sa propagande tendait à susciter « un mouvement populaire de caractère prophétique et révolutionnaire, quelque chose de semblable à la révolution joachimite[1]. » C'est aussi l'analogie que retient Francisco Spadafora dans l'*Enciclopedia cattolica*[2] : « il n'est pas sans signification que Mazzini ait toujours été fasciné par la figure et par la doctrine de Joachim de Flore. » Deux autres auteurs, Michele Cianciulli et Attilio Pepe[3], avaient tenté d'établir des liens plus concrets entre Joachim lui-même et Mazzini. Cependant, observe Bloomfield, Pepe « connaît mieux Mazzini que Joachim »[4].

Dans la galerie des écrivains joachimites au temps de Louis-Philippe, faut-il faire une place à Balzac ? Il ne le semble pas. Non pas sans doute en raison de la déclaration fameuse qui figure dans l'Avant-propos de la *Comédie humaine* : « Au risque d'être regardé comme un esprit rétrograde, je me range du côté de Bossuet, de Bonald au lieu d'aller avec les novateurs modernes » ; car il est clair qu'elle procède uniquement d'un opportunisme politique, et Balzac ne s'en cache pas : « L'unique religion possible est le christianisme... Le Catholicisme et la Royauté sont deux principes jumeaux... Sous ce rapport, au risque, etc. » Si le second de ces deux principes succombe, le premier devra d'autant plus être sauvé. Dans *Jésus-Christ en Flandre*, on lit : « Je viens de voir passer le convoi d'une Monarchie, il faut défendre l'Église. » La non moins fameuse lettre de 1842 à Madame Hanska, qui l'avait interrogé sur cette « question grave » de sa croyance, ne laisse aucun doute : « Politiquement, je suis de la religion catholique, je suis du côté de Bossuet et de Bonald, et ne dévierai jamais[5]. Devant Dieu, je suis de la religion de saint Jean, de l'Église mystique, la seule qui ait conservé la vraie doctrine. Ceci est le fond de mon cœur[6]. » Mais cette religion de saint Jean, cette Église mystique,

1. *Gioacchino da Fiore e Giuseppe Mazzini*, dans l'*Idealismo critico*, annoncé comme « en voie de paraître » par Anitchkoff, op. cit., 1931, p. XVIII.

2. T. 8, col. 534.

3. *Mazzini e Gioacchino da Fiore*, dans *Archivio storico per la Calabria e la Lucania*, 24, 1955, pp. 489-492. Nous n'avons pu lire ni cet article ni le précédent.

4. Dans *Traditio*, 13, 1957, p. 306.

5. Dans la même lettre, un peu plus bas : « On saura, dans quelque temps, combien l'œuvre que j'ai entreprise est profondément catholique et monarchique. »

6. 12 juillet 1842. *Lettres à l'étrangère*, Calmann-Lévy, 1906, t. 2, p. 48-49. Cf. l'opposition analogue exprimée dans la première phrase du *Traité de la prière* (1824) : « La religion est le rapport public de l'homme à Dieu, mais la prière en est le rapport particulier. » Éd. Philippe Bertault, Boivin, 1942, p. 85.

sont-elles, de près ou même de loin, celles de Joachim de Flore ? Il s'agit beaucoup moins, pour Balzac, de prévoir une mutation historique et un nouveau progrès de la révélation venue du Christ, que d'assurer une distinction permanente entre la religion de la masse des hommes, nécessaire à la société, et celle des esprits supérieurs ou des âmes supérieures. « Qui osera prononcer entre saint Jean et saint Pierre ? » Chacun tient simultanément son rôle. « La religion mystique de saint Jean est logique, elle sera celle des êtres supérieurs ; celle de Rome sera celle de la foule[1]. » *Louis Lambert* (1832) et *Seraphita* (1834), ces deux étranges romans ésotériques dans lesquels il a livré ses conceptions personnelles, « ont mis contre » lui – du moins le dit-il – « tout le Sacré Collège »[2] ; il ne s'en soucie guère et il ne peut s'en étonner, puisqu'il avoue lui-même que « l'orthodoxie » de son *Livre mystique* est « diamétralement opposée à la cour de Rome »[3]. Mais en se ralliant à Swedenborg, que sa mère lui avait appris à aimer, en lui adjoignant « sainte Thérèse, Fénelon, Jacob Boehm et M. de Saint-Martin », ce n'est pas essentiellement au prophétisme d'origine joachimite qu'il s'est rallié. Pour lui, Swedenborg, « dont la figure s'élève aussi colossale peut-être, que celles de saint Jean, de Pythagore et de Moïse », a « dégagé la majesté de Dieu des langes dans lesquels l'ont entortillée les autres cultes humains »[4] ; il a fait croître en lui le sens « de l'incompréhensibilité de Dieu ». Mais le disciple n'a pas retenu tous les aspects du message de son maître ; « pour une large part » il ne le connaît d'ailleurs que « de seconde main » et il l'entend parfois fort mal[5]. Le fantastique récit qu'est *Seraphita*, œuvre d'une ferveur glacée, tel un paysage étincelant de givre, évoque bien plutôt l'envol vers des régions aériennes que le mûrissement d'une pensée et d'une société terrestres, fussent-elles contemplatives. Et si l'auteur, revenant à un schème d'histoire, émet l'avis que « Rome catholique mettra tout autant de temps à tomber qu'en a mis Rome panthéiste », puis se demande « quelle forme » revêtira ensuite « le sentiment religieux », c'est pour l'entrevoir « sous l'apparence, non pas d'une marche en avant avec des intentions inédites, mais d'un retour en arrière, vers « le principe du christianisme », tel qu'il pensait le trouver dans saint Jean, « débarrassé de toutes les superfétations cultuelles et adminis-

1. Juin 1836. *Lettres à l'étrangère*, t. 1, p. 336.
2. 12 juillet 1842 ; loc. cit., p. 48.
3. Cité par Ph. BERTAULT, introd. à l'édition du *Traité de la prière*, p. 68.
4. *Louis Lambert*, Cf. Philippe BERTAULT, *Balzac et la religion*. Boivin, 1942, p. 376.
5. Introduction à *Seraphita*, dans BALZAC, *La Comédie humaine*, éd. P. G. Castex, t. 7, Seuil, 1966, p. 325.

tratives organisées par l'Église de Rome au cours des siècles »[1]. – Toutefois, par ces deux traits Balzac se rapproche en effet d'un certain œcuménisme et d'un certain prophétisme joachimites. Le « catholicisme pur », qu'il enseignait dès son *Traité de la prière*, en 1824, et auquel il se voudra fidèle, doit être « le lien des opinions diverses des hommes », il doit « les ramener insensiblement à fondre leurs croyances dans une seule »[2] ; et, parole qui semble contredire plusieurs autres affirmations : « Je trouve que s'il y a quelque plan digne (de l'Église romaine), ce sont les transformations humaines faisant marcher l'homme vers des zones inconnues[3]. »

1. Bertault, *Balzac et la religion*, pp. 374-375.

2. Éd. Bertault, pp. 86-87.

3. Car « c'est la loi des créations qui nous sont inférieures ; ce doit être la loi des créations supérieures. Le swedenborgisme, qui n'est autre qu'une répétition, dans le sens chrétien, d'anciennes idées, est ma religion. » Lettre à Madame Hanska, 21 juin 1940. *Lettres à l'étrangère*, t. 1, p. 541.

CHAPITRE DOUZIÈME

BUCHEZ. L'ÉCOLE BUCHÉZIENNE

I

Philippe Buchez

> Le christianisme fut aussi imprévu dans son apparition... qu'opposé aux doctrines, aux mœurs et aux usages reçus ; et cependant il ne niait pas la loi antique, mais l'accomplissait. Depuis des siècles, le monde social, la religion, la philosophie, la science tournaient dans un cercle toujours le même, sans prévoir qu'on pût en sortir, assurant même que telle était l'éternelle vérité des choses. Le christianisme rompit ce cercle où les destinées humaines semblaient arrêtées à jamais[1], et il en fit sortir un monde nouveau. L'immensité de ses œuvres est telle qu'il suffit de jeter un coup d'œil sur l'histoire pour en être étonné[2].

Avec Philippe Buchez (1796-1865), auteur de ce texte qui résume le fond de sa pensée, nous allons retrouver la vieille querelle du joachimisme et du thomisme, mais dans des limites plus restreintes et dans un contexte nouveau.

Affilié tout jeune à la Loge maçonnique des « Amis de la Vérité », Buchez avait introduit en France le carbonarisme, « cette grande conjuration du libéralisme adolescent »[3], en compagnie de Bazard et de Flot-

1. Cf. saint AUGUSTIN, *De civitate Dei,* l. 12, c. 20 : « Circuitus illi jam explosi sunt. »

2. *Essai d'un traité complet de philosophie...* (= Traité), t. 3, p. 570.

3. Pierre LEROUX, *La grève de Samarez,* éd. Lacassagne, 1979, t. 1, p. 309. Il

tard (janvier 1821), pour lutter contre l'Église et les Bourbons. Impliqué dans le procès du « complot de Belfort »[1], puis acquitté, il entreprit alors ses études de médecine et il publiera de 1827 à 1830 une revue médicale. Après avoir collaboré avec Bazard au *Producteur,* il se sépare de lui en 1829 pour fonder un club des « Amis du Peuple », que Louis-Philippe s'empressera de fermer en 1830. Influencé d'abord par Lessing et plus encore par le *Nouveau christianisme,* soucieux de progrès social et d'harmonie universelle, féru comme tant de ses contemporains d'orientalisme, il s'était d'abord rapproché des saint-simoniens, sans toutefois adhérer pleinement à leur école. Lorsque Enfantin se fit dieu, ou du moins « père suprême », il rompit avec eux ; mais, au témoignage de Victor Considérant, il aura contribué à « la découverte que nous avons fini par faire, nous autres phalanstériens, que nous n'étions, après tout, que les chrétiens du vingtième siècle[2] ». Dans ce passage à travers les milieux conspirateurs et les écoles révolutionnaires, Buchez cherchait sa voie propre. En 1831-1832, il fonde et rédige presque à lui seul un *Journal des sciences sociales et politiques,* devenu bientôt *l'Européen, journal de morale et de philosophie*[3], pour combattre à la fois l'individualisme de l'école libérale et le communisme hiérarchique d'Enfantin, ainsi que pour épauler un essai de coopérative de production, qui fut « la première association ouvrière »[4].

Entre temps, il avait découvert que le matérialisme, qu'il avait d'abord professé, ne pouvait offrir aucune base à un effort de pensée synthétique ni d'action morale et il en avait conclu que la période future de l'humanité serait religieuse. Il se rapprochait ainsi du catholicisme, tout en déplorant que le clergé en méconnût l'aspect social et en critiquant même dans l'Église de son temps ce qu'il appelait une

---

semble être d'origine maçonnique. Cf. André LATREILLE, *L'ère napoléonienne,* Colin, 1974, pp. 186-187.

1. Une insurrection était préparée pour le 1er janvier 1822, à minuit ; la police arrêta juste à temps les principaux conjurés ; Buchez fut emprisonné à Colmar, puis relâché.

2. *Le socialisme devant le vieux monde ou le Vivant devant les morts.* Paris, Librairie phalanstérienne, 1849, p. 71.

3. Interrompu à la fin de 1832, *l'Européen* reparut en octobre 1835 et cessa de nouveau en 1837. Il ne comptait guère qu'une centaine d'abonnés ; sur 600 exemplaires tirés, 500 étaient distribués. De mai 47 à juillet 48, il reparut sous le nom de *Revue nationale,* avec la collaboration de Bastide.

4. Association des bijoutiers « en doré », née « de l'effort de Buchez et de Leroy, ouvrier bijoutier... C'est une toute petite société qui n'eut jamais plus de 18 membres, mais qui prit pour les sillonnistes, passionnés de coopération, la valeur d'un symbole. » M. BARTHÉLEMY-MADAULE, *Marc Sangnier,* 1873-1950. Seuil, 1973, p. 34.

« police à grande échelle à l'usage de l'égoïsme et de l'aristocratie ». Il répandit quelque temps sa doctrine en des séries de cours et de conférences, assisté de quelques amis ; ce fut l'« Association pour l'instruction du peuple », qui réunissait ses auditeurs dans un local prêté par l'abbé Chatel[1]. Les amis de Lamennais venaient volontiers chez lui. Les *Paroles d'un croyant* l'enthousiasmèrent[2], et quand parut l'encyclique *Mirari vos,* il publia dans *l'Européen* deux violents articles contre « ce bavardage italien et plat »[3]. Mais ces incidents ne ralentissent pas une évolution dont son *Introduction à la science de l'histoire,* parue en 1833, porte la trace déjà profonde[4]. Pour se mieux instruire de la doctrine catholique, il a pris les deux traités de Valla, qui datent de 1783 et 1784 et sont encore classiques sous les titres de *Théologie de Lyon* et de *Philosophie de Lyon.* Comme Ozanam à la même époque[5], il en est vite déçu ; il en rejette « la métaphysique scolaire », comme il rejette celles des éclectiques, de Bonald et de Lamennais, qui s'offraient alors comme substituts[6]. Mais ces déceptions ne le découragent pas dans sa foi nouvelle. Son grand ouvrage, sa Somme, s'élabore : ce sera l'*Essai d'un Traité complet de Philosophie du point de vue du Catholicisme et du Progrès* (3 volumes, 1838-1840). On sait qu'il a publié encore, entre autres ouvrages, une *Histoire parlementaire de la Révolution française* en quarante volumes (1834-1838, en collaboration avec Roux-Lavergne)[7] ; qu'aux journées de 1848 il soignait les blessés sur les barricades ; qu'il fut élu en avril président de l'Assemblée nationale et que sa faiblesse, ou ce qui passa pour tel, dans la journée du 15 mai desservit sa réputation. Arrêté le 2 décembre 1851, il vécut désormais dans

---

1. J.-B. DUROSELLE, *Les débuts du catholicisme social,* PUF, 1951, p. 95. C'est peut-être ce qui a fait dire qu'il avait soutenu « l'Église française » de l'abbé.

2. *Histoire parlementaire...* (= HP), t. 11, 1833, préf. : « l'admirable ouvrage que vient de publier M. Lamennais. »

3. Cf. François-René ISAMBERT, *Politique, religion et science de l'homme chez Philippe Buchez.* Ed. Cujas, 1967, p. 155.

4. Le titre complet était : *Introduction à la science de l'histoire ou science du développement de l'humanité, suite de Ballanche* (= Introduction). La seconde édition paraîtra en 1842, en deux volumes. Voir infra.

5. OZANAM à Auguste Materne, Lyon, 5 juin 1830 : « Je voulais être religieux. Je mis le nez dans Valla. Valla ne me contenta point. » *Lettres,* t. 1, Bloud et Gay, 1960, p. 14.

6. Cf. *Traité,* t. 1, pp. 143-162 et t. 2, pp. 239-459. Sur Valla : Louis FOUCHER, *La philosophie catholique au XIXe siècle.* Vrin, 1955, p. 13. La *Théologie de Lyon,* « toute en thèses et en réfutation d'objections, avec les négations, distinctions et sous-distinctions que comportent les discussions de l'école », professait un gallicanisme qui lui valut la mise à l'Index en 1792 ; cf. Léon MAHIEU, *Mgr Louis Belmas,* Picard, 1934, t. 1, p. 22.

7. Une 2e éd., remaniée, lancée en 1846, fut interrompue au 7e volume.

une retraite laborieuse, composa une *Histoire de la formation de la nationalité française* (2 volumes, 1859 s.), qui contient une critique des théories racistes[1], et mourut au cours d'un voyage à Rodez, en 1865, ayant presque achevé un *Traité de politique et de science sociale* qui parut (en 2 volumes) l'année suivante[2].

Dans un article important des Archives de sociologie des religions (1965), puis dans sa thèse de 1967, M. François-André Isambert a retracé l'évolution intellectuelle de Buchez au cours de la première moitié de son existence[3]. Il l'a suivi dans son passage d'un positivisme scientiste hérité de Cabanis à un saint-simonisme latéral et fluctuant, puis dans son acheminement à la rencontre de la doctrine catholique. Il a montré avec finesse comment, ainsi qu'il arrive en des cas analogues, les trois périodes ainsi distinguées se compénètrent plus ou moins, comment il y eut à certains moments un « va-et-vient » entre elles. Dès le temps de sa collaboration au *Producteur,* Buchez admirait le christianisme, « cette religion passionnée », qui « créa une littérature nouvelle » sans exemple dans l'histoire, avec ces « chefs d'œuvre » que sont « les écrits des apôtres et des pères de l'Église ». En revanche, encore au temps du premier *Européen,* la révélation chrétienne dont il fait l'éloge ne lui paraît pas devoir faire écarter l'hypothèse qu'un jour « une pensée nouvelle descendra parmi les hommes », et ce n'est que par degrés, en reculant d'abord l'échéance d'une autre révélation, qu'il tiendra celle du Christ pour définitive. Entre 1830 et 1835 environ, ses convictions chrétiennes ne paraissent pas encore pleinement assurées, ni sa pensée très cohérente. En 1833, tout en professant la création, il use, pour décrire le progrès cosmique, d'un langage qui ne lui permet pas de mettre en relief la transcendance divine, et dans sa manière d'entendre « la lutte du bien contre le mal » on pourra soupçonner quelques relents manichéens[4]. Bientôt cependant il donnera son adhésion totale au *Credo* de l'Église, – sans pour autant se rallier à « la théologie catholique courante » ni aux orientations politico-sociales de la grande majorité du

---

1. T. 1, pp. 8-15, etc.

2. Voir la « Notice sur la vie et les travaux de Buchez » publiée par A. OTT en tête du *Traité de politique et de science sociale* (= Pol.), pp. XI-CXLIII. Pour son rôle sous la deuxième République : pp. XXXVI-LV. Médecin, Buchez avait vécu de sa profession jusqu'en 1847.

3. Voir encore *De la Charbonnerie au saint-simonisme. Étude sur la jeunesse de Buchez*. Ed. de Minuit, 1966.

4. Cf. ISAMBERT, *Religion et science de l'histoire chez Buchez,* dans Archives..., 19, 1965, pp. 45-61. *Politique, religion et science de l'homme chez Philippe Buchez.* Cujas, 1967 ; 2e partie, pp. 133-195 : « La foi buchézienne ». Voir la phrase maladroite de l'*Introd.*[1], p. 392 : « Dieu a créé le bien et le mal, afin que les hommes fussent libres ».

clergé[1] et sans se décider à la « pratique » positive. Dès lors, nous semble-t-il, assortie de ces « réserves » qui ne concernaient pas la foi, sa position, tout en conservant quelque chose de paradoxal, sera moins « complexe » et moins « ambiguë » qu'on pourrait le supposer[2]. Buchez fut, comme on l'a justement écrit, un « catholique de stricte observance dogmatique », et « sa mort fut chrétienne »[3].

Très décrié, puis très oublié, Buchez n'a trouvé ni dans le siècle ni dans l'Église l'audience qu'il pouvait espérer. Marx et Engels, dans l'*Idéologie allemande,* l'ont traité avec dédain, pour avoir osé parler de devoir, de dévouement, de haute fonction à remplir, etc.[4]. Aujourd'hui, même parmi les historiens, on le lit peu, ce qui permet par exemple de l'assimiler trop facilement à un Weitling ou à un Cabet « estimant que leur pensée réalise la maxime fondamentale de l'Évangile »[5], ou de l'associer à un Lamennais, à un Michelet, à un Pierre Leroux, qui se font du peuple une conception mystique allant jusqu'à le déifier[6]. Trop indépendant pour obtenir les faveurs de la renommée, son action ne fut pourtant pas négligeable. Nous aurons à dire un mot de ses disciples. De lui, nous étudierons principalement l'*Introduction* et le *Traité complet.* Comme le premier de ces deux ouvrages, refondu, est devenu en 1842 « un ouvrage presque nouveau »[7], nous les examinerons tous deux ensemble, — toujours de notre point de vue[8].

Buchez se veut intégralement chrétien. « Tout ce que je dis est contenu dans la belle parole de Jésus-Christ : Tous les hommes sont frères... Dieu a parlé, une seule fois, par la bouche de son Fils ; et, dans un seul mot, il a mis tout ce que l'humanité avait à faire à jamais[9]. » C'est aux environs de 1828 que la vérité avait commencé de se faire jour en lui :

---

1. Nous inversons les deux termes d'un sous-titre d'ISAMBERT (1967), p. 158 : « Un ralliement sans adhésion ».

2. Les mots mis entre guillemets sont d'Isambert (1965) pp. 58-59.

3. G. CASTELLA, *Buchez.* Bloud et Gay, 1911, p. 15. ISAMBERT (1967), p. 164, note 80.

4. *Œuvres philosophiques,* trad. Molitor, t. 7, Costes, 1938, pp. 235-239.

5. *Hist. gén. du socialisme,* Introd. par Jacques DROZ, t. 1, P.U.F., 1972, p. 13.

6. Maxime LEROY, *Hist. des idées sociales en France,* t. 2, 1950, p. 400. Cf. t. 3, 1954, p. 193. Dans une lettre à G. Sand, le 8 juin 1850, Michelet raille durement Buchez.

7. OTT, p. XXXIV. D'une édition à l'autre les modifications doctrinales sont peu nombreuses. Sur deux points importants Buchez précise son langage pour accentuer la transcendance divine et l'action de Dieu sur l'évolution cosmique, d'où « une théorie des créations successives » : Isambert (1965), p. 58.

8. Pour nombre d'analyses qui n'entrent pas dans notre perspective, nous renvoyons le lecteur à l'étude de Fr.-A. Isambert (1967).

9. *Introduction,* t. 1, p. 136.

> J'avais sous les yeux l'histoire des sociétés antérieures à la nôtre et des sociétés contemporaines, et je voyais que sous l'influence du christianisme, la civilisation de l'Europe avait dépassé toutes les autres en mille choses... Alors je fus convaincu que je trouverais dans le christianisme tout ce que je désirais depuis si longtemps... Je l'étudiai ; j'en appris l'histoire ; j'y trouvai l'origine de tout ce que j'admirais et je respectais... J'y trouvai non pas seulement la preuve, mais l'indication précise des idées scientifiques les plus fécondes, et entre autres de cette doctrine du progrès... J'admirai et je crus, comme lorsque j'étais petit enfant[1].

C'est donc à un christianisme envisagé sous le biais social et même politique que Buchez s'est d'abord converti. Il croit en effet que la religion « doit gouverner aussi bien les sociétés que les individus » ; « on s'en convaincra encore davantage, pense-t-il, si l'on veut bien étudier l'origine et les développements des diverses nations dont nous possédons l'histoire. On verra alors qu'il n'y a point de société qui n'émane directement ou indirectement... d'une formule religieuse »[2]. Il croit aussi que le salut doit avoir un caractère collectif. D'où un catholicisme ardent, qui lui vaudra en 1837 de vifs reproches de la part du journal protestant *le Semeur*[3]. D'où son mépris pour l'éclectisme alors régnant, qui n'est, dit-il, qu'une « philosophie protestante ». Quelque temps encore il se persuade être le véritable héritier de Saint-Simon, qui lui semble avoir fini par se convertir non seulement à des « sentiments religieux » mais aux « croyances chrétiennes » et avoir sur son lit de mort reconnu en Jésus-Christ le Fils de Dieu[4]. Les Saint-Simoniens ont défiguré son message, ils sont tombés dans un amas d'« absurdités » et de « monstruosités », et « si l'indignation publique ou plutôt le manque d'argent ne les eût arrêtés, leur enseignement eût atteint tous les degrés du mal »[5]. La doctrine du bonheur propagée par Fourier ne vaut pas mieux[6]. Les autres doctrines sociales du temps, sans aller toujours à de tels excès, ne sont pas plus satisfaisantes. L'école qui a pour chefs Pierre Leroux et Jean Reynaud « travaille à

1. *Traité*, t. 1, p. 31.

2. *Traité*, t. 3, p. 571.

3. A propos d'une introduction aux Évangiles publiée par Roux-Lavergne. Ce caractère collectif du salut parut une « énormité » au *Semeur*. Sur le *Semeur* et ses dissensions internes : Isambert, p. 159.

4. *Traité*, t. 2, p. 315 ; « il y a bien loin de là au Saint-Simon que l'on a fait connaître au public. »

5. Ibid., pp. 88-89 et 321-322 ; p. 332 : il est absurde d'appeler « culte les travaux de l'industrie », etc.

6. *H.P.*, préface du t. 32, 1837. Voir infra.

propager le panthéisme » et ranime le vieux fonds des erreurs gnostiques jadis réfutées par saint Irénée[1]. On ne tirera jamais rien de bon du panthéisme, « soit qu'il considère seulement l'homme comme participant de la substance absolue ou divine, soit qu'il le considère, avec Hegel, comme une idée ou une image dans laquelle Dieu se manifeste à lui-même »[2]. Le siècle est encore marqué par l'empreinte de Lessing et de Herder, qui n'ont rien apporté « que de vague », et la « perfectibilité » indéfinie de Herder, empruntée aux naturalistes de son temps, ce « progrès continu », sans principe ni fin assignable, est une chimère quand on l'applique à l'homme : « qui dit progrès, dit but final »[3]. Lamennais lui-même, qui avait si bien « combattu les redoutables ennemis de la religion » et qui a su défendre « la cause du pauvre et de l'opprimé », a versé ensuite dans les erreurs que lui aurait évitées une généreuse soumission[4].

Ce qu'il faut reprocher à la plupart de nos « révélateurs contemporains », surtout à ceux qui ont versé dans le panthéisme, c'est d'avoir entrepris « de changer la face de l'Europe » en invitant les hommes au bonheur. Ce principe du bonheur, tenant lieu de « criterium moral », conduit « de concessions en concessions » jusqu'à « la concession universelle », qui, « pour qu'il n'y ait plus de mal », détruit le bien ; et « si l'on n'y prend garde », c'est ainsi qu'on en viendra « fatalement à courber l'Europe sous le despotisme russe, ou à la dissoudre dans l'anarchie absolue »[5]. « L'histoire des nations atteste unanimement que jamais on n'a obtenu des hommes l'effort d'un jour, en vue de leur bien-être matériel ; et cependant, depuis un demi-siècle, c'est au nom de la doctrine du bonheur que certaines philosophies entreprennent de changer la face de l'Europe. Mais... promettre le bonheur c'est prendre l'engagement de ne rien exiger et de tout donner[6]... Aussi la seule crainte sérieuse que soient capables d'inspirer

1. *Traité,* t. 2, pp. 322-330.

2. *Pol.,* t. 2, p. 198.

3. *Introduction,* t. 1, p. 133, etc. Cf. *H.P.,* t. 11, 1834, p. XIV, contre le « panthéisme saint-simonien, qui s'appelle aujourd'hui le progrès continu », n'est « ni un rapport ni une loi, mais une substance nue... »

4. *Traité,* t. 2, pp. 81 et 87-89. Isambert, op. cit., p. 155, note 14, confond les dates lorsqu'il écrit : « Lorsque Lamennais rompt avec Rome, Buchez lui reste favorable et cite en exemple « l'admirable ouvrage » qu'est à ses yeux les *Paroles d'un croyant.* »

5. *H.P.,* t. 29, 1836, pp. x et 2-3. Cette absence de critère moral remonte à Luther, et c'est par une « ligne logique » que du mariage concédé aux clercs comme remède à leurs débordements, « aujourd'hui les panthéistes écrivent : la fidélité conjugale est impossible ; voulez-vous empêcher l'adultère, abolissez le mariage et instituez la promiscuité ; voulez-vous qu'il n'y ait plus de mal, niez et détruisez le bien. »

6. « Tout le monde connaît ce mot de Kléber à un de (ses) officiers... : ' Tu vas aller là, et tu t'y feras tuer avec tes soldats. ' Il s'agissait de la garde d'un point. Kléber fut obéi à la lettre. » Ibid.

les charlatans ou les imbéciles qui invitent les hommes au bonheur, c'est de les voir multiplier et endurcir l'égoïsme dans la génération présente. »

Combien différent l'appel du christianisme ! Lorsqu'il « parut dans le monde, il demanda tout, et tout lui fut accordé. Il ne réclama point, pour les pauvres, les plaisirs et la sécurité des riches ; il n'appela point les esclaves à renverser et à remplacer les maîtres. Au lieu d'aigrir les vaincus et de tenter leur misère..., au lieu de proclamer le droit de chacun à la satisfaction de ses intérêts et de ses appétits, le christianisme a imposé à chacun le devoir du sacrifice : de partout on alla au-devant de ce joug volontaire, et ce fut à qui chargerait ses épaules du plus lourd fardeau[1]. » Or aujourd'hui encore « notre foi ne promet à personne le bonheur, elle impose le sacrifice jusqu'au martyre. Nous sommes sûrs que la lutte des chrétiens de notre âge sera l'analogue de celle qui vainquit l'Arianisme[2]. » En attendant, ce qui nous manque pour soutenir doctrinalement cette lutte, c'est une philosophie qui soit sérieusement « réformée du point de vue catholique » : telle est la tâche que Buchez entreprend et tel est le sous-titre qu'il donne à l'introduction de son principal ouvrage[3].

De ce copieux « Essai d'un traité complet de philosophie », qui ne reculera ni devant une Logique, ni devant une Ontologie, le titre général précise qu'il est rédigé « du point de vue du Catholicisme et du Progrès ». Pour Buchez, c'est presque pléonasme, tant l'un et l'autre s'impliquent. Mais il ne s'agit pas pour lui d'un progrès fatal, dont l'humanité ne serait « que l'instrument passif » : il s'agit d'un progrès offert par le Créateur à la liberté de l'homme, individuel et social ; ce qui suppose un terme à atteindre, et par conséquent un choix entre le bien et le mal[4]. Religion de rédemption, le catholicisme est aussi, et *par là même,* religion de progrès. « Ce sont, au premier aspect, deux assertions contradictoires que celles-ci : les hommes sont déchus, l'humanité est progressive ; et cependant elles ne le sont pas[5]. » Elles

---

1. Loc. cit., pp. 1-2. Dans *L'Idéologie allemande,* Marx et Engels railleront « l'utopiste Buchez », qui « parle de devoir, de dévouement, de haute fonction à remplir », etc. Tr. Molitor, Costes, 1938, pp. 235-239.

2. *H.P.,* t. 11, 1834, p. XVI. En 1841, LERMINIER publiera dans la *Revue des deux mondes* un grand article sur l'arianisme (t. 2, pp. 813-839), à propos de l'*Athanase le Grand* de MOEHLER, traduit par Jean Cohen. Le 29 nov. 1842, dans un discours prononcé pour l'anniversaire de la révolution polonaise, il dira aux Polonais émigrés à Paris : « Malgré les persécutions, le catholicisme a triomphé, il triomphera encore parmi vous, vous persévérerez dans la foi où vos frères de Pologne persévérèrent jusqu'au martyre. » Cf. Isambert, pp. 117-118.

3. *Traité,* t. 1, p. 19.

4. *Introduction,* t. 1, ch. 7 ; pp. 175-183.

5. *Traité,* t. 3, p. 106.

ne le seraient que s'il n'y avait pas eu rédemption. Les sociétés de l'ancien monde reposaient tout entières sur la seule idée de la chute ; ainsi en est-il encore, par exemple, dans l'Inde, où les hommes « ne se proposent dans cette vie qu'une chose : de recouvrer par l'expiation leur pureté primitive[1] ». Uniquement préoccupés de leur salut personnel, « ils n'ont rien à innover, rien à inventer... Dans une société pareille, tout est immobile ». L'Évangile au contraire, annonçant à l'homme qu'il est racheté et lui donnant la charité pour précepte, lui ouvre « une immense carrière d'inventions, c'est-à-dire de progrès à parcourir. » Il nous dit : « Cherchez, et vous trouverez » ; par là il fait appel à notre libre activité en tout domaine, il nous donne « l'organisation sociale pour terrain d'efforts... et de découvertes non moins actives, non moins pratiques, que celui des sciences naturelles »[2]. Reprenons cette phrase capitale : « Le monde social, la religion, la philosophie, la science tournaient dans un cercle toujours le même, sans prévoir qu'on pût en sortir, assurant même que telle était l'éternelle vérité des choses. Le christianisme rompit ce cercle où les destinées humaines semblaient arrêtées à jamais, et il en fit sortir un monde nouveau[3]. »

D'où « l'immense portée de la loi de rédemption »[4]. « Du christianisme, en quelque sorte en même temps et dès le premier jour, sortirent deux principes inconnus aux anciens, celui de l'unité humaine et celui de l'unité historique. C'étaient les prémisses nécessaires de la notion du progrès », cette notion « complètement chrétienne »[5]. Une formule résume bien l'idée mère de Buchez : « Le christianisme est une doctrine de rédemption, et la doctrine du progrès est la philosophie de la rédemption.[6] » La première doctrine est directement révélée ; la seconde qui a de nombreuses amorces dans l'Évangile, est à dévelop-

---

1. *Introduction,* t. 2, p. 291. Le bouddhisme n'y porta pas remède ; partout où cette doctrine s'établit, « elle immobilisa l'humanité » ; p. 468.

2. *Traité,* t. 1, pp. 86-90 ; p. 391 : « Dans les civilisations antérieures à JésusChrist, ... tout était réglé, arrêté... L'espèce humaine était ordonnée selon un système hiérarchique, héréditaire et immobile, de castes, de races et d'intérêts. » Cf. *Pol.,* t. 1, pp. 32-40 : « La loi du progrès est la négation de quelques-uns des axiomes de la science antique... Elle nie que l'espèce humaine soit à tout jamais condamnée à se mouvoir dans un cercle d'événements sociaux toujours semblables, etc. Le progrès n'est pas seulement la loi des choses humaines..., il est la loi de l'ordre universel : il a présidé à la formation de notre globe, à celle des séries d'êtres vivants, etc. »

3. *Traité,* t. 3, p. 570.

4. *Introduction,* t. 2, p. 363.

5. *Introduction,* t. 1, p. 88. *Traité,* t. 1, pp. 108-124.

6. *Traité,* t. 1, p. 108. Cf. t. 3, p. 569 : « Le christianisme finit le règne de la loi d'expiation, et il ouvre celui de la loi de rédemption. »

per par l'homme. On en trouve des linéaments chez les Pères de l'Église, notamment chez saint Augustin, mais il lui fallut du temps pour mûrir. Les premiers auteurs chez lesquels elle se précise sont Colomb, Paracelse et Francis Bacon ; mais ensuite elle dévie, en s'inspirant de la critique et du matérialisme du dix-huitième siècle[1]. Bref, il nous faut reconnaître qu'aujourd'hui « il n'existe point encore de philosophie chrétienne »[2].

Saint Thomas d'Aquin n'est pourtant pas ignoré. Il est même l'objet d'une louange assez curieuse, mais sincère, et qui n'est pas de surface :

> La transition du réalisme et du nominalisme païen ou grec à la doctrine chrétienne des universaux, se trouve dans saint Thomas d'Aquin. Ce grand théologien nous paraît être l'auteur de la science moderne sur ce sujet. Dans cette question, où rien ne le gênait, ni les habitudes politiques de son temps, ni la nécessité de respecter les faits existants qui, à l'époque où il vivait, semblaient presque des conditions d'existence pour la société humaine, son esprit, libre de toute entrave, rompit avec la science du passé, il institua les principes qui devaient présider aux études à venir[3].

Évidemment, comme plus d'un historien à cette époque, Buchez peint à fresque, sans préparations minutieuses. Mais la fresque comporte un autre panneau, moins lumineux. Pour le bien entendre, il convient de se rappeler quel était le caractère de « l'ancienne philosophie », avant l'irruption de la révélation chrétienne :

> (Elle) avait des prétentions que nous n'avons plus... Elle croyait que le sujet dont elle s'occupait, logique, ontologie, éthique, était de sa nature invariable ; elle croyait qu'elle pouvait fonder une science en quelque sorte absolue, ayant des principes fixes et immuables comme la nature humaine qu'elle avait imaginée, et elle s'attribuait d'être invariable comme l'objet même de ses études.

Or cette ancienne philosophie, avec la méthode qui lui était

1. *Introduction*, t. 1, pp. 89-115.

2. *Traité*, t. 1, p. 34. P. 84 : « Où est la philosophie ou plutôt la méthode chrétienne ? Elle se trouve sans doute dans les écrits des pères de la première période ; elle est cachée dans les procédés pratiques par lesquels les savants des trois derniers siècles ont perfectionné la science ; mais nulle part elle n'a été décrite. »

3. Op. cit., t. 1, p. 518.

appropriée, s'enracinait elle-même dans l'ancienne religion, c'est-à-dire dans le paganisme ; si l'on s'en était mieux rendu compte, « on l'eût abandonnée aussitôt qu'on accepta un enseignement religieux nouveau » ; elle « ne se serait pas conservée jusqu'à nous, changeant quelquefois de nom, mais... restant constamment immobilisatrice, et opprimant autant que possible les tendances chrétiennes »[1].

La grandeur même de saint Thomas devait retarder l'éclosion d'une philosophie pleinement chrétienne. « Trompé par la méthode grecque dont il faisait usage », il opéra « la fusion entre les principes du christianisme et ceux du paganisme à l'aide de méthodes purement païennes. » Ces méthodes, peuvent se résumer en un mot : le syllogisme. Or « le syllogisme est essentiellement immobilisateur ». C'était là un outil « en conformité parfaite avec la doctrine fondamentale sur laquelle reposaient toutes les sociétés de l'ancien monde » : en effet, le syllogisme est un procédé » où le raisonnement retourne en quelque sorte sur lui-même, ainsi que, dans la doctrine de la chute, l'homme rapporte incessamment chaque instant de sa vie présente à un passé originel ». Il était parfaitement adapté à une mentalité d'après laquelle « il ne s'agissait de rien découvrir, mais seulement de prouver que tel attribut convenait à tel sujet, et tel moyen à l'un et à l'autre : tout était donné. » Il correspondait à un type de civilisation dans lequel les idées sont considérées « comme des espèces fixes, limitées en nombre et en valeur »[2]. Mais le christianisme a jeté le germe d'une civilisation tout autre :

> La théorie d'Aristote sur le syllogisme est la théorie complète de la langue grecque ; elle nous montre quel était le système entier du langage chez ce peuple, et, par suite, l'état de son intelligence et de sa civilisation. En comparant les formes que notre langue comme notre société ont reçues par l'effet de procédés spirituels nouveaux, on pourrait, jusqu'à un certain point, mesurer la distance qui sépare les deux civilisations, et apprécier l'énorme progrès que le christianisme a fait faire aux nations de l'Europe moderne[3].

1. *Traité,* t. 3, pp. 567-568.

2. Op. cit., t. 1, pp. 34, 67-69, 86-88, 387-388.

3. Op. cit., t. 1, p. 353. La Grèce n'est qu'un exemple ; p. 370 : « Il est prouvé aujourd'hui que le syllogisme était connu des Indiens de la plus haute antiquité... » ; 387 : « Le syllogisme est une méthode rationnelle qui pouvait être parfaitement appropriée à tous les modes d'activité intellectuelle dans la civilisation qui lui donna naissance, c'est-à-dire dans la doctrine qui gouverna les Indes à l'époque la plus reculée, etc. »

Dès lors que l'Évangile appelait les chrétiens « à changer fondamentalement une organisation sociale qui était tout entière d'institution païenne, dans laquelle les privilèges de race et l'exploitation de l'homme par l'homme étaient en pleine vigueur », la méthode syllogistique ne pouvait plus convenir à l'élaboration d'une pensée chrétienne, car elle est « radicalement impropre à faire jaillir une idée quelconque » de nature à modifier l'état des choses. « La manière de procéder par questions », comme fait saint Thomas dans sa *Somme,* ne peut suppléer à cette radicale déficience, car elle « n'est pas nécessairement inventive... Lorsque (la question) n'est pas elle-même inventée, mais déjà posée, elle conduit plutôt à une réponse conforme au milieu où vit l'auteur, c'est-à-dire immobilisatrice, qu'à une réponse étrangère au milieu, c'est-à-dire novatrice et progressive[1]. » L'événement l'a montré : « les savants chrétiens eurent à peine introduit le syllogisme dans l'examen de la constitution sociale, qu'ils commencèrent à négliger le travail de réorganisation, quand ils n'y renoncèrent pas ou ne s'y opposèrent pas... ; il fut démontré que toutes choses envisagées à leur place étaient convenablement arrangées, et aussitôt la science se reposa.[2] » Au moins « sous certains rapports », dans les écoles du second moyen âge, la philosophie chrétienne subit un arrêt ; elle n'eut plus « l'intelligence entière de l'Évangile ». On continua de démontrer des « doctrines pratiques qui eussent été rejetées, si l'on s'était borné purement et simplement à les juger par les commandements évangéliques »[3]. « La valeur des méthodes a été démontrée par celle des résultats » : c'est ainsi que « dans aucun traité de philosophie on ne trouve exposé comment la constitution de l'homme spirituel rappelle l'image de Dieu ; ... on n'a point cherché soit à décrire, soit à démontrer comment les propriétés principales de l'âme humaine sont une image de la Trinité divine ; et cependant c'était un point des plus nécessaires à traiter et à éclaircir...[4]. » « Heureusement la foi ne fut pas le partage seulement des savants ; heureusement le peuple et une partie du clergé furent ignorants de l'aristotélisme, et s'il arrive que le sentiment chrétien suivit une voie plus lente et moins régulière, au moins ne cessa-t-il pas d'agir[5]. »

---

1. *Traité,* t. 1, pp. 68 et 383-384.

2. Ibid.

3. *Traité,* t. 1, p. 391. Cf., d'un autre point de vue, *H.P.*, t. 1, 1834, pp. 115-116 : La théologie « s'immobilisa dans les doctrines juives de l'Ancien Testament » ; on vit aussi dans le servage « une nécessité sociale, qu'elle justifiait comme une conséquence du péché originel. Telle est la théorie exposée dans saint Thomas, le docteur et l'encyclopédiste de cette époque. »

4. *Traité,* t. 1, p. 92 ; cf. t. 3, pp. 357-400.

5. *Traité,* t. 1, p. 184.

Peu nous importe ici la large part d'arbitraire, tant au point de vue de la logique interne qu'à celui de l'histoire, de telles considérations. Une idée juste cherche à s'y exprimer, une idée profonde, que d'autres écrivains sauront mettre en un meilleur jour[1] : l'idée que la nouveauté radicale introduite par la lumière et la force chrétiennes dans le monde lui imprime un dynamisme social qui doit trouver son soutien dans un dynamisme intellectuel correspondant. La critique du thomisme aristotélicien qui s'y mêle – et que nous voyons se renouveler de nos jours, parfois avec beaucoup moins de sérieux[2] – suppose une faible connaissance de l'œuvre de Thomas d'Aquin. Disons à la décharge de Buchez qu'elle était alors assez courante : Bonald, dont la pensée régnait sur le conservatisme catholique, et que Buchez avait lu de près, n'avait-il pas écrit : « (Au moyen âge) on prit pour de la métaphysique une idéologie obscure et litigieuse ; des règles mécaniques de l'art de raisonner tinrent lieu de raison, et l'on crut trouver dans les *universaux* et les *catégories* l'universalité des connaissances humaines[3]. » Et Louis Bautain, qui fut parmi les collaborateurs de Buchez à *l'Européen,* ne venait-il pas de reprendre le même reproche, en 1835, dans sa *Philosophie du christianisme* ? Bautain faisait poser par un étudiant, Eudore, la question suivante :

> Comment se fait-il... que l'Église ait admis... et laissé prévaloir... une méthode toute païenne comme celle d'Aristote..., en opposition formelle avec les voies de l'esprit de Dieu ? Comment se fait-il que la dialectique, la syllogistique, le rationalisme, en un mot, ait pris tellement possession à certaines époques des écoles ecclésiastiques, que toute autre méthode en a été bannie, qu'aujourd'hui encore il y règne absolument..., malgré ses formes décrépites, ses ridicules procédés et son barbare langage ? (L'Église) n'a-t-elle pas mêlé le poison au vin pur de la vérité ?

A quoi son camarade Adolphe, naïf écho du maître, ne trouvait rien

---

1. Ainsi Cournot. Voir aussi les réflexions de Paul CLAUDEL, notamment dans les *Conversations dans le Loir-et-Cher.*

2. V. supra, t. 1, ch. 3. Citons deux exemples plus sérieux. Cf. J. D. METZ, *Pour une théologie du monde,* Cerf, 1971, pp. 81 et 171-173, surtout pp. 100 et 113, et la recension dans la Revue thomiste, 1973, p. 98. M. Pierre CHAUNU dira dans *Le temps des réformes,* Fayard, 1975, p. 114, que « la chrétienté achevée des XIIe et XIIIe siècles, dévorée par la passion dialectique, a pratiquement perdu, tant elle est assurée des évidences de la foi, la Révélation particulière qui est à l'origine même de ces évidences. »

3. *Recherches philosophiques,* ch. I. Œuvres, t. 5, 1853, p. 12 : « Toutefois, ajoutait Bonald, il est juste de reconnaître que la scolastique a donné de la sagacité aux esprits, de la précision aux idées », etc.

d'autre à répondre que : « C'était par abus et malgré ses défenses les plus formelles... La méthode scolastique a été condamnée par les Conciles, réprouvée par les Souverains Pontifes, proscrite par les Universités et les Académies, flétrie par les docteurs et les théologiens[1]. »

Il ne semble pas que le maître ait été fort soucieux de rectifier ou de nuancer la réponse de son porte-parole. Pour Bautain, en effet, ce fut, « une monstruosité » que « l'autorité d'un païen » ait été « mise au niveau de celle de la Bible », et il est triste de voir de grands esprits, un Anselme, un Thomas d'Aquin, entravés par « l'attirail logique » au milieu duquel ils durent « se traîner péniblement »[2]. Et des milieux intellectuels, ces sortes de jugements avaient envahi les cercles littéraires, moins soucieux encore de distinguer les siècles et les écoles : Qu'on en juge par les propos qu'Alfred de Vigny, à la même date, faisait tenir à son Docteur-Noir : « Aristote, c'est l'immobilisation même de l'espèce humaine, et quand une fois on l'avait bien étudié et enseigné comme les braves théologiens de la Faculté, on le défendait *unguibus et rostro*[3]. »

Comme Bautain[4], Buchez professe une grande admiration pour Grégoire IX, qui s'était efforcé d'élever une digue contre les flots montants de l'aristotélisme à l'Université de Paris ; ce que la scolastique était devenue depuis lors, ce qu'il en avait trouvé dans les deux manuels de Valla, n'était pas de nature à infléchir ses jugements dans un sens plus favorable. S'il avait étudié d'un peu près la doctrine, centrale chez saint Thomas, du désir de voir Dieu, il y aurait sans doute encore trouvé une saveur intellectualiste prononcée (si bien dégagée, en notre siècle, par Rousselot), mais non cette pensée toute statique que lui suggérait sa considération trop unilatérale de la méthode syllogistique. – Mais ce qui doit retenir notre attention, c'est uniquement la question de savoir si l'ampleur que revêt chez lui l'idée de progrès n'embrasse que les conséquences sociales à tirer de l'Évangile et le développement de la réflexion doctrinale à l'intérieur de l'Église, ou si elle ne devait pas aboutir à postuler quelque au-delà de la révélation chrétienne.

---

1. *Philosophie du christianisme, correspondance religieuse*, 1835. T. 1, pp. 98-137, 29e lettre, Adolphe au maître. Cf. p. 115 : « La méthode scolastique s'est introduite... sous une influence à la fois musulmane, judaïque et hérétique. »

2. Cf. Paul Poupard, *L'abbé Louis Bautain*, Desclée, 1961, pp. 168-169. On pourra suivre dans cet ouvrage l'évolution de la pensée de Bautain.

3. Cela, pour expliquer à Stello le sort de Ramuz, « lapidé, égorgé et jeté par les fenêtres pour avoir... attaqué Aristote. Il avait médit d'Aristote. Ce n'était pas peu de chose que ce crime. » *Daphné*, 3. Le Pays latin. *Œuvres*, Pléiade, t. 2, p. 786.

4. *Phil. du christianisme*, t. 1, p. 126.

La seconde hypothèse a été retenue par plusieurs historiens. C'est vers elle, notamment, que penche M. François-André Isambert. Buchez, estime-t-il, justifiait le dogme catholique « par sa conformité à l'état du développement social. L'idée n'était pas exempte de confusion et pouvait se prêter à des interprétations diverses ; en un sens, c'était là rejoindre l'idée de Lessing popularisée par Eugène Rodrigues. Buchez gardera l'idée d'un éclairage progressif de l'esprit humain par des dogmes successifs, dont l'aspect de révélation se précisera même pour lui par la suite[1]. » Buchez parle en effet de « quatre termes de progression » ou de quatre « âges » de l'histoire humaine, fruits de quatre « interventions divines » ou de « quatre révélations » : « l'âge adamique (dont les traces « ont complètement disparu de la surface du globe »[2]) l'âge noachique, l'âge brahmanique (égyptien ou indien[3]), l'âge chrétien[4]. On reconnaît dans certaines de ses descriptions le concordisme biblique et le traditionalisme de l'époque : Buchez, fervent de géologie et de sciences naturelles, et qui avait connu Lamarck, repousse néanmoins son transformisme ; l'Adam qu'il nous décrit est magnifié au point d'être comparé, sinon identifié à une première incarnation divine. On reconnaît aussi le mouvement de curiosité provoqué par ce que Raymond Schwab a dénommé « la renaissance orientale », – mais cette curiosité ne provoque pas, comme chez d'autres alors, un engouement. Du saint-simonisme, et plus généralement du courant de pensée qui remonte à Vico, provient la distinction, à l'intérieur de chaque âge, d'une période organique ou synthétique et d'une période critique, individualiste et dissolvante, d'où l'humanité est tirée par une révélation nouvelle[5] :

> L'esprit critique passa sur les sociétés comme un ouragan ou un déluge ; il abattit les temples, brisa les sanctuaires, enfouit les traditions ; il mêla et roula la matière des dieux et des hommes, et la jeta çà et là, et la laissa immobile, comme un sable inerte et sans volonté, attendant le germe de l'arbre qui devait l'abriter et la fertiliser[6].

1. Op. cit., p. 146. Sur Buchez et Vigny, qui fut quelque temps attiré par sa pensée : Pierre FLOTTES, *La pensée politique et sociale d'Alfred de Vigny*, Belles-Lettres, 1927, pp. 65-66, 84-87, 126-127, note. DERRÉ, *Lamennais et ses amis*, p. 578.

2. *Traité*, t. 3, p. 537.

3. Sur les motifs qui lui font traiter comme un tout les civilisations de l'Égypte et de l'Inde : A. OTT, *Notice*, pp. XCVIII à CV.

4. *Introduction*, t. 2, livre 6, ch. 3 et 4 ; pp. 235-317. *Traité*, t. 3, pp. 536-545.

5. *Introduction*, t. 1, pp. 269-270.

6. *Introduction*, t. 2, p. 429.

Buchez, on l'aura remarqué, ne mentionne pas un « âge mosaïque » ; la révélation faite à Moïse n'est pas comprise dans son énumération. Serait-ce qu'il l'estime négligeable ? Absolument pas. C'est tout au contraire parce qu'elle mérite d'être étudiée à part. Elle ne concernait en effet qu'un seul peuple, le constituant en quelque sorte en marge de l'histoire générale, en vue d'une destination unique. Le message dont Israël était porteur ne devait recevoir son plein sens et acquérir autorité pour tous « qu'après avoir été sanctifié par Jésus-Christ »[1]. Au reste, dans une note du *Traité,* Buchez s'exprimera de façon plus classique : « Les Livres saints, précisera-t-il, nous enseignent que Dieu a parlé cinq fois aux hommes, une fois à Adam, une fois à Noé, une fois à Abram ou Abraham, une fois à Moïse, et enfin une dernière fois par Jésus-Christ[2]. »

Toujours en faisant abstraction du cas de Moïse, on peut dire aussi, avec Ott, que selon Buchez « les révélations proprement dites se réduisaient à deux, la révélation primitive – car l'homme, abandonné à lui seul, n'aurait jamais pu inventer le langage ni la morale – et la révélation chrétienne », l'une et l'autre indispensables et indépassables[3]. C'est que l'idée buchézienne de révélation n'est pas univoque. Chaque « révélation » est sans doute « un enseignement de Dieu à l'homme », mais cet enseignement peut être donné de manières bien différentes. Buchez en distingue trois : selon que Dieu s'unit lui-même par son Verbe à la nature humaine, ou qu'il inspire directement un prophète, ou enfin qu'il dote simplement un homme de « cette espèce d'intelligence supérieure que les chrétiens appellent un don de la grâce, et les philosophes un don de génie »[4]. Théorie du progrès spirituel hautement personnaliste, soit dans son origine divine soit dans ses instruments divins, qui souligne les nouveautés, les franchissements de seuil, voire les oppositions d'une étape à l'autre, en contraste avec la plupart des théories immanentistes de l'évolution humaine. Buchez accepte comme « démontrée » la « conception nouvelle » qui entend par « humanité » le « but unique qui regarde l'espèce humaine entière et embrasse tout son règne sur la terre, but vis-à-vis duquel on peut la

1. Ibid., pp. 313-317. On remarquera la même chose chez Soloviev, qui dans son schéma historique sur les religions laisse de côté le monothéisme juif, « considéré comme un phénomène tout à fait à part » : D. Strémooukhoff, *Vladimir Soloviev et son œuvre messianique.* Belles Lettres, 1935, p. 30. Cf. Hans Urs von Balthasar, *Théologie de l'histoire*[2], Fayard, 1970, p. 156 : « Étant essentiellement la préhistoire du Christ, l'histoire d'Israël est unique comme lui-même. »

2. *Traité,* t. 3, p. 536.

3. Ott, *Notice,* p. lxxxviii. Buchez, *Introduction,* t. 2, p. 313.

4. *Introduction,* t. 2, p. 237.

considérer comme un seul être accomplissant une fonction et encourant une responsabilité » ; mais, comme l'indiquent ces derniers mots, il refuse toute évolution fatalement progressive.

Ses vues sont, comme lui-même l'accorde, trop « générales » pour qu'on puisse entièrement s'en satisfaire, – même en se replaçant par l'imagination à la date de l'ouvrage. Mais sur la question essentielle, celle du rapport du christianisme aux anciennes civilisations, elles demeurent éclairantes. A l'heure où un Pierre Leroux cherchait à montrer de l'un aux autres une simple continuité, Buchez met en relief l'opposition. Il faut connaître bien mal, estime-t-il, « Platon, Aristote, les Alexandrins » pour leur attribuer les lumières reçues de Jésus-Christ. Ces philosophes, « bien loin d'affirmer l'égalité originelle des hommes, ont au contraire positivement, explicitement, toutes les fois qu'ils se sont expliqués là-dessus, affirmé leur inégalité originelle[1] ». C'est « du sang du peuple Juif », ce peuple pour ainsi dire hors circuit, « qu'est sorti le Sauveur ». Le christianisme issu de lui « était la contradiction directe de tout ce qui était alors en action. En face du monde ancien, son idéal était une folie, toutes ses espérances étaient au-delà. Il plaçait les fidèles en dehors du temps et du siècle », et c'est là ce qui fit sa force. Par lui « la conscience humaine a été changée ; nous avons aujourd'hui des pitiés, des répugnances, des sympathies, des scrupules et même des remords que l'antiquité ne connaissait pas »[2]. Il appelait tous les hommes, « et c'est pour cela qu'il prit tout de suite le nom de catholique » ; son but était « l'affranchissement complet et intégral de l'espèce humaine par la loi morale » ; il prêchait « la charité entre tous, la *charitas,* qui est bien plus que l'amour »[3]. Or l'Évangile n'a pas fini de fructifier : « Si quelqu'un disait que cet enseignement (de Jésus-Christ) est épuisé, nous lui montrerions mille préceptes, des plus importants, qui attendent encore le moment où ils seront compris de

1. *Introduction,* t. 2, pp. 268-271, etc. *H.P.,* t. XI, 1834, préface. Au reste, « la philosophie n'avait pas détruit la superstition, avec la prétention de tout expliquer, elle laissait subsister ce sentiment profond de l'inconnu et du mystère, cette douloureuse incertitude de l'avenir qui pèsent de tout temps si fortement sur les hommes, et que les religions, si inférieures qu'elles soient, ont au moins le mérite de satisfaire, de régler et de discipliner. » *Pol.,* t. 2, pp. 516-517.

2. *Traité,* t. 3, pp. 537-538. *Pol.,* t. 2, pp. 299-300 et p. 492 ; Buchez ajoute cette remarque ironique : « Certains philosophes modernes appellent ces sentiments les instincts naturels de l'homme ». Cf. *Introduction,* t. 2, p. 462 : « La société occidentale était entrée dans une voie sans issue : le mal, où elle vivait, était sans solution. L'insurrection des esclaves ne pouvait produire plus que mettre en d'autres mains la propriété de mal faire. »

3. *Pol.,* t. 2, pp. 485-486. On comparera avec VIGNY, qui reproche à Pascal de regarder « ce sentiment qui n'est que le plus naturel élan de bonté comme une chose surnaturelle » : *Journal inédit,* 1852.

tous, universellement acceptés, et mis définitivement en pratique. » Jésus lui-même, en saint Jean, ne nous en a-t-il pas avertis ? On peut comprendre de façon plus ou moins extensive les paroles mystérieuses rapportées par l'évangéliste : « J'ai encore beaucoup de choses à vous dire, mais vous ne pouvez les porter présentement » ; cependant il n'est pas besoin d'en avoir pris la mesure exacte pour s'en inspirer en pratique[1]. Il nous suffit de savoir que si, comme on l'a vu, « une religion doit gouverner aussi bien les sociétés que les individus », elle doit aussi « compter avec les mœurs et les institutions existantes » et ne peut atteindre son but que par « une lente transformation historique »[2].

Sage principe, que Buchez rappelait à ses jeunes disciples trop pressés. Il dira plus tard de celui qui lui fut particulièrement cher, Feugueray, alors échauffé par le soleil de juillet 1830 : « Il ne savait pas combien lentement se développe même la logique des choses dans l'humanité »[3]. Mais d'autre part, comme Ballanche dont il veut expressément prolonger la pensée, et avec plus d'audace que lui, Buchez tire de ses convictions chrétiennes, non sans quelque naïveté moralisante, des conclusions enthousiastes – qui lui seront vivement contestées, et qui sont en tout cas hors de proportion avec une vue qui prétend embrasser l'histoire entière – sur l'étape marquée par la Révolution française. Celle-ci lui apparaît comme « la conséquence dernière et la plus avancée de la civilisation moderne », laquelle « est sortie tout entière de l'Évangile ». Elle a enfin rompu la digue que les pouvoirs religieux et politiques opposaient au progrès ; elle nous laisse encore loin du but, mais on peut dire que par elle « la morale évangélique est entrée dans la voie de sa réalisation définitive »[4].

Buchez ne se fait pas l'apologiste de la Révolution française, – pas plus que de toute autre révolution, – dans ce qu'elle a eu de violent, sinon en expliquant (avec trop de facilité) les raisons qui rendent parfois la violence inévitable[5]. « C'est toujours dans les crimes du pouvoir qu'il faut chercher les causes de révolutions... La civilisation moderne a été précipitée dans les voies révolutionnaires parce que les pouvoirs mis en question ont constamment résisté, en montrant leur droit et en l'appuyant par la force, à ceux qui leur reprochaient de ne pas

---

1. Jo. 16, 12. *Introduction,* t. 2, p. 267. *Traité,* t. 3, p. 545.

2. *Traité,* t. 3, pp. 571-576. Cf. Ott, *Notice,* p. LXXI : « La loi nouvelle ne peut s'appliquer que successivement, et le progrès ne consiste que dans cette application successive même. »

3. Notice en préface à Feugueray, *Essai...*, 1857, p. V. (Voir infra.)

4. *H.P.*, t. 1, 1834, p. 10 ; cf. *Pol.*, t. 2, p. 528. Toutefois, Buchez mettra à ces éloges de graves restrictions. Cf. la 2ᵉ partie de ce chapitre, pp. 115 et 129.

5. Ainsi pour la Terreur et la Saint-Barthélemy : *H.P.*, t. 19, préf., pp. XI-XII.

accomplir le devoir commun. » Lorsque « le pouvoir catholique » s'était mis à rejeter pour lui-même « la loi de Jésus-Christ », des hommes de devoir, tels que Wiclef et Jean Hus, « y avaient énergiquement rappelé des directeurs infidèles ». C'est d'eux, non de Luther, que les révolutionnaires jacobins furent les héritiers. Leur filiation est évangélique[1]. Dans notre grande révolution, il y eut d'ailleurs « autre chose que des ruines », il y eut « un commencement de construction » et l'œuvre sociale accomplie par la Convention est admirable[2].

Dans le premier *Européen*, un an après la révolution de Juillet, Buchez avait écrit que le « christianisme n'est pas encore épuisé », mais il avait aussitôt précisé sa pensée : « Cela ne veut pas dire, sans doute, qu'un jour ne doive venir où une pensée morale nouvelle descendra parmi les hommes ; mais il arrivera, comme par le passé, lorsque l'humanité aura achevé les dernières conséquences de la doctrine précédente[3]. » On peut donc dire qu'il professait alors un « christianisme provisoire »[4]. Quelque chose de cette conception demeurait encore dans la première édition de l'*Introduction à la science de l'histoire.* On y lisait une page aux résonances joachimites :

> ... Dans la société chrétienne même, ... l'on crut que la théorie catholique était le dernier terme des perfectionnements humains. Cependant le nouveau testament renfermait plusieurs passages qui indiquaient que la révélation n'était pas complète, qu'il y avait quelque chose au-delà du dogme biblique, qui annonçait enfin que l'enseignement évangélique s'était arrêté au point où les hommes du jour pouvaient le comprendre, à un point que les hommes dépasseraient lorsque leurs yeux seraient plus largement ouverts, mais on ne fit pas attention à ces passages par lesquels le révélateur voulait lier le livre du progrès chrétien aux livres des progrès futurs[5]...

---

1. Cf. *Introduction* : « Toutes nos révolutions modernes, malgré leurs prétentions contraires..., sont chrétiennes dans leur principe, dans leur moteur et dans leur but. » Texte cité par Brian JUDEN, *Traditions orphiques et tendances mystiques dans le romantisme français,* Klincksieck, 1971, p. 378.

2. *H.P.*, t. 1, 1834, pp. 1 et 4 ; t. 29, 1836, préface, pp. X et XII. Propagateurs de la morale de la fraternité, ils enseignèrent que tout devait être sacrifié pour enseigner le règne de cette morale, et la nation à laquelle ils s'adressaient fut transportée d'un saint enthousiasme... » Cf. *Pol.*, t. 2, pp. 499-502. OTT, *Notice,* p. CVIII. – On pourra compenser ici Buchez, entre autres, par Le Play.

3. *L'Européen,* t. 1, pp. 143 et 147 ; cité par ISAMBERT, p. 153.

4. Cependant, il nous paraît inexact d'en conclure que « ce christianisme provisoire... va de pair avec un rejet du catholicisme dans le passé ». Cf. ISAMBERT, p. 154.

5. Ed. de 1833, pp. 56-57.

Mais cette page a disparu dans la seconde édition. Elle y est remplacée par un assez long développement qui fait mieux ressortir la nouveauté chrétienne et qui montre l'idée de progrès, due au christianisme, inspirant à la suite de saint Paul des hommes tels que Jean Climaque, Vincent de Lérins et surtout Augustin ; étouffée quelque temps, sans doute par l'empire qu'exerçait la pensée d'Aristote, elle se fit jour « de nouveau » au seizième siècle, et son « élaboration philosophique » s'est poursuivie jusqu'à nos jours[1]. De même, en 1833, la page finale évoquait une « dernière période du christianisme », placée sous le « règne de l'association », et trois lignes de points suivaient, après lesquels il n'était plus fait mention que d'« un autre monde » ; « comme si, remarque Isambert, Buchez n'avait pas voulu préciser sa pensée sur la période séparant la fin du christianisme de la fin du monde », – ou peut-être seulement comme s'il avait déjà voulu suggérer, sans oser encore l'affirmer nettement, que ces deux fins devaient coïncider[2]. Quoi qu'il en soit, dans la seconde édition Buchez supprime également cette page. Sa réflexion l'avait conduit à des conclusions plus assurées. Il avait reconnu que l'Évangile est en lui-même indépassable et que c'est « l'Église romaine » qui le conserve en son intégrité vivante. Désormais aucun terme n'est plus envisagé pour le christianisme au cours de l'histoire, même par simple hypothèse. Toute ambiguïté a disparu. La révélation chrétienne est déclarée « parfaite ». Buchez est passé de façon définitive « d'une conception prophétique de la religion à venir, à la reconnaissance du catholicisme comme *vraie* religion »[3].

Seulement, les applications de l'Évangile sont indéfinies. Elles sont donc toujours à chercher au-delà de ce qui en est déjà réalisé ; et, comme l'histoire le montre, c'est par cette Église dont saint Pierre fut « le premier pape » que, depuis les premiers jours, ce progrès nécessaire poursuit sa marche ; c'est par elle qu'il surmonte les écueils et qu'il évite les impasses. Après avoir affronté les persécutions païennes puis traversé victorieusement la crise arienne qui portait la menace d'un retour au paganisme, « l'Église » a su négocier avec le monde barbare ;

1. Ed. de 1842, t. 1, pp. 88-90. Et il ne s'agit plus que de l'histoire de l'idée de progrès, sans confusion avec l'idée d'un au-delà possible de l'apport chrétien.

2. Ed. de 1833, p. 568 : « ... Un jour arrivera enfin, où l'humanité aura accompli sa tâche. Alors, un autre monde paraîtra, et la volonté de Dieu sera faite. » Cf. Isambert, op. cit., p. 154.

3. Isambert, pp. 194-195. Dans son article de 1965, p. 61, l'auteur estime que depuis sa conversion l'inspiration de Buchez « se fige ». Ce vocabulaire, qui ne serait pas le nôtre, a le mérite de reconnaître la fixité désormais assurée de ses positions doctrinales, base solide de sa réflexion.

elle a sauvé la société « au milieu des désordres effroyables où s'écroula l'empire romain ». Quand, par l'extension du système féodal, un nouveau paganisme risqua de recouvrir l'Europe, c'est un grand pape, Grégoire VII, qui rétablit la situation. En rappelant avec vigueur – « ce que l'on ne comprend plus aujourd'hui » – l'exigence du célibat des prêtres, il inaugura « une époque de création, d'activité dans toutes les directions et d'espérance pour tous ». Il institua « sur terre une justice au-dessus du droit de la force ». Ainsi devint-il « le plus illustre des martyrs » des empereurs simoniaques[1].

L'admiration de Buchez pour Grégoire VII, partagée par nombre de ses contemporains[2], a été ratifiée par des historiens aux tendances les plus diverses. En 1891, James Darmesteter évoquait encore, dans la préface de son livre célèbre sur *les Prophètes d'Israël* (p. XIX) le « génie du moine Hildebrand » qui sut faire de l'Église catholique le guide de l'Europe. On a même pu lire, dans un *Bulletin de la Grande Loge de France,* que « c'est Hildebrand, devenu Grégoire VII, qui, en régénérant l'Église, a sauvé l'Europe »[3]. La fureur anticléricale d'Edgar Quinet s'était apaisée devant la grande figure de Grégoire VII, qu'il admirait à l'égal du premier Grégoire[4]. Sur la fin du dix-neuvième siècle, Mgr Duchesne consacrait une opinion commune lorsque, après un sombre tableau des liens dans lesquels se trouvait alors enfermée l'Église, il écrivait : « Il fallait sortir de là ; Grégoire VII ouvrit la porte, une porte qui ressemblait à une brêche. Le scandale fut énorme dans un monde qui vivait sur les abus. Mais le grand pape eut confiance dans la barque de saint Pierre. Sur la mer démontée où il la conduisit, elle répondit à la foi de son capitaine »[5]. Depuis quelques

---

1. *Introduction,* t. 2, pp. 473-478 et 487-494. *Hist. parlem.*, t. 29, p. 12. *Traité de politique,* t. 2, pp. 490-491. Gérard de Nerval simplifie les choses quand il écrit en 1850 dans *Les prophètes rouges :* « Grégoire VII, luttant pour la République spirituelle contre les monarques de son temps, était le type historique le plus admiré de M. Buchez. »

2. On sait qu'Auguste COMTE a mis Grégoire VII dans son *Calendrier positiviste* ; il voyait en lui le modèle des chefs spirituels de l'avenir. Le gallicanisme de l'abbé Maret n'a pas nui à son admiration pour ce pape : *L'Église et l'État,* cours de Sorbonne, 1850-51, éd. Bressolette, Beauchesne, 1979, pp. 104, 116, 118.

3. Le F.A.C., dans le Bulletin du 15.1.1939. Cité par G. BERTHELOT, *La Franc-Maçonnerie et l'Église catholique,* Éditions du Monde nouveau, 1947, p. 182.

4. Voir infra, ch. XIV, 2.

5. *Les premiers temps de l'État pontifical,* 1898, p. 411. Jérôme CARCOPINO citera ce texte dans ses *Souvenirs romains,* p. 261. Parmi les jugements analogues plus récents, voir la conclusion de Jules GAY, *Les papes du XI*[e] *siècle et la chrétienté,* 1926, pp. 404-405 : « La réforme grégorienne... a régénéré l'Église, et l'a rendue capable de diriger la chrétienté, même sans l'appui de l'Empire ; elle a provoqué une renaissance salutaire de la vie et de la pensée chrétiennes... C'est par la révolution grégorienne que l'Occident chrétien commence à sortir du chaos féodal. »

années, sans que l'enquête historique ait été sérieusement renouvelée, on est peut-être porté, par une réaction trop vive, à ne voir que les inconvénients qui résultèrent du système grégorien ; et même, chose étrange, on a pu lire tout récemment, sous la plume d'un auteur connu par son impétueux traditionnalisme, une brève liste de papes maudits dans laquelle Grégoire VII figure aux côtés de Jules II et d'Alexandre VI[1].

Dans son apologie du moyen âge catholique, Buchez n'était d'ailleurs pas entièrement original. Saint-Simon lui-même avait écrit en 1814, dans son mémoire *De la réorganisation de la société européenne*, rédigé avec la collaboration du jeune Augustin Thierry : « Nous affections un mépris superbe pour les siècles qu'on appelle du Moyen Age ; nous n'y voyions qu'un temps de barbarie stupide, d'ignorance grossière, de superstitions dégoûtantes, et nous ne faisions pas attention que c'est le seul temps où le système politique de l'Europe ait été fondé sur sa véritable base, sur une organisation générale[2]. » Dans le jugement porté sur la Réforme protestante, on peut noter encore une certaine continuité avec le saint-simonisme. Buchez observe qu'après avoir atteint son apogée, la société chrétienne subit un fléchissement, lorsque le pouvoir spirituel, en raison même de ses succès, s'imprégna « des vices propres aux pouvoirs temporels ». A partir du quatorzième siècle, on l'a vu, le clergé prit une voie rétrograde, qu'il n'a pas encore quittée. Une réforme était devenue nécessaire. Mais celle qui se produisit, rompant avec l'Église, fut un malheur, parce qu'elle se tourna vers le passé, – parce qu'elle n'apporta « sur toutes choses que des idées critiques », – parce qu'elle posa un principe d'anarchie, contraire à l'union de l'humanité entière dans une même foi et une même morale, – enfin parce que, proclamant la souveraineté de la raison individuelle dans l'interprétation des Livres saints et substituant l'esprit critique à l'esprit organique, elle est à l'origine du processus d'où « est sortie cette suite de systèmes qui ont fini dans le néant hégélien »[3]. Le protestantisme a répandu dans le monde « un esprit qui rendait impossible toute conclusion commune, un esprit essentiellement contraire à la fondation d'une nouvelle unité »[4].

---

1. R. P. Bruckberger, *Lettre à Jean-Paul II*. Stock, 1979, p. 10.

2. Voir aussi supra, t. 1, ch. VIII, *Novalis*.

3. *Pol.*, t. 2, pp. 191-192.

4. *Introduction*, t. 2, p. 503. En 1847 Buchez publiera dans la *Revue nationale* un article : « Pourquoi nous sommes catholiques et non pas seulement chrétiens ». Il avait écrit dans la préface au t. 15 de son Histoire parlementaire, p. 15 : « Le protestantisme ne fut ni une invention ni un développement du christianisme... ; il ne se donna pas pour autre chose que pour une reconstitution de la primitive Église. Il s'était appuyé

Mais ces jugements d'ordre historique amènent Buchez à des conclusions tout autres que celles des Saint-Simoniens. Pour lui, l'avenir est au catholicisme. Sous des formes imprévisibles, c'est « à lui qu'est réservé désormais le gouvernement du monde », c'est-à-dire non pas du tout sa domination temporelle mais sa direction spirituelle. Car il tient dans la fermeté de son institution et dans celle de sa foi le principe définitif de tout véritable progrès. Ce qu'on peut appeler chez Buchez un « catholicisme social » avant la lettre n'est pas le projet d'un corps organisé de législation sociale, ce n'est pas non plus un simple appendice moralisant de « l'esprit » de l'Évangile. C'est d'abord et essentiellement une doctrine congénitale à la structure dogmatique et sacramentelle de l'Église. D'où la mise en valeur du dogme de la création, enseignant une « cause initiale libre, spirituelle, intelligente, qui a fait le monde » ; du dogme de la Trinité, qui est « non seulement le dogme le plus vrai, mais encore le plus explicatif »[1] ; des dogmes de « l'homme fait à l'image et à la ressemblance de Dieu », de l'Incarnation, du péché[2], de la Rédemption[3]. D'où l'insistance sur l'efficacité sociale des sacrements, qui furent et demeurent une prédication vivante :

> Lorsque le Christianisme apparut au milieu du monde gréco-romain, il nia le droit possédé par les pères de dispenser à leurs enfans la vie, la mort ou l'esclavage, en instituant le sacrement de baptême, par lequel les enfans devenaient membres de l'Église ; il nia l'inégalité d'origine, les différences de castes, et toutes les catégories antiques fondées sur la doctrine de l'inégalité dans les déchéances, par ce même sacrement du baptême qui rendait tous les hommes participans des mérites de Jésus-Christ ; il confirma l'égalité entre les hommes... en établissant le sacrement de l'Eucharistie par lequel tous pouvaient devenir participans du corps et du sang de Jésus-Christ ; il rendit à jamais impossible de faire de l'état de péché une condition sociale, en créant le sacrement de la pénitence ; il mit la femme sur le pied de l'égalité avec l'homme en instituant le sacrement du mariage ; il

---

sur ce prétendu principe que les créations sont d'autant plus parfaites qu'elles sont moins développées. » On reconnaît là un schème commun à Maistre et à Comte. Et au t. 40 (1838), pp. XI-XII : « ... principe qui tend à la dissociation », « doctrine de désorganisation ».

1. *Traité,* t. 2, 240 ; t. 3, pp. 77-78, 357-378. Cf. OTT, p. CXIV.

2. Pour lui, observe OTT, *Notice,*p. CII, « le terme de péché originel résumait toutes les fautes sociales, toutes les violences, tous les crimes, toutes les erreurs qui dans l'origine avaient fait dévier l'humanité de sa voie progressive. »

3. Op. cit., t. 2, pp. 512-513, etc. Voir supra.

> changea la doctrine du pouvoir en substituant, au droit de la naissance et de la force, le droit qui émane de ce commandement : « que celui qui voudra être le premier parmi vous, se fasse votre serviteur », etc. etc.

Bref, par ses institutions, ses préceptes, ses exemples, il fit « un homme complètement nouveau ; et de là est sorti une société entièrement différente de la société antique, un esprit actif et fécond qui chaque jour enfante des choses nouvelles »[1]. Aussi, avant de terminer son grand *Traité,* Buchez tient-il à déclarer que « la doctrine révélée est l'origine de tous les principes de méthodologie, d'idéologie et d'ontologie même, qui forment le sujet de notre ouvrage. Nous devons, ce nous semble, invoquer en terminant le nom de la religion sainte qui est la raison et le lien de notre travail »[2].

Cette religion sainte est pour lui, on l'a vu, le catholicisme. Il le maintiendra sur la fin de son traité posthume[3]. Mais il constatera que certains protestants « pensent aujourd'hui à reprendre (le) but d'universalité en vue duquel l'Église s'attribua le titre de catholique. Ils voudraient rétablir, sur le terrain des Évangiles, une unité qui fût au-dessus des discussions et des partis théologiques ». Cette disposition nouvelle éveille en lui l'espoir d'une « réconciliation ». Il y faudra sans doute « des concessions réciproques », qu'il se garde de préciser, mais dont l'une des principales semble être, comme le mouvement du siècle y tend, l'abandon par la papauté de la puissance temporelle[4]. « Vienne le jour où l'on réalisera la parole de saint Augustin : *In necessariis unitas, in dubiis libertas, in omnibus caritas.*[5] » L'unité réalisée dans son sein permettra au christianisme de réaliser sa mission irremplaçable : « Le but du christianisme est un ; mais dans toute langue humaine le mot manque à une pareille unité. Un seul peut la représenter : c'est celui de christianisme[6]. »

---

1. *Traité,* t. 3, pp. 572-573.

2. *Traité,* t. 3, pp. 566-567.

3. *Pol.,* t. 2, p. 527. « Au XVIe siècle les protestants attaquèrent le catholicisme pour réformer le clergé et la théologie » ; mais « une fois la réforme obtenue, les effets disparaissent avec la cause. »

4. Cf. *Pol.,* t. 2, p. 505 : « Personne ne peut nier que le plus grand service qui puisse être actuellement rendu à l'Église, serait d'ôter à son chef la responsabilité et la préoccupation de son pouvoir temporel, qui furent si souvent en contradiction avec ses devoirs... »

5. Ibid.

6. *Pol.,* t. 2, p. 486.

II

L'école buchézienne

On ne saurait nier que la pensée de Buchez soit parfois confuse, ni qu'elle comporte une part d'illusion sur le passé et d'utopie dans ses vues d'avenir. Elle témoigne d'un immense labeur scientifique et d'une réflexion souvent profonde[1] ; mais elle vaut plus par l'inspiration, par une certaine robustesse et par l'ampleur de ses perspectives que par la précision des analyses. Il a manqué aussi à Buchez, qui se voulait réalisateur, une suffisante connaissance de la science économique, alors « en plein essor »[2]. On a souligné d'autre part « l'inconfort » de son « catholicisme marginal »[3]. Par son jugement sur la Révolution française, il dressait aussi bien contre lui la bourgeoisie rationaliste arrivée au pouvoir que la grande masse du monde catholique ; il n'indisposait pas moins ceux qui, tels les saint-simoniens, louaient volontiers comme lui les services rendus jadis par l'Église mais jugeaient la vieille religion définitivement dépassée. « Nous devions, a-t-il écrit sur le tard, nous placer entre le clergé et le siècle, comme on dit, pour tâcher de les faire se comprendre l'un l'autre, c'est-à-dire expliquer au siècle le christanisme, et au clergé la révolution... En même temps que nous apparaissions aux uns comme des défenseurs du passé, d'autres ne voyaient en nous que des fanatiques révolutionnaires[4]. »

Au néojoachimisme qui l'avait tenté au début de son évolution religieuse mais qui ne le retint pas, il refusa de plus en plus toute concession. Il est faux, répétait-il, « que le christianisme ait fait son temps », qu'il soit « épuisé »[5]. Les divers panthéismes, sociaux ou cosmiques, par lesquels on prétendait le remplacer n'étaient pour lui qu'une vieille aberration. Un Pierre Leroux - qui lui fut de plus en plus hostile — pouvait bien le railler de faire de Robespierre un héritier d'Hildebrand, d'autres pouvaient bien l'appeler par moquerie « le révérend Père Buchez », il ne s'en laissa nullement intimider. Quant à

1. Balzac s'est inspiré de lui pour créer son personnage de Daniel d'Arthez. Cf. Max MILNER, *Le Romantisme*, t. 1, Arthaud, 1974, p. 186.

2. J.-B. DUROSELLE, *Les débuts du catholicisme social en France*, 1822-1870. P.U.F., 1951, p. 709.

3. F.-A. ISAMBERT, op. cit., p. 62, sur l'école buchézienne : pp. 26-70.

4. Notice sur Feugueray p. XII.

5. *Pol.*, t. 2, pp. 494-495 et 509-510.

ceux qui s'imaginaient pourvoir suffisamment à l'éducation morale de l'humanité par la science et la philosophie, il les tenait pour ignorants de l'histoire comme de la nature humaine[1]. C'est la « grave erreur » qu'il reprochait à Auguste Comte, « plus mathématicien qu'historien »[2], comme à nombre d'autres penseurs de son temps. Ignorance de la nature humaine : « Là où il n'y a pas de Dieu, il n'y a pas de loi obligatoire pour la conscience..., partant pas de devoir réel. Là où il n'y a pas d'immortalité en espérance pour la personnalité humaine, il n'y a point de responsabilité véritable »[3]. Ignorance en même temps de l'histoire : « En fait », par le christianisme, « la conscience humaine a été changée ; nous avons aujourd'hui des pitiés, des répugnances, des sympathies, des scrupules et même des remords que l'antiquité ne connaissait pas. Certains philosophes appellent ces sentiments les instincts naturels de l'homme » ; ils s'imaginent pouvoir abandonner sans dommage la foi qui les a fait éclore, et peut-être en effet, dans la « fausse science » à laquelle ils auront succombé, conserveront-ils « au moins leurs habitudes morales et leurs préjugés de conscience » ; peut-être resteront-ils « de bons et honnêtes citoyens ». Mais ils seront en contradiction avec eux-mêmes, et dès la génération suivante, éduquée par eux, les effets nocifs de leur système négateur se feront sentir[4]. Ces considérations commandent le jugement qu'on doit porter sur la Révolution française et l'espoir qu'on peut mettre en ses fruits :

> Quand on sépare les affirmations révolutionnaires de leur point de départ historique et religieux, c'est-à-dire du christianisme, il se trouve qu'elles manquent de développement et de sanction. Elles perdent une partie de leur signification. Qu'est-ce, par exemple, que la fraternité, si elle n'est expliquée par la doctrine de la charité chrétienne ? Qu'est-elle comme obligation, si elle n'est affirmée comme un devoir qui vient de Dieu ? Devant la science pure, ce n'est qu'une hypothèse...[5].

Cet ancien promoteur du carbonarisme anticlérical, cet apologiste

---

1. Op. cit., t. 2, pp. 514-524. Cf. OTT, *Notice*, p. LXXIX. Buchez rejoint ici Joseph de MAISTRE, *Soirées*, 9e entretien, note 3 : « Il ne s'agit pas de *parler* de l'amour de Dieu, il s'agit de l'avoir, ... et de l'inspirer en vertu d'une institution générale, à portée de tous les esprits. Or, voilà ce qu'a fait le christianisme, et voilà ce que jamais la philosophie n'a fait, ni ne peut faire. On ne saurait assez le répéter, elle ne peut rien sur le cœur de l'homme. »

2. *Pol.*, t. 1, p. 5.

3. *Pol.*, t. 2, p. 523.

4. *Pol.*, t. 2, pp. 492 et 524.

5. *Pol.*, t. 2, p. 507.

de Robespierre, ce converti non pratiquant, ce « portier de l'Église qui faisait entrer ses disciples et restait à la porte », qui ne recevait guère du clergé qu'indifférence, méfiance ou rebuffades, cet intellectuel qui, pour éclairer et étayer sa foi, ne pouvait puiser auprès des théologiens de son temps qu'une pensée médiocre, cet homme est néanmoins l'un de ceux qui ont le mieux compris la nécessité d'une foi doctrinale au mystère chrétien, reçu dans son intégrité et dans son intégralité, sans aucune « interprétation » destructrice, pour surmonter la crise de la société moderne et sortir enfin l'Europe « du cercle des révolutions ». Il n'a pas craint – et c'est ce qu'on a parfois omis de remarquer – de rejeter explicitement « la doctrine de la souveraineté du peuple formulée par Rousseau, appliquée par la Convention, et continuée » de son temps par la plupart des chefs d'école, doctrine « qui place le pouvoir humain au-dessus de la loi divine » et manque ainsi de toute norme fixe, de tout *criterium* « pour distinguer le vrai d'avec le faux, le bien d'avec le mal ». Avec une belle confiance dans la liberté de discussion et dans la force qui rayonne de la vérité, il concluait : « C'est parce que nous sommes persuadés qu'il faut un *criterium*, et que ce *criterium* est la parole la plus simple à la fois et la plus fondamentale de l'Évangile, que nous appelons de tous nos vœux l'instant où chacun proposera dogmatiquement le sien, quel qu'il soit, certains que nous sommes du triomphe du christianisme sur les affirmations contraires »[1].

Certes, sa position était inconfortable. « Une position nette, en fait de doctrine, expose à des inconvénients qu'on ne brave pas sans un certain courage. Lorsqu'on prend un parti, des ruptures, des séparations, même souvent des scandales en sont la conséquence »[2]. Malgré le catéchisme de son enfance, c'est auprès de Turgot, de Condorcet, de Kant, puis de Saint-Simon qu'il avait puisé dès sa jeunesse sa première idée du progrès. Il n'avait que peu à peu, par ses réflexions et ses lectures solitaires, acquis la conviction que cette idée de progrès, comme celle d'« humanité », est conçue avec beaucoup plus de justesse et de réalisme dans « les enseignements primitifs du christianisme »[3]. Moraliste de la vieille école, homme droit, bon, dévoué, mais sans dispositions mystiques, il sentait que « la théologie avait besoin d'une réforme radicale ». Il voyait la grande masse du clergé catholique peu

1. *H.P.*, t. 29, préface. Il reproche alors à la hiérarchie catholique d'en avoir souvent pris à son aise, au moins par sa conduite, dans l'interprétation de l'Évangile, pratiquant de la sorte un « libre examen » comparable à celui de Luther. Ce reproche d'ordre moral ne l'a pourtant pas détourné d'adhérer au dogme précisé dans la tradition de l'Église.

2. Cf. Ott, *Notice*, p. xxxiii.

3. *Traité*, t. 1, p. 34. *Introduction*, t. 1, ch. 3 et 4, pp. 73-81, etc.

éveillée aux problèmes de l'heure et orientée tout autrement que lui[1]. Qui pensait encore, sous la Restauration, en dehors de quelques gallicans, à la fameuse homélie de Noël 1797 prononcée à Imola par le cardinal Chiaramonti, le futur Pie VII, conciliant les enseignements de l'Église avec les principes de la Révolution et l'existence d'une république démocratique[2]? Cependant, il espérait, et il continuera toujours d'espérer « que le clergé opérerait lui-même » la « réforme » nécessaire[3]. Combien différentes, à la même date, son attitude et celle de Lamennais ! Épuisé, déçu par des luttes déjà longues, meurtri par le désaveu récent de Rome, et comme toujours excessif, Lamennais écrit, sur la fin de 1834 :

> Les événements mûrissent avec une rapidité presque effrayante, comme les fruits sous un ciel de feu. Il s'opère aussi de bien remarquables modifications dans les idées de ceux qui sont plus particulièrement destinés à être les ouvriers de l'avenir. Quant au clergé, il va de plus en plus s'enfonçant dans ses voies. Une main toute puissante le pousse. Laissez passer la justice de Dieu[4].

Rien chez Buchez de cette désespérance aigrie. Il exhorte le clergé catholique avec une naïveté confiante, dans un style dont on peut sourire aujourd'hui ; c'est à la fin de sa grande *Introduction à la science de l'histoire* :

> ... Prêtres, vous êtes la colonne lumineuse qui doit nous guider sur la voie inconnue de l'avenir. Vous portez l'arche sainte devant laquelle le flot des mauvaises passions doit être abaissé. Prêtres, n'abdiquez pas votre tâche... C'est parce que vous avez cessé de nous montrer la route, que nous avons cherché nous-mêmes et que nous nous sommes égarés. C'est parce que vous êtes attachés à ce qui meurt, que le peuple, qui ne meurt pas, vous a momentanément abandonnés. Marchez en avant, et le monde vous suivra ! Le salut de l'Europe sera assuré le jour où le clergé lui aura donné un nouveau Grégoire VII, et la France un nouveau Charlemagne[5]!

1. De même BAUTAIN en 1835 : « Ce que je sens et prévois avec douleur, c'est que, si le clergé s'obstine à rester stationnaire au milieu du mouvement scientifique qui entraîne la société, il ne pourra bientôt presque plus rien pour elle, etc. » *Philosophie du christianisme*, t. 2, p. 95.

2. Cf. Jean LEFLON, *Pie VII*, t. 1, Plon, 1958, c. 8, pp. 414-451 : « L'homélie de Noël 1797 sur l'Évangile et la Démocratie ».

3. Cf. OTT, *Notice*, p. XXXIII.

4. A la baronne Cottu, 6.11.1834. C.G., t. 6, p. 324.

5. *Introduction*, t. 2, p. 508. Cf. *Pol.*, t. 2, pp. 505-506.

Phrase un peu trop éloquente, qui porte la marque de l'époque, souhaits sans doute chimériques, mais conseils aussi avisés que sincères. En 1837, dans son *Histoire de l'Économie politique en Europe*, l'économiste Adolphe Blanqui ne parlait pas autrement du rôle du prêtre : « Ah ! si le prêtre savait aujourd'hui de quelle admirable métamorphose il pourrait être l'instrument et quelle prodigieuse influence il dépendrait de lui d'exercer sur les destinées humaines[1] ! » Ce que le peuple demande au clergé, disait encore Buchez deux ans auparavant, « c'est qu'il soit pauvre, méprisé, persécuté et souffrant comme lui[2] ».

En attendant, il se tient à l'écart. Il prie, mais ne « pratique » pas. Est-ce uniquement « afin de ne pas être un objet de scandale pour les républicains », ses anciens amis ? Il est en tout cas d'autant plus remarquable qu'il continue de soutenir, d'abord à peu près seul, avec rigueur et devant tous, que foi catholique et progrès social sont liés. C'est là ce qui nous retient de dire que son catholicisme était simplement « marginal ». Il se laisse guider par la Providence, se confiant à sa bonté. Mais il proteste toujours qu'il est « franchement catholique : personne ne peut mettre en doute ma conviction, car je n'ai aucun intérêt de ce côté »[3]. C'est à Lacordaire qu'il fait ses confidences, et Lacordaire intervient en sa faveur pour lui éviter la mise à l'Index de son *Essai de traité complet de philosophie*, dont il fut un moment menacé en raison de son « antithomisme »[4]. Rééditant en 1842 son *Introduction à la science de l'histoire*, il y insère cette déclaration : « Si quelque chose dans ce travail se trouvait constituer la moindre opposition aux vérités sanctionnées par l'Église, nous y renoncerions aussitôt que nous aurions été avertis ; et ce désaveu de notre part ne serait pas un pur acte d'obéissance, mais un acte de raison, de devoir et de justice »[5].

On peut, avec M. Jean-Baptiste Duroselle, considérer Buchez comme le plus notable précurseur de l'aile gauche du catholicisme

---

1. T. 1, pp. 102-103.

2. *De la réaction religieuse*, dans *L'Européen*, 25.11.1835. « Pourquoi, demandera-t-il encore dans son dernier écrit, (le clergé) jette-t-il constamment des regards en arrière ?... Pourquoi, au lieu de purifier la Révolution de tout faux alliage,... mettre constamment en opposition la religion et la Révolution ? Le clergé donne ainsi la main aux incrédules... » *Pol.*, t. 2, pp. 505 et 506.

3. Cf. DUROSELLE, op. cit., p. 84. Voir aussi la Notice de Ott.

4. Cf. A. DUVAL, *Lacordaire et Buchez...*, dans RSPT, 1961, pp. 422-455. Dans sa thèse de Londres, *Nationalism, Positivism, Catholicism*, 1977, pp. 392-393, Michael John SUTTON a rapproché Laberthonnière de Buchez : « He was to concur with Buchez... that in the writing of the Angelic Doctor all the questions are asked in Christian Language but all the answers are given with a pagan meaning. »

5. *Introduction*, t. 2, p. 254.

social, Villeneuve-Bargemont étant l'initiateur de son aile droite[1]. Le long chapitre qui ouvre la seconde édition de son *Introduction à la science de l'histoire* est un exposé critique admirablement lucide de la situation sociale et de la misère ouvrière d'alors[2]. Plus loin, il se demande comment a-t-il pu se faire « que tant d'hommes éminents soient tombés dans l'erreur si grave et si profondément répugnante, de considérer des malheurs passagers comme des conditions nécessaires de la civilisation[3]? » Et l'un de ses derniers mots doit être cité, parce qu'il montre que la radicalité même de son catholicisme *social* ne lui faisait pas oublier la radicalité d'une religion qui, pour accomplir la destinée de l'homme, vise encore bien au-delà ; débordant la tâche qu'il s'était fixée dans son *Traité de politique et de science sociale*, il déclarait sur la fin, tout en redisant que « la civilisation moderne est née du christianisme » et que « les destinées du christianisme et celles de la civilisation future sont inséparables » : « Le but même de notre civilisation fût-il accompli, la fécondité de notre religion ne serait pas épuisée[4]. »

A partir de 1832-1834, Buchez fit école. Des horizons les plus divers, des disciples lui vinrent, peu nombreux mais fervents. Des liens de sympathie se nouèrent entre eux et plusieurs anciens mennaisiens, spécialement Gerbet et de Coux, dont les analyses sociales, « précises, documentées, vigoureuses au point de devenir parfois véhémentes »[5], s'accordaient aux leurs[6]. On pense à l'aventure analogue, quelque soixante ans plus tard, qu'évoquera Péguy dans *Un nouveau théologien* : « Tout était pur alors, ... tout fut jeune alors pendant trois ou quatre merveilleuses années. Un socialisme jeune... venait de naître. Un christianisme ardent, il faut le dire, profondément chrétien, ... jeune, grave, venait de renaître. On le nommait... assez généralement *catholicisme social*[7]. » L'expression, bien qu'apparue seulement vers 1843, peut

1. Op. cit., pp. 70-71.

2. *Prolégomènes*, ch. 1 ; t. 1, pp. 1 à 61. Il est « la critique la plus complète parue jusqu'alors du capitalisme libéral » : ISAMBERT, p. 74.

3. *Introduction*, t. 1, p. 495.

4. *Pol.*, t. 2, p. 528. Aussi n'adopterions-nous pas la formule par laquelle Martin Buber pense définir sa pensée, en disant que selon lui « le moment était venu de changer la doctrine du christianisme en institution sociale » : *Utopie et socialisme*, trad. Paul Corset et François Girard, Aubier-Montaigne, 1977, p. 104.

5. J.-R. DERRÉ, dans *Les catholiques libéraux au XIXe siècle*, Grenoble, 1974, p. 559.

6. De même, en 1848, *L'Ère nouvelle* de Lacordaire et d'Ozanam sympathisa avec la *Revue nationale* de Buchez. Le buchézien Feugueray y collabora. Cf. DUROSELLE, pp. 40-58 et 308-312.

7. Gallimard ; Prose, 1909-1914, p. 1045.

aussi s'appliquer au groupe des buchéziens. – Mais la situation « inconfortable » du maître était aussi la leur, si bien que la dispersion ne devait pas tarder. Vingt ans après, à la mort de Feugueray, le plus fidèle d'entre eux, elle était à peu près accomplie. Quelques-uns devaient se détacher du christianisme, tels Corbon et Leneveux, qui se rapprochèrent du « voltairianisme bourgeois »[1] ; tel, plus connu, Frédéric Morin, qui, mené à Buchez par son père, lui conservera son estime, tout en lui reprochant d'avoir exagéré « les secrets rapports de l'Évangile et de la Révolution française »[2]. Nombre d'autres devinrent prêtres. Roux-Lavergne fut chanoine de Rennes ; Pierre Olivaint se fit jésuite, il devait être victime de la Commune en 1870[3] ; Requedat, Piel et Besson rejoignirent Lacordaire pour rétablir en France l'ordre de saint Dominique[4].

En diverses villes de province, des groupes buchéziens s'étaient formés ; un des adhérents les plus actifs était, à Nancy, l'abbé Blanc. Des catholiques charitables, tels François Beslay et Armand de Melun, se réclamèrent de Buchez. Le Père d'Alzon, qui avait longtemps mis son espoir en Lamennais, proposera aux catholiques la personne et l'œuvre de Buchez en modèle, louant la « nouveauté intelligente » de sa doctrine, capable « de faire avancer la réalisation sociale du christianisme »[5]. Ozanam devait recueillir, en la purifiant sans l'affaiblir, la double flamme du mennaisisme et du buchézisme. Mgr Affre eut avec Buchez de longs entretiens cordiaux et soutint ses efforts en vue de promouvoir des associations d'ouvriers. Les Lettres pastorales publiées dans les années 1830 et 1840 par un certain nombre d'évêques dans les diocèses touchés alors par la révolution industrielle pouvaient créer un climat favorable à l'audience de Buchez dans le catholicisme[6]. On y trouvait en effet la même inspiration et la même rigueur que dans son grand chapitre de l'*Introduction* signalé plus haut[7].

---

1. Armand CUVILLIER, *Un journal d'ouvriers, « l'Atelier »*. Éd. ouvrières, 1954, p. 62. Du même : *Buchez et les origines du socialisme chrétien*, 1948.

2. DUROSELLE, op. cit., pp. 344-345 et 658-662.

3. Les *Lettres inédites* qu'on a publiées sous son nom sont apocryphes. Ce qui est dit de ses rapports avec Buchez (2e éd., 1900, pp. II-III) est fantaisiste.

4. Sur Requedat et Piel : BUCHEZ, *Introduction*, pp. VII et VIII.

5. DUROSELLE, pp. 339-340. En 1848, dans son journal nîmois *La Liberté pour tous*, d'Alzon consacre trois importants articles à Buchez.

6. Les doctrinaires sociaux de l'époque n'étaient guère plus en avance et ne paraissaient pas toujours sentir avec autant d'acuité les misères réelles. Pour un Pierre Leroux, la « question sociale » ne s'est clairement posée qu'après juillet 1830 : J.-J. GOBLOT, *Aux origines du socialisme français*, P.U.L., 1977, p. 12.

7. Premier chapitre de la 2e édition. Une étude d'ensemble sur Buchez nous aurait obligé à en traiter plus que par simple allusion.

Les historiens citent quelquefois, mais plutôt comme un cas exceptionnel, la fameuse Instruction pastorale de 1845, dans laquelle Mgr Giraud, archevêque de Cambrai, protestait longuement au nom de la religion contre « l'exploitation de l'homme par l'homme »[1]. Ils oublient généralement de dire que déjà douze ans plus tôt, en 1833, dès le premier développement de l'industrie roubaisienne, son prédécesseur à Cambrai, Mgr Belmas avait flétri « cette soif immodérée des richesses, qui immole à ses fureurs ceux qu'elle emploie, ne leur abandonnant... qu'une faible portion de ce qu'ils produisent, laquelle répond à peine à une goutte, une seule goutte de leurs abondantes sueurs... On dirait qu'en tenant les hommes continuellement en présence des machines qu'une nécessité mécanique fait fonctionner, on cherche à leur faire entendre qu'ils ne sont eux-mêmes que des machines... », et chaque année, de 1838 à 1841, il était revenu à la charge[2]. A Rouen, à Bordeaux, à Lyon, à Mulhouse, à Bourges, à Évreux, à Reims, à Cambrai encore, à Annecy, à Versailles, etc., d'autres évêques, dans ces mêmes années et dans les suivantes, font entendre une voix analogue[3]. Tel, à Lyon, le cardinal de Bonald :

> Qu'est-ce que l'homme pour la cupidité ? Rien autre chose qu'une machine qui fonctionne, une roue qui accélère le mouvement, un levier qui soulève... Qu'est-ce que le jeune enfant ? Elle n'y voit qu'une pièce d'engrenage qui n'a pas encore toute sa puissance. Voilà à ses yeux toute la dignité de la nature humaine, etc. Sachez-le donc, il faut à la société des hommes, non des brutes et des automates...[4].

---

1. *Œuvres*, t. 2, Lille, 1854, pp. 476-509, en particulier 500-502. A propos de cette formule, voir infra, ch. XVII, 1. Dans *la Voix du peuple*, le 16 oct. 1849, PROUDHON reprochera aux prêtres d'avoir oublié les enseignements du « cardinal de Cambrai » qui « foudroyait de ses anathèmes l'exploitation de l'homme par l'homme ». Cité par Pierre PIERRARD, *Le diocèse de Cambrai et de Lille*, Beauchesne, 1978, p. 233.

2. Le cardinal ultramontain, qui fut ami de Pie IX, prenait donc en cela fidèlement la suite de l'ancien évêque constitutionnel de l'Aude. Cf. MAHIEU, op. cit., t. 2, pp. 382-385.

3. Cf. Paul DROULERS, « Des évêques parlent de la question ouvrière en France avant 1848 », *Revue de l'Action populaire,* avril 1961, pp. 442-460. Du même : « L'Épiscopat devant la question ouvrière en France sous la monarchie de Juillet », *Revue historique,* t. 229, Janv.-mars 1963, pp. 335-362.

4. Mandement de 1842. Dès son arrivée à Lyon en 1840, il avait protesté contre les « injustices » prodiguées aux ouvriers ; lui aussi récidiva tout au long de son épiscopat. Cf. P. DROULERS, art. cités, et « Le cardinal de Bonald et la Question ouvrière à Lyon avant 1848 », *Rev. d'hist. mod. et contemp.*, t. 4, janv.-mars 1957, pp. 281-301.

On cite aussi quelquefois le discours sensationnel prononcé par Montalembert à la Chambre des Pairs le 4 mars 1840, protestant contre la « cruelle exploitation » des enfants dans l'industrie et réclamant une législation immédiate pour « arrêter ce système homicide »[1] ; – mais on paraît ignorer que ce discours s'inspire directement du mandement social publié en 1838 par le cardinal de Croï archevêque de Rouen, et que l'orateur sut tirer un bel effet de la « véhémence extraordinaire » du prélat[2]. Bien plus, il arrive que les commentaires inversent la situation réelle ; témoin cette réflexion d'un auteur de bonne foi, parmi d'autres : « Certes, Lamennais, Buchez, Montalembert, quelques autres, tenteront... de faire découvrir à l'Église le peuple de prolétaires que l'industrialisation produit. Mais l'Église est en marge du monde profane...[3] » Il n'y a point à s'étonner de tels propos : ils se retrouvent aussi bien sous la plume de quelques évêques de notre temps, victimes d'une histoire systématiquement faussée, qui vont jusqu'à se faire sans discernement les accusateurs de leurs devanciers[4]. Aujourd'hui, on reproche aux évêques d'alors de n'avoir pas parlé. En leur temps, on leur reprochait de parler trop. On blâmait leurs empiètements sur un domaine où on ne leur reconnaissait ni droit ni compétence. Et l'on faisait tout pour éteindre l'écho de leur parole. « Ni les bourgeois libéraux, alors classe dominante, ni les cercles ouvriers militants », ni les théoriciens du socialisme « ne voulurent y prêter attention » – sinon pour une critique injuste, parfois violente. Significative est par exemple, dans la région du Nord, la convergence entre le président du Conseil général des manufactures et Delescluze,

---

1. Sur ce discours : André TRANNOY, *Le romantisme politique de Montalembert avant 1845*. Bloud et Gay, 1942, pp. 458-462.

2. « ... Pauvres petits enfants ! que les lois se hâtent d'étendre leur protection sur votre existence, et que la postérité lise avec étonnement sur le front de ce siècle, si content de lui-même : En ces jours de progrès et de découvertes, il fallut une loi de fer pour défendre de tuer les enfants par le travail. » Cité par DROULERS, *Rev. de l'A.P.* ; avril 1961, p. 444.

3. Dans le *Nouvel Observateur*, 2-8 juin 1980, p. 45. Si cet historien avait lu le discours, il aurait vu que le cardinal de Croï y était expressément cité.

4. Communication de la Commission épiscopale du monde ouvrier..., 1er mai 1972 : « Ce silence des pasteurs de l'Église est difficile à comprendre » ; l'Église n'a fait ensuite que des « critiques rares et nuancées vis-à-vis du libéralisme économique », alors qu'elle a « méprisé les aspirations les plus nobles, les combats les plus légitimes » des ouvriers, etc. Il est difficile de discuter cette « brève histoire », où toutes les dates sont confondues, comme sont confondues toutes sortes d'expressions aux significations diverses, et où s'exprime une « alternative » manichéenne entre un « capitalisme » fondé sur une « idéologie libérale » et une société tout autre préparée par des « projets socialistes » dont il faudrait seulement regretter parfois certaines « déviations ».

l'un des futurs chefs de la Commune, dans leurs répliques aux archevêques Belmas et Giraud[1]. Les journaux de l'époque affectèrent partout d'ignorer les mandements sociaux ; ainsi en fut-il à Paris même, pour la lettre que Mgr Affre adressait à ses diocésains en 1843. Il leur disait :

> ... Écoute, ô homme, s'écrie non pas une passion en délire, mais une science impie et sans miséricorde, écoute : Il n'y a qu'un seul Dieu, qu'un seul Seigneur, tu aimeras l'or, le Seigneur ton Dieu, de tout ton cœur, de toute ton âme, de toutes tes forces. Elle le dit froidement après de longs calculs et des raisonnements infinis... Les docteurs de cette science funeste ont essayé de faire de l'immense majorité des hommes un vil instrument destiné à acccumuler la richesse dans un petit nombre de mains privilégiées, etc.

Une classe nombreuse, poursuivait Mgr Affre, est tombée dans l'esclavage ; « réduite à l'aliment du jour, elle ne peut plus désormais s'affranchir du paupérisme, nouveau nom de cette servitude ». Mais les riches se sont mis à craindre, car « en frappant le pauvre, ce fléau est devenu menaçant » pour eux-mêmes ; et ils se sont mis « à calculer ce qu'il faut de misère et d'oppression pour le contenir » ...[2].

Contre les deux abus les plus criants de cet industrialisme sauvage à ses débuts, les évêques se préoccupaient avant tout de la protection de l'enfance et du repos dominical. Ils ne séparaient pas misère physique et misère morale. Ils ne prétendaient pas construire au pied levé des « plans de société », comme on dirait aujourd'hui, ni proposer des systèmes tout faits d'économie politique ; mais leur position n'excluait nullement « une réforme sociale institutionnelle »[3]. Ils étaient dans leur

---

1. Cf. DROULERS, *Rev. de l'A.P.*, loc. cit., pp. 459-460, qui conclut : « Libéraux et socialistes veulent apparemment défendre leur « chasse gardée ». Mais surtout, au-dessus du problème de la misère prolétarienne ils se rejoignent pour placer comme première la question idéologique de la « liberté » ; la religion est pour eux, antérieurement à toute question sociale, un facteur d'obscurantisme et d'oppression morale de l'homme. » Buchez voyait plus justement dans « le dogme de la liberté, unique principe moral de la société moderne », qui « apprend à l'homme à être égoïste », l'analogue du principe « de concurrence en industrie » : *Introduction*[1], p. 40.

2. DROULERS, ibid., pp. 453-456 ; cf. pp. 459-460 : « Les journaux répandus, le Siècle et la Presse, le National, le Constitutionnel, la Nation, le Globe, et de même l'Atelier, n'en font aucune mention. Le journal des Débats donne seulement le dispositif concernant le jeûne et l'abstinence et de même le Commerce », etc. « Aucun organe n'indique qu'il y a là une critique du régime économique en vigueur. » Dans le Journal des Économistes, qui ne cite pas le mandement, « Ch. Dunoyer en personne répond... aux « quelques reproches adressés aux tendances industrielles de notre temps ». »

3. Voir DROULERS, *Rev. hist.*, loc. cit., pp. 358-360.

rôle en rappelant avec force les exigences de la justice, en défendant l'homme, « fait à l'image de Dieu », en invoquant les « principes d'humanité, de charité, de respect pour la dignité de l'homme, répandus dans le monde par l'Évangile »[1]. Avec l'Écriture, ils dénonçaient dans la cupidité « la racine de tous les maux ». Buchez eut-il connaissance de toutes ces voix étouffées ? Il dut au moins entendre celle de son archevêque, avec lequel il était en confiance. Mais ce qu'il persistait à regretter dans une part importante du clergé, c'était avant tout que, soit par nostalgie trop intéressée, soit plutôt par faiblesse doctrinale, il ne sût pas distinguer les deux courants qui avaient conflué dans la Révolution et que par son attitude négative il contribuât à renforcer le courant antireligieux, symbolisé par le bourgeois Voltaire. Tel est le leit-motiv du dernier chapitre de son dernier ouvrage, qui traite « du principe général de la civilisation moderne » et « de la Révolution française »[2].

De 1840 à 1850, le modeste journal *l'Atelier*, soutenu par Buchez mais prenant par rapport à lui ses libertés, voulut être pour les ouvriers et leurs problèmes ce qu'avait été *l'Européen* pour le grand public[3]. Il fut à la fois d'un catholicisme sans concessions aux systèmes anti- ou pseudo-chrétiens de l'époque et d'une âpre liberté de critique à l'endroit de la bourgeoisie et d'une part du clergé. Le plus hardi de ses rédacteurs, Charles-François Chevé, sera séduit par Proudhon, puis par une solution communiste, sans cesser de vouloir être catholique militant et d'espérer « une nouvelle Pâque » pour « changer une seconde fois la face de la terre »[4]. Un autre, Claude-Anthime Corbon, finira par s'éloigner tout à fait de l'Église ; en lisant son ouvrage sur le *Secret du peuple de Paris*, qui tient de l'enquête sociologique et du témoignage personnel et culmine lyriquement dans un « hymne à la puissance créatrice du travail », on peut se demander avec M. Isambert « s'il reste trace de religion et si son auteur n'oppose pas tout simplement un vitalisme prométhéen à toute foi en Dieu »[5].

---

1. GIRAUD, loc. cit., pp. 484 et 502, etc.

2. *Pol.*, t. 2, pp. 483-528.

3. En 1837 un groupe d'ouvriers imprimeurs lecteurs de *l'Européen* avaient publié une édition populaire des évangiles. Cf. Édouard DOLLÉANS, *Hist. du mouvement ouvrier*, t. 1, A. Colin, pp. 74-75 et 187. V. infra.

4. CUVILLIER, op. cit. Parmi les ouvrages de CHEVÉ : *Catholicisme et démocratie, ou le règne du Christ*, 1842 ; *Dictionnaire des conversions*, 1852 ; *Simples Notes sur la base historique et le principe constitutif du catholicisme*, 1851 ; *Visions de l'avenir*, 1868.

5. F.A. ISAMBERT, *Christianisme et classe ouvrière*. Casterman, 1961, pp. 236-259. Devenu sénateur sous la troisième République, Corbon publiera en 1877, à l'imitation

L'Atelier se proposait de susciter l'initiative de sociétés de production qui, sans lutte violente, auraient peu à peu éteint l'institution du patronat. Il ne put soutenir longtemps son effort. Mais la minuscule association ouvrière fondée sur les conseils de Buchez avait devancé le journal et elle lui survécut, fidèle à son orientation première, jusqu'en 1870. « Chaque séance commençait par la lecture d'un passage de l'Évangile »[1]. – Cependant, après la République de 1848, l'école buchézienne, en France, était à peu près morte[2]. Elle avait poussé en Angleterre un timide rejeton, qui dura quelque temps encore[3].

Quatre buchéziens surtout ont soutenu par leur œuvre doctrinale la pensée de leur maître. Le premier, Auguste Boulland, avait rompu dès 1830 ses attaches saint-simoniennes et secondé Buchez dans la rédaction de *l'Européen*. Après un rapide *Essai d'histoire universelle* (1836), il publiait en 1839 une *Histoire des transformations religieuses et morales des peuples*, qui est son meilleur ouvrage, encore qu'assez médiocre. Avec Jésus-Christ, dit Boulland, la Parole définitive, le Verbe même de Dieu est descendu sur terre, « et la formule qui en résulta fut la liberté spirituelle et matérielle donnée à l'homme, par le rachat du péché, au moyen du sacrifice du révélateur » ; d'où ce mouvement progressif qui depuis lors pousse l'humanité vers son but divin. L'Évangile contient le germe de tout ce qui doit encore s'accomplir dans l'avenir : il n'y a « plus un mot » à y changer pour qu'il marche à « la conquête pacifique » de la société. Le christianisme n'a pas abrogé la rude « loi du sacrifice », mais il l'a transformée ; en traçant à l'homme la voie d'un sacrifice libre, il l'a arraché à la loi « des évolutions sociales fatales et circulaires », tandis que les doctrines nouvelles qui repoussent le sacrifice sont contraires au progrès et tendent « à faire retourner l'humanité au point d'où elle est partie ». Ainsi fait le saint-simonisme, dans sa persuasion que le christianisme a fini sa tâche et qui prétend le relayer comme « créateur social » : il ne

---

de Proudhon, une *Lettre à Mgr Dupanloup*, dans laquelle il expliquera aux évêques « pourquoi nous vous délaissons ».

1. Charles CALIPPE, *L'attitude sociale des catholiques français au XIXe siècle, les premiers essais de synthèse*. Bloud, 1911, p. 190. Cf. Pierre MONICAT, *Contribution à l'étude du mouvement social en France au XIXe siècle*. Paris-Lyon, 1898, pp. 49-52.

2. DUROSELLE, p. 373. Sur l'histoire de l'école buchézienne on consultera cet ouvrage fondamental. Dans *Utopie et socialisme*, Martin BUBER, qui ne retient que quelques auteurs d'importance marquante, fait une place à la théorie de l'association de Buchez : pp. 113-118.

3. François BÉDARIDA, « Les socialistes anglais de 1848 à 1875 », dans *Hist. gén. du socialisme*, t. 1, pp. 545-574. L'un de ces socialistes influencés par Buchez, Ludlow (1821-1911), écrivait : « Le socialisme sans le christianisme est sans vie, comme des plumes sans oiseau, et par conséquent il sera vite balayé ; le christianisme sans le socialisme est glacé et impuissant. »

réussit qu'à nous donner une nouvelle édition du panthéisme, qui a toujours paralysé les sociétés dans « l'immobilité et l'indifférence morale, c'est-à-dire la mort spirituelle ».

Auguste Ott, disciple plus tardif, a une autre valeur. Il s'est attaché plus directement à la critique des systèmes sociaux dont « les idées progressives sont souillées par l'incrédulité religieuse ». Si l'on rejette le christianisme, « qui seul peut leur offrir une base solide et durable », vaine est la recherche de l'égalité et de la fraternité. Proudhon, Fourier, les divers communismes sont réfutés tour à tour ; Ballanche lui-même ne trouve pas grâce auprès de Ott. Celui-ci est particulièrement dur pour certains fouriéristes qui faisaient des avances aux catholiques : il écarte tout quiproquo ; poser que le but de l'homme en cette vie est le bonheur, c'est assimiler l'homme à la brute ; l'homme n'est lui-même et ne progresse vraiment que par le dévouement que lui enseigne l'Évangile. Ott, qui est philosophe et qui a étudié Hegel, repousse sa philosophie de l'histoire, qui tend à rétablir le faux principe de la fatalité. Il déplore que des catholiques sincères aient fait fausse route en acceptant les données et le langage de la philosophie protestante : ainsi Hermès avec Kant, ou Pobst et Günther avec Schelling[1]. On ne s'étonnera pas qu'Ewerbeck, propagandiste en France de l'antichristianisme de la gauche hégélienne, ait qualifié de « pitoyable » cet ouvrage d'Auguste Ott[2].

Roux-Lavergne, tôt rallié à Buchez, fut d'abord le plus ardent de ses disciples. Il avait publié dès 1831 une « Lettre d'un disciple de la Science nouvelle aux religionnaires prétendus saint-simoniens ». En 1837-1838 il contribue à aigrir la controverse qui s'était élevée entre *l'Européen* et le journal protestant *le Semeur*, en publiant une *Introduction aux Saints Évangiles* ; « à ce manifeste du néocatholicisme buchézien, le journal protestant réplique vivement en reprochant à l'auteur des « énormités », telles que le caractère collectif du salut »[3]. Roux-Lavergne aide Buchez à compiler son énorme *Histoire parlementaire de la Révolution française,* en quarante volumes, qui sera très critiquée, qu'on affectera souvent de mépriser, mais que tous les historiens utiliseront comme une mine, à commencer par Michelet[4].

1. *Hegel et la philosophie allemande...*, 1844. Revue nationale, 1847. *Traité d'économie sociale,* 1851. *Dictionnaire des sciences économiques et sociales,* 1854-1855 (dans la 3e Encyclopédie de Migne). *De la raison,* 1873.

2. *Qu'est-ce que la Bible...*, 1850, préface.

3. ISAMBERT, op. cit., p. 159. Cf. André ENCRÈVE, *Un nouveau groupe de protestants « libéraux » : le milieu du* Semeur *et son action pendant la seconde République*, dans *Les catholiques libéraux au XIXe siècle*. Grenoble, 1974, pp. 463-487.

4. Cette Histoire « agaçait Michelet à cause de son sentiment robespierriste. Il attaqua sévèrement cette source de bien des passages dans sa propre histoire, source

Extrémiste et passionné, il finit par rejoindre le camp de Louis Veuillot. Selon lui, « la « philosophie de l'histoire » a été inventée pour « combattre, détruire et remplacer le catholicisme » ; non content de s'en prendre à Lessing, à Pierre Leroux et à quelques autres, il discute longuement, en 1850, les positions de son ancien maître[1]. Veuf, devenu prêtre en 1855, il sera professeur au grand séminaire de Nîmes et il rééditera en quatre volumes le manuel de philosophie scolastique du dominicain Goudin[2].

Henri-Robert Feugueray (1813-1854) est le disciple le plus cher. Il « n'avait pas seulement la conviction philosophique de la vérité du christianisme, il était arrivé à la foi complète ; il était animé d'une piété vive et sincère »[3]. M. Duroselle l'a dénommé « l'Ozanam des Buchéziens »[4]. Buchez lui a consacré une notice émue en tête de l'ouvrage qu'il a publié, posthume, de son jeune ami (1857). Cet ouvrage mérite de nous retenir un moment. C'est un *Essai sur les doctrines politiques de saint Thomas d'Aquin*, complété par la réédition de deux articles sur *La Démocratie chez les Pères de l'Église*, que la *Revue nationale* avait publiés en 1848. L'ensemble est loin d'être négligeable; nous y retrouverons, traités de façon originale, deux thèmes qui étaient ceux de Buchez. Fondé sur une sérieuse analyse des textes, le jugement de Feugueray sur la pensée de saint Thomas est à la fois admiratif et critique. La révolution intellectuelle du treizième siècle, qui ressuscita la science grecque, fut un extraordinaire stimulant pour l'esprit humain. Or, « si ce n'est pas saint Thomas qui a donné le branle à cette révolution, c'est lui qui l'a achevée et sanctionnée ». Mais peut-être un tel bienfait fut-il « payé trop cher ». Saint Thomas est tombé « dans les filets logiques d'Aristote ». Sa politique « rationnelle et philosophique », surmontée seulement d'une « politique théologique qui vient, non pas la renverser », mais la compléter par une théocratie, reproduit fidèlement la doctrine aristotélicienne. On pourrait s'en féliciter, d'un point de vue purement scientifique, si cela n'avait pas entraîné des conséquences funestes dans l'ordre social. Sur l'esclavage, par exemple, et sur l'ensemble des principes sociaux, saint Thomas ne pense guère autrement que les philosophes de l'antiquité[5]. Il est

---

qui lui fut plus utile que tous les documents originaux... Il reproche un manque de méthode scientifique à des écrivains fort consciencieux... » Oscar A. HAAC, *Les principes inspirateurs de Michelet*, P.U.F., 1951, p. 178. Cf. *Hist. de la Révolution*, préface du t. 3 (Pléiade, t. 2, pp. 1151 ss), etc.

1. *De la philosophie de l'histoire* ; préface de Louis Veuillot.

2. Cf. DUROSELLE, pp. 100 et 256-257.

3. BUCHEZ, *Notice sur la vie et les écrits de l'auteur*, p. XXI.

4. Op. cit., p. 661.

5. Au contraire un saint Bonaventure était entraîné par « l'ardeur de sa charité » à « une sorte de socialisme mystique » : Op. cit., p. 5.

triste de « constater cette servitude volontaire de l'esprit chrétien se mettant ainsi à l'école du paganisme ». La doctrine thomiste selon laquelle « l'individualité ne résultait que de la matière » était « peu favorable à la liberté et à la personnalité humaine », et c'est là sans doute ce qui explique cette sorte d'abdication. Le « développement original » de la pensée chrétienne en matière sociale fut entravé[1].

La civilisation chrétienne « diffère fondamentalement des civilisations antiques par ses principes moraux » : égalité des âmes, fraternité des hommes, idéal de justice sociale ; « or on chercherait en vain chez Saint Thomas le moindre pressentiment de cette idée... » Il voit bien que la révélation chrétienne assigne à l'homme une fin transcendante, surnaturelle, la « béatitude parfaite » dans la contemplation de Dieu, tandis que toute fin terrestre ne peut être que « béatitude imparfaite »[2] ; mais « il ne voit point que le christianisme a inauguré une civilisation nouvelle ; il ne sait même point que les principes chrétiens du droit et de la justice sont très différents des principes de l'antiquité, soit chez les Gentils, soit chez les Juifs[3]. » Empruntant presque toute sa politique à Aristote, « comme il l'aurait fait de la géométrie », il a procédé de même pour sa science sociale. Il a reproduit la doctrine de l'*Éthique* « avec le même soin et la même soumission » que celle de la *Politique* ; « en tout ce qui concerne la morale naturelle, cette morale qui comprend à la fois la plupart des devoirs de la société et de la famille, il reproduit, sans y rien changer, les décisions de la philosophie péripatéticienne, à moins qu'elles ne soient formellement opposées aux décisions de l'Église, et surtout il en adopte les théories, les divisions, le langage, toute la science en un mot. » Par-là, sans doute, il a mis en valeur bien des « vérités utiles ». On peut cependant regretter que « sous son patronage » cette philosophie se soit largement emparée de la théologie morale et l'ait « pénétrée si profondément qu'elle s'y est en partie perpétuée jusqu'à nos jours »[4].

Ainsi, par un autre biais, Feugueray rejoint la critique du thomisme que son maître avait instituée par le biais de la logique et du concept. Comme celle de Buchez, sa thèse, dans sa rigueur, est discutable. Elle laisse de côté bien des éléments qui l'auraient obligé au moins à la nuancer ; elle systématise à l'excès une doctrine vaste et complexe qui

---

1. Op. cit., pp. 12-13, 31, 61-75, 205-210.

2. Indépendant des préjugés d'école, qui ont soulevé tant de disputes autour des textes de S. Thomas sur la double béatitude, Feugueray les a pris dans leur sens obvie. Cf. pp. 36-40.

3. Feugueray tire une conséquence excessive du texte qu'il cite ici, *Prima secundae*, q. 108, a. 2 : « Lex nova super veterem addere non debuit circa exteriora agenda » ; p. 213.

4. Op. cit., pp. 212-216.

comporte bien d'autres aspects. L'une et l'autre thèses nous intéressent ici seulement dans la mesure où elles manifestent leur souci d'accentuer l'impulsion morale et sociale donnée par l'Évangile. Les deux articles consacrés à la Démocratie chez les Pères de l'Église tendent à la même fin, de façon toute positive.

Les Pères de l'Église sont « l'un des plus précieux anneaux de la chaîne qui rattache la démocratie moderne à l'Évangile ». En bien des cas ils ont fait « acte de christianisme social ». Il suffirait de les mieux connaître et de les remettre en honneur pour « détruire les funestes et absurdes préventions que beaucoup de patriotes socialistes nourrissent encore contre l'Église, et beaucoup de chrétiens contre la réforme sooociale ». Au reste, fidèles à l'esprit de Jésus-Christ, ils ne faisaient que se régler sur le principe contenu déjà comme un germe précieux dans l'héritage du peuple juif, ce principe de la fraternité humaine, fondé sur la croyance à l'unité d'origine du genre humain et « dont la compréhension de plus en plus complète et l'application progressive forment la suite et l'unité de l'histoire moderne »[1]. Dès la conversion de Constantin, leur prédication inspira la législation impériale. Droit civil et droit politique furent progressivement transformés : protection de l'enfance, émancipation des femmes, suppression des tribunaux et des cachots domestiques, reconnaissance des prescriptions chrétiennes sur le mariage, facilités données à l'affranchissement des esclaves, institution des « défenseurs de la plèbe », proclamation solennelle que « l'autorité du prince est soumise à la loi », etc. : autant de progrès dus à l'influence de l'Église et souvent à l'intervention des évêques auprès du législateur[2]. Certes, l'évolution devait être lente[3], qui doit « soumettre la justice du siècle à la justice de l'Évangile et... modeler la cité de la terre sur la cité de Dieu » ; « avant d'arriver à l'âge politique et social du christianisme qui est le nôtre, l'humanité... avait à passer par des périodes d'éducation », semées de nombreux obstacles ; mais l'enseignement des Pères et plus encore la norme fournie par la vie de l'Église en son premier essor ne cessent de lui tracer la voie[4].

1. Op. cit., pp. 217-221 ; exemples divers : pp. 22-242.

2. Op. cit., pp. 242-256. Il cite, p. 252, le jurisconsulte Troplong, montrant « les évêques, les Pères de l'Église et les conciles donner l'impulsion réformatrice et en accélérer la marche, de sorte que la jurisprudence dut moins sa perfection à elle-même qu'à la théologie ».

3. En 1833, J.J. AMPÈRE, disciple de Ballanche, avait insisté sur la lenteur des transformations législatives, toute action sur la société n'étant « durable et profonde que si elle passe par les mœurs pour arriver aux lois » : *Histoire des lois par les mœurs...*, Rev. des deux mondes, 2e série, t. 2, pp. 675-676.

4. FEUGUERAY, op. cit., pp. 256-261.

On voit que Feugueray ne souffre d'aucun complexe anticonstantinien[1]. Il met en valeur un aspect essentiel de la réalité, auquel plusieurs de nos contemporains semblent être devenus aveugles, mais que confirment les études historiques les plus sérieuses[2]. La forte pointe d'utopie qu'il partage avec son maître nous paraît provenir avant tout d'une certaine confusion qui leur fait envisager de pair le progrès social et le progrès moral, comme si — malgré la doctrine de la liberté à laquelle ils sont d'autre part attachés — le premier devait entraîner automatiquement le second. Encore n'est-ce là peut-être que le fait d'une attention momentanément exclusive, qui ne prétend pas être une exclusion systématique d'autres aspects du grand problème humain.

Buchez, nous l'avons dit, fut à peu près universellement décrié. La fermeté de ses positions doctrinales, rebelle à tout opportunisme, n'était pas propre, en des débats qui touchaient à l'actualité quotidienne, à lui concilier les esprits. « Une position nette, en fait de doctrine, expose à des inconvénients qu'on ne brave pas sans un certain courage ; lorsqu'on prend un parti, des ruptures, des séparations, et même souvent des scandales en sont la conséquence[3]. » Mais en outre, il ramait toujours à contre-courant. Apologiste ardent de l'œuvre constructive accomplie par la Révolution française, il n'en reconnaissait pas moins qu'elle avait laissé « le terrain social encombré de ruines, ou de constructions incomplètes »[4]. Surtout il critiquait « la doctrine de la souveraineté du peuple formulée par Rousseau, appliquée par la Convention, et continuée de nos jours par tous les révolutionnaires qui se tiennent en dehors de notre école », parce qu'elle plaçait, tout comme certaines doctrines adverses, « le pouvoir humain au-dessus de la loi divine »[5]. Luttant pour la cause du peuple, il n'en repoussait qu'avec plus d'énergie les « charlatans » qui lui promettaient le bonheur : « depuis un demi-siècle », a-t-il écrit, leurs « doctrines de néant » ne font que « multi-

1. Dans *Pour en finir avec le Moyen Age*, Seuil, 1977, p. 72, Mlle Régine PERNOUD évoque « ces Ecclésiastiques qui voient dans le concile Vatican II la « fin de la période constantinienne », — comme s'il ne s'était rien passé, en plus de seize cents ans, entre Constantin (!) et Vatican II etc. » Mais le tableau qu'ils s'en font est déjà faux pour le règne de Constantin lui-même et pour son siècle.

2. Cf. Périclès-Pierre JOANNOU, *La législation impériale et la christianisation de l'empire romain*, 311-476.

3. H.P., t. 29, 1836, p. VI. « Mais aussi, ajoute-t-il, il se fait un discernement. » Ces propos rappellent, dans un autre style, des textes analogues de Péguy.

4. H.P., t. 40, 1838, pp. V-VI ; « ... il faut se hâter d'entrer dans la seconde période, celle de la réorganisation sociale. »

5. H.P., t. 29, p. VIII.

plier et endurcir l'égoïsme dans la génération présente »[1]. Son catholicisme intransigeant, sans lui rallier l'opinion catholique, lui aliénait tous les admirateurs, croyants ou non, de la réforme luthérienne, pour laquelle il se montra sévère, tant en raison de son individualisme ruineux pour l'objectivité du dogme[2] que de ses conséquences morales désastreuses[3].

Dès 1841, Jules Simon[4] lui jetait à la face le double reproche : en vous ralliant au catholicisme, « vous abdiquez votre liberté », vous vous mettez au ban de la raison, – et cette Église dont vous vous réclamez, « votre orthodoxie lui est suspecte, elle vous repousse ». Qu'avons-nous à faire en ce siècle d'une doctrine barbare qui veut effacer les traces de la sagesse antique, s'en va chercher des lumières chez les Pères de l'Église et vient nous parler du lointain bouddhisme pour expliquer notre temps[5] ? Dans son étroit classicisme, Jules Simon se faisait le héraut et le vengeur du spiritualisme éclectique, malmené par Buchez[6], qu'il identifiait superbement à la pure philosophie, à la morale rationnelle, seule héritière légitime d'un christianisme défunt, seul apte à guider le genre humain dans la voie du progrès. « Agression » intolérable ! M. Buchez, déclare encore Jules Simon, « fait à la raison une guerre d'extermination ». Il s'ensuit que même sa croyance en Dieu est grossièrement faussée : « A ceux qui reprochent à Dieu de n'avoir pas fait le monde meilleur, M. Buchez répond qu'il le fera. Mieux vaut sans doute un Dieu faible qu'un Dieu méchant ; mais quelque effort que l'on puisse tenter, Dieu paraîtra toujours, dans cette doctrine, un ouvrier impuissant et malhabile. » Merveilleuse profession de statisme ! pourrait répondre Buchez. Depuis que l'éclectisme est roi, toute perfection est atteinte. Ce monde est le meilleur des mondes. Il n'a plus le droit de bouger. Comme l'histoire de la pensée humaine, l'évolution de l'univers est close. Défense à Dieu de toucher à son œuvre, d'y rien susciter de nouveau. On se demande, d'ailleurs, comment il put être assez « impuissant et malhabile » pour n'avoir pas

1. Ibid., p. 2. Comparer avec SAINT-SIMON, *Lettres d'un habitant de Genève*, instituant le « Conseil de Newton » qui « décidera des moyens d'assurer le bonheur de l'humanité ».

2. H.P., t. 23, 1836, p. XIII, etc.

3. Op. cit., t. 29, 1836, pp. x et 2-3.

4. *Rev. des deux mondes*, 15 mai 1841 ; t. 26, 4e série, pp. 601-626.

5. On admirera la finesse de ces railleries : « M. Buchez paraît fort versé dans la connaissance des Pères » ; il recommande d'étudier le bouddhisme : « le remède est héroïque »...

6. *Traité*, t. 2, pp. 354 à 538. « L'éclectisme moderne est une philosophie protestante » ; – « Les éclectiques cherchent la source des devoirs, ou plutôt des droits, dans l'individu pris isolément » ; – les Cours de M. Cousin « sunt verba et voces, praetereaque nihil »...

créé dès le premier instant la raison éclectique avec le monde qu'elle illumine, au lieu de la faire advenir par un « enfantement plus laborieux encore que celui du christianisme...[1] ».

Dans la pensée buchézienne, dira non moins superbement M. Ferraz inféodé à l'école éclectique, « la raison est absente »[2]. Buchez n'est en effet nullement persuadé que cette « raison », longtemps opprimée par l'Église ainsi qu'on le proclame partout autour de lui mais enfin « relevée par Descartes, doit tout dominer sur la terre »[3]. Ni chez lui ni chez ses disciples ne règne ce « beau déisme des sages » vanté par Dargaud dans la lettre comminatoire qu'il adressait un jour à Lamartine pour lui arracher une rupture définitive avec les restes de sa foi[4]. Autrement dit, Buchez et ses disciples n'ont pas cédé à l'illusion la plus commune de leur siècle, partagée par la philosophie officielle et par nombre de ses adversaires. Ils n'ont pas été éblouis par cette « raison » triomphante, parvenue enfin à « l'intelligence philosophique de l'Évangile », ayant vaincu le « fanatisme » de l'Église et de ses dogmes, certaine de n'être plus jamais offusquée par aucune puissance obscure, ouvrant dans la liberté l'ère d'un progrès indéfini[5].

Les saint-simoniens, du moins, n'avaient pas été dupes de cette théorie exsangue, étroitement conditionnée, qui se prenait pour l'absolu. Ils avaient compris qu'on ne peut faire l'économie d'une Église et qu'une morale qui ne se fonde pas sur une religion est stérile. Ils étaient justement soucieux d'établir un âge « organique » assez solide pour résister aux destructions de nouvelles « ères critiques ». Buchez ne leur conteste pas ce mérite. Mais ils s'étaient persuadés à tort, eux aussi, que le catholicisme était fini, et combien dérisoire était cette religion scientifique par laquelle ils s'imaginaient le remplacer.

Dans cette histoire à grands traits du Joachimisme, un double motif exigeait que Buchez fût entendu. Affronté au même problème que ses prédécesseurs et ses contemporains, celui du développement de la société européenne et de son avenir dans son rapport à ses origines chrétiennes, il a refusé de s'engager sur les chemins tracés par la plupart d'entre eux. Il n'a suivi ni le mysticisme maçonnique, ni Lessing, ni l'idéalisme allemand, ni le nouveau rationalisme français, ni aucun des inventeurs de religions nouvelles. Il ne serait pas équi-

---

1. Jules Simon, loc. cit., pp. 612 et 625.

2. *Hist. de la philosophie au XIXe siècle, traditionalisme et ultramontanisme*, 1880, p. 310.

3. Lerminier, Revue des deux mondes, 1er sept. 1832, p. 739. En résumé : la raison, c'est Dieu, et Dieu, c'est la raison de Lerminier.

4. Lettre du 1er déc. 1833. Cf. H. Guillemin, *Le Jocelyn de Lamartine*, pp. 203-204.

5. Voir infra, ch. XIII.

table de le ranger, même avec une légère réserve, parmi ces autres « socialistes ou démocrates qui en appelaient à Jésus précurseur des temps modernes » et qui avaient nom Cabet, « Louis Blanc, Raspail, Lamartine, Pierre Leroux »[1]. En même temps qu'il opposait à toute forme d'immanentisme la foi au Dieu de la Bible, personnel, libre et créateur[2], il a reconnu, par une sagesse anticipant sur les expériences de notre siècle, que la *religio Christi* ne saurait subsister longtemps, une fois évanouie la *religio de Christo*. Son génie n'a rien de comparable à celui d'un Hölderlin ou d'un Novalis ; Ballanche, dont il se réclame, est environné d'une *aura* qui lui fait défaut ; mais sur le point crucial qui fait l'objet de notre enquête, il est proche d'eux. Et comme eux encore il a le mérite de voir que le don du Christ aux hommes n'est pas seulement révélation, mais rédemption, car ils n'ont pas besoin seulement d'être éclairés, mais d'être libérés, réconciliés, « sauvés ».

Est-ce donc en fin de compte qu'il n'y aurait à faire aucune place à Buchez dans la succession joachimite ? Non pas. S'il est un précurseur du catholicisme social, au sens historique et classique du mot, cette formule ne le définit pas tout entier. Lié parfois à un conservatisme politique, le catholicisme social, même lorsqu'il est d'inspiration démocratique et progressive, est encore compatible avec une conception très statique du catholicisme lui-même en son essence. Or il nous semble qu'il entre dans la pensée de Buchez, à sa racine même, un certain élément dynamique, plus senti qu'analysé, qui sans doute n'ébranle aucun dogme, mais qui fait de lui un précurseur de ce qu'on pourrait appeler, sans connotation péjorative, un semi-joachimisme. Il se serait reconnu dans ces réflexions de Vladimir Soloviev : « C'est le catholicisme qui, le premier, a introduit de manière décisive le principe du progrès dans la vie ecclésiastique, ayant reconnu que le problème de cette vie n'est pas épuisé par la conservation des fondements donnés de l'Église, mais comporte aussi une influence active extérieure sur le monde pour y créer la culture chrétienne ; et c'est à cette fin que le catholicisme a reconnu le pouvoir spirituel universel comme principe déterminant[3]. » Ce principe de progrès, cette influence active, bref, cet élément dynamique, était dès le premier jour au cœur de la foi nouvelle. Il a pénétré les peuples qu'elle a formés. Plus profondément

1. J. PRUDHOMMEAUX, *Étienne Cabet et les origines du communisme icarien*, Nîmes, 1907, p. 163.

2. Cf. *Traité*, t. 2, pp. 312-353, contre les « monstruosités » du panthéisme d'Enfantin et de tout panthéisme. Le chapitre se termine sur une critique rapide des « déviations multiples de l'idéalisme allemand ».

3. *La grande controverse*, tr. fr., Aubier, 1953, pp. 182-183.

que bien d'autres facteurs, il est à l'origine de ce grand fait, devenu banal, que devait constater le second concile du Vatican : « Le genre humain passe d'une notion plutôt statique de l'ordre des choses à une conception plus dynamique et évolutive » ; de là, dit encore le concile en restant dans les généralités, « naît, immense, une problématique nouvelle, qui provoque de nouvelles analyses et de nouvelles synthèses »[1]. Comme hier encore le Concile, Buchez avait la conviction que la fidélité totale au principe qui avait donné l'impulsion première était indispensable pour éviter aux hommes de s'engager dans des voies sans issue. Cependant, aujourd'hui encore, bien qu'on le devine partout à l'œuvre, cet élément dynamique de la foi se laisse mal cerner. C'est autre chose qu'une notion nouvelle du développement dogmatique, autre chose aussi qu'une logique plus intrépide – ou plus simpliste – dans l'application de l'Évangile à la vie sociale. C'est tout le contraire d'une adaptation trop complaisante aux mentalités d'un monde qui change. C'est un jour nouveau, qui ne devrait pas être purement rétrospectif, sur la fécondité de la révélation chrétienne, un approfondissement dans la conscience que l'Église a de son rôle et des moyens renouvelés qu'elle doit mettre en œuvre pour le remplir. « Semi-joachimisme », disions-nous, qui n'envisage aucun au-delà du christianisme catholique et ne cède à aucune « interprétation » dissolvante ou déformante du mystère, car, ainsi que l'observait Buchez dès 1836, « si le droit d'interprétation était illimité, la révélation de Dieu serait parfaitement illusoire ; l'interprétation a pour limites infranchissables les fondements mêmes de la foi, qui sont d'une part, l'incarnation du Fils de Dieu et tout ce qui s'y rapporte directement, et que l'Église primitive a reconnu inaccessible à l'interprétation en le réservant sous le nom de mystère ; et d'autre part les préceptes formels et immuables que Jésus-Christ a tracés lui-même, non point pour qu'ils fussent interprétés, mais pour qu'ils fussent affirmés et obéis[2]. » Semi-joachimisme qui, pour sauver le meilleur de ce que le prophète de Flore avait peut-être entrevu, s'il l'a mal traduit, à travers ses exégèses, ne saurait envisager la moindre dissolution spirituelle, ni même une distension des liens qui expriment et assurent socialement l'unité catholique, ainsi que Joachim l'avait imaginé ; mais qui tout au contraire, ainsi que Buchez le pensait à l'encontre du gallicanisme de son temps, suppose une forte unité pour assurer non plus seulement le maintien d'une foi sans compromissions mais la droite orientation

1. Constitution *Gaudium et spes*, I, N. 3.

2. *Hist. parlementaire*, t. 23, p. VIII. On ne saurait être plus net. Il n'entrait pas dans les objectifs de Buchez d'explorer les problèmes d'interprétation qui se posent à la théologie à l'intérieur des limites ainsi tracées.

d'une Église toujours en marche[1]. Au cœur de l'Église et de sa foi, en vertu même de ce qu'elle fut dès l'origine mais aussi des situations nouvelles du monde qu'elle a mission de sauver, ouverture d'une dimension d'abord insoupçonnée, – utopique ou prophétique, on en pourra discuter.

1. Confondre le rappel fait par Vatican II de la collégialité épiscopale, qui reproduit la structure du collège des douze Apôtres, avec l'invitation à un éloignement quelconque du siège de Pierre, c'est aller contre la lettre et l'esprit du Concile. L'histoire seule, au reste, devrait suffire à détourner de s'engager dans une telle voie.

CHAPITRE TREIZIÈME

PIERRE LEROUX ET SON PROPHÈTE

I

Pierre Leroux

Tout autre que le catholicisme social et progressif de Buchez est le messianisme romantique de Pierre Leroux (1798-1871), qui, sous « la sainte Bannière de la perfectibilité », fait du progrès une religion : « Ciel et terre, tout nous manquait. Le Christianisme était détruit, la société aussi... Nous étions prêts, par désespoir, à nous coucher dans le tombeau... Une intuition s'empara de nous. Nous eûmes foi en Dieu présent dans l'humanité. Dans ce progrès dont nous (parlaient nos pères du dix-huitième siècle) nous reconnûmes l'Idéal, dans l'Idéal le Verbe des antiques religions... La perfectibilité, c'est la rédemption du genre humain par la réalisation de plus en plus grande de l'idéal[1]. »

Sur tous les points essentiels, Buchez et Leroux diffèrent. Si Jules Simon les réunissait l'un et l'autre, en 1843, en leur appliquant la même étiquette de « philosophie radicale », c'est que l'un et l'autre avaient critiqué l'éclectisme, alors doctrine officielle, avec la même énergie[2]. « Leur seul commun caractère, disait-il, est de se vouer au service des opinions politiques les plus avancées » ; il eût touché plus

1. *Réfutation de l'éclectisme*, 1839 ; 2e éd., 1841, pp. 202-203. *Malthus et les Économistes*, Boussac, 1847. Nous réunissons à dessein ces deux textes de date différente.

2. Rev. des deux mondes, 1.2.1843. Jules Simon leur adjoignait Lamennais. Sur cette polémique : G. WEILL, *Hist. du parti républicain en France*, nouv. éd., Alcan, 1928, pp. 181-183.

juste en reconnaissant qu'ils avaient en commun l'évidence que pour une régénération sociale toute philosophie est impuissante, et qu'il y faut une religion. Mais tandis que Buchez voyait le salut dans le catholicisme, Leroux, avec non moins d'assurance, pensa le trouver dans un substitut meilleur, qui n'était autre que sa propre doctrine. La pensée de Leroux s'exprime en de nombreux écrits qui s'échelonnent de 1831 à 1866, sans différence très appréciable pour le fond des premiers aux derniers. Elle se condense, si l'on peut dire, dans les deux gros volumes d'une Somme inachevée, curieusement dédiée à Béranger : *De l'Humanité, de son principe et de son avenir, où se trouve exposée la vraie définition de la religion et où l'on explique le sens, la suite et l'enchaînement du mosaïsme et du christianisme* (1840 ; 2e éd. 1845).

Ce n'est pas sans quelque raison que, s'adressant « aux politiques » dans *le National* en août 1832[1], Leroux invoquait les noms de Maistre, de Ballanche, de Chateaubriand, de Lamennais, de Lamartine. Avec autant et plus de raison, il s'est déclaré disciple « de Voltaire, de Rousseau, de Diderot, de Turgot, de Condorcet »[2]. Il n'a pas dédaigné Swedenborg. Cependant, ses deux initiateurs principaux, reconnus de lui, célébrés par lui, sont Lessing et Saint-Simon. Ce dernier est le plus grand des trois « initiateurs » qui, en commençant de faire entrevoir « au milieu des ténèbres un nouvel horizon à l'Espèce humaine », lui ont permis de découvrir « les lois du Nouveau Monde »[3]. Il admire « l'inspiration vraiment prophétique d'où a jailli cette pensée désormais célèbre : L'âge d'or, qu'une aveugle tradition a placé jusqu'ici dans le passé, est devant nous[4]. »

On sait qu'après avoir contribué en 1824 au lancement du *Globe*, qu'il dirigea d'abord en commun avec son ami Dubois, Leroux y donna une série d'articles entre 1827 et 1831[5]. C'est lui qui rédigea, aidé de Sainte-Beuve, la fameuse « profession de foi » du 18 janvier 1831 qui faisait ouvertement du *Globe* le « journal de la doctrine de Saint-Simon »[6]. La fondation de la *Revue encyclopédique* (1831), puis de la *Revue indépendante* (1841), enfin de la *Revue sociale* (1845),

1. Texte reproduit dans la *Revue indépendante*, t. 1, 1841, livraisons de novembre et décembre.

2. *Réfutation de l'éclectisme*[2], p. 202 ; cf. préface, p. IX.

3. Dans *l'Espérance*, 4e livraison, 1859. Les deux autres sont Owen et Fourier.

4. *De l'Humanité*, t. 1, pp. 143-144. « Inscrivons, poursuit-il, sur nos pacifiques bannières : le paradis terrestre est devant nous. »

5. Cf. Jean-Jacques GOBLOT, *Aux origines du socialisme français : Pierre Leroux et ses premiers écrits*, 1824-1830. P.U.L., 1977.

6. Dès 1825, évincé par Dubois, Saint-Simon avait eu le sentiment d'être compris par Leroux. Cf. ALEXANDRIAN, op. cit., p. 250. Sur les débuts du *Globe* : Charles de RÉMUSAT, *Mémoires de ma vie*, éd. Ch. H. Pouthas, t. 2, Plon, 1959, pp. 137-152.

ainsi que l'entreprise de l'*Encyclopédie nouvelle* (1836-1841), menée d'abord en commun avec Jean Reynaud, lui permirent d'exposer plus personnellement sa doctrine, mais sans lui en faire jamais renier la source première. Il refusa de suivre le Père Enfantin dans la voie de ce qu'il appela, pour le critiquer, le socialisme : « en définitive, adopter soit l'individualisme, soit le socialisme, c'est ne pas comprendre la vie »[1] ; le terme qu'il se fera gloire d'avoir emprunté aux légistes pour l'introduire dans la philosophie (« c'est-à-dire, suivant moi, dans la Religion ») est celui de Solidarité : « J'ai voulu, dira-t-il, remplacer la Charité du Christianisme par la Solidarité humaine »[2]. Tout en reprochant encore à Enfantin d'avoir divinisé Saint-Simon et de s'être mis pour l'interpréter à l'école de Hegel[3], il continua longtemps de voir en Saint-Simon lui-même un « homme initial », un « révélateur », dont la parole, « prononcée sur notre époque, est sortie du sein de l'humanité souffrante » pour nous indiquer le chemin du salut[4]. « Mon maître Saint-Simon », dit-il encore dans l'avant-propos de l'*Humanité* en 1840[5]. Il se montrera plus sévère ensuite contre son industrialisme, qui mène à l'adoration du veau d'or et nous replonge dans un nouveau système féodal[6]. Cependant, sur le tard, il proclamera encore : « Saint-Simon fut mon maître. Ce que je suis, je le devins le jour où il fit briller à mes yeux le dogme de la Perfectibilité humaine, auquel alors personne ne pensait, et que les plus méchants, aujourd'hui, répètent comme un Credo[7]... Tout ce qui pense aujourd'hui pense à travers le cerveau de ce parasite[8]. »

---

1. *De l'individualisme au socialisme*, Revue encyclopédique, oct. 1833. (Leroux se refuse toujours aux antithèses.) Le mot « socialisme », donné au XVIIIe siècle à la doctrine de Grotius, « réapparaît en 1827 dans la bouche des owénistes, et Joncières en use dans le *Globe*, 13.2.1832, à propos des *Feuilles d'automne* de V. Hugo, au sens de collectif » (L. KOLODZIÈJ, *Adam Mickiewicz...*, 1966, p. 506). En l'appliquant à la politique, Leroux le popularisa. Cf. EVANS, *Le socialisme romantique*, p. 236 ; DUROSELLE, op. cit., p. 16. Les souvenirs de Leroux étaient un peu brouillés lorsque, près de trente ans plus tard, il dit avoir « forgé » ce « néologisme nécessaire ».

2. *La Grève de Samarez, poème philosophique*, 1863-1865. Édition établie avec une introduction et des notes par Jean-Pierre Lacassagne, 2 vol., Klincksieck, 1979 ; L. 1, c. 42 ; t. 1, p. 233. Nous citerons toujours cet ouvrage capital d'après cette excellente édition de Lacassagne.

3. *Du cours de philosophie de Schelling*. Revue indépendante, t. 3, 1842, pp. 331-334.

4. *Aux Philosophes*. Rev. encycl., sept. 1931. Cf. Evans, op. cit., p. 22.

5. *De l'Humanité*, t. 1, p. v.

6. *Revue sociale*, janvier 1846.

7. *La Grève de Samarez*, t. 2, p. 502.

8. Op. cit., t. 1, p. 263. En relevant ce dernier mot lancé par un adversaire de Saint-Simon, Leroux doit penser à lui-même.

L'autre maître de Leroux, c'est Lessing. « Qui ne connaît pas le petit livre de Lessing intitulé *L'Éducation du genre humain* ? C'est un livre sublime, un livre prophétique, un de ces livres jetés hardiment à un instant solennel entre le passé et l'avenir. » Et « qui ne voit l'idée de Lessing ? Dieu mentait, et ne mentait pas. Les Hébreux d'alors étaient trompés, et pourtant ils ne furent pas trompés... Lessing... fut un des mages qui visitèrent le nouveau-né dans sa crèche, et qui l'annonçaient à l'univers. Qu'il est touchant de voir ce théologien enthousiaste du Christianisme annoncer qu'il a aperçu une nouvelle lumière[1] ! » Plus encore que dans le *Nouveau christianisme*, Leroux a trouvé dans *L'Éducation* la clé qui lui permettra de tirer de l'Évangile à peu près le contraire de ce que toute la tradition chrétienne y avait lu[2]. Se voulant et se proclamant lui aussi « théologien », il opérera un mélange d'érudition biblique et d'interprétation « spirituelle » des Livres saints, par-delà « le respect idolâtrique » de la lettre que la critique voltairienne, estime-t-il, a ruinée[3]. Lui-même le déclare sans ambages : son exégèse, dans l'ensemble, sera une inversion. « Aujourd'hui la doctrine qui repoussait la Nature et la Vie est renversée. Les vérités qui lui avaient donné l'existence sortent de l'enveloppe brisée du mythe, comme la chrysalide du cocon où elle s'était enveloppée[4]. » Il a trouvé aussi, grâce à Lessing, de plus anciennes lettres de noblesse. C'est ici que nous voyons encore apparaître nos Spirituels joachimites :

> ... Je comprends que dans le cours des siècles beaucoup d'esprits, frappés de cet évangélique métaphysicien de saint Jean, aient suivi l'essor qu'il ouvrait..., et qu'ils soient arrivés ainsi à se faire du christianisme une idée nouvelle, et qui paraît à l'Église aussi étrange que coupable. C'est saint Jean qui a produit ce qu'on appela au moyen âge l'Évangile éternel. Quant à nous, loin de repousser cette conclusion du christianisme, nous croyons profondément que la véritable transformation du christianisme s'accomplira par cette issue que saint Jean lui a ouverte...[5].

1. *De l'Humanité*, t. 2, pp. 486-487 et 500-501.

2. Cf. l'article *Du Bonheur*, in fine : « Les chrétiens, pendant 18 siècles, ont marché vers la vie future *au nom du Père, du Fils* et *du Saint-Esprit*. La Philosophie, expliquant leur formule, nous apprendra à marcher vers l'avenir *au nom de la réalité, de l'idéal et de l'amour*. » Rev. des deux mondes, 1836, t. 1, p. 482.

3. *De l'Humanité*, t. 1, pp. 486-501 et 508.

4. Op. cit., p. 95. Nous en verrons des exemples. Il ne renonce pourtant pas à se fonder, en temps opportun, sur une lettre mieux comprise. Ainsi dans sa longue discussion pp. 960-963, sur le sens de la réponse de Jésus à Pilate : « Mon royaume n'est pas de ce monde ».

5. Op. cit., t. 2, p. 824 ; cf. p. 825.

Sans complaisance pour Hegel[1], qui s'enferme, dit-il, dans « un cercle fatal » en faisant du christianisme, compris à sa manière, « la religion absolue », Leroux suit au contraire avec intérêt le développement de la pensée de Schelling, qui le ramène au thème de l'Évangile éternel. Schelling est « comme un grand chêne dont toute l'Allemagne scientifique actuelle formerait les rameaux » ; il se veut disciple de l'abbé Joachim, de Jean de Parme, de tous les Joachimites qui ont annoncé, à la suite de saint Jean, l'Évangile du Saint-Esprit, réalisateur et rénovateur. Cependant, trop timide, il s'arrête en chemin, parce qu'il ne sait pas interpréter « les temps écoulés depuis Jésus jusqu'à nous » :

> ... Illustre et vénéré Schelling : Nous savons ta pensée profonde... Tu crois à un nouveau christianisme, au christianisme de saint Jean. Tu crois que le christianisme depuis Jésus jusqu'à nous n'a encore accompli que deux périodes des trois qu'il doit embrasser. Tu crois que saint Pierre, saint Paul et saint Jean sont les trois faces successives de leur maître ; que les deux premiers ont régné ou fait régner Jésus sur la terre, et que le troisième doit le faire régner à son tour. Et voilà pourquoi tu terminais tes leçons à Munich, il y a dix ans déjà, par ces paroles caractéristiques : « Si j'avais à élever un temple, ce serait à saint Jean que j'en élèverais un » ... Tu renonces à Luther comme au Catholicisme. Mais quand tu veux élever ton nouveau christianisme, ... tu hésites, et ta voix balbutie...[2].

C'est qu'en effet « le christianisme n'a pas accompli seulement deux de ses périodes, il les a accomplies toutes les trois. » Déjà, « entre Grégoire VII, le saint Pierre du onzième siècle, et Luther, le saint Paul du seizième siècle », une phalange ininterrompue a « combattu la bannière de saint Pierre sous celle de saint Jean ». Joachim de Flore et Jean de Parme, le penseur Amaury, les Albigeois et les Vaudois, les Béghards et les Apostoliques, Wiclef et Jean Huss, et tant d'autres, tous, ils avaient puisé dans saint Jean leur croyance à l'Évangile du Saint-Esprit. Quand Schelling nous dit aujourd'hui que le christianime de saint Jean doit venir, nous devons donc lui répondre : « Il est venu et passé depuis longtemps ». Car « dès lors que tombent les mystères, il n'y a plus de christianisme. Il y a une révélation nouvelle... Nous voyons arriver ce que les Joannites du treizième siècle pressentaient...

1. Il n'a commencé de le connaître qu'à partir de 1840. Cf. *Réf. de l'éclectisme*, pp. 236-243.

2. Rev. indép., t. 3, 1842, « *Du cours de philosophie de Schelling. Aperçu de la philosophie en Allemagne* » ; pp. 3-8, 289-348.

Ils ont annoncé la fin du christianisme » ; nous, nous en sommes sortis. « Ce qu'on appelle le christianisme n'est plus depuis longtemps qu'un cadavre » ; mais les hérauts de l'Évangile éternel ont jeté « des semences de la nouvelle religion réservée à l'avenir ». Combattus jadis par Guillaume de Saint-Amour, ils ont préparé l'œuvre dont la philosophie devait réaliser la première partie en abattant le christianisme, et qui doit être achevée le jour « où il n'y aura plus qu'une philosophie, qui sera en même temps une religion »[1].

On doit donc reconnaître que « la vue de Schelling sur les temps écoulés depuis Jésus jusqu'ici est fausse ». Mais sans doute Schelling n'a pas dit encore son dernier mot, et Leroux veut le juger « plus équitablement » que ceux qui l'accusent de « tomber dans l'idolâtrie » en voulant rétablir l'ancienne idée de la révélation. « Qu'on le sache bien, Schelling ne retourne pas en arrière. Il vient se joindre à cette phalange de tous les grands esprits qui annoncent, sous des formules diverses, une religion nouvelle »[2].

Les premiers siècles chrétiens furent grands. Ils furent progressifs. « Quel est le pédant qui oserait dire que les Pères de l'Église, ces penseurs si profonds, depuis saint Paul jusqu'à saint Augustin, ne tiennent pas bien leur place dans l'histoire de la philosophie[3] ? » Mais il en fut autrement par la suite. Fervent de pensée symbolique, Leroux porte sur le moyen âge et sur ses deux versants un jugement contraire à celui qui devait souvent prévaloir, contraire à celui que portait déjà l'historien Henri Martin dans une étude à laquelle sa *Revue indépendante* donnait l'hospitalité à la même date[4]. A partir du treizième siècle, estime-t-il, « le catholicisme arrêta l'essor de la pensée en interdisant à la philosophie l'explication de ses symboles ». Deux tendances s'opposèrent alors, et elles n'ont pas fini de s'opposer. Mais l'une, « dirigée vers le passé », « inféodée au papisme », cherchant à sauver « ses dogmes vermoulus », ne représente plus rien de vivant : « Où est l'Église ? Luther l'a détruite, Henri VIII d'Angleterre l'a détruite, Descartes l'a détruite, Voltaire l'a détruite... Rome, l'Église ne sont

---

1. Loc. cit., pp. 295-297 et 337-348.

2. Loc. cit., p. 348.

3. *Réfutation de l'éclectisme,* p. 27. La flèche vise Jules Simon. Cf. supra, ch. XII, pp. 130-131.

4. T. 3, 1842, pp. 207-234, *Du rôle de la France dans la philosophie du moyen âge.* Martin loue Jean Scot d'avoir inauguré la scolastique, il montre son œuvre continuée par celle d'Abélard et la pensée d'Abélard renaissant avec la philosophie chrétienne du XIIIe siècle, grâce au « pacte d'Aristote avec Rome » négocié par Albert le Grand, etc. Il consacre aussi une page à l'Évangile éternel (p. 228) : devant cette « explosion d'idées hétérodoxes », « deux grands hommes se levèrent pour la défense du catholicisme » contre « l'étendue de la religion du Saint-Esprit » : Thomas d'Aquin et Bonaventure, « le Bossuet et le Fénelon du treizième siècle ».

plus que des mots ; et il ne reste à la papauté qu'à se creuser une tombe avec les débris de sa crosse brisée... » L'autre est dirigée « vers l'avenir » ; seule héritière véritable du passé, elle travaille à « l'émancipation de plus en plus complète de la Raison ». Si la première des deux tendances est symbolisée par « Rome », la seconde l'est tantôt par l'Allemagne, « où germent et se développent les idées vraiment libérales », et tantôt par la France, que Leroux se plaît à voir « destinée à devenir le pouvoir spirituel de l'Europe ». Conformément à cette idée d'une mission européenne (universelle) de la France, qui se trouve partout chez les romantiques[1], il la considère comme « la Rome de l'avenir », qui « ne sera pas, suivant l'expression de la Bible, une *âme vivante*..., mais, suivant l'expression que saint Paul oppose à la première, un *esprit vivifiant* »[2].

L'une des idées essentielles de Pierre Leroux est, avec l'idée de perfectibilité, celle de continuité. Ce sont là pour lui deux idées-sœurs. « Il y a un lien secret entre l'Antiquité et la Modernité[3]. » Ce lien doit être manifesté dans l'histoire spirituelle de l'Europe. « Le christianisme, la réforme, la philosophie se suivent comme les actes d'un drame qui tendent au dénouement » :

> Nous voyons le christianisme élever d'abord au-dessus du monde son paradis mystique, comme la graine qui commence à se former dans les airs, et qui attend ensuite que les vents la

---

1. Joseph de Maistre l'avait héritée du XVIIIe siècle. Elle est chez Comte, Buchez, Quinet, etc. « Pour tous les socialistes romantiques, la France était exemplaire » (Alexandrian, op. cit., p. 441). Cf. la fin de l'article cité d'Henri MARTIN : « la grande et majestueuse philosophie germanique n'a pu jusqu'ici descendre de son empyrée pour se manifester aux yeux et au cœur des peuples ; cette science de l'absolu n'est pas devenue la science de la vie; la France saura-t-elle mériter d'être, comme par le passé, l'intermédiaire de Dieu et de l'humanité ? » Dans *Le Peuple*, 3e partie, MICHELET célèbre « la papauté de la France » ; elle est « une religion » ; elle a « le génie du sacrifice », etc. (p. 234). On comparera avec Arnold RUGE, écrivant dans les *Annales de l'Allemagne et de la France* la même année : « La France représente à elle seule en Europe le principe inaltérable et pur de la liberté humaine... Elle combat dans ce moment pour la réalisation des grands principes sociaux que la révolution a jetés dans le monde. Cette nation remplit une mission de cosmopolitisme. Le fruit de ses efforts appartient au genre humain... – On peut juger en Allemagne de l'indépendance et de l'intelligence d'un homme par son appréciation de la France... etc. » Traduit par P.D., *L'École de Hegel à Paris*, dans *Rev. indép.*, t. 12, 1844, p. 484.

2. *Aux Politiques*. Rev. indép., t. 2, 1842, pp. 312-313 et 319. *Discours sur Jésuitisme et Socialisme*, dans l'*Almanach du Nouveau Monde* pour 1850, de Louis BLANC ; résumé par P.-Félix THOMAS, *Pierre Leroux, sa vie, son œuvre, sa doctrine.* Alcan, 1904, pp. 116-117.

3. *La Grève de Samarez*, préface, ch. 46 ; t. 1, p. 121.

versent sur terre. La réforme vient après, qui répand la promesse dans toute la société et, en dévastant toutes les pieuses retraites où la vie spirituelle s'était concentrée, ne fait qu'un seul peuple, qu'elle élève à la dignité spirituelle. Puis à sa suite vient la philosophie, qui étend encore ce niveau et qui enfin, expliquant la prophétie, interprète le règne de Dieu sur la terre par la perfectibilité. Le christianisme, le protestantisme, la philosophie, ont donc poussé au même but, et accompli par diverses phases une même œuvre[1].

Mais le christianisme n'était pas un commencement absolu. Pierre Leroux l'envisage dans un cadre historique plus ample et le soumet à son principe de continuité. Il se veut « théologien », il sait que nous devons, « de toute nécessité, chercher la preuve et le fondement de nos croyances dans ce qu'ont pensé nos pères » ; il aura « employé (sa) vie, dira-t-il, à vérifier toutes (ses) croyances par la Tradition », mais par « la Tradition vraiment universelle », cette « tradition de l'humanité » avec laquelle il ne veut « point faire schisme »[2]. On remarquera qu'en effet il ne s'intéresse guère au fait primitif de l'Église, – ni à la personne concrète de Jésus. (Il invite même ses lecteurs à faire effort pour « désanthropomorphiser » le christianisme, ou du moins pour entrevoir que ce sera chose faite un jour, quand son essence aura été enfin vraiment comprise.) Il interprète Jésus d'après sa propre explication générale de la vie, c'est-à-dire d'après son « ontologie ». Or, déclare-t-il, « nous ne connaissons... d'autre ontologie que la doctrine de l'Esprit qui s'incarne, du Verbe qui se fait chair, en d'autres termes de l'idéal qui se réalise[3]. » Jésus a donc été « l'incarnation du Verbe de Dieu », en ce sens qu'il a été « le représentant de Dieu pour l'humanité à son époque » ; mais il ne faut pas « prendre pour un cas particulier et anormal ce qui n'était qu'un cas plus général » : « nous sommes tous fils de Dieu » ; « entendre la divinité de Jésus comme une différence d'essence, ... c'est encore mettre Dieu hors de nous... Jésus n'est Dieu

1. *De l'individualisme et du socialisme*. Rev. encycl., oct. 1833.

2. *La Grève de Samarez*, t. 1, pp. 155, 165, 168. Lacassagne rappelle, ibid. p. 373 ce texte de 1837 : « C'est la rupture avec la tradition de l'humanité qui a causé ce grand désordre, cette sorte de cessation de la vie qui se révèle aujourd'hui par l'art comme par la philosophie. » *Encycl. nouv.*, t. 3, pp. 804-805. Exemple de tradition universelle : « Le monde primitif a connu l'Amitié par intuition. Le monde antique, après la grande Catastrophe, l'a connue par réminiscence. Une tradition religieuse ininterrompue l'a conservée sous des rites pendant des siècles. Au sortir des temples, la Philosophie a reçu cette tradition, et l'a cultivée... » *La Grève...*, t. 2, pp. 651-652.

3. L'Encycl. nouv., art. *Berkeley* ; cité par Jacques VIARD, *Péguy et les religieux républicains de « l'Encyclopédie nouvelle »*, dans *Rencontres avec Péguy*, DDB, 1975, p. 195. *Revue indép.*, 1842, t. 3, pp. 683-684.

que parce que tous les hommes sont de Dieu et que Dieu est immanent à chaque homme »[1]. En résumé : « *Le Verbe a parlé* en Jésus... : voilà la vérité. Mais *le Verbe est Jésus* : voilà l'erreur[2]. »

« Qu'adorons-nous (donc) sous ce nom de Jésus ? – N'est-il pas temps que les voiles tombent, et que nous adorions en esprit et en vérité ? » Pourquoi continuer « à être comme les Juifs charnels, qui prenaient des figures pour des réalités ? » Déjà, « dans la pensée de saint Paul », Jésus était « l'Humanité vivant dans tous ses membres », et déjà bien avant Paul d'anciens païens avaient aperçu, « quoique confusément », ce grand mystère :

> Si Jésus est l'Humanité, c'est l'Humanité qui nous sauve, ce n'est pas Jésus. – Ou, si vous voulez, c'est Jésus en tant que Jésus est l'Humanité. – Croire à Jésus, comme vous y croyez, ce n'est réellement pas croire à Jésus ; car ce n'est pas comprendre sa doctrine. – Croire à l'Humanité, c'est réellement croire à Jésus[3].

Le rôle du Jésus historique fut donc bien plus modeste que les chrétiens ne le disent. En réalité, « l'auteur de l'Évangile a reproduit essentiellement, quoique sous une forme nouvelle, plus auguste et plus grande, la pensée vivante qui dictait à Platon sa *République*, la pensée qui avait inspiré à Pythagore sa législation, la pensée qui avait dicté à Lycurgue les lois de Sparte, à Minos celles de Crète, à Moïse celle des Juifs ou à Hermès celles d'Égypte, aux Brahmes déifiés celles de l'Inde[4]. » Dans le déploiement de ces généalogies, Leroux varie les accents. Tantôt « l'essentiel du christianisme » lui paraît être « un mélange de métaphysique platonicienne et d'éthique stoïcienne »[5], et tantôt il met davantage en valeur l'apport de « la nation juive », qui elle-même « a tiré du sein de l'Orient... les deux plus précieuses de toutes les vérités : l'unité de Dieu et l'unité de l'espèce humaine... »[6]. Ailleurs, le mouvement de l'histoire est prolongé : « l'arbre a été semé au temps de Socrate, il a germé au sein de l'humanité, il est devenu le christianisme, il a décru à l'époque de la Renaissance, et il a été

1. L'Encycl. nouv. art. *Éclectisme* (VIARD, loc. cit., pp. 208-209). *De l'Humanité*, t. 2, p. 329. Cf. G. BONNEFOY, *La pensée religieuse et sociale d'Alfred de Vigny*, p. 276.

2. *Du Christianisme* ; Rev. indép., t. 3, p. 607.

3. *La Grève de Samarez*, t. 1, pp. 206-209. Cf. p. 154 : « Moi : Ne voyez-vous pas que Jésus... - Le lecteur : Eh bien quoi ? Jésus... - Moi : C'est l'espèce HUMANITÉ. »

4. *De l'Égalité* (1838), p. 129. Dès 1832, cf. son article de la Rev. encycl. sur « l'influence philosophique des études orientales », etc.

5. *De l'humanité*, t. 1, pp. 63-64. *Réfut. de l'éclectisme*, p. 91.

6. *Revue sociale*, janvier 1846.

déraciné au temps de Voltaire » ; sa place, comme celle du platonisme et comme celle de « la genèse de Moïse », est désormais « dans le Panthéon du passé »[1].

L'œuvre de la philosophie a été salubre. Sa critique a détruit « le respect idolâtrique pour la lettre sainte », comme « la société laïque... a renversé l'Église »[2]. Mais, on doit le reconnaître, ce fut là œuvre négative. « Les philosophes n'ont rien édifié ». Ils ont cru qu'une société pouvait vivre sans religion : « pure abstraction, absurde chimère » ! « Le christianisme est tombé, et nous sommes sans religion... Vivre sans religion est le plus douloureux des supplices, ce n'est pas vivre... O douleur de l'âme humaine, souillée d'abord des superstitions du passé, à l'âge où elle est tendre et naïve, et ensuite détrompée et abandonnée ! » En fait, on peut dire que « dans sa défaite le christianisme même a vaincu, puisqu'il a emporté avec lui temporairement dans sa chute le grand nom de religion »[3]. Il ne faut pourtant pas désespérer : « La Religion ! voilà le dernier mot du Mythe. Une religion est passée, une autre va venir. Nous sommes entre les deux[4]. » Les philosophes nous auraient facilité la tâche, s'ils avaient su comprendre « ce que l'on pourrait appeler le prophétisme chrétien » ; ils « auraient assurément bien mieux triomphé du christianisme, s'ils eussent expliqué équitablement le christianisme lui-même »[5]. Cependant, « où aurait été la source de leur génie, de leur enthousiasme, et de leur puissance sur les peuples, s'ils n'avaient pas eu dans le cœur le germe d'une religion nouvelle de l'humanité[6] ? » Et Leroux de s'adresser à leurs héritiers, les voltairiens de son temps :

> Croyez-vous que l'homme, après s'être toujours fait une solution du problème humain et divin, soit arrivé, de progrès en progrès, à une époque où il vivra sur terre, comme l'animal, sans conscience et sans souci de la destinée générale ? ... – Eh ! que savez-vous si la vérité ancienne elle-même, nous apparaissant de nouveau, mais sans voile et sous une nouvelle face, n'opérera pas

---

1. *Réfut. de l'Éclectisme*, p. 26.

2. *De l'Humanité*, t. 2, p. 508. *Rev. indépendante*, t. 2, p. 329.

3. *Du Christianisme.* Rev. ind., t. 3, 1842, p. 590. *De Dieu... ;* ibid., p. 31. *Aux Philosophes* ; Rev. ind., t. 1, 1841, p. 11.

4. *La Grève de Samarez*, t. 2, p. 496. « Les philosophes détruisent les solutions incomplètes adoptées par l'humanité et cette œuvre importante prépare les religions qui doivent leur succéder et les ensevelir. »

5. *Du Christianisme*, loc. cit. Cf. *Réfutation de l'Éclectisme*, p. XVII : « Les grandes choses ont toujours fait suite aux grandes choses qui avaient précédé. »

6. *De la philosophie et du christianisme.* Revue encycl., 1832 ; repris dans Rev. indép., 1841-42. Cf. BÉNICHOU, op. cit., p. 350.

> notre résurrection et notre salut ? ... Il y a au fond de notre âme un je ne sais quoi de religieux qui est invincible, quelque chose qui n'est pas le christianisme et qui l'apprécie. Que savez-vous si ce n'est pas le christianisme lui-même qui se transfigure dans nos âmes[1] ?

« Nous devons emporter, conclut-il l'année suivante, des ruines du christianisme le feu immortel de la vie, et, loin des décombres, appeler les esprits à une cité nouvelle, qui ne sera pas le christianisme... Il ne s'agit pas d'enterrer cette portion de vérité dans les catacombes de l'histoire, mais de la débarrasser de l'alliage faux et périssable qui s'y était attaché[2]. »

Que sera donc, finalement, cette nouvelle religion, âme si nécessaire de la cité nouvelle que notre siècle attend ?

Il faut d'abord le redire : elle ne pourra pas être un renouvellement du christianisme, comme Lamennais l'a rêvé pendant quelques années ; « cette forme du passé est irrévocablement brisée », elle n'a pas « puissance de renaître », « nous ne croyons pas à la restauration de l'ancienne synthèse, aujourd'hui ruinée »[3]. En revanche, le peuple a pu mettre son espoir dans la Révolution française, « mais cette tentative ne fut pas suivie de succès. Le principe n'était pas trouvé, ou le fruit n'était pas assez mûr »[4]. L'heure est maintenant plus favorable, « l'esprit humain est dans une grande crise d'enfantement, ... la société est en dissolution pour renaître ». Après avoir accompli son œuvre indispensable de critique, « la Philosophie nous apprend que le souverain bien consiste à aimer religieusement le monde et la vie »[5] ; elle-même s'unit à la science pour devenir religieuse : ainsi « la religion redescend sur la terre sans cesser d'être religion »[6]. L'élargissement de

1. *Aux Philosophes*, loc. cit., pp. 10 et 54.

2. *De Dieu, ou de la Vie considérée dans les êtres particuliers et dans l'être universel*, premier fragment ; Rev. indép., t. 3, p. 30. Cf. *La Grève de Samarez*, t. 2, p. 613, à propos de l'athéisme : « L'axiome des chimistes est vrai : *Corpora non agunt nisi soluta.* Il faut une Dissolution préparatoire avant toute Synthèse. »

3. *De la philosophie et du christianisme. Rev. encycl.*, août 1832. LAMENNAIS ne s'en montrait pas moins alors indulgent pour Leroux, comme pour Buchez. A Charles de Coux, 14.10.32 : « En dehors du catholicisme, ce qu'il y a de mieux encore ce sont les hommes de l'Européen et de la Revue encyclopédique. Au moins ceux-là voient le mal et y cherchent sincèrement un remède. » C.G., 5, 198.

4. *Revue indépendante*, t. 2, p. 350.

5. *De l'Humanité*, t. 1, p. 120.

6. *Réf. de l'Éclectisme*, p. 204 ; Cf. p. XIII. *Aux Politiques*, dans *le National*, août 1832 : « La Révélation divine n'est autre que la Science. » En 1842, il expliquera que

nos connaissances concernant le passé doit nous permettre de traduire à notre usage non seulement les mythes de l'ancienne Grèce et ceux du peuple d'Israël, mais encore ceux du lointain Orient ; quand toutes les Bibles seront traduites, « l'esprit humain aura changé d'horizon » ; nous aurons enfin compris que « nous ne sommes plus les fils de Jésus ni de Moïse », mais « les fils de l'Humanité »[1]. Ayant recueilli « la tradition universelle et vraiment catholique du genre humain tout entier »[2], la nouvelle religion lui imprimera un nouvel essor grâce au principe nouvellement acquis de la « perfectibilité ».

« Puissante théorie du Progrès, souffle divin de la Perfectibilité, c'est toi qui triomphes ! Les hommes ne sont rien devant toi... Tu triomphes dans leurs erreurs mêmes. Toi seule es grande, toi seule es vraie dans leurs systèmes...[3] ! »

Leroux n'ose pas se donner trop ouvertement pour le fondateur ou pour le pontife de la religion qu'il annonce, à la manière du Père Enfantin ou du second Auguste Comte[4]. Il s'en considère toutefois, peut-on dire, comme l'inventeur, ou comme le révélateur, en ce sens qu'après en avoir dégagé l'ambition universelle et l'esprit positif, il en expose avec une persévérence inlassable le contenu[5].

Ce contenu se résume tout entier dans une certaine idée de la Trinité ou, comme il dit souvent aussi, de la Triade. « Il fut évident pour nous que la philosophie et la religion n'ont qu'un but, celui de formuler la

---

les diverses sciences, « au lieu de se séparer complètement, comme elles l'ont fait en France et en Angleterre pendant plus d'un siècle, de l'ancienne voie théologique, doivent rentrer dans cette voie et remplacer la théologie, en se faisant elles-mêmes théologie... Elles n'ont réellement plus d'objet, du moment que la considération de l'Être universel leur échappe ou est grossièrement répudiée par elles. » (Dans la *Rev. indép.*, t. 3, p. 26).

1. *De l'influence philosophique des études orientales*. Rev. encycl., avril 1832. Cf. EVANS, pp. 61 et 171.

2. *Rev. encycl.*, août 1834. Cf. *Réf. de l'éclectisme*, p. 204 : « La philosophie comprend à présent les dieux sauveurs de l'Inde et de l'Égypte, et le dieu sauveur de l'Occident. (Elle) embrasse donc les religions dans une tradition vraiment universelle, et se fait par là même religion. »

3. *Du cours de philosophie de Schelling*. Rev. indép., t. 3, 1842, pp. 334-335.

4. Voir cependant les réflexions de Béranger, qui fut d'abord lié avec lui (dans Jean-Pierre LACASSAGNE, *Métaphysicien et chansonnier, Pierre Leroux et Béranger*. Strasbourg, 1968, pp. 170 ss.) et celles de RENAN, *L'avenir de la science*, éd. de 1890, p. 106 : « Quelle différence du philosophe qui s'est appelé autrefois Pierre Leroux, au patriarche d'une petite église, etc. » (1848.) Cf. ses *Souvenirs d'enfance et de jeunesse* : « Leroux, par son accent de conviction, nous frappait..., nous ne voyions pas l'insuffisance de ses études et la fausseté de son esprit. » (Éd. de 1897, p. 249). Entre temps Leroux avait critiqué la *Vie de Jésus*, ce livre « marqué au coin de l'aveuglement », *La Grève...*, pp. 685-692.

5. Cf. les articles publiés dans *le Siècle*, en 1837 et 1838, par Louis Viardot : Lacassagne, pp. 36-37.

vie. Et, de nouveau considérant ces choses l'histoire à la main, nous avons prononcé le mot de Trinité ; et nous avons dit : la Trinité du christianisme est la formule même de la vie[1]. » Elle est susceptible d'abord d'une transposition psychologique, aux conséquences importantes : « la trinité de l'esprit humain étant sensation, sentiment, connaissance, indivisiblement unis, il en résulte que la philosophie ou la religion est indivisiblement politique, morale, métaphysique...[2] ». On peut remarquer ici que cette gradation des trois termes correspond aux trois étapes de la route parcourue par le christianisme dans son histoire, dans l'ordre que Leroux rétablit contre Schelling : à Pierre correspond la sensation, à Jean le sentiment, à Paul l'intelligence ; « saint Pierre, saint Jean et saint Paul ont déjà porté tous les trois, successivement, et dans cet ordre, la bannière du Christ »[3]. Mais il faut dépasser la psychologie, qui n'est encore « qu'un aspect restreint ». Le traité *de l'Humanité* en dévoile un autre : « Les chrétiens, pendant dix-huit siècles, ont marché vers la vie future au nom du Père, du Fils et du Saint-Esprit. La Philosophie, expliquant leur formule, nous apprendra à marcher vers l'avenir au nom de la Réalité, de l'Idéal et de l'Amour[4]. »

Cette idée du Dieu Père, Fils et Saint-Esprit n'était d'ailleurs pas propre aux chrétiens : les Platoniciens l'ont connue, et elle constitue « l'idée même de l'Être dans la métaphysique indienne[5] ». C'est pourquoi « depuis Wishnou jusqu'à Chrisna, et jusqu'à Bouddha, qui devança Jésus d'au moins huit siècles, c'était le Verbe de Dieu que les Indiens disaient adorer dans ses avatars successifs »[6]. En sa substance, la Trinité apparaît « aussi solide et inattaquable que profonde ou plutôt sublime » ; on en peut trouver des preuves dans la structure de toute langue, aussi bien que dans la physique et dans la chimie[7]. Et comme « Dieu se retrouve toujours dans les combats des hommes », on ne s'étonnera pas que la Sainte-Alliance ait inscrit en tête de son pacte : « Au nom de la très sainte Trinité », tandis que la France avait écrit

1. *Réf. de l'Éclectisme*, p. 203.

2. Op. cit., pp. XVI-XVII ; cf. p. 200.

3. *Du cours de phil. de Schelling.* Rev. indép., t. 3, 1842, p. 338.

4. *De l'Humanité,* t. 1, p. 120.

5. *Réf. de l'Éclectisme,* p. 204. *Du christianisme,* dans Rev. indép., t. 3, 1842, p. 681 ; cf. pp. 690-691 : « L'idée vraie de l'Unité et de la Trinité de Dieu devait renverser le Paganisme et régénérer l'humanité. Mais l'humanité, sortant de l'idolâtrie, ne pouvait encore concevoir Dieu et son Verbe qu'idolâtriquement. De là la forme que prit la religion à cette époque : Dieu le Père fut laissé dans son essence métaphysique, mais on adora sa raison sous les traits d'un homme... »

6. *De l'Humanité,* t. 2, p. 916.

7. *De Dieu, ou de la Vie...* Rev. indép., t. 3, 1842, pp. 50-54 et 62-89.

sur ses drapeaux : « Liberté, Égalité, Fraternité » ; mais la première formule, encore mythiquement comprise, ne pouvait que produire « une sorte d'engourdissement et de léthargie », tandis qu'il reste à la France de comprendre « religieusement » la seconde pour devenir « l'esprit vivifiant » de l'Europe[1]. En janvier 1848, dans *la Revue sociale,* Leroux publiera une « Trilogie sur l'institution du dimanche », qui est un « hymne à la Trinité »[2]. Le 27 septembre, à la tribune de l'Assemblée nationale, il exposera les raisons pour lesquelles on doit introduire dans la nouvelle Constitution le principe de la Trinité[3]. La même année, dans son opuscule *Aphorismes,* il dressera en cent cinquante-trois points sa « doctrine de l'Humanité », religion dont la base est la Trinité et qui « comprend indivisément le Dogme, la Morale ou l'Organisation sociale, et l'Économie politique » ; à l'intérieur de chaque partie de cette triade, c'est alors une cascade de divisions et subdivisions triadiques, jusqu'à la fin de l'opuscule. En mai 1857, exilé à Jersey, il mettra en sous-titre à la première livraison de son journal éphémère *L'Espérance* : « revue philosophique, politique, littéraire. Solidarité, Triade, Circulus ». *La Grève de Samarez* sera jonchée de ces triades. Dans le récit évangélique de la Transfiguration il est question de trois tentes pour les trois révélateurs : Moïse, qui est la sensation, Élie, le sentiment, Jésus, la connaissance ; et les trois disciples témoins de la scène sont Pierre (sensation), Jean (sentiment) et Jacques, substitut provisoire de Paul ! (connaissance). A Béthanie nous voyons réalisée symboliquement la double triade de l'Amitié (Jésus, Jean, Lazare) et de l'Amour (Marthe, Marie, Lazare)[4]. La triade révolutionnaire (Danton, Camille Desmoulins, Robespierre) se teint aux couleurs de *l'Aurore du Socialisme* pour devenir la triade humanitaire formée par Saint-Simon, Robert Owen et Fourier, ces trois « Révélateurs du Socialisme » qui sont réunis « dans la même gloire »[5], etc. « Suite et effet de la Trinité divine, ... la Triade a toujours existé dans le Genre Humain... et a produit toutes les sociétés

1. *Aux Politiques,* 4e article, Rev. indép., t. 2, pp. 332-333. Cf. *De l'Égalité,* pp. 6-9.

2. Cf. P. F. THOMAS, op. cit., p. 303.

3. Leroux raconte la scène dans *La Grève de Samarez,* préface, ch. 27 ; T. 1, pp. 103-104. Il fit rire, dit-il, toute l'assemblée, et c'était les membres du clergé qui riaient le plus fort.

4. T. 1, p. 336 ; t. 2, pp. 677-670. A la Transfiguration, le passage de un à trois offre « la meilleure analogie... pour exprimer la décomposition *en trois* du Verbe dans toutes les créatures, et en particulier dans l'âme humaine » ; p. 337.

5. T. 1, pp. 307 et 308. Dans la Préface (t. 1, p. 102), Leroux présente aussi deux « sublimes triades » : Dante - Pétraque - Camoëns et Léonard de Vinci - Raphaël - Michel-Ange. *L'Espérance* présente deux triades littéraires : Walter Scott - Hoffmann - Cooper, et Sand - Sue - Balzac. Cf. Lacassagne, *La Grève...,* p. 364.

humaines... Par une suite nécessaire, (elle) existera toujours, et se manifestera de plus en plus », et l'on finira par comprendre que telle est la clé de « la fameuse énigme du Sphinx », dont on a donné jusqu'ici « des explications si ridicules »[1].

Tel est en tout cas le néo-joachimisme de Pierre Leroux ; telle, sa nouvelle version, temporalisée, de « l'Évangile éternel ». Il a conscience d'accomplir, et pour la première fois réellement, « ce qu'on appela au moyen âge l'évangile éternel »[2].

Cependant, une objection se présentait à lui, massive, comme naguère à Lessing. Elle était métaphysique, car il ne pouvait se contenter de concevoir l'Histoire comme une série superficielle d'instants dont chacun rejette au néant celui qui le précédait. Elle était morale aussi. Qu'est-ce que cette humanité future, toujours en marche vers un progrès meilleur ? Comment admettre qu'il aura fallu, pour la faire éclore, le sacrifice de tant de générations humaines, perdues dans la servitude, la superstition et l'idolâtrie ? Il faut reconnaître à Leroux le mérite d'avoir regardé l'objection en face, alors que plus tard tant de penseurs révolutionnaires et terrénistes, utopistes ou « non utopistes », s'obstineront à en détourner les yeux. Pourquoi cet exorbitant privilège des générations de la dernière heure, – cette heure dût-elle être longue, – destinées elles aussi, pourrait-on croire, à s'abîmer dans le néant ? Fourier l'avait reconnu : « Rien de fait pour le bonheur tant que nous n'avons pas, sur l'immortalité de l'âme, des garanties convaincantes[3] », et M. Alexandrian, qui cite ce texte, observe que « tous les socialistes romantiques ont cru à la vie future »[4]. Restait à savoir comment l'entendre. Leroux écarte la croyance professée par la philosophie spiritualiste alors courante, cette immortalité individuelle à laquelle s'accrochait encore Victor Hugo, et qui fera l'objet le plus sérieux de leurs dissentiments lors de leur commun exil. De même, il écarte les imaginations de son ami Jean Reynaud, qui dans *Terre et Ciel* faisait voyager les âmes d'astre en astre, – et ce sera une cause de leur séparation[5]. La solution qu'il propose n'est pas, pour le fond, très originale : c'est la doctrine de la métempsycose ou de la palingénésie, telle qu'il la trouvait dans Lessing, telle que, disait-il, Pythagore l'avait enseignée, telle qu'il l'avait reçue du saint-simonisme. Mais il consacre

1. T. 1, p. 326.
2. *De l'Humanité,* t. 2, p. 824.
3. *Théorie à l'unité universelle.* Cité par ALEXANDRIAN, op. cit., pp. 128-129.
4. Loc. cit.
5. Cf. sa dédicace de *la Grève de Samarez* à Jean Reynaud (t. 1, pp. 67-68).

les trois quarts de son ouvrage de *l'Humanité* à s'efforcer de l'établir et il se pique de montrer qu'elle est celle même de la Bible et de l'Évangile.

Son idée de la métempsycose n'est pas, explique-t-il, cette croyance vulgaire à laquelle avait sacrifié Platon, croyance répandue dans l'Égypte ancienne et dans l'Inde, qui tirait du principe de l'éternité des âmes l'idée d'une transmigration « indéterminée, confuse et rétrograde ». Pour les individus comme pour l'humanité, il n'y a d'avenir que « par et sur cette terre », c'est-à-dire qu'il n'y a d'avenir pour eux que par et dans l'humanité. Ce qu'il admet donc, c'est un système déterminé et progressif de « résurrection » ou de « renaissance dans l'humanité »[1]. Il le fonde sur le dogme même de l'Humanité, que déjà la Bible fait entrevoir dans le mythe d'Adam[2]. « Qu'on ne se fatigue pas à chercher vainement dans la Bible juive quelque trace de l'opinion de l'immortalité de l'âme comme on entend vulgairement aujourd'hui cette immortalité. » La doctrine de Moïse, « ce grand initié de la science antique », est tout autre. Pour comprendre la *Genèse,* il faut voir qu'elle est « un débris ou un résumé » de cette science. « Dès la première ligne, le Sépher de Moïse porte l'empreinte profonde de la métaphysique antique, que nous retrouvons aujourd'hui dans l'Inde, et qui était sans doute cultivée au même degré dans les Collèges sacerdotaux de l'Égypte[3]. » Mais, si elle est « la négation la plus absolue » de l'immortalité individuelle, cette doctrine est en elle-même toute positive. Adam, c'est « l'homme universel », « l'homme éternel » ; c'est l'humanité même, en qui nous sommes contenus, en qui « nous serons, nous nous retrouverons », sans avoir besoin pour cela « de nous rappeler nos formes et nos existences antérieures »[4].

Leroux est ici proche d'Enfantin, qui écrivait sans trace d'hésitation à Charles Duveyrier : « Le vieux saint Paul se réjouit en moi de ses progrès ; il les sent, comme je sens ceux que j'ai faits depuis mon enfance[5]. » — Ce n'est pourtant pas qu'il renonce aisément à toute

1. *De l'Humanité,* t. 2, pp. 283 et 388-389. Cf. *La Grève...*, t. 2, p. 509 : « Parce que je ne crois pas à la résurrection *sous la même forme* de ce qui était hier, en suis-je moins ferme pour cela sur la question de la résurrection ? » Cf. LACASSAGNE, introd., p. 9.

2. Leroux reprend ici l'explication de Fabre d'Olivet, mais il pense qu'il est inutile de recourir comme lui à certains sens figurés pour découvrir toute sa signification. *De l'Humanité,* t. 2, pp. 512-526, etc.

3. Léon CELLIER, qui cite ce texte, évoque encore à son propos Fabre d'Olivet : critiqué par Leroux, il « ne cessera pas de hanter sa pensée ». *Fabre d'Olivet,* p. 375 ; cf. p. 232.

4. *De l'Humanité,* t. 1, pp. 272 et 288-289 ; t. 2, pp. 661-664.

5. Cité par ALEXANDRIAN, p. 155.

espèce de mémoire ; il en cherche même des signes, sinon des preuves : « Qu'on me dise d'où viennent ces sympathies qui unissent, dans la vie présente, ceux qui aiment, et qu'on m'explique ces liens invincibles qui nous entraînent vers certains êtres. Croit-on vraiment que ces sympathies n'aient pas leur racine dans des existences antérieures ? » Il pense même avoir trouvé un argument plus convaincant encore, qui nous laisse rêveurs : n'avons-nous pas « sous les yeux la preuve évidente que les enfants qui viennent à la vie ont une certaine mémoire de leur existence antérieure »[1] ? Toutefois, soyons raisonnables : « Ne cherchons pas dans la conservation ou la perte de la mémoire le caractère de notre identité. Notre identité, c'est le *moi* qui nous a été donné indépendamment de ses manifestations ; et c'est aussi le non-moi qui nous a été donné dans les êtres extérieurs, nos semblables à différents degrés indépendamment des manifestations de ce non-moi, qui varient et changent comme les nôtres, dans une harmonie éternelle[2]. »

Tous les anciens pensaient de même. Leur idée sur la vie future était « que l'homme renaissait dans l'humanité »[3]. Jésus-Christ, qui était essénien[4], vient ici confirmer Moïse. Nouveau Pythagore, il nous a transmis la notion d'une triple palingénésie, « cosmique, politique, spirituelle », qu'il nous faut savoir comprendre. On la retrouve, avec des accents divers, dans chacun des quatre évangiles ; elle est leur base commune, qui assure leur unité[5]. Car « l'Évangile est un tissu fabriqué, avec un art aussi naturel que prodigieux, de trois fils différents, qui non seulement se mêlent et s'entrecroisent, mais qui, comme s'ils étaient vivants, se changent et se transforment les uns dans les autres, à mesure que l'œil les considère...[6] » Or « c'est la synthèse de ces trois

---

1. *De l'Humanité,* t. 1, p. 289 ; t. 2, p. 272.

2. Op. cit., t. 1, pp. 288-289. Lamennais n'avait peut-être pas tort d'ironiser sur ce moi et ce non-moi, dont la réflexion de Leroux usait déjà depuis quelque temps. Il écrivait à Béranger le 16 sept. 1839 : « Si vous avez envie de savoir ce que c'est que l'homme, lisez (dans l'Encyclique nouvelle) l'article Sommeil ; mais ne me demandez pas d'explication... Je prosterne mon *moi* et mon *non-moi* aux pieds du révélateur, voilà tout. » C.G., 7, 430.

3. Op. cit., t. 2, pp. 765-779.

4. Op. cit., t. 1, pp. 291-302 (l. 6, ch. 1).

5. « L'unité de ces quatre Christ différents des quatre Évangiles nous est connue, puisque nous savons que chacun des quatre Évangiles a envisagé la *palingénésie* ou l'*époque messiaque* sous des aspects divers, et que néanmoins l'idée de *palingénésie* est la base commune des quatre. » *De l'Humanité,* t. 2, p. 839. Cf. pp. 785 ss. les considérations fort ingénieuses sur chacun des quatre évangiles et leurs symboles respectifs (homme, lion, bœuf, aigle), etc.

6. Op. cit., T. 2, p. 742. Le 4e évangile ne fait pas exception : « évangile métaphysicien », il reste cependant lui aussi « dans la tradition de la palingénésie cosmique » des trois autres (p. 824).

formes de l'idée de palingénésie, c'est leur mélange, et à quelques égards leur confusion, qui donne aux évangiles ce caractère de sublimité et en même temps de merveillosité et, si j'ose dire, de féérie, qui a frappé, étonné et entraîné tant de générations[1]. »

Ayant terminé sa longue et parfois pénible démonstration, ayant ainsi rassuré son instinct de justice universelle en même temps que satisfait à sa double conception des lois de l'exégèse et du progrès scientifique, Leroux, dont l'âme était généreuse[2], peut se rendre ce témoignage : « Je n'ai rien nié, j'ai expliqué. Le christianisme me paraît expliqué. Son nœud capital est délié. Et je rends grâce à Dieu de ce que j'ai pu traiter ce grand problème sans blesser en rien ce qui est divin dans le Christianisme, ce qui lui survivra, son âme, son esprit... Je n'ai pas eu besoin de récuser les Évangiles ni la tradition chrétienne, de supposer des interpolations, des anachronismes, des mensonges dans cette haute et respectable antiquité du Christianisme. J'ai tout accepté et j'ai seulement expliqué ». Le Salut, c'est la Vie qui se perpétue dans l'humanité temporelle ; la « fin du monde » est à comprendre comme « la fin du monde de l'inégalité et de l'injustice », et toutes les générations antérieures, dont la nôtre, participeront dans cette Vie universelle à ce monde renouvelé[3]. Tel est l'enseignement profond de l'Évangile. Il y est exprimé « sous des voiles », obscurci encore « par la forme erronée que prit le christianisme » dans la suite, « à tel point qu'il a fallu que cette forme fût anéantie » pour qu'enfin nous la comprenions[4].

C'est donc en toute bonne conscience que Leroux peut s'abandonner à la forme renouvelée et renforcée du vieux rêve qui fut celui de Joachim de Flore.

Cette forme est-elle un panthéisme ? Ainsi l'ont généralement comprise les contemporains. « M. Pierre Leroux, a écrit Daniel Stern, s'absorba dans une sorte de panthéisme emprunté aux Indes et à l'Alle-

1. Op. cit., t. 2, pp. 824-839.

2. Cf. G. Weill, op. cit., p. 182 : « ce penseur à l'âme généreuse, à l'esprit confus. »

3. *De l'Humanité,* t. 2, p. 965. *La Grève...*, préface, ch. 69 ; t. 1, p. 158.

4. *De l'Humanité,* t. 2, p. 975. Si cependant Jésus, qui avait « au fond pour doctrine la vie éternelle dans l'humanité, a cru à la palingénésie miraculeuse, ou a passé pour y croire, n'est-ce-pas... parce que l'esprit humain avait encore besoin de cette autre fausse hypothèse pour justifier les voies de la Providence ? L'erreur de Jésus a été nécessaire. » Dans *la Grève...*, p. 158, cette concession même disparaîtra : « S. Pierre seul... peut être soupçonné d'avoir penché... vers une Palingénésie miraculeuse. »

magne[1]. » « Espèce de mystique panthéiste », disait Alfred Nettement[2]. Et Vigny, dont il avait en vain cherché la collaboration, dans un fragment de poème resté longtemps inédit :

> Père d'un panthéisme orné de plusieurs choses,
> De quelques âges d'or et de métamorphoses
> De Boudha, qu'en son cœur il croyait inventer...,

ce qui est évidemment fort approximatif. Au reste, à cette époque, le mot, qui n'était pas neuf[3], faisait une fortune foudroyante. Hegel, traité de panthéiste, avait écarté le mot en disant que c'était un « mot de bataille » et il avait invité les théologiens à « se garder de porter un jugement sur une notion incomprise en la qualifiant de panthéisme »[4]. Schelling s'était plaint à Schubert de la « description grossière, extrêmement générale et incomplète du panthéisme » par laquelle il avait voulu caractériser sa pensée[5]. Pour un voltairien de stricte observance comme pour un bon spiritualiste oublieux des premiers errements de Victor Cousin, toutes les doctrines autres que les leurs étaient du panthéisme. L'abbé Bautain, en 1835, opposait au panthéisme la Philosophie du Christ. En 1840, l'abbé Maret s'efforçait, en le décrivant, d'arrêter le flux de la marée panthéiste, dont une des vagues était pour lui l'œuvre de Leroux. Barbey d'Aurevilly se plaindra en 1851, non sans raison, mais en priant le lecteur de lui passer le mot, de la « panthéification de l'histoire ». Saint Thomas d'Aquin fut alors traité de panthéiste, et le sera longtemps encore dans l'école de Renouvier. De même Denys, Jean Scot, Nicolas de Cuse... Saint Paul fut accusé de panthéisme : c'est Leroux qui le remarque, non d'ailleurs sans ambiguïté, en se présentant lui-même comme suivant « la route de saint Paul ». « Ne dit-on pas de Gœthe, observe-t-il encore, ce qu'on dit de Schelling, qu'il est panthéiste ? » Non content de refuser pour lui-

---

1. *Hist. de la révolution de 1848*, 1850, p. XLVII. Cf. Edgar QUINET sur « la grande affaire qui se passe aujourd'hui dans la philosophie : le panthéisme de l'Orient, transformé par l'Allemagne... » ; *De la renaissance orientale.* Rev. des deux mondes, 1841, t. 3, p. 686. HEINE, *De l'Allemagne* : « L'Allemagne est à présent la terre fertile du panthéisme... (Il) est la religion occulte de l'Allemagne » ; éd. Bibliop., I, p. 63.

2. *La litt. française sous le gouvernement de juillet*[2], 1859, t. 2, pp. 74-76 ; cf. t. 1, pp. 501-515, etc.

3. Il remontait à John Toland (1720). Mais en 1830, Sainte-Beuve ne le risquait encore qu'avec précaution.

4. *Philosophie de la religion,* trad. Gibelin : t. 1, Vrin, 1959, p. 215 ; cf. trad. Vera, t. 1, 1876, p. 352.

5. Cf. Courtine et Martineau, dans SCHELLING, *Œuvres métaphysiques.* Gallimard, 1980, p. 355.

même l'accusation – mais, jugeait Béranger, « en vain », – il annonce en 1842 qu'il va entreprendre « la réfutation des divers panthéismes anciens ou en honneur aujourd'hui »[1]. S'il admire « l'effort sublime » de Spinoza, qui « mérite à jamais la vénération des hommes », il lui reproche cependant d'être « un panthéiste »[2]. Avec plus de dédain, il adresse le même reproche à Lamartine « panthéiste de sentiment plutôt que d'intelligence », qui « voit tous les êtres s'absorber dans l'Être des êtres » et ne comprend rien à l'Humanité[3]. Mais comme il est permis d'avancer qu'on est toujours le panthéiste de quelqu'un, sans doute n'est-il pas moins vrai de dire qu'on est aisément l'antipanthéiste de quelque autre. Laissant donc de côté le mot ligitieux, écoutons ce que Leroux nous dit être sa « confession personnelle » :

> Je n'avais pas seize ans quand, ... sous la pression qu'on voulait m'imposer au nom du dogme Chrétien, il m'arriva d'écrire sur le tableau de la classe de Mathématiques spéciales du Lycée de Rennes, au grand étonnement et scandale de mes professeurs : *Il n'y a que des êtres particuliers. L'Être universel se manifeste dans tous les êtres particuliers ; mais il n'y a pas, à titre d'être, d'Être universel.* C'était ma formule... alors. J'étais donc athée ! Le suis-je maintenant ? Quand je rentre en moi-même, je sens profondément que je ne l'ai jamais été. Je pensais comme Shelley. L'esprit souffle où il veut, comme il veut[4].

Du jeune lycéen au doctrinaire de l'Humanité, la continuité semble parfaite, car Leroux écrivait encore en 1840 : « La vie, dans sa réalité, c'est l'être universel », et néanmoins « les êtres particuliers existent » ; aussi « cela n'est pas du panthéisme »[5]. Mais si nous le lui accordons, alors le penseur dont il nous paraîtrait assez proche, plus peut-être que de tout autre, ce serait Dom Deschamps, qui distinguait « tout » et « le tout », « tout » étant « l'existence en soi », laquelle est inséparable des parties qui forment « le tout », mais n'est elle-même « rien » sans « le tout »[6]. Et c'est par une intuition juste que Gérard de Nerval, ce fantaisiste, aurait noté : « Dieu est pour Leroux l'âme universelle, c'est-à-dire

---

1. *De Dieu, ou de la Vie...* Rev. indép., t. 3, 1842, pp. 6, 17, 23-24.

2. Loc. cit., p. 28, *De l'Humanité,* t. 2, pp. 457-458.

3. *La Grève de Samarez,* t. 2, p. 595.

4. *La Grève,* l. 3, Narcisse, 5e partie, ch. 23 ; t. 2, p. 615. Lacassagne se demande si Leroux, évoquant ce souvenir, ne se vante pas un peu. Mais peu importe ici. Ce texte sera mis en relief par P. F. THOMAS, op. cit., p. 6.

5. *De l'Humanité,* t. 2, p. 457 ; cela « est la vraie religion ».

6. Textes dans BEAUSSIRE, op. cit., pp. 75, 86, 104. Voir supra, t. 1, ch. V.

la collection des monades...[1]. » Dans son dernier ouvrage, cependant, Leroux ne repousse pas moins l'athéisme que le panthéisme ; il cite pour le condamner ce propos qu'un de ses compagnons d'exil aurait entendu d'Auguste Comte : « Il s'agit aujourd'hui d'organiser sans Dieu », il s'effraie de voir la génération montante, imprégnée d'esprit « positif », se persuader que « l'époque théologique » est à jamais abolie, « la tâche définitive de la Science » étant « d'exclure de partout (l') idée de Dieu »[2]. Son Dieu n'est pourtant pas l'Humanité, comme on le dit de Comte[3]. Sans plus chercher à enfermer sa pensée dans une formule, peut-être pouvons-nous l'exprimer par ce qu'il avait écrit dans l'article *Christianisme* de l'Encyclopédie nouvelle : « Le fond de la religion est éternel, car c'est la connaissance subjective que nous avons de la Vie »[4].

La pensée de Leroux est sans arêtes. Partout, on l'a vu, elle cherche des continuités, partout elle veut opérer des synthèses[5]. On comprend qu'il ait tenu à publier dans sa *Revue indépendante* le discours prononcé par Schelling pour l'ouverture de son cours à Berlin en 1841, où l'on peut lire ces déclarations de paix : « Je ne veux pas irriter, mais réconcilier... Je ne suis pas ici pour détruire, mais pour édifier... Étendre et perfectionner, voilà ma voie[6]. » Lui-même, dans son « poème philosophique », s'adresse à Victor Hugo en ces termes : « Tu fais fausse route. Tu traites la Religion comme tu traites la Poésie : par l'antithèse. Mais l'antithèse, en religion, sais-tu ce que c'est ? C'est Satan[7] », – ce qui était tout de même avancer une antithèse assez forte ; et d'ironiser sur la « théologie nouvelle » et le « monde nouveau »

1. *Almanach cabalistique,* 1850, Les prophètes rouges. *Œuvres,* Pléiade, t. 2, pp. 1225-26.

2. *La Grève,* t. 2, pp. 521-522, reconstituant (ou supposant) un discours de Seigneuret, « possédé d'une rage d'athéisme ».

3. Le « nouveau dieu » de Comte a plutôt pour nom « le Grand Être », qui n'a pas à proprement parler d'essence, puisqu'il est « composé de ses propres adorateurs », quoique transcendant à chacun d'eux, et toujours en « Devoir-Être ».

4. Cf. *La Grève,* t. 1, p. 161. Un feuillet inédit, destiné à la rédaction d'une « Dispute avec les Savants » pour *La Grève de Samarez* et publié par Lacassagne (t. 1, pp. 24-25) dit que « l'Éther..., source et lien de tous les êtres, est le corps même de Dieu ».

5. Un anonyme, disciple de Leroux, écrivait dans la *Rev. indép.,* en 1843 (t. 7, p. 455) à propos de Michelet : « Ce n'est pas pour nous un léger sujet de joie que de voir les penseurs éminents de notre temps se rencontrer dans cette théorie de la synthèse. »

6. T. 3, 1842, pp. 14 et 15.

7. T. 2, p. 518 ; p. 519 : « Tu n'as jamais compris comment la vie succède à la vie, comment la Révélation est permanente dans l'Humanité, comment une révélation ne détruit pas l'autre, mais la confirme ; comment les formes des religions tombent, comment leur essence est éternelle ! »

que, sans attache à aucune tradition, les esprits des « tables » découvriraient au poète[1]. Son langage veut être celui d'un conciliateur et d'un rassembleur. Il ne se présente pas comme un adversaire, mais comme un héritier. Dans l'introduction rédigée pour la première rédaction de la *Revue indépendante,* en 1841, il reproduit intégralement l'article-programme paru dans le *Globe* du 24 mai 1825, dû à Jouffroy : « Comment les dogmes finissent ». Jouffroy est maintenant l'un des piliers de l'École éclectique assagie par le pouvoir, avec laquelle il est en lutte. « Allez donc, lui dit-il, prenez la parole avant nous ; rendez témoignage à la vérité. *Vous n'êtes pas nos ennemis, mais nos annonciateurs*[2]. » Et plus tard, à un lecteur supposé de *la Grève,* qui ne comprend rien à sa théologie : « C'est toujours la même loi, toujours... le Verbe qui crée, toujours l'esprit qui vivifie. Après tout, savez-vous qu'il y a bien peu à changer dans la formule pour passer du christianisme incompris au christianisme ressuscité ? »[3]. Il aime rappeler que la doctrine chrétienne, telle surtout que l'exprime saint Paul, « ce plus grand des métaphysiciens », est une « doctrine de la *communion,* qui unit ensemble en Dieu les membres d'un même corps : *unum corpus et unus spiritus* »[4]. Il prodigue les mots de Trinité, de rédemption, de résurrection, de « règne céleste », d'« homme nouveau »[5], etc. Il écrit à la louange de Jésus : « Sa Révélation, quelle qu'en soit l'origine, n'a-t-elle pas changé la nature humaine en produisant une religion nouvelle, un idéal nouveau ? et la nature humaine, ainsi changée, n'a-t-elle pas renouvelé le monde ? »[6]. Mais il rappelle aussi, inlassablement, qu'« il y a deux manières de comprendre le christianisme », que sous la forme où il s'est longtemps présenté il « n'était qu'une prophétie »[7], qu'en lui, dès l'origine, tout n'était que mythe, figurant « la religion de l'avenir »[8],

---

1. T. 1, p. 192.

2. C'est nous qui soulignons.

3. Détail significatif : il avait écrit d'abord : « du christianisme mort » et il reconnaît que c'était inexact : « La chrysalide, en effet, n'est pas morte ; Jésus n'était pas mort lorsqu'on le porta dans le tombeau ; on ne ressuscite que parce qu'on n'est pas mort... » T. 1, p. 163.

4. *De la philosophie éclectique...,* Rev. encycl., 1833 ; repris en appendice à la *Réfut. de l'Éclectisme,* p. 302.

5. Dédicace à Béranger, *De l'Humanité,* t. 1, p. VII. *De l'Égalité* (1848), pp. 267-270, etc. Cf. *Rev. indép.,* t. 2, p. 316 : Paul a « exposé sous cette image de la résurrection, comment la vie continue de l'Humanité s'accomplit » etc.

6. *La Grève,* t. 2, p. 666.

7. Dédicace à Béranger, p. VII.

8. *La Grève,* intermède ; t. 1, p. 180, etc. Le texte cité supra (t. 2, p. 666) est tiré d'une explication du « Mythe des Noces de Cana ». Le grand reproche que Leroux fait à Renan est de n'avoir pas compris que les évangiles ne sont pas légendaires, mais

que pour le comprendre il n'y a qu'un mot à changer : « au lieu de dire de Jésus *Deus-homo,* il faut dire *Deus-humanitas* », et par là « tout sera changé, je veux dire, tout changera, aussitôt que le voile sera levé et que l'esprit humain verra clair »[1].

Trop peu attentifs à cette seconde partie de ses déclarations, quelques historiens ont cru reconnaître en Leroux un type authentique de socialiste chrétien. On s'est même plu parfois à le considérer comme un ancêtre de Péguy[2]. Parmi bien d'autres textes, une de ses répliques à Victor Hugo éclaire sa position véritable. Hugo niait la réalité de l'Humanité collective ; alors Leroux, dans une formule qui pourrait être de Feuerbach ou de Merleau-Ponty : « C'est la négation de la religion du Fils !...[3] » Pour lui, le christianisme ne fut qu'un anneau dans une chaîne continue, celle de la perfectibilité indéfinie. Il avait écrit naguère, s'adressant à Pascal, qui compare le développement scientifique du genre humain à la croissance de l'individu :

> Tu es trop humble et trop superbe. S'il s'agit des idées d'Aristote, tu revendiques la perfectibilité de l'esprit humain ; s'il s'agit de Jésus et des Pères de l'Église, tu te prosternes, tu adores dans le tremblement. Mais tu as mis la main à la racine de l'arbre, c'en est fait de l'autorité... La science en tuant la tradition et la cosmogonie antique, arrive à faire une cosmogonie et une tradition nouvelles... Les mêmes raisons que tu as fait prévaloir en physique, prévaudront en théologie ; le rationalisme envahira tout jusqu'à ce que la doctrine de la perfectibilité grandisse et s'étende à tout[4].

---

mythiques : « L'humanité, pauvre homme ! a pu être trompée. Mais elle l'a été autrement que vous n'imaginez. Et elle l'a été sans l'être » ; le merveilleux, c'est que les « Mythes chrétiens » aient pu exercer une si grande action « et traverser tant de siècles, sans être pourtant dépistés » : l. 2, pp. 689 et 690.

1. *La Grève,* t. 1, p. 164.

2. En revanche, M. Jacques VIARD rapproche à juste titre Leroux, refusant en 1831 « une papauté nouvelle apportant à l'individu devenu fonctionnaire une doctrine officielle à croire, et l'inquisition à sa porte » (« Que font-ils de la liberté de conscience ? ») », et Péguy, refusant la tyrannie de l'unité marxiste et guesdiste (« Ils ont supprimé la liberté de conscience..., il va donc falloir à présent que l'on soit matérialiste et athée »). *Philosophie de l'art littéraire et socialisme selon Péguy*. Klincksieck, 1969, p. 351. De même l'un et l'autre unissent engagement social et culture littéraire, ce qui assure à leur « socialisme » un caractère humain, et ni l'un ni l'autre ne confond cette culture littéraire avec une « littérature » d'ornement. VIARD, ibid., cf. p. 172. Du même : dans *Romantisme et Religion,* Actes du Colloque de Metz 1978, PUF 1980, pp. 233-260.

3. *La Grève,* t. 2, p. 514.

4. Cité par P.-F. THOMAS, op. cit., p. 213.

Confusion totale des « ordres », scientisme intégral, foi en une force de progrès immanente au monde, en vertu de laquelle « l'erreur et l'égoïsme seront vaincus, relégués de plus en plus dans le non-être, dans la mort, dans le néant »[1], refus du christianisme qui, « abusant de la nécessité du mal, a dit anathème à la terre, c'est-à-dire à la nature entière »[2], telle est la « religion » de Leroux. En novembre 1841, il avait encore, dans la *Revue indépendante,* traité de folie l'idée exprimée par le Père Enfantin, qu'il fallait à la société un nouveau Messie. Peu à peu, cependant, il en venait à reconnaître en Jésus le Jean-Baptiste dont lui-même décodait le message. Déjà en 1842, nous l'avons dit, il voyait se profiler sur l'horizon « la Rome de l'avenir ». Plus tôt encore, Lamennais, qui avait entretenu de bons rapports avec lui pendant quelques années mais l'avait ensuite sévèrement jugé, écrivait le 21 juillet 1840 à Vitrolles : « Il s'affermit de plus en plus dans la haute opinion qu'on lui a donnée de lui-même ; il se croit appelé à renouveler le monde. C'est pitié de voir combien notre pauvre tête tourne aisément... » Et le 25 novembre 1841, au même : « Il est... plus enfoncé que jamais dans l'idée de faire une religion, et il ne doute pas de sa réussite...[3] » Plus équitable que Lamennais et d'autres, Lacassagne reconnaît cependant qu'il avait tendance à se voir « fondateur ou pape », et que l'*Avertissement* de la quatrième partie de l'*Espérance,* en 1859, laissera « percer le prophète ou le révélateur à tout le moins »[4].

La tête de Leroux ne cessera guère de tourner[5]. Cependant, il connaîtra des moments dépressifs[6], dus aux malheurs qui l'accablent. Témoin cet émouvant fragment de juillet 1844, joint à l'une de ses lettres à George Sand :

> ... Les deux mois qui viennent de s'écouler... sont les plus lourds que j'ai endurés. Si je vous disais que j'ai vieilli de cinquante ans, depuis ces deux mois, je ne mentirais pas. Cela ne peut pas se

1. *De l'Humanité,* t. 1, p. VI.

2. Encycl. nouv., art. *Augustin.* Il remarque cependant qu'il existe de son temps « un christianisme dégénéré, qui n'ose plus réprouver la Nature et la Vie, et cherche honteusement à s'arranger de la terre » : *De l'Humanité,* t. 1, p. 65.

3. « On verra dans sa Revue que Jésus-Christ a formellement autorisé l'adultère, etc. » C.G., 7, 495. Cf. Rev. indép., t. 1, 1841, p. 42 : *Aux philosophes.*

4. *Introd.* à *La Grève de Samarez,* pp. 27 et 61. Cf. p. 22.

5. De plus en plus malveillant, Lamennais écrira encore à Vitrolles le 17 sept. 1842 : « Savez-vous qu'il est Jean-Jacques, qu'il a été Pétrarque, qu'il a été saint Augustin, que ces trois hommes, engendrés l'un de l'autre, forment une série dont il est le quatrième et apparemment le dernier tome ? Ce n'est pas trop mal s'apparenter, je devrais dire s'identifier. Molière, où es-tu ? »

6. Il y était sujet, comme, en sens inverse, à des moments d'« extase douloureuse » où il se sentait « pris du vertige de l'infini ». *La Grève,* t. 2, p. 461.

> montrer sur ma figure ; mais j'ai vieilli dans mon espérance, dans ma foi, dans ma charité, dans tout ce qui constitue la vie. J'ai vu de plus près ce que j'appelle avec les Chrétiens le péché originel de l'homme, ce que les anciens appelaient fatalité. J'ai vu notre impuissance à nous sauver nous-mêmes et à nous guérir du mal, et notre impuissance les uns pour les autres, ce qui revient à l'impuissance radicale de la nature humaine...[1].

Mais le rêve reprenait le dessus. Malgré « les déviations de l'aiguille aimantée », malgré les déceptions de tout ordre, Leroux pouvait dire : « J'ai toujours senti le bien plus grand que le mal, la vie plus forte que la mort », et encore, après l'énumération des supplices de son exil à Londres : « Une invisible voix me répète, au fond de mon cœur, cette parole du prophète, qui est, selon moi, la plus admirable prière : *non mortui laudabunt te, Domine, neque omnes qui descendunt in infernum, sed qui vivent*[2]. »

Depuis 1835 environ, le grand rêve de Pierre Leroux ne s'est pas sensiblement modifié. Nous avons pu l'exposer d'après ses divers écrits, sans distinguer habituellement les dates. On discerne seulement, sur la fin, quelques traits plus accentués : chez ce grand pacifique, une patience accrue dans l'attente – « O désir de réalisation, combien tu en as égarés ! »[3] ; – pour le présent, un sentiment plus aigu du mal : à travers Job, mais aussi Maistre, Hugo, Byron, il en est obsédé, et toute une section de la *Grève* aurait eu sans doute pour titre : *Satan*[4]. L'orchestration du thème essentiel se fait plus riche, grâce à de nouvelles analyses d'Homère, de Virgile, de l'Évangile. *La Grève de Samarez,* où ces analyses abondent, est un immense *sursum.* De cet ambitieux « poème philosophique », on a dit qu'il était un « pathétique échec », et la chose n'est que trop vraie. « Nous savons aujourd'hui, reconnaît Lacassagne qui cependant l'admire, combien cette espérance romantique a été illusoire »[5]. Il est également trop vrai que les querelles personnelles, les « souvenirs irritants », les aigreurs y tiennent trop de place. Les inventions oniriques n'y sont pas toujours d'un goût parfait. Ce n'en est pas moins un grand livre. La culture de l'auteur et ses dons

1. Le 15.7.1844. A la même, le 17.10.1845 : « Ne vous ai-je pas écrit tout le mal que je pense de notre nature quand ce que les chrétiens appellent la grâce ne vient pas la relever. » LACASSAGNE, *Histoire d'une amitié,* pp. 188 et 224.

2. A G. Sand, juillet 1850, 5.6.1851, 20.8.1852 ; loc. cit., pp. 235, 237, 253. Cf. Ps. 113 (vulg.), 17-18 ; Leroux modifie la fin du texte. Même citation dans *Grève,* pp. 22-23.

3. *Grève,* t. 2, p. 448. Comparer avec *Rev. encycl.,* sept. 1831, p. 515.

4. LACASSAGNE, introd. à *La Grève,* pp. 22-23.

5. Introduction, pp. 6 et 11.

de critique s'y trouvent mis en valeur. La rédaction d'un type nouveau, entremêlée de dialogues, connaît parfois des réussites. Les débats avec Calvin, Locke ou Voltaire, avec Lamartine ou Renan, avec les adeptes du nouveau courant scientiste, avec Hugo surtout[1], sont des débats sérieux, dont l'enjeu offre quelque chose d'éternel. Après cent vingt années, ce livre reste vivant.

Nous y attarder serait ici hors de propos. Regrettons seulement que Leroux ait dépensé tant de sérieux en vain[2]. L'ingéniosité qu'il déploie à tout réduire en mythes qu'il fait porteurs d'une « révélation métaphysique »[3] ne peut cacher un arbitraire dont, hanté par son idée fixe, il est sans doute le seul à ne pas s'apercevoir. Et relevons une dernière fois sa parenté avec le Calabrais. Tous deux sont exégètes. Tous deux entendent la parole de Jésus dans « ce merveilleux Évangile de saint Jean » : « Sondez les Écritures, elles parlent de moi ». Ils savent l'un et l'autre qu'elle s'appliquait d'abord aux Juifs, lecteurs de Moïse et des Prophètes. Mais au milieu du dix-neuvième siècle – tout comme à l'aube du treizième – c'est aux chrétiens qu'elle s'adresse. Les chrétiens lisent depuis longtemps l'Évangile, mais ils ne le comprennent pas encore. Pas plus que Joachim, Leroux ne prétend leur apporter une autre Écriture, une autre révélation. Il veut seulement – car les temps sont mûrs – que l'Évangile soit enfin compris, pour qu'enfin nous adorions tout « en esprit et en vérité »[4]. C'est là, pense-t-il, sa mission, comme Joachim pensa que c'était la sienne. L'un comme l'autre se tient comme un annonciateur au seuil du troisième âge. – Seulement, pour Leroux, – comme c'était coutume au moins depuis Lessing, – la contemplation du troisième âge se concentre sur l'Humanité : « Scrutez votre Évangile, il parle de nous »[5]. Et ce troisième âge est l'horizon dernier. Leroux nous le redit, empruntant un vers à Shelley :

O Happy Earth, Reality of Heaven[6] !

---

1. « Tu as parlé de Dieu et de notre patrie éternelle un peu en style de rhétorique... Il faut une foi véritable... Quelle est ta foi ? » T. 2, p. 513 ; cf. pp. 541-542, etc.

2. *La Grève,* préface, ch. 65 : « Dans cet écrit (je soutiens) le Dogme Catholique dans toute sa profondeur. Je ne plaisante pas plus du pape que de la religion dont il est le chef. Le temps de plaisanter est passé... » P. 152.

3. Op. cit., t. 1, p. 336.

4. *La Grève,* t. 2, p. 669 : « Puissé-je être digne de les faire comprendre (les Mythes de l'Évangile), afin qu'il n'y ait plus de secret, plus d'ésotérisme, et que nous adorions Dieu en esprit et en vérité ! »

5. Op. cit., t. 1, p. 188.

6. SHELLEY, *Queen Mab.* « O terre heureuse, réalité du Ciel ! »

A la voix de Pierre Leroux fait écho, une dizaine d'années plus tard, celle de Jules, l'un de ses frères, son inséparable, celui qui fut à la fois son tourment et son inspirateur ; Jules, le « fou sublime », l'« ennemi du possible », comme le désignait George Sand qui le connaissait bien[1]. De Jersey, le 1er septembre 1866, Jules Leroux adresse à George Sand, après deux envois analogues, un long travail sur « l'Économie politique de la société future, autrement dit humaine ». Avec une exaltation romantique dont l'âge n'a pas affaibli la vigueur imaginative et verbale, mais sans compliquer son mythe d'exégèse évangélique, il s'écrie, dans une sorte d'avant-propos :

> Frêtons un navire, montons encore une fois dans l'arche symbolique et mystérieuse de Noé, et abandonnons-nous au souffle de Dieu sur le dos irrité de l'Océan du temps, jusqu'à l'heure, grande et solennelle, où nos vigies crieront du sommet de nos voiles : Terre ! terre ! terre !
>
> – Car cette Terre sera la terre où fleurit souriante la *société humaine.*
>
> Je sais qu'elle existe, comme dirait Job ; j'en ai des preuves certaines, comme dirait Colomb. Espérons donc et tenons-nous prêts à la saluer dès qu'elle apparaîtra[2].

Cette société terrestre, en fleur et souriante, n'est-ce-pas le nouvel avatar du grand ordre contemplatif annoncé par Joachim de Flore ? Joachim le croyait proche. Jules Leroux, écho prolongé de Pierre, sait que la Terre vers laquelle il navigue est encore invisible, dans le lointain. Il est en cela plus sage que le vieux moine. Mais tandis que Joachim pensait bien qu'un jour, enfin, viendrait l'heure de la Jérusalem nouvelle, où il n'y aurait « plus de mort », Jules Leroux, doux et opiniâtre esprit chimérique, voit uniquement cette immense fleur, toujours plus épanouie, toujours plus souriante, toujours plus libre des maux qui en avaient d'abord enserré le bourgeon[3]. Éclairé comme Pierre par le principe de la perfectibilité, il voit cette société toujours plus paisible et plus parfaite, toujours plus harmonieuse, laissant encore mourir ses membres, mais les suscitant toujours à nouveau, au cours d'un temps indéfini, pour les faire à chaque fois jouir de ses nouveaux progrès, travailler encore à des progrès nouveaux.

---

1. LACASSAGNE, *Hist. d'une amitié,* pp. 85-87.
2. Op. cit., p. 278 ; cf. p. 276.
3. Qu'on se rappelle aussi Herder, qui voyait toute l'histoire concourir à « l'épanouissement de la fleur de l'humanité ».

II

George Sand

« Dès qu'elle toucha aux grandes questions d'humanité, de foi, du bien et du mal, Aurore Dupin se pénétra de la doctrine de saint Jean et l'opposa à celle de saint Pierre, l'apôtre de l'Église militante, intolérante. » Ainsi s'exprime Madame Komarov (Wladimir Karénine), la plus ample biographe de George Sand[1]. Celle-ci écrivait un jour à un prêtre qui l'avait sollicitée pour quelque œuvre charitable : « Le jour où vous prêcherez purement et simplement l'Évangile de saint Jean..., sans faux commentaires, je mettrai mon offrande dans le tronc de votre église[2]. »

Ne soyons pas trop regardants sur l'étiquette. George Sand, il est vrai, met sous l'égide de saint Jean le projet d'une « nouvelle Église », ce qui lui mérite une place dans la galerie des joachimites. Mais ce qu'il y a de plus net à cet égard et de plus constant dans son œuvre, c'est la *pars destruens*, à savoir la « critique de l'Église établie, critique dont l'artillerie reste largement celle de la Réforme » et du dix-huitième siècle[3]. Quant à sa « nouvelle Église », elle a revêtu des formes assez variées. Si elle doit à son ascendance et à son tempérament une certaine fixité d'orientation, il n'en va pas de même de sa pensée. « Ce sont toujours ses amitiés qui ont déterminé chez elle la nature des idées qu'elle a successivement adoptées[4] » : les amitiés, et l'air du temps... « J'ai changé vingt fois d'idées », a-t-elle écrit d'elle-même, dès 1838 ; « j'ai connu plusieurs sortes d'amour... Tout cela a été parfaitement sincère » ; elle n'en a « pas senti le remords », parce que dans toutes ses « infidélités » elle subissait « une sorte de fatalité, un instinct de l'idéal » et parce qu'en elle « les sentiments ont toujours été plus forts que les raisonnements » ; « mon être entrait dans ces phases diverses, comme le soleil, disait Sainte-Beuve, entre dans les signes du zodiaque »[5]. Elle

---

1. *George Sand, sa vie et ses œuvres.* Plon-Nourry, t. 4², 1926, pp. 556-557.

2. Lettre du 13.11.1844.

3. Cf. Frank BOWMAN, *George Sand, le Christ et le Royaume*, dans *Cahiers de l'Association internationale des études françaises*, mai 1976, p. 246.

4. David Owen EVANS, *Le socialisme romantique*, 1948, p. 206 ; « sans Liszt, peut-être n'aurait-elle pas été amenée à lier connaissance avec les Saint-Simoniens, ni avec Lamennais ; pour qu'elle s'enthousiasmât pour les idées républicaines, il a fallu qu'elle fût éprise de Michel de Bourges ; et son évolution vers le socialisme a été la conséquence de son amitié pour Pierre Leroux. »

5. A Albert Grzymnla, fin mai 1838.

a toutefois signalé quelques points autour desquels sa pensée (ou son imagination) circulait : « Leibnitz d'abord, et puis Lamennais, et puis Lessing, et puis Herder expliqué par Quinet, et puis Pierre Leroux, et puis Jean Reynaud, et puis Leibnitz encore[1], voilà les principaux repères qui m'ont empêchée de trop flotter dans ma route à travers les nombreuses tentatives de la philosophie moderne.[2] » C'était encore se flatter. On a dit qu'elle était « pesante, sérieuse » ; le tout est de s'entendre : sa plume était alerte, et sa pensée légère. Mais sans entrer dans les méandres des opinions philosophiques, politiques et sociales de cette femme au cœur généreux et au si grand talent, qui tient une si grande place dans l'histoire de son siècle, nous n'aurons à retenir d'elle que les romans dans lesquels, au cours d'une période assez brève, elle a livré plus explicitement, sous le pavillon joannique, son idée de l'évolution du christianisme et son idéal de la nouvelle Église. Elle y a matérialisé le rêve de Joachim de Flore tel qu'elle le recevait revu, corrigé et radicalisé, de deux hommes dont elle fut l'admiratrice passionnée, Lamennais et Leroux. Ce sont les deux romans de *Spiridion* (1839-1842) et de *Consuelo* (1841-1843).

George Sand avait vivement admiré les *Paroles d'un croyant* ; elle aurait voulu aller à la Chênaie, mais Lamennais avait décliné l'honneur de sa visite. C'est en 1835 qu'ils se rencontrèrent, sous les auspices de Liszt. Ils sympathisèrent aussitôt. Elle se met sous la direction de l'abbé, qui lui écrit en janvier 1836 : « Je savais bien, Madame, qu'une âme aussi forte et aussi élevée que la vôtre prendrait tôt ou tard son vol vers d'autres régions que celles où erre si péniblement la génération présente[3]. » Pendant quelques années, ils se fréquentent régulièrement à Paris, au point de faire jaser[4], et de choquer la bonne Mademoiselle de Lucinière, qui ne pouvait souffrir « cette femme éhontée », ni cette Madame d'Agoult, « non moins tarée », qui était souvent en tiers avec son pauvre Féli[5]. George Sand publie ses *Lettres à Marcie* dans le *Monde*, dont Lamennais est alors directeur, mais la publication est interrompue en mars 1837,

1. Leibniz, le philosophe de la continuité. Cf. *Consuelo*..., t. 3, p. 564.

2. *Histoire de ma vie*, t. 10, 1956, pp. 256-257. Elle oublie Rousseau.

3. LAMENNAIS, C.G., 6, 332, note ; 7, 13.

4. G. SAND, 30.12.36 : « Je vois très souvent l'abbé de L., j'ai une passion et on jase... » Ibid., 7, 122. Dans la *Presse* du 8.3.37 Mme de Girardin, signant Vicomte de Launay, écrit : « L'alliance de M. de la Mennais et de G. Sand fait beaucoup parler. A chaque amitié nouvelle de G.S. nous nous réjouissons ; chacun de ses amis est un sujet pour elle ; chaque nouvelle relation est un nouveau roman. L'histoire de ses affections est tout entière dans le catalogue de ses œuvres, etc. » *Lettres parisiennes*, éd. de 1868, pp. 88-89.

5. Lettre à Jean, 13.10.36 C.G.,7, 606.

Lamennais ne voulant pas couvrir une apologie du divorce. L'incident n'affecte pas gravement leur amitié, bien que Didier, leur commensal, ait trouvé en avril Sand « fort refroidie »[1]. « Père et ami, lui écrit-elle à ce propos, personne ne vous aime et ne vous respecte plus que moi » ; et peu après, quand Lamennais est contraint de quitter le *Monde*, elle l'invite à Nohant : « Maintenant que vous êtes sorti de la caverne des brigands, vous devriez sentir pour quelques instants le besoin du repos. Le plus heureux jour de ma vie serait celui où vous viendriez chercher ce repos sous mon toit... Mme d'Agoult aurait toute la grâce et tout l'esprit qui me manque[2]. » Il ne vient pas à Nohant, mais il demande à la châtelaine de lui continuer son appui, « si quelque circonstance très possible nous rouvrait l'arène, où, pour ma part, je suis bien résolu à combattre jusqu'à la fin »[3]. Dans les brouilles passagères entre les deux femmes, où il se laisse aller à intervenir, elle « accepte avec reconnaissance (son) jugement »[4] ; elle lui redit qu'elle a besoin de lui pour lui parler de haut et lui soutenir le cœur. « Plus je me pénètre de la foi au progrès, lui écrit-elle encore, plus je sens l'importance de la mission que vous remplissez. Et plus aussi vous grandissez dans ma vénération[5]. »

Elle saisit toute occasion de le louer et de le défendre publiquement. Cependant, c'est toujours sa personne qu'elle exalte, l'impulsion générale reçue de lui, plutôt que sa pensée. Ce qu'elle apprécie en lui, c'est avant tout sa révolte[6]. Le 15 février 1837, elle réplique à Jules Janin : « Associée de l'abbé de Lamennais, est un titre et un honneur qui ne peuvent m'aller. Je suis son dévoué serviteur » ; et elle poursuit, sans paraître s'apercevoir du ridicule de son propos : « Il est si bon et je l'aime tant que je lui donnerai autant de mon sang et de mon encre qu'il m'en demandera[7]. » On a vu plus haut (ch. XI) comment elle épousa sa cause contre Lerminier, en 1838, à propos du *Livre du Peuple* ; déjà, dans cet article qu'elle fit insérer dans la *Revue des deux mondes,* les réserves ne manquaient pas. En 1843, dans la *Revue indé-*

1. LAMENNAIS, C.G., 8, 157-158. Cf. 605.

2. Fin mai 1837. Dans LAMENNAIS, C.G. 7, 627-628 ; cf. 192-194.

3. Le 25.5.1837. C.G. 7, 188.

4. Le 29.7.1839. C.G. 7, 686-687. Cf. 417-418, 425, 454-455, 541, 683-684. Sur la brouille définitive des deux femmes : André MAUROIS, *Lélia ou la Vie de George Sand.* Hachette, 1952, pp. 391-401.

5. Le 28.11.1839. C.G. 7, 691. Le 29.7.1839 : G. SAND, *Correspondance*, éd. Georges Lubin, 4, 728 ; cf. 806. Elle écrit à Sainte-Beuve en 1845 : « Ma vie intellectuelle s'est composée de vous, de M. de Lamennais et de Leroux. »

6. Cf. Marie-Louise PAILLERON, *George Sand*, t. 1. Grasset, 1938, p. 309.

7. Cité par Marc Marcel MORET, *Le sentiment religieux chez George Sand.* Vigné, 1936, p. 137.

pendante, elles s'accentueront. Le *Journal des Débats* avait publié contre *Amschaspands et Darvands* une satire, qu'elle supposa inspirée par le gouvernement. D'où une violente réplique, une apologie quasi délirante, où l'on peut lire toutefois, vers la fin : « Quoique son espérance de rénovation sociale nous paraisse trop vague ; quoique nous concevions des réformes plus hardies ; quoique nous trouvions qu'il a gardé, dans ses vues et dans ses instincts d'avenir, quelque chose de trop ecclésiastique ; quoiqu'il ne nous semble pas avoir assez compris la mission de la femme et le sort futur de la famille ; quoique, enfin, sur d'autres points encore, nous ne soyons pas ses disciples, nous serons à jamais ses amis et ses admirateurs jusqu'au dévouement, jusqu'au martyre, s'il le fallait...[1] » C'est le même genre d'éloge fervent qu'elle lui rend en cette même année, sur un ton plus léger, dans les *Lettres d'un voyageur*[2]. Et longtemps après, en 1854, dans *le Mousquetaire*, s'en prenant à Eugène de Mirecourt, biographe malveillant : « Mon admiration et ma vénération pour l'auteur des *Paroles d'un croyant* ont toujours été et demeureront sans bornes. »

Certaines lettres nous révèlent que dans les dissentiments les idées ne furent pas seules en cause. Entre George Sand et Lamennais, même au temps des rapports les plus suivis, l'entente ne fut jamais parfaite ; et elle ne dura guère. « Il y a encore en lui, écrit Sand à Marie d'Agoult en 1837, beaucoup plus du prêtre que je ne croyais. On espérait l'amener plus avant dans le cercle... Il résiste, on se querelle et on s'embrasse. On ne conclut rien encore. Je voudrais bien que l'on s'entendît. Tout l'espoir de l'intelligence vertueuse est là...[3] » Et deux ans après, à leur amie commune Charlotte Marliani : « La seule expression complète du progrès de notre siècle est dans l'Encyclopédie (de Leroux)... M. de Lamennais est un vaillant champion qui combat en attendant pour ouvrir la route par de grands sentiments et de généreuses idées, à ce corps d'idées qui ne peut pas encore se répandre, vu qu'il n'est pas encore complètement formulé...[4] » Et à Lamennais lui-même : « Comme vous êtes le père de notre église nouvelle, nous sommes toutes désolées et toutes découragées quand, au lieu de nous bénir et d'élever notre intelligence, vous nous dites un peu sèchement : Arrière, mes bonnes filles, vous êtes toutes de vraies sottes ! » Elle constate avec mélancolie : « le dernier prêtre, le dernier apôtre du christianisme de nos pères, le dernier réformateur de l'Église » est lui-

1. Rev. indép., t. 7, pp. 105-118 : *Sur la dernière publication de M. Lamennais.*

2. Pp. 95-107 ; troisième lettre.

3. Cité par MAUROIS, op. cit., p. 261. On voit qu'il ne faut pas prendre à la lettre les protestations de soumission prodiguées à son maître et « père spirituel ».

4. Le 14.7.1839. *Correspondance*, t. 4, p. 726. Cf. F. DUINE, *Lamennais*, pp. 247 et 260.

même un attardé ; impossible de le suivre « s'il ne fait d'énormes concessions à notre époque et à nos lumières. » De son côté, Lamennais ne devait pas tarder à se montrer sévère pour cette châtelaine aux beaux cachemires qui prêchait la communauté à « ceux qui meurent de faim » ; il réprouvait sa conduite, il était agacé par son entourage ; bientôt, après avoir ironisé, il s'indignera de ses nouveaux romans ; par-dessus tout, il n'aimait pas Pierre Leroux, son communisme, son laxisme moral, la prétention dans laquelle il s'enfonçait, de plus en plus suivi par George Sand, de « faire une religion »[1].

Toutes ces oppositions restaient encore latentes, lorsque la romancière s'appliquait, avec une peine dont elle n'avait pas coutume, à rédiger *Spiridion*, qu'elle dédiera à Pierre Leroux. Mais il n'était pas inutile de jeter un regard sur ses relations avec Lamennais, en vue de mieux comprendre cette œuvre étrange.

Commencé en 1837 à Nohant, *Spiridion*, qui devait d'abord être une simple nouvelle, ne fut achevé que sur la fin de 1838 à Majorque, dans l'ancienne chartreuse de Valldemosa. Il parut en livraisons dans la *Revue des deux mondes*, du 15 octobre 1838 au 15 janvier 1839[2]. Romantique à souhait, il a pour nous l'avantage de faire apparaître en toute clarté la filiation joachimite d'un certain nombre d'idées et de sentiments qui bouillonnaient sous le règne de Louis-Philippe. Inutile d'en résumer ici la trame extravagante[3]. C'est, à l'intérieur d'un cloître, racontée par le dernier des quatre (Angel), l'histoire de quatre moines qui se succèdent, étrangers par leur pensée secrète, leurs tourments, leurs découvertes spirituelles, à la mentalité grossière et à la vie décadente de la « monacaille » qui les entoure. Le monastère a été fondé, vers 1690, par un juif converti, qui a changé son nom d'Hebronius en celui de Spiridion. Celui-ci lègue son secret à son disciple Fulgence, qui le transmet à Alexis ; mais ni l'un ni l'autre n'a vu le testament du maître, placé dans son cercueil. Le jeune Angel, qui a fui un directeur ignare pour se confier à Alexis, reçoit ses longues confidences. On arrive ainsi à la fin du dix-huitième siècle. S'il y a peu d'intrigue, il y a nombre de spectres, d'hallucinations, d'évanouissements ; il y a des voix, des apparitions lumineuses, des bruits de pas

1. Voir ses lettres à Vitrolles, 7 et 25 nov. 1841 ; 21 déc. 1841. En cette même année, le 16 septembre, Leroux écrivait à George : « Il n'y a que M. de Lamennais qui ne veut pas l'être (communiste), en quoi il a tort, et montre qu'il est arrivé au bout de son rouleau. » (Karénine, t. 3, p. 257).

2. Voir les nombreuses lettres concernant *Spiridion* au t. 4 de la *Correspondance*, éd. Lubin. Cf. George SAND, *Un hiver à Majorque*.

3. Cf. Jean POMMIER, *Autour d'un roman religieux de G. Sand*. Revue d'hist. et de philos. religieuses, 1928, pp. 535-559. Id., *George Sand et le rêve monastique, Spiridion*. Nizet, 1966.

suspects, des ombres terrifiantes, un long cauchemar, un cahier à l'encre sympathique, un grand portrait qui pleure... Une réédition, en décembre 1842, change peu de chose au roman, sauf dans les dernières pages. C'est elle que nous retiendrons, parce que ce sont ces dernières pages qui intéressent le plus notre sujet[1].

Le vieux moine Alexis, qui ne cesse d'invoquer l'*Esprit*, est mourant. Le jeune Angel rapporte leur dernier entretien :

> ... O Christ ! dit Alexis, un temps viendra où l'on t'élèvera de nouveaux autels, plus dignes de toi, en te restituant ta véritable grandeur... Nous sommes les disciples de (tes) révélateurs, mais nous sommes leurs libres disciples...
>
> – Nous, mon Père ! m'écriai-je avec effroi ; mais quel est donc notre mandat ?
>
> – C'est d'être venus après eux. Dieu veut que nous marchions... Quand Jésus guérit le paralytique, il ne lui dit pas : « Prosterne-toi et suis-moi » ; il lui dit : « Lève-toi et marche ».
>
> – Mais où irons-nous, mon Père ?
>
> – Nous irons vers l'avenir !...

Sur les indications d'Alexis, Angel va prendre le livre qui est placé sur la poitrine du cadavre de Spiridion. Il réussit à forcer la porte du caveau, sous le pavé de l'église, à ouvrir le cercueil de plomb, et apporte le paquet de parchemin à son maître :

> ... Quelle ne fut pas la consternation de son maître Alexis, en voyant que ce n'était pas autre chose que le livre des Évangiles selon l'apôtre saint Jean !... – Attendez, mon Père, m'écriai-je, après avoir examiné attentivement le manuscrit ; ceci est un monument bien rare et bien précieux ; il est de la propre main du célèbre abbé Joachim de Flore, moine cistercien de la Calabre. Sa signature l'atteste. – Oui, dit Alexis... le messie du nouvel Évangile au commencement du treizième siècle ! Je ne sais quelle émotion profonde remue mes entrailles à la vue de ces caractères. O chercheur de vérité, j'ai souvent reconnu la trace de tes pas sur mon propre chemin ! etc.

Examinant de plus près le manuscrit, chef d'œuvre calligraphique du grand Joachim, nos deux moines s'aperçoivent que trois brefs passages sont écrits en caractère plus gros, plus ornés, et d'une autre encre que le reste :

1. *Œuvres illustrées de George Sand.* Édition J. Hoetzel. *Spiridion*, 1856, pp. 62-63.

> Le premier, écrit en lettres d'azur, était celui qui ouvre si magnifiquement l'évangile de saint Jean... Le deuxième était écrit en lettres de pourpre ; c'était celui-ci : « L'heure vient que vous n'adorerez le Père etc. » Et le troisième, écrit en lettres d'or, était celui-ci : « C'est ici la vie éternelle de Te connaître etc. » – Un quatrième passage était encore signalé à l'attention, mais uniquement par la grosseur des caractères ; c'était celui-ci... « Jésus leur répondit : ... N'est-il pas écrit dans votre loi : Vous êtes tous des dieux ?... »
>
> – Angel, s'écria Alexis, comment ce passage n'a-t-il pas frappé les chrétiens lorsqu'ils ont conçu l'idée idolâtrique de faire de Jésus-Christ ... un membre de la Trinité divine ?...[1].

Cependant, outre la précieuse relique héritée de l'abbé de Flore, cet étonnant Spiridion avait caché dans sa tombe deux autres trésors sans prix. C'était d'abord la fameuse « Introduction à l'Évangile éternel », « ce livre perdu durant des siècles, ... ce livre poursuivi par l'Université de Paris, ... livré aux flammes par le saint-siège en 1260 ». Il était écrit « de la propre main de l'auteur, le célèbre Jean de Parme, disciple de Joachim de Flore et général des Franciscains. En voyant sous nos yeux ce monument de l'hérésie, nous fûmes saisis, Alexis et moi, d'un frisson involontaire... Avec quel étonnement nous en lûmes le sommaire, écrit à la première page :

> La religion a trois époques comme le règne des trois personnes de la Trinité. Le règne du Père a duré pendant la loi mosaïque. Le règne du Fils, c'est-à-dire la religion chrétienne, ne doit pas durer toujours. Les cérémonies et les sacrements dans lesquels cette religion s'enveloppe ne doivent pas être éternels. Il doit venir un temps où ces mystères cesseront, et alors doit commencer la religion du Saint-Esprit, dans laquelle les hommes n'auront plus besoin de sacrements et rendront à l'Être suprême un culte purement spirituel. Le règne du Saint-Esprit a été prédit par saint Jean, et c'est ce règne qui va succéder à la religion chrétienne, comme la religion chrétienne a succédé à la loi mosaïque.

A cette lecture, le vieil Alexis frémit d'un jeune enthousiasme. Cette doctrine de l'Évangile éternel, « doctrine de liberté, d'égalité et de fraternité », fut celle de la grande époque qui va de Grégoire VII à Luther ; « après avoir rempli le monde, elle féconde encore la pensée de tous les grands hérésiarques... Des cendres de leur bûcher,

1. Loc. cit., pp. 65-66.

l'Évangile éternel projette une flamme qui embrase la suite des générations, etc. » Mais quelle fut donc la pensée supérieure de Spiridion ? Se serait-il « retourné vers le passé pour embrasser la doctrine d'Amaury, de Joachim de Flore et de Jean de Parme ?

– Ouvrez le troisième manuscrit, mon Père. Sans doute il sera la clef des deux autres.

Ce troisième trésor était en effet le testament de Spiridion :

> ... Jésus m'est apparu et m'a dit : « Tu ne garderas que cet évangile (de Jean). Les trois autres, écrits en vue de la terre pour le temps où ils ont été écrits, pleins de menaces et d'anathèmes, ou de réserves sacerdotales dans le sens de l'antique mosaïque (sic), seront pour toi comme s'ils n'étaient pas... Tu seras donc Joannite..., mais tu effaceras et tu ratureras avec soin les erreurs de l'esprit prophétique, pour ne garder que la prophétie. »

Spiridion se sent mourir... Il relit saint Jean et Jean de Parme ; « Je n'étais plus chrétien . Mais bientôt je me sentis renaître, et j'étais plus chrétien que jamais. » Jésus réapparaît, et lui dit plus clairement : « ... Le christianisme a eu trois époques, et les trois époques sont accomplies. » :

> Et il disparut. Et je vis passer devant moi (vision adorable) saint Pierre, saint Jean et saint Paul. Derrière saint Pierre était le grand pape Grégoire VII. Derrière saint Jean, Joachim de Flore, le saint Jean du treizième siècle. Derrière saint Paul était Luther. Je m'évanouis[1].

Le lecteur pourrait être tenté de croire que Spiridion avait la tête un peu brouillée par son lyrisme (ou par les informations trop hâtives de celle qui le fait parler) : ses trois âges ne sont-ils pas en effet différents de ceux qu'exposait Joachim, et n'en appellent-ils pas un quatrième, que Joachim n'avait nullement prophétisé ? – Mais il n'en est rien. L'auteur (quel qu'il soit) sait où il va. Et en même temps sa théorie progressive se combine avec une théorie mystique, qui, en s'élargissant, redevient trinitaire. C'est ce que s'efforce d'expliquer la dernière page, aussi confuse qu'enthousiaste, du testament de Spiridion :

> ... Comme la Trinité divine a trois faces, la conception que l'esprit humain a eue de la Trinité... devait avoir trois faces successives. La première, qui répond à saint Pierre, embrasse la période de la création et du développement hiérarchique et militant de l'Église jusqu'à Hildebrand... ; la seconde... embrasse la

1. Loc. cit., pp. 66-67.

> période depuis Abeilard jusqu'à Luther ; la troisième... finit à Bossuet. C'est le règne du libre examen, de la connaissance, comme la période antérieure est celle de l'amour et du sentiment, comme (la première) est celle de la sensation et de l'activité. Là finit le christianisme, et là commence l'ère d'une nouvelle religion. Ne cherchons donc plus la vérité absolue dans l'application littérale des Évangiles, mais dans le développement des révélations de toute l'humanité antérieure à nous. Le dogme de la Trinité est la religion éternelle ; la véritable compréhension de ce dogme est éternellement progressive. Nous repasserons éternellement peut-être par ces trois phases de manifestation de l'activité, de l'amour et de la science, qui sont les trois principes de notre essence même, puisque ce sont les trois principes divins que *reçoit chaque homme venant dans le monde*, à titre de *fils de Dieu*. ... Hommes de l'avenir, c'est à vous qu'il est réservé de réaliser cette prophétie... Ce sera l'œuvre d'une nouvelle religion, d'une nouvelle société, d'une nouvelle humanité... Cette religion, fille de l'Évangile, ne reniera point sa mère, mais ... ce que sa mère n'aura pas compris, elle l'expliquera ; ce que sa mère n'aura pas osé, elle l'osera... Ceci est la véritable prophétie qui est apparue sous un voile de deuil au grand Bossuet, à son heure dernière. Trinité divine, reçois et reprends l'être de celui que tu as éclairé de ta lumière, embrasé de ton amour, et créé de ta substance même, ton serviteur *Spiridion*.

Ayant achevé de lire, Angel et Alexis, haletants, se recueillent. Puis le vieux moine, repliant le manuscrit, le place sur sa poitrine, croise les mains dessus et entre dans une méditation profonde. Il en sort pour prodiguer à son jeune frère explications et conseils. « Nous sommes une race finie... Le temps est venu où la vérité ne doit plus dormir dans les sépulcres, mais agir à la lumière du soleil... Reçois mes adieux, mon enfant, et apprête-toi à quitter le cloître et à entrer dans la vie. » Il entraîne Angel au jardin. La fièvre a troublé son entendement. Passant par le réfectoire, il invective les moines, leur enjoint de fuir, car « le règne de l'Évangile éternel arrive, la bannière du vrai Christ est dépliée, et son ombre vous enveloppe déjà ! » Quelques-uns s'écrient : « Il prophétise ! » D'autres : « Il blasphème ! » Nul n'ose porter la main sur lui. Arrivé sous les palmiers, il dit à Angel : « Ils viennent ! ils viennent avec la rapidité de la foudre. – Qui donc, mon Père ? – Les vengeurs terribles de la liberté outragée... Les temps sont mûrs ; il faut que le fruit tombe ; qu'importe quelques brins d'herbe écrasés ? » Le canon tonne... Alexis, qui peu auparavant avait rencontré dans la campagne « un jeune Corse », ne s'étonne pas : « Ce n'est pas un combat, dit-il, c'est un hymne de victoire. Nous sommes conquis, mon enfant... Ce qui achève de crouler aujourd'hui, c'est l'Église des papes... » Ils entrent dans l'église. Bientôt un groupe de soldats ivres force la porte, ils pillent les autels, brisent un crucifix, le foulent aux pieds en chantant ; ils tuent Alexis, qui a toutefois le temps de dire à son disciple : « Mon fils, ceci est l'œuvre de la Providence, et la mission de nos bourreaux est sacrée, bien qu'ils ne la comprennent pas encore... C'est au nom du sans-culotte Jésus qu'ils profanent le sanctuaire... Ceci est le commencement du règne de l'Évangile éternel prophétisé par nos pères... » Sur quoi il expire. « Alors, nous dit Angel, une figure rayonnante apparut auprès de lui, je tombai évanoui[1]. »

Dans sa première édition, le roman finissait de même ; mais le manuscrit découvert dans la tombe de Spiridion était seul, et sans rien de didactique ; c'était une longue explosion de lyrisme passionné. Le moine y racontait ses songes, dans lesquels il avait vu Jésus, Moïse et trois anges, ou plutôt « un ange triple » et les avait entendus. Et il s'adressait à « l'homme de l'avenir » : « Pleure sur moi qui... ouvris les yeux pour la première fois au moment de les fermer pour jamais... J'ai compris que la religion du Christ était souillée, que la doctrine du Christ était incomplète, que le Christ devait prendre place au panthéon des hommes divins, mais... qu'un nouveau messie devait se lever, un nouvel évangile surgir... O grande âme de l'univers !... O grand tout, ô grand amour... ! O toi que sous des noms divers toutes les générations... ont pressenti et adoré : je rentre en toi, toujours altéré de toi...[2] ! ».

Le changement d'une édition à l'autre n'a rien de mystérieux. En 1840, Pierre Leroux a publié *De l'Humanité*, et en 1842, son article sur Schelling. George Sand y trouvait toutes les précisions voulues, notamment sur le quatrième âge, non prévu par Joachim ; et même si Leroux n'a pas rédigé lui-même les pages de la seconde édition dont nous avons cité quelques extraits[3], la romancière n'avait qu'à les tirer, quasi littéralement, de ses derniers écrits. On comprend que plusieurs, d'un point de vue littéraire, préfèrent la version originale[4] ; cependant,

1. Loc. cit., pp. 67-70.

2. *Spiridion*. Paris, Bonnaire. 1839, pp. 441-459.

3. Cf. *George Sand, Étude bibliographique de ses œuvres*, par le vicomte de SPOELBERCH de LOVENJOUL, Leclerc, 1914, pp. 16-17 : « ... Dans l'édition définitive, rétablir en variante toute la 1re version de la partie remaniée, intitulée : Le manuscrit de Spiridion. Cette 1re version est seule écrite par G. Sand. » Ce verdict était excessif. Sur la part (discutée) de Leroux : D.O. EVANS, op. cit., p. 110. MAUROIS, op. cit., p. 310. Jean-Pierre LACASSAGNE, *Histoire d'une amitié, Pierre Leroux et George Sand*, Klincksieck, 1973, p. 49.

4. Ainsi W. KARÉNINE, t. 3, p. 230 : Le premier testament de *Spiridion* « produit par son contenu, son intégrité spontanée et son enthousiasme pathétique une impres-

conclut M. Jean Pommier, dans celle de décembre 1842 « l'apocalypse, naguère noyée dans les effusions d'un mysticisme un peu familier, se dégage : plus sobre, elle est plus solennelle. L'ensemble gagne en grandiose ce qu'il a pu perdre en élan[1]. » – Mais, ajouterons-nous, ce « grandiose », dans ses prétentions d'histoire et de prophétie, peut moins qu'une œuvre de pure imagination se soustraire à la critique.

Ce qui nous intéresse particulièrement chez notre double auteur, c'est qu'on y voit, plus encore que chez un Saint-Simon ou d'autres, le désir de se mettre sous la protection de Joachim de Flore, quitte à prolonger et à transformer sa prophétie jugée trop courte, pour donner un sens encore apparemment chrétien au reniement d'un christianisme incompris ; pour conserver encore une certaine coloration chrétienne à la doctrine immanentiste qui veut relayer l'Évangile au lieu d'en épanouir, comme le cherchaient un Ballanche ou un Buchez, la fécondité sociale. C'est le recours au mythe de l'Évangile éternel en vue d'inaugurer un règne de l'homme, – dont nous pouvons commencer à comprendre à quoi ce prétendu règne aboutit.

« *Lélia* et *Spiridion*, a écrit George Sand, deux ouvrages qui résument pour moi beaucoup d'agitations morales[2]. » De même, estimait l'abbé Maret en 1840, qu'elle avait « fait du scepticisme dans *Lélia*, elle « revêt, dans *Spiridion*, des formes de son imagination et de son style les doctrines panthéistiques de M. Pierre Leroux »[3]. Cependant, Lamennais reçut aussitôt dans quelques milieux le surnom de Spiridion, et c'est ainsi que Leroux le désigne en écrivant à George Sand[4]. Il n'y a point là de contradiction. Bien des passages du roman, écrit M. Jean-Pierre Lacassagne, « avaient de quoi irriter Lamennais et rassurer Leroux, dont George Sand, fervente de l'*Encyclopédie nouvelle*, reprenait les formules, tandis qu'elle faisait de l'abbé une sorte de précurseur de Leroux, Christ plus lucide, plus audacieux et plus humain que son Jean-Baptiste[5]. » Sainte-Beuve préférait reconnaître Lamennais dans le Père Alexis[6]. Sans doute chacun des

---

sion infiniment plus grande que les pages tant soit peu froides et trahissant par trop leur Leroux de la version ultérieure. »

1. Art. cité, p. 559. Id., *G.S. et le rêve monastique*, pp. 84-91.

2. *Histoire de ma vie*, t. 4, p. 55. Chateaubriand a écrit de *Lélia* : « L'art vivra sous la plume de l'auteur de Lélia. L'insulte à la rectitude de la vie ne saurait aller plus loin, il est vrai, mais madame Sand fait descendre sur l'abîme son talent, comme j'ai vu la rosée tomber sur la mer Morte. » *Vie de Rancé*, éd. Pierre Clarac, 1977, p. 70.

3. Henri MARET, *Essai sur le panthéisme dans les sociétés modernes*, p. XII.

4. Lettre du 3.2.1843 : « Est-ce que vos soins pieux pour Spiridion ne sont point sacrés ? » Éd. Lubin, t. 6, p. 75.

5. *Histoire d'une amitié...*, p. 160.

6. A Mme Juste Olivier, 1839. KARÉNINE, t. 3, p. 217. Pour DUINE, Alexis et surtout Spiridion représentent Lamennais : *Bibliographie de Lamennais*, n° 951.

deux personnages reproduit-il certains des traits de Lamennais à diverses phases de son évolution, qui le portaient, selon l'auteur, ou devaient le porter jusqu'à la doctrine de Leroux[1]. Si en effet « la trame de l'ouvrage » s'inspire de « l'aventure mennaisienne », c'est de Leroux que « les développements les plus chaleureux ont reçu leur âme »[2]. Quand Spiridion, puis Alexis sont ébranlés dans leur ancienne foi, quand ils assistent dans l'angoisse aux mutations qui s'opèrent dans leur esprit, ils sont Lamennais ; quand le voile s'est déchiré pour eux, quand ils s'endorment avec confiance dans le sein du grand tout, ils sont Leroux. Et l'on n'oubliera pas l'auteur, qui n'a pas dû s'oublier : n'est-ce pas elle qu'il conviendrait aussi de reconnaître dans le jeune Alexis recevant les premières vérités que lui communique Spiridion-Lamennais, puis (et davantage encore) dans le jeune Angel achevant son initiation auprès du vieil Alexis-Leroux[3] ?

D'après ce qu'il écrira dans une lettre tardive à George Sand, Ernest Renan aurait lu *Spiridion* au séminaire. Il avait éprouvé une forte émotion « en voyant tout l'esprit du siècle lui apparaître à travers l'enseignement du moine Alexis »[4]. Dans *l'Avenir de la Science*, il signale en effet ses « admirables pages » sur le Progrès universel, regrettant seulement qu'elles se présentent « sous des formes trop substantielles », dont il rend Leroux responsable[5]. Il écrira encore à l'auteur que son moine prophétique « est devenu une image essentielle » de son « rêve religieux »[6]. En 1850 il écrivait d'Italie à son ami Berthelot : « Imaginez la plus parfaite réalisation de Spiridion, vous aurez l'idée exacte du Mont-Cassin »[7], – ce qui nous paraît être une double aberration (à moins que ce ne soit manière ambiguë de parler) : dans le roman, Spiridion, et tout aussi bien Alexis sont forcés de mener en secret leur vie intime, au milieu de moines grossiers, ignorants et rétro-

1. Cf. G. BONNEFOY, *La pensée religieuse et morale d'A. de Vigny*, p. 290. KARÉNINE, 3, 221. Pour EVANS, op. cit., p. 111, Spiridion rappellerait aussi Leibniz.

2. POMMIER, *G. Sand et le rêve monastique*, pp. 71-77. A la même date, Albertus, le héros des *Sept cordes de la lyre*, est également Leroux. LACASSAGNE, pp. 18-21 et 24.

3. Cf. KARÉNINE, t. 3, p. 220 : Elle traça dans *Spiridion* « le portrait de l'illustre abbé, et elle y peignit les rapports qui existaient entre elle et lui en racontant les relations du jeune moine Alexis et de son guide spirituel, son ami d'outre-tombe, ... chercheur intransigeant de la vérité. »

4. La lettre est d'août 1863. Mais J. Pommier estime, pour des raisons convaincantes, que la lecture fut un peu plus tardive : op. cit., pp. 96-97.

5. P. 501.

6. Cf. Jean POMMIER, loc. cit. et *Quelques vues sur la formation intellectuelle de Renan*. Bulletin de la Fac. des Lettres de Strasbourg, février 1933.

7. Cf. Abel LEFRANC, *Ernest Renan en Italie*. Nouvelle revue critique, 1938, appendice 8.

grades, alors que la communauté du Mont-Cassin était, sans doute à juste titre, admirée par Renan pour sa culture ; d'autre part son membre le plus illustre, Dom Luigi Tosti, que Renan connut à Rome et qu'il célèbre l'année suivante dans un article de *La Politique nouvelle*[1], put bien partager l'enthousiasme de nombre de ses compatriotes qui saluaient en 1848 l'aube d'une ère nouvelle pour l'humanité[2], mais il ne s'ensuit pas qu'il ait complètement abandonné la foi de l'Église catholique. De nouveau, en 1866, dans son Étude sur *Joachim de Flore et l'Évangile éternel*, Renan dira : « Comment oublier le beau roman de *Spiridion*, où la figure de Joachim a été heureusement devinée, et introduite dans l'ensemble du tableau avec un art merveilleux[3] ? » A cette date, George Sand vivait encore ; après sa mort, il lui rendra brièvement hommage dans un style plus détaché[4]. Plus remarquable que ces appréciations nous paraît être l'usage, signalé par M. Jean Pommier[5], que fait Renan de *Spiridion* pour certaines parties romancées de sa *Vie de Jésus* (l'apparition à Madeleine, l'éveil de la croyance des apôtres à la résurrection), pour l'explication nuancée des « miracles », pour son admiration du « philosophe sublime », « homme divin », « prophète de l'idéal »... Jusqu'à nos jours *Spiridion* n'a cessé de trouver des admirateurs, dont l'un des plus chauds fut Alain. Naguère, en 1973, M. Jean-Pierre Lacassagne demandait quand serait enfin réédité ce roman « dostoiewskien »[6]. On ose à peine interrompre un instant un tel concert d'éloges pour émettre un doute sur la documentation remarquable de la romancière et sur « la juste présentation des hommes et des choses » due à une « quotidienne expérience des cloîtres » qu'admirait ce parfait connaisseur de l'œuvre, M. Jean Pommier[7].

---

1. Août 1851, *Dom Luigi Tosti ou le parti guelfe dans l'Italie contemporaine.* Texte recueilli dans les *Essais de morale et de critique.* Œuvres complètes, éd. H. Psichari, Calmann-Lévy, t. 2, pp. 148-171.

2. *Storia della Lega Lombarda*, 1848. Cf. E. Buonaiuti, *Pellegrino di Roma*[2], Bari, 1964, cité par Raoul Manselli dans *Ernesto Buonaiuti e il cristianesimo medioevale*, Roma 1978, p. 61 ; « fra il 1905 ed il 1914, il Buonaiuti se ha reagito e superato il romantismo storiografico catolicheggiante di un Tosti. » Aucun livre de Tosti ne figure à l'Index.

3. *Rev. des deux mondes*, t. 64, 1966, p. 142 ; recueilli dans *Nouv. ét. d'hist. rel.*, 1884.

4. Le Temps, 11 juin 1876 : « Elle fut comme la harpe éolienne de notre temps... (Elle) traversa tous les rêves ; elle sourit à tous, crut un moment à tous. » Recueilli dans *Feuilles détachées*. Œuvres complètes, t. 2, pp. 1105-1108.

5. *G. Sand et le rêve monastique*, pp. 67-70, 95-97, 100-109.

6. Op. cit., p. 90.

7. *Rev. d'hist. et de philos. relig.*, 1928, p. 539 : « Comme on sent que l'auteur ne s'est pas documenté à la manière de Chateaubriand, qui fit à la Trappe de Mortagne, en vue de sa Vie de Rancé, un séjour de vingt-quatre heures ! » Cela, parce que

Cependant, George Sand était de plus en plus déçue par Lamennais, ce « grand saint », cet « auguste fanatique », qui décidément ne comprenait rien à l'émancipation des sens, et de plus en plus envoûtée par Leroux, ce « nouveau Christ », son « sauveur ». « Les travaux de Leroux, écrit-elle en 1841 à Théodore de Seynes, m'ont pris le cœur et l'esprit depuis bien des années[1]. » Elle exagère un peu. Déjà toutefois, en 1836, elle se plaignait du « gaspillage de sentiments généreux » fait dans les innombrables « sectes rénovatrices » ; il manque, pensait-elle, « une tête à ce grand corps aux cent bras qui se déchire lui-même »[2]. Cette tête est maintenant trouvée : c'est Leroux. Elle veut élever ses enfants dans « son Évangile », l'évangile « de l'égalité », « la seule philosophie qui soit claire et qui parle au cœur »[3]. « Ses démonstrations ont entièrement résolu mes doutes et ma foi religieuse... Je crois à la vie éternelle, à l'humanité éternelle, au progrès éternel[4] ». Sans doute elle le traitait déjà de « gros paresseux », de « bohémien sublime » ; bientôt, plus sévèrement, elle le jugera trop habile dans l'art d'« arracher à ce monde qu'il renie les secours dont il a besoin » ; son « affection résignée » deviendra peu à peu « pitié » et se doublera enfin d'« un certain mépris »[5]. Un jour d'agacement, elle se laisse aller à prédire : « Quand il m'aura réduite à la plus complète impuissance de le servir, il brisera notre amitié et me quittera *come un corpo morto*[6]. » Du même coup, sa foi en lui s'émoussera ; « cet homme éminent, confiera-t-elle à Poncy en 1845, s'est jeté dans la science un peu en bohémien, courant après elle par tous les chemins... Certes, (il) a été plus que personne auprès de l'horizon lumineux des principes, mais (il) n'est pas Dieu pour tirer le soleil du sein des flots où il repose encore »[7]. Et en 1848 à Mazzini : « Cette admirable cervelle a touché, je le crains, la limite que l'humanité peut atteindre. Entre le génie et l'aberration, il

---

certains traits du décor rappellent le couvent des Augustines où la jeune Aurore avait été en pension. Dans *G.S. et le rêve monastique*, l'auteur relève une série de réminiscences de la pensionnaire : pp. 23-25, 29-31, 36-38 ; aucun de ces traits ne nous paraît avoir rien d'« essentiel ».

1. Le 28 déc. 1841. Lubin, t. 5, p. 551. « George Sand, a écrit LACASSAGNE, avait soif de connaître et de sortir du doute ; malheureusement, il faut en convenir, sa soif a été vite étanchée. » *Hist. d'une amitié*, p. 81.

2. A Guéroult, mars 1836.

3. A Sainte-Beuve, 20.1.1842 ; Lubin, 5, 576. A F. Bascans, 20.3.42 ; 5, 618. A Ch. Poncin, 26.2.43 ; 6, 88. Déjà à Charlotte Marliani, 21.1 et 8.3.1839 ; 4, 561 et 590.

4. A M.S. Leroyer de Chantepie, 28.8.1842 ; t. 5, p. 757.

5. Lettres du 15.7.1842 (t. 5, p. 718), de janvier 1844 à F. François (t. 6, pp. 401-402), de 1847, etc.

6. 22.11.1844 (date probable) ; RHLF, 61, 1961, p. 237.

7. 25.11.1845. Lubin, 7, 194.

n'y a souvent que l'épaisseur d'un cheveu, etc.[1] » De tels propos ne sont plus d'une inconditionnelle. Chez George, comme toujours, quand le cœur n'y est plus, la pensée ne peut rester fervente. Sans vouloir encore abandonner celui dont elle constatera l'« ingratitude irresponsable »[2], elle exhalera sa plainte auprès de leur amie Charlotte Marliani : « Quoi qu'on en dise à Boussac, le désordre entraîne la déloyauté »[3] ; plus tard encore elle écrira : « Pauvre Leroux !... Il reçoit beaucoup et rien ne sert. C'est une sorte de prostitution que sa vie morale »[4]. Bien que la révolution de 1848 les rapproche un moment, elle sera sévère pour le théoricien qui, pendant que d'autres agissent, s'en tient à « escamoter la papauté de Cabet sur les communistes »[5]... – Mais entre les années 1837 et 1844, la pensée de Leroux est son *Credo* ; elle inspire, l'un après l'autre, la série de ses romans : « Je ne suis que le vulgarisateur à la plume diligente et au cœur impressionnable, qui cherche à traduire dans des romans la philosophie du maître[6]. » Or, par leur prétention d'exposer ce que doit être la nouvelle humanité, la « nouvelle Église », ces romans sont plus ou moins, comme *Spiridion*, des romans joachimites, – ou, si l'on veut, post-joachimites.

Le plus important de tous : *Consuelo*, suivi de *la Comtesse de Rudolstadt*[7], l'est éminemment, intégralement. Il l'est à la manière ésotérique, maçonnique et révolutionnaire.

A lire la première partie, on ne s'en douterait guère. Dans un cadre vénitien, c'est une sorte d'opérette, de peu de psychologie, de peu de vraisemblance, mais alerte et charmante. Mais ensuite... « Vous ne savez pas, écrit la romancière à son philosophe, dans quel labyrinthe vous m'avez fourrée avec vos francs-maçons et vos sociétés secrètes... Avec Weishaupt et l'illuminisme, qui sont en effet un point lumineux et magnifique dans cette histoire, j'aurais eu mes coudées franches. Mais leur avènement est en 1776 et je suis forcée de leur inventer des

1. 22.1.1848.

2. L'expression est de Lacassagne, op. cit., p. 76.

3. 11.2.1847. Lubin, 7, 614.

4. A. Poncy, 14.10.1865. Lacassagne, p. 83. Cf. A Aucante, 19.4.1863, sur la préface de la *Grève de Samarez* : « ... tant de haine pour quelques-uns et de mépris pour tout le monde ... » ; ibid.

5. A Maurice Dudevant-Sand, 17.4.1848. Lubin, 8, 414.

6. A F. Guillon, 14.2.1844 (t. 6, pp. 431 et 433). Elle déclare n'être « qu'un pâle reflet de Pierre Leroux, un disciple fanatique du même idéal, mais un disciple muet et ravi devant sa parole, toujours prêt à jeter toutes ses œuvres pour écrire, parler, penser, prier, agir sous son inspiration. » Ibid.

7. Parus d'abord dans la *Revue indépendante*, 1842-1844.

origines qui doivent exister, mais dont je ne trouve nulle part les traces bien marquées. Enfin je travaille en me disant : *Fiat lux*[1] ! » Elle trouve un double expédient. Son héros, le comte Albert de Rudolstadt, qui vit en ermite dans un coin retiré des monts de Bohème, va se trouver lié à son héroïne, la petite vénitienne Consuelo, à la suite d'une série d'aventures rocambolesques ; et cet Albert a des accès de folie, au cours desquels il revit ses existences passées : voilà comment nous apprenons l'histoire des Taborites, des Hussites, des Lollards, de ceux qui depuis plusieurs siècles, au grand jour ou dans l'ombre[2], ont lutté contre l'Église catholique au nom de la religion de l'Esprit. Le comte Albert, qui fut d'abord Rose-Croix, mais qui a depuis longtemps dépassé ce stade, est leur héritier à tous, et c'est lui qui doit transmettre l'initiation à Weishaupt. Il détient la vérité suprême, qui n'est autre que le vrai christianisme, mais qui ne pourra s'imposer que par la violence : ce sera enfin « la manifestation de la justice et de la bonté de Dieu sur cette terre. »

« Sublime joannite, maître du nouvel Apocalypse, docteur de l'Évangile éternel, élu de l'Esprit Saint », Albert de Rudolstadt initie Consuelo, par degrés, à son terrible et merveilleux secret. Elle lui dit : « Je suis à vous, et je le jure. – Tu étends la main : mais sur quoi jures-tu ? – Sur le Christ, dont je vois l'image ici. – Qu'est-ce que le Christ ? – C'est la pensée divine, révélée à l'humanité. – Cette pensée est-elle tout entière dans la lettre de l'Évangile ? – Je ne le crois pas ; mais je crois qu'elle est tout entière dans son esprit[3]. » Passons sur les détails de l'initiation ; passons aussi sur le vieillard masqué, entouré de ses sept esprits, qui s'adresse à Consuelo ; passons sur les scènes de reconnaissance, etc. Retenons en résumé l'exposé de la doctrine :

> ... La superstition et l'ignorance, le symbole grossier, la lettre morte, siégèrent sur les autels et sur les trônes, l'esprit descendit enfin dans les classes trop longtemps avilies. De pauvres moines, d'obscurs docteurs, d'humbles pénitents, vertueux apôtres du christianisme primitif, firent de la religion secrète et persécutée

---

1. A Leroux, 15.6.1843. Lubin, t. 6, p. 179. C'est vraiment une « nouvelle histoire » comme Leroux le lui dit (Lacassagne, p. 165). L'ouvrage présente, sous une forme romanesque et embellie, avec des anachronismes, les « Illuminés de Bavière » fondés par Weishaupt. Cf. René LE FORESTIER, *Les Illuminés de Bavière et la Franc-Maçonnerie allemande,* 1914 ; sur le roman de Sand : pp. 695-698.

2. Même lettre : « Il y aurait à faire un grand travail sur l'histoire occulte de l'humanité... » Les initiés décrits dans le roman forment la « société des Invisibles ».

3. *Consuelo. La Comtesse de Rudolstadt.* Textes établis, présentés et annotés par Léon Cellier et Léon Guichard. Classiques Garnier, 3 vol., 1959. T. 3, p. 370. Après l'introduction générale, t. 1, pp. I-XXX, on lira « L'occultisme dans *Consuelo* et *la Comtesse de Rudolstadt* », pp. XLVII-LXXVIII, ainsi que les nombreuses annotations. Réédition aux Éditions de la Sphère, 1979, 623 pages.

> l'asile de la vérité inconnue. Ils s'efforcèrent d'initier le peuple à la religion de l'égalité, et, au nom de saint Jean, ils prêchèrent un nouvel Évangile, c'est-à-dire une interprétation plus libre, plus hardie et plus pure de la révélation chrétienne...
>
> Le temps est proche où le voile du temple sera déchiré pour jamais, où la foule emportera d'assaut les sanctuaires de l'arche sainte. Alors les symboles disparaîtront, et les abords de la vérité ne seront plus gardés par les dragons du despotisme religieux et monarchique. Tout homme pourra marcher dans le chemin de la lumière... C'est encore au nom de saint Jean que nous appelons les hommes à la croisade. C'est encore un symbole que nous invoquons ; nous sommes les héritiers des johannites d'autrefois, les continuateurs ignorés, mystérieux et persévérants de Wickleff, de Jean Huss et de Luther... Nous faisons pénétrer partout, et jusque dans les cours, ... ce que personne n'ose déjà plus appeler le poison de la philosophie ; nous détruisons tous les prestiges ; nous lançons du haut de notre forteresse tous les boulets rouges de l'ardente vérité et de l'implacable raison... Nous comptons parmi nous beaucoup d'autres exaltés..., des boehmistes, des théosophes, des moraves, des hermuters, des quakers, même des panthéistes, des pythagoriciens, des xérophagistes, des illuminés, des johannites, des templiers, des millénaires, des joachimites...[1].

Toute émue de ces révélations, comme d'autres plus personnelles, Consuelo apprend encore que le grand Albert a reçu communication, dans un souterrain de Rome, des « symboles cachés sous (des) formes vagues et bizarres, dont l'interprétation multiple se prête si bien à la mesure d'intelligence et de courage des adeptes »[2]. Lorsque cette formidable organisation secrète aura atteint son but, si tout « symbole grossier » doit disparaître dans la religion du pur esprit, un certain symbolisme n'en restera pas moins nécessaire pour assurer le lien mystique entre les hommes. « Je n'ai jamais voulu, précise Albert, faire revivre des rites oubliés, qui n'auraient plus de sens aujourd'hui », mais « d'autres figures, d'autres symboles » conviendront aux hommes « plus éclairés »[3]. L'essentiel en sera un repas sacré, « synthèse ingénieuse,

---

1. T. 3, pp. 363-367. P. 368 : « Notre tâche est immense... (Après la période de destruction) il s'agit d'édifier la religion de l'avenir. » Cf. la déclaration d'Albertus dans *Les sept cordes de la lyre* (1840) : « Tu sais que l'humanité aveugle et déréglée... demande à grands cris une loi nouvelle, un amour plus pur, des liens plus larges et plus forts, etc. » Nouv. éd., *Œuvres complètes*, Calmann-Lévy, 1883, p. 105.
2. T. 3, p. 407.
3. T. 2, p. 17 ; cependant, cf. supra ; et BOWMAN, op. cit., p. 251.

remarque M. Léon Cellier, du Hussitisme et de la Franc-Maçonnerie écossaise : le grade de Rose-Croix comporte une cène mystique[1]. »

Dans cette œuvre touffue, quelle est la part de Leroux ? « Il y a de bien ennuyeux chapitres, a écrit George Sand, ils sont de moi. Il y a aussi des pages magnifiques, elles sont de lui[2]. » Nonobstant une affirmation si nette, que plusieurs ont reprise (quitte à inverser le jugement de valeur), J. P. Lacassagne estime que pas plus pour *Consuelo* que pour *Spiridion* « Leroux n'a rédigé lui-même certaines pages : il les a seulement inspirées »[3]. Cependant, le grand dialogue d'Albert et de Consuelo dans la grotte « vient directement de la correspondance des deux écrivains » et l'épilogue (dont nous donnerons plus bas un échantillon) pourrait bien être, pour l'essentiel, de la main même de l'inspirateur[4]. Bien entendu, la romancière ne s'astreint pas toujours au rôle de la parfaite élève, elle ne renonce pas à toute fantaisie, même dans les exposés doctrinaux ; on y trouve des traces de Fourier, de Saint-Simon, d'une certaine mystique slave. Et puis, sans que la ressemblance soit garantie, elle se dépeint elle-même dans son héroïne[5]. Quant à son héros Albert, il peut bien ressembler par son génie bizarre au Lambert de Balzac, au Konrad de Mickiewicz et à Mickiewicz lui-même par ses dons de voyance et d'extase et par « le prestige ambigu de la démence », il peut même s'identifier au « redoutable aveugle » Jean Ziska[6] : il n'en est pas moins d'abord Pierre Leroux, « en qui elle a mis toutes ses complaisances et toutes ses ambitions » et qui verse en elle tout son rêve. Elle a donc pleinement raison de dire qu'elle n'est qu'un écho de la pensée de son maître. Cette pensée, elle venait de l'exposer déjà, dans les *Sept cordes de la lyre*, par la bouche du jeune Hanz, que son maître Albertus approuvait :

---

1. T. 3, p. 460. Bowman signale en outre, pp. 249-250, une résonance des « banquets de la fraternité » chers alors aux socialistes, spécialement à Enfantin ; il rappelle qu'en 1834 G. Sand « lut avec nostalgie et un vif intérêt le livre de Gerbet sur l'Eucharistie ». On sait aussi l'importance qu'elle attache à la réclamation hussite de la communion sous les deux espèces ; cf. t. 1, pp. 266-268 ; 2, p. 11 : « Jean Ziska du Calice » ; et pp. 15-16. A quoi on ajoutera « le divin rêve du Saint Graal » (3, 517).

2. A F. Guillon, 14.2.1844. « Il y a, dit-elle un peu plus loin, des politiques et des socialistes qui jugent Leroux un rêveur dangereux, et moi une franche bête de croire en lui. » T. 6, pp. 431-433.

3. Op. cit., p. 49.

4. David Owen Evans, op. cit., pp. 67 et 120.

5. Cf. Lacassagne, op. cit., p. 50 : « Comme le proclame Leroux, dans un éclair de génie (!), « C'est vous, George, qui êtes Consuelo ». (C'était aussi Pauline Viardot.)

6. Cf. T. 1, pp. x-xi, xiv, lxvi. T. 3, p. 85.

> Dieu nous a jetés dans cette vie comme dans un creuset où, après une existence précédente dont nous n'avons pas souvenir, nous sommes condamnés à être repétris, remaniés, retrempés par la souffrance, par la lutte, le travail, le doute, les passions, la maladie, la mort. Nous subissons tous ces maux pour... notre perfectionnement... Progrès lent, mais certain... Un instinct divin, de plus en plus lucide et puissant, nous fait connaître que rien ne meurt dans l'univers, et que nous disparaissons du milieu où nous avons séjourné pour reparaître dans un milieu plus favorable à notre développement éternel[1].

Perfectibilité indéfinie de l'espèce humaine, dont la métempsycose assure le bienfait à chaque individu : l'auteur de *Consuelo* a repris ce thème fondamental. Continuité du progrès intellectuel et social, solidarité de toutes les générations dans leur chaîne ininterrompue, jusqu'au triomphe du règne de l'Esprit : c'est aussi sa doctrine, celle de Leroux[2]. De cette doctrine, Auguste Comte tirait le principe d'une réhabilitation de l'Église médiévale, tout comme le catholique Buchez. Mais ici George Sand est embarrassée par l'absolu de son anticatholicisme. Au schème joachimite du développement, ne doit-elle pas substituer celui d'un affrontement ? Au lieu d'un dépassement de l'Évangile du Christ, ne s'agit-il pas plutôt d'un retour à la pureté de cet Évangile ? L'Église a jeté « un voile mensonger sur la parole du Christ », elle en « déshonore la sainte figure » en en faisant une « idole », elle a imposé « une fausse interprétation des sublimes Évangiles »[3], leur texte même a été « scandaleusement altéré dans les traductions catholiques »[4]. L'œuvre à réaliser n'est-elle pas essentiellement de rupture ? A ce dilemme *Consuelo* apporte une solution ingénieuse : la continuité est rétablie par la chaîne ininterrompue de l'hérésie, qui, toujours la même au fond depuis le début de l'ère chrétienne, est en réalité la véritable Église, toujours persécutée et toujours renaissante. Le Prince Albert explique à sa disciple émerveillée « le sens élevé de ces grandes vérités dites hérétiques que les sophismes du catholicisme ont ensevelies sous

---

1. Op. cit., pp. 23-24. Cf. *Consuelo* : « Notre rôle sur la terre n'est pas si court qu'on le suppose communément. » Sur le symbolisme compliqué des *Sept cordes*, Lamennais écrivait à Mme Clément le 11.8.40 : « Vous n'avez donc rien entendu aux Sept cordes de la lyre. Bien d'autres n'y ont pas plus entendu que vous, et je suis de ceux-ci. » « Ne forçons pas notre talent, – nous ne ferions rien avec grâce »... » C.G. 7, 505. (Il s'agissait du « drame » tiré du roman, sous le titre de *Cosima*.)

2. Cf. *Consuelo*, t. 2, pp. 532-533.

3. A l'abbé X., 13 nov. 1844. Lubin, 6, 696-697.

4. A F. Bascano, mars 1842 ; 5, 618 ; ils ont été « admirablement réhabilités dans le livre de l'Humanité de Pierre Leroux. »

les accusations et les arrêts de leur mauvaise foi ». Dans la clandestinité, elles ont mûri, et les Illuminés de Bavière sont les héritiers légitimes de ce long travail de maturation. Si leur conspiration réussit, l'Esprit, dont saint Jean nous dit qu'il souffle où il veut, « soufflera, et changera la face du monde... La création est éternelle. Créons donc, c'est-à-dire obéissons au souffle de l'Esprit... Veni, creator Spiritus ! »[1]. Alors, même les prêtres de l'Église romaine, s'ils ne se raidissent pas contre ce souffle, comprendront ce qu'Albert dit à l'un d'eux : « Mon Père, si notre foi diffère quant à la forme et aux dogmes, nos âmes restent toujours d'accord sur un principe éternel et divin...[2] » Ils se rallieront à la nouvelle Église, c'est-à-dire à l'Évangile éternel.

Continuité, donc, ou rupture ? Épanouissement, ou lutte à mort ? George Sand croit avoir échappé au dilemme. Elle n'y a pourtant pas réussi pleinement. C'est ce que fait entendre le long épilogue de *la Comtesse de Rudolstadt.* Les « Invisibles » ont été dispersés par la persécution, Consuelo a perdu la voix qui lui ouvrait les cœurs, la raison d'Albert a sombré. Nous sommes en 1774. La Révolution approche. Dans une forêt de Bohême, un dialogue s'engage, dont les deux protagonistes principaux sont le maçon activiste Spartacus (symbole de Weishaupt[3]) et le vieux poète Trismégiste (qui est Albert), « virtuose sublime », qui vit « désormais sous le charme des illusions poétiques » et que les hommes « aveuglés par leur froide raison » tiennent pour fou. (C'est la Singara, son épouse, Consuelo, qui nous en avertit[4].) « Je me sais une mission, dit Spartacus... Oh ! que la Vie est belle ! que la Nature est belle ! que l'Humanité est belle ! » Mais, stupides et durs, les tyrans « ont gâté tout cela » ; ils tiennent l'homme en esclavage ; pour le délivrer, il faut les abattre. Comment faire ? « Ouvre-moi la route. » – « Organise pour détruire, mais que de l'œuvre de destruction renaisse un jour ce qui doit renaître. » – « Enseigne-moi donc le fond de la doctrine. » – Trismégiste alors de lui expliquer « la divine Tétrade »... – Mais Spartacus, peu à peu, s'impatiente. « Ce que je suis venu te demander, c'est la société nouvelle que tu portes dans ton cerveau et dans tes entrailles »... :

> ... Alors Trismégiste entra dans une sorte de transport divin... Pendant plus de quatre heures il parla... Il composa, avec l'œuvre religieuse, politique et artistique de tous les siècles, le plus

1. *Consuelo.* Cellier, t. 3, p. 575. (C'est Trismégiste qui parle.)
2. *Consuelo.* T. 2, p. 97.
3. Sur Spartacus, Weishaupt vu par Sand : René Le Forestier, *Les Illuminés de Bavière et la F.M. allemande*, 1914, pp. 695-698.
4. T. 3, p. 547. L'aventure d'Albert et de Consuelo, c'est, en rêve, celle de Leroux et de Sand : Cf. Lacassagne, p. 90.

> magnifique poème qui se puisse concevoir. Il interpréta toutes les religions du passé, tous les mystères des temples... Il reconstitua à nos yeux l'unité de la vie dans l'humanité, et l'unité de dogme dans la religion... Il fit disparaître les solutions de continuité... Il combla les abîmes de l'histoire... Il déroula en une seule spirale infinie ces milliers de bandelettes sacrées qui enveloppaient la momie de la science... Et quand nous eûmes compris..., il nous dit avec un sourire : Maintenant... ai-je besoin de vous faire connaître l'avenir ? L'Esprit saint ne brille-t-il pas devant vos yeux ? Ne voyez-vous pas que tout ce que l'homme a rêvé et désiré de sublime est possible et certain..., par cette seule raison que la vérité est éternelle et absolue... ? ...Nous la possédons tous par l'espérance et le désir : elle vit en nous, elle existe de tout temps dans l'humanité à l'état de germe qui attend la fécondation suprême. Je vous le dis en vérité, nous gravitons vers l'idéal, et cette gravitation est infinie comme l'idéal lui-même.

« Il parla encore »... Mais « Spartacus ne l'écoutait plus ». Il finit par lui poser la question brutale : « Que faut-il faire demain ? Est-ce par la douceur, est-ce par la violence qu'il faut combattre les ennemis du bien ? Rappelle-toi tes chers Taborites ; ils voyaient une mer de sang et de larmes à franchir avant d'entrer dans le paradis terrestre... »[1]. Ainsi provoqué, le vieux poète donne tous les signes d'une atroce souffrance, une lutte terrible l'oppresse ; mais bientôt, transfiguré, « semblant lire dans un livre invisible, vaste comme le monde, écrit en traits de lumière à la voûte du ciel », il expose une fois de plus son rêve, et conclut : « Cours en France, Spartacus ! La France bientôt va détruire... Elle a besoin de toi... C'est la France qui est la prédestinée des nations... J'entends retentir sur la France cette voix d'Isaïe : « Lève-toi, sois illuminée..., la gloire de l'Éternel est descendue sur toi, et les nations marcheront à ta lumière ! » Les Taborites chantaient cela du Tabor : aujourd'hui, le Tabor, c'est la France ! » Puis, après un long discours enthousiaste, entrevoyant la guerre et les massacres, « il se prit à pleurer à chaudes larmes... »[2].

George Sand n'eût pas été de son temps, ni jusqu'au bout l'écho de son maître si elle n'avait mêlé Satan à l'aventure. Dans un de ses éclairs de folie, le comte Albert s'est rappelé le temps où il avait connu

1. G. Sand croyait que « les Jean Ziska, les Procope et les Robespierre deviennent les protagonistes des idées les plus pures..., que c'était là la marche de l'histoire, que l'idée chrétienne elle-même ne peut triompher sans victimes expiatoires. » (KARÉNINE, t. 3, p. 229). On notera l'ambiguïté des derniers mots : sans faire des victimes, ou sans en avoir ?

2. Éd. Cellier, pp. 505-580.

les partisans de la revanche de Lucifer sur saint Michel. Et voici qu'en s'entretenant avec lui Consuelo, soudain, est illuminée :

> Elle reconnut Satan, le plus beau des immortels après Dieu, le plus triste après Jésus, le plus fier parmi les plus fiers. Il traînait après lui les chaînes qu'il avait brisées. « Non (lui dit-il), le Christ mon frère ne vous a pas plus aimés que je ne vous aime. Il est temps que vous me connaissiez... Je suis l'archange de la révolte légitime et le patron des grandes luttes... Unis l'un et l'autre, nous ne faisons qu'un...[1].

Satan, « cette mystérieuse allégorie, créée par les prêtres de toutes les religions », n'est pas, comme ils le font croire, l'esprit du mal. Loin d'être l'adversaire du Christ, il mène la révélation du Christ à son terme, en luttant contre toutes les forces qui l'obscurcissent et l'empêchent de s'épanouir. C'est lui qui de siècle en siècle déroule la chaîne de l'hérésie, la chaîne unique des « saintes hérésies ». Il est « l'esprit de contestation et de liberté qui permet à l'humanité d'avancer »[2]. Il n'est donc pas « l'ennemi du genre humain, mais au contraire son protecteur et son patron ». En un sens, il est supérieur au Christ ; en un autre sens, il n'est pourtant qu'un avec lui. Il est, peut-on dire, son Esprit, Celui dont le Christ a promis qu'il apporterait toute vérité. Les anciennes religions dualistes l'avaient pressenti : « moins diaboliques que le christianisme perverti, elles annonçaient la conversion et la réhabilitation de l'Esprit du mal ; elles le réconciliaient à la fin des siècles avec le Dieu bon, elles prophétisaient peut-être aussi, sans le savoir, la réconciliation de l'Humanité universelle, le triomphe miséricordieux de l'Humanité... » En fait, le thème retenu dans *Consuelo* n'est pas tout à fait le thème, romantique lui aussi[3], de la conversion finale et du salut de Lucifer. Satan n'a pas à se convertir : il doit être réhabilité, car le mal — « ces excès, ces délires, ces vertiges, ces crimes », ce « temps du zèle et de la fureur » que toute révolution comporte — est un mal inévitable et passager ; il n'est qu'« un effet déplorable d'une cause sacrée » ; il provient « des provocations iniques des ennemis de la lumière et de la vérité divine »[4]. Aussi le comte

1. *Consuelo*, t. 1, pp. 277-279 ; t. 2, pp. 18-19, etc. Le combat de Dieu avec Satan, c'est le combat de Dieu avec lui-même (d'après Boehme) : t. 3, pp. 228-239.

2. Sur *la Signification politique de la figure de Satan dans le romantisme français* : Max MILNER, dans *Romantisme et politique*, Armand Colin, 1969 ; cf. p. 160. Du même : *Le Romantisme*, t. 1. Arthaud, 1974, p. 133.

3. Cf. Paul BÉNICHOU, op. cit., pp. 207-209.

4. *Consuelo*, t. 1, p. 319 ; t. 2, p. 13 ; t. 3, pp. 244-245. *Procope le Grand*, Rev. indép., 25 mars 1844. Cf. *Le Compagnon du tour de France*, avant-propos.

Albert, qui se rappelle avoir été Ziska, prévoit-il pour Satan une « apothéose »[1].

Plus encore que *Spiridion, Consuelo*, avec sa suite, a été tenu pour un chef d'œuvre, – le chef d'œuvre de George Sand. Charles Andler l'admirait. Alain le mettait « au rang des œuvres éternelles »[2]. « Grandiose épopée », dit Wladimir Karénine[3]. Véritable « philosophie de l'histoire », prononce Evans, qui en un autre endroit nous paraît présenter son auteur avec plus de vérité comme « le mythologue de la démocratie sociale ». Selon Lacassagne, « chef d'œuvre de l'amitié », ce qui peut revêtir un sens assez modeste. Les contemporains, séduits par la première partie, goûtèrent moins la seconde, trop lestée d'extravagances et de prétentions doctrinales excessives, trop hâtivement rédigée aussi. Dans sa Notice de 1854, George Sand en reconnaît les défauts. Il est permis de penser que bien des éloges, comme dans le cas de *Spiridion*, ne procèdent point de critères purement esthétiques, non plus que d'un idéal de rigueur dans la pensée. Victor de Laprade, qui eut des attaches avec le groupe de Nohant, excédait sans doute moins en sens inverse lorsqu'il regrettait l'engouement de la romancière pour « l'abominable pathos » de Leroux.[4] On n'aurait pas à lui reprocher en outre les libertés qu'elle prend avec l'histoire, si elle n'avait prétendu faire tout autre chose qu'œuvre de simple imagination. Sa merveilleuse facilité de plume, sa fertilité d'invention, sa verve parfois charmante soutiennent l'attention du lecteur de bonne volonté. Mais que d'invraisemblances, que de ficelles de mélodrame, que d'extravagances jusque dans les explications « scientifiques » ! Comme déjà dans *Spiridion* et plus encore, comme ensuite dans *Daniella* ou dans *Mademoiselle La Quintinie*, quel goût pour les fantasmagories macabres ! Grottes, souterrains, catacombes, ruines, caveaux, cachettes, quiproquos, masques et fausses barbes, scènes de reconnaissance, révélations foudroyantes, rien ne manque à cet attirail romantique[5]. Il faut bien de l'indulgence, à moins qu'on ne veuille ensuite préciser la distance entre

1. *Consuelo*, t. 2, p. 20. Cependant, il reste une ambiguïté ; on sent chez l'auteur une hésitation, et son vocabulaire n'est pas fixe. Cf. t. 3, pp. 248-249 ; et p. 576 : « Celui qui oserait dire que l'essence divine, qui est beauté, bonté, puissance, ne se réalisera pas sur la terre, celui-là est Satan... Celui qui oserait dire que l'essence humaine créée à l'image de Dieu, comme dit la Bible, et qui est sensation, sentiment, connaissance, ne se réalisera pas sur la terre, celui-là est Caïn. » LAMENNAIS était plus simple : « Je vois Satan qui fuit, et le Christ entouré de ses anges qui vient pour régner. » *Paroles d'un croyant*, II.

2. Cf. Jacques VIARD, dans *Rencontres avec Péguy*, DDB, 1975, p. 197.

3. Op. cit., t. 3, p. 333.

4. Cité par HUNT, op. cit., p. 223.

5. Édouard SPENLÉ a signalé (*Novalis*, Hachette, 1914, pp. 284-285 et 330) des traits analogues empruntés à l'ésotérisme maçonnique dans le roman populaire de

matière et forme, pour trouver dans cette prose une « matière parfois très nervalienne », où « le chant et la musique, tour à tour, amènent et dissipent le mystère ». – Mais il doit nous suffire d'observer ce que devient chez George Sand, après s'être formulé dans les deux romans ici retenus, cette nouvelle version du mythe de l'Évangile éternel.

Peu à peu l'auréole de Leroux va se ternir. En janvier 1844, Sand écrivait encore : « Dans quelque sphère qu'il s'élance, je le suivrai. La vie est en lui, et sa vie est sympathique à la mienne. Voilà tout le secret de ma fidélité aveugle[1]. » Aux idées d'Albert, ces idées « terribles et sublimes » qui paraissent « monstrueuses aux orthodoxes », Consuelo s'est livrée « sans remords et sans effroi, certaine qu'une idée adoptée par Albert ne peut être qu'une idée grande » ; cependant, voici que « cette âme en deux personnes qui s'appela Consuelo et Albert » se dédouble...[2] ... Puis survient février 48. L'évangélisme social qui semble quelque temps y présider devient celui de la journaliste, dont l'enthousiasme simplifie la pensée : « Comment s'appelle la religion ? Elle s'appelle République. Quelle est sa formule ? Liberté, Égalité, Fraternité. Quelle est sa doctrine ? L'Évangile, dégagé des surcharges et des ratures du moyen âge... Quels sont ses prêtres ? Nous le sommes tous[3]. » « Une vie nouvelle commence... Nous allons nous aimer, nous allons chercher ensemble et trouver la vérité sociale, elle est au concours[4]. » La « fille incorrigible de Jean Jacques[5] », ce chrétien « tout aussi orthodoxe pour l'église de l'avenir que le centenier Mathieu pour l'église du passé »[6], semble un instant se débarrasser de la lourde

Jung-Stelling (Heimweh), dans un drame de Zacharias Werner (Les Fils de la Vallée), ainsi que dans le grand roman de Novalis (Henri d'Ofterdingen), qui rappelle de plus près la légende de Rosenkreuz. La liste pourrait être prolongée.

1. A Ferdinand François ; « C'est de la vie enfin, de la vie dévorante, idéale et céleste... Tant pis pour la sagesse : Je ferai mon petit œuvre à côté de son grand œuvre, et j'arracherai à son trépied quelques éclairs qui m'empêcheront de mourir avec la société de mon temps. » Corresp., t. 6, pp. 401-402.

2. *Consuelo...*, t. 3 (Rudolst, 1845, 1, 344.), p. 505. De son côté, Leroux écrira dans sa préface à *La Grève de Samarez* ces mots moins élogieux que restrictifs : « Prenez les œuvres du plus grand romancier de l'époque, et ce grand romancier, c'est une femme. Qu'y trouverez-vous ? Toujours le préambule de l'amour, jamais l'amour. L'auteur le cherche, et ne le rencontre pas. » T. 1, p. 165.

3. Dans *La Vraie République*, où elle publie en mai 48 (11, 12 et 13) trois articles : « La religion de la France - Le dogme de la France - Le culte de la France ».

4. *Lettre au Peuple*, 7 mars 48. Cité par KARÉNINE, t. 4, p. 24.

5. Jean POMMIER, *Rev. d'hist. et de philos. relig.*, 1928, p. 550.

6. *Quelques réflexions sur Jean-Jacques Rousseau*, Rev. des deux mondes, 1841, 2, 703-714. L'éloge, dithyrambique, se nuançait pourtant de réserves : « saint Rousseau » n'était pas tout à fait saint Leroux.

armure que son dernier père spirituel lui a forgée. « L'Évangile librement compris et interprété par le bon sens du peuple » ne suffit-il pas[1] ? Mais la désillusion est proche ; l'embourgeoisement l'accompagne. Comment s'attacher encore à la « conception idéale d'une société future, diamétralement opposée à celle qui couvre et cache encore » l'action secrète des conspirateurs qu'elle a voulu célébrer[2] ? Ce qui demeure en elle, se renforce même, c'est un anticatholicisme de plus en plus obstiné, de plus en plus violent. Elle écrit après un séjour à Rome : « Je ne veux rien admirer, rien aimer, rien tolérer dans le royaume de Satan, dans cette vieille caverne de brigands et de suffisans... Il faut éreinter Rome, ... il ne faut faire grâce à rien, pas même aux monuments qui consolent les stupides touristes...[3] ». Influencée par Michelet, elle écrit : « Il y a l'humanité qui cherche sa voie et qui flotte entre le prêtre et la philosophie, entre le passé et l'avenir »[4], et : « J'en suis venue à regarder le prêtre comme l'agent du mal en ce monde »[5]. Son antichristianisme n'est guère moindre. Déjà – Sainte-Beuve ne s'y était pas trompé[6] – la *Revue encyclopédique* avait eu pour programme, « en religion, l'hostilité contre le christianisme ». Déjà George Sand avait raillé Lamartine qui, « absorbé par les soucis parlementaires », n'avait pas pris le temps de se demander « s'il est philosophe ou chrétien »[7]. Plus tard, elle confiera à Flaubert que même son « christianisme » de 48 « a été une *toquade* », bien qu'il reste en tout temps « une séduction quand on n'en voit que le côté tendre »[8]. « Le grand révolutionnaire » ne l'émeut plus. Lorsque paraîtra la *Vie de Jésus* de Renan, elle y applaudira : « Voilà Jésus bien démoli ! Tant pis pour lui ! tant mieux pour nous peut-être : Jésus a porté l'hypocrisie et

1. *La Vraie République*, loc. cit.

2. Cf. *Consuelo*, t. 3, 480-481. Sur Sand en 48 et après : M. LEROY, *Hist. des idées sociales en France*, t. 3, 1954, 55-65.

3. A Luigi Calamatta, mars 1857 ; « Je veux cracher sur le peuple qui s'agenouille devant les cardinaux... Si quelqu'un prend, grâce à moi, Rome, telle qu'elle est aujourd'hui, en horreur et en dégoût, j'aurai fait quelque chose. » *Corresp.*, Lubin, 14, 248-249.

4. Préface à *Mademoiselle La Quintinie*. Michelet venait de rééditer en 1861 *Le Prêtre, la Femme et la Famille.*

5. Lettre du 16.5.1863. Cf. Marcel MORET, *Le sentiment religieux chez George Sand*, Vigué, 1936, p. 247, etc.

6. *Premiers Lundis*, t. 2, p. 99.

7. *Essai sur le drame fantastique,* Rev. des deux mondes, 4e série, t. 20, 1839, pp. 614-615. Ibid., p. 629, sur Mickiewicz : « Nous regrettons... qu'après d'aussi magnifiques élans vers la vérité, Mickiewicz soit forcé, par les convictions auxquelles il est patriotiquement fidèle, de proclamer de pieux mensonges, à la manière des sibylles. »

8. Cité par André MAUROIS, *Lélia*... p. 449.

la persécution dans la vie humaine et sociale, et cela dure depuis 1800 ans et plus »[1]. De la croyance au Dieu de l'Évangile, « rien, déclare-t-elle dans ses *Impressions et souvenirs*, ne subsiste plus en moi ». Elle parlera bien encore « d'étendre et d'élever la notion de Dieu », voire « de dégager la sublime doctrine évangélique de la chape de plomb qui l'écrase »[2], mais cela même n'est plus que formule, prêtée à l'un de ses personnages. Plus trace désormais chez elle d'aucun joachimisme. Après le progrès romantique, elle vibre au progrès scientiste : tous, « suicidés et viveurs, iront ensemble et fatalement vers la lumière de 1900 ! Elle est là devant nous...[3] » Pour elle, « tout est divin : ce beau ciel, ce feu qui éclaire, cette industrie humaine », etc.[4]. Ce facile panthéisme conserve cependant le caractère dynamique qu'elle a reconnu dans ses chers hérétiques de l'Évangile éternel et que lui a confirmé la doctrine de Leroux : « C'est la progression du grand tout qui s'accomplit à son propre insu... L'immuable vrai, c'est l'incoercible mouvement, c'est l'éternelle mutation progressive des êtres...[5] ».

---

1. Lettre d'août 1863. Cf. Lubin, t. 4, p. 350 et MORET, op. cit., p. 256.

2. *Mademoiselle La Quintinie*, 1863. Éd. de 1872, p. 66.

3. Ibid., p. 132.

4. *Impressions et souvenirs*, ch. 8. Cf. KARÉNINE, t. 4[2], p. 578 ; p. 579 : Un temps viendra où « la prétention d'affirmer une religion sera considérée comme un blasphème... »

5. *Ce que dit le ruisseau* (1863). Ibid., pp. 444-445. W. KARÉNINE nous montre « Madame Sand arrivée à une synthèse complète de l'univers, à un idéal religieux précis » : p. 521. Pierre Leroux mourut à Paris, le 12 avril 1871, sous la Commune ; le bruit courut que George Sand avait suivi le cercueil jusqu'au cimetière (ibid., t. 3, p. 417) ; mais c'était impossible : elle était alors à Nohant. – On lira dans *Romantisme et religion* (Colloque de Metz, 1978, Actes publiés par Michel Baude et Marc-Mathieu Munch, PUF, 1980), pp. 117-124 : Landyce RETAT, *L'Évangile éternel et la philosophie de l'histoire au XIXe siècle, (G. Sand, Michelet, Renan).*

CHAPITRE QUATORZIÈME

MICHELET ET QUINET

I

Jules Michelet (1798-1876)

De tous les joachimites que nous passons en revue à travers huit siècles, Michelet est peut-être le plus ardent, le plus explicite, le plus abondant, le plus original aussi. Il est même le plus constant, car s'il a beaucoup varié dans les applications, il est demeuré fidèle, au long d'une cinquantaine d'années, au schème des trois âges et à l'idée d'un règne de l'Esprit. D'où plusieurs des « ambiguïtés » que l'on a signalées dans sa doctrine : elles sont le fait d'une continuité persistante en dépit des profonds changements, voire des retournements survenus.

Dès l'un de ses premiers ouvrages, au livre premier de son résumé de l'*Histoire romaine,* Michelet nous apparaît à la fois accablé par les misères du présent et tendu vers le radieux avenir qu'elles semblent annoncer. « Voyez, nous dit-il, avec quelle harmonie lugubre le poète chante l'ère de la renaissance marquée par la ruine de sa patrie :

> Aspice convexo nutantem pondere mundum,
> Terrasque tractusque maris, coelumque profundum ;
> Aspice venturo laetentur ut omnia saeclo[1]. »

Toutefois, comme pour Virgile (et pour Vico, qu'il cultive depuis sept ou huit ans), ce n'est encore là pour lui que l'annonce d'un nouveau

1. *Hist. romaine,* introd. de 1831, c. 5, p. 46. Cf. VIRGILE, 4ᵉ églogue, v. 50-52.

cycle, et par conséquent d'un nouveau déclin. – Mais Virgile ne sera pas son principal inspirateur. Il paraît avoir été très tôt fasciné par la figure à peine entrevue de Joachim de Flore ou par celle de ses disciples et envoûté pour la vie par le mythe de l'Évangile éternel. Il écrira plus tard, au moment d'exposer une fois de plus le rêve de Joachim : « Cette unique goutte d'eau, bue avec l'amour et la simplicité à l'urne de l'avenir, c'est une mer, vous allez le voir ». Ce n'est point à ses yeux, comme à ceux de beaucoup d'autres, le message lointain d'un moine des temps obscurs, une chimère qu'il s'agirait seulement de recueillir à titre de symbole et de transposer dans une pensée tout autre. Michelet lui attribuera un rôle historique déterminant. Il affirmera encore, au terme de sa propre évolution : « Le moyen âge... finit au treizième siècle, quand un hardi mysticisme, dépassant la critique même, déclare qu'à l'Évangile historique succède l'Évangile éternel, et le Saint-Esprit à Jésus »[1].

Le joachimisme de Michelet ne doit rien (ou presque rien) à celui de la pensée allemande, rien non plus à celui des saint-simoniens ni à celui de Pierre Leroux. Il admire les Allemands, quoique dans la formation de la nationalité française il tienne pour négligeable l'élément germanique en regard de l'élément celtique, tenu pour supérieur ; mais il leur reproche un panthéisme incompatible avec le génie de la France, qui est par excellence « le peuple libre ». Leur « génie superbe retombe toujours... en religion au mysticisme, au despotisme en politique. » Lorsque « l'Allemagne entendit être enfin libre et forte, ...elle se serra dans les entraves d'un effrayant formalisme » ; récemment encore elle « se laissa rendormir au panthéisme de Schelling », et si elle s'en réveilla « par Hegel, ce fut pour violer l'asile sacré de la liberté humaine, pour pétrifier l'histoire... L'Allemagne, c'est l'Inde en Europe, vaste, vague, flottante et féconde, comme son dieu, le Protée du panthéisme... Le dernier peuple du monde chez lequel la personnalité humaine consentira à s'absorber dans le panthéisme, c'est la France. » Il est doublement sévère pour le « panthéisme industriel » des saint-simoniens, qui aboutit à « matérialiser l'esprit » et qui semble ignorer que le panthéisme « est le tombeau des religions »[2]. Aussitôt après

1. *Histoire de France,* nouv. éd. revue et augmentée, t. 9, 1876, p. 10 ; cf. pp. 61-64.

2. *Introduction à l'histoire universelle,* 1831 ; 3e éd., 1843, pp. 48-52, 92, 113-114, 124-125, etc. Dans des pages postérieures (1868-69), publiées par M. Paul VIALLANEIX sous le titre de « l'héroïsme de l'esprit », il écrira, sur les « écoles utopistes » de 1830 : « Je passai à côté. (Leur passion) était sincère. Mais je n'y trouvais pas assez ce qui était la mienne, le sens vif et fécond de la liberté morale, ... le principe héroïque qui créait et mes livres et mon enseignement. Disons plutôt la liberté. Elle est une... » *Œuvres complètes* de Michelet, t. 4, Flammarion, 1974, p. 40.

avoir lu l'ouvrage de Pierre Leroux, *De l'Humanité,* il entreprendra d'en réfuter la thèse, qui dissout les personnalités dans un grand Tout, et c'est dans le même esprit qu'il critiquera la fatalisme optimiste reçu par Cousin de Hegel. On lit dans son Journal, à la date du 23 juin 1840 : « Ils m'appellent panthéiste ! Si le panthéiste est celui qui se laisse volontiers absorber dans la nature, je ne suis pas cet homme-là[1]. » Et en 1846, dans *Le Peuple* : « Dieu nous garde de nous perdre en lui[2] ! » « Il espère, on pourrait dire qu'il exige pour l'homme une immortalité personnelle : « Sans doute, un être moral qui fut bienfaisant et bienveillant pendant plus de vingt années vit encore autre part que dans le cœur d'un ami. Patience donc : patience et confiance. Jamais je n'ai cru si fortement à la justice et à notre immortalité[3]. » Celle-ci doit être compatible avec les progrès d'une humanité qui, sur terre, est encore dans l'enfance ; aussi doit-on croire que « l'âme affranchie poursuit ailleurs sa destinée »[4] ; d'où l'idée, proche de celle d'un Fourier ou d'un Jean Reynaud, d'une migration humaine de globe en globe, combinée avec celle d'une renaissance des individus conservant la mémoire de leurs vies antérieures : « Oublier ? ce serait mourir. Il n'y a point de morts... C'est le retour des mêmes personnes » ; si l'âme qui expie ses fautes ne se souvient pas, « elle souffre sans savoir pourquoi »[5]. Il écrira en 1857 : « L'homme est un grand embryon... Il a comme des germes de dents qui mordent dans l'éternité[6]. » Son attachement à l'individu doué de libre arbitre et construisant sa destinée propre est si vif, sa répudiation de la fatalité si totale, qu'il reproche à Luther l'inconséquence de sa lutte « contre la tyrannie de Rome » et prend contre lui le parti d'Érasme[7]. Un tel individualisme s'allie vaille que vaille, moyennant la doctrine du Karma, avec l'intérêt passionné que lui inspirent les cours de Burnouf au Collège de France sur le bouddhisme et avec son enthousiasme précoce et constant pour la

---

– Vers le même temps CHATEAUBRIAND écrivait : « Le christianisme est la synthèse de l'idée religieuse, il en a réuni les rayons ; le panthéisme est l'analyse de la même idée, il en disperse les éléments. » *Études historiques.* Œuvres, t. 9, 1860, p. 266.

1. Cité par Gabriel MONOD, *Jules Michelet, sa vie et ses œuvres.* Hachette, 1905, p. 88.

2. 3e partie, ch. 4.

3. *Mon Journal,* 1820-1823, p. 177 ; mars 1821. Cité par Jean-Louis CORNUZ, *Jules Michelet.* Genève, Droz, 1955, p. 53.

4. Ibid., octobre 1921 ; Cornuz, p. 54.

5. 22 août 1839 et mars 1842. Cf. G. MONOD, *La vie et la pensée de Jules Michelet.* Champion, 1923, t. 2, pp. 65, 72-75, 80, etc.

6. Lettre du 21.7.1857. Dans Cornuz, p. 334.

7. *Introd.,* pp. 51 et 184-185. Cours de 1835, etc. Voir infra. Dans *le Temps* des 9 et 21 mai 1835, P.R. (peut-être Leroux ?) proteste en faveur de Luther : Monod, t. 1, pp. 336 et 338.

pensée indienne. En 1842 il consacre toute une leçon à des récits hindouistes propres à illustrer l'identité de l'âme humaine[1]. Son attitude sera la même encore en 1864, dans la *Bible de l'humanité*. Sérieusement compromise par le naturalisme exalté de la dernière période[2], elle ne sera pourtant jamais reniée. Sa répudiation du panthéisme « n'aura jamais plus d'énergie que dans les préfaces de l'Histoire du dix-neuvième siècle », en 1872-1874[3].

Notre intention n'est pas de suivre dans tous ses méandres l'évolution religieuse de Michelet, pas plus que la succession de ses jugements sur le moyen âge chrétien. Nous n'en rappellerons que les lignes essentielles. Lui-même s'en est expliqué plus d'une fois, notamment dans son importante préface de 1869 à l'*Histoire de France,* en insistant sur la continuité d'une œuvre qui « fut conçue d'un moment, de l'éclair de juillet » : « Je refis, explique-t-il alors, la vie de l'Église chrétienne, j'énonçai sans détour la sentence de sa mort prochaine, j'en étais attendri... Conclure que je suis catholique ! quoi de plus insensé ! Le croyant ne dit pas cet office des morts sur un agonisant qu'il croit éternel[4]. » Pour le fond, il dit juste, à cela près que l'interprétation qu'il propose en 1869 de ses débuts « découle d'une récente relecture de l'Histoire du Moyen Age rééditée en 1852 avec des corrections décisives »[5]. Il se délivre d'un certain embarras en disant qu'après avoir montré « l'idéal que se posa le Moyen Age » il veut indiquer « sa réalité, exposée par lui-même ». Dans les variations de son attitude entre 1831 et 1862, M. Jacques Le Goff distingue quatre périodes, mais en nous avertissant aussitôt qu'elles sont faites « de plus de chevauchements que de successions franches »[6]. Un minutieux examen serait donc nécessaire si l'on voulait analyser les retours nostalgiques, en peser la portée, mesurer aussi la distance entre l'enseignement et les sentiments personnels : « chez moi, je ne suis plus l'homme du cours »[7]. Il y aurait à observer l'écart qui existe entre la date des leçons prononcées et celle de leur publication, parfois tardive ; les remanie-

1. MONOD, t. 2, p. 77.

2. Le panthéisme est alors pour lui une « tentation mal vaincue » (CORNUZ, p. 21) ; il aboutit « à une sorte de panthéïsme réconciliateur » : Jean-Marie CARRÉ, *Michelet et son temps,* Perrin, 1926, p. XIV.

3. Daniel HALÉVY, *Jules Michelet.* Hachette, 1928, p. 146.

4. *Œuvres complètes,* éd. Paul VIALLANEIX, t. 4 (*Histoire de France,* t. 1 = H.F. 1). Flammarion, 1974, pp. 11 et 19. Ibid., p. 39, il rapproche l'*Introd. à l'hist. univ.* (1831) de la *Sorcière* (1862).

5. P. VIALLANEIX. H.F. 1, p. 8.

6. *Pour un autre moyen âge.* Gallimard, 1977, pp. 19-45 : « Le Moyen Age de Michelet » (ou, dans H.F. 1, pp. 45-63 : « Michelet et le Moyen-Age, aujourd'hui »).

7. Ce qui est compatible avec l'observation de CARRÉ, p. XI : « Dans sa vie studieuse fervente, il confond sa personne et son œuvre. »

ments divers introduits d'une édition à l'autre, en particulier les suppressions, quelquefois considérables et souvent significatives, etc. Aussi n'est-il pas étonnant que les meilleurs historiens n'aient pas été toujours parfaitement d'accord entre eux[1]. Or il se trouve que c'est le tome deuxième de l'*Histoire de France,* l'ouvrage que notre sujet nous impose d'aborder en premier lieu, qui a subi les corrections les plus nombreuses et les plus importantes, et si certaines constituent une « mise à jour » normale, la plupart s'expliquent par les changements de points de vue de l'auteur et plus encore par ceux de sa sensibilité religieuse[2]. Il nous faudra en tenir compte, tout en reconnaissant la continuité substantielle revendiquée par Michelet.

C'est peut-être Lessing, lu en avril 1824, qui avait mis le jeune Michelet sur la piste de l'Évangile éternel. Peu auparavant, il avait commencé de lire Vico, sans doute à l'instigation de Victor Cousin, quoiqu'il l'ait nié par la suite[3]. Il s'en était pénétré, tout en regrettant que cet initiateur n'eût pas vu, ou du moins pas dit « que si l'humanité marche en cercle, les cercles vont toujours s'agrandissant » : « le génie du nombre et du rythme... limite partout les conceptions de l'Italie. » En 1831, Vico lui paraît bien supérieur à Herder ; il le tient pour « le véritable prophète de l'ordre nouveau qui commence » et déclare que son grand ouvrage « mérite le nom qu'il osa lui donner : *Scienza Nuova* »[4]. Il aima aussi Ballanche, « notre Ballanche, grand poète, âme sainte, génie mêlé de subtilité alexandrine et de candeur chrétienne », sur qui repose « le souffle de Vico »[5]. Avant eux, il avait lu Lamarck, dont les théories transformistes avaient pu déjà l'inviter à « envisager

---

1. Aujourd'hui, les introductions de M. Paul VIALLANEIX et, au t. 5 (H.F. 2, 1975), l'« Examen » par M. Robert CASANOVA « des remaniements du texte original de 1837 à 1840 à travers les rééditions de l'Histoire de France » sont des guides précieux. Une « chronologie des œuvres et de la vie de Michelet » a été donnée par Oscar A. HAAC dans sa thèse sur *Les principes inspirateurs de Michelet,* PUF, 1951, pp. 207-222.

2. Cf. CASANOVA, loc. cit., pp. 617-619 et surtout 636-639. « Presque toutes les corrections relevées concernent la religion et l'Église... Il a dû plus d'une fois, considérer avec étonnement cette image ancienne de lui-même, comme celle d'un étranger. Qu'il a dû être irrité parfois de ses naïvetés passées ! etc. »

3. « Ce n'est point lui qui m'indiqua Vico (il l'a dit par erreur). » *L'héroïsme de l'esprit* ; Ed. Viallaneix, H.F. 1, p. 42. Il ne voulait rien devoir à un homme dont l'évolution politique avait été l'inverse de la sienne : HAAC, p. 86. Sur ses rapports avec Cousin : « CORNUZ, pp. 74 et 77.

4. *Hist. romaine,* t. 1, p. VIII. Il a publié en 1827 : *Principes de la philosophie de l'histoire, traduits de la Scienza Nuova de Vico.* Cf. Robert RICALTI, dans Rev. d'h. litt. de la France, 61, 1961, p. 609. Voir aussi *Introd.,* 1831, pp. 233-235.

5. *H. rom.,* p. 5, note ; « il en relève immédiatement, et semble tenir trop peu de compte de tout ce que la science et la vie nous ont appris depuis. »

les religions comme des institutions qui, le temps aidant, meurent et se métamorphosent »[1]. Déjà la conclusion de l'*Histoire romaine* ouvrait une perspective au-delà des *ricorsi* de Vico. L'idée d'un troisième âge s'y affirme, succédant au deuxième qui est l'âge chrétien. Mais ce n'est pas sur le modèle joachimite qu'elle s'est formée : le premier âge n'est pas juif, mais païen, – et la succession d'un âge à l'autre s'opère plus par une lutte à mort entre deux systèmes adverses que par le passage entre un temps de la promesse et celui de l'accomplissement. Toute l'évolution religieuse de Michelet est là en germe :

> ... Le dieu effréné du naturalisme antique..., le rédempteur sanguinaire de l'ancien monde, son Christ impur, avait mené son dernier chœur, consommé sa dernière orgie. L'humanité allait soulever sa tête de l'ivresse, et jeter en rougissant le thyrse et la couronne de fleurs. Le vieil Olympe avait vécu âge de dieux ; il se mourait, selon la prophétie étrusque et la menace du Prométhée d'Eschyle.
>
> Il fallut toutefois trois siècles pour que le dieu de la nature fût dompté par le dieu de l'âme ; le tigre ne se laissa pas enchaîner sans se venger par de cruelles morsures ; des torrens de sang coulèrent, et les âmes souffraient encore plus au dedans. Époque d'incertitude, de doute et d'angoisse mortelle ! Qui eût pensé alors qu'elle dût revenir un jour ?.. Ce second âge du monde, commencé avec l'Empire, il y a tantôt deux mille ans, on dirait qu'il s'en va finir. Ah ! s'il en est ainsi, vienne donc vite le troisième, et puisse Dieu nous tenir moins long-temps suspendus entre le monde qui finit et celui qui n'a pas commencé[2] !

Le terrain se trouvait donc préparé pour une rencontre plus directe avec le joachimisme. A cette date, Michelet ne devait déjà plus ignorer le nom de l'illustre moine, car dans sa préface de 1835 à ses *Mémoires de Luther* il avertit le lecteur que ce travail « a été fait presque entière-

1. Jean GAULMIER, *Michelet*. Coll. « Les écrivains devant Dieu », DDB, 1968, p. 52.

2. *H. rom.*, t. 2, pp. 328-329. Une certaine continuité d'un âge à l'autre reste envisagée : « ... la veille du jour où (la vieille tradition) va se transformer par le christianisme » ; « ce monde sensuel... meurt pour ressusciter plus pur » (p. 327). On remarquera que, pour l'avènement du « dieu de l'âme » au 2e âge, la personne du Christ n'est pas évoquée. C'est là aussi un trait constant chez Michelet. Dans l'Introduction au volume sur la Renaissance (*H. de Fr.*, t. 7, 1855), une longue note indignée traite de la « proscription du Créateur » au profit du Christ et de la Vierge au moyen âge (éd. de 1876, t. 9, pp. 44-46) ; son argumentation est absurde. Cf. P. 49 : « Pendant quinze siècles, Dieu le Père, Dieu le Créateur, n'a pas eu un temple et pas un autel. Son image, jusqu'au XIIe siècle, est absolument absente... (Ensuite) il reste avec sa longue barbe, négligé et solitaire, etc. »

ment dans les années 1828 et 1829 » ; or il y raconte, d'après son héros, qu'« un Italien » au service de Cajetan, venu engager Luther à se soumettre, « lui citait, entre autres exemples, celui du fameux Joachim de Flores, qui, s'étant soumis, n'avait pas été hérétique, quoiqu'il eût avancé des propositions hérétiques »[1]. Cependant, la rencontre essentielle ne devait pas avoir lieu d'abord avec Joachim lui-même – le moine calabrais semble être resté pour Michelet quelque temps encore à peu près inconnu, – mais avec son disciple Jean de Parme. Elle est consignée avec quelque solennité en 1833, au tome deuxième de l'*Histoire de France.* Notre historien vient de clore le chapitre relatant la croisade, la mort et les vertus de saint Louis, par une admirable page qu'il supprimera dans la suite[2]. Il aborde alors son chapitre huitième :

> L'éternel combat de la grâce et de la foi fut encore combattu au temps de saint Louis, entre l'Université et les ordres mendiants... Ceux-ci parlaient d'amour et au nom de l'amour. Ils avaient repris le texte de saint Augustin : « Aimez et faites ce que vous voudrez ». La sèche logique, qui avait eu de si grands effets au temps d'Abailard, ne suffisait plus. Le monde, fatigué dans ce rude sentier, eût mieux aimé se reposer avec saint François et saint Bonaventure sous les mystiques ombrages du Cantique des cantiques, ou rêver avec un autre saint Jean une foi nouvelle et un nouvel Évangile.
>
> Ce titre formidable, *Introduction à l'Évangile éternel,* fut mis en effet en tête d'un livre par Jean de Parme, général des Franciscains. Déjà l'abbé Joachim de Flores, le maître des mystiques, avait annoncé que la fin des temps était venue. Jean professa que, de même que l'ancien testament avait cédé la place au nouveau, celui-ci avait aussi fait son temps ; que l'Évangile ne suffisait pas à la perfection ; qu'il avait encore six ans à vivre, mais qu'alors un Évangile plus durable allait commencer, un Évangile d'intelligence et d'esprit ; jusque là l'Église n'avait que la lettre...[3].

---

1. *Mémoires de Luther,* écrits par lui-même, traduits et mis en ordre par J. MICHELET. Ed. définitive, Flammarion ; pp. 1 et 39.

2. Livre 4, ch. 7. « ... Cette pureté, cette douceur d'âme, cette élévation merveilleuse où le christianisme porta son héros, qui nous la rendra ? etc. » – « Pourquoi faut-il, hélas ! », observe R. CASANOVA, qu'il écrive « cette phrase, qui sera maintenue dans les éditions postérieures à 1861 : « Il n'est point de notre franchise d'effacer rien de ce qui est écrit »... » H.F., 1, pp. 636 et 662. Préface au t. 7 (1855) ; éd. de 1876, t. 9, p. II.

3. H.F., 1, 696-697 ; cf. 588-589.

Suit alors, en un bref récit, l'opposition des universitaires ; le procès d'Anagni ; la sentence du pape « frappant également les raisonneurs et les mystiques » ; l'équilibre cherché par « le grand bœuf muet de Sicile, solennelle figure de l'Église » entre l'homme et Dieu, la liberté et la grâce ou la fatalité, et mourant à la peine ; l'inquiétude semée dans l'âme de saint Louis, « pieuse et candide », qui « s'avance d'un pas dans le doute, et s'obstine dans sa foi[1] ».

L'année suivante, dans la leçon d'ouverture prononcée à la Faculté des Lettres, le tableau s'élargit, – mais Joachim de Flore n'y figure pas. Tout l'honneur de la modernité naissante au seuil du troisième âge revient encore aux fils de saint François, imprudemment soutenus par le pape :

> ... L'homme est lâché hors de la route antique... La pensée soutenue jusque là, la voilà lancée comme orpheline... dans ce vaste désert du monde. Elle chemine ; à côté d'elle marchent les nouveaux guides qui veulent la conduire... Ce sont des moines, mais des moines voyageurs, mendiants... La foi, élastique en leurs mains, s'allonge, s'accourcit à plaisir... Après la loi juive, la loi chrétienne ; après le Christ, saint François et la Vierge remplacent tout doucement Jésus-Christ. Les plus hardis de l'ordre annoncent que le Fils a fait son temps. C'est maintenant le tour du Saint-Esprit. Ainsi, le christianisme sert de forme et de véhicule à une philosophie antichrétienne. L'autorité est ruinée par ceux qu'elle avait institués ses défenseurs[2].

Mais lui, Michelet, comment conçoit-il pour lui-même cet « Évangile plus durable » annoncé par ces « moines voyageurs » ? En quoi consiste cette religion d'un troisième âge ? La réponse est confuse. Pendant un certain nombre d'années elle va s'exprimer en des formules contradictoires. Michelet s'est fait baptiser en 1816, à dix-huit ans ; il suivra les offices du dimanche jusqu'en 1842, peut-être même jusqu'au début de 1844. Cependant, il ne voit dans les évangiles qu'un recueil de « vérités éternelles, patrimoine des plus antiques nations », que le Christ et les apôtres ont rassemblées pour le plus grand bien de l'humanité[3]. Dès 1826, sur l'Église, il confie à son Journal : « Dieu n'y

1. Ibid., pp. 698-701. Tout ce chapitre, rejeté plus tard dans un « éclaircissement », est rétabli par Casanova dans sa version primitive de 1833.

2. Publié d'abord dans la *Rev. des deux mondes,* ce discours du 9.1.1834 a été reproduit par Michelet en appendice à la 3e éd. de l'*Introd. à l'h. univ.*, 1843 ; voir pages 252-254.

3. *Mon Journal* (1720-23), pp. 63 et 201. Cf. Cornuz, pp. 193-196. Il dira dans son Cours de 1840 : « Je suis catholique tout en réservant mon libre examen. »

est plus »[1]. Il hésite, il cherche. On peut lire en 1831, dans l'*Introduction à l'histoire universelle* :

> J'ai baisé de bon cœur la croix de bois qui s'élève au milieu du Colisée, vaincu par elle. De quelles étreintes la jeune foi chrétienne dut-elle la serrer, lorsqu'elle apparut dans cette enceinte entre les lions et les léopards ! Aujourd'hui encore, quel que soit l'avenir, cette croix chaque jour plus solitaire, n'est-elle pas pourtant l'unique asile de l'âme religieuse ? L'autel a perdu ses honneurs, l'humanité s'en éloigne peu à peu ; mais, je vous en prie, oh ! dites-le moi, si vous le savez, s'est-il élevé un autre autel[2] ?

Mais voici qu'en 1835, dans la préface qu'il rédige au dernier moment pour ses *Mémoires de Luther,* l'exposé se fait plus brutal : « A moitié de l'histoire romaine, j'ai rencontré le christianisme naissant. A moitié de l'histoire de France, je l'ai rencontré vieillissant et affaissé ; ici, je le retrouve encore. Quelque part que j'aille, il est devant moi, il barre ma route et m'empêche de passer. » Le ton n'est plus ici ni de regret ni de pitié : le christianisme est, sinon un ennemi, du moins un vieillard encombrant, qu'il faut bousculer. L'avenir n'apparaît plus comme l'épanouissement de l'âge chrétien, Michelet sait qu'il en sera la contradiction. Mais lisons la suite, d'un tout autre ton : « Toucher au christianisme ! ceux-là seuls n'hésiteraient point qui ne le connaissent pas... Pour moi, je me rappelle les nuits où je veillais une mère malade ; elle souffrait d'être immobile, elle demandait qu'on l'aidât à changer de place... Les mains filiales hésitaient ; comment remuer ses membres endoloris ?[3] »

En 1847, dans un article du *Correspondant,* Aurélien de Courson citera un passage analogue tiré du livre quatrième de l'*Histoire de France,* comme témoin de ce qu'était Michelet « avant que le rationalisme germanique et les passions révolutionnaires se fussent emparées complètement de son esprit »[4] :

---

1. *Mon Journal.* Cf. Monod, 1905, p. 92.

2. La même année, 6 août, dans une Note intime : « J'éprouve un abîme de vide en moi... Cela valait bien mieux quand le Dieu du christianisme planait et non pas la nature. Mon père, mon père, pourquoi m'avez-vous abandonné... L'éternel, voilà la patrie de l'homme. C'est à vous que je demanderai secours, mon noble pays ; il faut que vous nous teniez lieu du Dieu qui nous échappe, que vous remplissiez en nous l'incommensurable abîme que le christianisme éteint y a laissé... Ah ! puisse ce naufrage être recueilli par la cité ! La cité est notre asile. Et puisse-t-elle se transfigurer au ciel comme le fut la cité antique dans la céleste Jérusalem que le christianisme nous montrait là-haut. » Cité par Cornuz, p. 195.

3. *Mémoires de Luther,* pp. 7 et 8.

4. T. 18, 1847, pp. 384-385. « Histoires générales de la France ».

> ... Il faut que la trace du vieux monde passe, que nous voyions mourir tout ce que nous aimions, ce qui nous allaita tout petit, ce qui fut notre père et notre mère, ce qui nous chantait si doucement dans le berceau... En est-ce donc fait, hélas ! N'y aura-t-il pas miséricorde ? N'y a-t-il rien pour les religions après la mort ? Quand la chère et précieuse dépouille arrachée à nos mains tremblantes descend au cercueil, ne reste-t-il rien ? Ah ! je me fie, pour le christianisme et pour l'art chrétien, dans ce mot même que l'Église adresse à ses morts : « Qui croit en moi ne peut mourir ». Seigneur, le christianisme a cru, il a aimé, il a souffert ; en lui se sont rencontrés Dieu et l'homme. Il peut changer de vêtement, mais mourir, jamais. Il se transformera pour vivre encore. Il apparaîtra un matin aux yeux de ceux qui croient garder son tombeau et ressuscitera le troisième jour[1].

Du deuxième au troisième âge, une sorte de continuité paraît ainsi rétablie. On peut dire assurément que de l'un à l'autre des textes, ou de l'une à l'autre partie d'un même texte, le contraste est plutôt dans le sentiment que dans la pensée ; mais la pensée de Michelet n'est-elle pas largement tributaire de son sentiment ? De 1830 à 1842 environ, il cherche encore sa religion propre ; s'il condamne le christianisme, c'est comme « ayant fait son temps » plutôt que pour une malice intrinsèque. « Le temple devait s'élargir. L'humanité devait reconnaître le Christ en soi-même[2]. » Cependant, il est bien vrai que malgré de nombreux retours nostalgiques il s'achemine « d'une sympathie diffuse pour certains aspects du christianisme à une hostilité déclarée pour son essence »[3]. Après avoir été le libre interprète de Jésus, l'Esprit va de plus en plus devenir son antagoniste. A l'âge du Fils ou de la Parole doit s'opposer celui de l'Esprit ou de l'amour (en attendant une autre métamorphose). C'est ce que, bien avant Jean de Parme, avait compris Tertullien. C'est ce que commençait à réaliser, dès le début du treizième siècle, l'ordre franciscain, qui « se lança tête baissée dans

---

1. Ce texte est la finale du long et brillant morceau sur « la Passion comme principe d'art au moyen âge », rejeté en 1861 dans les « éclaircissements » et considérablement amputé. Déjà abrégé en 1852, il disparaît en 1861. Dès lors tout le morceau finit sur les lignes précédentes, qui tombent comme un couperet : « Ce monde condamné s'en ira avec le monde romain, le monde grec, le monde oriental. Il mettra sa dépouille à côté de leur dépouille. Dieu lui accorde tout au plus, comme à Ezéchias, un tour de cadran. 1833. » H.F., t. 1, pp. 610, 679, 724 ; cf. pp. 53-57. On peut lire aussi M. E. JOHNSON, *Michelet et le christianisme,* Nizet, 1955, p. 143 ; F. P. BOWMAN, *Michelet et les métamorphoses du Christ,* R. d'h. litt. de la France, sept.-oct. 1974, p. 824.

2. H.F., t. 1, p. 609 ; p. 610 : « Dieu n'est pas moins Dieu, pour s'être fait humanité... » Textes qui déjà nous renvoient bien loin du « déisme ».

3. GAULMIER, op. cit., p. 45.

l'amour de Dieu » et dont le « mysticisme ardent fut vivement accueilli par les femmes ». Et vers le même temps Amaury de Chartres et son disciple, David de Dinant, enseignaient « que tout chrétien est matériellement un membre du Christ, autrement dit, que Dieu est perpétuellement incarné dans le genre humain. Le fils a régné assez, disent-ils, règne maintenant le Saint-Esprit ! C'est sous quelque rapport, l'idée de Lessing »[1].

Ces docteurs audacieux qui, pour la plupart, professaient à Paris, donnent ainsi la main aux disciples « vagabonds » de François d'Assise. Les uns et les autres concouraient à renforcer un tout autre courant, celui-là rationaliste, antimystique, qui avait au siècle précédent trouvé son protagoniste dans Abélard. Ce « hardi jeune homme » relevait d'une noble lignée, jalonnée par les noms illustres d'Origène, d'Arius, de Pélage, de Jean Scot, de Gerbert et de Bérenger ; il devait avoir pour glorieux successeurs Arnaud de Brescia, Pic de la Mirandole, Giordano Bruno, Descartes et Voltaire. Bien plus, génie multiforme, il peut aussi passer, « sous un autre point de vue, pour le précurseur de l'école *humaine et sentimentale* qui s'est reproduite dans Fénelon et Rousseau... » Tous ces hommes forment « la chaîne des libres penseurs », qui aboutit à la Révolution. Tous ils annoncent, ils enfantent déjà « le libre esprit ». Admirons cette généalogie généreuse. Admirons encore tels superbes raccourcis : « Pélage vint après Arius, Abailard après Bérenger », ou : « Abailard, fils de Pélage, père de Descartes, et Breton comme eux »[2]. Mais comprenons aussi les exclamations du Baron d'Eckstein, rendant compte dans *l'Européen* des deux premiers volumes de l'*Histoire de France* : « De pareilles associations d'idées sont-elles permises ?.. M. Michelet ne connaît pas de bornes à l'audace de sa pensée en fait de combinaisons colossales... Il franchit toutes les bornes au grand galop de la pensée imaginative[3]. »

« Jamais l'esprit de Michelet ne fut plus en désarroi au point de vue philosophique que de 1830 à 1840. Très lentement, il arrivera, de 1840 à 1849, à se faire un credo personnel[4]. » Cependant, pour ce qui concerne l'essentiel de notre sujet, vers 1840 son évolution est depuis longtemps à peu près achevée, – mis à part un point d'histoire que

1. H.F., t. 1, pp. 498 et 552-554.

2. H.F. t. 1, pp. 311, 452-454, 457. Cf. p. 459-460, sur « le libre mysticisme » de Robert d'Arbrissel, « mouvement tout contraire » à celui d'Abélard.

3. *L'Européen*, févr., mars et août 1834 ; dans H.F., t. 1, pp. 762, 769, 836, 842. Citant d'autres exemples d'assimilations et d'oppositions arbitraires, il concluait : M. Michelet, « selon nous, a immensément lu, mais très peu étudié » (p. 843).

4. MONOD, 1905, p. 93.

nous aurons à préciser. C'est en cette année qu'il donne un cours sur la « ré-interprétation du moyen âge » et publie le tome cinquième de son *Histoire de France.* Sa nostalgie du catholicisme s'y exprime encore :

> Qui ne voit sans les envier ces fidèles qui sortent à flots de l'église, qui reviennent de la table divine rajeunis et renouvelés ?.. L'esprit reste ferme, mais l'âme est bien triste... Le croyant de l'avenir, qui n'en tient pas moins de cœur au passé, pose alors la plume et ferme le livre ; il ne peut s'empêcher de dire : Ah ! que ne suis-je avec eux, un des leurs, et le plus simple, le moindre de ces enfants[1] !

Le 5 août 1843, il confiera à son Journal ces mots de tendre adieu à l'Église, à « cette grande mère, d'autant plus aimée de moi que, longtemps, je l'aimai dans la liberté... Une larme encore, et puis je vous suis, ô Avenir !.. Adieu, Église ! Adieu, ma mère et ma fille ! Adieu, douces fontaines qui me fûtes si amères ! Tout ce que j'aimai et connus, je le quitte pour l'infini inconnu, pour la sombre profondeur, où je sens, sans le voir encore, le Dieu nouveau de l'avenir[2]. » Trois ans plus tard, dans la longue méditation qu'il met par écrit au lendemain de la mort de son père, le ton de la séparation se fera plus sec, plus âpre : « Déposons-le (le christianisme) à côté des religions disparues. Il a été un pas sans doute, un âge dans la vie religieuse. Ce qu'il gardait d'éléments barbares l'a fait disparaître à son tour. »

Ce qui demeure à travers les phases d'une évolution qu'il fallait sommairement rappeler[3] – détachement progressif non d'une pratique réelle et d'une foi qui n'existaient pas, mais d'un attrait pour le christianisme médiéval en même temps que pour les formes de la vie religieuse au sein du catholicisme, – c'est le schème joachimite. Il obsède l'imagination de Michelet. Il inspire et justifie à ses yeux son propre rêve d'avenir. Il s'impose à lui, débordant les cadres dans lesquels son premier auteur l'avait fixé.

En 1842, reprenant l'esquisse de 1833, Michelet consacre trois leçons au surgissement du Saint-Esprit dans la conscience chrétienne

1. P. 146, cf. M. E. Johnson, op. cit., pp. 70-71.

2. Cité par Gaulmier, pp. 60-61. Dans une lettre de 1862 à son gendre Dumesnil il écrira : « J'aimais le moyen âge ; c'est le dernier moment où je l'ai aimé, l'hiver de 1842-1843. Le cours est doré de cette lueur éteinte à jamais. » Cf. Paul Sirven, *Jules Michelet, lettres inédites,* 1841-1871, PUF, 1924, préface, p. 85. Et Johnson, p. 84. Sans suspecter le fond de sincérité, et même en se laissant émouvoir, on ne peut éviter l'impression qu'il arrive à Michelet de se complaire, jusque dans ses notes intimes, dans un pathétique un peu théâtral.

3. On en trouvera des analyses dans les ouvrages de Monod, Halévy, Johnson, Gaulmier, Bénichou et dans l'article cité de Bowman.

et à ses suites. L'âge antique, sous l'ancienne alliance, où le Père imposait « le travail de la Loi », était celui de l'esclavage et de la crainte. L'âge du Fils fut celui de la discipline et de la sagesse. Maintenant est venu le troisième âge, depuis longtemps annoncé. Il résulte d'une association qui s'est faite en plein Moyen Age entre une reviviscence de la pensée grecque antique et la tradition judéo-chrétienne ; il est le produit d'une victoire de la première sur la seconde. Au douzième siècle, « une lutte s'établit entre le Fils et le Saint-Esprit : le Fils représente la tradition, le Saint-Esprit la liberté, le mouvement et l'amour. Abailard et Héloïse, dans leur abbaye du Paraclet, plus tard Joachim de Flore dans son Évangile éternel, annonceront le règne de l'Esprit »[1]. Cette première leçon, dit Gabriel Monod, était « une déclaration de guerre au christianisme traditionnel, enfermé dans l'imitation stérile du Fils, et l'annonce d'une forme religieuse nouvelle où l'âme trouvera un renouvellement perpétuel » ; mais la déclaration de guerre était faite « sous une forme tellement mystique et lyrique, que sans doute le public n'en sentit pas la gravité ». La leçon suivante montrait dans le culte de la Vierge et l'évocation de la figure de saint Jean un essai de conciliation entre la fidélité au Christ et l'ouverture à l'Esprit ; effort avorté, car « le Moyen Age ne sut pas aimer assez ». Et la dernière leçon célébrait l'âge moderne, où la liberté, prenant pleine conscience d'elle-même, inaugure une réconciliation universelle.

A Joachim de Flore, Michelet associait étroitement les Vaudois, que l'Église a persécutés, et bien d'autres, dont les noms ne nous sont pas parvenus. Dans son cours de l'année suivante, il les invoque : « Vieux prophètes du Moyen Age, qui nous promettez l'Évangile éternel, venez à notre aide ! » Et en mai 1844, décrivant les fresques de la chapelle et de la tour du palais des papes à Avignon : « Quelle terrible condamnation de la monstrueuse Babel que là même se soit conservée, par ses peintures, l'inspiration de la nouvelle Église, de l'Évangile éternel[2] ! » D'année en année, le ton du professeur monte et s'échauffe. On se rappellera que c'est en 1843 que, « devenu furieux »[3], il fulmine son cours sur les jésuites et note dans son Journal que l'Église est « un sépulcre vide, que les jésuites ont sali »[4]. En 1844 il traite de Rome et

1. Remarquons le lien mis entre Abélard et Joachim, ainsi que la mention de l'abbaye du Paraclet. Nous y reviendrons plus loin. — Dans ce paragraphe nous empruntons, en le résumant, le résumé des trois leçons donné par MONOD, t. 2, pp. 77-78.

2. Textes dans MONOD, t. 2, pp. 156, 174, 178.

3. HEINE, 1er juin 1843, qui cite ces paroles publiques (« contre le clergé » ?) : « Pour vous chasser, nous avons renversé une dynastie, et s'il le faut, nous renverserons encore six dynasties pour vous chasser ! » *Lutèce*, éd. de 1866, p. 353.

4. *Journal*, « Ils vivent, depuis 200 ans, ... sur le Sacré-Cœur, sur un emblème, sur

de la France. En 1845 il publie son livre, remaniement d'un autre cours, *Du prêtre, de la femme et de la famille.* Ses collègues ont désavoué ses excès ; des efforts sont tentés en vain pour le modérer ; son enseignement n'est plus qu'une prédication véhémente. (Son cours sera suspendu le 2 janvier 1848.)

Gabriel Monod a sous-estimé la clairvoyance des auditeurs de Michelet qui l'entendaient louer le Saint-Esprit et l'Évangile éternel. Un critique peu bienveillant s'est plu à dénoncer en 1844, dans un pamphlet intitulé *Les Nouveaux Montanistes au Collège de France,* « ce pathos métaphysico-historique farci d'injures et de citations tronquées, qu'on ose appeler un *Cours d'histoire* ». Il en cite l'apostrophe suivante, d'après une sténographie : « Ne vous souvient-il donc plus, ô Église, des leçons qu'un de vos prophètes, Joachim de Flore, écouté avec respect des papes et des empereurs, dictait, l'an 1200, au pied de l'Etna ? Son disciple nous dit : Il dicta trois nuits et trois jours sans dormir, manger ni boire, moi j'écrivais..., et il était pâle comme la feuille des bois. Il y eut trois âges, etc. » Ce prophète mystérieux, poursuit André Jacoby, « posé d'une façon si dramatique au pied d'un volcan, ce fantôme de mélodrame..., cet Ezéchiel du treizième siècle..., on ne se douterait guère que, prédisant le règne du monachisme jusqu'à la consommation des siècles, y compris le dix-neuvième, (il) voyait tout bonnement « la lumière du monde moderne », la liberté du monopole et la victoire de l'Université sur les Jésuites[1]. »

Dès 1841, le cours sur la Renaissance avait chanté le triomphe de la vie sur les doctrines de mort. En 1843 l'introduction au volume qui reprenait ce cours était intégralement rédigée (le volume ne paraîtra qu'en 1855, et nous le citerons plus bas). Désormais Michelet répudie ouvertement son histoire du moyen âge, comme trop favorable à cette période obscurantiste. Naguère, dans la préface aux *Mémoires de Luther,* il avait avoué, tout en lui payant sa dette, que ses « sympathies les plus fortes » n'allaient pas de son côté ; « nous ne montrerons pas après tant d'autres, avait-il écrit, les plaies d'une Église où nous sommes nés et qui nous est chère. Pauvre vieille mère, reniée, battue par son fils, certes, ce n'est pas nous qui voudrions la blesser encore »[2].

---

un simple rébus. » MONOD, 1905, p. 127. Il va jusqu'à défendre la grâce contre leur libre arbitre, etc.

1. *Les Nouveaux Montanistes,* pp. 105-113. Jacoby cite encore ces mots contre les Jésuites : « C'est la liberté aujourd'hui... qui vient prier l'Église... de ne pas se laisser étouffer sous cette lourde chape de plomb. Les prophètes et nous, leurs enfants (sous forme diverse, n'importe), nous avons senti Dieu de même, comme le vivant et le libre esprit qui veut que le monde l'imite dans sa liberté... » Sur ce Jacoby, voir infra, ch. XV.

2. *Mémoires de Luther,* pp. XI-XII.

Il se reproche maintenant d'avoir trop hésité dans l'éloge du Réformateur et il déclare : « Il me fut alors salutaire de vivre avec ce grand cœur qui dit *non* au Moyen Age »[1]. Tout cela ne le fait pas renoncer à son mythe de l'Évangile éternel, mais se traduit par une opposition toujours plus accentuée du Fils et de l'Esprit et par la substitution radicale du second au premier[2]. « Combat éternel du Fils et du Saint-Esprit », notait-il dans son Journal le 3 mai 1842. Ce n'est même plus assez dire. Il faut que l'œuvre du Christ soit écrasée, qu'il n'en reste même plus une poignée de cendre, pour que l'Esprit seul triomphe. 5 juillet 1843 : « J'entre dans la Renaissance... Il était grand temps que je prisse nettement parti, contre le parti de la mort »[3]. Reprenons cette émouvante méditation de Michelet sur la mort de son père, le 21 novembre 1846 : « Le monde fera-t-il son chemin en *traduisant* le christianisme, comme je l'avais cru d'abord, ou bien en le détruisant, comme je le vois aujourd'hui ? Personne n'a fait plus de vœux que moi pour une transformation douce et régulière qui laisserait subsister ce que la forme a d'innocent. Erreur et faiblesse. La vie nouvelle est plus exigeante : il lui faut l'immolation, la mort de ce qui l'a précédée[4]. » Et le 5 juin 1849, faisant allusion à un sentiment qui naguère encore se réveillait en lui : « Il y a une douceur à fréquenter l'église, mais plus de douceur à bâtir une église, et c'est aujourd'hui ce que nous sommes tous appelés à faire. » Il ne veut plus penser que par oppositions tranchées, en termes de guerre et d'extermination. En 1833, dans le *Tableau de la France,* Lyon était « la ville aimable » : en 1853, elle est « la ville tragique » ; il y a vu les deux collines de Fourvière et de la Croix-Rousse comme « deux capitales de deux religions rivales »[5].

---

1. Les critiques adressées à Luther sont devenues autres : alors qu'il anéantit le libre arbitre, il prêche au peuple la soumission. Lui-même regrette d'avoir, dans son étude sur Luther, fait trop de place au facteur théologique ; il accentue le caractère plus allemand que luthérien de la Réforme... A Luther il préfère Rabelais ; mais Réforme et Renaissance ont collaboré à l'œuvre de destruction nécessaire. Cf. *Hist. de France,* t. 8, 1855, p. 306, etc.

2. Sur les changements de Michelet au sujet du Christ et de son œuvre, voir l'article cité de Bowman. L'auteur cite un texte de Seebacher qui rapproche avec ingéniosité mais, croyons-nous, assez arbitrairement la dernière position de Michelet des vues de Marx sur l'aliénation religieuse et de sa critique de Feuerbach. Loc. cit., pp. 850-851.

3. Cité par CORNUZ, p. 204.

4. « Détruire ? Entendons-nous bien sur ce mot. Rien ne se détruit. Tout reste en substance, moyennant transformation » ; mais sans doute faut-il que le christianisme « soit dévoré, absorbé, qu'il perde toute forme propre, qu'il retombe à l'état de substance inerte, pour être au grand musée nécrologique où dorment les religions disparues... » CORNUZ, p. 212.

5. Cf. GAULMIER, pp. 46, 68 et 82. CARRÉ, p. XXIV. La diversité des circonstances sociales peut être aussi pour quelque chose dans ces antithèses.

Cependant, à la Pentecôte de 1850, il a donné encore une nouvelle version abrégée de sa théorie des trois âges, pour l'instruction de sa petite Athénaïs ; il la consigne dans son Journal. Elle prend d'assez grandes libertés avec les versions précédentes. Remarquons que le rôle non seulement essentiel mais unique y revient à Abélard :

> J'enseignais à ma petite l'histoire du Saint-Esprit. L'Antiquité trouva le Père, la Grèce trouva le Fils ou Logos, le Christ trouva le Saint-Esprit. Abélard ayant trouvé que le Saint-Esprit, non le Fils, était l'amour, la légende du Fils-Amour devait s'écrouler[1].

En 1855, Michelet se décide à publier enfin le septième et le huitième volumes de l'*Histoire de France.* Il les ouvre par une longue introduction, à la fois « rétractation » et manifeste, dont la question de l'Évangile éternel constitue le noyau. Recueillons-y la nouvelle expression de sa pensée.

Dans le récit de 1833, l'annonciateur était Jean de Parme, en qui les fils de saint François prenaient conscience du message révolutionnaire impliqué dans la vie de leur fondateur. Sans doute, depuis dix siècles au moins, une imposante lignée, celle de tous « les héros de la pensée et de l'amour », des grands prophètes et des hérésiarques, préparait (on l'a vu plus haut) la grande révolution ; mais ses représentants, dont Abélard était alors le dernier, s'étaient abreuvés à d'autres sources. Fondation du rationalisme et avènement de l'esprit d'amour ne sont guère synonymes, pas plus qu'un mouvement mystique ne paraît apte à transformer la religion chrétienne pour en faire une philosophie[2]. Le « libre esprit » dont Michelet ne cessait de rêver risquait fort d'être double. Michelet lui-même en avait eu le soupçon. Il avait écrit en 1833, au moment d'annoncer l'entrée en scène de l'Évangile éternel : « La sèche logique (qui avait eu de si grands effets au temps d'Abailard) ne suffisait plus. » Dans la réédition de 1852, il a supprimé « sèche » ; premier pas, timide encore, pour récupérer un nom prestigieux en faveur du grand mouvement spirituel qui doit s'épanouir au treizième siècle. Il avait écrit encore que l'enseignement d'Abélard avait réalisé « les envahissements de la logique sur la religion, la

1. *Journal,* éd. Viallaneix, 1959, t. 2, p. 102. Lettre d'août 1854, citée par CORNUZ, p. 211 : « J'ai cru longtemps comme Alfred à la transformation. Depuis 1845, je crois à la nécessité d'une mort temporaire pour cette religion. » On remarquera ce mot : « temporaire ». Cf. la préface de 1855 : « Est-ce un si grand mal de mourir ? A ce prix, on renaît en ce qu'on eut de meilleur. » H.F., éd. de 1876, t. 9, p. II. (C'est cette édition que nous citerons pour le volume de 1855, qui était alors le t. 7).

2. H.F., t. 1, éd. Viallaneix, p. 668.

prosaïque victoire du raisonnement sur la foi »[1]. Maintenant il nous dit que « c'était plus qu'une science, c'était un esprit », que cet esprit était avant tout « de grande douceur, effort d'une logique humaine pour interpréter la sombre et dure théologie du moyen âge » et que « c'est par là très probablement qu'il enleva le monde, bien plus que par sa logique et sa théorie des universaux ». Naguère Abélard était avant tout le jeune professeur qui enthousiasme les étudiants et nargue les vieux maîtres, maintenant il devient aussi le prédicateur qui soulève les foules : « Si la foule... suivit si vivement la portée de la logique d'Abailard dans les plus obscures questions, c'est certainement parce qu'elle était très fortement avertie par son enseignement théologique bien plus populaire. Sous la forme rebutante du temps, cette théologie, éminemment humaine et douce, indique dans Abailard une vraie tendresse de cœur[2]. » Et notre historien de se reprocher de n'avoir pas su d'abord le reconnaître... D'où un autre retournement, plus spectaculaire. Abélard lui était apparu d'abord comme l'initiateur de la Scolastique : « On a cru étouffer Abailard, disait-il en 1833, mais il vit et parle dans son disciple Pierre le Lombard, qui, de Paris, régente toute la philosophie européenne[3]. » Il écrit en 1855 (ou déjà dix ans plus tôt), en évoquant les lendemains sinistres du « Connais-toi toi-même » d'Abélard et de « l'Évangile éternel » également étouffés : « c'est la florissante époque du Lombard où son manuel de sottise eut deux cents commentateurs[4] ». La contradiction est parfaite.

Entre temps, Michelet avait découvert Joachim, jusque là laissé dans l'ombre. Il lui fait sa juste place, cite longuement sa *Concorde,* le rapproche d'Abélard : « L'homme de l'an 1200... sait que le Saint-Esprit, c'est le libre esprit, l'âge de science[5]. » Jean de Parme (substitut de Gérard, qui reste toujours ignoré) n'est donc plus que le vulgarisateur de l'abbé de Flore ; il le dépasse seulement par la hardiesse et l'entêtement, car le pauvre Joachim, timide, s'excusait, il repoussait « bien loin l'idée d'Évangile éternel » alors même qu'en fait il la proclamait, et il offrait au pape le livre qui anéantissait la papauté[6]. Après être remonté dans sa recherche de Jean de Parme à Joachim de Flore, Michelet remonte

1. Ibid., p. 455.

2. 1855. T. 9, éd. de 1876, pp. 8 et 9.

3. H.F., éd. Viallaneix, t. 1, p. 498. (L. 4, c. 6).

4. H.F., t. 9, 1976, p. 46.

5. T. 9, pp. 63-64. Il cite *Concordia,* pp. 9, 20, 96, 112. On remarquera ce passage, où le Christ n'est pas nommé : « Au peuple juif a été commise la lettre de l'Ancien Testament ; au peuple romain, la lettre du Nouveau ; aux hommes spirituels a été réservée l'intelligence spirituelle qui procède de l'un et de l'autre. »

6. Op. cit., p. 65 : cf. p. 64.

maintenant à Abélard. Un mot l'a mis sur la piste : le Paraclet. Après l'échec et l'humiliation du concile de Soissons, persécuté de toutes parts, Abélard « se cacha dans un lieu désert... ; devenu pauvre, et n'ayant qu'un clerc avec lui, il se bâtit de roseaux une cabane, et un oratoire en l'honneur de la Trinité, qu'on l'accusait de nier. Il nomma cet ermitage le Consolateur, le Paraclet[1]. » Ainsi en 1833. Quoi de plus simple ? Mais en 1855, c'est une transfiguration : « Lorsque Abailard alla se cacher au désert, il y dressa l'autel nouveau du Paraclet, du Saint Esprit, de l'Esprit de science et d'amour... Son abbaye du Paraclet, fondée de l'aumône du peuple, fut la première et la dernière église qu'on éleva au Saint-Esprit... Et il enseigna que l'Esprit-Saint était identique à l'amour... Doctrine de grande portée moderne, qui ouvrait l'interprétation, voulait sauver l'ancienne foi en lui ménageant le progrès, de sorte qu'elle allât s'étendant à la mesure du nouveau monde[2]. »
du nouveau monde[2]. »

« On sait, poursuit-il, avec quelle fureur sauvage cette voix fut étouffée par ceux qui voulaient périr. » Mais Abélard fut relayé par d'autres novateurs — les Vaudois, Joachim, François d'Assise, Jean de Parme..., — que la papauté, croyant pouvoir jouer de l'intuition contre la raison, eut l'imprudence d'encourager dans leurs débuts, et qui se révélèrent plus destructeurs encore[3]. Ce fut alors une répression générale, et le triomphe des demi-rationnels et des demi-mystiques, c'est-à-dire de la sottise universelle. Trois siècles durant, ils retardèrent la Renaissance. Parmi les « demi-raisonneurs », Michelet fait maintenant un sort à Thomas d'Aquin, dont la manie de concilier Aristote avec l'Église n'indique pas un « cerveau bien sain » ; son œuvre devait être stérile : « le mulet n'engendre point »[4].

Le tome dix-septième et dernier de l'*Histoire de France* parut en 1867. Dans la Préface de 1869 à la réédition de toute l'œuvre,

---

1. H.F., t. 1, p. 456.

2. T. 9, p. 61. Entre les deux dates, il aura eu le temps d'oublier l'*Historia calamitatum.*

3. T. 9, p. 37. « Rome épouvantée aperçut tout ce qu'elle avait à craindre de ces terribles amis qui voulaient la rajeunir mais en la mettant dissoute dans le chaudron de Médée... ».

4. T. 9, pp. 34 et 40. Cf. p. 119-120 : « ... de la philosophie proscrite naquit l'infinie légion des ergoteurs... De la religion étouffée naquit le monde béat des mystiques raisonnables, l'art de délirer sagement. » Pp. 37-38 : Les premiers « allaient gauchement, avec des entraves aux jambes, tristes quadrupèdes qui marchaient pourtant quelque peu » ; les seconds « étaient des animaux ailés ; ils donnaient l'étonnant spectacle de volatiles étendant par moments de petites ailes, liées, bridées, les yeux bandés, sautant au ciel jusqu'à un pied de terre, et retombant sur le nez, prenant incessamment l'essor pour rasseoir leur vol d'oisons dans la basse-cour orthodoxe et dans le fumier natal. » — Pauvre grand Michelet !

Michelet, dissertant sur la méthode historique, dit à propos de ses débuts : « J'étais artiste et écrivain alors, bien plus qu'historien. Il y paraît aux deux premiers volumes... Le cri de la Raison par Abailard, l'immense mouvement de 1200, si cruellement étouffé, y sont trop peu sentis[1]. » Nous serions tentés de penser qu'au contraire, muni de documents plus nombreux, il est pourtant devenu, du moins en ce qui nous occupe, moins historien encore. Lui-même a parlé de « (sa) violente imagination ». Celle-ci n'a fait que croître, de pair avec sa frénésie. C'est à son cours de 1842, à son livre tardif de 1855 que nous devons, sinon la création totale, du moins l'ampleur d'un certain mythe d'Abélard, qui traîne encore dans quelques publications de nos jours et qui fait voir en ce grand homme un précurseur, voire le précurseur par excellence de Joachim de Flore[2]. Henri Heine, s'abandonnant à sa veine caricaturale, l'a qualifié d'« historien somnambule »[3]. Dans le cas présent, l'épithète ne nous paraît pas forcée. Il paraît qu'au Quartier latin on avait coutume de l'appeler « Monsieur Symbole ». M. Paul Viallaneix, dont la compétence est hors pair, nous assure qu'à partir du troisième volume Monsieur Symbole s'assagit, il cesse « d'imposer à tout propos et hors de propos les postulats de sa philosophie de l'histoire »[4]. Mais le naturel revient parfois au galop, et il faut admettre des exceptions. S'il est vrai, comme l'écrivait André Cochut en 1842[3], que « la transformation des individus en mythes et des faits en symboles, l'audacieuse interprétation, les vagues généralités, sont autant d'habitudes contractées à l'école de Vico », alors on doit admettre que ces habitudes s'étaient implantées dans un terrain propice[5]. Le second portrait que Michelet a tracé d'Abélard nous offre un exemple de la faculté qu'il avait d'oublier ou de transformer ce qu'il est possible de connaître d'un personnage historique — ce qu'il en avait dit lui-même — pour lui conférer une portée symbolique immense.

De ce mythe d'Abélard, dans quelle mesure est-il l'auteur ? Il dit dans son introduction en 1855 : « MM. Cousin et Rémusat, dans leurs beaux travaux, M. Hauréau, dans son résumé, ferme, net et si lumineux, n'ont pu malheureusement, gênés qu'ils étaient par leur cadre, prendre l'homme par ses deux côtés[6]. » C'est-à-dire qu'ils n'ont pas su

1. H.F., éd. Viallaneix, t. 1, p. 16.

2. Et par là, finalement, de la Renaissance. Les bras du mythe sont larges. Du siècle d'Abélard, « dont il a dit si bien la sève et la fécondité, il fera sortir, un jour, dans son zèle de néophyte, l'ère véritable de la Renaissance. » Lucien FEBVRE, *Comment Jules Michelet inventa la Renaissance*, dans *Pour une histoire à part entière*, 1962, p. 727.

3. 1er juin 1843. Dans *Lutèce*, éd. de 1866, p. 346.

4. H.F., t. 2, 1975, p. 25.

5. *Rev. des deux mondes*, 15 janvier 1842 ; dans H.F., t. 2, p. 696.

6. *Hist. de France*, éd. de 1876, t. 9, p. 8.

voir en lui le prophète du Paraclet. En revendiquant de la sorte une (peu enviable) priorité, Michelet nous semble avoir raison. Ni dans sa longue et savante introduction de 1836 aux *Ouvrages inédits d'Abélard,* ni par la suite, Cousin n'est en rien responsable du mythe. Pas davantage Louis Bautain, sévère pour « le rationaliste Abailard », imbu « d'un esprit tout aristotélique », l'un des fondateurs de la « méthode scolastique », précurseur du Lombard qui sera précisément la cible de Joachim de Flore[1]. En 1850, B. Hauréau parle d'Abélard comme du « plus fidèle disciple d'Aristote » de son siècle et, tout en admirant en lui « un de ces hommes rares, un de ces heureux génies dans lesquels tout un passé se résume, dans lesquels se révèle un long avenir, apôtres qui traînent à leur suite une grande foule », il lui reproche son goût « pour les arguments sophistiques » et les facilités qu'il se donne pour « réduire à l'absurde les thèses opposées aux siennes ». Aucune allusion à un prophétisme quelconque du troisième âge : le « fanatisme » de saint Bernard n'a combattu dans « le péripatéticien du Palet » que « la droite raison »[2]. Cependant, en 1842, dans la *Revue indépendante,* Henri Martin évoque « le sens du progrès, si puissant chez Abélard, qui le personnifiait dans l'action du Saint-Esprit »[3] : ne serait-ce pas un écho, atténué, assagi, de ce que disait cette année même le cours du Collège de France sur l'autel du Paraclet dressé pour la naissance du nouveau monde ? En 1846, Charles de Rémusat sera beaucoup plus explicite ; il attachera la plus grande importance au fait que la chapelle érigée pour le monastère d'Héloïse fut dédiée au Paraclet : nom symbolique, voulu tel par Abélard, non pas simplement parce que l'auteur de l'*Historia calamitatum* avait recours à l'Esprit consolateur, mais parce que la nouvelle fondation serait le lieu où soufflerait l'esprit nouveau, en contraste avec l'abbaye de Clairvaux, peu éloignée, où régnait la mentalité la plus rétrograde, et d'où les cisterciens, « jésuites austères et altiers », espionnaient jalousement Héloïse et ses moniales[4]. Malgré le double symbole du Paraclet et des jésuites, dont on peut deviner l'origine, le romantisme de Rémusat n'a pas l'ampleur mythique de celui de Michelet.

---

1. *Philosophie du christianisme,* 1835, t. 2, pp. 111-113 et 124. Cf. p. 121, note : « Gautier le Prieur et l'abbé Joachim parvinrent à faire ajouter au Livre des Sentences un index de celles qui étaient condamnées : Articuli in quibus magister sententiarum communiter non tenetur. »

2. *De la philosophie scolastique,* t. 1, pp. 263, 266, 267-286.

3. T. 3, p. 231 : « Du rôle de la France dans la philosophie du moyen-âge. »

4. *Abélard,* t. 1, 1846, pp. IV-X et 109-131. « Ce livre est très sérieux, annonçait l'auteur ; nous sommes rentrés dans la nuit du moyen âge, pour y marcher le flambeau à la main » ; et encore : « Je conçus le projet d'opposer l'histoire au roman » : Rémusat voulait par là renier un opuscule romancé sur Abélard qu'il avait commis dans sa jeunesse.

Cette ampleur, nous ne l'avons pas encore mesurée. Elle englobe en un seul tout Abélard, Amaury de Bêne, Joachim, leurs précurseurs et leurs disciples, pour y voir la source et de la science, et de la philosophie, et de l'émancipation, et de toute modernité. L'Église du Paraclet, c'est le Collège de France anticipé. La montagne Sainte-Geneviève, où retentit la voix d'Abélard, « est à deux pas des caveaux du Panthéon, où reposent Voltaire et Rousseau ». « Qu'il l'ait su ou ne l'ait pas su », Michel-Ange fut guidé par la même vision que Jean de Parme ; le « maître immédiat » du prodigieux artiste qui peignit les Sibylles et les prophètes au plafond de la Sixtine, « c'est le douzième siècle et la vision de Joachim de Flore, que Savonarole n'osait lire ». L'impuissance de Savonarole fut de croire que la grande révolution religieuse « se ferait dans l'enceinte de l'idée chrétienne, de la contenir dans la mesure du Christ, qu'elle dépassait de toutes parts, comme l'avaient senti Joachim de Florès et les voyants du treizième siècle »[1]. Pas d'illusion plus grave : l'esprit d'Abélard et de Joachim fut « l'alpha de la Renaissance, il circula dès lors comme un Évangile éternel », et c'est « un amour impétueux » qui a fait « ce miracle, *contraire à l'Évangile* » du Christ[2]. Idéal de la Renaissance, idéal de notre temps. Michelet, on le sait, le fait sien :

> ... Règne du libre esprit, âge de raison et d'enfance à la fois ! Doctrine attendrissante qui embarque le genre humain dans ce vaisseau d'amis où Dante aurait désiré voguer pour toujours, où nous-mêmes demandons à Dieu de naviguer de monde en monde[3] !

On remarquera au passage cette nouvelle allusion à la métempsycose, telle que Michelet se la représentait volontiers, telle aussi qu'il pensait la trouver dans les religions indiennes[4]. Comme chez George Sand, l'idée fait chez lui bon ménage avec celle d'une progression trinaire dans l'histoire de notre humanité.

A la lecture de *la Renaissance,* des contemporains se cabrèrent, comme déjà Aurélien de Courson en 1847. Comment cet écrivain qui « avait entrepris... une sorte de promenade cahoteuse à travers nos

---

1. *H. de France,* éd. de 1876, t. 9, pp. 8, 9, 143, 326. Savonarole « se défend, dans ses interrogatoires, d'avoir lu ou goûté les prophéties d'Évangile éternel qui s'efforçaient d'agrandir et de renouveler le dogme. » (P. 143).

2. Ibid., p. 10, et préface à l'édition de 1869. C'est nous qui soulignons.

3. Ed. de 1876, t. 9, p. 64.

4. Voir infra. Cf. H. de LUBAC, *La rencontre du bouddhisme et de l'Occident.* Aubier, 1953, pp. 163-165.

annales » et qui en avait rapporté six volumes où notre « passé tout entier était jugé avec émotion, impartialité et bienveillance », avait-il pu laisser son cheval faire « tout à coup un écart... et enfiler du même galop irrégulier la route directement contraire à celle qu'il avait suivie jusque là » ? « Défendons M. Michelet d'hier contre M. Michelet d'aujourd'hui », concluait Albert de Broglie dans un article du *Correspondant,* « défendons l'histoire contre le pamphlet[1]. » L'alerte était un peu tardive. Albert de Broglie n'avait pas remarqué que le tournant s'opérait au Collège de France depuis une quinzaine d'années ; ni que l'auteur de l'*Histoire de France,* tout en jugeant d'abord avec « bienveillance » les siècles moyenâgeux, avait fait sien dès 1833 le mythe de l'Évangile éternel, qui était un adieu au passé chrétien. Depuis lors, à travers le moyen âge, c'est le christianisme qu'il avait considéré comme « *son* ennemi »[2], et il ne s'en était pas caché. Ses changements successifs n'avaient d'ailleurs été que dans les nuances des sentiments et dans quelques explications historiques.

Il y a lieu de remarquer toutefois que l'antithèse fondamentale de Michelet, partout présente en son œuvre, celle qui constitue le ressort de sa philosophie de l'histoire[3], ne s'exprime pas toujours dans les mêmes termes, ni même dans des termes équivalents. Michelet fut d'abord surtout le chantre de la liberté, « principe héroïque du monde », qui se conquiert peu à peu sur l'empire de la fatalité. Dès la première page de l'*Introduction à l'histoire universelle,* en symbiose avec la conception évolutive de l'histoire, une conception agonistique de la réalité montrait cette liberté, sœur de la justice, en lutte avec les pouvoirs, serviteurs « du dieu-nature de fatalité » ; longtemps maudite sous le nom de Satan, c'est elle, cette liberté, principe critique et négatif, qui, commençant « par l'orgueil de la force la révolte du genre humain », avait poursuivi son œuvre « par l'orgueil du raisonnement individuel, par le génie dialectique »[4], en attendant d'annoncer son triomphe par les voix de la mystique et de la prophétie. Michelet l'exaltait contre les systèmes fatalistes tels que « l'attraction » saint-simonienne et contre les régimes autoritaires. De plus en plus, dans le

1. « De la civilisation au XVIe siècle et des derniers ouvrages de M. Michelet », 1858 ; dans *Questions de religion et d'histoire.* 1860, t. 1, pp. 122-126 et 141.

2. En 1859, dans *La Femme,* il écrira contre Lamartine, avec qui il avait eu des rapports d'amitié : « Arrière Jocelyn et tout ce qui poétise le mauvais mélange de l'ancien et du nouveau monde. » Cité par CORNUZ, p. 291.

3. Sainte-Beuve lui écrivait en 1831 : « Vous ferais-je quelque chicane sur l'extension que vous avez donnée à l'idée de la lutte de la liberté contre la fatalité ? Est-ce là, en effet, le mot de l'énigme de toute la philosophie de l'histoire ? et, dans tous les cas, cette explication se contente-t-elle d'une expression aussi générale ? » Dans CARRÉ, pp. 77-78.

4. *Introd.*[3], 1843, pp. 9-10, 40-41, 90-91.

rapport de l'homme à Dieu, il en vint à opposer le principe de la liberté humaine au « fatalisme mystique » dont il faisait de saint Augustin le fondateur et de Luther le sombre héraut moderne, heureusement contredit par Érasme dans « son formidable *De libero arbitrio* »[1] ; puis, en généralisant, il attaqua le « fatalisme chrétien » de la grâce[2], jusqu'à mettre la divinité dans le « libre esprit » de l'homme. Parallèlement, il a voulu décrire « l'éternel combat de la grâce et de la loi »[3], mais c'était d'abord pour montrer dans la loi le principe d'un âge transitoire : au treizième siècle, dans le conflit entre l'Université légaliste et les nouveaux ordres mendiants, « la grâce prévalant sur la loi, il se fit sensiblement une grande révolution religieuse... ; l'ordre de saint François... se lança tête baissée dans l'amour de Dieu, il s'écria, comme plus tard Luther : Périsse la loi, vive la grâce ![4] ». Car c'était alors dans la loi pesant sur l'homme que Michelet voyait l'ennemi de la liberté[5]. Mais ensuite l'accent sera mis davantage sur la justice, en laquelle consistera le règne de l'Esprit. Quand il avait trouvé le mot dans Tertullien, il l'avait rejeté, pour adopter celui de Joachim de Flore, qui saluait dans la maturité spirituelle le retour à l'état d'enfance : « Oh ! sublime parole ! La sainte enfance héroïque du cœur ! C'est par elle, en effet, que toute vie recommence ! » Cependant, la justice va prendre définitivement le dessus contre « l'arbitraire de la grâce ». Déjà l'historien décelait en 1831 l'instant où « le charme » chrétien avait dû se rompre, lorsque « du peuple » s'était « levé un homme noir, un légiste, contre l'aube du prêtre », pour

1. H.F., éd. Viallaneix, t. 1, pp. 171 et 699 ; cf. t. 2, p. 34. *Mémoires de Luther* ; éd. déf., Flammarion, pp. 4-7 et 52-55. Luther, en 1519, « semblait prêt à parcourir tous les degrés de la doctrine de l'amour, sans s'effrayer des conséquences funestes qui en découlaient pour la liberté et la moralité de l'homme. » « Son triste livre *De servo arbitrio...* » Cependant « il n'est pas inexact de dire que Luther a été le restaurateur de la liberté », car s'il l'a niée en principe, il l'a fondée en pratique » ; il « remit en marche l'esprit humain à l'instant même où il croyait le reposer sur l'oreiller de la grâce. »

2. *L'héroïsme de l'esprit ;* dans H.F., éd. Viallaneix, t. 1, p. 39.

3. H.F., éd. V., t. 1, pp. 587 et 696 ; cf. p. 39.

4. Ibid., p. 552 (H.F., l. 4, c. 8). Reprenant les termes de Michelet, DARGAUD lui écrit le 15 février 1834, pour l'engager à suivre sa voie sans tenir compte des critiques qu'on lui adresse : « Dites donc, mon cher ami, dites donc hardiment, comme Luther : « Meure la loi, vive la grâce ! », c'est-à-dire : Meure la critique ! Vive l'inspiration ! » H.F., t. 1, dans l'introduction de Viallaneix, p. 105.

5. En 1862, dans *la Sorcière,* sorte de rétractation implicite de cette position. C'est à propos de la fête de l'âne (symbole du peuple) au moyen âge : « Amené par Balaam, il entre solennellement entre la Sibylle et Virgile... S'il regimba jadis contre Balaam, c'est qu'il voyait devant lui le glaive de l'ancienne loi. Mais ici la Loi est finie, et le monde de la Grâce semble s'ouvrir à deux battants pour les moindres, pour les simples. Le peuple innocemment le croit... » Flammarion, p. 351.

opposer « le droit au droit »[1]. Plus nettement, en 1844, il entend le théologien, représentant du passé, dire : « La grâce du Christ nous tient lieu de justice et sauve qui elle veut ; quelques-uns sont prédestinés au salut, le grand nombre à la damnation », tandis que l'autorité montante, le juriste ou le philosophe, lui réplique : « nous sommes payés selon nos œuvres, selon la justice »[2]. Il veut dissiper « l'équivoque mortelle » entre « l'injuste Dieu » qui sauve « ceux qu'il préfère, ces favoris de la grâce » et « le Dieu de justice, le Dieu de la Révolution ». Dans son antichristianisme devenu fanatique, il ne pourra plus discerner que lui-même s'est installé dans un double arbitraire : et en se forgeant une idée caricaturale de la doctrine catholique, et en calquant, par un applatissement du religieux sur le politique, le rapport de l'homme à Dieu sur l'ordre temporel qui régit les sociétés. En 1854, il écrit à Victor Hugo : « Votre Jésus n'est pas le mien, ... vous donnez à la grâce, à l'amour arbitraire des élus et des favoris, de produire la justice, ce grand amour impartial. Elle ne le peut pas et ne le pourra pas de toute éternité »[3]. Et dans une note du 15 mars 1869, préparant sa nouvelle préface à l'*Histoire de France,* voici que, inversant les rôles que tenaient les personnes divines dans la théorie joachimite, il écrit avec une sorte de fureur : « Jésus tue le Saint-Esprit »[4].

Ce n'est donc plus seulement le moyen âge, ni le christianisme moderne que Michelet réprouve : c'est la foi chrétienne, dès son premier jaillissement. « Les premiers chrétiens, dans l'ensemble et dans le détail, dans le passé, dans l'avenir, maudissent la Nature elle-même. Ils la condamnent tout entière... Dieux anciens, entrez au sépulcre. Dieux de l'amour, de la vie, de la lumière, éteignez-vous ! Prenez la capuche du moine... » Mais non ! « La Nature enterrée revient, non plus furtivement, mais maîtresse de maison... L'Anti-Nature pâlit et le jour n'est pas loin où son heureuse éclipse fera pour le monde une aurore »[5]. « La grande révolution des sorcières », à laquelle est dû l'enfantement des sciences modernes, a préparé son retour. Voici qu'advient enfin le règne du libre Esprit, voici l'Église nouvelle, « antichrétienne »[6] ! « Un monde d'humanité commence, de sympathie universelle. L'homme est enfin le frère du monde... »[7].

---

1. *Introd. à l'hist. universelle.*
2. Cité par Cornuz, p. 207 et 253.
3. 17 avril 1854 ; dans Carré, pp. 65-66.
4. *Journal.* Dans H.F., t. 1, p. 9.
5. *La Sorcière,* 1962. Ed. déf., Flammarion, pp. 338-346 et 677.
6. Note de 1862, citée par Johnson, p. 230.
7. *H. de France,* t. 7, 1855 ; éd. de 1876, t. 9, p. 400, cf. p. 399, sur Léonard de

Est-ce si sûr ? Dans son imagination enfiévrée, Michelet croit voir et toucher le but. Mais bientôt il se reprend : « Oh ! une Église de Dieu, qui me donnerait de la voir ! Le monde moderne y va lentement. Tout au moins la grande et prochaine révolution qui arrive nous permettra certainement d'en poser la première pierre, qui est la justice[1]. » En 1869, nouvelle timide expression d'un espoir trop volontaire : « La religion va commencer, je l'espère, – jusqu'ici je ne la vois pas – à peine des lueurs[2]... » Ce qui survient, c'est la catastrophe, c'est 1870. Au lendemain de la guerre, l'historien vieillissant se souvient alors de Vico. Dans le premier volume de son *Histoire du dix-neuvième siècle* (1872), il ne songe plus à lui reprocher de n'avoir pas dit que « les cercles vont toujours s'agrandissant » ; il lui reprocherait plutôt le contraire. Le déroulement du siècle lui paraît se faire en sens inverse de ce qui avait été longtemps son rêve éveillé : « Que vois-je au fond ? horreur : trois millions de morts pour commencer, de plus, 1815, 1870... Cette histoire toute matérielle pourrait se dire en trois mots : Socialisme[3], Militarisme et Industrialisme, trois choses qui s'engendrent et s'entredétruisent l'une l'autre... La concentration des sciences... amènera-t-elle à l'idée-mère d'où viendra l'univers nouveau ? Il n'y paraît pas jusqu'ici[4]. » L'homme devient majeur, et cependant l'usine et la caserne ramènent la fatalité. Une dernière parole d'espoir aveugle ne remédie point à la tristesse du grand rêve éteint.

Ce grand rêve, au temps même de son paroxysme, Michelet en avait une fois repris l'expression, pour une heure, en un langage modéré, le langage évolutif. C'était à l'adresse de ses amis polonais, dont il savait les sentiments chrétiens :

> Je ne vous demande pas de renier vos croyances, Polonais, je le sais, vous êtes fidèles, vous ne sûtes jamais déserter. Cette foi, je ne vous demande pas de l'abjurer, mais de la comprendre, de l'étendre et de l'agrandir[5]. Vous avez longtemps, comme tous les

Vinci, « qui vit le premier la grande pensée moderne : l'universelle parenté de la Nature. »

1. *La Pologne martyr* (sic), 1863.

2. A Charles Alexandre, 20 déc. 1863.

3. Michelet, après juillet 1830, était resté aussi éloigné de l'agitation socialiste que de la satisfaction bourgeoise des doctrinaires ou des libéraux au pouvoir. Après 1848, Augustin Thierry lui écrivait : « Vos admirables pages sur les apôtres de la fraternité par la violence... sont des victoires pour la cause de l'ordre et de la liberté. » Le 10.12.48 ; dans Carré, p. 34.

4. Ce passage est cité et commenté par Halévy, pp. 183-187.

5. On le croirait revenu au temps de l'*Introduction*, quand il expliquait que « la destinée de l'homme fut d'aller par la liberté de la foi à la science », en citant ces mots « d'une admirable profondeur » de « saint Clément d'Alexandrie » : « La science est la

> enfants, répété des mots ; hommes par l'âge et la douleur, il est temps d'aller à l'idée. Le Dieu qu'on vous mit sur l'autel dans telle image de pierre, sentez-le donc maintenant dans le genre humain, dans son image de chair. La religion du monde n'est plus la foi égoïste, qui fait son salut à part et va solitaire au ciel. C'est le salut de tous par tous, la fraternelle adoption de l'humanité par l'humanité. Plus d'incarnation individuelle, Dieu dans tous et tous Messies[1] !

Cette exhortation de ton protecteur datait de 1849 et 1851 ; elle figurait dans l'étude sur *Kosciuszko,* qui fut rééditée en 1854 dans les *Légendes démocratiques du Nord.* A la suite d'un nouveau soulèvement polonais qui fut étouffé en 1862, Michelet réimprima son ouvrage, sous le nouveau titre de *La Pologne martyr* (sic), en 1863. Or, à l'heure même où il lançait ainsi pour la troisième fois son appel, il rédigeait fiévreusement sa *Bible de l'humanité,* l'ouvrage le plus éloigné qui soit de toute vue chrétienne, même « comprise, étendue, agrandie », même transformée par le temps en son contraire ; l'ouvrage enfin qui constituait le reniement total de son « joachimisme ». Il venait de lire la *Vie de Jésus.* Il en avait été choqué. Ce fut pour lui l'occasion de « réaliser un vieux projet »[2]. La conception de Renan était à ses yeux étroite et fausse : étroite, parce qu'elle limitait son horizon à l'histoire judéo-chrétienne ; fausse, parce qu'elle privilégiait cette histoire. Voulut-il seulement lui opposer une vue plus large, vraiment universelle ? Sa Bible est-elle une sorte d'œuvre syncrétiste ? cherche-t-elle à montrer la part qui revient à chacune des grandes religions dans la lente et pénible formation d'un « humanisme intégral » ? veut-elle répandre « une nouvelle foi, plus large, plus « catholique »[3] ? C'est là une opinion assez répandue. « Sa Bible, a écrit par exemple Mme Mary-Elisabeth Johnson, est une grande tentative de synthèse, de conciliation des religions »[4] ; M. Pierre Moreau la comprend aussi,

---

démonstration de la foi ». 3e éd., 1843, p. 232. Mais s'aperçoit-il maintenant, alors qu'il se veut conciliant et persuasif, et du mépris blessant qui s'étale en un tel langage, et de la caricature absurde qu'il fait de la foi chrétienne ? S'il a lu le texte, qu'en put penser Mickiewicz ?

1. *La Pologne martyr,* Paris-Bruxelles, 1863, p. 129, cf. dans l'éd. définitive (Flammarion) le volume qui contient les *Légendes démocratiques du Nord* et *La Sorcière,* p. 117 : *Kosciuszko,* XIV. Déjà *Pologne et Russie,* 1850, p. 140.

2. Cf. CORNUZ, p. 215 : En juin 1848 il méditait « d'écrire une *Bible du Peuple* qui devait être précédée d'une histoire des religions ». C'est Leroux qui aurait inventé ce titre de Bible de l'Humanité ; dans un article de 1831 : LACASSAGNE, dans *Romantisme et religion,* pp. 278-279.

3. Op. cit., p. 34.

4. Op. cit., p. 210.

sans doute d'après des velléités antérieures de Michelet, comme « une Bible où chaque grand peuple écrit son verset ; que vienne bientôt l'avenir qui assemblera ces versets, la religion du genre humain deviendra un seul peuple[1]. » Pareille interprétation pourrait sembler accréditée par une phrase du Journal : « Les petites ruines du monde méditerranéen ne suffisent plus au besoin qu'éprouve mon cœur dévasté[2]. » Il est possible aussi que, bien à l'avance, telle ait été quelque temps son intention[3]. Mais la réalité est tout autre. La Bible de l'humanité est un ouvrage manichéen. Aux peuples du crépuscule et de la nuit elle oppose les peuples de la lumière : ceux-ci viennent de l'Inde, de la Perse et de la Grèce ; ceux-là, de l'Égypte, de la Syrie, de la Judée. D'un côté, l'arbitraire du Dieu d'Israël, la loterie de la grâce, la stérilité, la fatalité, la haine de la création, Dieu mis hors de la nature, la domination du caprice féminin, les lamentations du Juif, « cris sinistres d'oiseau de nuit », ou « *planctus* d'un cœur qui dans la pénitence se sent plus impur encore »[4]. De l'autre, la Parole d'Ormuzd, lumineuse et féconde : « De l'Inde jusqu'à 89 descend un torrent de lumière, le fleuve de Droit et de Raison... La Justice n'est pas l'enfant trouvé d'hier, ... elle peut dire : J'ai germé dans l'aurore, aux lueurs des Vedas. Au matin de la Perse, j'étais l'énergie pure dans l'héroïsme du travail. Je fus le génie grec... »[5]. La conclusion est claire : on veut une fraternité universelle, mais on en méconnaît la condition ; « si le foyer doit être étendu, c'est d'abord en y faisant asseoir... la grande Église de Justice ; ... soyons nets, purs des vieux mélanges. Ne pas boîter d'un monde à l'autre »[6]. Et comme si ce n'était pas assez clair, l'auteur de la *Bible* rédige une Note ainsi conçue : « Il faut dire aussi nettement ce que ne contient ni ma préface, ni ma conclusion :

1. *Dict. des Lettres françaises,* XIXe siècle. T. 2, éd. de 1972, Fayard, p. 157. De même CORNUZ, loc. cit., sur le premier projet, vieux de quinze ans.

2. Cité par Raymond SCHWAB, *La renaissance orientale,* 1950, p. 415. Cf. *Bible de l'humanité,* éd. définitive, Flammarion, pp. 286-287 : « La Bible des Juifs... a caché le monde. »

3. Il écrivait le 21.1.1849 à Athénaïs Mialaret : « Je te fais, ô ma fiancée, un merveilleux bouquet de fleurs... Demain je brise les barrières qui séparent les religions. » Cf. SCHWAB, p. 420.

4. *Bible de l'humanité,* pp. 293-305. « Tout le progrès des Juifs aboutit à une stérilité profonde » (p. 303). Cependant il admire les prophètes martyrs (p. 295).

5. Pour mieux montrer que toute liberté vient par la Grèce, il déclare qu'« il n'y a pas de fatalisme dans le théâtre d'Eschyle » (p. 265). «Après la Grèce, dans la *Bible* de Michelet, il n'y a rien. Ainsi pensaient, remarque HALÉVY, p. 164, en ce temps-là, ces jeunes écrivains qui admiraient Michelet, que Michelet appréciait, recherchait, écoutait » (Leconte de Lisle, Hénard, Schuré, Flaubert, Paul de S. Victor, les Goncourt...).

6. Op. cit., passim et conclusion, pp. 386-387.

Le christianisme ne contient
ni la tendresse de l'Inde
ni le travail qui est la Perse
ni la puissance qui est la Grèce
ni surtout ce qui est des trois : le sens du juste[1].

Ainsi sont condamnés, jusqu'à leurs plus lointaines racines, Israël et la foi chrétienne. Ainsi Michelet, sur le tard, se condamne-t-il lui-même en sa première œuvre. On lisait dans l'*Introduction à l'histoire universelle,* qui parut en avril 1831, trois mois avant l'*Histoire romaine* : « Dans l'Inde, l'homme est courbé, prosterné sous la toute-puissance de la nature... En Perse, l'homme cherche l'oubli de soi dans l'ivresse... la liberté humaine ne s'est point reposée avant d'avoir atteint dans sa fuite les montagnes de la Judée... Le christianisme a constitué l'homme moral..., il délivra l'homme en brisant les idoles... Le monde moral eut son Verbe dans le christianisme, fils de la Judée et de la Grèce...[2] » On pense au « nez de cire » des vieux scolastiques. Sous les doigts experts de Michelet, ou plutôt par l'effet de son somnambulisme passionné, l'histoire est pliable à toutes fins[3].

Surpris par cette riposte d'un homme qu'il avait admiré, Renan dit à son ami Berthelot : « Je le crois incapable de voir autre chose que ce qu'il imagine »[4]. Incapable aussi de laisser contrôler ses passions par un peu de raison[5]. Incapable, disons-le pour son excuse, d'imaginer jusqu'où ses sombres imaginations pourraient conduire certains de ses lecteurs. M. Cornuz observe avec indulgence qu'« il n'est jamais raciste »[6] ; il est toutefois difficile de ne pas voir quelque chose d'analogue au racisme dans ce partage du genre humain, comme d'un poème, entre deux séries de versets : la première, celle de la « lumière », du « crescendo ascendant d'énergie », avec « l'Inde védique, la Perse, la Grèce », la seconde, avec le « monde sémitique » prolongé par le chris-

---

1. Cité par M. E. JOHNSON, pp. 209-210.

2. *Introd.,* pp. 12-13, 16-18, 103-104. Michelet s'était d'ailleurs toujours intéressé à l'Inde. Cf. SCHWAB, pp. 410-425 : « Michelet exaucé par l'Inde », spécialement p. 414.

3. Cf. CORNUZ, p. 218 : « Il ne s'agit plus ici d'histoire, mais de poésie épique. Toute critique d'exactitude serait donc déplacée. Il est évident... que la thèse de Michelet est arbitaire. »

4. Déc. 1864. Cité par Jules CHAIX-RUY, *Renan.* Vitte, 1956, pp. 283-284.

5. Cf. CORNUZ, p. 299 : « ... Par un tour de passe-passe dont il est coutumier, le christianisme apparaîtra comme religion orientale, religion de la nuit et de la mort, cependant que l'Avesta, par exemple, sera vie et lumière, quasi occidentale par conséquent ! » Il vient d'écrire dans *la Sorcière* : « De l'Asie... une incomparable aurore surgit, dont le rayonnement porte au loin, jusqu'à percer la profonde brume de l'Ouest. »

6. Op. cit., p. 136.

tianisme, celle de « la nuit » ou du « clair-obscur »[1]. Contentons-nous de citer le cas, rappelé par Léon Poliakov[2], de cet Eugène Gallion-Dangar, auteur d'un ouvrage sur Les *Sémites et le Sémitisme* paru sous la Troisième République. Admirateur de la *Bible de l'humanité,* « il en nourrira son racisme aryen, ennemi de « la grande forteresse du sémitisme » qu'est « l'Église catholique, apostolique et romaine..., unique péril social, fléau international des plus redoutables ».

On sait qu'à partir de 1844, Michelet avait abandonné la suite de l'*Histoire de France* (qu'il reprendra en 1855)[3] pour passer d'un bond à l'*Histoire de la Révolution française*[4]. En le remerciant pour sa *Bible,* Hugo la définissait ingénieusement comme « une tranchée ouverte... depuis Brahma jusqu'à Roberspierre »[5]. L'image était bonne. Dans la grande question si débattue tout au long du siècle, celle du rapport de la Révolution française au christianisme, elle montrait la position de Michelet opposée à celle qu'avaient adoptée, spécialement en France, la plupart des néo-joachimites : un Lamennais, un Esquiros, une George Sand, – sans parler d'un Ballanche ou d'un Buchez, dont le cas est différent, ou d'autres qui se recommandaient aussi de l'Évangile, tel un Cabet[6]. Déjà Michelet lui-même avait trouvé, pour résumer son opinion, une autre image : Christianisme et Révolution, avait-il écrit, précisément à Hugo, le 4 mai 1856, sont « des angles saillants et rentrants, symétriquement opposés, sinon ennemis ». L'*Introduction* à *l'Histoire de la Révolution française* l'avait dit en 1847 : « Plusieurs esprits éminents, dans un désir louable de conciliation et de paix, ont affirmé de nos jours que la Révolution n'était que l'accomplissement du christianisme... Si la Révolution était cela, rien de plus, elle ne serait pas distincte du Christianisme, elle en serait un âge ; elle serait son âge viril, son âge de raison... Non, il n'en est pas ainsi. La lutte n'est que trop réelle[7]. » Le cours de 1845 avait critiqué les catholiques, tels Lacordaire et Buchez, qui corrompaient

1. MICHELET, lettre à Amari, 15 sept. 1864. Cité par Cornuz, p. 230.

2. *Hist. de l'antisémitisme, L'Europe suicidaire,* 1870-1933. Calmann-Lévy, 1977, p. 48.

3. Le t. 6 était paru en 1844 ; le T. 7 (prêt en partie dès 1842) paraîtra, rappelons-le, en 1855.

4. Les sept volumes paraîtront de 1847 à 1853.

5. Cité par Schwab, p. 421.

6. Ou même d'un Leroux, qui même entre les positions adverses, voyait partout des continuités.

7. Ed. de la Pléiade, Gallimard, pp. 24-25. Car d'un côté « tout est lumière. De l'autre, tout est équivoque, incertitude et ténèbres. » T. 1, p. 394.

l'idéal révolutionnaire en s'efforçant de l'accaparer[1]. Cette corruption, elle avait d'ailleurs été, dès l'aube de la Révolution, le fait de tout un parti de la Constituante, celui de Grégoire et de Lanjuinais : « héroïques, désintéressés, sincères, excellents citoyens, ils contribuèrent plus que personne à relancer la Révolution dans les vieilles voies impossibles ; autant qu'il était en eux, ils la firent réformatrice, l'empêchèrent d'être fondatrice, d'innover et de créer »[2]. « On se remit à lire l'Évangile, et dans ce livre de résignation, de soumission, d'obéissance aux puissances, on lut partout ce qu'on avait soi-même dans le cœur : la liberté, l'égalité. Elles y sont en effet, seulement il faut s'entendre : l'égalité dans l'obéissance, comme les Romains l'avaient faite pour toutes les nations ; la liberté intérieure, négative, toute renfermée dans l'âme, comme on pouvait la concevoir quand... le monde sans espoir voyait s'affermir l'Empire éternel... Rien n'était plus étrange que de chercher dans cette légende de résignation[3] le code d'une époque où l'homme a réclamé son droit. » Bien plus, c'est la Révolution elle-même « qui ne se connaissait point... Dans sa confiance facile, elle accueillit avec plaisir les sympathies que lui témoignait la masse du clergé inférieur. Elle se laissa dire, elle crut qu'elle allait réaliser les promesses de l'Évangile, qu'elle était appelée à réformer, renouveler le christianisme, et non à le remplacer... Rien ne lui fut plus funeste que de s'ignorer elle-même » à ce point, « de ne pas savoir qu'en elle elle portait une religion », et que cette religion était l'antithèse absolue de la religion chrétienne[4].

En réalité, « notre sainte Révolution » n'est autre chose « que la réaction tardive de la justice contre le gouvernement de la faveur et la religion de la grâce » : « De quoi Dieu te fait-il mourir, vieille nourrice du monde moderne ? De l'injustice de la grâce... L'injustice religieuse fonde l'injustice politique... Ce n'est pas moi qui te le dis, c'est la religion de justice..., c'est ta fille et ton juge austère, qui siège à ta place, la Révolution[5]. » Depuis longtemps « le système de la grâce », dont il s'était fait un épouvantail, était pour Michelet « la tare fondamentale du Dieu chrétien », réduisant l'homme à un « jouet » de la divinité, le

1. Même reproche à Cousin, à la maçonnerie, etc. Il est ingrat envers Buchez, dont il utilise beaucoup l'*Histoire parlementaire* ; cf. MONOD, op. cit., t. 2, pp. 191 et 236.

2. *Hist. de la Rév. fr.*, l. 3, c. 9 (1847) ; Pléiade, p. 385. L. 2, c. 5 : « On faisait effort pour croire la lutte finie et la paix venue ; on admirait que la Révolution fût déjà dans l'Évangile » ; p. 218. Cf. ibid., l'exemple de Fauchet.

3. En 1847, il avait écrit : « cette touchante légende... » Puis il biffa l'épithète. La remarque est de M. BÉNICHOU, op. cit., p. 536.

4. Op. cit. ; Pléiade, pp. 382-384.

5. « L'héroïsme de l'esprit ». H.F., t. 1, éd. Viallaneix, p. 36.

dispensant « de toute dignité personnelle »[1]. Comme le reconnaît Gabriel Monod, il oubliait que la grâce « ne joue pas du tout dans la théologie catholique le rôle qu'il lui prêtait »[2]. A partir de 1844 environ, c'était devenu chez lui une obsession. Telle est donc à partir de 1847 l'idée directrice de son *Histoire de la Révolution française :* il y a opposition irréductible entre Grâce et Nature, Privilège et Loi, Christianisme et Révolution ; lutte éternelle entre la Liberté de l'homme et la Fatalité extra-humaine. Le moyen âge catholique l'a encore accentuée : « Mille ans d'éducation anti-humaine, où l'on enseigna systématiquement la dégradation de l'homme..., voilà l'œuvre longue et terrible que la Révolution était appelée à effacer un jour[3]. » Cet extrémisme passionné devait faire impression, au lendemain de février 1848, et plus encore après le 15 mai, sur un catholique libéral tel que Montalembert, qui avait admiré l'*Histoire de France* et avait entretenu des relations amicales avec Michelet[4] ; il devait contribuer à le raidir dans sa nouvelle attitude. Une lettre de l'ancien disciple de Lamennais à son beau-frère l'abbé Xavier de Mérode en fait foi :

> J'ai dévoué les vingt plus belles années de ma vie à une chimère, à une transaction entre l'Église et le principe moderne. Or, je commence à croire, non seulement que la transaction est impossible, mais que le principe moderne est bien exclusivement, comme le démontre Michelet dans son dernier volume sur la Révolution, l'œuvre de Voltaire et de Rousseau et l'antipode du christianisme[5].

Or Michelet lui-même avait par là renié son joachimisme primitif. Tout en conservant le cadre, il avait changé la substance, au point de paraître se contredire. N'avait-il pas écrit d'abord, au tome deuxième de l'*Histoire de France* : « Au douzième siècle, le libre mysticisme entreprit de relever ce que la dureté sacerdotale avait traîné dans la boue... La grâce prévalut sur la loi, il se fit sensiblement une grande révolution religieuse »[6] ? Et l'on a pu lire encore au tome troisième, même dans l'édition tardive de 1876 : « L'éternel combat de la grâce et

---

1. Hist. de France, t. 2, p. 541, etc. Cf. BÉNICHOU, op. cit., pp. 530-534. GAULMIER, pp. 72-75.

2. MONOD, t. 2, p. 174. On se rappellera ici VIGNY, assimilant dans *les Destinées* (poème écrit en 1849) la grâce à la Fatalité, au Destin.

3. *Hist. de la Révolution,* t. 2, 1847 ; p. 999.

4. Cf. J.-M. CARRÉ, dans Revue des deux mondes. 1er nov. 1924, pp. 170-189. Montalembert avait été l'élève d'un disciple de Michelet à Sainte-Barbe.

5. Dans LECANUET, *Montalembert...,* t. 2, 1898, p. 401.

6. L. 4, ch. 4.

de la loi fut encore combattu au temps de saint Louis, entre l'Université et Les Ordres mendiants » : l'Université représentait la Loi, tandis que ces Mendiants, champions de la Grâce, étaient avant tout les témoins de l'Évangile éternel, auxquels allaient toutes les sympathies de l'historien[1]. Maintenant, la situation est à peu près renversée[2]. – Et néanmoins, c'est alors qu'éclate le plus éloquemment, le plus frénétiquement son « joachimisme » de toujours.

« La veille de l'ouverture des États généraux, on dit solennellement à Versailles la messe du Saint-Esprit. C'était bien ce jour, ou jamais, qu'on pouvait chanter l'hymne prophétique : Tu vas créer des peuples, et la face de la terre en sera renouvelée[3]. » En ce jour, l'âge de l'Esprit commençait, qui doit vaincre l'âge du Christ et de son Évangile. Mais il est une autre coïncidence, un symbolisme à ses yeux plus frappant, dont Michelet s'enchante. Par ce signe tangible est manifestée non pas seulement la continuité, mais la mystérieuse identité des grands révolutionnaires avec les anciens moines qui proclamèrent l'Évangile éternel. Le club où tonnait Danton se réunissait dans l'ancienne chapelle des Cordeliers[4] :

> Bizarre fatalité des lieux : cette enceinte appartenait à la Révolution depuis le treizième siècle, et toujours à son génie le plus excentrique. Jacobins et Cordeliers, Mendiants et Sans-Culottes, il n'y a pas autant qu'on croirait de différence. La dispute religieuse et la dispute politique, l'école du moyen âge et le club de 90 sont opposés par la forme beaucoup plus que par l'esprit.
>
> Qui a bâti cette chapelle ? La Révolution elle-même, en l'an 1240. Elle porte ici le premier coup au monde féodal, qu'elle doit achever la nuit du 4 août. Observez bien les murs... C'est un grand coup de la justice révolutionnaire qui les a fondés... C'est là

1. Ed. revue et augmentée, 1876, p. 196.

2. Michelet s'est toutefois employé à réduire la portée de ce renversement en rétablissant l'harmonie entre Grâce et Justice, mais au seul bénéfice de la Révolution. Cf. son introduction au t. 1 de l'*Hist. de la Révolution,* p. CXXVII : « Pardonnez-moi, ô Justice, je vous ai crue austère et dure, et je n'ai pas vu plus tôt que vous étiez la même chose que l'Amour et que la Grâce... Et voilà pourquoi j'ai été faible pour le Moyen Age, qui répétait ce mot d'Amour sans faire les œuvres de l'Amour. – Aujourd'hui, rentré en moi-même, le cœur plus brûlant que jamais, je te fais amende honorable, belle justice de Dieu... C'est toi qui es vraiment l'Amour, tu es identique à la Grâce... ».

3. *Hist. de la Rév. fr.,* l. 1, c. 2 ; Pléiade, p. 88.

4. Michelet soulignera ce fait pour lui symbolique au t. 7 de son *Histoire de France,* paru en 1855 : « Jean de Parme, aux Cordeliers, professa hardiment : Quod doctrina Joachimi excellit doctrinam Christi. » (Ed. de 1876, t. 9, p. 64).

que, vers 1300, retentit la dispute de l'Évangile éternel, et qu'on posa la question : « Christ est-il passé ? »

... « La Jérusalem du monde ! » s'écrient des voix enthousiastes[1]. Une véritable ivresse avait saisi toute la foule, un ravissement extatique. Si les anciens Cordeliers qui, sous les mêmes voûtes, avaient jadis donné carrière à leurs mystiques élans, étaient revenus ce soir, ils se seraient toujours crus chez eux, reconnus. Croyants et philosophes, disciples de Rousseau, de Diderot, d'Holbach, d'Helvétius, tous, malgré eux, prophétisaient[2].

Le plus curieux, c'est que Michelet, comme lui-même l'atteste à diverses reprises, a toujours détesté le romantisme.

---

1. Dans l'*Introduction,* Michelet s'adresse à Voltaire : « Regarde, la voilà là-bas ! Maintenant tu peux mourir ; ta bonne foi t'a valu de ne point partir d'ici-bas avant d'avoir vu la terre sainte. »

2. *Hist. de la Rév. fr.,* l. 4, c. 6, Les Cordeliers.

II

Edgar Quinet

La Révolution française est aussi le grand objet de la réflexion d'Edgar Quinet (1803-1875), collègue de Michelet au Collège de France et longtemps son ami et compagnon de lutte. Elle est le grand support de son prophétisme : « La secousse qu' (elle) a donnée à la terre a été telle, et tant de choses extraordinaires ont été vues, tant de montagnes abaissées, tant de vallées comblées, qu'il n'est plus de miracle social qui ne soit possible.[1] » Cependant, les origines à demi protestantes de Quinet, son éducation première et l'influence exercée sur lui de bonne heure par la pensée allemande[2] lui font envisager les choses sous un angle assez différent. Ce que Vico fut à Michelet, Herder le fut à Quinet. Par une évolution rapide et inverse de celle qu'on observe chez son ami, Quinet sera de plus en plus critique à l'égard de l'Allemagne et s'inquiétera très tôt du péril que son unification fait courir à la France. Michelet, lui, après avoir d'abord déprécié les « Germains » par rapport aux « Celtes », ne pourra s'empêcher d'aimer « cette race innocente », cette « douce Allemagne », ce peuple pour qui « le symbole du mystère est la rose », qui a besoin d'« un Dieu-femme », qui est « simplicité et profondeur » ; il saluera en lui la « rêveuse enfance d'un peuple à qui il est donné de ne pas vieillir, parce qu'il vit dans l'infini, dans l'éternel » ; peuple au « cœur ouvert, agrandi pour embrasser l'humanité » ; il aura une sorte de tendresse, non pour ses philosophes, mais pour « les naïvetés de la bonne âme allemande », cette âme à la « bonhomie si touchante » dont il admirait le type dans le Luther des « Mémoires »[3]. Quinet au contraire : dès 1831 il alerte l'opinion de son pays par une brochure retentissante sur *l'Allemagne et la Révolution*, il écrit en 1842 un article sur « La Teutomanie », – mais Henri Heine pourra dire de lui en 1843 qu'il est par nature « une bonne pâte d'Allemand, quoiqu'il ait... pris les airs d'un furieux Germanophage »[4].

---

1. *Le Christianisme et la Révolution française* (= C R), 1845, p. 408.

2. Cf. André MONCHOUX, *L'aventure allemande d'Edgar Quinet*. Rev. de litt. comp., 1960, pp. 81-107.

3. H F, 1. 4, C. 6 ; « L'héroïsme de l'esprit » (projet de préface à *l'Hist. de France*. Œuvres complètes, t. 4, 1974, pp. 37-38 et 499. Note de juillet 1842. Cf. HAAC, p. 94 ; CORNUZ, pp. 154-158 ; G. MONOD, 1905, pp. 122-124.

4. 1er juin 1843 ; article recueilli dans *Lutèce* (éd. de 1866, p. 359).

Ces différences d'origine et de tempérament ne sont pas étrangères à la différence de leurs explications respectives sur la grande Révolution. Pour Quinet, « l'esprit de la Révolution française est de s'identifier avec le principe du christianisme » ; elle est la transformation naturelle, qui devait venir en son temps, du Symbole de Nicée. Jusqu'à son heure, le christianisme était resté « enfermé dans les tombeaux..., l'Église était la pierre » qui empêchait son esprit d'en sortir. Le plus grand responsable de cette longue captivité fut saint Augustin. Non seulement le Dieu d'Augustin est le Dieu de la grâce, c'est-à-dire « du privilège » (ici nous reconnaissons le grief de Michelet)[1], mais il est à l'origine de tout un système qui étouffe encore aujourd'hui nombre d'esprits. On veut nous persuader que « la Bible est close », que « l'éternité n'y ajoutera pas une page », que « le souffle de Dieu ne se promène plus dans l'infini ». que « la terre déshéritée, orpheline, est un sépulcre divin ». L'Église catholique le proclame par la voix de ses écrivains, « arrière-garde du passé » ; elle mobilise les jésuites pour barrer la route à l'avenir[2]. Mais « la trompette de l'ange » attendue par le moyen âge a retenti, et « l'idéal de la Révolution est, à beaucoup d'égards, plus près du christianisme que ne l'est aujourd'hui l'Église »[3].

La religion est « la substance de l'humanité ». Dans *le Génie des religions*, Quinet en relate l'histoire à grands traits. Il déroule « la vie de l'Esprit divin à travers le monde », les « annales de l'Éternel incarné dans le temps ». Contrairement à ce que dira Michelet, il ne voit dans les religions indiennes, y compris le bouddhisme, qu'une première étape, ou plutôt qu'un long temps mort : « Il faut que le genre humain échappe à ce prodigieux enchantement, il faut que ce premier sommeil finisse, que le travail commence, que l'humanité, comme Sacoumtala, ait le courage de quitter l'asile de son enfance, pour marcher au-devant de l'avenir, son royal fiancé[4]. » L'ébranlement décisif ne sera donné qu'à l'intérieur du mosaïsme : il n'y a pas de prophètes chez les Indiens, il n'y en a pas non plus chez les Persans, ni chez les Égyptiens[5]. « Ce n'est que dans le sein du peuple hébreu qu'éclate

1. *Le génie des religions*, 1842 ; 2e éd., 1851, p. 191.

2. *L'Ultramontanisme*[2], 1844, p. 266, etc. On sait la violente campagne de Michelet et de Quinet contre les jésuites, en 1842 et 1843. « Le Père de Ravignan répondit avec fermeté et sérénité : *De l'existence et de l'institut des jésuites*. On peut préférer la réponse. » Claude PICHOIS, *Littérature française*. Le romantisme, t. 2, 1979, p. 166.

3. C R, pp. 6, 119-120, 395, 402. Cf. p. 371, contre Chateaubriand.

4. *Le génie des religions*, éd. citée, pp. 6 et 217, etc.

5. Op. cit., p. 292. Cependant, p. 77 : « Toute prophétie n'est pas renfermée dans Jérusalem... »

véritablement le génie de l'avenir, car son Dieu est libre », au lieu que « dans les cultes panthéistes il n'y a rien qu'un éternel présent », si bien que « les générations se confondent entre elles plutôt qu'elles ne se succèdent ». « Avec la personnalité divine, le miracle de la liberté éclate dans le monde, les vieilles institutions s'ébranlent, les temps jusque-là enveloppés se déroulent ; l'avenir, comme un livre fermé, s'ouvre enfin ; aussi l'homme se sent pressé de le feuilleter. Il le dévore par avance... » C'est là un phénomène unique, quelque chose d'absolument nouveau ; un type inédit de divinité a surgi : « Corrigez, embellissez, achevez tant que vous voudrez Baal ou Astarté, jamais des dieux du Canaan vous ne ferez le dieu de Moïse. Pourquoi cela ? Parce qu'incarnés dans l'univers, ils sont un avec lui, parce que la terre forme leurs pieds, le ciel leur tête, les étoiles leur regard ; au lieu que la nature n'est pas même un vêtement pour Jéhovah. » La conséquence est incommensurable : « tandis que les religions du reste de l'Orient forment chacune un système défini, qui se suffit à lui-même », le mosaïsme « n'est que la première période d'une religion qui attend d'être consommée par une nouvelle loi... L'Ancien Testament est plein de questions... Le Nouveau seul répond[1]. »

Mais l'avènement du christianisme n'arrête pas le mouvement. « L'humanité stupéfaite a fini par reconnaître que le Christ s'incarne de siècle en siècle dans l'histoire[2]. » Quinet, généreux, s'efforce de le montrer. Il ne s'attarde pas longtemps aux quinze premiers siècles chrétiens. Après avoir exposé largement l'œuvre des Pères de l'Église et des principaux conciles, il tient toutefois à faire encore au passsage l'éloge des deux grands pontifes que furent Grégoire Ier et Grégoire VII. C'était alors dans « l'air du temps », principalement pour le second. Le cas le plus extraordinaire est sans doute ici celui d'Hermann Ewerbeck, traducteur et admirateur du compagnon de Marx, le farouche antichrétien Daumer. Ewerbeck écrira peu après, dans son ouvrage sur l'Allemagne et les Allemands, que Grégoire VII, homme d'une pénétration « à toute épreuve » et « de la plus pure vertu », est resté sans égal dans l'intelligence de son époque et dans sa « volonté de fer et de marbre » de « réaliser ce qu'il appelait la Cité de Dieu sur terre » : seul, « peut-être », Luther lui serait comparable ; « un véritable philosophe antireligieux doit une admiration mêlée de respect à ce grand-prêtre, le plus vénérable et le plus éminent de tous les pontifes qui ont jamais existé... C'est maintenant aux philosophes éclairés, qui seuls ont le coup d'œil juste sur tout le développement his-

1. *Le génie des religions*, pp. 285-286, 292-293 et 310-312. Sur Quinet et les religions de l'Orient : Raymond SCHWAB, *La Renaissance orientale*, pp. 294-308.

2. C R, p. 113.

torique, d'appeler Grégoire VII le Grand et le Saint[1]. » Michelet avait écrit de même en 1840 : « C'était fait du christianisme, si l'Église se matérialisait dans l'hérésie féodale. Le sel de la terre s'évanouissait, et tout était dit... Ainsi se détermina dans l'Église, sous la forme du pontificat et de l'empire, la lutte de la loi et de la nature[2]. » Pour Quinet lui aussi, Grégoire VII, au prix d'une rude bataille, a sauvé l'indépendance de l'Église et fait triompher contre la tyrannie des pouvoirs séculiers le principe évangélique de la liberté spirituelle. Sans doute notre historien reconnaît volontiers que l'ambition de ce grand homme, « légitime en son temps, n'est plus assez grande pour les nôtres » ; mais il tiendra sur la Révolution française un langage analogue : « Toute grande qu'est la Révolution, je ne demande pas que vous en fassiez une idole[3]. »

(On était alors, ainsi que nous l'avons déjà constaté à propos de Buchez, moins sensible qu'aujourd'hui au revers, peut-être inévitable, de la médaille[4].)

Rien ne doit faire obstacle à l'avenir. Cependant, il faut bien le constater, vers la fin du moyen âge l'Église est tombée en sommeil : c'est la Réforme qui la réveillera. Quinet adopte ici le schéma hégélien, qui était déjà celui de Lessing et de Herder, d'après lequel le grand précurseur de la Révolution fut Luther. L'œuvre d'émancipation inaugurée par Luther (auquel il joint Calvin) fut poursuivie par l'*Aufklärung*. Ainsi se préparait l'ère de la liberté chrétienne, l'ère de « l'Évangile renouvelé » :

> Sur le fondement de l'Évangile un monde nouveau (allait) naître... Puisqu'une fatalité de corruption s'attachait aux réformes tentées dans l'intérieur de l'Église, il fallait que l'Esprit se vît en

1. *L'Allemagne et les Allemands*, 1851, pp. 110-113. Sur Ewerbeck et Daumer, voir infra, ch. XVII, I.

2. H F, l. 4, c. 2. Éd. Viallaneix, t. 1 (Œuvres, t. 4), pp. 405 et 408. Plus tard, dans la frénésie antichrétienne de son étude sur la Renaissance (H F, t. 7, 1855), Michelet dénoncera en Grégoire le Grand le pape fanatique « destructeur des manuscrits, ... qui veut que l'on brûle Homère et Virgile » (éd. de 1876, t. 9, 295-296 ; cf. 52). Sur cette légende et ses origines, cf. notre *Exégèse médiévale*, t. 3, Aubier, 1961, 53-57 : « La « barbarie » de saint Grégoire ».

3. C R, 138-156, 406, 495. Et néanmoins « toute la France a communié le jour du Serment du Jeu de Paume ».

4. Voir supra, ch. XII, I. Cf. Louis BOUYER, *L'évêque dans l'Église* : « C'est tout à l'honneur du Saint-Siège, à travers la longue querelle des investitures, d'avoir... maintenu que l'épiscopat est une fonction de l'Église chrétienne et, comme tel, ne relève que de celle-ci : le malheur est que les théologiens curialistes et les canonistes n'ont cru pouvoir résister aux empiètements de l'autorité séculière qu'en conférant à l'autorité ecclésiastique elle-même, en tant que telle, tous les attributs seigneuriaux. » Dans « Commentaire », printemps 1980, p. 15.

> quelque sorte seul avec lui-même, sans aucune forme ; le salut de la vie morale était à ce prix... Cette séparation est une mort, mais une mort qui peut enfanter l'avenir[1].

Luther vieilli a pu s'effrayer de son œuvre ; la papauté peut aujourd'hui maudire son siècle : Grégoire VII et Luther n'en ont pas moins préparé la Révolution française, qui fonde « la nouvelle Église », « l'Église de l'avenir ». Leurs deux principes opposés « fermentent dans les mêmes cœurs »[2]. Maintenant le Christ « agrandi » est sorti une seconde fois du sépulcre et ne se laissera plus asservir. L'homme, qui depuis dix-huit cents ans se contentait de lire l'Évangile, va « l'écrire lui-même sur la surface de la terre, sur le front des peuples, sur le sable, sur l'airain, sur les lois, sur les institutions et sur les chartes nouvelles... L'étoile nouvelle se lève... Je suis si éloigné de croire que le christianisme est à bout, que je suis au contraire persuadé que l'application de son esprit ne fait que commencer dans le monde civil et politique. » On doit se rappeler que « la grande vie religieuse » ne réside pas « seulement dans la foi positive, mais aussi dans la philosophie ». L'ère du « Christ agrandi » doit assurer le règne de la raison[3].

Ce n'est pas là le ton de Michelet. L'enfance de Quinet avait été chrétienne ; sa mère l'avait élevé dans des sentiments évangéliques, ceux d'un christianisme très libéral, tandis que Michelet, qui ne fut baptisé que sur le tard, a pu dire dans ses souvenirs : « Je connus le nom de Jupiter bien avant celui de Jésus-Christ »[4]. Michelet est un fils du dix-huitième siècle français, « le grand dix-huitième siècle, qui est notre père et notre mère »[5] ; son ami respira très tôt les vapeurs d'un romantisme venu du Nord. Séduit dans sa jeunesse par les charmes de la tradition catholique, c'est à l'Église, à cette « vieille mère » que Michelet devait adresser ensuite regrets et plaintes, – non à la personne de Jésus. Rien, chez Quinet, d'une telle expérience. Il ne connut pas ces déchirements intimes, mais seulement le progrès d'un « libéralisme » dont il avait reçu le germe au berceau. Tous deux se rejoignirent dans un même anticléricalisme, avec une ardeur et parfois

1. C R, pp. 247-268. P. 267 : « Où est aujourd'hui l'âme de Luther ? Dans le siècle tout entier plus encore que dans l'Église réformée. »

2. Op. cit., p. 303.

3. Op. cit., pp. 268 ss. *Des jésuites*, pp. 135-136. « La religion de Quinet, en fin de compte, est une rhétorique vague et puissante, ornement d'une démocratie concrète, etc. » : Bénichou, op. cit., p. 493.

4. *Ma jeunesse* (posthume, 1884), p. 27. Sur la part de sa veuve à la composition de cet ouvrage : Monod, 1905, p. 6.

5. Cours de 1851, cité par Haac, p. 127. Il écrit dans son Journal, le 21 nov. 1846 : « Sorti du XVIIIe siècle, je m'en écarte parfois un moment pour y revenir toujours. »

une violence égale, mais pas en tout pour les mêmes raisons. Les conjonctures politiques n'expliquent que pour une part leur commune attitude. « Michelet est anticlérical parce qu'il hait dans l'Église une forte discipline des instincts à laquelle il oppose une philosophie de la nature à la fois béate et rancuneuse » ; il rompt avec son ancienne passion pour le moyen âge parce que, dit-il, le moyen âge est... « l'anti-nature »[1] ; Quinet, lui, « est anticlérical parce qu'il rêve ... d'un christianisme sans dogmes se fondant dans une mystique humanitaire »[2]. – Cependant, malgré ces oppositions foncières, et malgré des divergences dans l'interprétation de l'histoire religieuse, lorsque viennent les années chaudes de leur propagande au Collège de France, les thèses de l'un et de l'autre, qui depuis longtemps se rapprochaient, fusionnent ; – avant de s'écarter de nouveau[3]. En célébrant la « fraternité de pensées qui, depuis vingt ans, nous unit »[4], Quinet simplifiera la réalité, il ne la trahira pas.

Le Christ « agrandi » et renouvelé de Quinet, c'est « ce Dieu qui se réveille dans les cœurs »[5]. Sous un autre langage, la pensée de Quinet n'est pas autre ici que celle de Michelet. L'homme commence enfin à comprendre que Dieu est descendu dans l'homme, et cette conscience réfléchie de la présence de l'Esprit divin « crée un nouveau code des droits et des devoirs »[6]. Qu'importe que l'un des deux amis s'attarde un peu plus que l'autre à parler encore d'Église, de Christianisme, d'Évangile...[7], et maintienne une continuité apparente là où l'autre accuse la rupture ? Désormais l'écart entre eux n'est plus dans la pensée : il n'est plus que dans les mots. Tous deux sont vraiment « frères d'armes », ils peuvent entreprendre et poursuivre ensemble la même lutte sacrée, non seulement contre l'Église catholique, mais contre les vérités premières de la foi chrétienne. Tous deux aussi dirigent leurs traits contre l'éclectisme conservateur de Victor Cousin, qui pense avoir trouvé un compromis, et s'installe sur cette position confortable. Quinet se montre particulièrement dur contre une telle

1. H.F. t. 7, 1855, préface, p. CLII.

2. Édouard KRAKOWSKI. *A. Mickiewicz philosophe mystique*, pp. 175-176.

3. Toujours à propos du rapport entre christianisme et Révolution. Dans la minute d'une lettre de 1866, Michelet estime que Quinet garde le christianisme, « que je supprime ». Cité par Cornuz, p. 219.

4. Op. cit., p. 414. Ils fraternisaient en effet depuis 1825.

5. *Des jésuites*, p. 167. C R, p. 258.

6. C R, p. 395.

7. Pour l'Évangile, voir op. cit., pp. 266-267 : « Ils ont retranché l'Église... et que savent-ils si, un jour ou l'autre, Dieu ne voudra pas retirer le livre lui-même, pour que ... l'âme vive sans le lien de la lettre ?... Vous vous inquiétez de saint Marc et de saint Luc... Qu'avez-vous à craindre ? Tout peuple chrétien doit être un évangéliste immortel. »

« défaillance » : « Quel spectacle étrange et instructif que celui d'une philosophie qui a perdu la foi en elle-même ? Comme le mouvement l'effraie !... L'éclectisme n'ose plus regarder l'Église en face... Tantôt on déclare que le moment de penser n'est pas encore arrivé, tantôt on patronne le créateur, on prend sous sa protection les cieux de l'Évangile... » Fi d'une attitude si peu franche, si peu belliqueuse ! « Gardez pour vous ce semblant de trêve ; j'aime mieux, pour ma part, cent fois les attaques à outrance, les violences, les déchaînements habituels de nos adversaires... »[1]

Tel est le climat dans lequel, une fois de plus, va renaître le « joachimisme ». Pas plus à l'un qu'à l'autre des deux amis l'antithèse ne fait oublier les grandes lois du déroulement de l'histoire, le passage d'un âge à l'autre. Quinet, lui aussi, trouve partout, dans les grandes religions du monde, la Trinité, ce « trépied sur lequel elles sont assises ». Et sous une seconde forme, non plus mythique, mais historique, cette division trinitaire « se répète chez les modernes » : elle y devient la théorie des trois âges parcourus par l'humanité en quête de son salut. « Jéhovah crée le monde des sens, le Christ l'abolit, l'Esprit le répare en l'expliquant[2]. » L'heure du troisième âge a sonné : le règne de l'Esprit succède au règne de l'Église, et « le siècle se soumet sans murmurer à ce nouveau pontificat »[3].

Ici, on le voit, l'histoire se fait dialectique. Allons-nous cependant retrouver ainsi la doctrine de l'Évangile éternel ? Oui, quoique adaptée au goût du jour, – mais sous un patronage inattendu. L'individualisme du « protestant » Quinet se révèle plus ombrageux que celui du « catholique » Michelet. Une allusion est bien faite au « moine de Calabre », mais c'est pour nous avertir que son idéal, « transporté en France dans le saint-simonisme », n'a fait que prolonger « le rêve de la fin du moyen âge », supprimant « toute l'individualité de l'homme moderne ». Pendant quelque temps, « beaucoup de personnes crurent faire un pas irrévocable vers le pur avenir ; ... elles marchèrent plongées dans ce sommeil merveilleux ; à la fin, elles trouvèrent en elles-mêmes cet homme moderne, qui poussa un cri. Ce cri les éveilla. Elles avaient, sans le savoir, rêvé de l'avenir, à l'ombre puissante de l'Église du moyen âge[4]. » Le rêve est donc aujourd'hui dissipé. Cette misérable caricature de l'âge de l'Esprit ne peut plus nous séduire. Le néo-joachimisme industriel issu de Saint-Simon ne fait pas sa place à

1. Op. cit., pp. 36-40.
2. Cf. *Le génie des religions*², pp. 284-286, etc.
3. *L'Ultramontanisme*, 1844, 6ᵉ leçon, conclusion.
4. C R, p. 406.

l'intériorité. Pour la sauver, Quinet se découvre une ascendance meilleure que celle de Joachim de Flore ou de Jean de Parme : celle d'« un livre unique au monde, l'Imitation de Jésus-Christ » :

> ... L'histoire de la religion se divise en trois époques. Dans la première, le peuple n'ose écouter la parole de Dieu ; il veut qu'elle lui soit transmise par un intermédiaire. Rappelez-vous les Juifs disant à Jéhovah : Parle à Moïse ; ne nous parle pas à nous-mêmes, de peur que nous ne mourions au bruit de ta voix. Dans la catholicité du moyen âge, la même peur saisit les peuples, et c'est l'Église qui s'interpose entre leur conscience et le discours d'en haut... La grandeur du livre de l'Imitation de Jésus-Christ est de mettre fin à ces époques... L'âme humaine est émancipée... Le prêtre en se retirant laisse le Dieu et l'homme se toucher, se pénétrer, s'expliquer l'un à l'autre sans témoin[1].

Ici s'impose un nouveau rapprochement avec Michelet, qui cette fois nous apparaît peut-être comme tributaire de son ami. Certes, Michelet connaissait l'*Imitation* de longue date, et comme de tant d'autres en son siècle ce serait trop peu de dire de lui qu'il l'admirait : il l'aimait tendrement. Elle fut « le livre de chevet de son enfance et de son adolescence, à côté de Virgile » ; il l'avait découverte à l'âge de douze ans, et elle l'avait aussitôt ravi ; dans le *Mémorial* destiné à son ami Poinsot il a écrit, en 1820 : « Ces dialogues entre Dieu et une âme malade comme était la mienne m'attendrissaient beaucoup »[2]. Mais dans les années qu'il étudiait le moyen âge, il ne paraît pas avoir jamais songé à l'associer à Joachim de Flore ou à Jean de Parme pour évoquer l'avènement de l'âge de l'Esprit.

En 1837, alors qu'il en aurait eu l'occasion la plus proche à propos d'Ubertin de Casale et du concile de Vienne, il s'était contenté de signaler « le pieux et enthousiaste Ubertino » comme « le premier auteur d'une Imitation de Jésus-Christ »[3]. Avant d'en venir, dans l'*Histoire de France*, à Charles VII et à Jeanne d'Arc, il avait longuement célébré « le plus beau livre chrétien après l'Évangile », « ce livre universel du christianisme ». Tout en faisant une réserve sur « le dangereux quatrième livre » qui conduit à « l'union », il avait admiré la « mesure » et la « sagesse » de l'auteur inconnu, admiré aussi le « silence plein de respect » de ce « pieux auteur en présence des infir-

1. C R, pp. 234-235.

2. Cf. CORNUZ, pp. 30 et 193. Notons cependant ce qu'il raconte dans *Le Peuple* : « Je ne pus aller bien loin dans ce livre, ne comprenant pas le Christ, mais je sentis Dieu. » Éd. L. Refort, 1946, pp. 17-18.

3. H. F., éd. Viallaneix, t. 2, p. 126.

mités de sa vieille mère l'Église » ; il avait enfin tâché d'expliquer comment un ouvrage dont l'esprit était tout de « résignation » avait pu, dans sa traduction française heureusement incomplète (*l'Internelle Consolation*), soutenir « l'héroïque élan » du peuple contre l'envahisseur anglais. Mais pas un mot, dans ces pages ferventes[1], ne laissait soupçonner dans l'*Imitation* un livre prophétique, un héritier des exégèses de Joachim de Flore ou de ses disciples, un annonciateur de l'ère de l'Esprit. Or, voici que dans la préface tardive de 1869 à l'*Histoire de France*, l'Évangile éternel et l'*Imitation* se rejoignent. C'est une sorte de fantastique pot-pourri :

> Saint François, un enfant qui ne sait ce qu'il dit, et n'en parle que mieux, dit à ceux qui demandent quel est l'auteur de l'*Imitatio* : « L'auteur, c'est le Saint-Esprit. »
>
> « Le Saint-Esprit, dit Joachim de Flore, c'est celui *dont le règne arrive* après le règne de Jésus. »
>
> C'est l'esprit d'union, d'amour, enfin sorti de l'étouffement de la légende. Les libres associations de confréries, communes, furent la plupart sous cette invocation. Tel fut, en 1200, à l'époque albigeoise, le culte et des communes et des chevaliers du Midi, culte d'esprit nouveau que l'Église noye dans des torrents de sang.
>
> L'Esprit, faible colombe, semble périr alors, s'évanouir. Il est dès ce moment dans l'air, il se respirera partout.
>
> Même en ce petit livre, monastique et dévot, de l'*Imitatio*, vous trouvez des pages d'absolue solitude où manifestement l'Esprit remplace tout, où l'on ne voit plus rien, ni prêtre ni Église. Si l'on entend ses voix intérieures aux couvents, combien plus aux forêts, dans la libre Église sans bornes : L'esprit, du fond des chênes, parlait quand Jeanne d'Arc l'entendit, tressaillit, dit tendrement : « Mes voix ! »[2].

Impossible de mieux jongler, dans le plus grand désordre des faits, des dates, des situations et des personnages entremêlés. Quinet, qui s'en tenait à l'*Imitation*, était plus sobre. Est-il moins paradoxal ? Par l'*Imitation*, nous explique-t-il, « l'ancienne conversation sous l'arbre de la science du bien et du mal est reprise après six mille années, à la porte de l'Église... L'ouvrage sacré qui ouvre les temps modernes n'appartient à personne en particulier... N'en cherchez plus l'auteur : c'est le fruit mystérieux des entrailles de l'humanité nouvelle. » Ce fruit, la

1. *Hist. de France*, l. 10, c. 1. Éd. de 1878, t. 6, pp. 113-152.
2. MICHELET, *Œuvres complètes*, éd. Viallaneix, t. 4, 1974 (H F, t. 1), pp. 22-23.

Révolution française l'a fait mûrir[1] ; mais elle n'en a pas épuisé la fécondité. L'humanité est toujours en marche. « A quelque moment que je considère l'histoire de cette Révolution, il n'en est aucun dont je voulusse éterniser l'esprit... Elle a tendu, d'un effort sublime, à embrasser le divin ; elle s'en est approchée en des instants suprêmes ; mais enfin elle n'est pas la Justice, l'Évangile éternel, la Religion absolue[2]. »

Comme tout joachimisme de bonne marque, celui de Quinet veut être œcuménique. Et déjà Quinet trouve le germe de son œcuménisme dans sa chère *Imitation.* Car ce livre « va également au cœur du catholique et au cœur du protestant ». Il fut composé au temps du grand schisme d'Occident. Or « dans le moment où l'Église et le pape sont, pour ainsi dire, absents, l'âme chrétienne en profite pour parler à cœur ouvert sans intermédiaire au Dieu chrétien... N'est-il pas extraordinaire qu'il y ait dans le monde un livre qui fasse goûter au catholique l'esprit de la réforme sans la révolte, au protestant l'esprit du catholicisme sans la servitude[3] ? » Ce qui est extraordinaire aussi, nous semble-t-il, c'est la candeur de ce grand peintre de fresques historiques, c'est son appétit de réconciliation universelle au sein même de ses plus âpres polémiques.

Dans son poème en prose aussi étrange qu'énorme, où il « a fait entrer tout l'univers »[4], *Ahasverus* (1833), antérieur aux ouvrages que nous venons de citer, dès le prologue, Edgar Quinet avait fait une allusion à Joachim de Flore. Saint Bonaventure s'adresse au Seigneur, qui s'apprête à créer un nouveau monde : « Ce monde sera-t-il, Seigneur, un autre monde de Calabre, avec des monastères et des cellules de diamant ? » Le lecteur du drame doit rester sur cette interrogation jusqu'à la « quatrième journée ». C'est alors le docteur Albertus Magnus[5] qui se charge d'apporter une première réponse : « Dans sa forêt enchantée, la dogmatique s'est réveillée en peignant ses cheveux d'or. Tout est prêt. Six mille ans pour la préface de la science

1. Au t. 4 de son *Hist. de la Révolution* (1850), Michelet se rapprochera de cette idée d'une origine chrétienne (joachimite) de la Révolution. Dès l'introduction au t. 1 (1847), il aura réuni sous le sceptre de la Révolution (mais contre l'Église) les trois principes de la justice, de la grâce et de l'amour. (Voir supra).

2. C R, pp. 235-238 et 400-401. C'est peut-être en se rappelant ce passage de Quinet que Xavier Rousselot s'appliquait à trouver les signes d'une « filiation évidente » entre l'*Imitation* et les œuvres de Joachim : *Histoire de l'Évangile éternel*, 1861, pp. 162-173. Aucune filiation ne nous paraît moins évidente.

3. *Histoire de mes idées*[10], Hachette, pp. 205 et 234-237. – Mais « l'âme déifiée des mystiques du moyen âge » est « le contraire du panthéisme moderne » : *Génie des religions*, pp. 207-208.

4. Bénichou, loc. cit., pp. 460-468.

5. Albert le Grand, d'où chez George Sand l'Albertus des *Sept cordes de la lyre*, qui devient le comte Albert de *Consuelo*. Cf. Cellier, introd. à *Consuelo*, p. LXI.

humaine, ce n'est pas trop[1]. » Le grand tournant du moyen âge, ce ne serait donc ni en Abélard ni en Joachim de Flore, comme l'estime Michelet, ni plus tard dans l'auteur de l'*Imitation*, comme Quinet lui-même le dira dans la suite, qu'il faudrait en chercher l'initiateur : ce serait dans le premier grand nom de la Scolastique, celui par qui s'ouvre le règne de la science et de la raison. Mais Albert le Grand ne sait pas encore lui-même quelle sera la véritable nature de ce règne qu'il inaugure. Il est réservé au Père éternel de nous le faire comprendre. C'est lui qui donnera enfin la réponse tant attendue. Elle est claire et définitive. Il dit, s'adressant à son Fils : « Ahasverus est l'homme éternel. Tous les autres lui ressemblent... A présent notre ouvrage est fini... » Et dans l'épilogue, le Christ, demeuré seul à la voûte du firmament, explicite le discours de son Père :

> Mon père Jéhovah m'a dit sur son chevet : Christ, mon âge est venu. J'ai vécu assez de siècles ; les mondes me pèsent à soulever. Ma paupière de diamant s'est usée à regarder mes soleils allumés. Ma tête chauve a été trop battue par l'inexorable tempête. J'ai froid... Ma langue dans ma bouche a appelé du néant l'un après l'autre trop de mondes. J'ai soif. Ma vieillesse est trop grande ; je ne vois plus luire ton auréole. Va ! ton père est mort.

Mais à son tour le Christ a disparu. Alors l'Éternité prononce : « Au Père et au Fils j'ai creusé de ma main une fosse dans une étoile glacée qui roule sans compagne et sans lumière... »[2]. L'avènement de l'Esprit, c'est le recul du Père et du Fils dans un passé mort. C'est l'avènement de l'Homme éternel, qui en 1833 s'appelle Ahasverus, et en 1838 s'appellera *Prométhée*[3].

Le « Petit Larousse » a-t-il tort de donner ce signalement : « Edgar Quinet, philosophe idéaliste et athée » ?

Quinet lui-même a écrit sur le tard : « Depuis mes premières années jusqu'aujourd'hui, j'ai soutenu les mêmes idées[4]. » L'assertion serait à

---

1. *Ahasverus*, pp. 6 et 422.

2. Op. cit., pp. 521, 534-535, 542-543. Il y a là un souvenir du célèbre rêve de Jean-Paul, tel qu'il a été interprété tout au long du XIXe siècle (et encore au XXe) en France, par un contresens dû à sa traduction incomplète dans l'ouvrage de Madame de Staël, *de l'Allemagne*. Voir la thèse de M. Claude PICHOIS, *L'image de Jean-Paul Richter dans les lettres françaises*, José Corti, 1963, pp. 271-273.

3. Dans l'*Encyclopédie nouvelle*, Pierre LEROUX cite Ahasverus et appelle de ses vœux « le poète théologien de notre temps ». Or il se trouve que dans les Cahiers de la Quinzaine, le 21 juillet 1903, Péguy fera l'éloge de Quinet, « ce grand cœur, ce théologien exemplaire ». Cf. Jacques VIARD dans *Rencontres avec Péguy*, D D B, 1975, p. 196. Cela n'est peut-être pas suffisant pour nous persuader que le poète appelé par Leroux « sera Charles Péguy ».

4. *Histoire de mes idées*, p. 253.

nuancer. En fait, à partir du rapide échec de la révolution de 1848, on le sent désaffectionné du socialisme qui alimentait son rêve, tandis qu'en revanche son anticléricalisme ne fera que croître ; estimant que « la Rome papale est devenue le ciment de tout ce qui reste de servitude sur la terre », il demeurera obsédé par le désir de procurer « le triomphe de la vérité et de la sérénité humaine sur les masques et les épouvantements de l'Église de Rome »[1]. Avec l'âge, l'inspiration manquant, la politique aidant, sa rhétorique sera de plus en plus verbalisme[2]. – Mais laissons ces misères et retournons au *Génie des religions*, qui parut en 1842.

Ni Ahasverus ni Prométhée n'exprimaient exactement à eux seuls la pensée propre de Quinet, du moins sa pensée entière. Ou bien celle-ci, qui se cherchait encore, aura pu se fixer ensuite, si l'on peut dire, dans une sorte de balancement perpétuel, favorable aux vues les plus grandioses comme aux plus larges assimilations. Son interprétation particulière du joachimisme à travers l'*Imitation* ne devra donc être considérée que comme un moment de sa longue carrière. On lit en effet au livre cinquième du *Génie des religions*, à propos de la religion hébraïque : « La tragédie commencée dans l'ancienne loi s'achève dans la nouvelle ; et si j'ai pu dire ailleurs que le drame de Prométhée n'avait de dénoûment possible que dans le Christianisme, comment ne le dirais-je pas du drame de Job ? ... Ces cris désespérés ne trouveront de réponse que dans une autre société. Le Christianisme commence à poindre... » Quinet se met alors à instituer un long parallèle entre les figures de Job, de Prométhée, d'Hamlet et de Faust, pour aboutir à une oscillation qui se combine avec la marche de l'histoire et dont il paraît trop facilement s'enchanter : « Les pensées déchaînées par Job ne se rendorment plus. D'âge en âge, chaque société ajoute un acte à cette tragédie que l'esprit joue avec lui-même. A peine fermé, l'abîme se rouvre... » Le Prométhée d'Eschyle, « ce colosse de poésie, sur le seuil des deux mondes, figure la première révolte de l'esprit de l'Europe contre celui de l'Orient. L'homme, pour la première fois, abjure le joug de la nature... Il est un doute fécond, comme il est une douleur féconde. L'Ancien Testament, dans ses chants de désespoir, contenait le Nouveau. Le livre de Job a eu pour réponse l'Évangile. Le poème de Prométhée enfermait implicitement le platonisme des Pères grecs, et il a trouvé sa solution dans le monde moderne... Ni la croyance, ni le scepticisme ne sont épuisés...[3] »

1. *La révolution religieuse au XIXe siècle*, 1865, pp. 167 et 171.

2. Dès la parution de son premier ouvrage (*La Grèce moderne*, 1830), le jeune MONTALEMBERT avait écrit à Michelet : « Vous auriez bien dû lui donner un peu de votre profondeur et surtout de votre simplicité. » (Carré, op. cit., p. 106)

3. *Le génie des religions*, pp. 311 à 324. Cf. M. DOMINO, *Religion et Révolution chez Quinet*, dans *Romantisme et Religion*, pp. 251-306.

CHAPITRE QUINZIÈME

ADAM MICKIEWICZ
(1798-1855)

I

« Les nouveaux Montanistes »

Dans un de ses cours au Collège de France, Edgar Quinet saluait un jour « notre cher, notre héroïque Mickiewicz », qui « au nom des Slaves, combat de sa sainte parole pour une cause qui bien souvent se confond avec la nôtre »[1]. Et Michelet dira plus tard, en exposant ce qui fut son propre chemin : « Le même chemin fut suivi en même temps par deux esprits éminents, Quinet et Mickiewicz, venus des deux bouts du monde, d'imagination très diverse, et cependant concordant entre eux et avec moi par le sens profond de la vie, de l'âme profonde de la vie, de l'âme populaire. » Gabriel Sarrazin, qui cite ce propos, associe étroitement les trois noms de ceux qui firent, dit-il, « les grands jours du Collège de France », ces « grands jours de l'esprit » : tous trois « rêvaient d'une grande politique et d'un christianisme épuré » ; tous trois, une fois qu'ils se furent « enfin rencontrés », « réunirent leur puissance »[2]. « Triade sacrée qui prépara l'explosion de 1848 ! » s'écriait Jean Scovazzi le 26 novembre 1879, lorsque le buste du grand Polonais fut couronné à Rome, au Capitole. Daniel Halévy, qui intitule un des chapitres de son *Jules Michelet* « les trois anabaptistes du Collège de France », raconte que le 11 juin 1842 Michelet « assiste au cours de Mickiewicz, avec tant d'émotion qu'il en a les larmes aux

1. Cité par André JACOBY (voir infra, p. 250), p. 123.
2. *Les grands poètes romantiques de la Pologne.* Perrin, 1906, pp. 66-68 et 72.

yeux ; et il annonce, il improvise brusquement un cours sur les Jésuites, contre les Jésuites[1] », – sans paraître douter de la filiation d'un cours à l'autre, et Léon Kolodziej, tout en contestant la matérialité du fait, estime lui aussi que « l'irritation du poète contre les Jésuites peut avoir contribué à attiser la haine de Quinet et de Michelet à leur égard » et que sans nul doute « les idées de ses deux collègues » ont, « par ricochet, envenimé sa propre rancune »[2]. Proudhon, lorsqu'il sut au début de 1848 que le cours de Michelet était suspendu, s'était réjoui de voir enfin réduit au silence le troisième des « trois mystificateurs empaumeurs et niais », et son historien, qui est encore Halévy, rapportant ce propos sans d'ailleurs en approuver la sévérité, ne suggère pas non plus au lecteur quelque distinction possible entre les orientations des trois « niais »[3]. Dans le discours qu'il prononça au nom du Collège en 1890, pour la translation des cendres de Mickiewicz, Renan a rappelé – par une phrase toute en nuances, mais en nuances trop légères – que « la société française éclairée le fit d'office, et presque sans le consulter, membre d'un triumvirat pour la liberté et contre la religion mal entendue »[4].

Le nom du grand poète polonais Adam Mickiewicz (1798-1855) demeure en effet associé à ceux de Michelet et de Quinet, en raison surtout de leur commun enseignement et de leur aventure analogue au Collège de France, où leur triple souvenir demeure inscrit sur un médaillon de bronze. Ils furent amis en effet, et « cette amitié rare entre trois hommes venus de coins de l'horizon si opposés » peut être considérée comme une sorte de « miracle »[5]. Tous trois, dans leurs leçons, tendaient à provoquer « un acheminement vers la Sainte-Alliance des peuples se substituant à la Sainte-Alliance des empereurs et des rois ». Tous trois répudiaient « l'égoïsme orléaniste » et si Mickiewicz ne s'était pas fait naturaliser français – ce qui le maintenait au Collège dans une situation précaire – c'est qu'il ne pouvait se résigner à prêter serment à Louis-Philippe[6]. Michelet venait parfois écouter les leçons de son collègue polonais ; il lui était uni dans la

1. *Jules Michelet*. Hachette, 1928, pp. 91-92.

2. *Adam Mickiewicz au carrefour des romantismes européens* (Essai sur la pensée du Poète). Aix-en-Provence, 1966, p. 384. « Selon toute apparence, M. n'a jamais eu de cours un 11 juin 1842 et dans le cours immédiatement précédent, c'est-à-dire du 7 juin, il n'y a pas mot des Jésuites. »

3. *Le mariage de Proudhon*. Stock, 1955, p. 97.

4. Discours prononcé à Montmorency le 29 juin 1890, recueilli dans *Feuilles détachées*. Œuvres complètes, éd. H. Psichari, t. 2, Calmann-Lévy, 1948, p. 1098.

5. André MAZON, Préf. à Adam MICKIEWICZ, *L'homme éternel*, pages choisies en prose, recueillies par J. A. Teslar. Paris, Gebethner et Wolff, 1929.

6. Ladislas MICKIEWICZ, *La Trilogie du Collège de France, Mickiewicz, Michelet, Quinet*. Paris, Musée Adam M., 1924, pp. 5 et 57-58.

détestation des « doctrinaires » installés et de leur « influence pédantesque »[1], et comme celui-ci rejetait l'esprit fataliste de la philosophie hégélienne, celui-là manifestait son horreur de la vulgarisation que Victor Cousin en avait faite en France[2]. Avant de délivrer son cours, Quinet causait volontiers avec Mickiewicz, dont l'influence a été signalée sur *le Christianisme et la Révolution française*[3]. Les trois amis furent « touchés par le feu d'une nouvelle Pentecôte », c'est Mickiewicz lui-même qui l'a dit, – mais il ne s'agissait pas de la même.

L'esprit du poète est, au fond, tout autre que celui de ses deux collègues. Comme eux, sans doute, interprétant ce qu'il pense être un « pressentiment universel » et l'imminence d'une « crise », il croit à quelque « révélation nouvelle », il espère une « nouvelle manifestation de l'Esprit ». Mais il ne conçoit pas du tout celle-ci comme une victoire de la raison, ou de la science, ou de la nature et des sens, ou d'un quelconque esprit moderne sur l'Église du Christ ; il s'agit pour lui, sans aucune équivoque, de « l'esprit chrétien ». Ce qu'il attend, c'est une « nouvelle explosion du Verbe de Jésus-Christ »[4]. Edmond Fondille le faisait observer dès 1862 : « On a affecté, disait-il, de confondre Mickiewicz avec MM. Michelet et Quinet, ... le maître catholique et napoléonien avec les deux professeurs voltairiens et révolutionnaires. La vérité est qu'il n'y eut rien de commun en esprit entre eux » ; alors que ceux-ci parlaient en adversaires de plus en plus virulents de l'Église et de toute foi dogmatique, celui-là « n'a pas un seul moment déserté la croyance dans laquelle il est né[5]. » Démenti sans doute trop

1. MICHELET, « L'héroïsme de l'esprit », dans H. F., t. 1, éd. Viallaneix, p. 41.

2. Cf. MICHELET, cours du 12.3.1846, citant avec indignation ce passage de Cousin (19.6.1828) : « J'espère avoir démontré que puisqu'il faut bien qu'il y ait un vaincu et que le vainqueur est toujours celui qui doit l'être, accuser le vainqueur et prendre parti contre la victoire c'est prendre parti contre l'humanité et se plaindre du progrès de la civilisation. »

3. M. écrira dans *la Tribune des peuples*, 14.4.1848, « Notre programme » : « La grande Révolution française, héritière du christianisme ».

4. Leçon du 7.2.1844 ; t. 2, p. 130. La leçon d'ouverture fut donnée le 22.12.1840 ; le cours fut suspendu en mai 1844. Les deux premières années furent consacrées aux Slaves. Nous retenons ici les deux dernières, publiées à Paris en 1845 : *L'Église officielle et le Messianisme, I, Littérature et Philosophie, l'Église et le Messie ; II, Religion et Politique* (= t. 1, t. 2) ; elles ont été réimprimées en 1914 par Ladislas M., avec préface de Fortunat Strowski (Paris, Musée A.M.). Il existe des traductions en polonais et en allemand, mais le texte français, revu par l'auteur sur les sténographies, est le plus autorisé. (L'ensemble du Cours : *Les Slaves, Histoire et littérature des nations polonaise, bohème, serbe et russe*, a été publié en 1849, 5 vol., Comptoir des imprimeurs réunis.) Un projet d'édition critique par Léon Ploszewski (cf. J. A. Teslar, introd. à l'Homme éternel, 1929, p. XV) ne semble pas avoir été réalisé.

5. *Adam Mickiewicz, sa vie et sa croyance, esquisse biographique, impressions et souvenirs*. Paris, 1862, pp. 66-67. M., qui avait admiré Voltaire dans sa première jeu-

catégorique, opposition trop simpliste, juste néanmoins pour l'essentiel. La « trinité » du Collège de France ne fut guère homogène : « trilogie de pensée, fraternité intellectuelle dont on a vraiment un peu trop abusé », dit sagement Edouard Krakowski[1]. Michelet et Quinet « cherchaient toujours davantage dans la raison humaine les lumières que Mickiewicz ne demanda jamais qu'à l'inspiration chrétienne »[2]. On a, sinon contesté, du moins écarté le témoignage que Ladislas, fils du poète, a rendu, en ne voulant y voir qu'un hommage de « piété filiale ». En réalité, les jugements de Ladislas se fondent sur une série de lettres fort éclairantes. Catholique sincère et ardent, Mickiewicz était libéral, comme on disait alors, mais il n'était pas du tout marginal. Ce qu'il reprochait à son Église, c'était « de ne pas faire suffisamment fructifier l'immense capital spirituel dont elle est la gardienne » ; il la « sommait » de s'y mieux employer, « de faire des miracles, tandis que Michelet et Quinet se demandaient qui pourrait la remplacer ». Plein de sympathie pour eux, souffrant de leur impiété, il s'efforçait de leur montrer qu'ils « s'illusionnaient en se flattant que leur rationalisme, malgré de superbes échappées spiritualistes, serait jamais l'aliment moral de l'humanité »[3]. Presque au lendemain de son arrivée à Paris, en 1833, la presse anticléricale s'était déchaînée contre son « jésuitisme »[4]. Il écrira encore en 1839, faisant allusion à ses anciens poèmes : « Je me sens le cœur plus léger maintenant qu'on m'injurie pour mon catholicisme que quand on me louait pour un cliquetis de mots dont il n'est rien résulté de bon[5]. » Alors que ses deux compagnons ne devaient pas tarder à tonner, avec la vigueur que l'on sait, contre les jésuites, il allait, entraînant avec lui quelques compatriotes, suivre les Exercices spirituels de saint Ignace dans leur maison de Saint-Acheul et il en sortait « ranimé »[6].

---

nesse, le détestait ; Michelet et Quinet seront membres du comité formé pour lui faire ériger une statue. Méconnaissant la profondeur de la question religieuse qui séparait Mickiewicz et Michelet, HAAC, op. cit., p. 126, estime seulement que « le bonapartisme et l'orthodoxie » du premier introduisait « parmi eux quelques différences d'opinion ».

1. *Adam Mickiewicz philosophe mystique ; les sociétés secrètes et le messianisme européen après la Révolution de 1830*. Mercure de France, 1935, p. 162.

2. Ladislas M., introd. à la rééd. des Cours, 1914, p. XXIV.

3. Ladislas M., « Jules Michelet et A. M. », Rev. des deux mondes, 1924, 2, p. 170 ; *La Trilogie...*, pp. 12 et 28. Cf. FONDILLE, loc. cit. : « Je lui entendis dire (parlant de ses deux amis) : je donnerais ma vie pour les tirer de l'erreur. »

4. Montalembert à Lamennais, 22.7.1833. Lam., C.G., 5, 772.

5. A Bohdan Zaleski. *Correspondance* (1820-1855). Les Belles-Lettres, p. 197.

6. A Ignace Domeyko, 4.9.1837 : « J'ai été avec César Plater et Jasinski une semaine à Amiens et à Saint-Acheuil, où Jean et Étienne Gratkowski, après des retraites, ont passé à l'Église catholique... Mon voyage et mon séjour au couvent de Saint-Acheuil m'ont beaucoup plu et en quelque sorte ranimé. » Ibid., p. 165. Cf. p. 167, à E. Odyniec, déc. 1837 : « Tu as sans doute entendu parler des catholiques,

Au reçu des deux derniers volumes de son cours, en 1845, Michelet lui écrivit : « Nous sommes aussi unis de sentiments qu'opposés de méthode, non dans le principe intime. » L'opposition n'était pas seulement de méthode, et Michelet en avait bien conscience ; la même année, une autre lettre précisait : « Unis d'amitié, unis encore par la recherche sincère de la vraie vie morale, nous différons cependant de principes peut-être, essentiellement », et une note personnelle désignait son « cher adversaire » comme « légendaire et mystique ». Plus nette encore, si possible, sera cette lettre de 1850 : « Je voudrais..., à mon cours, faire un examen très sérieux, très critique, du vôtre, que j'admire tant dans l'extrême opposition de nos points de vue... »[1].

Ces franches déclarations s'expliquent en partie par la crainte qu'avait éprouvée Michelet lorsqu'il connut le projet formé par un groupe d'auditeurs enthousiastes : ils avaient conçu l'idée de faire frapper une médaille à l'effigie des trois professeurs, afin de perpétuer la mémoire de leur triple et un enseignement. Dans la seconde lettre citée de 1845 il poursuivait en effet : « Pourrons-nous, en associant nos effigies dans une médaille, faire croire à l'avenir que nous avons été unanimes sur la question religieuse et sociale ? » Devant les étudiants eux-mêmes, il tint à marquer ensuite la distance entre eux deux, – de telle manière, il est vrai, que son explication était plutôt propre à autoriser la légende. D'après une sténographie partielle de son cours de 1847, citée aussitôt par Eugène Loudun dans le *Correspondant,* il aurait dit en effet :

> L'année dernière, il y avait ici trois cours, trois cours d'idées. Il y avait l'analyse : c'était moi ; il y avait la synthèse, ce bon, ce grand, ce sublime Quinet ; le troisième était un saint. Mickiewicz, c'est un saint, c'est un oriental, un homme à légendes, c'est un saint. Et ce sera pour moi, Messieurs, une gloire immortelle d'avoir fait partie de la trinité de ces grands hommes[2].

Propos accueillis, paraît-il, « par trois salves de bravos, de trépignements et de battements de mains ». Quant à l'affaire de la médaille,

---

Jésuites, agneaux, etc. etc... Réellement l'Évangile se répand beaucoup dans l'émigration, les gens reviennent à l'Église, ce qui scandalise les uns, surprend les autres et me réjouit... » Cela n'exclut pas une concession au langage courant ; dans sa leçon du 12.3.1844, M. dira : « La doctrine représente dans la sphère politique ce que le jésuitisme représente dans la sphère religieuse », t. 2, p. 169.

1. Le 14.1.1850. Cf. le 30.8.1851, à sa mère : « J'ai été... forcé de me séparer (de lui) sur plusieurs points. » Ladislas M., *La Trilogie...*, pp. 182 et 184.

2. T. 18, 1847, pp. 243-244 : « Les cours de M. Michelet en 1847 ». Cf. p. 239 : « Avant le cours, un jeune homme lit un poème, où le gouvernement est traité de cadavre jésuitique » ; on l'applaudit frénétiquement, il doit reprendre sa strophe, etc.

Michelet céda. Les trois effigies gravées portent en exergue : « Ut omnes unum sint » ; au revers : « La France et les auditeurs du Collège de France ». Un agrandissement fut placé, le 12 avril 1884, sur l'initiative des survivants de l'époque, dans la salle où se faisaient les cours[1].

Cependant, les divergences entre Mickiewicz et ses deux anciens collègues s'aggravèrent. En 1856, Quinet écrit à Michelet qu'il semble s'être « terriblement éloigné » d'eux. Tandis que les deux Français se répandaient en paroles sonores, le Polonais exilé jugeait que « faire de l'histoire est plus important que de l'écrire ». Michelet voudra soustraire le jeune Armand Lévy, qui avait suivi Mickiewicz à Constantinople, aux « vieilles idolâtries » dont le poète risquait de le contaminer. De plus en plus sectaire et, sous l'influence de sa seconde épouse, de plus en plus mondain, il fera de Renan l'oracle de son salon. De son côté, Quinet mettra en scène « Adam le Polonais » dans *Merlin l'enchanteur,* pour lui faire lancer un anathème à tous les hommes d'Église, et ne l'en reléguera pas moins dans les Limbes, pêle-mêle avec saint Thomas, saint Bernard, Joachim de Flore, Catherine de Sienne, sainte Thérèse et tout le « grand peuple des âmes mystiques, amoureuses de larmes », coupables d'être allées « au loin chercher la volupté divine ». L'un et l'autre toutefois respecteront toujours Mickiewicz et ne cesseront de l'admirer. On peut penser avec Ladislas que « sans se l'avouer, ils le sentaient dans une sphère spirituelle supérieure à la leur »[2].

C'est avec un peu plus de raison qu'on a pu rapprocher Mickiewicz et Lamennais sous le titre commun de *Pélerins de l'avenir*[3]. A Dresde, il s'était promis de consacrer sa vie au service de sa patrie exilée. Dès son arrivée à Paris, il avait été déçu par l'indifférence des Français, chez qui prédominait, disait-il, « le libéralisme financier ». Lamennais, écrivait-il à Lelewel le 23 mai 1832, « est le seul français qui ait sincèrement pleuré sur nous »[4]. Il voulut ranimer l'espoir et refaire sur « la base du catholicisme » l'unité de « la grande Émigration », qui se déchi-

1. Ladislas M., *La Trilogie*, p. 13 ; R. des deux mondes, pp. 168-172. Renan présidait la cérémonie.

2. Cf. Ladislas M., *La Trilogie*, pp. 7, 27, 42-43, 47-52, 68-70. MICHELET admire en particulier « l'effort sublime » de Mickiewicz, dans son cours, « pour amnistier la Russie, pour réconcilier les frères ennemis... dans l'idée de l'origine commune... » : *Légendes démocratiques du Nord*, éd. Flammarion, pp. 23-24 et 29 ; cf. p. 4.

3. Wenceslas GODLEWSKI, *Les Pélerins de l'avenir, Mickiewicz et Lamennais.* Revue des sciences humaines, 1955, pp. 383-501.

4. Cité par Joseph KRASZEWSKI, *Le mouvement religieux et moral du Laïcat parmi les émigrés polonais en France,* 1832-1848. Thèse de théologie de l'I.C. de Paris, 1972, p. 79.

rait en factions rivales. Dans ce dessein, il se mit à composer un double opuscule : *Les livres de la Nation polonaise et de son pélerinage* (1832)[1] ; il en amorça même une traduction française, qu'il pria Montalembert, alors adonné à l'étude du polonais, de revoir et de compléter. Montalembert l'avait introduit dans le cénacle qui se réunissait chez lui chaque dimanche. Comme tout le groupe de *l'Avenir,* qui n'était pas encore désagrégé, il était acquis d'avance à sa cause[2]. En fait, c'est à Bohdan Janski qu'est dû l'achèvement de la traduction littérale ; le jeune ami de la Pologne se contenta, précise-t-il lui-même, d'en revoir le style et d'y mettre son nom, « pour que le livre se répande parmi les catholiques libéraux »[3]. L'édition française parut en mars 1833, sous le titre de *Livre des pèlerins polonais,* choisi en commun par Montalembert et par Lamennais, précédé d'un avant-propos du premier et suivi d'un « hymne à la Pologne » du second. Féli avait aussitôt admiré le livret de Mickiewicz : « Une si pure expression de la Foi et de la Liberté tout ensemble est une merveille en notre siècle de servitude et d'incroyance »[4], « Mickiewicz (est) sans contredit le premier poète de note époque[5]. » Lui-même avait alors commencé, dira-t-il, la rédaction d'un petit livre « d'un genre fort analogue », mais sans attrait bien ferme, et il hésitait à la poursuivre. La lecture en manuscrit des *Pélerins* fut « l'étincelle » qui le galvanisa[6]. Il en imita « le style biblique et visionnaire » et en emprunta la manière parabolique dans les *Paroles d'un croyant*[7]. On connaît la lettre que Maurice

---

1. Publiés à ses propres frais ; l'un d'eux, envoyé à tous les Polonais émigrés, en France et hors de France : c'était, en version originale, le « Catéchisme des pélerins polonais ».

2. Cf. André TRANNOY, *Le romantisme politique de Montalembert avant 1843.* Bloud et Gay, 1942, pp. 192-194. Edmond PRIVAT, *L'Europe et l'odyssée de la Pologne au XIXe siècle.* Lausanne (Bridel) - Paris (Fichbacher), 1918, c. 16, « L'idéalisme polonais et Montalembert », pp. 193-207.

3. Joseph KRASZEWSKI, op. cit., pp. 78-79 et 114. TRANNOY, op. cit., p. 180. LECANUET, *Montalembert,* t. 2, Poussielgue, 1898, pp. 354-366 ; cf. pp. 212-218, sur *l'Avenir* et la Pologne.

4. Ladislas M. citera ces mots : *Adam M. sa vie et son œuvre,* p. 137.

5. A Coriolis, le 6 mai 1833.

6. GÉRARD de NERVAL, approximatif et pénétrant, dira dans l'Almanach cabalistique de 1850 : « L'apparition du livre... sembla frapper M. de Lamennais d'un éclair semblable à celui qui ouvrit les yeux à saint Paul. De ce moment, à son tour, il prophétisa... » *Œuvres,* Pléiade, t. 2, p. 1221. Nerval dira encore inexactement, loc. cit., que *l'Évangile* (sic) *du peuple* (1839) « est conçu absolument dans la forme et dans les idées de l'ouvrage du poète polonais ».

7. LAMENNAIS, C.G., 5, nombreux textes de l'année 1833. Cf. Xavier TILLIETTE, *Bible et philosophie,* I.C. de Paris, 1979, p. 83. Maxime HERMAN, *Adam M.*, Rev. des sc. hum., 1955, pp. 467-482. Comme M. finissait par le signe de la croix, L. commence de même.

de Guérin écrivait à son ami Hippolyte de la Morvonnais le 10 mai 1834, à propos des trois écrits de Mickiewicz, de Lamennais et de Sylvio Pellico (*Mes Prisons*), parus à peu de distance : « terrible trilogie..., trois coups de massue, coup sur coup, et portés par des hommes catholiques, des hommes purs, des hommes saints. » Mais le rapprochement, si l'on n'y ajoute rien, est trompeur[1]. Pour ne parler que de Mickiewicz et de Lamennais, leurs deux livrets sont de caractère bien différent. Un peintre polonais, Statler, « a représenté le parvis de Notre-Dame, à Cracovie, couvert d'une foule immense, et Mickiewicz lisant au peuple réuni le *Livre de la Nation polonaise*. Le peuple est attentif, mais il est calme, car ce n'est point un livre à jeter le trouble dans les âmes, ce n'est point une provocation à l'émeute...[2] » Tout lecteur de Mickiewicz ne pourra qu'approuver la justesse de ce tableau symbolique.

Après une jeunesse étudiante qui l'avait éloigné de la foi chrétienne, Mickiewicz, au temps de sa déportation (assez douce) en Russie[3], avait peut-être lu à Saint Pétersbourg l'*Essai sur l'indifférence*, et cette lecture avait pu contribuer à le rapprocher du catholicisme. En 1831, lors d'un premier passage à Paris, il avait rencontré Lamennais. Les deux hommes avaient fraternisé. L'illustre émigré avait été invité avec insistance à la Chesnaie ; malgré la légende, le projet n'avait pu se réaliser[4], mais par l'intermédiaire de Montalembert Lamennais recevait constamment des nouvelles de Mickiewicz, il lui faisait dire « mille choses affectueuses », il voulait provoquer la fondation à Paris, pour les jeunes Polonais, d'une maison d'études supérieures dont leur grand compatriote serait le chef[5]. Cependant, l'entente fut éphémère. Déjà le ton sur lequel Lamennais commentait le *Livre des pèlerins* témoignait d'un autre esprit ; l'éloge de ce livre « ravissant » éveillait par contrecoup sa verve atrabilaire : « Oh ! que la religion est belle, quand on n'en fait pas un cloaque où viennent aboutir toutes les bêtises de l'esprit et toutes les corruptions du cœur[6] ! » Dans le même temps,

1. Mais MICHELET disait juste, en écrivant à M. au reçu des *Pèlerins* : « Je ne connais que l'ouvrage de Silvio Pellico qu'on puisse lui comparer. » Carré, op. cit., p. 112.

2. Le comte Ostrowski, préface aux *Œuvres de Adam M.*, trad. nouv., t. 1, Paris, 1841, p. XIX.

3. Né dans la campagne lithuanienne, arrêté par la police russe en 1823 à Wilno, expédié après quelques mois de prison à Saint-Pétersbourg, Odessa et Moscou, M. ne devait jamais voir ni Varsovie ni Cracovie. On trouvera un résumé de sa vie et de ses œuvres dans Maxime HERMAN, *Hist. de la litt. polonaise,* Nizet, 1963, pp. 141 à 169.

4. Cf. Lamennais, C.G., 5, pp. 211, 406, 412-413, 642, 756.

5. A Montalembert, 16.4.1833. C.G., 5, 367. Cf. KRASZEWSKI, p. 132.

6. A Benoit d'Azy, 8.5.1833. C.G., 5, 385.

alors que le poète proclamait son attachement à la foi catholique et travaillait à lui ramener plusieurs de ses compagnons d'exil, il se proposait au contraire de bannir le mot « catholicisme » de son vocabulaire, pour signifier à tous qu'il ne voulait « plus avoir rien à faire avec la hiérarchie »[1]. Sa fameuse incantation : « Dors, ô ma Pologne... », écrite à Rome lorsqu'il s'obstinait à y attendre une approbation de *l'Avenir*, contrastait avec la Litanie sur laquelle se terminait le livret de Mickiewicz[2]. La préface même dans laquelle Montalembert avait exhalé « un peu de (la) fureur » communiquée par son maître contre « la féodalité de l'enfer » était blâmée par quelques Polonais ; l'un d'eux reprochait au jeune traducteur une « âcreté » de ton qui s'accordait mal avec le langage habituellement pieux et serein de Mickiewicz et, pressentant un orage prochain, il lui prodiguait les conseils de pratique religieuse, « surtout une humilité profonde et spirituelle, dans un moment où les hommes justes se trouvent obligés de se séparer, dans une action aussi importante, de la marche suivie par l'Église »[3].

Bientôt en effet l'épreuve fut rude, à la fois pour le polonais et pour le breton. Si la condamnation romaine de juin 1834 visait avant tout Lamennais, elle n'épargnait pas Mickiewicz, dont l'attitude avait été elle aussi durement réprouvée[4], et le maintien de la politique adoptée par Grégoire XVI à l'égard de la Pologne l'atteignait plus au vif[5]. Dix ans après, il exprimera encore sa douleur à la pensée « qu'une nation catholique a été abandonnée par l'Église officielle dans le moment le plus terrible de la lutte qu'elle soutenait pour conserver sa nationalité religieuse »[6], et ni sa connaissance de la plainte exprimée par le pape en 1838 d'avoir été trompé, ni les protestations réitérées de Rome à l'adresse du tzar Nicolas, ni les aveux déchirants du Consistoire de juillet 1842 ne suffiront à guérir sa blessure[7]. Néanmoins, autant il était attristé pour sa patrie et pour l'Église elle-même, autant il désapprouva la révolte de Lamennais[8]. Suivant le témoignage que lui

1. A Montalembert, 2.5.1833. C.G., 5, 376.

2. Cf. PRIVAT, op. cit., pp. 163-164. TRANNOY, op. cit., pp. 192-193.

3. Montalembert à Lamennais, 26.10.1833. C.G., 5, 831-832.

4. Dans la Lettre de Grégoire XVI à l'archev. de Rennes, datée du 5.10.1833. Cf. LECANUET, op. cit., t. 1², p. 395. La préface de Montalembert dut y contribuer. Toutefois le *Livre des pélerins* ne fut pas mis à l'Index. Voir aussi J.-R. DERRÉ, *Metternich et Lamennais*, PUF, 1963.

5. Cf. PRIVAT, pp. 157-160 et 169-171. KRASZEWSKI, pp. 60-65 et 133.

6. Cours, t. 2, p. 70 ; cf. pp. 54 et 86.

7. Sur Grégoire XVI et la Pologne : PRIVAT, op. cit. LESCŒUR, *L'Église catholique en Pologne sous le gouvernement russe*, 1772-1875, t. 1, Paris, 1922.

8. Nous ne voyons pas que dans ses « écarts » M. ait été influencé par la « défection

rendit en 1844 l'abbé Kajsiewicz, au reçu de l'encyclique *Singulari nos* « il se soumit avec l'humilité et la simplicité d'un vrai fils de l'Église, et pour autant que c'était en son pouvoir s'opposa à ce que (son) petit ouvrage continuât à être publié »[1]. On le constate en effet : tandis que Lamennais s'éloignait de l'Église, son activité apostolique s'intensifiait. Devant la carence du clergé de l'émigration, il avait pris la tête du mouvement de renouveau religieux et moral parmi ses compatriotes, et c'est précisément en décembre de cette année 1834 que prit officiellement existence l'« Association des Frères unis » dont il avait eu l'initiative et dont le but était de « mieux réaliser l'idéal évangélique », « dans la confession romaine et catholique ». Dès 1835 son ami Bohdan Janski, converti du carbonarisme et du saint-simonisme, vint s'y agréger ; leur action commune fut féconde, et en décembre 1836 Mickiewicz pouvait écrire à Odyniec : « Réellement, l'Évangile commence à se répandre dans l'émigration »[2].

Mickiewicz n'en devait pas moins conserver toujours, avec sa foi nationale, cette ardeur qu'on a souvent dite, d'un mot qui n'est qu'à moitié juste, démocratique, c'est-à-dire cette foi dans le peuple, qui chez lui s'était mêlée à l'espoir mis dans la France. Elle a donné lieu à une anecdote symbolique, rappelée encore il y a quelques années par Czeslaw Milosz[3] et, avec réserve, par M. Léon Kolodziej[4], mais de réalité fort douteuse. Un jour de 1848 qu'il était reçu par Pie IX, le grand Polonais aurait tiré la manche du pape en criant : « L'Esprit de Dieu est sous les blouses du peuple de Paris[5] ! »

---

tragique de Lamennais », comme le croit Charles JOURNET, *Exigences chrétiennes en politique*, Paris-Fribourg, 1945, p. 77, dans sa belle étude sur « le messianisme de M. » (pp. 75-121).

1. Cité par KRASZEWSKI, pp. 89-90.

2. KRASZEWSKI, op. cit., pp. 104-108. Voir infra.

3. Préface à l'*Anthologie de la poésie polonaise*, Seuil, 1965, p. 20.

4. Op. cit., p. 617.

5. Dans le récit circonstancié de ses entrevues avec Pie IX, Ladislas, son fils, ne mentionne rien de tel : *Mémorial de la Légion polonaise de 1848 créée en Italie par Adam M.*, t. 1, Librairie du Luxembourg, 1877, pp. 87-93 : c'est un compagnon de M. qui l'aurait tiré par le pan de son habit pour le modérer, le pape montrant des signes d'impatience. Cf. la lettre d'une dame polonaise citée ibid., p. 100 : « Lorsque, à une sommation énergique... de proclamer l'iniquité du partage de la Pologne, Pie IX répondit : « Soyez patients, attendez », M. secoua le bras du pape et, à ses « piano, piano », répliqua : « Mais, Saint-Père, nous souffrons », etc. » C'est là, observe Ladislas, « une exagération de salon. Mme Odrowonz répète cela par ouï-dire. Mais Potemski, qui était présent, affirme que le fait non seulement est faux, mais était impossible » (vu la distance). L'anecdote est cependant reprise en détail par Marie GZAPSKA, *La vie de Mickiewicz*, coll. « le roman des grandes existences », Plon, 1931, pp. 252-254.

Rien, dans ce qu'on vient de voir, ne permet de supposer, comme on l'a écrit, que « chez l'exilé polonais » ait revécu, comme « chez le solitaire de la Chesnaie », « l'idée historiosophique d'une religion unique et éternelle, dont le christianisme n'est qu'une des formes transitoires ». La suite confirmera, pensons-nous, ce jugement négatif. Par contre, sans invoquer l'autorité de Joachim de Flore ni d'aucun des anciens annonciateurs de l'Évangile éternel, Adam Mickiewcz nous les rappelle irrésistiblement par plus d'un aspect de son prophétisme. Plus exalté parfois dans la forme que Joachim, il est cependant plus modéré dans la doctrine. Fortement touché dans sa jeunesse par la mystique des sociétés secrètes, par Boehme ensuite dont il s'éprit à Dresde en 1832[1], par les visions de Frédérique Wanner, par Swedenborg, par Baader et par Saint-Martin qu'il lut à Paris en 1833, mais aussi par Catherine Emmerich, « poème des plus élevés et supérieur à Klopstock »[2], et par les grands mystiques de la tradition chrétienne, surtout Denys (qu'il projette de traduire en polonais), il ressemble à un Joseph de Maistre qui serait plus proche des sources d'inspiration populaires, à un Lamennais qui serait demeuré fidèle[3]. Il se recommande volontiers de Buchez, qu'il a rencontré chez Montalembert et dont le groupe mène une action parallèle à la sienne. Souvent, dans ses leçons de 1842-1844, l'excès de son langage étonne, mais on doit se rappeler que ces deux années seront pour lui une période d'exaltation exceptionnelle. Il a d'ailleurs pris soin de préciser devant son public : « Je ne suis pas un docteur, je ne vous expose pas un système », et il a même fait une fois – ô candeur ! – cet aveu : « Je me suis fait une règle de ne jamais préparer d'avance mes discours, j'ai cru prouver par là ma foi dans les promesses de l'Évangile. » Il est vrai qu'il disait cela dans la fièvre de ce qu'il savait être sa dernière leçon, et qu'il ajoutait plus prosaïquement : « Je n'avais ni les bibliothèques slaves à ma disposition, ni les savants slaves à consulter »[4].

1. Le *Voile d'Isis* a publié en avril 1930, n° 124, pp. 269-286, divers passages de M. sous ce titre : « Le système de Jacob Boehme ».

2. A. J. Kajsiewicz et L. Rettel, 16.12.1833. Corresp., 156.

3. Comme le premier il pense que le Congrès de Vienne fut « une semence éternelle de guerres et de haines » (Maistre, Lettres et op. inédits, t. 1, 1851, 324) : comme le second il préconise une « sainte-alliance des peuples ».

4. Leçon du 28 mai 1844 ; t. 2, 279-280 ; éd. de 1914, 351. Cf. sa préface à l'édition allemande (dans 1914, p. XXXI). Cf. la leçon du 19 mars, dans la sténographie reproduite par Alexandre-André-Jacob ERDAN, *La France mystique, tableau des excentricités religieuses de ce temps*. Paris, 1855 ; 2ᵉ éd., Amsterdam, 1858, t. 2, pp. 63-64. Sur cet auteur, voltairien au petit pied : *Grand Dict. universel du XIXᵉ siècle*, par Pierre LAROUSSE, t. 7, 1872.

Mickiewicz est poète, grand poète. Mais depuis la publication (1834) de son Pan Tadeusz[1], cette épopée ou ce « roman en vers » qui lui valut le surnom d'Homère polonais et qu'il qualifiera un jour d'« amusette », sa carrière poétique est derrière lui. Dès février 1834 il a confié à E. Odyniec : « Je n'emploierai plus jamais ma plume à des bagatelles. Il n'y a d'ouvrage qui vaille quelque chose que celui qui peut aider l'homme à se corriger et lui apprendre la sagesse[2]. » Il sera désormais « prophète et politicien ». Coupure qu'il ne faudrait cependant pas forcer : car dans cette nouvelle carrière il fut encore et davantage le *wieszcz* traditionnel des Slaves, c'est-à-dire le « poète inspiré, barde, prophète, guide spirituel de la nation dont il incarne les souffrances et assume le destin »[3], et c'est alors, peut-on soutenir, qu'il apparaît dans toute sa grandeur. D'un point de vue peut-être encore trop littéraire, Daniel Halévy a su le dire :

> ... Cette grandeur étrange est manifeste dans les leçons qu'il prononce de 1840 à 1844. On n'y trouve pas trace de cette rhétorique, de cette déclamation – donc de cette insincérité – qui gâtent les écrits de Quinet et de Michelet. Quinet et Michelet prétendaient parler d'inspiration, improviser ; ce n'était pas vrai ; mais Mickiewicz, dont ils prenaient exemple, improvisait véritablement. Ses leçons... nous donnent sa parole même, libre, simple et puissante. La littérature de 1848 est gâtée par le faux et l'emphase. En lui, rien de tel... Les fleurs d'un merveilleux folklore se mêlaient sur ses lèvres au feu du messianisme. La puissance slave de souffrir, d'espérer, de transformer la souffrance en espérance, vivait en lui... Les improvisations de Mickiewicz ont la qualité mystérieuse, pressante, des *Ballades*[4]. C'est une fantaisie, un feu, une beauté : on lit, on est saisi...[5].

D'autre part, le prophétisme politique n'était déjà pas absent des *Ballades, Odes* et autres chants de la première période, dont l'une des notes dominantes est « la mélancolie nationale ». Il ne l'était pas non plus de *Grazyna*, « épisode poétisé de la lutte entre Lithuaniens et Chevaliers Teutoniques », ni tout à fait des *Dziady* de Wilno, qui ne sont pas seulement un poème d'amour. Il était au cœur de *Konrad Wallenrod*, cette « légende historique » aux accents byroniens, voire

1. *Pan Tadeusz* sera traduit en français par Paul Cazin (1934).
2. Teslard, p. 9.
3. Encyclopaedia universalis, t. 13, p. 284, art. *Pologne*, par J. B.
4. Publiées à Wilno dans le t. 1 de ses Œuvres, en 1822.
5. *Jules Michelet*, pp. 97-99.

prométhéens, qui devint aussitôt pour les jeunes polonais de Varsovie « le manuel de la conspiration »[1]. Dans les *Dziady* de Dresde, inspirés par « les fastes du martyre de la Pologne », la vision du moine Pierre venait corriger ou compléter la figure du héros Konrad, sans atténuer l'élan de son patriotisme mystique. L'épopée lithuanienne de *Pan Tadeusz* revendique silencieusement l'unité des deux nations sœurs et a fait revivre les combats de 1812 pour la résurrection de la patrie. Le *Livre des pélerins polonais*, est-il besoin de le dire, ne fait pas exception : c'est « l'exodus des proscrits qui entonnent un dernier cantique d'adieu sur la terre »[2], et c'est en même temps une supplication pour l'indépendance de tous les peuples. Les malheurs de la Pologne, pensait Mickiewicz, « sont trop intenses pour que ses fils s'amusent à des feux d'artifice littéraires »[3]. Quant à la politique active dans laquelle il devait se lancer aux approches de 1848, le jeune étudiant de Wilno s'y était préparé dans cette société des « Philomathes », où son action lui valut un perpétuel exil.

Plus fondamentale est sa conception même de l'art. « Malheur, dit-il, aux poètes s'ils se bornaient seulement à parler ! C'est alors que la Poésie leur jetterait cette guirlande de fleurs mortes dont ils seraient condamnés à s'amuser pendant toute leur vie[4]. » Il fait partager à son compatriote Krasinski, dont nous aurons à parler, son mépris pour cette pure littérature « qui brille quelque temps comme le ver luisant sur l'herbe de mai, puis s'éteint pour toujours »[5]. Analysant l'œuvre de Pouchkine, il reproche au poète russe d'avoir subi d'abord l'influence des idées reçues dans l'occident, d'après lesquelles le poète est un artiste qui doit seulement chercher la perfection de son œuvre, ce qui est « déifier l'art » ; il le loue d'avoir ensuite reconnu – même s'il n'eut pas le courage de se maintenir à cette hauteur – que pour chanter dignement il faut subir une transformation intérieure et devenir « prophète ». Les Bohèmes, pense-t-il, ont le malheur de n'avoir produit que « des ouvrages de luxe littéraire ». Il s'attriste en constatant que « toutes les mythologies anciennes ont fini par être corrompues et défigurées par les artistes, par les savants et par les écoles de doctrinaires » ; l'art,

1. Sur l'évolution du patriotisme de M. à partir de *Konrad Wallenrod*, voir O. HALECKI, *La Pologne de 963 à 1914*, Alcan, 1933, pp. 305-307.

2. OSTROWSKI, loc. cit., p. XIX.

3. *Chefs d'œuvre poétiques d'Adam M.*, traduits par lui-même et par ses fils... Charpentier, 1882, p. 3 (par Ladislas).

4. T. 1, p. 30. On pourra comparer Claudel, évoquant « les vastes plans de fonds, la riche perspective qui manquent à la misérable petite poésie moderne » : lettre de Kuliang, 7 août 1903 ; citée par Espiau de la Maëstre, p. 35.

5. Cité par KOLODZIEJ, p. 14 ; fidèle à cette conception de M., KRASINSKI la développe dans un passage de sa *Comédie infernale*, que M. cite, t. 1, pp. 27-28.

conclut-il, est le plus coupable, car c'est lui « qui a contribué le plus à fausser l'idée religieuse »[1].

Ces indications étaient nécessaires pour nous aider à saisir la véritable pensée religieuse de Mickiewicz. Il y faut joindre quelques repères biographiques.

Libéré en 1829, mais interdit de séjour en sa patrie, Mickiewicz atteint d'abord Berlin. Il assiste au cours de Hegel, qui l'ennuie par ses longues dissertations sur la différence entre Vernunft et Verstand et lui inspire une « aversion invincible »[2]. Par Dresde, Prague et Karlsbad, il vient à Weimar, où Goethe le reçoit avec honneur[3]. En compagnie de son ami Odyniec, il voyage ensuite en Italie, revient à Genève où il se lie avec Krasinski, et en octobre 1830 retourne à Rome. Il y mène pendant quelques mois une vie silencieuse, priant, se confessant, lisant la Bible, l'*Imitation*, fréquentant quelques amis polonais, dont le jeune prêtre Stanislas Choloniewski, qui le guide pour achever sa pleine conversion au catholicisme[4]. En avril 1831, départ pour la Poznanie, avec un bref crochet par Paris (c'est alors qu'il rencontre Lamennais). La Pologne lui reste fermée. Varsovie, insurgée depuis le 29 novembre 1830, tombe le 7 septembre 1831. En mars 1832, il se replie de la Poznanie sur Dresde; en juin, sous la menace d'une expulsion, il quitte la Saxe. Le 1er août 1832, il est à Paris.

Accueilli, déjà célèbre, dans tous les milieux, il ne tarde pourtant pas à sentir, nous l'avons dit, l'incompréhension de ses hôtes et « la triste réalité de l'Émigration »[5], dont les membres s'entredéchirent. Indifférent aux modes littéraires et se tenant à l'écart des clans, il mène une vie pieuse, crée avec Bohdan Janski un journal, le Pèlerin, pour ses compatriotes exilés[6], se marie avec une jeune Polonaise connue jadis dans sa famille. Il ne réussit pas à faire jouer son drame, *Les*

1. T. 1, pp. 38-43, 68, 233-234 (éd. de 1914, pp. 30-31, etc.).

2. A Berlin il passe presque tout son temps « à l'étude et à la méditation de l'Écriture sainte ». Kraszewski, p. 75.

3. Sur ses entretiens avc Goethe voir les lettres d'Odyniec, dans *Mélanges posthumes d'Adam M.*, publiés par Ladislas M., 1re série, Libr. du Luxembourg, 1872, 202-216.

4. La notice de l'*Encyclopaedia universalis* fait une allusion pudique à « la crise religieuse qu'il a traversée à Rome ». Elle conclut : « Tant dans la pensée que dans la langue de M., critiques et érudits s'efforcent toujours de doser, chez ce romantique puissant et incontestable, la part du descendant conscient du siècle des Lumières. » T. 10, p. 1045.

5. Kolodziej, p. 160.

6. Sur l'activité apostolique de M. en ces années 1832-1840, etc., voir le récit circonstancié de Kraszewski, op. cit. Certaines lettres de M. sont des modèles de direction spirituelle.

Confédérés de Bar. Pour vivre, en 1839, il se transporte à Lausanne, où il professe un cours de littérature latine. Mais voici qu'en 1840 il est rappelé à Paris, où vient d'être fondée pour lui au Collège de France une chaire des littératures slaves[1]. Pendant les deux premières années, chacune de ses leçons sera préparée avec soin. Mais déjà le feu de l'enthousiasme couve en lui, prêt à jaillir subitement (on verra sous quelle influence). Déjà la chose s'est produite, au surlendemain de sa leçon d'ouverture. Le soir de Noël 1840, il assistait à une réunion polonaise organisée en son honneur pour le jour de sa fête (saint Adam, 26 décembre) ; le poète Juliusz Slowacki (futur auteur de l'hymne célèbre au pape slave à venir) était chargé de l'adresse ; pour lui répondre, il improvisa en vers un discours dont l'effet fut prodigieux. George Sand a retracé la scène d'après plusieurs témoins :

> ... Personne ne peut dire exactement ce qui s'est passé ; de tous ceux qui étaient là, chacun en a gardé un souvenir différent... Ils sont tous tombés dans une sorte de délire... Les voilà tous convaincus qu'il y a dans ce grand homme quelque chose de surhumain, qu'il est inspiré à la manière des prophètes... (Son thème était :) nul ne peut être poète s'il n'a en lui l'amour et la foi... Il ne se souvient pas lui-même d'un seul mot de son improvisation... Il avoue qu'il s'est passé en lui quelque chose de mystérieux, d'imprévu, qu'il s'est senti tout à coup élevé par l'enthousiasme au-dessus de lui-même...[2]

On pourrait croire que George Sand exagère. Mais ce n'était pas la première fois que se manifestait ce don d'improviser dans une sorte de « transe mystique et prophétique ». Krakowski en rapporte un exemple, qui remonte au moins à douze années plus tôt. C'était à Saint-Pétersbourg ; ses amis le fêtaient pour la Saint-Adam. Ils lui demandent d'improviser ; « donnez-moi, dit-il, un sujet » ; on lui nomme Samuel Zborowski, grand seigneur du seizième siècle décapité pour rébellion. Il se recueille quelques instants dans une chambre voisine. « Quand il reparut, son visage s'était transformé et un flot de poésie

1. Sur l'histoire de cette nomination : KRAKOWSKI, op. cit., pp. 178-182. C'est Victor Cousin qui signa le décret.

2. Texte publié par Wl. KARÉNINE, *George Sand*, t. 3, Plon, 1912, pp. 201-202 ; nous avons beaucoup abrégé. Sur les rapports de M. et de Sand : t. 3, pp. 181-198 et 200-204 ; et infra. Sur cette réunion, la brouille qui s'ensuivit, etc. : Wenceslas GASZTOWTT, *Le poète polonais Jules Slowacki*, Calmann-Lévy, 1881, pp. 61-67. Peu avant sa mort, Slowacki notera dans son Journal, le 12.1.1849 : « M. jette sans cesse en sacrifice sa réputation d'homme raisonnable, parce que Dieu lui est plus cher que ne lui est chère sa réputation. » Cité par Ladislas, intr. aux *Slaves*, p. XX.

s'épancha de sa bouche... Sa déclamation fut si ardente que les convives crurent voir le poète possédé par un esprit[1]. »

Si le messianisme de Mickiewicz est « d'abord le sentiment d'une intervention constante des puissances surnaturelles dans ce monde terrestre », Édouard Krakowski se dit tenté de croire qu'un tel sentiment lui vient d'abord « de la conscience qu'il a d'être en certains instants un véritable illuminé » ; avançant en âge, le poète discerne dans ce don « un avertissement de Dieu, un ordre obscur auquel il doit se soumettre et dont il doit déchiffrer complètement le sens ». Ce n'était pas orgueil, mais « sentiment très noble d'une sorte de responsabilité à accepter devant le malheur de sa patrie..., sentiment que le sacrifice est le suprême moyen dont nous disposons pour conformer notre monde visible aux desseins du monde invisible qui le régit...[2]. » Il est clair en effet qu'il généralise son cas lorsqu'il dit dans sa leçon du 15 janvier 1843 : « Ce qui commence dans la littérature des derniers temps, c'est cet appel au génie, à l'inspiration, ce que nous avons appelé le messianisme[3] » ; et dans la dernière partie des *Dziady* de Wilno, il faisait dire par le prêtre à son héros Gustave : « Si de tes yeux tombait le bandeau terrestre, tu verrais près de toi plus d'un être vivant mettre en mouvement la masse inerte du monde[4]. » De ces faits et de ces déclarations, nous aurons à nous souvenir.

Une tendance au messianisme était alors partagée par nombre de ses compatriotes. Elle se trouvait encouragée par l'œuvre de certains d'entre eux, même très différents de lui. Le dramaturge Zygmunt Krasinski, né et mort à Paris, où il publia en français toutes ses œuvres, annonçait que l'Église de Pierre touchait à sa fin, comme toute l'ancienne société ; la mission que le Christ lui avait confiée devait être recueillie par les nations ; mais, voyant le siècle marcher en sens contraire, il se résignait à l'inévitable[5]. Plusieurs disciples de Krasinski passeront au culte de l'Humanité fondé par Auguste Comte[6]. Auguste Cieszkowski (1814-1894), plus marqué par la philosophie allemande, était d'autre part plus proche de Mickiewicz par ses perspectives messianiques ; mais il sera aussi plus proche que lui du rêve de Joachim de

1. Krakowski, op. cit., p. 102. D'après Ladislas, sans doute plus exact, c'était à Moscou ; Pouchkine était présent : p. 519.

2. Ibid., pp. 114-115.

3. T. 1, p. 86 (1914, p. 38). C'est là « commencer un monde nouveau. Cette réforme littéraire est plus radicale et plus profonde que celle qui a été tentée dans la politique. »

4. *Chefs d'œuvre poétiques...*, 1882, p. 207.

5. Voir infra, appendice D.

6. Cf. Journet, op. cit., 94-95 et 113-114.

Flore ; dans son grand commentaire du *Notre Père* (Djcze nasz), dont il ne publiera que le premier volume en 1848, il annoncera l'ouverture du troisième et dernier âge de l'histoire : après l'antiquité qui fut l'âge du Père et le christianisme qui fut l'âge du Fils, ce serait bientôt l'âge de l'Esprit-Saint qui, en réalisant l'accord de la volonté humaine et de la volonté divine, instaurerait sur terre le royaume de Dieu : alors serait réalisée la « plénitude des nations » annoncée par saint Paul[1].

Tout différent était l'inventeur du mot de messianisme, le mathématicien Hoëné-Wronski (1778-1853). Arrivé jeune de Posen à Marseille, puis fixé à Paris, il multipliait depuis 1804 les appels « au pape, aux empereurs, aux nations, aux hommes supérieurs de tous les pays » ; il avait fini par se croire le Paraclet chargé d'annoncer le « christianisme accompli », c'est-à-dire l'unité universelle réalisée sous une souveraineté unique, humano-divine. Napoléon en avait tracé une première esquisse ; les Polonais avaient mission de l'accomplir sous la protection armée de la Prusse d'abord, puis de l'Autriche. C'est ce qu'il expliquait en 1831 dans son *Prodrome du messianisme*[2]. Mais le génie traversé de folie de Wronski était à l'opposé de celui de Mickiewicz. Autant celui-ci est vibrant d'émotion et plonge par l'intuition dans les sources vives de l'esprit, autant celui-là, « sorte de visionnaire de la Raison », veut imposer la froide rigueur de ses déductions rationnelles. Wronski admirait la philosophie allemande, tout en la remodelant ; Mickiewicz en était d'instinct l'adversaire. L'un, « déraciné total », était un kantien passionné, s'adonnant à reconstruire une cité de la raison pure ; l'autre reprochait à Kant son ingratitude envers toutes les traditions humaines dont il vivait. Mickiewicz déplore l'envahissement de la pensée slave par le poison hégélien. S'adressant aux Pèlerins polonais, il leur demande : « Dans vos pélerinages, dans vos combats, dans vos prisons et dans votre misère, est-ce qu'une prière ne vous a pas mieux rassasiés que toute la science de Voltaire et de Hegel, qui sont comme du poison ? » — et il ajoute : « que toute la doctrine des Guizot et des Cousin, qui sont comme des moulins tournant à vide[3] ? » — Wronski prendra son compatriote en grippe ; il dénoncera en lui le « poète de l'anarchie » et, dans un ouvrage qui résume sa propre pensée, en 1852, il l'accablera de sarcasmes et d'injures. Mickiewicz fera preuve envers lui jusqu'au bout d'une « singulière équité »[4].

1. Sur Cieszkowski, v. infra, ch. XVIII, 1.

2. Sur Wronski et ses autres ouvrages : voir infra, ch. XVI, 2.

3. *Livre des Pèlerins polonais*, IV.

4. Cf. KRAKOWSKI, op. cit., pp. 24, 129-132, 217, 235-246. Fr. de ROUGEMONT, *Les deux cités*, 1874, t. 2, pp. 450-453. Nous retrouverons Wronski au chapitre suivant.

Au cours de ces années parisiennes, Mickiewicz montre en toutes choses un catholicisme ardent et pur : vie intérieure, pratique sacramentelle, groupements de piété, fondations charitables, influence apaisante auprès des exilés ; sa *Vie de Saint Adalbert* est un manifeste en faveur de l'Église romaine, dans laquelle il introduit deux amis orthodoxes ; après avoir un moment songé au sacerdoce, il prend une part active aux associations laïques qui aboutirent à la création d'une congrégation nouvelle, les Pères de la Résurrection ; il a souci de la conversion des Juifs parisiens ; à Lausanne, il veut faire venir Lacordaire pour parler aux protestants vaudois. Les critiques dont il est l'objet de droite et de gauche ne le découragent pas. Quelques nouveaux poèmes prouvent que son inspiration n'est pas tarie[1]. Les débuts de son enseignement au Collège de France sont heureux. Peut-être aurait-il pu le prolonger dans la paix, devenir un digne émule (et contradicteur) de son ancien maître d'histoire à Wilno, Joachim Lelewel, maintenant son compagnon d'exil, et dont l'athéisme militant le peine... Mais voici qu'un autre de ses compatriotes, le lithuanien André Towianski, survient à Paris en 1841.

Towianski proclame que les temps sont accomplis. Le Christ a ébranlé le règne du Mal, mais pour achever son œuvre il faut que surgisse un chef spirituel, qui appellera le monde à se transformer par l'amour. Il surgira d'une nation martyre, d'un peuple rédempteur à l'imitation du Christ. Towianski a le sentiment d'être ce chef prédestiné : il est lui-même en quelque sorte, après Napoléon, la troisième épiphanie du Christ, l'organe que le Verbe de Dieu s'est choisi. Il expose sa révélation dans un petit écrit, *le Banquet* (*Béesiada*, 1841), que Mickiewicz appellera « la Cène ». Cependant, il se désigne simplement comme « le serviteur du Christ ». Illuminé ou charlatan ? Ladislas Mickiewicz nous avertit de nous méfier des dictionnaires biographiques, qui « contiennent sur lui des inepties »[2]. On peut soupçonner Fondille, qui le dit « tout catholique », d'intentions trop apologistes ; mais il cite de nombreux textes à l'appui, et l'historien Maxime Herman ratifie l'essentiel de son jugement : c'était, dit-il, « un homme sensible, énergique et secret, de foi profonde et forte ». Krakowski, tout en l'estimant de culture médiocre et « probablement déséquilibré », reconnait en lui « un homme d'intelligence remarquable et d'une puissance d'intuition supérieure encore ». Seulement, il était grisé de littérature mystique et occultiste ; peut-être était-il initié à plusieurs sociétés secrètes[3]. Le fait est que sur de nombreux esprits son

1. HERMAN, loc. cit. KOLODZIEJ, pp. 180-181, 294.

2. *Mémorial*, pp. 118-123. Cf. Kraszewski, 222-243.

3. Son défaitisme surnaturel, qui lui fait prêcher la soumission au tzar, l'a fait soupçonner d'être un agent de la Russie.

emprise est subite. Le 27 septembre il est autorisé (?) à prêcher à Notre-Dame, où il se contente d'ailleurs de vagues généralités sur un immense pardon de Dieu qui doit ouvrir une ère nouvelle[1], et le 8 décembre il installe à Saint-Séverin une copie de la Vierge miraculeuse de Wilno.

Mickiewicz avait pu entrevoir Towianski à Wilno, où tous deux furent étudiants à la même date. A Paris, il admire sa force morale. Impressionnable, il est conquis. Leur idéal n'est-il pas identique ? L'un et l'autre ne croient-ils pas « à la pression salutaire de l'atmosphère céleste sur la terre, à la communication entre le monde des vivants et ceux que nous nommons les morts » ? Ne sont-ils pas tous deux exempts de « cette espèce de peur de l'Esprit et de ses manifestations trop tangibles, qui est devenue si commune parmi les chrétiens modernes, catholiques ou non, qui se veulent respectables »[2] ? Et ne pensent-ils pas ensemble qu'après avoir sanctifié les individus, les familles et les corporations, le christianisme est maintenant appelé en outre à sanctifier les nations et les États ? Il faut pratiquer dans la vie publique les mêmes devoirs que dans la vie privée, et les nations doivent s'aimer et s'entraider comme les individus entre eux[3]. Mais il y a plus que la constatation d'un accord : de la part du poète, c'est une allégeance mystique. Mickiewicz a reçu Towianski pour la première fois le 17 juillet 1841 ; voici ce qu'il écrit à son intime ami le poète ukrainien Jozef Bodhan Zaleski, le 14 août : « Aussitôt que tu auras reçu cette lettre, jette-toi à genoux et remercie le Seigneur. De grandes choses sont en train de s'accomplir ici... Une voix s'est levée, un sort est tombé, et les années ont donné le fruit mystérieux qu'elles recélaient, un miracle a eu lieu qui remplira le monde d'allégresse[4]. »

Il faut dire que dans cet intervalle d'à peine un mois, Towianski, venu au foyer du poète, dont la femme était alors atteinte d'une grave maladie mentale, l'avait guérie à distance (elle était dans une maison de santé)... et convertie : comment n'eût-il pas été « l'envoyé de

1. D'après le récit d'un fidèle, « après la messe... il parla pendant 40 minutes en inspiré et avec une grande sagesse... Bientôt viendra le temps où l'Évangile sera la loi. » Kraszewski, p. 228, nombreux détails, pp. 222 ss. FONDILLE, pp. 81-124. KRAKOWSKI, pp. 190-213. HERMAN, loc. cit. MONOD, op. cit., t. 2, pp. 84-93. St. SZPOTANSKI, *Adam M. et le romantisme*, Belles Lettres, 1925, pp. 66-95. KOLODZIEJ, passim.

2. Cf. Louis BOUYER, *Le Consolateur, Esprit-Saint et vie de grâce*. Cerf. 1980, p. 125.

3. Ladislas MICKIEWICZ, *Mémorial*, pp. 8-10.

4. Cité par F. Strowski, préface à *Les Slaves*, 1914, pp. X-XI. Cf. Martial PERRIER, *André Towianski et son influence sur M.*, Mercure de France, 1er mai 1929, pp. 579-595 (peu favorable à T.). Sur T. : deux articles de la *Scuola Cattolica*, 1913, pp. 406-436 et 469-492, avec bibliographie.

Dieu » ? Pendant trois ans de suite, dont les deux dernières années de son enseignement, Mickiewicz va se faire le héraut du towianisme. En décembre 1843, il prend pour objet de son cours *la Cène* (= *le Banquet*), dont il respecte l'anonymat et qu'il évite de citer directement. C'est, déclare-t-il, « le fruit le plus précieux et le plus mûr qui tombe de l'arbre de vie de la race slave », c'est « une proclamation de guerre contre toute doctrine, contre tout système rationaliste »[1]. En fait, ce qu'il développe, ce sont ses propres idées ; ayant « comme tout génie la faculté de l'enthousiasme naïf et la vertu de tout recréer à son image et à son niveau », il s'est fait « un towianisme à son usage »[2], « sanctifié par une âme vraiment noble »[3].

Cependant, vers la fin du cours, le ton devient extatique : « Je me sens appuyé par une force qui ne vient pas de l'homme. Je ne suis pas un docteur... Je suis une des étincelles tombées du flambeau... Je me proclame à la face du ciel le témoin vivant de la révélation nouvelle !...[4] » Dès lors, chroniqueurs et pamphlétaires s'en donnent à cœur joie. Sous le pseudonyme d'André Jacoby, G.S. Vaudoré publie dès cette année 1844 *Les nouveaux Montanistes au Collège de France,* petit livre pittoresque, rapide, absurde, qui mêle tout[5]. « Le nombre est grand, écrit-il, de ces prophètes sans mission qui annoncent tous les jours la transformation du christianisme et l'incarnation prochaine d'un nouveau Messie...[6]. La religion nouvelle s'appuie déjà sur une petite phalange très respectable : Pierre-Michel, Louis XVII, Towianski, Mickiewicz, Quinet, Michelet, George Sand... et après ? Est-ce que le moraliste Eugène Sue ne se mettra pas de la partie[7] ? » La police de Louis-Philippe, qui s'occupe de Towianski depuis le premier jour, a obtenu contre lui un décret d'expulsion en juillet 1842. De Suisse, le prophète entretient la flamme à Paris. Le professeur lui-même est surveillé. Le gouvernement, reconnaît Krakowski, « avait peut-être le droit de s'inquiéter ». Discrètement averti à deux reprises, Mickiewicz

---

1. T. 2, pp. 13 et 15 ; cf. pp. 112-157, 191... (1914, p. 232 ss.). L'opuscule fut publié en 1842 par des adversaires ; c'est une brochure de 16 pages, assez inoffensives, d'un illuminisme qu'on dirait naïf si l'on ne savait que T. ne manquait pas de culture.

2. KRAKOWSKI, op. cit., pp. 195, 202, 239-240.

3. Casimir STRYIENSKI, *Le Mysticisme de M.* Revue blanche, t. 7, nov. 1894, 391.

4. Leçon du 19 mars 1844. T. 2, pp. 208-209 (1914, p. 319).

5. Le titre porte, en haut de page : « Liberté d'enseignement ». L'opuscule veut, maladroitement, soutenir cette cause, qui agitait alors l'opinion.

6. De fait, d'après le Correspondant, t. 18, 1847, p. 242, MICHELET s'écriera un jour, dans son Cours de 1847 : « Le Monde attend un Messie, qui se trouve peut-être dans cette enceinte. »

7. Op. cit., p. 157.

refuse d'apaiser le feu de sa parole ; il décline ensuite l'offre d'une mission en Italie. Au cours de ses leçons les désordres deviennent tels qu'à la suite d'une interpellation à la Chambre, Villemain, alors ministre de l'Instruction publique, dut finalement, avec les égards dus à un hôte illustre, l'inviter à suspendre son cours[1].

Concédons d'abord sa part à cette « folie » du grand Polonais. Le nationalisme idéaliste du siècle, la légende napoléonienne, l'exaltation du slave exilé qui pleure sa patrie malheureuse s'y mêlent pour nous offrir une version nouvelle de ce joachimisme populaire qui, presque dès l'origine, s'était annexé le vieux mythe d'un « grand empereur ».

Lorsque Mickiewicz était arrivé à Paris, le nouveau mythe montait à son zénith. Les publications émanées de Sainte-Hélène (la première édition du *Mémorial* de Las Cases est parue en 1823) en attisent la flamme. Un journal se fonde, *le Capitole*, pour intensifier la propagande. De l'étranger, l'œuvre d'un Byron entretient le culte. Mazzini lui apporte son concours. Le « retour des cendres », en 1840, en sera l'apothéose. Déjà tout le romantisme français s'en inspire. « Napoléon est pour les Français une parole magique qui les électrise et les éblouit... Le portrait de *l'homme* est suspendu dans chaque chaumière... Je l'ai trouvé couronné d'immortelles, comme nos images du Sauveur pendant la Semaine sainte... (On le voit souvent) au moment où il visite les pestiférés de Jaffa, puis sur son lit à Sainte-Hélène... Il apparaît comme un sauveur qui guérit par l'attouchement, il meurt de la mort de l'expiation[2]. » Des écrivains de tout genre et de toute tendance sont nourris de la légende : un Béranger, mais aussi bien un Stendhal, un Hugo comme un Armand Carrel, un Louis Blanc, un Esquiros, un Leroux, mais non moins un Balzac, un Alexandre Dumas, un Eugène Sue. Deux historiens aussi opposés que Thiers et Quinet communient dans ce même culte. « Toujours lui ! Napoléon, et encore Napoléon[3] ! »

Quinet, qui va se trouver associé de si près à Mickiewicz, nous sera un bon témoin de la température ambiante. En 1834-1836, il a déjà publié un *Napoléon*. Dans son cours sur *le Christianisme et la Révolution française,* la quatorzième leçon est consacrée à l'Idole impériale. « Le grand cœur de la Révolution », son génie universel, est allé choisir

1. Il fut entendu qu'il solliciterait un congé de six mois, son traitement lui étant maintenu. Sur cette affaire et la suite, voir KRAKOWSKI, pp. 207-211 et 225-257, ainsi que les documents annexes, pp. 291-321 ; cf. p. 19.

2. Henri HEINE, *De la France* (*Französische Zustände*, tr. fr., 1833) ; éd. bilingue par Raymond Schiltz, Éd. Montaigne, 1930, pp. 89-91 et 223-226.

3. HEINE, 30 mai 1840. *Lutèce*. Éd. de 1866, p. 70. Sur *Napoléon ou le mythe du Sauveur* : Jean TULARD (Fayard, 1977). Cf. VIATTE, *Les sources occultes...*, t. 2, p. 199.

son César « dans un berceau lointain ». Napoléon « a la même famille que Christophe Colomb ; il est l'homme du genre humain, il détache violemment le monde de l'ancien rivage. » Par lui « la terre devait être ébranlée » ; avec lui, « si la liberté s'ajourne encore, l'égalité surgit déjà ». Dans sa Grande Armée la démocratie « étincelle », elle est « ouvertement triomphante » ; le grenadier « sent avec une force électrique qu'il est le bras qui doit remuer un monde ». Aujourd'hui le nom de Napoléon « fait battre le cœur de tous les peuples » ; tous reconnaissent en lui « le précurseur de la démocratie universelle ». Mais « comme tous les grands inventeurs », la France, ayant donné par lui « la Révolution au monde », « devait payer son bienfait par un jour de mort ». Prométhée est lié au rocher, Jeanne d'Arc est brûlée, le Christ est mis en croix. Napoléon « boit goutte à goutte le calice de Waterloo », il a sa geôle à Sainte-Hélène ; – mais il aura sa délivrance « dans la conscience d'un nouvel ordre social ». « Je n'ai rien vu, conclut Quinet, sur le Golgotha de Mont-Saint-Jean, qu'un immense calice tout plein des larmes et du sang d'un grand peuple ; buvons-y à loisir, sans détourner les yeux, jusqu'à la lie » : c'est la condition pour entrer dans une autre époque, où se développera « l'idéal de l'avenir »[1].

Chez Adam Mickiewicz la légende napoléonienne a des origines assez différentes, et les couleurs qu'elle revêt sont autres. Enfant, il avait vu « loger sous le toit paternel quelques-uns de ces grenadiers français venus de si loin avec leur grand chef tout rayonnant de génie »[2], toute la Lithuanie les acclamait en libérateurs. En 1812, après Moscou, lors du reflux de la Grande Armée, la misère de ces héros l'avait rempli de pitié[3]. Avec eux, c'était aussi le rêve de la résurrection de la Pologne qui s'éloignait. L'étudiant de Wilno signera plusieurs fois ses lettres : « Adam-Napoléon »[4]. Plus tard, dans *Pan Tadeusz*, il

1. *Le christianisme et la révolution française*, 1845, pp. 361 à 386. Cf. son Hymne à Napoléon, dans le *Génie des religions*, éd. de 1842, II, 2 : « Le connaissez-vous, ce poète qui étouffait en Europe ? Il s'appelait Napoléon. Il a fait passer plus qu'aucun autre dans le cœur de la France l'esprit et l'âme de l'Asie... » MICHELET, qui ne participait pas au culte de Napoléon, tient cependant un langage analogue dans une lettre à A. Lévy, 12 mai 1848 : « ... Sur le Golgotha de Waterloo, la Pologne et l'Irlande ont été sacrifiées à côté de la France, et l'Italie, comme Madeleine, pleurait au pied de cette montagne de douleur. » Dans Lad. M., *La trilogie du Coll. de France*, 1924. Sur « Napoléon et le Christ » voir Frank Paul BOWMAN, *Le Christ romantique*. Genève, Droz, 1973, pp. 171-193.

2. Ladislas M., op. cit., p. 5.

3. Dans *Une année au Collège de France* (1877 ; éd. citée, pp. 429-431), MICHELET rapportera, d'après M. lui-même, leur arrivée à Wilno, ses entretiens avec eux, la vive impression qu'il en avait retirée.

4. Éd. KRAKOWSKI, *M. et l'histoire pathétique de la Pologne*. La Colombe, 1955 ; pp. 24 et 104-126. Sur les Polonais et Napoléon : Léon NOEL, *L'agression allemande*

évoquera les années d'espoir : « Les jeunes gens saisissent leurs armes... Tous sont certains de la victoire. Ils crient : Dieu est avec Napoléon, Napoléon est avec nous ! » La grande déception nationale accentua sa conviction que la Pologne avait reçu par son martyre, à l'imitation du Christ, une vocation universelle. Comme beaucoup de ses compatriotes, il s'était fait grandement illusion sur les desseins du « libérateur » : si Napoléon avait créé un grand-duché de Varsovie, ce n'était nullement par intérêt pour l'indépendance de la Pologne ; « autant il appréciait le dévouement et le courage héroïque des soldats qui affluèrent dans son armée, autant il se montrait réservé devant leurs revendications patriotiques[1]. » Mickiewicz devait d'ailleurs en venir très vite à juger sévèrement le grand homme. Le mettant en parallèle avec Byron, il discernera « leur tare commune » dans « un orgueil inhumain » : d'où, chez le poète, « ange déchu », le goût du scandale, et chez le grand capitaine la transformation du libérateur en tyran. Du jour qu'il avait voulu donner des gages à l'Autriche, « il ne pouvait plus comprendre le secret des Slaves »[2]. Il était l'homme « le plus miraculeux », mais, cédant à la passion de dominer, « il se fit enfant de la terre, il faillit à sa mission ». Et c'est pourquoi – reproche terrible – il n'a pas compris Jésus-Christ. « Jésus-Christ, a dit Napoléon, aurait pu s'emparer du pouvoir à Jérusalem » : sans nul doute, réplique Mickiewicz, « l'apothéose aurait été facile, mais l'humanité, qu'aurait-elle gagné à une telle apothéose[3] ? »

C'est à la fin de la dernière leçon, le 28 mai 1844, que ce verdict est prononcé. Dans le climat favorable régnant alors et sous la fascination passagère exercée par Towianski[4], le mythe du libérateur n'en a pas moins pris chez Mickiewicz une vie nouvelle. Napoléon fut « l'homme du destin » ; seulement, il « attend un successeur spirituel »[5]. Il devient

---

contre la Pologne, Flammarion, 1946, pp. 96-97. HALECKI, op. cit., ch. 20 : « La Pologne napoléonienne », pp. 273-287.

1. André LATREILLE, *L'ère napoléonienne.* Armand Colin, 1974, p. 286. Napoléon « était entraîné à considérer la Pologne comme un réservoir d'hommes ». KRAKOWSKI, p. 115.

2. T. 1, 46-50, 71 ; cf. 81-83 (1914, 20-22, etc.).

3. T. 2, 295 ; cf. 107-109 ; 203-204, 297-301. (1914, 353-361, etc.).

4. Towianski a visité en Allemagne les champs de bataille de Napoléon ; il a poussé jusqu'à Waterloo. « Là, dit GÉRARD de NERVAL, loc. cit., « il vit le fantôme du grand empereur méditant sur les destinées du monde futur et refaisant la carte de l'Europe pour un avenir prochain. » Cf. M., t. 2, pp. 83-85 : « Que savez-vous de ce culte de Napoléon ? comment pouvez-vous le comprendre ? ... Avez-vous visité le champ de Waterloo, ce Golgotha de l'Europe moderne ?... Vous vous étonnez qu'on regarde ce champ... comme l'endroit le plus chargé des esprits du siècle !... C'est là que les prophètes et les hommes religieux de la Pologne vont pour s'inspirer... »

5. T. 2, pp. 295 et 299.

la figure actuelle de cet « homme éternel » sous les traits duquel, au siècle précédent, le poète polonais Ignace Krasicki, évêque de Warmie, avait représenté l'humanité créant et recréant d'âge en âge les formes diverses de sa civilisation[1]. Plus clairvoyant dans son enthousiasme qu'on ne l'a supposé, Mickiewicz a conscience d'exploiter le mythe pour sa cause. A l'ouverture de ses cours, il avait pris un engagement devant ses auditeurs : « Plus nous sommes libres ici, plus notre position nous impose de devoirs, et nous devons fixer dans notre conscience des limites à cette liberté. » Ces limites, il reconnaîtra qu'il a fini par les franchir : « Je devais vous entretenir de ma religion et de ma nation... ; il ne m'était plus permis de construire les phrases et de peser les mots... »[2]. Mais ce que tous n'ont pas su voir, c'est que l'exaltation du mythe impérial s'achevait en un regret, et presque une condamnation, que seule tempérait l'évocation d'un repentir. Michelet nous paraît ici avoir bien rendu la pensée de son ami, en interprétant les pleurs que celui-ci prêtait au grand homme surgissant de son tombeau : « Ceux qui ont vu encore la funèbre gravure qui représentait Napoléon dans son linceul, couronné de lauriers, mais ayant sous les yeux la carte où la Pologne manque, et s'excusant à Dieu ; ceux-là, dis-je, savent à quelle hauteur d'intuition est l'âme polonaise et combien confidente des jugements de l'éternité[3]. »

Surchauffé par l'influence de Towianski, Mickiewicz était allé quelques mois plus tôt, dans un entretien pathétique, s'efforcer d'activer le zèle apostolique et social de son archevêque, Mgr Affre[4]. De même il voulait maintenant, au moyen d'une image frappante, amener ses auditeurs à s'engager pour la grande cause de la justice internationale[5]. Faisant plus tard allusion à cet incident qui mit fin à

---

1. T. 2, pp. 243-247 (1914, p. 335-336). JOURNET, op. cit., p. 104, rappelle cette fiction célèbre. « L'homme éternel » est le titre heureusement adopté pour le recueil de « pages choisies en prose » publié en 1929 par J. A. Teslar, avec préface d'André Mazon : Paris, Gebethner et Wolff, 1929.

2. T. 1, p. 3 ; t. 2, p. 279 (1914, p. 2, etc.).

3. *Légendes démocratiques du Nord*, p. 26 ; cf. p. 23 : « Trois fois de suite, en 1807, en 1809, en 1812, Napoléon a empêché la restauration de leur nationalité, qui se faisait d'elle-même. » M. a expliqué lui-même le sens de la gravure : « Il est représenté ici comme magistrat du *Verbe*, appelé à rendre compte de sa mission, d'une mission universelle, et qui n'a pas été accomplie. C'est l'image d'une force, jadis écrasée et brisée par le mal, mais qui se sent déjà redressée par la douleur. Le génie, représentant de la douleur européenne, les yeux levés vers le ciel, étend les mains sur la carte de l'Europe. C'est lui qui a fait cette carte, sa destinée y est écrite, etc. » 28 mai 1844 ; t. 2, 298-299.

4. Voir infra, II, p. 269, n. 4.

5. Un article hostile des *Annales de philosophie chrétienne* rapproche la propagande towianesque au Collège de France de la visite à Mgr Affre. Annales..., n° 52,

sa brève carrière de professeur, il écrira franchement, dévoilant la sagesse qui présidait à sa folie : « Il est quelquefois nécessaire de faire scandale pour frapper l'esprit. En distribuant l'image lithographiée de Napoléon pleurant sur la carte de l'Europe, j'ai fait au Collège de France une chose tout à fait hors des usages. On a oublié mes leçons, mais cela on ne l'a pas oublié[1]. »

3e série, 9, avril 1844, 245-271 : « Philosophie rationaliste. Les Verbes nouveaux. M. Mickiewicz, H. Towianski, M. Quinet. »

1. Cité par KRAKOWSKI, *Adam M. philosophe mystique*, pp. 111 et 254.

II

La coupole de Saint-Pierre

Les leçons du Collège de France, en 1842-1844, sont dures pour « l'Église officielle ». Elles repoussent toute idée « d'insulter les hommes qui la représentent », mais constatent qu'elle « a perdu l'esprit de prophétie ». La « vieille théologie cléricale » ne suffit plus à nous guider : elle nous apprend bien encore à connaître Dieu, mais elle ne nous le fait pas « sentir ». Gardienne de la vérité, l'Église officielle semble oublier cet enseignement de l'Évangile, que les talents confiés au serviteur ne se conservent qu'à force de les faire valoir[1]. Non moins impuissants dans leur ordre sont aujourd'hui les représentants « de la science officielle », ceux « que l'on appelle doctrinaires ». Ils prêchent une « doctrine du repos », et dans leurs formules toute vérité devient « stérile ». « Une telle race d'hommes annonce presque toujours la chute de l'esprit humain. Ainsi a fini le monde grec, ainsi finit le monde occidental.[2] »

Devant ce double signe « de la fin d'une époque », devrons-nous mettre notre espoir dans les faiseurs de « nouveaux systèmes » ? Fouriéristes, Saint-Simoniens, Oweniens, etc., ces « réformateurs cosmopolites » manquent de racines, et par-dessus tout ils oublient ou rejettent l'essentiel : « Cherchez le royaume du ciel (le bien spirituel), et le reste (le bien matériel) vous sera donné par surcroît »[3]. Ils prêchent un « faux messianisme », ils ne savent nous dire ni « d'où nous venons » ni « où nous allons », ils « cherchent l'avenir, mais par des voies illicites, par des voies détournées, et s'y égarent »[4].

Cependant, « un pressentiment universel nous avertit de l'imminence d'une crise nouvelle... Les esprits les plus attachés à l'ancienne tradition, comme celui de Joseph de Maistre, (la) pressentaient. » L'esprit chrétien travaille les peuples de l'Europe. Tout porte à le croire, ils « marcheront de plus en plus vers la réalisation de l'Évangile » ; chez certains d'entre eux, « il est devenu réellement l'esprit national : telle est la France, telle est la Pologne.[5] » Mais les Français conviennent

---

1. T. 2, 15, 113, 158-159, 180 (1914, pp. 247-252, etc.).
2. T. 2, 16-17, 26, 165-166.
3. T. 2, 131, 141, 162.
4. T. 2, 131, 139, 141, 162.
5. T. 1, 24, 49-50 et 81-83, etc.

eux-mêmes qu'à l'heure actuelle l'homme attendu ne peut surgir de chez eux. Ils considèrent la race slave « comme l'armée future de ce verbe qui vient aujourd'hui pour créer l'époque nouvelle ». Or, au milieu de cette race, « la nation polonaise, en cherchant le mystère de sa propre existence, marche vers le centre de tous les mystères », et de son sein un homme a surgi, dont la grandeur « devient incommensurable » ; il achèvera l'œuvre de Napoléon : « sauver les peuples et le monde entier ». Avec lui « nous avons communié en esprit »[1].

Mickiewicz ne cite jamais le nom de cet homme ; mais, on l'a vu, tout le désigne : c'est Towianski.

C'est en de tels cas qu'il importe de nous rappeler la juste remarque de Charles Journet : « La foi de Mickiewicz a toujours été plus sûre que sa théologie[2]. » Mais sa théologie même, lorsqu'il s'explique, est beaucoup moins aberrante qu'on pourrait croire. Cette « troisième explosion du christianisme » qu'il pressent à la suite de Maistre[3], cette « révélation nouvelle » qu'il annonce aux heures de son enthousiasme le plus extravagant, ne sont pas en réalité dans son langage le signe d'une résurgence joachimite. Sans équivoque et sans hésitation, il se veut toujours pleinement catholique. Le mot de « révélation » a chez lui, comme souvent jadis dans le moyen âge latin, un sens fort large. « On est d'accord, dit-il par exemple, que pour composer, pour créer, il faut avoir un talent, c'est-à-dire un don, ce qui n'est pas autre chose qu'une révélation[4]... » Il existe donc selon lui « des révélations particulières », et « chaque peuple a commencé son existence nationale par une révélation ; chaque nationalité est basée sur une révélation particulière...[5]. L'humanité n'a jamais marché autrement, elle ne marchera jamais que par une série de révélations » ; il y en aura encore dans l'avenir. Mais ce seront toujours « des révélations partielles..., il n'y aura pas et il ne

1. T. 1, 504 ; t. 2, 273 ; 296-297, etc. Dans son *Dictionnaire de littérature chrétienne*, publié par Migne en 1861, col. 908, l'abbé CONSTANT citera ces lignes, tirées, dit-il, d'un discours de M. : « C'est à la moitié du XIXe siècle que tu a réservé, ô Seigneur ! cet honneur, cette joie, ce phénomène inconnu au globe : le pouvoir en la possession de la colonne lumineuse et la domination de la lumière, de la vérité et de l'amour. » D'après *le Banquet*, p. 11.

2. Op. cit., p. 103, note 1.

3. T. 1, 479 : « Cette explosion est caractérisée poétiquement dans le Livre de l'Apocalypse, où l'on parle de cette apparition qui, comme un éclair, de l'Orient va jusqu'à l'Occident, et frappe tous les regards. »

4. T. 1, 25.

5. M. cite plusieurs fois *le Génie des religions* de Quinet : « Une religion, selon la juste expression de M. Quinet, est la substance d'un peuple » ; t. 1, 239 ; cf. 240 et 243. Comparer DOSTOIEWSKI, *Journal d'un écrivain*, 1880 : « A l'origine de chaque peuple, l'idée morale a toujours précédé la naissance de la nationalité, car c'est elle qui l'a créée. »

peut y avoir d'autre révélation universelle que celle du christianisme. » « Je sais bien, dit-il encore, qu'on a profané ce terme, et qu'on a voulu regarder chaque rêverie, chaque mouvement, chaque bond de la pensée humaine, comme une révélation, comme un mouvement de progrès ; et cela parce qu'on ne connaît pas le but et la marche du genre humain, parce qu'on n'accepte pas le christianisme ; mais nous regardons comme révélation chaque mouvement de l'âme dans le sens chrétien[1]. » N'est-ce pas ainsi que « les Pères de l'Église et les théosophes aimaient à citer les fragments de (l') antique sagesse de la Grèce » et qu'ils y trouvaient « des rapports frappants avec les dogmes de la révélation[2] » ? Et n'est-ce pas sur une révélation que repose « le dogme fondamental de la nation polonaise », à savoir « la croyance dans l'influence continuelle du monde invisible sur le monde visible »[3] ?

Toutes les « révélations » n'ont évidemment pas la même valeur. Par exemple, « l'esprit de la révélation hébraïque est bien supérieur à celui des Indous ». Encore cette mise en parallèle a-t-elle quelque chose d'inadéquat. Mickiewicz avertit ses auditeurs que, dans une chaire officiellement neutre, il ne peut toujours s'exprimer dans le pur langage de la foi : « Nous parlons ici le langage de la philosophie profane, car nous répondons aux philosophes, qui n'accepteraient pas la discussion sur un autre terrain. » En réalité, « il existe une différence extrême, totale, entre les révélations des Gentils et la grande tradition hébraïque, qui finit par le christianisme[4] ». Non seulement la première suite des révélations a été « couronnée par la plus grande de toutes, celle de Jésus-Christ », mais « la révélation de Jésus-Christ sera toujours la mesure de toutes celles qui doivent lui succéder, parce qu'il n'y aura qu'un seul chemin vers la vérité : ce sera toujours celui de la croix... La vie et la personne de Jésus-Christ sont un problème posé à l'humanité, et un modèle éternel qui poursuivra sans cesse toutes les consciences... Celui qui, après avoir au commencement agi en esprit, prit par la suite un corps et se produisit comme parole vivante, comme action, est le Verbe du globe entier. » Or les peuples slaves sont plus

1. T. 1, 1-10.

2. T. 1, 244. Cf. t. 2, 201 : « Dieu, par l'organe des hommes saints et sages, communique à l'humanité le sentiment de la vérité, et il envoie des hommes forts pour la réaliser. »

3. T. 1, 216. On reconnaît ici, comme dans le *Banquet* de Towianski, l'écho des légendes lithuaniennes sur le monde des esprits.

4. T. 1, 249 et 370 : « ... Si on avait remarqué ces différences, on n'aurait pas cherché à confondre ces révélations ou à regarder celles d'Abraham et de Moïse comme un progrès de la révélation des Indous. Tous ces pressentiments, toutes ces divinations annonçaient de loin la vérité qui devait apparaître sur la terre ; un seul peuple en était dépositaire et un seul individu, l'Homme-Dieu, l'a proclamée » : 272-273.

que tous les autres disposés à la reconnaître, parce qu'ils ont conservé dans sa pureté première « le sentiment natif de la Divinité », obscurci chez la plupart des autres par le foisonnement de ces « révélations fausses » que sont « les mythologies », porteuses de panthéisme. Et c'est précisément parce qu'elle reconnaît pleinement cette révélation universelle et normative de Jésus-Christ que la nation polonaise est elle-même « plus près de la vérité qu'aucun autre peuple slave »[1].

Le privilège unique de la révélation faite au peuple hébreu fut qu'elle préparait la révélation définitive. Mais une empreinte en est demeurée dans ce peuple, qui lui assigne encore un rôle pour l'avenir :

> L'homme du passé cherche... une vérité commode, une vérité facile, une vérité courtisane. Mais dans les contrées habitées par notre race, les parcelles de vérité qui nous arrivent ont été conquises à la sueur de l'esprit. Là demeurent des millions d'hommes appartenant à un peuple bien connu, à un peuple qui est l'aîné de l'Europe, l'aîné de tous les peuples civilisés, le peuple juif, qui, du fond de ses synagogues, ne cesse depuis des siècles de pousser des cris auxquels rien dans le monde ne ressemble, de ces cris dont l'humanité a perdu la tradition. Or, s'il y a quelque chose qui puisse ramener sur la terre la vérité du ciel, ne seraient-ce pas ces cris dans lesquels l'homme concentre et exhale toute sa vie[2] ?

Comme certaines révélations partielles furent en même temps des fondations de nations particulières, la révélation universelle en Jésus-Christ est en même temps la fondation de l'Église universelle ; « l'Église a existé avant l'Évangile écrit »[3] :

> Il n'y a pas de religion sans une institution qui la maintienne ; il n'y a pas d'institution réellement vivante sans la tradition : c'est-à-dire sans une série d'hommes qui *tradunt*, qui transmettent de main en main la vérité. Et ici on doit s'humilier devant le mystère le plus grand de l'humanité, devant le moyen que prend le révélateur chrétien pour maintenir la vérité dans son Église ; c'est l'institution des *sacrements*, qui est le fondement réel de cette

1. T. 1, pp. 11, 256, 272-273. T. 2, p. 200, etc. Cf. t. 1, p. 306 : « Jamais une théorie panthéistique quelconque ne pourra y prendre racine. »

2. T. 2, 27 ; cf. 1, 210, à propos de la *Comédie infernale* de Krasinski : L'auteur « a commis, on peut dire, un délit national en flétrissant le caractère des Israélites... » Cf. Ladislas M., *Mémorial*, pp. 514-516, sur la reconnaissance des Israélites de Rome en 1876.

3. T. 1, 478.

> Église. Le révélateur a promis, non pas seulement, comme Moïse, d'envoyer après lui des prophètes et des disciples, mais il a promis en même temps de se trouver toujours avec ses disciples, d'être toujours présent, non seulement en esprit et en vérité, mais en corps et en réalité ; d'être présent comme le soleil est présent, remplissant les cieux et se réfléchissant sur la terre, de pénétrer comme le soleil pénètre partout ; et ainsi, non seulement d'inspirer la vérité, mais de lui donner le sang et le corps, d'être prêt à l'appuyer chaque jour de son geste ; il a promis d'être au milieu des hommes, agissant et vivant comme individu. – C'est la seule religion où la tradition se trouve incarnée[1].

Mickiewicz a donc pu être un catholique mécontent, il a pu aussi s'exprimer parfois plus ou moins « en dehors des habitudes de comprendre et de juger de l'Église officielle », comme il l'a dit de l'auteur de *la Cène*[2], – ce qui lui vaudra la mise à l'Index, en 1848, des deux derniers volumes de son Cours[3], – il n'en est pas moins demeuré toujours catholique loyal et fervent. On est en droit de souscrire aux réflexions de son fils Ladislas, tout en pardonnant à sa piété filiale quelques excès d'apologie : son enseignement n'offre rien sur quoi baser une accusation d'hérésie, « à moins qu'on ne voulût lui faire un crime d'avoir demandé que les dogmes d'une religion fondée sur l'Incarnation ne restassent pas à l'état de lettre morte »[4]. Si en effet l'on envisage pour l'avenir des « révélations nouvelles », ce ne peut être pour désigner un au-delà quelconque du christianisme ou de l'Église, de la foi ou de l'institution : car il n'y a pas d'au-delà du Christ. « Je répète, dit Mickiewicz, que... nous ne concevons que les développements du dogme chrétien. Malgré tout ce qu'ont dit des philosophes, ce dogme ne finira pas. Non, le matin ne finit pas pour s'être fait jour ; et le soleil, lorsqu'il cesse d'éclairer quelques contrées, continue de luire sur une autre portion du globe. Il en est de même du Verbe chrétien. La philosophie qui en sera, s'il faut employer ce terme, l'idée et le développement, s'élèvera forte et glorieuse de toute la sève qui est conservée dans les traditions de l'Église universelle[5]. » Sans cette sève

1. T. 1, 478. D'où l'importance de la remarque suivante, t. 2, p. 171 : « Celui, le seul de tous, qui possédait la vérité, qui l'a réalisée, Jésus-Christ, est le seul réellement de tous les révélateurs qui n'a rien écrit. »

2. De Towianski il dit, à juste titre : « ... tout à fait en dehors... »

3. « Les délires du Collège de France sont un oubli, explicable et par le caractère explosif de M., et par l'ensemble des circonstances de cet été 1844, parmi lesquelles la maladie et la guérison de son épouse étaient sans doute déterminantes » : KOLODZIEJ, p. 538-539.

4. *Mémorial*, p. 40 ; cf. pp. 171-173.

5. Op. cit., t. 1, pp. 12-13 et 24.

permanente, elle ne serait rien. Pas de philosophie valable, qui ne soit et ne se reconnaisse, au sens le plus immédiat et le plus fort, le plus actuel du mot, chrétienne. Certes, ce mystère de « la tradition incarnée » est « difficile et, à proprement parler, impossible à être compris par l'entendement humain » ; mais ce croyant n'en est pas déconcerté ; de ceux qui s'en scandalisent, il dit avec assurance : « Il n'y a pas à s'étonner si des hommes, d'ailleurs très intelligents, ne peuvent se l'expliquer et refusent d'y croire ; mais ces hommes, en avouant leur incapacité de comprendre les mystères religieux, ne devraient pas traiter des questions religieuses ; ils trouveraient ailleurs leur occupation[1]. »

Comment Mickiewicz conçoit le développement du dogme, qui doit être aussi celui de l'Église, on le verra bientôt. Observons d'abord le trait par lequel il se distingue radicalement de la plupart des néo-joachimites. Il approuve Cieszkowski d'avoir dit que la personnalité commence avec la vie spirituelle : c'est dans son rapport à Dieu que l'homme se détache de la masse confuse qui constitue l'espèce ; à chaque degré de son élévation vers Dieu il acquiert un sentiment plus fort de son être personnel, parce que Dieu est à la fois l'universalité et la personnalité la plus forte[2]. La révélation de Dieu dans le Christ n'est pas un système de pensée, c'est une Parole personnelle, qui réalise ce qu'elle dit : « Jésus-Christ n'est l'auteur d'aucune doctrine ni d'aucune législation dans le sens vulgaire du mot... ; il n'a rien laissé qui pût être discuté, il n'a donné à ses fidèles que ce qu'il y a de plus réel, de plus positif et en même temps de plus intraitable : son individualité, sa vie, son histoire, et pour tout commentaire il a promis à l'Église son Esprit ; l'Esprit fait vivre l'Église et agit par la tradition[3]. » Il est absurde de transformer le christianisme en un système de philosophie, comme l'ont fait en Allemagne « un grand nombre de pasteurs » ; il est blasphématoire de placer en quelque sorte son Auteur « parmi les docteurs et les professeurs allemands »[4].

Si Mickiewicz repousse le système de Hegel, ce n'est donc pas seulement parce que ce système répugnerait à la nature de l'âme slave[5] ;

1. Op. cit., t. 1, p. 255.

2. T. 1, 20-21 et 471. On notera la ressemblance avec l'idée de la personne universelle ou de l'universel concret, reprise (indépendamment de toute signification hégélienne) par Maurice Blondel, par Pierre Teilhard de Chardin et par Hans Urs von Balthasar. Cf. notre étude sur *l'Éternel Féminin* d'après Teilhard. Aubier, 1968, pp. 193-207.

3. T. 1, 251-252.

4. T. 1, 336 et 417-418.

5. Quoiqu'il reproche à Cieszkowski et à Trentowski de s'être laissés trop dé-

c'est parce qu'il corrompt la foi chrétienne en prétendant l'approfondir. Il ne lui reproche pas seulement d'être « une philosophie prussienne ». Mais après avoir écouté Hegel, on ne peut savoir s'il croit « à la personnalité de Dieu, à l'immortalité de l'âme, à l'existence d'un monde invisible » ; ou plutôt, on ne s'aperçoit que trop du contraire[1], et il n'y a point à s'en étonner : son entreprise même était mortelle. En effet, l'Évangile a opéré dans l'histoire « des changements immenses », il est à l'origine d'un grand développement « dans toutes les branches des connaissances humaines », – mais ce n'est pas en vertu d'une philosophie quelconque : c'est qu'il est une Force divine venue sur terre, capable de communiquer à ceux qui la reçoivent un nouvel élan vers Dieu, mais la philosophie humaine qui entreprend de le parfaire ou de le réinventer ne peut être « qu'une contrefaçon de la révélation »[2].

Comme on ne dépasse pas la foi, on ne dépasse pas la sphère des relations personnelles. « Nous savons, dit Mickiewicz, que les savants se permettent de traiter de fantasmagorie toute cette théorie populaire des esprits[3] » ; mais ils ont tort : « l'instinct des artistes » y discerne une vérité profonde[4]. La réflexion, soutenue par la tradition religieuse, nous fait comprendre aussi « que l'individualité commence avec la vie spirituelle, que l'homme qui se sent enfant de Dieu, esprit immortel, se détache ainsi de la masse confuse qui constitue l'espèce... L'homme... traverse des milliers de *moi* sans jamais perdre sa personnalité ; le *moi*, c'est l'ensemble des affections et des intérêts de notre individu dans une position donnée ; la personnalité, c'est le produit net de notre travail spirituel. » Cieszkowski ne l'a pas méconnu, car malgré l'emprise qu'il subit de la pensée allemande, « un je ne sais quel principe de vie l'agite encore »[5], et Mickiewicz est heureux de l'en

---

nationaliser. « Comme il y a des écrivains polonais qui se sont détachés de la tradition nationale, et qui, en suivant les errements des philosophes allemands, corrompent l'esprit national, il nous faudra les combattre en employant les armes de la philosophie » : 1, p. 8 et 332. Cf. 449, et 2, 34 : « Les Berlinois... s'effarouchent contre tout ce qui est inspiration, exaltation instinctive, contre tout ce qui échappe à l'anatomie scolastique et suppose dans l'homme un organe de vie supérieure. »

1. T. 1, 359 : « Hegel, d'après Michelet (de Berlin), faisait de la diplomatie, n'osant pas trahir sa pensée. Le fait est... qu'il suffit d'avoir consulté ses ouvrages pour être convaincu qu'il ne croyait à aucun des dogmes... » ; l'étonnant, c'est que « des Allemands très instruits... n'aient pas pénétré ce secret, ... mais que quelques jeunes Polonais l'aient deviné après la lecture de quelques brochures de Hegel. »

2. T. 1, 22 et 448. Cf. t. A, 48.

3. T. A, 98.

4. Comparer avec ce qu'écrira Dostoievski vers la fin de son *Journal* : « la croyance obstinée et constante de l'humanité dans notre contiguïté avec des mondes autres que le nôtre n'a-t-elle pas une grande signification ? »

5. T. 1, 354 et 471.

approuver. Trentowski s'est laissé contaminer davantage, aussi ne réussit-il plus à rétablir concrètement le rapport personnel de l'homme à Dieu ; d'où la lettre qu'il s'attire du poète au sujet de la prière : « La litanie de tous les saints ne se récite pas uniquement pour mémoire ! Hegel, Hegel lui-même sentait instinctivement le besoin de la prière, mais il ne savait comment l'intercaler dans son système. D'après le vôtre, il n'y a pas non plus de prière. Songez s'il ne manque pas quelque chose à un système de philosophie universelle qui n'explique pas la prière[1]. »

Pas davantage on ne dépasse l'Église, réseau dernier de ces relations personnelles. Comme il exclut toute mystique individualiste[2], Mickiewicz exclut aussi comme ruineuse la prétention de l'idéalisme moderne. Il est en violente réaction contre tous les systèmes (notamment ceux de la « dynastie hégélienne ») qui se veulent, agressivement ou pacifiquement, les héritiers du christianisme. Si l'influence de Towianski l'a jeté pour un temps, comme on l'a vu, dans une excitation maladive, elle a pu aussi l'encourager à prophétiser, si l'on peut dire, dans des termes classiques, ceux mêmes du mystère central de la rédemption. C'est en union à ce mystère, en dépendance du sacrifice du Christ, qu'il exposera et le rôle de sa patrie et son action personnelle[3]. On peut dire qu'il y a en lui de l'illuminisme, mais cet illuminisme ne le conduit ni à prendre le mystère chrétien pour une métaphore qu'on peut appliquer à son gré, ni à s'autoriser de l'exemple du Christ pour se dérober à l'action. C'est là ce qui l'oppose aux transpositions sacrilèges des uns comme au quiétisme attentiste des autres (dont Towianski). Et son propre génie, s'appropriant d'abord un illuminisme suspect pour lui donner ensuite une orientation contraire, lui dictera une page où nous verrons s'épanouir, mais sous une forme inédite et profondément assagie, le rêve de Joachim de Flore.

---

1. Lettre du 9 septembre 1839 ; dans KRAKOWSKI, *A.M. philosophie mystique*, p. 222. Sur cette question de la prière, voir BALTHASAR, *Herrlichkeit*, t. 3, à propos d'Hölderlin. (Éd. ital. *Gloria*, vol. 5, pp. 281-290).

2. Il s'inspirait plus de Maistre que de Saint-Martin, « car Maistre, sentant les insuffisances de la pensée tout individuelle, fût-elle intuitive, fût-elle extatique, la soumet à de grandes intuitions fixées et codifiées, à la tradition et, pour tout dire, à l'Église. » KRAKOWSKI, *A.M. philosophe mystique*, p. 239.

3. Cf. entre autres textes l'allocution au peuple toscan, avril 1848 : « La Pologne, abandonnée des rois et des peuples, expirait sur un Golgotha solitaire... Il y eut un moment où les peuples pensèrent que Dieu avait abandonné la terre à Satan... Ils oubliaient que Notre Seigneur Jésus-Christ est descendu du ciel pour donner à la terre la liberté et la paix... La Pologne ressuscitera, elle fera ressusciter tous les peuples slaves, etc. » *Mémorial*, pp. 233-236. Dans les *Dziady* (3e partie), un jeune prêtre a la vision de la Pologne crucifiée ; Krakowski note la ressemblance, jusque dans les termes, avec la préface donnée par Ballanche en 1835 à la biographie d'Émilie Plater par Straszewski. Op. cit., p. 244.

La Force divine incarnée sur terre dans le Christ et se proposant dans son Évangile est également capable de sauver ici-bas l'homme social[1]. Mais « il faut du temps » pour qu'elle produise tous ses effets, « pour que l'ordre nouveau puisse remplacer l'ordre ancien » et qu'après l'éclosion des « vertus privées » soit « allumée dans le cœur de l'homme une flamme active » d'où sorte un christianisme pleinement développé. L'Évangile « est une parole vivante », qui « n'annonce pas même de loin ce qu'elle doit réaliser » ; on n'y trouve « pas une seule promesse économique, politique ou sociale » ; mais cette parole s'éclaire à mesure qu'elle se réalise[2]. – D'autre part, les hommes qui ont charge de transmettre la vérité salvatrice ne l'ont-ils pas laissé s'affadir ? La doctrine issue de l'Évangile, au lieu de s'élargir comme un fleuve, ne s'est-elle pas depuis quelque temps rétrécie « dans la capitale du monde chrétien, qui ne sait plus que repousser et condamner » ? (On est au temps de Grégoire XVI.) « Cette Église, dont l'existence est miracle, évite de parler des miracles... Elle a une peur extrême du ridicule. Les prêtres n'osent plus en parler en public... Il ne portent plus la parole religieuse que dans des maisons où ils sont sûrs d'être bien reçus... Faisant la cour aux incrédules, (ils) n'osent prononcer le nom de Jésus-Christ et cachent (leur) caractère de prêtre sous des formes polies et vulgaires... Quand on est à ce point esclave des convenances et des habitudes, on a perdu toute force, on est incapable d'agir sur les masses... » « Cet état de l'Église devrait faire éclater de douleur le cœur de ceux qui la servent... Cependant, elle sera sauvée malgré (les prêtres) et contre eux ; et puisqu'ils n'osent pas le dire, nous le dirons : elle sera sauvée par un miracle »[3] :

> ... L'Église n'a pas manqué d'avis. Il ne s'agit pourtant, qu'on le sache bien, ni de réformes, ni d'innovations, ni de révolutions religieuses, mais on s'attend à une nouvelle manifestation de l'esprit chrétien. Le papillon qui, au lever d'un soleil printanier,

---

1. Dans le *Mémorial*, p. 137, Ladislas M. note la ressemblance avec la conclusion des *Mémoires d'outre-tombe*. Il ajoute : « Dans une lettre du 4 juillet 1848, l'abbé Deguerry, qui venait de recueillir le dernier soupir de Chateaubriand, dit : « Une des paroles qu'il répétait fréquemment dans ses dernières années, c'est que les problèmes sociaux, qui tourmentent les nations aujourd'hui, ne sauraient être résolus sans l'Évangile du Christ... ; aussi M. de Chateaubriand saluait-il le Christ comme le sauveur du monde au point de vue social. »

2. T. 1, 20-21, 23-24, 111.

3. T. 2, 55-70, 123-126 ; cf. 119. Voilà qui ressemble plus à Péguy qu'à Lamennais. Péguy connaissait le Livre des pèlerins polonais. Il s'intéressera surtout à *Pan Tadeusz*, que lui commenta en 1913-14 Édouard Krakowski. Celui-ci atteste « l'admiration que Péguy m'exprima plus d'une fois pour notre poète national » : *M. et l'histoire pathétique de la Pologne*, pp. 18-19.

> s'élève sous le ciel, n'est pas une chrysalide réformée, révolue ou innovée ; c'est toujours le même être, mais élevé à une seconde puissance de vie ; c'est une chrysalide transfigurée. L'esprit chrétien est prêt à sortir de l'Église catholique[1] : seulement le clergé officiel n'a pas assez de lumière et de chaleur pour le faire éclore...[2].

C'est pourquoi, en notre siècle, certains peuples de l'Europe ont été choisis, tels la France et la Pologne (Mickiewicz en revient toujours à son utopie d'un nationalisme universalisant), nations dans lesquelles l'esprit chrétien, « devenu réellement l'esprit national », portera les fruits attendus[3].

L'Église, « l'Église officielle », ne périra pas. Elle est nécessaire. Mais il ne suffit pas pour la maintenir que les peuples viennent à l'occasion suppléer un clergé défaillant. Il faut encore qu'elle-même s'élargisse, pour être pleinement en fait ce que dès l'origine elle est en droit : universelle. Avouons-le : « depuis la Réforme » la chrétienté s'est arrêtée. « Du côté du catholicisme (pour répéter une expression hardie de Baader) commence la *pétrification* et, du côté du protestantisme, la *putréfaction*[4]. » Mais, suivant une loi constante, de cette situation malheureuse surgit l'espoir du renouveau le plus miraculeux. Par le biais de cette déchirure se prépare une unité meilleure. L'œcuménisme catholique de Mickiewicz rejoint celui de Joseph de Maistre, en passant par une évocation des deux apôtres Pierre et Jean

---

1. Cela ne signifie pas : prêt à émigrer, à quitter l'Église catholique, mais, comme le contexte l'indique clairement : à naître d'elle, pour s'épanouir en elle. Il reste que l'image de la chrysalide, souvent utilisée en des sens divers, malgré les précisions que M. s'efforce d'y apporter, est dangereuse.

2. T. 2, 129-130.

3. Cf. t. 1, 7, 273, 306, etc.

4. Op. cit., t. 1, 333. Cf. *Mémorial*, p. 172 : « Mon père n'a soulevé aucune question relative à un changement quelconque de dogme ou de règle disciplinaire ; mais il a montré comment on peut vivre chrétiennement, non seulement en tant qu'individu et famille, mais en tant que nation, et combien il était urgent que la vérité, pour échauffer et éclairer le monde, ... brisât cette enveloppe de pierre dans laquelle peu à peu l'hiver des siècles l'a enfermée... Il proclamait que, fille de Jésus, qui fut incarnation du Verbe de Dieu, la société chrétienne ne peut exister que par une incarnation permanente, et c'est ce qu'il appelait le *messianisme*. Plein de vénération pour les grands hommes et les saints antérieurs, il demandait de nouveaux saints et de nouveaux grands hommes. Il sollicitait l'Église... d'être le *sursum corda* continuel de l'Humanité... » On lira aussi, ibid., pp. 174-175, la longue citation des Mémoires du Père Kajsiewicz, rapportant une conversation entre Mickiewicz et Mgr Affre, l'archevêque de Paris. En sortant, M. aurait dit à son compagnon : « Sais-tu, l'archevêque est plus humble que moi... », et Mgr Affre aurait dit ensuite au P. Kajsiewicz : « Votre poète est un homme exalté, mais il a de bonnes intentions ; ne le rebutez pas, soyez patients avec lui. »

qui rappelle, mais en la corrigeant du tout au tout par un beau symbolisme, la vision de Joachim de Flore sur l'Église de l'avenir[1].

C'était le 16 janvier 1844. Jamais, depuis sa fondation, venant d'aucune de ses chaires, les auditeurs du Collège de France n'avaient sans doute rien entendu de pareil. C'est ce jour-là, non les quelques jours d'exaltation excentrique, qu'il eût fallu retenir. En ce jour-là, l'historien des littératures slaves a livré la synthèse de sa vision catholique. Elle culmine en un symbole grandiose qui rassemble tous les thèmes que l'on vient d'exposer. Voici d'abord, en résumé, la légende qu'il commença par raconter. Il l'empruntait textuellement au « poète anonyme de la Pologne », le polonais parisien Sigismond Krasinski, qui l'avait publiée peu auparavant[2].

Nuit de Noël. A Saint-Pierre de Rome, le pape achève la messe, entouré de vieillards fatigués. Survient au milieu d'eux un jeune homme vêtu de pourpre : c'est l'Église de l'avenir, en la personne de Jean. Il annonce à la foule des pélerins que les temps sont accomplis, puis, allant au tombeau du chef des Apôtres, il l'appelle par son nom et lui ordonne de sortir. Le cadavre se lève, et s'écrie : Malheur ! Alors la coupole de la basilique craque et se lézarde. Le jeune cardinal demande : « Pierre, me reconnais-tu ? » Le cadavre répond : « Ta tête a reposé sur le sein du Sauveur, et tu n'as pas connu la mort ; je te connais. » Alors Jean : « Il m'est ordonné maintenant d'habiter parmi les hommes, de prendre dans mes bras et de presser sur mon sein l'humanité fatiguée. – Fais, répond Pierre, selon ce qui t'a été ordonné », et il retombe dans le tombeau. La voûte de la basilique s'entrouvre, et Jean étend les mains pour protéger le peuple qui s'enfuit ; il fait pour la première fois un geste de commandement qui fixe Pierre dans son tombeau, et demande à la légion des pélerins polonais s'ils veulent rester et s'enterrer avec le vieillard des vieillards. Ils répondent : « Il est amer de mourir seul, nous mourrons avec lui, car nous ne savons pas déserter » ; et, levant leurs épées, ils s'efforcent de retenir la voûte qui s'effondre ; mais les uns après les autres sont écrasés. » ... Et « les grandes fontaines de la vaste place, ployant leurs ailes d'écume larges et transparentes, s'accroupirent et disparurent dans les ruines, comme des colombes surprises par la tempête...[3] ».

Tel est ce poème étrange, que Mickiewicz résume à son auditoire. Pierre est mort à jamais. L'Église romaine est finie, ses derniers fidèles

1. Cf. 2, 62 : sur « ceux qui précèdent et qui annoncent l'Église de l'avenir » ; 68 : « Comment décrire l'idéal des nouveaux enfants de l'Église de l'avenir ? »

2. Voir l'Appendice D.

3. T. 2, 59-62. Nous abrégeons beaucoup. Cf. 74-75.

ont péri. La rupture est consommée. Fort du consentement de Pierre, Jean, dans sa jeunesse intacte, ouvre une ère nouvelle, dont il ne nous est rien dit. Ainsi, dans la vision de l'abbé de Flore, s'éteignait le roi David, épuisé par l'âge, symbole de l'Église du Christ, dont l'Église de l'Esprit, son héritière légitime, allait prendre la place, pour tout renouveler sur terre...

Mickiewicz admire le poème, « malgré ce qu'il a de trouble et d'incohérent », comme il admirait du même auteur *la Comédie infernale*, ce « drame prophétique », auquel il n'avait pas consacré moins de quatre leçons dans son cours de l'année précédente[1]. Mais une fois encore sa propre pensée est autre. Maintenant il va parler en son propre nom. Acceptant le symbole, il va le modifier, ou pour mieux dire le retourner :

> ... Cette légion de pèlerins ne représente pas seulement les légions polonaises quoiqu'elle contienne la tradition spirituelle de leurs migrations mystérieuses. Elle représente aussi l'innombrable légion des hommes qui cherchent l'Église de l'avenir. Tous ils se dirigent vers Rome, tous ils doivent passer par Rome, tous ils doivent entrer dans cette basilique. Mais ils ne périront pas dans ses ruines, *ils arrêteront cette coupole sur leurs armes*. Ce ne seront pas les armes matérielles qui parviendront à la sauver, mais les esprits des nations. Les esprits des nations retiendront cette coupole près de s'écrouler. *Ils ouvriront cette coupole à la lumière du ciel*, pour qu'elle ressemble à ce panthéon dont elle est la copie ; pour qu'elle soit de nouveau la basilique de l'univers, le panthéon, le pancosme et le pandème, le temple de tous les esprits ; pour qu'elle nous donne la clé de toutes les traditions et de toutes les philosophies...
>
> Le même esprit qui nous élève vers la région supérieure nous fait découvrir les lois constitutives des régions inférieures... Les saints du christianisme, ces hommes qui les premiers ont parlé avec les anges, ont trouvé aussi le moyen de se faire comprendre des esclaves. La sphère maintenant s'élargit immensément. L'humanité est appelée à monter plus haut vers le ciel et à descendre plus bas dans les mystères de la nature. Si les prêtres avaient le sentiment de leur mission, ils redeviendraient de grands hommes, et ils régiraient même la politique et la science...[2].

---

1. Leçons 8, 9, 10, 11 (24 janvier-21 février 1843). T. 1, 138-219. « Tout le drame fourmille de traits profonds, qui montrent dans l'auteur une grande divination poétique » (215).

2. T. 2, 62-63 ; c'est nous qui soulignons. Cf. 67 : « Les peuples ne demandent pas à renverser l'Église, mais à la voir relevée. » L'assimilation tentée par Kolodziej avec

Outre l'idée nationale, caractéristique du siècle et renforcée chez les polonais par le malheur, nous trouvons ici, à propos des prêtres et de leur mission, la même expression de regret que nous avons observée chez Buchez[1]. Quant à ce rêve de faire entrer politique et science dans le domaine d'une Église devenue enfin universelle, sans doute convient-il, pour le comprendre sans lui imposer de contours trop nets, de penser moins, beaucoup moins à l'idéal d'un Fichte ou à celui d'un Swedenborg, qu'aux nostalgies d'un vieux traditionalisme, transfigurées par un report sur l'avenir. Mickiewicz se fait ici confusément l'écho, à la fois de la conception patristique et médiévale sur l'unité du savoir à réaliser grâce à l'investigation des profondeurs cachées dans la sainte Écriture[2], et de l'apsiration à l'unité politico-sociale du genre humain dans un Saint-Empire fondé sur les principes de l'Évangile que l'Église a mission de lui rappeler[3]. – Mais là n'est pas l'essentiel. Là n'est pas la pointe de son récit transformé. Elle est dans l'opposition déclarée aussi bien à ceux qui, tel Krasinski au temps de la *Légende*, semblent désespérer de la foi catholique abritée dans l'Église romaine, qu'à ceux qui cherchent à détruire l'une et l'autre en prétendant être leurs héritiers. Mickiewicz n'accepte pas la disjonction symbolique de Pierre et de Jean, déjà présente chez Joachim de Flore, qui avait traversé les siècles et devenait de plus en plus courante. Dans l'avenir qu'il entrevoit, Jean ne succède pas à Pierre, mais vient l'aider à se renouveler. L'Esprit n'abandonne pas Rome : il y accourt au contraire, sous la forme de « l'esprit des nations » fidèles. C'est sous la voûte même de Saint-Pierre[4] que s'élabore, dans la continuité, l'Église de l'avenir. Pour devenir vraiment universelle, avant de s'élargir aux dimensions du monde, il faut qu'elle s'ouvre sur le ciel. (Sinon, cette « ouverture » au monde serait sa ruine.) Alors, théocratie sublime, elle ne rassemblera pas seulement tous les hommes, mais elle ordonnera toutes les connaissances et toutes leurs activités grandissantes dans une riche et parfaite unité.

Ce passage, qui suit aussitôt en le rectifiant l'exposé de *la Nuit de*

---

le Panthéon parisien nous paraît abusive. M. ne parle pas non plus d'un « temple nouveau, rebâti, qui abritera tous les cultes » : pp. 370-371.

1. M. parle de lui dans cette même leçon, p. 72.

2. Conception qui pouvait alors favoriser aussi bien l'essor de la recherche qu'un conservatisme peu éclairé. Cf. E M, t. 1, pp. 74-94 : « Regina artium ».

3. D'où le reproche formulé par Charles JOURNET, op. cit., p. 115 : « Faut-il donc, ô Mickiewicz, que vous en reveniez toujours à imaginer l'Église comme un vaste Ordre Teutonique ? » Le reproche a quelque fondement, mais son auteur n'a peut-être pas assez remarqué que l'image des pélerins porteurs de glaives était dictée à M. par le poème de Krasinski.

4. « La coupole de Saint-Pierre a couronné tous mes souvenirs d'Italie », avait-il écrit dès 1829. *Correspondance*, p. 78.

Noël, n'a pas toujours été lu d'assez près. On n'y a pas su voir la critique, formulée avec une courtoisie discrète qui n'exclut pas la netteté, de la pensée de Krasinski. Dans l'étude que nous avons déjà citée, Charles Journet se contente d'observer que, plein d'admiration pour les poèmes, Mickiewicz en « accentue le caractère hérétique »[1]. Plus récemment, M. Léon Kolodziej, dans une thèse érudite où ne manquent pas les jugements perspicaces, tirait de ce même texte, qu'il semble bien avoir lu de près puisqu'il s'y réfère expressément, des conclusions étonnantes. A l'en croire, nous serions en présence du joachimisme le plus extrémiste et le plus syncrétiste qui soit. Mickiewicz expliquerait qu'au troisième âge, après « le règne du Christ, Logos divin, à base d'intelligence », s'ouvrirait l'âge de l'amour, « sous les auspices du Saint-Esprit ». Alors saint Jean remplacerait l'apôtre Pierre :

> L'Église johannique aura... toutes les prérogatives dont Rome a frustré le catholicisme... Dans ce christianisme intégral fusionnent les religions du passé et du présent, exactement comme le souhaitaient déjà Schelling, Fichte, Krasinski et d'autres... Rebâti, le temple nouveau abritera tous les cultes, toutes les confessions, tel l'immense arbre dont parle Lamennais... Le christianisme éternel de Mickiewicz, c'est aussi le Verbe éternel du saint-simonisme et de Leroux. Les révélateurs successifs, Jésus y compris, deviennent ici des porte-parole du Verbe, c'est-à-dire de Dieu, c'est-à-dire encore de l'Humanité de tous les temps... Cette « Église invisible » dépassera le formalisme maçonnique d'un Lessing... Son attente d'une religion supérieure... implique la disparition des formes visibles actuelles, etc.[2].

Et l'auteur de conclure, dans un juste mais trop tardif souci de cohérence : « On peut... s'interroger sur les raisons d'une telle attitude, surtout quand elle s'accompagne de protestations maintes fois réitérées de fidélité à Rome. » Le vrai, c'est qu'une « telle attitude » n'est pas décrite d'après nature, mais d'après cet a priori que « la génération romantique ne pouvait pas voir le christianisme, particulièrement en son aspect catholique, autrement que comme un fait historique prenant sa place parmi une foule d'autres », et que Mickiewicz, appartenant à

1. Op. cit., pp. 95 et 111.

2. *Adam Mickiewicz au carrefour des romantismes européens.* Aix-en-Provence, 1966, pp. 370-374 ; cf. pp. 389-390. A la liste des auteurs qui pensent « exactement » comme M., s'ajoutent encore Sand, Enfantin, Ballanche, Gichtel, Zinzendorf, Jung Stilling, Böhme... et « d'autres professeurs au Collège de France..., Alfred Loisy par exemple... »

cette génération, ne pouvait avoir une autre attitude. D'où ce confusionisme intégral, posant à l'honnête historien, déconcerté par les textes réels, un problème insoluble.

Cependant, les historiens ont une excuse. Ils se fient aux contemporains. Or, déjà de son vivant, « la routine des hommes du passé » a fait accuser Mickiewicz « de vouloir introduire une religion nouvelle ». Il le sait, et dans la leçon qui suit celle qui critiquait la *Nuit de Noël* il s'en plaint avec véhémence. Replaçant la question sur ce qui est selon lui le vrai terrain, il s'en prend aux déficiences qui, de son temps, paralysent « l'Église officielle ». A cette Église des « bureaux » et des « commissions », avec leurs prudences et leurs atermoiements, qui ne comprennent pas plus les « mystères » et les « espérances » des peuples que la conversion soudaine d'un Ratisbonne, il reproche de faire juger « un écrit inspiré »[1] par « un commis ecclésiastique » qui « en déduit des propositions et des syllogismes ». A la politique apeurée d'un Grégoire XVI il oppose la joyeuse clairvoyance de Pie V, « le dernier des papes morts en odeur de sainteté », qui vit de loin la victoire de Lépante[2]. Aux prêtres sans élan qui rédigent « des abrégés d'histoire pour le peuple », il rappelle qu'il n'y a « pas d'histoire plus complète, plus magnifique, plus nourrissante, que ce cantique sublime qu'on appelle la Litanie de tous les saints » : il « évoque » et « invoque tous les grands esprits qui ont illustré le globe et qui ont fait avancer l'humanité par leurs vertus » ; on peut y joindre « la vénération des reliques », ce « grand mystère de l'Église catholique ». « Malgré les déclamations de l'Église officielle, qui ne s'intéresse plus aux « choses merveilleuses », les reliques ne cessent pas d'agir, et la réelle Église militante ne cesse pas d'espérer d'être sauvée »[3].

Telle est en résumé la mercuriale qui suit, à sept jours de distance, la grandiose vision du dôme ouvert de Saint-Pierre. L'une et l'autre se complètent. Elles nous montrent le poète d'autant plus ulcéré qu'il est au sommet de sa ferveur towianesque et qu'il a conscience en même temps de sa fidélité profonde. Ce que nous avons à en retenir, c'est la substance de son rêve. Rêve d'un poète, d'un romantique, d'un proscrit, d'un exalté. Rêve confus. Mais rêve catholique. Il s'élève à partir d'un fondement réel et reconnu comme divin. Lessing, Herder, Hegel sont loin. Loin aussi les Michelet, les Quinet, les Leroux. Loin même ceux qui, tel Schelling, s'efforcent de renouer l'unité dans un mélange impossible. Mickiewicz répudie tous ces héritiers infidèles, il

---

1. Allusion à l'opuscule de Towianski, mis à l'Index l'année même de sa parution, en 1841. Toute cette leçon s'en ressent.

2. T. 2, pp. 71-72, 78, 80, 85-86.

3. T. 2, 81-85, 87-88.

écarte aussi bien tous les essais de reconstruction jugés maladroits, timides ou désabusés, pour renouer lui-même avec une tradition que Joachim de Flore avait, le premier, paru abandonner. Il reprend à sa manière le grand rêve naïf, mais fécond du premier moyen âge méditant sur la Bible reçue des Pères : l'unité de la vie intellectuelle et celle de la vie sociale autour du mystère de la foi, dans un œcuménisme sans bornes, dans une ouverture totale à l'avenir, toujours à l'intérieur de l'Église du Christ provoquée à s'élargir sans cesse : le rêve immortel de la *Catholica*[1].

« Avec la foi et l'amour, elle arrivera au port, la barque des Pélerins polonais[2]. »

Mickiewicz n'est pas resté longtemps envoûté par Towianski. Ce ne fut, comme dit une notice biographique, qu'un « lamentable épisode », sur lequel « il serait pénible d'insister »[3]. Sa dernière leçon du Collège de France date du 28 novembre 1844. Dès le lendemain les liens s'étaient distendus. Une première brouille s'était produite en novembre, à la suite d'une adresse du prophète au tzar Nicolas. En mars 1845, à Zurich, les deux hommes s'opposent publiquement avec violence. Avant la fin de l'année, la rupture est consommée, entraînant une scission nouvelle parmi les catholiques polonais de l'exil[4]. Mickiewicz ne pouvait admettre la passivité prêchée au nom d'une Pologne se sacrifiant pour les peuples à l'imitation du Christ. Sans doute aussi et plus encore s'inquiétait-il de l'orientation que le prophète donnait au « Cercle » religieux[5] qu'ils avaient fondé tous deux en

1. Tel devait être aussi le rêve de Soloviev, cherchant dans une « libre théosophie » la synthèse de la science, de la philosophie et de la théologie, et la voyant elle-même unie à la « libre théurgie » et à la « libre théocratie ».

2. *Le Livre des Pèlerins polonais*, I. En 1943, le Cahier clandestin du *Témoignage chrétien, Défi*, rédigé avec la collaboration du cardinal Hlond sous l'occupation nazie en France, se terminera par deux citations du *Livre des Pélerins*. Jean-Paul II le citera aussi dans son allocution aux jeunes de Gniezno (3 juin 1979) sur l'inspiration chrétienne de la culture polonaise.

3. *Nouv. Bibliographie générale*, t. 35, 1861, col. 442.

4. Généreux, M. devait intervenir en 1848 et en 1851 en faveur de Towianski auprès du gouvernement français. Sur l'émigration polonaise en France et à Rome ; KRAKOWSKI, *Pologne et Russie*[2]. Laffont, 1946, pp. 200-242.

5. Le « Cercle » était organisé en « Septaines », comme à la même époque l'« Œuvre » de Vintras. (voir infra, ch. XVI, 2). Towianski avait rencontré Vintras en Belgique : cf. KOLODZIEJ, op. cit., pp. 295-298 et 367. Lequel des deux agit sur l'autre ? Les deux opinions ont été émises. D'après KRAKOWSKI, *A.M. philosophe mystique*, p. 203, la priorité revient à Towianski. On ne voit rien chez celui-ci d'analogue aux procédés suspects du vintrasisme.

1842 et que lui-même dirigeait à Paris. L'opposition du clergé les entraînait à des pratiques anormales, substituées aux sacrements, et pouvait les mettre en danger de schisme. Voulant avant tout demeurer fidèle à l'Église, Mickiewicz quitte le Cercle, abandonnant à leurs rêveries les towianistes obstinés[1]. Mais il reste plus que jamais fidèle au messianisme populaire et polonais qui s'était exprimé dans ses poèmes, puis dans ses cours, et au nom duquel il va s'engager au fond en janvier 1848[2].

George Sand, dont il appréciait le talent, avait salué en ces deux hommes, dans son langage, « deux révélateurs de la vérité divine ». Elle avait été attirée par la « généreuse et brûlante fureur » de Konrad, le héros des derniers *Dziady*, que Mickiewicz avait publiés peu après son arrivée à Paris. « Orgueilleux de son génie et de son patriotisme jusqu'au délire », ce Konrad, au « catholicisme énergique et menaçant », si éloigné de « la résignation évangélique », si contraire à l'apathie d'un Sylvio Pellico et des autres disciples « du patient philosophe essénien », n'était-il pas le type le plus opposé à ce genre de soumission « digne de l'Inde peut-être, mais à coup sûr indigne de l'Europe » ? Sans doute elle regrettait de voir le poète « forcé, par les convictions auxquelles il est patriotiquement fidèle, de proclamer de

---

1. Le towianisme avait encore des adeptes en Pologne et en Italie dans la première moitié du XXe siècle. Des écrits ultérieurs de Towianski, un groupe de fidèles a publié en français des extraits, parus à Turin en 1903, sous le titre de *Pages de christianisme vivant.* Ce sont des maximes d'une spiritualité simple, solide et traditionnelle. Mais la page finale ouvre une perspective qui ramène l'idée fixe du prophète et qui rappelle, par le fond doctrinal comme par l'image évangélique, le rêve de Joachim de Flore. A ce titre, elle doit ici trouver sa place :

« Les siècles sont dans l'attente de l'accomplissement du sacrifice, dont dépend le salut de l'homme, attente que partage l'autre monde, qui voit plus clairement où git le salut... C'est ce pressentiment qui inspira à Siméon son allégresse à la vue de l'Enfant Jésus ; c'est ce pressentiment aussi qui fait naître aujourd'hui, dans beaucoup d'âmes, le désir que l'époque de la miséricorde de Dieu advienne, c'est-à-dire, ces jours bénis où doit s'accomplir le sacrifice que Dieu a marqué pour présenter à l'homme les degrés ultérieurs de la voie chrétienne..., afin que, dans la voie de l'amour et de la Grâce, ... ce sacrifice porte son fruit par l'accomplissement de la volonté immuable de Dieu, du Verbe de Dieu. » P. 128.

2. Dans un article écrit en 1937 et demeuré alors inédit, *Deux messianismes politiques*, O.V. de L. MILOSZ a critiqué, en réponse à un article du *Monde slave*, un messianisme polonais « délirant de vanité, profondément individualiste et incurablement national, ... aussi romantiquement élégiaque, féminin, flottant, fadasse et désossé que certaines inspirations tout à fait déplorables du grand Chopin ». Quelques réserves qu'on puisse faire à bon droit sur la pensée et l'action de Mickiewicz, pareille critique ne saurait lui être appliquée. Cependant, Milosz englobait dans sa réprobation les « paraclétistes du siècle dernier », nommément Towianski, dont le mysticisme « mégalomane » faisait de la Pologne « le Christ des nations ». Textes dans Jacques BUGE, *Milosz en quête du divin*, Nizet, 1963, p. 183 et dans Jean BELLEMIN-NOËL, *La poésie-philosophie de Milosz*, Lille, 1975, p. 174.

pieux mensonges, à la manière des sibylles » (peut-être ce regret contenait-il une allusion à la vision du moine Pierre, dont l'article ne souffle mot[1]) ; mais après tout, pensait-elle, ce catholicisme n'est qu'une langue, et « qu'importe la langue dans laquelle le génie rend ses oracles ?... Je ne puis croire que pour les grandes intelligences, qui restent encore sous ce voile, il n'y ait pas dans les formules un sens plus étendu que les mots ne le comportent. Le catholicisme de Mickiewicz, quelque sincère qu'il soit, se prête à l'allégorie aussi bien que le catholicisme railleur de Faust et le fantastique païen de Manfred. » Si d'ailleurs on y regarde de près, n'est-il pas « d'une philosophie plus audacieuse et plus avancée » qu'on ne croirait ? Konrad remarquait Sand avec satisfaction, « ne recule pas devant le blasphème ». Elle respectait cependant la « foi naïve », la « foi ardente et sauvage » de ce « poète mystique », rangé encore comme la majorité de sa race « sous la loi sincère de l'Évangile » et dont l'idéal attardé n'avait « pas encore conçu une forme nouvelle » ; mais elle lui souhaitait « une idée plus hardie »[2].

George Sand avait son plan, qui se préciserait bientôt. En 1841, elle entreprenait, avec Leroux et Viardot, de fonder la « Revue sociale » (qui sera la « Revue indépendante »). Mickiewicz n'accepterait-il pas de se joindre à l'équipe ? Lui et son entourage « sont de bonne foi... Qui sait ? Les idées de Pierre Leroux ne sont peut-être pas étrangères à ce schisme qui s'élève parmi eux... Il y a là foi, poésie, ardeur, jeunesse et inspiration. Pourquoi ne pas chercher à les attirer vers nous ? S'ils sont trop fanatiques, nous le verrons bien[3]. » Le désir d'attirer le poète polonais dans la mouvance de Leroux était chimérique. C'est que, sur

---

1. Elle ne semble pas voir que le Conrad de ces derniers *Dziady* est, comme le dit Kolodziej, p. 536, « un Conrad christianisé, adouci par l'aménité évangélique de l'abbé Pierre ». Voir supra, p. 247.

2. *Essai sur le drame fantastique.* Rev. des deux mondes, 4e série, t. 20, 1839 (1er décembre). Article repris dans *Souvenirs et impressions littéraires*, 1873. M. écrivit à propos de cet article à son ami Ignace Domeyko : « Tu devines combien les nôtres sont surpris de me voir placé si haut. Je me réjouis seulement de ce que Mme Sand attaque mon catholicisme. » *Corresp.*, p. 214.

3. Dans une plaidoirie en faveur de deux disciples de M., poursuivis pour quelque excentricité, l'avocat Blet-Lequesne associera le nom de Sand à celui de M. : « Est-ce que les esprits supérieurs ne croient pas aujourd'hui à quelque nouvelle manifestation de la vérité, à quelque grande rénovation de la terre ? Le poète Adam Mickiewicz, le Byron du Nord, ne proclame-t-il pas tous les jours cette croyance du haut de sa chaire du Collège de France, et une femme célèbre, George Sand... ne manifeste-t-elle pas des opinions religieuses et philosophiques qu'on pourrait croire empreintes de folie ? » *Gazette des tribunaux*, 23 mars 1845 ; cité par Jacoby, op. cit., p. 151. — Dans *Pologne et Russie* [8], p. 221, Krakowski écrira, non sans dureté : « Romantisme et hypocrisie (nous le savons par les George Sand et les Daniel Stern) vont fréquemment de pair. »

le sens de son œuvre, elle se trompait. Certes, elle ne se trompait pas en voyant dans Mickiewicz « l'égal de Goethe et de Byron » ; mais elle se trompait en rangeant son poème avec les leurs parmi les « productions étranges et audacieuses nées d'un siècle d'examen philosophique ». Contre son article de la *Revue des deux mondes* des catholiques réclamèrent, et la Revue dut insérer dans son numéro suivant une note conciliatrice embarrassée[1]. On a reproché aussi à cet article d'avoir mis les *Dziady* dans la catégorie de « drame fantastique », alors que tout s'y rapporte à ce dont l'auteur avait été l'acteur ou le témoin, à ce qu'il avait vu « journellement se passer autour de lui », tandis que « la donnée de Byron et de Goethe est tout imaginaire »[2]. Le reproche n'est justifié qu'à demi, car George Sand avait observé que chez Mickiewicz « le monde fantastique n'est pas en dehors, ni au-dessus, ni au-dessous ; il est au fond de tout, il est l'âme de toute réalité, il habite dans tous les faits. » Toutefois l'auteur des *Dziady* ne semble pas avoir goûté l'épithète, car dans sa leçon du 24 janvier 1843 il se plaindra qu'on l'attribue « à tout ouvrage où l'on voit des scènes et des personnages extraordinaires, qui paraissent abandonner la vie commune, la réalité prosaïque », alors que « rien n'est aussi relatif, aussi changeant, que ce que nous appelons *la réalité*, c'est-à-dire le monde visible, ce qui fuit, ce qui passe, ... ce qui n'a pas de présent. C'est l'âme qui saisit les rapports du monde visible ; c'est l'âme qui les fixe et qui leur donne ainsi une certaine réalité[3]. » Il est certain que le sens profond de la réalité caractérise l'œuvre de Mickiewicz, et non seulement son chant reproduit le réel, mais il n'est pas séparable de l'action réelle que le poète veut exercer[4].

La romancière avait fait connaissance avec Mickiewicz assez tard, sur la fin de 1836. Ils échangèrent quelques lettres, « qui ressemblent davantage à un courrier d'affaires qu'à un échange d'idées »[5]. On sait qu'elle l'observa pour décrire le comportement de son comte Albert dans *Consuelo*. Elle suivit quelques-unes de ses leçons au Collège de

1. Admiré par Jouffroy, l'article fut jugé sévèrement par Sainte-Beuve et par Quinet. Voir M. L. PAILLERON, *George Sand*, t. 2, Grasset, 1942, pp. 223-227 ; cf. 207-208.

2. OSTROWSKI, *Œuvres d'Adam M*, t. 1, 1841, pp. XIII-XIV.

3. T. 1, p. 140.

4. Cf. le ch. 24ᵉ et dernier des *Pèlerins polonais* : « Tels sont les livres de la nation polonaise et des pèlerins polonais, non inventés, mais recueillis des histoires de la Pologne, des écrits, des récits et traditions et enseignements de Polonais pieux et dévoués à la patrie, martyrs, confesseurs et pèlerins ; plus certaines choses inspirées par la grâce de Dieu. » Trad. Ladislas M. Réalisme sur lequel peut bien se greffer un espoir utopique, mais qui n'est point idéologie.

5. Une lettre en 1837, d'autres en 1842-43. Zygmunt MARKIEWICZ, *George Sand et M., leur correspondance*. Rev. de litt. comparée, janv. 1960, p. 108.

France, en publia des extraits dans la *Revue indépendante* en 1843, tira parti de leurs relations pour quelques traits « historiques » de son roman. Mickiewicz trouvait auprès d'elle la société de plusieurs de ses compatriotes, celle de Liszt, surtout celle de Chopin, dont il aimait venir écouter les improvisations. Mais en 1843, brusquement, les relations cessèrent. C'est qu'il avait été indigné en s'apercevant « que la romancière l'exploitait à des fins littéraires », et il s'arrangea pour ne plus jamais la rencontrer[1]. Elle écrira en 1845 à Witwicki : « Sans le croire sur le chemin de la vérité, je le crois aussi bien que vous et moi sur la route du salut[2] », et en 1855, dans l'*Histoire de ma vie*, elle parlera de son âme « conduite aux vertiges de l'extase par l'enthousiasme de la patrie et la sainteté des mœurs »[3].

Sans dévier de sa foi, que Sand appelait fanatisme, Mickiewicz poursuivit après son aventure du Collège une carrière qui ne tarderait pas à l'épuiser. Jamais il ne s'était consolé de n'avoir réussi, ou peut-être pas assez fortement cherché à lutter, en 1830-1831, contre l'écrasement de sa patrie insurgée (certains lui en feront reproche) : « Dieu ne m'a pas permis de participer en quoi que ce soit à cette grande œuvre, si féconde pour l'avenir. Je vis seulement de l'espoir que mes bras ne se croiseront pas au cercueil sans avoir agi[4]. » En janvier 1848, l'heure favorable lui paraissant proche, il part pour Rome, afin d'y créer, à l'imitation de ce qu'avait fait Dombrowski cinquante ans auparavant, le noyau d'une légion polonaise destinée d'abord à servir la cause de l'Italie du Nord qui cherche à secouer le joug autrichien. Tout commencer par Rome a pour lui valeur symbolique; mais il y est aussitôt contrecarré par l'aristocratie émigrée dans la ville sainte, ainsi que par l'ordre polonais de la Résurrection, partisan, dit Ladislas, de « l'immobilisme romain »[5]. Il arrache cependant à Pie IX, qu'il voit à trois reprises, une bénédiction toute privée de son étendard[6], qu'il

---

1. Cf. Z. MARKIEWICZ, *M. dans l'œuvre romanesque de G. Sand.* Rev. d'hist. litt. de la France, 51, 1961, pp. 429-433. (p. 433, Mark. confond « Jacoby » et « Erden ».)

2. Georges LUBIN, ibid. rectifiant une traduction fautive de Markiewicz. Sand ne fait pas seulement allusion à la foi catholique de M., mais aussi à son engouement pour Towianski.

3. T. 4, p. 461. Cité ibid., p. 430.

4. A J. Lelewel ; de Dresde, 23 mars 1832.

5. D'après le premier volume de son *Mémorial*, publié en 1877 « d'après les papiers de son père, avec préface et notes », Ladislas M. donne nombre de documents et de détails curieux sur le milieu polonais de Rome.

6. « Paradoxalement, dit KOLODZIEJ, M. s'accroche à Rome... (Il) n'a pas vu, ou n'a pas voulu voir l'audace et presque le cynisme de sa démarche... » (p. 388). Sa conduite nous paraît bien conforme à sa foi enthousiaste et à son réalisme dans l'action. Il aurait aussi voulu, peut-on penser, arracher à Pie IX un geste qui eût effacé celui de Grégoire XVI. C'était trop demander, et Pie IX fut prudent.

réussit ensuite à faire entrer dans Saint-Pierre à la tête d'une procession solennelle. Il a recruté quelque jeunes compatriotes, dont il exige que le premier acte soit d'aller se confesser, comme lui, à l'église proche de son domicile. Il rédige un « Symbole politique polonais » en quinze brefs articles, dont les trois premiers sont : « L'esprit chrétien, dans la sainte foi catholique romaine, appelé à se manifester par des actes libres. – La parole de Dieu, annoncée dans l'Évangile, devenant loi des États, loi civile et sociale. – L'Église, gardienne de la Parole », et le dixième : « A Israël, notre frère aîné, respect, fraternité ; aide sur la voie vers son bien éternel et terrestre ; complète égalité de droits politiques et civils. » Pour ce Symbole, il obtient à Rome même, grâce au Père Ventura, un *approbatur* de la censure ecclésiastique[1]. Le jour du départ, il prononce une allocution à Saint-André della Valle[2]. A Florence, à Bologne, où la petite troupe est acclamée, il conduit la foule prier dans une église[3]. Organisée à Milan, la Légion polonaise prendra part à la lutte contre l'armée autrichienne. Le 26 juin, Mickiewicz rentre à Paris pour hâter son recrutement. Mais le 25 juillet, les insurgés sont écrasés à Custozza par les troupes autrichiennes du général Radetsky, et Milan tombe le 6 août.

En 1849, à Paris, Mickiewicz fonde un journal, « La Tribune des Peuples », qui ne vit par intermittences que deux ans. En avril 1852 il perd son titre de professeur au Collège de France mais reçoit le poste de bibliothécaire à l'Arsenal. La guerre de Crimée réveille son espoir ; il se fait envoyer en mission par le gouvernement français ; son but est d'unifier les tentatives rivales des Polonais qui cherchaient à secouer le joug russe et de constituer une nouvelle légion pour la délivrance de sa patrie. Arrivé à Constantinople en octobre 1855, il y meurt du choléra le 26 novembre. En 1890, sa dépouille fut transférée de Montmorency, où elle avait été ramenée, à la cathédrale du Wawel, qui domine Cracovie, et « la Pologne entière lui fit une apothéose et la plaça dans la crypte des rois »[4].

---

1. *Mémorial*, pp. 69-70 ; cf. 136-142, 145. Un autre article, le 11ᵉ, proclame l'égalité des droits de la femme et de l'homme.

2. « C'est au nom de Dieu, sous notre aigle béni par la plus haute magistrature de l'Église le jour même où se célébrait la découverte miraculeuse de saint André, patron des Slaves, que nous nous mettons en marche vers notre patrie. Nous ne sommes qu'une poignée, mais nous avons éprouvé la protection de Dieu, et il voit notre esprit. Sa protection sera avec nous, tant que nous resterons fidèles... » *Mémorial*, pp. 97-98.

3. Au peuple toscan : « La volonté de Dieu est que le christianisme... soit la loi vivante des États et des associations civiles, qu'il se manifeste par des actes de sacrifice, de générosité et de liberté... Allons de ce pas à l'église rendre grâces à Dieu. » Ibid., pp. 233-236. Pour Bologne : pp. 331-338.

4. KRAKOWSKI, *Pologne et Russie*, p. 247. Henri GRAPPIN, *Histoire de la Pologne*, Larousse, 1922, pp. 288 et 417.

Il avait écrit un jour à sa fille Marie : « Pense à ce qu'étaient ce Pierre et ce Paul qui, émigrés d'une petite ville juive, ont renversé le plus grand empire du monde, plus grand que celui de l'empereur Nicolas, et qui ont planté la croix sur ses ruines[1]. »

Par une ironie du sort, c'est Renan qui fit à Montmorency, comme représentant du Collège de France, le discours de circonstance. Il loua le « grand idéaliste » et le « grand patriote », rappela que « c'était surtout un croyant », d'une « foi imperturbable en l'avenir », qui « voyait à travers les nuages un avenir brillant où la pauvre humanité se consolera de ses souffrances », etc., mais n'évoqua pas d'un seul mot sa foi chrétienne et catholique. Moins réticent, un auteur dont nous croyons qu'il n'a pas toujours exactement interprété la croyance de Mickiewicz, Léon Kolodziej, nous dit cependant que jusqu'à la fin sa fidélité à l'égard de Rome ne s'est pas démentie un seul instant[2].

Au soir de son élection, le 16 octobre 1978, du balcon de Saint-Pierre de Rome, le cardinal Karol Wojtyla, devenu Jean-Paul II, saluait Mickiewicz, témoin de la foi catholique et de la liberté. Et dans la lointaine Cracovie, que le poète exilé n'avait jamais pu voir, cette nuit même « les cortèges qui fêtaient l'élection pontificale en honorant lees héros de l'histoire polonaise nous signifiaient que d'Adam Mickiewicz à Karol Wojtyla s'est poursuivie la continuité d'une même espérance à laquelle paraît enfin répondre un sourire de l'histoire »[3]. De tels sourires s'effacent vite, mais l'idée fondamentale de Mickiewicz, à savoir que l'Évangile du Christ dont l'Église a la garde n'a point à être dépassé mais doit se réaliser dans la vie des peuples comme dans celle des individus et que « la volonté de Dieu est que le christianisme soit la loi vivante des États et des associations civiles », cette idée devait trouver une consécration plus éclatante que jamais[4]. Et ce qu'a écrit l'année suivante Pierre Emmanuel de Karol Wojtyla, dont la poésie est « liée au respect d'une très grande tradition », caractérisait aussi bien déjà le Mickiewicz de la réplique à Krasinski : « Homme d'une communauté historique, (il) est aussi l'homme de la communion des saints. Il n'y a pas de hiatus, mais continuité de l'une à l'autre : l'histoire humaine s'élargit à la dimension du salut, et (ce

1. *Mémorial*, p. 409. Lettre du 19 décembre 1851.

2. Op. cit., p. 390.

3. Étienne Borne, dans *la Croix*, 27 octobre 1978.

4. Jamais cet enseignement n'a été plus explicite et plus insistant que dans les actes de Jean-Paul II, faisant suite à ceux de Paul VI. L'idée avait fait l'objet, en 1936, d'une étude approfondie, fondée sur une forte substructure théologique la prémunissant contre l'utopie, de la part du Père Gaston Fessard : *« Pax nostra », examen de conscience international* (Grasset).

poète) trouve des accents épiques et prophétiques dignes de la grandeur de sa foi... Ainsi se constitue une grande fresque de l'homme au centre de laquelle se dresse la Croix, symbole de l'épreuve historique, mais aussi de l'espérance éternelle[1]. »

1. Préface à la traduction française de Karol WOJTYLA, *Poèmes*. Cana-Cerf, 1979, pp. 8 et 9.

CHAPITRE SEIZIÈME

CHRÉTIENS ET MARGINAUX

I

Turba magna

Tout le dix-neuvième siècle est traversé par un fleuve « joachimite » aux cent bras divers. Il serait fastidieux de les décrire tous, et nous ne prétendons pas les avoir tous inventoriés et parcourus. Il suffira de signaler un certain nombre de ces courants, souvent mineurs, avant de présenter un peu plus longuement quatre annonciateurs de l'Esprit, dont les trois derniers ont joué, dans la seconde partie du siècle, un rôle non négligeable en marge de l'Église.

Joachim de Flore mettait au-dessus de tous les autres saints l'Apôtre bien-aimé de Jésus. Il lui appliquait la parole du psalmiste : « Tu ne laisseras pas ton saint subir la corruption ». Pas plus que celui de la Mère de Jésus, le corps de Jean n'avait été mis en terre...[1]. Version particulière, accommodée à ses rêves, de la croyance à une survie de saint

1. *De articulis fidei*, éd. Buonaiuti, 1936, p. 74 : « Quia tanquam vas argenti purissimi non habens in se ipso aliquam scoriem hoc est delictorum misturam, non sicut ceteri homines indiguit solutione, clamat pro eo David dicens in psalmo : « Non dabis sanctum tuum videre corruptionem » (ps. 15, 10) : ad quod fortassis pertinet, quod Mariae matris ejus et discipuli quem diligebat, non sunt sacra corpora inventa in terra, quorum precipue castitatis dignitas et carnis integritas commendantur, ut specialis causa corporeae corruptionis post mortem precedens corruptio esse intelligatur, et sit quodammodo necessaria dissolutio ipsa carnis in cinerem, ut quasi cum quadam gloria virginitatis electorum corpora resurgant, dicente Domino : « in resurrectione neque nubent neque nubentur, sed erunt sicut angeli in celo, et filii erunt Dei, cum sint filii resurrectionis » (Luc 20, 35)... ».

Jean tirée de la parole mystérieuse adressée par Jésus à Pierre d'après le quatrième évangile (21, 20) : « S'il me plaît qu'il demeure jusqu'à ce que je vienne, que t'importe ? » Sans retenir habituellement ce trait[1], la postérité de Joachim de Flore fit, on l'a vu, constamment appel à saint Jean. C'est ainsi que Krasinski recourt encore à lui, dans sa *Nuit de Noël,* pour lui confier l'héritage de Pierre, et l'on aura remarqué que dans son récit « le vieillard des vieillards » est Pierre, tandis que Jean, « l'homme vêtu de pourpre », apparaît comme un jeune chef, maître de l'avenir[2]. Dans la Franc-Maçonnerie, à laquelle appartinrent beaucoup des personnages qui forment depuis le dix-huitième siècle la trame de notre histoire, saint Jean tient fréquemment aussi une place d'honneur.

A vrai dire, il faut compter dans l'histoire des Loges au moins trois saints Jean distincts : le modeste Jean de Jérusalem, Jean le Baptiste, Jean l'Évangéliste. Si l'on s'en tient à la longue liste des Loges et Chapîtres de la Grande Loge et du Grand Orient de France au cours de la seconde moitié du dix-huitième siècle[3], il est souvent difficile aux profanes de décider auquel de ces trois fait allusion le titre de « Saint Jean » ; en effet, ce titre est suivi seulement d'ordinaire, soit d'une indication du lieu de la Loge (de Beauvais, du Havre, de la Guyanne...), soit, beaucoup plus fréquemment, d'une formule symbolique (de la Sincérité, des Amis intimes, de la Modestie, de la Candeur...). Il est clair toutefois, pour la raison qu'on va dire, que celui des trois Jean qui domine en nombre est celui de Jérusalem. Mais cela ne signifie pas qu'il tienne la première place, s'il en tient une, dans le culte des Loges. Seul, en tout cas, l'Évangéliste doit retenir notre attention.

La fortune de Jean de Jérusalem est due au fameux discours du chevalier Ramsay, (le converti de Fénelon), rédigé (mais probablement pas prononcé) en 1736. Ramsay aurait voulu faire de la Maçonnerie un foyer de haute culture et de religion ; en quoi il échoua. L'on ne retint de son discours que la fable dont il l'avait agrémentée en son milieu. D'après cette fable, la Maçonnerie n'avait pas son origine, comme on le croyait, dans les confréries des tailleurs de pierre, dont le patron était saint Jean-Baptiste ; elle provenait d'un premier groupe de chevaliers croisés, qui avaient « fait vœu de rétablir les temples des chrétiens en Terre Sainte » et avaient « convenu de signes anciens et symboliques tirés du fond de la religion pour se distinguer des Sarrasins ; ils s'étaient bientôt réunis à l'ordre des Chevaliers de saint Jean de Jérusalem, et c'est pourquoi partout les assemblées maçon-

1. Voir cependant supra, t. 1, p. 216, à propos de Campanella.

2. Cf. supra, ch. XV, 2, et Appendice D.

3. Liste dressée par Alain LE BIHAN. Bibliothèque nationale, 1967.

niques portaient le nom de « Loges de saint Jean »[1]. D'autre part, tous les maçons n'oublièrent pas que cette appellation leur venait du fait que saint Jean Baptiste était le patron des *Masons* anglais, leurs véritables ancêtres, et ils célébraient sa fête avec solennité[2]. Mais le culte de l'Évangéliste n'est pas moins attesté, et c'est lui qui manifeste par un signe sensible l'appartenance de la Franc-Maçonnerie au vaste courant joachimite[3].

Comme on voit aujourd'hui souvent, dans le chœur de nos églises, une Bible ouverte posée sur un lutrin, on pouvait voir dans un certain nombre de loges un grand livre ouvert à la première page du quatrième évangile, avec une inscription « en lettres bleu, rouge et or : Le Saint Évangile de Jésus-Christ selon Saint Jean »[4]. Quand les grades du rite écossais se multiplièrent, allant jusqu'au nombre de trente-trois, le 19e fut désigné comme celui auquel saint Jean « fut le premier maçon qui tint une Loge de Perfection », et en atteignant le 29e on prenait le saint pour patron spécial[5]. Dans les Loges de Stockholm on attendit quelque temps son apparition[6]. L'usage fut très répandu de célébrer les deux fêtes du saint Jean d'hiver et du saint Jean d'été, mais celle du saint Jean d'hiver paraît avoir été particulièrement obligatoire. En 1777, Lalande, qui venait de rédiger l'article *Franc-Maçonnerie* pour une édition nouvelle de l'Encyclopédie, voulut fonder avec quelques-uns de ses amis une « Loge Saint Jean des neuf Muses » ; mais ce « mariage de l'Évangéliste parut une nouveauté trop forte pour plusieurs membres du Grand Orient »[7]. Cependant, d'autres essais de symbolisme syncrétiste furent tentés : tel, sans doute parmi d'autres, celui des « Frères

1. Toute cette histoire est racontée et étudiée critiquement par René LE FORESTIER, *L'occultisme et la Franc-Maçonnerie écossaise,* Perrin, 1928, ch. 4, pp. 199-219 ; cf. p. 252.

2. René LE FORESTIER, édition de « Les plus secrets mystères des hauts grades de la Maçonnerie dévoilés », 1774. Paris, 1914, introduction, p. 46.

3. Sur « les deux Saint Jean et la Franc-Maçonnerie », voir Pierre MORLIÈRE, dans *Travaux de Villard de Honnecourt,* t. 14, 1978, pp. 14-22.

4. Pierre CHEVALLIER, *Histoire de la franc-maçonnerie française.* T. 1, Fayard, 1974, pp. 58-59.

5. Cf. Jean MARQUÈS-RIVIÈRE, *Les rituels secrets de la Maçonnerie.* Plon, 1941, pp. 215 et 225. Mais est-il certain qu'il s'agisse de l'Évangéliste ? On se rappellera cependant que celui-ci avait été considéré comme le premier membre du grand Ordre contemplatif qui devait s'épanouir au troisième âge. Voir supra, t. 1, ch. 4.

6. R. LE FORESTIER, *La Franc-Maçonnerie occultiste...,* p. 327.

7. P. CHEVALLIER, op. cit., pp. 135 et 279-280. Voir le *Supplément à l'Encyclopédie,* t. 3, 1777, pp. 132-134. La définition que donne M. de la LANDE est tout-à-fait sécularisée : « la société ou l'ordre des Francs-maçons est la réunion de personnes choisies qui se lient entr'elles par une obligation de s'aimer comme frères, de s'aider dans le besoin et de garder un silence inviolable sur tout ce qui caractérise leur ordre. »

de saint Jean l'Évangéliste », qui prospéra quelque temps en pays germanique. Ces Frères formaient une « association fraternelle d'hommes pieux et savants, expérimentés et discrets, sans égard à la religion, à la naissance et à l'état », qui s'efforçaient, « d'après les instructions de l'Ordre, de pénétrer les secrets de la nature pour le plus grand bien de l'humanité »[1].

Bien entendu, la signification de ce culte de saint Jean n'était pas, ou ne demeura pas longtemps celle de l'Église catholique. On le voit déjà par ces derniers exemples. D'autres sont plus clairs encore.

Sur les quais de Paris, l'an 1814, la boîte d'un bouquiniste contenait un manuscrit grec intitulé *Evangelikon*, précédé d'un long exposé, dénommé *Levitikon*, sur le « Statut fondamental de la Sainte Église du Christ ». L'ouvrage, qui semble avoir été fabriqué au dix-huitième siècle en utilisant des manuscrits plus anciens, présentait un évangile (celui de Jean) tronqué et interpolé. On y lisait par exemple, au chapitre XVII : « Le Paraclet est en vous, enseignez en le Paraclet... Jean sera votre père, jusqu'à ce qu'il vienne avec moi dans le Paradis.[2] » L'ouvrage est signalé par Grégoire comme un faux, « dirigé contre toute idée de prérogative de l'apôtre saint Pierre... en faveur du déisme et de la primatie de l'apôtre saint Jean »[3]. Tel n'est pas l'avis de son ancien collègue Fabré-Palaprat, qui a acheté le précieux manuscrit. Il en publiera en 1831 une édition française, copieusement augmentée[4]. C'est qu'entre temps Fabré a reconstitué « l'Ordre du Temple », « religion secrète johannite différente de celle des Maçons du Nord » ; elle a retrouvé la pure doctrine, à laquelle Jésus avait été initié en Égypte, qu'il avait confiée au disciple bien-aimé, et que l'Orient avait conservée intacte, tandis qu'en Occident elle avait été corrompue par Pierre et par ses successeurs.

Au Levitikon et à l'Evangelikon restauré, Fabré joint diverses Annexes. Un résumé analytique de l'Apocalypse, « ce livre sublime,

---

1. Cf. *Die Brüder St. Johannis des Evangelisten aus Asien in Europa*. Berlin, 1903 ; cité par René Lote, *Du christianisme au germanisme*. Alcan, 1914.

2. Cf. I, 24 : « Il se fit chair et il habita en nous. » II, 24 : « Il possédait toutes les sciences et il savait tout. »

3. *Hist. des sectes relig.*, t. 2, 1814 ; éd. de 1828, t. 2, ch. 25, « Les Templiers » (pp. 392-428) ; p. 409 ss., sur « le récit romanesque du Leviticon ». Grégoire, parlant des nouveaux Templiers, ne nomme pas Fabré.

4. *Levitikon, ou Exposé des principes fondamentaux de la doctrine des Chrétiens - Catholiques - Primitifs, suivi de leurs évangiles, d'un extrait de la table d'or, et du rituel cérémoniaire pour le service religieux, etc., et précédé du Statut sur le gouvernement de l'Église et la hiérarchie lévitique*. Paris, 1831. (« Évangiles » est au pluriel, quoique seul soit admis celui de Jean, parce que chaque chapitre est appelé un évangile.)

chef d'œuvre d'un philosophe », qui est aussi de la main de Jean, montre qu'il constitue avec son évangile « la première base d'une religion toute rationnelle ». Un « Extrait de la Table d'or » établit que depuis 1804 « F. Bernard-Raymond Fabré-Palaprat de Spolète » est le 115e Souverain Pontife de l'Église dont Jésus le Christ et Jean l'Apôtre furent les deux premiers. Une reproduction des Statuts de l'Ordre du Temple, redéfinis en 1705 « ad majorem Dei Gloriam », est suivie d'un long « rituel-cérémoniaire du saint-sacrifice eucharistique », dont les rubriques minutieuses montrent bien que les religions de l'Esprit se passent malaisément du corps. Tout s'achève par une polémique avec le pauvre abbé Chatel. Le fondateur de « l'Église française » aurait eu la faiblesse de se faire sacrer évêque par le « coadjuteur » de Fabré-Palaprat, puis il avait repris son indépendance par rapport au nouveau culte, en rappelant que ce « Souverain Pontife » avait été d'abord membre, quoique illicite, de la hiérarchie romaine. Ce nouveau schisme ne devait pas lui porter bonheur[1]. Fabré mourut en 1838, mais Chatel, après l'intermède de la « cène johannite » qui lui avait attiré quelques maçons, finira par perdre en 1849 ses derniers fidèles et se fera garçon épicier[2].

Quelques années encore, et le frère Récluz, Vénérable de la loge écossaise « Les Zélés Philanthropes », va nous donner un exemple de la façon dont la gnose maçonnique, cette fois dans le cadre régulier d'une de ses branches, comprend le culte de saint Jean. Le 13 février 1852, il prononce un discours à l'Orient de Vaugirard, pour expliquer le sens des fêtes des deux saints Jean, le Baptiste et l'Évangéliste. Après avoir interprété par l'astrologie, « en fonction des signes du zodiaque, les places du Vénérable, des Officiers et des frères dans la Loge, représentation microcosmique du macrocosme », il conclut :

> Nos deux fêtes de saint Jean ne sont autres que celles du soleil des solstices. Renouvelons donc cette invocation... : O Dieu, qui avez rendu ce jour vénérable en faveur de saint Jean, votre bien-aimé, accordez à votre peuple fidèle la grâce d'y goûter les joies pures, et faites que, par la puissante vertu de nos mystères, nous célébrions longtemps avec fruit la fête de ce bien-aimé, qui est avec vous et par vous la source de toute vie et de toute vertu[3].

---

1. Cf. *Levitikon...*, pp. 297-304, la protestation de la « Primatie-coadjutoriale des Gaules », citant 1 Jo. 2 sur les Antéchrists et accusant Chatel de vouloir « faire du Temple un bazar, et un théâtre du Sanctuaire ».

2. LE FORESTIER, *La Franc-Maçonnerie occultiste*, pp. 958-969. CHEVALLIER, t. 2, pp. 245-246. (Selon d'autres : Brueys-Palaprat. Cf. supra, p. 39).

3. Cf. Pierre CHEVALLIER, op. cit., t. 2, 1974, pp. 383-384.

Pareille phraséologie liturgique n'est certes pas comparable aux accents d'un Joachim de Flore annonçant la venue de l'Esprit. Elle recouvre cependant la même persuasion d'un au-delà de la religion commune héritée de l'Évangile[1]. Seulement, par un mouvement circulaire analogue à celui du cosmos lui-même, ce dépassement de la lettre chrétienne, accompli sous les auspices de saint Jean, nous ramène en deçà du Christ. Le règne de l'Esprit qui devait être celui des grands contemplatifs devient celui d'une bourgeoisie moderne dont les représentants, dans les Loges les plus mystiques et les moins subversives, se souviennent des mythologies savantes qui ont culminé dans l'*Origine de tous les cultes* de Dupuis.

Le siècle s'était ouvert sur les publications de Chaix-Sourcesol, prêtre insermenté, ancien économe du séminaire de Saint-Sulpice, qui semble avoir été en rapports avec le groupe des derniers « Illuminés d'Avignon ». Coup sur coup, Chaix-Sourcesol publie le *Livre des Manifestes* (1800), la *Clef des oracles divins* (1801), *l'Évangile éternel* (1803). Il apprécie Saint-Martin, mais il écarte les spéculations profondes à la Boehme. Son Évangile éternel est un christianisme simplifié (plus de confessions, plus d'images, plus de célibat ecclésiastique, etc.), « unique moyen de ramener les églises séparées à l'ordre de Dieu et au bonheur de leur destinée ». Il va le prêcher en Amérique, où il meurt.

En sens inverse, c'est du Chili qu'arrive en France, par le relais d'une traduction anglaise, *La Venue du Règne du Messie en gloire et majesté* (1827), œuvre posthume d'un jésuite chilien, Manuel de Lacunza y Diaz (1731-1801), qui signait : Jean Josaphat Ben-Ezra[2]. Avant de paraître en français à l'usage de la « Petite Église », l'ouvrage avait été mis à l'Index en 1824. Lacunza était plutôt millénariste que joachimite. Toutes les hérésies, selon lui, venaient de l'abandon du sens littéral des Écritures, spécialement de Daniel et de l'Apocalypse. Ses emprunts à quelques joachimites médiévaux lui venaient de citations trouvées dans Corneille de la Pierre ou d'autres commentateurs. Seuls des lecteurs tardifs, déformant sa pensée, l'ont compris comme un disciple de Joachim. Une adaptation récente, qui n'a rien non plus de proprement joachimite, nous promet, pour le royaume

1. En 1854, le vieux frère Boubée, Vénérable de la Loge « Jérusalem des Vallées Égyptiennes », rappellera que la « loge de la Sincérité », fondée par lui à Toulouse en 1802, avait mis en exergue de son procès-verbal de fondation : « Nova sint omnia, corda, voces et opera ». Ibid. p. 385.

2. Cf. Alfred-Félix VAUCHER, *Une célébrité oubliée, le Père Manuel de Lacunza y Dias*. Collonges-sous-Salèves, Fides, 1941. LACUNZA, *Essai sur les prophéties bibliques*, Ibid., 1952 et 1955.

de mille ans, une « heureuse transformation atmosphérique », qui « conviendra admirablement au bonheur universel »[1].

Autrement sérieuse est l'œuvre du philosophe Bordas-Demoulin (1798-1859), catholique libéral et gallican, fervent paroissien aux tendances sécularistes, critiqué par Victor Cousin pour le « caractère théologique trop marqué » d'une étude sur « l'École cartésienne » ; homme austère saluant un avenir où « les Israélites » pourraient reconnaître « les biens temporels qu'ils attendent du Messie ». Il est adversaire déclaré du « déisme panthéiste » de son époque, il repousse « la secte née du contact d'un hégélianisme dégénéré avec le socialisme français », déplore « la chute de M. de Lamennais ». Il refuse aussi de croire « avec de Maistre et autres théologiens de la même force » à une « germination des articles de foi » comme à un développement interne de l'Église : celle-ci fut « dès le premier instant ce qu'elle doit toujours être ; le temps ne lui ajoute pas plus qu'il ne lui retranche ; elle subsiste immuable parmi les universels changements qu'autour d'elle il opère sans cesse ». – Mais cet apparent protagoniste d'un fixisme absolu tient en même temps que l'Église véritable « n'a pour ainsi dire pas encore existé », que « jusqu'à présent » l'œuvre du Christ, « qui a entrepris de faire des hommes », n'a « guère été que préparée », qu'elle « est demeurée inaperçue ». Un Augustin, un Bossuet, ces génies, ont bien compris le relèvement de l'homme religieux opéré par le Christ, mais non l'avènement de l'homme civil nouveau qui en doit être la conséquence. Mais voici qu'enfin cet avènement est proche, le temps est venu pour lui de se réaliser dans le « christianisme social », si du moins le clergé consent à s'y convertir. « L'empire de la superstition, de l'ignorance, du despotisme et du malheur... tombe de toutes parts, tandis que celui de la raison et de la liberté » nous appelle « à la jouissance des biens de la terre, que donnent les lumières, le travail, l'industrie et l'indépendance ».

Tel est le fruit tardif de l'œuvre du Christ. « Il ne pourrait être l'ouvrage de l'esprit humain seul... La révolution politique de nos jours n'est que la suite de la révolution religieuse... Il ne fallait rien de moins que ce changement intérieur », rattachant l'esprit de l'homme au vrai Dieu, pour que devînt possible une prodigieuse rénovation sociale. Maintenant, en principe, tout est accompli. La société chrétienne en est à sa troisième et dernière phase. La première avait consisté dans une « purification ardente de la lèpre du paganisme », œuvre des martyrs et des ascètes ; la deuxième fut une période théocratique, marquée par la victoire de l'Église sur les pouvoirs temporels et la régénération des

1. Un prophète a parlé, Ben Ezra. *Nouveaux commentaires des Prophéties de Daniel, de l'Antéchrist, et « les Nouveaux Cieux et la Nouvelle Terre ».* Adaptation et notes de A. Antomarchi. Privas, 1934.

peuples barbares. Dans l'une et l'autre il y eut des abus, mais l'ensemble fut une progression. Avec Descartes, puis la Révolution française, le christianisme, entré dans la troisième phase, produit enfin « son fruit merveilleux ». Nous sommes au *terme*. Que le sacerdoce ouvre donc les yeux « aux lumières du siècle » ; que l'Église se rallie, pour en assurer le succès, à « la civilisation moderne » qu'elle a préparée et dont elle détient toujours les conditions indispensables ; que, par son « enseignement social », elle « forme des citoyens » : alors s'ouvrira devant « l'homme adulte » un avenir de puissance et d'unité ; tous les peuples se rassembleront en elle « sous le règne de la vérité et de la raison ». Tel sera « le règne social du christianisme »[1].

Il ne faudrait pas juger Bordas-Demoulin sur cet exposé, qui n'envisage qu'une faible partie de son œuvre. Grand mathématicien, philosophe indépendant, théologien érudit et gallican obstiné, il fut en France l'un des meilleurs esprits de son siècle. Son influence diffuse fit contrepoids au courant traditionaliste, et des hommes tels que Bautain et Gratry « subirent le choc » de sa pensée[2].

Bordas-Demoulin eut un disciple, F. Huet, qui accentua l'aspect social de sa doctrine[3]. Le Christ a fondé « l'empire de la Raison », ouvrant la voie à « toutes les conquêtes de la liberté moderne ». « Le génie de Grégoire VII », puis « le cartésianisme », puis, en 1682, « les Pères de l'Église gallicane », enfin « la révolution française » ont marqué les étapes décisives sur la voie qui doit aboutir au socialisme chrétien, dont la charte a été rédigée d'avance par les Épîtres de saint Paul. Comme Bordas-Demoulin, Huet est aussi hostile à la Réforme qu'à l'ultramontanisme ; mais il ne croit pas comme lui que l'actuelle civilisation soit un terme : il voit les crises industrielles étendant leurs ravages, le paupérisme s'invétérant, l'abîme se creusant entre peuple et bourgeoisie. Il critique avec perspicacité les « réformateurs païens » : avec le christianisme, ils ont banni la raison ; leurs « Eldorados sensualistes » sont un rêve, qui ne nous sortira pas de l'« enfer social » où nous maintiennent « les conservateurs païens du luxe et de la misère ». Seul un « socialisme chrétien », dont il ne précise pas les traits,

---

1. Voir plus spécialement : *Du catholicisme, de la civilisation moderne et de la chute imminente du catholicisme en Europe,* 1831 ; recueilli dans *Mélanges philosophiques et religieux,* 1846, pp. 368-408 ; et dans ce volume les pp. 425-436. En 1837 parut un ouvrage de l'abbé SINAC : *Le christianisme considéré dans ses rapports avec la civilisation moderne,* auquel Bordas avait collaboré.

2. Cf. Louis FOUCHER, *La philosophie catholique en France au XIXe siècle...,* Vrin, 1955, pp. 116-130. Jean-Louis DUMAS, *Bordas-Demoulin platonicien et gallican,* Paris-Lille. 1971.

3. *Le règne social du christianisme.* Paris-Bruxelles, 1853. L'ouvrage se ressent à la fois de l'aggravation de la crise sociale et de l'échec de la révolution de 1848. Sans doute en raison de son gallicanisme extrême, il fut presque aussitôt mis à l'Index.

conduira le monde à son terme : « Achève la victoire, ô Christ libérateur ! Viens, avec l'Esprit d'amour, ouvrir l'époque de bénédiction où toutes les choses sont renouvelées !...[1] »

Auguste Siguier, lui, envisage d'abord avec une toute autre hardiesse un dépassement du Christ. Dans *Christ et Peuple* (1825) il voit se préparer « un grand événement », qui sera l'analogue d'une révélation nouvelle. « Depuis que le monde tourne dans l'espace, il n'y a eu que quatre individualités créées pour de grands bienfaits humanitaires : Moïse qui nous donna Dieu ; Jésus-Christ qui nous enseigna ce que voulait Dieu ; Luther qui apprit à ruiner les abus qu'on rapportait à Dieu ; Descartes qui nous fournit les moyens de penser et d'agir... par nous-mêmes... Avec les deux premiers, nous comprenions le ciel ; avec les deux autres nous comprenions la terre... » Mais un pas reste à franchir, « une régénération radicale » est en vue, elle s'accomplira par « une sainte fatalité » ; « les hardiesses réputées » aujourd'hui « les plus absurdes » en sont les signes avant-coureurs[2]. Qui en sera l'artisan ? Siguier, conquis à la terre, ne pense plus au Saint-Esprit. Celui qu'il attend, c'est « l'Homme-Peuple » :

> ... Il sera plus grand que Moïse... Il sera plus grand que Jésus-Christ... Il sera plus grand que Luther... Il sera plus grand que Descartes... En un mot, si l'Homme-Peuple est force, force suprême, il sera surtout intelligence, intelligence suprême... – On crie partout à l'utopie. Comment se produira-t-il ? Où est-il, où est-il, l'Homme-Peuple ? Patience, dans le monde il y a une raison générale qui ne trompe jamais...[3].

Bientôt la pensée du Christ, au-delà du Christ, aura son accomplissement. «Que voulait le Christ ? Libertiser la terre ; et que voulurent les prêtres ? La tenir sous le joug. » Mais il ne suffit pas de secouer le joug. Il faut « s'initier », pour la mener à son terme, « au mystère de la révolution chrétienne », entrer décidément dans « la modernité » de « l'humanité progressive ». L'homme-Peuple, révélateur et sauveur définitif, issu vraiment du christianisme, chacun de nous doit l'être pour sa part : « De l'audace ! de l'audace ! l'avenir est à nous »[4].

---

1. Cf. p. 6 : « Il est temps que les généreuses aspirations de notre âge ne soient plus sans cesse, ou violemment comprimées, ou détournées à de coupables excès. Il est temps qu'au-dessus des fausses utopies et des stériles imitations du passé, apparaisse enfin le socialisme vrai, spiritualiste, religieux, le socialisme chrétien. »

2. *Christ et Peuple*, pp. 8-9, 62, 73.

3. Op. cit., pp. 388-391. « L'homme-Peuple », c'est « la vérité-Christ », c'est « le nouveau et le plus illustre Messie des nations » : pp. 379 et 394.

4. Op. cit., pp. 9, 12, 56, 140, 150-151. Cf. pp. 69-70 : il faut « arracher le monde à

L'ivresse de ce romantisme démocratique, manifestement inspiré par les *Paroles d'un croyant*[1], devait tomber vite. En 1841, Siguier allait célébrer en deux gros volumes *Les grandeurs du catholicisme.* Reniant les « impitoyables logomachies » dont « les controversistes religieux, depuis cinquante ans, fatiguent l'Europe », mais tenant toujours le christianisme pour « la vérité mère », il allait s'appliquer à montrer qu'il trouve dans « les dogmes du catholicisme » son épanouissement légitime. Loin d'être les héritiers authentiques des premiers Apôtres et les artisans de l'avenir[2], les hérétiques de tous les siècles « revenaient, par un sentier détourné, dans tous les désordres, dans tous les non-sens philosophiques » et il en va de même en notre temps pour « la philosophie allemande »[3]. – L'ouvrage, qui témoigne d'une érudition et d'une maturité rapidement acquises, se termine par une « explication nécessaire » sur l'évolution de l'auteur. A travers un tel retournement, remarquons deux traits qui demeurent, bien caractéristiques de l'époque : de part et d'autre, un éloge du grand Hildebrand[4] et un messianisme national[5].

En 1841, c'est un certain Cheneau qui reprend le schème trinaire de l'abbé de Flore, à la suite d'une illumination personnelle : *Troisième et dernière alliance de Dieu avec sa créature, révélée à son serviteur Cheneau ou Chaînon, négociant, de Menneteau-sur-Cher, pour être manifestée aux hommes*[6]. En 1846, c'est Louis de Tourreil, qui dans les deux volumes de sa *Doctrine fusionnienne,* annonce qu'il est, après Moïse et Jésus-Christ, le troisième Messie, chargé de révéler la troi-

ses vieux fondements », « le remplacer par un monde tout neuf » ; p. 242 : « Non, non, le christianisme n'a jamais été compris », etc.

1. Pp. 255-259, Siguier signale ses deux grands hommes : Chateaubriand et Lamennais.

2. Comparer *Christ et Peuple,* p. 187 : « Les hérésiarques... ont entretenu le feu sacré des révolutions au milieu du monde. »

3. *Les grandeurs...,* pp. t. 1, pp. 448, 463, 472 ; t. 2, pp. 170, 459-474, etc.

4. Comparer *Christ et Peuple,* p. 123 : « Quel coup de génie : quel immense dédain pour les rois, princes et empereurs ! quelle admirable préparation à l'omnipotence future du géant populaire ! » et *Les grandeurs...,* t. 2, p. 236 : « Seul avec son génie, seul avec ses vertus, seul avec sa douceur, seul avec sa volonté, il essaya de se faire et il se fit réellement le monarque et le régénérateur de l'Europe. »

5. *Christ et Peuple,* pp. 267-278 et 396, 402 : « Dieu, Jésus-Christ et la France : telle est la triplicité de qui l'univers doit attendre sa régénération... C'est à la France qu'il appartient de se constituer le chorège du présent et de l'avenir... Le Christ à la main, la France du XIXe siècle est la reine du monde... O ma France, choisis l'Homme-Peuple, car tu es la fille bien-aimée de Jéhovah : ... Dieu, Jésus-Christ, l'homme-peuple et la France, voilà l'économie du monde progressif. » Cf. *Les grandeurs...,* t. 2, pp. 508-509.

6. Cf. Auguste VIATTE, *Victor Hugo et les illuminés de son temps.* Montréal, Ed. de l'Arbre, 1942, pp. 46-48 et 107.

sième et dernière religion, « la religion du Saint-Esprit ». Dans le christianisme « tout est voilé, tout est mystérieux » ; le fondateur du fusionnisme a reçu mission de déchirer les voiles, de livrer le sens des symboles obscurs ; il le fait paradoxalement en promulguant de nouveaux dogmes, en instituant de nouveaux rites. Il proclame que l'année 1845 est l'an I de l'ère nouvelle et annonce que le Saint-Esprit se manifestera « le jour de la grande Pâque, au 23 avril 1848 »[1]. – Moins radical ou moins extravagant, F. Guillon publie le 10 septembre 1847 dans *la Démocratie pacifique* un article sur *la Mission de Pie IX*, dans lequel il loue le pape – qui « sera dépassé peut-être » – d'avoir « à lui seul... entrepris la conversion du catholicisme aristocratique et monarchique au christianisme démocrate et social »[2].

Une place doit être faite ici au fouriérisme catholique. Considérant n'était pas seulement hostile à l'Église : il proclamait « la nullité sociale de l'Évangile ». Cependant, de multiples rapprochements s'opérèrent au cours des années quarante. Dès 1833, Philippe Hauger avait tenté de constituer un fouriérisme mystique, avec le secours de Boehme, de Swedenborg, de Saint-Martin, de Fabre d'Olivet et de Ballanche ; « tous les livres des Juifs et des chrétiens » étaient appelés en témoignage, pour fonder « une religion de joie et d'espérance » qui conduirait l'humanité vers l'âge d'or[3]. En 1841, la tentative d'Edouard de Pompéry pour donner un fondement « religieux et philosophique » à la théorie de Fourier nous laisse, elle aussi, loin de la foi chrétienne, mais elle rend hommage au catholicisme, « manne céleste que Dieu avait destinée à l'homme pour le sustenter pendant la traversée du désert », doctrine encore utile, annonciatrice « d'une Conception supérieure », celle de Fourier, « le plus grand homme du siècle et de tous les siècles »[4]. Une fusion plus conforme à l'orthodoxie est tentée en 1840 par Zoé Gatti de Gamond, d'après qui « la doctrine de Fourier est une large et magnifique application du principe chrétien de charité et de

1. Cf. Roger PICARD, *Le romantisme social.* New York, 1944, p. 343. VIATTE, op. cit., pp. 83-84.

2. J. B. DUROSELLE, *Les origines du catholicisme social*, p. 20, remarque que « l'emploi du terme christianisme au lieu de catholicisme n'est pas arbitraire et implique une réserve. » Cette réserve ne subsistera pas dans un article de la Revue nationale de 1848.

3. *La Réforme industrielle,* dans *Le Phalanstère,* II. Cf. Frank Paul BOWMAN, *Fouriérisme et christianisme,* p. 34.

4. Introduction à la « théorie de l'association et de l'unité universelle de C. Fourier ». « Le dogme catholique... ne peut point encore se séparer du lourd bagage des erreurs passées ». Pompéry est plutôt un converti au fouriérisme : « A l'exemple du grand saint Paul, je viens confesser la vérité que, moi chétif, j'avais persécutée d'abord. » Pp. XVII, 6, 89-90, etc.

fraternité », puisque c'est Jésus qui « jeta les bases de l'émancipation humaine et de l'association universelle »[1]. Même conviction, la même année, chez le jeune Charles Stoffels, qui mêle à son rêve des spéculations sur la sainte Trinité, le Verbe incarné, et la transformation des corps lors d'une première résurrection[2]. Cinq ans plus tard, Stoffels condamnera ses « témérités », fruits « d'une imagination sans règle et d'une insolente présomption », et publiera pour réparer sa faute un docte traité *Du Catholicisme et de la Démocratie*[3]. Mais en 1841 « un prêtre catholique » entreprend de montrer « l'accord des prophéties de l'Ancien et du Nouveau Testament avec la théorie sociétaire de Charles Fourier » ; en 1842 et 1843, dans la *Phalange,* Al. Giraud esquisse une *Philosophie catholique de l'histoire,* dans laquelle il préconise une exégèse des Écritures qui sache interpréter leurs symboles ; dans la *Phalange* aussi, en 1846, Victor Meunier s'efforce de montrer que le sang du Christ a dû venir amollir le cœur humain, pour que la doctrine fouriériste de l'Harmonie pût y pénétrer et qu'ainsi se réalisât la nouvelle religion du Saint-Esprit[4]. Dans la *Démocratie pacifique,* en 1843, Pelletan veut montrer « comment les dogmes se régénèrent », au-delà de « l'immobilisme du catholicisme » et du « froid égotisme » protestant, dans un troisième temps, celui de la croyance « unitaire ». Cette position médiane entre les négations de Jouffroy et l'orthodoxie catholique ne satisfait pas La Morvonnais, pour qui le catholicisme s'accorde sans faille avec l'harmonie fouriériste, sans qu'il y ait lieu de le dépasser[5]. Alphonse Gilliot reprend la thèse du dépassement dans un livre *De l'unité religieuse* qui paraît à la Librairie phalanstérienne : selon lui, le christianisme a progressé en trois étapes, dont la troisième, caractérisée par la réforme sociale et

1. *Réalisation d'une commune sociétaire.* Cité par Bowman, *Le Christ romantique,* p. 211.

2. *Résurrection* ; p. 285 : « Venez, venez, Seigneur, il est temps, ou le monde va cesser de tourner ! »

3. « ... ou des anciens et nouveaux rapports de l'Église et de l'État », 1845.

4. Dans *Jésus-Christ devant les conseils de guerre* (inséré dans Considérant, Le Socialisme..., 1847), Meunier citera saint Paul, I Cor. 9, 9-10, pour réclamer « l'abolition de l'exploitation de l'homme par l'homme » (p. 250). La formule n'était pas nouvelle.

5. En 1843 et 1844 paraît à Genève *L'Édificateur, Journal démontrant que Science sociale et Évangile sont une même vérité.* Dans *L'Ordre nouveau,* ou *Gouvernement du monde par les mieux inspirés, les plus instruits et les plus capables. Évangélisation du globe et des âmes* (Saint-Malo, 1848). Mélange de Ballanche et de Lamennais, il introduit une formule trinaire de l'histoire chrétienne ; mais qui ne se donne pas pour trinitaire : « Le christianisme a d'abord détruit les faux dieux, et il nous a donné la vérité religieuse ; ensuite il a détruit l'esclavage, et il nous a donné la liberté politique ; aujourd'hui il va détruire tout ce qui reste d'inhumain dans la loi et nous donner, de force ou de gré, la charité sociale. » D'après Bowman, op. cit., p. 125.

par une recherche de communion, aboutit à Fourier ; alors viendra « le troisième âge » : celui de l'intelligence mystique de l'Écriture ; car, si les textes sacrés sont « parfaits dans leur énoncé, l'Humanité progresse dans leur compréhension » grâce à une « révélation divine continue » sous la direction « du Saint-Esprit ». De 1845 à 1847 paraît dans la *Phalange* une série d'articles sur *la Question religieuse* ; leur auteur, Hugues Doherty, veut unir la loi de correspondance générale de Swedenborg à celle de l'analogie universelle de Fourier, pour une interprétation plus profonde de la loi d'amour de Dieu et de l'humanité qui est déjà celle des chrétiens, grâce à l'intelligence mystique des Écritures...[1].

Alphonse Esquiros (1812-1876) est un des témoins les plus représentatifs du romantisme social de l'époque. Poète, penseur et historien médiocre, il nous intéresse surtout par deux de ses ouvrages : *L'Évangile du Peuple* (1840) et le traité *De la vie future au point de vue socialiste* (1850). Dans le premier il s'inspire de Lamennais, et en 1848 il se déclarera « fier de mettre ce nom sur le drapeau » qu'il agite. Il veut cependant être de sa propre secte. Dans son *Évangile du Peuple* il fait preuve d'une rare ingéniosité. Loin de se faciliter la tâche en restant dans les généralités, il suit pas à pas le récit des évangiles, en sorte que son livre est une véritable « Vie de Jésus » et un recueil de ses paroles. Chacun peut ainsi juger aussitôt de la valeur de ses exégèses. On a peine à croire, en dépit d'une ardente passion propre à l'aveugler, qu'il en ait lui-même été dupe ; et en effet, si arbitraires qu'elles soient, toutes convergent au même but. Car pour lui « l'Évangile n'est pas seulement le récit de la vie de Jésus, c'est la grande épopée de l'humanité »[2].

Citons d'abord quelques exemples. « Votre société dit aux révolutionnaires : Calmez-vous. Jésus-Christ leur dit : Je suis venu apporter le feu... Votre société dit à ses sergents : Désarmez le peuple ! Jésus-Christ dit au peuple : Vendez votre blouse et achetez une épée ! » – Conclusion de l'entretien avec Nicodème : « Il faut que, touchés par le souffle de l'esprit qui agite aujourd'hui toutes les têtes, par ce souffle de la presse et de la parole qui parcourt toute la nation, vous renaissiez

1. Sur tous ces cas de fouriérisme « chrétien » : cf. BOWMAN, *Fouriérisme et christianisme*, que nous résumons en partie ; et DESROCHE, *La Société festive*, pp. 186-192.

2. Nous citons d'après l'édition in-4° des « Veillées littéraires illustrées » (s.d., Paris, Bry aîné). Dans les images, les personnages sont représentés (sauf Jésus) avec les costumes des bourgeois et des prolétaires de 1848. Au frontispice, la Cène, d'après Léonard. – Cf. Paul VIALLANEIX, *Le Christ dans la fable romantique*, dans *Romantisme et Religion*, Actes du Colloque de Metz, 1978, PUF 1980, pp. 97-111.

à une nouvelle vie sociale. » Christ est « le grand tribun », « le grand démagogue », « le grand agitateur ». Il annonce une « vie d'abondance, de développement et de liberté », et il dit « aux hommes de son temps : entrez, et si la porte est étroite, et difficile, et bien gardée, forcez-la ! » – Par sa transfiguration, « il nous enseigne que l'humanité aura ça et là, même pendant son pélerinage, des jours de gloire ; elle aura ses journées d'Austerlitz, de Wagram et d'Eylau, ses journées des 14 et 29 juillet ». – « Payez donc l'impôt, dit Jésus, ô peuples, puisque vous y êtes contraints ; payez leurs gages aux rois, puisque c'est de l'or qu'il faut à ces avares... ; mais gardez le fer pour forger une épée au jour du grand combat... ».

Ainsi, tout l'Évangile est symbolique, et tout doit en être actualisé. Le royaume qu'annonce Jésus, c'est « la société nouvelle » ; quand il dit : « ceci est mon corps », il désigne le corps de l'humanité ; quand il reçoit le coup de lance, c'est « la grande Passion de la nation crucifiée, trouée par la lance du cosaque » à Waterloo... « La liberté, mère du peuple, demeurera debout près de son fils sur le Calvaire », etc. L'humanité reçoit du Christ ressuscité « pouvoir de lier et de délier » ; « le peuple, dans la personne de Pierre, est nommé porte-clés : *accipe claves regni* »... En réalité, « Christ est la forme populaire de l'humanité » ; celle-ci est « en mal et en enfantement de Dieu..., elle est près d'accoucher dans le sang et les larmes » ; le Fils de l'Homme reviendra, il sera « cette fois le Christ Peuple » car « si le Verbe s'est fait chair dans la personne de Jésus, il doit un jour se faire peuple dans tous les hommes ».

Telle est la forme que prend chez Esquiros l'au-delà du christianisme, c'est-à-dire l'âge de l'Esprit. « Si l'humanité a passé par le christianisme, c'est que c'était un moule nécessaire pour la former à ses destinées futures. » Son exégèse de l'Évangile, il en tire le principe, comme Joachim de Flore et ses innombrables successeurs, de l'Évangile de saint Jean :

> « Je prierai mon Père, et il vous enverra un autre consolateur. » Nous engageons à méditer profondément ces paroles. Jésus ne se donne pas comme le dernier mot de la loi... ; il annonce un autre révélateur... « c'est l'esprit de vérité que le monde ne peut recevoir..., mais vous le connaîtrez parce qu'il demeurera avec vous et qu'il sera dans vous-mêmes. » Qu'est-ce que cet esprit, sinon l'élément actif et universel du progrès qui réside dans chaque homme pour développer en lui les germes de l'Évangile ?... (Cet esprit) n'agit point sur les membres morts de la vieille société immobile...

Mais sur la foulée de ce nouveau joachimisme, la pensée, comme chez d'autres, se fait plus radicale :

> Nous disions que Jésus-Christ promettait un autre révélateur..., mais nous disions mal. Il n'y a qu'une seule révélation continuée à jamais dans l'humanité. Aussi Jésus se reprend-il en disant : « J'ai encore beaucoup de choses à vous communiquer, etc. » L'humanité est la manifestation naturelle de Dieu. Trop faible d'abord pour porter le poids de la vérité, elle s'y exerce peu à peu et s'y ingénie de manière à développer... en elle toutes les facultés divines... L'interprétation de la lettre biblique est donc soumise au mouvement nécessaire qu'amène chaque siècle. L'Évangile n'est point contenu seulement dans un livre, mais aussi dans l'humanité, ou plutôt c'est l'humanité elle-même arrivant par l'esprit à expliquer et à développer à jamais, *semper*, le grand symbole du Christ, Fils de Dieu.

Jésus n'était donc qu'une étape, et le Christ n'est qu'un symbole. Mais nous pouvons encore emprunter les mots de l'Évangile, pour crier « du fond de nos misères et de l'abîme du présent : Père, que votre règne arrive ! »

En 1850, le traité *De la vie future...* est donné par Esquiros sous la fiction de « confessions d'un curé de village ». Ce bon curé rapporte ce que lui disait l'un de ses anciens maîtres, l'abbé Symphorien, rencontré à Paris « quelques jours après la révolution de février » :

> Il était censuré par son évêque pour la hardiesse et l'excentricité de ses doctrines. Son regard était extraordinaire. Sa pensée rayonnait par-dessus les étroites barrières de la foi. Le catholicisme était dépassé par l'interprétation qu'il donnait aux dogmes et aux symboles de l'Église. Il me parla d'une religion universelle qui devait s'étendre à toutes les intelligences et fondre successivement toutes les sectes dans une nouvelle idée de Dieu et de la nature. A l'entendre, la religion avait toujours été soumise à la loi du progrès. Il voyait dans les Écritures la trace de quatre alliances, contractées par Dieu avec son peuple dans la personne d'Abraham, de Moïse, de David et de Jésus-Christ. Ces quatre alliances étaient à ses yeux quatre époques de transformation religieuse. Il en concluait que les formes étaient de leur nature toutes provisoires, et qu'il n'y avait eu, depuis l'origine du monde, qu'une seule religion, dont le développement était la vie même de l'humanité[1].

La prochaine transformation aura-t-elle encore lieu « sur la terre », c'est-à-dire au cours de l'histoire ? Les premiers chrétiens faisaient de

1. *De la vie future...*, pp. 57-58.

son heure « un mystère caché dans les profondeurs de la sagesse divine ». N'imaginons pourtant pas, comme l'orthodoxie l'enseigne, qu'elle marquera la fin du monde[1] : elle arrivera « quand les êtres créés, l'homme en tête, ayant épuisé la série des progrès limités par leurs organes, il sera besoin d'une nouvelle révolution dans la forme présente des choses, pour que l'homme et les animaux s'élèvent à une existence plus parfaite ». Alors commencera « un autre cercle d'épreuves, dans une autre sphère » ; sans doute la science et la philosophie parviendront-elles à déterminer un jour quand cela devra se produire. Ce qui est certain, c'est que le monde progresse et progressera toujours, dans des conditions inconnues encore : « le progrès est partout, le terme nulle part ». C'est l'absence de cette idée de progrès qui a fait imaginer aux peuples de l'Inde « une métempsycose aveugle » et aux chrétiens d'Occident une « immobilité dans le bonheur » : deux solutions inacceptables. Cependant, « le dogme de l'immortalité... est un des dogmes de la démocratie religieuse » ; mais il la faut comprendre, pour l'humanité, comme une montée de sphère en sphère, et pour les individus, comme une métempsycose orientée, ascendante : c'est ainsi que les races inférieures sont destinées à renaître dans les races supérieures[2].

Nous ne savons pas exactement ce que le curé de campagne a retenu pour lui-même des idées du hardi Symphorien. Il a décidé de rester dans l'Église, pour une œuvre « plus humble et plus soumise » : « j'attends, confesse-t-il, et en attendant j'ouvre autour de moi les cœurs pour recevoir la semence de l'avenir ». Il aime la liturgie de l'Avent, « cette nuit des temps, que blanchit une aube croissante », beau symbole des « ténèbres de l'humanité qui cherche, et pour laquelle doit se lever plus tard une vérité nouvelle »[3]. Sans doute aura-t-il trop admiré de confiance les « hardiesses » de son maître, qui ne voulait être que « de sa propre secte », mais qui rassemblait dans son système les lieux communs les plus répandus de l'époque[4].

---

1. « Le dogme de l'Église, en condamnant toute la nature à finir, et en n'exceptant de cette sentence que l'homme seul, altère profondément l'idée que nous nous faisons d'une nouvelle terre et de nouveaux cieux » ; p. 82. C'était là mal connaître « le dogme de l'Église », qui n'a pas renié le « omnis creatura ingemiscit... » de Paul, et c'était en même temps se priver de la critique de toute imagination contenue dans l'autre assertion de l'Apôtre : « Praeterit figura mundi hujus ».

2. Op. cit., pp. 77, 82, 85, 124, 133-134, 142.

3. Op. cit. pp. 34 et 57.

4. Notamment l'idée de la métempsycose, dont les exemples depuis un siècle étaient innombrables.

Dans son introduction à son *Histoire des Montagnards* (1844), Esquiros a tiré les leçons de son *Évangile du Peuple :* « La Révolution, c'est l'Évangile armé par la raison humaine et le sentiment du droit » ; « la pensée humaine souffrante ne rêvait pas seule-

L'histoire a retenu le souvenir du jeune Philippe Faure, qui, le 22 février 1848, avant de courir aux barricades, écrivait dans son « Testament » : « Pardonnez-moi, divin Jésus, si nous ne savons, comme vous, préférer le martyre au combat. Armand (sic) de Brescia, Ulrich de Hulter, disciples de l'Évangile éternel, je veux imiter vos exemples[1]. » De l'Évangile éternel, il n'avait qu'une idée assez vague, – mais il avait lu *Spiridion.* L'historien Henri Martin, sur les traces de Michelet, avait aussi rappelé à grands traits, en paraissant plus ou moins les confondre, le « sens du progrès » qu'Abélard avait, disait-il, personnifié « dans l'action du Saint-Esprit », les théories d'Amauri de Chartres et de David de Dinant, qui annonçaient « l'avènement du Saint-Esprit et de la Loi d'amour et d'unité universelle » en des petits livres adressés directement au peuple, et l'« explosion d'idées hétérodoxes » qui, après avoir soulevé les Vaudois, « éclata chez les Franciscains » : « une grande partie de l'ordre créé pour combattre les Vaudois se fit Vaudois et leva l'étendard de la religion du Saint-Esprit. Le général des Franciscains, Jean de Parme, ... publie le manifeste de cette religion, sous le titre d'*Introduction à l'Évangile éternel* »[2]. Le mythe s'était diffusé, il avait contribué à l'effervescence des esprits dans les dernières années de la monarchie de juillet. Proudhon n'avait pas manqué d'exercer sa verve contre les effusions post-chrétiennes des Sand et des Lamennais. Dans son premier grand ouvrage, *la Création de l'ordre dans l'humanité* (1843), il avait pastiché les *Paroles d'un croyant ;* il était également en défiance contre les philosophies de l'histoire venues d'Allemagne qui imprégnaient la pensée religieuse de ses contemporains, transformaient l'enseignement du Christ en une mythologie du progrès et le faisaient aboutir aux « abstractions robespierristes »[3]. Or Proudhon lui-même, un beau jour de 1848, « conformément aux usages du temps », se mettait, pour fêter l'élection de Raspail à l'Assemblée nationale, à « résumer l'histoire de l'humanité »[4].

---

ment un état nouveau, mais une religion nouvelle. Les temps de révolution sont des époques où l'humanité est en mal de Dieu... La Révolution est un mystère que Dieu a caché aux beaux-esprits du siècle et aux superbes, mais qu'il révèle aux humbles... » Cependant, le christianisme seul n'aurait pu la faire ; « il fallait de plus la protestation de la nature humaine, violée depuis des siècles dans ses lois fondamentales ».

1. Cité par F.B. BOWMAN, op. cit., p. 116. Sur Esquiros : J. VAN der LINDEN, *Alphonse Esquiros, De la Boème romantique à la République Sociale.* Nizet, 1948.

2. *Du rôle de la France dans la philosophie du moyen âge.* Revue indépendante, 5, 1842, pp. 207-234.

3. *Carnets,* 15 nov. 1840. *Création de l'ordre,* n° 52. *Carnets,* dans D. HALÉVY, *La vie de Proudhon,* t. 1. Stock, 1948, p. 374.

4. Cf. HALÉVY, *Le mariage de Proudhon,* Stock, 1955, p. 200.

Avec Roux-Lavergne, qui a rompu avec Buchez pour se rallier à Louis Veuillot, et qui publie en 1850 *De la philosophie de l'histoire*[1], nous sommes dans un tout autre climat. Roux-Lavergne critique à la fois l'idée moderne de philosophie de l'histoire, le panthéisme auquel elle est liée, et « le principe de l'unité de composition » de la création animée, qui, avec Herder, Gœthe et Geoffroy Saint-Hilaire, donne un fondement à ce panthéisme. Il voit à juste titre dans Lessing utilisant le mythe de « l'Évangile éternel » le principal initiateur de ce panthéisme historique et communiste dont Pierre Leroux était à cette heure le grand représentant[2]. Son étude, qui reste superficielle, s'achève sur une longue discussion avec son ancien maître ; s'il reconnaît que Buchez a lutté contre l'envahissement du panthéisme, il lui reproche toutefois d'avoir également critiqué les croyants livrés tout entiers « au culte de leur salut individuel, par des voies individuelles »[3]. Roux-Lavergne abandonne ainsi non seulement toute idée d'un au-delà du christianisme traditionnel, mais presque toute idée d'un catholicisme social.

Désiré Laverdant, qui fut ami de Considérant, est un converti du fouriérisme ; il estime que Fourier n'a fait qu'appliquer les « principes de la solidarité chrétienne »[4], mais il comprend que, hors du catholicisme, cette application, dans la pratique, est impossible. C'est ce qu'il explique en 1851 dans son *Socialisme catholique*[5]. Il y annonce le retour des Juïfs et la fin des schismes chrétiens grâce à la « Révélation de la Révélation » prophétisée par Joseph de Maistre. A vrai dire, sa doctrine est plutôt millénariste que joachimite ; mais il a grand soin de se démarquer des millénaristes grossiers héritiers de Cérinthe et de revendiquer l'héritage de saint Jean, pour annoncer un âge futur qui ne sera plus celui d'une Église militante, mais celui d'un règne pacifique de la justice ici-bas même :

> Il est une question où plusieurs croient voir la ligne d'une invincible contradiction entre le socialisme et le catholicisme,

1. *Bibliothèque nouvelle...*, sous la direction de M. Louis Veuillot. « La philosophie de l'histoire, dit Veuillot dans sa préface, p. xv, a été inventée pour combattre, détruire et remplacer le catholicisme. »

2. Op. cit., pp. 42-43, 85-86, 171-177.

3. Op. cit., p. 206 ; «Conçoit-on qu'un homme d'esprit, un homme de la capacité de M. Buchez, n'ait pas reculé devant une pareille énormité ? » Cf. Buchez, *Traité complet,* p. 34.

4. A Lacordaire. Ozanam lui répond dans *l'Ère nouvelle,* 24.7.1848 : « Nous ne devons cependant pas oublier que les fondateurs et les principaux adeptes du fouriérisme ont nié le dogme de la déchéance et par suite celui de la rédemption. Cf. Duroselle, op. cit., pp. 305-307.

5. La suite du titre est bien caractéristique de l'époque : « ... La déroute des Césars. La Gaule chrétienne et le czar orthodoxe ».

> c'est celle d'un Règne terrestre de Dieu et de sa justice. Les socialistes se flattent d'avoir trouvé cette espérance hors de l'Église... Illusion et témérité de l'orgueil. L'idée d'un règne terrestre où la justice habitera, où l'homme se préparera dans la dignité et la paix à la gloire parfaite et aux fidélités plus pures du Règne céleste est une idée essentiellement judéo-chrétienne et catholique[1].

Et Laverdant d'invoquer, comme témoins de cette espérance déposée par saint Jean au cœur de l'Église, à la fois Irénée et Origène. « Si elle fait à cette heure explosion dans notre patrie, cette espérance radieuse, c'est que le germe divin en fut déposé au sein des Gaules par le fidèle Irénée. » Depuis l'origine, les Césars de toute sorte s'opposent à l'avènement de cette ère de justice et de paix. L'un d'eux, jadis, a poursuivi de sa haine la mémoire d'Origène, et c'est ce qui vaut à l'Alexandrin le privilège d'être annexé à Irénée comme précurseur :

> Il y a une étrange erreur historique, sous laquelle souffre la grande mémoire d'Origène. C'est un des actes les plus importants du procès qu'il s'agit d'instruire entre l'Église et César. Il est certain que l'inimitié du César Justinien a semé, dans le monde oriental, des défiances excessives contre Origène. Les Bénédictins, et surtout des Jésuites, ont entrepris d'éclaircir cette cause, et de rendre à ce Père illustre la réparation qui lui est due. Le secret de la haine de César, le voici : Origène est le docteur de la douceur et de la liberté...[2].

Cette ère future, dont Origène et Irénée sont les prophètes, autant et plus par leur esprit que par leurs enseignements, ressemble encore au troisième âge de Joachim par la disparition de toute autorité dominatrice. Il ne s'agit pourtant pas d'une abdication quelconque de la Papauté, mais tout au contraire de son triomphe sur les puissances de ce monde, sur tous les césars individuels ou populaires, qui s'opposent au règne de Dieu. Laverdant combat le gallicanisme, qui retarde l'avènement de ce règne ; dans un article du *Mémorial catholique* (1870), intitulé *la Zizanie gallicane,* il écrira, résumant un ouvrage antérieur[3] : « J'ai fait un livre intitulé *Diabolocraties,* où je confonds la *démocratie* et *l'aristocratie* avec l'*autocratie* parmi les formes sociales de Satan.

---

1. P. XIII. Cf. DESROCHE, *Dictionnaire..., pp. 167-168.* — Un millénarisme analogue inspirera l'ouvrage de Paul LAPEYRE : *Le Socialisme catholique ou christianisme intégral,* t. 1. Les Vérités mâles. Lethielleux, 1894.

2. Op. cit., pp. 381 et 382.

3. *Théocratie et Diabolocraties, appel aux libres penseurs* (1864).

Tout ce qui est *cratie*, selon l'étymologie, est domination[1], et conséquemment rejeté par l'Évangile (Luc, 22, 25). Il n'y a de *cratie* permise que la *Théocratie* »[2], – parce que Dieu seul ruine l'empire des Césars et c'est par son Église qu'il assurera le règne de la paix, de la justice et de la liberté sur cette terre[3].

La position de l'abbé Jean-Hippolyte Michon (1806-1881) est tout autre. Lui aussi est socialiste, lui aussi attend « des temps meilleurs » ; lui aussi admet que « le dogme » est « de sa nature invariable » ; « ce qui doit périr dans l'Église », c'est seulement « ce qui est humain », notamment (nous entendons ici un écho de Buchez) « la vieille scolastique », « le cercle grossier du syllogisme »[4]. Cependant, son livre *De la rénovation de l'Église* (1860), qui sera mis à l'Index, multiplie les formules joachimites : une « Église nouvelle » doit succéder à l'Église actuelle comme le christianisme a succédé au judaïsme ; nous entrons « dans un troisième âge », où doit être enfin assimilée la civilisation dont elle a porté le germe. A cette date, la pensée de Michon est d'ailleurs peu cohérente ; non seulement il reproche à la Réforme protestante de s'être séparée de Rome, qui reste le « centre de l'Église », mais il conclut que la « rénovation », qui doit être « la grande œuvre de ce siècle », ne sera au fond « qu'un retour à l'ancienne discipline sous laquelle l'Église a été si florissante »[5]. Bientôt cependant il s'enhardit davantage. Le 23 avril 1863, avant même que la *Vie de Jésus* de Renan paraisse, il écrit dans *l'Indépendance belge* : « Ce livre sera un événement dans le monde religieux. Son apparition coïncidera avec celle d'un roman... qui vulgarisera, sous une forme moins sévère, les idées de transformation religieuse dont notre époque est travaillée. » Ce roman, c'est *Le Maudit* (1863), dans lequel on voit un groupe de prêtres publier dans l'anonymat un long manifeste intitulé « l'Église nouvelle »[6]. De fait, Michon encouragera quelque temps un prêtre de Bordeaux, Junquer, qui cherchait à fonder sous ce nom – peu

1. C'est exactement ce que dira Charles Péguy dans sa fameuse conférence à l'École libre des sciences sociales, en 1900, opposant -archie à -cratie.

2. Cité par DUROSELLE, op. cit., p. 670.

3. Laverdant eut des rapports avec le groupe de Vintras.

4. *La femme et la famille dans le catholicisme,* 1845. *De la rénovation de l'Église,* 1860, pp. 24 et 55.

5. *De la rénovation...*, pp. 16-19, 86, 130, etc. Cf. Claude SAVART, *L'abbé Jean-Hippolyte Michon,* 1806-1881, Contribution à l'étude du libéralisme catholique au XIXe siècle, Les Belles Lettres, 1971, ouvrage auquel nous empruntons les citations de ce paragraphe.

6. SAVART, op. cit., pp. 172 et 185-195. Cependant, mêmes regrets peu cohérents qu'en 1860 : « O Église !... Je vais t'admirer avant ces funestes grandeurs matérielles où tu allais refroidir lentement ta ferveur primitive... O Église ! Voilà ce que tu fus dans l'effervescence de ton âge d'or ! »

nouveau – une église schismatique. Il écrira le 31 décembre 1869, dans le journal *la Cloche* : « Je comprends un concile général jetant peu à peu les préliminaires de la transformation religieuse et posant la première pierre de cette église de l'avenir, dont j'ai si souvent parlé dans mes livres. » Et l'on pourra lire dans son roman posthume, *Le fils du prêtre* (1885) : « Du catholicisme vulgaire, tel que le conçoit l'Église romaine, devra surgir logiquement, par voie de révolution lente mais immanquable, un christianisme plus que réformé, un christianisme transformé, à peu près comme le christianisme fut une transformation radicale du judaïsme »[1].

En 1870, sous le pseudonyme du « Paysan de Saint-Pierre » (-d'Albigny), Adolphe Bertet publiera à Chambéry *Le Papisme et la civilisation au tribunal de l'Évangile éternel,* ouvrage en deux volumes qu'il avait peu auparavant fait paraître à Paris sous ce titre : *Apocalypse du Bienheureux Jean Apôtre.*

Il peut être bon de rappeler qu'en cette seconde partie du siècle le souvenir du joachimisme a pu être ravivé dans plus d'un esprit par le travail de Renan sur Joachim de Flore et l'Évangile éternel, rédigé en 1852 et paru, complété, dans la Revue des deux mondes le 1er juillet 1866.

Victor Hugo ne peut certes pas être compté parmi les écrivains mineurs. Mais il n'est pas question ici d'exposer l'ensemble de ses rêves de progrès universel et de son eschatologie. Quelques traits apparentés aux théories de Joachim doivent seulement être consignés. Dès 1830, le jeune Montalembert notait dans son Journal que le poète tendait à voir dans le catholicisme « une forme passagère du christianisme éternel, appelé à bientôt reculer devant une révélation nouvelle »[2]. Dans la préface de Cromwell, Hugo adoptait le schéma trinitaire qui était en faveur chez les nombreux « philosophes de l'histoire ». Mais c'est pendant son exil à Jersey, avec le secours des tables tournantes, qu'il discerne avec précision, à partir de l'antique druidisme, trois grandes étapes de la révolution sociale, qui sont aussi bien trois étapes de la révélation :

> Les druides sont la première religion de l'homme et la première explosion de l'âme dans le corps... Ils assassinent l'homme à coup de Dieu. – Le christianisme monte un degré sur la terre et en

1. SAVART, op. cit., pp. 223, 246-248.

2. Le 16.7.1830 ; cité dans LALLEMAND, *Montalembert et ses amis dans le romantisme,* p. 122. Cf. DERRÉ, op. cit., p. 553, Léon CELLIER, *L'Épopée romantique,* PUF, 1954, p. 51.

> descend un dans le ciel. Il enseigne l'amour sous le nom de charité et la haine sous le nom d'enfer... Il fait l'homme meilleur et Dieu pire...

Mais au cours de ces deux étapes, il était toujours dit aux hommes : « Croyez ! » Or, voici qu'un jour, « tout à coup, dans un temple, un inconnu entre, ... le front haut et tenant le formidable bâton de voyage de l'Avenir : c'était le mendiant Esprit humain..., c'était le grand interlocuteur de Dieu. » A vrai dire, son œuvre avait été préparée par celle de la Révolution française, spécialement de Robespierre ; alors déjà l'Esprit humain s'était levé, criant : « Debout, les agenouillés ! En marche ! Le monde commence ! » Mais la Révolution n'avait fait qu'annoncer la religion définitive, elle ne l'avait pas fondée. Jésus-Christ en personne vient proclamer, en des propos que Vacquerie et Charles Hugo enregistrent, que le christianisme, comme toute chose humaine, fut à la fois un progrès et un mal ; c'était une porte de lumière, mais avec une serrure de nuit ; il a fait son temps, et c'est Victor Hugo qui est le prophète désigné pour annoncer l'Évangile de l'avenir[1]. On sait qu'il a pris sa mission au sérieux :

> Temps futurs, vision sublime !
> Les peuples sont hors de l'abîme !
> Le désert morne est traversé...
> Radieux avenir : Essor universel !
> Épanouissement de l'homme dans le ciel[2] !

Hugo, annonciateur du troisième âge ? Ce n'est pas assez dire. Il en est le fondateur. La première révélation (maintenant il ne s'agit plus des Druides) s'était incarnée dans un homme : Moïse ; la deuxième également : Jésus ; il en est de même pour la troisième et dernière : cet homme, c'est Hugo. Mais son message ne devra être connu qu'après sa mort, – et c'est pourquoi *La fin de Satan* et *Dieu,* bien qu'écrits avant 1856, ne devront être publiés qu'en 1886 et en 1891...[3]

---

1. Marcel SCHNEIDER, *La littérature fantastique en France.* Fayard, 1964, p. 257. Cf. Gustave SIMON, *Chez Victor Hugo, Les Tables tournantes de Jersey,* procès-verbaux des séances, Conard, 1923. Denis SAURAT, *La Religion de Victor Hugo,* Hachette, 1929 ; spécialement pp. 23-51.

2. *Les Châtiments,* in fine. Voir aussi l'introduction au *Paris-Guide* de l'Exposition de 1867, etc. – Sur la *Poétique théologique de Hugo :* J.-P. JOSSUA, Rev. des sc. phil. et théol., 1980.

3. SAURAT, loc. cit. Dans *la Légende des siècles,* ce progrès de la révélation sera présenté en même temps comme un combat du jour et de la nuit et une réhabilitation après une chute initiale. Cf. CELLIER, op. cit., pp. 253-269. Déjà dans les *Contemplations,* « Ce que dit la Bouche d'ombre » (1855), sur le retour des « bannis » :

Si nous mettons en regard Hugo et Vigny, *Plein ciel* et *l'Esprit pur*, nous pourrons dire en raccourci qu'ils représentent, dans une version propre à l'idéologie générale du dix-neuvième siècle, l'un le joachimisme démocratique, l'autre le joachimisme aristocratique.

Le protestant Frédéric de Rougemont mérite une mention plus longue, pour son gros ouvrage sur *Les deux Cités, la philosophie de l'histoire aux différents âges de l'humanité* (1874), qui passe en revue tous les historiosophes, depuis Tertullien jusqu'aux auteurs de son temps, et propose des vues personnelles[1]. Rougemont a publié d'abord un commentaire « historique » de l'Apocalypse 3 ; il a traduit un ouvrage de Baader ; il a pour Herder une vive admiration, tout en lui reprochant d'avoir préparé le panthéisme germanique ; il analyse avec sympathie la *Philosophie de la Révélation* de Schelling ; il rappelle que Molitor[2] distingue à partir d'Adam quatre âges de l'humanité : d'Adam à Abraham, d'Abraham au Christ, puis à partir du Christ à un âge qui dure jusqu'à une date encore à venir, enfin le quatrième âge, qui commencera lorsque les Juifs se seront réveillés de leur mort spirituelle et que l'Esprit Saint sera descendu comme un fleuve de vie sur l'humanité fidèle. Lui-même se réfère spécialement à Joachim de Flore, ce moine calabrais « qu'on surnommait le Prophète » et qui « seul (au moyen âge) nous donne une division philosophique de l'histoire » ; « il fut pour Dante un vrai prophète, pour Bonaventure un hérétique et pour Baronius un prophète de mensonge ; son historiosophie aboutissait à faire de la Rome des papes la cité de l'Antichrist » ; son disciple Pierre d'Olive, accusant à son tour Rome d'être la Babylone, la prostituée de l'Apocalypse, « attendait de Jésus-Christ lui-même la fondation de l'Église nouvelle au temps de son avènement » ; Luther lui-même s'inscrit dans la lignée du grand prophète : par sa traduction de la Bible, il a « réveillé dans tous les esprits le sens historique » et les a « dégoûtés à jamais du christianisme dialectique d'un Thomas d'Aquin... Son historiographie était celle de Joachim de Flore, des

---

On leur tendra les bras de la haute demeure,
Et Jésus, se penchant sur Bélial qui pleure,
Lui dira : C'est donc toi !
... Les deux seront si beaux que Dieu dont l'œil flamboie
Ne pourra distinguer, père ébloui de joie,
Bélial de Jésus !

Le prophétisme de Hugo se fondera de plus en plus sur l'idée que, au fond, le mal n'existe pas ; Satan sera pour lui le symbole du néant, du vide, de la simple absence de lumière. Cf. Paul ZUMTHOR, *Le tournant romantique*, dans *Études carmélitaines*, 1948, Satan, pp. 549-550. Notons aussi la place que tient la métempsychose chez Hugo. Cf. Charles RENOUVIER, *Victor Hugo, le philosophe*[2], Colin, 1912 ; etc.

1. Deux tomes, 468 et 618 pages.

2. *La révélation de saint Jean expliquée par les Écritures et expliquant l'histoire, précédée d'une brève interprétation des prophéties de Daniel* (1866).

Vaudois, des Franciscains, de Dante, de Wiclef, de Huss. – Mais, les yeux fixés sur les temps apostoliques, Luther, Zwingle, Calvin n'ont point compris l'avenir. Ils ont étouffé chez les peuples protestants l'esprit prophétique. » Franck, Valentin Andreae, Petersen, Spener, Bengel, Œtinger... en ont retrouvé chacun quelque chose ; quant à Lessing, s'il a « emprunté à Joachim de Flore l'idée de l'Évangile éternel », c'est « en la dénaturant »[1]. Rougemont, lui, veut s'inspirer directement, quoique librement de Joachim.

« Jésus-Christ, en créant une société spirituelle, changeait la face du monde. » Mais il « ne disait jamais que ce que le moment précis lui imposait le devoir de dire » ; il savait cependant « qu'un temps viendrait où la société serait tout entière chrétienne, où son royaume embrasserait toutes les nations, où la terre serait l'héritage des humbles et des débonnaires. Alors les principes tout spirituels d'une économie sociale qui n'est pas faite pour les pourceaux du temps présent, auront pour champ d'application l'humanité entière. Il y a dans la morale infinie du Christ un élément prophétique dont l'avenir expliquera le vrai sens[2]. » Nous pouvons seulement, à l'heure où nous sommes, tracer les grandes divisions de l'histoire, qui doit aboutir à « l'unification de l'humanité ». Celle-ci s'opère en « trois périodes parfaitement distinctes : celle d'Israël ou de la loi et de la prophétie, aboutissant à Jésus-Christ le Rédempteur ; celle de l'Église des Gentils, aboutissant à Jésus-Christ le Seigneur ; et celle d'Israël et du royaume final de Jésus-Christ sur la terre entière. » Si maintenant l'on considère seulement la deuxième période, c'est-à-dire « l'histoire du monde chrétien », on y distinguera deux plans : de l'origine à saint Augustin, « l'Église helléno-latine tente... d'ajouter à la foi la science et de concilier la révélation biblique avec la philosophie profane » ; puis vient « l'Église romano-germaine, qui elle-même se subdivise en deux âges : « l'âge de la foi d'instinct et de l'autorité », âge des « erreurs catholiques » et de la scolastique ; et « l'âge de la raison et de la liberté : la raison s'éveille au quinzième siècle, pour secouer la foi chrétienne, c'est la Renaissance, et bientôt après, pour s'élever jusqu'à la foi évangélique et personnelle, c'est la Réforme... ; la philosophie triomphe ensuite de la foi, qui se réveille au dix-neuvième siècle... » Nous attendons maintenant « l'âge prochain », qui « sera celui de la définitive synthèse de la révélation et de la philosophie, ou plutôt de la pénétration de la philosophie par la révélation »[3].

Telle est « l'historiosophie », ou « science des progrès de l'humanité, de son éducation, du plan de ses destinées transcendantes », telle que la

1. *Les deux Cités...*, t. 1, pp. 439-441, 466 ; t. 2, pp. 23-25, 29, 92, 187-202, etc.
2. *Les deux Cités*, t. 1, pp. 336-339.
3. Op. cit., t. 1, pp. 350, 357-358.

conçoit Frédéric de Rougemont. Ses erreurs ou simplifications historiques sont celles de son temps ; les excès de ses jugements anticatholiques reflètent ceux de son milieu. Le mélange qui s'opère dans sa pensée entre l'attente du troisième âge et le vieux millénarisme lui est commun aussi avec beaucoup d'autres ; il explique, au moins en partie, sa sévérité extrême pour saint Augustin : « en répudiant, dit-il sa foi première au règne de mille ans », cet « homme de foi et de génie... a causé à l'Église un mal incalculable et irréparable. Il a sanctionné de l'immense autorité de son nom une erreur qui la privait de son idéal terrestre, et qui a fini par plonger les nations chrétiennes dans un désespoir auquel le socialisme veut les arracher à sa manière[1]. » On est surpris en revanche du grand éloge qu'il fait de Bossuet, tout en regrettant que celui-ci « considère de si haut le large fleuve des temps qu'il n'en discerne plus distinctement les flots, et que parfois ces eaux qui courent sans cesse lui semblent un lac paisible »[2]. A Vico, dont « la loi des âges », exprimée par le symbole de « la cycloïde », lui paraît être « la négation du progrès », il oppose « le symbole du vrai progrès, la spirale »[3], et c'est bien encore en homme de son siècle qu'il fait une place dans son ouvrage à « l'école historiosophique du progrès »[4]. Sans originalité marquée, il est un bon témoin des divers joachimismes qui avaient foisonné dans les temps modernes et foisonnaient encore autour de lui.

Charles Renouvier, fidèle à son criticisme, résiste au courant qui emporte son siècle. Dans son Deuxième *Essai* (1855), envisageant d'un regard d'ensemble le courant spirituel qui, d'après une conception répandue, avait mené de Joachim de Flore à Luther (le Luther du *De servo arbitrio*), il prononçait : « Ce mysticisme n'est pas le pain des forts et n'a jamais nourri des hommes libres »[5]. Mais son ami Charles Secrétan, protestant comme Rougemont, se montre moins méprisant. Sans doute, dans le volume de sa *Philosophie de la liberté* qui traite de

1. Op. cit., t. 1, pp. 391-392 ; cf. p. 400. Rougemont reproche en outre à Augustin de n'avoir pas « prévu que le sceptre de l'empire et le flambeau de la civilisation allaient passer aux Germains » ; il croit à tort qu'Augustin a condamné sans réserve l'antiquité classique et qu'il assimilait pratiquement l'État à la cité du mal.

2. Op. cit., t. 2, pp. 75-80.

3. Op. cit., t. 1, pp. 28-29 ; cf. p. 39 et t. 2, p. 120.

4. Op. cit., t. 2, pp. 163-171, etc.

5. Cf. Marcel Méry, *La critique du christianisme chez Renouvier*, t. 1, Vrin, 1952, p. 238. Pour lui, le moyen âge chrétien n'est qu'un abîme entre deux cimes lumineuses : l'antiquité classique et la renaissance. Cf. P. Mouy, *L'idée de progrès dans la philosophie de Renouvier*. Vrin, 1927, pp. 46-50. – Nous ne dirons rien de son *Uchronie*, « sorte de roman historique et philosophique », rêve d'une « combinaison religieuse pagano-protestante », dont la rédaction a duré près de vingt ans (1857-1876) : Mouy, pp. 153-154.

l'Histoire, il n'envisage pas dans l'avenir un troisième âge, qui serait celui de l'Esprit. Pour lui toute l'histoire se divise en deux parties, celle qui précède la naissance du Christ individuel et celle qui la suit. Le terme auquel tend la seconde est « la naissance du Christ-humanité », autrement dit « la formation du corps du Christ, la formation de l'Église ». Protestant, il n'avait pas à imaginer la disparition de l'institution romaine, mais il ne prévoit pas non plus, de manière analogue, quelque au-delà, encore temporel, du christianisme de son temps. C'est par un autre biais qu'il offre avec Joachim de Flore, que d'ailleurs il ne cite pas, une curieuse parenté. Dans ce livre sur l'histoire il fait une part aux spéculations trinitaires, parce que sa notion de la Trinité divine est essentiellement « économique », ou, comme il dit encore, « providentielle ». « Par l'immensité de son amour pour nous, l'Éternel entre dans les conditions du temps », et c'est ainsi que vient pour ainsi dire à éclore « la personnalité des puissances divines » : la chute de l'homme a pour conséquence de créer une « séparation formelle » entre les deux volontés jusqu'alors indistinctes qui deviennent celles du Père et du Fils, et qui se réconcilient dans une troisième : « l'amour dans sa perfection, qui procède du Père et du Fils ». « Nous suivons le développement » de la Trinité « dans l'histoire : autre est le rapport des puissances divines avant la création, autre dans la création ; autre avant la chute, autre dans le cours de la restauration ; autre à l'heure suprême du sacrifice, autre dans l'accomplissement des destinées universelles. » Si Joachim de Flore tendait au trithéisme avant même d'envisager la création et l'intervention de Dieu dans l'histoire, Secrétan, au contraire, tend d'abord au modalisme : dans leur unité substantielle, les trois puissances divines ne sont pas encore des personnes. Mais il rejoint ensuite Joachim en ce qu'il lie le développement de la triple personnalité divine à l'histoire humaine ; Joachim, lui, déduisait une triple division de cette histoire à partir de l'éternelle distinction des trois personnes. Les deux mouvements inverses de pensée engendrent une situation analogue[1].

Ce sont là vues d'intellectuels. Plus proches, sinon de Joachim lui-même, du moins des sectes médiévales qui se réclamaient de lui, sont les Mormons et les Lazzarettistes. On sait que les Mormons constituèrent entre 1830 et 1835 « l'Église de Jésus-Christ des Saints des derniers jours », d'après les révélations de leur chef Joseph Smith (1805-1844) : c'était une « nouvelle Église », mais prétendant moins « dépasser » le christianisme que lui donner un « supplément »[2]. Avec

1. *La Philosophie de la Liberté, l'Histoire*, 3e éd., 1879 ; pp. 154-160, 396, 437. Au reste, le bon Secrétan estime qu'« il ne serait pas trop difficile de concilier » sa théorie « économique » avec la « Trinité substantielle de l'amour » exposée par Richard de Saint-Victor (p. 1159).

2. Par le « Livre de Mormon », « découvert » en 1827.

David Lazzaretti, la Toscane connaissait une résurgence plus authentique du joachimisme populaire. A la suite de visions et de « révélations », Lazzaretti se mit à proclamer, vers 1861, le proche avènement du règne de la Justice, qui devait succéder au règne de la grâce : ce serait l'âge du Saint-Esprit, troisième et dernier de l'histoire. Il adresse un manifeste « aux peuples et aux princes chrétiens » pour les exhorter à former une « armée de saintes milices du Saint-Esprit, qui porteront la paix et la félicité sur toute la terre en faisant disparaître... l'impiété, la tyrannie, l'égoïsme et l'avarice ». En attendant, il constitue lui-même une « Société des familles chrétiennes », ou « Sainte Ligue », premier noyau de ce qui devra être « la République de Dieu ». Il groupe ses fidèles sur le mont Amiata. La mort de Pie IX, au début de l'année 1878, lui fait croire que la mission de la Papauté est achevée. L'âge du Saint-Esprit commence. Il fait hisser sur le mont Amiata le drapeau de sa République, puis il tente avec sa petite armée de descendre dans la plaine. Mais il se heurte aux carabiniers, et il est tué d'une balle. Quelques disciples exaltés, « pécheurs convertis à Dieu qui ont cru à la mission du Saint-Esprit », continuèrent à vivre de son rêve. Le dernier d'entre eux mourra en 1943[1].

Dans son *Histoire des Albigeois* (3 vol., 1870-72), Napoléon Peyrat fait du catharisme un « néo-christianisme détaché du tronc chrétien par la branche-mère de saint Jean », l'apôtre à qui le Christ avait réservé « le règne pacifique de l'avenir ». Montségur, le dernier lieu sacré des Cathares, était « une Rome johannique », c'était « la forteresse du Paraclet » ; il devint « le Golgotha de la foi johannique ». Celle-ci renaîtra, et il n'y aura plus alors « qu'un seul berger et un seul pasteur »[2].

---

1. Eric J. HOBSBAWN, *Les primitifs de la révolte dans l'Europe moderne*. Trad. R. Laars, Fayard, 1966, pp. 81-86. Jean SÉGUY, *David Lazzaretti et la secte des Giurisdavidici*, dans *Archives de sociologie des religions*, 5, 1958, pp. 71-87, La « Sainte Ligue », mouvement essentiellement religieux, portait cependant quelques traits empruntés à Fourier et peut-être aux Saint-Simoniens. Lazzaretti mettait en garde contre le socialisme (p. 83).

2. T.1, p. 5 ; t. 2, pp. 5-17 et 385 ; t. 3, p. 454. Cité par Ch.-O. CARBONELL et J.-L. BIGET dans *Historiographie du Catharisme*, Cahiers de Fanjeaux, 14, 1979, pp. 159-161 et 279.

II

Quatre excentriques

Wronski. Constant. Vintras. Boullan

Joseph Marie Hoëné-Wronski (1776-1853), qu'on a appelé « le plus grand des penseurs polonais »[1], fut certainement une sorte de génie. Ses émules, auxquels il s'affronte, sont Spinoza, Kant (qu'il a le premier introduit en France), Hegel, Schelling. Il a provoqué chez ses contemporains un sentiment d'admiration mêlé d'effroi. Balzac l'a pris pour modèle de son Adam de Wierzchownia, gentilhomme polonais, dans *la Recherche de l'Absolu* (1834) ; la chose a été contestée[2], mais elle nous paraît évidente : comme Wronski, cet Adam raconte l'expérience « irrécusable » d'où il a déduit « l'existence de l'Absolu », et sur la fin du roman, devant le vieux Claës auquel il avait communiqué sa passion et qui mourait désespéré, Emmanuel de Solis, son gendre, lit dans le journal qu'il vient de déployer, sous ce titre : « Découverte de l'Absolu », un article racontant « le procès relatif à la vente qu'un célèbre mathématicien polonais avait faite de l'Absolu », ce qui est une allusion directe au procès retentissant qui avait jeté le nom de Wronski en pâture au public. Pour la pauvre épouse de Claës, son mari commettait « le péché d'orgueil dont fut coupable Satan » ; « tu entreprends sur Dieu ! », lui reproche-t-elle un jour[3]. De même, David Richard écrivait à Lamennais, le 20 janvier 1835, au sujet de Wronski : « On m'a raconté des choses étonnantes de (son) intelligence ; on me le peint comme le Satan de Milton. » Qu'eût dit le bon Richard, s'il avait su que ce Wronski venait précisément de rédiger un opuscule (demeuré inédit) contre les *Paroles d'un croyant*, qu'il traitait d'« imposture » et qu'il prétendait proférées non pas au nom de la Sainte Trinité, mais

---

1. Jérsy BRAUN, *Aperçu de la philosophie de Wronski*, traduit par Adam de Lada. Les amis de Wronski. Irlande, p. 7.

2. « Sans doute à tort », pense M. Pierre CITRON de cette attribution : dans *Balzac, La Comédie humaine*, Seuil, t. 6, 1966, p. 612. Elle est maintenue par M. Philippe d'ARCY en 1970. On a pensé aussi que Wronski pouvait être l'une des composantes de Louis Lambert.

3. Dans le même entretien, elle lui dit, de l'officier polonais, « revoir ses deux yeux semblables à des langues de feu, les salières au-dessus de ses sourcils où se voyaient des charbons de l'enfer... Le Tentateur peut seul avoir cet air jaune d'où sortait le feu de Prométhée. »

« au nom de Satan »[1] ? Car dans son ultra-rationalisme, Wronski détestait toutes les utopies sociales, les pseudo-religions romantiques, et il englobait dans sa réprobation tous « les poètes de l'anarchie »[2], en premier lieu Mickiewicz, coupable d'une « indigne contrefaçon » du messianisme. Il est le type du génie à la folie systématique, tellement absorbé par sa découverte qu'il devient, comme Stuart Mill l'a dit de Comte, insensible au ridicule[3].

Pas plus que de son existence tourmentée et perpétuellement déçue, nous ne parlerons du fond de sa philosophie[4]. Mais selon lui les hommes n'en finissent pas de sortir de leur sommeil dogmatique ; autrement dit, malgré des progrès certains, « l'essence intime de l'Absolu » continue de leur échapper, si bien qu'ils ne peuvent accéder encore à la « nouvelle naissance », et il applique cette remarque non seulement aux penseurs individuels, mais à l'humanité prise en corps. D'où, chez ce chrétien enivré de raison, un messianisme grandiose et délirant, prenant la forme d'un « paraclétisme », qui fait paradoxalement de lui le plus joachimite de tous les héritiers de Joachim de Flore, bien qu'il ne le nomme jamais.

Recueillons-en l'expression dans le dernier de ses ouvrages parus de son vivant : *Philosophie absolue de l'histoire, ou Genèse de l'Humanité ; Historiosophie ou Science de l'histoire*[5]. Ces deux volumes veulent être un exposé « populaire » du « messianisme », qu'il a déduit de ses travaux scientifiques. Un tel messianisme, précise-t-il en plusieurs endroits, n'a rien de commun avec celui du « misérable poète » dont les divagations au Collège de France ont « tellement troublé le cerveau de quelques pauvres esprits »[6]. L'ouvrage entier porte en exergue : *Cum autem venerit ille Spiritus Veritatis, docebit vos omnem veritatem.*

---

1. *Imposture et ignorance des paroles d'un soi-disant croyant.* Le pamphlet aurait été écrit, sous une poussée d'indignation, dès la parution des *Paroles*. Cf. W.-M. KOZLOWSKI, *Hoëné-Wronski et Lamennais*, d'après les manuscrits inédits de Hoëné-Wronski. *Revue de philosophie*, 6, 1905, pp. 243-258. Les nombreux inédits de Wr. sont conservés à l'Académie de Cracovie.

2. Cf. KOZLOWSKI, p. 247. Wr. n'en a pas moins influencé, entre autres, Cieszkowski et Krasinski : BRAUN, p. 20.

3. Cf. KOZLOWSKI, pp. 257-258. « Pour le vulgaire, le génie ressemble à de la folie », dit, dans Balzac, Mme Claës mourante à son mari.

4. Voir Jérsy BRAUN, op. cit. et Philippe d'ARCY, *Wronski*, Seghers, 1970.

5. Paris, Amyot, 1852. T. 1, pp. 80-84, il donne la liste de ses ouvrages jusqu'à 1851. Voir aussi *Prolégomènes du messianisme* (1842) et les ouvrages posthumes : *Développement progressif et but final de l'humanité* (1861), *Apodictique messianique* (1876), *Nomothétique messianique* (1881).

6. *Philosophie absolue...*, t. 1, pp. 11-12 ; cf. pp. 6 et 89-90, notes.

> Sires, de grâce, arrêtez et lisez... Le lecteur apprendra deux choses : 1°) que la vérité n'est pas encore découverte jusqu'à ce jour, et 2°) qu'enfin aujourd'hui on la découvre dans cet ouvrage...
> Tableau génétique (du progrès) jusqu'à son terme final, dans toutes les sept branches, industrielle, politique, religieuse, scientifique, messianique et paraclétique de cette grande genèse de l'humanité...
> L'Écriture sainte, en signalant ce nouvel ordre intellectuel, promettait formellement sa réalisation par la venue du Paraclet, de cet Esprit de Vérité qui doit tout nous apprendre... Cette venue du Paraclet, ce développement accompli de la raison, doit la constituer RAISON ABSOLUE... Dans sa partie spéculative, (cette doctrine nouvelle) constitue enfin la PHILOSOPHIE ABSOLUE, et dans sa partie pratique, (découvrant) le but suprême de l'être raisonnable, sa création propre, opérant son immortalité, conformément aux promesses du Messie, constitue le MESSIANISME[1].

En effet, suivant l'Écriture, toute religion sera accomplie par « la transition de la religion révélée à la religion absolue, de la foi à la certitude, du christianisme au paraclétisme promis par le Christ ». C'est ce que signifie l'entretien de Jésus avec Nicodème : le problème de la régénération spirituelle de l'homme, condition de son immortalité, « exige que l'on dépasse les régions temporelles du sentiment humain, où est le siège intime de toute révélation religieuse » ; tout ce que la théologie peut faire, c'est « reconnaître que la Réalisation du Verbe dans l'homme... ne pourra être effectuée que par la découverte de l'Absolu,... à l'issue de l'ère transitoire de l'humanité, lors de... l'union finale de la philosophie et de la religion »[2]. Alors, « dans cette époque solennelle », la raison humaine aura pleinement développé cette « puissance infinie que, dès aujourd'hui, le messianisme » lui apporte ; elle s'exercera dans sa « spontanéité absolue », et « par ce don auguste » l'homme « accomplira lui-même sa propre création »[3].

« Les révélations divines qui forment les objets respectifs de nos deux livres sacrés de l'Ancien et du Nouveau Testament ne sont » donc « encore que des PROBLÈMES que, par une grâce ineffable, Dieu a proposés à l'humanité, afin que, par son propre mérite, elle puisse, en donnant la SOLUTION de ces grands problèmes, conquérir l'immortalité. » Tels sont les dogmes : non pas des solutions, mais des problèmes, dont les objets, « inconnus et cherchés, n'en existent pas moins « réellement et même nécessairement ». Il importe d'en recon-

1. *Philosophie absolue...*, t. 1, pp. I-II et 4-6.
2. Op. cit., t. I, pp. 25, 170-172, 175. Cf. t. II, pp. 197 et 208-213.
3. Op. cit., t. I, pp. 177-180.

naître et d'en défendre le caractère sacré, de pair avec les « institutions ecclésiastiques » qui les maintiennent, en ces temps critiques « où l'on commence à (les) méconnaître et même à (les) tourner en dérision ». Même une fois qu'il sera « reconnu universellement que la création propre de l'homme est le but suprême de l'humanité, l'Église, connaissant alors cette solution rationnelle et philosophique, pourra continuer... d'exercer... la direction de l'humanité dans ce but suprême, mais elle ne le pourra toujours que par une anticipation providentielle de la future Union-Absolue », parce que son « autorité propre... consiste uniquement dans les susdites fonctions sacrées de la conservation et de l'application des dogmes ou problèmes religieux et des lois morales »[1].

Wronski distingue d'abord à ce propos les défauts, les mérites et le rôle respectifs des deux grandes confessions chrétiennes en occident, catholique et protestante :

> Dans le premier degré de sa manifestation, la Raison apparaît... dans le Sentiment de l'homme, où elle constitue la Foi... En quelque sorte incorporée dans notre Sentiment, elle suit ses replis profonds et se livre aux *Mysticismes,* lorsqu'elle s'écarte de notre sainte révélation proférée[2]. C'est là le caractère distinctif du Catholicisme, du moins dans les limites étroites où il a voulu et veut encore se renfermer... Dans le deuxième degré..., la Raison apparaît clairement dans la Cognition de l'homme, où elle constitue alors la *Raison temporelle...* C'est là... le caractère distinctif du *Protestantisme,* surtout lorsque... il s'attache trop exclusivement (au) temporel ou terrestre logisme de l'homme, comme il le fait dans ses écarts extrêmes, par exemple dans... le Socinianisme[3]. Enfin, dans le troisième degré de sa manifestation, la Raison apparaît dans toute sa pureté, entièrement dégagée des entraves physiques de l'organisation actuelle ou terrestre de notre intelligence, – pureté où elle constitue... la Raison absolue, ce véritable accomplissement de l'infinie liberté créatrice de Dieu[4].

---

1. Op. cit., t. I, pp. 251, 263, 278-280.

2. Cf. t. 2, p. 243 : « Dans le Mysticisme, la raison temporelle subit finalement une paralysie sentimentale, qui la fait reconnaître, en faisant croire que cette raison paralysée est une faculté supérieure à la raison elle-même. » Et p. 253 : « ... Ces mystiques considèrent alors ces problèmes religieux que nous proposent nos libres sacrés, comme étant déjà des *vérités religieuses...* » Le mysticisme est une « autodestruction de la raison ».

3. Cf. t. 2, p. 242 : « Dans le Protestantisme, la raison temporelle aboutit à des *antinomies cognitives*, dont elle ne peut se tirer qu'en décidant les questions religieuses par le bon sens, à l'instar des questions purement physiques ou immanentes. »

4. T. 1, pp. 184-185.

« Par une salutaire anticipation, l'Église catholique est entrée dans les voies augustes » qui dirigent l'humanité « vers son but suprême ». La Papauté, dont l'autorité est renforcée par « une corporation puissante », l'ordre des Jésuites, assure la préparation de « la future Union-Absolue »[1]. De son côté, « la réforme religieuse du protestantisme, cette puissante émancipation de la raison de l'homme », a « conduit à la récente réforme de la philosophie en Allemagne, qui, à son tour, a motivé la production du Messianisme par lequel nous découvrons aujourd'hui le Messianisme accompli »[2].

Reste l'Église grecque, dont on doit espérer que, « par l'actuelle détermination précise et définitive des caractères sacrés de l'Ancien et du Nouveau Testament », elle finira « par s'identifier avec l'Église romaine ». Ce sont « les nations slaves » qui sont prédestinées à réaliser cette grande unité religieuse. « Pour le soutien de ces nations, réservées à de si hautes destinées, ... la Providence a formé... le vaste et puissant empire de la Russie, en lui créant... un gouvernement autocratique...[3] ». Wronski, en effet, ne doute pas un instant que l'unité telle qu'il la conçoit ne doive s'opérer par le concours des puissances temporelles ; à chacune il distribue son rôle : « établissement du christianisme accompli sous la protection du roi de Prusse », « établissement final du Paraclétisme sous la protection armée de l'Autriche »[4]. C'est ce qu'il appelle sa « métapolitique »[5]. Lui aussi, il a été obsédé par le mythe de Napoléon, et dans un écrit sur son « Secret politique » (1840) il a voulu donner « la clé théologique de sa vie »[6], étape nécessaire de la grande unité religieuse dont le pape « restera toujours le chef suprême »[7].

Œcuménisme catholique, donc, et même romain. Wronski manifeste

1. T. 1, pp. 276-280 ; ibid., le symbolisme de la tiare.

2. T. 2, p. 228.

3. Op. cit., t. 1, pp. 250-275 ; 283-287. Cf. t. 2, p. 75 ss. : « Destinée providentielle des nations slaves. » C'est « par un pressentiment profond du destin des nations slaves » qu'Alexandre 1er avait institué la Sainte-Alliance ; la « véritable Sainte-Alliance sera une confédération messianique des nations slaves », (72, pp. 267 et 279). — Mickiewicz et ses pareils ne veulent pas reconnaître ces « vérités absolues » ; quand bien même ils « seraient les seuls hommes qui, dans le monde civilisé, se seraient révoltés contre ces vérités, quoique découvertes par un Polonais, ce qui semblerait prouver que la nation polonaise repousse la lumière, ces hautes vérités, décisives pour l'homme, n'en resteraient pas moins le Palladium de la Pologne... » (t. 2, pp. 101 et 105).

4. T. 2, pp. 215, 231, etc. Cf. p. 275-276 : Si la Russie se dérobait à « la haute mission providentielle que nous venons de lui dévoiler », « l'inévitable confédération messianique » se fera « sous les sceptres de l'Autriche et de la Prusse... »

5. *Philosophie* absolue..., t. 1, p. 75 ; t. 2, p. 18, etc.

6. Op. cit., t. 1, p. 78 ; t. 2, p. 13.

7. T. 1, p. 285.

à l'égard de la papauté les mêmes sentiments fidèles que jadis lui manifestait Joachim. Seulement, pas plus que Joachim, il n'oublie qu'une telle unité autour du siège de Pierre ne saurait être, au mieux, qu'une étape. Il rappelle avec insistance, dans les catégories qu'il s'est constituées, que « la régénération spirituelle n'a d'abord, comme simple révélation, qu'une certitude *problématique*, qui, par l'autorité de l'Écriture sainte, suffit pour la constituer provisoirement dogme du christianisme », et qu'elle doit recevoir ensuite, comme détermination philosophique, une certitude *assertorique,* laquelle la constitue... dogme du christianisme *accompli* »[1]. Et toujours il en revient aux deux textes fondamentaux de saint Jean : *Oportet vos nasci denuo..., Non potestis portare modo, Spiritus autem sanctus vos docebit omnia...*, compris comme déjà les comprenait l'abbé de Flore :

> Il faut renoncer à l'idée... que cette grande promesse a déjà été accomplie par la descente du Saint-Esprit sur les Apôtres... En l'admettant comme on l'a fait, sans doute dans l'intention louable de prévenir de nouvelles hérésies..., on commettait... non seulement une dangereuse erreur..., mais surtout une terrible impiété... On déclarait ainsi..., contre l'évidence humaine, que l'on avait déjà la *vérité,* lorsqu'on ne comprenait même pas encore ses *problèmes* religieux, comme cela est prouvé aujourd'hui, où l'on voit qu'aucune Église chrétienne n'a compris, jusqu'à ce jour, le grand et décisif problème de la régénération spirituelle de l'homme...[2].

Qu'on ne s'en tienne donc pas à un « christianisme stationnaire, tel qu'il est aujourd'hui », et qui n'est même pas capable, – pas plus « que le recours physique à la force armée... de fermer l'ère des révolutions » qui détruisent notre société ! Que le clergé comprenne qu'il ne peut conserver son autorité dans la défense « de nos saints dogmes » qu'à la condition de les faire servir « au développement de la messsianité dans l'homme » ! Que cette autorité ne s'exerce qu'en ayant conscience d'être provisoire[3] ! Ces exhortations vont jusqu'à prendre la forme d'une menace. Après avoir évoqué, ainsi qu'on la vu, la réunion future de tous les chrétiens sous l'autorité suprême du pape, Wronski poursuit, s'adressant directement à lui :

1. Op. cit., t. 2, pp. 208-209 ; cf. pp. 197 ss.

2. Op. cit., t. 2, pp. 210-211, 212 : « ... Le don des langues et d'une scrupuleuse mémoire » reçu par les Apôtres « ne porte que sur les facultés physiques de l'homme. Et c'est bien autre chose que Jésus-Christ nous a annoncé par la descente du Paraclet... »

3. Op. cit., t. 2, pp. 11-12 et 51 ; t. 1, p. 278.

> Pour dire toute la vérité à Votre Sainteté, si, par quelque inconcevable et mystérieuse influence, la Cour de Rome était empêchée de reconnaître le grand problème de Jésus-Christ, et par conséquent d'avouer l'urgent accomplissement de la religion, supposition qui de ma part est sans doute un grossier blasphème, ... il est manifeste qu'avec le concours de tous les hommes supérieurs du monde civilisé notre sainte religion s'accomplirait immanquablement dans (la) grande fédération messianique des nations slaves, et... lorsque la religion grecque s'y trouverait ainsi identifiée avec la religion latine, l'Empereur de Russie... joindrait nécessairement à sa puissante autorité politique l'autorité messianique... et l'autorité pontificale... La tiare passerait immanquablement sur sa tête ; et l'humanité (admirerait) la Providence, en voyant cette... miraculeuse préparation d'éléments si hétérogènes et si peu attendus, par la réunion desquels se formerait ainsi cette invincible puissance matérielle qui, dans la... terrible supposition présente, deviendrait indispensable pour écraser l'Hydre, cette bête mystérieuse de l'Apocalypse, dont la puissance se serait déjà étendue jusqu'à fausser le Saint-Siège apostolique[1].

Dans son attente et son annonce de l'ère paraclétique, Wronski sait qu'il a eu des précurseurs, qu'il a encore des émules. Mais aucun autre que lui n'a posé correctement le problème ni indiqué la solution. En France, « l'impulsion secrète des bandes mystiques » et celle de l'école des physiocrates n'ont fait que préparer et soutenir sa grande révolution, « en se fondant sur l'idée insignifiante et purement empirique de la *Perfectibilité* de l'homme ». En Allemagne, Lessing a prédit l'âge de l'Esprit, mais sans voir les conditions de son avènement. Grâce à la philosophie transcendentale, « l'idée de l'histoire de l'humanité fut transformée... en véritable idée de Philosophie de l'histoire », et ce fut là un grand progrès : mais tout en reconnaissant sa dette envers elle, Wronski rejette ses conclusions. Les vues historiques de Frédéric Schlegel « se réduisent bonnement à des considérations purement religieuses ». Schelling ne nous a guère donné que « de la poésie panthéistique », et son intuition intellectuelle ne devient pas « une véritable intuition génétique »[2] ... Maintenant, des « êtres excentriques... qui

1. T. 1, pp. 286-287. Un tel style ferait croire à un pastiche d'Auguste Comte. Dans les pages 251 à 287 Wronski reproduit un long extrait de son *Épître au pape*, écrite en 1827 et publiée en 1848 dans le t. 2 de son ouvrage sur *la Réforme du savoir humain*.

2. T. 1, pp. 90-95 et 188 : « Génie impétueux », il « apporta à l'humanité les prémisses de l'Absolu » ; mais à sa « déduction insuffisante il supplée par le jeu de sa brillante imagination » : *Développement progressif et but final de l'humanité* (1861) ; cité par Ph. d'Arcy, pp. 114-115.

forment notoirement une véritable monstruosité dans l'espèce humaine » profanent le nom sacré de messianisme, réduits qu'ils sont « à considérer la solution des grandes questions religieuses, et par conséquent des grands problèmes de la philosophie, comme consistant dans de simples contes historiques, c'est-à-dire dans de véritables contes bleus »[1].

Voici cependant que « par la sainte mission du Paraclet nous connaissons maintenant les *caelestia* » : « dans nos Prolégomènes, nous avons enfin répondu à la grande question chrétienne de Nicodème, en y donnant, d'une manière rationnelle et philosophique, la solution rigoureuse et entière du problème fondamental que Jésus-Christ a posé aux hommes[2] ». Le Messianisme découvre à l'humanité des régions qui étaient « inabordables par la philosophie de Hegel ». Et il permet d'y pénétrer déjà :

> Par la découverte de l'*essence intime* de l'Absolu, l'homme peut réellement résoudre le grand et décisif problème de sa création propre, duquel dépend... toute la valeur et la dignité de l'existence de l'humanité sur la terre. Ensuite, pour opérer déjà cette transition du présent monde conditionnel et périssable au monde inconditionné et éternel, cette doctrine, aussi nouvelle qu'elle est inattendue, revêt l'homme de son caractère auguste de *messianité,* dans le sens propre et consolant que ce mot sacré promet à l'humanité depuis si longtemps[3].

Wronski proclame que son messianisme « n'est pas une religion nouvelle et ne tend pas à constituer une secte »[4]. Il ne se prend pas lui-même « pour un nouveau Jésus-Christ. Mais il considère son œuvre comme un moment essentiel de la révélation... La résistance à son œuvre devient vite ainsi, dans son esprit, le symbole de la résistance de toute l'époque moderne à la parole de Dieu qui agit dans les cœurs »[5]. Il est heureux de lire, dans un article de A. Constant qui vient de paraître, cette citation de Joseph de Maistre : « Attendez que l'affinité

1. T. 1, pp. 89-90, note.

2. T. 2, p. 28. Ibid. : « *Quomodo possunt haec fieri* ? Si vous ne pouvez y répondre, avouez que vous ne connaissez pas la vérité absolue, et cessez de vous opposer, avec une impiété scandaleuse, aux saints progrès de l'humanité par lesquels Dieu a ordonné à l'homme, en sa qualité d'être raisonnable, de conquérir la vie éternelle. »

3. *Prolégomènes du messianisme*, 1842, pp. 118-119.

4. Déclaration au *Moniteur* du 15.2.1852 ; reprise dans le *Mémoire secret sur le triomphe définitif du prince Louis-Napoléon dans l'Étranger* (inédit). Cf. Kozlowski, loc. cit., p. 247.

5. Philippe d'Arcy, op. cit., p. 77. « Il y a dans la personnalité de Wronski, comme dans celles de Hegel ou de Saint-Simon, de Comte ou de Marx, quelque chose de paranoïaque. »

de la science et de la religion les réunisse dans la tête d'un homme de génie... » ; heureux surtout d'y lire que « cet homme de génie », c'est... Wronski, dont les ouvrages messianiques, disait Constant, ont « apporté définitivement la Vérité sur la terre » ; ils « sont là, devant le public... Malheureusement..., depuis un demi-siècle, dans la capitale du monde civilisé, personne ne paraît les avoir approfondis, personne ne paraît même les avoir lus[1]. »

Mickiewicz était moins philosophe que Wronski, – mais il était plus raisonnable.

Les trois auteurs marginaux que nous abordons maintenant sont d'un ordre tout autre, et nous n'avons point à prévenir le lecteur que nous laissons de côté le système philosophique qui constituerait le fond de leur pensée. Ce sont l'abbé Alphonse-Louis Constant (1816-1875), devenu à partir de 1853 « Eliphas Lévi »[2], Pierre-Michel Vintras (1807-1875), fondateur de « l'Œuvre de la Miséricorde », l'abbé Joseph-Antoine Boullan (1824-1893), qui fut correspondant de Huysmans.

Dans la préface à son *Dogme de la Haute Magie* (éd. de 1861, p. V-VI), Eliphas Lévi évoque le souvenir de l'abbé Frère, auteur des *Principes de la philosophie de l'histoire* (1838), qui avait été, vers 1826-1827, son supérieur au petit séminaire de Saint-Nicolas-du-Chardonnet :

> ... L'histoire de la religion se divisait, pour l'abbé Frère, en quatre grandes époques : l'époque de la pénitence, ou l'âge du déluge et de la malédiction de Caïn ; le temps de la foi, lors de la vocation d'Abraham, le père des croyants, et ce temps durait, en passant par le désert avec Moïse, jusqu'à la venue du Christ, qui, en mourant sur la croix, léguait à son disciple bien-aimé sa Mère et l'espérance ; puis, sous les auspices du Saint-Esprit, ... s'entrouvrait dans l'avenir un siècle de bonheur où l'humanité tout entière, assise à l'ombre des pommiers d'un nouvel Eden, doit sentir un souffle d'amour rafraîchir son front sous le battement d'ailes de la colombe mystérieuse, dernier symbole de la Divinité[3].

1. *Philosophie absolue...*, t. 1, pp. 231 et 247-248, citant Constant, article du 14.2.1852, *Du mouvement actuel de l'intelligence en Europe.*

2. Traduction en hébreu de ses deux prénoms, Alphonse Louis.

3. Cité par Paul CHACORNAC, *Eliphas Lévi, rénovateur de l'occultisme en France,* 1810-1875. Chacornac frères, 1926, pp. 7-8. Cf. BOWMAN, *Frère-Colonna, Exégèse biblique et philosophie de l'histoire chez un théologien catholique des années 30,* dans *Romantisme et Religion,* pp. 175-184.

C'est aux exposés de son ancien supérieur que Constant doit la première idée de son ouvrage sur *l'Assomption de la femme ou le Livre de l'amour* (1841), et surtout celle de *La Mère de Dieu, épopée religieuse et humanitaire* (1844), dont il expose ainsi le thème dans son *Préambule* :

> ... Le monde, jusqu'à présent, a connu en Dieu l'idée d'un Père et d'un Fils ; mais il n'est pas encore initié aux secrets d'amour de la mère, sur qui repose le Saint-Esprit. Cette révélation sera la dernière et consommera l'humanité en Dieu... Quand l'homme aura rendu la liberté à la femme en la respectant comme sa mère, la femme lui rendra l'amour, et le péché de la naissance s'effacera. C'est donc cet Évangile de l'avenir, cette poésie mystique de la femme, cette dernière création religieuse et sociale, qui doit rendre l'amour au monde : c'est la femme, en un mot, que j'ai voulu esquisser dans ce livre, pour faire pressentir le signe de la loi d'amour.

Dans ce poème en prose, Constant chante le « symbolisme catholique » ; il nous fait admirer « dans toute sa majesté cette Église universelle dont tous les temples des siècles passés étaient plus ou moins imparfaitement la figure » ; mais il ne voile pas son dessein, qui est de tendre à « cette grande religion de l'unité dont le catholicisme a été le symbole » et, guidé par l'apôtre Jean, de pénétrer « dans des régions jusqu'à présent inconnues » et de « balbutier quelque chose que l'avenir achèvera » :

> ... Un monde social qui tombe est une fleur que le fruit a poussée, et sur tous les déluges surnage une arche et plane une colombe... Levez la tête, espérez : car votre rédemption est proche... Où se trouvera le corps de l'association universelle, là se rassembleront les aigles de l'intelligence et de la force... Alors le livre des consciences sera ouvert par la clef de la sainte parole ; le Verbe pénétrera dans tous les cœurs comme une épée... Le monde réunira ses brisures et prendra une cohésion indissoluble dans la chaleur du saint amour qui le brûlera pour le purifier[1].

La seule précaution qu'il prend est transparente : « Église catholique..., je dévouai le reste de mes jours présents à la défense de ton symbole, et je m'efforçai de renfermer en moi l'esprit d'avenir pour ne pas blesser les yeux des oiseaux de nuit[2]. »

---

1. *La Mère de Dieu...*, pp. 10-11, 278, 334-340, 378-379.
2. Op. cit., p. 373 ; ibid. : « Dieu... m'a fait naître dans le sein de l'Église catho-

Lors d'un séjour à Solesmes, Constant avait lu le *Spiridion* de George Sand, ainsi que « les livres admirables et encore ignorés de la sainte Madame Guyon ». Ce furent les autres sources de son inspiration. « Je fus étonné, raconte-t-il, de retrouver dans les prédictions de Mme Guyon ce règne futur du Saint-Esprit, cette consommation dans l'unité par l'amour que tous les vrais chrétiens ont attendu dans tous les siècles ; je compris comment le culte de Marie servait de transition entre le règne du Christ et celui de la céleste Colombe. » « Mère du bel amour », Marie est aussi « reine de l'intelligence » : c'est donc par elle que l'Église doit être éclairée pour déchiffrer les symboles de la sainte Écriture et découvrir de la sorte, au-delà des limites de la « Parole incarnée », cette « seule et même vérité » dans laquelle Jésus lui-même nous a promis que l'Esprit nous introduirait et qui doit faire l'union de tous les hommes[1].

Constant n'est pourtant pas retiré dans un rêve tout mystique. A partir de 1840 environ, il participe en même temps à l'agitation politico-sociale de l'époque, ce qui l'amène à donner à son rêve un tour un peu différent. Il est ami d'Esquiros, qui dès 1833 l'a mené chez l'inventeur de l'Evadisme, le bizarre Ganneau, devenu « le Mapah »[2]. En 1841, dans *la Bible de la Liberté* (qui fut saisie par la police une heure après sa mise en vente), il adopte le concept de « l'homme-peuple » inventé six ans plus tôt par Siguier : « Voilà, dit-il, le second avènement du Christ incarné dans l'humanité ; voilà l'homme-peuple et Dieu qui se révèle. » Cette *Bible* se présente comme un commentaire mis à jour du Symbole des Apôtres, à la façon dont Esquiros venait de mettre à jour l'Évangile : « Ne croyez pas que je sois venu détruire la religion du Christ... Je ne laisserai passer aucune lettre de son Symbole sans lui donner son accomplissement... Je crois au Saint-Esprit d'amour et de liberté, qui doit régner dans le monde, délivré des entraves des lois, et qui procède du Père et du Fils... » En 1846, dans *La dernière Incarnation*[3], il demande « que le peuple lise et comprenne enfin la vérité sous le voile des allégories ; qu'il reconnaisse et qu'il aime toujours son sauveur et son modèle en la personne du prolétaire de Galilée ». En 1848, dans *Le Testament de la Liberté*, il rappelle (p. 219) que son livre précédent voulait « ramener le Christ sur la

---

lique, et il a inviolablement attaché mon cœur à la pensée de l'unité. Après m'avoir fait passer intérieurement par les angoisses de l'hérésie, il a réconcilié ma raison avec ma foi en me révélant l'amour, qui est aussi la liberté ! »

1. Cf. Léon Cellier, *l'Épopée romantique*, PUF, 1954, pp. 209-220. Viatte, *Victor Hugo et les Illuminés de son temps*, Montréal, 1942, pp. 93-96. Chacornac, op. cit., p. 41.

2. Bénichou, op. cit., p. 436. Cf. Bowman, *Le Christ romantique*, pp. 182-184.

3. *La dernière Incarnation, légendes évangéliques du XIX*^e^ *siècle*, p. 7.

terre » et « salue le génie de l'Évangile marchant à la tête du progrès ». Le 7 mai 1848, dans un article dont le titre et le contenu sont empruntés à Esquiros, *La Justice du Peuple-Christ*, paru dans *La Montagne*, il écrit : « Seul peut-être Jean comprit dans toute sa profonde simplicité le mystère de la Cène... Jésus, en instituant ce signe de l'égalité, ébranlait la vieille société de fond en comble... »[1]. Ce sont là écrits de circonstance, sincères dans leur pragmatisme militant, mais qui ne livrent pas le fond de sa pensée, pas plus que *La Voix de la Famine* (1847), dont il écrivait lui-même : « Cette fois, ... ce n'est pas un écrit palingénésique que j'ai voulu faire ; j'ai voulu faire un pamphlet »[2].

Proudhon, agacé par le déluge de pamphlets de ce genre qui se répandait sur la France, n'avait pas attendu jusque là pour dire son fait à Constant. Au n° 55 de *la Création de l'ordre dans l'humanité*, parue en 1844, pastichant les *Paroles d'un croyant*, qui pastichaient elles-mêmes l'*Apocalypse*, il faisait dicter par « l'Esprit d'ordre, le Génie aux ailes de flamme » l'apostrophe suivante : « Écris à l'abbé Constant, communiste : Qui t'a chargé de dire mes justices et de prophétiser en mon nom l'incendie et le carnage ? ... Garde pour toi tes visions impies, ou je te marquerai au front du signe de Caïn...[3] ».

Plus tardif, et d'un caractère tout différent, un autre écrit de Constant doit encore prendre place ici, parce qu'il se veut encore, et davantage, exotérique : c'est le *Dictionnaire de littérature chrétienne*, qui lui a été demandé par l'abbé Migne et qui constitue le tome 7 de la « Nouvelle Encyclopédie théologique ». Constant l'a encore signé de son nom, suivi de la mention : « ancien professeur au Petit Séminaire de Paris ». « Mon Dictionnaire, dira-t-il, est écrit exotériquement, et dans le sens clérical ; ne croyez pas toutefois que je sacrifie la vérité. Je veux amener doucement ceux à qui je m'adresse, et je leur parle leur langage[4]. » Le long article consacré à l'allégorie laisse aisément percer les intentions de l'auteur. Déjà l'Introduction les dévoilait au lecteur averti :

> ... Quand les éléments qui se heurtent dans le conflit moral que nous traversons rentreront enfin dans l'ordre et feront place à la lumière, il se lèvera sur le monde un soleil dont nos plus beaux jours passés auront à peine valu les ombres... (Saint Jean est) le confident des secrets du Verbe, ... le prophète à la double vue, qui

1. Cité par BOWMAN, op. cit., p. 105.

2. Cf. CHACORNAC, op. cit., pp. 47 et 102.

3. Éd. Bouglé et Cuvillier, Rivière, 1927.

4. Eliphas LÉVI, *Cours de philosophie occulte, Lettres au baron Spedalieri*, t. 1, Chacornac, 1932, p. 89.

> regarde en même temps avec le même regard d'aigle dans le passé et dans l'avenir... La Rome moderne a transfiguré le Panthéon en église de tous les saints, mais elle ne l'a pas démoli : elle n'efface aucune beauté, parce que la beauté est l'empreinte du doigt de Dieu ; elle ne proscrit aucune vérité, parce que toutes les vérités sont catholiques, le catholicisme lui-même n'étant autre chose que la vérité universelle. Nous avons profondément étudié toute la littérature de l'Orient, le symbolisme primitif des anciens cultes, dans ses rapports avec les figures de nos livres divins, la science des allégories et des harmonies dans les littératures anciennes qui se rapportent à celle de la Bible...[1].

Malgré le ton un peu charlatanesque, tout cela ne paraît guère dépasser un traditionalisme prophétique à la Joseph de Maistre[2], tel qu'il abonde dans les Encyclopédies de Migne. Mais en réalité, depuis longtemps déjà, du romantique abbé Constant, Eliphas Lévi se préparait à émerger. Alors qu'il était encore séminariste à Saint-Sulpice, « mon âme, a-t-il raconté, aspirait... à ce panthéisme, que des hommes de mauvaise foi veulent nous faire fuir comme une monstrueuse erreur, et qui est cependant le dernier mot de la sublime doctrine du Christ et de ses apôtres »[3]. En 1845, dans *Le livre des larmes ou le Christ consolateur*, il avait déclaré, tout en continuant de lancer ses brûlots, être revenu à la foi catholique sous l'influence de Swedenborg[4]. Il semble que les déboires de 1848 et les changements du régime politique l'aient socialement assagi. Dès 1852 il renie tout panthéisme : « Le panthéisme spiritualiste des mystiques et le panthéisme des illuminés révolutionnaires sont les deux termes d'une équation dont le résultat est le même... : le néant »[5]. Subitement il se réclame de Wronski, dont il adopte les vues les plus extrêmes et les passions. Pour lui, désormais, le mysticisme et l'illuminisme, « aussi anciens que le monde », sont « l'ombre et le repoussoir de la lumière intellectuelle » ; ils sont « le mal », c'est-à-dire « l'affirmation du mensonge, ... le bien perverti et profané, ... le Verbe interprété par des faussaires. » Il affecte (un peu tard) de rejeter la « poésie maladive » et les « folies » de Mickiewicz, victime de « je ne sais quel obscur sectaire nommé

1. *Nouvelle Encyclopédie théologique*, t. 7, col. 11, 14, 21 ; cf. col. 69-70 et 95.

2. Cf. *La Clef des grands mystères*, 1861, rééditée en 1946 à Nice, Éd. des Cahiers astrologiques, pp. 12 et 273-274. *La science des esprits*, nouv. éd., Alcan, 1922, pp. 325-330, etc.

3. CHACORNAC, op. cit., p. 12.

4. BÉNICHOU, op. cit., p. 437.

5. *Du mouvement actuel de l'intelligence en Europe*, 14.2.1852. Cité par WRONSKI, *Philosophie absolue*, t. 1, p. 239.

Towianski », et dont le messianisme « est au nôtre, à celui de M. Wronski, ce que le gnosticisme le plus absurde était au christianisme naissant »[1]. – Mais ses vrais maîtres sont autres[2]. Mage, occultiste, « vrai kabbaliste », il va pendant une vingtaine d'années développer une doctrine ésotérique dans une série d'ouvrages qu'il soumet régulièrement à l'Officialité de Paris, – laquelle, au dire de son biographe Paul Chacornac, répond libéralement chaque fois : « Nous n'approuvons ni ne désapprouvons ; vos livres ne sont ni hérétiques ni impies, ils sont extravagants »[3].

Eliphas Lévi dédaigne un néo-joachimisme vulgaire, qui s'attache aux prophéties attribuées à l'abbé de Flore sur la succession des papes jusqu'à la venue de l'Antéchrist et qui se mêle aux plus absurdes légendes politiques : superstition d'esprits crédules, auxquels jamais les Louis XVII ne manqueront[4]. Il se met directement sous le signe de saint Jean, l'aigle, « symbole de liberté, d'intelligence et de souveraineté », annonciateur du « règne de l'amour »[5]. Il retient le schème des trois âges, ou des trois règnes, en précisant toutefois que dès l'origine, à certains esprits supérieurs, la vérité entière était donnée. Jadis, « un sauveur, annoncé aux mages par l'étoile sacrée de l'initiation, vint déchirer le voile usé du vieux temple pour donner à l'Église un nouveau tissu de légendes et de symboles, qui cache toujours aux profanes et conserve aux élus toujours la même vérité » ; et plus tard, « quand tomberont les dernières idoles, quand se briseront les dernières chaînes matérielles des consciences, quand les derniers tueurs de prophètes, quand les derniers étouffeurs de Verbe seront confondus, ce sera le règne de l'Esprit-Saint »[6]. Ce sera « le catholicisme de l'avenir », que déjà nous pouvons entrevoir : « ce sera le dogme évangélique, éprouvé comme l'or par la critique dissolvante de Voltaire, et réalisé dans le gouvernement du monde par le génie d'un Napoléon chrétien[7]. » Il ne s'agit donc pas d'une utopie toute spiritualiste : ce que nous attendons, c'est « la conclusion des prémisses de l'Évangile » ; c'est, contrairement aux « interprétations désespérantes » de ceux qui

---

1. Ibid., et WRONSKI, pp. 238, 241, 245 ; cf. 242.

2. Constant s'était fait quelque temps le disciple de Wronski.

3. CHACORNAC, op. cit., p. 183.

4. *Histoire de la Magie*, 1859. Nouv. éd., Alcan, 1922, pp. 445, 452.

5. *La Science des Esprits*, nouv. éd. Alcan, 1922, pp. 103-104. Cf. ibid., la légende de Pierre et de Jean selon les Talmudistes.

6. *Histoire de la Magie*, éd. citée, p. 4. *La Clef des grands mystères*, éd. citée, p. 27.

7. *La Clef des grands mystères*, p. 56. Cf. p. 77, sur Voltaire : « C'était le Samson de l'esprit, toujours prêt à secouer les colonnes du temple, mais pour lui faire tourner malgré lui la meule du progrès religieux, la Providence semblait avoir aveuglé son cœur. »

ne comprennent pas que l'histoire est une marche en avant, l'instauration promise par le Christ d'un royaume de Dieu sur la terre[1]. Eliphas Lévi, malgré les propos qu'on vient de lire, n'est pas non plus un libertaire. Celui sur lequel il compte pour la réalisation de ce royaume, c'est le Pape. Déjà, par le décret romain du 12 décembre 1845 contre le fidéisme, « c'est toute une révolution religieuse », peut-on dire, qui s'est accomplie ; par la condamnation de l'hérésie qui barrait la route à l'intelligence, le « règne du Saint-Esprit sur la terre » a été inauguré. Depuis lors, « en proclamant l'Immaculé Conception de Marie, N.S.P. le Pape » a fait un second pas : il « a prouvé au monde religieux que l'humanité dont il est le chef est la pépinière des dogmes et que sa fonction à lui c'est de les reconnaître lorsqu'ils ont fleuri et de les entourer d'une barrière comme un fidèle jardinier »[2].

Bien plus, « le pape a fait son devoir en refusant de consentir à toute aliénation d'un domaine qui n'est pas à lui, mais qui appartient à la catholicité toute entière... Prions Dieu pour que... l'esprit d'intelligence rapproche bientôt le cœur du père du cœur de ses enfants[3]. »

Pas plus que Joachim, et moins encore, notre Kabbaliste n'attend donc à proprement parler, au seuil du troisième âge, une révélation nouvelle. « Il y a des gens qui croient nécessaire une nouvelle révélation. Qu'ils attendent donc que l'ancienne soit connue et comprise ; et l'on verra ensuite s'il est besoin d'en désirer une nouvelle[4] ! » C'est l'intelligence qu'il faut désirer, chercher, implorer : « Oh ! combien est laborieux l'enfantement des idées ! Voilà bientôt dix-neuf siècles que l'on ne comprend rien aux textes les plus clairs et les plus simples de l'Évangile : Mon Dieu, ayez pitié des hommes ! *Veni, Creator Spiritus*[5] ! » Mais on ne comprendra jamais rien, on se privera de toute intelligence possible de la vérité, si, par une misérable illusion rationaliste, on rejette, comme ont toujours fait les hérétiques, les dogmes définis et maintenus par l'Église catholique. « Lisez l'histoire des Conciles, vous verrez toujours dans les tendances des hérésiarques une apparence de progrès et de raison. L'Église semble toujours affirmer l'absurde... Le dogme catholique, c'est-à-dire universel, ressemble à cette nuée qui précédait les Israélites dans le désert, obscure pendant le jour et lumineuse pendant la nuit. Le dogme est le scandale des faux

1. *La Clef...*, pp. 269 et 270.

2. *La Clef...*, p. 61. *Cours de philosophie occulte, Lettres au baron Spedalieri*, t. 1, nouv. éd., Chacornac, 1932, p. 125.

3. *Cours de philosophie occulte...*, l. 1, p. 113.

4. Op. cit., t. 2, p. 9.

5. Op. cit., t. 1, p. 161.

sages et la lumière des ignorants...[1] » Par conséquent, « ne changeons pas les dogmes, nous n'en avons ni le droit ni le pouvoir. Gardons-nous seulement du levain des Pharisiens, qui fait le mauvais pain de l'enseignement vulgaire. Et comment croire *tout ce que l'Église enseigne*, sans tomber dans les erreurs pharisaïques ? C'est en entendant dans un sens spirituel tout ce que matérialise l'erreur de la foule... Il faut épurer notre dogme en revenant à la conception primitive des mystères, mais sans rien changer aux termes et aux formules définitivement arrêtées par l'infaillibilité de l'Église...[2]. »

C'est l'Église elle-même, en effet, c'est l'Église en tant que catholique, par son organe suprême qu'est la Paupauté, qui sera l'ouvrière de l'intelligence plénière du dogme qu'elle aura jalousement préservé, dont elle aura extrait toutes les virtualités. « Un jour viendra où un pape inspiré du Saint-Esprit déclarera que toutes les excommunications sont levées, que tous les anathèmes sont rétractés, que tous les chrétiens sont unis à l'Église, que les Juifs et les Musulmans sont bénis et rappelés par elle... Alors il ne pourra plus exister de protestants[3]. » Telle est la version nouvelle qu'Eliphas Lévi nous propose du mythe du Pape angélique. Ce Pape, conquis au Kabbalisme véritable, saura montrer que « les termes (des dogmes) empruntés aux mythologies ou à la philosophie des païens prouvent la tendance à une synthèse universelle » et qu'il faut « les expliquer dans un sens qui ne soit ni celui des sophistes de l'hellénisme, ni celui des pédants du moyen âge ». Le vrai kabbaliste, en effet, dispose à son gré « de la science des sages et de l'enthousiasme des croyants. Il est plus catholique que M. de Maistre[4], plus protestant que Luther, plus israélite que le grand rabbin, plus prophète que Mahomet ; n'est-il pas au-dessus des systèmes et des passions qui obscurcissent la vérité ?... Sa prière peut s'unir à celle de tous les hommes pour la diriger, en l'illustrant de science et de raison, et l'amener à l'orthodoxie ». Il possède la clef de tous les mystères. Par exemple, « qu'on lui parle de Marie, il s'inclinera devant cette réali-

1. *Le grand Arcane, ou l'Occultisme dévoilé*, 2e éd., revue et corrigée (1868). Rééd. Chacornac, 1921, pp. 210-211.

2. *Cours de philosophie occulte*, t. 2, p. 13 et p. 75.

3. Loc. cit., t. 1, p. 49. Cf. *La Clef des grands mystères*, p. 52 : « La Bible, le Coran et l'Évangile sont trois traductions différentes du même livre. Il n'y a qu'une loi, comme il n'y a qu'un Dieu. » Cf. pp. 273-274 : Le livre *Du Pape* « démontre clairement la nécessité humaine de l'absolutisme spirituel... La papauté doit périr, ou accomplir fidèlement ce programme (tracé par Maistre). Elle le fera quand le dogme, retrempé à sa source, s'éclairera des splendeurs de la Kabbale. »

4. Eliphas Lévi admire Maistre, « le plus grand génie catholique des temps modernes » (*Dogme et rituel*..., 2e éd., discours préliminaire) ; sa *Clef*... porte en exergue une citation des *Soirées*.

sation de tout ce qu'il y a de divin dans les rêves de l'innocence et de tout ce qu'il y a d'adorable dans la sainte folie du cœur de toutes les mères ; ce n'est pas lui qui refusera les fleurs aux autels de la Mère de Dieu »[1].

Cependant, de même que des esprits d'élite avaient obtenu dès l'antiquité l'intelligence des mystères, de même il est difficile de penser que cette intelligence puisse être jamais, dans l'avenir, universellement vulgarisée. Le règne du Saint-Esprit a donc toujours eu son aurore et n'aura sans doute jamais ici-bas son plein jour. « Une science, née pour ainsi dire avec le monde, rend raison... des dogmes primitifs de la religion unique et universelle en les unissant aux Théorèmes les plus incontestables des mathématiques et de la raison »[2]. D'où une division qui finalement n'est plus, comme chez Joachim de Flore, un partage des temps, mais un partage entre l'élite et le commun des hommes, comme chez Victor Cousin, les universitaires étant seulement remplacés par les mages : la religion traditionnelle « est une institution de bienfaisance ; l'Église est une maison de secours pour les déshérités de la philosophie ; on peut se passer d'elle, mais il ne faut pas l'attaquer ». « Les signes et les rites » ne sont pas, comme de faux savants le prétendent, « une grande mystification. Il en serait ainsi si les hommes n'en avaient pas besoin ; mais il faut tenir compte de ce fait incontestable que toutes les intelligences ne sont pas égales... Le prêtre est le dompteur des hippogriffes de l'imagination et des tarasques de la fantaisie. Il tire une force de nos faiblesses et compose une réalité avec nos chimères ; c'est le médecin homéopathe de la folie humaine »[3].

Notre mage ne renonce pourtant pas à toute eschatologie : « Quand la papauté aura perdu toute autorité dans le monde », alors viendra Hénoch, puis Élie, puis l'Antéchrist, « dont la mission sera de préparer le grand Empire temporel du révélateur de l'Évangile », c'est-à-dire de Jésus[4]. Millénarisme classique, qu'on s'étonne de trouver dans un ouvrage qui ne se veut pas exotérique. Mais Eliphas Lévi nous ouvre encore une autre perspective, qui rejoint et complète son attente du signe de l'Esprit :

> L'ange de la liberté est né avant l'aurore du premier jour, avant le réveil même de l'intelligence, et Dieu l'a appelé l'étoile du

1. *Cours de philosophie occulte*, t. 2, p. 75. *Histoire de la Magie*, p. 26-29 et 32. Cf. *Philosophie occulte*, t. 1, p. 126 : « ... Marie et Jésus sont des personnes et des types. Ce qui tient aux personnes ne pourrait être constaté que par l'histoire qui se tait à leur sujet pour laisser place à la légende. Ce qui tient aux types est l'objet de la foi et du dogme. »

2. *Cours de philosophie occulte*, t. 2, p. 75. *Histoire de la Magie*, p. 54.

3. *Le grand Arcane*, pp. 39, 70, 83.

4. *Clefs majeures et Clavicules de Salomon*, 2e éd., Chacornac, 1926, pp. 94-95.

> matin. – O Lucifer ! Tu t'es détaché volontairement et dédaigneusement du ciel où le soleil te noyait dans sa clarté, pour sillonner de tes propres rayons les champs incultes de la nuit. Tu brilles quand le soleil se couche, et ton regard étincelant précède le lever du jour. Tu tombes pour remonter, tu goûtes la mort pour mieux connaître la vie... Lucifer, dont les âges de ténèbres ont fait le génie du mal, sera vraiment l'ange de la lumière, lorsqu'ayant acquis la liberté au prix de la réprobation, il en fera usage pour se soumettre à l'ordre éternel...[1].

Joachimisme accordé au goût du dix-neuvième siècle, où l'Esprit collabore avec Lucifer pour accomplir les desseins de Dieu dans la liberté[2]. Mais notre auteur n'est pas « sataniste ». Il ne veut pas qu'on le confonde avec un Michelet, « qui dans la *Sorcière* réhabilite Satan et lui fait gagner son procès contre le Père éternel au grand contentement de M. Victor Hugo et de Mme George Sand »[3]. Il reproche à Michelet sa « répulsion instinctive pour le sublime évangéliste initié, le voyant de Patmos »[4]. Ce Satan qu'il magnifie, c'est « l'ange déchu, le calomniateur de l'amour » ; c'est la partie maudite des forces de la nature, « c'est la divagation ou le sommeil de l'intelligence, c'est la folie et le mensonge » ; Lucifer, lui, « c'est le porte-lumière »[5].

« Gloire au Saint-Esprit, qui a promis la conquête de la Terre et du Ciel à l'ange de la Liberté[6] ! »

L'abbé Constant ne manque pas de souffle. Au milieu de ses aberrations gnostiques, il se souvient d'ailleurs de son catholicisme. Il

1. *La clef des grands mystères*, p. 28.

2. Dans sa période romantique, Constant ne s'exprimait pas tout à fait de même. Il s'inspirait alors d'Esquiros. Son *Testament de la Paria* (1846) était davantage une « justification du mal » en même temps que l'« attente d'une rédemption féminine » : cf. BÉNICHOU, op. cit., pp. 438-440 : Lucifer dit à Dieu : « Je t'aime d'un trop noble amour pour être à jamais ton esclave ». Proscrit, il pleure, puis se redresse, libre ! Un ange féminin, Ariel, le génie de l'amour, s'unit à lui ; ils créent l'enfer « pour ennoblir le chemin du ciel ». Lucifer y remonte, une étoile au front, etc.

3. *Cours de philosophie occulte*, t. 2, p. 66.

4. « Nous en entendrions de belles, si ce vieillard luxurieux essayait d'expliquer l'Apocalypse. » Cité par CHACORNAC, op. cit., pp. 235-236.

5. *La Clef*, pp. 29 et 168. On sait que le romantisme français, sous l'influence de Milton à travers celle de Byron, n'a cessé d'aborder ce thème de la réconciliation finale ; ainsi Vigny, Ballanche, Lamartine, Guiraud, Soumet, Leroux, Laprade, Hugo... Les variantes sont nombreuses. Lucifer et Satan sont tantôt deux, tantôt un seul, etc.

6. *Dogme et rituel...*, p. 58. Cf. Bernard SARRAZIN, *L'interprétation symbolique de la Bible par Léon Bloy*. Lille, 1976, t. 1, pp. 353-360 : Eliphas Lévi reconstitue une « histoire intemporelle, jeu de principes incarnés dans des allégories qui finissent par constituer une sorte de mythe... »

distribue généreusement ses blâmes à ceux qui s'écartent de l'unique Église : l'abbé Guettée est un « sectaire qui veut refaire le catholicisme sans catholicité, une chrétienté sans autorité, un corps sans tête, une religion sans tradition, une église sans souverain pontife, c'est-à-dire Israël sans Jérusalem » ; Renan, dont la *Vie de Jésus* est « un chef d'œuvre d'ineptie », « transforme le sauveur en une espèce de théophilanthrope, fourbe et ridicule ; c'est le crucifix avec l'écharpe blanche de Saint-Just et le faux-col de l'abbé Chatel »[1], etc. Dans ses prétentions d'occultiste et de mage il faut faire une large part à la mise en scène. Il a soin de ne pas se laisser confondre avec ceux auxquels on pourrait être tenté de le comparer : tels un Swedenborg, un Leroux, un Towianski, etc.[2]. Tel son contemporain Vintras, autre type de joachimite.

Du normand Pierre-Michel Vintras (1807-1875), nous n'avons point à retracer ici l'existence agitée. La littérature qui le concerne est abondante : écrits polémiques (Bouix, Caillau...), apologies (Grimaud, Charvoz...), chroniques (Erdan, Quérard et Barbier...), biographies (Maurice Garçon[3]), recherches historiques (Émile Appolis), documents divers, – sans oublier le célèbre roman de Barrès, *La Colline inspirée*... C'est en 1839 que Vintras, dans son moulin à papier de Tilly et dans l'église du village, obtient ses premières visions de Saint Michel et de Saint Joseph. Il fonde alors l'« Œuvre de la Miséricorde », avec ses « septaines » de disciples (en l'honneur du Saint-Esprit et de ses sept dons). Bientôt les affaires se gâtent. Vintras est condamné en 1842 à cinq ans de prison par le tribunal de Rouen. La même année l'évêque de Bayeux condamne son œuvre. En 1843, Grégoire XVI publie contre lui un Bref, qui sera suivi d'un nouveau Bref de Pie IX en 1851. Entre temps, des schismes sont intervenus. Mais à partir de 1848 Vintras exerce son « pontificat d'amour », qui comporte toute une liturgie. En 1852, il s'enfuira à Londres, qu'il quittera en 1862 pour mener une vie errante et encourager des groupes nombreux de fidèles[4].

---

1. Dans CHACORNAC, p. 219. Certains de ses jugements littéraires sont savoureux ; ainsi, dans son poème sur Hugo : « Un diable au profil d'ange en travail d'être Dieu... » Ibid., p. 209, etc.

2. HUYSMANS ne l'épargnera pas davantage : cf. *Là-bas*, 1891, p. 112. Eliphas Levi a du talent, mais aucune vraie science ; l'extraordinaire succès de ses ouvrages (en partie posthumes) à la fin du XIXe siècle et au début du XXe a été le succès d'une mystification. Cf. Raymond DEVIS, « Une curieuse énigme : Egrégores bibliques et égrégores maçonniques », 2e partie, dans *Travaux de Villard de Honnecourt*, t. 14, 1978, pp. 14-22.

3. *Vintras hérésiarque et prophète*. Nourry, 1928. L'auteur ne voit dans le vintrasisme qu'une « mystification ».

4. Bon résumé par E. AMANN. Dict. de théol. cath., t. 15, 2, col. 3055-3062. En

En 1849, à Paris, chez Ledoyen et Dumineray, paraît un gros volume intitulé : *Livre d'Or. Révélations de l'archange Saint Michel... ; publié par M. Alexandre Ch., l'un des nombreux témoins.* L'auteur en est l'abbé Charvoz, qu'il y a de bonnes raisons de croire le principal inspirateur de Vintras. C'est à cet ouvrage que nous empruntons les citations qui suivent[1].

La miséricorde divine « se découvre de plus en plus... à mesure... que le monde progresse en infirmité. » Une première période, allant d'Adam au Christ, fut l'âge de la foi et de la crainte. Jésus-Christ ouvre la période de la conciliation, de la grâce et de l'espérance. Enfin, « après les dérisions de royauté subies chez Hérode et devant le peuple au tribunal de Pilate, ... il doit régner... Ce règne, il l'effectuera par une effusion de son esprit sur tous les hommes, et c'est alors que s'ouvrira l'ère nouvelle demandée par l'Église dans l'appel qu'elle fait du Saint-Esprit... Touchons-nous à ce terme ? Jérusalem est-elle près de sortir de ses ruines ?... Disons oui, en toute assurance : les signes sont visibles de toute part... Bientôt il sera intelligible à tous qu'il y a trois temps principaux, trois périodes, trois ères, comme il y a trois personnes divines, trois vertus théologales... Il y a aussi... trois tabernacles, dont le dernier doit être le plus parfait, et avoir par conséquent un plus douloureux Golgotha ! » Voilà pourquoi « Pierre-Michel, du nom de son Esprit angélique, Sthrathanaël, (est) couché sur la croix, comme une hostie mourant à l'ancien monde, ... pour se relever homme nouveau régénéré dans l'amour du Saint-Esprit.[2] »

Le *Livre d'Or* reproduit ensuite, en les datant, les entretiens de Vintras avec les messagers célestes de ses visions. Voici quelques specimens des révélations reçues : « Le règne (à venir) confondra les faux docteurs de la Loi... Dieu s'est retiré de l'infâme Babylone... Un grand concile n'est pas très éloigné... Quand ce Concile universel sera établi, moi, l'Ange du Seigneur, je ferai sortir du nouveau Vatican tout ce qui reste encore à connaître... J'avertis l'Église de Jésus-Christ qu'un grand nombre de révélations ne lui ont pas été faites directement... Le Seigneur envoie aujourd'hui un ange pour prévenir les

---

1843 Vintras aurait rencontré Towianski. Selon Krakowski, il est « vraisemblable » que lui et sa secte « ont été sous l'influence plus ou moins directe du visionnaire polonais » : *A. Mickiewicz philosophe mystique*, p. 203. Voir supra, ch. xv.

1. Déjà en 1841 Charvoz avait publié un opuscule « Sur des communications annonçant l'Œuvre de la Miséricorde », qui portait en exergue : « Et renovabis faciem terrae ».

2. *Livre d'Or*, pp. 1-27, p. 25 : « Voici donc un temps qui touche à sa fin et un temps qui s'ouvre, une ère qui est à son aurore et qui s'appellera l'ère ou le règne du Saint-Esprit. » Toute cette première partie, « Notions préliminaires », est signée « L'Éditeur, Ch. ».

peuples que le troisième Règne va bientôt commencer, et que dans ce règne la terre sera purifiée par le feu. Alors la Sainte Église, dans son concile universel, connaîtra la cause pour laquelle Dieu a attendu jusqu'alors pour faire connaître l'explication de divers mystères d'abord incompréhensibles », etc. Un jour, dans une chapelle de Saint-Sulpice, à Paris, l'ange de Vintras lui est apparu et lui a dit : « Je te bénis par le règne à venir du Saint-Esprit. »[1] etc.

Le « bon vieillard » et le « bon ange » qui s'adressent à Pierre-Michel sont d'une prolixité fatigante. Quand celui-ci parle à son tour, il n'est pas moins ennuyeux. Et dans cet énorme fatras, les imprécations, les menaces de châtiments, les songes symboliques, les miracles d'hosties cachées, les traces de sang du Christ, etc., tiennent à vrai dire beaucoup plus de place que l'annonce du règne de l'Esprit. Plusieurs autres traits caractérisent un joachimisme populaire propre au dix-neuvième siècle : tout un mythe politique où figurent Marie-Antoinette, Louis XVII (Neundorf), Louis XVIII, Louis-Philippe...[2] ; le rêve d'un règne social du Christ qui serait un triomphe de l'Église romaine[3] ; l'idéal d'une existence d'où, après le passage par une phase d'épreuves, le mystère de la croix serait éliminé ; la vision du dernier jour « où les esprits chassés du ciel et qui auront su profiter de la rédemption, reprendront les trônes qu'ils avaient perdus »[4]. Mais la dernière partie du *Livre d'Or* (signée P.M.) revient sur l'âge de l'Esprit pour en justifier l'annonce ; l'auteur y explique pourquoi cette « expansion de lumière », dix-huit siècles après la révélation de Jésus-Christ, ne doit pas étonner. Il invoque aussi l'autorité « d'illustres génies », tel le comte Joseph de Maistre, qui l'ont « saluée, sans offenser l'Église, du nom de troisième révélation » ; il signale enfin « un ancien auteur », dont il semble ignorer, comme d'autres alors, l'identité précise, mais qui ne peut être que notre Joachim, « qui avait annoncé que la première époque du monde avait été le règne du Père ; la deuxième, depuis l'incarnation, celui du Fils, et que la troisième serait le règne du Saint-Esprit » : or ce n'était pas un « rationaliste », « il avait trouvé

1. Op. cit., pp. 29-204, passim (extraits résumés).

2. « Le Grand-Monarque, petit-fils de saint Louis, sera le régénérateur de mon Église chrétienne, première figure du Saint-Esprit, charité ardente, comme autrefois Cyrus etc. etc. » Le fils de Louis XVI apparaît à Vintras au Hâvre en 1840... Pp. 100, 170, 234, 301 ; cf. pp. 15-22 etc.

3. « Ne croyez pas que cet avenir... doive rien changer à cette Église de Jésus-Christ... Ce n'est pas une autre religion, mais le triomphe de cette Religion Apostolique, Catholique et Romaine » (Charvoz.) Cf. supra et *Livre d'Or*, préface, p. VI : « ... C'est une rénovation sociale et religieuse (qui commence) ; (elle) permettra à la vérité et à la justice de luire enfin sur le monde et d'offrir à la terre une image de la société du ciel, où le règne attendu de Jésus-Christ etc. »

4. *Livre d'Or*, pp. 55, 371, etc.

cette distinction dans les Saints Pères »[1]. Dans son « Rapport aux premiers Pasteurs de l'Église » (1842), apologie des prophéties de Vintras, Charvoz avait répondu aux sceptiques que « le chrétien ne borne pas la puissance de Dieu, il l'adore ; il ne lui dispute pas le choix de ses instruments ». Après avoir cité quelques pages du prophète, il concluait : « S'il existe quelque part dans les auteurs ecclésiastiques ou dans les Pères des pages qui (les) égalent, je serais heureux de les connaître ; mais il n'en existe pas.[2] » Et quoi de plus beau que « cette dévotion (au Sacré-Cœur) de nos derniers temps, qui promet un si grand développement d'amour divin » ? « N'est-ce point là un signe non équivoque de ce règne du Saint-Esprit qui doit régner lorsque le Cœur Sacré, foyer d'amour, répandra l'incendie qui le consume sur le monde entier[3] ? »

Eliphas Lévi n'avait que mépris pour les élucubrations d'Eugène Vintras, à qui cependant il reconnaissait un don de « medium » et « une puissance fluidique bien singulière »[4]. L'abbé Joseph-Antoine Boullan (1824-1893), au contraire, se réclame, quoique indûment, de lui. Boullan, prêtre interdit et détraqué, ne nous intéresse pas ici par ses aventures, ni par ses divagations ésotériques sur la « substitution », ni par son « sacrifice de gloire de Melchisédeck » inventé pour « pourfendre le satanisme ». Mais il est, à la suite de Constant et de Vintras, un témoin de cette attente d'un nouvel âge dans laquelle se transposait une impatience d'échapper aux disciplines intellectuelles et morales de l'Église. Il exprime cette attente au cours des années 1890 et 1891, dans une série de lettres à Huysmans :

> ... Le vieux monde fait eau et sombre... Il n'est plus à radouber..., il faut le refaire à neuf. – Depuis 1876, je suis voué à la cause... du règne du Paraclet... J'attends la Régénération dans l'Église par l'effusion du Saint-Esprit... – L'humanité va sortir du chaos des brouillards et des brouillons. Nous allons voir l'avènement du Christ glorieux, qui nous enverra l'Esprit-Saint, et la

1. *Livre d'Or*, p. 371. Cf. pp. 361-422 : « Solution des principales questions dogmatiques soulevées dans les communications de l'archange », etc.

2. *Rapport publié dans Les Prisons d'un Prophète actuel poursuivi par tous les pouvoirs*, Caen, 1844 ; pp. 80 et 208.

3. Op. cit., pp. 264-265, « Protestation des disciples de Vintras ». En 1855 paraîtra encore, à Londres, *Le Glaive sur Rome et ses complices*, et en 1857 *L'Évangile éternel*, « démontrant la création du ciel, la préexistence de l'homme, l'origine et la raison de tous les cultes ; révélé à Pierre-Michel dans la nouvelle missive d'Elie ».

4. *Cours de philosophie occulte*, t. 1, pp. 82-83 ; cf. *La clef des grands mystères*, pp. 119-128. Et CHACORNAC, op. cit., pp. 198-199.

grande et nouvelle ère du Règne du Paraclet va nous donner les nouveaux cieux et la nouvelle terre, prédites par Isaïe, Ezéchiel, et promises par saint Jean et par saint Pierre. – Voilà la saison du règne du divin Paraclet, il vient par son action vivificatrice se substituer aux mandataires qui n'ont pas fait leur devoir... – Le règne du Paraclet est aussi certain que le soleil éclairera la terre, dans l'avenir. – Oh ! oui, la doctrine de la régénération, au règne du divin Paraclet, bondit par-dessus la doctrine catholique ; mais Isaïe et saint Paul l'ont prédite, et elle sera[1].

Dans *Là-Bas*, qui paraît en 1891, Huysmans fait écho à cette doctrine par ses personnages de Carhaix et de Gévingey, grands admirateurs du Dr Johannès ; lui-même, sous le nom de Durtal, ne manquera pas d'exprimer quelques réticences. « Le Sacrifice de Gloire, dit Gévingey, c'est en quelque sorte la Messe future, l'Office glorieux que connaîtra sur la terre le Règne du divin Paraclet. (Il) est offert à Dieu par l'homme régénéré, rédimé par l'effusion de l'Esprit-Saint, de l'Amour », etc. « Je veux bien, moi, fit en souriant Durtal, mais cette théorie..., c'est, si je ne me trompe, la très ancienne hérésie de Montanus qu'a formellement condamnée l'Église. » Alors Gévingey d'expliquer :

> Il y a trois règnes... Celui de l'Ancien Testament, du Père, le règne de la crainte. Celui du Nouveau Testament, du Fils, le règne de l'expiation. Celui de l'Évangile Johannite, du Saint-Esprit, qui sera le règne du rachat et de l'amour. C'est le passé, le présent et l'avenir ; c'est l'hiver, le printemps et l'été ; l'un, dit Joachim de Flore, a donné l'herbe, l'autre les épis, le troisième donnera le froment. Deux des Personnes de la Sainte Trinité se sont montrées, la troisième doit logiquement paraître... L'hérésie existerait surtout et alors elle deviendrait tout à fait démente et absurde, si l'on admettait, comme le font quelques Paraclétistes, une incarnation authentique et charnelle...

Carhaix explique à son tour que pour transformer les êtres et les régénérer, l'Esprit-Saint leur sera « immanent », ce qui n'exige pas qu'il s'incarne. Le Dr Johannès est bien loin de telles folies. Et Gévingey, poursuivant l'exposé de sa doctrine, dit qu'elle est celle « du prophète

1. 9 et 16 avril, 11 et 17 mai, 18 août, 25 septembre 1890. Dans Maurice M. BELVAL, *Des ténèbres à la lumière, Étapes de la pensée mystique de J.-K. Huysmans*. Maisonneuve et Larose, 1968, pp. 83, 85-87, 91. A propos d'un Sulpicien qui n'admettait pas ce Règne du Paraclet, Boullan écrit à Huysmans le 2 avril 1890 : « Ah ! pauvre Saint-Sulpice, où es-tu ? Et c'est cette ignorance qui éclaire le clergé de France ! »

Vintras, cet extraordinaire illettré », mais « amplifiée »... Mais Durtal ne se rend toujours pas :

> — Voyons, voyons, je m'y perds, moi. D'une part vous annoncez l'arrivée du Saint-Esprit, de l'autre l'avènement glorieux du Christ. Ces deux règnes se confondent-ils ou doivent-ils se succéder ?
> — Il convient de distinguer, répondit Gévingey... Il faut d'abord qu'une Société soit recréée, embrasée par la troisième Hypostase, par l'Amour, pour que Jésus descende, ainsi qu'il l'a promis, des nuées...
> — Et le Pape, qu'en faites-vous dans tout cela ?
> — Ah ! c'est là un des points les plus curieux de la doctrine Johannite. Les temps, depuis la première apparition du Messie, se divisent... en deux périodes, la période du Sauveur victimal et expirant, celle où nous sommes, et l'autre, celle que nous attendons, la période du Christ lavé de ses crachats, flamboyant dans la suradorable splendeur de sa Personne. Eh bien ! il y a un Pape différent pour chacune de ces ères ; les Livres saints annoncent... ces deux Souverains Pontificats. C'est un axiome de la théologie que l'esprit de Pierre vit en ses successeurs. Il y vivra, plus ou moins effacé, jusqu'à l'expansion souhaitée du Saint-Esprit. Alors Jean qui a été mis en réserve, dit l'Évangile, commencera son Ministère d'amour, vivra dans l'âme des nouveaux Papes.
> — Je ne comprends pas bien l'utilité d'un Pape, alors que Jésus sera visible, fit des Hermies.
> — Il n'a, en effet, de raison d'être et il ne peut exister que pendant l'époque réservée aux effluences du divin Paraclet. Le jour où, dans le tourbillon des glorieux météores, Jésus paraît, le Pontificat de Rome cesse.
> — Sans approfondir ces questions sur lesquelles on pourrait discuter pendant des ans, j'admire, s'écria Durtal, la placidité de cette utopie qui s'imagine que l'homme est perfectible !...[1].

Peu satisfait de ces réserves, Boullan remercia cependant Huysmans d'un livre qui était « une bonne action », mais en insistant pour en obtenir bientôt un autre, un « livre blanc », qui « ferait mieux valoir les bienfaits de la régénération de l'Esprit-Saint » ; on y verrait briller « la Doctrine qui est à coup sûr l'Arche du Salut pour l'avenir de l'Humanité » ; « autant *Là-bas* remue ce qui doit périr, et disparaître, autant votre Livre de l'avenir doit dévoiler les secrets de l'Esprit-

1. *Là-bas*. Tresse et Stock, 1891. pp. 283 et 394-405.

Saint »[1]. Tous le souhaitent, lui disait-il encore, et pour l'encourager il lui envoyait une « croix blanche, celle du Règne du divin Paraclet, dont l'ère est ouverte, et qui s'ouvrira pour tous le 25 décembre 1892 »[2]. En réalité, Huysmans n'avait aucun goût pour ces divagations paraclétistes. La seule chose qui l'avait séduit, c'était l'idée de « réparation », de « substitution mystique », de « réversibilité » des mérites, idée devenue courante dans la littérature catholique sous l'influence de Joseph de Maistre ; l'expression qu'en donnait Boullan lui paraissait d'ailleurs déconcertante, voire « ambiguë », — mais il n'en comprendra la vraie nature qu'après la mort de son correspondant[3]. Son livre « blanc », « Là-haut », que celui-ci avait attendu, devenu *En Route* (1895), demeurera indulgent pour le prêtre dévoyé qui avait contribué à sa conversion, mais ne contiendra pas la moindre trace de joachimisme ; il y est question en une page de la Trinité, pour dire simplement qu'elle est « effrayante » et que la troisième Personne est, « par excellence, l'Incogniscible » ; elle s'est seulement montrée « sous les espèces d'une colombe et de langues de feu, et ces deux aspects si différents n'aident point à nous suggérer l'idée de la nouvelle apparence qu'elle pourrait prendre[4] ! » Bien plus, dans *La Bièvre et Saint-Séverin* (1898), Huysmans se souviendra d'un vœu que Boullan lui avait adressé, mais pour y répondre à rebours. « Peut-être, avait écrit Boullan, vous sera-t-il possible de dire un mot de la Lampe qui a brûlé à Saint-Séverin pour la venue du Règne du Paraclet[5]. » Cette Lampe avait été placée devant un tableau de la Vierge amené de Pologne par le fameux Towianski. Or voici ce qu'en écrit Huysmans : « Tandis que cet illuminé était associé aux entreprises sataniques de Vintras, ... il faisait, lui et ses adeptes, brûler une lampe à Saint-Séverin, pour la venue du Paraclet. Cette coutume se continua durant plusieurs années, mais un jour la vérité se sut et le curé épousseta cette petite hérésie qui s'était introduite à la cantonade dans son église[6]. »

1. Lettres des 3 et 5 mars 1891, 14 janvier 1892, etc. ; déjà le 2 septembre 1890. Cf. BELVAL, op. cit., pp. 86-87, 95-97, 105.

2. 15 février 1891. Et le 28 mars : « Le Jeudi saint, j'étais là assis en méditation, pour recevoir l'illumination d'En Haut... Je vis votre *Livre Blanc*... Je vis ce qu'il devait dévoiler ; ces arcanes profonds, qui sont la Loi de l'avenir.. » BELVAL, pp. 90 et 96.

3. Voir *En Route*, Tresse et Stock, 1985, pp. 59-62, 124-125, 131, 176, 440. Cf. BELVAL, op. cit., pp. 106, 141, 199, 250. BRUNO de JÉSUS-MARIE, *La confession de Boullan*, dans *Études carmélitaines*, 1948, « Satan », pp. 420-426.

4. *En Route*, pp. 99-100.

5. Lettre du 9 février 1891. BELVAL, p. 95.

6. *La Bièvre et Saint-Séverin*, pp. 204-205. Cf. BELVAL, p. 92 ; Pierre GEYRAUD, *Sectes et rites*, 1954, p. 136. Sur Towianski : supra.

Chez Boullan, comme chez Eliphas Lévi et chez les Vintrasiens, se trouvent certaines caractéristiques du joachimisme vulgaire propre au dix-neuvième siècle. C'est d'abord l'attente d'un règne terrestre du Christ, qui se confond avec celui du Saint-Esprit, ou même dont le règne du Saint-Esprit sera plutôt l'annonciateur[1]. C'est encore l'attente d'un Christ « en gloire » succédant au Christ « en victimalité », ou du règne de « l'amour » succédant au règne de « l'explication » : alors se réaliseront pour l'humanité des « expériences glorieuses » ; alors se manifestera, dit Boullan, « l'Au-delà du Bien, le glorieux, en un mot, au sein de l'Humanité »[2]. On aspire moins à « l'intelligence » qu'à l'amour et à la liberté – ou à la liberté de l'amour – et le Christ et l'Esprit tendent à se confondre avec l'humanité. Ce joachimisme exprime ainsi les utopies morales et sociales du siècle et leur athéisme, affiché ou latent.

Une autre caractéristique est la place tenue par le principe « marial ». Boullan avait traduit un abrégé de la *Cité mystique* de Marie d'Agréda. Dans l'avant-propos, il citait un texte de Grignion de Montfort, qui allait à son dessein[3]. Il fut un dévot enthousiaste des « événements de la Salette », pour lesquels il fit une ardente propagande dans le *Rosier de Marie*, et encore en 1891, gémissant sur les maux de l'Église, il écrivait : « Où est le remède ? Dans Marie... Allons à la Salette »[4]. Textes qui seraient inoffensifs, s'ils n'étaient mêlés au paraclétisme boullanien, qui leur donne un sens suspect. Et en effet, quelques fidèles de Boullan, originaires de Moravie et de la Pologne autrichienne, y transportèrent les vues de leur maître, et c'est là que, vers 1894, commencèrent les vaticinations de Marie-Françoise Kozlowska, religieuse franciscaine, dite plus tard la Matouchka (la « maman »), qui sont à l'origine du mouvement « mariavite » (de *Mariae vita*) condamné par Pie X en 1903. Grâce à un « patriarche » sacré en 1909 par l'épiscopat vieux-catholique de Hollande, ce mouvement devint l'Église mariavite, qui aurait compté jusqu'à six cent mille

1. Lettre du 16 avril 1890 ; BELVAL, p. 83. Cf. HUYSMANS, *Là-Bas*, p. 407 (voir supra).

2. Textes dans BELVAL, pp. 79, 81, 98 et dans Joanny BRICAUD, *L'abbé Boullan*, Chacornac, 1927, p. 46.

3. « Il viendra, et bientôt, cet heureux temps et ce siècle de Marie, où les âmes, se perdant elles-mêmes dans l'abîme de l'intérieur de la femme du ciel, deviendront des copies vivantes de Marie pour aimer et glorifier Jésus-Christ ! » Dans : « *Traduction de la Vie divine de la Très Sainte Vierge Marie*, ou *Abrégé de la Cité mystique d'après Marie de Jésus d'Agréda*, par le P. Bonaventure Amadeo de CAESARE ; avant-propos de la 2e édition, pp. XVI-XVII, Lecoffre. Dans *En Route*, pp. 135-136, Huysmans est sévère pour *la Cité mystique*.

4. Cf. BELVAL, p. 103, Albert GARREAU, *J. K. Huysmans* ; Casterman, 1947, p. 23-24.

fidèles environ ; les excès de la « polygamie spirituelle » qui était au centre de sa doctrine la firent excommunier en 1924 par le Congrès vieux-catholique international de Berne[1].

Précisons pour finir que Boullan, dans les explications publiques de sa doctrine, se recommandait, en même temps que de Vintras, de « l'admirable Joachim de Flore »[2].

1. Cf. Frank DUQUESNE, cité par Bruno de J. M., loc. cit., pp. 425-426.

2. Cf. J. BRIÇAUD, op. cit., pp. 45-46. – Nous avions prévu ensuite un chapitre sur Léon Bloy. Mais le sujet a été si souvent et si amplement traité, jusqu'en ces dernières années, que nous y avons renoncé.

CHAPITRE DIX-SEPTIÈME

LES MÉTAMORPHOSES DU TROISIÈME ÂGE

I

Au temps des jeunes hégéliens

Moins que jamais dans ce chapitre et dans les deux suivants il ne sera question d'étudier pour eux-mêmes les auteurs que notre enquête à travers les siècles doit nous amener à citer, ni de proportionner ce que nous aurons à en dire à leur importance réelle. Nous ne voulons pas davantage insinuer que la mise en relief d'une origine doive apporter un élément majeur pour l'explication d'une pensée. Les origines sont toujours complexes, et jamais elles ne suffisent à rendre compte de la nouveauté qui surgit. Il n'est pourtant pas sans intérêt de suivre, à travers les textes, la trace d'une influence qui, même lorsque la source en est tombée dans l'oubli, se perpétue par divers canaux de siècle en siècle.

Dans une étude sur *le Phénomène socialiste*, un écrivain russe contemporain, Igor Chafarévitch, disait récemment que « les idées socialistes » de notre monde occidental sont nées « sous l'influence de Joachim de Flore ». C'est à Joachim que serait dû leur développement sur la base d'une « conception universaliste de l'histoire ». Au lieu que la réalisation de l'idéal socialiste soit liée « à la décision d'un sage gouvernement, comme chez Platon », elle est en effet conçue « comme le résultat d'un processus déterminé englobant toute l'histoire indépendamment de la volonté des individus ». Pourvu qu'on ne la prenne pas sous une forme exclusive, cette observation nous paraît justifiée. C'est ce que nous avons constaté déjà, et même en dehors de la lignée proprement socialiste, avant tout dans le cas de Lessing. Mais Joachim de

Flore ne peut passer pour inspirateur direct, étant donné que son Dieu, comme celui de ses disciples dénommés fort approximativement par Chafarévitch « les mystiques du moyen âge », se trouve remplacé par « le Progrès et la raison humaine ». L'Histoire (il faut désormais l'honorer d'une majuscule) est alors « un processus d'évolution immanente et régulière »[1]. – Toutefois, le schéma joachimite des trois étapes continue d'exercer jusqu'à nos jours une sorte de fascination.

Commençons par trois anciens, que l'aile de Hegel n'a point encore touchés.

Voici d'abord un outsider, le baron belge Colins de Ham (1782-1859). Après une première carrière féconde en aventures, il se découvre une vocation de théoricien-prophète. Vers la cinquantaine, il entreprend d'élaborer, dans une longue série d'ouvrages dont le dernier sera posthume (*De la Justice dans la Science, hors de l'Église et de la Révolution*), un vaste système économico-social. Il est athée, mais il croit à l'immortalité des âmes. Dédaigneux de toutes les « utopies » de son temps, il dépend néanmoins des saint-simoniens. C'est à leur suite, à la suite aussi d'Auguste Comte, et en respectant la modification dès longtemps introduite par les penseurs d'origine protestante, qu'il distingue dans l'histoire de l'humanité trois grandes périodes, trois âges, marqués successivement par les règnes de la foi, du scepticisme et de la science. Le premier, « âge théologique », s'est prolongé jusqu'au seizième siècle ; ignorant encore ses droits, l'homme était courbé sous la loi du plus fort. La Réforme religieuse et les progrès de la technique ont inauguré l'âge « critique » ; sous le signe du capitalisme et de l'individualisme, par la critique des institutions traditionnelles, une première émancipation s'est produite, qui préparait le troisième âge. Dans celui-ci, « âge rationnel », doit enfin s'établir la souveraineté de « l'éternelle Justice » et de « l'éternelle Raison » ; mais elle ne s'épanouira pleinement qu'au terme d'une lutte, encore inachevée, « contre l'ignorance et le despotisme ». Ce sera l'avènement du seul véritable socialisme, dont il pressent l'approche et dont il décrit tous les aspects. Colins de Ham, installé dans son fauteuil, ne cherche pas à le susciter par une action politique, mais il a de plus en plus conscience d'en être le messie. Il trouve en effet des disciples, aussi peu réalisateurs que lui-même, mais à la ferveur communicative, qui resteront groupés autour d'une petite revue, *Philosophie de l'avenir* ou *Revue du socialisme rationnel de l'avenir*, jusqu'à la catastrophe de 1914[2].

1. Le *phénomène socialiste*, traduit du russe par Jacques Michaut. Seuil, 1977, pp. 95 et 149.

2. Jean-Christophe Petitfils, *Les socialismes utopiques*, PUF, 1977, pp. 155-160. Cf. Ivo Rens, *Introduction au socialisme rationnel de Colins*, Neuchâtel, 1968. Jacques Droz, dans *Hist. générale du socialisme*, PUF, t. 1, 1972, pp. 535-539.

Le cas de l'industriel anglais Robert Owen (1771-1859), plus connu, est tout autre. Owen est aussi entreprenant qu'enthousiaste et généreux. Ce patron philanthrope se veut réalisateur. Sa longue vie est une suite d'efforts, de plus en plus ambitieux, en vue d'une réorganisation sociale qui doit régénérer l'humanité. Après avoir tenté, non toujours sans succès, de porter remède à la situation misérable des ouvriers et spécialement des enfants causée par la révolution industrielle, il avait conçu un vaste système socialiste, avec l'espoir que ses contemporains en seraient séduits au point de l'appliquer sans plus attendre. Il avait dû se résigner à en faire l'essai sur un modèle réduit en Amérique, cette terre d'élection pour les tentatives d'utopie réalisée. Sous le nom de « New Harmony », il y avait fondé une petite cité, « communauté d'égalité parfaite », qui fut un parfait échec. Mais rien n'avait pu le décourager. En 1839 encore, après d'infructueux essais de syndicalisme, il avait mis sur pied, grâce aux fonds réunis par ses disciples, une nouvelle « Société pour la Communauté universelle des Adeptes de la Religion rationnelle », qui compta de nombreux adhérents, et tenté encore aux États-Unis une expérience nouvelle, aussi ruineuse que les précédentes. C'est alors, presque sur la fin de sa vie, qu'une dernière phase de son activité devait donner à Robert Owen le droit de figurer dans notre galerie. Mêlant spiritisme, millénarisme et messianisme, il se fait, dans sa « Gazette millénaire », l'annonciateur d'une « Jérusalem nouvelle ». Cette Cité, qui doit s'étendre sur toute la surface de la terre, sera fondée sur un Évangile nouveau, supposant celui du Christ, mais aussi le dépassant : Évangile de la science et de la raison, seul capable de vaincre définitivement la misère et le mal. Il sera d'abord vécu, puis propagé par une « Société des religionnistes rationnels », réplique moderne de l'Ordre des parfaits contemplatifs qu'avait entrevu Joachim de Flore. Cette Société sera l'âme de la nouvelle Jérusalem, et c'est Owen lui-même, « nouveau Messie », « Père social », qui en jette les bases[1].

Colins de Ham, et même Owen, sont en marge du grand courant de pensée dans lequel va s'insérer Karl Marx pour le renforcer, le transformer et pour ainsi dire l'accaparer. Les trois auteurs qui suivent, au contraire, lui appartiennent à des titres divers, et Marx lui-même devra quelque chose à chacun d'eux. Or tous les trois nous présentent aussi des aspects joachimites, ou plutôt, comme toujours, en grande partie pseudo-joachimites, hérités du quinzième et du seizième siècles.

Le saxon Wilhelm Weitling (1808-1871), ouvrier tailleur, dirige la « Ligue des Justes », qu'il a découverte à Paris en 1837, et qui de-

1. PETITFILS, op. cit., pp. 80-99. François BEDARIDA, dans *Hist. générale du socialisme*, PUF, t. 1, 1972, pp. 272-286. Il se laisse donner par ses fidèles le titre de « Père social de la Société des Religionistes rationnels ».

viendra dix ans après, à la suite de nombreux avatars, la célèbre « Ligue internationale des Communistes »[1]. Il a préparé avec Blanqui l'insurrection parisienne de mai 1839 et il a conversé avec Buonarotti à Genève. C'est à la fois un évangélique et un violent. Il ne s'embarrasse ni de dogme, ni de spéculation, ni de haute critique. Plus que de théoriciens modernes tels que Fourier ou Cabet, plus que de Lamennais, dont il a traduit le *Livre du Peuple* et dont il imite le genre dans son *Évangile des pauvres pécheurs* (1843), il s'inspire des Taborites, de Karlstadt, de Thomas Münzer et de Jean de Leyde, auxquels il se réfère expressément. Il ne reculerait devant aucune sorte de révolution ni de dictature pour installer sur la terre un communisme qui réaliserait l'Age d'or. « Avec l'accent placé sur la tradition catastrophique », il en arrivait à préconiser « une Révélation seconde, un deuxième Évangile, ... l'avènement d'un « nouveau Messie », plus grand que le premier », que ce Jésus qui n'avait été qu'un pâle essénien[2], incapable de tirer réellement l'humanité de sa misère. Comme déjà Pythagore, Jésus tendait à une « réforme universelle des rapports sociaux », mais la fraternité qu'il prêchait ne pouvait être vraiment comprise par « les masses populaires », qui « végétaient dans l'ignorance la plus superstitieuse », elle était repoussée d'instinct par l'orgueil des « classes riches », et lui-même ne pouvait encore percevoir tout ce qu'impliquait sa « jeune doctrine » ; il l'entourait d'une « écorce bizarre », la prêchait à travers des « expressions mystiques », et réclamait pour elle une adhésion de « foi ». Il ne comprenait pas que « le royaume des cieux, c'est la république communautaire de l'avenir ». Aujourd'hui, les temps sont mûrs. Après « l'invention de l'art typographique qui multiplie à l'infini tous les moyens pour s'instruire..., la foi n'est plus bonne que pour instruire les petits enfants et les faibles d'esprit ». L'homme est « achevé », il n'a besoin que de son intelligence pour discerner le but et de sa décision pour bousculer les obstacles[3]. Tel est le nouvel Évangile, dont Weitling pensait bien avoir au moins promulgué les principes dans son ouvrage de 1843 ; et quant au nouveau Messie qu'exigeait ce nouvel Évangile, il se persuadait tou-

---

1. Cf. Auguste CORNU, *Karl Marx et Friedrich Engels*, PUF, t. 2, 1958, pp. 171, 188, 252 ; t. 3, 1961, p. 6-7 et 57-60 ; t. 4, 1970, pp. 146-151 et 309. DROZ, *Hist. gén. du soc.*, PUF, t. 1, pp. 420-427. Sur cette histoire et sur le conflit entre Marx et Weitling : Françoise P. LEVY, *Karl Marx, histoire d'un bourgeois allemand*. Grasset, 1976, pp. 220-247. Ch. ANDLER, introd. au *Manifeste communiste*, 1901.

2. On se rappelle que telle était la thèse de Leroux ; c'était aussi celle de Cabet ; elle était courante à l'époque.

3. *L'Évangile des pauvres pécheurs*. Traduction partielle dans *Qu'est-ce que la Bible d'après la nouvelle philosophie allemande*, par Hermann EWERBECK, auteur de *Qu'est-ce que la religion* et de la traduction allemande du *Voyage en Icarie*. Paris, 1850, pp. 439-481.

jours davantage – comme le baron Colins, comme l'industriel Owen, comme d'autres encore – qu'il devait le reconnaître en lui-même[1].

Expulsé de Suisse où il avait publié son *Évangile*, livré à la police prussienne, puis réfugié à Londres, Weitling devait aller de déboire en déboire. Le jeune Marx avait cependant déclaré ses premières œuvres « génitales » ; il admirait particulièrement ses *Garanties de l'harmonie et de la liberté* (1842) et s'intéressait à son action combative ; mais lorsque Weitling lui écrivit en 1844 pour lui offrir son amitié, il ne répondit pas à ses avances, et en 1846 la rupture était consommée. Marx se moquera de son utopie mystique et s'emploiera à le neutraliser. Il n'en avait pas moins subi son influence. Engels avait écrit en 1844 que Weitling devait être considéré comme « le fondateur du communisme allemand » et dans sa Préface à *La situation de la classe ouvrière en Angleterre* (1845) il désignait en lui « le seul allemand qui ait apporté une véritable contribution dans le domaine de la critique sociale »[2].

Toutefois c'est le rhénan Moses Hess (1812-1875) qui devait agir plus directement sur Engels pour le convertir au communisme. Il fut, d'après Engels lui-même, « le premier à arriver au communisme par la philosophie ». Venu lui aussi à Paris, il y fait le lien entre Weitling, le socialisme français et le groupe des jeunes hégéliens. Il est conquis à la thèse de Feuerbach, adoptée dans le même temps par Bruno Bauer, qui voit dans le communisme, seul véritable héritier de ce qui fut la nouveauté chrétienne, « la loi vitale de l'amour transportée dans le domaine social », – ce qui, avec plus de prétentions dialectiques, est aussi la thèse de Weitling. Hess est impressionné par les *Prolegomena zur Historiosophie* que vient de publier à Berlin en 1838 le polonais Cieszkowski[3]. Ce livre est une critique, d'allure fichtéenne, dirigée contre les conclusions de la philosophie de Hegel, qui en expliquant le passé s'imaginait avoir atteint le but : « constater que l'on peut accéder à la connaissance de l'avenir est chose indispensable si l'on veut donner au développement de l'Histoire un caractère organique[4]. » Certes, les deux hommes sont loin d'être du même esprit. Les *Prole-*

1. MARX à Engels, 22.3.1853, sur un banquet offert à Weitling en Amérique : « ... Puis Weitling se leva et démontra que Jésus-Christ fut le premier communiste et que son successeur n'est autre que le fameux Wilhelm Weitling. » *Corresp.*, trad. Molitor, t. 3, Costes 1931, p. 197.

2. CORNU, op. cit., t. 2, pp. 146-162 ; t. 4, p. 156. Henri DESROCHE, *Socialismes et sociologie religieuse*. Éditions Cujas, 1965, pp. 139 et 287-290. PETITFILS, op. cit., pp. 152-153. *Hist. gén. du soc.*, t. 1, pp. 423-427.

3. Nous avons rencontré Cieszkowski au ch. XV, à propos de Mickiewicz.

4. Cité par CORNU, t. 1, p. 142.

gomena de Cieszkowski seront suivis en 1842 de *Gott und Palingenesia*[1] qui manifesteront mieux son inspiration chrétienne ; l'ouvrage s'ouvre et se termine par un appel à l'Esprit créateur, et ce n'est pas d'un *Geist* impersonnel qu'il s'agit, mais du *Pneuma.* Tout en regrettant que l'auteur n'ait pas tiré parti des ressources que lui offrait le mot polonais *Duch*, Mickiewicz le louera d'avoir « attaqué le centre de la question » en commençant « par le problème de Dieu et de l'immortalité de l'âme » et d'avoir posé aux philosophes de Berlin la question fondamentale : « La conscience de soi est, sans contredit, le suprême degré de la pensée, c'est le foyer de l'astre philosophique, mais l'étoile de la philosophie est-elle l'histoire centrale, est-elle le foyer de la voie lactée ? »[2]. Cieszkowski veut sincèrement contribuer au développement du catholicisme, qui doit guider non seulement les individus mais aussi les nations, dont « chacune a sa personnalité propre et apporte des valeurs spécifiques à cette « plenitudo gentium » qu'annonçait saint Paul, au royaume de Dieu sur terre »[3]. Mais vers 1840 Hess remarque surtout chez lui cette « geistige Tätigkeit » par quoi la grandiose épopée hégélienne de l'Esprit doit être retournée en une philosophie de l'avenir et de l'action toujours en lutte contre un présent qui se fige. C'est ce qu'il expliquera en 1844 dans *la Triade européenne*, qui, publiée anonyme, n'en aura pas moins un grand retentissement. Devenu en 1842 correspondant parisien de la *Gazette rhénane,* il y est chargé des questions sociales (il y publie un manifeste des communistes français), tandis que Marx n'y traite guère encore que de politique, malgré quelques premières incursions dans le domaine économique, faites « avec le plus grand embarras »[4]. C'est principalement par Hess que Marx apprend d'abord à connaître le socialisme français, par lui que Engels y est converti[5]. En 1843 Hess prend part avec Ruge et Marx, non sans difficultés, à la fondation des *Annales franco-allemandes.* En décembre 1844 il publie dans le *Vorwaerts*, sous forme de « questions et réponses », un « Catéchisme

1. En attendant *Les voies de l'Esprit* et le premier volume du Commentaire du *Pater* en 1848.

2. *L'Église officielle et le messianisme*, t. 1, pp. 354-356, 928-433, 437-439, 444-448, 478-479 ; t. 2, pp. 18 et 159. Léon Kolodziej, op. cit., pp. 223, 229, 263, tentera un rapprochement avec la philosophie blondélienne.

3. Jocek Wozniakowski, *Les chrétiens dans la culture polonaise*, dans *Nous chrétiens de Pologne*, Éd. Cana, 1979, pp. 70-71. « De même que la violence des individus a été finalement soumise aux tribunaux, la violence internationale — donc la guerre — sera soumise à un tribunal des nations... »

4. Cf. sa Préface de 1859 à la *Contribution à la critique de l'Économie politique.*

5. Maximilien Rubel, *Karl Marx, essai de biographie intellectuelle.* Rivière, 1957, pp. 64, 90, 111-112.

communiste », qui est une première ébauche du *Manifeste communiste* de 1848. En 1845, son étude sur « l'essence de l'argent » contribue à fixer les idées de Marx. On peut y lire la formule devenue fameuse de « l'exploitation de l'homme par l'homme », qui se trouvait au 1er janvier de la même année dans une Lettre pastorale de l'archevêque de Cambrai[1], lequel ne l'avait d'ailleurs pas inventée, puisque Frédéric Ozanam l'avait fait sienne cinq ans plus tôt, dans une note de son Cours de droit commercial[2] et que dès 1828 elle figurait dans l'exposé de la Doctrine saint-simonienne rédigé par Bazard[3]. Rallié pour un temps aux idées que Marx élaborait avec Engels, il les aidera même pour la rédaction de *l'Idéologie allemande*. Mais déjà leurs voies divergeaient. Celui que ses compagnons appelaient en plaisantant « le rabbin communiste » avait plus que Marx « l'âme d'un visionnaire ». Le « socialisme *vrai* » qu'il voulait propager et que les marxistes traiteront de communisme anarchisant résistait au communisme « scientifique » de Marx. Dans ses dernières années, le « prophète du communisme », revenant à ses origines sans renier ses aspirations sociales, sera devenu, par son livre sur *Rome et Jérusalem* (1862), un « apôtre du sionisme ».

Ce qui nous intéresse en lui, c'est l'auteur d'un ouvrage publié sous l'anonymat en 1837 : *L'histoire sacrée de l'humanité, par un disciple de Spinoza.* L'ouvrage comporte deux parties : la première expose « le passé, comme base de ce qui est à venir » ; la seconde envisage « le futur, comme conséquence de ce qui est arrivé ».

Toute l'histoire sacrée de l'humanité (*die heilige Geschichte der Menschheit*) s'est déroulée, jusqu'au temps présent, en trois phases, que Hess retrace avec plus de rigueur systématique que d'acribie histo-

---

1. Voir supra, ch. XII, 2. En 1845, dans *l'Idéologie allemande*, t. I, 1, Feuerbach, MARX et ENGELS ont une formule analogue : « le travail des hommes sur les hommes » (Éd. sociales, 1968, p. 65) ; dans la traduction Molitor, *Œuvres phil.*, t. 6, Costes, 1937, on lisait : « L'exploitation des hommes par les hommes ».

2. 24e leçon, 1840 : « Il y a exploitation quand le Maître considère l'Ouvrier non comme un associé, comme un auxiliaire, mais comme un instrument, dont il faut tirer le plus de service possible au moindre prix qu'il se pourra. Mais l'exploitation de l'homme par l'homme, c'est l'esclavage... Traite des blancs... » *Œuvres complètes*[4], t. 8, 1872, p. 588 ; cf. 586.

3. « L'objet de notre examen... sera l'exploitation de l'homme par son semblable... » Rééd. Rivière, 1924, p. 243. Cf. Henri CHAMBRE, *Apports ou stimulation de Karl Marx ?* dans Denis MAUGENEST, *La foi chrétienne à l'épreuve du marxisme*, Centurion, 1978, p. 140. Dans sa préface de 1855 à *Lutèce*, HEINE écrira : « Qu'il soit brisé, ce vieux monde, où l'innocence a péri, où l'égoïsme a prospéré, où l'homme a été exploité par l'homme ! » Nouv. éd., Paris, 1866, p. XIII. La formule se trouve aussi chez BAUTAIN, *Philosophie morale,* 1842, t. 2, p. 625, à propos de l'esclavage, et chez BUCHEZ, *Traité de politique et de sc. sociale,* 1866, t. 2, p. 511, à propos du régime des castes, qui pourrait nous menacer de nouveau.

rique. Ces trois phases, ou âges, correspondent aux trois personnes de la Trinité divine : le Père, le Fils et le Saint-Esprit. « La première, avant le Christ, fut l'enfance de l'humanité, l'union inconsciente avec Dieu, lorsque l'harmonie régnait, fondée sur la communauté des biens. Cette harmonie fut brisée après le Christ, et la mauvaise harmonie atteignit son point culminant au moyen âge, qui accéléra le régime de la propriété privée et du droit d'héritage. La troisième période, qui préparait le chemin vers un retour conscient à l'unité sociale originelle, fut inaugurée par Spinoza, l'homme qui indiqua le premier comment accomplir ce retour, et c'est la Révolution française qui marque jusqu'à présent son apogée[1]. »

Ce schéma nous est familier. Mais le contenu que notre auteur y verse n'est pas celui de Joachim de Flore. On y reconnaît d'abord l'idée spinoziste de la divinité, qui est la Vie universelle, telle que l'ont historicisée et dialectisée Hegel et Schelling, complétés et corrigés l'un par l'autre, celui-ci décrivant plutôt la genèse de la Nature et celui-là celle de l'Esprit. Un autre élément s'y mêle, qui va prendre toute son ampleur dans la seconde partie. Fidèle à sa manière aux enseignements de Cieszkowski, plus vraiment fidèle à ceux qu'il a reçus des communistes français[2], Moses Hess expose ce que doit être, ce que sera la future société communiste. Elle sera le règne non seulement de l'abondance, mais de la liberté et de l'égalité. L'égoïsme en sera banni : dès maintenant, « cet égoïsme, ce reste d'inégalité creuse à lui-même sa propre tombe ; dans peu de temps on le mènera en terre »[3]. Une religion d'amour tiendra unis entre eux tous les membres du corps social, sans qu'il ait désormais besoin d'une Église quelconque distincte de l'État. Ce « royaume de Dieu », ce « paradis terrestre » adviendra dans la paix ; Hess veut du moins l'espérer, et en cela encore il s'accorde avec le pacifique Leroux. Mais il a retenu de la pensée dialectique le rôle indispensable de la négation, c'est-à-dire du conflit, – et d'autre part il se souvient de sa race. Il sait que le peuple élu, figure du prolétariat moderne, dut souffrir les persécutions ; il voit aussi l'abîme grandissant entre les riches et les pauvres, annonciateur de nouvelles violences. C'est pour lui une raison supplémentaire de craindre que l'humanité doive passer par une phase de révolution sanglante avant que ne brille l'aurore de la « Jérusalem nouvelle ». Mais l'heure attendue viendra. Préparée par les progrès conjoints de l'Allemagne et de la

1. Nous citons librement le résumé donné par David McLellan, *Les jeunes hégéliens et Karl Marx*. Payot, 1972, pp. 196-197.

2. On reconnaîtra spécialement l'influence de Pierre Leroux dans son idée du développement de la Vie universelle.

3. Cité par A. Cornu, *K. Marx et Fr. Engels*, t. 1, p. 238.

France, l'universelle patrie des hommes naîtra au cœur de l'Europe, « grand jardin où il n'y aura que des hommes joyeux et laborieux[1]. »

Bruno Bauer (1809-1882) est exégète. Il l'est à la manière d'un disciple de Lessing et de Hegel. Dans ses premiers ouvrages, une *Critique de l'histoire de la Révélation* (1838), que suivent bientôt une *Critique de l'histoire évangélique de saint Jean* (1840) et une *Critique de l'histoire évangélique des Synoptiques* (1841), il considère les livres de l'Ancien et du Nouveau Testament comme les témoins du progrès religieux de l'humanité dans ses deux premières phases. Ce progrès, qui consiste essentiellement dans l'émergence de la personnalité humaine, n'a pu se réaliser qu'au prix d'une âpre lutte contre le paganisme antique. Mais il n'était pas définitif. L'abstraction spiritualiste qui en est résultée devint à son tour un obstacle au développement de la Conscience universelle. Libéré de la Nature, l'homme se trouve asservi à une autre puissance, celle d'un Dieu qui lui est extérieur. D'où la nécessité d'entreprendre une lutte nouvelle. Celle-ci se concrétise, au temps de Bauer et à ses yeux, dans la lutte que mène la gauche hégélienne, fascinée par Strauss et par Feuerbach, contre un hégélianisme de droite qui prétend arrêter le mouvement de l'histoire et barre la route au progrès[2]. Il faut qu'advienne pleinement l'âge de l'*homo homini Deus*. Bauer reprend la distinction formulée par Henri Heine entre un Hegel exotérique, statique, conservateur, et un Hegel ésotérique, révolutionnaire, seul véritable. Sous la mystification de sa fameuse *Trompette du jugement dernier* (1841), pamphlet pour lequel il se fait aider par son ami Marx[3], il livre un rude combat. Il s'agit pour lui d'assurer la victoire de la vraie religion dans son troisième et dernier état. Le mythe chrétien représentait un progrès provisoire, il fallait passer par lui : en effet, comme l'a dit Hegel, « le mythe s'inscrit dans la pédagogie de l'espèce humaine » ; mais « une fois que le concept a atteint sa maturité, il n'a plus que faire du mythe[4] ». C'était déjà là « le grand principe du grand Lessing », qui se fondait sur le quatrième évangile pour montrer « l'histoire évangélique dans son per-

---

1. Ibid.

2. « Il faut excuser, dira MICKIEWICZ en 1843, la rage de ce parti (de Feuerbach, Strauss, Bauer...) en considérant la profonde hypocrisie du côté droit et l'incapacité, l'insuffisance, l'inertie des centres. » *L'Église officielle*, t. 1, p. 430. Sans doute, en parlant d'hypocrisie, pensait-il aussi bien à la politique réactionnaire des gouvernants qu'au groupe des hégéliens de droite.

3. Voir supra, ch. IX, 1, in fine. En 1842, Bauer compléta l'ouvrage par *La doctrine religieuse et esthétique de Hegel jugée du point de vue de la foi.*

4. HEGEL, *Hist. de la philosophie*, cité dans *la Trompette*, tr. fr., p. 150. HERZEN dira en 1857 : « Feuerbach a vendu la mèche, il a dévoilé le sens de l'hégélianisme. » Cf. Alex. KOYRÉ, *Études sur l'hist. de la pensée philos. en Russie.* Vrin, 1950, p. 215.

fectionnement »[1]. Achèvement du judaïsme, le christianisme en était plus qu'un simple prolongement, il en était la « négation ». Maintenant c'est au tour du christianisme à être nié en étant dépassé, et c'est ce que Bauer veut achever de démontrer deux ans après dans son violent pamphlet, *Le Christianisme démasqué*[2]. « De la « religion naturelle » aux félicités de la « Conscience universelle », et en passant par l'« abstraction spiritualiste », comment ne pas reconnaître, sous la plume de Bauer, la trinité « Règne du Père », « Règne du Fils », « Règne de l'Esprit », qui remonte aux joachimites... ?[3] »

Cependant, la victoire de l'ardente gauche hégélienne n'apportera encore qu'en théorie la libération définitive. Pas plus que Joachim de Flore et pas plus que Moses Hess, Bruno Bauer ne s'imagine que l'entrée du monde en son troisième état se fera sans heurts d'une autre envergure. Joachim prédisait l'entrée en scène du premier Antichrist ; il voyait ses troupes se précipitant sur l'Église des quatre points cardinaux et trouvant au-dedans des complices. La « catastrophe » que Bauer annonce sera d'un autre ordre : mais non moins « terrible, gigantesque » ; « plus grande et plus monstrueuse que celle qui accompagna l'entrée du christianisme sur la scène du monde ». Ce sera « la lutte finale ». L'humanité sera aux prises – elle l'est déjà dans son élite – avec « son dernier ennemi : le non-humain, l'acte inhumain que l'homme a commis contre lui-même » sans le savoir en aliénant sa propre essence, « le péché qu'il est le plus difficile d'admettre »[4], le mal qu'il est le plus dur d'extirper.

Bauer et Marx s'étaient liés d'amitié à Berlin, dès 1836. C'est principalement sous l'influx de son aîné que le jeune Marx s'était adonné aux études religieuses. Ils avaient formé le projet d'éditer ensemble une revue qui aurait eu pour titre : *Archives de l'athéisme*. « Presque toutes les métaphores dans les premières pages brillantes où Marx résume sa pensée sur la religion sont empruntées à Bauer » ; c'est le cas pour la plus célèbre de toutes, celle de l'opium[5]. Mais la brouille survient entre eux. Bauer s'efforce en vain d'atténuer la sévérité de Marx envers leurs compagnons qui s'en tiennent avec Feuerbach au communisme de l'amour ; Marx incrimine les tendances bourgeoises de Bauer, qui se

---

1. *Critique... des Synoptiques* ; trad. Ewerbeck, op. cit., p. 625.

2. Dès sa parution en 1843, l'ouvrage fut mis au pilon par les autorités cantonales de Zurich. W. Marr, « futur doyen de l'antisémitisme raciste allemand », réussit à en publier des extraits. Cf. POLIAKOV, *Le développement...*, 1968, pp. 431-432.

3. POLIAKOV, op. cit., pp. 429-430. L'auteur ajoute : « ... et aux spirituels franciscains », ce qui nous paraît trop généraliser.

4. *Die Gute der Freiheit*, 1842, p. 185. Cf. David MCLELLAN, op. cit., p. 99.

5. MCLELLAN, pp. 104-106 et 113-116.

contente d'une lutte toute spirituelle ; c'est contre lui qu'il dirige toute la partie de la *Sainte Famille* concernant « la Question juive » ; il lui reproche de transformer l'antique croyance en Jéhovah en une « croyance en l'État prussien ». De fait, la « catastrophe » que Bauer annonce et qu'il cherche à précipiter ne doit être qu'un retournement de la conscience humaine : phénomène tout intérieur, qu'une avant-garde active de l'Esprit doit suffire à procurer : le reste suivra naturellement. Marx, plus réaliste ou se croyant tel, pense qu'on ne secouera pas le joug du Dieu chrétien à si bon compte. – Mais Bauer, après avoir publié en 1843 *Le Christianisme démasqué*, continuera longtemps encore, laissant de côté toute action révolutionnaire, à redire que le christianisme, qui avait heureusement vaincu le messianisme juif et la philosophie du monde gréco-romain, n'est plus désormais qu'un obstacle à l'avènement de l'Homme : la seule tâche essentielle est de l'anéantir par l'arme souveraine de la critique[1]. Ce qui fera dire à Marx : « Bruno continue à représenter la dialectique hégélienne à un degré d'enlisement extrême[2]. »

Deux « excentriques » de moindre importance doivent encore être signalés. L'un est Georg Kuhlmann. « Pieux imposteur », « roublard mystique », disent de lui Marx et Engels, empressés à lui régler son compte en 1846 sur la fin de *L'Idéologie allemande*[3]. A lui seul, le titre de l'ouvrage qu'il publie à Genève en 1845 est révélateur : *Le Nouveau Monde, ou le Royaume de l'Esprit sur la terre.* Dans un style qui par endroits imite maladroitement « le style sacré de la Bible », en pastichant Lamennais, c'est une « grandiloquente caricature » du système alors déclinant de Weitling. Il était destiné à la petite communauté communiste de Lausanne[4]. – Deux ans après, Georg Friedrich Daumer (1800-1875) reprend à sa façon simpliste, absurde et militante l'explication des trois règnes. C'était un ancien élève de Hegel, l'aîné des cinq jeunes hégéliens (Ruge, Feuerbach, Bauer, Marx) que Heine mettait en garde contre « l'autodivinisation des athées ! ». S'il n'est pas charlatan comme l'aurait été Kuhlmann, c'est qu'un ultra-fanatisme le possède. Son idée fixe est d'« abolir le règne du Fils, ou de la théologie » chrétienne « pour instaurer à la place celui de l'Esprit, ou

1. CORNU, *La jeunesse de Karl Marx.* Alcan, 1934, pp. 93-96, etc. Léon POLIAKOV, *Hist. de l'antisémitisme, de Voltaire à Wagner,* Calmann-Lévy, 1978, pp. 21, 79-80, 431-432.

2. A Engels, *Correspondance*, tr. Molitor, Costes, t. 3, p. 57.

3. Tr. fr., Éd. sociales, 1968, pp. 587-597 ; « doctrine tranquillisante », rencontrant du succès « auprès de quelques paisibles bourgeois en bonnet de nuit » (p. 597).

4. DROZ, op. cit., t. 1, p. 427. DESROCHE, *Socialismes et sociologie religieuse.* Éd. Cujas, 1965, pp. 26 et 139-140. CORNU, *Marx et Engels*, t. 3, p. 64.

de la philosophie germanique »[1]. Après avoir exposé *le Culte de Moloch* chez les Hébreux de l'antiquité (1842), il prétend dévoiler les *Secrets de l'Antiquité chrétienne* (1847)[2]. Secrets horribles ! Jusqu'à la venue du Christ, Jéhovah régnait sur les Juifs. Dans les temps qui précédèrent l'exil, ce dieu n'était autre que le cruel Moloch ; au reste, le nom même de Jéhovah, « Je suis », n'exprime-t-il pas le parfait égoïsme qui nie et renie tout, c'est-à-dire le Mal[3] ? Mais alors que les Juifs, sous l'influence de la Perse, avaient fini par épurer leur foi, survint Jésus, fondateur d'une secte secrète, qui sous prétexte de réformer le judaïsme revint aux pratiques des sacrifices humains et du cannibalisme. Par le christianisme « le vieux élément molochiste, sémitique, barbare a prévalu ». Ce « culte bestial, d'où naissent tous les fanatismes et toutes les atrocités », culte du « Principe négatif, destructeur », l'emporta sur le culte du « Principe affirmatif, producteur » qui caractérisait « les religions humaines de l'Inde, de la Grèce et de la Germanie... Il s'attaqua avec une ruse vraiment inouïe à son ennemi généreux, à ce grand et sublime humanisme philosophique des païens, et finit... par gagner son détestable jeu »[4].

L'Église a longtemps accusé les Juifs « de tuer des enfants chrétiens pour en faire un sacrifice agréable à Jéhovah » : la vérité est inverse, ainsi que l'attestent de nombreux faits : « Païens, Saracènes, Israélites, sont tous d'accord d'avoir vu un enfant immolé dans les conciliabules chrétiens... Les voleurs d'enfants, envoyés par les molochistes, se déguisaient probablement en Juifs »[5]. Déjà dans l'Évangile, quand Jésus attire à lui les petits enfants pour les bénir, n'est-ce pas « un acte religieux, par lequel on voue ces enfants à la mort sacrée devant l'autel » ? « Les disciples s'en effraient à la fin, le nombre leur paraît trop grand, Jésus au contraire s'en réjouit[6]. » La dernière cène à laquelle il convia ses disciples les plus intimes fut un repas de cannibales :

> ... Jésus constate que Judas est dangereux, grâce au fait que celui-ci ne participe pas du tout ou ne participe qu'incomplètement à ce repas trop spécial. Pour éprouver les sens et l'esprit de ce faux apôtre, il lui fait goûter un morceau du mets, dont l'autre ne veut pas, et qu'il ne peut avaler qu'avec dégoût et

---

1. POLIAKOV, loc. cit., pp. 421-422.
2. Traduits par Ewerbeck, op. cit., pp. 1 à 173.
3. Loc. cit., pp. 1-5 etc. et p. 36.
4. Pp. 2, 54-57, etc. « Le christianisme était au paganisme humanitaire comme le jésuitisme de nos jours à la civilisation. »
5. Pp. 21-23, 36, 86, 98, 122.
6. Pp. 89-91.

> horreur. Après cette scène, Judas, profondément bouleversé et indigné, s'empresse de dénoncer ce qui est arrivé sous le couvert du silence[1].

Et Jésus n'eut que trop d'imitateurs...[2]. Bref, le christianisme, « défi complet jeté à la nature et à l'univers », représente « tout ce qu'il y a de plus affreux, de plus hostile, de plus déchirant, de plus infâme qu'on puisse imaginer ». – Animé contre l'Homme-Dieu des chrétiens d'une fureur qui s'accroît au cours de violentes polémiques, Daumer veut que l'œuvre de son maître Hegel, telle qu'il la comprend, ait enfin raison de ce règne du Christ, qui est celui de la théologie, pour que s'instaure celui non pas d'un vulgaire athéisme, mais de l'antithéisme « avec toutes ses incalculables conséquences »[3].

Daumer présente son œuvre comme le résultat de « recherches critiques ». « L'antipathie aveugle est loin de (lui) », mais « la critique moderne ne doit point se laisser donner le change » : sur tous les faits l'historien doit « jeter un regard critique... La vérité avant tout et dans tout, rien que la vérité et la vérité entière, voilà notre devise »[4]. Ces déclarations ne sont guère étonnantes : les fanatiques les plus délirants en sont coutumiers. Mais ce qui peut nous étonner, c'est que, en leur temps, « les *Secrets* furent pris au sérieux ». Ils le furent du moins dans le groupe très actif des « hégéliens de gauche », parangons de la « critique ». Feuerbach était l'ami de Daumer ; Ruge proclame son admiration pour lui ; Hermann Ewerbeck, qui dirigea la section parisienne de la « Ligue des Justes », traduisit en français l'ouvrage, précédé du *Culte de Moloch*, et présenta l'auteur comme l'un des sommets de la

---

1. Nous reproduisons ce passage, parce qu'il est sauté dans la traduction d'Ewerbeck. Il est donné par Poliakov, op. cit., p. 422.

2. Pp. 89-91. P. 81 : « Nous sommes convaincus que la religion et le culte de l'antiquité chrétienne ont été de la plus affreuse cruauté. » Exemple de l'ingéniosité de Daumer dans la poursuite de son idée fixe : « La petite chapelle où S. François prit sa première résidence s'appelait la Portiuncula de la T. Sainte Vierge aux Anges ; et portiuncula veut dire un tout petit morceau. Morceau, de quoi ? De chair humaine peut-être. Aux Anges ? - Quels Anges ? Souvenons-nous qu'un enfant immolé d'après le rite molochiste fut regardé comme devenu un ange céleste... Il aimait tant les agneaux, nous réplique-t-on. Oui, mais quels agneaux ? Des agneaux rééels, ou des agneaux humains, c'est-à-dire des enfants à immoler ? » etc. P. 122.

3. P. 100. « L'anti-théisme est l'antithèse la plus exacte, la plus juste contre l'anti-humanisme, c'est-à-dire contre la religion. » – Finalement Daumer voulut en vain s'agréger à la communauté juive de Francfort, puis se réfugia dans l'Église catholique (Poliakov, p. 424).

4. Pp. 57, 71, 89. Il professe aussi qu'« une critique sérieuse ne doit jamais mépriser d'entrer dans la voie des analogies historiques » (p. 15), ce qui lui permet d'enrichir considérablement son tableau de chasse, – d'autant plus que l'Égypte de la Bible doit signifier l'Amérique (pp. 42-43) ; le passage de la mer Rouge est la traversée sur la glace du détroit de Behring, etc.

philosophie allemande. Bien plus, l'année même de la parution des *Secrets*, Karl Marx, qui venait d'exécuter Kuhlmann, présentait publiquement aux Anglais (il était alors à Londres) la substance de la « pensée » de Daumer, heureux d'y découvrir « le dernier coup porté au christianisme » : « Voici que Daumer démontre que les chrétiens ont effectivement égorgé des hommes, mangé de la chair humaine et bu du sang humain... L'édifice du mensonge et du préjugé s'effondre »[1].

Ewerbeck s'était donné pour tâche de « familiariser la jeune France avec la jeune Allemagne », afin que marchent ensemble, contre « l'Ennemi du genre humain », « les philosophies progressistes des deux nations principales de l'Europe, c'est-à-dire du globe ». A cette fin, rien n'était plus urgent que de faire connaître aux Français les auteurs « compris sous la dénomination générale de littérature néohégélienne ».

> En effet, bien que différents entre eux, sous beaucoup de rapports, en points de vue comme en méthode, tous ces écrivains éminents ont passé par la vaillante discipline gymnastique, ou plutôt tactique militaire, du système dialectique de Hegel. Mais... ils ont réussi à s'émanciper des limites de l'hégélianisme proprement dit, ils ont combattu à outrance ce qu'il avait de stationnaire et de rétrograde ; ils ont gardé et triplé ce qu'il avait d'indomptable énergie et de sagacité idéale[2].

Quoiqu'ils en dépendent par leurs attaches hégéliennes, les Bauer et les Daumer peuvent paraître assez loin du joachimisme : le courant se fait chez eux souterrain. Mais leur traducteur, interprète de toute l'école, le ramène à la surface. Pour sa philosophie de l'histoire, il se veut des ancêtres au moyen âge. Il remonte même plus haut que Joachim de Flore, jusqu'à Rupert de Deutz, qu'il interprète à tort, comme d'autres le feront en notre siècle, d'après le schème joachimite :

> Rupert de Deutz chercha la révélation de Dieu plutôt dans les destinées du Genre humain que dans la Nature ; il pénétra donc surtout dans l'Histoire, dont il reconnaît trois périodes bien différentes : la première, celle des païens, la révélation de Dieu le Père ; la deuxième, celle des chrétiens, la révélation de Dieu le Christ ; la troisième, conclut Rupert de Deutz, sera l'avenir, la révélation de Dieu le Saint-Esprit, la plus sublime de toutes...

---

1. POLIAKOV, op. cit., pp. 421-424. Notons, par contraste, que « Marx disait souvent que le Christ de la Bible lui plaisait surtout par son grand amour pour les enfants » : NICOLAÏEVSKI et MAENCHEN-HELFEN, *La vie de Karl Marx*, tr. fr., Gallimard, éd. de 1970, pp. 281-282. Cf. MARX-ENGELS, MEGA, I, 6, 640-641.

2. *Qu'est-ce que la Bible...*, préface, p. VI, et conclusion, p. 626.

Rupert prêche donc déjà « le progrès perpétuel », mais il le prêche encore « dans la carrière de la piété chrétienne ». Il était de son temps. Il n'en est pas moins un précurseur[1].

Henri Heine (1797-1856), qui fut à Paris ami et confident de Marx, semblait voir les choses plutôt en poète satirique et en dilettante qu'en croyant et en lutteur. Il a noté comme beaucoup d'autres la ressemblance entre « le combat pour l'égalité et la fraternité » mené par le peuple français en 1789 et le soulèvement des paysans souabes conduits par Thomas Münzer, « l'un des fils les plus héroïques et les plus malheureux de la patrie allemande », dont il a fait l'apologie contre Luther. Mais il remarquait aussi qu'en 1789 « le peuple n'appuyait plus ses légitimes réclamations sur l'Évangile mais sur la philosophie »[2]. C'est ailleurs qu'il faut chercher dans sa pensée des traces de joachimisme. Dans les pages qu'il a consacrées à Ludwig Börne, juif comme lui et comme lui zélé partisan de la « jeune Allemagne », *Ludwig Börne, Eine Denkschrift,* il a écrit :

> Pour moi, les paroles les plus remarquables du Nouveau Testament se trouvent dans l'Évangile de saint Jean, ch. 16, v. 12-13 : « J'ai encore beaucoup de choses à vous dire, mais vous ne pourriez pas les porter à présent. Quand cet esprit de vérité sera venu, etc. » Le dernier mot n'a donc pas été dit, et ce passage est peut-être l'anneau auquel pourrait se rattacher une nouvelle révélation. Celle-ci commencerait par nous libérer de la lettre, elle mettrait fin à notre martyre et fonderait le royaume de la foi éternelle : ce serait le « millenium ». Toutes les prophéties trouveraient finalement leur accomplissement le plus riche[3].

Mais, avec Heine, il faut se méfier. Sa prose légère ne craint ni les ambiguïtés ni les palinodies subites. Est-ce bien ici, même dévoyé et modernisé, du joachimisme ? Le mot de « nouvelle révélation » n'est-il pas abusif ? Si l'on s'en tenait à un passage de son livre *De l'Allemagne*, dédié à Enfantin, le mot serait au contraire pleinement justifié, puisqu'il renchérit même sur la pensée, jugée trop timide encore, de Lessing : « Lessing ne fut que le prophète qui, en compre-

---

1. Hermann EWERBECK, *L'Allemagne et les Allemands*, Garnier, 1851, pp. 240-241. Marx écrivait de ce livre à Engels, le 23.2.1852 : « La partie historique... est une simple copie de vieux manuels scolaires... »

2. *Chronique de la Gazette d'Augsbourg* ; Paris, 1830, pp. 29-32. *De la France*, 1833 ; éd. Schiltz, 1930, pp. 175-178. Cf. *Mirabeau et la Révolution,* reproduit dans le recueil *Allemands et Français,* Calmann-Lévy, pp. 155-158.

3. *Helgoland*, 18 juillet 1830. Repris dans *De l'Allemagne*, t. 2 ; éd. de 1874, p. 18.

nant le second testament, annonça le troisième... La lettre, disait-il, est le dernier voile du christianisme ; que le voile tombe, et l'esprit paraîtra. Mais cet esprit n'est pour lui autre chose que ce que la philosophie de Wolf avait entrepris de démontrer, ce que les philanthropes sentirent dans leur conscience, ce que Mendelsohn avait trouvé dans le mosaïsme, ce que les francs-maçons ont chanté, ce que les poètes ont fredonné, enfin ce qui se produisait alors sous toutes les formes en Allemagne : le déisme pur[1]. » Cependant, plus d'un autre passage de ce même livre nous oblige à nous demander : n'est-ce pas plutôt, sous un habit d'emprunt dont le quatrième évangéliste a fait les frais, le vieux paganisme renouvelé qui annonce son retour, après la déplorable parenthèse judéo-chrétienne ? Heine y expose clairement le problème de civilisation qui se posait au début de notre ère :

> ... Il importait... de défendre l'essence de l'hellénisme... et de s'opposer avec force à la propagation des idées et des sentiments sociaux importés de la Judée. La véritable question était de savoir si le monde devait appartenir dorénavant à ce judaïsme spiritualiste que prêchaient ces Nazaréens mélancoliques qui bannirent de la vie toutes les joies humaines pour les reléguer dans les espaces célestes, – ou si le monde devait demeurer sous la joyeuse puissance de l'esprit grec, qui avait érigé le culte du beau et fait épanouir toutes les magnificences de la terre[2] !

Ni comme chez Moses Hess, ni comme chez Bruno Bauer, n'est ici marquée aucune sorte de processus dialectique ni une progression quelconque de l'Ancien au Nouveau Testament. L'ère chrétienne ne fut que l'extension du règne juif. « Rome, l'Hercule des peuples », fut alors « consumée par le poison juif. » Aux idéaux juifs, qui par le christianisme ont envahi le monde, est opposée l'essence de l'hellénisme, dont il n'est pas dit qu'elle soit dépassée sans retour : la chaleur du ton suggère plutôt le contraire. Sans doute est-ce en historien que l'auteur prétend ici parler, mais cette chaleur est suggestive. L'époque de la Renaissance est saluée comme l'essai d'un retour, après une longue nuit, à une « nouvelle période classique » ; mieux encore, « pendant la révolution, la religion classique fleurit dans sa plus énergique magni-

1. *De l'Allemagne* (dans l'éd. Bibliopolis, 1910, t. 1, pp. 79-81. Au reste, Heine semble se faire illusion sur la vraie pensée de Lessing. Voir ch. VI, t. 1, pp. 266 ss.

2. Op. cit., t. 2, p. 189. « Nazaréens mélancoliques » rend bien mal compte de l'explosion de joie provoquée par l'annonce de la « bonne nouvelle ». On remarquera aussi combien les grandes vues « historiques » sont malléables et se transforment jusqu'à se contredire à travers les générations. Aujourd'hui, c'est pour beaucoup un lieu commun d'opposer en divers sens le « réalisme » corporel de la foi biblique au « spiritualisme » grec.

ficence..., Paris apparaissait comme la continuation naturelle d'Athènes et de Rome ». Ce n'était toutefois qu'une éclaircie : bientôt « le zèle des noirs familiers de la secte nazaréenne » se réveilla... « Quand l'harmonie sera-t-elle rétablie ? Quand le monde guérira-t-il... de cette folle erreur... ? » Heine, cependant, n'en désespère pas : « Un jour, quand l'humanité sera pleinement revenue à la santé, ... les générations plus belles et plus heureuses qui naîtront de libres hyménées, s'élèveront au sein d'une religion de plaisir » et « la querelle factice que le christianisme a fait naître, paraîtra à peine compréhensible »[1]. Tel est alors le fond de sa pensée, qu'il nous livre dans un de ses poèmes au ton prophétique, à l'accent presque nietzschéen : « Mes amis, je vais vous composer une autre chanson, une chanson meilleure ! Nous voulons ici, sur terre, déjà établir le Royaume des cieux[2] ! » Si Heine est ici ou là teinté de joachimisme, c'est parce qu'il en a respiré l'arome dans l'air de son temps. Par un mouvement circulaire, le règne de l'Esprit, cet au-delà du christianisme, rejoint son en-deçà, le règne des anciens dieux.

Nous ne sommes pourtant pas au bout. Enfant terrible, insaisissable, Heine devient ensuite le plus clairvoyant – le moins enthousiaste – des prophètes. Que prépare à l'Europe la fin, qu'il croit proche, du règne des Nazaréens ? De quel paganisme, en réalité, sera-ce la revanche ? Outre l'hellénisme couronné de fleurs, le dur germanisme avait été vaincu. Voici qu'il commence à relever la tête. « L'humanité soupire après des mets plus solides » que les pâles symboles de la foi chrétienne : voici qu'il vient les lui offrir. Après un moment de fierté, son héraut lui-même prend peur. Des arabesques de sa fantaisie surgit un avertissement tragique :

> Le christianisme a adouci, jusqu'à un certain point, (la) brutale ardeur batailleuse des Germains ; mais il n'a pu la détruire, et quand la croix, ce talisman qui l'enchaîne, viendra à se briser, alors débordera de nouveau la férocité des anciens combattants... Les vieilles divinités guerrières se lèveront de leurs tombeaux fabuleux... Thor se dressera avec son marteau gigantesque et démolira les cathédrales gothiques... Ne riez point du poète fantasque qui attend dans le monde des faits la même révolution qui s'est opérée dans le domaine de l'esprit... On exécutera en Allemagne un drame auprès duquel la révolution française ne sera qu'une innocente idylle... – Je vous dis d'amères vérités.

1. *De l'Allemagne*, éd. Bibliopolis, t. 1, pp. 12-13, 19, 132, 139 ; t. 2, pp. 168 : « L'Occident est fatigué de son maigre et glacial spiritualisme, il veut se réchauffer au corps sain et vigoureux de l'Orient » (à propos du *Divan* de Goethe).

2. *Deutschland*, 1. Cité par R. K. MAURER, *Hegel et la fin de l'histoire*, Arch. de philos., 30, 1967, p. 517.

> Vous avez plus à craindre de l'Allemagne délivrée que de la sainte alliance tout entière avec tous les Croates et les Cosaques...[1].

Y eut-il prévision plus forte de la terreur nazie ? Dans le retournement qui s'annonce, Heine pressent que le peuple juif sera la principale victime. Par une autre palinodie, celle-là plus sérieuse, il revient à la Bible : « quel grand livre ! », il accuse « la partialité de (son) esprit athénien, qui abhorrait l'ascétisme de la Judée », il reconnaît que ni Moïse ni son œuvre, « le peuple hébreu », n'ont « jamais été traités par (lui) avec assez de vénération ». Maintenant il rend hommage « à la noble maison d'Israël » dont il est un descendant, à « ces martyrs qui ont donné au monde un Dieu, qui ont promulgué le code éternel de la morale, et qui ont vaillamment combattu sur tous les champs de bataille de la pensée »[2].

On pourrait soupçonner encore une part de jeu, un amour du paradoxe et des contrastes dans ces « aveux d'un poète », destinés au public, qui accompagneront une réédition du même ouvrage[3]. Mais il n'y en avait pas, malgré le tour malicieux dont Heine ne pouvait se départir, dans la lettre qu'il avait déjà adressée à Mignet, vers les débuts de sa terrible et longue maladie : « Je ne vous cacherai pas le grand événement de mon âme : j'ai déserté l'athéisme allemand, et je suis à la veille de rentrer dans le giron des croyances les plus banales »[4]. Il n'y en avait pas non plus dans cette clause de son testament, de huit ans antérieure à sa mort : « Depuis quatre ans j'ai abdiqué tout orgueil philosophique et je suis revenu aux idées et aux sentiments religieux. Je meurs croyant en un Dieu unique et éternel créateur du monde et dont j'implore la miséricorde pour mon âme immortelle...[5] »

---

1. *De l'Allemagne*, t. 1, pp. 28-29 et 125-127. Ce n'est pas seulement une guerre féroce qui est annoncée : le « drame » sera exécuté « en Allemagne ». Cette page provoquera contre Heine un ressentiment tenace.

2. *De l'Allemagne*, t. 2, pp. 18-20 et 207. « Moi qui avais autrefois l'habitude de citer Homère, je cite maintenant la Bible... Je dois beaucoup à ce saint livre... »

3. Elles avaient paru d'abord, en français, dans la Revue des deux mondes, juillet 1854, sous ce titre : *Les aveux d'un poète* (1854, t. 3, pp. 1169-1206). Dans la Revue de Paris du 1er janvier 1855, rendant compte des *Vermischte Schriften* qui les contiennent, Julian KLACZKO se montrera d'une sévérité injuste à leur égard.

4. A François Mignet, 17 janvier 1849. Cf. *Aveux*, loc. cit., p. 1186 : « Mes idées sur bien des choses, principalement sur les choses divines, ont subi une grande transformation... Je confesse ouvertement et franchement que tout ce qui a rapport dans ce livre à la grande question divine est aussi faux qu'irréfléchi », etc.

5. Le 20 février 1851. Il n'entendait d'ailleurs par là aucune adhésion à une religion établie, juive ou chrétienne. Cf. Le recueil de textes choisis : Henri HEINE, Mercure de France, 1906, p. 387.

Avant d'aborder celui des « jeunes hégéliens » qui devait opérer la grande percée, nous pouvons faire une halte auprès d'un honnête et saint pasteur allemand, de formation piétiste, qui devint sans l'avoir cherché, au cours de ces mêmes années 1840, un « théologien de l'espérance ». Johann Christoph Blumhardt (1805-1880) avait été quelque temps à Tubingue ami de Strauss, mais il devait s'engager dans une voie tout autre. C'est à la suite d'une crise de possession démoniaque dont fut victime une de ses paroissiennes, puis d'un mouvement de réveil dans la région où il exerçait son ministère, que son expérience lui dicta ses pensées sur le Saint-Esprit[1]. Il nous faut, dira-t-il, « nous représenter le Saint-Esprit tout autrement que comme une force donnée une fois pour toutes, qui continue d'opérer éternellement. » L'Écriture, en effet, ne nous parle pas d'une sorte de provision que l'Église exploiterait depuis l'origine, mais d'une série d'effusions de l'Esprit. Il y en eut une au temps de la Réformation, mais depuis lors nous vivons dans une période de sécheresse ; il nous faut prier le Seigneur de poursuivre l'œuvre qu'il a commencée, jusqu'à ce que l'Esprit soit répandu partout : « Si la source... se remet à couler, – et cela doit être, sans quoi l'avenir du Seigneur sera réduit à néant, – alors ce fleuve d'en-haut... rejoindra celui que la Réforme a suscité. Voilà ce que j'espère, et j'en témoignerai ma vie durant ; ma dernière respiration contiendra cette prière : Seigneur, fais couler sur nous le fleuve de ton Esprit, ... afin que le monde entier en soit animé ! »

Précisant son désir et sa prière, Blumhardt en vient à croire en une ère de l'Esprit, qui doit précéder sur terre le retour du Christ : « Je suis tenté de dire : celui qui ne peut croire en une grande délivrance que le Seigneur suscitera encore avant sa venue pour le jugement, celui-là ne croit pas vraiment dans le sens de Jésus » ; les dons du Saint-Esprit opèreront alors partout de façon merveilleuse, selon ce qu'ont annoncé les Prophètes, surtout le second Isaïe, si bien qu'à son retour le Seigneur aura moins à juger qu'à engranger les fruits mûris par son Esprit. Karl Barth en conclut qu'on ne peut épargner à Blumhardt le nom de chiliaste et que son attente « n'est que trop accordée » à l'esprit du dix-neuvième siècle[2]. Elle l'est, dirons-nous, de manière innocente et, pour nous, reposante.

1. Sur Blumhardt : Karl BARTH, *La théologie protestante au XIXe siècle*, trad. Lore Jeanneret, Genève, 1969, ch. 25, pp. 428-437. C'est à ce chapitre que nous empruntons les citations qui suivent.

2. Op. cit., pp. 436-437. Il estime cependant que Blumhardt a posé à la théologie, notamment sur la nature de l'espérance chrétienne, « toute une série de questions qui devaient faire éclater les limites du libéralisme comme celles du piétisme », en repoussant la « conception mesquine » d'un salut particulier sans rapport à l'histoire de l'humanité.

II

De Marx à Hitler

Marx (1818-1883) aurait-il échappé par miracle au vaste courant qui depuis le début de son siècle emportait à la fois la philosophie dont il était tributaire et la plupart des écoles socialistes ? Nullement. Certes, le marxisme est autre chose encore qu'une forme sécularisée de l'ancien messianisme, juif ou chrétien. De sa doctrine une fois constituée les fondements, qui se veulent purement scientifiques, sont matérialistes et athées. Pour lui, c'est directement que l'homme s'affirme, ou plutôt qu'il prend naissance, qu'il s'engendre lui-même, par son travail. Mais il a fallu de longs siècles d'efforts pour qu'il parvienne, dans son élite intellectuelle, à s'en rendre compte. L'histoire de la conscience humaine peut donc être comprise comme l'histoire d'une inconscience ou d'une illusion qui peu à peu se dissipe. A cet égard, le judaïsme, puis le christianisme ont marqué deux étapes décisives ; mais comme en fin de compte le second n'a vaincu le premier qu'en apparence, ou seulement pour un temps[1], on peut compter leur règne pour un seul. Hegel a cru fournir la dernière étape et fonder le règne de l'Esprit. Son rôle n'a pas été vain, mais en réalité c'est avec Marx que va s'inaugurer le règne définitif.

Marx reconnaît sa dette envers ses nombreux prédécesseurs, ceux qui, d'âge en âge, ont construit le monde humain tel qu'il est, et ceux qui, depuis peu de temps, se sont avisés de le transformer. On sait la férocité fréquente de ses critiques à l'adresse de ces derniers. Il les accuse de « charlatanerie philosophique ; mais ce qu'il leur reproche avant tout, c'est qu'en travaillant à poser les conditions du dernier âge – celui de l'avènement de l'Homme, – ils se sont arrêtés trop tôt. Au bout de leur dialectique, chacun d'eux croit avoir engendré « le Saint Esprit ». En réalité, malgré leurs théories « destinées à ébranler le monde », ils sont « les plus grands conservateurs »[2]. Lui seul, Marx, en

1. Cf. *La question juive*, 1844, in fine : « Le christianisme... a fini par se ramener au judaïsme... C'est dans la société actuelle que nous trouvons l'essence du Juif de nos jours... » Œuvres philos., tr. Molitor, t. 1, Costes, 1927, pp. 212-213. C'est pourquoi Marx n'était pas favorable alors à l'émancipation politique des Juifs : elle n'eût fait que renforcer la société bourgeoise des droits (égoïstes) de l'homme ; car « le dieu des Juifs », dieu « du trafic et de l'argent », est « devenu le dieu du monde », ayant « atteint son apogée dans l'actuelle société bourgeoise », qui est « le monde chrétien ».

2. *L'Idéologie allemande*, loc. cit., pp. 41-46 et 111-118.

renversant l'idéalisme hégélien, atteindra le but. Aussi ou plus radicalement antichrétien qu'eux tous, il est comme eux, au sens où le terme implique dépendance intrinsèque, un postchrétien. Ce qui le distingue comme eux du vain troupeau des utopistes, ce n'est pas seulement le fait qu'il se refuse à décrire l'organisation et les charmes de la société future ou à lui prescrire un « programme », – encore qu'il ne s'y refuse pas toujours absolument[1]. C'est avant tout le fait que cette société, dont son analyse pose les conditions dernières, ne saurait être dans sa pensée l'invention plus ou moins a-temporelle due à quelque cerveau génial, ni le fruit de quelque révolte impatiente, mais sera l'aboutissement d'une longue histoire, dont il faudra savoir, au temps voulu, procurer l'accouchement. D'où ses consignes attentistes, qui n'étaient pas du goût de tous[2]. « Nous ne voulons pas, dit-il, anticiper le monde dogmatiquement, mais trouver seulement le monde nouveau par la critique de l'ancien[3]. »

Seulement, Marx a retenu de Hegel, mieux peut-être que ses camarades « jeunes hégéliens », ces « héros de la pensée » dont il se moque, que dans la marche de cette histoire le phénomène judéo-chrétien n'a pas seulement fourni la contribution essentielle : dans l'élucidation de son sens et dans celle de son terme il joue encore, figurativement, un rôle capital. Il en a d'avance fourni la clé, grâce à laquelle nous les déchiffrons aujourd'hui.

1. Cf. la page citée et commentée par G. FESSARD, *Chrétiens marxistes et théologie de la libération,* Lethielleux, 1978, pp. 285-286 (traduction de M. Rubel, modifiée). Au reste, pour être d'un tout autre genre que tant d'agréables descriptions des paradis futurs, le schématisme marxien de la nature humanisée et de l'homme naturalisé, du communisme à la fois « naturalisme achevé » et « humanisme achevé », supprimant tout antagonisme « entre l'homme et la nature, comme entre l'homme et l'homme », ne peut-il être considéré comme l'utopie par excellence ? Cette unité parfaite réalisée non point « dans le ciel transcendant des chrétiens » mais au sein même de la durée temporelle, « cette fin de l'histoire qui ne la termine pas » peut-elle être autre chose « qu'un paradis imaginaire ? » Cf. G. FESSARD, *Le dialogue catholique-communiste est-il possible ?* Grasset, 1939, pp. 116 et 211-244, Note sur « le Communisme, fin de l'aliénation humaine ». Id., *Les structures théologiques dans l'athéisme marxiste*, dans *Concilium*, n. 16, juin 1966.

2. Ainsi dans la *Neue Rheinische Zeitung*, le 22.1.1849 (t. 2, p. 334) : « Nous sommes certainement les derniers à vouloir la domination de la bourgeoisie, mais nous disons aux ouvriers et aux petits-bourgeois : plutôt que de revenir à une forme sociale périmée qui sous prétexte de sauver vos classes replongera la nation tout entière dans la barbarie moyenâgeuse, il vaut mieux souffrir dans la société bourgeoise moderne dont l'industrie crée les moyens matériels nécessaires à la fondation d'une société nouvelle qui vous libérera tous. » Cité par Françoise P. LEVY, *Karl Marx, histoire d'un bourgeois allemand.* Grasset, 1976, p. 319. Voir ibid., p. 268, la réplique de Gottschalk, 25.2.1849. Sur cette polémique : NICOLAÏEVSKI et MAENCHEN-HELFEN, *La vie de Karl Marx,* tr. fr., pp. 215-218 ; cf. pp. 247 et 250-251.

3. Cité par Yves CALVEZ. *La pensée de Karl Marx*. Seuil, 1956, p. 49.

Hegel, en effet, avait élaboré une interprétation du christianisme, dont ce n'est pas le lieu de décider (nous y avons fait allusion plus haut[1]) si elle laisse d'autre part intacte la substance du Fait chrétien ou si elle ne la dénature pas plus ou moins en gnose[2], voire en athéisme subtil[3]. Ce qui est incontestable, c'est que la structure de son système est demeurée, très consciemment, chrétienne. Or, si le marxisme est un hégélianisme renversé, ce renversement n'en a pas laissé échapper tout le contenu. Sans doute Marx a violemment critiqué la philosophie hégélienne de l'histoire, « dernière expression conséquente, poussée à sa plus pure expression », de cette manie qu'avaient les Allemands de faire « de l'illusion religieuse la force motrice de l'histoire » et de chercher « comment l'on passe exactement du royaume de Dieu au royaume des hommes, comme si ce royaume de Dieu avait jamais existé ailleurs que dans l'imagination des hommes », et comme si ce ne serait pas un « divertissement » plus hautement « scientifique » d'expliquer « le phénomène curieux que constitue cette formation de nuées théoriques à partir des rapports terrestres réels »[4]. Sans doute aussi, d'autre part, Marx a répudié « les principes sociaux du christianisme » (et non pas, comme bien des chrétiens l'interprètent à tort, la trahison pratique de ces principes), il les accuse de répandre « la lâcheté, le mépris de soi, l'abaissement, la servilité, l'humilité, bref toutes les qualités de la canaille »[5]. Mais tout cela ne l'a pas empêché de retenir dans son système, pour une part essentielle, la structure de la dogmatique chrétienne telle que la lui transmettait Hegel. Pour qui du moins connaît quelque peu cette dogmatique, elle y est aisément repérable. La « gangue mystique », ainsi qu'il disait avec mépris, a pu en disparaître :

1. Voir supra, ch. IX, 1.

2. On se rappellera que F. Chr. BAUR, qui fut collègue de Hegel, est l'auteur d'un ouvrage sur la gnose chrétienne (*Die christliche Gnosis*), paru à Tübingen en 1835. Ayant longuement étudié les systèmes gnostiques des premiers siècles chrétiens, en particulier la théologie manichéenne de l'histoire, il avait reconnu la parenté des thèmes de Hegel (et de Schelling) avec les leurs. C'est Claude Tresmontant qui a dirigé notre attention sur ce fait.

3. Sur la proposition fameuse : « il faut considérer le *vrai* non comme substance mais comme sujet », saluée comme une déclaration d'athéisme, Claude BRUAIRE parle d'un « gigantesque contresens » : *Pour la métaphysique*. Fayard, 1980, pp. 21-22 ; mais aussi, ibid., pp. 78-81.

4. *L'Idéologie allemande*, pp. 71-72 : voir en note la variante. Cf. p. 593. Avec un peu de vantardise, Engels dit aussi avoir avec Marx « sauvé de la philosophie idéaliste allemande la dialectique consciente pour l'intégrer dans la conception matérialiste de la nature et de l'histoire ». Préface à la 2e éd. de l'*Anti-Dühring*, 1995 ; trad. Bottigelli, éd. de 1963. Éd. sociales, p. 40.

5. *Le Communisme de l'Observateur rhénan*, dans la Gazette allemande de Bruxelles, 12 sept. 1847. Pages choisies de Karl Marx, par M. Rubel. Rivière, 1948, p. 188.

l'élément d'origine chrétienne, secrètement, y demeure. Il s'en dégage encore une sorte de chaleur et d'élan qui accroît la séduction du système.

On a plus d'une fois contesté l'expression, devenue classique, de « religion séculière » appliquée par M. Raymond Aron au communisme[1], parce qu'on a porté une attention trop exclusive à une série de traits extérieurs qui de fait, sans être négligeables, ne permettraient point à eux seuls d'établir plus qu'une analogie avec ce que comporte le concept traditionnel de religion. Un regard plus appuyé sur la genèse et sur la nature même du marxisme n'en doit pas moins conduire à le désigner comme un christianisme sécularisé, changé en son contraire, et finalement, après Marx, aisément re-sacralisé. Au reste, chez ses adeptes les plus clairvoyants, ne se considère-t-il pas lui aussi comme le seul véritable trans-christianisme, qu'il nous sera permis d'appeler la religion définitive du troisième âge ?

Ernst Benz l'avait justement observé sur un cas particulier, en étudiant Oetinger. « Si l'on extrait, disait-il, les éléments chrétiens de l'image que se fait Oetinger de la société parfaite de l'Age d'Or, on y voit apparaître la société idéale du communisme comme constituant la forme finale de l'évolution historique. Inversement, il apparaît chez Marx combien, malgré la sécularisation et malgré les fondements purement économiques et matérialistes de sa théorie sociale, restent vivaces des éléments fort anciens, religieux et messianiques[2]. » C'est là ce que les travaux du Père Gaston Fessard, menés d'un point de vue plus central et à partir de la dépendance de Marx par rapport à Hegel, ont mis dans une lumière plus précise.

« Marx, héritier de Hegel, a repris sur un mode athée les trois dogmes essentiels du christianisme : Incarnation, Péché originel, Rédemption. » Son matérialisme, en apparence tout historique et dialectique, retient de la sorte un « caractère mystique » dont le pouvoir attractif résiste aux plus fortes déconvenues. On pourrait n'accorder qu'un sourire aux flèches bibliques dirigées par Marx et Engels dans *la Sainte Famille* contre Bruno Bauer. Mais sous l'ironie des deux rédacteurs associés il convient de discerner « à quel point la dialectique du matérialisme historique s'approprie, en les renversant », les structures du christianisme spéculatif de Hegel, à quel point celles-ci « sont prises au sérieux pour fonder et définir le rôle rédempteur du Prolétariat et la finalité eschatologique de la lutte de classes ». Chez Bauer, disent-ils, « la Critique se fait Masse et habite parmi nous, et nous sommes les témoins de sa Gloire, Gloire du Fils unique issu du Père, etc. » ; « La Critique ne tient pas pour escroquerie de s'égaler à Dieu, mais, s'alié-

1. Dans deux articles de *la France libre*, en 1944.
2. Op. cit., pp. 50-53.

nant elle-même, elle ... se ravale jusqu'à l'ineptie, etc. »[1]. Il est bien possible « qu'au début, et surtout aux yeux de Engels, ces sarcasmes accumulés leur aient paru de peu de conséquence »[2] ; toutefois il importe de remarquer que le texte de l'Épître aux Philippiens (2, 6-11) ici évoqué le sera encore ailleurs, hors de toute ironie, et qu'il était exploité par Hegel pour établir son « principe de négativité ». C'est précisément là que Marx se situe « pour critiquer Hegel et s'approprier la vérité du Savoir absolu » ; « à la charnière qui relie la Phénoménologie de l'Esprit au système tripartite de l'Encyclopédie : Logique, Nature, Esprit », il trouve l'*exinanivit* paulinien, et c'est avec le plus grand sérieux qu'il s'y réfère à son tour : la « kénose » du Christ, prototype de la négativité hégélienne, servira pareillement, par l'intermédiaire de celle-ci, de prototype à la négativité marxienne, non plus idéelle mais humano-sociale... Marx en tire son concept mythique du Prolétariat, auquel il attribue une mission historique proprement rédemptrice ». Telle est sa « grille herméneutique de l'avenir »[3]. Il semble qu'il en soit obsédé, car il y revient encore explicitement, à la fin du tome premier de l'*Idéologie allemande*, dans sa critique de « saint Max » (Stirner)[4]. Marx était persuadé d'avoir compris réellement les concepts hégéliens, demeurés jusqu'à lui idéaux et abstraits. Aussi n'est-il pas seulement postchrétien, mais posthégélien. En lui seul, dans sa dialectique, le christianisme est à la fois rejeté et accompli, – totalement rejeté parce que totalement accompli.

Dans la suite, Marx n'aura pas besoin d'expliciter ce processus. Il pourra même sembler l'avoir oublié. On pourra croire qu'il s'est replié sur l'empirisme de la science économique et de la stratégie sociale. En réalité, sa pensée comme son action resteront dominées par la transposition hégélienne du christianisme telle qu'il est convaincu de l'avoir menée à son terme, – non en abstraction idéale, mais en réalité. On peut donc conclure avec le P. Fessard à « la continuité sans faille, chez Marx, de l'inspiration antireligieuse qui a transféré à sa praxis les privilèges de la négativité hégélienne, issue de la Kénose du Christ »[5].

1. *La Sainte Famille, ou Critique de la critique de Bruno Bauer* et consorts (1845), ch. 1 et 2. Œuvres phil., t. 2, Costes, 1947, p. 11-12. « Le livre entier fourmille de sous-entendus du même genre » (G. Fessard).

2. A fortiori pour des interprètes qui n'en perçoivent pas toujours l'origine biblique. Cf. le cas relevé par le P. Fessard (*Chrétiens marxistes*..., pp. 283-284) dans la traduction des Éditions sociales, p. 162.

3. Cf. G. Fessard, *Chrétiens marxistes*, pp. 256-258, 270-272, 276-277.

4. Pp. 492-493. Cf. Fessard, pp. 292-298. « Il cherche le nom philosophique, abstrait, le « nom » qui soit au-dessus de tous les noms... Il s'est mis en quête d'un mot... qui jouât parmi les mots le même rôle que l'Homme-Dieu rédempteur parmi les hommes, dans le mythe chrétien. »

5. Ibid., p. 298.

Jaurès n'avait pas manqué de le voir. Il l'a dit dans son introduction à ses *Études socialistes*, sous forme d'une lettre à Charles Péguy, qui l'avait invité à publier ce recueil dans les *Cahiers de la Quinzaine* :

> ... C'est sous une transposition hégélienne du christianisme que Marx se représente le mouvement moderne d'émancipation. De même que le Dieu chrétien s'est abaissé au plus bas de l'humanité souffrante pour relever l'humanité tout entière, de même que le Sauveur, pour sauver en effet tous les hommes, a dû se réduire à ce degré de dénuement tout voisin de l'animalité, au-dessous duquel ne se pouvait rencontrer aucun homme, de même que cet abaissement final de Dieu était la condition du relèvement infini de l'homme, de même dans la dialectique de Marx, le prolétariat, le Sauveur moderne, a dû être dépouillé de toute garantie, dévêtu de tout droit, abaissé au plus profond du néant historique et social, pour relever en se relevant toute l'humanité. Et comme le dieu-homme, pour rester dans sa mission a dû rester pauvre, souffrant et humilié jusqu'au jour triomphal de la résurrection, jusqu'à cette victoire particulière sur la mort qui a affranchi de la mort toute l'humanité, ainsi le prolétariat reste d'autant mieux dans sa mission dialectique, que, jusqu'au soulèvement final, jusqu'à la résurrection révolutionnaire de l'humanité, il porte, comme une croix toujours plus pesante, la loi essentielle d'oppression et de dépression du capitalisme. De là évidemment, chez Marx, une tendance originelle à accueillir difficilement l'idée d'un relèvement partiel du prolétariat. De là une sorte de joie, où il entre quelque mysticité dialectique, à constater les forces d'écrasement qui pèsent sur les prolétaires[1].

A cette analyse de Jaurès il manque toutefois un élément essentiel. Entre le Christ et le Prolétariat, il n'y a pas seulement, selon Marx, une stricte analogie, dont Jaurès estime d'ailleurs qu'elle est fausse[2] et qu'il avait dû l'inventer pour les besoins de sa doctrine[3]. Si le second remplace maintenant le premier, c'est en vertu, non pas d'une simple oppo-

---

1. Jean JAURÈS, *Études sociales*, introduction : *Questions de méthode*. Cahiers de la Quinzaine, 4e cahier de la 3e série, déc. 1901, pp. LXXVI-LXXVII.

2. Il ajoute aussitôt : « Marx se trompait. Ce n'est pas du dénûment absolu que pouvait venir la libération absolue. »

3. Ibid., p. LXXXIV : « Je dirai presque que Marx avait besoin d'un prolétariat infiniment appauvri et dénué... Le prolétariat, pour être dans la dialectique hégélienne de Marx le moment humain, pour être vraiment l'idée même de l'humanité, devait à ce point être dépouillé de tout droit social, que l'humanité seule, infinie en détresse et en droit, subsistât en lui. »

sition, mais d'un passage de l'un à l'autre ; en vertu d'une dialectique historique dont l'économie ne pouvait être faite. « Le Christ », tel que l'a entendu la foi chrétienne, n'est pas simple illusion, que la vérité du « Prolétariat » dissipe. Pour que l'humanité passât du mythe à la réalité, le temps était indispensable. Il fallait d'abord parcourir l'étape du judaïsme, dont le christianisme a pris le relais, comme étant sa véritable essence[1]. Il fallut ensuite parcourir l'étape du christianisme, pour que fût enfin perçue la signification du royaume de Dieu. Le règne du Christ, conditionné par son abaissement dans la chair, préparait en le préfigurant le règne de l'Homme, dont la condition présente, non moins inéluctable, est la misère, le dénûment absolu du Prolétariat[2]. C'est ainsi que pour Joachim de Flore (en dépit de différences qu'il n'est pas besoin de rappeler) il avait fallu du temps et il faudrait finalement une rude secousse, pour passer du deuxième règne au troisième, de la lettre du Nouveau Testament à son esprit. Tel subsiste, à travers ses perpétuelles métamorphoses et en dépit de ses dégradations radicales, le schème constant de la lignée joachimite. Au reste, sans penser le moins du monde à cet ancêtre médiéval, Jaurès ne méconnaissait pas cette dimension temporelle du marxisme, puisqu'il disait un peu plus haut : « Comment pourrait-on se flatter de comprendre Marx sans descendre aux origines dialectiques, aux sources profondes de sa pensée[3] ? »

Pour « n'avoir pas compté sur la force propre de la classe ouvrière », qui devait « attendre la faveur d'une Révolution bourgeoise », le *Manifeste communiste*, au dire de Jaurès, « fait encore partie de la période d'utopie »[4]. Ce n'est là, nous semble-t-il, qu'une des conséquences de la théorie combien plus fondamentale qui fait du « Prolétariat » le substitut du Christ et qui voit dans la Révolution sociale la porte d'entrée

1. C'est ce qu'il explique dans *la Question juive* : « Le christianisme est l'aboutissement du judaïsme..., (qui) aurait dû disparaître de même que le bouton cède la place à la fleur. » En fait, le judaïsme n'a pas disparu, mais « la fille a un droit supérieur » sur la mère, car « elle est la véritable essence de l'état antérieur ». Celui-ci a perdu son essence « quand sa conséquence a fait son apparition », etc. Mais on a vu plus haut que selon Marx le christianisme de la société moderne s'était rejudaïsé.

2. Cf. Georges COTTIER, O.P. sur les sources « religieuses » de la pensée de Marx : « ... Le visionnaire anticipe sur ce que le savant s'efforcera ensuite d'établir... Ici le Prolétariat, sorte de nouveau Serviteur souffrant, de Pauvre, est chargé de privilèges messianiques qui l'investissent de la « mission » d'instauration d'une société qualitativement toute nouvelle dans laquelle l'homme, réconcilié avec lui-même, aura atteint le parfait bonheur. De là le fréquent amalgame, dépourvu de fondements sociologiques, entre le Pauvre au sens biblique et le Prolétaire marxien, etc. » *La Lutte des classes exigence de l'amour chrétien ?* dans *Nova et vetera*, sept. 1976, p. 109.

3. JAURÈS, loc. cit., p. LXXIV.

4. Loc. cit., p. LII.

dans le seul vrai « Royaume de Dieu ». Marx était persuadé qu'en franchissant l'étape idéaliste du rêve hégélien il avait définitivement ouvert au genre humain le passage du mythe à la réalité. Une fois accomplie la « mission historique » de ce Prolétariat, le fantôme d'une transcendance aliénante, exorcisé mais revenant toujours, serait à jamais évanoui... On est en droit de se demander si la vérité n'est pas inverse : si la fausse lumière du mythe marxiste ne rendrait pas aveugle au seul Objet réel de l'espérance humaine, et si l'homme nouveau selon Paul ne dissipera pas un jour la chimère de l'homme nouveau selon Marx[1].

Péguy voulut honorer le recueil jaurésien d'un long *Avertissement.* Il se disait alors « irréligieux de toutes les religions, athée de tous les dieux ». Mais la pointe de cette déclaration était tournée déjà contre la « religion nouvelle » et les « nouvelles Églises ». La « cité harmonieuse » dont il voulait préparer la naissance et la vie ne devait pas être l'œuvre d'une « caste intellectuelle » imposant l'athéisme au nom d'une quelconque dialectique. « Vendre à l'humanité, disait-il, sa libération économique pour l'établissement d'un système, ce n'est pas seulement tromper et voler l'humanité..., c'est commettre le crime le plus grave pour un socialiste... Ce serait commettre la prévarication maxima, le détournement le plus grave que d'utiliser la libération pour asservir les libérés sous la mentalité des libérateurs. Ce serait tendre à l'humanité comme un guet-apens universel... Nous ne demandons pas à créer des animalités ni des humanités, mais modestes nous demandons que les biens économiques de la présente humanité soient administrés pour le mieux... Nous sommes avant tout modestes. Un socialisme orgueilleux serait une aberration. Un métaphysique serait criminel ou fou[2]. » Refusant ainsi de lier le « socialisme » à toute spéculation qui tenterait d'éliminer la foi chrétienne en s'en prétendant l'héritière, repoussant l'orgueil d'un humanisme nouveau qui surgirait nécessairement de l'athéisme, Péguy refusait dans son aboutissement marxiste tout le mouvement de pensée qui s'était voulu dépassement définitif et retournement de l'ancien « règne du Christ », au profit d'un illusoire ou mensonger « règne de l'Homme »[3].

1. Cf. *L'Idéologie allemande*, t. premier, III, Saint Marc, 4, citant d'après Stirner 2 Cor. 5, 17 : « Si quelqu'un vit en Jésus-Christ, il sera une nouvelle créature ; le vieil homme est mort, et tout est renouvelé. » Loc. cit., p. 167.

2. Loc. cit., pp. XII-XVII et XXXI.

3. Cf. p. XV : « Nous n'avons jamais dit que nous supprimerions les problèmes humains. » et p. XVIII : « C'est l'effet d'une singulière inintelligence que de s'imaginer que la révolution sociale serait une conclusion, une fermeture de l'humanité dans la fade béatitude des quiétudes mortes. C'est l'effet d'une ambition naïve et mauvaise que de vouloir clore l'humanité par la révolution sociale... »

Fidèle second de Marx, Engels revendique lui aussi l'origine hégélienne de leur commune doctrine : « Nous autres, socialistes allemands, sommes fiers de ne pas descendre seulement de Saint-Simon, de Fourier et de Owen, mais aussi de Kant, de Fichte et de Hegel » ; ce n'est toutefois qu'à travers un Hegel déjà décomposé par Feuerbach et par Strauss et « dégagé de son enveloppe mystique » qu'il rejoint la pensée de Marx[1]. S'il se rattache lui aussi à la lignée « joachimite », c'est moins par l'effet de la dialectique hégélienne remise sur ses pieds par Marx que par son admiration pour Thomas Münzer. L'étude qu'il consacre en 1850 à *la Guerre des Paysans en Allemagne*[2], fondée sur la compilation peu sûre de Zimmermann, est dominée par le souci de montrer une analogie rigoureuse entre les deux révolutions allemandes de 1525 et de 1848-1849, qui devaient inévitablement échouer, l'une au profit des princes, l'autre à celui des grands souverains, parce que la situation économique n'était pas mûre. Münzer avait cependant, « par une anticipation géniale », « pressenti le communisme », et son « fanatisme révolutionnaire » s'en était inspiré. Or Engels prend soin de noter qu'il avait « étudié particulièrement les écrits chiliastiques de Joachim de Calabre ». Quelle doctrine en avait-il donc tirée ?

> Il enseignait, sous des formes chrétiennes, un panthéisme qui... frise par moments l'athéisme. Il rejetait la Bible... comme infaillible révélation. La véritable révélation vivante, disait-il, c'est la raison... Opposer la Bible à la raison, c'est tuer l'esprit par la lettre. Car le Saint-Esprit dont parle la Bible n'existe pas en dehors de nous. Il est la raison elle-même... Münzer employait la plupart du temps la phraséologie chrétienne..., mais la pensée hérétique ressort partout de ses écrits, et l'on s'aperçoit que le masque biblique a pour lui moins d'importance réelle que pour maints disciples de Hegel aujourd'hui...[3]

Engels ne s'attarde pas à justifier le rapprochement sommaire qu'il établit entre Münzer et Joachim. Il lui suffit de cette considération générale que pour Münzer le royaume de Dieu devait être instauré socialement sur terre et y constituer une Église toute nouvelle, comme

---

1. Cf. sa lettre à W. Graeber, déc. 1839 : « Je suis arrivé, à travers Strauss, en chemin direct vers le hégélianisme. » Cité par H. Desroche, *Socialismes et sociologie religieuse*, 1965, p. 181. *Anti-Dühring*, préface de la 2e édition, trad. Émile Bottigelli[2], Éd. sociales, 1963, p. 41, Hegel n'a encore exposé « les lois dialectiques du mouvement » de l'histoire que « sous une forme mystifiée ».

2. Trad. fr. avec préface de D. Riazanov et la préface de Engels pour la réédition de 1874.

3. Pp. 65-69 et 140-141.

l'avaient annoncé les prophètes[1]. Mais il a créé dans le marxisme une sorte de tradition[2], qui, en reprenant le parallèle, s'efforce de le préciser. C'est ainsi que pour le russe Smirin Münzer aurait reçu de Joachim l'idée « d'un bouleversement temporel imminent », d'où devrait résulter « une totale purification humaine » : idée obtenue grâce à une exégèse originale, qui permettait « de rapporter les prophéties de l'Apocalypse à l'histoire présente et à venir » ; seulement, il aurait écarté « le pur objectivisme d'une exégèse dont le corollaire était une attente passive », pour attribuer au peuple et à la raison humaine un rôle actif dans la transformation attendue[3]. Pour l'allemand Töpfer cette différence même entre les deux prophètes devrait être atténuée, car déjà selon l'abbé de Flore les « hommes spirituels » ont un certain rôle actif à jouer pour « contribuer à la réalisation des intentions divines » ; bien plus, leur annonce même de ce qui doit venir « peut dans certaines circonstances » devenir sans plus « un appel à l'œuvre divine ou même révolutionnaire »[4].

Tant à propos des liens établis entre Münzer et le marxisme que des liens analogues mis entre Joachim de Flore et Münzer, et comme en général à propos des nombreux rapprochements faits entre « les mouvements chiliastes médiévaux » et « les idéologies totalitaires modernes », on est assurément en droit d'estimer, avec Henri Desroche[5], que de telles « continuités typologiques » sont souvent « discutables ». A plus forte raison pourra-t-on émettre des doutes sur l'authenticité de certains rapports de filiation, même lorsqu'ils sont affirmés par le prétendu fils. Par exemple, ainsi que l'observait récemment M. Henry Mottu, Engels abuse lorsqu'il prétend ou semble prétendre « toujours mieux savoir ce que pensait réellement, « objectivement » Thomas Münzer que Thomas Münzer lui-même ». Quand il affirme que pour Münzer « le Saint Esprit, c'est précisément la raison », il y a là « une vraie transmutation de sens, dont l'anachronisme voulu et conscient est pour le moins cavalier » ; et de même en va-t-il pour la prétention de Jacob Taubes à identifier « purement et simplement les intuitions de Joachim avec le contenu de la philosophie

1. *La guerre des paysans*, p. 69.

2. Voir aussi Karl KAUTSKY, *Der Kommunismus in der deutschen Reformation.*

3. Trad. allemande, *Die Volksreformation des Thomas Müntzer und der grosse Bauernkricg.* Berlin[2], 1952. D'après H. MOTTU, *La manifestation de l'Esprit selon Joachim de Fiore*, p. 305.

4. *Das Kommende Reich des Friedens...* Berlin, 1964. Cf. MOTTU, p. 306, qui observe justement : « La grande énigme historique de l'œuvre authentique de Joachim est en effet de savoir pourquoi ce « système », si médiéval et si monastique, a pu servir de caution à des mouvements protestataires si divers dans l'histoire. »

5. Archives de sociologie des religions, 5, 1958, p. 178.

hégélienne, la *plenitudo intellectus* du Calabrais devenant équivalente au savoir absolu de Hegel »[1] : elle a pour tout historien tant soit peu strict quelque chose de choquant. Même dans les cas où s'avère un lien historique réel, on devra soutenir avec Karl Mannheim[2], « en opposition avec ceux qui tentent de tout dériver du passé, que la forme moderne prise par l'idée est », sinon toujours « beaucoup plus importante que son origine », du moins fort différente. Bref, on doit être attentif à ne pas méconnaître les transformations. Analogies et filiations ne sont point à nier pour autant, mais c'est une question de mesure. Même un Norman Cohn, porté en pareilles matières au concordisme, a jugé que « la résurrection et l'apothéose que connaît Münzer... depuis Engels jusqu'aux historiens communistes d'aujourd'hui... a de quoi surprendre » ; « le transformer en un gigantesque symbole et en faire un héros de la lutte des classes » lui paraît être une vue « assez simpliste »[3]. C'est là ce que nous allons constater encore, dans un contexte élargi, chez le plus brillant comme le plus indépendant, mais non le moins fantaisiste de ces historiens, Ernst Bloch.

Selon Bloch, il existe un « évangile pur, celui du Christ », qui par malheur fut remplacé dans la pratique « par un second évangile, sur le Christ ». (On voit qu'il ne se met pas en frais d'invention.) Quand eut lieu cette substitution ? Le choix nous est laissé entre la rédaction des évangiles eux-mêmes, dès le premier siècle, et l'action décisive de saint Augustin, au cinquième. En fait, dans l'intervalle, on discerne au moins quelques hérauts de l'avenir, en qui revit le message authentique de Jésus. Bloch cite trois noms, trois noms d'« hérétiques » : Marcion, Tertullien, Origène. Chez tous trois retentit « l'annonce du nouvel éon d'une divinité restée jusqu'alors inconnue ». Oubliant peut-être que Marcion rejetait l'héritage de l'Ancien Testament, il fait de lui le prototype des chrétiens qui, fidèles à l'esprit apocalyptique du christianisme le plus primitif, rejettent un Dieu Père pareil encore à Jupiter. Après

1. *Joachim de Flore et Hegel, Apocalyptique biblique et philosophie de l'histoire.* Primo Congresso internazionale di Studi Gioachimiti, 19-23 septembre 1979. Cf. Jakob TAUBES, *Abendländische Eschatologie*, Berne, 1947, pp. 90-98 : « Joachimitische Prophetie und Hegelsche Philosophie ».

2. *Idéologie et Utopie.* 1929 ; trad. Pauline Rollet (sur la version anglaise de 1936), p. 64.

3. Op. cit., pp. 259-260. Un conspectus des études publiées et des principaux jugements portés sur Münzer depuis Luther jusqu'à nos jours est dressé par Frédéric HARTWEG, *Thomas Münzer théologien de la révolution*, dans *Utopie, marxisme selon Ernst Bloch.* Payot, 1976, pp. 205-221. Voir aussi Francis RAPP, *Foi et révolution au XVIe siècle, Thomas Münzer vu par des marxistes et des théologiens*, dans Les quatre fleuves, 3, 1974, pp. 81-85. Cf. A. FRIESEN, *Th. M. in Marxist Thought*, dans Church History, 1865.

lui, Tertullien, puis Origène attendaient « le royaume du Paraclet, qui ne peut être considéré que comme collectif ». Cependant ces grandes voix ne furent guère entendues. Dans « l'Église de l'Empire romain » avait aussitôt prévalu l'image d'un Christ « qui devait tenir les esclaves en laisse » ; elle était d'ailleurs esquissée déjà dans le Sermon sur la montagne. « Rejetées par la doctrine officielle de l'Église, les espérances millénaristes de l'immanence » furent, si possible, détruites plus encore « de la façon la plus énergique par saint Augustin[1] : le feu fut étouffé, le critère désocialisé. Car selon saint Augustin le règne de mille ans commence déjà avec Jésus ; qu'un homme confesse sa foi et son Rédempteur, cela est déjà la première résurrection. Le royaume où les justes règnent avec le Christ est uniquement la communauté ecclésiale des croyants, l'État de Dieu sur la terre, la *civitas Dei terrena* »[2].

Cette doctrine augustinienne s'imposa si fortement que « le christianisme pur », sur la fin du douzième siècle, n'était, on peut le dire, « pas encore décrypté », pas plus en ce qui concerne la morale que la connaissance. Pour la première fois Joachim de Flore l'a fait clairement et puissamment resurgir en proclamant un « troisième règne », d'où serait bannie « la crainte du Seigneur », un « âge des moines », bientôt à venir, « pensé moins comme un âge ascétique que comme un communisme fraternel et sans propriété ». Il le put, parce qu'il avait commencé par « transformer la doctrine trinitaire traditionnelle, qui n'envisageait dans la divinité qu'une pure distinction statique de points de vue (*Standpunkte*), en une gradation tripartite s'effectuant dans l'histoire elle-même ». Il conçut de la sorte une histoire de l'humanité en progrès, encore inachevée. « Ce qui dans la pensée mystique était jusque-là considéré comme une ascension graduée de l'âme individuelle, le passage cohérent d'un état psychique à un autre, fut projeté par lui sur tout le processus de l'humanité. » Grandiose perspective et radicale innovation ; en réalité, libération de l'augustinisme et même, davantage, de tout le christianisme tel qu'il s'était constitué en usurpant « la place de l'Évangile », retour à la toute première origine : telle fut « la hardiesse spécifique de Joachim ». Le moine calabrais a permis « de mêler de façon nouvelle les voies spirituelle et terrestre vers le

1. Faisant flèche de tout bois, Bloch est heureux d'autre part de citer un mot de cet Augustin dont il exècre la pensée : « Dies septimus nos ipsi erimus ». Mot profond, qu'il met au service de l'« homo absconditus » pour écarter du *Novum* attendu toute référence à un Dieu autre que l'homme. *Pr. Hoffnung*, pp. 1406 et 1522 ; *Atheismus...* c. 30.

2. « La forme de la question inconstructible », dans *L'esprit de l'Utopie* (Geist der Utopie), 1923, revu et modifié en 1964 ; trad. A. M. Lang et C. Piron-Audard. Gallimard, 1977, p. 261. *Héritage de ce temps*, trad. Jean Lacoste. Payot, 1978, pp. 119 et 130. *Das Prinzip Hoffnung*, Frankfurt, 1959, pp. 582-592, 1000-1003, 1559-1560.

bonheur », « il a tourné vers le futur les regards qui restaient fixés sur l'au-delà, il a contemplé son idéal non dans le ciel, mais sur terre »[1].

Joachim n'a pas manqué de disciples. L'un des plus grands, venu deux siècles après lui, fut Télesphore de Cosenza, dont « l'hymne joachimite » a des accents plus profondément terrestres que les cantiques de François d'Assise : Dieu, chante Télesphore dans sa jubilation, s'est fait homme afin que l'homme tout entier fût en lui-même heureux, et pas seulement l'homme intérieur, mais aussi « les yeux, les oreilles, les bouches, les mains, les pieds, les foies et les reins ». C'est la même prédication que reprendra Thomas Münzer avec une force nouvelle, en lui donnant les mêmes racines doctrinales. Chez lui, « le Fils se manifeste avec éclat dans la lointaine ténèbre du Père, et Dieu le Père, Dieu le Fils et Dieu le Saint-Esprit se brisent sous l'assaut de la magie subjective, pour n'être plus que de pures images, de passagères copies de l'accession à soi-même, c'est-à-dire de la révolution communautaire de l'humanité, comme seule image réelle de Dieu », – d'un Dieu qui par là même a perdu sa réalité. D'où une nouvelle explosion d'« ivresse révolutionnaire », comme il y en avait eu plusieurs depuis le temps de Joachim, notamment chez les Hussites et les Taborites, comme il y en aura bientôt une autre chez les Anabaptistes. Mais c'étaient des ivresses encore « abstraites et mythologiques ». Suffisantes pour « mettre en marche la volonté de changer le monde », elles manquaient d'une « méthode » capable de la faire atteindre son but. Elles manquaient aussi d'une vue suffisamment nette du seul vrai christianisme, celui de l'hérésie. C'est pourquoi, chaque fois jusqu'au dix-neuvième siècle, les espoirs sont déçus. La porte un instant entrouverte se referme. La réaction prend le dessus. Les Universités, au service du pouvoir, deviennent « les vrais cimetières de l'esprit »[2].

Mais enfin vinrent Hegel et Marx. Sans doute on est surpris de voir Hegel chercher les sources du christianisme d'abord en Grèce et à Rome plutôt qu'en Galilée et à Jérusalem ; pourtant il lui faut bien constater qu'avec le Christ c'en est fini des religions « de l'individualité purement spirituelle : à présent commence le Dieu humainement incarné ». Alors s'épanouit « le lumineux démonisme de Hegel » : « une fois de plus le vieux symbole biblique de l'*Eritis sicut dei* est le signe à propos duquel la mystique de la liberté se sépare du mysticisme de la réaction.[3] » En effet :

1. *L'esprit de l'Utopie*, loc. cit. *Héritage de ce temps*, pp. 123 et 126. *Das Prinzip Hoffnung*, t. 2, p. 592.

2. *Hér. de ce temps*, pp. 57 et 125. *Thomas Münzer théologien de la révolution*, trad. M. de Gandillac, Julliard, 1964, pp. 72-74 et 252. *L'esprit de l'Utopie*, p. 283.

3. *Sujet-objet, Éclaircissements sur Hegel*, trad. M. de Gandillac. Gallimard, 1977,

> La religion chrétienne contient le principe... que l'homme possède une valeur absolument infinie. Ce principe tient plus précisément au fait que le christianisme contient le dogme, révélé aux hommes par le Christ, de l'unité de la nature divine et de la nature humaine ; ici homme et Dieu, l'idée objective et l'idée subjective ne font qu'un. Sous une autre forme cette idée se trouve dans l'antique récit de la chute originelle ; sur ce point le serpent n'a pas trompé l'homme[1].

Marx vient compléter Hegel en apportant la méthode, l'outil nécessaire au succès de « la révolution socialiste ». Celle-ci « diffère de celles qui l'ont précédée par son caractère scientifique et concret » ; aussi met-elle fin à « la préhistoire de l'humanité », créant un monde qui ne sera plus « traversé de crises ». Mais, « utopie véritable », elle reste « en corrélation très étroite avec tout ce qu'il y avait d'authentique dans l'ancienne utopie, avec la part de rêve qui enflamme de façon durable », et sa sphère « n'est pas totalement différente de celle de Joachim de Flore »[2].

Dans les études sur la tradition du « troisième âge », a écrit Raoul Manselli, le danger est « l'improvisation et le dilettantisme »[3]. Chez Bloch, nulle improvisation tardive : depuis ses premières publications, sa visée est restée constante ; pas non plus de dilettantisme, car il tient passionnément à son rêve. Mais il n'est pas non plus question d'histoire. Bloch peut un moment séduire par son « écriture flamboyante » et la « splendeur baroque de ses évocations » ; une fois dissipés les « brouillards dorés » de son éloquence[4], on peut encore admirer l'extrême ingéniosité qu'il met à tisser sa toile avec les matériaux les plus hétéroclites ; mais on échoue à le prendre au sérieux. On est tenté de le tenir pour un jongleur et un illusionniste. Du moins offre-t-il un

---

pp. 298-299 et 311, p. 313 : « ... La valeur attribuée au mythe du serpent constitue comme un sûr critère pour distinguer le christianisme hétérodoxe de ce qui dans l'Église prolonge les antiques religions de Baal. Au rôle de Prométhée dans le calendrier philosophique correspond, dans l'histoire révolutionnaire des hérésies, l'*Eritis sicut Deus*. Le conseil antimythique d'oser savoir trouve ici son mythique archétype, – le serpent du Paradis est en quelque sorte l'araignée du plafond de la déesse Raison. »

1. HEGEL, (XIII, p. 124), cité par Bloch, *Sujet-objet*, pp. 318-319. Cependant, même la philosophie de Hegel a été tenue « à l'écart de la vérité sérieuse du Front et du *Novum* » par « la chape de l'anamnèse platonicienne » : *Le Principe Espérance*, t. 1, trad. Françoise Wuilmart. Gallimard, 1976, p. 38.

2. *Héritage de ce temps*, p. 138 et 256-257. Même note chez Éric J. HOBSBAUM, *Les primitifs de la révolte dans l'Europe moderne*, tr. R. Laars, Fayard, 1966, p. 80.

3. *Accettazione e rifiuto della Terza Età*, Archivio di Filosofia, 1971, p. 139.

4. X. TILLIETTE, *Le Christ des philosophes*, 3, 1976, pp. 51-56.

cas d'imagination créatrice au développement prodigieux, caractéristique selon Claudel du romantisme[1]. Il n'a certes rien du tâcheron scrupuleux dans la lecture et l'interprétation des textes, il ne recule devant aucune extrapolation hardie[2]. Hégélianiser Joachim de Flore et Thomas Münzer[3], marxiser Hegel à outrance, associer étroitement Marcion à ses deux plus grands adversaires, embarquer pêle-mêle dans son vaisseau Cathares, Vaudois, Joachimites de toute espèce, Pic de la Mirandole[4], Kant, Tolstoï et bien d'autres, dresser une généalogie qui les fait tous descendre des premiers martyrs brûlés par Néron[5]..., ce ne sont encore là que peccadilles, tant qu'on les considère en dehors de son grand dessein. Détails minimes, dans la vaste épopée de l'humanité que Bloch a, semble-t-il, conçue d'emblée, qu'il s'est appliqué d'un ouvrage à l'autre à parfaire et qu'il importe d'envisager dans son ampleur.

Au nom de la tradition judéo-chrétienne, Bloch anathématise le paganisme antique. Mais c'est pour placer aussitôt l'Ancien Testament tout entier sous le règne glorieux de Lucifer, qui a déjoué la ruse du dieu jaloux, « scorpion venimeux », véritable Satan, c'est-à-dire adversaire de l'homme, digne parent non seulement de Zeus[6], mais du Baal et du Moloch (il semble que Bloch se souvienne ici de Daumer, sans oser invoquer son patronage[7]). C'est pour exalter un Christ qui n'est pas Fils de Dieu mais Fils de l'Homme, en qui revit le serpent de la Genèse et qui prêche la révolte contre la domination du démiurge ; nouveau Prométhée, non médiateur ou rédempteur, mais « Vainqueur et Vengeur », « germe du Paraclet » à venir, annonciateur du « Plérôme du Saint-Esprit »[8]. L'Église, dès le lendemain, a redressé l'Idole qu'il avait terrassée ; ce fut avant tout la faute de Paul, qui substitua au titre

1. Cf. Paul CLAUDEL, Pléiade, Prose, pp. 468-469.

2. Voir les exemples signalés par H. MOTTU, loc. cit. *Das Prinzip Hoffnung*, 2, p. 592, etc.

3. Cf. les critiques que lui adresse Georges LUKACS, *Histoire et conscience de classe*, trad. K. Axelos et J. Bois, Éd. de minuit, 1960, pp. 236-238. Son livre sur Münzer, a écrit Frédéric HARTWEG, est un « chaos verbal, cubiste, indéchiffrable, obscur et enflé » : dans *Utopie, marxisme selon Ernst Bloch*, 1976, p. 209. V. aussi ibid. le jugement de K. Holl.

4. *La philosophie de la Renaissance*, 1972 ; trad. Pierre Kamnitzer, Payot, 1974, pp. 14-15.

5. Cf. *Atheismus im Christentum*, Frankfurt. Main, 1968, p. 24.

6. Son « anti-Olympe » est un anti-Yahwisme. *Droit naturel et dignité humaine*, 1961 ; trad. Authier et Lacoste, Payot, 1976, pp. 257-258.

7. *Atheismus in Christentum*, pp. 222 et 223.

8. *L'Esprit de l'Utopie*, pp. 329-331 (reproduisant un écrit de 1918 : « Formes de l'universelle rencontre de soi ou Eschatologie »). *Das Prinzip Hoffnung*, « Jesus, Apokalypse, Reich » ; cf. t. 2, pp. 1493-1504.

eschatologique de « Fils de l'Homme » celui d'un « Christ Seigneur » obtenant son règne par le sacrifice à l'image du « Serviteur souffrant ». Ainsi l'homme fut-il de nouveau condamné à la « pétrification ». Mais, prenant le relais des constructeurs de Babel, de Jacob, de Job et des Prophètes, un christianisme « hérétique », le seul vrai, n'a cessé de protester : au dieu qui répète que « tout est bon, très bon » sous son joug, s'oppose l'Homme, qui dit : « Voilà que je fais toutes choses nouvelles »[1] ; unissant les forces de la gnose et de l'apocalypse, il forme, des Ophites à Marx, une chaîne ininterrompue[2]. Or, de cette chaîne, Joachim de Flore est peut-être le principal anneau : à partir de lui, l'appel à l'Esprit de libération va progressivement s'étendre. C'est dans cette perspective qu'il faut l'évoquer, pour en mesurer la stature : « en pleine hérésie révolutionnaire, il a fait se dissoudre l'antique Eon de domination du « Père » par l'imminent Eon d'Illumination du Logos, contraire à l'État comme à l'Église ».

C'est bien là ce qu'entend réaliser le marxisme. Toutefois, à ce dernier anneau de la chaîne il manque encore une chose, la même qui déjà manquait à Feuerbach. Celui-ci n'avait pas compris qu'en faisant de l'humanisme une simple « théologie inversée » on ne peut qu'aboutir à « de véritables platitudes », parce qu'on perd « l'aiguillon de la transcendance » : il aurait fallu dégager le « noyau » qui « agit au cœur de toute religion », à savoir, cet idéal de l'homme encore inconnu de lui-même, non réalisé dans sa plénitude, qui s'hypostasie mythiquement dans sa croyance. Et Marx, en s'arrêtant à la libération sociale, n'a pas su davantage procurer l'indépendance « à l'homme nouveau, au salut, à la force de l'amour et de la lumière » ; il a fait « descendre sur la terre un « ciel » qui n'est rien de plus qu'une organisation plus ou moins eudémoniste – en oubliant la musique qui devrait retentir et s'échapper de ce mécanisme bien huilé de l'économie et de la vie sociale »[3]. Bref, ni l'un ni l'autre n'a vraiment connu l'âme humaine, son irrépressible mouvement de transcendance ; ils n'ont opéré qu'une « vulgaire sécularisation » de la religion, sans en recueillir l'héritage[4]. Ce qu'il fallait, c'était découvrir l'athéisme dans le christianisme

---

1. Ibid., p. 329. *Ath. i. Christ.* pp. 59-63, 172-189 et 207-211. Cf. Frank Paul Bowman, « Ernst Bloch et l'eschatologie », dans *Utopie, marxisme...*, pp. 196-200.

2. *Atheismus im Christentum*, pp. 93, 217, 231-236, 240-241, 265, etc. *Das Prinzip Hoffnung*, pp. 1497-98.

3. « La pensée socialiste », dans *L'esprit de l'utopie*, tr. fr. 1977, pp. 292-293. *Das Prinzip Hoffnung*, t. 2, pp. 1152-1523, et le dernier chapitre, pp. 1602-1628 : « Karl Marx und die Menschlichkeit ; Stoff der Hoffnung ».

4. *Héritage de ce temps*, p. 377. *Atheismus im Christentum*, p. 318. Cf. *Spuren*, 1959 ; trad. Quillet et Hildenbrand. Gallimard, 1968, p. 29 : « L'homme est quelque chose qui reste encore à découvrir. »

même, en sorte qu'on pût dire en vérité : « Seul un athée peut être un bon chrétien, seul un chrétien peut être un bon athée ». L'espérance que Bloch nous propose est celle d'une « transcendance dans le temps », d'un « dépassement immanent », allant à la découverte, dont le double modèle se concrétise dans le Moïse de l'Exode et dans le Prométhée de la tragédie grecque, tous deux symboles de Lucifer[1]. Elle comporte en outre une exigence de survie par la métempsycose[2], non pas tant que se prolonge chaque conscience individuelle — car « nous ne connaissons pas celui qui dort dans la chambre obscure de l'instant vécu, aussi ne possédons-nous aucun critère pour reconnaître notre âme dans quelque chose de plus ancien » —, mais pour que rien ne soit perdu « dans le grand système de l'esprit humain qui se déploie ». Il existe un « plasma germinatif de l'âme » qui « ne doit pas être emporté dans l'abîme de la mort éternelle ». « L'Ultime spirituel », ce Dieu qui est « notre profondeur », qui anime « notre essence luciférienne » manifestée comme « faculté d'héroïsme, volonté de créer, de savoir, d'« être comme Dieu », ce « génie paraclétique du monde intérieur et de la communauté domestique » sera enfin réalisé « au-delà de l'anéantissement » de ce monde pervers[3].

On admettra volontiers avec Pierre Furter que Bloch a fait sauter « les barrières que l'orthodoxie marxiste, depuis Engels, avait dressées contre les pouvoirs de l'imaginaire »[4]. Mais comment admettre, sinon par une énorme ironie, qu'en utilisant pour son entreprise la Bible judéo-chrétienne, au gré de son caprice, il se soit révélé « un exégète d'une grande profondeur »[5] ? ou qu'en prenant à son compte la dogmatique de l'« homoousios » pour donner son athéisme, il ait rétabli

1. En un sens, Prométhée, qui était pour Marx le plus grand saint du calendrier philosophique, « passe au second rang derrière Job et Moïse », — mais c'est parce que la Bible lui offre un type de Prométhées plus grandiose.

2. Bloch a recours à une sorte de consensus universel, celui de « toutes les doctrines ésotériques du monde », et s'autorise spécialement de Lessing. La doctrine de l'immortalité, telle que l'expose le Nouveau Testament, « est un abrégé de la métempsycose, à cause de la proximité immédiate pour Jésus du jugement dernier. » *Formes de l'universelle rencontre de soi ou Eschatologie*, 1918 ; repris dans *Geist der Utopie*, éd. de 1964 (*L'esprit de l'utopie*, pp. 311-312).

3. Op. cit. et « La véritable idéologie du Royaume » : *L'esprit de l'utopie*, pp. 297-330.

4. Pierre FURTER, *L'espérance selon Ernst Bloch*, Rev. de théol. et de philos., 1965, p. 292.

5. Gérard RAULET, *Utopie-Marxisme selon Ernst Bloch*. Payot, 1976. Présentation, p. 25. « La relecture » des deux Testaments est ingénieuse et fantaisiste, on ne saurait lui attribuer ni objectivité ni profondeur. Sur les présupposés gnostiques de cette exégèse et ses résultats : BALTHASAR, *La gloire et la croix*, dernier volume, « Nouvelle Alliance », Aubier, 1975, p. 443. J. RATZINGER, *L'unité de la foi et le pluralisme théologique*, thèse 2.

contre une Église infidèle la pensée de celui qu'elle nomme son fondateur ? Comment lui attribuer « la paternité des théologies de l'espérance »[1], – sinon d'un certain type, discutable, de ces théologies ?

Bloch voudrait nous « apprendre à espérer », il voudrait nous enseigner « un espoir authentique, instruit et concret », doué « d'une dimension philosophique ». Il refuse tout « au-delà » qui ne serait encore que « l'image réfléchie du Devenir »[2]. Refus pleinement justifié. Mais aussitôt qu'il s'explique, il ne peut faire autrement que rétablir ce qu'il voulait écarter. Parce qu'il a réintroduit le rêve, il croit facilement que son espérance échappe à « l'exotisme mythologique » propre à satisfaire « des aspirations toutes faites »[3]. La distinction qu'il établit entre le « rêve nocturne » et le « rêve éveillé » lui paraît suffire, en écartant Freud, à fonder cette espérance véritable[4]. Mais si elle permet en effet d'opposer à « l'envoûtement de l'anamnèse », c'est-à-dire à l'esclavage du passé, une « conscience anticipante », c'est-à-dire une ouverture à l'avenir, cet avenir « espéré », ce « non encore » est-il vraiment « tout autre » ? Il se profile toujours sur le « Front » d'un devenir[5]. C'est l'avancée du Progrès collectif, réalisé par l'homme à travers l'espace et le temps, qui doit le procurer dans le prolongement de l'histoire. C'est en transformant ce monde qu'on doit aboutir à la « patrie de l'identité ». Aussi le *Principe Espérance* nous parle-t-il d'une « construction », d'une « édification de l'espérance »[6]. Or c'est précisément ce « caractère prométhéen »[7] qui le fait retomber au niveau qu'il avait cru surmonter. Sécularisant la « religion » pour la plier à son

1. Ibid. « ... du propre aveu des théologiens », nous est-il dit, avec trop d'assurance.

2. *Le Principe Espérance*, t. 1, pp. 9 et 12-15.

3. *Héritage de ce temps*, p. 138.

4. *Le Principe Espérance*, t. 1, pp. 99-102, etc. Cf. Catherine PIRON-AUDARD, « Anthropologie marxiste et psychanalyse selon Ernst Bloch », dans *Utopie, Marxisme...*, pp. 109-120.

5. On n'oubliera pas d'autre part que ce devenir est d'abord pour Bloch un « orageux pélerinage », comme celui de son héros (*Thomas Münzer*, trad. Gandillac, p. 265) ; le devenir d'une *fraternitas militans* qui « n'accorde aucun pardon à des bêtes féroces » mais brandit contre elles le drapeau de la révolution, orné de l'arc-en-ciel, symbole et présage de la grande paix : *Droit naturel et dignité humaine*, 1961 ; tr. fr. 1976, Payot, p. 173. L'image du Front est ambivalente, elle suggère aussi un front de guerre. Voir encore *Pr. Hoffnung*, 1959, p. 326 : Si, au sein même de l'amour, la haine ne forme pas un pôle aussi concret, il n'y a pas vraiment amour, etc. Prise de position « plus que crue », commente G. RAULET, loc. cit., p. 48, « qui le mènera à soutenir une politique « stalinienne », que ce soit au moment des procès de Moscou, ou en Allemagne de l'Est avant qu'il n'en parte. »

6. *Le Principe Espérance*, t. 1, pp. 25-27. Cf. pp. 28-29 : « L'essence du monde est elle-même au Front » et « l'homme est le bras du *Novum* ».

7. *Dialogue sur l'espérance*, dans *Présence de Gabriel Marcel*, cahier 1, *G. Marcel et la pensée allemande*. Aubier, 1979, p. 44 ; cf. p. 54.

service, Bloch la stérilise et se prive du service qu'il en attendait[1]. terme d'un « dialogue sur l'espérance » qu'il avait accepté de tenir avec Bloch, recueillant de la bouche de son interlocuteur à la fois sa négation de toute grâce et la conception qui en résultait, Gabriel Marcel ne put s'empêcher, dans un cri de douleur, de déplorer cet « aplatissement »[2].

Combien autre, l'espérance chrétienne, et combien méconnue par Bloch, prisonnier de sa décision d'athéisme et de ses fantaisies gnostiques ! Écartant toute idée d'un salut à conquérir, elle dépasse toute attente saisissable à l'imaginaire : « ce que l'œil n'a point vu, ni l'oreille entendu, ce qui n'est point monté au cœur de l'homme », en aucune espèce de rêve.

Bloch cite assez souvent Lénine[3]. Il n'est pas le seul à lui trouver quelque parenté avec Joachim de Flore. En 1931, E. Rosentock faisait le rapprochement[4]. Vers la même date, dans son étude sur *Idéologie et Utopie*[5], Karl Mannheim désignait en Joachim celui qui fit resurgir avec une force nouvelle les vieilles « doctrines chiliastes, toujours combattues par l'Église », dont le germe révolutionnaire devait porter ses fruits chez les Hussites, Münzer et les Anabaptistes. Résumant à grands traits cette histoire, Mannheim la termine avec l'échec de Bakounine, en qui « l'utopisme chiliaste » aurait pris fin, vaincu par le mouvement bien organisé du marxisme[6]. Sans faire habituellement allusion à Joachim, nombre d'auteurs de notre siècle, dont plusieurs ont agi puissamment sur la pensée contemporaine, se réfèrent à la Trinité chrétienne historiquement comprise, dans le sillage de Hegel et de Feuerbach. Pour les uns, il s'agit simplement d'opposer le règne moderne du Fils au règne périmé du Père. Ceux pour qui le Fils est seulement l'annonciateur d'un troisième règne, le règne à venir de l'Esprit, les considèrent comme les représentants d'un humanisme bourgeois, destiné lui-même à disparaître. « Le bourgeois, écrivait Emmanuel Berth en 1935, est libre-penseur..., sa métaphysique n'est plus une métaphysique de l'Être immuable..., sa religion n'est plus celle

1. Cf. *Le Principe Espérance*, t. 1, page 4 de la couverture.

2. *Dialogue sur l'espérance*, p. 67.

3. Longue citation dans *Das Prinzip Hoffnung*, pp. 8-9, et nombre d'autres.

4. *Die europäischen Revolutionen, Blokscharaktere und Staatenbildung*, p. 20.

5. L'édition anglaise, *Ideology and Utopia*, traduit des textes allemands de 1929 et de 1931, que précède une première partie rédigée en anglais.

6. *Ideology and Utopia*, New York, 1936, pp. 211-244. Cf. *Idéologie et Utopie*, trad. p. Rollet sur l'éd. anglaise, Rivière, 1966. Vues analogues dans Wilhelm E. MUHLMANN, *Messianismes révolutionnaires du Tiers Monde*, trad. Jean Baudrillard, Gallimard, 1968, pp. 16-17.

du Père, ... mais plutôt celle du Fils, c'est-à-dire du mouvement qui procède du Père vers l'Esprit... Mais (sa) culture est toujours la culture traditionnelle, où... l'Idée platonicienne reste souveraine... Si le Temps commence, pour le bourgeois, à être une réalité, il ne *croit* pas encore en lui, et il se hâte de revenir à ... l'Éternel, pour y échapper à un Devenir qu'il trouve peu rassurant pour sa domination[1] ».

Quoi qu'il en soit, un exemple illustre d'explication du christianisme comme religion du Fils nous est donné par Sigmund Freud. Celui-ci n'a pas dit seulement : « Le judaïsme avait été la religion du père, le christianisme devint la religion du fils » ; il a dit encore, plus précisément : « Issu d'une religion du Père, le christianisme devint la religion du Fils et ne put éviter d'éliminer le Père »[2]. La théorie qui devait amener Freud à cette conception est trop connue pour qu'il y ait lieu de la rappeler. Notons seulement que d'après elle, une fois édictée la Loi sur le Sinaï, « la religion de Moïse ne connaît que (des) sentiments positifs envers le Dieu le Père » : admiration, respect, reconnaissance. Toutefois, « l'ambivalence étant un caractère essentiel des relations entre père et fils, il fallait bien qu'au cours des siècles l'hostilité, qui avait un jour incité les fils à tuer un père à la fois admiré et redouté, se manifestât à nouveau. » L'occasion fut le retard dans la réalisation des promesses. L'hostilité, réprimée, se mua dans la conscience de saint Paul en un sentiment de culpabilité : si nous sommes malheureux, pensa-t-il, c'est que nous avons tué le Père. Mais ce crime, racheté par le sacrifice du Fils, substitua, dans la nouvelle foi, « au sentiment enivrant d'avoir été choisi le soulagement de la rédemption salvatrice ». Dès lors le Fils était devenu Dieu « *à la place* de son Père »[3].

C'est cette antithèse de la religion du Père et de la religion du Fils que reprend Maurice Merleau-Ponty (1908-1961) dans *Sens et non-sens*. Elle paraît d'abord lui suffire pour opposer conservatisme et révolution. Le « règne du Père » signifie que « la perfection est déjà réalisée » ; nous n'avons qu'à prendre notre sort tel qu'il est : « que votre volonté soit faite ! » Mais avec le « règne du Fils », tout change :

> Hegel dit que l'Incarnation est « le gond de l'histoire universelle »... Et en effet le Dieu-Homme et la Mort de Dieu transforment l'esprit et la religion. Comme si le Dieu infini ne se suffisait plus, comme si quelque chose bougeait en lui, comme si le monde et l'homme, au lieu d'être une inutile déchéance de la perfection

1. Avant-propos à l'ouvrage de Georges Sorel, *D'Aristote à Marx*, Rivière, 1935, pp. 59-61.

2. *Moïse et le monothéisme*, trad. Anne Berman, Gallimard[3], 1948, pp. 134 et 204.

3. Op. cit., pp. 200-205 ; cf. 136-138 ; le Christ a « *pris la place* de son Père ». C'est nous qui soulignons.

> originaire, devenaient les moments nécessaires d'une perfection plus grande[1]. Dieu ne peut plus être pleinement Dieu et la création ne peut s'achever que si l'homme le reconnaît librement... Il se passe quelque chose, le monde n'est pas vain, il y a quelque chose à faire, etc.[2].

C'est-à-dire que la religion du Fils ne peut se clore sur elle-même : elle introduit la religion de l'Esprit. L'aventure de l'Incarnation aboutit à la Pentecôte. Or « la Pentecôte signifie que la religion du Père et la religion du Fils doivent s'accomplir dans la religion de l'Esprit, que Dieu n'est plus au ciel, qu'il est dans la société et dans la communication des hommes, partout où des hommes s'assemblent en son nom[3]. Le passage du Christ sur la terre n'est que le commencement de sa présence dans le monde... Les chrétiens n'ont pas à demeurer fixés sur un épisode historique, si décisif qu'il ait été. Ils ont à vivre le mariage de l'Esprit et de l'histoire humaine qui a commencé avec l'Incarnation... »

Mais, comme les croisés qui cherchaient un sépulcre vide, « le catholicisme arrête et fige ce développement » ; pour lui :

> La Trinité n'est pas un mouvement dialectique, les trois Personnes sont coéternelles. Le Père n'est pas dépassé par l'Esprit, la religion du Père demeure dans la religion de l'Esprit, la peur de Dieu, la Loi, n'est pas éliminée par l'Amour. Dieu n'est pas tout entier avec nous. En arrière de l'Esprit incarné demeure ce Regard infini devant lequel nous sommes sans secret, mais aussi sans liberté, sans désir, sans avenir, réduits à la condition de *choses* visibles... Ainsi sera marquée la réconciliation des hommes avec eux-mêmes et avec le monde, ainsi l'Incarnation tourne en souffrance parce qu'elle n'est pas complète, et le christianisme devient une nouvelle forme de la conscience malheureuse...[4].

Merleau-Ponty est moins brutal qu'un Bloch. On n'oserait décider si la révolution qu'il prône, refusant les séquelles d'un millénarisme qui mise sur un avenir tout neuf, diffère beaucoup d'une sage idée du progrès. Plutôt que lutte à mort et contradiction, il aime évoquer « dépasse-

1. On remarquera au passage ce faux dilemme ; on en trouvera un autre exemple p. 148 : « Si les critiques catholiques récusent l'intuition... d'une agile liberté (-celle de Sartre), c'est qu'ils voudraient... que l'homme eût un destin comme une chose. »

2. *Sens et non sens*[3], Éd. Nagel, 1948, pp. 309-310 et 311.

3. Cf. p. 226 : « La religion est plus qu'une apparence creuse, c'est un phénomène fondé dans les relations interhumaines. Elle ne disparaîtra comme religion qu'en passant dans ces relations. »

4. Op. cit., pp. 313-314. Cf. p. 315.

ment » et « accomplissement »[1]. Il est vrai que la « dialectique » mêlée à l'histoire permet d'unir les deux langages, puisque le passé exige d'être contredit « par les étapes suivantes en ce qu'elles ont de nouveau et de déconcertant » et de se trouver ainsi « rétroactivement modifié par elles », si bien que c'est une même chose « de passer dans l'autre ou de devenir soi »[2]. Plus prudent aussi qu'un Bloch, il n'affiche pas de prétentions à la technique de l'exégèse : il se tient presque entièrement dans la zone de la métaphysique et du symbole. Dieu, le Fils, l'Esprit, les trois âges lui offrent matière à un symbolisme éprouvé. On peut estimer qu'après Hegel et Feuerbach[3], après leurs épigones et leurs émules, ce symbolisme fait figure de slogan. On peut se demander pourquoi une profession d'athéisme éprouve le besoin de s'exprimer et de se justifier par un emprunt aux mots de la profession de foi chrétienne. On doit aussi remarquer l'arbitraire de l'usage qui est fait de ces mots. Sans doute Merleau-Ponty reconnaît que « pour lui-même, le christianisme n'est pas un symbole, il est la vérité », mais en fait, dans le cas présent, ce n'est pas la vérité du croyant qui devient symbole pour le philosophe, c'est le sens même de ce que le croyant tient pour vérité qui est d'avance totalement faussé. De la part d'un philosophe capable d'analyses si fines, dont ses ouvrages offrent tant d'exemples, on est en droit de s'en étonner. Dans un article de *Dieu vivant*, le Père Jean Daniélou avait signalé, avec beaucoup de modération, combien était artificielle l'opposition supposée entre la transcendance du Père et l'incarnation du Fils, comme si le christianisme, dans sa propre logique, aurait dû abandonner la religion du premier pour celle, toute autre, du second[4]. Pareille interprétation ne prouve-t-elle pas en effet, comme peu d'années auparavant Merleau-Ponty lui-même le reprochait à Émile Bréhier, qu'au lieu de commencer par chercher d'abord quelle fut (et quelle est encore) la foi des chrétiens, il « se réfère ici à une histoire préparée et clivée selon l'idée de l'immanence philosophique »[5] ?

C'est à une interprétation analogue de la foi chrétienne, héritière de la foi d'Israël, que nous invite Francis Jeanson, et il le fait au nom de la même dialectique historique, religieusement reçue de Hegel. Si, après les noms de Yahweh, le Père, et de Jésus, le Fils, il ne prononce pas,

1. Voir p. ex. *Les aventures de la dialectique*, Gallimard, 1954. Il accepte qu'on l'accuse de « renoncer à être révolutionnaire », plutôt que de cautionner un « marxisme des antithèses » ; pp. 12 et 312.

2. *Le visible et l'invisible*, posthume, Gallimard, 1964, pp. 123-124.

3. Cf. *Sens et non sens*, p. 151 : « Peut-être finalement la religion du Dieu fait homme aboutit-elle par une dialectique inévitable à une anthropologie et non à une théologie. »

4. *Signes*. Gallimard, 1960, p. 178 (« Christianisme et Philosophie » : pp. 170-185).

5. *Transcendance et Incarnation*, dans Dieu vivant, 6, pp. 89-96.

dans la page qu'on va lire, le nom du Saint-Esprit, c'est parce que, depuis Hegel encore (pour ne pas remonter plus haut), il est entendu que l'Esprit-Saint, c'est l'immanence, c'est la communauté des hommes, c'est l'*Homme* :

> ... Si la Parole du Fils peut faire apparaître comme Puissance du Péché et comme Malédiction ce qui était alliance de foi et bénédiction selon la Parole du Père, si l'homme a déjà été plusieurs fois sauvé par Dieu et si Dieu déclare lui-même qu'il vient une nouvelle fois pour le sauver, s'il a fallu que l'amour, qui était toute-puissance et soumission au Tout-Puissant, devienne lumière et liberté, pourquoi les notions *chrétiennes* d'amour, de grâce et de salut n'exigeraient-elles pas à leur tour quelque nouvelle conversion d'attitude ? Si la Parole de Jésus est un dépassement dialectique de celle de Yahweh, si la foi est l'antithèse de la loi, ne sommes-nous pas expressément conviés, par le Message lui-même, à dépasser le Message, à nous interroger sur ce que devrait être l'antithèse de cette foi devenue thèse ?
>
> ... Il ne semble guère légitime de bloquer un mouvement progressif au nom de l'un de ses « moments », et de celui-là même qui en a le plus clairement manifesté l'allure dialectique : s'il y a une histoire du « salut », cela signifie que la foi chrétienne, qui est née d'une conversion, doit connaître à son tour des conversions nouvelles. Mais sans doute faut-il ajouter qu'il ne s'agit plus pour elle, comme pour la fidélité préchrétienne, d'attendre le prochain Messie, ou le prochain message : si Jésus est venu libérer les hommes, c'est à eux désormais qu'il appartient de convertir leur propre foi...[1].

On reconnaît là encore notre vieux schème joachimite. Seulement, une fois de plus, Joachim est hégélianisé, Hegel est marxisé, la concorde littérale entre les deux Testaments successifs s'est muée en antithèse, l'autorité prophétique de Jean est relayée par celle de Paul, l'âge de la libre contemplation fait place à celui d'une tout autre liberté. La personnalité de Jésus s'estompe, elle tend à ne plus représenter qu'un moment dialectique, un peu comme chez Joachim elle tendait à n'être plus qu'un « type ». Une différence, toutefois, qui pourrait être capitale : Joachim n'avait pas rêvé, sur terre, d'un au-delà du troisième âge, tandis qu'on ne voit pas pourquoi, l'Homme ayant remplacé l'Esprit-Saint, le jeu de la dialectique s'arrêterait, pourquoi conversions et inventions ne se relanceraient pas les unes les autres *in indefinitum*. Et ce qu'on admire toujours, c'est ce besoin de s'appuyer

1. *La Foi d'un incroyant*. Seuil, 1963, pp. 120-122.

sur l'histoire de la révélation chrétienne arbitrairement reconstruite pour lui opposer son contraire.

Dans un merveilleux syncrétisme, Henri Lefebvre se réfère expressément au « schéma triadique » de l'Évangile éternel. Il lui découvre « une portée inestimable », que « l'histoire habituelle de la philosophie, comme celle de la société » ont eu tort de méconnaître. Peu soucieux de précision, il lui suffit d'observer que ce schéma possède « beaucoup plus de souplesse qu'un schéma binaire ou unitaire », qu'il « comprend des rythmes » et « correspond à des processus ». Lefebvre le diagnostique un peu partout, même là où il n'est question d'aucun processus historique, il le voit « percer à travers la pensée cartésienne, où l'infini divin embrasse les deux modes d'existence du fini, l'étendue et la pensée » ; mais, bien entendu, c'est dans Hegel qu'il assiste à son triomphe :

> ... Qu'est-ce que l'hégélianisme ? Un entrelacement de triades, émises et reprises par le troisième terme supérieur, l'Idée (l'Esprit)[1] ... Quant à Marx, son schéma triadique modifie mais conserve le schéma hégélien en le portant (selon Marx et Engels) à un niveau supérieur : affirmation - négation - négation de la négation (etc.) ... Il y a même pour Marx la Sainte-Trinité bourgeoise : le capital, la terre, le travail (le profit, les rentes, le salaire). Et ainsi de suite.

Lefebvre nous fait remarquer encore que, « assez étrangement, le positivisme, qui combat toute spéculation philosophique, adopte le schéma triadique » : c'est la fameuse loi des trois états. Puis il passe à Nietzsche et à ses « trois métamorphoses de l'Esprit ». Il finit par en arriver à Heidegger, qui « suit le modèle triadique de la façon la plus naïve : l'Être, - son occultation, - sa résurrection ou son resurgissement », mais ce n'est là qu'un rapide excursus[2]. Voici la conclusion véritable : « Pourquoi ne pas appliquer à notre triade, Hegel, Marx, Nietzsche, le modèle triadique lui-même ? Hegel serait le Père, la Loi ; Marx, le Fils et la Foi ; Nietzsche, l'Esprit et la Joie ! » Cependant, Lefebvre a de la peine à rester longtemps sérieux : « cette application,

1. Suit une longue énumération de cinq triades hégéliennes, « et ainsi de suite ». Nous en faisons grâce au lecteur. De même pour Marx.

2. *Hegel, Marx, Nietzsche, ou le royaume des ombres*. Casterman, 1975, p. 51. Pour la pensée révolutionnaire, la dialectique de Heidegger ne peut être qu'une contrefaçon. De même celle qu'on peut trouver dans Freud, car « il n'y a rien de nouveau dans l'inconscient freudien » (BLOCH, *Pr. Hoffnung*, p. 61, cf. p. 88) Seule vaut une « dialectique optimiste ». Hegel lui-même reste (pour Bloch et pour d'autres) « à la fois un carcan et un bélier ». (Pierre QUILLET, dans *Utopie, marxisme*, p. 172).

nous dit-il, ne dissimule pas son intention parodique », et encore : « Pourquoi cette réflexion, cette rétrospection sur les triades ? Parce que rien ne garantit l'éternité de ce modèle. » Aussi l'aurions-nous passé sous silence, si lui-même n'avait dit de sa « rétrospection » : « Cette histoire de l'Être (la Puissance créatrice, le Verbe, l'Esprit) passe pour originale chez les gens qui ignorent l'Évangile éternel »[1].

Roger Garaudy, que le Père Tilliette range en compagnie de Francis Jeanson parmi les « échos » et les « petits félibres » de Sartre et de Bloch[2], est depuis longtemps coutumier des « grands tournants »[3] qui, au gré de l'actualité le mènent de « révision déchirante » en révision déchirante ; mais il reste admirablement constant dans un confusionisme que Joachim de Flore vient patronner à l'occasion. En 1946, évoquant le mythe d'Antée dans lequel il voyait une image du parti communiste, il déclarait : « J'embrasse aujourd'hui dans toute sa plénitude le mystère de l'incarnation »[4]. En 1968 il dira que le vrai marxiste est celui qui s'est fait « une conception adulte » des dogmes chrétiens[5], et ce sera la même chose. Son hostilité tenace à l'Église catholique, dont un très bas pamphlet fut le signe en 1949, ne devait pas le détourner de cultiver ce langage. En 1965, il nous fait admirer le pôle « apocalyptique » du christianisme dans son opposition au pôle « constantinien ». Sous sa forme spontanée, la religion était « un projet humain mystifié » ; sans doute « il est beau que l'homme dans sa détresse ait conçu de tels rêves », mais c'était un opium qui l'endormait. « L'apport fondamental du christianisme » fut de changer le rêve céleste en projet terrestre, levier d'une « protestation militante ». Parmi ceux qui le comprirent, deux hommes ont une stature éminente : Jean Huss et Thomas Münzer. Ici, nous pourrions nous attendre à voir citer, comme leur ancêtre : Joachim ; mais Garaudy, d'un seul bond, remonte beaucoup plus haut : le grand initiateur, c'est saint Augustin, car c'est lui qui a commencé l'exploration de la « subjectivité », qui devait changer l'attitude de l'homme à l'égard du monde[6]. Bientôt cependant la perspective va changer. Augustin est rejeté, car à partir de lui, hélas, « le christianisme a intégré l'héritage dualiste de la pensée

---

1. Op. cit., pp. 38-40 et 51. La remarque finale vise Heidegger, mais elle s'applique aussi bien, dans sa généralité, à toutes les spéculations triadiques que l'auteur vient d'évoquer.

2. *Le Christ des philosophes*, 3, 1976, p. 84.

3. Cf. *Le grand tournant du socialisme*. Gallimard, 1969.

4. *Antée*. Éditions Hier et aujourd'hui, 1946, p. 191. Le livre est un hommage au « Parti bolchevik » et porte en exergue une page de Staline.

5. Postface à Giulio GIRARDI, *Marxisme et christianisme*. 1968, p. 314.

6. *De l'anathème au dialogue*. Plon, 1965, pp. 68, 79, 111-117. Augustin a joué ce rôle capital « en dépit de son platonisme et du conservatisme qui en découle ».

grecque », ce qui en a fait une force conservatrice ; mais il existe heureusement une autre tradition, celle de « l'Exode », des prophètes juifs et de l'Apocalypse de Jean ; elle « passe par le prophétique abbé Joachim de Flore », pour aboutir à Fichte, à Hegel et à Marx. Dans cette perspective, l'athéisme de Marx n'apparaît plus « métaphysique », mais seulement « méthodique » ; son « projet prométhéen » ne rejette que « le Dieu des trous et des alibis » ; « il est peut-être le meilleur défenseur de l'honneur de Dieu ». Le vrai marxiste est le vrai continuateur du Christ, avec qui « le Dieu des transcendances lointaines est entré dans l'histoire quotidienne des hommes..., détruisant les tabous et se situant par-delà la justice, le bien et le mal... » : mais pour être ainsi « l'authentique briseur de chaînes », il lui faut « intégrer ce moment chrétien, ce moment divin de l'homme ». Sur cette foulée, ne nous étonnons pas trop de voir paraître Bloch et Moltmann, Lénine et Mao Tsétoung[1], – et cette part de la jeunesse chrétienne qui met un « lien de plus en plus intime entre résurrection et insurrection » et pour qui « le seul divin concevable et vivable, c'est la force créatrice du cœur de toute chose »[2]. Tout cela, en 1972. En 1975, le confusionisme fait une nouvelle escalade, pour atteindre enfin son point culminant : « La politique, la création artistique et la foi ne font qu'un. Apprendre à les saisir dans leur unité, c'est la philosophie... Être un militant politique, apprendre à déchiffrer la peinture, la poésie ou la musique, danser sa vie et revivre de la vie primordiale de la foi, de la Croix et de la Résurrection, tout cela ne fait » jamais « qu'un ». C'est ce que nous aurait expliqué le grand Joachim de Flore, – quatre fois cité en témoin, – flanqué de ses deux acolythes obligés, Jean Huss et Thomas Münzer, qui nous ont appris « l'espérance ». Au lieu de nous maintenir asservis dans le « discours théologique », dans les « idéologies de justification ou de sacralisation », ainsi que le font les Églises[3], ils nous ont amenés à comprendre que la foi en Dieu consiste à croire que « l'homme est toujours plus que l'homme ». Nous savons désormais que le vrai Dieu est « l'Esprit », c'est-à-dire « que s'épanche au cœur de l'homme – de tout homme – une source inépuisable de créativité d'une vie nouvelle »[4]. Et voilà comment le saint abbé de Flore, aujourd'hui relayé par les Blondel (!), les Moltmann et quelques autres, parmi lesquels encore le grand Mao Tsetung, ayant appris à Roger Garaudy

1. *L'Alternative* ; changer le monde et la vie. Laffont, 1972, pp. 112 à 138.

2. Op. cit., pp. 42-44.

3. *L'Essentiel.* Laffont, 1975, p. 261. Dans *Antée* il était dit de Pie XII : « Le vicaire de Mammon a rêvé d'unir le culte du veau d'or et celui de Wotan » (p. 110).

4. Op. cit., pp. 233-235 et 251-252, etc. Voir aussi la réponse à Claudio Zanchettin dans *l'Église interrogée*, pp. 43-45.

« que le mouvement de libération remplit tout le passage de l'animalité à Dieu », lui permet de déclarer, en conclusion : « Je suis chrétien »[1].

Si parfois les extrêmes se touchent, ce n'est pas toujours uniquement par effet de convergence ; ce peut être aussi par communauté d'origine. Hans Küng n'avait pas tort d'évoquer le « joachimisme » en associant l'idéalisme allemand (dont le marxisme est la suite inversée) et les systèmes totalitaires du vingtième siècle[2] ; c'est un point sur lequel le cardinal Joseph Ratzinger se rencontre avec lui[3]. Certes, dans un cas comme dans l'autre, le rêve de l'abbé de Flore est totalement méconnaissable ; ceux qui l'avaient fait leur, au cours des siècles, l'avaient dès longtemps corrompu. Nul besoin d'y insister. Il n'en est pas moins vrai que « par différents détours, Hitler et Mussolini ont tiré les slogans... du « Führer » ou du « Duce » de l'héritage joachimite ». L'un des principaux responsables de cette filiation abusive paraît être Cola di Rienzo ; avant d'inspirer le fascisme, il avait marqué, au dix-neuvième siècle, le mouvement national qui avait pris pour mots d'ordre « la nouvelle Italie » ou « la troisième Italie », « la troisième Rome ». Pour l'Allemagne, l'héritage détourné, ou l'emprunt abusif, est encore plus flagrant ; « la vieille expression joachimite du « Troisième Règne » a pris la signification pathético-mystique qui ne nous est que trop connue de la domination millénaire établie par le Führer »[4]. L'ouvrage d'Arthur Moeller van den Bruck, *Das Dritte Reich* (1923), présente « un mélange de la Triade hégélienne et de l'idée d'un troisième testament », celle-ci venue sans doute du russe Merejkowski, dont l'auteur était l'ami[5] ; or, bien ou mal compris, cet ouvrage devait contribuer à rallier au national-socialisme une partie de la jeunesse allemande, devenue « l'élite du mouvement »[6]. Dans son *Mythe du*

1. Op. cit., pp. 261-265.

2. *L'Église*, tr. fr., t. 1, p. 268.

3. *Le Dieu de Jésus-Christ*, trad. H. Rochais, coll. Communio, Fayard, 1977, p. 114.

4. Cf. Günther Bornkamm, *Die Zeit des Geistes. Ein johanneisches Wort und seine Geschichte*, dans *Geschichte und Glaube*, erster Teil, Gesamm. Aufsätze, Bd 3. Munich, 1968, pp. 90-103. René De Haes, *Pour une théologie du prophétique*, Louvain-Paris, 1972, p. 120.

5. H. Mottu, congrès intern. de 1979, qui observe sagement : ce n'est pas parce que « les Nazis s'emparèrent du livre en en trahissant le sens, que l'on est *en droit* de faire du joachimisme une sorte de spiritualisme diffus, ouvert à tous les errements de barbarie du XXe siècle. » — Sur Merejkowski, voir le chapitre suivant.

6. Ernst Bloch, *Héritage de ce temps* : pp. 57-58, 127-128, 133. Bloch reconnaît cependant que le rêve nazi tiré de cet ouvrage « est l'inverse des prophéties qui depuis Joachim de Flore ont hanté tout le Moyen Age et qu'on retrouve chez Lessing ».

vingtième siècle, qui parut en 1930, Alfred Rosenberg, « penseur génial et prophète inspiré », qui fut le maître à penser de Hitler comme Houston Stewart Chamberlain l'avait été de Guillaume II, ne manque pas d'exalter les Béghards, les Frères du Libre Esprit[1], les mystiques rhénans, particulièrement Maître Eckhart, enfin l'inévitable Thomas Münzer. Les *Mémoires* qu'il entreprendra de rédiger dans sa prison en attendant de comparaître devant le tribunal de Nüremberg laissent transpirer des sources plus récentes, d'ailleurs curieusement exploitées :

> Le christianisme selon saint Pierre régnait à Rome, le christianisme selon saint Paul régnait dans le protestantisme, et la religion selon saint Jean, basée sur l'amour du prochain, venait au troisième rang et servait le plus souvent de moyen pour assurer la domination des deux premières formes, malgré le dévouement sincère de ceux qui soignaient comme des serviteurs les malades, etc. Sur ce point les idéologies se heurtèrent avec une extrême violence...[2].

On ne voit pas bien à quoi d'historique, si l'on en reste là, ce texte veut correspondre. Si l'on a lu le *Mythe*, on ne peut manquer d'être surpris, car il s'y trouve cette phrase, qui est comme le leit-motiv de tout l'ouvrage : « La valeur centrale du christianisme est l'Amour ; la valeur centrale d'une théorie des races est l'Honneur ; entre les deux, aucune conciliation possible : l'Amour est un principe dissolvant. » Les méditations du prisonnier l'auraient-elles engagé sur la voie d'une conversion ? Nullement. Et bientôt tout s'explique. Remarquons d'abord qu'après avoir évoqué le « christianisme » de Pierre et celui de Paul, qu'il repousse tous deux, Rosenberg parle de la « religion » selon Jean, qu'il ne met plus sous le signe chrétien[3]. Dès lors, cet « amour du prochain » semble bien ici être loué, par opposition à la foi chrétienne, contre tout rapport à une divinité transcendante. Enfin, et tout simplement, ce curieux appel à l'amour est un argument de circonstance, au bénéfice de l'idéologie raciste, qui se heurte en effet à la morale chrétienne « avec une extrême violence » : « Des dizaines de milliers de

1. Bernard-Henri LEVY remarque à ce propos que diverses ligues de jeunesse hitlériennes se baptisaient « libres esprits allemands », « ligue des gueux », etc. : *Le testament de Dieu*. Grasset, 1979, pp. 66-67. Cf. à propos de Chamberlain, p. 68.

2. Serge Lang et Ernest von Schenck : Testament nazi, *Mémoires d'Alfred Rosenberg*. Trad. Raoul Ergmann. Paris-Genève, Éd. des Trois Collines, 1948, p. 103.

3. Du moins si la traduction française est tout à fait exacte.

femmes en pleine santé mettaient leur vie au service d'incurables, de malades mentaux... Était-il humain de faire vivre ces épaves ? etc. »[1].

Ce n'est pas sous le patronage de Joachim de Flore, mais sous celui « du grand mouvement des Cathares » que, quelques lignes après le passage que nous avons cité, Alfred Rosenberg introduit sa religion selon saint Jean. « Curieuse alliance que celle unissant une volonté de libération religieuse, de caractère gothico-occidental, à des influences mystiques nées tardivement en Iran... Comme ils voulaient absolument se sentir chrétiens, les Cathares choisirent entre les diverses possibilités que leur offraient les évangiles et optèrent pour saint Jean. A la religion de Pierre, celle de la puissance de l'Église, ils opposèrent la doctrine de l'intercesseur, etc.[2]. » Ses idées sur les Cathares sont aussi confuses (ou plutôt, aussi arrêtées dans leur erreur) que celles de beaucoup sur Joachim de Flore. Mais, quels que soient les griefs qu'on peut nourrir contre les théories du saint abbé, on est heureux que son nom ne soit pas directement et explicitement mêlé aux exposés du grand prophète du nazisme[3].

---

1. Cette explication a le mérite de l'évidence. On peut supposer aussi, comme font les éditeurs, que Rosenberg, « pour une fois, retrouve apparemment dans la charité l'écho de l'importance prise dans la civilisation hellénique par l'amour terrestre », ou qu'il parle ainsi par « haine des curés », ou qu'il retombe sous l'influence « des éléments occultistes, théosophiques et rosicruciens de la Société de Thulé », qu'il subissait avant l'emprise de Hitler.

2. Loc. cit., p. 104.

3. On se gardera de confondre Alfred Rosenberg avec Alphonse Rosenberg, auteur d'un petit volume : *Das Reich des hl. Geistes*, traduction allemande d'extraits de Joachim, avec une introduction.

CHAPITRE DIX-HUITIÈME

DU CÔTÉ DE LA RUSSIE

I

De Cieszkowski à Dostoievski

Transportons-nous en Russie. Le comte Auguste Cieszkowski, déjà deux fois entrevu, d'abord à travers Mickiewicz, puis à travers Moses Hess, peut nous y introduire, car il naquit en 1814 en Pologne russe et mourut en Pologne prussienne en 1894. Son principal ouvrage, dont il nous dit qu'il y a mis toute sa doctrine, est un commentaire du « Notre Père » (Ojeze-nasz) en quatre gros volumes. Les trois derniers volumes, qui expliquent l'une après l'autre les sept parties de la prière, rédigés au cours des années 30, furent laissés manuscrits par l'auteur ; ils ne devaient voir le jour qu'en 1899, 1903 et 1923 ; le premier, qui est en réalité le dernier en date, fut publié sans nom d'auteur peu après sa rédaction, sur les instances de Krasinski, en 1848[1]. C'est lui qui contient la synthèse. Dès l'introduction nous sommes jetés en plein joachimisme, – dans un joachimisme modernisé :

> Voici venir le troisième monde ! Voici que se dessine l'arc-en-ciel de l'humanité, ce signe de suprême et d'éternelle alliance ! C'en est fini de l'ère de la Grâce, celle du Mérite a commencé... A l'humanité de vivre sa propre vie, à elle de créer la Terre

1. Traduit en 1906 sur l'édition polonaise par M.-V. Gasztowtt et par le fils de l'auteur. Paris, Soc. d'imprimerie et de librairie. La traduction des trois premiers, par Paul Cazin et le fils de l'auteur, est parue ibid. en 1927, 1928, 1929.

> promise ! Nous touchons au terme de l'époque inaugurée par le Christ. Après la longue traversée de l'océan de la deuxième époque, nous abordons à la Terre promise de la troisième !

Dans les sept demandes du *Pater* sont contenus « les sept principaux mystères de l'avenir ». En elles sont achevées toutes les révélations faites à l'espèce humaine, elles sont en vérité « la révélation de la révélation » ; mais jusqu'à nos jours leur « sens éternel » ne pouvait encore être découvert, parce que les temps n'étaient pas accomplis. « Le grand aveuglement de l'ère chrétienne, c'est de s'être considérée comme l'état définitif. » Certes, le Verbe absolu s'est fait chair, une fois pour toutes, dans le Christ, il est apparu parmi nous, – mais il ne s'est pas encore socialement manifesté. Le Christ lui-même ne nous en a-t-il pas avertis ? « Maintenant, dit-il à Pilate, mon royaume n'est pas de ce monde ». Il annonçait par là qu'un jour ce royaume serait de ce monde[1]. Sa parole s'accomplira[2].

Des novateurs prétendent dépasser le Christ. Des esprits superficiels et des cœurs glacés nourrissent l'espoir sacrilège de renverser son œuvre. Elle sera au contraire enfin comprise et accomplie par « une nouvelle explosion du christianisme ». Nous traversons une période sombre, où « le bras séculier s'est déshonoré », où « le bras spirituel s'est engourdi »[3]. Mais il nous faut considérer l'ensemble de l'histoire : alors la révélation divine apparaît comme « un flot toujours montant » ; c'est une « éducation de l'humanité », qui se poursuit en trois étapes. La première préparait la venue du Christ. Avec le Christ a commencé la deuxième, qui tout entière procède de lui, préparant la transformation dont il nous inocula le germe. La récente Révolution politique, succédant aux deux révolutions, religieuse et scientifique, de ces derniers siècles, n'est-elle pas le prodrome de cette transformation définitive ? On peut encore tout résumer dans la succession des trois Adam : après la vie naturelle reçue du premier Adam, puis la vie de grâce reçue du deuxième, va commencer une troisième vie, la vie propre de l'esprit, reçue du troisième Adam, « celui qui s'appelle dans la Révélation le Paraclet ». Encore un peu de temps, et nous allons pouvoir saluer avec le poète « un nouvel ordre de siècles », proclamer avec l'Apôtre : « tout est devenu nouveau »[4].

Après avoir ainsi mêlé l'apport de Lessing, « l'un des véritables

---

1. Jo. 18, 36.
2. *Notre Père*, t. I, pp. 3 à 46.
3. Double allusion à l'abandon de la Pologne par les puissances occidentales et à l'attitude de Grégoire XVI.
4. Op. cit., pp. 47 à 70.

sages de l'humanité », à celui de Joseph de Maistre, « le dernier des grands docteurs de l'Église », après avoir envisagé, comme Ballanche ou Quinet, dans la Révolution française le grand signe annonciateur de l'accomplissement chrétien, Cieszkowski entreprend d'approfondir l'examen des trois âges grâce aux ressources que lui offre la dialectique hégélienne.

Toute l'histoire humaine, scandée par les trois étapes dont les initiateurs sont Adam, le Christ, et le Paraclet, est placée d'autre part sous les signes successifs du Père, du Fils et du Saint-Esprit. Or elle consiste également tout entière dans la succession de trois moments essentiels : d'absorption d'abord, puis de détachement, enfin d'harmonisation. « Le premier âge fut celui du Panthéisme et du Despotisme », relayé sans changement substantiel par le Polythéisme et la Polycratie. Quand ce règne de « l'égoïsme inné » fut arrivé à son comble, il fut vaincu par le Christ, qui rejeta l'homme « dans une direction diamétralement opposée, celle de l'abnégation de soi-même ». Le chrétien se connut et se reconnut en se détachant de tout ce qui n'était pas lui. Il s'ensuivit une crise de désagrégation ; ce fut une « époque de dédoublement universel, de profonde analyse, de lutte au-dedans et au-dehors » : deuxième moment dialectique, marqué par la « puissance infinie de négation » du « monde de la pensée ». A l'âge du « monisme immédiat » succédait l'âge du « dualisme » ou du monde en lutte avec lui-même. Alors que dans l'antiquité la vie du corps étouffait celle de l'âme, la vie de l'âme en vint à étouffer celle du corps. Ce fut en un sens, pour le monde, « une chute profonde, universelle, horrible », – et cependant ce fut la voie du salut. Car ce monde « s'était affaissé sous son propre poids et se décomposait affreusement en lui-même, lorsque le Christ le repoussa et le remplaça par un monde supérieur ». Un tel « déchirement » était l'indispensable condition pour que se réalisât un jour la « synthèse organique », qui maintenant s'approche. Ni les Juifs, ni les païens, ne pouvaient spontanément le comprendre. Aussi, « pour enterrer le vieux monde » et « ouvrir une nouvelle ère », fallait-il « une couche de nations entièrement neuves » : ce furent les peuples germains (ici encore nous retrouvons Hegel), qu'avait prévus et salués Virgile :

> ... Jam nova progenies caelo demittitur alto[1].

Mais dans la suite il faudra que viennent les Slaves, apportant leur « penchant à l'unité, à la communauté, à la solidarité », si étranger et même odieux aux tribus germaniques. « O race malheureuse, née pour la liberté et plongée dans la servitude !... On t'a appelée la race des

1. Op. cit., pp. 71-160.

Esclaves... Souviens-toi qu'une fois déjà les Esclaves ont sauvé le monde[1] ! »

Tels sont « les gradins de l'Esprit de l'Humanité, ces échelons que l'Esprit du monde a dû gravir l'un après l'autre..., si embrouillés, si contradictoires, et pourtant toujours progressifs ». Ils constituent « la Dialectique de l'Histoire »... « Cette découverte d'une Trinité dans son développement est l'expérience fondamentale qui introduit enfin dans l'histoire l'ordre et la logique » ; elle permet de voir que les révélations antérieures étaient vraies, mais d'une vérité encore approximative, « que le Dieu de l'Ancien Testament n'était que pressenti, que soupçonné et cherché en dehors de l'Esprit ; que le Dieu du Nouveau Testament n'était qu'annoncé, pensé et admis à l'intérieur de l'esprit, qu'enfin le Dieu du troisième Testament, éternel cette fois, sera seul activement adoré, compris par la plénitude absolue de l'esprit, et vénéré de toute la liberté de l'esprit. En effet, Dieu est esprit, et il demande des adorateurs qui l'adorent de tout leur esprit (Jo 4, 23-24) »[2].

Comme pour Joachim de Flore et comme pour tous les millénaristes, issus ou non de lui, l'âge désiré est pour demain ; fastes ou néfastes, les signes avant-coureurs en sont manifestes. Comme pour beaucoup aussi, depuis que l'univers se découvre plus étendu, le premier âge n'est plus seulement celui de « l'Ancien Testament » ; débordant le cadre de l'exégèse biblique, il englobe toute l'histoire antérieure au Christ, il est « l'époque judéo-païenne »[3]. Quant au troisième âge, ainsi qu'on a pu le voir, il est conçu comme essentiellement actif, d'une activité qui n'est pas réponse à la stimulation divine, ni contemplation créatrice de l'homme intérieur, mais activité autonome, libre de tout besoin de grâce et tournée vers une « grande construction » objective. L'homme de ce troisième âge, émancipé de la tutelle divine comme le Juif converti fut émancipé de la tutelle de la Loi, ne doit plus rien qu'à son propre mérite. Cieszkowski ne conteste ni la doctrine du péché originel, ni celle de la rédemption, de la délivrance du mal par la grâce du Christ ; mais il pressent l'approche du jour à partir duquel, cette rédemption étant accomplie, l'homme se trouvera en possession d'un autre paradis qui sera l'inverse du premier :

> Le paradis est derrière nous, cela est vrai ; mais un paradis purement animal, végétal, objectif, naturel. Dieu soit loué que nous en soyons sortis, que nous l'ayons perdu ! Le paradis est aussi devant nous, le paradis de l'humanité, le paradis de l'Esprit,

1. Op. cit., pp. 283 et 291-292.
2. Op. cit., pp. 211-259.
3. Op. cit., t. 3, p. 161.

> le paradis régénéré... Ce sera l'Époque du bonheur actif et vivant, et non d'une félicité passive et indolente..., l'Époque du Calme dans l'action, et non du Repos dans l'inertie.

Bref, ce nouveau paradis sera celui de « l'Humanité-Dieu »[1]. Celle-ci serait-elle donc affranchie de toute dépendance envers Celui qui l'avait créée, puis sauvée ? ou – ce qui, pris à l'inverse, revient finalement au même – la Trinité divine serait-elle astreinte, pour se constituer, à la loi du devenir ? Cieszkowski n'a pas manqué de voir l'objection qu'il faisait naître[2]. Il se défend d'entrer dans la voie hégélienne qui aboutit, selon lui, aux « élucubrations » des Feuerbach et des Strauss. D'une part, explique-t-il, l'activité de l'Humanité-Dieu sera « la culture active de tous les dons de l'Esprit », ce sera « la vie en nous de ce Saint-Esprit dont nous sommes en quelque sorte les membres » ; seul, en réalité, d'un âge à l'autre change son nom, « car son nom est précisément la conscience que nous avons de lui, c'est-à-dire sa révélation à l'Humanité ». Réponse impeccable, mais peu convaincante, étant donné les prémisses ; et l'auteur nous donne en effet, un peu plus loin, une explication différente :

> Le monde est le Corps de Dieu. Dieu est l'âme du monde. C'est ainsi que l'immanence et la transcendance de Dieu, le panthéisme et la personnalité divine se trouvent conciliés en une unité spéculative. – Le moi divin est détaché du monde et cependant il le pénètre comme l'Esprit remplit la chair (Sap. 1,7). Ce moi, sans le monde, serait une abstraction ; ce serait l'âme seule sans le corps. C'est donc un panthéisme personnel et une personnalité panthéistique[3].

Va-t-on crier à l'hérésie ? mais qu'est-ce que l'hérésie ? « La grande Tradition, la Tradition *complète* de l'Esprit humain embrasse en elle tous les points de vue, tant orthodoxes qu'hérétiques, n'en néglige aucun, les analyse critiquement, en garde ce qu'il y a de bon... En les jugeant, elle les condamne, il est vrai, mais comment ? Seulement en

---

1. Op. cit., t. 1, pp. 241-242, 249 ; t. 3, p. 162. Cf. t. 1, p. 370 : Le 3e âge est « l'Époque de l'Action dans l'histoire de l'Humanité », fruit de « la maturité de la pensée dans la sphère humaine – historique ». C'est Cieszkowski, rappelle McLellan, op. cit., pp. 22-23, qui « forgea l'expression qui devait avoir tant d'influence plus tard : la Praxis. »

2. T. 3, p. 171 : « Mais alors Dieu lui-même subirait-il un devenir ? Peut-on admettre que l'Essence absolue soit soumise au processus de sa propre création ? En se perfectionnant de plus en plus, le Très-Haut passerait-il de l'état d'Être absolu à celui de Logos absolu, pour s'élever enfin à l'état d'Esprit absolu ? »

3. T. 1, pp. 346-347, 354-355, 367 ; t. 3, pp. 171-172, 181, 193.

les dépassant... Que celui qui se scandalise au seul nom de l'hérésie ferme donc ces livres, ils sont archi-hérétiques, mais aussi ils résolvent toute hérésie en réunissant ces « fragments dans un tout », comme le voulait saint Clément d'Alexandrie... Ce qui, pris à part, dans l'époque de la lutte et de la division, semblait inconciliable, s'harmonise dans la Communauté du Saint-Esprit »[1].

Cependant, pas plus que Joachim, Cieszkowski ne prend le troisième âge pour la consommation dernière. C'est un nouveau siècle, un nouveau monde, comme l'ère chrétienne le fut par rapport à l'antiquité ; il doit se dérouler encore dans le temps. Devant lui s'ouvre « un vaste horizon de progrès » et l'Esprit sous le signe duquel il est placé « ne s'arrêtera certes pas dans sa gloire et dans sa félicité à l'échelon de l'Humanité ». Au-delà du troisième âge il nous faut donc envisager « la sphère de l'Eschatologie absolue, c'est-à-dire de la science des choses absolument dernières, ultra-humaines, ultra-historiques, ultra-planétaires ». Cette sphère n'est pas celle d'une éternité qui succéderait au temps, car le temps lui-même est dans l'éternité, et « l'éternité, comme simple antithèse de la temporalité, ne serait qu'une abstraction vide ». Mais pour en parler concrètement, nous en sommes réduits à des hypothèses :

> ... Quant à ce qui arrivera à la fin de l'histoire de l'Humanité, après que notre terre sera complètement parvenue à la maturité qui lui est assignée, – si alors l'homme, ... ayant accompli sa propre carrière, s'élèvera à un échelon plus élevé des Êtres et revêtira un organisme plus parfait, par exemple celui des anges, – si alors notre planète, qui... n'est unie à l'Univers que par la loi de la mécanique céleste, s'unira à ses compagnes par un lien plus spirituel..., correspondant à l'harmonie de l'Esprit qu'elle aura alors déjà réalisée en elle-même, ... et si de la communion des individus naîtra la communion des mondes..., ce sont là des problèmes qui ne peuvent que germer, à l'heure qu'il est, d'une manière prophétique, dans notre esprit...[2].

Revenons donc, après cette échappée, à l'intérieur de notre sphère

1. T. 3, pp. 231-236 et 239. Cieszkowski cherche ainsi « sa consolation dans l'avenir ». Mais, observe Alexandre Koyré, « il est à peu près le seul à se poser la question : l'espoir, ou même la certitude de la réalisation de l'idéal à une époque où je ne serai pas, peut-il me satisfaire entièrement ? L'existence de la terre promise console-t-elle ceux qui savent ne pouvoir y entrer ? Ciesz. estime que non, et c'est pour cela qu'il en arrive à postuler la transmigration des âmes. » *Études sur l'histoire de la pensée philosophique en Russie.* Vrin, 1950, p. 189. Depuis Lessing, question et solution se retrouvaient déjà cependant chez plusieurs.

2. T. 1, pp. 331-373.

terrestre, celle où se déroulent les trois âges, et dont il est possible de parler sans « aucun mysticisme ni aucune hypothèse[1] ». Le temps approche où « l'Église du Christ » fera place à « l'Église de l'Esprit », dont elle était le gage. Ce qui caractérisera celle-ci ne sera plus seulement un lien plus intime, une fraternité plus réelle entre les individus, chacun reconnaissant aux autres « la dignité des prochains » : ce sera « la fraternisation des peuples et des nations, ... leur élévation à la dignité de membres de la société universelle » : en cela doit consister « la fondation de la Société Paraclétique ». En effet, « tant qu'elles ne seront pas liées entre elles par un lien *religieux*, tant qu'elles... ne seront pas affirmées dans la communauté du Saint-Esprit, les nations ... resteront incapables de recevoir l'idée de la paix perpétuelle et de la réaliser. » Mais voici que surgissent les « principes fondamentaux de cette *Sainte République* qui devient État et Église à la fois, institution divine et humaine, en d'autres termes, le règne de Dieu dans le monde »[2].

Dans son désir d'étendre aux nations les appels de l'Évangile, Cieszkowski peut être rapproché d'un Mickiewicz ou d'un Buchez. Mais son ambition, plus vaste, est aussi plus chimérique. Il a voulu christianiser Hegel : en fait, n'a-t-il pas plutôt hégélianisé le christianisme[3] ? Son intellectualisme (de médiocre valeur) n'était guère propre à l'orienter vers une véritable intelligence de sa foi, et lui-même accuse sa carence d'intuition spirituelle par cette réflexion, énoncée comme une évidence : « Qu'est-ce qu'un mystère, sinon une contradiction qui n'est pas encore résolue ?[4] » Mickiewicz, qui lui fut sévère, lui sait gré toutefois d'avoir, « au grand scandale de la philosophie allemande », commencé et terminé ses « Prolégomènes » à l'Historiosophie que devait exposer son monumental ouvrage par cette invocation : *Veni, sancte Spiritus*[5] !

Pierre Tchaadaev (1794-1856) est le premier d'une série de penseurs russes qui s'imposent à notre sujet. Russe, mais plus encore européen. Non qu'il ait renié sa patrie comme il en fut accusé après la publi-

---

1. Op. cit., t. 1, p. 369.

2. T. 4, pp. 98-99, 124, 157.

3. Il lui adresse cependant, estime Koyré, « des critiques bien pertinentes ». Quant à son « jargon historiosophique », il appartient « au style de l'époque » ; on en trouverait des exemples analogues « chez Schelling et Hegel eux-mêmes. D'ailleurs est-il certain que le jargon freudien ou marxiste de notre temps est moins absurde ou moins ridicule que le jargon de C. et de ses contemporains à lui ? » Op. cit., pp. 189 et 192.

4. T. 1, p. 315.

5. *L'Église officielle...*, t. 1, p. 479. Le *Notre Père* sera loué aussi par BERDIAEV dans *le Sens de l'histoire*, 1923 (trad. Jankélévitch, 1948, p. 219).

cation imprudente en traduction russe (1836) de la première de ses huit *Lettres philosophiques*, rédigées en français quelques années auparavant. (C'est seulement en 1966 et en 1970 que paraîtront, dans le texte original, des éditions complètes de ces fameuses *Lettres*[1].) Loin de constituer une trahison, comme il dut s'en défendre dans l'*Apologie d'un fou* (1837), cette Lettre exprimait un amour blessé. Admirateur de Pierre le Grand, Tchaadaev souffrait de voir que l'œuvre du grand réformateur ne se poursuivait guère. Il voulait faire entrer la Russie, demeurée encore à l'écart et soumise aux mœurs asiatiques, dans le mouvement civilisateur qu'il avait observé lors de ses séjours en Europe occidentale[2].

La pensée de Tchaadaev est essentiellement historique. Plus sobre que celle de Cieszkowski, elle est comme elle une « historiosophie ». « On peut dire que l'esprit ne se plaît aujourd'hui que dans l'histoire... C'est là assurément une tournure fort heureuse que la science moderne a prise. Il est temps de concevoir que la force que la raison humaine trouve dans l'étroit présent ne la constitue pas tout entière[3]. » Tributaire en cela tant du dix-huitième siècle français que de la philosophie allemande, Tchaadaev s'oppose toutefois aussi bien aux explications de la grande gnose hégélienne qu'à celles du positivisme voltairien. Le différend ne porte pas sur les faits, car « ce n'est pas l'ignorance des faits qui fait l'ignorance de l'histoire, mais le défaut de réflexion et le vice du raisonnement[4]. » Il est facile de s'accorder sur un grand fait : la supériorité actuelle des peuples de l'Europe ; mais les explications qu'on en peut donner, commandant les conclusions qu'il en faut tirer, diffèrent du tout au tout. On a mis en avant l'idée de la perfectibilité indéfinie ; mais cette idée est absurde en elle-même, car le progrès suppose un terme vers lequel on avance, et d'autre part elle est démentie par l'expérience de tous les siècles : « abandonné à lui-même,

---

1. Éd. R.T. McNally, Berlin, 1966 ; éd. François Rouleau, Paris, 1970, Librairie des cinq continents. C'est à celle-ci que nous nous référons : *Lettres philosophiques adressées à une dame*, précédées d'une longue Introduction à laquelle nous sommes redevable.

2. Le censeur a relevé ces expressions, parmi d'autres : « Relégués dans notre schisme... », — « nous ne vivons que dans le présent le plus étroit, sans passé, sans avenir, au milieu d'un calme plat. » Rouleau, pp. 191-192. Un texte inédit de Tchaadaev, daté du 15 janvier 1854, et destiné au journal *l'Univers* de Paris, montre la permanence de son jugement sur la Russie ; il y critique une fois de plus les membres de la « nouvelle école nationale », « fanatisés par (leurs) utopies rétrospectives ». Texte publié par Fr. Rouleau dans les « Cahiers du monde russe et soviétique », 3-4, juillet-déc. 1974, Mouton, pp. 410-413.

3. Lettre 6, p. 132 ; cf. p. 135 : « C'est une philosophie de l'histoire toute nouvelle que requiert la raison du siècle... »

4. Lettre 7, p. 161.

l'homme n'a jamais marché, au contraire, que vers une dégradation indéfinie »[1]. Hegel a pensé remédier à la faiblesse de la théorie, en désignant le but à atteindre dans la réalisation de l'Esprit absolu ; mais son système immanentiste, « courtisan obséquieux de la raison humaine, flatteur charmant de toutes ses intentions »[2], est également impuissant à rendre compte de la réalité. « Ce n'est réellement que... dans la société chrétienne et qui n'a pas été faite de mains d'hommes, qu'on aperçoit un mouvement ascendant véritable, et un principe de progression réelle ainsi que de durée infinie. » On aura beau dire qu'aujourd'hui l'Europe n'est plus la chrétienté : elle l'est encore, « quoi qu'elle fasse », et « nul doute qu'un jour les lignes qui séparent les peuples chrétiens ne s'effacent derechef et que, sous une forme nouvelle, le principe primitif de la société moderne ne se manifeste plus puissamment que jamais[3] ». L'Europe a reçu, et elle contient toujours en « germe » tous les éléments nécessaires pour qu'un jour le règne de Dieu s'établisse parmi les hommes de façon définitive[4].

C'est là un phénomène unique dans l'histoire du genre humain. Tchaadaev admire « ces puissantes traditions, cette vaste expérience, cette conscience profonde des temps accomplis, ces habitudes fortes de l'esprit, fruit d'un immense exercice de toutes les facultés de l'homme, qui constituent la nature morale des peuples de l'Europe et leur véritable supériorité »[5]. Or, on n'y saurait trop insister : « ni le plan de l'édifice, ni le ciment qui a lié ces divers matériaux n'étaient œuvre humaine : la pensée venue du ciel a tout fait. » C'est à elle seule qu'est due « la perfectibilité des peuples modernes » ; en elle réside « le mystère de leur civilisation » ; d'elle provient cet intérêt supérieur qui « ne saurait jamais être satisfait », car « il est infini : il faut donc que les peuples chrétiens avancent toujours »[6]. Qu'on jette au contraire un

1. Lettre 6, p. 139. Cf. Lettre 1, p. 58 : « ... cette perfectibilité imaginaire que rêve la philosophie et que dément chaque page de l'histoire : vaine agitation de l'esprit, qui ne satisfait qu'aux besoins de l'être matériel et qui n'a jamais élevé l'homme à quelques hauteurs que pour le précipiter dans des abîmes plus profonds. »

2. Lettre à Schelling, 20 mai 1842. Cité par Guy PLANTY-BONJOUR, *Hegel et la pensée philosophique en Russie,* 1830-1917. La Haye. 1973, p. 35.

3. Lettre 6, pp. 139 et 142.

4. Cf. D. STREMOOUKHOFF. *Vladimir Soloviev et son œuvre messianique*, Belles Lettres, 1935, p. 131.

5. Lettre 2, p. 69. Dans l'*Apologie d'un fou* il portera un jugement complémentaire, jusqu'à friser la contradiction : « Le monde est opprimé par sa tradition », etc. : p. 209.

6. Lettre 6, pp. 145 et 148 ; cf. pp. 139-140 : « Les peuples (ne seraient pas) arrivés à l'état où ils sont aujourd'hui sans le phénomène historique tout à fait spontané, tout à fait isolé de tout antécédent, tout à fait en dehors de la génération habituelle des idées humaines et de tout enchaînement naturel des choses, qui sépare le monde ancien du monde nouveau. »

regard sur notre antiquité païenne ou sur le continent asiatique : vu sous sa couleur véritable, le monde qui existait « au moment où une puissance surnaturelle imprima à l'esprit humain une direction nouvelle », apparaît partout « corrompu, sanglant, menteur »[1]. Le Colisée romain, cette ruine grandiose, en demeure comme le symbole. « Il n'y a point de fait dans l'histoire qui fasse mieux ressortir le caractère des deux âges de l'humanité, et qui démontre mieux ce grand axiome de l'histoire, savoir, qu'il n'y a jamais eu ni véritable progrès ni véritable permanence dans la société avant l'époque du christianisme. Cette arène où le peuple romain venait en masse s'abreuver de sang, où tout le monde païen se résumait si bien en un jeu épouvantable, où toute la vie de ces temps se déployait en ses jouissances les plus vives, en ses pompes les plus éclatantes, n'est-elle pas en effet là, debout devant nous, pour nous dire à quoi le monde avait abouti, alors que tout ce qu'il y a de forces dans la nature humaine avait déjà été fourni à la construction de l'édifice social, alors que sa chute s'annonçait déjà de toutes parts, et qu'une nouvelle ère de barbarie allait recommencer[2] ? »

Dans cette révolution universelle que fut la chute de l'empire romain, « ce n'est pas Rome qui a péri, c'est la civilisation ancienne tout entière. L'Égypte pharaonique, la Grèce de Périclès, la seconde Égypte des Lagides, et toute la Grèce d'Alexandre, qui s'étendait par-delà l'Indus ; enfin le judaïsme même, depuis qu'il s'était hellénisé, tout cela s'était fondu dans la masse romaine... C'est (donc) la société humaine qui a été anéantie et qui a recommencé. Depuis que le globe a été comme entouré par l'Europe, qu'un monde nouveau, sorti de l'Océan, a été refait par elle, ... c'était l'élément moral de l'univers qui obtenait une nouvelle loi, une nouvelle constitution »[3]. Et si aujourd'hui encore les vieilles nations de l'Asie qui n'ont pas reçu l'impulsion de l'Europe demeurent « stationnaires », n'est-ce pas un signe évident « que le progrès de la nature n'est nullement indéfini » et qu'« il y a une limite qu'il ne saurait dépasser »[4] ?

Il ne faut d'ailleurs pas se contenter d'admettre, comme beaucoup y consentiraient volontiers, « l'action morale du christianisme » sur le progrès du genre humain. « Son action proprement intellectuelle, sa puissance logique », dont on se doute généralement à peine, ne furent pas moins déterminantes pour la formation et la fécondation de la pensée moderne[5]. Tchaadaev n'admire nullement, comme le font la

1. Lettre 7, p. 170.
2. Lettre 7, pp. 162-163, note.
3. Lettre 6, p. 144.
4. Lettre 6, p. 147.
5. Lettre 8, p. 182.

plupart des humanistes chrétiens, l'apport culturel de la Grèce antique. Dans ces *Lettres* de facture et de style si classiques, à la dialectique serrée, aux longues périodes savamment construites, il condamne radicalement aussi bien l'apport d'Aristote, « ce mécanicien de l'intelligence »[1], que celui d'Homère, ce chantre du « funeste héroïsme des passions », ce propagateur d'un « idéal fangeux de beauté », d'un « goût effréné de la terre »[2]. Que sont de tels hommes, que sont encore un Socrate et un Platon, en face d'un Moïse et d'un David ? Combien notre Europe serait à la fois plus chrétienne et plus avancée, si elle n'avait en partie sacrifié à cette double idolâtrie !

Un autre obstacle, plus récent, s'est dressé sur la route spirituelle de l'unité. Tchaadaev est très dur aussi pour la réforme protestante. Elle fut à ses yeux un « funeste événement ». On pense ici à Novalis, à Mickiewicz aussi[3]. Les peuples de l'Europe médiévale « se considéraient comme formant un seul corps social » ; c'est là ce qui rend leur histoire « si profondément philosophique ». Or, dans la mesure où elle eut du succès, « la réformation a replacé le monde dans la désunité du paganisme ; elle a rétabli les grandes individualités nationales, l'isolement des âmes et des esprits ; elle a rejeté l'homme dans la solitude de sa personne » ; si pour une part « elle a accéléré le mouvement de l'esprit humain, elle a aussi enlevé à la conscience de l'être intelligent la féconde, la sublime idée d'universalité et d'unité, source unique du véritable progrès de l'humanité, c'est-à-dire d'un progrès infini[4]. » Son influence a été particulièrement néfaste par l'instauration du culte du Livre :

> Rien n'arrête la pensée religieuse dans son élan sublime, dans son progrès infini, autant que le livre ; rien ne l'empêche autant de s'établir dans l'esprit humain d'une façon parfaitement décisive... Lorsque le Fils de Dieu disait qu'il enverrait l'esprit aux hommes, et que lui-même serait au milieu d'eux éternellement, croyez-vous qu'il songeait à ce livre que l'on a fait après sa mort, où l'on a raconté, tant bien que mal, sa vie et ses discours et recueilli quelques-uns des écrits de ses disciples ? Croyez-vous qu'il

1. Lettre 7, pp. 171-172. « Aujourd'hui, ... il faut reprendre les voies larges des temps où l'intelligence n'avait d'autres machines à son usage que les ailes d'or et d'azur de sa nature angélique. »

2. Lettre 7, p. 174. « Il n'y a jamais eu rien de tel dans les autres sociétés civilisées du monde. Il n'y a que les Grecs qui se soient avisés d'idéaliser et de diviniser le vice et le crime... » Il n'est pas plus indulgent pour Socrate et pour Platon. Cf. pp. 165-169, etc.

3. Leçon du 2 mai 1843. *Les Slaves*, éd. de 1914, p. 146.

4. Lettre 6, pp. 141-142 et 152 ; cf. 152-154. Cf. *Apologie d'un fou*, pp. 203-204 : « ... la marche rigoureuse et logique de cette époque prodigieuse... »

> pensait que ce serait ce livre qui perpétuerait sa doctrine sur la terre ? Certainement, telle n'était pas sa pensée. Mais il voulait dire qu'il viendrait après lui des hommes qui s'absorberaient si bien dans la contemplation et dans l'étude de ses perfections, qui se rempliraient tellement de sa doctrine et de la leçon de sa vie qu'ils ne feraient moralement *qu'un* avec lui, que ces hommes, se succédant à travers tous les âges futurs, se transmettraient de main en main toute son idée, tout son être... Voilà ce que l'on ne comprend pas. On croit trouver son héritage entier dans ces pages que tant d'interprétations diverses ont tant de fois défigurées, ont fait plier tant de fois à leurs fantaisies[1].

Cet ardent plaidoyer pour la tradition vivante se trouve dans la Lettre huitième, qui conclut brièvement l'ouvrage. Tchaadaev met en elle son espoir. « Tout ce qu'il y a au monde de forces morales » issues de la révélation chrétienne finira par se fondre « en une seule pensée, en un seul sentiment », et nous sommes en droit d'attendre « l'établissement progressif d'un système social, ou Église, qui doit faire régner la vérité parmi les hommes ». Tel est en effet « le propre sens du dogme exprimé dans le symbole par la foi en une Église universelle »[2]. En dépit de l'impression que pourraient donner certains passages, Tchaadaev ne pense pas que cette Église universelle soit identiquement l'Église romaine : pour lui, « ni le catholicisme ni l'orthodoxie n'expriment le christianisme intégral ; ils ne sont que les deux pôles de la vérité... » S'il entend ne pas heurter les croyances des fidèles, sa religion à lui est *celle du Saint-Esprit*, qui sera « la religion de demain, au delà des formes confessionnelles »[3]. Sans doute le catholicisme possède seul le « signe visible de l'unité » dans l'institution de la Papauté, et seul il tend activement à réaliser la demande du Pater, « Que Ton règne arrive », « critère suprême du devenir historique »[4] ; mais lorsque la Russie ne s'obstinera plus à demeurer figée dans son isolement, elle apportera les valeurs de l'orthodoxie pour la construction de l'avenir, à laquelle pourront contribuer les confessions protestantes elles-mêmes. Un jour, enfin, « tous les murs qui séparent les peuples et les communions s'abattront ». Ce sera, « terme et fin de toutes choses, dernière

1. Lettre 8, pp. 184 et 185.

2. Lettre 1, pp. 46 et 58.

3. Rouleau, p. 19. Cf. la lettre à la princesse Mechtchersko, 27 mai 1839. C'est nous qui soulignons. Sa conversion au catholicisme est une légende ; on la trouve encore dans une note à la Correspondance de Dostoievski, t. 4, trad. Nina Gourfinkel, Calmann-Lévy, 1961, p. 164.

4. Stremooukhoff, op. cit., p. 132.

phase de la nature humaine, dénouement du drame universel, la grande synthèse apocalyptique »[1].

« Les habitudes que le christianisme a introduites dans l'esprit humain nous portent à ne voir l'idée révélée que dans les deux grandes révélations de l'ancien et du nouveau testament, et nous font oublier la révélation primitive sur laquelle elles se sont greffées. » Cependant, « sans une notion claire de cette première communion de l'esprit de Dieu avec l'esprit de l'homme, il n'y a pas moyen de rien comprendre au christianisme. » Voilà pourquoi tant de chrétiens, ne voyant dans leur religion qu'un élément surajouté, croient devoir recourir, pour se comprendre, aux inventions de la philosophie, qui impose à l'homme « l'idée de sa propre suffisance ». Ils font fausse route. Seule vaut la lumière des notions primitives, « jetées par Dieu même dans notre âme » et complétées par une révélation plus haute[2]. Tchaadaev allie ainsi, comme Joseph de Maistre son aîné (qu'il rencontra sans doute à Saint-Pétersbourg en 1817), le traditionalisme le plus strict à un progressisme intégral[3]. S'il méconnaît l'apport humain des civilisations classiques, il dégage ce que d'autres historiens de la culture et de la religion ont mis depuis lors en relief avec des ressources nouvelles : ce qu'un Teilhard de Chardin et un Édouard Le Roy appelaient le *phylum* judéo-chrétien, ce sur quoi, plus proches de nous encore, un Mircea Eliade et un René Girard ont attiré l'attention des ethnologues, trop peu sensibles à ce grand sillon de lumière. En même temps, il entrevoit comme Joachim de Flore une ère bienheureuse, consommation de l'ère chrétienne, qui sera celle de l'universelle réconciliation dans l'unique et définitive religion de l'Esprit : « Au jour de l'accomplissement final de l'œuvre de la rédemption, tous les cœurs et tous les esprits ne feront qu'un seul sentiment et une seule pensée...[4] » La perspective paraît d'abord lointaine. Mais dès 1831, elle se rapproche étrangement, comme l'indique une lettre à Pouchkine. Tchaadaev voit le mal tombé sur l'Europe entière ; c'est pour lui l'annonce du grand renouvellement :

> ... Oui, de tout cela il ne sortira que du bien... Une vague conscience me dit que bientôt un homme viendra nous apporter la vérité du temps. Peut-être sera-ce quelque chose d'abord de semblable à cette religion poétique prêchée en ce moment par Saint-

1. Lettre 1, p. 59. Lettre 8, p. 187.
2. Lettre 8, pp. 80-82.
3. L'œuvre de Tchaadaev fut « une remise en question radicale de la Russie. De ce point de vue, ce « traditionaliste » peut être présenté à juste titre comme l'initiateur de la Révolution. » ROULEAU, p. 42.
4. Cf. Lettre 1, p. 59.

> Simon dans Paris, ou bien à ce catholicisme de nouvelle espèce que quelques prêtres téméraires prétendent, dit-on, substituer à celui que la sainteté des temps avait fait. Pourquoi non ? ... Beaucoup de choses qui avaient précédé le grand moment où la bonne nouvelle fut annoncée autrefois par un Envoyé Divin avaient été destinées à préparer l'univers ; beaucoup de choses aussi se passeront sans doute de nos jours à fin semblable, avant que la nouvelle bonne nouvelle nous soit apportée du ciel. Attendons[1].

Tel n'est pourtant pas son ton habituel. Cet adversaire de l'humanisme philosophique ne semble pas s'apercevoir qu'il infléchit la vieille doctrine joachimite dans le sens que lui avait imprimé Lessing, ainsi que le suggère la formule, trois fois reprise dans les *Lettres* et une fois encore dans l'*Apologie d'un fou*[2], de « l'éducation du genre humain » ; pas davantage, qu'en condamnant les individualismes qui exaltent un être « circonscrit dans le moment présent, éphémère insecte », il ne trouve à lui opposer qu'un « être intelligent abstrait », peu compatible avec le personnalisme chrétien[3]. Constamment on se demande, en le lisant, s'il ne confond pas l'histoire de la religion avec celle de la culture, et si cette confusion n'est pas seule à expliquer la supériorité qu'il attribue au catholicisme sur l'orthodoxie, jugée cependant plus pure dans son dogme et plus fidèle aux origines[4]. Enfin ce contempteur de Hegel ne semble pas voir non plus qu'il s'engage à sa suite dans une voie dangereuse lorsqu'il désigne comme idéal à atteindre la réduction de la dualité, source de conflits sans nombre, entre la société humaine et l'Église[5] : le prix de cette parfaite unité, dans « les conditions de l'économie terrestre », ne pouvant être autre que l'étouffement de l'âme, – piège de toute « perfection », écueil de toutes les utopies.

« Il ne semble pas exagéré de voir dans les *Lettres philosophiques* la

1. 7 juillet 1931. Citée par KOYRÉ, op. cit., p. 42.

2. Rouleau, pp. 60, 82, 141, 208.

3. Lettre 8 ; p. 182. Cf. Lettre 7 ; pp. 160-161 : « Que l'on songe que le germe d'une conscience supérieure réside bien véritablement en nous, qu'il forme l'essence de notre nature ; et que, *le moi* actuel, ce n'est nullement une loi inévitable qui nous l'inflige, mais que nous l'avons mis nous-mêmes dans notre âme : on verra alors que toute la destination de l'homme consiste dans ce travail de l'anéantissement de son être personnel et de la substitution, à celui-là, de l'être parfaitement social ou impersonnel. »

4. Voir cependant les nuances que fait ressortir B. ZENKOVSKI, *Hist. de la philosophie russe*, tr. C. Andronikof, Gallimard, t. 1, 1953, pp. 168 à 192.

5. Cf. Lettre 1 ; p. 46. On pourrait lui objecter ce qu'il dit lui-même, lettre 6, p. 153 : « Sommes-nous donc déjà au ciel, que nous puissions impunément rejeter les conditions de l'économie terrestre ? »

véritable préface à la pensée russe du dix-neuvième siècle, le siècle classique de la Russie[1]... » Les penseurs chrétiens qui paraissent devoir être les héritiers naturels de Tchaadaev vont cependant, pour la plupart, s'orienter en sens inverse. C'est la lignée dite des « Slavophiles ». Soit avec lui, soit entre eux, les rapports sont d'ailleurs complexes et instables, ainsi que l'ont bien montré les analyses d'Alexandre Koyré[2]. Rappelons seulement que si Tchaadaev était schellingien, les deux premiers grands slavophiles, Khomiakov et Kiréevsky, l'étaient aussi, tandis que la génération suivante, celle de Constantin Aksakov et de Samarine, fut de bonne heure envoûtée par Hegel[3]. D'autre part, tous se réclamaient de Byzance et des Pères de l'Église, mais leur commune dépendance de la philosophie allemande les faisait plus européens et plus modernes qu'ils ne voulaient l'avouer. Quant à Tchaadaev, il évoluait doublement à leur contact, tantôt se rapprochant de leurs thèses, tantôt durcissant contre eux ses propres positions. On le voit en même temps juger insignifiants « les événements mesquins » de l'histoire de la religion russe en regard des « conflagrations de la pensée chrétienne en Occident », et, renversant la perspective, admettre qu'il y a « de grands avantages » à pouvoir utiliser les acquisitions des Occidentaux sans être « écrasés comme eux par un lourd passé »[4]. Avec Kiréevski, c'est un véritable chassé-croisé : tandis que celui-ci est prêt à reconnaître la supériorité que l'Occident s'est acquise en exploitant son héritage classique, il lui montre dans cet héritage la cause de son imperfection[5]. Mais il demeure constamment isolé par son admiration de Rome. Khomiakov, qui sera suivi par Samarine, a élaboré une théorie d'après laquelle deux races, ou deux esprits se disputent le genre humain : l'iranisme, principe de liberté, de création, de lumière ; le kouschitisme, principe d'obscurité, de nécessité, d'esclavage. Or l'Église romaine, avec sa conception d'un État spirituel, est un nouveau triomphe du second sur le premier, qui anime au contraire l'orthodoxie ; l'esprit kouschite y règne par « le formalisme administratif du gouvernement » comme par « le formalisme logique du raisonnement », il y « inspire le syllogisme de la scolastique comme il inspirait les déductions du Droit romain »[6].

1. Fr. ROULEAU, loc. cit., p. 42.

2. Op. cit. ; spécialement ch. 4, pp. 90-102.

3. Cf. Alexandre KOYRÉ, *La philosophie et le problème national en Russie au début du XIXe siècle*. Champion, 1929. Guy PLANTY-BONJOUR, *Hegel et la pensée philosophique en Russie*. Ch. 3, pp. 74-125. Alain BESANÇON, *Les origines intellectuelles du Léninisme*. Calmann-Lévy, 1977, pp. 78-79, sur « la fiction slavophile ».

4. Lettre à Tourgueniev, 1837. Cf. KOYRÉ, pp. 47-50.

5. Cf. KOYRÉ, pp. 89-95.

6. Cf. A. GRATIEUX, *A.S. Khomiakov et le mouvement slavophile*, t. 2, Les

En réaction contre ces oppositions factices, Tchaadaev mettra d'autant plus d'insistance à montrer non seulement le bienfait passé de la papauté, mais sa nécessité encore actuelle. Il s'en expliquera dans une longue lettre au comte de Circourt, le 15 janvier 1845. Elle résume, en les forçant, plusieurs des principaux traits des *Lettres philosophiques* :

> ... Ce triomphe (du pouvoir spirituel sur le temporel), je le sais, a trouvé peu d'admirateurs parmi vos esprits philosophiques, mais nous autres, témoins désintéressés dans la cause, nous pouvons apprécier mieux que vous. Continuateurs fidèles de Byzance, nous savons bien à quoi nous en tenir sur un pouvoir spirituel, livré aux mains des puissances de la terre... D'une part un clergé animé d'un profond esprit d'indépendance, aspirant à ériger le pouvoir spirituel au-dessus de celui de la force, de l'autre une Église soumise elle-même à la puissance matérielle et tendant à s'élever à une espèce de Califat chrétien. Voilà donc l'héritage que nous reçumes de Byzance avec l'intégrité du dogme et sa pureté primitive. Cette pureté sans doute est un bien immense et qui doit nous consoler de ce qui manque d'ailleurs à notre régime spirituel, mais comme il ne s'agit ici que de notre développement social, vous conviendrez que le système religieux de l'Occident était bien plus favorable à un développement de cette nature que celui qui nous tomba en partage...[1].

La même lettre contient une critique du droit de servage, alors admis comme naturel par nombre de slavophiles[2]. Elle émet, sur la vie du dogme, un principe d'une modération exemplaire : « Le dogme chrétien, émané de la raison suprême, ne saurait ni se développer ni se perfectionner, mais il est susceptible d'une foule d'applications provoquées par la vie des nations. » Elle se termine par un trait mordant : « Plus tard nous saurons s'il est permis à un peuple de se séparer ainsi du reste du monde, si l'on fait vraiment partie de l'humanité historique, alors qu'on n'a rien à lui fournir que quelques pages de géographie »[3]. Et en 1847, de plus en plus pessimiste, accusant non plus les retards et l'isolement prolongé de son pays, mais les innovations de ceux qui lui

---

Doctrines. Cerf, coll. « Unam sanctam », 1939, pp. 68 à 100, etc. Sur Samarine : ibid., p. 69. L'idée du Kouschitisme aurait été inspirée à Khomiakov par Diodore de Sicile (*Histoire*, ch. Z ss.). On a vu plus haut (ch. XIV, I) que Michelet devait reprendre un peu plus tard une théorie analogue.

1. Dans KOYRÉ, op. cit., pp. 98-99.

2. Kirêevski, Aksakov, Chevyrev... n'y voyaient rien de dégradant ; tout au plus en réprouvaient-ils les « abus ». Khomiakov faisait exception. Cf. KOYRÉ, p. 100.

3. KOYRÉ, p. 100.

en font gloire, Tchaadaev écrira encore : « Il suffit de regarder autour de nous, on verra de suite combien cette jactance nationale, qui jusqu'ici nous était étrangère, a brusquement défiguré nos meilleurs esprits...[1] ».

Dans leur immobilisme superbe, la plupart des Slavophiles ne paraissent pas s'être beaucoup préoccupés d'eschatologie. Si tels d'entre eux attendent un « nouvel éon », c'est simplement comme un âge où la ruine de la fausse culture occidentale laissera place au rayonnement de « l'idée russe » (ainsi Kirêevski) ; ils n'envisagent pas l'Orthodoxie assumant les apports de l'Occident dans une synthèse finale, mais « le développement d'une nouvelle conscience culturelle et créatrice... à partir des fondements de l'Église orthodoxe » (ainsi C. Aksakov)[2]. C'est en dehors de leur école (à moins que l'appellation ne soit prise en un sens très large) que se perpétuera le rêve joachimite d'un âge de l'Esprit, tel que Tchaadaev l'avait envisagé. Alexandre Herzen (1812-1870), qu'on a pu dénommer « slavophile révolutionnaire », ne s'intéresse pas au « christianisme historique », mais il est séduit à la fois par les « Prolégomènes à l'Historiosophie » de Cieszkowski, avec lesquels il exulte de se sentir « d'accord sur tous les points jusqu'à un degré étonnant » et par le *Spiridion* de George Sand, qui achève de l'enflammer pour un socialisme chrétien, nouvelle expression de « l'Évangile éternel » ; il n'éprouve pas de peine à interpréter Joachim par la philosophie hégélienne de l'histoire. Boris Tchitchérine (1828-1903), qui comprend au contraire la nécessité pour la vie spirituelle d'une pratique positive et qui se convertit à l'Église, envisagerait lui aussi un troisième état de notre monde à la suite de Joachim de Flore[3].

Un témoin apparemment plus sûr que ce dernier, et en tout cas plus important, est Dostoievski. Nous ne nous arrêterons pas aux approximations de Ernst Bloch, selon qui le grand romancier aurait capté dans ses rêves « cette musique de Byzance qui avait gardé en elle son Origène et qui croyait au retour de l'Esprit-Saint »[4]. L'Alexandrin n'a rien à voir en l'affaire et ce n'est pas la vieille Byzance, c'est la très moderne George Sand qui joue ici, comme pour Herzen le rôle d'initiatrice. Encore faut-il voir dans quelles limites. En 1923, Ivan

1. Lettre au prince Viazemski, avril 1847. KOYRÉ, p. 10L.

2. KOYRÉ, op. cit., pp. 98-99.

3. Lettre au prince Viazemski, avril 1847. KOYRÉ, pp. 115 ss.

4. *Héritage de ce temps*, trad. Jean Lacoste, Payot, 1978, p. 57. Sur la pensée de Dost. : B. ZENKOVSKY, *Hist. de la philosophie russe*, tr. C. Andronikof, t. 1, Gallimard, 1953, pp. 454-479.

Pouzyna avait publié en Allemagne un article sur *Dostoiewsky und das Evangelium Aeternum*[1], où un parallèle entre *Spiridion* et *les Frères Karamazov* était ébauché. Il a repris la question plus en détail en 1939 dans les *Études* : « La parenté littéraire des *Frères Karamazov* et de *Spiridion* ». Après avoir rappelé que, selon Dostoievski lui-même, l'influence de George Sand fut sur sa jeunesse « tout à fait exceptionnelle », qu'il l'a louée d'avoir « réhabilité les principes de la Révolution » et d'avoir cru à « la perfectibilité morale de l'homme », enfin qu'il a vu en elle, malgré certains de ses dires, « une des plus grandes sectatrices du Christ », l'auteur cite un passage où le romancier déclare que le premier texte qu'il a lu de Sand est la nouvelle intitulée *l'Ucoque*, et qu'il en eut la fièvre toute la nuit suivante. La nouvelle était parue dans la *Revue des deux mondes* en 1838, et dès la fin de cette même année la Revue commençait de publier *Spiridion*. Or, entre le thème de *Spiridion* et celui des *Frères Karamazov*, la ressemblance est frappante. Dostoievski simplifie le triple schéma de Sand : Spiridion-Fulgence, Fulgence-Alexis, Alexis-Angel ; il le concentre dans l'unique relation entre le staretz Zossima et le novice Aliocha (ou Alexei, – on notera ce même nom d'Alexis). De part et d'autre l'ancien fait part au plus jeune de sa première existence mondaine, de sa conversion, de ses pensées intimes. Zossima donne à Aliocha la même consigne étrange de rentrer dans le monde, que l'Alexis de Sand avait donné à son jeune confident Angel. Après sa mort, au lieu du miracle auquel ses admirateurs s'attendaient, la mémoire du staretz est flétrie, comme l'était celle d'Alexis. Enfin, l'on peut préciser que Dostoievski avait lu *Spiridion* dans sa version première, où le nom de Joachim ne figurait pas encore, ce qui expliquerait la même absence dans les *Karamazov*. (Il aurait donc été, notons-le, joachimite sans le savoir.) Bref, la dépendance est manifeste[2].

Elle l'est en effet. Dostoievski, sur le tard, se souvient de *Spiridion*. Mais ces traits sont mêlés à tant d'autres, empruntés à d'autres auteurs, et beaucoup plus à la réalité ! En particulier, les deux personnages qu'une certaine symétrie inviterait à rapprocher de ceux de Sand, le staretz Zossima et son jeune disciple Aliocha, sont peints d'après nature. C'est la fréquentation de Vladimir Soloviev qui a inspiré Dostoievski dans sa description d'Aliocha ; au reste, dans les premiers brouillons, l'adolescent était appelé « l'Idiot », comme le prince Mychkine, et si ensuite l'auteur lui donna ce nom d'Aliocha, ce

1. Dans *Die christliche Frau* (Münster). Grossmann en a tenu compte dans la préface à son édition du roman, Moscou, 1935.

2. Ivan Pouzyna, *George Sand et Dostoievski, la parenté littéraire des Frères Karamazov et du* Spiridion. *Études*, t. 238, pp. 345-360. L'auteur décèle aussi des ressemblances analogues avec les personnages du *Mauprat* de Sand (p. 360).

fut en souvenir de son fils Alexis, mort à trois ans en mai 1878 ; *Spiridion* n'y est pour rien. Quant au vieux Zossima, Dostoievski lui-même nous a renseignés sur son origine réelle : « Je ne créerai rien, écrivait-il en 1870 à A.N. Maïkov, me bornant à représenter le vrai Tikhon[1], que, depuis longtemps, j'ai inclus avec ravissement dans mon cœur[2]. »

L'écrivain russe a d'ailleurs pu nourrir quelques illusions, comme plusieurs de ses compatriotes, au sujet de George Sand ; il a pu lui conserver une admiration fidèle : il ne s'ensuit pas que leur christianisme ou leur socialisme soit le même. Et quoi de commun entre la riche et inconstante châtelaine, à la plume aussi facile que généreuse, dont les romans à thèse coulent comme l'eau de la fontaine, et le forçat de la pensée, talonné par les dettes, épuisé par l'épilepsie, torturé par les problèmes éternels, qui écrit « dans les pires tourments », qui n'a pas hésité à mettre au rebut une première version intégrale de ses *Démons* et qui finit par la détruire pour n'avoir pas à subir les tracasseries policières de la douane ? Il cherche à se délivrer dans une œuvre impossible. Si réussis qu'ils soient, ses *Karamazov* n'ont aucun sens à moins qu'on ne les prenne comme une première esquisse, ou plutôt comme un fragment, presque comme une simple introduction (« un moment », dit-il, de la première jeunesse de son héros)[3], à cette *Vie d'un grand pécheur* qu'il portait en lui depuis des années et qui ne fut jamais écrite. Si l'on veut préciser les influences, ce n'est pas à Sand qu'il convient de penser, c'est encore à Vladimir Soloviev, c'est à Nicolas Fedorov, et si l'on cherche à dégager ce que devait être le thème essentiel de l'œuvre, peut-être devra-t-on recourir au mot d'« enfance ».

Dans la seconde édition de son roman, George Sand a nommé Joachim de Flore ; c'est à sa théorie du troisième âge qu'elle rattache toute l'idéologie qui doit enfanter les temps nouveaux par la Révolution française. Dostoievski, lui, ne pense pas plus à Joachim qu'il ne le nomme. Mais tandis que la fantaisie activiste de Sand fait tout aboutir à une image d'Épinal – le soldat de la Révolution tuant le vieux moine Alexis, symbole malgré lui de l'obscurantisme et de la réaction, Dostoievski, sans y penser, guidé par son profond instinct contemplatif, reprend le meilleur de ce qui fut le rêve du Calabrais : le triomphe de l'esprit d'enfance[4] ; – en quoi il se rencontre avec

1. Il s'agit du staretz Tikhon Zadonski (1724-1783), qui fut en grande réputation de sainteté.

2. De Dresde, mars-avril 1870 ; cf. au même, oct. 1870. *Correspondance*, trad. Nina Gourfinkel. Calmann-Lévy, t. 4, 1961, pp. 165 et 197.

3. Préface de l'auteur.

4. Déjà c'est au thème des enfants qu'étaient consacrés les premiers brouillons de

Nietzsche dans sa célèbre parabole du chameau, du lion et de l'enfant. Seulement, tandis que Joachim projetait son rêve dans l'avenir du troisième âge, l'auteur des *Karamazov*, dans la scène anticipatrice de son Épilogue, évoque l'accord miraculeux des enfants réalisé pour un instant au sortir de la cérémonie d'enterrement d'Ilioucha leur camarade, où « l'hymne chérubique » avait retenti ; et, comme pour mieux spécifier qu'il ne s'agit d'aucune utopie terrestre, Aliocha, l'animateur de la bande qui bientôt va se désagréger, leur donne à tous rendez-vous, autour de leur ami défunt au lendemain de la résurrection.

Dire que « la doctrine religieuse prêchée par George Sand est fidèlement reprise par Dostoievski »[1] nous paraît donc être une aberration. Sand avait adopté le schème joachimite, tout en transformant, disons même en retournant la vision de l'Évangile éternel. Dostoievski reproduit spontanément l'un des traits caractéristiques de cet Évangile éternel, mais sans concession à un schème joachimite. Le staretz qu'il dépeint avec vénération ne ressemble en rien à ces moines « éclairés » qui se cachent pour transmettre leur doctrine ésotérique à un disciple de choix, destiné, l'heure venue, à détruire l'ordre monastique et la vieille foi dont il est le soutien anachronique. On ne saurait imaginer antithèse plus rigoureuse. De part et d'autre on aspire à la liberté, mais Zossima rappelle à qui rêve d'émancipation que l'obéissance, le jeûne et la prière sont « la seule voie qui conduise à la vraie Liberté »[2]. Dire que chez Sand comme chez Joachim « les religieux joueront un rôle prépondérant à l'époque de la religion du Saint-Esprit », c'est déjà jouer sur les mots ; car précisément pour elle, au rebours de Joachim pour qui l'ère du Saint-Esprit doit être l'ère des moines et de la vie contemplative, il s'agit de l'œuvre que doivent accomplir, à l'ouverture de cette ère, quelques moines engagés dans les sociétés secrètes pour lancer leurs jeunes recrues, loin des cloîtres, dans la grande aventure de la révolution. Et le paradoxe est encore plus fort lorsqu'on ajoute que « le cas est le même pour Dostoievski, qui imitait George Sand » ; car précisément encore, si l'on tente un rapprochement entre le fondateur de Flore et l'admirateur d'Optina Poustyne, on ne peut manquer de voir que l'un comme l'autre espère dans l'avenir la victoire d'un idéal contemplatif. Tandis que les propagateurs de la subversion

---

ce qui devint *les Frères Karamazov*. Cf. Pierre PASCAL, préface à l'éd. de la Pléiade, p. XIV.

1. On se demande comment Pouzyna, après avoir écrit que d'après Sand, « au lieu de s'attacher au Christ ressuscité, (la nouvelle religion) s'absorbera dans un épanouissement panthéiste », peut ajouter aussitôt : « Dostoievski reprend ces idées dans son dernier roman. » Loc. cit., p. 355.

2. *Les Frères Karamazov*, Entretiens du staretz Zossima ; dans POUZYNA, loc. cit., p. 357.

poursuivent en vain leurs chimères, les religieux, dit encore Zossima, « gardent dans leur solitude... la vérité divine..., et quand l'heure sera venue, ils la révéleront au monde ébranlé »[1].

Que d'autre part Dostoievski se soit montré hostile à l'Église catholique, accusée d'avoir laissé perdre le Christ à l'humanité occidentale, ou que dans son attachement même à l'Orthodoxie russe il n'ait pas été toujours pleinement orthodoxe, cela n'est point en question. Il a beaucoup varié, soit dans ses idées sociales, soit dans ses vues d'avenir, et son œuvre romanesque ne nous impose aucune thèse. Mais à aucun moment nous ne voyons qu'il ait été près d'adhérer à l'espoir d'un troisième âge, sous l'une quelconque des formes que la doctrine avait revêtues depuis l'origine. Dans ses dernières années, on le sait, il était plus que jamais détaché des rêves socialistes de son siècle, qu'ils se fussent exprimés ou non dans un cadre joachimite. Une lettre à Strakhov en est, parmi d'autres, témoin ; elle date d'un temps où déjà prenaient corps en lui les premières ébauches de la *Vie d'un grand pécheur*[2] :

> ... Tout au long du dix-neuvième siècle, le mouvement qui y a abouti (à la Commune de Paris) rêvait du paradis sur terre (à commencer par le phalanstère) ; mais qu'il soit confronté à l'action (en 48, en 49 ou maintenant), et il fait montre d'une impuissance humiliante à annoncer quoi que ce soit de positif. Au fond, c'est toujours le même Rousseau, le même rêve de recréer le monde à force de raison et d'expérience (le positivisme)... Souhaiter une chose et la réaliser font deux. Ainsi, ils souhaitent le bonheur de l'humanité tout en s'en tenant à la notion de « bonheur » définie par Rousseau, c'est-à-dire à une chimère que l'expérience ne justifie pas[3].

Nous ne citons ces lignes ni pour y chercher un argument quelconque en matière sociale, ni pour préciser en cette matière les idées de Dostoievski, mais seulement pour achever de montrer combien il serait vain de vouloir établir, quant au fond des choses, le moindre rapprochement entre l'auteur des *Karamazov* et celui de *Spiridion*. Nous sommes en présence de deux univers qui n'ont rien de commun, – et surtout, nous permettra-t-on de l'ajouter, sans commune mesure.

1. Pouzina lui-même, ibid. cite ces textes.

2. Cf. la lettre à M. N. Kaïkov, oct. 1970 : « Si je ne l'écris pas, il me torturera à mort. » *Correspondance*, t. 4, p. 204.

3. *Correspondance*, t. 4, pp. 291-292.

II

De Soloviev à Berdiaev

Dans notre histoire religieuse, peu de figures sont aussi fascinantes que celle de Vladimir Serguéiévitch Soloviev. Son œuvre n'a pas été intégralement traduite en français, mais, outre les écrits rédigés dans notre langue, les traductions particulières sont assez nombreuses pour en permettre une connaissance étendue. Parmi les études qui lui sont consacrées, on pourra consulter l'excellente analyse, donnée suivant l'ordre chronologique, de Maxime Herman[1] ; un exposé bref, pénétrant, critique de sa base métaphysique est dû à Al. Kojevnikov[2] ; le monumental ouvrage de Mgr Jean Rupp[3] est une somme de son ecclésiologie ; pour une synthèse approfondie on se reportera au deuxième volume de *la Gloire et la Croix*, de Hans Urs von Balthasar[4]. Nous nous en tiendrons ici à l'objet précis de notre enquête. Soloviev fut-il, en quelque sens, joachimite ? fut-il au moins tenté de l'être ? La question a été plusieurs fois soulevée. Des textes ont été allégués comme décisifs. « Certains, constate Mgr Rupp, voient en notre héros un protestant, du moins un disciple de Joachim de Flore[5]. » Récemment encore, M. Alain Mercier estimait que sa ferveur œcuménique l'avait conduit à envisager pour l'avenir, dans des perspectives plus amples que celles de Joachim, un âge de l'Esprit : « seul le retour de l'Esprit-Saint et la réintégration avec le plan divin peuvent rétablir l'unité perdue. Au-delà des divergences entre les cultes et les religions, la constitution d'une Église universelle pourrait, sous l'égide de la sainte Russie, favoriser cet avènement »[6]. Déjà en 1964 un auteur allemand, Karl Pfleger, avait émis l'avis que d'après le « syncrétisme » de Soloviev l'évangile de saint Jean était « une sorte de prologue à l'ère

---

1. Vie et œuvres de Soloviev, 154 p., en introduction à V. Soloviev, *Crise de la philosophie occidentale*. Aubier, 1947.

2. *La métaphysique religieuse de Vl. S.*, Revue d'hist. et de phil. relig., 1934, pp. 534-544, et 1935, pp. 110-152.

3. *Message ecclésial de Soloviev*. Paris-Bruxelles, 1975 (avec bibliographie). Voir aussi D. Stremooukhoff, *Vl. Soloviev et son œuvre messianique*. Belles-Lettres, 1935. L'ouvrage précurseur de M. d'Herbigny : *Un Newman russe, Vladimir Soloviev* (Beauchesne, 1909, 6ᵉ éd. 1934) reste utile à consulter.

4. Trad. fr. de *Herrlichkeit*. Vol. 2, Styles, t. 2. Coll. ' Théologie ' Aubier, 1972.

5. Op. cit., p. 454.

6. *Les sources ésotériques et occultes de la Poésie symboliste* (1871-1914), t. 2, le Symbolisme européen. Nizet, 1974, p. 117.

du Saint-Esprit, qui doit amener la réconciliation des grandes religions d'Asie avec le christianisme »[1].

Diverses expressions, d'ailleurs épisodiques, ont pu donner le change. Même après sa jeunesse, il lui est arrivé de changer d'opinions (moins toutefois qu'on ne l'a dit). Son tempérament irritable, joint à une tendance au schématisme, donne à certains de ses propos un caractère unilatéral. Mais pourvu qu'on ait soin de les replacer dans le contexte de sa pensée et sa vie, il n'en est pas un seul qui autorise une interprétation joachimite. Bien au contraire. La question vaut cependant d'être examinée de près, parce qu'elle permet de mettre en relief des points essentiels de la pensée de Soloviev. En ce sens, nous l'espérons, notre bilan ne sera pas purement négatif.

Le 31 décembre 1872, au sortir d'une crise spirituelle qui l'avait conduit au matérialisme, Soloviev écrivait : « L'homme, vis-à-vis de la religion, passe normalement par trois âges : d'abord la foi enfantine ou aveugle, – puis développement de la raison et négation de la foi aveugle, – puis la foi consciente, basée sur le développement de la raison. » Il avait alors vingt ans. Quelques jours plus tard, il appliquait ce schème triadique, d'un hégélianisme facile, à l'histoire de l'humanité :

> Le christianisme, bien qu'absolument vrai en soi, n'a eu jusqu'à présent... qu'une expression très étroite et insuffisante. A l'exception de quelques intelligences d'élite, il n'était... qu'affaire de simple croyance à demi consciente et de sentiment indéterminé... Il s'agit maintenant de faire entrer la teneur éternelle du christianisme dans une forme nouvelle qui lui corresponde, c'est-à-dire absolument raisonnable. Pour cela, il faut profiter de tout ce qui a été élaboré pendant ces derniers siècles par l'esprit humain : il faut s'approprier les résultats généraux du développement scientifique... Il est clair maintenant pour moi comme deux et deux font quatre que tout ce grand essor de la science et de la philosophie occidentale, apparemment indifférent et souvent hostile au christianisme, n'a fait en réalité qu'élaborer pour lui une forme nouvelle, digne de lui[2].

Dans cette large vue historique d'un jeune intellectuel qui, après et par le passage à travers les derniers siècles de la pensée européenne qui

1. *Die verwegenen Christozentriker.* Freiburg, 1964. Cf. Concilium, 11 janvier 1966, p. 112. L'auteur met de pair la « sophiologie » de Soloviev et celle de Berdiaev, en y mêlant les vues de Sri Aurobindo.

2. Lettres à sa cousine ; textes dans Herman, loc. cit., pp. 18-22. Cf. Stremooukhoff, p. 27.

l'avaient d'abord ébloui, après le rêve d'une « religion universelle » à saveur gnostique dont la dissertation sur *la Sophia*, rédigée en français, conserve le souvenir[1], a retrouvé sa foi première sous une forme plus mûre, il n'y a point à chercher quelque analogue des anticipations joachimites. Soloviev n'envisage ici rien d'autre que cette foi orthodoxe dont l'expérience et la réflexion lui ont fait comprendre, pense-t-il, la véritable essence. S'il espère pour l'avenir un changement, c'est dans l'application d'un christianisme enfin pris au sérieux, non dans son effacement devant une religion de l'Esprit.

C'est là ce que nous paraissent confirmer les conférences sur la « divino-humanité » ou *Théandrie* (1877-1881), qui sont la première grande œuvre de Soloviev. Elles sont essentiellement christologiques. Si elles contiennent un rêve, celui du Royaume de Dieu établi parmi les hommes, ce rêve doit se réaliser par l'Église du Christ, ayant enfin surmonté le schisme qui la rend impuissante. « D'une main hardie, a écrit P.N. Milioukov, Soloviev a fait descendre le royaume de Dieu du ciel sur la terre, et il a confondu la religion et le progrès, le christianisme et l'altruisme, le céleste et le terrestre, le divin et l'humain, dans l'idée mystique fondamentale de « l'humanité divine »[2]. » Exégèse simplifiée à l'extrême, qui a du moins le mérite de ne pas réduire à une dimension unique, toute spirituelle, la réalité de l'Église à venir. Ce que rêve Soloviev, encore très dur à cette date pour l'Église romaine, c'est son union avec l'Église orthodoxe. Malgré ses fautes passées, « le catholicisme conserve une force et une légitimité relatives », il contient un élément de progrès qui manque à l'Orthodoxie « an-historique ». Leur réunion doit permettre « le passage à une forme meilleure et nouvelle, plus positive et plus compréhensive, vraiment omnicompréhensive...[3]. » Rien là d'une désincarnation. « Pendant que la nation sacrée préparait la corporéité naturelle de l'Homme-Dieu individuel, les nations profanes élaboraient le corps social de l'Homme-Dieu collectif, de l'Église universelle. » La Rome chrétienne n'a que trop imité certains traits de la Rome païenne, mais elle a reçu d'elle le principe historique d'une humanité unifiée, que l'Orthodoxie doit maintenant recevoir d'elle. La dernière leçon sur la Théandrie pousse à l'extrême l'attitude ambiguë de Soloviev à l'égard du catholicisme : il l'accuse d'avoir cédé à la tentation que le Christ avait repoussée, d'user de la puissance pour attirer les hommes, mais en même temps il

1. Cf. l'édition des Œuvres de Soloviev en langue française par Fr. Rouleau, pp. 4 et 14, (à paraître prochainement).

2. *Le mouvement intellectuel russe,* tr. fr., Éd. Bossard, 1918. Écrit en 1893.

3. Deuxième leçon sur *la Théandrie.* Cf. Rupp, op. cit., p. 279. Kojevnikov, loc. cit., p. 148. Stremooukhoff, p. 115.

reconnaît son apport nécessaire pour que règne un jour l'Église universelle[1].

Deux années vont suffire à la pensée de Soloviev pour faire un nouveau bond. Dans un discours sur Dostoievski, le 19 février 1883, le chercheur de l'unité demande : « La Russie continuera-t-elle le péché historique de l'empire byzantin ? »[2] C'est désormais le césaropapisme qui est visé, tandis que l'accent est mis sur le bilan positif de Rome : elle a combattu dans les hérésies successives les réveils de l'esprit païen, elle combat encore cet esprit dans la civilisation moderne, elle cherche à sanctifier l'humanité entière, elle est « vraiment chrétienne, parce qu'universaliste »[3]. Le sujet est traité plus à fond dans *la Grande Controverse*, qui paraît au cours de la même année :

> L'essence de la grande controverse de l'Orient et de l'Occident, depuis les origines jusqu'à nos jours, peut se résumer en cette question : l'Église de Dieu a-t-elle devant elle une tâche pratique, bien définie, dans le monde humain, une tâche dont l'accomplissement implique la nécessité de l'union de toutes les forces chrétiennes sous la bannière symbolique et sous le pouvoir d'une autorité ecclésiastique centrale ?... Doit-elle représenter le royaume de Dieu en son activité, doit-elle être, par conséquent, unie et concentrée, car un royaume intérieurement divisé ne peut subsister, tandis que l'Église, selon la promesse de l'Évangile, demeurera ferme et intacte jusqu'à la fin, les « portes de l'enfer » ne pouvant prévaloir contre elle[4] ?

Nous n'avons pas à suivre ici le déroulement de cette « grande controverse », dans laquelle Soloviev déclare n'être entré qu'avec crainte, comme dans une « brume impénétrable à l'œil », et de laquelle il ne dégage encore que des « conclusions très incertaines »[5]. Mais la façon même de poser le problème semble bien exclure toute idée d'une Église à venir qui serait nouvelle par rapport à celle du Nouveau Testament[6].

---

1. 11e et 12e leçons. Cf. Rupp, p. 165. Herman, pp. 46-47.

2. Déjà dans les Leçons, reproches à la religiosité byzantine d'être « profondément antihistorique » et de faire ainsi perdre à l'Église « son caractère universel ». Cf. Stremooukhoff, p. 130.

3. 3e discours ; cité par d'Herbigny, op. cit.6, pp. 167-168.

4. *La Grande Controverse*, ch. 6, « La Papauté et le Papisme ; la raison d'être du protestantisme ». Dans Rupp, pp. 276-277.

5. Ibid., pp. 275-276.

6. Ce qui a pu faire croire à l'admission par Soloviev d'une Église toute spirituelle est le fait que, dans les polémiques suscitées par son ouvrage, il a déclaré comprendre « l'individualisme protestant » et sa « revendication de liberté ». Mais, outre que la

Il faut en dire autant de l'opuscule de 1884 sur *Les Juifs et la question chrétienne.* Deux âges, et non trois, y sont nettement définis, celui de la religion d'Abraham et de Moïse et celui de l'union plus intime avec Dieu par le Christ, dont le but est « la Théocratie universelle », c'est-à-dire « la réalisation de la loi divine dans le monde humain ; celle-ci comporte bien une triade, mais qui ne comporte ni succession temporelle, ni homologie quelconque avec la Trinité : il s'agit des trois éléments qui doivent concourir à former cette Théocratie : le Prophète (apport du Judaïsme), l'Empereur (apport de Byzance), le Grand-Prêtre (apport de Rome)[1].

Poursuivant sa recherche œcuménique, Soloviev achève en 1889 et publie à Paris son ouvrage capital sur *la Russie et l'Église universelle.* Ses conclusions, affermies par l'étude, peuvent être exposées avec une clarté qui n'a plus à craindre la censure. Il dit alors « ce que personne avant lui dans la Russie moderne, Tchadaïev excepté, n'avait osé dire : le centre de la communauté chrétienne des peuples n'est pas Moscou la séparatiste, mais Rome et la papauté »[2]. Sa vision finale n'en est pas modifiée ; elle demeure celle des *Leçons sur la Théandrie* : la vérité fondamentale, l'idée spécifique du christianisme, c'est l'union parfaite du divin et de l'humain, accomplie individuellement dans le Christ et socialement dans l'humanité chrétienne[3].

Cet ouvrage, le plus célèbre de Soloviev, et le plus accessible à tous, est aussi, pour une part, le plus méconnu. Toute sa troisième partie, lorsqu'elle n'est pas simplement ignorée, est abandonnée d'avance aux critiques. Un admirateur fervent de l'auteur n'y a vu qu'« imaginations ». Le mot est tout à fait impropre, à moins qu'on ne le mette au singulier et qu'on ne reconnaisse que tout grand système est le fruit d'une imagination de la pensée. Autant que nous en pouvons juger, ce livre troisième sur le *Principe trinitaire et son application sociale*[4] constitue la synthèse la plus vaste et la plus élaborée que Soloviev nous ait laissée. Il y livre la clé de toute sa doctrine. Philosophe et

---

liberté protestante n'est pas la liberté de l'Église joachimite, Soloviev précise qu'il la comprend « tout en la déplorant », de même qu'il comprend tout en la déplorant « la séparation de l'Orient et de Rome ». Cité par d'Herbigny, p. 183.

1. Cf. Herman, pp. 72-74. D'Herbigny, pp. 184-193. La théologie du judaïsme et la lutte contre l'antisémitisme occupent une place importante dans l'œuvre de Soloviev.

2. Frédéric MUCKERMANN. *Soloviev messager de la Russie à l'Occident.* Trad. J.-P. Brisson, Juillard, 1951, p. 113. Le 25 mai 1888, dans une conférence à Paris, Soloviev avait affirmé la nécessité d'« un sacerdoce général ou international, centralisé et unifié dans la personne d'un Père commun de tous les peuples, le Pontife universel... » Cité par Eugène TAVERNIER, introduction à la traduction de *Trois Entretiens...*, Plon, 1916, p. LXVIII.

3. *La Russie...*, 1889 ; v. spécialement P. 2, ch. 4 et 6.

4. *La Russie...*, pp. 203 à 336.

théologien, il fait penser à un saint Anselme qui pour sa contemplation de la Trinité aurait plus largement puisé dans les trésors de la patristique et aurait eu aussi, par miracle, des lueurs anticipées sur la grande ère scolastique ; un Anselme qui aurait doublé sa mystique trinitaire d'une mystique de la création, inspirée de la *Genèse* et de la *Sagesse*. Sans doute fallait-il aussi, pour aboutir à cette forme, la traversée de plusieurs siècles de théosophie et de philosophie dite indépendante ; mais le fond n'en est point vicié (on n'est pas hégélien pour parler de « faux infini »). Le symbolisme y gagne en puissance par la rigueur de la schématisation. Qu'on n'y cherche nulle part une démonstration analytique : c'est un poème rationnel – l'inverse d'une poésie prosaïque – écrit dans une langue ferme, sans fioritures. Genre suranné, bien sûr, mais auquel pouvait seul se risquer avec bonheur un haut esprit indépendant, et que l'on aurait tort de déprécier. On peut en soupçonner une substructure sophiologique prêtant à discussion, mais il doit suffire à notre perspective de constater que ce texte ignore toute idée d'un règne ou d'un âge de l'Esprit entendu selon la tradition issue de Flore.

Mais Soloviev n'aurait-il pas évolué dans la suite ? N'est-ce pas ce que donnerait à entendre sa fameuse lettre à Rozanov, écrite le 28 novembre 1892 ? La religion de l'Esprit y semble bien professée en toutes lettres :

> En face de la papophobie dominante chez nous,... j'ai cru et je crois nécessaire de montrer l'importance positive de la pierre de l'Église que le Christ a lui-même posée ; mais je ne l'ai jamais prise pour l'Église elle-même, je n'ai jamais pris le fondement pour l'édifice tout entier. Les limitations latines me sont aussi étrangères que les limitations byzantines ou celles d'Augsbourg ou de Genève. La religion du Saint-Esprit que je confesse est plus large et en même temps plus riche que toutes les religions particulières ; elle n'en est ni la somme ni un extrait, pas plus que l'homme entier n'est une somme ou un extrait de ses divers organes[1].

Comme l'explique Balthasar, Soloviev met ici fortement en évidence le caractère de moyen qu'a la forme ecclésiale : il ne faut pas « confondre le lit du fleuve avec le courant » ; l'Église n'est pas le Royaume achevé, elle n'est que le Royaume en devenir[2]. Mais le moyen n'est pas un

1. *Correspondance*, t. 3, pp. 43-44 : Cité par Herman, p. 103 et par N.O. Losski, *Hist. de la philosophie russe des origines à 1950*. Payot, 1954, p. 123 (trad. revue par V. Losski).

2. *La Gloire et la Croix*, t. 2, 2, p. 212.

moyen provisoire, le courant du fleuve a toujours besoin du lit pour continuer sa course, le fondement de Pierre n'est pas une de ces « limitations latines » qui, de même que les limitations byzantines ou autres, menacent toujours d'étouffer l'esprit ; aucun avenir n'est envisagé où l'édifice pourrait sans malheur rejeter son fondement. La religion du Saint-Esprit est celle de la catholicité. Nulle idée en cela d'un règne de l'Esprit qui devrait un jour succéder au règne du Christ.

Mais Soloviev lui-même n'a-t-il pas voulu anticiper ce nouveau règne, au cours des années 90, lorsqu'il s'abstint de toute pratique sacramentelle, comme s'il s'agissait d'un ordre de choses destiné à disparaître par l'effet du progrès religieux ? Une telle interprétation a été soutenue, avec plus ou moins de nuances. Elle n'est pas fondée[1]. Au moment où circulaient des rumeurs sur son abandon de l'Orthodoxie, il avait écrit avec une franchise entière, en août 1887, au Père Martynov : « Pour ne rien laisser dans l'imprécision, je confesse que l'Église catholique romaine, qui a remplacé l'Empire romain pour l'Humanité régénérée, est destinée par la volonté divine à exercer jusqu'à la fin des siècles un universel pouvoir sur la terre. » Mais il pensait en même temps que si la Russie avait hérité de Byzance un état de séparation de fait avec Rome, cet état de fait ne constituait pas un schisme formel, et qu'il n'avait donc pas à renier l'Orthodoxie pour adhérer à l'Église catholique ; aussi pouvait-il dire, dans la même lettre : « Déclarant ouvertement mes opinions, et proclamé dans notre presse « jésuite clandestin », je me confesse régulièrement à des prêtres orthodoxes qui connaissent ma manière de penser, et je reçois d'eux, régulièrement, la communion »[2]. Seulement, son cas était discuté, et en 1892, son confesseur orthodoxe vint à lui refuser les sacrements, sur avis secret de sa hiérarchie. Il ne voulait pourtant pas passer au latinisme[3]. D'où quatre années sans confession ni communion. Mais en 1896 un prêtre de l'Église gréco-slave unie à Rome, au cours d'un voyage en Russie, put lui administrer les sacrements après avoir reçu de lui cette déclaration : « J'appartiens à la vraie Église orthodoxe ; car

1. Malgré quelques propos de Soloviev, qui pourraient d'ailleurs plutôt faire conclure à un protestantisme libéral et qui n'expriment qu'une situation de fait. Cf. Herman, p. 115, note.

2. Lettre citée par Herman, pp. 96-97.

3. Lettre sur l'union des Églises, p. 12 : « C'est l'Église *de Rome*, et non l'Église *latine*, qui est *mater et magistra omnium ecclesiarum* ; c'est l'évêque de Rome et non le patriarche de l'Occident qui parle infailliblement *ex cathedra* ; et il ne faut pas oublier qu'il y eut un temps où les Évêques de Rome étaient aussi des Grecs. » Cf. d'Herbigny, p. 312. On pourra voir comment le P. Lew Gillet s'est inspiré pour son propre cas de cette thèse de Soloviev, dans *Irenikon*, 1980, n. 2, pp. 175-195 : Le « Moine de l'Église d'Orient », par Dom Olivier ROUSSEAU.

c'est pour professer, dans son intégrité, l'Orthodoxie traditionnelle que, sans être latin, je reconnais Rome pour centre du christianisme universel »[1].

Le principal changement survenu dans la pensée de Soloviev a lieu dans ses dernières années. Longtemps il avait cru possible une certaine réalisation objective du Royaume de Dieu sur la terre, grâce aux progrès d'une humanité guidée par l'Église. Ce serait l'incarnation de la Sagesse divine étendue à la société tout entière. Sur la fin, il est revenu de son rêve. Il n'espère plus une « évolution de l'humanité et de l'univers jusqu'à devenir le Corps cosmique du Christ »[2]. Il a mieux compris que « la loi de l'existence n'est pas le progrès, mais le combat »[3]. Il a mieux pesé les forces du mal et la puissance d'illusion des hommes. Sa conviction nouvelle s'est exprimée dans la *Courte relation sur l'Antéchrist*, qui termine son dernier ouvrage, les *Trois Entretiens*, publié à la veille de sa mort (1899)[4]. Contrairement à ce qu'on pourrait penser, c'est alors qu'il nous offre une ressemblance précise (mais tout extérieure et passagère) avec le visionnaire de Flore. Celui-ci annonçait une invasion de la chrétienté par les peuples barbares, instruments du diable, venus des quatre extrémités de l'horizon ; il redoutait la formidable armée de Gog et de Magog. Soloviev, impressionné par la menace asiatique pesant alors sur la Russie, imagine un « panmongolisme » d'où va surgir un grand chef, rival et vainqueur du Christ. Mais tandis que Joachim ne redoutait que des massacres, Soloviev voit dans l'œuvre de l'Antéchrist la victoire de l'Imposture : le peuple chrétien est fasciné, et c'est l'apostasie universelle ; seul résiste un groupe infime. On aurait tort, évidemment, de prendre à la lettre ce qui n'est qu'un mythe. Et nous n'avons pas à commenter ce mythe. Constatons seulement que ce changement radical dans la vision d'avenir laisse intactes les positions essentielles de Soloviev quant à la réalité de l'Église et à son rapport au royaume de Dieu.

Il n'a pas cessé de penser que « le développement de la vérité christologique » doit s'effectuer « dans le développement ecclésial »[5], et non dans un dépassement quelconque de l'Église instituée par le Christ, dans un passage à une Église de l'Esprit. En face de la figure de Pierre il dresse, comme d'autres, la figure de Jean, mais ce n'est pas dans une

1. D'Herbigny, pp. 313-316. A son lit de mort (31 juillet 1900), il fut assisté par le curé orthodoxe du village voisin.

2. Cf. Balthasar, loc. cit., p. 170-171.

3. François Rouleau, introd. aux Œuvres françaises de Soloviev (à paraître), pp. ix et x.

4. Traduction par Eugène Tavernier. Plon, 1916, pp. 167-217.

5. Cf. Balthasar, *La gloire et la croix*, t. 2, 2, p. 170.

pensée d'opposition ; ce n'est pas dans l'idée que le second serait appelé à succéder au premier : les deux apôtres (auxquels, dans son mythe, il adjoindra Paul[1]) représentent les deux grandes fractions de l'Église, celle d'Occident et celle d'Orient, qui sont appelées à se rejoindre[2]. Cet Age de l'Esprit-Saint, auquel nous l'avons vu faire allusion une fois dans sa lettre au Père Martynov, demeure toujours, à ses yeux, le temps où l'Esprit rendra les chrétiens vraiment fidèles au Christ, socialement unis dans son Église. S'il se montre sévère pour les hommes d'Église, prêtres ou moines, que la *Courte Relation* prévoit presque tous conquis par l'Antéchrist, cela ne signifie rien contre la persuasion où il demeure jusqu'au bout que la permanence des structures de l'Église, y compris la papauté, est chose indispensable. Encore dans son grand ouvrage sur *la Justification du Bien* (1897), où il pouvait s'en dispenser, il évoque à nouveau son schéma tripartite, qui perpétue dans l'Église le Sacerdoce du Christ en la personne du Pontife suprême, en même temps que sa Royauté en la personne d'un Empereur[3] et sa Sainteté en celle des « prophètes » ou des « Saints ». Son espoir terrestre déçu se dépouille de tout l'élément d'idéologie progressiste qui s'était mêlé à sa vue de foi ; mais en prenant, du moins à titre symbolique, la forme d'un millénarisme, son dernier rêve demeure très *incarné*.

L'Antéchrist, au faîte de sa puissance et de sa popularité, vient de faire élire à Jérusalem, par les cardinaux apostats, un nouveau pape, qui doit éteindre tous les schismes, réconcilier les deux pouvoirs. Le peuple est en liesse. A peine élu, Apollonius accomplit des prodiges... Pierre et Jean ont été tués. Retirés à Jéricho, Pauli et quelques compagnons jeûnent et prient. Au bout de quatre jours, à la faveur de la nuit, la petite troupe revient à Jérusalem, où les corps des deux martyrs gisent devant l'église de la Résurrection. A peine les ont-ils ramenés que les deux corps se raniment. Alors Pierre et Jean serrent fortement Pauli par la main :

> Ainsi s'accomplit l'union des Églises... Mais tout à coup, l'obscurité nocturne fit place à une splendeur lumineuse, et dans le ciel

1. Voir le résumé de sa conférence au cercle catholique du Luxembourg, en décembre 1893, dans l'introduction de Tavernier, op. cit., p. LXIII.

2. Dans la *Courte relation*, c'est Pierre II, « droit et immobile comme une statue de marbre », qui tient tête à l'empereur Antéchrist, et c'est à lui que se rallient « le père Jean » et « le professeur Pauli » pour rallier le petit troupeau des fidèles. Dans Tavernier, pp. 200-213.

3. Cf. d'Herbigny, pp. 152-154. Ce rôle maintenu d'un Empereur n'est pas un rappel nostalgique du Saint-Empire romain-germanique ; il est plutôt dû au souvenir de l'empire byzantin et à la réalité alors actuelle du tzarisme, critiqués d'ailleurs par Soloviev, qui symbolise ainsi la distinction des deux ordres, temporel et spirituel.

> le grand signe apparut : une femme revêtue du soleil, ayant la lune sous ses pieds, et sur la tête une couronne de douze étoiles. Le signe,... lentement, s'achemina vers le sud. Levant sa crosse, Pierre s'écria : « Voilà notre étendard ! Suivons-le ! » Et, accompagné par les deux vieillards, ainsi que par toute la foule des chrétiens, il s'engagea dans la voie marquée par l'apparition, vers la montagne de Dieu, le Sinaï...[1].

Soloviev n'a jamais été joachimite. Encore est-ce là trop peu dire. En ses dernières années, jetant sur son époque un regard perçant, prophétique, il devient explicitement antijoachimite. Il s'oppose aux prétentions de cet « au-delà du christianisme », non pas sans doute sous la forme surannée où l'avait entrevu l'innocent Joachim (auquel il semble n'avoir jamais pensé), mais tel qu'il le voit se répandre. Cet « au-delà » qui veut bien reconnaître les mérites du christianisme, qui voit même en lui une étape nécessaire de l'histoire, mais le repousse désormais comme indigne de l'homme parvenu à sa maturité, il le considère comme la perversion suprême. Plus fondamentale qu'un certain pessimisme quant au progrès spirituel de notre espèce et au succès croissant de l'Église, telle est la signification du *Bref récit*. L'homme de génie qui, jeune encore, commençait de s'imposer à tous pour organiser la terre entière, « n'avait pas de haine véritable contre Jésus » :

> Il reconnaissait sa mission messianique et sa dignité, mais il ne voyait en lui que son plus grand prédécesseur... Je viens le dernier, pensait-il, dans le cours de l'histoire, parce que je suis le sauveur parfait et définitif. Ce Christ est mon précurseur. Sa mission était de préparer et d'annoncer ma venue...

Cependant, un doute est venu faire trembler « ce juste plein d'orgueil » qui se croit « l'homme de l'avenir ». « Si ce n'était pas moi ? si c'était lui, le Galiléen ? s'il n'était pas mon précurseur, mais le premier et le dernier ? » Depuis lors il le jalouse et le hait, mais il n'en poursuit son œuvre qu'avec plus de force. Les « gens de bien » admirent qu'il applique un programme « pénétré de l'esprit véritablement chrétien » en taisant prudemment le nom du Christ. Devenu empereur universel, il a, comme on l'a vu, convoqué un Concile, il y

1. Sur ces mots s'arrête le manuscrit du « père Pansophii » qu'un assistant est censé lire. La suite, résumée oralement, relate le ralliement des Juifs, la résurrection des victimes de l'Antéchrist, et leur règne avec le Christ, « pour une période de mille ans ». Finalement, ce seront les Juifs qui renverseront l'Imposteur, et la réconciliation sera complète.

prononce un grand discours d'union. A son invitation, les théologiens des trois grandes confessions chrétiennes se rallient à lui. Seul Pierre II reste immobile, et le staretz Jean, puis le professeur Pauli viennent le rejoindre... C'est dans la confession du Christ et dans la résistance aux séductions de l'Antéchrist que les membres disjoints de l'Église visible se sont ressoudés à jamais[1].

Dimitri Merejkovski (1865-1941) aimait peu Soloviev. C'est par abus qu'on les a quelquefois rapprochés. Leurs pensées ne sont pas seulement divergentes : elles ne sont guère comparables. Soloviev est un vrai philosophe, un théologien authentique ; Merejkovski est un « dilettante de haute volée »[2], son œuvre est celle d'un littérateur très érudit, très brillant, très habile au jeu des symboles, très engagé aussi dans le mouvement intellectuel et social de son temps, mais c'est une œuvre plus romanesque (même en dehors de ses romans) que consistante. Dans l'étude qu'il a consacrée en 1908 à Soloviev, il ne se contente pas de réagir, à juste titre, contre « la vénération (qui) tue la critique » ; le seul mérite qu'il lui reconnaisse, c'est d'avoir été comme malgré lui, en dépit de ses nombreux ouvrages, un « prophète muet », – le prophète involontaire de la « nouvelle Église » telle que lui, Merejkovski, la conçoit et l'annonce : « Espérons que le mystère de son mutisme prophétique sera déchiffré un jour par une critique plus attentive et, en attendant, convenons que si Vladimir Soloviev est réellement le précurseur de la nouvelle Église, ce n'est point parce qu'il parla et écrivit comme un sage, mais parce qu'il se tut et mourut comme un « dément ». » A ne considérer que son œuvre écrite et son action extérieure, on ne saurait voir en lui qu'« un gnostique, le dernier grand gnostique peut-être de la chrétienté », et par là même un homme tourné « vers le passé », « triste chevalier » de la théocratie médiévale dont il s'efforce en vain de restaurer les ruines, se tenant éloigné « du mouvement le plus vital du nouveau christianisme, ou de ce qui est peut-être *au-delà* du christianisme – le pragmatisme révolutionnaire » : bref, la parfaite antithèse de Merejkovski[3]. Soloviev ne trouve grâce auprès

1. *Trois entretiens*, « courte relation », trad. Tavernier, pp. 194-207 ; trad. Gauvain (Laloy), dans *Conscience de la Russie*, DDB, 1950, pp. 145-184.

2. B. Zenkovski, *Hist. de la philosophie russe*, t. 2, Gallimard, 1954, p. 312. Pour reconstituer le cadre dans lequel Merejkovski et les auteurs cités dans la suite élaborèrent ou exprimèrent leur pensée entre 1900 et 1917, on lira Jutta Scherrer, *Les « sociétés philosophico-religieuses » et la quête idéologique de l'intelligentsia russe avant 1917*, dans « Cahiers du monde russe et soviétique », 3-4, Mouton, juillet-déc., 1974, pp. 297-314.

3. *Le prophète muet*, 1908 ; recueilli dans *Sur le chemin d'Emmaüs*, trad. Dumesnil de Gramont, Bossard, 1922 ; pp. 179, 182, 185. M. prend la « théocratie » de Soloviev en un sens politique et littéral qui ne fut qu'un instant le sien.

de son cadet ni pour les œuvres philosophiques de sa première période, ni pour les vues apocalyptiques des dernières années. Dans celles-là, « tout est harmonieux, serein, ... trop poli, trop lustré : cristaux transparents, facettes géométriques de la pensée, dialectique aiguisée, symphonie solennelle..., gigantesque architecture évoquant Sainte-Sophie. Mais on dit qu'un tremblement de terre fit crouler la première voûte de Sainte-Sophie... » En revanche, et très logiquement, devait prévaloir ensuite la peur de l'avenir, « peur de l'Antéchrist », et le seul « bouleversement » envisagé devait être « non plus historique mais cosmique – la fin du monde »[1].

Le « bouleversement historique » attendu au contraire par Merejkovski est celui qui doit inaugurer le troisième âge, celui de « la nouvelle Église » ou de « l'au-delà du christianisme ». Comme celui de Joachim de Flore, le schème historique, trinaire, est également trinitaire, bien qu'il s'exprime en d'autres termes, qu'il revête une forme dialectique et qu'il annonce tout autrement l'avènement désiré de l'Esprit :

> Le Père s'incarne dans le Cosmos ; le Fils, dans le Logos ; l'Esprit, dans l'union du Logos avec le Cosmos, dans l'Être unique, total et universel, dans la Théanthropie[2].

L'idée de cette « Théanthropie » finale a subi quelques variations extérieures, au cours des vicissitudes qui ont marqué l'existence mouvementée de Merejkovski, en raison des influences diverses qu'il a subies et de l'évolution de ses sympathies politico-sociales[3]. Mais le fond en est resté le même. Ce n'est ni la « Théandrie » de Soloviev, ni la contemplation joachimite. Sous les mots de « Cosmos » et de « Logos », il nous faut lire à peu près « paganisme » et « christianisme », et par conséquent l'union du Cosmos et du Logos, réalisée au troisième âge selon le rythme de la synthèse hégélienne, sera la réconciliation, la fusion du paganisme et du christianisme ; en d'autres termes, ce sera l'union réalisée du règne de la chair et du règne de l'esprit dans la Théanthropie, c'est-à-dire dans l'humanité enfin devenue pleinement elle-même et se reconnaissant comme humanité divine.

C'est là ce que veut exprimer symboliquement la grande trilogie romanesque dont les deux premiers épisodes sont *la Mort des dieux*

1. Loc. cit., pp. 172-173 et 178-179.

2. Cité par ZENKOVSKI, t. 2, p. 314.

3. On en trouvera un exposé historique dans Jutta SCHERRER, *Pour une théologie de la révolution. Merejkovski et le symbolisme russe*. Archives de sciences sociales de religion, 1978, n. 45, 1, pp. 27-50.

(triomphe du Christ sur Julien l'Apostat) et *la Résurrection des dieux* (miracle de la Renaissance, qui culmine en Léonard de Vinci), complétés par un troisième, *l'Antéchrist* (en réalité le Surhomme, écrasant en la personne de Pierre le Grand le vieux christianisme incarné dans le tzarévitch Alexis)[1]. « Le thème de (ma) trilogie, a expliqué Merejkovski, est le reflet de l'histoire *universelle*, c'est-à-dire embrassant tous les siècles, tous les peuples, toutes les civilisations, de l'idée du christianisme ou plus exactement de la religion de la Sainte Trinité dont le christianisme n'est qu'une phase »[2].

On voit en quel sens il faut prendre cette religion de la Sainte Trinité, appelée aussi « religion du Troisième Testament ». Le Moïse de Michel-Ange à Saint-Pierre-aux-liens en est une illustration : « c'est là que se réveille, après des siècles, l'ancien rêve aryen, éternellement jeune, de l'union du divin avec le bestial, de la « créature divine », du Dieu-Bête[3]. » D'autres œuvres d'art complètent cette évocation, lui ajoutant des touches moins brutales : tel le visage du Christ dans la Cène du Léonard, tels encore les prophètes et les sibylles du plafond de la Sixtine : ce n'est pas un Christ « qui a le pape pour vicaire » ; ce sont les premiers pères et les premières mères d'un Nouveau Testament qui ne s'est pas réalisé et ne peut se réaliser dans l'Église présente »[4]. Cependant, c'est bien la réhabilitation de chair qui se tient, et de façon constante, au premier plan de la vision de Merejkovski ; c'est bien « l'impuissance du christianisme » à procurer cette réhabilitation qui creuse « la frontière mystérieuse séparant le deuxième Testament du troisième », et si la « chair » dont il s'agit doit être appelée « chair sanctifiée », on ne saurait la confondre avec la « chair glorifiée » que les chrétiens attendent de la résurrection de la chair ; « la chair profane de l'humanité est plus près de l'union du Saint-Esprit et de la Sainte Chair que l'incorporelle Sainteté chrétienne »[5]. Si le christianisme a fait son temps, c'est avant tout parce qu'il a ignoré « la vérité relative à la chair »[6].

On comprend dès lors que dans son ouvrage sur *le Tsar et la Révolution* notre auteur ait déploré que Soloviev « prêche des devoirs

---

1. Les trois romans ont paru en 1896, 1902 et 1905.

2. *Sainte-Sophie*, 1906 ; dans *Sur le chemin d'Emmaüs*, p. 207. Ce « christianisme historique », objet de critiques virulentes qui le visent dans son principe même, est encore appelé « faux christianisme ».

3. *Tolstoï et Dostoievski*, 1901 ; trad. Prozor et Persky, Perrin, 1903, p. 314.

4. *Tolstoï et Dostoievski*, pp. 310-312.

5. *Le Glaive*, 1908 ; dans *Sur le chemin d'Emmaüs*, pp. 44 et 51.

6. Ibid., p. 54 : « Le mystère de la personnalité, du sexe et de la collectivité, le mystère de Un, de Deux et de Trois, ne sera résolu que dans ce dernier Règne, dans cette ultime révélation de Trois en Un et de Un en Trois. »

surannés ». Dans ce même ouvrage, nous voyons aussi le thème essentiel du troisième règne se mêler à celui de la révolution sociale ainsi qu'à la théorie messianique de la prédestination du peuple russe. Merejkovski adhérait alors (dans les premières années du siècle) au mouvement dit de la « nouvelle conscience religieuse », qui comptait aussi Berdiaev parmi ses membres :

> La nouvelle conscience religieuse ne rejette pas la vérité éternelle que le christianisme contient, elle accepte entièrement cette vérité comme révélation du Christ, du Dieu incarné. Seul est rejeté le mensonge de l'Orthodoxie et de tout le christianisme historique...
>
> On a peine à se représenter quelle force destructrice devra acquérir dans les profondeurs du peuple l'ouragan révolutionnaire. Le naufrage de l'Église et de l'Empire russes ne sera-t-il pas la perte de la Russie, la perte du corps mortel de l'État, si ce n'est celle de l'âme immortelle du peuple ? – Et alors ne viendront-ils pas, ces jours dont il est dit : si ces jours n'étaient pas abrégés, aucune chair ne serait sauvée ; mais ils seront abrégés pour les élus ?
>
> Ces élus existent déjà dans le peuple russe : ce sont ceux qui n'ont pas la Cité du présent et cherchent la Cité de l'avenir – les martyrs du mouvement révolutionnaire et du mouvement religieux. Quand ces deux mouvements se réuniront, alors la Russie sortira de l'Église orthodoxe et de l'empire autocrate pour entrer dans l'Église universelle du Pontife unique, dans le royaume universel du Roi unique : le Christ.
>
> Et tout le peuple russe dira avec ces élus : Que ton règne arrive[1] !

A s'en tenir aux mots, il n'est plus question là d'un règne à venir de l'Esprit ; mais nous avons déjà constaté que Merejkovski adapte aisément son langage aux situations. Comme il apparaît ailleurs en prophète de l'Humanité-Dieu, ou du Surhomme[2], si bien qu'on pourrait le croire émule ou fidèle disciple de Comte, puis de Nietzsche, dont il subit en effet l'influence, il calque ici naturellement la phraséologie du milieu révolutionnaire issu des vieux croyants. Thomas Mann, en 1922, voyait en lui « le critique et le philosophe le plus génial dans le

1. *Le Tsar et la Révolution*, 1907. Ce passage est reproduit dans *Plamia* (Meudon), Pâques 1977, p. 14.

2. On comparera avec la conception tout autre de SOLOVIEV dans *L'idée de Surhomme*, 1899 (trad. J.B. SÉVERAC, *Vladimir Soloviev*. Michaud, s.d., pp. 205-213).

monde depuis Nietzsche »[1]. Rien ne nous paraît moins justifié. Il est bien plutôt un écho ; écrivain chatoyant, sans plus de rigueur dans la pensée que dans le vocabulaire. Il peut d'autant mieux adopter le langage christique, qu'il s'est fabriqué, en s'aidant de quelques apocryphes et de sa propre imagination, un *Jésus inconnu*, « au-delà de l'Évangile »[2]. Il a entrepris de « dégager le corps de l'Évangile de la cuirasse du canon », d'en « effacer la poussière des siècles », de « débarrasser la face du Seigneur des ornements de l'Église ». Tâche, nous assurera-t-il, « d'une difficulté effrayante ». Par bonheur, « les communistes l'accomplissent au-delà de toute espérance en désapprenant aux hommes l'Évangile, en le cachant, en l'interdisant, en le détruisant. S'ils savaient seulement ce qu'ils font ! » Ils préparent en réalité « l'explosion » d'une intelligence nouvelle : « la poussière est balayée du chemin de l'humanité, de l'histoire universelle, par le souffle du Saint-Esprit, et qui pourrait ne pas entendre son pas tonnant ? » La principale demande du *Pater*, « que ton règne arrive », « reçoit un sens nouveau, « étonnant » : ce n'est plus le premier, l'ancien royaume du Père, ni le second, le présent, celui du Fils, mais le troisième, le futur, celui de l'Esprit »[3].

Ce même *Jésus inconnu* nous apporte des précisions supplémentaires sur cet Esprit dont Jésus nous fait implorer le règne :

> « Dieu est Esprit » (Jo. 4, 24). Ces mots, dans la bouche de Jésus, qui lui-même s'exprimait en araméen, ne peuvent pas ne pas signifier que Dieu n'est pas seulement Lui, le Père, mais aussi Elle, la Mère. Cela, les fidèles l'ont déjà oublié, mais les hérétiques s'en souviennent encore :
>
> Descends, Esprit Saint !
> descends, Colombe Sainte !
> descends, Mère mystérieuse !
>
> Telle est la prière de baptême et d'eucharistie dans les *Actes de Thomas*... Dans la vie publique du Fils : le Père ; dans la vie cachée : la Mère. Tout Jésus connu est dans le Père ; tout Jésus inconnu, dans la Mère... Trois Humanités : la première, disparue avant nous – le règne du Père ; la seconde, la nôtre, proche du salut ou de la mort – le règne du Fils ; la troisième, celle d'après nous, sauvée – le règne de l'Esprit-Mère. C'est pourquoi il y a aussi trois colombes : la première au-dessus du chaos, la

---

1. Cité par Jutta SCHERRER, loc. cit., p. 31.

2. Trad. Dumesnil de Gramont, Grasset, 1935. 1re partie : « L'Évangile inconnu », ch. 5 : « Au-delà de l'Évangile ».

3. Op. cit., pp. 89, 98, 115, etc.

deuxième au-dessus du Déluge, la troisième au-dessus des eaux du Baptême[1].

Finissons par un dernier trait, guère plus éclairant, mais peut-être plus inquiétant. Merejkovski a remarqué que d'après nos trois évangiles synoptiques c'est l'Esprit-Saint qui conduit Jésus au désert pour y être tenté, alors que d'après saint Justin, qui cependant se réfère aux « Mémoires des Apôtres », c'est le diable lui-même qui s'approche de Jésus et le tente. Par une exégèse abusive, il en conclut que « là où dans un évangile il y a l'Esprit-Saint, dans l'autre il y a le diable, et *vice versa* ». Cela lui paraît signifier « quelque chose de terrible » : autour de Jésus, « les deux Esprits qui luttent à outrance, pareils aux tourbillons dans une trombe, s'entrelacent et se mêlent si étroitement *qu'il n'est plus possible de les distinguer l'un de l'autre* »[2].

Merejkovski était l'un de ces « chercheurs de Dieu », aux destinées diverses, qui voulaient élaborer, hors des cadres marxistes, une « théologie de la révolution »; tout autres furent ceux, bolcheviks pour la plupart, qui prirent le nom significatif de « constructeurs de Dieu ». Il faut les signaler ici, parce que certaines tendances de Merejkovski ne sont pas sans affinités avec les leurs et parce que leur principal théoricien, Lounatcharski, a recouru, d'une manière analogue à celle du jeune Marx, au symbolisme trinitaire. « Gorki, Lounatcharski, Bazarov et quelques autres, nous dit Jutta Scherrer, cherchent à hisser le socialisme au rang de religion et... considèrent la mystique religieuse comme un complément nécessaire au socialisme scientifique. » En 1907, Lounatscharski proclame que la « religion athée » du socialisme est « la déification des potentialités les plus hautes de l'homme » ; alors « il y aura un Dieu vivant, qui apportera à tous le bonheur et sera tout puissant. Ce Dieu, c'est nous qui le constituerons ». Dans cette construction de la Cité parfaite, « les forces productives sont le Père, le prolétariat est le Fils, et le socialisme scientifique est le Saint-Esprit »[3].

Dans son grand ouvrage sur *la Colonne et le Fondement de la Vérité*, qui date de 1914 et qui, traduit du russe en français, parut à Lausanne en 1975, le Père Paul Florenski (1882-1941) critique à plusieurs reprises les tenants de la « nouvelle conscience religieuse ». Il leur reproche de chercher « pour ainsi dire à obtenir l'Esprit-Saint par

1. *Jésus inconnu*, pp. 255-256. – Il reproche à Pascal de n'avoir pas transformé son « 3e ordre de l'Amour » en un « 3e règne de l'Esprit » : *Pascal*, trad. Andronikof, Grasset, 1941, p. 233 ; cf. son *Luther*, même traducteur, Gallimard, 1941, pp. 27 et 49-54.

2. *Jésus inconnu*, p. 270. Sur Mer., cf. Marion Gras, *Die Religions - philosophie von Dmitri S. Merezkowskij mit besonder Berückischtigung der drei Testaments*. Münich, 1956.

3. J. Scherrer, loc. cit., p. 28.

la force ». Sans doute il se cache au fond de leur entreprise « une idée vraie » : c'est un fait que lorsqu'on invoque le Saint-Esprit, on se trouve « plutôt dans une attitude d'attente », et « de même que des christophores avaient existé avant le Christ, de même existent des pneumatophores avant la descente complète de l'Esprit ; mais dès que l'on prétend isoler « les aspects de la vie chrétienne qui se rapportent à l'Esprit par excellence » pour les projeter dans l'avenir ou les accaparer prophétiquement, on verse dans l'hérésie :

> Les hommes de la « nouvelle conscience religieuse », du premier au vingtième siècle inclus, se sont toujours fait prendre en flagrant délit, car les buissons de roses qu'ils plantaient portaient à chaque fois épines et ronces ; leur « nouvelle conscience » se trouvait être non pas supra-ecclésiale, comme ils le prétendaient, mais anti-ecclésiale et antichrétienne, dirigée contre l'Église et contre le Christ. Celui qui a l'Esprit comme l'avaient les saints voit qu'il est démentiel d'aspirer à davantage... (Or), parallèlement à toute l'histoire de l'Église, court le fil de cette conscience pseudo-religieuse, qui se prétend toujours « nouvelle »...[1].

On le voit, ce contre quoi Florenski s'élève, c'est la prétention à provoquer l'ère de l'Esprit, ou à l'anticiper, ce qui revient toujours à la pervertir en cherchant sa réalisation hors de l'Église[2]. Ce n'est pas le fait de l'attendre et d'en désirer l'avènement : « toutes nos espérances » doivent être au contraire « dans sa révélation ». Aussi nous invite-t-il tous à « prier *ensemble* pour que le Saint-Esprit se manifeste », à « le supplier *ensemble* par l'appel mystérieux de Syméon le Nouveau Théologien : Viens, lumière véritable ! Viens, vie éternelle ! Viens, mystère caché ! Viens, trésor que l'on ne peut nommer...[3] ! » Mais ce qu'il redoute par-dessus tout, c'est, au cours de notre histoire actuelle, la rupture de l'unité ecclésiale et christique, et c'est aussi, dans l'avenir, la rupture entre deux temps, entre deux règnes successifs, comme si celui du Saint-Esprit devait abroger celui du Christ dans son Église :

> « Ce qui sera n'a pas été manifesté » (1 Jo. 3, 2 ; Rom. 8, 18).

---

1. *La colonne et le fondement de la vérité, trad.* Constantin Andronikof. « L'âge d'homme », pp. 89-92 et 425. On sait que P. Florenski est mort en déportation, victime des camps de Lénine.

2. « Transports, exaltation, pseudo-prophétisme et frénésie ténébreuse, on prenait tout cela pour la joie du Saint-Esprit... Laissé à lui-même, le péché s'emparait de la « liberté »... On plongeait dans les deux abîmes : le supérieur, celui de la théorie gnostique, et l'inférieur, celui de la pratique de l'hystérie sectaire... » p. 425.

3. P. 96. Cf. SYMÉON, *L'Amour divin*, I ; P.G., 120, 507-510.

> Mais plus notre sentiment de ce qui se prépare gagne en acuité, plus le lien avec l'Église-Mère devient étroit et natal... Ce qui sera, le sera en Elle et par Elle... Avec une joie douce, j'attends ce qui sera : le *Nunc dimittis* chante et résonne dans mon cœur apaisé...[1].

Serge Boulgakov (1871-1944) a passé par le marxisme. Il a quelque temps fréquenté le cercle de Merejkovski. Revenu à la foi traditionnelle de son Église, a-t-il conservé de sa période socialiste une tendance joachimite ? C'est ce qu'on pourrait d'abord croire en lisant, dans son livre classique sur l'Orthodoxie, le chapitre consacré à « l'Orthodoxie et la pensée apocalyptique » : « Y a-t-il dans l'Église un Avenir, c'est-à-dire un temps réellement rempli, qui renferme une *nouvelle* création », ou bien tout est-il « déjà accompli » ? Si l'on s'en tient à l'interprétation spiritualiste de l'Apocalypse donnée par la hiérarchie, on professera que l'histoire de l'Église est « intérieurement terminée », et l'Église byzantine, en effet, s'est sentie longtemps « aussi immuable sous la coupole impériale que l'Église occidentale sous celle du pape ». Cependant, l'âme russe est restée accessible, dans ses profondeurs, aux pressentiments apocalyptiques, soit dans la crainte, soit plutôt dans un joyeux espoir. Une légende persiste dans le peuple, celle de « Kitège », la ville lumineuse, engloutie au fond d'un lac, mais déjà visible aux yeux qui en sont dignes. Chez les intellectuels modernes, c'est la persuasion que le second avènement du Christ exige « la plénitude des temps », comme le premier, et que par conséquent « la vie de l'Église doit atteindre une plénitude encore inconnue ». – Mais cette nouveauté mystérieuse doit se manifester tout entière « dans les limites de l'Église du Nouveau Testament », elle doit consister dans « la pénétration de toute la vie par l'influence de l'Église » et mettre en lumière « les forces de la vie publique chrétienne ». L'optimisme de Boulgakov est « une évidence intérieure, plus forte que l'évidence extérieure », un appel à ne pas désespérer que le règne de Dieu arrive et que sa volonté soit faite « sur la terre comme au ciel » ; c'est, « *en tout cas* »[2], un refus de « capituler devant la sécularisation déjà accomplie et devant le débordement de l'athéisme. Tout ceci », espère-t-il, « n'est qu'un moment dialectique..., une antithèse, qui doit être suivie d'une nouvelle synthèse. L'histoire de l'Église a encore un avenir, il y a encore des problèmes qui demandent à être résolus. Si l'arbre vert du christianisme semble maintenant flétri, n'est-ce point parce que le jardinier a coupé toutes

1. P. 89.
2. C'est nous qui soulignons.

les branches mortes..., afin que de nouvelles branches y poussent d'autant plus vigoureusement[1] ? »

Ce n'est pas là du joachimisme ; c'est un optimisme actif et courageux, qui demeure conditionnel. Mais la pensée de Boulgakov apparaît plus nette encore dans son étude, plus personnelle, sur *le Paraclet.* Il y situe à la Pentecôte, c'est-à-dire à l'origine même du christianisme, « la descente hypostatique du Saint-Esprit dans le monde, tout à fait analogue à celle du Logos aux fins de l'incarnation ». Il ne comprend pas du tout comme Joachim de Flore et ses innombrables disciples la promesse du Paraclet faite par Jésus dans son discours d'adieu d'après saint Jean : « la *relation intérieure* entre l'incarnation du Fils et la descente du Saint-Esprit est établie par le Christ durant le dernier entretien, avec une vigueur et une autorité telles que nous devons en faire le pivot de notre spéculation dogmatique. »[2] Autrement dit, rien ne permet d'imaginer une ère de l'Esprit venant relayer celle du Christ ; pareille idée suppose une méconnaissance absolue de toute la Révélation chrétienne :

> La descente du Fils de Dieu... et la descente de l'Esprit Saint, ou la Pentecôte, ... ne sont pas des degrés différents de révélation par leur *contenu*, comme l'avaient été l'Ancien et le Nouveau Testament. Au contraire, leur révélation est *identique* : le Saint-Esprit révèle le Christ, et le Christ agit et se révèle par le Saint-Esprit : c'est une révélation bi-unique... Le Saint-Esprit est comme le milieu transparent où et à travers lequel on voit le Logos... Le sujet du discours de saint Pierre prononcé le jour de la Pentecôte *n'est pas l'Esprit* lui-même, mais entièrement et exclusivement le Christ[3].

Comme l'Incarnation, « la Pentecôte *continue* tout au long de l'histoire ». L'action universelle de l'Esprit, qui anime « Pierre, Paul, Jean et les autres », chacun selon sa personnalité, tend à envahir intérieurement le monde, à le transfigurer, et ce n'est pas au détriment mais au contraire au profit d'un « panchristisme »[4]. Boulgakov n'admettait pas que l'Église restât immobile, étouffée sous « la coupole impériale » ; mais son mysticisme n'admet pas davantage qu'elle erre sans cesse dans le monde à la recherche d'un au-delà d'elle-même, comme si elle

1. *L'Orthodoxie*, par l'Archiprêtre Serge BOULGAKOFF. Alcan, 1932, ch. XV, pp. 247-252.

2. *Le Paraclet,* trad. Constantin Andronikof. Aubier, 1946, pp. 256 et 259.

3. Op. cit., pp. 262 et 263.

4. Op. cit., pp. 264, 271, 273.

n'avait pas déjà reçu du Christ et de l'Esprit conjoints le principe de sa plénitude. Il contemple une autre coupole, celle de Sainte-Sophie, symbole de cette plénitude acquise une fois pour toutes dans le Logos, dont il lui est donné, en de rares instants fugitifs, de prendre une première conscience[1].

Nicolas Alexandrovitch Berdiaev (1874-1949) a fréquenté Merejkovski, dont il juge très sévèrement l'activisme de salon, l'esprit de chapelle et de « domination sectaire », la mystique ésotérique mêlée d'éléments païens[2]. Il a connu le Père Florenski, dont ce qu'il nomme « l'orthodoxie magique » lui déplaît, mais qu'il reconnaît comme un initiateur et qu'il estime pour avoir répandu l'espoir d'« une nouvelle effusion de l'Esprit-Saint »[3]. Il a collaboré avec Boulgakov, en qui il voit « la figure centrale de la renaissance orthodoxe du début du vingtième siècle »[4]. Il participe à leur commune attente de l'Esprit, même si dans cette attente il se distingue de chacun d'eux par une philosophie beaucoup plus subtile et une revendication plus âpre de la liberté.

Dans une préface à l'édition française de son livre sur *le Sens de la création*, Stanislas Fumet a évoqué ce « supplément de révélation », cet « Évangile du Saint-Esprit », dont il est si fréquemment question « de Joachim de Flore à Léon Bloy »[5], et Berdiaev lui-même a nommé Joachim, de pair avec François d'Assise, Dante et Giotto, pour célébrer « la renaissance précoce de l'Italie mystique »[6]. Fut-il toutefois vraiment joachimite ? Une étude minutieuse de ses nombreux écrits ferait sans doute apparaître à cet égard des changements d'accent, provoqués par les événements dont son existence fut bouleversée, depuis son précoce abandon du marxisme jusqu'aux années qui suivirent la seconde guerre mondiale. Mais une orientation générale demeure, invincible, – et demeurent aussi, croyons-nous, d'un bout à l'autre quelques ambiguïtés fondamentales. Dans son *Essai* d'autobiographie spirituelle, qui est l'un de ses derniers écrits, il nous renvoie avec insis-

---

1. Cf. Louis Bouyer, *La personnalité et l'œuvre de Serge Boulgakoff*, dans *Nova et vetera*, avril-juin 1978, p. 144. On trouvera dans cet article, sur le « panenthéisme » et la sophiologie de Boulgakov, des indications utiles.

2. *Essai d'autobiographie spirituelle*, 1940-1947 ; trad. E. Belenson, éd. de 1979, Buchet-Chastel, pp. 181-183 et 186-187 (« invitations verbales à l'action » ; « esprit et chair : cet accouplement de mots lui procurait une sorte d'extase »).

3. Op. cit., pp. 185 et 231.

4. Op. cit., pp. 181, 201, 205.

5. *Le sens de la création, un essai de justification de l'homme* (1911-1914) ; trad. L. Julien-Cain, DDB, 1955, pp. 27-28.

6. *Le sens de l'histoire*, 1923 ; trad. S. Jankélévitch. Aubier, 1948, p. 110.

tance au *Sens de la création* (ou *de l'acte créateur*), qui est l'un des premiers, comme à son œuvre « la plus inspirée, sinon la plus parfaite », dans laquelle s'exprime son « thème essentiel », son « intuition primordiale » ; livre « écrit d'un seul jet, presque en état d'extase », à partir de son expérience de l'acte créateur dans lequel l'homme se révèle à lui-même ; c'est dans ce livre, dit-il encore, « que j'ai atteint le point culminant de la flamme créatrice »[1]. Or déjà il y repousse, au nom d'une « liberté créatrice » antérieure à l'être même, tout « objectivisme », ce terme maudit étant pour lui le commun dénominateur de ce qu'il appellera, selon les contextes, aliénation, positivisme, traditionalisme, historicisme, sociomorphisme, collectivisme, ou cosmisme. Telle est l'attitude de base qui dès lors commande, avec toute sa pensée, toutes ses vues eschatologiques[2]. Et d'autre part il aurait pu redire à la veille de sa mort ce qu'il écrivait en 1911 : « Notre philosophie n'est encore qu'une introduction à la philosophie de la création... et notre vie n'est qu'une antichambre à la vie créatrice »[3]. Tel est le fait inévitable, insurmontable par quoi s'explique la permanence de ses hésitations, des ambiguïtés dans lesquelles sa réflexion parfois s'enlise, voire de ce qu'on oserait appeler ses contradictions : conséquences d'une pensée qui se voudrait toute existentielle, échappant à ce monde « objectif », comme le coureur qui voudrait rejeter son ombre. Aussi pouvons-nous avec sécurité prendre l'ouvrage inspiré de 1911 comme fil conducteur.

> Le monde traverse trois époques de la révélation divine : la révélation de la loi (le Père), la révélation du rachat (le Fils), et la révélation de la création (l'Esprit). Des signes différents dans le ciel correspondent à ces époques distinctes. Il ne nous est pas donné de connaître les frontières chronologiques exactes de ces périodes qui coexistent toutes les trois[4].

Les deux dernières périodes peuvent encore être décrites sous le double signe des apôtres Pierre et Jean :

> L'Église de Pierre, l'Église tutélaire des petits, des faibles, de ceux qui ont peur, a tenu son rôle dans le monde et a sauvegardé

1. *Essai...*, éd. citée, pp. 128 et 264-267.

2. Il a pu même dire par hyperbole qu'il avait dû « repousser le monde extérieur » dès le jour de sa naissance, et ce n'est pas là simple allusion à sa solitude. Cf. Lucienne JULIEN-CAIN, *Berdiaev en Russie*. Gallimard, 1962, p. 63.

3. *Le sens de la création*, éd. citée, p. 426.

4. Op. cit., p. 405.

> la sainteté chrétienne parmi les masses populaires... La conscience religieuse encore dans l'enfance entrevoit un abîme entre Dieu et le monde... L'Église n'était pas seulement spirituelle, elle était psycho-temporelle... – Mais la renaissance chrétienne d'une humanité nouvelle, mûrie dans l'esprit, se place sous le signe... de l'Église de Jean et de la tradition de Jean. Celle-ci n'est pas la tutrice des pauvres, adaptée à la faiblesse des pécheurs, à la médiocrité de l'homme... ; elle est l'Église éternelle et mystérieuse du Christ, découvrant en elle le vrai visage de l'homme et son extase sur les sommets[1].

Cependant il s'agit moins, au fond, de deux âges consécutifs à l'intérieur de ce monde « objectif » où se déroule une histoire superficielle, que de deux catégories simultanées d'intelligence, autrement dit de deux sortes de chrétiens, distingués d'après leur capacité ou leur incapacité « créatrice » :

> Le Christ n'apparaîtra jamais en force à la foule des gens incapables de réaliser en eux l'acte créateur. Ces gens-là ne connaîtront jamais le second visage du Christ. Le Christ ne tournera jamais vers eux que son Visage de sacrifié et de crucifié. Pour percevoir la Face du Christ en force et en gloire, il faut avoir découvert en soi la force et la gloire de l'acte créateur. L'époque du rachat, où seule est visible la face du Christ-Crucifié, ne se terminera jamais pour ceux qui n'accomplissent pas jusqu'au bout en eux la découverte de leur nature créatrice. Ils demeureront pour des siècles dans l'Église du Golgotha...[2].

Le paradoxe de la « troisième époque » est le paradoxe même du passage du temps à l'éternité. Celle-ci n'est pas un autre temps qui succéderait au premier, à celui dans lequel nous sommes immergés pour une vie toute apparente et morcelée. Elle est, à chaque instant pour ainsi dire, la fin, la négation du temps. Elle est la région de l'être véritable dont le pressentiment nous est parfois donné, comme par une déchirure, dans un « acte créateur », – précisément parce qu'elle est la seule vie, qui est « vie créatrice ». C'est ce que signifient les textes apocalyptiques de l'Écriture :

1. Op. cit., pp. 420-421. Cf. p. 422 : « L'Église historique de Pierre... est sans pouvoir pour délivrer les adultes... Pour répondre au tourment de cette âme nouvelle de l'humanité, seule vaut la découverte du secret du Christ selon l'éternelle et mystique Église de Jean. »

2. Op. cit., p. 425.

> La troisième époque religieuse, époque créatrice du monde, doit comporter le sentiment d'une fin, une perspective eschatologique... Un sentiment de soi en tant qu'agent final, une sorte d'auto-conscience apocalyptique, peut mener l'homme à la vie nouvelle, parce qu'elle est un sentiment créateur... La nature christologique de l'homme se découvre dans son acte créateur...[1].

Berdiaev a beau nous dire que le fait d'écrire est pour lui « plutôt transcendance qu'objectivation »[2], il n'échappe pas à la loi commune. Toujours à la recherche désespérée d'une expression non objectivante et par conséquent non historique, apte à rendre compte d'une expérience elle-même toujours fuyante, il retombe constamment dans l'empirisme de la représentation temporelle. « L'exaltation créatrice, l'extase surmontant la différence du sujet et de l'objet »[3] est une chose, l'explication qu'on en veut donner pour éclairer l'histoire de la révélation en est une autre. Elle ne peut se dispenser d'un étalement dans la durée. Ne soyons donc pas étonnés de voir notre philosophe nous affirmer que la perspective apocalyptique, qui était celle de l'Évangile, s'est presque aussitôt perdue. Cette « tradition sacrée » aurait dû se poursuivre et sans cesse « créer en esprit » ; mais « l'humanité chrétienne en a fait une chose statique et extérieure à l'homme », et dès lors « la vie de l'Église s'est éteinte, elle s'est pétrifiée », elle est entrée dans une époque intermédiaire dont elle n'est pas encore sortie aujourd'hui.

Sans plus nous préoccuper d'histoire ou de dialectique, observons les traits de cette « époque » ou de cette phase intermédiaire. On peut les ramener à quatre principaux, dont les textes cités plus haut nous donnent déjà quelque idée.

1°) L'esprit, « encore obscurci par la nature bornée de l'homme », conçoit la révélation divine comme « un fait historique », d'où résulte une vérité dogmatique « achevée et immuable » ; celle-ci est imposée par « l'autorité » extérieure d'un Dieu dont l'homme est séparé par un « abîme »[4]. Le christianisme qui en résulte « porte l'empreinte du socio-morphisme », il est « adapté et souvent asservi au monde ». C'est un christianisme « exotérique, pédagogique », dont « les formes conventionnelles et symboliques » cachent l'essence de la révélation[5].

2°) Ce christianisme est à l'usage des esprits faibles et dominés par la peur ; c'est une religion du péché et de la rédemption ; il délivre

1. *Le sens de la création*, p. 425.

2. *Essai d'autobiographie spirituelle*, p. 279.

3. *Op. cit.*, p. 280.

4. *Autobiographie spirituelle*, pp. 384-385, etc. *Vérité et révélation* (1947) ; trad. Alexandre Constantin, Delachaux et Niestlé, 1954, pp. 23, 161, 163.

5. *Autobiographie spirituelle*, pp. 371 et 387.

l'homme de « l'oppression, du péché » en le courbant sous une « docilité à la puissance suprême » dont la miséricorde lui est manifestée au Golgotha[1].

3°) Même dans ses manifestations les plus sublimes, ce christianisme demeure *passif*. Religion de l'amour, il n'est pourtant pas encore religion de la liberté. Cet amour est incomplet. Les rapports avec Dieu n'y sont pas pleinement réciproques. La contemplation de ses saints, leur extase même, ne sont pas une « exaltation créatrice » ; l'homme n'y découvre pas encore sa vraie nature. Cette « inhumanité passive de l'ancienne mystique doit être dépassée »[2].

4°) Ce christianisme historique, inférieur, presque méprisable, n'est pas seulement le lot d'esprits faibles, incultes, ni d'une époque arriérée. Il ne s'améliore pas nécessairement en prenant de l'âge et en s'ouvrant à la réflexion. Sa forme la plus criticable est peut-être même celle qu'il revêt aux grandes époques classiques, chez les plus brillantes élites. L'union qu'il y contracte avec la culture le prive en effet de son dynamisme : elle le retient loin de ce qu'il devrait devenir. C'est ce que montre l'histoire de l'Occident. Plus il fit de progrès dans les voies de la culture et de la civilisation, plus le christianisme occidental cessa de vivre dans l'attente ; épanoui dans un « humanisme social », il tourna le dos à « l'époque eschatologique », celle de « la révélation finale du Saint-Esprit », renonçant ainsi d'avance à l'exercice de son activité supérieure. On est donc en droit de soutenir que « la culture cristallise les échecs humains : les buts qu'elle atteint sont symboliques, et non pas réels »[3].

Berdiaev nous avertit qu'« on ne doit pas comprendre l'époque de l'Esprit, la troisième Révélation, du *seul* point de vue chronologique ». Mais il entend par là, précise-t-il, qu'il « s'est trouvé de tout temps des précurseurs et des pionniers..., animés du souffle prophétique », – ce que disait aussi bien Joachim de Flore. Il nous confie également qu'il n'a jamais cessé d'espérer la venue de ce troisième âge, bien qu'il se soit mis sur le tard à douter de son imminence[4]. Mais les descriptions qu'il en donne ne permettent pas toujours de savoir sur quel versant de l'existence il convient de le situer. Avec lui, nous l'avons dit, et Stanislas Fumet l'avait déjà fait remarquer, « on ne sait pas très bien si

1. Op. cit., pp. 261 et 425, etc.

2. *Le sens de la création*, p. 404. *Autobiographie*, p. 280, etc. Même le « monachisme blanc », celui de saint Séraphin de Sarov, dont le culte était alors à son apogée, même ce « pneumocentrisme », alors considéré comme « la révélation de l'Orthodoxie profonde », ne trouve pas pleinement grâce à ses yeux.

3. *Au seuil de la nouvelle époque* ; trad. Daria Olivier, Delachaux et Niestlé, 1947, pp. 147-148. *Autobiographie*, pp. 264, 269, 271-272. *Le sens de la création*, p. 409.

4. *Autobiographie*. Cité par Fumet, loc. cit., p. 23.

le Royaume de Dieu, appelé à remplacer, avec notre aide active, « ce monde », doit s'accomplir dans un temps comme celui qui nous est octroyé, ou *post mortem* »[1]. « L'époque de l'Esprit sera une époque communautaire, l'ère de la transformation sociale et cosmique, l'ère de l'avènement de la « sobornost » réelle, et non plus purement symbolique[2]. » Mais sera-ce pour autant la fin dernière ? – Cependant, une fois ou l'autre, le nuage semble se dissiper. Non seulement Berdiaev s'oppose à l'idée d'un progrès indéfini qui régnait au dix-neuvième siècle, idée qu'il estime aussi absurde qu'immorale[3], mais il critique avec autant de vigueur ceux qui rêvent d'un devenir aboutissant à quelque paradis terrestre :

> Ils croient... que viendra un moment où quelque chose d'absolu fera irruption dans la relativité historique pour y rester définitivement. Ils n'admettent pas en effet la possibilité d'un passage sur un autre plan de l'Être, la création d'une quatrième dimension ; ils veulent que cet espace tri-dimensionnel rentre tout entier et tel quel dans l'autre dimension de la vie absolue. C'est en quoi consiste la principale contradiction de cette utopie...
>
> Le paradis et la perfection sont intolérables dans les limites de notre éon. Dostoievski l'avait fort bien compris[4].

Ne sommes-nous pas enfin éclairés ? – Mais lisons encore, quelques lignes plus bas : « Nous pouvons du reste fort bien supposer une pluralité de mondes, dont le nôtre ferait partie et qui formeraient le prolongement de l'itinéraire spirituel de l'homme...[5] » Le nouvel éon, pourvu d'une quatrième dimension, ne serait donc peut-être pas le dernier ? serait-il même l'avant-dernier ?

Malgré diverses assertions qui d'ailleurs, prises littéralement, s'harmoniseraient mal, la thèse essentielle de Berdiaev n'est ni la thèse banale d'une Église historique qui aurait trahi le message du Christ, ni celle, non moins banale, d'une révélation qui devait d'abord se faire entendre par des humbles, des individus frustes et bornés, avant de mûrir dans des consciences approfondies. C'est l'idée que toute révélation historique est fatalement déficiente, sous quelque forme qu'elle se présente, à quelque point de son développement, jusque dans un

1. Stanislas FUMET, préface au *Sens de la création*, p. 28.
2. *Vérité et révélation*, trad. Al. Constantin, p. 162.
3. *Le sens de l'histoire*, spécialement ch. X, « La théorie du progrès et la fin de l'histoire », pp. 168-187. Cf. *Autobiographie*, pp. 371-372.
4. *Le sens de l'histoire*, p. 174. *Vérité et Révélation*, p. 173.
5. *Vérité et Révélation*, p. 173 (in fine).

haut degré de culture. La seule vraie révélation est spirituelle, elle est « méta-historique », intérieure, et l'homme y participe activement. Elle est, dans son être intime, une déchirure du temps, qui lui fait découvrir tout ce qu'ont de factice les conceptions, même religieuses, de ce monde et le fait pénétrer dans cette zone mystérieuse où l'homme et Dieu se créent mutuellement.

La perpétuelle insistance de Berdiaev sur la « liberté créatrice » de l'homme, sur sa « vocation créatrice », sur son « exaltation créatrice », etc., a quelques relents nietzschéens, et ce n'est pas le fait d'avoir ajouté : « il est dur, très dur d'être précurseur de l'Esprit »[1] qui suffirait à dissiper ces relents. Mais il a dit aussi, pour faire « saisir (sa) pensée » : « l'acte créateur n'est pour moi ni une exigence ni un droit de l'homme, mais une exigence de Dieu adressée à l'homme et une obligation pour ce dernier », et encore : « L'affirmation que l'homme se suffit à lui-même se transforme en négation de l'homme »[2]. – L'insistance parallèle sur « un humain prééternel en Dieu », l'humain étant « inhérent à la seconde personne de la Trinité », a des relents boehmiens ; mais comme Boehme et plus que lui Berdiaev a voulu que ses audaces de pensée, qui sont « une critique de la révélation », soient une critique faite « à la lumière de la Révélation même »[3]. Il s'est défini comme « un libre penseur croyant », « un chrétien libre qui ne rompt pas avec l'Église ». Il refusait l'appellation d'hérétique. L'Église dont il se sentait membre était « l'Église mystique du Christ », celle qui détient « le mystère spirituel dans lequel Dieu naît en l'homme et l'homme naît en Dieu »[4].

A cette galerie de russes on nous permettra d'adjoindre le norvégien Henrik Ibsen (1828-1906), dont le double drame, *Empereur et Galiléen*, composé entre 1869 et 1873, appartient à notre sujet[5]. Deux thèmes s'y mêlent, dont l'un rappelle Vigny et dont l'autre annonce

---

1. *Autobiographie*, p. 389.

2. Op. cit., pp. 261 et 271-272. Cf. tout l'ouvrage *De la destination de l'homme*, 1931 (tr. fr., Éd. « Je sers », 1935).

3. *Vérité et Révélation*, p. 5 ; d'un autre point de vue, p. 7 : « L'auto-épuration de la révélation du sociomorphisme... est un travail spirituel auquel participent les facteurs les plus variés, la critique biblique y comprise. C'est préparer par le bas la révélation de l'Esprit en train de s'accomplir. » Cf. *Autobiographie*, p. 387.

4. *Autobiographie*, pp. 214, 230-232, 346, 389, etc. On notera, dans *le Sens de la création*, p. 427, une réminiscence hégélienne : « La vérité et la beauté... vivent de sacrifice et c'est dans le mystère du Sacrifice que la Rose de la vie mondiale refleurira. »

5. *Œuvres complètes*, traduites par P.G. La Chesnaie. T. 10, Plon, 1937, pp. 5 à 438 : « L'apostasie de César » et « L'empereur Julien ».

Merejkovski. Auprès du Julien d'Ibsen, la place que tenait chez Vigny le rhéteur Libanios est tenue par le « mystique » Maximos. Ces deux sages, tout païens qu'ils demeurent, s'emploient à persuader celui qui fut leur jeune disciple que la modernité a toujours raison. Il est juste que la religion du Christ l'emporte sur toutes les formes d'un paganisme usé. Par son apostasie, Julien a tenté une entreprise insensée :

> Tu sais que je n'ai jamais approuvé ce que tu as entrepris comme empereur. Tu as voulu refaire du jeune homme un enfant. L'empire de la chair est absorbé par l'empire de l'esprit. Mais l'empire de l'esprit n'est pas le définitif, pas plus que ne l'est le jeune homme. Tu as voulu empêcher la croissance du jeune homme..., l'empêcher de devenir homme. O insensé, qui as tiré l'épée contre le devenir, ... contre le troisième empire, où règnera le bilatéral !

Ici pointe le second thème. Le plus juste n'est pas le Galiléen, mais « celui qui doit absorber à la fois l'empereur et le Galiléen ». Le « bilatéral » qu'il instaurera sera « Logos dans Pan » et « Pan dans Logos ». Son règne sera tout à la fois – comme chez Merejkovski – celui de l'esprit et celui de la chair[1]. Dans son drame, Ibsen a opposé « la vie grecque, libre et heureuse, à la doctrine du renoncement chrétien », il les a examinées et condamnées à la fois toutes deux, ce qui était une façon de les adopter, – en vue d'une conciliation qu'il appelait « le troisième empire », analogue au *Gimle* de la mythologie scandinave[2].

Celui qui doit fonder le troisième empire, dit encore Maximos, « le peuple juif a un nom pour lui. Les Juifs l'appellent le Messie et l'attendent ». Il sera tout à la fois empereur et rédempteur, « tous deux en un seul, et un en deux », « empereur-dieu », et dans son empire « la parole de révolte du provisoire (sera) devenue vérité ». Maximos voulut espérer d'abord que ce rôle de Messie complet, définitif, Julien finirait par le comprendre et l'accepter, et Julien a paru un instant s'y prêter comme en rêve. Mais les temps n'étaient pas mûrs. Devant le cadavre du jeune empereur, le vieil éducateur mystique se lamente : « ... Tu n'étais donc pas, cette fois non plus, le vrai... Tous les signes m'ont trompé... J'ai cru voir en toi le conciliateur entre les deux empires. (Cependant) le troisième empire viendra. L'esprit de l'homme reprendra son héritage... et alors on célébrera pour toi un sacrifice expiatoire... »[3].

---

1. T. 10, pp. 339 et 341.
2. *La Chesnaie*, dans le t. 12, Plon, 1940, pp. 39 et 219.
3. T. 10, pp. 339-341 et 437.

En 1887, dans un discours prononcé à Stockholm, Ibsen a tiré la philosophie, si l'on peut dire, de son drame : « Je ne crois pas à l'éternité des idéals humains. Mais... je crois fermement à la capacité de reproduction de ces idéals et à leur force de développement. Je crois notamment... que les idéals de notre époque, en même temps qu'ils s'effondrent, tendent vers ce que j'ai désigné... sous le nom de troisième empire »[1]. Perspective peu propre à soulever un enthousiasme durable. C'est qu'en effet Ibsen, qui croit encore que « poésie, philosophie et religion se fondront en une catégorie nouvelle et une force vitale nouvelle », ne propose en fait que des « idéals » vaporeux et toujours relatifs. C'est un professeur de morale, c'est-à-dire un « prêtre sans dieu et sans église »[2].

Finissons par un Russe anonyme (1901-1973), l'auteur déjà célèbre des *Méditations sur les 22 arcanes majeurs du Tarot*[3] ; il nous rappelle sans hermétisme la doctrine catholique de la double Église de Pierre et de Jean, remise récemment en honneur dans une synthèse plus élaborée par Hans Urs von Balthasar[4] :

> Vous savez sans doute, cher Ami inconnu, que beaucoup, en Allemagne, en France et ailleurs prônent la doctrine dite des « deux églises » : l'église de Pierre et l'église de Jean, ou de « deux époques » : l'époque de Pierre et l'époque de Jean. Vous savez aussi que cette doctrine enseigne la fin – plus ou moins proche – de l'église de Pierre, ou de la Papauté, qui en est le symbole visible, et que l'esprit de Jean, du disciple aimé du Maître, celui qui, penché sur sa poitrine, écoutait les battements de son cœur, la remplacera. Ainsi l'église « exotérique » de Pierre ferait place à l'église « ésotérique » de Jean, qui serait celle de la liberté.
>
> Or Jean, qui s'était soumis volontairement à Pierre comme chef ou prince des apôtres, ne fut pas son successeur après sa mort, bien qu'il eût survécu de beaucoup d'années à Pierre. Le disciple bien-aimé, qui avait entendu les battements du cœur du Maître, était et sera toujours le représentant et gardien de ce cœur – et comme tel il n'était, n'est et ne sera jamais le *chef* ou la *tête* de

1. T. 14. Plon, 1943, pp. 310-311.

2. André SUARÈS, *Trois hommes* ; nov. éd., Gallimard, 1935, p. 114. Cf. p. 93 : Longtemps « Ibsen n'a jamais été sans un idéal ou deux, ou même trois. Il aime beaucoup ce mot, si vague et si froid. »

3. Aubier, 1980.

4. *Le complexe antiromain. Essai sur les structures ecclésiales.* Éditions paulines, 1976.

l'église. Car, de même que le cœur n'est pas appelé à remplacer la tête, de même Jean n'est pas appelé à succéder à Pierre. Le cœur garde bien la vie et l'âme, mais c'est la tête qui prend les décisions, dirige et choisit les moyens pour l'accomplissement des tâches de l'organisme entier – tête, cœur et membres.

La mission de Jean est de garder *la vie et l'âme* de l'église, – de *vivre* jusqu'à la seconde venue du Seigneur. C'est pourquoi Jean n'a jamais prétendu et ne prétendra jamais à la fonction directrice du corps de l'église. Il *vivifie* ce corps, mais il ne dirige pas ses actions[1].

---

1. *Méditations sur les 22 arcanes...*, I, Le Bateleur, pp. 24-25. – L'auteur d'une recension bienveillante de notre premier volume a supposé que ce second volume ferait une place à Teilhard de Chardin. En fait, Teilhard n'a rien de joachimite. Il a dit et redit, sous mille formes, qu'on ne dépasse pas le Christ : « Le Christ, depuis qu'il est apparu, n'a jamais cessé, après chaque crise de l'histoire, de ré-émerger plus présent, plus urgent, plus envahissant que jamais. » (*Le Dieu de l'Évolution*. Seuil, t. 10, pp. 289-290). Il ne suppose donc après le Christ aucun changement de régime religieux qui se produirait au cours de l'histoire, mais, seul, le passage du temps à l'éternité. Il ne connaît aucun effacement à venir de Église du Christ ni aucun substitut quelconque de « l'Esprit » joachimite. D'autre part, loin d'imaginer la dernière phase de l'histoire comme une idylle généralisée, il la conçoit comme toujours plus dramatique, le progrès dans la conscience devant être aussi un progrès dans la liberté, si bien que l'homme à venir doit nous apparaître jusqu'au dernier jour plus puissant « pour le bien ou pour le mal », plus capable de se prononcer « pour Dieu ou contre Dieu ». Nous renvoyons le lecteur à notre *Teilhard posthume* (Fayard, 1977), où les textes sont cités en abondance.

CONCLUSION

Néojoachimismes contemporains

Le « cancer » dénoncé par le concile provincial d'Arles en 1262[1] était-il une simple « doctrine fantaisiste »[2], un courant marginal, épisode éphémère dans l'histoire chrétienne, ou au contraire un phénomène d'une extraordinaire portée, aux suites incalculables ? La réponse n'apparaît pas douteuse. « C'est le propre du génie, a écrit Madame Hirsch-Reich, de dépasser beaucoup son propre temps ; ce qui est propre à Joachim, c'est de ressentir intérieurement et d'annoncer longtemps à l'avance le changement des temps qui se prépare, même si la réalité historique, en se présentant, revêt un visage tout autre, même si certaines de ses idées ne réapparaissent qu'après des siècles[3]. » Que le prophète de Flore ait été un hérétique ou un saint, un génie ou un illuminé, qu'on le prenne pour l'authentique rénovateur d'un tout premier christianisme ou pour l'initiateur d'une religion et d'une société toutes nouvelles, pour celui dont la doctrine devait mener le christianisme à sa perfection ou tendait tout au contraire à sa perversion, on aurait tort de méconnaître son importance. Au reste, qu'ils lui soient ou non favorables, la plupart des historiens récents qui l'ont rencontré dans leur champ d'étude s'accordent à le prendre très au sérieux.

Karl Lövith est un ennemi déclaré, comme Jacob Burckhardt, de toutes les philosophies optimistes de l'histoire, partout répandues dans

1. « Ne ergo error peccans ulterius serpat ut cancer... » Premier canon du concile d'Arles. Mansi, t. 23, col. 1004 C.

2. HÉFÉLÉ-LECLERCQ, *Hist. des Conciles*, t. 6, 1, p. 115.

3. *Eine neue « œuvre de synthèse » über Joachim von Fiore.* Recherches de théol. anc. et médiévale, 26, 1959, p. 134.

ces derniers siècles, qu'il tient pour autant d'utopies néfastes. Il ne soutient pas, bien entendu, que Joachim les aurait prévues telles quelles – ni lui ni Luther ne pouvaient deviner ce qu'ils devaient engendrer –, il ne lui attribue pas des théories qui sont souvent moins des héritages que des détournements de sa pensée, mais il n'en reconnaît pas moins en lui le chef de file des mouvements spirituels et sociaux les plus puissants de ces derniers siècles[1]. Selon Michel Collinet, Joachim aurait vu, fait capital, « avant Hegel, que l'histoire est une logique de l'esprit »[2]. Par l'exégèse venue de Flore, estime Ernst Benz, « toute la vieille structure de l'Église est transformée », et il en découle des « conséquences révolutionnaires : pour la première fois, l'histoire du salut apparaît comme celle d'une illumination progressive de l'homme »[3]. Pour Walter Kasper, catholiques et protestants, ayant par malheur « largement laissé échapper la dimension de l'avenir et la fonction prophétique », ont abandonné l'évangile de l'espérance, sous une forme sécularisée, aux philosophies modernes de l'histoire, à Schelling, à Hegel, à Marx, et à ces idéologies d'un « troisième Reich » qui n'ont cessé de surgir depuis Joachim de Flore[4]. Gert Wendelborn prend aussi Joachim pour symbole et pour centre effectif de l'étude qu'il consacre à l'espérance de la chrétienté telle qu'elle se développe et se transforme jusqu'à nos jours[5]. Stephan Otto, plus brièvement, fait de même[6]. La monographie très fouillée qu'un professeur de l'Université de Navarre, José Ignacio Saranyana, vient de consacrer à « Joachim de Flore et Thomas d'Aquin »[7] montre que la théologie catholique commence à prendre elle aussi très au sérieux le Calabrais.

Les différences manifestes que l'on peut relever en chaque cas entre la pensée de Joachim de Flore et celle de ses héritiers, n'infirment pas la vue d'ensemble aujourd'hui partagée par le plus grand nombre des historiens. Mais le joachimisme n'est pas seulement reconnaissable

1. Voir surtout *Meaning in History. The theological Implications of the Philosophy of History.* The University of Chicago Press. 1949. Cf. Claudio LEONARDI, *Burckhard e il rifiuto della filosofia della Storia*, dans *Renovatio*, 1972, pp. 515-539.

2. *Joachim de Flore et le 3ᵉ âge.* « Le contrat social », 1962, sept.-oct., pp. 301-302.

3. *Evolution and Christian Hope.* New York, 1966 (traduit de l'allemand, Münich, 1965), pp. 40-43, etc.

4. *Dogme et Évangile*, trad. Frpnz van Groenendael. Casterman, 1967, p. 88 ; Id., *Jésus le Christ*, trad. Désigaux et Liefooghe, Cerf, 1976, p. 403.

5. *Gott und Geschichte. Joachim von Fiore und die Hoffnung des Christenheit.* Wien-Köln-Graz, 1974. Voir spécialement les dernières pages.

6. Dans *Miscellanea Mediaevalia* 11, Berlin-New-York, 1977, pp. 113-130 : « Bonaventuras christologischer Einwand gegen die Geschichtslere von J. v. Fiore. »

7. *Joaquin de Fiore y Tomas de Aquino*, Pamplona, 1979.

dans des contextes entièrement sécularisés. Il inspire, comme force encore vivante, des mouvements spirituels qui ne veulent pas s'écarter des marges du christianisme. C'est ainsi qu'un Ernesto Buonaiuti voyait en lui le meilleur garant de son modernisme[1]. Un Friedrich Heiler avait également recours à lui (d'ailleurs assez abusivement), dans son rêve œcuménique d'une « transformation complète de l'institution papale » : Joachim n'attendait-il pas un « pape angélique, exerçant sa charge dans l'humilité, conformément au paradoxe du Christ » ? n'entrevoyait-il pas une *Ecclesia spiritualis* qui, délivrée de toutes les étreintes terrestres, resplendirait avec d'autant plus d'éclat[2] ? Par la plume de Leroy Edwin Froom, les Adventistes du septième jour se sont efforcés de montrer en Joachim l'un de leurs précurseurs[3]. Les gnoses contemporaines se recommandent aussi parfois de lui : dans une étude sur la *Spiritualité du Temple*, Henry Corbin dit sa conviction que pour approfondir l'idée essentielle d'une *Ecclesia Joannis* il faut unir « la théologie des trois règnes de Joachim de Flore » et les « références au Paraclet indentifié au douzième Imâm, ... formulées dans cette autre famille de la tradition abrahamique que constituent en Islam les penseurs et spirituels de la tradition shî-ite »[4].

Pour la tradition chrétienne, l'histoire est ambivalente. Il n'est pas question de nier que des progrès de tout ordre puissent être réalisés dans son cours (non plus, d'ailleurs, que des régressions), et à cet égard nos conceptions ne peuvent plus être les mêmes que celles de l'antiquité, païenne ou même chrétienne. Mais en toute situation historique l'homme est placé devant l'alternative de sa destinée. L'histoire est un drame, dont la Révélation du Christ n'a fait qu'accentuer le caractère. Elle le restera jusqu'à la fin de *ce* monde, ou, comme on disait au temps des origines chrétiennes, de cet « éon ». Or, avec son annonce d'un « âge de l'Esprit », Joachim de Flore faisait pénétrer dans les esprits l'idée d'un progrès subit, fatal, irréversible, dû au passage d'une ère à l'autre à l'intérieur même du temps, – c'est-à-dire l'équivalent de ce que serait, au sens moderne du mot, « la révolution ». D'où la vérité que comporte la formule de M. Henry Mottu lorsqu'il parle du joachi-

1. *Gioacchino da Fiore*..., Rome, 1931, pp. XI et 249. Cf. Raoul MANSELLI, *Ernesto B. e il cristianesimo medioevale*, dans *E. B. storico del Cristianesimo*, Rome, 1978, pp. 55-85.

2. *Die Katholische Kirche des Ostens und Westens*, Munich, 1941, t. 2, p. 15, etc. D'après v. BALTHASAR, *Le complexe antiromain*, tr. fr., Éd. Paulines, 1976, pp. 74-75 et 301.

3. Cf. J. BIGNAMI-ODIER, dans « Le Moyen âge », 1952, p. 161.

4. Dans les Cahiers de l'Université S. Jean de Jérusalem, 2, « Jérusalem la Cité spirituelle ». Paris, Berg intern. éd., 1976, pp. 36-37.

misme originel comme de « l'âge théologique de la révolution »[1]. Un jour, de façon totale et définitive, la vie sera changée : « oportet mutari vitam, quia mutari necesse est statum mundi »[2]. Ce sera, disait Joachim, « l'âge des moines », un âge « spirituel, sage, pacifique, aimable », qui ne connaîtra plus les lourdes structures ni la dualité de l'Église et de l'État. De cette société nouvelle un grand ordre contemplatif sera « la classe dirigeante »[3] et il « dominera toute la terre »[4]. Comment ne pas retrouver autour de nous, sécularisé, ce grand rêve ? La domination de ceux qui « voient » est simplement relayée par la domination de ceux qui « savent »...

Depuis longtemps les séquelles du joachimisme étaient, comme on l'a vu, partout sécularisées, sous des formes parfois méconnaissables, ou ne se rencontraient plus que dans quelques sectes marginales, qui n'affectaient guère la vie de la grande Église. On pouvait le prendre, en lui-même, pour une « hérésie » morte, classée, simple objet de curiosité historique. Or, voici qu'en cette seconde partie du vingtième siècle nous assistons, à l'intérieur même de l'Église, à sa résurgence. Il semble même vouloir y opérer un retour en force. Plutôt d'ailleurs qu'à Joachim lui-même, ses hérauts feraient penser à son interprète, Gérard de San Donnino, car ils n'annoncent pas l'explosion de l'Esprit pour demain ou après-demain : ils la voient et la disent déjà présente en eux ; ils en sont les organes. Plus peut-être que Gérard ou que Joachim, ils accentuent la césure entre l'Église venue du passé, déclarée désormais vieillie, et celle de l'avenir, qui surgit aujourd'hui même en quelques lieux privilégiés, rayonnante de jeunesse. Leur « nouvelle Église » offre d'ailleurs, autant qu'on en peut juger à travers des proclamations d'ordinaire assez vagues, des traits bien différents de ceux que revêtait, pour le moine de Calabre l'Église des contemplatifs, et pour le dévôt de François d'Assise l'Église des mendiants. Mais de part et d'autre on observe toujours à la base une même conception toute linéaire du temps, qui croit ne rien pouvoir accueillir de neuf que par le rejet de l'ancien. Il n'est plus question de tradition vivante : au lieu d'une force de promotion et d'un principe de renouvellement, la tradition n'est plus qu'un poids dont il faut se débarrasser. Il n'est plus question d'approfondir un même et constant mystère, entré dans l'histoire une fois pour toutes et perpétuellement agissant pour

1. *Op. cit.*, p. 320.
2. *Concordia*, l. 2, c. 5, f. 21 r.
3. C. BARAUT, *Joachim de Flore*, dans Dict. de spiritualité, t. , col. 1195.
4. *Concordia*, l. 5, c. 67, f. 96 r. Cf. BARAUT, col. 1189-90.

éclairer à mesure des situations toujours changeantes : on n'y veut plus reconnaître qu'une série discontinue de croyances et d'attitudes, d'institutions et de théories, qui ont pu contribuer à préparer l'illumination dernière, mais qui étaient destinées à disparaître devant elle. Détaché du Christ, l'Esprit peut devenir n'importe quoi. Il peut devenir, par exemple, l'idéal de la « modernité » critique, ou celui de la société parfaite. Pas plus que celui du Christ, il n'est l'Esprit du Père. La Trinité est disloquée. Rien n'empêche plus de célébrer une « libération » parfaite en flottant « à tout vent de doctrine ». De l'intérieur même de cette Église qu'en réalité, plus ou moins consciemment, l'on rejette, on a tôt fait de rejoindre, en disciples mineurs, les écoles de ceux qui, depuis longtemps, ont accompli leur « sécularisation ».

C'est ce qu'a montré le Père André Manaranche, dans une page qui allie la perspicacité sur la situation présente et le pittoresque des traits à l'acribie doctrinale :

> Au sein même de l'Église, on a tenté de déterminer trois grandes époques : celle du Père, dans l'Ancien Testament, caractérisée par le primat de la famille ; celle du Fils, structurée par le ministère sacerdotal ; celle de l'Esprit enfin, livrée aux charismes à partir d'une date que chacun déplace pour les besoins de sa cause. Ce découpage, que nous pratiquons aujourd'hui de plus belle, entend protester contre une cancérisation des appareils et des rites, à quoi l'on oppose la liberté spirituelle. De fait, le clerc a souvent abusé de sa fonction, en arguant que l'efficacité de cette dernière ne dépendait pas de la sainteté de l'officiant. C'est pourquoi, dans les périodes de décadence, on a préféré le rayonnement silencieux des amis de Dieu à l'intervention bavarde de ses agents patentés ; on a proclamé l'âge du gourou comme devant relayer celui du prêtre. Mais, si l'on fait ainsi travailler les personnes divines en « trois huit », l'une à la suite de l'autre, on détruit le mystère trinitaire. En effet, l'Esprit n'a d'autre rôle que de glorifier le Fils, tout comme le Fils de montrer le Père. En d'autres termes, le charisme s'ordonne à l'édification du Corps du Seigneur, sans jamais se complaire en ses possibilités prestigieuses. Sinon, il n'y a plus d'Église, et donc plus de sacrements. On ne peut donc accepter la division qui tend à se durcir aujourd'hui : le Christ est laissé à la hiérarchie, dont il est le fondateur, cependant que l'Esprit passe à l'anarchie – ou du moins à une diplomatie parallèle – en l'absence d'un Père qui est l'obsession de la conscience occidentale...[1].

1. « *Ceci est mon corps* ». Seuil, 1974, pp. 45-46.

Dans l'« affranchissement » de la *regula fidei* que maintient l'institution de l'Église, l'« Esprit » proclamé comme libérateur devient n'importe quoi. Des nombreuses illustrations de ce fait, nous retiendrons quelques exemples, sans nous en tenir strictement aux limites de la confession catholique. Tous n'ont pas la même portée ni la même gravité. Certains, à vrai dire, sont doctrinalement inoffensifs. Tel est le cas du roman de Mario Pomilio, qui connut un succès mérité. Son *Cinquième Évangile*, cet écrit mystérieux que de longues recherches érudites, repérant partout sa trace, laissent finalement introuvable, ne signifie pas un dépassement des Évangiles réels : il est le symbole de leur profondeur toujours insondable. Si l'on peut prendre sa quête comme résumant « l'histoire d'une longue hérésie », il est « *aussi* le rameau vert de l'Église, continuellement coupé et continuellement refleurissant, la perpétuelle utopie du Royaume, le symbole de la fuite en avant qui nous est toujours imposée par la parole du Christ »[1]. Métaphore de « l'inquiétude chrétienne séculaire » et plus précisément « des ferments, des attentes, des contradictions, des oppositions qui traversent le christianisme de notre temps », il est plus encore, au fond, « le livre que Jésus écrit à travers chaque homme qui accepte de le suivre »[2]. On n'abordera pas non plus comme une thèse de théologie le beau poème torrentiel de Jean-Claude Renard, *Connaissance du troisième temps*, longue aspiration à une *Métamorphose du Monde* :

> ... Et le dieu renaît dans le corps de l'homme
> et l'homme renaît dans l'Esprit du dieu
> et l'homme est le Christ et le Christ est l'Ame
> qu'il faut traverser pour entrer en Dieu...
> et l'Esprit qui est du Troisième Temps,
> du temps transmuant, du Troisième Cycle
> envahit la Terre, envahit les Eaux...[3].

Mais en d'autres cas transparaît, plus ou moins accentuée, l'aspiration à une transformation immanentiste, telle que la réclamait en 1902, avec une certaine impatience, Miguel de Unamuno (1864-1936) : « On nous rabat les oreilles, disait-il, avec le règne social de Jésus-Christ, et c'est à peine si ceux qui l'annoncent entendent ce que cela signifie. C'est à peine si l'on rêve du règne du *Saint-Esprit*, où le christianisme, converti par l'humanité en substance de son âme, deviendra spontané...[4] »

1. Trad. H. Louette, Fayard, 1977, p. 306.
2. Jean Bastaire, dans Église de Grenoble, 29 juin 1977.
3. *Métamorphose du Monde*, Poèmes 2. Points et Contrepoints, 1963, pp. 83-91.
4. *En torno al casticismo*, 1902 ; trad. Marcel Bataillon, *L'essence de l'Espagne*,

Il n'est pas rare que la célébration de l'âge de l'Esprit se réfère expressément à « la tradition de Joachim de Flore », en même temps qu'à celle des « premiers chrétiens radicaux », pour nous persuader que la nouvelle révélation ne peut être simplement en continuité avec les deux premières, celles du Père et du Fils, et pour nous exhorter « à la saluer avec la pleine soumission de la foi » : et cette révélation nouvelle est parfois celle de la mort de Dieu, c'est « l'Évangile de l'Athéisme chrétien »[1]. Moins absolu qu'Altizer, Jan Sperna Weiland invoque la même tradition, complétée par l'exemple pratique de la Révolution française et la mise en forme théorique par Hegel, pour nous convaincre que doit s'effectuer enfin l'*exode* hors d'un ordre sacral, c'est-à-dire la suppression d'un rapport de seigneur à serviteur, tel que le maintient abusivement l'Église : ainsi seulement s'accomplira « le rêve de la fraternité » mis par Jésus au cœur de ses disciples[2]. – Dans sa *Théologie de la Révolution*, Jean Comblin se rattache également à Joachim de Flore, dont il déplore que « les théologiens officiels » aient repoussé la doctrine et dont il estime que Vatican II a « d'une certaine façon » adopté le programme. Pour lui, le joachimisme consiste dans « la découverte de la loi fondamentale de l'histoire après Jésus-Christ : le règne de l'Esprit comme succession d'étapes et de bonds par lesquels la société chrétienne, à la recherche d'elle-même, essaie d'adopter un mode d'être qui corresponde à l'intention de son fondateur » ; il est donc normal « qu'après avoir dû multiplier les concessions au paganisme pour pouvoir s'incarner dans l'histoire, le peuple chrétien essaie de se libérer de ce manteau pour devenir plus conforme à son essence ». Le seul tort de Joachim aurait été de penser – s'il l'a vraiment pensé – qu'il aurait suffi, « pour libérer l'Église », d'un seul bond de l'Esprit. Aujourd'hui, le « matérialisme historique » est un nouveau bond : ne ressemble-t-il pas « beaucoup à l'Esprit considéré dans son aspect de force présente à l'histoire temporelle » ? Ainsi s'accomplirait de nos jours une étape de plus dans « l'avènement de l'Esprit » qui est « la grande nouveauté du Nouveau Testament ». – Joachimisme hétérodoxe, auquel la confusion permet sans doute d'échapper à l'hétérodoxie chrétienne[3]. – L'écrivain italien Ignazio Silone ne verse pas dans une telle idéologie. Enfant des Abruzzes, il est naturel qu'il ait hérité quelque chose de ce catholicisme populaire

Plon, 1923, p. 242. (Mais on sait quel était l'amour du paradoxe chez celui qui s'est défini lui-même comme « un Pascal espagnol »).

1. Thomas J. J. Altizer, *The Gospel of Christian Atheism*. Philadelphia, 1966. Cf. la traduction de F. Lebœuf. Rev. des sc. relig., 1967, p. 138.

2. *Aliénation et Péché* ; dans *Temporalité et Aliénation* (Colloques Castelli, Rome), Aubier, 1975, p. 174.

3. *Théologie de la Révolution*. Éditions universitaires, 1970, pp. 225-226.

imprégné de joachimisme, celui des anciens Fraticelles et des disciples de Célestin V, encore vivant dans la contrée. Il partage leur utopie religieuse et ne comprend pas la contradiction de son prophétisme, qui voudrait une Église toute spirituelle, un christianisme libre de toute institution et de toute norme fixe, en même temps qu'il en exige un rôle historique et social. Son utopie, poussée à l'extrême, l'amène à dire, dans *l'Aventure d'un pauvre chrétien* (1968) : « Je n'hésite pas à attribuer aux rebelles le mérite d'une plus proche fidélité au Christ. » Elio Guerriero, qui a soumis son œuvre à un examen critique tempéré de sympathie, observe à juste titre que ses vues sont toujours partielles et ne rendent justice qu'à l'un des deux pôles, cependant solidaires, de la doctrine chrétienne[1]. Mais Silone n'est pas un doctrinaire, et ses thèmes sont moins des thèses que l'expression de ses penchants.

Il en va tout autrement du théologien protestant Jürgen Moltmann, dont la *Théologie de l'espérance* reprend en vue de les christianiser les conceptions eschatologiques de Ernst Bloch, sans y parvenir très heureusement. Constatant que la perte du sens de l'eschatologie a toujours permis « l'assimilation des chrétiens au monde ambiant et, par là, la capitulation de la foi », Moltmann en conclut qu'il faut « libérer l'espérance eschatologique des formes de pensée et des modes de comportement appartenant aux synthèses traditionnelles de l'Occident ». Il est amené de la sorte à mettre en avant « la foi de l'Exode », selon laquelle Jahvé lui-même, compris dans la paix et la justice qui font sa gloire, est « l'avenir »[2], en opposition à la « religion épiphanique » dans laquelle un christianisme installé s'enlise. L'un et l'autre des deux Testaments doivent donc rester dominés par « la catégorie de la Promesse ». D'où la présentation *per modum unius* de « l'espérance juive et chrétienne »[3]. D'où (c'est là ce qui nous intéresse) la tendance à ne voir en Jésus que « le prophète et le rénovateur de l'ancienne promesse », et non son « accomplissement »[4] ; ou, comme s'exprime André Léonard, « la tendance à sous-estimer le trait caractéristique qui distingue l'eschatologie chrétienne de l'espérance juive, à savoir la proclamation du Royaume de Dieu déjà présent en Jésus »[5].

1. Elio GUERRIERO, *L'inquietudine e l'Utopia. Il racconto umano e cristiano di Ignazio Silone.* Milan, Jaca Book, 1979 ; pp. 11-14 et 34-35.

2. Comme de l'avenir de Dieu, il parle aussi d'un « vaste avenir du Christ » : *Théologie de l'espérance*, t. 2, *Débats*, tr. fr., Cerf - Mame, 1973, p. 314, note 60.

3. *L'homme, essai d'anthropologie chrétienne.* Trad. Liefooghe, Mame, 1974, p. 40. Cf. *Théologie de l'espérance*, passim.

4. Cf. Christophe HINZ, dans *Th. de l'espérance, Débats*, p. 119.

5. *Pensées des hommes et foi en Jésus-Christ.* Coll. « Le Sycomore », Lethielleux, 1980, pp. 112-113.

On ne s'étonnera donc pas que Moltmann prête grande attention aux prolongements modernes de la tradition joachimite. Le tableau résumé qu'il en trace montre qu'il en a reconnu l'ampleur :

> La philosophie de l'histoire de Joachim de Flore, son idée du troisième Royaume qui serait le royaume de l'Esprit, hante depuis Lessing la théorie de l'histoire du XIXe siècle et lui inspire de l'enthousiasme. L'histoire est le « Dieu en devenir », disait-on depuis Herder... Qu'une troisième ère de l'Esprit – l'Esprit scientifique – doive éclairer de ses lumières les crises de l'histoire et abolir ainsi l'histoire énigmatique en la transposant en histoire connue, voilà ce qui formait chez Lessing et Kant, chez Comte et Hegel, et chez leurs successeurs, le motif caché de leur nouvelle orientation dans le monde, laquelle n'était fondamentalement plus métaphysique, mais historique...[1].

Quant à lui, ses « affinités électives » lui font envisager de préférence le courant mystico-social dont, après Joachim de Flore, Thomas Münzer et Oetinger, le « marxisme ésotérique » est le principal représentant. C'est avec celui-ci, c'est-à-dire essentiellement avec Bloch, que Moltmann a voulu « introduire le dialogue », en vue de constituer une « ontologie eschatologique » faisant « passer le « courant chaud » de l'espérance à travers l'ensemble des articles du dogme » chrétien[2]. Il en retire l'idée que si Dieu est pour nous le *Deus absconditus*, ce n'est pas seulement, comme l'expliquait Karl Barth, parce que nous sommes encore sous le régime de la foi, mais parce que « le futur contient un parcours que Dieu n'a pas encore franchi » : il faudrait donc admettre « un certain futurisme de Dieu »[3]. Certes, Moltmann critique l'athéisme de Bloch, pour qui l'avenir du Christ et l'avenir de Dieu « ne sont rien d'autre que l'avenir de l'homme caché et du monde caché » ; mais, comme envoûté par lui, il conserve nombre de ses formules équivoques[4]. Refusant la représentation que se faisait « l'Église

---

1. *Théologie de l'espérance*, Études sur les fondements et les conséquences d'une eschatologie chrétienne, 1964. Trad. D. et J.-P. Thévenaz, Cerf-Mame, 1970, pp. 283-284.

2. *L'espérance sans foi, Réflexions sur l'Humanisme eschatologique sans Dieu*. Concilium, 16, 1966, pp. 45-58.

3. Cf. André DUMAS, *Ernst Bloch et la théologie de l'espérance de Jünger Moltmann*, dans *Utopie et Marxisme selon Ernst Bloch*, Payot, 1976, pp. 222-232 (pp. 224 et 228). Joachimite est aussi, en conséquence, la conception de « l'histoire elle-même trinitaire » et du « mouvement de l'histoire trinitaire de Dieu » : *L'Église dans la force de l'esprit*, trad. T. Givord, Cerf, 1980, pp. 75 et 77.

4. Cf. Christoph HINZ, dans *T. de l'esp.*, t. 2, *Débats*, p. 314. Pour la critique de

ancienne » de la Trinité immanente comme « d'un cercle fermé sur soi », il entreprend de la penser « comme histoire eschatologiquement ouverte » et cherche à deviner les transformations de Dieu dans les libérations de l'homme...[1]. Retenons surtout, à l'adresse de son joachimisme, la crainte exprimée par H. G. Geyer qu'il ne « réduise le caractère constitutif de l'histoire de Jésus-Christ à un pur accident de l'histoire vétérotestamentaire de la révélation »[2], ainsi que l'observation dans laquelle Heinrich Fries résume ses critiques : « On ne saurait épeler et conjuguer le Credo et ses contenus simplement au futur[3]. »

Moltmann avait eu un précurseur dans le hollandais Noordmans, chez qui l'Esprit apparaissait, en opposition au christocentrisme de Barth et à la conception traditionnelle de Newman, « comme le « libre interprète » du Christ, celui qui traduit le Christ tout au long de l'histoire en formes toujours neuves, d'abord créées pour être ensuite brisées, et cela sur les traces non pas de Pierre, tourné vers ce qui est derrière lui, mais de Paul l'« apôtre de l'Esprit » »[4].

Plus proche encore de nous, toute une floraison d'apôtres de l'Esprit s'épanouit au soleil de l'Église, – d'une Église à son couchant qui doit faire place à celle de demain. Un départ est pris en 1965, au temps du dernier concile, mais sans rapport avec lui autre que de contradiction. C'est une brochure collective, dont le titre, volontairement provoquant, indique le programme : *Aggiornamento ou mutation ?* Le premier mot désigne l'œuvre entreprise par le concile. Aux yeux des auteurs, elle est sans intérêt. Ce qu'il faut, c'est une mutation, c'est-à-dire « une révolution aussi radicale que celle qui transforma une secte galiléenne... en une Église où ne se distinguaient plus ni Juifs ni Grecs » ; si elle adopte le langage et les aspirations du « monde », si elle en assume tous les problèmes, alors elle enfantera « l'Église universelle ». Sur cette lancée, on part à « la découverte vitale d'un nouveau christianisme », on veut

---

Bloch, voir l'appendice à la *Théologie de l'espérance*, pp. 367-395, « Un débat avec Ernst Bloch ».

1. *Le Dieu crucifié. La Croix du Christ fondement et critique de la théologie chrétienne*, tr. fr., Cerf-Mame, 1974, pp. 294-295 ; cf. p. 380. Cf. GEYER, dans *Débats*, p. 154 : « Comment ne pas penser que le processus historique, dans l'espace eschatologique de la révélation de Dieu, soit le processus de l'auto-identification de Dieu, au cours duquel Dieu lui aussi ne parviendrait que progressivement à lui-même ?

2. *Débats*, pp. 9 et 174-176.

3. Ibid. p. 100 ; cf. pp. 101-102.

4. Cf. Hendrikus BERKHOT, résumant NOORDMANS, *Gestalte en Geest* (Forme et Esprit), 1954 ; dans *L'expérience de l'Esprit*, Mélanges Schillebeeckx, Beauchesne, 1976, p. 189.

hâter « la nécessaire naissance d'une « Église nouvelle », où « l'amour » doit « prendre la place de la loi »[1]. On sort la résurrection de Jésus « de son linceul hellénistique » pour la « replacer dans ce fleuve de vie qu'est la théologie juive de la promesse » et l'on instaure « la religion du Dieu qui vient »[2]. Inauguré par « une rupture qui puisse ouvrir sur l'inventivité,

> le christianisme de demain ne sera ni vent ni fumée mais vie des hommes avec les hommes, une nouvelle Église qui nous sera donnée, enfantée par l'Esprit. Cette enfant n'aura plus les traits de cette Église que nous connaissons... Le monde a besoin de temps à autre d'une grande mutation... L'Esprit demande aux chrétiens d'aujourd'hui de... laisser vivre leur « inconscient » de foi pour qu'il parle à nouveau et qu'il dise du nouveau... pour que « ça parle », etc.[3].

Ou bien, variation sur un même thème, après s'être plaint que les formules de foi aient été présentées « sous une forme fixiste », on nous invite à « exorciser une peur pusillanisme, la peur de voir s'évanouir le Credo » ; en réalité, grâce aux progrès du monde scientifique, « les dogmes chrétiens apprendront à découvrir et à modeler leur nouveau visage », mais il nous faut d'abord « libérer les credos » et consentir à ce que la foi, pour accueillir toutes les cultures, prenne « la forme d'une kénose »[4]. – Ou bien encore, on se demande : pourquoi la théologie, « tout en voulant entrer de plus en plus dans les problèmes concrets de notre époque, s'arrête-t-elle à mi-chemin ?... Tout se passe comme si la référence à l'Esprit-Saint survenait à l'intersection d'une tradition plus ou moins vive et d'une actualité qui la rénove ou la réactualise. » L'attitude de ces « chrétiens évolutifs » est jugée trop « classique » : ils rattachent leurs propos « à l'expérience ecclésiale ». Comme eux, les « charismatiques » restent « dans la ligne traditionnelle et évolutive », estimant avec Willebrands que « le renouveau ne peut signifier une rupture avec la communauté ou sa tradition » ; leur pneumatologie est « bridée »[5]. Le besoin se fait donc sentir, affirme-t-on, « d'un élément

1. Jules Girardi, *Christianisme, libération humaine, lutte des classes*, Cerf, 1964, pp. 60, 105, 214. Voir d'autres textes rassemblés dans Gaston Fessard, *Chrétiens marxistes et théologie de la libération*, Lethielleux, 1978.

2. Jean-François Six, *Bonheur et béatitude*, dans *Oui au bonheur* (Recherches et débats), 1970, pp. 148 et 149.

3. Id., *La Pentecôte et l'Avenir*, dans le Monde, Pentecôte, 1974, 2 juin.

4. Henri Denis, *L'Évangile et les dogmes*. Centurion, 1974, pp. 101, 147, 149-151.

5. Allusion à un mot de Berkhot sur la doctrine de Moltmann.

plus novateur : il s'agit du rôle de l'Esprit hors de l'Église ». Beaucoup « sont fatigués d'une vie artificielle et sans intériorité », aussi veulent-ils, en critiquant les Églises, « refaire une place à Dieu », mais à « un Dieu qui doit renaître autrement, comme une irruption qui vient troubler nos routines et réveiller nos sommeils dogmatiques ». Les « chrétiens politisés », les « théologiens de la libération » sont encore trop timides : « ils insistent sur la scène clef de l'Exode ou sur la figure de Jésus libérateur, mais ne s'avancent guère en direction de l'Esprit. » Et cependant, il faut le dire, « aujourd'hui, pour bien des gens, si Dieu existe, il ne peut être qu'Esprit »[1].

Ces échantillons de littérature « spirituelle » nous laissent dans le vague. Mais il arrive que la « nouveauté » revendiquée cherche à se préciser. Ainsi en va-t-il chez Maurice Bellet :

> ... Il peut s'opérer, dans l'Église même, une sorte de glissement, en sorte que la substance de la foi disparaîtrait au profit d'une tâche à la hauteur d'homme enfin, dont toute la vérité serait du côté de l'analyse. Il s'agirait alors moins d'une opposition à la foi que d'un passage à ce qui la remplacerait... Ne sommes-nous pas à ce moment où toute une « figure » structurelle de l'Église doit faire place à quelque chose de neuf ? La psychanalyse ne serait alors qu'un des aspects (peut-être le plus impitoyable) où cette mort d'un système s'annonce. Tout un univers mental où la foi a pu trouver à se dire, non sans d'inévitables ambiguïtés, serait en train de s'engloutir...[2].

Marcel Légaut parle lui aussi volontiers de « mutation » ; il prévoit une mutation de l'Église à « donner le vertige », une « transformation d'une ampleur jamais conçue », d'où il espère que résultera une « nouvelle Église ». Mais il ne conviendrait pas de nous arrêter à ces mots. Car il dit aussi que « cette mutation est tout le contraire d'un démantèlement qui conduirait l'Église à disparaître », il refuse de l'assimiler à une « rupture », il précise même (rectifiant son premier langage) que « l'Église de demain » ne sera « pas une nouvelle Église »[3] ; il n'envisage rien d'autre, en définitive, qu'un renouvellement spirituel aux conséquences imprévisibles, mais toujours en vue d'une fidélité plus

1. Henri Bourgeois, *Qui parle de l'Esprit ?* dans Études, t. 348, février 1978, pp. 245-259.

2. *Foi et psychanalyse*, DDB, 1973, pp. 29-30 et 42.

3. Cf. Hans Urs von Balthasar, *Le complexe antiromain*, 1976, p. 119, sur les livres de Légaut : « On y rencontre des thèses dures... Toutefois ces thèses sont chaque fois suivies d'un contrepoids... »

grande à ce que fut la loi des premiers disciples de Jésus[1]. Telle qu'elle s'exprime dans une dépendance à notre avis trop étroite de certains schèmes bergsoniens, sa pensée nous paraît discutable[2]. Mais l'expérience qu'elle s'efforce de traduire est profonde. Aussi est-il impossible de la confondre avec les facilités verbales dont notre époque nous offre, au sujet de l'Église, tant d'échantillons. Sa perspective n'est pas non plus proprement joachimite. Nous la signalons seulement au passage pour quelques similitudes qui sont avant tout de vocabulaire.

En contraste avec la recherche austère de Légaut, Michel de Certeau nous offre à la même date un modèle de néo-joachimisme. Modèle rêvé, si l'on peut dire, modèle parfait, puisque l'auteur nous dit en propres termes qu'il s'agit d'opérer à l'heure actuelle, par une « conversion » fondamentale, qui « ne peut être cantonnée dans (un) secteur » de la culture, « un mouvement conforme à celui qui articule toute la foi chrétienne : la conversion de l'Ancien Testament au Nouveau Testament » ; et pour qu'il n'y ait point d'équivoque sur la portée d'un tel mouvement de fond, il renvoie à l'explication traditionnelle concernant « l'unité des deux Testaments » comme au paradigme de ce qui doit aujourd'hui s'accomplir[3]. N'est-ce pas exactement ce que prophétisait et ce qu'expliquait Joachim de Flore ? L'inauguration de l'âge de l'Esprit ne devait-elle pas être dans sa pensée un événement strictement comparable à ce qu'avait été l'inauguration de l'âge du Fils lors de l'avènement de Jésus-Christ et de sa reconnaissance par la première génération chrétienne ? Le passage de l'un et l'autre seuil, tel que Joachim se les représentait, ne pourrait-il pas être désigné, comme chez Michel de Certeau, par le titre significatif de « rupture instauratrice »[4] ?

1. Voir surtout *Introduction à l'intelligence du passé et de l'avenir du christianisme*, Aubier, 1970, pp. 64-65, 92, 325, 397. *Mutation de l'Église et conversion personnelle*, Aubier, 1975, pp. 10-11, 19, 27-30, 43, 92.

2. Pour une discussion, qui n'entre pas dans le plan de notre travail, cf. BALTHASAR, op. cit., pp. 118-128. Marcel LÉGAUT-François VARILLON, *Débat sur la foi*, D D B, 1972. André LÉONARD, *Pensées des hommes et foi en Jésus-Christ*, Lethielleux, 1979.

3. Dans *L'Étranger ou l'union dans la différence* (D D B, 1969, p. 140), l'auteur écrivait déjà : « Les chrétiens... ont à apprendre l'exégèse (de leur histoire) en fonction de problématiques et d'exigences nouvelles. C'est envisager comme clarificatrice, et encore à élucider, la dialectique essentielle au christianisme ; le rapport du Nouveau à l'Ancien Testament. »

4. *La rupture instauratrice, ou le christianisme dans la culture contemporaine*. Esprit, juin 1971, pp. 1177-1214.

Toutefois, si l'on examine de plus près cette « rupture instauratrice » telle qu'elle nous est aujourd'hui décrite, une différence capitale ne peut manquer d'apparaître, et cette différence radicale rend vaine l'analogie invoquée du passage de l'Ancien Testament au Nouveau. En attribuant une date précise à l'irruption de l'Esprit (même s'il ne la fixait peut-être pas lui-même avec certitude, et même si elle lui apparaissait comme déjà « initiée » dans le passé), Joachim de Flore assignait par le fait même un terme à l'âge du Fils, mais d'autre part ce passage d'un âge à l'autre devait se traduire, grâce à l'Esprit illuminateur, par l'intelligence des mystères jusqu'alors cachés sous la lettre du Nouveau Testament. Ce qu'envisage Michel de Certeau, c'est à l'inverse un « dépassement » qui est plutôt un « départ », un éloignement progressif, amorcé dès la première origine, par rapport à « l'événement Jésus-Christ ». Cet événement est comparé à « l'événement Freud », il fuit comme lui toute définition objective, pour se dissimuler et s'évanouir en une multiplicité de lectures ; il ne fait que *permettre*[1] une série d'interprétations ou d'investigations, d'expériences et d'opérations, dans lesquelles il « s'aliène ». Certes, « de quelque manière qu'on le prenne, le christianisme implique une relation à l'événement qui l'a instauré », mais en lui cet événement se déploie « sur le mode de disparaître dans les différences qu'il rend possibles », « il se perd dans ce qu'il autorise ». Bref, toujours « le rapport à l'origine est un progrès d'absence »[2].

Pourquoi, dès lors, parler plus spécialement aujourd'hui d'une « *rupture* instauratrice », et en quel sens devra-t-on dire que cette rupture entraîne une *instauration* ? La réponse à la première question semble simple : c'est que, par l'effet de la « révolution culturelle » actuellement en cours, le « progrès d'absence » s'accélère, il se précipite, il touche à son but inévitable ; il s'ensuit une « révision déchirante » qui aboutit à l'élimination de tout « contenu religieux »[3]. Quant à la seconde question, nous avouons n'avoir pas su lui découvrir une réponse. A moins que celle-ci n'ait été anticipée dans un article de peu antérieur, où il nous est dit, sur le mode de l'exposé objectif, que s'opère une « désinfection » du christianisme, malgré « les résistances provisoires – lyriques, prophétiques, dogmatisantes ou

1. Ce mot de « permettre » revient, souligné, nombre de fois ; une fois cependant il est remplacé par « susciter » (p. 1202). « Chaque fois « permettre » signifie « mourir » » (p. 1204).

2. Loc. cit.

3. Loc. cit., pp. 1193, 1198, etc. Cf. p. 1186 : « En somme, le contenu religieux *cache* les conditions de sa production. Il est le signifiant d'autre chose que de ce qu'il dit. C'est une allégorie à déchiffrer – le déguisement d'un mode de production que l'analyse scientifique se donne pour tâche de reconstituer. »

contestataires » ; où est évoquée la critique radicale des « institutions » d'Église, non pas seulement dans leurs « vices » ou dans leur « archaïsme », mais dans leur principe : « des prophètes, des témoins, oui. Une Église, non »[1]. Ou bien peut-être, à moins que l'instauration ne soit en germe dans ce travail même, dont les derniers mots nous disent, avec une modestie à double entente : « Mon travail peut en permettre d'autres qui l'effacent et qui, de la sorte, en manifestent le sens « inter-dit »[2]. »

Jean-Pierre Labarrière ne désire nullement « effacer » ce travail. Il veut y reconnaître « une herméneutique des Évangiles telle qu'elle peut se déployer en terre chrétienne »[3]. Elle s'y déploie en effet, et tourne quelques têtes. C'est en s'abritant sous son pavillon qu'un auteur de talent, à la recherche d'une « église sans murs », repousse « un fixisme connaturel à toute institution » et rêve d'une « conscience sans frontières fondée sur une foi critique ». Il maudit les théologiens, qui « coulent le paulinisme dans du béton ». Faisant sienne aussi la légende d'Abélard créée par Michelet, il célèbre le fameux monastère dédié au Paraclet, c'est-à-dire « à l'impalpable, à l'insaisissable Esprit-Saint..., ennemi de la terreur et du légalisme », échos en l'homme du Père et du Fils ; à l'Esprit-Saint, « moteur de la créativité ». Mais, plus sage que les maîtres dont il se recommande, Pierre Boudet finit par conclure, en vertu d'une sorte de logique circulaire, que lorsque les murs disparaissent « il n'est que plus nécessaire d'être à l'écoute des larmes de Pierre » : plutôt que d'imaginer quelque église-fantôme de Jean, « il faut faire retour à Pierre »[4].

Plutôt que d'allonger la liste de tant de néo-joachimismes dont presque chaque jour nous apporte un nouveau modèle, nous finirons en proposant à la méditation du lecteur une page de Claude Bruaire, en laquelle s'exprime le rapport toujours le même et cependant toujours renouvelé du Christ à l'Esprit, de l'Église à l'Esprit :

> La même puissance unitive de l'Esprit qui garde le Fils en l'Origine paternelle, qui garde le Christ au sein du Père, lie les témoignages continués des hommes à la Parole vivante où s'exprime absolument, se donne infiniment la divinité de Dieu...

---

1. *Structures sociales et autorités chrétiennes.* Études, t. 331, juillet 1969, pp. 131-132.

2. *La rupture instauratrice*, p. 1214.

3. *L'Unité plurielle,* Aubier-Montaigne, 1975, p. 80, note.

4. Pierre Boudot : *Au commencement était le Verbe.* Grasset, 1980 ; pp. 37-39 ; 41-43 ; cf. p. 92.

Impossible de recueillir, dans la foi et l'espérance, la venue de Dieu dans notre histoire, sans retenir, en mémoire indissociable, que l'infini *inépuisable* nous est *donné*... Comme toujours, à force de nous substituer au don de Dieu avec la passion des idolâtres, nous séparons, nous divisons là où l'unité pure de l'acte divin doit récuser toute partition. Tantôt nous retenons que Dieu s'est donné au temps de sa venue, mais nous pensons que le don, le message et la vie du Christ sont épuisés. Ainsi, il n'y aurait plus d'avenir, plus de novation, plus de vie dans une Église figée, sclérosée, réduite au passé mort d'une époque, celle qu'il plaît à nos sentiments de retenir. Tantôt, en sens inverse, nous oublions que Dieu s'est donné en personne, absolument, pour croire que tout est à inventer, que l'Église n'a pas d'héritage.

Église du passé, Église du Père sans vie inventive spirituelle ; Église figée, morte, des « intégristes » passéistes. Église du futur, sans recueil du don de Dieu, en défi à l'institution ; Église éventée dans un avenir spirituel irréel, Église des « progressistes ». L'une et l'autre manquent le présent de l'Église ; l'une et l'autre sont l'oubli du donné inépuisable de l'infini de Dieu. Et chacune de ces abstractions qui crucifient l'Église risque d'occuper tour à tour chaque chrétien pour ruiner le sens et la réalité vivante de la fidélité. La conversion nécessairement incessante au Dieu de l'Évangile est sans doute la volonté toujours dressée de retrouver sans trêve en l'Église la vérité impartageable du don de Dieu[1].

---

1. Claude Bruaire, *Le Dieu de l'histoire*, dans *Communio*, IV, nov. déc. 1979, p. 7. Voir infra, appendice E. – C'est pour nous un devoir de reconnaître devant le lecteur que notre enquête a été insuffisante, en particulier à travers plusieurs littératures étrangères. Défaut plus grave : l'ouvrage manque d'une conclusion véritable. Nous avons cependant cédé aux instances de ceux qui désiraient voir paraître, tel quel, ce second volume.

APPENDICE A

Le vieillard Siméon et l'enfant Jésus[1]

... C'est l'enseignement unanime des saints Pères, que parmi les choses de l'Écriture qui doivent être entendues mystiquement, les unes sont à rapporter à la Tête, les autres à ses membres[2]. Si donc dans l'enfant Jean-Baptiste est désigné le Christ avec l'ordre des clercs, dont la mère fut la Synagogue, dans l'enfant Jésus lui-même est désigné le don du Saint-Esprit avec l'ordre des moines, dont la mère est l'Église des saintes vierges, c'est-à-dire cette vénérable Église des Grecs où fleurit premièrement la vie érémitique ; et certainement une part des choses ici racontées se rapporte à la Tête, et une autre part se rapporte typiquement aux membres. C'est pourquoi[3] ce vieillard juste et craignant Dieu désigne les prélats de l'Église romaine, dans lesquels, par le don de Dieu, demeure jusqu'à la fin cette promesse du Seigneur : « J'ai prié pour toi, afin que ta foi ne défaille pas ».

Toujours en effet la succession de Pierre est heureuse de voir s'accomplir ce qu'elle prêche, et lorsqu'il lui sera donné de voir ce qu'elle souhaite, à savoir, le don du Saint-Esprit confirmé dans le peuple chrétien, comme nous croyons qu'il en sera lors de l'avènement d'Élie qui viendra tout consommer, alors, contemplant ce saint ordre enfanté par l'Église spirituelle et venant à la lumière comme au sortir d'un obscur berceau, elle le recevra dans les mains de sa foi et de sa dilection ; et elle déclarera qu'en lui repose cet Esprit vivifiant dans lequel est le salut du monde, cet Esprit qui parle

1. Texte latin dans l'édition du *Tractatus* par Buonaiuti, pp. 86-89.

2. Cf. C., l. 3, p. 1, c. 13, f. 31 r : « Generalis denique regula est mysteriorum, ut quod non potest referri ad caput, referatur ad membra. Et haec apud omnes catholicos ».

3. A partir d'ici, jusqu'à l'endroit indiqué plus bas, le Protocole d'Anagni cite le *Tractatus*, avec une exactitude parfaite : Archiv, t. 1, pp. 110-112. (Cf. le ch. II).

en lui pour prêcher dans le monde entier l'Évangile du Règne, l'Évangile dont l'apôtre Jean dit dans l'Apocalypse (14, 6) : « J'ai vu un ange de Dieu volant par le milieu du ciel et il lui a été donné un Évangile éternel ».

Mais pourquoi cet Évangile est-il appelé par le Seigneur Évangile du Règne et par Jean Évangile éternel ? sinon parce que celui qui nous a été remis par le Christ ou par les apôtres, selon la foi des sacrements, est quant à ces sacrements eux-mêmes transitoire et temporel, tandis que ce qui est sacrifié (signifié)[1] par eux est éternel ? Donc, lorsqu'aura été manifesté dans l'Église de Dieu un tel enfant, un enfant qui soit contemplatif, juste, sage, spirituel, capable ainsi de succéder à l'ordre des évêques posé par le Seigneur pour le suivre dans sa vie active, de même qu'au roi David a succédé Salomon, de même qu'à Pierre, prince des apôtres, a succédé Jean l'Évangéliste[3], bien plus, de même que le Christ a succédé lui-même à Jean-Baptiste, — alors, joyeux et réconforté, (le pontife romain) supportera d'un cœur calme les tourments dont l'accablera l'Antichrist, sachant ce que le Seigneur lui a dit en la personne de Pierre : « Lorsque tu auras vieilli, un autre te ceindra et te mènera où tu ne veux pas ».

Le vieillard Siméon recevra donc en quelque sorte l'enfant dans ses bras, lorsque les successeurs de Pierre auxquels furent donnés la prérogative de la foi et le don de discerner entre le saint et le profane, voyant[4] que cet ordre suit fidèlement les traces du Christ, en toute force spirituelle ; il le soutiendra[5] du poids de son autorité, il le confirmera par les paroles de son témoignage, annonçant que doivent être accomplis en cet enfant les oracles des prophètes dans lesquels il est dit : « le royaume qui s'étend sous tout le ciel sera donné au peuple des saints du Très-Haut » (Dan. 7, 27). Et il ne pourra souffrir de sa propre dissolution, puisqu'il reconnaîtra qu'il se survit dans une succession meilleure[6]. Nous savons en effet que si un ordre est désigné dans le prédécesseur et un autre dans le succes-

1. « Quod autem per ea sacrificatur » ; ne faudrait-il pas lire : « ... significatur » ?

2. Cf. C, l. 5, c. 74, f. 103, à propos des sacrements et spécialement de l'eucharistie : « ... Quod si in ipsa carne Christi littera devoratur a spiritu, quanto magis in aliis rebus. Non igitur res ipsas quae sunt ex toto, quod absit, dicimus consumendas ; sed dicimus oportere transire ipsas, id est eorum imagines, pro quibus praecipue scriptae sunt ad designandum aliquid spiritale, quatenus per scripturam visibilium rerum veluti per quaedam specula ad res invisibiles raperemur... » Tout le développement pourrait s'entendre du passage à l'éternité ; mais il est dit un peu plus haut : « Cum autem venerit Spiritus veritatis..., quid nobis ulterius de figuris ? etc. »

3. Allusion au fait que Jean a survécu à Pierre, d'après Jo. 21, 19-23 : cf. C, l. 4, c. 34, f. 57 r ; Ap. P. 3, f. 142 v.

4. « videntes ». La phrase est grammaticalement incohérente, car le sujet est au pluriel et les verbes qui suivront seront au singulier. Aussi proposerions-nous ici de lire : « videbunt » (verront).

5. Au singulier : c'est Siméon, en tant qu'il figure le successeur de Pierre.

6. Cf. T, p. 92 : « ... In sene Symeone designatur Petri successio ».

seur, cela ne provient pas d'une diversité dans la foi, mais d'une particularité dans la religion[1]. Car lorsqu'un certain ordre commence à s'établir, cet ordre conserve le même nom tant que celui qui lui succède revêt encore la même forme. Mais si quelques-uns, sortant de lui, revêtent une forme meilleure et sont changés en mieux, alors on ne dira plus qu'il s'agit du même ordre, mais d'un autre qui procède de lui.

Mais celui qui voit un tel fruit lui succéder, peut-il se lamenter, du fait que cesse d'exister en lui une perfection particulière pour faire place à une perfection universelle ? *Absit* ! *absit hoc* ! Non, qu'il n'en soit pas ainsi de la succession de Pierre ![2] Qu'elle ne conçoive pas de jalousie à l'égard de la perfection de l'ordre spirituel, cet ordre qu'elle verra n'être qu'un unique esprit avec son Dieu, qu'elle verra marcher selon sa doctrine dans les sentiers de ses commandements[3]. Elle exultera bien plutôt et, bondissant de joie, dira : « Maintenant, Seigneur, tu peux laisser ton serviteur s'en aller en paix, selon ta parole, car mes yeux ont vu Ton salut, que tu as préparé à la face de tous les peuples » ; et il est heureusement ajouté : « lumière pour éclairer les nations et gloire de ton peuple Israël » (Luc 2, 29-31), parce que par cette lumière spirituelle elle-même donnée au peuple des gentils sont illuminées les profondeurs cachées des ténèbres, et par cette même lumière la gloire sera donnée au peuple d'Israël tourné vers le Seigneur[4].

Il est écrit ensuite : « Joseph et la mère de l'enfant s'étonnaient de ces choses qui étaient dites de lui » (Ibid., 33). Pourquoi Joseph

---

1. On reconnaît là les formules d'Anselme d'Havelberg, qui parlait seulement de changements dans les formes de vie religieuse, tandis qu'il s'agit pour Joachim de mutation de toute l'Église. Il y a là, comme par un jeu de mots, passage d'un certain sens du mot « ordo » à un autre sens (le sens du « status » joachimite).

2. Dans C, même « absit », en un contexte différent. Salomon doit succéder à David vieilli : « Non igitur, quod absit, deficiet ecclesia Petri quae est thronus Christi, sicut accidit natis mulierum in fine veteris testamenti, sed commutata in majorem gloriam manebit stabilis in aeternum ». L. 5, c. 65, f. 95 v.

3. Nous ne voyons pas trace en tout cela d'une « repentance de l'institution » ecclésiastique, de cette « Église des clercs » et plus spécialement de cette « Église romaine », qui aurait « usurpé » son pouvoir et « confisqué » l'Évangile du Christ. Cf. H. MOTTU, op. cit. pp. 135 et 114-146. De même, p. 141, le mot de « conversion » nous paraît équivoque. Il doit bien y avoir « mutation » (et le mot est très fort), c'est-à-dire progrès par un changement radical, — comme à Cana l'eau fut changée, « convertie » en vin. Mais cela est autre chose qu'une conversion morale à laquelle Joachim appellerait le successeur ou prétendûment successeur de Pierre. Il n'est certes pas exclu que la mutation envisagée pourra en effet exiger de lui une certaine conversion morale (il pourrait être tenté de « jalousie » envers l'ordre nouveau), mais ce n'est pas de cela qu'il s'agit dans tout ce développement. Cf. C, l. 1, 2, c. 5, f. 8 v : « ... Tres status saeculi mutationes ipsae temporum operumque testantur ».

4. Ici finit la longue citation faite par le Protocole d'Anagni, qui ajoute : « Hactenus verba Joachim, quibus nititur mirabiliter et incredibiliter exaltare nescio qualem ordinem venturum, ut dicit, in fine secundi status, de quo jam non supersunt nisi quinque anni... » Suit une citation de C, l. 5, c. 77

et sa mère s'étonnent-ils de ces paroles dites du Christ, alors qu'ils le savaient être le Fils de Dieu, sinon peut-être parce que surgissait soudain devant eux, sans avoir été espéré, cet ordre nouveau de révélation qu'ils ignoraient encore ? parce qu'ils voyaient ce fond mystérieux de la foi qui leur avait été livré, largement découvert à tous les peuples ? Au reste, les prélats spirituels et l'Église de ceux qui vivent selon l'Esprit, dès qu'ils auront vu l'ordre spirituel des justes ayant si manifestement en soi le don de l'Esprit-Saint que le Seigneur avait promis à ses élus, même à cet antique ordre des Pères auquel est soumise toute l'Église de Dieu, découvert par l'esprit d'intelligence, ne pourront pas ne pas admirer la mutation opérée par la droite du Très-Haut, en voyant les grandes œuvres merveilleusement réalisées selon ses volontés[1].

Il est dit ensuite : « Et Siméon le bénit et il dit à Marie sa mère : « Voici que cet enfant est posé pour la chute et le relèvement d'un grand nombre en Israël, et comme un signe de contradiction » (Luc 2, 34). Comme il appartient aux plus grands de bénir les plus petits, cette bénédiction doit être comprise plus selon l'esprit que selon la lettre. Il appartient enfin au pontife romain, qui est le père de tous, de bénir ses enfants plus jeunes et de donner à tous les fidèles la bénédiction souhaitée. Quant à ce qui est dit : « cet enfant est posé pour la chute et le relèvement d'un grand nombre en Israël », de même qu'une plénitude est survenue dans le peuple des Juifs par la doctrine du Christ, ainsi en adviendra-t-il par la doctrine spirituelle dans le peuple chrétien, qui est, selon l'esprit, Israël. Car de même qu'alors ceux qui n'ont pas cru se sont heurtés à la pierre de scandale et s'y sont brisés, tandis que les autres, arrachés à leurs vices, ont surgi dans les vertus, ainsi en est-il maintenant...[2].

N.B. — Nombreux sont les textes, dans l'œuvre de Joachim, propres à illustrer son idée capitale du passage du deuxième au troisième « status », ainsi que les procédés d'exégèse par lesquels il la propose. L'un des plus frappants est l'explication du miracle de Cana, où l'eau évangélique est changée dans le vin de l'Esprit[3].

---

1. Toute cette exégèse montre, comme l'observe Henry MOTTU, op. cit., p. 126, comment Joachim tend « à gonfler l'importance de personnages pré-évangéliques » (ici, Siméon), et comment, chez lui, « l'Évangile de l'enfance de Jésus-Christ tend à se transformer en Évangile de l'*attente* du temps de l'Esprit ». Cf. ibid., pp. 129-146.

2. On remarquera ce « maintenant » (*nunc*) : l'heure du « tertius status » arrive.

3. T, pp. 191-201. « ... Cum advenerit... tempus tertii status, quod incipiet ab adventu Eliae, fient nuptiae in Cana Galileae, quia in zelo transmigrationis qui erit in cordibus doctorum, conjungetur caelesti Sponso nova religiosorum Ecclesia ». etc. Cf. supra, p. 49.

Il y a aussi le sacrifice d'Élie au Mont Carmel (« type » rapproché d'ailleurs par Joachim lui-même de celui de Cana) : le soubassement terrestre de l'autel étant l'Ancien Testament, l'eau répandue étant le Nouveau, l'un et l'autre attendant le feu de l'Esprit[1], etc. Les pages concernant le vieillard Siméon, symbole de la fin du deuxième « status », nous ont paru plus significatives encore, en ce qu'elles mettent directement en scène le successeur de Pierre[2].

1. C, l. 2, tr. 1, c. 1, f. 7 r : « Construendum est nobis cum Elia altare de terra ipsa..., ut aqua desuper locari queat, expectantibus nobis ignem de caelo, qui consumat terram et aquam expectantibus spiritualem intellectum... ; sicut in Cana Galileae aqua hydriarum commutata est in vinum... » ; « ... Invisibilem autem spiritum ignem suum spiritualem veluti de tertio caelo dirigere etc. »

2. Même allusion explicite dans le symbolisme de David et Salomon : « Quia vero in servando ordine suo antiquo incipiet romanus pontifex frigescere propter senectutem, etc. » Cf. supra. C, l. 5, c. 65, f. 95 v : « Et ipse succedet ei jubente patre suo David. Et sedebit in solio ejus, post eum regnans et judicans in aequitate », etc.

APPENDICE B

Le concile d'Arles (1263)

Lorsque prit fin le travail de la Commission d'Anagni, l'évêque Florent n'était pas rentré chez lui satisfait. Bien qu'il fût arrivé en retard, les membres de la Commission avaient pris en grande considération les textes qu'il leur avait apportés. C'étaient des passages caractéristiques de la doctrine joachimite, complétés par des gloses dues à Gérard da Borgo San Donnino et accompagnés de ses propres remarques. Ils servirent à éclairer la conscience d'Alexandre IV, mais, pour les raisons que nous avons vues, le pape se contenta de condamner l'*Introduction* de Gérard, sans allusion explicite aux œuvres de Joachim. Florent était-il un fanatique pourchasseur d'hérésies ou plus simplement un esprit perspicace ? En tout cas, il aurait voulu davantage. L'*Evangelium Spiritus sancti* avait bien été condamné, mais les écrits de Joachim qui en étaient la base, à commencer par la *Concordia*, étaient toujours indemnes... Florent se donnait depuis lors une explication de ce paradoxe : les ouvrages de Joachim n'avaient jamais encore pu être examinés par des théologiens compétents ; ils demeuraient en effet soigneusement cachés à l'intérieur de certains couvents, et les fragments qu'on en connaissait par des fuites n'avaient pas permis une discussion suffisante. En cette seconde moitié du siècle, après la publication fracassante de Gérard[1], qui datait déjà de neuf ou dix ans, la plainte, ou l'excuse paraît fort exagérée.

Quoi qu'il en soit, notre évêque théologien voulait remédier à une telle carence. L'occasion s'en présenta bientôt. En 1262, Urbain IV le transféra de son siège épiscopal de Saint-Jean d'Acre (episcopus acconensis) au siège archiépiscopal d'Arles. Pour se rendre à son nouveau diocèse, Florent passa par Rome, et l'on peut au moins supposer qu'il entretint le pape de cette grave affaire. Elle devait le préoccuper d'autant plus que la Provence, dont il recevait la charge spirituelle, était l'un des lieux d'élection de l'hérésie qu'il s'était juré d'abattre. Il dut prendre possession du siège d'Arles au cours

1. Et dès les environs de 1240 au plus tard, les écrits de Joachim se répandaient en diverses régions d'Europe ; on a peine à croire que les copies en soient partout restées longtemps enfouies dans des cachettes.

du premier trimestre de 1263[1]. L'un de ses premiers soins fut alors de convoquer un synode provincial, dont il aurait la présidence. Maintenant il ne sera plus, bien qu'à vrai dire principal « promoteur » de l'accusation[2], un simple témoin à charge, comparaissant devant une commission cardinalice qui fait minutieusement vérifier chacune de ses accusations par deux lecteurs[3]. Il dirigera et conclura les débats. Que son but essentiel, en convoquant le concile, fût la condamnation formelle et longuement motivée du joachimisme de Joachim lui-même, on le voit par les Actes qui nous ont été conservés. Le synode promulgua seize ou dix-sept canons : or le premier canon est dirigé contre Joachim, et il est en outre, et lui seul, précédé d'une longue préface, qui vise Joachim d'un bout à l'autre.

Les Actes du Synode d'Arles n'ont jamais reçu d'approbation solennelle. La condamnation reste celle d'un synode local, à l'autorité limitée. Florent n'atteignit donc pas son but. On n'accordera donc qu'une portée réduite à des assertions courantes, telles que celle-ci : « Le livre (de Gérard) fut condamné par Alexandre en 1256, condamnation qui atteignit Joachim lui-même en 1260[4] » (A. MASSERON, traduction de Dante, Paradis, p. 121, note) ; ou que cette autre : « Après sa mort, ses livres (de Joachim) furent condamnés à plusieurs reprises » (H. LONGNON, trad. de la Divine Comédie, éd. de 1966, p. 657).

Même au concile d'Arles, cependant, Joachim de Flore lui-même n'est pas expressément nommé. Omission surprenante, pour qui connaît les sentiments et l'acharnement de Florent. Il s'agit, dans ce long texte, de « pseudo-prophètes », appelés « Joachitici ». Marjorie Reeves et Henry Mottu l'ont fait remarquer[5]. « On s'attaque à lui, dit H. Mottu, p. 27, par personnes interposées... Ce sont les fruits qui sont rejetés, l'arbre demeure à l'arrière-plan, parce qu'on n'ose pas l'attaquer de front ». Or c'était justement ce dont le perspicace

1. En janvier, il n'était pas encore à Arles. DENIFLE, Archiv, t. 1, p. 190.

2. « L'an du Seigneur 1255, le 8 des ides de juillet, à Anagni, de devant nous, Eudes, évêque de Tusculum, et frère Hugues (de Saint-Cher), cardinal prêtre, commissaires nommés par le pape (et un troisième, substitut de l'évêque de Préneste), a comparu maître Florent, évêque d'Acre, qui nous a remis certains passages tirés des livres de Joachim, qui lui paraissaient suspects. » Pour leur examen, la commission s'est adjoint deux lecteurs, un évêque et un dominicain, « dont l'un tenait les livres originaux de Joachim de Flore et vérifiait devant nous si les citations que le dit évêque d'Acre lisait ou faisait lire par notre greffier se trouvaient en effet dans les susdits livres ». (Trad. RENAN, p. 254.) Texte latin dans Denifle, Archiv. t. 1, p. 102.

3. « Der eigentliche Promotor » : DENIFLE, Archiv, t. 1, p. 88. RENAN, p. 267, dit : « Florent, le promoteur de la commission ».

4. La date de 1260 a été longtemps assignée par les historiens à ce synode. En fait, comme l'a démontré le Père Heinrich DENIFLE dès 1885, il n'a pu se tenir avant 1263 : Archiv, 1, pp. 88-90.

5. Le Dictionnaire de Trévoux, pour une fois exact dans sa notice sur Joachim, disait déjà que, les disciples de Joachim ayant ajouté de nouvelles erreurs aux siennes, « le concile d'Arles les condamna ».

Florent se plaignait. Tant la vénération pour le prophète de Flore, malgré le Latran, malgré Anagni, demeurait grande... Cependant, un certain nombre d'expressions citées sont littéralement de Joachim (ainsi le « tempus amplioris gratiae ») et il est clair que d'un bout à l'autre c'est la doctrine de la *Concordia* qui est visée. Sur la fin de la préface, les *libri Concordantiarum* sont même nommés, mais non pas leur auteur. Ces livres, avec d'autres « libri joachitici », sont désignés comme la source des doctrines empoisonnées que l'on repousse, mais la longue phrase embarrassée qui en parle semble avouer que jusqu'à présent on les connaît mal, puisque « jusqu'à ces temps ils sont demeurés intouchés (intacti) » et peut-être est-ce encore là de la part de Florent une précaution de prudence, puisque pour un esprit subtil l'épithète pourrait se prendre en deux sens (en un premier sens : ils ont jusqu'alors échappé aux recherches ; en un second sens : il ne faut pas les confondre avec certains « opuscula Joachitica », qui ont été « solemniter damnata » mais ne sont pas de Joachim lui-même). Nous laissons à de plus compétents le soin d'en décider. En tout cas, comme l'observe Campagnola, p. 137, l'assertion d'après laquelle les écrits étaient jusqu'à présent restés « cachés dans quelques recoins chez quelques religieux » est insoutenable[1].

Autre singularité remarquable, symétrique de celle qui caractérisait le texte du concile de 1215. Aucune allusion n'est faite à un lien quelconque, même simplement possible, entre la doctrine ici condamnée et la doctrine trinitaire interne qui fut condamnée au Latran, — bien qu'on observe que cette théorie des trois temps de l'histoire et de l'Évangile de l'Esprit prétend se fonder sur le mystère ineffable de la Trinité.

La doctrine de Joachim de Flore sur les trois « status » de l'Église n'a jamais été condamnée par le Saint Siège, ni par un concile universel. Il nous a paru utile de reproduire ici, à l'usage de ceux qui, nombreux, s'intéressent au joachimisme et n'ont pas à leur disposition les lourdes collections de Labbe ou de Mansi, le texte de ce modeste synode provincial.

MANSI, *Amplissima collectio conciliorum*, t. 23, col. 1001-1004 : *Concilium Arelatense*, a Florentino archiepiscopo cum suffraganeis celebratum anno Dom. MCCLX[2].

... Inter quos (pseudo-prophetas) non modicum locum et valde perniciosum tenent illi, qui in fundamento suae vesaniae vera quaedam in parte et varia jaciendo ternaria, eademque perniciose adaptan-

---

1. Renan, qui avait cité le texte de la commission d'Anagni rappelé plus haut, acceptait néanmoins cette assertion de Florent. Cf. RENAN, pp. 254 et 278.
2. En réalité, on l'a vu, 1263.

do, doctrinam foedissimam concordantiarum suarum contextu nefario statuere moliuntur, et maliciosa veneratione Spiritus sancti, quem, secundum ordinem nominandi, tertiam dicimus in Trinitate personam, singulari redemptioni factae per filium tam impudenter quam nefarie nituntur : dum tempus et opera Filii sub annorum curriculo, et saeculi hujusmodi parte quadam signata et media claudere perhibentur : ut quemadmodum dicit Filius in carne mundo apparens visibilis : « Pater meus usque modo operatur, et ego operor » (Jo. 5) : sic et Spiritus sanctus completo Filii tempore, dicat, Hactenus post Patrem operatus est Filius, et ego de coetero operabor : operationem Filii sub illo annorum numero claudendo, quo satanas olim ligatus per Filium, denuo pronunciatur solvendus. Hoc exemplum mille ducentis sexaginta annis : ac si solemnius et magnificentius quodammodo sigillatim et approbante Spiritu sancto operatus sit deinceps, quam hactenus a principio nascentis ecclesiae fuerit operatus.

Quis autem sententiare praesumat, Spiritum sanctum gloriosius paraclitum infundendum deinceps in cursu praesentis saeculi, quam cum repente super apostolos Christi vehementer insonuit, et linguis apparens igneis dispertitis, super singulos requievit et sedit, genera linguarum tribuens, corda eorum tam patenter et potenter inflammans, ut totum doctrina salutis et fervore caritatis accenderent mundum.

Isti tamen Joachitici, quorundam ternariorum intercatenatione fictitia, nituntur astruere, Spiritus sancti tempora cum lege majori fore deinceps revelanda. In fundamento erroris sui primitus jacientes sacratissimum id et supercaeleste ternarium ineffabilium personarum individuae Trinitatis, Patris videlicet, et Filii, et Spiritus sancti : et super quod omnis stabilitur veritas, erroris sui vanitatem firmare conantur. Nulla siquidem adeo falsa et pestifera est doctrina, quae non aliqua vera intermisceat.

Huic igitur summae veritati alia quaedam subnectunt et contexunt ternaria, dicentes tres status vel ordines hominis sibi invicem successione quadam temporum clarificandos. Primus est ordo conjugatorum, qui tempore Patris claruit in veteri testamento. Secundus est status clericorum, qui tempore gratiae claruit per Filium, in hoc statu mundi medio. Tertius autem status, est ordo monachorum, clarificandus tempore majoris gratiae in Spiritu sancto.

Addunt etiam cum iis, aliud doctrinae sacrae ternarium : videlicet veteris et novi Testamenti, ac deinceps evangelii aeterni, sive evangelii Spiritus sancti, duabus rotis in visione prophetica tertiam phantastice subnectentes, et comparatione secuturi quod spirituale nunciabamus, evangelium spirituale Filii, litterale ore blasphemo et sacrilego dicere non formidant. Dividunt etiam et distinguunt totum hoc spatium labentis saeculi in tria tempora, quorum partem primam Patri attribuunt, scilicet spiritus et legis Mosaicae : secundam attribuunt Filio, quam appellant spiritus gratiae : et duravit annis

MCCLX. Tertiam Spiritui sancto, quam dicunt tempus amplioris gratiae, et veritatis revelatae, ad quod referunt evangelium id est Fili : « Cum venerit ille Spiritus veritatis, docebit vos omnem veritatem ». (Jo 16). Quod in sacro die Pentecostes impletum fuisse in apostolis, et deinceps continue in apostolicis viris implendum, omnes catholici hactenus exposuere doctores.

Adnectunt etiam ad praedicta quoddam vivendi ternarium, trium praedictorum temporum distinctione variatum. Per primum namque, tempus posuerunt in quo vivebant homines secundum carnem. Secundum, quod illi adjunxerunt inter utrumque, hoc est inter carnem et spiritum, usque in praesens tempus. Et ex hoc sequetur aliud, in quo vivent secundum spiritum, et ab eo videlicet usque ad finem mundi.

His igitur et hujusmodi sibi invicem coaptatis et connexis ternariis : quid ab hac perfida et perniciosa contexitur concordia, nisi quod exsuffletur deinceps redemptio per Christum facta, et finem habeant ecclesiae sacramenta ? Quod Joachitici ore polluto, ut expressimus, quodammodo dicere non formidant : dum evacuandas his temporibus et abjiciendas asserant omnes figuras et signa : vivida tantummodo maneat unitas, et absque sacramentorum velamine penitus revelata. Quae omnia debet detestari, abominari, et abjicere, quilibet Christianus, qui a sanctis accepit, et firma fide tenet, invisibilis gratiae visibiles esse imagines et figuras ecclesiastica sacramenta : sub quorum visibilibus speciebus quibusdam, ipse Dei Filius, dominus salvator noster, se in ecclesia sua usque ad finem mundi manere promisit.

Et licet nuper, praesentibus nobis et procurantibus, a sancta Dei sede apostolica damnata fuerit nova quaedam, quae ex his pullulaverat, doctrina venenata, evangelii Spiritus sancti pervulgata nomine, ac si Christi evangelium non aeternum, nec a Spiritu sancto nominari debuisset : tanquam pestis hujusmodi fundamenta non discussa fuerint, nec damnata, libri videlicet concordantiarum, et alii libri Joachitici, qui a majoribus nostris usque ad haec tempora remanserunt intacti, utpote latitantes apud quosdam religiosos in angulis (et antris)[1] doctoribus indiscussi, a quibus si ruminati fuissent, nullatenus inter sacros alios et sanctorum codices mixti remansissent : cum alia modica Joachitica opuscula, quae ad eorum pervenere notitiam, tam solemniter sint damnata. (Fin de la *Praefatio*).

CANONES

1. Condemnatur Joachitica doctrina.

Nos ergo, qui praedicta cum aliis quibusdam majoribus nostris diligenter inspeximus, contulimus et notavimus, timentes non immerito

1. « et antris » est une faute de lecture de Labbe pour « et a nostris ».

ne posteris maneant in laqueum et ruinam, praesertim cum in partibus provinciarum, quibus licet immeriti in parte praesidemus, jam plurimos etiam litteratos hujusmodi phantasiis intellexerimus eatenus occupatos et illectos, ut plurima super iis commentaria facta descripserint, et de manu ad manum dando circumferentes, ad externas transfuderint nationes. Ne ergo error peccans ulterius serpat ut cancer, et paulatim occupet curiosos, nos quantum debemus et possumus in hac per...cientes nostri provincialis sacri autoritate concilii, praedicta, prout ad manus nostras devenerunt, reprobantes : ne subditi nostri de caetero talibus utantur, aut ea ultra recipiant, sub anathematis interminatione prohibemus[5].

Ajoutons enfin que dans la Chronique de Henri de Herford (*Liber de rebus memorabilibus sive Chronicon Henrici de Hervodia*) (XIVe siècle), le chapitre 93, cité tout au long par les Centuriateurs de Magdebourg (*Historiae ecclesiasticae* volumen tertium, Basileae 1524, Centuriae XIII cap. V, col. 223-225), donne un long exposé, d'allure très scolastique et très précis, du joachimisme : « Invenitur etiam liber qui dicitur Evangelium aeternum, vel Doctrina Joachimi, erroribus plenus, etc. ». C'est une copie, peu correcte, mais plus complète vers la fin, d'un document publié d'abord par d'Argentré, puis par Preger, d'après un manuscrit de la Sorbonne. Usserius et Meyenberg ont reproduit le texte donné par Henri de Herford. Cf. Renan, p. 257.

5. Cf. HÉFÉLÉ, *Histoire des Conciles*, trad. LECLERCQ, t. 6, 1, Paris, 1914, pp. 113-115. On peut voir aussi GEBHART dans Rev. hist., 1886, t. 31, pp. 56-73.

APPENDICE C

Sur la pérennité et l'universalité du christianisme d'après Schleiermacher

par Robert Stalder, S.J.

La lettre qui suit nous a été adressée par le Père Stalder, notre confrère et ami, dont les travaux sur Schleiermacher font autorité : *Grundlinien der Theologie Schleiermachers*, t. I, Wiesbaden, 1969. — *Aspects du principe d'individuation chez Schleiermacher*, Archives de philosophie, t. 32, 1969. « En confrontant Friedrich Daniel Schleiermacher avec des représentants marquants de la théologie catholique, R. Stalder a su montrer la convergence profonde, souvent ignorée, de courants d'origine opposée. Que le théologien jésuite n'a pas cédé dans son travail à la facilité et à un simple désir de concordisme œcuménique, la rigueur de pensée et de méthode, ainsi que la masse des matériaux accumulés peuvent servir de garants ». (Hans Schaller).

... Les questions que vous vous posez au sujet des « Discours » de Schleiermacher sont, si je vous comprends bien, celles de la « pérennité » et de l'« universalité » du christianisme.

En effet, quant à la *pérennité*, Schleiermacher ne semble pas l'admettre. Chaque religion positive, me dites-vous en citant la page 307 de l'édition originale, « n'a qu'une durée limitée », le christianisme compris. Un regard sur le contexte me semble cependant résoudre cette difficulté. Schleiermacher distingue entre la « Grundanschauung » de chaque religion positive, c'est-à-dire son idée fondamentale, et son existence historique (« ihre Bildung », sa formation ; dans la seconde édition il ajoute : « und ihr zeitliches Dasein »). Qu'entend-t-il au juste par idée fondamentale ? Il l'explique dans les pages 159-261 (toujours de l'édition originale). Pour lui toute religion positive a son *individualité*, elle est elle-même comme un individu. Cette individualité est constituée par le fait qu'un élément de l'expérience religieuse (qui est toujours, dans la mesure où cette expérience est authentique, une vérité révélée) est compris par les hommes comme l'idée centrale qui galvanise pour ainsi dire tous les autres éléments et leur imprime sa forme. Ainsi, selon Schleiermacher, l'idée de la rétribution divine influe dans le judaïsme sur l'ensemble de sa vue religieuse, de telle sorte qu'elle en devient le trait caractéristique (p. 287). D'autre part, dans le christianisme, c'est l'idée du retour de l'humanité à Dieu par la médiation d'êtres à la fois finis et infinis, humains et divins (Le Christ, les sacrements) qui agit comme forme individualisante (p. 291). Cette façon de concevoir les religions concrètes — les seules réelles — découle d'ailleurs du principe général d'individuation, que Schleiermacher oppose à la raison uniforme de Kant et de l'Idéalisme naissant, c'est-à-dire de Fichte. (Vous trouverez un exposé des lignes de forces de ce principe dans mon ouvrage « Grundlinien der Theologie Schleiermachers, I. Zur Fundamental theologie », Wiesbaden, 1969, pp. 248-299). Mais revenons à notre texte des « Discours » (p. 307). A toute idée fondamentale prise « en soi » (« an sich ») Schleiermacher reconnaît une valeur éternelle, donc dans la mesure où elle exprime un contenu particulier de l'expérience religieuse. En tant que telle, elle fait partie de l'œuvre révélatrice de Dieu. Par contre, comme principe individualisant, c'est-à-dire comme force formatrice historique (dépendant de l'influence humaine), elle est soumise aux conditions de l'histoire, de l'évolution de l'humanité. Il y a un « kairos » pour chaque idée centrale : son impact varie selon l'état d'esprit des peuples, selon le stade de leur progrès. En des circonstances favorables elle aboutit à son paroxysme ; elle s'estompe dans un milieu moins propice pour redevenir un élément religieux parmi d'autres. Du coup se décompose le type de religion qu'elle avait déterminé. C'est le cas — je ne fais que paraphraser le texte de Schleiermacher — pour les religions « enfantines » (Kindischen) de l'Antiquité. Mais qu'en est-il au sujet du Christianisme ? Il est supérieur (erhaben) aux religions précédentes. Cependant lui aussi prendra fin ; plus exactement : prendra fin son idée fondamentale en tant que forme individualisante, son idée de médiation. Car le Christianisme prône lui-même un état final où le Père sera tout en tous, où toute médiation aura abouti. Mais ce sommet ne se réalisera qu'en dehors du temps (p. 308 : « ausser alle Zeit »). « Je crains, dit Schleiermacher, qu'il se situe en dehors de tous les temps ». Dans une édition ultérieure qu'il corrige ou plutôt précise : « Je ne puis que croire qu'il... ». En effet, dans le contexte allemand le sens de « ich fürchte » est équivalent à la négation. En d'autres termes : le Christianisme ne disparaîtra qu'à la fin du temps, et cela seulement par rapport à l'œuvre de la médiation, non pas quant à la vie divine médiatisée. Paul Seifert, à mon avis le meilleur connaisseur des *Discours*, remarque dans son livre « Die Theologie des jungen Schleiermacher » (Gütersloh, 1960), à propos de l'énoncé de Schleiermacher sur la fin du christianisme (je traduis) : « La déclaration sur le caractère passager (Vergänglichkeit) du christianisme est l'unique dans tout le livre (des ' 'Discours') qui s'efforce enfin de parler sérieusement d'eschatologie » (« die einmal ernsthaft eschatologisch zu reden versucht », p. 167).

Quant à l'*universalité* du christianisme, il me semble qu'il faut comprendre les paroles de Schleiermacher en apparence ambiguës sur l'arrière-fond de ce qu'il dit d'abord en général de la religion chrétienne. J'énumère les affirmations les plus importantes : pages 293-294. Le christianisme considère dans son idée fondamentale le *plus* (comparé avec les autres religions), l'univers (c'est-à-dire Dieu) dans la religion et son histoire. Il « travaille » (verarbeitet) la religion comme matière pour la religion, de sorte qu'il en devient pour ainsi dire une puissance supérieure : « Verarbeiten » a en allemand le sens de travailler une matière *et* l'intégrer. Schleiermacher a devant les yeux la religion telle qu'elle se manifeste dans toute l'histoire de l'humanité. Dans la 3e édition il précise : le Christianisme est le plus conscient « de Dieu et de la providence divine (göttliche Weltordnung) dans la religion et son histoire ». Il voit par conséquent dans le christianisme la religion qui « intègre » d'une certaine manière les religions de tous les âges, et cela comme prise de conscience de la providence divine, du plan de l'œuvre salvifique de Dieu. Ne suppose-t-il pas alors que le christianisme est le centre et en même temps pour ainsi dire l'englobant de toute manifestation religieuse dans ce qu'elle a d'authentique ? Bref, cela revient à dire, me semble-t-il, que le christianisme contient le sens de l'ensemble de la vie religieuse. Autrement, comment serait-il par rapport aux autres religions une « puissance supérieure » ? — Page 302 : Si tout être fini a besoin de la médiation d'un être supérieur afin d'entretenir son lien avec l'univers (Dieu) et d'en devenir conscient, alors le médiateur, étant lui-même nécessairement au delà de toute médiation, ne peut être seulement fini. Il doit appartenir aux deux ordres du fini et de l'infini, participer à la nature divine dans le même sens qu'il a part à l'être fini. — Ce passage me paraît être capital, car Schleiermacher attribue ici à la personne du Christ non seulement l'idée fondamentale (individualisante) du Christianisme (celle de la médiation), mais aussi la substance de la religion tout court. Car de sa formule christologique il ressort clairement qu'il conçoit le Christ comme le « Dieu devenu Chair ». (Il s'efforcera plus tard, ainsi qu'il l'affirme dans son second « Sendschreiben an Lücke », de construire toute sa dogmatique sur Jean 1, 14). Or, à la page 237, où il indique le sens de toute sa réflexion sur les religions, il déclare vouloir conduire le lecteur au « Dieu devenu chair », lui montrer comment « la religion » a communiqué (entäussert) sa vie infinie et comment elle est apparue, souvent sous une forme défaillante, aux hommes. Et il ajoute qu'il faut discerner dans toutes les religions « la religion ». Quelle religion ? Précisément, la religion qui procède du « Dieu devenu chair » et qui fonde toute vie religieuse. Pour Schleiermacher toutes les religions ont ainsi pour base l'Incarnation. Par conséquent, le Christ en tant que « Dieu devenu chair » possède et réalise en lui ce dont chaque religion vit. Il est en sa personne, par sa médiation, la révélation divine même. Schleiermacher reste donc fidèle à sa pensée, lorsqu'il affirme dans sa déclaration christologique que « personne ne connaît le Père sinon le Fils et celui à qui il le veut révéler » (p. 302). Le Christ, comme centre de la révélation divine pris dans son ensemble, comme le « Dieu devenu chair », est pour ainsi dire le cœur de toutes les religions. Tout ce que peut avoir une religion en expérience religieuse valable, en communication divine et communion réelle avec Dieu, elle ne le reçoit pas en dehors du mystère du Christ. Ainsi Schleiermacher n'hésite pas à reconnaître au Christ (dans une note ultérieure de la 3ᵉ édition) une relation « toute intérieure et mystérieuse à la nature humaine en général qui est absolument universelle et infinie », même si « l'expérience que les hommes ont du Christ restera toujours quelque chose de limité » (note 16). Il fait cette remarque en se référant à la mention du Christ comme « médiateur de la multitude », telle qu'elle figure déjà dans le texte de la première édition. — P. 313 : Le Christ fonde de son vivant « une grande école », qui tirera la « même (!) religion » de sa religion et arrivera à son « existence » (2ᵉ édition : « Zu einem festen Dasein ») grâce à des symboles institués par lui.

Schleiermacher, d'autre part, nie toute opposition entre la religion du Christ et la religion de l'Église, opposition devenue alors à la mode à la suite de Lessing. Il admet tout au plus une certaine distinction entre la doctrine de Jésus-Christ et la doctrine sur lui (Lehre Christi und Lehre von Christo), mais seulement en ce sens que la seconde « n'est rien d'autre que la doctrine du Christ déployée (gestaltet) d'abord par la foi, sa confirmation et son application ultérieures, scellées par l'histoire » (note 16 de la 3ᵉ édition). En un mot : Schleiermacher professe ce que nous appelons le « développement des dogmes », mais sans altération de la « substance ». Visiblement il met l'accent sur la puissance de la vie qui découle du Christ : autrement il ne ferait pas dépendre l'existence de l'Église des « symboles » reçus du Christ, mot sous lequel il entend sans doute le baptême et l'eucharistie. L'allusion à l'eucharistie dans le texte même me paraît sensible. C'est une vue d'autant plus remarquable que la doctrine protestante d'alors à ce sujet était assez moribonde. Mais non moins remarquable me semble être la pensée qu'il développe dans les pages suivantes (300-305) : la participation de tous les croyants à l'œuvre de la « médiation » du Christ grâce à l'effusion du Saint-Esprit. Ce fait confère selon Schleiermacher au christianisme une vitalité infinie : par là « l'idée fondamentale du christianisme sur les forces divines médiatrices a été déployée en de multiples manières et toutes les visions et tous les sentiments (Anschauungen und Gefühle) de l'inhabitation de la nature divine dans la nature finie sont achevés en lui (sc. le christianisme) jusqu'à la perfection » (p. 305). Il me paraît être évident que Schleiermacher ne pose pas de limites à l'accroissement religieux du christianisme. Animée par l'Esprit, la religion chrétienne jouit pleinement (et dans une parfaite continuité) de la « médiation » du Christ, laquelle n'est rien d'autre que « la religion des religions » (dans la perspective du « Dieu devenu chair »). La plénitude du Christ est la plénitude de l'Église. Voyez la précision que Schleiermacher donne à la communication de sa « médiation » dans la 2e édition : « tous ceux qui lui adhéraient et formaient son Église, devaient l'être (sc. médiateurs) avec lui et en lui »).

C'est à la lumière de ces pensées de Schleiermacher sur le christianisme en général que j'essaie d'interpréter ses déclarations en apparence ambivalentes au sujet de l'universalité du christianisme. Le christianisme « ne veut pas pousser la diversité infinie en lui-même seulement... » ; il voit volontiers « surgir d'autres formes, plus jeunes de la religion... » (p. 310). « La communion une et indivisible des saints admet toutes les religions » (p. 312). — Le christianisme dit-il encore, plus exactement, se passe du despotisme ; « il vénère assez chacun de ses éléments pour le voir volontiers comme centre d'un tout individuel ». C'est par cette réflexion que sont introduits les deux premiers énoncés cités en haut (de la page 310). Visiblement, il s'agit une fois de plus du « principe d'individuation ». Mais il y a plus encore : Schleiermacher voit dans les éléments des religions non-chrétiennes qui y tiennent le rang d'idées fondamentales individualisantes, des éléments de la religion chrétienne. Pas d'expérience religieuse, dès lors, dans les différentes religions, qui ne se trouverait pas déjà implicitement dans le christianisme. S'il y a une « diversité ». (mieux : une « richesse » car le mot « Mannigfaltigkeit » a dans le contexte plutôt ce sens) dans les religions non-chrétiennes, elle ne signifie pas un bien que le christianisme ne posséderait pas, mais plutôt une accentuation, un déploiement particulier d'une expérience religieuse que le christianisme opère également. De là l'expression de Schleiermacher : des « autres *formes* plus *jeunes* de la religion ». Ce ne sont que des formes, et elles sont plus jeunes dans le sens de plus vigoureuses (2e édition : « plus vigoureuses et plus belles »). En effet, à la page 312 Schleiermacher emploie le mot « jeunesse » (de la religion) pour exprimer une effervescence. Il admet donc seulement la possibilité que certaines religions puissent développer des éléments qui ne sont qu'à l'état implicite ou simplement en exergue dans le christianisme.

Pour éviter tout malentendu : Selon Schleiermacher chaque expérience *immédiate* de Dieu, c'est-à-dire dans son état pour ainsi dire original *avant* toute réflexion sur elle, est un élément de la révélation divine, du don que Dieu fait de lui-même aux hommes. Il va de soi que la révélation divine s'effectue dans tous les hommes. S'il y a donc erreur religieuse, elle provient de la réflexion humaine sur les effets de l'acte révélateur de Dieu dans le fond de l'âme. Les effets, l'activation, en tant qu'ils procèdent de l'acte de Dieu, sont toujours vrais. Ceci, Schleiermacher l'expose dans son deuxième discours.

Lorsqu'il parle d'éléments de l'expérience de Dieu dans les religions, il a en vue ces actuations initiales. C'est pourquoi il peut et doit les compter parmi celles qui appartiennent au christianisme, s'il est vrai que le Christ est la source mystérieuse de toute révélation et qu'il communique sa plénitude à son Église. Somme toute : Schleiermacher est loin de nier dans ces pages souvent incriminées l'universalité du christianisme. Au contraire, il la suppose. Il l'exprime même en termes équivalents dans la suite, où il dit que « la religion des religions ne pourra jamais réunir assez de matière (= les éléments des religions non-chrétiennes) pour le plus propre de sa vision la plus intérieure » (p. 310). Outre que cette attitude du christianisme face aux religions est nettement intégrante, le christianisme est ainsi taxé de « religion des religions ». Ce que Schleiermacher avait attribué à la révélation divine et au Christ, il le reconnaît donc aussi au christianisme. « Le christianisme, écrit Paul Seifert dans l'ouvrage déjà cité, est le centre dans l'univers des religions, le centre d'organisation qui rassemble la multiplicité dans l'unité, le noyau de cristallisation qui s'appelle « la religion ». Le christianisme est la religion absolue (p. 168»). Si Schleiermacher dit alors renoncer au « despotisme » de l'universalité du christianisme, il ne peut avoir à l'esprit, semble-t-il, que la tolérance religieuse, principe qu'il a toujours défendu.

Reste sa déclaration sur la « communion des saints » qui « admet toutes les religions ». Elle figure dans l'appel final qu'il adresse à ses contemporains a-religieux de se convertir à la religion. Par « religion » Schleiermacher entend ici par conséquent la religion individuelle de chacun. Pour lui chaque homme a sa propre actuation par l'acte révélateur ; il a en ce sens sa propre révélation, du coup sa religion individuelle, personnelle. En effet le principe d'individuation se réalise selon Schleiermacher non seulement dans les grands ensembles des religions, mais aussi dans tout individu (voir p. 261-266 et Paul Seifert, op. cit., p. 159).

Une dernière remarque : on pourrait objecter que les changements de texte dans la 2e et la 3e éditions, et de même les notes ajoutées n'ont pas le caractère de précisions, mais de rétractations, que mon procédé de les utiliser comme éclaircissements est donc illicite. C'est une question de principe d'interprétation que je ne puis discuter ici en détail. Je me permets de vous renvoyer à l'étude de Paul Seifert ; dans son premier chapitre il défend cet emploi en se fondant sur la déclaration de Schleiermacher « d'être resté toujours le même ». C'est la seule manière de respecter la continuité de sa pensée, qui s'avère sur tous les plans. Dès qu'on quittera cette ligne on trouvera contradiction sur contradiction, de sorte que Schleiermacher se révélerait comme une existence foncièrement déchirée, ce qu'il n'était certainement pas.

APPENDICE D

« La Nuit de Noël » de Krasinski

Fils d'un officier de Napoléon rallié de force à la Russie, Sigismond Krasinski (1812-1859), proscrit volontaire, ne voulut être que « le poète anonyme de la Pologne »[1]. Il est, avec Mickiewicz et Juliusz Slowacki (1809-1849), l'un des trois grands écrivains polonais romantiques, tous trois à peu près du même âge, tous trois réunis par l'émigration, non sans heurts, à Paris.

Haïssant la société bourgeoise, Krasinski imagine son héros du *Songe* (fragment de son premier ouvrage, *Le poème inachevé*) conduit par Dante à travers l'enfer social de son temps ; ennemi de la Sainte-Alliance autant que du matérialisme athée, il veut espérer qu'après avoir renversé l'ordre ancien la révolution sera vaincue à son tour, comme dit Czeslaw Milosz[2], « par le véritable christianisme, à un niveau plus élevé de la spirale dialectique ». Le premier de ses grands drames, *La non divine Comédie* ou *Comédie infernale* (1835), qualifiée par Mickiewicz de « drame prophétique », offre une « vue shakespearienne du mouvement social et de la lutte des classes » ; il y apparaît comme « un tragique avertisseur », se dressant « devant l'homme au jour de son orgueil, à l'heure où il se croit soulevé par le souffle de l'Esprit, où il s'imagine qu'il a secoué sa fange originelle et qu'il va

1. Julien KLACZKO, *La poésie polonaise au XIXe siècle. Revue des deux mondes*, 1er janvier 1862. Gabriel SARRAZIN, *Les grands poètes romantiques de la Pologne*, Paris, 1906, pp. 259 à 337. Édouard KRAKOWSKI, *L'Europe romantique. Trois destins tragiques, Slowacki, Krasinski, Norwid.* Firmin-Didot, 5e éd., 1931. M. BOUTERON, *La Pologne romantique*, Paris, 1937. Marxime HERMAN, *Histoire de la littérature polonaise,* Nizet, 1963, pp. 201 à 213. *Enciclopedia catolica,* t. 7, art. Krasinski. J. B., dans *Encyclopaedia universalis*, t. 9, art. *Zygmunt Krasinski.*

2. *Anthologie de la poésie polonaise*, préface de Czeslaw Milosz, Seuil, 1965.

désormais planer dans l'azur comme un dieu »[1]. C'est, dit Édouard Krakowski, une « tragédie décourageante », l'œuvre d'un « aristocrate désabusé, personnalité hautaine et mélancolique », jugeant « avec un pessimisme égal les efforts des deux adversaires » qu'il met en scène, dont l'un représente le peuple et l'autre la noblesse traditionnelle[2]. Un second drame, *Irydion* (1836), transpose au temps de la Rome impériale (sous le règne d'Héliogabale), victorieuse des Grecs et déjà menacée par la pacifique invasion chrétienne, l'étude des grandes mutations de l'époque contemporaine, pour suggérer que le règne à venir de la liberté ne pourra s'établir par la haine et la vengeance, ni par aucune action violente, mais seulement par une patience humble et aimante : synthèse du passé, la Croix du Christ est aussi « l'espoir du monde moderne »[3]. En 1843, dans *l'Aube du troisième jour*, sous l'influence de son ami Auguste Cieszkowski, Krasinski laisse entrevoir l'approche d'un troisième âge de l'humanité, celui du rassemblement d'une Humanité devenue consciente d'elle-même, « totalité et unité de toutes les forces de l'esprit humain, exprimées sur cette terre par la concorde et l'amour de ses membres qui sont les nationalités » : car « les États sont de création humaine », mais « les nationalités sont de création divine » (Préface). « Les temps nouveaux vont enfin dresser la cité fraternelle des hommes ; la Pologne sort de son tombeau pour les annoncer »[4] : « C'est par notre martyre, ô Seigneur, qu'aura commencé ton règne sur la terre ! » En 1845, il publie les *Psaumes de l'avenir*... Dans ses dernières années il abandonnera la part chimérique, marquée d'hégélianisme, de ses vues pour revenir pleinement au catholicisme. Devenu aveugle, il donne son dernier poème, *Résurrection*, « admirable psaume chrétien, qui plus tard fut traduit en acte par une foule à genoux sous le canon russe dans les rues de Varsovie »[5].

---

1. SARRAZIN, p. 283.

2. KRAKOWSKI, *Adam M. philosophe mystique*, pp. 117-118.

3. Cf. J. B., *Enc. univ.*, 9, 710. HERMAN, pp. 205-206 ; « comme à Ballanche et à Michelet, son époque lui rappelait la chute de l'Empire romain. » Irydion n'a pas seulement le tort d'agir par vengeance : « quoique juste, son sort est de périr, parce qu'il est venu trop tôt ; il a voulu accomplir un pressentiment des choses futures en un jour ». A Reeve, 4 mai 1835. *Correspondance de Sigismond Krasinski et de Henry Reeve*, préface de Joseph Kallenbach, 2 tomes, Paris, 1902 ; t. 2, p. 86. En 1833, il lisait Ballanche (ibid., p. 30).

4. KRAKOWSKI, *L'Europe romantique, p. 157. L'Aube* s'inspire aussi du *Livre des pélerins polonais.*

5. Ladislas MICKIEWICZ, *Mémorial*, p. 132. – Les *Œuvres complètes du poète anonyme de la Pologne* ont été publiées en traduction française par Ladislas M. en deux volumes, Librairie du Luxembourg, 1869 et 1870. On trouve des œuvres choisies dans *Poètes illustres de la Pologne au XIXe siècle,* 1re série, Nice-Paris, 1881, pp. 155 à 284, et dans l'*Anthologie*... signalée supra.

Comme Mickiewicz, Krasinski associe partout l'idée nationale et la Pologne à son rêve universaliste et religieux. Lié d'amitié avec Henry Reeve, il lui écrivait en mars 1833 : « Chez nous il y a encore des sentiments poétiques d'honneur, de foi, d'indépendance nationale, tandis qu'ici (à Paris) on ne pense plus qu'au bien-être, etc. Tous (les) nobles sentiments ont péri aujourd'hui dans l'Europe occidentale[1]. » En 1847, dans une grande lettre que publiera le Correspondant, il écrira de Pozen à Montalembert :

> Il va venir un monde, je ne sais quand, mais il viendra, où l'idée du royaume de Dieu ne sera plus traitée de songe-creux ou d'utopie irréalisable. Une humanité composée de toutes les nations terrestres qui, comme des accords séparés et unis en même temps, forment sans s'y absorber une immense et sainte harmonie ! voilà le but vers lequel marchent les siècles, et c'est le Christ lui-même qui, par ses promesses, les y entraîne à sa suite !

Mais presque aussitôt, précisant ou corrigeant son espoir :

> ... Il faut mourir. Toute vie éternelle n'est qu'au prix d'une résurrection ; toute résurrection n'est qu'au prix d'une agonie pleine d'ineffables douleurs et d'une mort vraie, complète, ... jusqu'à ce que l'âme... ait repris une forme glorieuse plus éclatante et plus pure...

Or tel est précisément le destin de la Pologne, telle est son histoire actuelle :

> La patrie polonaise n'eut jamais cette disposition exclusive, qui perd au lieu de sauver. Le Christ l'a dit : « C'est quand vous aurez perdu votre vie que vous la retrouverez tout entière. » C'est là la loi de l'amour. Cette loi, la Pologne l'a toujours accomplie... Oui, elle peut se rendre témoignage... qu'en toute occasion elle a parfaitement compris que l'idée de la patrie par excellence, c'était celle qui indiquait à une nation le devoir de se dévouer pour la race humaine tout entière[2].

---

1. Et en juin 1835, lui expliquant son Irydion : on l'endort dans une caverne du Latium, et quand il se réveillera, ce ne sera pas au jour d'Alaric ou d'Attila, mais une nuit de 1835, quand il ne restera plus que des ruines matérielles et une théologie décrépite : t. 2, p. 92.

2. *Le Correspondant*, t. 18, 1847, pp. 727-740. Posen, 20.4.1847. Et à Lamartine, ibid., p. 745 : « La Pologne n'a cessé de souffrir et d'agir en esprit pour rapporter du fond de son sépulcre le dogme du droit divin des nationalités, et celui de la fraternité

Mickiewicz et Krasinski « représentaient les deux faces du génie polonais. Tandis que celui-ci, sous la double impression de l'impuissance du vieux monde et de l'insuffisance de sacrifices individuels pour combler le gouffre, gémissait et priait sur le bord, celui-là levait les yeux au ciel et d'un bond s'élançait par-dessus l'abîme. » En 1848, au moment de partir pour Rome, Mickiewicz voulut entraîner Krasinski dans son aventure ; mais son ami lui déclara qu'il admirait son enthousiasme et son dévouement sans pouvoir les partager ; « Adam devient triste et lui dit : Peut-être la raison est-elle de votre côté, mais mon devoir, à moi, est de persister »[1]. Towianski avait été déjà entre eux une occasion de discorde ; l'opposition que Krasinski fit à ce dernier fut si forte, qu'elle le brouilla même quelque temps avec l'autre membre de la trinité poétique, Slowacki, dont il avait peu auparavant pris la défense dans son conflit avec Mickiewicz, et qui avait fini par se rallier (pour un temps) au prophète[2]. C'est en réaction contre le towianisme passager de Mickiewicz qu'il avait publié son *Aube*. Mais le dissentiment avait alors des racines plus profondes. Nulle part il ne se manifeste mieux que dans le conte de *la Nuit de Noël*, dont on a vu plus haut la version corrigée que lui opposa publiquement Mickiewicz.

La Nuit de Noël constitue la troisième partie d'un petit ouvrage que Krasinski publia en 1840 : *Trois pensées d'Henri Ligenza*[3]. (Les deux autres « pensées » sont intitulées : « Le Fils des ombres » et « Le songe de Cezara ».) Malgré le sort que Mickiewicz lui avait réservé dans sa leçon du 16 janvier 1844, elle semble avoir assez peu retenu, du moins en France, l'attention des commentateurs de notre poète. Il est bon d'en connaître l'ensemble, non seulement pour mieux comprendre la

religieuse de toutes les nations entre elles, c'est-à-dire la foi du Christ réalisée dans la politique des Empires humains... » Il compare le peuple polonais au peuple juif : « Nul peuple n'a occupé en ce monde une position plus analogue à la nôtre que le peuple juif. Entouré d'implacables ennemis, il a longtemps défendu d'une part l'âme de l'humanité contre l'erreur du polythéisme oriental, et de l'autre son corps... contre la terrible oppression de Rome etc. »

1. Dans *Mémorial*, pp. 507-508. « La foi lui a manqué plus que l'esprit de sacrifice », aurait dit ensuite M. (p. 210). Ladislas observera avec un peu d'amertume : « Il est assurément plus commode de se borner à penser noblement et à laisser faire les siècles que de se jeter à corps perdu dans la mêlée » (Préface à la traduction des *Chefs d'œuvre poétiques d'Adam Mickiewicz*, Charpentier, 1882, p. 24). Adam M. avait dit en 1852 : « Sigismond n'avait pas foi en moi... Il tremblait à l'idée de toute réalisation. Il la comprenait dans les airs, mais, sur la terre, elle lui désaccordait les nerfs. C'était un très remarquable *vates*. »

2. Détails dans W. GASZTOWTT, op. cit., pp. 67-70. Cf. KRAKOWSKI, *M. et l'histoire pathétique de la Pologne*, pp. 199-203.

3. *Œuvres complètes*..., 2e série, 1970, pp. 241 à 256. Le narrateur supposé viendrait de mourir en Italie, laissant ces « trois pensées » en manuscrit.

réaction de Mickiewicz, mais pour apprécier plus exactement la forme (l'une des formes) que le « néo-joachimisme » prenait dans l'imagination de son auteur. A cette époque, il est impressionné, sinon influencé, par la *Vie de Jésus* de Strauss, ce « nouvel ouvrage qui abat scientifiquement et historiquement la révélation, abattue déjà moralement dans le cœur des hommes »[1]. Comme tous alors, il connaît certainement le fameux *Songe* de Jean-Paul Richter, peut-être uniquement dans la version tronquée de Madame de Staël[2]. Il est aussi le témoin découragé de la somnolence dans laquelle s'attarde la pensée de l'Église et de la politique réactionnaire, mortelle à son pays, qui prévaut à Rome. Contre ces influences délétères, son christianisme peu assuré ne trouve un recours que dans les schèmes reçus de Hegel et de Schelling, qui lui sont soufflés par Cieszkowski.

L'inspiration du poème lui est sans doute venue lors d'un séjour à Rome, qu'il évoque longuement dans une lettre à Reeve. « Je rêvais parmi les ruines » ; et, mêlant à ses impressions le souvenir du sort de sa patrie : « Je veux, à l'heure de mon agonie, avoir le pressentiment que les ennemis de ma patrie s'écrouleront en débris, comme ces portiques, et qu'un jour on rêvera et on maudira au-dessus de leurs tombes, comme rêvaient et maudissaient au-dessus de ces ruines les hommes libres qui enfoncèrent la puissance de Rome dans le sable, avec leurs haches et leurs épées[3]. » – Mais il était question là de la vieille Rome impériale, de la Rome païenne, « la cité la plus matérielle et la plus tyrannique du monde ancien », – tandis qu'il va maintenant nous faire assister à la mort de cette Église qui est la sienne et au sacrifice apparemment vain de cette légion polonaise qui est sienne aussi, – cette fois avec nostalgie, et sans perdre l'espoir que de cette double ruine, par une double et unique palingénésie, surgira une voie plus haute : car « le Christ est là pour l'éternité[4] ».

Aussi bien, c'est un poète qui parle, et lui-même nous dit qu'il raconte un songe.

On remarquera que c'est le nostalgique d'un passé mort ou mourant, le conservateur apparemment désabusé, aussi hostile aux utopistes et

1. A Reeve, le 6.3.1836. Op. cit., t. 2, p. 102.

2. Claude Pichois, *L'image de Jean-Paul Richter dans les lettres françaises*, José Corti, 1963, p. 454. – « Le Fils des Ombres » retrace l'histoire de l'Esprit, s'élevant du subconscient jusqu'à Dieu. « Le songe de Cezara » montre la Pologne morte, mise au tombeau, ressuscitant. On a vu dans ce songe, et dans celui de la Nuit de Noël « l'influence de Jean-Paul Richter, que Kr. lisait alors avec plaisir » : Herman, p. 209.

3. Op. cit., t. 2, pp. 252 et 254.

4. A Montalembert, loc. cit. « Ce que Krasinski annonce, au fond », selon Charles Journet, op. cit., p. 95, « c'est que la mission de l'Église de Pierre passe aux nations au seuil de l'époque millénariste. »

aux agités qu'aux bourgeois satisfaits de son temps, celui que J. Klaczko désignait, d'ailleurs peu exactement, comme le « défenseur sceptique d'un monde qui périt »[1], qui envisage la ruine du catholicisme et son au-delà terrestre, – tandis que le conspirateur, le révolutionnaire et l'illuminé Mickiewicz lui fait la réplique en chantant la pérennité de l'Église catholique, de l'Église romaine, sauvée et rénovée par les Polonais. Lorsque, en abordant l'analyse de la *Comédie infernale*, Mickiewicz dénonçait « le Messianisme faux », disant qu'il « résulte du travail des esprits vigoureux qui cherchent l'avenir, mais par des voies détournées, et qui s'y égarent », sans doute ne pensait-il pas seulement à des personnages tels que l'intellectuel plébéien Pancrace, que Krasinski met en scène dans son drame, mais à Krasinski lui-même ; car il observait qu'« on peut ranger toutes les productions poétiques et philosophiques de notre époque dans la catégorie du Messianisme faux », et « l'ouvrage le plus remarquable dans ce genre », ajoutait-il, est précisément la *Comédie infernale*[2]. Il pensait assurément de même, comme on l'a vu par sa réplique, du « poème apocalyptique » de la *Nuit de Noël.*

Lorsqu'un Lamartine rêvait d'un temple de l'unique religion future, formé d'une roue qui réunirait en son centre toutes les religions du passé ; lorsqu'un Michelet rêvait pareillement d'une « architecture rayonnante », comprenant « douze galeries hautes et sévères » qui se rejoindraient sous un dôme, « chacune amenant sa tribu »[3], ils auraient pu l'un et l'autre se recommander, comme d'un précurseur, du pessimiste Krasinski. Comme lui, tous deux supposaient le dôme de Saint-Pierre définitivement écroulé. Mickiewicz, lui, maintenait ce dôme, largement ouvert sur le ciel, d'où provient la force qui doit assembler les nations[4].

Le 5 décembre 1855, lorsqu'il apprit la mort de son illustre antagoniste, Krasinski lui-même, en un éloge qu'on pourra juger trop littéraire, devait faire allusion à cette image du dôme, dont l'interprétation les avait séparés :

> Il nous a tous entraînés sur la vague de son inspiration et lancés dans le monde. Ce fut l'un des piliers soutenant une voûte

1. Loc. cit., p. 279.
2. Cela ne l'empêchait pas d'y reconnaître « le caractère de vérité qui le met au-dessus des ouvrages de pure imagination » : Leçon du 23.1.1844 ; t. 2, p. 74-75.
3. Cf. CORNUZ, op. cit., 229. MICHELET (1843), cité par Monod, t. 2, 156.
4. Sur la haute colonne où Bourdelle, dans une heureuse inspiration, l'a hissé, Mickiewicz n'apparaît pas seulement comme un pélerin de l'avenir. S'il tient en effet d'une main le bâton du pélerin, de l'autre, le bras prolongeant encore l'élévation de la colonne, il fait le même geste vertical que faisaient ses Polonais soutenant la voûte de Saint-Pierre, mais en l'ouvrant sur le ciel.

> formée non de pierres, mais de cœurs vivants et sanglants. Et ce pilier était gigantesque quoique lézardé, et il a maintenant fini par rouler dans l'abîme. Et la voûte entière a tremblé, l'arrosant des gouttelettes de sang dont elle est formée[1].

Dans un ouvrage tardif sur *la Pologne martyr* (sic), Michelet a rappelé le *Songe* de Krasinski :

> Dans un sublime chant polonais (*Vision de la nuit de Noël*), on voit le dôme de Saint-Pierre, fendu, qui s'affaisse... Et les derniers des Polonais, par un dévouement suprême à ce qu'ils ont adoré, le soutiennent encore, sur la pointe de leurs lances.
>
> Rome ne soutient pas la Pologne. La Pologne soutient Rome encore, – Rome amie de la Russie, Rome qui reçut ce Phalaris ivre et rouge de sang chrétien.
>
> Prenez-y garde, Polonais, depuis qu'il a prié dessous, il tombe, il s'écroule, ce dôme, rien n'arrêtera sa chute ; il descend dans la boue sanglante... Votre fidélité obstinée n'empêchera rien[2].

Michelet ne pouvait ignorer la réplique de son collègue au Collège de France, faite en cette glorieuse année 1844 où avait débuté ce qu'il appela « un coup d'État en trois coups »[3]. Or il n'y fait point d'allusion. Mais ce qui est plus curieux, c'est que Ladislas Mickiewicz évoque pareillement, dans son *Mémorial de la Légion polonaise,* le poème de Krasinski, sans mentionner davantage la longue réplique de son père. Il est vrai qu'il n'a voulu en retenir qu'une partie, pour y montrer, non sans raison, une étonnante prémonition de ce qui devait se passer à Saint-Pierre huit ans plus tard, le 5 avril 1848 :

> ... Dans l'une des œuvres les plus justement célèbres du Poète anonyme de la Pologne, *la Nuit de Noël,* on voit arriver une nuée de pélerins précédant eux aussi des nuées d'autres pélerins, et eux aussi arrivant les premiers devant le tombeau de saint Pierre pour la bénédiction pontificale ; car à eux aussi on a cédé le pas

1. Cité par Ladislas, *La Trilogie du Collège de France* ; Paris, Musée Adam Mickiewicz, 1924, p. 30.

2. Paris-Bruxelles, 1863, pp. 126-127. Dans l'éd. Flammarion, *Légendes démocratiques du Nord*, p. 115. Cf. p. 26 : « Les seuls poèmes sublimes qui aient apparu aux derniers temps sont ces deux cris de la Pologne, la Comédie infernale et la Vision de la nuit de Noël : voix profondes d'un homme qui gémissait sur le vieux monde, et qui, à son insu, tout à coup s'est trouvé prophète. »

3. Lettre à l'administrateur du Collège de France, 3.1.1848, lors de la suspension de son cours, après celle des cours de Mickiewicz puis de Quinet. Recueillie par lui dans son « édition définitive » de la *Bible de l'Humanité*, pp. 455-456.

comme aux enfants du peuple le plus méritant, aux fils de la Nation-Martyre. Cette poétique conception, connue de tout Polonais, a dû être présente à l'esprit des pèlerins légionnaires pendant la solennité des reliques de saint André[1].

En ce 5 avril 1848, en effet, les premiers légionnaires recrutés par Adam Mickiewicz avaient réussi à se faire placer en tête du cortège dans la procession qui portait à Saint-Pierre le chef de saint André, patron des Slaves. « Le drapeau polonais pénétra donc le premier dans l'immense basilique, jusqu'au maître-autel. » « Ah ! commente Ladislas, sans doute, lorsque le porte-drapeau de la Légion polonaise (= Adam Mickiewicz) montait les degrés de la basilique, il voyait à travers les couleurs de sa nation, réflétées en son cœur, un édifice mille fois plus magnifique encore, miraculeusement relevé entre les deux mers, depuis les Carpathes jusqu'au Dnieper, avec une légion de martyrs pour coupole céleste[2]. »

La nuit de Noël[3]

C'était la veille de Noël (à la nuit tombante, près de Rome. Le poète se promenait, solitaire, au bord de la mer. Il aperçoit) un grand navire sombre, sans mâts ni voiles, (qui accoste. Les passagers lui demandent :) « Où est le chemin qui conduit à Rome ? » J'ai répondu : « Ici il n'y a pas de chemin, c'est un désert. – Alors, conduis-nous. Nous sommes les restes de la nation polonaise. Un ange s'est montré à nous, il nous a dit de venir ici... La Volonté du Seigneur sera accomplie si aujourd'hui même, à minuit, nous arrivons dans la basilique de Saint-Pierre. » (Le poète accepte de les guider.)

... Dans le lointain, il m'a semblé apercevoir un feu follet, puis un autre, puis un troisième. Et, avançant toujours, j'ai vu partout dans la plaine une quantité de lumières... Toutes, elles se dirigeaient vers un même endroit. M'approchant toujours, j'ai vu une masse de pélerins, avec des torches à la main. Et je voyais dans l'air des croix, des images de saints, et des étendards de diverses nations.

---

1. *Mémorial*, p. 85.

2. Ibid., p. 123. Le chef de saint André, qui avait été volé, venait d'être retrouvé près du Tibre, en aval de Rome. D'où cette procession solennelle pour le ramener.

3. Nous avons abrégé. Toute la première partie, décrivant la traversée nocturne de la campagne romaine et de la Ville, a été résumée. Elle est d'une grande force suggestive pour préparer la scène de Saint-Pierre, mais ne touchait pas directement à notre sujet.

Au centre de ces masses entrèrent ceux qui m'accompagnaient. C'est alors que j'aperçus leurs figures attristées. Leurs yeux brillaient d'une lueur étrange, mais ce n'étaient point là les yeux d'hommes vivants. Comme les autres pélerins, ils s'appuyaient sur leurs sabres. (Ceux des autres groupes leur disent :) « Nous vous reconnaissons, vous êtes les derniers chevaliers chrétiens. » (Ils répondent :) « La voix de l'ange nous a dit : « Cette nuit, et pour la dernière fois, le Christ doit renaître au tombeau de Saint-Pierre, et après il ne naîtra ni ne mourra plus sur la terre. »

(Les pélerins reprennent leur marche nocturne. On entend le son des cloches. On entre dans Rome. On passe à travers le Forum, au pied du Capitole... Le peuple crie : Hosanna ! Les pélerins chantent les psaumes de la pénitence. Ils traversent le Tibre. Les canons du château Saint-Ange tonnent...).

... Nous entrons dans la cour de Saint-Pierre. La coupole étincelle sous des milliers de lampes de toutes couleurs ; au sommet, la croix resplendit comme du diamant. Les colonnes qui sont de chaque côté de la cour m'ont semblé entrelacées comme par des serpents de feu ; au milieu, les fontaines lançaient leurs gerbes d'eaux, irrisées comme des arcs-en-ciel... Dans l'intérieur de l'église, on apercevait comme une lumière profonde, resplendissante, infinie.

(Une masse d'hommes cherche à refouler les Polonais...) Et les Romains se sont mis à crier : « Ne sommes-nous pas les premiers ? ... Cette église n'est-elle pas la nôtre ? » ... Et j'ai vu le moment où les Polonais ont tiré leurs sabres, comme s'ils voulaient se défendre ; les lames ont étincelé dans l'air !

Mais au même instant, sur l'esplanade de la basilique, se montra... une figure vêtue de pourpre ; et sa voix retentissante disait :

« Laissez passer ceux qui jadis, et pour la foi catholique, ont sauvé de la mort une nation, et qui, plus tard, sont morts pour cette même foi ; laissez passer ces morts, qu'ils soient les premiers ! » ... En bas, les masses se séparèrent... Ce qu'ayant vu, la figure vêtue de pourpre se retira dans l'intérieur de la basilique.

Et avec les Polonais, j'ai monté l'immense escalier..., nous sommes entrés dans l'église, la traversant en droite ligne jusqu'au pied du grand autel, près des lampes qui brûlent au-dessus du tombeau de saint Pierre. Arrivés là, les Polonais s'arrêtèrent ; et, ôtant leurs bonnets rouges, dégrafant leurs manteaux blancs, ... ils se sont agenouillés et ont prié en tenant dans leurs mains leur épée nue.

... Les marbres brillaient d'une blancheur de neige ; les fumées bleuâtres et transparentes de l'encens s'élevaient vers la coupole... Sur les mosaïques, les fleurs et les palmes étaient dispersées ; de toutes les chapelles sortaient des voix douces et joyeuses. Au loin, du côté de la porte, l'espace commence à se remplir. Les pélerins s'avancent à travers ce monde de chants et de lumières... Le peuple romain, comme un torrent qui gronde, entre aussi...

Et lorsque chaque légion, groupée autour de son étendard, eut pris place vers son autel, ... le silence régna..., et, du côté du Vatican, on entendit le son des trompettes : c'est le signal de l'arrivée du pape.

Par le centre de l'église défilent les moines de Rome, puis viennent les vieillards... vêtus de soutanes blanches ; ... Les pénitents..., les évêques..., les cardinaux... ; autour d'eux, les prêtres revêtus de dalmatiques, et des troupes d'enfants vêtus de blanc, portant le vin, l'encens et les couronnes.

... La foule s'agenouilla tout à coup. Alors parut un vieillard à tête blanche, portant la triple couronne... Seul il s'avança vers le grand-autel, et il m'a semblé que chacun de ses pas était si lent, si lent, que jamais il n'arriverait jusqu'à nous.

... Alors il m'a semblé que, du grand autel où il se tenait, un cardinal, le même qui nous avait fait entrer, s'avança d'un pas ferme et assuré vers le vieillard des vieillards, et, lui tendant la main, lui montra, avec l'éclair de ses yeux, le lieu où était le tombeau de saint Pierre. Le vieillard fit quelques pas en avant et tressaillit...

... La cloche commence à sonner. Il m'a semblé que douze fois les voûtes ont tremblé... Le pape gravit les degrés, et l'homme vêtu de pourpre dit ces paroles : « Le Christ est né ».

Et aussitôt de la foule des pélerins s'éleva un gémissement plaintif, et ils disaient : « C'est pour la dernière fois, car les paroles de l'ange s'accompliront. »

Et le peuple de Rome cria avec rage : « Qui ose blasphémer dans l'église de Saint-Pierre ? »

L'un des Polonais se leva en criant : « Ils n'ont point blasphémé, et nous ne craignons pas. Ils disent la vérité, et mes frères et moi-même avons vu l'ange triste. »

... Et tous nous nous sommes mis à prier dans une grande attente.

Et devant nous le Saint-Père était assis sur son trône.

De nouveau se sont élevées des chapelles des voix semblables à des chœurs d'anges... Les prêtres... ont tendu les mains vers le saint-père... Il a pris entre ses mains le calice, car le moment du saint sacrifice approchait. L'homme vêtu de pourpre lui versa du vin.

Et au moment même de l'élévation, quand tous étaient prosternés le front sur le marbre, on a entendu comme une voix dans l'air qui disait : « Je suis », et lorsqu'en tremblant nous avons relevé la tête, tous ont pu voir une figure grandiose se tenant debout contre la porte du centre. Lentement elle disparaissait, pas à pas elle s'effaçait comme une vapeur que le vent dissipe ; ses mains et ses pieds étaient ensanglantés, tout son corps était blanc comme la neige, et, comme la neige se fondant par degrés, il disparut bientôt.

Alors, et pendant que le pape, tenant encore en main le calice, n'osait prononcer les dernières paroles, l'homme vêtu de pourpre dit : *Ite missa est*, et après il s'écria d'une voix retentissante : « Les temps sont accomplis ! » Puis déchirant sa robe de pourpre sur sa poitrine, il étendit la main vers le tombeau de saint Pierre, en disant : « Réveille-toi et parle ! »

De chaque lampe placée au-dessus du tombeau, il sortit une langue de feu, et au-dessus des ténèbres de la tombe se balançait une couronne de flammes : du fond du tombeau se dressa un corps tendant ses mains vers les voûtes. Debout, n'élevant hors du gouffre sépulcral que sa tête et sa poitrine, il s'écria :

« Malheur ! »

A ce cri, il nous a semblé que, pour la première fois, les voûtes de la coupole se lézardaient.

Et l'homme vêtu de pourpre lui dit : « Pierre, me reconnais-tu ? »

Et le corps répondit : « A la dernière cène, ta tête reposait sur la poitrine du Seigneur, et tu n'es jamais mort sur la terre. »

Et l'homme vêtu de pourpre reprit : « A présent, il m'est ordonné de demeurer au milieu des hommes, d'embrasser le monde, de le serrer contre ma poitrine comme le Seigneur serra ma tête le dernier soir. »

Et le corps répondit : « Fais ainsi qu'il t'a été ordonné. »

Alors l'homme vêtu de pourpre fit un geste comme le prince de toute force, et le corps répéta : « Malheur à moi ! » et avec un grand bruit il retomba dans le gouffre noir du tombeau, et les voûtes commencèrent à se détacher.

Tous étaient effrayés ; seuls les Polonais regardaient d'un œil calme et hardi, appuyés sur leurs sabres.

Et le pape, la tête ceinte d'une triple couronne, s'agenouille sur les marches de l'autel et garde l'immobilité d'une statue.

L'homme vêtu de pourpre s'écrie : « Sortez tous, afin que personne ne périsse sous les ruines de ces murailles. »

Et tous ont répondu : « Conduis-nous, toi qui nous as sous ta protection. »

Et un cri de frayeur s'éleva, car de plus en plus les voûtes s'affaissaient, s'écrasaient, les pilliers tremblaient et chancelaient, et les lampes se brisaient et le vent les éteignait.

Alors l'homme vêtu de pourpre, s'approchant du pape : « Mon père, est-ce que vous voulez rester ici ? »

Le vieillard, levant les mains et soutenant sa couronne, répondit d'une voix douloureuse : « Je veux mourir ici ; – laisse-moi, mon fils. »

Et le peuple tout entier, entendant cette réponse s'écria : « Sauvons-nous ! »

Et les Romains les premiers commencèrent à fuir.

Et chaque légion de pélerins, descendant de son autel, se mit à fuir avec son étendard.

Alors l'homme vêtu de pourpre, s'agenouillant pour la dernière fois, posa ses lèvres sur le front du vieillard et, avec un signe de bénédiction, dessina autour de la tiare comme un feston d'une lumière pâle et livide. Puis il descendit, et sa tête rayonnait d'une lumière merveilleuse, et il se dirigea vers les portes de l'église. L'immense basilique pliait et craquait par secousses comme un corps qui agonise au milieu des convulsions ; mais l'homme vêtu de pourpre soutenait avec sa main levée les voûtes déchirées et pendantes, regardant partout jusqu'à ce que le dernier du peuple fût sorti.

Et passant à côté des Polonais, il leur dit : « Hommes, suivez-moi. »

Ils ne répondirent rien.

De nouveau il retourna la tête et dit : « Suivez-moi. »

Ils n'ont pas fait un mouvement.

Et lorsqu'il s'approchait de la porte, chassant devant lui le peuple, comme un pâtre son troupeau, pour la dernière fois, il fit vers eux un signe de la main.

Quant à eux, ils ont levé leurs sabres la pointe en l'air, comme s'ils voulaient soutenir ces voûtes qui s'écroulaient, et tous ensemble ont crié : « Nous ne quitterons point ce vieillard ; il est amer de mourir seul ; et qui donc mourra avec lui si ce n'est nous ? Vous tous, retirez-vous ; — nous ne savons pas fuir, nous ! »

L'homme vêtu de pourpre s'est arrêté sur le seuil ; de loin il fait sur eux le signe de bénédiction, et alors sur eux aussi vient se suspendre une couronne de lumière pâle et livide, et, avec une larme dans les yeux, il leur dit : « Un instant encore et vous allez périr ! »

Mais déjà ils se dirigeaient vers le maître-autel, tendant les mains au vieillard agenouillé et mourant : ils marchaient enveloppés de leurs manteaux blancs et tenant en main leurs sabres luisants. Et les quatre piliers du grand autel se sont rompus et sont tombés, comme des arbres abattus par la hache ; et le baldaquin de bronze s'est détaché et est aussi tombé, et la blanche coupole, se détachant tout entière, comme un monde, s'est précipitée à terre.

Les portiques tous ensemble, et le palais du Vatican, et les colonnes de la cour, se brisaient, se détachaient, et tombaient en poussière ; et les deux fontaines, comme deux colombes blanches, se sont affaissées en expirant ; et le peuple fuyait, semblable à une mer chassée de ses bords ; il m'a semblé que déjà on était au matin. — Le soleil n'est point encore levé, ce sont seulement les lueurs de l'aurore qui éclairent cet amas de débris aussi grand, aussi immense maintenant que l'était naguère la basilique de Saint-Pierre.

L'homme vêtu de pourpre monta au sommet de cette gigantesque montagne de ruines, et il m'a semblé que je le suivais, porté par une force d'esprit.

Et quand il fut arrivé au sommet, il s'assit comme sur un trône et regarda le monde. Et à l'instant ses vêtements de pourpre tombèrent à ses pieds, et ce fut une figure blanche que j'aperçus, éclairée par une lumière d'un doux et merveilleux éclat. Un livre était entre ses mains ; baissant la tête vers les pages, il se mit à lire.

Et son visage rayonnait d'une paix profonde, d'un ineffable amour.

Dans ce moment se levait le soleil, et m'approchant je lui dis : « Seigneur, est-il vrai que hier, pour la dernière fois le Christ est né dans cette église qui maintenant n'existe plus ? »

Et la figure, ne levant pas les yeux de dessus le livre, me répondit avec un ineffable sourire : « A partir de ce moment le Christ ne naîtra ni ne mourra plus sur la terre, car de ce moment déjà il est sur la terre pour l'éternité. »

Ce qu'ayant entendu, j'ai dépouillé toute crainte et j'ai demandé : « Seigneur, et ceux que j'ai amenés hier resteront-ils toujours sous les décombres ? sont-ils donc tous morts et ensevelis avec ce vieillard ? »

Et le saint, tout éclatant de blancheur, m'a répondu : « Ne crains pas pour eux, le Seigneur les récompensera pour le dernier service qu'ils ont rendu à ce vieillard, car ceux qui se lèvent comme ceux qui se couchent, ceux qui sont morts comme ceux qui vivent sont tous les enfants du Seigneur ; pour eux, ils sont plus heureux encore, et avec eux les fils de leurs fils. » – Et quand j'eus compris, ma joie fut grande et mon esprit se réveilla.

APPENDICE E

La plénitude indépassable

(Textes de Hans Urs von Balthasar)

« Comment pourrait-on oublier qu'il y a dans la révélation des richesses du Christ une plénitude infiniment plus grande que les concepts et les schémas de toute théologie et de la conscience chrétienne de n'importe quelle époque ? »

Schleifung der Bastionen, 1952. (Raser les bastions, trad. Claire Champollion, dans *Dieu vivant*, 25, 1953, p. 32).

« C'est une erreur, manifestement engendrée par une foi mesquine, que la représentation (assez répandue aujourd'hui) d'après laquelle le temps de l'Église serait une époque close, de foi nue, privée de vision, et moins le nouvel éon y ferait irruption, plus l'existence de foi se déroulerait d'une manière salutaire, méritoire et sûre. S'il est vrai que l'Église, pas plus que le chrétien, ne doit jamais désirer de grâces mystiques comme si la figure de révélation placée devant le monde ne suffisait pas, il est pourtant tout aussi vrai que Dieu ne s'en tient jamais, d'une manière minimiste, à ce qui est strictement suffisant. Car la beauté éternelle se dépense et rayonne toujours merveilleusement au-delà de toute exigence et de toute attente. »

Herrlichkeit, t. 1, 1961. (*La gloire et la croix*, t. 1, trad. Robert Givord, Aubier, 1965, p. 353.)

« ... L'Ascension ne trouble pas la joie pascale. Car elle annonce l'effusion du Saint-Esprit... Avec l'envoi de l'Esprit commence la période de l'explication prophétique de la Parole. Parce que c'est l'Esprit qui l'explique, lui qui procède toujours à nouveau du Père et du Fils, *il n'y a pas de danger que l'âge de l'explication devienne ce qui est postérieur*[1]. Aucune espèce de résignation ne jette son ombre sur l'histoire de l'Église. Tout ce qu'il y a dans la Parole du Fils de Dieu, en fait de « richesse », de « hauteur et profondeur, largeur et longueur », tout cela, l'Esprit qui « sonde les profondeurs de la divinité » et s'y meut comme dans son propre élément, l'annoncera quand et comment il plaira à son souffle divin. Il révélera des choses qui étaient cachées dans l'étroitesse de la lettre comme le noyau du fruit l'est dans l'arbre ; des choses qui étaient cachées même pour l'Église à qui a été confié le dépôt de la foi, le sac de semence de toute la vérité qui doit être répandue. Comme si la vérité du Christ, même celle de sa vie terrestre, de sa Passion et de sa mort, ne pouvait s'épanouir qu'une fois son humanité transplantée dans la vie céleste. Ce n'est pas une transposition artificielle, ce que l'Esprit accomplit dans l'Église, quelque chose comme une moralité tirée de l'histoire passée, ou bien des vérités supra-temporelles toujours valables. Dans la présence céleste du Verbe incarné, dans le développement d'éternité de son existence terrestre, l'Esprit peut déchiffrer ce qu'il doit transmettre à l'Église terrestre (il « prendra de mon bien ») sans crainte d'avoir, jusqu'à la fin des temps, à dire deux fois la même chose. »

Dans Ganze im Fragment, 1963. (Trad. Bourboulon-Engelmann-Givord, *De l'Intégration, aspects d'une théologie de l'Histoire*, D D B, 1970, pp. 299-300).

« Il est normal qu'à partir de l'événement se développent les interprétations et les formulations, et ce processus est tout à fait légitime. C'est précisément une dimension de l'action divine elle-même, spécialement réservée à l'Esprit-Saint (Jo. 16, 13-15). Mais l'Esprit « dira ce qu'il entendra, il prendra de mon bien, il me glorifiera », c'est-à-dire que toute l'interprétation, tout le travail de réflexion et d'expression, se fera toujours *le regard fixé* sur l'événement que Paul désigne comme étant déjà « la gloire du Christ et l'image de Dieu » ... »

« Foi, espérance, charité sont ensemble la forme de l'homme temporel. C'est de là qu'il doit faire partir toute tentative de comprendre son existence : il n'y a rien à escompter pour nous au-delà de la petite Espérance, de la Foi-abandon, de l'Amour qui se donne et se perd. Chaque tentative de dépasser la gloire et la misère de ces trois, *tria haec*, – et toute religion non chrétienne voudrait les dépasser, – nous fourvoie dans la gnose. »

« Le testament de Jésus à la postérité ne peut être proprement une œuvre entamée qui doive être poursuivie, développée et achevée par

1. C'est nous qui soulignons.

d'autres, par l'Église ; en ce sens, il ne peut y avoir d'avenir de Jésus (comme Moltmann voudrait le donner à croire en forçant les textes) ; ce testament ne peut être que la totalité propre au Christ, qui s'ouvre *à l'intérieur* d'elle-même pour faire partager sa marche, son accomplissement, sa foi, son obéissance... Tout l'événement du salut, du commencement à la fin du monde, se déroule sur ce chemin resserré, à travers ce trou d'aiguille : il se déroule à l'intérieur de l'intersubjectivité divine, telle qu'elle se révèle en Jésus-Christ pour nous y introduire... »

La Foi du Christ. Aubier, 1968, pp. 102, 138, 190 et 191.

« Il n'y a dans tout le Nouveau Testament qu'une seule vérité, un seul dogme qui en son centre est christologique, mais dans ses implications immédiates, est à la fois trinitaire et sotériologique parce que trinitaire. C'est en cela que l'événement du Christ, non seulement accomplit toutes les « figures » de l'Ancienne Alliance, mais est, comme révélation du mystère dernier de Dieu, *toujours déjà en avant* de toute évolution possible du monde et de toutes les « figurations » qui pourraient y apparaître. »

« Ce « dogme » unique a déployé une fois pour toutes l'horizon absolu pour toutes les vues partielles de l'Ancien Testament... Parce que l'amour de Dieu s'est manifesté en Jésus-Christ (1 Cor. 13, 1-3, 8-10), tout dépassement de cet amour par une gnose est exclu ; cette réalité particulière ne pourra jamais être transformée en ce qui est « toujours valable ». Mais étant donné que le fait Jésus-Christ est apparu vraiment comme le *id quo majus cogitari non potest*, tout « positivisme de révélation » est d'autre part également exclu, si bien que Paul use avec raison d'une formule dialectique : « connaître l'amour du Christ qui surpasse toute connaissance » (Ep. 3, 19). Et Anselme dira à sa suite en une formule tout aussi dialectique : *rationabiliter comprehendit incomprehensibile esse.* »

Einfaltungen, 1969. (Trad. R. Givord, *Retour au Centre*, D D B, 1971, pp. 90-91.)

« Les chrétiens d'aujourd'hui... n'ont le droit ni de refouler Dieu – en suivant l'une des tendances à la mode – dans une transcendance inaccessible, au point qu'il devienne finalement indifférent à l'homme, ni de l'intégrer – en suivant l'autre tendance à la mode – dans l'histoire du monde au point qu'Il en perde sa liberté et devienne la proie de la gnose humaine. »

« Si l'on y réfléchissait un peu et si l'on considérait l'ensemble du destin de Jésus, jusqu'à la croix, on pressentirait peut-être qu'à travers ces faits Dieu se révèle de façon ultime et indépassable ; que dans cette existence et dans cette mort où il se sent abandonné de Dieu, Dieu a prononcé sa dernière « Parole », qui ne cesse de retentir avec toute sa force à travers les siècles. Qu'était-il encore possible de dire après elle ? Et qui a compris cette réalité ultime, qui l'a dépassée, de sorte qu'il ne l'aperçoive plus devant lui comme son avenir ? »

(*Klarstellungen*, 1971. (*Points de repère*, Trad. Bernard Kapp, Fayard, 1973, pp. 29-30 et 39.)

« Jésus-Christ est l'événement permanent qui révèle à la fois l'amour de Dieu et l'amour de l'homme, la concrétion de ce double amour, son foyer au sens le plus fort du terme. »

Warum ich noch ein Christ bin, 1971. (*Pourquoi je reste chrétien,* dans *Je crois en l'Église,* Mame. 1972, p. 192).[1]

« L'Esprit empêche que nous restreignions le Verbe en lui fermant notre cœur. »

Le Saint-Esprit, l'inconnu au-delà du Verbe, dans « Lumière et Vie », 67, 1964, p. 125.

1. La foi au Christ « indépassable », reçue dans son Église, n'est pas un bloc inerte : c'est, dit Irénée, « un dépôt de grand prix contenu dans un vase excellent », qui sous l'action de l'Esprit du Christ « rajeunit sans cesse et renouvelle la jeunesse du vase qui le contient ». (*Adv. Haer.*, 1. 3, 24, 1.) « L'impossibilité absolue de dépasser la personne de Jésus-Christ » était récemment rappelée (janvier 1977) par l'évêque de Rottenburg au nom de l'épiscopat allemand, comme point essentiel de la profession de foi catholique.

APPENDICE F

L'énigmatique actualité de Joachim de Flore

A propos d'un ouvrage récent[1]

Depuis plus d'un siècle déjà, les travaux sérieux sur Joachim de Flore se sont multipliés. S'ils n'ont pas réussi à percer totalement l'énigme du personnage et de son œuvre, si les interprétations qui en résultent sont encore sur bien des points divergentes, ils ont cependant abouti à maintes conclusions positives, dont la plus importante, et sur laquelle s'établit de plus en plus un large *consensus*, est sans doute l'importance historique considérable reconnue à celui qui, naguère encore, passait aux yeux de beaucoup pour une simple curiosité. Études biographiques et doctrinales, exhumations d'écrits perdus ou négligés, publications de textes ou reproductions d'éditions anciennes, recherches (souvent décevantes) des sources et (mieux récompensées) des influences, discussions d'ordres divers, – à cette vaste entreprise ont collaboré de nombreux savants de divers pays, avant tout d'Allemagne et d'Italie, mais aussi d'Angleterre, des États-Unis, d'Espagne, etc. En 1957, dans le recueil annuel américain *Traditio*, Morton W. Bloomfield pouvait dresser de cet effort collectif un bilan fort riche, doublé de judicieuses mises au point. Au cours de ces vingt dernières années, l'effort ne s'est pas ralenti, comme le montre le nouveau panorama déployé en 1975 dans les *Mediaeval Studies* de Toronto par Bernard McGinn, de l'Université de Chicago. – Cepen-

1. Extrait de la *Revue de théologie et de philosophie*, III (1979), pp. 35-46.

dant, il faut l'avouer, la contribution de langue française en ce domaine fut et demeure assez maigre. L'article excellent du Père Cyprien Baraut dans le *Dictionnaire de spiritualité* n'est qu'une heureuse exception. Le précieux *Bulletin de théologie ancienne et médiévale,* publié par les Bénédictins de Louvain, qui permet aux non-spécialistes de se tenir au courant, poursuit sa tâche avec une ténacité que tant de circonstances défavorables ne découragent pas, mais il ne peut qu'entretenir chez eux un appétit insatisfait. Aussi le livre récent qui nous arrive de Genève, dû à Henry Mottu[2], doit-il être salué avec reconnaissance. Il est le premier ouvrage d'ensemble, vraiment scientifique, consacré en notre langue à Joachim de Flore. Il a le mérite d'être parfaitement informé de la littérature du sujet. Il a celui d'être fondé sur une lecture attentive, qui n'a pas reculé devant des études minutieuses de vocabulaire, des écrits joachimites. Celui encore d'en présenter une interprétation personnelle, qui confirme, parfois de manière originale, les résultats le plus généralement acquis par la critique. Ajoutons que l'auteur, ayant assuré ses bases, ne craint pas de s'engager lui-même dans le grand débat de fond soulevé par le « cas » de Joachim. Il se jette parfois dans la mêlée, ce qui donne à son ouvrage un intérêt très actuel.

On remarquera aussitôt le sous-titre : « Herméneutique et théologie de l'histoire d'après le *Traité sur les Quatre Évangiles* ». Sagement, l'auteur a choisi son angle de vision et son champ d'opération. Il n'a pas restreint par là indûment sa perspective, car l'apport essentiel de l'abbé de Flore consiste bien dans une certaine théologie de l'histoire fondée sur une certaine herméneutique. Il ne s'est pas non plus facilité indûment la tâche, en choisissant d'étudier à fond un seul ouvrage, aisément accessible dans l'édition moderne procurée par Ernesto Buonaiuti ; car ce traité (inachevé) sur les quatre évangiles est le dernier en date des ouvrages principaux de Joachim (v. 1200-1202), il en est aussi le plus radical, les grands thèmes joachimites y sont largement exposés ; – et l'on voit assez que pour son étude ni la *Concordia,* ni l'*Expositio in Apocalypsim*, ni le *Psalterium decem chordarum* n'ont manqué d'être sérieusement consultés. Même le *Liber Figurarum,* dont l'authenticité complète est cependant douteuse, est pris en considération, comme contemporain du *Tractatus* et pouvant illustrer sa doctrine.

Après une introduction qui rassemble les données historiques

1. *La manifestation de l'Esprit selon Joachim de Flore. Herméneutique et théologie de l'histoire d'après le « Traité sur les Quatre Évangiles »* (Bibliothèque théologique). Préface du Père M. D. Chenu. Neuchâtel-Paris, Delachaux et Niestlé, 1977, 365 p. L'ouvrage est une thèse de doctorat présentée le 17 décembre 1971 à la Faculté autonome de théologie protestante de l'Université de Genève.

indispensables, justifie le choix du *Tractatus*, en expose les traits caractéristiques et présente enfin les motivations de son propre travail, l'auteur étudie le système herméneutique de Joachim en ce qu'il a d'original. Il en explique le « principe régulateur », qui se résume dans le mot, à la signification complexe, de *concordia*, et conclut, à juste titre pensons-nous, que cette « concorde joachimite » imprime à l'exégèse jusqu'alors classique dans la tradition chrétienne « un changement profond », d'où résulte « une herméneutique nouvelle » (ch. 1er). Il montre comment les personnages de l'Écriture sont traités par Joachim non comme des symboles stéréotypés, mais comme des « paradigmes » en quelque sorte créateurs, « les paradigmes symboliques de sa dramatique eschatologique » ; l'exégète s'attache spécialement à quelques-uns d'entre eux, parmi lesquels lui-même fait un choix : Siméon, Jean-Baptiste, Jésus, Élie, à travers lesquels s'exprime au mieux la grande espérance joachimite (ch. 2e). Les « clefs » de ce système exégétique si nouveau sont ensuite examinées de près par une analyse des Noces de Cana et de l'entretien de Jésus avec Nicodème, ainsi que de l'interprétation constamment donnée par Joachim de quelques textes essentiels de saint Paul et de saint Jean sur l'attente de la connaissance parfaite et la venue de l'Esprit (ch. 3e). Un chapitre quatrième recueille le fruit de ces analyses pour dégager les grandes lignes de la théologie de l'histoire inaugurée par Joachim de Flore et sa conception originale du « temps de l'Esprit », liée à sa théorie trinitaire. Enfin, sous le titre évocateur de « l'âge théologique de la révolution », l'auteur, dans une large conclusion, ne mesure pas seulement la portée historique de l'œuvre joachimite, mais s'efforce aussi d'en apprécier la valeur et la fécondité, en la comparant d'une part aux synthèses doctrinales qui jalonnent l'histoire de l'Église et d'autre part aux résultats qui lui paraissent les mieux fondés de l'exégèse néotestamentaire.

A l'inverse de quelques interprétations édulcorantes qui ont resurgi dans notre siècle en prenant appui sur certains passages et certains dessins peu clairs du *Liber Figurarum*, l'ouvrage met bien en lumière la profonde nouveauté du joachimisme. Il la montre déjà contenue tout entière *in nuce* dans le principe de la *Concordia*, qui « judaïse le Nouveau Testament » en le réduisant à une lettre. Bouleversant ainsi toute l'ancienne exégèse (qu'il connaît fort bien), Joachim remet en question les édifices doctrinaux que la tradition chrétienne avait fondés sur elle ; plus encore, il s'oppose à la construction nouvelle qui s'ébauchait de son temps et qui trouvera sa forme la plus réussie dans la synthèse thomiste. Il est impossible de ne voir en son œuvre qu'un amas de fantaisies, fruit d'un symbolisme aussi aberrant qu'exubérant, que l'historien pourrait négliger. Ce nouveau système d'exégèse a sa cohérence, il opère à sa manière une « réelle structuration du donné scripturaire » – Joachim parle d'une *totius intelligentiae fabrica* – et s'efforce à déceler dans l'histoire, à partir de l'Écriture, un *vivens ordo*. Il doit donc être pris au sérieux. C'est là d'ailleurs ce qui le rend, par rapport à la tradition courante, « hétérodoxe », et c'est là ce qui seul explique le retentissement extraordinaire qu'il a eu au cours des siècles, jusqu'à notre époque, « même sous des formes qui n'ont plus rien à voir avec le christianisme ». Quelque étrange et suranné qu'il nous paraisse, on doit donc admettre que, selon l'expression de Kant, il « donne à penser ».

Deux caractéristiques lui sont essentielles. Joachim de Flore annonce, dans le déroulement de notre histoire terrestre, un troisième « état », ou troisième « temps », et il proclame que ce troisième temps, qui déjà mûrit dans le secret, sera le temps de l'Esprit. Or il ne le décrit pas seulement à travers des symboles, ou sous une impulsion prophétique : il le trouve directement annoncé par saint Paul et par saint Jean, surtout dans deux textes majeurs, dont H. Mottu montre fort bien, quoique en usant d'euphémismes, signes peut-être d'un certain embarras, qu'il les détourne de leur sens. Il s'agit de 1 Cor. 13, 12 et de Jean 16, 13. « Aujourd'hui, disait Paul, nous voyons dans un miroir, d'une manière confuse, mais alors ce sera face à face » : par cet « aujourd'hui », Joachim veut entendre le deuxième temps, celui du Christ, et par cet « alors » le troisième temps, celui de l'Esprit : exégèse qu'il faut dire tout au moins « terriblement ambiguë ». « Lorsque viendra l'Esprit de vérité, disait Jésus selon saint Jean, il vous enseignera toute vérité » ; oublieux de la suite du texte, et spécialement des mots : « il me glorifiera », Joachim conclut, de façon « très discutable », que l'Évangile annonce un temps à venir, bien longtemps après les Apôtres, où le Christ s'effacera devant la révélation de l'Esprit. Pour lui, « tout l'Évangile tend » donc « à devenir quelque chose comme un Protévangile de l'Évangile de l'Esprit ». Il va jusqu'à gonfler l'importance d'autres personnages « au détriment de Jésus lui-même, de sa passion et de son élévation ». « Jésus n'est plus *la* Personne autour de laquelle tout s'organise ; il devient ... le symbole, le chiffre de l'action d'un autre sujet » : *Spiritus sancti typus*. Symbolisme « redoutable » ! Joachim ignore la seigneurie du Christ ; « cette lacune exégétique... aura des conséquences incalculables ». Si l'œuvre de Jésus est nouvelle par rapport au passé d'Israël, il faut la dire ancienne par rapport à notre avenir, puisqu'elle ne fait que signifier et annoncer, « comme un simple maillon de la chaîne du second âge, la plénitude spirituelle du troisième ». Il s'ensuit encore que l'homme spirituel, celui même par qui déjà le troisième âge est « initié », étant animé par l'Esprit, est supérieur au Christ lui-même en son humanité. Nonobstant le *Filioque*, tenacement revendiqué contre les Grecs, « tout se passe » donc chez cet exégète-théologien « comme si l'Esprit se détachait à nouveau du Christ pour ne plus se rattacher qu'au Père ». Avec pleine raison Henry Mottu ne cesse d'exposer sous ses différents aspects ce thème majeur, central et omniprésent dans l'œuvre de Joachim. Comment douter dès lors que cette œuvre entière ne remette en cause « la pleine suffisance de l'œuvre salvatrice accomplie une fois pour toutes par Jésus-Christ » ?

Notre auteur est cependant en garde contre « une sur-interprétation parfois outrancière » qui tend, par exemple, à faire de Joachim « une sorte de Hegel avant la lettre ou de révolutionnaire de type moderne ». Réussit-il toujours, par ses fines analyses, notamment par ses remarques sur l'histoire de mots tels que *mutatio* ou *revolutio*, à se maintenir dans cette attitude prudente ? On est tenté d'en douter, lorsqu'on le voit attiré malgré tout par les thèses extrémistes, renouvelées d'Ernst Benz et de quelques autres, d'après lesquelles le chemin qui va de la pensée d'Augustin à celle de Joachim de Flore nous ferait aboutir « aux transformations de la divinité elle-même dans le monde de l'histoire et par lui » : « renversement » complet de la foi chrétienne, auquel il applique encore l'épithète de « redoutable ». On en douterait aussi quelquefois, devant la représentation qu'il semble prêter à Joachim de Flore du passage de l'Église du Christ à l'Église de l'Esprit. Il est très vrai que ce passage doit s'opérer par une dissolution de la première, en sorte que la seconde, tout en procédant d'elle, doit être vraiment une nouvelle Église. Là est bien le radicalisme de l'attente joachimite. Mais cette attente est-elle provoquée par le spectacle des abus criants qui se sont introduits au cours des âges dans « l'Église institutionnelle », dans « l'organisation romaine », « pétrinienne » ? Par l'horreur de voir comment fut par elle « confisqué » l'Évangile du Christ ? Par le « désespoir » de la voir jamais se repentir, se convertir ? En réalité, la « conversion » dont il s'agit n'a rien à voir avec l'idée d'une « repentance », – c'est la conversion de l'eau en vin à Cana : il n'est pas dit que l'eau des urnes de Cana fût impure. Joachim n'est pas tenté de désespoir « par la crise du christianisme historique » ; bien au contraire, il met son espoir en sa force génératrice : « si la promesse faite à Abraham s'est trouvée réalisée lorsque la Synagogue a enfanté le Christ, pourquoi l'Église désespérerait-elle de pouvoir engendrer, par le don du Saint-Esprit, des fils d'adoption qui progressent... en règne spirituel ? » Si l'Église du Christ doit bientôt disparaître, c'est parce que le moment approche où elle aura porté son fruit. Sa mission sera accomplie : elle n'avait été prévue et fondée que pour un temps intermédiaire. Dans la mesure où les hommes doivent, bon gré mal gré, servir les desseins divins, l'abbé de Flore, envisage bien une inévitable violence pour l'accouchement de l'avenir, mais cette violence ne sera pas le fait des vrais enfants de l'Église luttant, justement indignés, pour une juste cause : elle sera le fait de ses persécuteurs, – le fait du premier Anti-christ. Sans doute, comme à peu près tous les hommes d'Église en tout temps, Joachim n'a pas manqué de flétrir à l'occasion les vices du clergé, ni le relâchement des moines ; mêlé à la politique ecclésiastique de son époque, il a dû en voir de près les côtés moins nobles ; mais cela, qui tient peu de place dans son œuvre, n'entre pas en ligne de compte dans la construction de son grand rêve. Il voit se préparer une « émergence », un au-delà. Il ne prêche pas une Réforme. H. Mottu l'a bien vu, et souvent très bien expliqué. On n'échappe pas toutefois à l'impression que, par un paradoxe qui va à l'encontre de sa ligne interprétative, il est revenu par endroits au schéma trompeur qui insérait son héros dans la liste abusive des « précurseurs » de la Réforme.

Nous ne voudrions pas insister sur quelques points de moindre accord qui, pour être non pas tranchés mais simplement élucidés, exigeraient de longs développements. Disons seulement, avant d'en venir au point capital, qu'il nous paraît excessif d'admettre, à la manière de H. Grundmann, que Joachim de Flore aurait « transformé pour ainsi dire le « temps mort » de la typologie traditionnelle entre le Christ et nous... en un « temps plein », sur-déterminé par l'attente et l'espérance de la venue de l'Esprit ». Pour n'être pas dirigée vers un dépassement du Christ (et de son Église), l'histoire de la pensée chrétienne nous paraît loin de se réduire au schème répétitif d'un « temps mort ». Nous croyons au contraire qu'une idéologie de l'avenir (car c'en est une), telle que Joachim l'a introduite, évacuant (c'est son mot) ce qu'elle considère comme passé pour faire place à des formes nouvelles qui seront fatalement meilleures, risque de tarir ou de fausser la fructification de l'Évangile à l'intérieur du Mystère du Christ. « Pour quelle raison, demande l'auteur en interprétant Joachim, le processus historique, marqué par l'alternance d'une prophétie et d'un accomplissement, serait-il arrêté avec l'incarnation ? Dieu serait-il infidèle à ses promesses ? Aurait-il cessé d'agir, et d'agir de façon inattendue ? » Certes non. Il n'est pas question, répondrions-nous, de contester les développements de tout ordre dont l'histoire de ces vingt derniers siècles nous offre déjà tant d'exemples, ni, pour l'avenir, bien des transformations imprévisibles. Mais la raison de contester un processus qui ne ferait que poursuivre celui de l'Ancien Testament n'est-elle pas contenue dans le mot même d'incarnation ? Si ce mot est pris au sérieux, il signifie quelque chose de définitif, sans commune mesure avec les réalisations antérieures qui ne pouvaient être encore, en effet, que des étapes et des promesses. Si, dans l'histoire du salut, la venue du Christ inaugure une nouvelle étape, celle-ci ne peut se concevoir « par analogie avec l'épopée vétérotestamentaire » comme un simple relais dans la marche de « l'épopée » totale. Nous conviendrions volontiers avec H. Mottu que « le Christ est moins la terminaison de l'histoire que le début de son renouvellement », mais sans l'entendre au sens de l'abbé de Flore, pour qui la venue du Christ était seulement « l'avant-dernier mot de l'amour de Dieu pour les hommes ». Si l'incarnation est chose réelle, elle ne peut être que le dernier mot, – lequel, sous l'action de l'Esprit, ne doit plus cesser de se déployer, de manifester, comme dit saint Paul, « ses insondables richesses », d'éclairer les situations les plus neuves pour des effets inattendus, – mais qui pourra tout aussi bien souvent s'estomper, s'effacer dans des consciences qui ne l'entendront plus. Le progrès de l'espèce humaine, réel à bien des égards, est une chose, la fatalité du meilleur dans son avenir spirituel en est une autre.

Comme tout l'ouvrage qui nous inspire ces réflexions l'explique à merveille, le point névralgique du joachimisme consiste dans la rupture « historique » établie entre le temps du Christ et celui de l'Esprit. Une fois ainsi détaché du Christ dans le cœur et la pensée des hommes, l'Esprit peut devenir n'importe quoi. Dès lors il n'est plus un garant pour les « rêves éveillés » qu'il inspire.

C'est ce qu'ont perçu clairement les deux principaux docteurs du treizième siècle, Bonaventure et Thomas d'Aquin, et c'est pourquoi tous deux, si différentes que fussent au moins apparemment leurs attitudes en cette question même, se sont opposés à pareille rupture avec la même fermeté. Thomas d'Aquin est devenu pour les historiens l'antithèse obligée de Joachim de Flore. Tout, peut-on dire, justifie la chose. Mais il est rare que la sympathie pour le second n'entraîne pas quelque injustice à l'égard du premier. La mise en forme conceptuelle, qui est par excellence le propre de saint Thomas, a provoqué la série de reproches en « rationalisme », en « juridisme », en « an-historisme », en « hellénisme »... qu'on a coutume de lui adresser. C'est même devenu de nos jours une véritable avalanche. H. Mottu ne tombe pas dans ce travers. L'analyse détaillée qu'il institue de la *Quaestio* de la Somme théologique où la position de Joachim de Flore est discutée, est loin de conclure uniquement en faveur de celle-ci. Il reconnaît que l'exégèse joachimite de 1 Cor. 13, spécialement critiquée par saint Thomas, était au moins « terriblement ambiguë », qu'elle tendait à s'approprier « une gnose de type apocalyptique » ; pour Joachim, poursuit-il, « tout se passe, non seulement comme si « ce qui est parfait » advenait *déjà* sous nos yeux, mais comme si l'apocalypticien tenait dans ses mains la clef de la venue de ce qui est parfait... Se détachant de la tension eschatologique du texte paulinien, Joachim... a voulu rêver, peindre, spéculer, calculer, imaginer trop vite ; en mathématisant le mystère, l'apocalyptique a tendance à l'évacuer, car c'est le détruire que de croire en posséder la clef. » Même si les présupposés du théologien médiéval et ceux de l'historien d'aujourd'hui ne coïncident pas, n'y a-t-il pas là de quoi justifier amplement la sévérité de saint Thomas ? H. Mottu observe en outre que celui-ci se méfiait moins des « conjectures » du célèbre abbé « que de la logique interne de sa méthode par *concordia* », ce qui est fort bien vu. On regrettera seulement qu'il ait cru comprendre, à la suite de Ernst Benz, qu'en parlant du Nouveau Testament comme d'une « loi nouvelle » saint Thomas ait voulu « enclore totalement le pneumatique dans la loi ». La réalité est bien plutôt inverse. Que l'expression même de « lex nova », partout en usage dès les premiers siècles chrétiens, ne soit pas strictement biblique, cela nous semble être pure question de mot. Saint Paul ne parle-t-il pas de la loi de l'Esprit ? Jérémie n'avait-il pas annoncé cette loi nouvelle en disant de la part du Seigneur : « Je mettrai ma loi au fond de leur être et je l'inscrirai sur leur cœur » ? C'est exactement ainsi que l'entend saint Thomas, lorsqu'il dit par exemple que la loi nouvelle est « vel ipse Spiritus sanctus », « vel quam in cordibus Spiritus sanctus facit », ou qu'elle consiste « in infusione Spiritus sancti » ; ou encore lorsqu'il explique que « là où est l'Esprit du Seigneur, c'est-à-dire la loi du Christ spirituellement comprise, non pas écrite avec des lettres mais imprimée par la foi dans les cœurs, là est la liberté » (commentaires de Rom. 8,2, Hébr. 8,2 Cor. 3,17 ; – ce qui ne signifie d'ailleurs pas que saint Thomas soit anomiste). Et c'est pourquoi il refuse de rejeter le *sub gratia* dans le passé pour envisager dans le futur un autre âge qui serait celui de l'Esprit.

Ce n'est là d'ailleurs dans le sujet traité qu'un détail épisodique, presque marginal. Il compte peu, au regard de richesses que nous ne pouvions toutes signaler. Notre recension serait toutefois par trop incomplète et superficielle si nous n'indiquions pas, pour finir, la nouveauté que constitue l'orientation de l'ouvrage et qui en fait, en un sens, le mérite principal. Son auteur l'a conçu comme une œuvre non seulement historique, mais théologique, et il lui a donné, comme il le dit lui-même, la forme d'une réhabilitation. Au premier abord le mot pourrait étonner. En effet, après avoir joui longtemps d'un étrange prestige au sein de l'orthodoxie catholique, où malgré la réprobation de sa théorie trinitaire et celle de nombreux mouvements qui se réclamaient de lui, il trouva maints laudateurs de ses vertus, de ses prophéties, de ses miracles et de sa doctrine, Joachim de Flore n'a pas été moins exalté dans les temps modernes, et jusqu'en notre siècle, où beaucoup l'ont considéré, en le dégageant de sa gangue théologique, comme un génial précurseur. L'essai présent n'en est pas moins neuf. Car précisément H. Mottu s'est donné pour tâche de « réhabiliter théologiquement » Joachim « dans son œuvre elle-même avec la méthode exégétique, l'apocalyptique et l'intentionalité spirituelle qui lui sont propres ». C'était là une entreprise hardie, qui est loin d'ailleurs de représenter l'apport essentiel de cette pénétrante étude ; elle ne se présente guère qu'à titre d'hypothèse, et l'auteur ne fait pas mystère qu'elle comporte inévitablement un « coefficient de partialité ». Si donc nous la discutons, c'est en n'oubliant pas la modestie de cette remarque préliminaire.

Joachim de Flore serait un attardé-précurseur. Son archaïsme ne serait point « innocent » ; il aurait fait puissamment resurgir « la résistance séculaire de l'apocalyptique à toute entreprise de réduction du futur à ' l'au-delà ' ». Son système exégétique s'opposerait à tous les systèmes dogmatiques engendrés par ce qu'on nomme les « progrès » de la réflexion chrétienne, qui ne seraient en réalité que des déviations de l'intuition chrétienne originelle et ne constitueraient, somme toute, qu'une immense parenthèse. Joachim nous permettrait aujourd'hui de fermer enfin la parenthèse, pour ouvrir les voies de l'avenir. A quelle date remonterait la déviation ? A « l'ancienne exégèse médiévale » ? Au temps des Pères de l'Église, et spécialement d'Augustin (très bien connu par notre abbé, qui l'exploite et qui semble éviter d'entrer en conflit ouvert avec lui), dont le néo-platonisme aurait « revu et corrigé » l'eschatologie chrétienne ? A la première systématisation théologique d'Irénée ? Il faudrait remonter plus haut encore, jusqu'à la « *Heilsgeschichte* rédactionnelle conçue par Luc », et pratiquement jusqu'à la première origine accessible du christianisme en tant qu'il a pris forme dans l'institution de l'Église primitive. A contre-courant de cette errance invétérée, que la scolastique naissante devait encore aggraver, le sourcier de Flore aurait, le premier de manière efficace, retrouvé les « sources pré-rédactionnelles des évangiles », issues des traditions « baptistes » et de celles de « l'apocalyptique juive ». Il aurait ainsi remis en valeur le Jésus prophète, annonciateur du Règne (ou, comme il dira, de l'Évangile de l'Esprit). L'école apocalyptique, dite encore « de l'eschatologie conséquente », inaugurée par les travaux d'un Albert Schweitzer et d'un Johannes Weiss, puis d'un Martin Werner, mais heureusement corrigée depuis lors, tendrait à lui donner raison. Il faudrait seulement, avec les adaptations voulues, en tirer les conséquences, et tout d'abord en percevoir, « dans toute sa profondeur », « la signification révolutionnaire ».

« Par quelles voies » Joachim de Flore « a-t-il été en mesure d'opérer un tel redressement » dans l'intelligence du christianisme, « cela demeure... une véritable énigme historique ». Notons ici encore la prudence de l'auteur ; elle tranche avec tant d'affirmations aussi hardies que fragiles et contradictoires entre elles émises par maints historiens du joachimisme. Passons sur un essai partiel d'explication, esquissé d'un trait rapide, par l'opposition entre la ville et la campagne, entre la « sub-culture théologique » propice à la liberté de pensée comme à l'acuité spirituelle de l'ermite montagnard, et la rationalité progressiste mais suspecte, génératrice des abus scolastiques et institutionnels, propre aux monastères trop installés puis aux milieux universitaires : simple tribut déposé sur l'autel d'une certaine sociologie historique, facile et pliable à toutes fins. Mais presque aussi énigmatique, à notre sens, serait l'anticipation si parfaite d'une exégèse si moderne et si particulière, ou même des théories de la révolution style Ernst Bloch et des théologies de l'espérance style Jürgen Moltmann ; – à moins que celles-ci n'aient plus ou moins remodelé à leur image et le joachimisme et les premières conceptions chrétiennes avec lesquelles il est censé renouer. Qu'il y ait entre plusieurs de ces théories récentes et l'attente joachimite du règne de l'Esprit non seulement des traits de ressemblance mais une certaine filiation dont on peut relever les traces, nous en sommes persuadés nous aussi. C'est ce que, croyons-nous, l'histoire atteste, et c'est ce qui rend à nos yeux l'étude de H. Mottu si actuelle, disons même si passionnante, – mais nous croyons également qu'il s'est parfois laissé entraîner, comme malgré lui, à simplifier les éléments de son hypothèse et à la durcir à l'excès, – comme aussi bien nous avons conscience d'en présenter un résumé qui risque de la durcir encore.

Dans un article récent, publié l'an dernier ici même[1], H. Mottu s'est expliqué davantage, au moins sous forme de « questions critiques ». L'examen de l'herméneutique biblique « subversive » de Bloch lui a fourni l'occasion de préciser sa propre pensée et d'en mieux assurer l'équilibre. Déjà de nombreuses allusions faites au cours de l'ouvrage et les larges développements de la conclusion la montraient moins unilatérale qu'il n'avait pu, ici ou là, sembler. L'exposé du chapitre deuxième sur « les paradigmes du système herméneutique » élaboré par Joachim ouvraient une voie réellement neuve, pour faire pénétrer dans l'intelligence du joachimisme en ce qu'il a sans doute de plus original. Toutefois, pour permettre d'évaluer la consistance de l'interprétation qui nous a paru ressortir de certains passages, deux choses ne seraient-elle pas restées encore soit à discuter soit à établir ? Il y aurait à examiner d'abord si l'école dite apocalyptique rend suffisamment compte de toutes les données « des écrits néotestamentaires », fût-ce en expliquant avec quelque vraisemblance comment ces données auraient pu mystérieusement s'y glisser pour donner si vite un visage si autre, doué d'un attrait de nouveauté si fort, au christianisme naissant (mais nous comprenons que pareil examen eût totalement débordé le cadre de l'ouvrage). Il faudrait se demander ensuite si cette apocalypse, annonciatrice du nouvel « éon », en laquelle aurait consisté tout le message de Jésus, et dont il nous est dit justement qu'en elle, comme en toute apocalypse, « le temps se contracte », pourrait être en même temps le parfait modèle d'une théologie de l'histoire surgie à l'aube du treizième siècle, dont la principale caractéristique est au contraire

1. « La figure de Job chez Bloch », dans *RThPh*, 3e série, 27 (1977), pp. 307-320.

d'allonger en quelque sorte, en y introduisant une nouvelle étape au moins qualitative, la durée temporelle de ce monde. Par l'invention de son « troisième temps », *ultima aetas mundi*, règne terrestre du Saint-Esprit, Joachim de Flore ne s'opposait-il pas précisément à maints scrutateurs de l'Apocalypse, qui depuis des siècles croyaient y voir annoncée une *finis hujus mundi* plus immédiate, c'est-à-dire une conclusion de l'histoire à la fois plus proche et plus radicale ? Ne reportait-il pas de la sorte à une autre échéance l'irruption du nouvel « éon » ? Il conviendrait encore, nous semble-t-il, de mieux montrer comment la grandeur de Joachim peut être à la fois d'avoir pris au sérieux plus que tout autre ou presque tout autre avant lui « l'historicité » du christianisme et d'avoir reconquis l'héritage, abandonné par la grande tradition depuis les premiers jours, de ce « radicalisme eschatologique » le plus primitif dont il nous est dit qu'il implique « l'expérience du néant de l'histoire ». Est-il enfin bien assuré que le refus d'entrer dans le « vaste champ imaginaire » où brille l'aube sereine du « troisième temps » entraînerait fatalement la dissolution de toute pensée eschatologique « dans un intimisme pur » ou la recherche d'un refuge « vers le ciel des puretés abstraites » ? Serait-il vraiment nécessaire d'adhérer au joachimisme pour entretenir « l'espérance d'une création nouvelle » ? Avouons que ces pages d'extrapolation théologique, où manquent les définitions précises de termes tels qu'« eschatologie » ou « apocalyptique », et l'indication précise du rapport qu'ils peuvent avoir avec les termes également extensibles d'« historicité » et de « révolution », sont assurément d'une inspiration noble, mais aussi d'une richesse et d'une subtilité un peu confuses. Elles sont toutefois suggestives, et nous en retiendrons volontiers l'appel à éviter « une minimisation du rôle apocalyptique de la foi », ainsi qu'à réagir contre « une sorte de défaitisme de la raison théologique devant ce qu'il lui faut conceptualiser et non pas contourner toujours ».

L'auteur a parfaitement senti la réserve instinctive, devant la théorie joachimite, de tout chrétien qui veut, sous quelque forme qu'il le comprenne, demeurer fidèle à son nom : comment en effet ce chrétien serait-il tendu vers un « âge », un « état » ou un « temps » d'où le Christ, ayant achevé sa tâche, aurait disparu ? Joachim de Flore, nous rappelle-t-il, est « tout, sauf un penseur christocentrique » ; bien plus, toute christologie ne peut avoir pour lui d'autre sens que provisoire. Comme on l'a vu plus haut, son interprète n'a pas hésité à mettre fortement en relief ce trait foncier du système ; il n'a pas caché non plus la vanité des exégèses dont ce système prétend s'autoriser. Comment admettre que l'Esprit doive inaugurer sur notre terre « une nouvelle initiative historique de Dieu lui-même » ? Et comment croire que saint Paul ou saint Jean nous en aurait voulu persuader ? La pneumatologie de Joachim, il faut donc le reconnaître, est « inquiétante ». C'est pourquoi, vers la fin de l'ouvrage, ce point crucial est évoqué de nouveau. L'historien ne renonce point à l'idée que la nouveauté bouleversante introduite par Joachim dans la tradition chrétienne est une « hétérodoxie » féconde ; il persiste à penser, en usant d'une catégorie blochienne qu'il prend généreusement pour une analyse, que son « rêve » fut un « rêve éveillé », porteur d'un avenir salutaire ; mais le théologien dont cet historien se double est pris comme d'un scrupule devant l'enthousiasme avec lequel il a salué une telle radicalité. A la manière du peintre qui veut apporter *in extremis* une nuance à son portrait, il esquisse une sorte de « repentir ». Il avertit son lecteur qu'il ne faut rien « dramatiser », ni « systématiser à outrance ». Cette envahissante pneumatologie, qui après tout ne s'est exprimée qu'en symboles, n'y aurait-il pas moyen de l'interpréter *in optimam partem* ? Et, paradoxalement, voici qu'après avoir critiqué les explications rassurantes d'un Antonio Crocco, il cherche à son exemple si l'on ne pourrait pas comprendre « christologiquement la pneumatologie de Joachim », et convient avec lui que l'*aetas Spiritus sancti* doit correspondre pour l'exégète calabrais à l'*aetas plenitudinis Christi*. Comment cependant rendre compte du « décrochement » si manifeste de l'œuvre de l'Esprit par rapport à celle du Christ ? La solution qu'il adopte consiste à rappeler que « la christologie n'est en quelque manière jamais *autosuffisante* » et que « même comme récapitulateur, le Christ n'est encore que le précurseur du règne de Dieu ». Le Christ, en effet, ne se tient-il pas selon Paul « entre sa résurrection et la manifestation en gloire de la souveraineté de Dieu » ? Ce qu'il commente en disant, dans une belle formule, que sa Croix serait à comprendre « comme la manifestation négative du Règne et le Règne comme la manifestation positive de la Croix ». Tel est bien le sens de ce que nous lisons au quinzième chapitre de la première épître aux Corinthiens, dans le passage qui se termine par ces mots : « Quand toutes choses lui auront été soumises, alors le Fils lui-même se soumettra à Celui qui lui a tout soumis, afin que Dieu soit tout en tous. » H. Mottu renvoie d'ailleurs lui-même à cette page, ainsi qu'au chapitre 21 de l'Apocalypse, où l'Ange montre au visionnaire de Patmos « la Cité sainte, Jérusalem, qui descendait du ciel, de chez Dieu, avec en elle la gloire de Dieu ». « Peut-être, ajoute-t-il, était-ce cela que Joachim avait en vue... » Peut-être... Mais s'il y a vraiment correspondance, est-ce en raison du fait que Joachim s'explique au mieux par Jean, ou du fait que Jean est expliqué à sa manière par Joachim ? Quant à nous, il ne nous est pas possible de voir comment ces deux textes, celui de Paul ou celui de Jean, auraient quelque rapport avec ce règne de l'Esprit dans un troisième temps qui se déroulerait sur notre terre avant les assauts du dernier Antichrist et la consommation finale, tel que Joachim l'annonçait.

Si certaines explications contenues dans le livre d'Henry Mottu nous ont paru contestables (nous avons préféré consacrer une part de cette recension à les discuter, plutôt que d'allonger et d'alourdir un résumé qui de toute façon n'aurait pu être qu'incomplet), l'ouvrage tout entier n'en est pas moins d'un très grand intérêt, – d'un intérêt passionnant. Il allie à une érudition sûre une pensée très vivante. Après l'avoir lu, on ne peut plus douter de l'extrême complexité, véritablement organique, de l'œuvre joachimite, et l'on comprend mieux que son intelligence offre ample matière à discussion. On comprend mieux aussi « l'étrange fascination » que l'exégèse si archaïque (mais en même temps si personnelle) de l'abbé de Flore, élaborée au profit d'une théologie si novatrice, « n'a cessé d'exercer sur les esprits jusqu'aujourd'hui »[1].

1. Les Atti del I Congresso internazionale di Studi Gioachimiti (S. Giovanni in Fiore, 19-23 settembre 1979), parus en 1980, ont publié l'importante communication du Dr Mottu sur « Joachim de Fiore et Hegel, apocalyptique biblique et philosophie de l'histoire », qui contient, après de judicieuses précisions de méthode, une critique convaincante des prétendues « analogies formelles » et analogies de contenu par lesquelles on a voulu montrer dans la « gnose » hégélienne une interprétation authentique et comme l'achèvement du joachimisme de Joachim.

TRADUCTIONS

P. 15, n. 1, Salimbene : « Les écrits de Balaam, Élie, Caïphe, la Sibylle, Merlin, Joachim et Méthode ne sont pas méprisés par l'Église, mais volontiers reçus, dans la mesure où ils ont dit des choses bonnes, utiles et vraies, car, comme dit le bienheureux Ambroise, la vérité, dite par qui que soit, vient de l'Esprit saint » ; « pour comprendre » ; « Il a une intelligence illuminée pour comprendre les dits de Merlin, de la Sibylle, de l'abbé Joachim et de tous ceux qui ont prédit quelque chose sur le futur. »
P. 16, l. 10 : « moteur principal » ; l. 15 : « exhibition superstitieuse des modernes ».
P. 16, n. 1 : « Le message de Joachim constitue vraiment la clé de voûte du passage du Moyen Âge à la Renaissance, de l'attente de la fin des temps à l'attente de l'âge nouveau. »
P. 16, n. 4 : « qui sont enflés de science scolastique » ; « hommes spirituels » [qui savent] « avoir avec les simples et les étrangers à la foi catholique un entretien spirituel ».
P. 17 : l. 6 : les « absurdités » ; l. 8 : « étrangers et extérieurs » ; l. 9 : « hommes catholiques ».
P. 17, n. 2 : « Par mandat du Seigneur pape Lucius et du Seigneur pape Urbain, j'ai reçu l'ordre… » ; « reçus par les mandats » ; (« comme on peut s'en rendre compte… d'après les lettres du seigneur jadis pape Clément ») ; « comme donc c'est sur l'ordre et l'exhortation… du pape Lucius… et ensuite d'après l'autorité du pape Urbain… qu'on dit que tu as composé… » ; « compléter et amender avec diligence l'ouvrage » ; « À cause de l'angoisse des temps, je n'ai pu jusqu'ici présenter au sommet apostolique ces opuscules hormis le livre de *La Concorde* pour qu'il les corrige ».
P. 17, n. 3 : «… ma dévotion et ma foi envers [le siège]… Et que je serais toujours prêt à observer ce qu'il a statué ou statuera ».
P. 19, l. 8 : « nouveau et éternel testament ».

P. 19, n. 1 : « [Dieu] fut alors vu par l'Esprit de manière prophétique, puis il fut vu par le Fils selon l'adoption, et il sera vu dans le royaume des cieux selon la paternité, l'Esprit préparant l'homme pour le Fils de Dieu, le Fils conduisant au Père, et le Père donnant l'incorruptibilité pour la vie éternelle. »
P. 20, l. 14 : «… non qu'il faille croire de quelque manière que la Trinité, qui est inséparable par nature, puisse être séparée dans l'opération ; mais afin que la discrimination des personnes puisse être comprise dans la distinction des œuvres » ; l. 27 : « Créateur du genre humain le Père, créateur le Fils, créateur aussi l'Esprit saint ».
P. 20, n. 3 : « quoique soient indivisibles les œuvres de la Trinité ».
P. 20, n. 4 : « La plupart du temps » ; « une est l'opération des trois à cause du lien ineffable de la déité, etc. ».
P. 21, l. 18 : « le vénérable père Bernard » ; 3 l. avant la fin : « C'est en effet le grand nombre qui contient tous ces mystères » ; « enfin, les mystères de la page divine nous recommandent trois états du monde ».
P. 21, n. 5 : « comme dit Bernard ».
P. 22, l. 12 : « temps sous la lettre de l'Évangile » ; l. 13 : « temps sous l'intelligence spirituelle ».
P. 22, n. 1 : « De même en effet que la lettre de l'Ancien Testament, par quelque propriété de similitude, paraît appartenir au Père, la lettre du Nouveau Testament au fils, ainsi l'intelligence spirituelle qui procède des deux appartient-elle à l'Esprit saint. »
P. 22, n. 3 : «… soudain, tandis que je méditais, la perception par les yeux de l'esprit d'une certaine clarté de l'intelligence me révélèrent la plénitude de la science de ce livre (l'Apocalypse) et toute la concorde de l'Ancien et du Nouveau testament. »
P. 23, n. 3 : «… Enfin, comme le Père fait tout par le Verbe et l'Esprit saint est porté sur les eaux, il est certain que les deux personnes coopèrent avec celui-là seul qui opère. La diction même du Verbe, ou émission de l'Esprit, est cependant l'action propre du Père, etc. »
P. 24, l. 22 : « âge décrépit de l'Église ».
P. 24, n. 5 : « jeunesse-vieillesse » ; « enfance-jeunesse-vieillesse » ; « Le reste du sixième âge est connu de Dieu seul. »
P. 25, l. 4 : « forme de croyance » ; l. 7 : « forme de vie » ; 2 l. avant la fin : « tremblement de terre ».
P. 25, n. 2 : « La sainte Église passant par des états qui se succèdent progressivement les uns aux autres *se renouvelle* jusqu'au jour d'aujourd'hui et se renouvellera toujours, *comme la jeunesse de l'aigle* [cf. Ps 102 (103), 5], étant toujours sauf le fondement de la foi en la sainte Trinité, en dehors duquel personne ne peut proposer autre chose – bien que dans leur élaboration diverse, la structure de divers modes religieux grandit le plus souvent en un *temple saint pour le Seigneur* [cf. Ep 2 21] ».

P. 25, n. 4 : « Il y a en effet un seul corps de l'Église, qui est vivifié, régi et gouverné par l'Esprit saint, auquel est uni l'*Esprit saint, multiple, subtil, mobile, pénétrant, sans souillure, assuré, suave, ami du bien, prompt, que rien n'empêche de faire le bien, humain, bienveillant, ferme, sûr, qui peut tout, surveille tout, pénètre à travers tous les esprits, intelligent, pur* [Sg 7 21-22]... Voici qu'apparaît manifestement que le corps de l'Église, qui est un, est vivifié par l'Esprit saint, qui est un, lequel est en soi unique et multiple dans la distribution multiforme de ses dons. En vérité, ce corps de l'Église vivifié par l'Esprit saint, à la fois séparé et distingué par [ses] divers membres aux temps et âges divers, commence avec le premier juste, Abel, et s'achèvera avec le dernier élu, toujours un en une seule foi, mais distingué sous de nombreuses formes en une variété multiple de manières de vivre. »

P. 26 : l. 2 : « tremblement de terre » ; l. 5 : « avide de la littérature récente » ; l. 10 : « loi éternelle » ; l. 16 : « le plus beau » ; 2 l. avant la fin : « siècle vieillissant » ; « Église vieillissante ».

P. 27, l. 3 : « En cet âge toutefois, comme en la vieillesse d'un vieil homme, un homme nouveau naît, qui désormais vit spirituellement » ; l. 6 : « qui n'a pas de soir » ; l. 18 : « au sommet de la religion plus élevée » ; 4 l. avant la fin : « Nous sommes tous deux serviteurs de Dieu. Ils sont ministres ? Moi aussi. »

P. 27, n. 2 : «... en observant une seule foi, un si grand nombre de si diverses nouveautés de la religion émergent au monde à travers la succession des temps de partout, en tout lieu, sous de multiples formes ».

P. 27, n. 4 : « émanciper l'Écriture sacrée au service de son interprétation et non, plutôt, adapter à l'Écriture divine son interprétation ».

P. 27, n. 6 : « Dis donc, si tu peux, si le Dieu fidèle a promis à un moine qu'il refuserait de se donner au clerc, à moins qu'il ne devienne moine. »

P. 28, n. 2 : «... Dans l'Église courent également simultanément ces deux ordres, l'ordre monastique et l'ordre canonial, à l'instar de Jean et Pierre, bien-aimés tous deux et tous deux aimant Dieu, etc. » ; « courent dans le même homme. »

P. 28, n. 5 : « Afin qu'on ne dise pas que c'est le jour de la Pentecôte qu'il est généralement accompli. »

P. 29, l. 6 : « sous l'Antichrist » ; l. 8 : « sous les religieux ».

P. 29, n. 2 : « au paradis, sous la loi naturelle ; d'Abraham à Moïse, sous la Loi écrite, sous l'âge prophétique ; – sous l'Évangile, sous les martyrs, sous les confesseurs, sous les religieux, sous l'Antichrist ».

P. 29, n. 4 : «... Très souvent, lit-on, la coutume de l'Église a changé... Et l'Esprit saint a varié son style en s'accordant à chaque temps. »

P. 30, l. 9 : « béatitude éternelle » ; l. 18 : « la chambre nuptiale de la gloire » ; « sont émoussées ».

P. 30, n. 2 : « Dans les cloîtres sont les vrais chœurs des camps retranchés... et dans les cloîtres, comme dans des camps retranchés, ils militent contre les démons » ; « La stature de l'Église est la persévérance du combat ».

P. 30, n. 5 : « Au regard des événements futurs, les événements passés sont émoussés et ce qu'on appelle "lumière" à cette époque, au regard des anciens, doit être considéré comme la nuit au regard du futur » ; « Même si, au regard du passé, la vérité apparaît désormais aux chrétiens, la paix de l'Église n'en demeure pas moins cachée au regard du futur » ; «… dans le troisième [état], l'Église des contemplatifs sera la seule ».

P. 31, 5 l. avant la fin : « hérétiques patarins » ; « secte la plus impie ».

P. 32, l. 3 : « fils des ténèbres » ; l. 13 : « triple moyen ».

P. 32, n. 4 : « C'est pourquoi le monde entier a été restitué spécialement dans le Verbe-Fils unique de Dieu, qui s'est incarné et fait homme, mais à la fin du monde, c'est généralement et universellement qu'il sera restauré. »

P. 33, l. 9 : « qui en partie brille par la connaissance très claire de la vérité, en partie est obscurci dans les symboles » ; l. 15 : « *ombre – image – vérité* (dans la patrie) » ; 2e §, l. 5 : « Dans le troisième état, s'exclame Joachim, "non seulement l'animal… mais nos corps seront spirituels" » ; 2e §, l. 9 : mais du « siècle futur, qu'il y aura après la résurrection ».

P. 33, n. 3 : « Car Jérusalem s'interprète "vision de paix" ; elle signifie la cité céleste, à laquelle n'est pas encore parvenue la nature humaine, ce que nous croyons qu'il y aura après la résurrection générale de tous… [la nature humaine] n'est à présent cependant pas très éloignée de la patrie céleste, puisqu'elle demeure encore dans la chair dans la maison d'obéissance, etc. »

P. 34, l. 3 : « indubitablement » ; l. 8 : qu'« il démontrait les commandements de Dieu qui sont avant la loi, dans la loi et aussi dans la grâce » ; l. 10 : « dans la grâce ».

P. 34, n. 4 : « La multitude des chrétiens qui, au commencement de l'Église, pouvait être appelée Jérusalem pour sa très grande quantité d'hommes bons doit plutôt être appelée aujourd'hui Babylone pour son nombre infini d'hommes mauvais. »

P. 35, 4 l. avant la fin : « par de nombreux schismes ».

P. 35, n. 2 : « le peuple grec, qui fut élu à l'image de l'Esprit saint ».

P. 35, n. 5 : « La ferveur de la grâce spirituelle qui s'est retirée loin des Grecs se trouva chez les Latins. »

P. 36, l. 5 : « dès le sein [maternel] » ; « dès le ventre [maternel] » ; 3 l. avant la fin : « Tu es Pierre » ; « le portier du paradis ».

P. 36, n. 1 : « De même que, jadis, les tribus se séparèrent en dix de la maison de David,… ainsi les églises des Grecs se séparèrent-elles alors du chapitre de Pierre » ; « Embrasés par le zèle de la jalousie, ils [les Grecs] rejetèrent la grâce de Dieu » ; « La plupart des Grecs s'éloignent

des Latins, ne voulant communier avec eux dans la doctrine » ; (« sauf en cas de grave nécessité »).
P. 36, n. 5 : « L'apôtre (dit) que le prêtre doit être *l'époux d'une seule femme* [cf. 1 Tm 32] : adhérant juqu'à présent à son propos, les Grecs encore incirconcis nomment presque tous leurs prêtres quand ils sont mariés. »
P. 36, n. 7 : « Le clergé des Grecs... refusant d'être contraint et forcé sous la discipline de l'évêque et pasteur universel... » ; «... la Cité, la sainte Église romaine qui observe fermement et prêche la vraie foi, non comme l'Église des Grecs, qui nie que l'Esprit saint procède du Fils de Dieu » ; «... refusant d'entendre les paroles de vérité de ceux qui prêchaient que l'Église romaine doit être préférée par la grâce aux autres Églises en raison du don promis à Pierre, etc. »
P. 37, l. 24 : « perfidie ».
P. 37, n. 1 : « Cependant, la patience de celui qui tient la place du Christ les souffre jusqu'à présent afin qu'ils ne périssent pas tous excommuniés, mais que, comme ils auront été attendus avec longanimité, ils reviennent un jour à l'unité du troupeau. »
P. 37, n. 5 : « Non seulement à cause de cela j'aspire de toutes mes forces à m'opposer à leur esprit de contention et à leur perfidie, mais je sens aussi qu'approche le temps de leur faire miséricorde, le temps de leur consolation et de leur conversion » ; « eux qui, là où ils auraient dû progresser dans la doctrine spirituelle, auront fait naufrage au regard de la foi ».
P. 38, n. 3 : « Quand sera consommé tout ce qui doit l'être dans l'Église romaine, elle reviendra à cette Église d'où elle a tiré son origine. »
P. 38, n. 5 : « Si le peuple des Grecs ne s'était pas soustrait à l'œuvre de piété, etc. »
P. 39, l. 4 : « l'Église-Esprit au moyen d'un homme spirituel » ; l. 5 : « Église-nombre d'évêques » ; l. 7 : « personne » ; l. 10 : « débuts – enfance – jeunesse – maturité ».
P. 39, n. 7 : « Son orientation était d'ordre individuel et moral, plutôt que social et historique. »
P. 40, l. 4 : « Il [le Paraclet] doit être reconnu et révéré comme seul maître depuis le Christ, car il ne parle pas de lui-même mais dit ce qui lui est commandé par le Christ » ; l. 7 : « La règle de la foi est absolument unique, est seule immobile et irréformable. »
P. 41, l. 7 : « Dieu tout en tout » ; 8 l. avant la fin : « De même, le Fils a opéré jusqu'à présent, mais désormais l'Esprit saint commence à opérer, jusqu'à la fin du monde. »
P. 41, n. 1 : « D'autres ont dit que Dieu est le principe formel de toutes choses et telle fut, dit-on, l'opinion des Amalriciens. »
P. 41, n. 2 : «... Il [Amaury] dit ainsi que Dieu est un et tout. Il dit aussi que Dieu est l'essence de toutes les créatures et l'être de tout. »
P. 41, n. 4 : « nouvelles hérésies d'un esprit nouveau ».

P. 42, dernière ligne : « il a défailli en chemin ».
P. 43, l. 13 : « assignation de la concorde des deux testaments » ; 4 l. avant la fin : « Comme il y en a quelques-uns qui pensent que la concorde est la même chose que l'intelligence spirituelle, qui est dite proprement allégorie, il est nécessaire en premier lieu que nous montrions ce qui sépare concorde et allégorie. »
P. 43, n. 4 : « sans aucun fondement théologique qu'un usage exaspéré et acritique de l'allégorisme ».
P. 44, l. 2-4 : « allégorie du fait » ; « concorde de la lettre » ; « ouvrage à partir d'histoires anciennes et nouvelles » ; 2e §, l. 1 : « consonnance », « similitude d'égale proportion » ; l. 7 : « série de concordes » ; dernière ligne : « en germe ».
P. 45, l. 27 : « Comme un souffle dans une flûte, ainsi l'intelligence spirituelle procède-t-elle du cœur de la lettre. »
P. 45, n. 1 : « Nous vous donnerons cela même à partir du Nouveau Testament, pour que vous aussi perceviez quelque chose de la concorde des deux Testaments. »
P. 45, n. 6 : « Au troisième état, les mystères seront nus et ouverts aux fidèles. »
P. 46, 3 l. avant la fin : « trois temps à la ressemblance des trois personnes ».
P. 46, n. 1 : « La vérité manifeste apparaîtra, procédant du ventre de la lettre et de la maison du Nouveau Testament, etc. »
P. 46, n. 3 : « Qu'est-ce que *voir le ciel ouvert* [Jn 1, 51] sinon, une fois ouvertes les portes de la lettre, considérer plus intimement l'Ancien et le Nouveau Testament qui ont été fermés aux hommes animaux ? »
P. 46, n. 4 : « La lettre de l'Ancien Testament fut confiée au peuple juif ; la lettre du Nouveau au peuple romain. Aux hommes spirituels, l'intelligence spirituelle, qui procède des deux. »
P. 46, n. 5 : « le temps est proche ».
P. 46, n. 6 : « L'intelligence (de l'Ancien et du Nouveau testament) convient à l'ordre des moines. »
P. 46, n. 8 : « L'orgie symbolique dont s'enivre le spiritualisme à outrance de Joachim voudrait être en fait, à la lettre, le rite d'initiation à une nouvelle "épiphanie" de la "bonne nouvelle" ».
P. 47, l. 10 : « où tend le saint Esprit » ; 5 l. avant la fin : « derniers temps » ; dernière ligne : « Ne lui avait pas été donné l'esprit de prophétie, mais l'esprit d'intelligence ».
P. 47, n. 2 : « intelligence spirituelle multiple ».
P. 47, n. 3 : « Un nombre assuré et égal a été donné à chacun des trois âges pour que nous comprenions qu'il y a dans les œuvres divines un certain ordre vivant, par lequel peuvent être appréhendées de nombreuses choses en leur temps ».

P. 47, n. 6 : « Je considère que ce n'est pas faire œuvre inutile que de dévoiler ce que la bonté d'en haut a jugé bon de me dévoiler sur les derniers temps, à moi qui en étais indigne, dans l'intérêt des fidèles ».
P. 47, n. 7 : « Moi Joachim, au milieu du silence de la nuit, à ce que je crois, et à l'heure où l'on pense que notre Lion de la tribu de Juda est ressuscité des morts, subitement… »
P. 47, n. 8 : « Il répondit qu'il n'avait là-dessus ni prophétie, ni conjecture, ni révélation ; mais Dieu, dit-il, qui a jadis donné aux prophètes l'esprit de prophétie, m'a donné l'esprit d'intelligence, etc. »
P. 48, l. 12 : « exercice de lecture » ; l. 18 : « à tout le moins un nouveau genre d'exposition ».
P. 48, n. 4 : « Et nombre de ceux qui désiraient la sagesse s'adonnèrent avec zèle à la lecture, se livrèrent à l'étude de la doctrine, sans cependant qu'il leur fut permis de parvenir à sa moelle, car ils ne considérèrent pas qu'on devait y entrer par la grâce… De fait, ils ne trouvèrent pas la clé de David… J'étais moi-même angoissé devant les paroles de Dieu et je cherchais par l'exercice de la lecture à parvenir à la connaissance de la vérité… je n'étais pas absolument dénué de l'intelligence venue de l'huile sainte » ; « Ô humaine témérité ! ô présomption toujours ennemie de la piété humaine ! »
P. 48, n. 5 : « Et nous-mêmes, qu'un sort tardif a appelés après les Pères, ne pouvons-nous attribuer quelque chose… ».
P. 48, n. 6 : « grands docteurs » ; « érudition » ; « ressource des grands esprits » ; « hommes spirituels » ; « voient à la mesure de ce qu'ils meurent au siècle présent ».
P. 49, l. 3 : « rustique et grossier » ; l. 6 : « Il n'y a pas trois, mais deux Testaments » ; l. 9 : « duel et presque double » ; l. 20 : « Quand sera venu ce temps, l'eau de la lecture évangélique se changera en vin. »
P. 49, n. 1 : «… [Cela] même si c'est en un style rustique et grossier, je pense pouvoir [le] prouver par des documents certains et indiscutables, à condition toutefois que soit présent celui qui tourne en dérision ceux qui présument d'eux-mêmes et *rend éloquente la langue des tout-petits* [Sg 10, 21] ».
P. 49, n. 2 : traduite jusqu'à « necessarium est », ensuite adaptée très fidèlement dans le texte.
P. 50, l. 9 : « ultime Antichrist ».
P. 50, n. 1 : « nouvelle Église des religieux ».
P. 50, n. 2 : « évangile spirituel ».
P. 50, n. 3 : « C'est pourquoi la vérité elle-même dit : *Quand sera venu l'esprit de vérité, il leur enseignera toute vérité* [Jn 16, 13] ; et afin, comme en changeant l'eau en vin, d'enivrer les élus, il ajouta… ».
P. 50, n. 4 : « troisième état ».
P. 50, n. 5 : « L'accouchement de la Synagogue accompagna la destruction que souffrit Jérusalem sous Vespasien et Titus, où, bien que l'Église de la circoncision fût affligée – car son heure était venue –, une

grande joie advint cependant après la tristesse, car de là naquit l'ordre clérical dans le monde. »
P. 50, n. 7 : « après l'évacuation et la destruction du pseudo-évangile du fils de la perdition et de ses prophètes ».
P. 51, l. 17 : « vie apostolique ».
P. 51, n. 6 : « De même qu'en lui qui était semblable au fils de l'homme on doit comprendre un ordre à venir d'hommes parfaits observant la vie du Christ et des apôtres, ainsi en l'ange qui sortit du ciel, un ordre d'ermites, émules de la vie des anges… » ; « apparaît sans cesse manifestement » ; « du ciel où il demeurait caché sortit comme soudainement ».
P. 51, n. 7 : « En ce temps qui est appelé jour du Jugement » ; « après la ruine de l'Antichrist » ; « Cet ordre sera donc pour ainsi dire plus doux et plus suave, pour recueillir les moissons d'élus, comme dans l'esprit de Moïse. Mais l'autre, plus féroce et brûlant, pour recueillir la vendange des réprouvés, comme dans l'esprit d'Élie » ; « Le grand Élie, qui viendra pour achever tout, commença cette religion monastique ou érémitique. »
P. 52, l. 16 : « *Quand sera venu l'Esprit de vérité et qu'il nous enseignera toute vérité* [Jn 16, 13], qu'en sera-t-il encore pour nous des figures ? » ; l. 23-25 : « Église des clercs » ; « Église des contemplatifs » ; « ceux qui travaillent » ; « ceux qui sont en paix » ; « Église de ceux qui sont en paix » ; 6 l. avant la fin : « Il est en effet nécessaire que passe ce que signifie Pierre et que demeure ce que signifie Jean. »
P. 53, 6 l. avant la fin : « Non, donc, loin s'en faut, que défaillera l'Église de Pierre, elle qui est le trône du Christ, mais transformée pour une gloire plus grande, elle demeurera stable dans l'éternité » ; 4 l. avant la fin : « Le successeur de Pierre… sera élevé au sublime. »
P. 54, l. 3 : « le triomphe suprême et la plus grande gloire de l'Église et de la papauté » ; l. 10 : « intelligence spirituelle » ; l. 12 : « *selon l'ordre de Melchisédech* [cf. Ps 109 (110), 4 ; He 5, 6 ; 5, 10, etc.] » ; l. 15 : *« autre forme, meilleure »* ; l. 18 : « Joachim divise la période depuis Abraham en deux *tempora* (temps) : le premier, depuis Abraham jusqu'à l'incarnation du Christ ; le second, depuis la naissance du Christ jusqu'à la fin du monde » ; 5 l. avant la fin : « dernier temps » ; 2 l. avant la fin : « en leur temps ».
P. 54, n. 6 : « Si, dans la chair du Christ, la lettre est dévorée par l'Esprit, combien plus dans les autres choses ? »
P. 54, n. 7 : « Quoique connaître le jour et l'heure ne nous appartienne ni à toi ni à moi. »
P. 55, l. 5-7 : « état » ; « temps » ; « âge » ; l. 11-12 : « pour une figure » ; « pour la vérité ».
P. 55, n. 1 : «… ignorant que le dernier jour, ou fin du monde, ne doit pas toujours être compris comme l'article ultime de la fin du monde mais

plutôt comme le temps de la fin, c'est-à-dire l'âge ultime du monde, mais que le « jour » des Saintes Écritures est habituellement mis pour “temps” » ; « Le troisième état sera donc vers la fin du siècle, alors non sous le voile de la lettre mais dans la pleine liberté de l'esprit » ; « vers la fin », « fin du monde » ; « vers, alentour » ; « du siècle » ; « de ce siècle » ; « état » ; « siècle ».

P. 55, n. 2 : « Ce *temps* sera en effet *temps* bienheureux, *temps* de la joie et du repos, *temps* au sujet duquel il est dit du point de vue de l'esprit dans le livre de la Genèse : *et Dieu bénit le septième jour et le sanctifia, car en ce jour il avait arrêté tout l'ouvrage qu'il avait accompli* [Gn 2, 3]. »

P. 55, n. 4 : « grand sabbat comme le temps pascal ».

P. 56, n. 2 : « furent peut-être brûlés par le feu par les catholiques ».

P. 56, n. 3 : « La femme sunamite, qui s'unit à lui et ne conçut pas de lui, sera la nouvelle religion, libre et spirituelle. »

P. 56, n. 4 : « Non, donc, loin s'en faut, etc. »

P. 57, n. 4 : « Et il aura son couronnement, son nouvel âge, avec le nouvel ordre monastique, le plus complet et le plus parfait, précisément celui de Flore. »

P. 58, 9 l. avant la fin : « il porte le type ».

P. 58, n. 4 : «… l'homme Christ Jésus… désigne l'Esprit de vérité » ; « Le premier miracle du Christ, par lequel ses disciples crurent en lui, [est] le changement de l'eau en vin, le plus grand miracle de l'Esprit saint » ; « si ce n'est comme le type de ceux qu'ils seront ».

P. 59, l. 14 : « encore à la mamelle » ; 4 l. avant la fin : « plus haut que jusqu'à présent ».

P. 59, n. 1 : « Aussi longtemps que demeure encore le temps de Pierre, il n'est pas possible, lui subsistant, que, pour ainsi dire, Jean exerce ses forces sauvages [les éditeurs corrigent aujourd'hui *feras/seras* en *suas*, « ses forces »] ; mais quand sera passé ce que signifie Pierre…, succédera ouvertement ce que désigne Jean. »

P. 59, n. 3 : « Plus subtilement…, par l'intelligence spirituelle, nous pouvons assigner ces quatre évangiles à quatre temps. »

P. 59, n. 5 : « Même si de nombreuses choses ont été écrites par les pères sur l'exposition du Nouveau Testament, on observe que son exposition parfaite sera faite au troisième état du siècle. »

P. 60, l. 8 : « Ils se reposeront de l'œuvre d'écriture de livres. »

P. 60, n. 2 : « Ô combien bienheureux sera ce temps et que furent heureux ceux en qui fut spirituellement accomplie cette invention du Christ » ; « Il faut en effet qu'il [l'Esprit] change nos esprits… et transporte nos cœurs des désirs charnels à l'amour céleste, afin, en quelque sorte, que nous ne soyons pas ce que nous avons été, mais que nous commencions à être autres. »

P. 61, l. 22-23 : « dans la patrie après la fin du monde » ; « dans le siècle futur ».

P. 61, n. 3 : « C'est donc confiant non en ma bénignité (je n'en ai pas), mais en celle du Christ,… non en l'audace de ma présomption, mais en l'autorité du pontife romain, que j'ai entrepris d'exposer l'Apocalypse. »
P. 63, l. 7 : « Le pouvoir est divisé en pouvoir sacerdotal et pouvoir royal » ; l. 9 : « Il y a au firmament de la sainte Église deux luminaires créés par le Seigneur : le sacerdoce et le règne » ; 5 l. avant la fin : « république chrétienne ».
P. 65, n. 3 : « Si nous traitions en une partie de Jean Baptiste, de l'homme Jésus et de ses disciples, en une autre d'Élie et du Saint-Esprit en même temps que de certains hommes spirituels… Jean baptisa dans l'eau, l'homme Christ Jésus dans l'eau et le sang… Élie fut enlevé sur un char de feu, etc. »
P. 66, n. 4 : « La Vierge Marie signifie l'Église qui ne connaît pas l'homme et repose dans le silence de la solitude ; où il n'y a pas d'études littéraires, pas de docteurs de l'institution ecclésiastique, mais la simplicité de la vie, mais la sobriété, mais la charité d'un cœur pur et d'une foi non feinte. »
P. 67, l. 12 : « dans le "type" de Marie ».
P. 67, n. 1 : « Ainsi, bienheureux les hommes de cet état, car ils ne désireront rien des choses du monde, comme posés sur l'air, ils reposeront sur une nuée brillante » ; « on pense qu'ils sont comme venus des arcanes des cieux ».
P. 67, n. 2 : « Ce n'est pas à tort que dans le "type" de Marie on parle pour la religion monastique qui fleurit actuellement d'un ordre de justes qui naîtra d'elle au temps d'Élie, etc. » ; «… ce qui est jugé parfait pour une justice débutante est considéré comme imparfait par une justice accomplie » ; « Ce n'est pas sans raison que, se retirant des superbes, l'Esprit de Dieu cherche les humbles en esprit pour y reposer utilement ».
P. 69, n. 1 : « Nous donc, qui sommes à la porte, pouvons dire beaucoup de choses, mais pas comme ceux qui seront à l'intérieur. »
P. 70, l. 3 : « puisque ici, et l'institution est régulière, et l'observance salutaire » ; l. 7 : « nous tenons qu'il fut un homme catholique, sectateur de la sainte foi orthodoxe » ; 8 l. avant la fin : « les blasphèmes de Pierre, qui, divisant l'unité de la Trinité, conduisit à la quaternité » ; 3 l. avant la fin : « Lombards hérétiques » ; dernière ligne : « perfidie ».
P. 71, l. 2 : « Ils adorent une idole, non pas Dieu… Notre foi n'accepte pas une quatrième chose. »
P. 71, n. 5 : « Ce terme "un" est pris pour les fidèles afin que soit comprise l'union de la charité dans la grâce ; pour les personnes divines, afin que soit notée l'unité de l'identité dans la nature […]. Si quelqu'un ose donc défendre ou approuver sur ce point le jugement ou la doctrine du susdit Joachim, qu'il soit confondu par tous comme hérétique. »
P. 72, l. 2 : « un au sens d'unité, comme quand nous disons un troupeau, un peuple, une foule » ; 8 l. avant la fin : « Si l'Écriture dit cela des

réalités humaines…, combien plus, de par leur divinité, le Père et le Fils sont un ! » ; 2 l. avant la fin : « hérétique singulariste » ; dernière ligne : « une personne seulement et solitaire/unique ».
P. 72, n. 6 : « En condamnant Joachim, le concile couvrait aussi de réprobation saint Ambroise. »
P. 73, l. 1-2 : « intelligence singulière » ; « craignant de proférer quelque chose qui se réfère distinctement à chacune des personnes, de peur de sembler créer une scission dans l'unité de la déité » ; l. 7 : « lien ineffable » ; l. 14 : « non singulière mais une » ; l. 22 : « personne n'a vu Dieu ».
P. 73, n. 2 : « Toi, considère qu'Il [Dieu] est trine, mais non pas composé, crois qu'il est un, mais non pas singulier » ; « comme une est la substance des trois ».
P. 73, n. 4 : « Ne pense pas que celui dont tu entends dire qu'il est trine est divisé en trois Personnes comme tu songes que sont divisés en trois l'olive, la myrthe et la palme, qui sont de nature et de genre différents ; non plus que comme trois olives, qui, tout étant d'une seule et même nature, ont toutefois une propriété de corps distincte ; pas plus comme trois rameaux fixés à une seule et même racine, etc. »
P. 73, n. 6 : « Tu as donc dans le seul soleil le mystère de la Trinité… comme quand nous disons que la substance ignée qui est dans le ciel, le rayon qui en naît et la chaleur sont un seul soleil. »
P. 73, n. 8 : «… Scruter cela est témérité ; le croire, piété. »
P. 73, n. 9 : « dans sa nature simple » ; « dans la pureté de sa nature ».
P. 73, n. 10 : «… Nous comprenons qu'au-delà de nos propres capacités Dieu est inestimable… Là-dessus, ô Juifs, je ne doute pas que vous aussi soyez d'accord avec nous pour cette partie. »
P. 74, n. 1 : « Vois donc dans la lettre de l'Ancien Testament, qui est, pour ainsi dire, la science primitive, l'image du Père ; dans la lettre du Nouveau, qui est la lettre de la lettre, l'image du Fils ; dans l'intelligence spirituelle, qui procède des deux, l'image de l'Esprit… »
P. 74, n. 3 : « pose à la base du devenir historique l'exercice de la réalité même de Dieu dans les trois Personnes de la Trinité ».
P. 74, n. 7 : [Seule la partie centrale de cette première citation est traduite dans le texte ; nous donnons l'ensemble :] « L'éternité de Dieu, qui précédait ce monde, n'eut pas de commencement mais était le commencement… Cette nature incompréhensible et éternelle demeure sans fin ce qu'elle est… Au commencement sans commencement, Dieu était Père [traduit ainsi par Lubac dans le texte ; on peut aussi comprendre : "était Dieu le Père"] avec le Fils et l'Esprit saint… Dieu le Père est ce qu'il est en sorte qu'il daigne envoyer par lui-même aux créatures qu'il a élues le Fils de Dieu qui lui est coéternel et l'Esprit saint qui lui est coéternel… » ; «… afin que nous croyons que rien en elle (la Trinité) ne lui est antérieur ou postérieur, que rien n'est plus grand ou

plus petit, mais que les trois Personnes tout entières lui sont coéternelles et coégales ».
P. 75, 3 l. avant la fin : « double ordre religieux ».
P. 76, l. 9 : « ordre de prêcheurs » ; l. 12 : « spirituel à l'excès ».
P. 76, n. 3 : « Tu parles à tort et à travers, frère Salimbene ! »
P. 77, 2e §, l. 10 : « âge des moines ».
P. 77, n. 5 : « Dans l'*Expositio prophetae*, le dessein trinitaire de l'histoire n'est toutefois pas encore présent. La tribulation de l'Antichrist referme le Nouveau Testament, sans aucunement suggérer une apothéose de l'histoire humaine à l'âge de l'Esprit, excepté le détail significatif de la conversion des Hébreux avant la fin des temps… Ainsi se comprend l'invitation faite par Lucius III de mettre par écrit et développer cette méthode d'interprétation, c'est-à-dire ce que fera l'abbé cistercien dans la *Concordance…* »
P. 80, l. 4 : « pour le seigneur empereur Frédéric et son fils Conrad » ; l. 13 : « instruit sans médiocrité dans les Écritures ».
P. 80, n. 3 : « Et il fit ce livre à Paris et le divulgua aux frères ignorants. »
P. 81, l. 20-21 : « en raison de quelque avantage temporel et, surtout, d'une gloire vaine » ; « opinions fausses » ; l. 26 : « état ».
P. 81, n. 1 : « lorsque viendra l'Évangile de l'Esprit saint – soit ce qu'éclaire l'ouvrage de Joachim qui est dit *Évangile éternel* ou de *l'Esprit saint* – sera évacué l'Évangile du Christ. »
P. 82, l. 1 : « à la manière des hérétiques » ; l. 4-5 : « maîtres » ; « qu'il blâme même avec autant d'impudence que d'orgueil » ; 2e §, l. 7 : « de manière si avisée, prudente et prévoyante que lesdits frères (mineurs) ne puissent en encourir nulle opprobre ni nulle infamie ».
P. 82, n. 3 : « Tous deux étaient… hommes spirituels et grands joachites » ; « Frère Hugues de Digne sentait en tout et pour tout comme frère Jean. »
P. 82, n. 7 : « *Sur de verts pâturages il m'a fait reposer* [Ps 22 (23), 2] ».
P. 84, 2e §, l. 8 : « extraits ».
P. 84, n. 2 : « Il ne semble pas qu'on puisse extraire des éléments nouveaux ou essentiels. »
P. 84, n. 3 : « Il composa mal, il dépeignit admirablement. »
P. 85, l. 4 : « l'audace de ses opinions détruisit ce qui était bon en lui » ; l. 9 : « il fut fort bien puni » ; l. 17 : « Un fleuve de feu jaillissait de sa bouche » ; l. 18 : « à la mémoire tenace, à la langue éloquente et à l'intelligence aiguisée » ; l. 20 : « Le fleuve des saintes autorités jaillissait de sa bouche » ; dernière ligne : « dans la mesure où il diffamait le Maître ».
P. 85, n. 2 : « Il était d'une science et d'une sainteté si grandes… qu'il pouvait corriger la curie romaine… ; mais après qu'il eut suivi les prophéties de fantaisistes… » ; « et je ne suis pas peu triste, car je l'aimais ».

P. 86, l. 5 : « et, pour ainsi dire, sans sel » ; 2 l. avant la fin : « autre Christ ».
P. 86, n. 6 : « J'estime que le bienheureux François est un miroir très saint de la sainteté du Seigneur et une image de sa perfection » ; « il semblait… qu'il n'y avait qu'une seule personne, formée du Christ et du bienheureux François », car « l'amour véritable du Christ *transforme* son amant *en une image identique* [cf. 2 Co 3, 18] » et « *celui qui s'unit à Dieu devient un seul esprit* [1Co 6, 17] avec lui. »
P. 87, 2e § ; l. 3 : « scribe » ; « ministre ».
P. 88, n. 1 : « En ce sens, le livre, avec les deux suivants, est intitulé *Évangile éternel* » ; « œuvre ».
P. 88, n. 2 : « la partie médiane de ce livre ».
P. 89, l. 11 : « les Flagellants de Jésus Christ » ; 3 l. avant la fin : « défauts ».
P. 89, n. 5 : « L'abbé Joachim prophétisa ainsi sur l'Antichrist : "Quand seront achevées 1 260 années, l'Antichrist naîtra". »
P. 89, n. 6 : « Sur la doctrine de Joachim, qui devait commencer cette année et comment les joachimites témoignèrent qu'elle commencerait dans la dévotion des flagellants ». – « [Cette doctrine] divise le monde en trois états… Au troisième état, l'Esprit saint opérera dans les religieux… cet état, disent-ils, a commencé en cette flagellation, qui advint en l'année 1260, etc. »
P. 89, n. 7 : « Frère Barthélemy me dit : "Et tu as semblablement été joachimite." Je lui répondis : "Tu dis vrai. Mais, après la mort de Frédéric, qui fut empereur, et après que se fut écoulée l'année 1260, j'ai complètement abandonné cette doctrine et je suis disposé à ne croire que ce que je vois". »
P. 89, n. 8 : « Bien que l'abbé Joachim ait été un saint homme, il eut cependant trois défauts en sorte qu'il se contredit » ; « de la part de ceux qui… voulurent anticiper les termes qu'il avait posés… Il n'a pas limité absolument un terme certain, etc. ».
P. 93, l. 10 : « Si j'avais voulu te vendre, jamais la viande d'un animal n'aurait été vendue si chère au marché. »
P. 93, n. 2 : « Aussi longtemps que je serai inquisiteur, je (te) défendrai contre l'homme » ; « Mieux vaut faire silence sur ce qui s'est produit à la fin de ces 28 années et alentour, qui relève de la sixième tribulation. »
P. 94, dernière ligne : « Il semble partout se rapporter au Christ, comme la figure et l'impression de cire au sceau exemplaire. »
P. 94, n. 3 : « dans une traduction magnifique, même si elle est parfois infidèle ».
P. 94, n. 6 : « vie apostolique » ; « suite du Christ ».
P. 95, n. 1 : « Il se donna tout entier à la personne du Christ. »
P. 96, l. 3 : « Se produisit aussi lors de sa venue une mutation singulière du monde » ; 2e §, 5 l. avant la fin : « qui s'enflent de discipline scolastique ».

P. 97, 2e §, l. 3 : « que l'essence divine est triple dans les trois Personnes » ; l. 13 : « aux biens les plus élevés, vrais et les plus neufs » ; l. 17 : « Cela semble impliquer deux erreurs de l'*Évangile* intitulé *éternel* ».
P. 97, n. 2 : « Les Béguins et Béguines le vénèrent dans leurs conventicules. »
P. 98, l. 20 : « par ignorance… se trompent misérablement et pourtant en se damnant » ; 2e §, l. 3 : « Dieu se fait homme, à la fois masculin et féminin, c'est-à-dire Christ et Église » ; dernière ligne : « Église spirituelle » ; « Église charnelle ».
P. 98, n. 6 : « Ce sera la fin de ceux qui, nombreux, empêchent la perfection de l'état évangélique. »
P. 99, l. 10 : « prélats charnels et qui tyrannisent » ; l. 18-20 : « pression babylonienne » ; « ancienneté babylonienne » ; « Église charnelle » ; 4 l. avant la fin : « de la plante du pied jusqu'au sommet, comme une nouvelle Babylone ».
P. 99, n. 1 : « En peu de temps, avec la prévenance de l'esprit de Jésus, il m'introduisit ainsi aux perfections élevées de l'âme du bien-aimé Jésus et de sa mère très bien-aimée, aux profondeurs de l'Écriture et aux secrets du troisième état du monde et de la rénovation de la vie du Christ. »
P. 100, l. 2 : « voie de la croix » ; l. 4 : « je pense que [cela] doit être laissé à la disposition divine » ; l. 12 : « le début » ; l. 21 : « modérer le zèle avec le discernement de l'esprit en Jésus Christ ».
P. 100, n. 4 : « Voir continuellement les grandeurs de la Croix du Christ et glorifier triomphalement ses passions. »
P. 102, l. 10 : « paix surabondante » ; l. 21 : « sera rénovée la loi, la vie et la croix du Christ » ; l. 25 : « Église charnelle » ; « Église spirituelle » ; l. 27 : « est souvent interprété funestement ce qui est résumé par un esprit simple ».
P. 102, n. 3 : « Très souvent, je choisis, et j'ai choisi, de réprouver ma vie misérable en privé et en public, afin que le rayonnement de la vie du Christ ne soit pas obscurci par les ténèbres de ma vie. »
P. 103, l. 8 : « gouverneur de l'Église romaine ».
P. 103, n. 3 : «… Il appartient finalement de déterminer ce qui relève de la foi… à l'autorité du souverain pontife. »
P. 103, n. 5 : la citation latine ne correspond pas exactement à la traduction donnée, sans doute à cause du découpage du texte latin.
P. 104, l. 4 : « le fougueux Ubertin » ; l. 17 : « autre Christ ».
P. 104, n. 6 : « Un siècle saint et nouveau » ; « comme si s'était produit un nouveau cercle, et le commencement d'une Église nouvelle » ; « une certaine participation paisible et merveilleuse à la gloire future » ; « la santé, la paix et l'avant-goût de la gloire dans l'Église contemplative ».
P. 104, n. 7 : « dont nous attendons la résurrection manifeste, l'ascension sublime et la pentecôte nouvelle de l'Esprit saint ».

P. 104, n. 8 : « Ce que je ne sais, ni n'affirme, ni ne songe à affirmer. »
P. 105, l. 10 : « en une forme du Christ crucifié » ; 2e §, l. 6 : « gestation de l'Esprit ».
P. 105, n. 6 : « L'apôtre semble aussi l'avoir pressenti, quand il dit en Colossiens 2 : *Veillez à ce que personne ne vous séduise par la philosophie* [Col 2, 8]… Le diable, pressentant fort bien cela, semble avoir déjà préparé le sujet en plaçant au sommet la secte d'Aristote par l'intermédiaire de religieux. »
P. 105, n. 7 : « fougue et impétuosité ».
P. 106, 3 l. avant la fin : « Église charnelle ».
P. 106, n. 2 : «… Si l'appel rapide du très pieux Jésus m'a soustrait à cette lumière, que l'Église romaine, à laquelle a été donné le magistère universel par l'esprit de Jésus, daigne, si elle perçoit quelque chose qui ne convient pas, je l'en supplie, la corriger… ».
P. 106, n. 4 : « médiatisée par les œuvres d'Olivi ».
P. 107, l. 13 : « Ce livre ne tend à rien d'autre qu'à la connaissance de Jésus Christ, son amour profond et une vie d'imitation. »
P. 107, n. 2 : « Cet ange est celui dont le Christ envisage, par concorde, qu'il sera au commencement du troisième état. Ainsi donc est-il patent que l'illumination donnée à Joachim dit qu'au commencement du sixième état sera donné au monde un homme angélique, que le Christ envisage par concorde, car il apparaîtra singulièrement comme le rénovateur de la vie du Christ. »
P. 107, n. 4 : « Le saint homme Pierre Jean [Olivi], qu'ils lacérèrent durant sa vie et que maintenant, après sa mort, ils poursuivent… »
P. 108, l. 16-18 : « rénovation de la vie du Christ » ; « rénovation évangélique » ; « pleine clarification » ; 5 l. avant la fin : « Satan ne l'emportera pas contre eux, mais sera foulé sous leurs pieds et le Seigneur sera leur Dieu [cf. He 8, 10] et le Christ Jésus et son Esprit leur maître, à qui appartiennent et l'honneur et la gloire dans les siècles des siècles. »
P. 108, n. 1 : « Sur ceux-ci,… mieux vaut peut-être se taire que dire quelque chose. »
P. 108, n. 6 : « nouveauté franciscaine » ; « nouveauté joachimite » ; « selon la conception *transformée* de Joachim de Flore ».
P. 109, n. 4 : « seule l'Église romaine est une…, et schismatique et vide est le nom de l'Église d'Orient, etc. »
P. 110, l. 4 : « sous la main et l'obéissance du pasteur » ; l. 26 : « Où il y a division, il y a ignorance de la vérité, et où il y a amertume et déplaisir, il y a privation de joie spirituelle et absence de paix. »
P. 111, l. 7 : « adultères à la sagesse du Christ ».
P. 111, n. 1 : « ne théologisa pas mais "beugla" » [jeu de mot et néologisme qui font allusion au surnom de saint Thomas, « le Bœuf de Sicile »] ; « il est évident que [les thomistes] "beuglent" en science sacrée ».

P. 113, l. 6 : « Apôtres » ; l. 18 : « ribauds et trompeurs » ; 2e §, l. 2 : « congrégation de la liberté ».
P. 113, n. 2 : « Les siens affirment qu'elle est enceinte de l'Esprit saint. »
P. 114, 2e §, l. 5 : « très vils hérétiques ».
P. 115, n. 1 : « Que même votre seigneur père avait craint que vous ne soyez embéguinés, ou, pour parler plus exactement, que vous ne deveniez corrompus en matière de choses divines, à cause des paroles sorties de ma bouche. »
P. 115, n. 2 : « les plus petits des petits fraticelles ».
P. 116, l. 19 : « donatrice de l'Esprit saint ».
P. 118, n. 4 : [La citation est presque complètement traduite dans le texte :] « Se lèvera une très sainte et nouvelle religion, qui sera libre et spirituelle, etc. »
P. 119, 2e §, l. 15 : « peuple romain » ; 4 l. avant la fin : « C'est chez le peuple latin que Dieu tout-puissant fonda son Église. »
P. 120, 2e §, l. 10 : « Nous, candidat de l'Esprit saint » ; 7 l. avant la fin : « Église charnelle » ; 4 l. avant la fin : « nouveau duc ».
P. 123, n. 2 : « Et c'est pourquoi Joachim critique par ignorance le Maître [Pierre Lombard], et parce que comme il était simple, il n'éprouva pas de révérence pour le Maître, ainsi par un juste jugement de Dieu son libelle fut-il condamné au concile de Latran et la position du Maître approuvée. »
P. 124, l. 9 : « nouvel homme » ; 2e §, l. 13 : « homme nouveau » ; l. 17 : « De sainteté de nouveaux signes/se produisirent, dignes de louange [...]./ Aux réguliers du nouveau troupeau/les droits d'une nouvelle loi sont accordés [...]./ Un ordre nouveau, une vie nouvelle/surgissent au monde, inédits. »
P. 125, l. 3-4 : «... les paroles se mêlent, des arcanes/futures elles clarifient beaucoup » ; l. 8-9 : « La loi ratifiée a restauré/l'état évangélique ».
P. 126, n. 1 : « En règle générale, il parle toujours avec précaution des événements particuliers des derniers temps. Du reste, il paraît étonnant que les auditeurs qui ont transcrit ses paroles ne les rapportent pas dans leur intégralité mais rapportent seulement leur sens général, ce qu'ils indiquent en ajoutant la formule : “Et il disait” ou des expressions analogues. »
P. 126, n. 2 : « correspondance du temps figuratif et du temps du salut » ; « correspondance de la lettre et de l'esprit ».
P. 126, n. 5 : « Il avait, en effet, les dispositions intérieures les meilleures et les plus pieuses, et par son enseignement prêchait toujours des paroles qui relèvent d'une parfaite pureté... Il s'affligeait à tel point du relâchement commun de ce temps qu'à Paris, en plein chapitre – j'étais présent –, il dit que de l'instant où il fut [ministre] général, jamais il ne le fut sans vouloir être réduit en poussière pour que l'Ordre parvînt à la pureté du bienheureux François. »

P. 127, l. 4 : « Prends la correspondance... Prends encore la correspondance entre le temps de la figure et le temps du salut » ; l. 8-9 : « harmonie des temps » ; « De même qu'il y a le temps de la Synagogue commencée, promue, décadente, ainsi, dans le Nouveau testament, il y a celui de l'Église commencée, dilatée, achevée » ; l. 15 : « Il y a sept temps figuratifs : le temps de la nature créée, de la faute à expier, du peuple élu, de la Loi établie, de la gloire royale, de la voix prophétique, du repos moyen. Dans le Nouveau Testament, il y a semblablement sept temps : le temps de la grâce conférée, du baptême dans le sang, de la norme catholique, de la loi de justice, de la chaire sublime, de la claire doctrine, de la paix ultime » ; 3e §, l. 5-6 : « illustration de la victoire » ; « clarté de la doctrine ».
P. 127, n. 4 : «... Il appela des clercs et fit écrire des livres, en sorte qu'à Saint-Denis et en de nombreux lieux ils commencèrent à lire la Bible et à avoir une réflexion philosophique, et il développa aussi les ordres religieux. »
P. 128, l. 3 : « Et il (Bonaventure) dit que l'intelligence de l'Écriture, la révélation, la clé de David, serait jusqu'alors donnée à une personne ou à une multitude ; et je crois plutôt que c'est à une multitude » ; 2e §, l. 6 : « selon le mode de la surélévation, c'est-à-dire de l'extase ou du ravissement » ; l. 9 : « ils ne peuvent que voler ».
P. 128, n. 1 : « Il ne dit nulle part que l'effusion du Saint-Esprit sera alors supérieure à celle qui vint sur les apôtres. »
P. 128, n. 3 : « Ces temps succèdent les uns aux autres et, en eux, il y a de nombreuses correspondances, et ils sont comme la germination de la semence à partir de la semence, et de la semence l'arbre, et de l'arbre la semence. »
P. 128, n. 4 : « Ces couvents de moines situés à l'intérieur des remparts de la cité sont davantage assimilables aux poissons de la mer qu'aux oiseaux du ciel, car, habitués qu'ils sont aux flots du monde, ils pensent suave et agréable ce que les moines futurs, qui volent vers les cieux, jugent haïssable et amer. »
P. 128, n. 6 : « Et comme le Christ vint au sixième temps, ainsi faut-il qu'à la fin soit engendrée l'Église contemplative. »
P. 129, l. 1-2 : « qui est en haut » ; « en route » ; 4e §, l. 14 : « Testament spirituel ».
P. 129, n. 2 : « (non celle) qui est en haut, mais celle qui est en bas, autrement dit, la militante ».
P. 129, n. 4 : « Voici qu'il apparaît que le pape Nicolas et l'empereur Charles (le Jeune) sont agités par cet esprit, par lequel les mystères du royaume chrétien étaient préfigurés dans l'Ancien Testament. Il y est en effet prescrit que *c'est sur l'ordre* du prêtre Éléazar, que le chef du peuple Josué *entrerait et sortirait* [cf. Nb 27, 19-21 et 27, 21], etc. »
P. 130, l. 10 : « Le septième âge court avec le sixième. »

P. 130, n. 1 : « (L'Écriture) distingue sept âges… le cinquième depuis l'exil jusqu'au Christ, le sixième depuis le Christ jusqu'à la fin du monde, le septième court en même temps que le sixième, qui commence depuis le repos du Christ dans le sépulcre jusqu'à la résurrection universelle, quand commencera le huitième, celui de la résurrection, etc. » ; *Hexameron* : « Le septième court avec le sixième, c'est-à-dire le repos des âmes après la passion du Christ. »
P. 130, n. 3 : « je crois ».
P. 131, n. 2 : *Legenda maior*, chapitre 11 : « De l'intelligence des écritures et de l'esprit de prophétie [de François] » : « C'est en effet aux simples et aux tout-petits que le Docteur suprême [l'Esprit saint] a l'habitude de découvrir ses mystères, comme il apparut d'abord en David, le plus éminent des prophètes, puis dans le prince des apôtres, Pierre, et finalement dans le petit pauvre du Christ, François » ; *Legenda minor* : « l'esprit de prophétie avec l'intelligence des Écritures ».
P. 131, n. 3 : « Et il disait que l'apparition du Séraphin au bienheureux François… montrait que cet ordre devait lui répondre, non cependant sans tribulations. Et dans l'apparition, il y avait de grands mystères. »
P. 131, n. 4 : « Et il disait : Qu'est-ce donc que cela ? C'est l'ordre séraphique. C'est à lui que semble avoir appartenu François. – Et il disait que, même avant d'avoir l'habit, il fut ravi et trouvé près d'un sommet. – Ici est en effet la plus grande difficulté, à savoir dans la surélévation, car tout le corps est énervé et, s'il n'y avait pas quelque consolation de l'Esprit saint, il ne le supporterait pas. Et dans cela s'achèvera l'Église. Quant à ce que sera cet ordre, où ce qu'il est déjà, il n'est pas facile de le savoir. »
P. 132, l. 12 : « monastique, laïque, clérical » ; l. 17-18 : « suppliants » ; « spéculateurs » ; « de ceux qui se surélèvent ».
P. 132, n. 3 : « peuple, consuls, princes » ; « ordre des ministres – des prêtres – des pontifes ».
P. 133, l. 20 : « par lesquels on parvient à la terre promise » ; l. 25 : « correspondances » ; l. 29 : « de nombreuses intelligences spirituelles ».
P. 133, n. 1 : « *Itinerarium* : "Par ces six ailes [Ap 4, 8], on peut justement comprendre…" »
P. 133, n. 2 : « acte hiérarchique ».
P. 133, n. 3 : « Et ainsi paraît de manière évidente la manière dont l'Écriture décrit les successions des temps ; elles ne procèdent pas du hasard ou de la fortune, mais il y a en elles une merveilleuse lumière et de nombreuses intelligences spirituelles. »
P. 134, 2e § ; l. 11 : « *Que s'ouvre la terre et que le Sauveur en germine* [Is 45, 8] » ; l. 13 : « germination de la terre » ; 5 l. avant la fin : « Après quoi il ne peut y avoir autre chose. »
P. 134, n. 1 : « Par les sept jours, on entend l'état de l'Église septiforme conformément au cours des sept âges. »

P. 134, n. 3 : « Les deux chérubins sont les deux Testaments, dont le regard [se tourne] vers le Christ, etc. »
P. 135, 4 l. avant la fin : « il est certain » ; 3 l. avant la fin : « testament éternel » – « évangile éternel ».
P. 135, n. 1 : « Un temps du Nouveau Testament à un temps de l'Ancien Testament selon la correspondance de la lettre et de l'esprit, de la promesse et de l'accomplissement, de la figure et de la vérité, de la promesse terrestre et céleste, de la crainte et de l'amour » ; « Toutes les guerres de l'Écriture se rapportent à la victoire du Christ. »
P. 135, n. 2 : [La première citation latine est traduite dans le texte :] « temps de la grâce conférée, du baptême dans le sang, de la norme catholique, de la loi de justice, de la chaire sublime, de la claire doctrine ».
P. 135, n. 3 : « Après le Nouveau Testament, il n'y en aura pas d'autre et un sacrement de la Loi nouvelle ne peut être retiré, car ce Testament est éternel. »
P. 136, l. 5 : « milieu septiforme » ; l. 19 : « l'Arbre de Vie au milieu du Paradis » ; 2e §, l. 5 : « sur le statut du jugement final » ; 3e § : « (Tout vient du Père) de qui par son Fils Jésus Christ s'écoule en nous l'Esprit saint… C'est la connaissance de Jésus Christ, d'où s'écoulent la fermeté et l'intelligence de toute l'Écriture sacrée… L'Esprit saint, venant sur eux [les Apôtres], nous enseigna par eux de sorte qu'ainsi instruits de toute vérité par l'Esprit saint selon la promesse divine, ils donnent à l'Église du Christ l'enseignement de toute vérité salutaire et en parachevant l'Écriture sacrée répandent la connaissance de la vérité. »
P. 136, n. 2 : « Il ne fait aucune concession à la périodisation historique de Joachim de Flore, même si, pour Bonaventure, l'histoire humaine, conditionnée aux temps de l'Écriture, dans laquelle se manifeste graduellement la plénitude de la révélation divine, est le témoignage de l'élévation progressive de l'homme vers un âge plus parfait. »
P. 136, n. 3 : « Par la médiation de cette foi (du Christ) nous est donc donnée la connaissance de l'Écriture sacrée, selon l'influence de la bienheureuse Trinité. »
P. 137, l. 23-24 : « ascensions mentales » ; « trésor de l'âme qui contemple ».
P. 139, l. 18 : « *La grâce de Dieu notre Sauveur est apparue* [Tt 2, 11] *ces tout derniers jours* [He 1, 2 ; Ac 2, 17] en son serviteur François… » ; l. 23-24 : « nu, suivre le Christ nu » ; « il fut laissé nu, afin de suivre le Seigneur crucifié nu qu'il aimait » ; l. 26 : « Cette pauvreté atteint au sommet de la perfection, par laquelle il embrasse plus expressément et plus conformément la nudité de la croix et imite le Crucifié nu » ; 2e §, l. 1 : « Toutes choses se manifestent dans la Croix. »
P. 140, n. 4 : « vrai scintillement du saint Esprit ».
P. 141, l. 15 : « plénitude du pouvoir » ; l. 18 : « états » ; 5 l. avant la fin : « doté de l'esprit de prophétie ».

P. 142, n. 2 : « Le poète de la spiritualité italienne le (Joachim de Flore) canonisa pour toujours dans la lumière éblouissante du soleil. »
P. 142, n. 4 : « *Partageons le même sentiment et demeurons dans la même règle* [Phi 3, 16]. »
P. 144, l. 2 : « Petits frères de la pauvre vie » ; l. 18 : « Ceci est le livre des commandements » ; 4 l. avant la fin : « Il semble toutefois présomptueux de trancher cela. »
P. 144, n. 2 : «… Le terme de l'Église, en lequel l'Apocalypse conclut le contenu de toute l'Écriture sacrée jusqu'à sa participation, comme épouse dans ses noces avec Jésus Christ, à la vie glorieuse vers laquelle Jésus le Christ béni nous conduit lui-même pour les siècles des siècles. *Amen.* »
P. 144, n. 3 : « La Loi nouvelle est le milieu entre l'Église céleste et l'état de l'ancienne Loi » ; « Le dernier âge est l'état présent, après quoi il n'y aura pas d'autre état de salut. »
P. 145, l. 12 : « chaque détail à chaque détail » ; l. 16 : « par de telles conjectures il a prédit quelques vérités sur le futur et s'est trompé en certains points » ; l. 30 : « licence d'enseignement » ; dernière ligne : « Ancien Testament » ; « état de l'Église présente ».
P. 145, n. 1 : « Bien que l'état du Nouveau Testament soit préfiguré de manière générale par l'état de l'Ancien Testament, il ne convient cependant pas que chaque détail corresponde à chaque détail, principalement parce que toutes les figures de l'Ancien Testament se sont accomplies dans le Christ, etc. »
P. 145, n. 2 : « par prophétie, par conjecture, ou bien par révélation ».
P. 146, l. 1 : « la gloire future qui nous a été montrée auparavant (dans le Christ) » ; 2e §, l. 4 : « une certaine introduction ».
P. 146, n. 3 : « réprouvé » ; « une certaine introduction ».
P. 146, n. 4 [Ga 1, 6] : *« Je m'étonne que vous vous passiez si rapidement de celui qui vous a appelés dans la grâce du Christ à un autre Évangile. »*
P. 147, l. 5 : « sur n'importe quel sujet » ; l. 15 : « Car un autre état ne succède pas à la Loi évangélique, qui a conduit à la perfection, comme elle-même a succédé à la Loi ancienne et la Loi ancienne à la loi de nature » ; 2e §, l. 12 : « Joachim… qui ne comprenait pas bien les paroles du Maître, puisque ignorant des dogmes subtils de la foi, considéra l'enseignement susdit de Maître Pierre comme hérétique ».
P. 147, n. 5 : « s'il est possible que l'homme sache quand cessera le mouvement du ciel ».
P. 147, n. 6 : «… Le susdit docteur [Thomas] demanda dans un monastère le livre de cet abbé [Joachim] et, quand on le lui eut présenté, il le lut intégralement et là où il trouva quelque erreur ou passage suspect, il le condamna en le soulignant, et il a interdit que fût lu et cru tout ce que lui-même, de sa docte main, a annulé. »

P. 148, l. 2 : « les trois Personnes sont une seule essence, et non l'inverse, en sorte qu'on dise : une seule essence est trois Personnes » ; l. 4 : « de manière vicieuse ».
P. 148, n. 3 : « Il prétendit défendre ce mode de parler contre Maître Pierre le Lombard. »
P. 148, n. 4 : « De la dignité épiscopale et qu'il y a en elle un sommet » ; «… Car il est évident que le Christ a institué l'Église de telle sorte qu'elle durât jusqu'à la fin des temps, d'après Isaïe 9, 7… Il est donc évident qu'il a constitué ceux qui étaient alors ministres afin que leur pouvoir fût transmis chez leurs successeurs pour l'utilité de l'Église jusqu'à la fin des temps ; en particulier puisque lui-même dit : *Voici, je suis avec vous jusqu'à la consommation des temps* [Mt 28, 30] ».
P. 148, n. 6 : « Par quoi est condamnée l'erreur présomptueuse de certains, qui s'efforcent de se soustraire à l'obéissance et à la soumission à l'égard de Pierre, ne reconnaissant pas son successeur, le pontife romain, comme pasteur de l'Église universelle. »
P. 149, n. 1 [partiellement traduit dans le texte :] « Dans le principe, la Loi nouvelle est cette grâce même de l'Esprit saint qui est donnée aux fidèles du Christ. »
P. 149, n. 2 : « Si la Loi nouvelle doit durer jusqu'à la fin du monde. Ob [jection] 2 : Le Seigneur a promis à ses disciples lors de la venue de l'Esprit saint Paraclet la connaissance de *la vérité tout entière* [Jn 16, 13]. Mais l'Église ne connaît pas encore *la vérité tout entière* dans l'état du Nouveau Testament. Il faut donc attendre un autre état, où *la vérité tout entière* sera manifestée par l'Esprit saint. »
P. 149, n. 3 : [objection 3] « … Il y eut certes un état approprié à la personne du Père, l'état de l'ancienne Loi… Semblablement, il y a également un autre état approprié à la personne du Fils, l'état de la Loi nouvelle, où règnent les clercs s'appliquant à la sagesse, qui est appropriée au Fils. Le troisième état sera donc celui de l'Esprit saint, où règneront les hommes spirituels. »
P. 150, 4 l. avant la fin : « soit avant, soit après » ; 3 l. avant la fin : « cependant, plus pleinement après qu'avant » ; 2 l. avant la fin : « par la succession des temps a accru l'augmentation de la connaissance divine ».
P. 150, n. 4 : « Par l'accroissement des temps, la science des Pères spirituels s'est développée et plus ils furent proches de la venue du Sauveur, plus ils pénétrèrent pleinement les mystères du salut » ; [p. 151] : « Plus le monde approche de la fin, plus s'ouvre largement l'accès à la science éternelle. »
P. 152, l. 9-11 : « intellect » ; « raison » ; « esprit ».
P. 153, l. 5 : « loi de la grâce » ; l. 9-10 : « un nouveau siècle ou nouvelle Église » ; « Au sixième âge, après qu'eurent été rejetés le judaïsme charnel et l'ancienneté du siècle précédent vint un nouvel homme, le Christ, avec une loi, une vie et une croix nouvelles… » ; 2e §, l. 4 : « loi

nouvelle » ; 7 l. avant la fin : « soit l'Esprit saint lui-même », « soit celle que l'Esprit saint fait dans les cœurs » ; « dans l'infusion de l'Esprit saint » ; 5 l. avant la fin : « loi de la grâce » ; « loi de la foi » ; « loi de l'Évangile » ; « loi de la liberté » ; « loi de l'Esprit ».
P. 153, n. 1 : « Selon les saints modernes et antiques, on distingue trois temps : celui de la loi de la nature, celui de la loi de l'Écriture et celui de la loi de la grâce. »
P. 153, n. 2 : « Le Christ vint au monde au sixième âge des temps. »
P. 153, n. 5 : « La Loi nouvelle est principalement la grâce même de l'Esprit saint intérieurement donnée. »
P. 153, n. 6 : « La Loi ancienne est le testament de l'Esprit saint, etc. » ; « la loi de l'Esprit, qui faisant la charité dans le cœur, vivifie ».
P. 154, l. 1 : « sous la grâce » ; l. 11 : « la loi privée [de l'Esprit saint] est plus digne que la loi publique [le canon] » ; 2e §, l. 6-7 : « maintenant » ; « alors ».
P. 154, n. 3 : « Il appartient au serviteur de se consacrer tout entier au service de son seigneur ; ainsi les prélats de l'Église doivent-ils à leurs sujets tout ce qu'ils ont, tout ce qu'ils sont. »
P. 154, n. 7 : « *Il n'y avait pas encore d'Esprit, parce que Jésus n'avait pas encore été glorifié* [Jn 7, 39]. »
P. 155, 2e §, l. 8-9 : « rénovation de l'Église » ; « la forme de l'Église » ; l. 21 : « articles de foi ».
P. 156, l. 1 : « Il a apporté toute nouveauté en s'apportant lui-même » ; 2e §, l. 20 : « Le Christ a commencé pour nous la voie nouvelle » ; l. 24 : « à une seule fin furent leurs œuvres ».
P. 156, n. 1 : « pour toutes les années de ce siècle ».
P. 156, n. 3 : « *Deux oliviers et deux candélabres* [Ap 11, 4] resplendissant dans la maison du Seigneur. »
P. 157, l. 25 : « ayant abandonné la prière, préféraient la science curieuse et stérile d'Aristote à la sagesse divine » ; 3 l. avant la fin : « milieu métaphysique » ; « et c'est toute notre métaphysique ».
P. 158, l. 8-10 : « nouveaux articles – nouveau mode – nouvelles raisons – enseigner de nouvelles choses – nouvelles opinions – rayons d'une lumière nouvelle – nouvellement » ; 2e §, l. 6 : « La prophétie est cachée dans les Écritures, – les syllogismes sont cachés dans l'Écriture sacrée » ; l. 15 : « Les syllogismes sont cachés dans l'Écriture sacrée comme le poisson dans l'eau profonde. »
P. 158, n. 2 : « homme nouveau ».
P. 159, l. 5 : « sous une forme unique ».
P. 159, n. 3 : « Comme dit Denis dans *La Hiérarchie ecclésiastique*, l'état de la loi nouvelle est entre l'état de la loi ancienne et l'état de la patrie céleste… C'est pourquoi il faut encore que, dans la nouvelle loi, demeurent certaines figures ; mais dans la patrie, où sera pleine la perception de la vérité, toutes les figures cesseront. »
P. 159, n. 4 : « où seront rénovées la Loi, la vie et la croix du Christ ».

P. 160, n. 1 : « vision de l’intelligence par l’esprit de prophétie ».
P. 161, l. 11 : « intelligence ».
P. 162, 2e §, l. 4 : « anciens et nouveaux fraticelles, hommes et femmes, des bégards et des béguines ».
P. 162, n. 3 : « Certains ont été submergés par l’erreur et la folie, certains par l’arrogance du cœur et la superbe, beaucoup par une concupiscence charnelle et honteuse. »
P. 162, n. 5 : « Il eut donc suffi d’avertir à présent le lecteur de cet Ubertin, comme de ceux qui transmettent des choses étrangères sous une apparence de subtilité et d’excellente tradition, de régler et d’examiner tout d’après la vérité évangélique et les docteurs communément approuvés ; sans quoi, il saura qu’il doit être proche des plus grands périls des erreurs et des hérésies. »
P. 164, l. 5 : « grâce au souffle de l’Esprit, sur toute la largeur de la terre ».
P. 164, n. 2 : « Il eut suffi d’aborder quelques passages de l’écriture de certain qui semble n’avoir pas parlé assez sobrement en toutes choses, bien qu’il ait été fort sévère et louable en ce qui concerne cette secte scélérate comme en de nombreux autres points. »
P. 164, n. 3 : « Pour avoir examiné en détail les écrits d’Ubertin, en relisant ce qu’il avait noté à propos de ce cantique de Siméon… »
P. 165, 2e §, l. 8 : « *Amen je vous le dis, il ne passera pas un i ni un point sur le i de la loi avant que tout ne soit accompli* [Mt 5, 18] » ; 5 l. avant la fin : « autre Christ ».
P. 165, n. 1 : « Une erreur fut celle de la libre loi ou du libre esprit… une autre fut celle d’après laquelle l’homme parfait… » ; « à lire avec prudence ou à laisser complètement de côté ».
P. 166, n. 1 : «… cet *ange qui montait du côté du soleil levant, ayant le sceau du Dieu vivant* [Ap 7, 2], le bienheureux François… »
P. 166, n. 2 : « Il ne détesta pas tout à fait les façons de parler des joachimites. Il composa un *Carême* qu’il nomma *Évangile éternel*, dans le Prologue duquel il dit que l’évangile éternel fut confié à saint François et à ses disciples pour qu’ils le prêchassent partout. »
P. 168, l. 10 : « inventions humaines ».
P. 169, n. 2 : « À cette époque où Dieu envoya au monde des hommes très célèbres et apostoliques, à savoir Dominique et François, Amaury fut envoyé par le diable, grâce auquel il subvertit nombre de gens et les attira dans la secte très immonde de l’esprit antichrétien de liberté… (La secte) revécut donc… c’est par Frère Ubertin, sur ordre du Souverain Pontife ou de son légat, qu’autant que ce fut en son pouvoir, elle fut découverte, confondue et éradiquée en un bref laps de temps ; ce qu’avant lui nul inquisiteur n’avait osé essayer » ; « apôtres » ; « L’introducteur présomptueux et animé par le diable de cette secte de la liberté maligne fut en Italie Gerardino Segarelli, premier inventeur des frères qui s’appellent “apôtres”… Et un membre de cette secte des

"apôtres", nommé Bentevenga, entra dans l'ordre des Mineurs et, dans la province du bienheureux François, sema le déshonneur le plus immonde. »

P. 170, 2e §, l. 15 : « Est-il prouvé que le troisième état du monde qu'imagine l'abbé Joachim et dont menace le conventicule d'hérétiques viendra universellement avant la fin de l'année 1471 ? »

P. 171, n. 3 : « Successivement, du commencement du monde jusqu'au Christ, l'Église a crû en sainteté, jusqu'au chef de la sainteté, le Christ. Et du Christ jusqu'au jour du Jugement, la sainteté ira décroissant : car l'Antichrist, le contraire du Christ, est source de toute malice et de tout péché. »

P. 172, 4 l. avant la fin : « toutes les choses corporelles ».

P. 172, n. 5 : «… le spiritualisme apocalyptique dans la ligne de Joachim de Flore et de Jérôme Savonarole ».

P. 173, n. 4 : « se joindra en mille ruisseaux à la protestation retentissante d'un Savonarole, alimentant de plus tout un trouble et indistinct prophétisme populaire ».

P. 174, l. 2 : « rénovation de l'Église » ; « rénovation de l'empire » ; « rénovation » ; 5 l. avant la fin : « L'abbé Joachim, le comte de la Mirandole, le docteur Wessalia, Jean Reuchlin, le docteur Martin Luther, le docteur Carlestat, Ulrich Hutten, chevalier et docteur de Rotterdam ».

P. 174, n. 1 : « Du Prophète (Joachim), la parole était passée au Poète (Pétrarque), qui est aussi l'annonciateur de la grande vérité humaine. »

P. 175, l. 21 : « vie apostolique » ; 4 l. avant la fin : « le processus de laïcisation dans lequel Luther avait jeté la tradition du message chrétien ».

P. 175, n. 2 : « Il est donc nécessaire pour qu'une vraie similitude succède à la vie apostolique, dans laquelle la possession de l'héritage terrestre ne sera pas acquise mais plutôt vendue » ; « est réformé l'état de l'Église à ce niveau et cette ressemblance, où il fut au temps des apôtres ».

P. 191, 2e §, l. 6 : « notre grand et moderne prophète divin » ; l. 16 : « oracle divin ».

P. 191, n. 3 : «… élucidant les obscurités des Écritures divines, découvrant leurs arcanes, tout en apportant une satiété non moindre aux esprits curieux et assoiffés de ces mêmes choses ».

P. 192, l. 12 : « ouvrage presque divin ».

P. 192, n. 1 : « lecture ».

P. 192, n. 3 : « complètement romanesque ».

P. 193, l. 14 : « Il surgira un ordre qui paraît nouveau et ne l'est pas » ; l. 22 : « Qui nie [rait] que cela ait été dit pour notre époque ? »

P. 194, l. 14 : « Testament nouveau et éternel ».

P. 195, l. 6 : « deux étapes » ; l. 9 : « ce qu'a suggéré l'Esprit saint dans l'Église, essentiellement par la médiation des conciles, depuis l'ascension au ciel du Seigneur » ; l. 12 : « qui, même si les apôtres ne nous ont pas laissé d'écrits, nous ont été transmis par la révélation de l'Esprit saint » ; l. 15 : « instruite par l'Esprit saint qui lui suggère la vérité jour après jour ».

P. 195, n. 2 : « Illuminés ».

P. 203, l. 7-8 : « Pic ressuscité » ; « Joachim ressuscité ».

P. 205, l. 8 : « illuminés par l'esprit de Dieu, prédirent le futur ».

P. 205, n. 1 : « Il prédit nombre de chose vraies et à venir. »

P. 205, n. 2 : « En vérité plus que prophète, comme tu as prédit des vérités ! »

P. 206, l. 3-4 : « ceints de cordes » ; « chaussés de sandales » ; « il montre par la main du peintre » ; l. 24 : « qu'il se soucia même de les représenter par une mosaïque dans la sacristie du temple de Saint-Marc ».

P. 206, n. 2 : « Joachim lui-même fut excellent écrivain et curieux peintre. »

P. 206, n. 3 : « Il nous faut en effet présenter par le menu les noms vénérables des hommes évoqués ci-dessus à la manière d'un pavement de marbre en sorte que, ce que nous ne pouvons exprimer convenablement avec des mots, nous puissions à tout le moins le faire connaître par des figures connues ».

P. 206, n. 5 : «… en l'église Saint-Marc de Venise, avec les stigmates, au-dessus de la porte de la sacristie, comme on le voit au jour d'aujourd'hui ».

P. 207, l. 16 : « Le bienheureux Joachim, doué de l'esprit prophétique, honoré par l'intelligence, loin de l'erreur hérétique, a dit le futur comme le présent » ; l. 21 : « Cet abbé de Flore, par la grâce de la rosée céleste… » ; l. 24 : « Dieu, toi qui as manifesté ta gloire aux trois apôtres sur le mont Thabor et au même lieu as révélé la vérité des Écritures au bienheureux Joachim… »

P. 207, n. 1 : « Prophéties et superstitions » ; « Joachim, sur la succession des papes ».

P. 207, n. 6 : « Assis à ses pieds,… jour et nuit j'écrivais dans un cahier, dans lequel lui-même dictait et dont il corrigeait les feuillets, en même temps que deux moines, ses secrétaires… Il exigeait admirablement de ceux qui lui étaient soumis par l'obéissance, à laquelle lui-même se soumettait (complètement) ».

P. 208, 2e §, l. 4 : « libelle, livret ».

P. 209, l. 12 : « de nombreux ornements dont s'augmentait inutilement le poids dc l'ouvrage ».

P. 211, 2e §, l. 10 : « l'originale ».

P. 212, l. 3 : « à notre compagnie de Jésus » ; 2e §, l. 8 : « esprit immense et sublime » ; l. 10 : « irradié de lumière » ; 4 l. avant la fin : « sans controverse tout à fait hérétique et à juste titre condamné à Latran ».

P. 212, n. 3 : « Habillés de vêtements noirs et ceints au-dessus d'une ceinture » ; « des vêtements noirs, et une ceinture de cuir ceinte par-

dessus » ; « habillés de vêtements noirs et ceints au-dessus d'une ceinture (c'est-à-dire un ceinturon) ».
P. 213, l. 24 : « secte pestifère ».
P. 213, n. 1 : « Et cela posé, multiple est la question qui surgit à propos du *Libellus*… ; est-il vraiment de lui ou d'un autre auteur, ayant abusé du nom et de l'autorité de Joachim ? »
P. 215, 3 l. avant la fin : « compatriote ».
P. 215, n. 6 : « Je concède que Rome est à la fois Babylone et Jérusalem, comme dit Joachim, non cependant que l'Église romaine soit Babylone pour les dogmes et les mœurs… »
P. 216, l. 13 : « et nombre d'autres » ; 2e §, l. 12 : « non en un sens hérétique, comme Luther, mais par un zèle prophétique » ; l. 15 : « au sens des saints et non de Luther ».
P. 216, n. 1 : « Et tout ce que nous conjecturions des Écritures avait été auparavant traité par Joachim. »
P. 217, l. 20-22 : « "énergie", "rénovation du monde" ou "du siècle" (plus souvent que "de l'Église"), "mutation universelle", "siècle d'or" » ; l. 25 : « à la fois par les prophètes et les étoiles » ; l. 30-31 : « Qu'est-ce qui a été fait, si ce n'est ce qui est à venir ? » ; « rénovation » ; « retour ».
P. 217, n. 2 : « Plénitude temporelle du christianisme ».
P. 217, n. 4 : « Paul Scaliger, l'astrologue Arquatus… reconnaissent dans le ciel et sur terre les signes, qui montrent la réformation, la mutation et la fin de l'univers, etc. »
P. 217, n. 5 : « qu'on devait l'attendre après l'année 1600, pour de très solides raisons ».
P. 235, l. 30 : « prédicateur à la cour ».
P. 236 : n. 5 : « *Jeu sévère – Amusement sérieux* ».
P. 239, l. 22 : « aux érudits du monde entier, spécialement aux plus célèbres frères de Rose-Croix en Allemagne ».
P. 240, l. 19 : « s'adonner à la contemplation et à la paix ».
P. 246, l. 13 : « Joachim ressuscité ».
P. 247, l. l. 10 : « sens commun ».
P. 247, n. 5 : « Mais aujourd'hui à force de cultiver excessivement la raison, les vestiges vivants du sens commun disparaissent, en particulier dans les académies… Si les hommes sont plus avides de vérité que de profit, nous pouvons facilement retrouver la jeunesse en revenant à la simplicité première du christianisme. »
P. 248, dernière ligne : « manifestation de lui-même ».
P. 249, l. 3 : « sens commun ».
P. 265, n. 2 : « Un mot pour la Nouvelle Jérusalem ! »
P. 274, n. 5 : « Il pense que lorsque nous mourons… nous retenons seulement la connaissance qu'il appelle intuitive… Il croit *(mot illisible)* un certain aspect de la transmigration pythagoricienne, que les esprits vont d'un corps à un corps… »

P. 292, n. 2 : « Sans voile pour nous ».
P. 395, 2 l. avant la fin : « mystères de la page divine » ; dernière ligne : « mystères du Nouveau Testament ».
P. 396, l. 1 : « dénudés ».
P. 401, 2e §, l. 3 : « *Que celui qui a des oreilles pour entendre entende* [Mt 11, 15 ; 13, 9, etc.]. »
P. 423, l. 8 : « *de nouveaux cieux et une terre nouvelle* [2 P 3, 13] ».
P. 444, l. 4 : « *Toute la création gémit et souffre les douleurs de l'enfantement jusqu'à maintenant* [Rm 8, 22]. »
P. 447, l. 6 : « *ayant la promesse de la vie présente et de celle qui est à venir* [1 Tm 4, 8] ».
P. 490, 2e §, dernière ligne : « bec et ongles ».
P. 500, 6 l. avant la fin : « dans les choses nécessaires, l'unité ; dans les douteuses, la liberté ; en toutes, la charité ».
P. 505, n. 4, l. 3 : « De même que Buchez… il estima que, dans les écrits du Docteur angélique, toutes les questions sont posées en un langage chrétien, mais que toutes les réponses sont données avec un sens païen. »
P. 544, l. 18 : « un seul corps et un seul esprit ».
P. 545, l. 2 : « Dieu-homme » ; « Dieu-humanité ».
P. 547, 2e §, l. 6 : « *Ce ne sont pas les morts qui te loueront, Seigneur, ni tous ceux qui descendent en enfer, mais ceux qui* vivront [Ps 113 (115), 25-26 (17-18)]. »
P. 562, n. 2, l. 3 : « entre 1905 et 1914, Buonaiuti, s'il a réagi et dépassé le romantisme catholicisant d'un Tosti… ».
P. 563, l. 21 : « comme un corps mort ».
P. 577, citation de Virgile, *Églogue* 4, 50-52 : « Vois le monde au poids voûté acquiescer,/ Et les terres, l'étendue de la mer et la profondeur du ciel ;/ Vois comme tout se réjouit du siècle qui approche. »
P. 581, 5 l. avant la fin : « Science nouvelle ».
P. 582, l. 3 : « retours ».
P. 636, l. 8 : « la capacité à concevoir » ; « la capacité à comprendre ».
P. 671, titre : « Foule immense » ; n. 1 : « Car comme un vase d'argent le plus pur ne comportant aucune scorie, c'est-à-dire immixtion de fautes, il n'eut pas besoin d'être désagrégé comme les autres hommes, lui pour qui David s'écrie dans le psaume : *Tu ne laisseras pas ton saint subir la corruption* [Ps 15, 10] ; à cela se rattache peut-être le fait que ne furent pas trouvés en terre les saints corps de Marie, sa mère, et du disciple qu'il aimait, dont sont recommandées la dignité de la chasteté et l'intégrité de la chair, en sorte qu'on comprenne que la cause particulière de la corruption des corps après la mort est la corruption qui la précède et que la dissolution même de la chair en cendre soit nécessaire, afin que, pour ainsi dire, les corps des élus ressuscitent avec une certaine gloire de virginité, le Seigneur disant : *Car, à la résurrection, les hommes ne prendront pas femme, ni les femmes mari, mais ils seront comme les anges de Dieu dans le ciel* [Mt 22, 30]. »

P. 673, l. 3 : « maçons ».
P. 675, l. 7 : « pour la plus grande gloire de Dieu ».
P. 684, 2e §, l. 8 : « Reçois les clés du royaume. »
P. 685, l. 12 : « toujours ».
P. 686, n. 1, l. 4 : « *toute la création gémit* [Rm 8, 22] » ; « *Elle passe, la figure de ce monde* » [1Co 7, 31]. »
P. 699, avant-dernière ligne : « *Quand sera venu l'esprit de vérité, il leur enseignera toute vérité* [Jn 16, 13]. »
P. 703, l. 11 : « *Il faut que vous naissiez de nouveau* [Jn 3, 7]… *Vous ne pouvez pas le porter maintenant,* mais l'Esprit saint vous enseignera tout [Jn 16, 12 s.]. »
P. 705, 2e §, l. 2 : « les choses célestes » ; n. 2 : « Comment cela a-t-il pu se produire ? »
P. 712, 2e §, l. 9 : « Viens, Esprit créateur ! »
P. 723, 3 l. avant la fin : « vie de Marie ».
P. 727, l. 12 : « Nouvelle harmonie ».
P. 730, l. 4 : « Esprit » ; l. 15 : « *plénitude des nations* [Rm 11, 25] » ; l. 17 : « activité intellectuelle ».
P. 748, l. 10 : « *Il s'est anéanti* [Ph 2, 7]. »
P. 754, l. 1 : « plénitude de l'intelligence ».
P. 755, l. 13 : « la cité de Dieu sur terre ».
P. 756, 3e §, l. 7 : « *Vous serez comme des dieux* [Gn 3, 5]. »
P. 761, n. 5, l. 3 : « fraternité militante ».
P. 766, avant-dernière ligne : « indéfiniment ».
P. 775, citation de Virgile, *Églogue* 4, 6 : « Déjà une nouvelle race est envoyée du haut du ciel. »
P. 779, 2e §, avant-dernière ligne : « Viens, Esprit saint ! »
P. 800, n. 3, l. 2 : « mère et maîtresse de toutes les Églises ».
P. 818, l. 3 : « après la mort ».
P. 825, l. 9 : « Église spirituelle » ; l. 15 : « Église de Jean ».
P. 826, l. 2 : « Il faut que change la vie, car il est nécessaire que change l'état du monde. »
P. 828, l. 1 : « règle de foi ».
P. 830, 7 l. avant la fin : « Dieu caché » ; « sous une forme unique ».
P. 845, 3e §, l. 4 : « Joachites ».
P. 846, l. 4 : « temps de la plus grande grâce » ; l. 7 : « livres joachites » ; l. 15-16 : « opuscules joachites » ; « solennellement condamnés » ; 3e §, l. 1 : « états ».
4e §, l. 2 : « Concile d'Arles, célébré l'an 1260 du Seigneur par l'archevêque Florent[in] et ses suffragants ».
« … Parmi lesquels (pseudo-prophètes) occupent une place importante et funeste ceux qui, posant au fondement de leur extravagance différents ternaires vrais pour partie et l'adaptant pernicieusement, s'efforcent d'établir la doctrine la plus ignoble par un assemblage impie de leurs concordes et, grâce à une vénération dévoyée de l'Esprit saint (dont,

selon l'ordre dans lequel on nomme, nous disons qu'il est la troisième personne dans la Trinité), s'opposent tant avec impudence qu'avec impiété à la singulière rédemption faite par le Christ. On rapporte, en effet, qu'ils enferment le temps et les œuvres du Fils dans un cycle d'années et dans une partie de ce siècle qui a été désignée et est intermédiaire, en sorte que, comme le Fils paraissant visible dans la chair au monde dit : *Mon père opère jusqu'à présent et moi aussi j'opère* [Jn 5, 17], de même, une fois accompli le temps du Fils, l'Esprit dise : « Après le Père, le Fils a opéré jusqu'à maintenant et moi j'opérerai à l'avenir », enfermant l'opération du Fils dans ce nombre d'années où il est annoncé que Satan, naguère lié par le Fils, doit être de nouveau libéré [cf. Ap 12, 6 ; 14, 20 ; 20, 7]. Cet exemple pour les 1 260 années revient à dire que, d'une certaine manière, sous le sceau et avec l'approbation de l'Esprit saint, il opérerait par suite plus solennellement et plus magnifiquement qu'il n'aurait opéré jusqu'à maintenant depuis le commencement de l'Église naissante.

Qui ose affirmer que l'Esprit saint Paraclet doit ensuite se répandre plus glorieusement dans le cours du siècle présent que, quand, *tout à coup*, il retentit *avec véhémence* au-dessus des apôtres du Christ et, *apparaissant en langues de feu divisées*, il reposa et *siégea au-dessus de chacun* [cf. Ac 2, 1-3], accordant les diversités de langues, enflammant leurs cœurs si patiemment et puissamment qu'ils embrasassent le monde entier par la doctrine du salut et la ferveur de la charité ?

Ces joachimites s'efforcent cependant d'établir au moyen d'un enchaînement imaginaire de ternaires que les temps de l'Esprit saint devront ensuite être révélés avec une loi plus grande. C'est en posant d'abord au fondement de leur erreur le ternaire très sacré – c'est-à-dire supracéleste – des Personnes ineffables de la Trinité indivise – celles du Père, du Fils et de l'Esprit saint – et sur lequel toute vérité est fixée qu'ils s'emploient à affermir la vanité de leur erreur. Car nulle doctrine n'est si fausse et pestifère qu'elle ne mêle quelques vérités.

À cette vérité suprême, ils ajoutent et rattachent certains autres ternaires, disant que trois états, ou trois ordres, de l'homme doivent s'illustrer les uns à la suite des autres par la succession des temps. Le premier est l'ordre des hommes mariés qui, au temps du Père, s'illustra dans l'Ancien Testament. Le deuxième est l'état des clercs qui, au temps de la grâce, s'illustra par le Fils, dans cet état intermédiaire du monde. Le troisième état est l'ordre des moines, qui doit s'illustrer au temps de la plus grande grâce dans l'Esprit saint.

Ils y ajoutent également un autre ternaire de la doctrine sacrée, à savoir celui de l'Ancien et du Nouveau Testament, et ensuite de l'Évangile éternel, ou Évangile de l'Esprit saint, assemblant de manière fantastique aux deux roues une troisième dans une vision prophétique, et ils ne craignent pas de dire d'une bouche blasphématoire et sacrilège que l'Évangile spirituel du Fils est littéral. Ils divisent et distinguent aussi tout l'espace de ce siècle qui s'écoule en trois temps, dont ils attribuent la première partie au Père, c'est-à-dire celle de l'esprit et de la loi de Moïse ; ils attribuent au Fils la deuxième, qu'ils appellent l'esprit de la grâce – et elle a duré 1 260 années – ; à l'Esprit saint la troisième qu'ils appellent temps de la plus grande grâce et de la vérité révélée, à quoi ils rapportent l'Évangile – celui du Fils : *Quand viendra cet Eprit de vérité, il vous enseignera la vérité tout entière* [Jn 16, 13]. Car ce qui a été accompli au jour de la Pentecôte dans les apôtres et qui doit être accompli par la suite continuellement dans les hommes apostoliques, tous les docteurs catholiques l'ont exposé jusqu'à présent.

Ils ajoutent aussi à ces éléments un ternaire de mode de vie, en distinguant ces trois temps après les avoir fait varier. Par le premier, ils posèrent le temps où les hommes vivaient selon la chair. Le deuxième, qu'ils ajoutèrent entre les deux temps, est celui qui est entre la chair et l'esprit, jusqu'au temps présent. Et de là suit un autre, où ils vivront selon l'esprit, et de là jusqu'à la fin du monde.

Une fois attachés et enchaînés les uns aux autres, ces ternaires et d'autres du même genre, qu'est-ce qui résulte de cette concorde perfide et pernicieuse si ce n'est chasser d'un souffle la rédemption faite par le Christ et en finir avec les sacrements de l'Église ? Les joachimites n'ont pas peur de dire cela d'une bouche souillée, comme nous l'avons dit, en prétendant que doivent être évacués et rejetés toutes les figures et tous les signes : l'unité restant seulement vivante et complètement révélée, dépouillée du voile des sacrements. Tout cela, tout chrétien qui apprend des saints et observe d'une foi ferme que les sacrements de l'Église sont les images visibles de la grâce invisible et des figures sous certains aspects desquelles le Fils de Dieu lui-même, le Seigneur notre sauveur, a promis de demeurer dans son Église jusqu'à la fin du monde [cf. Mt 28, 20].

Et quoique récemment, en notre présence et par notre procuration, ait été condamnée par le siège apostolique certaine nouvelle doctrine qui s'était développée à partir de cela, une doctrine envenimée s'est répandue sous le nom d'évangile de l'Esprit saint – comme si le Christ n'avait pas dû être appelé éternel, ni être appelé de l'Esprit saint –, comme les fondements d'une peste de ce genre n'avaient pas été discutés, ni condamnés, à savoir les livres des concordes et d'autres livres de Joachim, qui étaient jusqu'à cette époque demeurés intouchés par nos aînés, cachés qu'ils étaient dans des recoins chez certains religieux et échappant à la discussion de nos docteurs. Or, s'ils les avaient ruminés, ils ne seraient aucunement restés au milieu d'autres volumes sacrés et contenant de saintes choses, puisque d'autres petits opuscules joachimites qui parvinrent à leur connaissance ont été si solennellement condamnés (Fin de la Préface.)

CANONS

1 – Condamnation de la doctrine joachimite

Donc nous, qui avons soigneusement examiné, discuté et reporté ce qui vient d'être dit avec certains autres de nos aînés, craignant non sans raison qu'ils ne restent pour la postérité comme un piège ou une cause de ruine, en particulier quand nous avons compris que, dans les régions des provinces (où nous siégeons en partie quoique sans le mériter), plusieurs personnes, même lettrées, sont désormais occupées et séduites par des fantaisies de ce genre au point d'avoir décrit plusieurs commentaires qui ont été faits sur ces questions et, les faisant circuler de la main à la main, les ont transmis à des nations extérieures ; afin donc que l'erreur qui trompe ne serpente comme un cancer et n'occupe progressivement les curieux, nous, autant que nous devons et pouvons, <…>ant dans cette <…>, par l'autorité de notre sacré concile provincial, réprouvant les éléments susdits dans la mesure où ils sont arrivés entre nos mains, afin que nos sujets n'usent pas à l'avenir de telles choses ou ne les reçoivent pas davantage, nous les prohibons sous menace d'anathème. »

P. 849, 2e §, l. 6 : « On trouve aussi un livre dit "Évangile éternel", ou "doctrine de Joachim", plein d'erreurs, etc. »

P. 850, 2e §, l. 8-11 : « idée fondamentale » ; « sa formation » ; « et son existence temporelle ».

P. 851, 9 l. avant la fin : « je crains ».

P. 871, 3e §, l. 7 : « celui dont on ne peut penser qu'il y a quelque chose de plus grand » ; « il comprend rationnellement que [cela] est incompréhensible ».

P. 876, l. 1-2 : « construction de [son] intelligence complète » ; « ordre vivant » ; 2e §, l. 25 : « le type de l'Esprit saint ».

P. 877, 2e §, l. 5 : « mutation » ; « révolution ».

P. 880, l. 3 : « par concorde » ; l. 21 : « sous la grâce ».

P. 881, 2e §, l. 16 : « Histoire sainte ».

P. 883, l. 3 : « dernier âge du monde » ; l. 6 : « fin de ce monde ».

P. 884, l. 14 : « en meilleure part » ; l. 18-19 : « âge de l'Esprit » ; « âge de la plénitude ».

ARMELLE LE HUÉROU *(langues anciennes)*,
JEAN STERN *(langues vivantes)*.

ERRATA

P. 9, l. 5 : AF ; l. 7 : Turin,.
P. 13, n. 1, l. 3 : C. Baraut.
P. 15, n. 1 : Heliu ; ut intelliget.
P. 16, n. 5, l. 1 : Baraut.
P. 20, l. 17 : ici, la PL, à laquelle renvoie Lubac, porte « valeat intelligi » et non « soleat » ; n. 5, l. 2 : *Apôtres*,.
P. 22, n. 8, l. 1 : *médiévale*,.
P. 24, n. 5, l. 1 : PL,.
P. 32, n. 4, l. 1 : « Totus.
p. 35 : appel n. 3 = n. 2 ; l'appel n. 1 (après le 3) = n. 3 ; fermer le » après la citation dans le texte.
P. 36, n. 1, l. 4 : subtrahunt ; n. 7 : ici, ajouter « praedicabant » à la fin de la citation.
P. 38, n. 3 : consummata.
P. 41, n. 1, l. 1 : « Alii.
P. 51, l. 16 : leitmotiv.
P. 54, l. 18 : period of.
P. 57, n. 4 : *avrà*.
P. 58, l. 11 : l'ensemble ; l. 12 : la théorie.
P. 60, 2e §, l. 2 : johannique
P. 62, n. 2, l. 2 : *Catholicisme*,.
P. 64, n. 2, l. 6 : PUF,.
P. 66, n. 3, l. 3 : B, DS,.
P. 67, n. 2 : au lieu de *indicatur inchoatae*, lire : *judicatur respectu inchoatae* :
P. 73, l. 3 : referatur ad.
P. 74, n. 2 : esplicarsi ; n. 5, l. 1 : *Figure*,.
P. 83, l. 2 : entre-temps.
P. 84, 2e §, l. 8 : trente et un.
P. 86, l. 20-21 : « sceau du Dieu vivant » ; l. 22 : « montant de l'Orient » ; n. 6, l. 3 : « videbatur.

P. 87, n. 4, l. 1 : de Hugues.
P. 88, l. 8 : frères ignorants.
P. 89, n. 2, l. 2 : *Poetry*, ; n. 6 : eam inchoatam fore.
P. 93, l. 10 : vendite.
P. 100, l. 21 : moderari.
P. 104, l. 4 : focoso.
P. 113, n. 3 : S. Reinach.
P. 114, n. 3, l. 7 : *Jésus*,.
P. 118, l. 2 : partis pris.
P. 126, l. 28 : *In Hexaemeron.*
P. 129, 5 l. avant la fin : Anselme d'Havelberg.
P. 133, n. 1 : alas.
P. 134, n. 1 : dierum.
P. 136, 3e § : manat.
P. 139, n. 4, l. 1 : CLARENO s'exprimera.
P. 140, l. 23 : premières ».
P. 144, 4 l. avant la fin : praesumptuosum.
P. 146, l. 1 : futura gloria.
P. 148 : les appels de note sont fautifs ; lire : 10e l. : n. 1 ; l. 13 : n. 2 ; l. 17 : n. 3 ; l. 7 : « il n'a pas su ».
P. 162, 2e §, l. 14 : lire : lecteurs. J'y avais d'abord trouvé, écrit-il en 1425, de belles choses, mais, « à mesure… ; n. 5 : commonuisse.
P. 165, 2e §, l. 11 : « Sans doute.
P. 169, n. 2 : sectae […] quidam […] nomine Bentevenga […] spurcissimam […] B. Francisi.
P. 170, n. 4, l. 1 : Kestenberg-Goldstein ; l. 2 : Journal of the Warburg and Courtauld Institutes.
P. 174, n. 1 : Poeta.
P. 177, n. 2, l. 2 : Jäger.
P. 178, 2e §, l. 10 : Melanchthon ; n. 7, l. 1 : Ernst BENZ, *Evolution and Christian Hope*, New York, 1966.
P. 179, l. 3 : Alexandre Weill ; n. 4, l. 1 : *Les Shakers américains*, Éd. de Minuit.
P. 187, l. 2 : d'Israël.
P. 190, 3e §, l. l. 6 : Brocard.
P. 193, l. 17 : contre ; l. 18 : traité ; l. 22 : neget.
P. 193, n. 2, l. 2 : *Joachimist expectations.*
P. 195, l. 9 : quello.
P. 196, l. 16 : Venezuela ; n. 1 : Jean de Roquetaillade.
P. 199, n. 1, l. 1 : John W. O'Malley, S.J., *Giles of Viterbo…* ; Renaissance Quarterly.
P. 203, l. 18 : « Totus Galliae onus, ex Joachimi abbatis opere selectum, donec totius universi onus prodeat ex Bibliotheca V. Coosardi » ; n. 5, l. 1 : *juive*, trad. M.-M. Davy.
P. 205, l. 5 : lui advenir.

P. 206, n. 3 : seriatim.
P. 207, l. 3 : succéderont ; l. 13 : Cîteaux ; n. 5, l. 2 : *secolo XII*, ; n. 6 : qua.
P. 212, l. 21 : Joachim.
P. 213, n. 1 : ipsiusne ; n. 3, l. 5 : p. 667.
P. 224, 2e §, l. 3 : Leibniz.
P. 228, l. 41 : importance.
P. 234, 5e l. avant la fin : année 1614.
P. 235, l. 1 : c'est-à-dire.
P. 237, n. 6, l. 1 : vita.
P. 240, l. 18 : qu'elle.
P. 245, l. 14, 29, n. 2, l. 1, n. 5, l. 1 : Oetinger ; n. 5, l. 3 : Oetingers Bildnis. ; n. 5, l. 4 : p. 228.
P. 246, l. 27 : Oetinger.
P. 247, l. 6 : Wolff ; l. 27, 32, n. 1, l.1, n. 6, l. 2 : Oetinger.
P. 248, l. 25, n. 6, l. 4 et 5 : Oetinger.
P. 249, l. 2, 11, 15 : Oetinger.
P. 253, l. 8, n. 2, l. 1 : Oetinger.
P. 255, l. 2, 14 : Oetinger.
P. 256, n. 1, l. 3 : Oetinger.
P. 261, l. 35 : Oetinger.
P. 262, l. 34 : Oetinger.
P. 264, n. 5, l. 4 : Miłosz ; n. 6, l. 1 : Brian JUDEN.
P. 265, n. 2. l. 2 : Charles.
P. 268, l. 18 : Oetinger.
P. 270, l. 19 : Tindal,.
P. 274, l. 16 et 31 : Oetinger.
P. 276, l. 1 : les confidences ; n. 3, l. 1 : *Lessing's theology.*
P. 277, n. 6, l. 1 : Fayard,.
P. 279, l. 13 : Johann Gottfried Herder ; n. 4, l. 3 : Tigre.
P. 282, n. 2, l. 1 : t. 3 ; n. 3, l. 1 : t. 3,.
P. 283, n. 6, l. 2 : t. 3, ; n. 7, l. 1 : t. 3,.
P. 284, n. 3, l.1 : t. 3,.
P. 285, n. 5, l. 1 : t. 3,.
P. 286, n. 1, l. 1 : T. 3, ; n. 2, l. 1 : t. 3,.
P. 287, l. 1 : expérience.
P. 289, l. 9 : Oetinger.
P. 290, l. 5 : Liebistorf.
P. 293, n. 1, l. 1 : *famille*, ; n. 3, l. 1 : *siècle*,.
P. 294, 3e §, l. 3 : vingt et un.
P. 297, l. 30 : *Essay on the Development of Christian Doctrine*.
P. 299, l. 23 : Polotsk.
P. 302, l. 14-15 : ces « pieux disciples » : « Tandis qu'ils entreprennent.
P. 303, n. 6, l. 1 : DERMENGHEM,.
P. 307, l. 2 : dus ; l. 19 : catholique »[2].

P. 308, n. 1, l. 2 : Falloux,.
P. 310, n. 4, l. 2 : Brian JUDEN.
P. 311-312, n. 6, l. 6 : t. 2,.
P. 313, l. 27 : Thomas a Kempis ; n. 5, l. 1 : AMPÈRE.
P. 317, n. 3, l. 1 : Brian JUDEN.
P. 318, n. 1, l. 5 : la *France littéraire* ; n. 5, l. 2 : P. BÉNICHOU.
P. 320, n. 1, l. 1 : t. 2, ; n. 4, l. 1 : t. 2,.
P. 321, l. 6 : humain.
P. 324, n. 3, l. 1 : Brian JUDEN.
P. 327, l. 23 : Goethe .
P. 328, l. 8 : mystiques ; n. 3, l. 1 : Varnhagen von Ense.
P. 329, l. 10 : limitée.
P. 332, l. 29 : Johann Gottlieb Fichte.
P. 333, l. 2 : tradition latine.
P. 336, l. 22 : sécularisé »[2] ; l. 25 : Hölderlin (1770-1843).
P. 337, n. 3, l. 4 : Aubier,.
P. 341, n. 2, l. 2 : P. 675-676.
P. 342, l. 29 : était.
P. 345, l. 10 : mystère… ». Cependant,.
P. 346, l. 26 : caractéristique ; n. 1, l. 1 : Bloud,.
P. 348, l. 8 : Goethe ; l. 10 : entre-temps.
P. 350, l. 5 : là est un.
P. 359, l. 15 : Oetinger ; n. 1, l. 1 : D'HONDT.
P. 361, n. 1, l. 2 : GIBELIN, ; n. 4, l. 2 : Nguyen Hong GIAO.
P. 362, l. 16 : Révolution ; l. 18 : évangélique.
P. 362, n. 2, l. 1, n. 3, l. 1, n. 5, l. 1 : GIBELIN,.
P. 362, n. 7, l. 5 : germanique ».
P. 363, n. 2, l. 1 : GIBELIN,.
P. 365, l. 7 : grand-oncle ; l. 19 : non seulement ternaire.
P. 366, n. 1, l. 2 : GIBELIN, ; n. 4, l. 1 : *Hegel*, Seuil.
P. 368, n. 7, l. 1 : LÖWITH.
P. 369, n. 2, l. 2 : CARRÈRE.
P. 372, n. 4, l. 2 : Delachaux et Niestlé.
P. 373, l. 19 : D'Hondt ; l. 23 : possible »[6] .
P. 374, l. 12 : ailleurs » ; l. 17 : de l'Esprit.
P. 374, n. 7, l. 1 : GIBELIN,.
P. 375, l. 28 : celui-ci ; l. 29 : dialectique ; l. 35 : positif-rationnel ; l. 37 : illuminé ; n. 3, l. 2 : *pensée moderne*, PUF, 1970,.
P. 376, l. 2 : un jour.
P. 387, l. 8 : Pierre, Paul.
P. 398, n. 1, l. 5 : DUPUIS, *Abrégé*.
P. 403, n. 1, l. 1-2 : *Christus regnat, vincit, imperat*.
P. 405, n. 2, l. 3 : Saint-Simon, *Introduction* ; n. 6, l. 3 : Édition Desroche.
P. 407, n. 1, l. 1 : *retour*, Vrin.

P. 411, n. 4, l. 2 : 1979, ch. 3.
P. 417, n. 5, l. 2 : complètes,.
P. 418, l. 7 : Enfantin –, l'Église.
P. 420, n. 5, l. 1 : *De l'Allemagne*,.
P. 427, l. 20-21 : la *Revue des deux mondes*.
P. 428, l. 29 : la *Revue de Paris* ; n. 4, l. 1 : *Destinée sociale*, ; n. 5, 1. 1 : *rédemption*, ; n. 6, l. 1 : D.S.,.
P. 431, l. 15-18 : Mais si le *Génie du christianisme* faisait admirer dans la religion retrouvée l'épanouissement de l'homme, « il se faisait de cet épanouissement une idée purement statique », où « l'idée de progrès ne tenait aucune place ».
P. 432, n. 1, l. 1 : *La Revue française*.
P. 433, l. 12 : la *Revue des deux mondes*.
P. 436, n. 2, l. 1 : *Lamennais*.
P. 456, l. 14 : M. J.-R. Derré.
P. 461, l. 24 : du *Globe*.
P. 463, 2e §, l. 10 : la *Revue européenne*.
P. 463, n. 1, l. 1 : *Lamartine*,.
P. 465, n. 3, l. 2 : *Religions*,.
P. 474, n. 1, l. 2 : Anitchkof,.
P. 480, n. 4, l. 4 : *Introd.*,.
P. 485, n. 2, l. 1 : Jésus-Christ.
P. 492, n. 1, l. 5 : *histoire*,.
P. 497, l. 3 : Wyclif.
P. 501, l. 1-2 : le sous-titre (II – *L'école buchézienne*) est mal placé ; il est à placer p. 506 entre les deux paragraphes.
P. 510, n. 1, l. 8 : *Introduction*,.
P. 516, l. 12 : sociale ».
P. 521, n. 1, l. 1 : *Gaudium et spes*, I, 5.3.
P. 524, n. 2, l. 1 : *éclectisme*,.
P. 526, n. 2, l. 2 : *et du Saint-Esprit*.
P. 527, l. 30 : Wyclif.
P. 536, n. 2, l. 1 : P.-F. Thomas.
P. 542, n. 4, l. 3 : P.-F. Thomas.
P. 550, n. 1, l. 1 : t. 4,.
P. 553, 2e §, l. 10 : l'*Encyclopédie*.
P. 522, l. 8 : étude ; n. 2, l. 1 : *Roma*,.
P. 575, n. 4, l. 1 : t. 4,.
P. 579, l. 8 : lui² ! » Il espère.
P. 581, n. 3, l. 4 : Cousin : CORNUZ.
P. 594, l. 15 : du nouveau monde². » : répétition à supprimer.
P. 598, n. 4, l. 1 : *Introd.*,.
P. 602, 2 l. avant la fin : Mary Elisabeth.
P. 605, l. 12 : Robespierre.
P. 616, n. 2, l. 1 : *religions*,.

P. 617, 2e §, l. 3 : comme tant d'autres.
P. 619, n. 3, l. 1 : *idées*,.
P. 620, n. 3, l. 4 : DDB.
P. 630, n. 6, l. 1 : Benoît.
P. 631, n. 4, l. 2 : t. 1,.
P. 635, 2e §, l. 9 : l'Occident.
P. 636, 3 l. avant la fin : le *Pèlerin* ; n. 3, l. : avec.
P. 639, l. 1 : *Notre Père* (Ojcze nasz).
P. 646-647, n. 5, l. 4 : M. Towianski.
P. 656, n. 3, l. 2 : le *Livre des pèlerins polonais*.
P. 660, l. 12 : aspiration.
P. 663, n. 4, l. 3 : *Russie*,.
P. 665, n. 3, l. 9 : *Russie*,.
P. 669, 2e §, l. 6 : les héros.
P. 671, n. 1 : 2e référence biblique : Mt 22, 30.
P. 672, l. 2 : (21, 22).
P. 673, l. 1 : Jean ».
P. 674, 2 l. avant la fin : Au *Levitikon* et à l'*Evangelikon*.
P. 689, n. 1, l. 1 : pp. 167-168.
P. 691, l. 19 : la *Revue des deux mondes* ; l. 28 : de *Cromwell*.
P. 692-693, n. 3, l. 15 : *philosophe*,.
P. 693, l. 10 : Apocalypse[2] ; il ; l. 14 : Molitor distingue.
P. 697, n. 1, l. 1 : HOBSBAWM.
P. 706, l. 14 : (1810-1875).
P. 708, 2e §, l. 6 : dans *La Bible de la Liberté* ; n. 1, l. 1 : *L'Épopée romantique*.
P. 713, l. 11 : Papauté.
P. 729, l. 6 : « géniales ».
P. 731, n. 2, l. 4 : *complètes*,.
P. 740, l. 4 : Wolff ; l. 5 : Mendelssohn.
P. 748, l. 15 : attribue « une mission.
P. 752, n. 1, l. 3 : Bottigelli,.
P. 753, n. 3, l. 2 : *Bauernkrieg*, Berlin,.
P. 754, n. 3, l. 7 : History, 1965.
P. 757, n. 2, l. 1 : HOBSBAWM.
P. 762, l. 2 : Au terme ; n. 6, l. 2 : P. Rollet.
P. 763, n. 2, l. 1 : Gallimard,.
P. 764, n. 2, l. 1 : *non-sens*,.
P. 769, l. 14-15 et 26 : Mao Tsé-Toung ; l. 26 : acolytes.
P. 773, l. 7 : « Notre Père » (Ojcze nasz).
P. 784, l. 24 : vérité… ».
P. 789, n. 1, l. 1 : p. 100.
P. 797, n. 3, l. 1 : *op. cit.*,.
P. 806, l. 19 : sont « les premiers.
P. 823, l. 20 : Löwith.

P. 824, n. 1, l. 3 : *Burckhardt*; n. 4, l. 1 : Franz.
P. 826, n. 3, l. 1 : t. 8.
P. 829, l. 15 : Joseph Comblin.
P. 831, n. 3, l. 1 : *Jürgen*.
P. 832, n. 1, l. 5 : lui-même ? ».
P. 833, n. 1, l. 1 : Cerf, 1972.
P. 837, l. 9 : Pierre-Jean Labarrière.
P. 854, l. 17 : chacun de.
P. 856, n. 1, l. 5 : Maxime.
P. 881, l. 7 : à l'au-delà.

INDEX DES NOMS DE PERSONNES

Les noms de personnes cités dans les notes sont indiqués en caractères italiques suivis du numéro de la note entre parenthèses. Pour les noms cités dans le texte et dans les notes, nous avons systématiquement privilégié le texte.

TABLE DES MATIÈRES

Cardinal Henri de Lubac
Œuvres complètes
en 50 volumes
* volumes publiés

Avec l'accord de la Province jésuite de France, l'Association Internationale Cardinal Henri de Lubac est l'éditeur scientifique des *Œuvres complètes* du Cardinal, qui paraissent aux Éditions du Cerf.

L'Association a confié la tâche de directeurs scientifiques aux P. Georges Chantraine, à M. Jacques Prévotat, au P. Michel Sales et au P. Jean-Pierre Wagner, disciples du Cardinal.

En janvier 1978, le P. de Lubac a établi le programme de ses *Œuvres complètes* en vue de leur publication en langue italienne ; à ses livres il a joint ses articles les plus significatifs. La direction scientifique a mis ce programme à jour ; elle y a ajouté les ouvrages et des articles publiés depuis 1978, des écrits de jeunesse, les correspondances rassemblées et annotées par le Père lui-même et sa bibliographie ; une section est réservée à la publication d'inédits. Ces *Œuvres*, reprenant de manière thématique bien des livres et des articles aujourd'hui introuvables, peuvent être considérées comme complètes ; n'ont été laissés de côté que des articles mineurs.

Un accès simple et aisé à chaque œuvre est assuré grâce à des outils adéquats :
– présentation par un expert du contexte historique, de la place de l'ouvrage dans l'ensemble de l'œuvre et de sa portée théologique ;
– traduction des textes cités en langues étrangères, principalement en latin et en grec (un quart du volume des œuvres majeures) ;
– liste des errata contenus dans l'édition choisie, qui est numérisée ;
– index des noms de personnes, manquant à la majorité des volumes.

PREMIÈRE SECTION

L'HOMME DEVANT DIEU

I SUR LES CHEMINS DE DIEU* (*Présentation par Emmanuel Tourpe, Ajouts*, 2006, XL + 432 p.)

II LE DRAME DE L'HUMANISME ATHÉE (+ 1 article)* (*Présentation par Xavier Tilliette, Note historique par Jacques Prévotat*, 1998, XXXVI + 442 p.)

III PROUDHON ET LE CHRISTIANISME* (*Présentation par Jean-Yves Calvez*, 2011, XIV + 338 p.)

IV LA RÉVÉLATION DIVINE, AFFRONTEMENTS MYSTIQUES et ATHÉISME ET SENS DE L'HOMME. UNE DOUBLE REQUÊTE DE GAUDIUM ET SPES* (*Note historique par Éric de Moulins-Beaufort, Présentation par Mgr Olivier de Berranger*, 2006, 580 p.)

DEUXIÈME SECTION

LA FOI CHRÉTIENNE

V LA FOI CHRÉTIENNE. ESSAI SUR LA STRUCTURE DU SYMBOLE DES APÔTRES* (+ 4 articles) (*Présentation par Peter Bexell*, 2008, L + 610 p.)

VI MYSTIQUE ET MYSTÈRE CHRÉTIEN (nouveau titre) : RECHERCHES DANS LA FOI. TROIS ÉTUDES SUR ORIGÈNE, SAINT ANSELME ET LA PHILOSOPHIE CHRÉTIENNE, suivi de MORALE ET MYSTIQUE DANS LA TRADITION CHRÉTIENNE (inédit) et du FONDEMENT THÉOLOGIQUE DES MISSIONS (+ 4 articles)

TROISIÈME SECTION

ÉGLISE

VII CATHOLICISME. LES ASPECTS SOCIAUX DU DOGME* (+ 6 articles) (*Présentation par Jean Stern, m.s.*, 2003, XX + 560 p.)

VIII MÉDITATION SUR L'ÉGLISE (+ 3 articles + 1 inédit en français)* (*Présentation par le cardinal Jean-Marie Lustiger, Préface par H. U. von Balthasar, Note historique par Georges Chantraine*, 2003, LXV + 506 p.)

IX PARADOXE ET MYSTÈRE DE L'ÉGLISE, suivi de L'ÉGLISE DANS LA CRISE ACTUELLE (+ 24 annexes)* (*Présentation par Dennis M. Doyle*, 2010, XIV + 488 p.)

X LES ÉGLISES PARTICULIÈRES DANS L'ÉGLISE UNIVERSELLE, suivi de LA MATERNITÉ DE L'ÉGLISE (+ 10 articles)

QUATRIÈME SECTION
SURNATUREL

XI SURNATUREL. ÉTUDES HISTORIQUES

XII LE MYSTÈRE DU S URNATUREL* (*Présentation par Michael Figura*, 2000, XI I I + 370 p.)

XIII AUGUSTINISME ET THÉOLOGIE MODERNE* (*Présentation par Michael Figura*, 2008, XXVI + 490 p.)

XIV ESPRIT ET LIBERTÉ DANS LA TRADITION THÉOLOGIQUE (*nouveau titre*) (inédit en français), suivi de PETITE CATÉCHÈSE SUR NATURE ET GRÂCE (+ 3 articles) (*Présentation par Jean-Pierre Wagner*, 2013, 390 p.)

CINQUIÈME SECTION
ÉCRITURE ET EUCHARISTIE

XV CORPUS MYSTICUM. L'EUCHARISTIE ET L'ÉGLISE AU MOYEN ÂGE. ÉTUDE HISTORIQUE* (+ 4 articles) (*Présentation par Éric de Moulins-Beaufort*, 2010, XLVI I I + 574 p.)

XVI HISTOIRE ET ESPRIT. L'INTELLIGENCE DE L'ÉCRITURE D'APRÈS ORIGÈNE* (+ 5 articles)* (*Présentation du volume et traduction par Michel Fédou*, 2002, XIII + 650 p.)

XVII EXÉGÈSE MÉDIÉVALE. LES QUATRE SENS DE L'ÉCRITURE (I)

XVIII EXÉGÈSE MÉDIÉVALE. LES QUATRE SENS DE L'ÉCRITURE (II) (+ 2 articles)

XIX EXÉGÈSE MÉDIÉVALE. LES QUATRE SENS DE L'ÉCRITURE (III)

XX EXÉGÈSE MÉDIÉVALE. LES QUATRE SENS DE L'ÉCRITURE (IV) (+ 1 article)

SIXIÈME SECTION
BOUDDHISME

XXI ASPECTS DU BOUDDHISME. I. CHRIST ET BOUDDHA ; AMIDA* (*Présentation par Paul Magnin*, 2012, L + 602 p.)

XXII LA RENCONTRE DU BOUDDHISME ET DE L'OCCIDENT* (*Avertissement par Georges Chantraine, Michel Sales et Fabienne Clinquart, Présentation par Jean-Noël Robert*, 2000, VIII + 350 p.)

SEPTIÈME SECTION

TEILHARD DE CHARDIN

XXIII LA PENSÉE RELIGIEUSE DU P. PIERRE TEILHARD DE CHARDIN* (*Présentation par Michel Sales, Note historique par Éric de Moulins-Beaufort*, 2002, XXVI + 396 p.)

XXIV LA PRIÈRE DU P. TEILHARD DE CHARDIN, suivi de TEILHARD MISSIONNAIRE ET APOLOGISTE* (+ 7 articles)* (*Présentation par Jean-Pierre Wagner*, 2007, XXI + 482 p.)

XXV L'ÉTERNEL FÉMININ. ÉTUDE SUR UN TEXTE DE TEILHARD DE CHARDIN, suivi de TEILHARD ET NOTRE TEMPS (+ 1 article)

XXVI TEILHARD POSTHUME. RÉFLEXIONS ET SOUVENIRS, précédé de BLONDEL – TEILHARD DE CHARDIN, *Correspondance 1919** (+ 1 article) (*Présentation par Jean-Pierre Wagner*, 2008, 448 p.)

HUITIÈME SECTION

MONOGRAPHIES

XXVII- XXVIII LA POSTÉRITÉ SPIRITUELLE DE JOACHIM DE FLORE. DE JOACHIM À NOS JOURS* (*Présentation par Michael Sutton*, LVI + 960 p.)

XXIX PIC DE LA MIRANDOLE. ÉTUDES ET DISCUSSIONS

XXX (Avec Jean Bastaire) CLAUDEL ET PÉGUY* (*Présentation par Jean Bastaire*, 2007, XI I, + 240 p.)

NEUVIÈME SECTION

DIVERS

XXXI PARADOXES (*nouveau titre*) : PARADOXES, suivi de NOUVEAUX PARADOXES et D'AUTRES PARADOXES* (+ 4 articles + 1 inédit)* *(Présentation par Georges Chantraine et Michel Sales*, 1999, XXIV, + 398 p.)

XXXII FIGURES (*nouveau titre*) : IMAGES DE L'ABBÉ MONCHANIN, suivi de L'ABBÉ MONCHANIN ET LE PÈRE TEILHARD DE CHARDIN et de TROIS JÉSUITES NOUS PARLENT : YVES DE MONTCHEUIL, CHARLES NICOLET, JEAN ZUPAN (+ 22 articles).

XXXIII MÉMOIRE SUR L'OCCASION DE MES ÉCRITS, suivi de MÉMOIRE SUR MES VINGT PREMIÈRES ANNÉES* (+ 3 articles)* (*Présentation par Georges Chantraine*, 2006, VI + 514 p.)

XXXIV RÉSISTANCE CHRÉTIENNE AU NAZISME : RÉSISTANCE CHRÉTIENNE À L'ANTISÉMITISME. SOUVENIRS 1940-1944* (+ 18 articles)* (*Préface, Introductions et notes de Renée Bédarida*, 2006, XIV + 774 p.)

XXXV THÉOLOGIES D'OCCASION (+ 2 articles)

XXXVI ÉCRITS DE JEUNESSE (*nouveau titre*) : ARTICLES DU BULLETIN DE LA SOCIÉTÉ BRUNETIÈRE, ESQUISSE (inédit), ARTICLES DE QUODLIBETA et ÉTUDES DE L'ÉTUDIANT EN THÉOLOGIE (2 articles et 6 inédits)

DIXIÈME SECTION
CORRESPONDANCES

XXXVII MAURICE BLONDEL – AUGUSTE VALENSIN I, *Correspondance 1899-1912*

XXXVIII MAURICE BLONDEL – AUGUSTE VALENSIN II, *Correspondance 1899-1912* (suite)

XXXIX MAURICE BLONDEL – AUGUSTE VALENSIN III, *Correspondance 1912-1947*

XL MAURICE BLONDEL – JOHANNÈS WEHRLÉ I, *Correspondance 1885-1938*

XLI MAURICE BLONDEL – JOHANNÈS WEHRLÉ II, *Correspondance 1885-1938* (suite)

XLI I GABRIEL MARCEL – GASTON FESSARD, *Correspondance 1934-1971* (éditée avec Marie Rougier et Michel Sales)

XLIII PIERRE TEILHARD DE CHARDIN I, *Lettres d'Égypte 1905-1908** (*Présentation par Michel Fédou*, 2012, 220 p.)

XLIV PIERRE TEILHARD DE CHARDIN II, *Lettres d'Hastings et de Paris 1908-1914** (*Présentation par Michel Fédou*, 332 p.), 2012.

XLV PIERRE TEILHARD DE CHARDIN III, *Lettres intimes à Auguste Valensin, Bruno de Solages, Henri de Lubac, André Ravier 1919-1955*

XLVI AUGUSTE VALENSIN, *Textes et documents inédits* (présentés avec Marie Rougier)

XLVII LETTRES DE M. ÉTIENNE GILSON ADRESSÉES AU P. HENRI DE LUBAC ET COMMENTÉES PAR CELUI-CI* (*Présentation par Jacques Prévotat*, 2013, 290 p.).

ONZIÈME SECTION
POSTHUMES
(section réservée à la publication d'inédits)

XLVIII JEAN DANIÉLOU – HENRI DE LUBAC, *Correspondance* (éditée par Marie-Josèphe Rondeau)

XLIX AUTOUR DU SURNATUREL

L HENRI DE LUBAC – JACQUES MARITAIN, *Correspondance et rencontres* (3 études annexes)* (*Préface par le Cardinal Barbarin ; Présentation par Frère Jean-Miguel Garrigues*, 2012, 136 p.)

DOUZIÈME SECTION
BIBLIOGRAPHIE

HENRI DE LUBAC S.J., BIBLIOGRAPHIE (éditée par Karl Heinz Neufeld et Michel Sales)

DIFFUSION EN LIBRAIRIE OU
www.editionsducerf.fr

L'Association Internationale Cardinal Henri de Lubac concourt gracieusement à l'édition des Œuvres complètes du Cardinal. Elle souhaite être soutenue par des dons qu'elle recevra avec gratitude à son ordre, 128, rue Blomet, F-75015 Paris, au numéro de CCP : La Source 40 790 66 H (clé RIP 78) (pour la Belgique : rue Grafé, 4, bte 1, B-5000 Namur, Fortis Banque 250-072889-30).

Collection « Études lubaciennes »

I HENRI DE LUBAC ET LE MYSTÈRE DE L'ÉGLISE. ACTES DU COLLOQUE DU 12 OCTOBRE 1996 À L'INSTITUT DE FRANCE (*Contributions du cardinal Jean-Marie Lustiger, de Mgr Olivier de Berranger, Jacques de Larosière, Jacques Orgebin, Michel Sales, Jean Stern, Georges Chantraine, Éric de Moulins-Beaufort, Jacques Prévotat, Michael Sutton, Marie-Jeanne Coutagne, Joseph Moingt, Marie-Josèphe Rondeau, Paul McPartlan, Boris Bobrinskoy, XavierTilliette, Jacques Gadille, Renée Bédarida, cardinal Jorge A. Medina Estévez, Mgr Tharcisse Tshibangu Tshishiku, André Ravier*, 1999, 244 p.).

II L'INTELLIGENCE DE LA RENCONTRE DU BOUDDHISME. ACTES DU COLLOQUE DU 11 OCTOBRE 2000 À LA FONDATION SINGER-POLIGNAC réunis sous la direction de Paul Magnin (*Contributions d'Édouard Bonnefous, Jacques de Larosière, Jean-Noël Audras, Georges Chantraine, Paul Magnin, Michel Sales, Jacques Scheuer, Jean-Noël Robert, Dennis Gira, Michel Fédou, cardinal Paul Poupard, Bernard Senécal, avec bibliographie*, 2001, 208 p.).

III Éric de Moulins-Beaufort, ANTHROPOLOGIE ET MYSTIQUE SELON HENRI DE LUBAC (2003, 937 p.).

IV Vitor Franco Gomes, LE PARADOXE DU DÉSIR DE DIEU. ÉTUDE SUR LE RAPPORT DE L'HOMME À DIEU SELON HENRI DE LUBAC (2005, 468 p.).

V Étienne Guibert, LE MYSTÈRE DU CHRIST D'APRÈS HENRI DE LUBAC (2006, 508 p.).

VI Georges Chantraine, HENRI DE LUBAC, tome I, DE LA NAISSANCE À LA DÉMOBILISATION (1896-1919) (2007, 746 p.).

VII Georges Chantraine, HENRI DE LUBAC, tome II, LES ANNÉES DE FORMATION (1919-1929) (2009, 844 p.).

VIII Bertrand Dumas, MYSTIQUE ET THÉOLOGIE D'APRÈS HENRI DE LUBAC (2013, 544 p.).

IX Georges Chantraine – Marie-Gabrielle Lemaire, HENRI DE LUBAC, tome IV, CONCILE ET APRÈS-CONCILE (2013, 824 p.).

Hors collection

Études réunies par Jean-Dominique Durand, conclusion par le cardinal Barbarin, Henri de Lubac. LA RENCONTRE AU CŒUR DE L'ÉGLISE, (2007,326 p.)

Dépôt légal : décembre 2014

Achevé d'imprimer en décembre 2021
sur les presses de la Nouvelle Imprimerie Laballery
58500 Clamecy

Numéro d'impression : 112238

Imprimé en France

La Nouvelle Imprimerie Laballery est titulaire de la marque Imprim'Vert®